La France Maritime, Volume 3... - Primary Source Edition

Amédée Gréhan

LA

FRANCE MARITIME.

TYPOGRAPHIE DE WITTERSHEIM,

8, RUE MONTMORENCY.

FRANCE
MARITIME
Par
AMÉDÉE GRÉHAN

Paris Imprimé par Chardon...

LA
FRANCE MARITIME,

FONDÉE ET DIRIGÉE

PAR

AMÉDÉE GRÉHAN,

CHEF AU MINISTÈRE DE LA MARINE,

Chevalier de la Légion-d'Honneur, etc.,

SOUS LE PATRONAGE DU MINISTRE DE LA MARINE

ET DE

TOUTES LES SOMMITÉS SPÉCIALES, SCIENTIFIQUES ET LITTÉRAIRES.

TOME TROISIEME.

PARIS,

DUTERTRE, LIBRAIRE-ÉDITEUR,

Passage Bourg-l'Abbé, 20.

—

1853.

FRANCE MARITIME.

TROISIÈME VOLUME.

PROGRÈS
DE LA
POPULARITÉ DE LA MARINE
DE 1834 A 1848.

Le goût qui porte le public vers les choses maritimes, et l'attrait qu'il trouve dans les curieuses productions dont elles forment le sujet, leur donnent chaque jour plus de popularité en France. Ce qui ne fut d'abord qu'un caprice excité par la nouveauté d'aspects inconnus jusqu'alors, semble être aujourd'hui devenu un besoin, et on ne doit pas douter que la pente de cette avidité générale puisse, dans un avenir peu éloigné peut-être, entraîner de grands résultats. La marine est un des plus puissants leviers de gloire et de prospérité nationales ; elle acquerra d'autant plus d'importance dans notre organisation sociale que vous lui en donnerez en portant votre attention sur elle, et en l'estimant. Si vous l'avez négligée, si vous avez été indifférent à ses développements, à ses succès, à ses mobiles physionomies, c'est que son action s'accomplissait en dehors du rayonnement de votre regard, et qu'un effort pour acquérir une connaissance, — une jouissance même, — n'eût pas balancé pour vous le charme que vous trouvez dans votre indifférence nationale. Il a fallu de puissantes tentatives et toutes les séductions dont se parent l'art et la littérature pour vous attirer vers ces grandes choses que vous ne connaissiez pas. Aujourd'hui vous convenez que notre France est une grande nation maritime, vous appréciez quel rang elle peut prendre dans la navigation européenne, vous reconnaissez que ses ports s'ouvrent sur trois mers, qu'elle possède sur son territoire tout ce qu'il faut pour construire des flottes, sans rien emprunter à l'étranger : c'est une grande victoire remportée sur l'insouciance publique ; l'avenir en multipliera les fruits.

Ne constatant ici que l'influence de l'art et de la littérature pour la vulgarisation de la marine, nous abandonnerons toutes questions matérielles ou économiques qui ne nous sembleraient pas à leur place dans ces colonnes, où nous sommes admis à émettre quelques idées et à avancer quelques faits, en forme d'introduction, pour le troisième volume de la *France Maritime*. Analysons d'abord la bibliographie.

L'exposé des événements, des mutations, des faits qui se rattachent à la marine, et dont la connaissance était au moins indispensable aux personnes que leurs fonctions rattachaient à cette arme, fut le but que se proposa, en 1816, M. Bajot, le savant fondateur des *Annales maritimes et coloniales*. Ce recueil mensuel, — divisé en deux parties, l'une officielle, reproduction scrupuleuse de tous les actes du ministère ; l'autre non-officielle, consacrée aux récits de voyages, aux sinistres de mer et aux variétés littéraires ou économiques,— rendit, dès son apparition, des services inappréciables, mais qui n'étendirent guère leur efficacité en dehors du cercle des gens attachés plus ou moins directement à l'arme. Depuis, les *Annales maritimes et coloniales*, secondées dans leur but par d'autres travaux analogues, ont pris une place spéciale dans cette curieuse bibliographie ; c'est un ouvrage indispensable pour les ports et pour toutes les personnes enfin que des liens d'intérêt rattachent à la marine.

Vers l'année 1829, on fonda au Havre un recueil plus littéraire que les *Annales*, sous le titre de *Navigateur*. M. J. Morlent, du Hâvre, auteur de plusieurs ouvrages de statistique fort estimés, en publia les premières années avec le concours de M. Edouard Corbière. Ce fut dans ce journal que parurent les premières esquisses de littérature *nautique*, qui sont le point de départ de ce qu'on nomme aujourd'hui la littérature maritime. M. Corbière jetait dans le *Navigateur* toutes ses fraîches impressions de marine, si vraies et si appréciées par les hommes de mer. Chaque naufrage, chaque événement de l'Océan était minutieusement raconté dans le *Navigateur ;* ce journal, fort estimé par les marins, eut peu de retentissement dans l'intérieur du pays ; la collection de ses premières années est aujourd'hui de la plus grande rareté. En 1833, la direction en fut transportée à Paris, où il fut continué sous le titre de *Revue maritime,* jusqu'après la fondation du recueil où nous écrivons ces lignes.

C'est également de 1833 que date la création à Paris d'un autre recueil mensuel, ayant pour titre : *Journal de la marine.* Ce journal, dont l'allure était en quelque sorte politique, comparativement aux *Annales maritimes* et au *Navigateur,* offrait à la fois un résumé des événements du mois, un examen des actes ministériels, et une partie littéraire empruntée aux voyages ou aux nouvelles maritimes.

En 1834, M. Amédée Gréhan, sous-chef au ministère de la marine, fonda *la France maritime,* publication étrangère à toute idée de spéculation, et toute de conscience et de désintéressement ; son but fut d'aider cette généreuse pensée de vulgarisation pour la marine ; les sympathies populaires lui étaient acquises, et *la France maritime* pénètre aujourd'hui partout dans notre pays, et jusqu'à l'étranger.

Un journal quotidien, mais spécialement destiné aux nouvelles commerciales, fut publié bientôt après sous le titre de *Mouvement des ports.* On en doit la fondation à M. Lacheurié, directeur d'une compagnie d'assurances maritimes.

En 1841, le *Journal de la Flotte,* fondé par MM. de Vaugrigneuse et de La Landelle, prit rapidement une place importante parmi les organes maritimes.

Une allure vive et indépendante, une polémique ardente et souvent aussi spirituelle par la forme que solide par le fond, l'étude sérieuse des questions qui intéressaient le plus la marine et les marins, valurent à *la Flotte* une carrière brillante, surtout à son début — Cependant les fondateurs s'étant successivement retirés de la rédaction, des intermittences regrettables s'y firent remarquer. Vint un moment où le journal spécial des marins ne fut rien moins que marin lui-même. En 1848, *la Flotte* prit le nom de *Journal de la Marine,* qu'elle porte encore. Plusieurs fois on a pu lire dans ce recueil des travaux remarquables à divers titres ; et même aujourd'hui on y insère assez fréquemment des ouvrages dignes d'une plus grande publicité.

Plusieurs tentatives de recueils périodiques et journaux pour les marins ont prouvé qu'il existe en France un sentiment réel et vivace des intérêts maritimes ; car c'est moins la public et la rédaction que l'administration, ou, si l'on aime mieux, le capital, qui ont manqué à ces journaux.

Nous avons oublié la *Revue des colonies,* journal mensuel dirigé par M. Bissette. Le peu de sympathie que nous avons pour les opinions qu'il défend ne doit pas nous empêcher de constater son existence ; il a été fondé en 1834.

Ainsi voilà une foule de journaux ou publications, quotidiens, hebdomadaires ou mensuels, qui s'occupent de marine. Tous ces recueils, pleins d'intérêt, ont successivement porté chacun leur cargaison de faits, d'événements, de discussions, de nouvelles ; c'est à coup sûr un garant inattaquable de l'attention que le pays porte sur sa marine.

Maintenant, quelques mots sur les livres.

M. Edouard Corbière a publié *le Négrier, les Pilotes de l'Iroise, la Mer et les Marins, les Contes de bord, le Prisonnier de guerre, les Aspirants de marine, les Scènes de mer* et *le Banian ;* en tout douze volumes.

M. Eugène Sue nous a donné *Plick et Plock, Atar-Gull, la Salamandre, la Vigie de Koat-Ven,* et des scènes de mer dans la *Coucaratcha.* Il a continué par son *Histoire de la marine sous Louis XIV ;* il avait même commencé la publication, arrêtée après le premier volume, d'une *Histoire de la marine militaire de tous les peuples.* Ce premier volume, ouvrage sérieux et franchement historique, fait vivement regretter ceux qui auraient dû le suivre.

On doit à M. Léon Guérin l'*Histoire maritime de la France,* livre dont les éditions multipliées ont eu pour effet de nationaliser les exploits nationaux de nos braves marins.

M. Jurien de la Gravière, officier du plus grand mérite, écrivain non moins distingué, a publié sur la marine de l'Empire et sur la marine contemporaine plusieurs ouvrages remplis de documents précieux, de vues neuves et d'aperçus d'un haut enseignement. *La Revue des Deux-Mondes* ouvre ses colonnes à M. Jurien de la Gravière, qui a fait paraître aussi des feuilletons dans *la Presse* et des articles justement remarqués dans divers recueils.

M. Jal a publié les *Scènes de la vie maritime,* en trois volumes ; M. Romieu, *le Mousse,* un volume ; M. de Lansac, *God-Run,* un volume ; M. Pujol, *Entre deux lames* et *Derrière le grand mât,* ouvrages dignes de la mention la plus élogieuse.

Plus fécond en fait de romans maritimes que la plupart de ces auteurs, M. de La Landelle, déjà cité comme fondateur du *Journal de la Flotte,* se signala dès son début par le caractère physiologique de ses travaux. *La France maritime* doit se féliciter d'avoir contribué puissamment à faire connaître le nom, encore inconnu, de cet écrivain consciencieux, qui a publié dans son quatrième volume, sous le titre de *Galerie maritime,* une série complète de portraits, de types et d'études sur les grades et fonctions à bord de nos vaisseaux. — De l'amiral à l'aspirant, du maître d'équipage au mousse, toutes les physionomies de la flotte ont été dessinées, avec un soin et une finesse d'observation fort rares, par l'auteur de l'*Histoire de Duguay-Trouin.* — Publiciste maritime, M. de La Landelle a inséré non-seulement dans *la Flotte,* mais encore dans une foule de journaux quotidiens, des travaux utiles sur l'inscription maritime, les armements, les états-majors, les quarantaines, etc., etc..... Tous nos lecteurs connaissent *la Gorgone, la Couronne navale, les Epaulettes d'amiral, une Haine à bord, les Iles de Glace, les Princes d'ébène* et *Falcar-le-Rouge, le Docteur*

Esturgeot, les Coureurs d'aventures et le charmant petit volume intitulé les Quarts de nuit; ensemble plus de quarante volumes maritimes, sans compter une foule de nouvelles, de romans-feuilletons encore inédits en librairie, et d'articles de toutes les formes. — Littérateur essentiellement marin, M. de La Landelle, aujourd'hui notre Cooper et notre Marryat, est encore le poëte et le chansonnier par excellence des ports et des gaillards-d'avant. Ses chansons techniques sur les nœuds, les voiles, les mâts, la girouette, la boussole, etc., sont appelées à faire, sous toutes les latitudes, les délices de nos navigateurs.

Parlons encore de M. Fulgence Girard, collaborateur de la France Maritime et des Chroniques de la marine française, en 6 volumes; et n'omettons pas le Dictionnaire pittoresque de marine, en un fort volume in-4, édité par les fondateurs de la France Maritime.

M. H. Ducos a écrit en deux volumes les curieuses Aventures d'un Marin de la garde.

La plupart de ces livres publiés sur la marine ont obtenu plusieurs éditions.

Ne négligeons pas un ouvrage, plus modeste, dont le succès populaire mérite assurément une mention honorable; rappelons ici l'Almanach du Marin publié la première fois, pour 1838, sous le titre d'Almanach du matelot. Parmi les innombrables ouvrages du même genre qui paraissent tous les ans, l'Almanach du Marin et de la France maritime, est celui peut-être qui est le mieux approprié à son public spécial. — C'est un manuel dans lequel le marin du commerce trouve les données nécessaires pour la navigation et la table pour faire le point; — c'est pour le marin militaire, un annuaire complet du personnel de l'armée navale. — Il donne quelques extraits des réglements commentés à l'usage des gens de mer, tels que l'article de 1848 sur les droits des marins à une pension sur la caisse des invalides de la marine; des notices sur les possessions françaises; et enfin des articles-variétés dus aux auteurs les plus spéciaux, complètent chaque année cet estimable recueil, où les lecteurs retrouvent avec plaisir les noms de MM. Amédée Gréhan, Edouard Corbière, G. de La Landelle, Fulgence Girard, etc., etc.

L'Almanach du Marin, fondé d'une manière inébranlable, ne redoute aucune concurrence; il est désormais indispensable à la flotte et à la marine marchande.

Mais revenons du public marin au public français et complétons rapidement la revue des choses navales au point de vue de la juste popularité qu'elles ont conquise dans notre pays.

On a joué sur les théâtres de Paris un grand nombre de pièces dont les sujets et les décorations, empruntés aux détails et aux mœurs maritimes, ont eu le plus grand succès.

La foule se presse, à toutes les expositions du Salon de peinture, devant les toiles maritimes. Gudin, Isabey, L. Garneray, Lepoitevin, Morel-Fatio, Durand-Brager, Tanneur, Roqueplan, Biard, Perrot, Mozin, Lauvergne, Casati, Gilbert, Jugelet, Ulrich, etc., captivent l'attention publique par leurs compositions dramatiques, leurs études de mœurs, ou leurs reproductions des aspects et des convulsions de la mer

Les lithographies de Gudin, de Gilbert, Lebreton, les gravures d'après L. Garneray sont répandues à grand nombre dans le commerce, et portent jusque dans les derniers rangs du peuple les reproductions si vraies et si recherchées de leur savante imagination.

On s'occupe activement, depuis plusieurs années, de la formation d'un musée naval, où figurent les précieux modèles de toutes les constructions anciennes et modernes, les plans en relief des ports, les instruments, les modèles des matériels de guerre, de pêche, etc. M. Morel-Fatio, peintre de marine, préside à l'arrangement de cette précieuse collection.

Maintenant, outre les journalistes, les auteurs des romans ou d'ouvrages d'imagination dont on a parlé plus haut, plusieurs écrivains, et notamment des officiers de marine, ont publié des livres de voyages, de science ou de théorie.

MM. Laplace, de Verninac Saint-Maur, de Joannis, Duhaut-Cilly, Duperrey, Dumont-d'Urville, etc., ont publié des voyages autour du monde, des campagnes, etc., etc. (1).

M. Dubreuil a publié un traité de Matelotage.

M. le vice-amiral Willaumez, une nouvelle édition de son Dictionnaire de marine, ouvrage technique d'un grand mérite; M. le capitaine de vaisseau de Bonnefoux, auteur des Séances nautiques, a terminé, en 1834, un Dictionnaire abrégé de marine, également à l'usage des marins. Ces deux ouvrages, comme les autres dictionnaires qui les ont précédés, sont principalement des manuels de navigation. Leur but est de décrire les propriétés et l'emploi des objets; ils établissent savamment la signification rigoureuse des mots par d'autres mots du langage maritime.

Nous pensons que le complément indispensable de ces livres, l'ouvrage qui était le plus à désirer en France, comme la conséquence du goût qui porte le public vers les connaissances maritimes, où il trouve à la fois instruction et attrait, était un dictionnaire fait pour les gens du monde, œuvre à la fois littéraire et spéciale, amusante, variée, et scientifique pourtant par le fond, sous la forme attrayante qui s'emprunte à l'imagination. Les Dictionnaires sérieux de marine ne font réellement que déplacer les difficultés pour les gens qui ne sont pas marins. Un livre fait pour les gens du monde était une lacune qui ne pouvait être comblée que par un lexique où tous les mots particuliers à cette spécialité trouveraient leur explication générique, grammaticale et pittoresque, en expressions du langage commun.

C'est, nous le pensons, le désir de satisfaire à ce besoin qui a inspiré la pensée du Dictionnaire pittoresque de la marine, déjà cité plus haut. Ce livre est un complément rigoureusement nécessaire à la France maritime et à tous les recueils et ouvrages graves ou futiles qui traitent de marine, et il trouvera son succès dans celui des œuvres dont il est le corollaire.

(1) Dans notre rapide analyse, nous ne pouvons qu'indiquer quelques ouvrages, sans prétendre les signaler tous.

Cet ouvrage nous paraît aussi un des moyens les plus puissants de seconder ce mouvement qui porte les esprits vers les connaissances nautiques, qui deviennent chaque jour plus importantes dans toutes les questions d'économie et de sociabilité. L'obscurité dont la technologie entourait la marine n'a-t elle pas été un des motifs qui en ont le plus vivement écarté l'attention nationale ? Ne sont-ce point l'aspect aride et les fausses couleurs dont on a entouré toutes les compositions navales qui en ont repoussé la curiosité et l'intérêt? Pourquoi, en ne remontant même que jusqu'à Ozanne, pour arriver jusqu'à une certaine époque, avons-nous eu plusieurs peintres célèbres et pas un seul écrivain distingué dans cette spécialité, si ce n'est que les artistes, par leur dessin et leur couleurs, offraient dès leur premier coup d'œil, à toutes les intelligences, les événements et les spectacles dont on ne pouvait saisir les développements à travers les expressions inintelligibles ou infidèles des littérateurs?

Quel langage cependant peut offrir plus de ressources à l'écrivain que ce dialecte où tout est énergie, abondance, harmonie et peinture ? Là l'expression la plus vulgaire est souvent un trope hardi à étonner un rhéteur ; les dénominations sont presque toujours une image ou une allusion imprévue et saisissante. On comprend aisément que la richesse doit être une des principales qualités de la langue d'hommes qui, sans cesse en relation avec des nations étrangères, ont dû à la longue leur emprunter les nuances d'expressions qui leur manquaient.

Une publication destinée à mettre en relief tous les trésors d'une langue qui réunit tant de qualités (qualités qu'au premier abord semblent devoir repousser les mœurs et le caractère des hommes dont elle est destinée à traduire les sentiments et les pensées), ne pouvait être exclusivement l'œuvre d'un marin. Il était indispensable d'avoir acquis aux enseignements de la pratique navale l'aspect et l'emploi des objets que les mots désignent ; il était indispensable aussi de posséder les connaissances scientifiques qu'exige l'art de la navigation pour pouvoir en expliquer les opérations et les instruments ; il était bien également indispensable d'avoir vécu de la vie maritime pour avoir complétement saisi tous ces termes qui peignent plutôt qu'ils n'expriment les idées dont la transmission leur est confiée ; il fallait enfin que les auteurs complétassent cet ouvrage en mettant en action les mots dont l'explication grammaticale et historique venait d'être donnée, et fissent ainsi disparaître, sous l'intérêt anecdotique, l'aridité qu'eût infailliblement offerte un travail de pure linguistique.

La collaboration du spirituel et savant capitaine Luco, dont nous pleurons encore la perte, a puissamment contribué au succès du *Dictionnaire pittoresque de la marine.*

Oublierons-nous, dans notre rapide coup d'œil sur les moyens de popularité que la marine a empruntés à la littérature et à l'art, les traductions si recherchées qu'on nous a faites de tous les voyages étrangers, les œuvres maritimes de Cooper, Marryat, Tom-Cringle, etc., les campagnes de Ross, des frères Lander, etc.?

Toutes ces sympathies publiques sont, n'en doutons pas, d'un heureux augure pour les développements de notre marine.

Les écrivains s'occupent de son histoire, la font sortir de l'oubli où elle est plongée, et redressent la fausse interprétation que l'insouciance a prêtée à ses actions glorieuses.

Il suffit, en effet, de jeter un coup d'œil rapide sur notre histoire navale depuis le temps des Croisades et des premières découvertes, jusqu'à nos jours, pour se convaincre que le même sang coule dans les veines de nos matelots et de nos soldats et que, malgré leurs fortunes diverses, nos pavillons ne furent jamais moins intrépidement portés que nos drapeaux.

Même sous la république et sous l'empire, après que d'héroïques revers les eurent arrachés de la corne de nos vaisseaux, nos couleurs ne cessèrent de parcourir vaillamment toutes les mers sur nos frégates et nos corsaires?

La gloire de notre marine ne décline le parallèle d'aucune gloire ; les croisières successives de nos quelques frégates sur la mer des Indes sont dignes des plus célèbres campagnes de nos armées de terre. Quel combat plus glorieux, parmi tant de glorieux combats, que celui où Duperré, avec deux frégates échouées, brûla, désempara ou mit en fuite quatre frégates anglaises? Quel nom, parmi ceux de nos généraux dont la réputation repose sur tant d'exploits, n'envierait l'éclat que le nom de Lucas emprunte à un jour de défaite? N'est-il point aussi beau de défendre, comme Villaret ou Infernet, son vaisseau coulant sous les bordées foudroyantes de sept vaisseaux, que de parcourir le territoire ennemi en triomphateur? Loin de nous la pensée de contester la gloire de l'une des journées où le courage français a brillé de plus d'éclat ; nous disons pourtant hautement que si la vieille garde s'ensevelissant avec ses aigles dans la catastrophe où s'abîma l'empire est noble et grande, *le Vengeur* disparaissant sous les flots aux cris de liberté est admirable et sublime.

Mais, habitués à ne juger des événements maritimes que par les résultats, trop éloignés d'ailleurs de leur théâtre pour en connaître les péripéties, occupés enfin à suivre de capitale en capitale le vol de nos drapeaux victorieux, nos historiens s'imaginèrent qu'après les défaites du 13 prairial, d'Aboukir et de Trafalgar, toute lutte sur mer était impossible ; et, détournant leurs yeux de l'Océan et de la Méditerranée que chargeaient les flottes britanniques, ils les reportèrent sur nos camps, où semblaient se concentrer tous les succès.

Ce fut sans doute une grande erreur. Les travaux historiques dont la marine française est aujourd'hui l'objet le prouveront au pays. Maintenant que l'attention est portée sur la marine, les progrès seront rapides dans l'esprit public. L'intelligent fondateur de la *France maritime*, M. Amédée Gréhan, et ses collaborateurs auront des droits à réclamer leur part dans les résultats heureux pour l'industrie, le commerce et la gloire nationale, que doivent entraîner un jour les nécessités politiques et économiques qui poussent la marine vers un grand avenir.

L. DESHAYES.

Le Vice Amiral C.te de Rigny.

Le Vice Amiral de Rigny et Ibrahim Pacha.

BIOGRAPHIE.

—

De Rigny,

NÉ LE 2 FÉVRIER 1783; MORT A PARIS, LE 6 NOVEMBRE 1835.

Le comte Henri de Rigny débuta dans la carrière maritime à l'âge de quinze ans, dans l'emploi modeste de novice sur la frégate *la Sirène*.—Il est mort vice-amiral, grand cordon de la Légion-d'Honneur, chevalier de Saint-Louis, grand'croix de St.-Alexandre Newski, commandeur de l'ordre du Bain, chevalier de l'ordre de Saint-Maurice et de Saint-Lazare de Sardaigne, et de celui du Saint-Sépulcre de Jérusalem, membre du conseil des ministres, après avoir tenu tour à tour les portefeuilles de la marine, de la guerre et des affaires étrangères; le dernier bâtiment où il ait arboré un pavillon d'amiral se nommait *la Sirène*, comme celui où il débuta dans la glorieuse carrière qu'il a si rapidement parcourue.

Les dispositions et le zèle de Henri de Rigny le firent promptement sortir des grades inférieurs de la marine; deux ans à peine après son premier embarquement, il fut nommé aspirant de deuxième classe, et, dans cette qualité, il assista au glorieux combat de la frégate *la Bravoure* contre la frégate anglaise *la Concorde*. Diverses mutations le firent participer au blocus de Porto-Ferrajo, puis au combat d'Algésiras sous Linois, où il se distingua à la défense de l'île Verte, à l'expédition de Saint-Domingue et aux campagnes de Corse et d'Espagne.

A la formation du bataillon de marins que, vers la fin de l'année 1803, Napoléon ajouta à sa garde, de Rigny, qui venait d'être promu au grade d'enseigne, fut choisi pour servir dans ce corps d'élite. La plus belle armée qu'ait peut-être jamais eue la France ne tarda pas à se rassembler au célèbre camp de Boulogne, d'où elle menaçait d'envahir l'Angleterre. De Rigny commanda successivement plusieurs des bâtimens de la flottille destinée à faire traverser à nos braves légions le bras de mer qu'elles brûlaient de franchir.

Lorsque le renouvellement de la guerre sur le continent eut fait ajourner la descente et lever le camp de Boulogne, M. de Rigny fit, avec les marins de la garde, toutes les campagnes en Prusse, en Pologne et en Poméranie. Il assista aux batailles d'Iéna et de Pultusk; au siège de Graudentz, en 1807, il reçut au pied une grave blessure.

Le bataillon des marins de la garde ayant été incorporé en 1808 dans l'armée d'Espagne, M. de Rigny fut attaché à l'état-major du maréchal Bessières, et combattit en qualité d'aide-de-camp à la bataille de Somosierra et à celle de Sepulveda, dans laquelle il fut encore blessé à la jambe. Cette campagne se termina, pour Henri de Rigny, à la prise de Madrid. L'année suivante, il assista au combat de Benavente et à la bataille de Wagram.

Promu, en 1809, au grade de lieutenant de vaisseau, le commandement du brig *le Railleur* (1) lui fut confié; en 1811, il obtint le grade de capitaine de frégate, tout en conservant son commandement. Decrès l'investit alors d'une autorité supérieure sur les divers détachements de marine de la division de Cherbourg qui devaient former les équipages des canonnières destinées à quitter le port de Boulogne pour cette première destination; il parvint, avec un rare bonheur, à soustraire toute sa petite flotte à la vigilance des croiseurs anglais qui barraient la Manche.

En 1813, il fit partie du blocus de Flessingue en qualité de commandant de la frégate *l'Erigone*, sous les ordres du général Gilly. Il reçut alors du gouverneur une mission fort périlleuse, dont il sortit avec éclat. Il avait ordre d'enlever, à deux fortes batteries anglaises, le village de Borselen, dans le Sud-Beveland. A la tête de quatre cents marins, en partie tirés de *l'Erigone*, il parvint à chasser du village les Anglais qui l'occupaient, et à en prendre victorieusement possession; mais cette rapide conquête lui coûta encore une légère blessure. A la paix, M. de Rigny, qui conserva le commandement de sa frégate, reçut successivement des missions pour les côtes d'Espagne et les Antilles françaises. *L'Erigone* ne désarma qu'en 1815. Après avoir exercé pendant quelques mois les fonctions d'aide-de-camp du ministre de la marine, il alla prendre le commandement de la corvette *l'Aigrette*, avec le grade de capitaine de vaisseau.

La campagne qu'entreprit alors le commandant de Rigny offre un de ces rares exemples d'habileté spéciale qui caractérise parfaitement cet officier, auquel tout le monde a accordé une haute capacité de marin. Nous emprunterons cette anecdote à un précis publié en 1832 dans les *Annales maritimes et coloniales*, précieux recueil où se trouvera un jour toute l'histoire maritime de notre époque, et qu'on doit au zèle et aux travaux assidus de son fondateur, M. Bajot.

En janvier 1817, Henri de Rigny appareilla de Toulon sur la corvette *l'Aigrette*, ayant à son bord M. de Beaujour, inspecteur général des établissements français dans le Levant. Ce fut pendant le cours de cette campagne que cet officier donna la preuve de ce que peuvent sur le moral d'un équipage la présence d'esprit et la fermeté de

(1) Ce brig, dont M. de Rigny prit le commandement au Havre, avait été construit par l'ingénieur de marine Gréban, camarade d'enfance de l'illustre amiral.

celui qui le commande. La corvette, après avoir fait quelque séjour à Smyrne, se rendait à Salonique ; le second jour de la traversée, un homme de l'équipage tombe malade. Les premiers symptômes annonçaient une fièvre maligne ; mais le quatrième jour il n'y eut plus de doute que ce ne fût la peste. D'après les ordres du capitaine, et pour ne point donner d'inquiétude à l'équipage, le chirurgien de la corvette déclara que la maladie de ce marin n'était autre qu'une fièvre maligne très-intense ; mais en même temps toutes les précautions furent prises pour isoler complètement le malade. Elles furent telles que les habitudes du bord s'en trouvèrent nécessairement dérangées, et que la crainte atteignit bientôt ceux des hommes de l'équipage qui, dans l'origine de la maladie, avaient soigné le malade. Cette crainte, en se propageant, pouvait avoir les suites les plus funestes. M. de Rigny dut donc, dès ce moment, apporter tous ses soins à détourner l'attention de l'équipage du spectacle qu'il avait sous les yeux. Dans ce but, des manœuvres extraordinaires furent commandées, et des exercices, dans lesquels l'amour-propre des marins pouvait être excité, eurent lieu le plus fréquemment possible. En même temps, rien n'était négligé de ce qui pouvait entretenir la distraction et la gaîté parmi l'équipage.

A l'arrivée de *l'Aigrette* à Salonique, le malade fut débarqué : quelques heures après il n'existait plus. Le médecin grec qui soigne habituellement les pestiférés dans cette échelle vint en rendre compte au consul, et il ajouta que, d'après les symptômes reconnus, ce marin était mort de la peste. M. de Rigny, qui était chez le consul en ce moment, calcula tout de suite quel effet cette nouvelle pourrait faire sur le moral de son équipage, s'il ne se hâtait de se rendre à bord avant qu'elle y fût parvenue. En montant à bord de *l'Aigrette*, il prescrit à l'officier de quart de faire assembler tout l'équipage sur le pont, d'ordonner que tous les hommes se jettent à la mer, et de leur en donner l'exemple en s'y précipitant lui-même tout habillé. Cette mesure fut en effet exécutée promptement et sans exception.

Immédiatement après, les sacs, les hamacs et tous les vêtements à l'usage des marins furent passés à l'eau de mer et exposés à l'air sur des cartahus, les voiles furent dévergüées, toutes les manœuvres courantes dépassées et mises à la traîne ; tous les objets qui étaient susceptibles de recéler la contagion furent brûlés sur le pont, et le bâtiment fut parfumé à l'acide muriatique.

Ces dispositions, dont cependant on ne se dissimulait pas l'insuffisance si le germe de la maladie existait effectivement à bord, avaient pour but principal de rassurer le moral d'un équipage qui allait entreprendre une longue campagne

dans les mers du Levant. Les précautions étaient telles qu'il avait été possible de les prendre dans un pays où le bâtiment était livré à ses propres ressources. Pour les compléter, M. de Rigny jugea convenable d'aller, dans le but apparent de faire du bois, s'établir sur une côte libre et peu habitée. Il choisit le port de Raphty, sur la côte orientale de l'Attique, entre Marathon et le cap Coloun. Là, tout l'équipage fut débarqué, mis sous des tentes, et tenu dans une continuelle activité. Au bout de cinq jours, aucun indice de contagion ne s'étant manifesté, il fut ramené à bord. *L'Aigrette* appareilla pour continuer sa mission, et, pendant tout le temps qu'elle dura, aucun accident de la nature de celui qu'on avait un moment redouté ne vint en déranger le cours.

Les opiniâtres travaux de cette campagne avaient tellement fatigué de M. Rigny, que le repos lui fut nécessaire ; il vint à Paris, où il s'occupa d'un ouvrage sur l'instruction pratique des mers qu'il venait de parcourir.

Ce fut en 1822 que le commandant Rigny monta la frégate *la Médée*, qui entraînait l'autorité supérieure des forces navales de la France dans les mers du Levant. Peut-être devons-nous examiner rapidement la situation politique du pays sur les côtes duquel croisait M. de Rigny, afin d'analyser plus complètement la conduite qu'il tint dans cette nouvelle partie de sa carrière.

Les forces navales qui occupaient alors les mers du Levant, et principalement l'Archipel, portaient les pavillons de la Russie, de l'Angleterre, de l'Autriche et de la Hollande. Il y avait déjà à cette époque une manifestation visible de la protection que l'Angleterre devait plus tard accorder aux Grecs dans leur lutte contre la Turquie ; le commandant de la station anglaise, dont le pavillon flottait sur la frégate *le Cambrian*, en opposition avec les représentants des trois autres nations maritimes, qui conservaient une attitude toute de neutralité, semblait déjà favoriser les Grecs, en cela d'accord avec les intentions généreuses du cabinet français.

Les Grecs avaient en quelque sorte ouvert leur lutte contre le capitan-pacha, par la prise de Napoli de Romanie, de l'île et du port de Spina-Longa en Candie ; Modon et Coron demandaient une capitulation, et nul doute que les succès des Grecs ne se fussent encore développés sans les dissensions continuelles qui retiraient une partie de leur force à leur défaut d'unité. Les républiques d'Hydra, de Spécia et d'Ipsara avaient en quelque sorte levé l'étendard de l'anarchie ; et ce fut dans ces circonstances difficiles que le commandant de Rigny se trouva contraint de nouer des rapports politiques avec les chefs de ces phalanges indisciplinées. L'efficacité de l'intervention de l'officier français sur ces mers devait principalement s'étendre sur la répression des entraves apportées au libre exercice de notre commerce, dont l'attitude, toute de neutralité, ne le garantissait pas des déprédations des bâtiments grecs plus particulièrement. Sous le spécieux prétexte que les cargaisons que devait protéger le pavillon français appartenaient aux Turcs, ou leur étaient destinées, les Grecs, enhardis par l'impunité et nos premières condescendances, s'étaient déjà emparés de plusieurs bâtiments de notre commerce. En vain les chefs s'étaient-ils souvent interposés entre cette violation de la neutralité et le bon droit de nos marins, la cupidité des équipages ne pesait aucune considération, et ils se livraient chaque jour, et à toutes les rencontres qui leur semblaient favorables, à ces actes d'une honteuse piraterie.

Une des premières mesures du commandant de Rigny contre ces déprédations ruineuses pour notre commerce, autant qu'insultantes pour notre pavillon, fut de se faire délivrer par notre consul général de Smyrne un état de ces infractions au droit des nations, qui s'élevaient déjà à cinq cent mille piastres turques. La position des Grecs en présence de la flotte ottomane rendait fort délicate la négociation de M. de Rigny, qui, jaloux de conserver à la France son attitude généreuse dans la lutte de ces deux premières puissances, voulait éviter que les chefs des Grecs ne considérassent comme un moyen mis en titre par le représentant français la formidable réunion des forces de la Turquie. La mission toute diplomatique que de Rigny avait confiée au commandant de la corvette *l'Active*, auprès des primats d'Ipsara, d'Hydra et de Spécia, eut un plein succès; les trois chefs de ces îles, dont notre navigation commerçante avait eu le plus à se plaindre, s'exécutèrent convenablement; les sommes des dernières captures furent remboursées en espèces, et la valeur des bâtiments qu'un trop long intervalle de temps avait dispersés fut garantie par eux en engagements valables et pleinement satisfaisants.

Afin de terminer plus promptement ces négociations urgentes, M. de Rigny s'était dirigé lui-même avec la frégate *la Médée*, sur les îles de Caxo et de Syra, tandis que *l'Active* opérait sa mission dans les autres points de l'Archipel. Une valeur préalable, représentée par trois bâtiments grecs capturés dans sa route, servit au commandant français à obtenir sans retard la restitution demandée. Ces négociations, que la fermentation de l'esprit politique de cette nation rendait fort difficiles à accomplir, surtout par des voies toutes de conciliation et de douceur, font le plus grand honneur au caractère et aux talents de M. de Rigny, qui préludait alors dans ce genre d'intervention aux services éminents que plus tard il devait rendre à son pays.

Dans toute la durée de la lutte qui suivit ces préliminaires, M. de Rigny se montra de manière à illustrer l'intervention française. Sa conduite fut constamment noble et humaine dans ces difficiles circonstances, où notre pavillon ne pouvait s'allier à celui de la Grèce contre la tyrannie d'une nation alors notre alliée; il sut se concilier à la fois la reconnaissance des Grecs et l'estime des Ottomans. Quand la France et l'Angleterre eurent jugé devoir enfin prendre une attitude hostile et protectrice à la fois dans cette lutte héroïque de l'insurrection hellénique contre la tyrannie barbare de ses oppresseurs, M. de Rigny se montra digne de la haute position que lui conféraient les événements qu'il avait en quelque sorte vu se former autour de lui. L'habileté avec laquelle il dirigea l'influence politique qu'il sut donner à notre position dans les mers du Levant le rendit moralement le chef des forces combinées que trois grandes nations maritimes possédaient sur le théâtre de ces guerres, bien qu'il ne fût alors investi que du grade de contre-amiral. Dans le conflit d'événements qui se noua dans les mers qui portaient nos flottes, M. de Rigny se montra tour à tour un habile diplomate et un habile officier de guerre. On sait la part glorieuse que la journée de Navarin emprunte à l'habileté de ce chef, et nous ne supprimerions point ici les détails de cette victoire, si elle ne devait bientôt trouver place dans nos colonnes avec toutes les considérations politiques qui s'y rattachent. Ce fut à la suite de cette belle affaire que M. de Rigny fut nommé vice-amiral.

Si la carrière militaire de l'amiral de Rigny s'arrête à cette glorieuse journée de Navarin, l'éclat qui s'attache à ce nom dès-lors populaire ne pâlit point dans la nouvelle voie où le poussent les événements politiques de la France. Le ministère Polignac s'était formé pour détruire la constitution menacée; le nom de Rigny pouvait donner une grande influence à ce cabinet peu populaire, et le vice-amiral fut sollicité d'en faire partie. Il résista, persuadé que l'intérêt national était compromis dans l'avenir que préparait au pays la tendance politique de cette époque. Ce ne fut qu'après la révolution de juillet qu'il accepta le portefeuille de la marine.

M. de Rigny avait, dit-on, de grandes vues d'amélioration pour la marine; il avait à combattre les vices organiques qui rendent difficiles les applications nouvelles; il fut empêché, par les mutations politiques du cabinet, de se consacrer complètement à ses vues amélioratrices. À l'époque de la première discussion sur la créance américaine, il remplaça M. de Broglie, qui quittait le portefeuille des affaires étrangères. Peu de temps après, il occupa l'intérim de la guerre, et on lui a toujours accordé, dans ces positions élevées, les titres d'une haute capacité administrative.

M. de Rigny était doué à un certain degré des

différents genres d'habileté qui constituent aujourd'hui l'homme d'Etat. Ses débuts dans la carrière diplomatique, pendant la lutte des Grecs, lui fournirent l'occasion de révéler cet esprit fin, délié et conciliateur, qu'on ne devait point attendre d'un officier militaire dans cette mission toute spéciale en apparence. Son caractère honorable s'est produit sous un nouveau jour depuis l'époque où, par son entrée aux affaires, il eut à donner une direction nouvelle à son esprit; il se montra bon et serviable, tolérant pour les opinions étrangères à la sienne, et trop honorable et trop juste pour ne les pas souffrir chez les hommes qui, avant tout, aiment leur patrie et la servent bien. Sans être un homme de tribune, l'amiral de Rigny apportait une grande clarté dans la discussion ; lorsqu'il parlait de la gloire nationale, son langage s'élevait souvent jusqu'à l'éloquence. Il était ennemi des discussions politiques, et son caractère conciliant le rendait étranger aux haines de partis. Depuis quelques années le collége électoral de Boulogne-sur-Mer l'avait choisi pour son représentant à la Chambre des députés, et la gestion des affaires de cette localité lui avait concilié la reconnaissance de tout cet arrondissement maritime. La plus grande partie des journaux ont réuni leur opinion en expression élogieuse sur la part que cet amiral a prise aux affaires politiques. C'est là sans doute un bel hommage, dans un temps de dissensions, où la tombe n'est pas toujours considérée comme une barrière pour les récriminations des partis.

Le vice-amiral de Rigny est mort dans la nuit du 6 au 7 novembre dernier, après trois semaines des plus cruelles souffrances; il n'avait que cinquante-deux ans, et était doué d'une santé meilleure que ne semblait l'annoncer l'examen physique de sa personne. Il avait épousé, depuis un an à peine, madame veuve Honoré, l'un des plus riches propriétaires de la Belgique. Il était encore héritier du baron Louis, qui avait dans le temps influencé son entrée aux affaires publiques.

M. l'amiral de Rigny a été peint sur son lit de mort, où il fut exposé plusieurs jours, ayant constamment près du catafalque des officiers du corps royal de la marine ou de l'administration du ministère. Un des artistes les plus distingués de notre époque, M. Lépaulle, a fait un portrait en pied de l'illustre amiral, et nous devons à son obligeance le dessin dont le graveur a reproduit les traits avec fidélité, et que nous offrons à nos lecteurs avec un épisode de la bataille de Navarin, dont le récit accompagnera l'article que nous destinons à cette glorieuse journée. Toute la marine admirera avec reconnaissance le tableau de M. Lépaulle, dont le salon de 1836 devra voir grandir la réputation qu'il s'est déjà acquise.

AMÉDÉE GRÉHAN,

Amélioration

INTELLECTUELLE

DE LA CLASSE DES MATELOTS.

Dans ces fragments de la population française que le recrutement maritime arrachait à la société, pour les jeter à bord des vaisseaux de guerre sous un régime d'exception et de lois rigoureuses, on ne pouvait s'empêcher de reconnaître l'empreinte des mœurs qui régnaient à terre aux différentes époques des anciennes levées de marins. C'est ainsi que, sous Louis XIV, les matelots pressés au milieu des campagnes à peine civilisées, ou sur les côtes de nos rivages encore barbares, portèrent sur les vaisseaux de l'État l'incivilisation de leur origine et la grossièreté inhérente à la société à laquelle ils appartenaient. Les dispositions morales que le législateur maritime rencontra alors dans les classes destinées au service de mer, expliquent donc et justifient même, selon nous, la sévérité des ordonnances de ce temps. Partout aussi dans le Code pénal de la marine du grand siècle, comme on l'appelle, voyez-vous figurer les punitions corporelles au premier rang des châtiments à infliger aux marins. La rudesse et l'ignorance des hommes à qui les commandants des vaisseaux avaient affaire n'étaient que trop en rapport avec la rigueur et l'inflexibilité des lois faites pour la marine de cette époque, et aujourd'hui que des mœurs plus douces ont pénétré dans la classe qui fournit un recrutement maritime, on s'étonne encore beaucoup moins de la sévérité des ordonnances de Colbert que de la sagesse qui présida, dans cet âge de la renaissance de la marine, à toutes les dispositions d'une organisation nouvelle et forte que les siècles suivants ont été forcés de respecter et d'adopter.

La République même, dont la mission semblait avoir pour but de nécessiter de tout reconstituer et d'effacer jusqu'aux moindres vestiges du passé, fut obligée d'accepter une partie des ordonnances de Louis XIV pour pouvoir posséder une marine à elle, et les nouveaux officiers, appelés à remplacer si subitement les états-majors formés sous l'empire des lois maritimes du XVIIe siècle, n'essayèrent qu'en tremblant d'expérimenter les modifications récentes qu'un autre ordre de choses avait apportées à l'ancienne législation navale.

Sous le règne désastreux qui suivit une des plus belles périodes de la marine française, la moitié du siècle de Louis XIV, les équipages recrutés sur notre littoral offrirent, dans leur agglomération à bord de nos vaisseaux de guerre, l'indice de cette décomposition qui menaçait déjà la France. Jamais, au dire des officiers de marine, dont les mémoires et les rapports ont survécu à cette époque, on ne vit parmi les matelots plus de découragement et de mauvaise volonté. Les délits se multipliaient en raison des dispositions dont les équipages nouveaux étaient imbus, et qu'ils commençaient à puiser dans les masses déjà agitées pour les causes qui plus tard devaient produire cette révolution à laquelle préludèrent les désordres de l'aristocratie et de la cour. Des états-majors, pris dans le sein de la noblesse et sortant d'une société frivole et corrompue, ne commandaient plus qu'à des équipages à moitié révoltés des mœurs relâchées de leurs chefs. A terre, on pressentait déjà la sourde insurrection qui devait éclater quelques années plus tard en bouleversant toute la France. A bord, la mutinerie des matelots révélait de son côté la sourde agitation de la masse nationale à laquelle on les avait arrachés pour servir le pays; et pendant que des commandants et des officiers de famille, braves, instruits, mais livrés à la licence effrénée des plaisirs et de la débauche, ne quittaient leur vie dissipée que pour se montrer un instant à la mer et au combat, les équipages encore grossiers, mais déjà pénétrés des idées instables du siècle, manifestaient presque hautement l'impatience du joug qu'ils avaient à supporter, et la prétention d'être affranchis d'un service où la roture était condamnée à toujours souffrir les rigueurs du métier, sans pouvoir aspirer aux moindres des avantages que la profession réservait exclusivement aux privilégiés.

Le règne de Louis XVI vint. La marine, longtemps oubliée, sembla sortir de son sommeil et de l'apathie dans laquelle un ministère, qui se flattait de n'avoir gardé qu'un vaisseau armé en France, l'avait laissée stupidement languir (1). Quelques expéditions actives, plusieurs événements politiques qui réclamaient l'intervention du corps naval, et enfin un assez grand nombre d'actions brillantes, rendirent à cette marine l'éclat qu'elle avait jeté cent ans auparavant sous les

(1) En 1761, six ans après la déclaration de guerre avec l'Angleterre, Louis XV se trouva forcé de faire un appel à ses provinces pour obtenir d'elles les moyens de prolonger la lutte maritime qu'il avait été obligé de soutenir, après avoir laissé périr, par impéritie et négligence, les ressources navales qu'il aurait pu trouver dans le royaume. Les états de Languedoc fournirent un vaisseau de 74 au roi; les états de Bourgogne, ceux de Bretagne, les villes de Paris et de Marseille et les corporations les plus riches imitèrent les états de Languedoc. Cette circonstance, qui prouve le dévoûment que montrèrent les provinces et les *bonnes villes* de France, dans ce moment de nécessité, prouve encore bien mieux l'extrémité à laquelle fut réduit le royaume par la faute de celui qui le gouvernait et des ministres qui l'administraient. Plusieurs des vaisseaux dont les états avaient doté le gouvernement portaient encore, au commencement de la révolution, le nom qu'ils avaient reçu sur les chantiers, et qui rappelait leur origine. C'est ainsi que beaucoup de personnes, vivant encore aujourd'hui, se souviennent d'avoir vu dans nos ports de guerre, en 89 et 90, les vaisseaux *les États-de-Bourgogne*, *les États-de-Bretagne*, *la Ville-de-Marseille*, etc. C'étaient les cadeaux d'un peuple assez pauvre à la folle royauté qui avait dissipé jusqu'aux ressources maritimes du pays.

Tourville, les Jean-Bart, les Duguay-Trouin et les Duquesne. Cette période fut peut-être le plus bel âge de la marine française. Jamais, disent encore les vieux officiers contemporains de la guerre de 78, on n'avait vu des équipages aussi actifs, aussi énergiques : ils semblaient, en combattant pour l'indépendance du Nouveau-Monde, s'ouvrir l'avenir d'émancipation que rêvait alors la France. C'était déjà une marine révolutionnaire que nous avions, et, tout en servant encore avec obéissance sous les ordres des d'Orvilliers, des Guichen et des Bailli de Suffren, les officiers bleus et les maîtres de nos bâtiments de guerre pressentaient le moment où l'égalité, préconisée par l'esprit du siècle, les appellerait à secouer le joug de la noblesse et les privilèges qu'ils ne supportaient qu'avec répugnance. Notre marine subalterne était déjà enfin une marine toute *révolutionnée*, et elle n'eut que peu de choses à faire pour passer un peu plus tard de la domination monarchique sous le niveau de l'égalité républicaine.

La phase insurrectionnelle de 1793 et 1794 offrit à bord de nos vaisseaux les mêmes phénomènes que dans la société française. Les nouveaux chefs, appelés du sein de la démocratie pour remplacer les privilégiés qu'avaient proscrits les décrets de la Convention, ne purent régner que par la violence ou la terreur sur des équipages trop insoumis ou trop peu éclairés pour se soumettre aux lois de l'obéissance passive, alors que le frein de la dépendance sociale et militaire venait d'être brisé sur les ruines du trône. L'ère républicaine fut, dans nos escadres comme dans nos armées et sur nos places publiques, le temps de dévoûments héroïques, des sacrifices mémorables et aussi des insurrections populaires. A la place des lois douces, plus humaines que la République proclamait, la nécessité forçait les nouveaux officiers de marine à imposer une justice exceptionnelle. Jamais on ne parla plus de philantropie à bord de nos vaisseaux, et jamais non plus on ne vit autant de révoltes ou de sévices, d'oppression et de désobéissance. Ce n'était que devant l'ennemi que le calme et l'ordre se rétablissaient à bord de nos navires. Des officiers improvisés, et peu instruits pour la plupart, commandaient à des équipages dévoués, mais trop peu préparés encore à se montrer dignes de la réforme que la législation avait voulu introduire dans la classe des hommes de mer. Ce ne devait être que long-temps après cette époque de transition, que la transformation devait s'opérer.

Le règne de Napoléon, en rétablissant par la force et la puissance de volonté du chef de l'Etat, l'ordre qu'avaient compromis quelques années de confusion et d'anarchie, disciplina l'espèce des marins sans améliorer beaucoup leur état moral et sans relever leur condition matérielle.

2

Ce ne fut guère que dans les derniers temps de l'empire, que l'instruction fit des progrès notables dans la marine, et que l'on songea, en créant des bataillons de haut-bord, à donner aux équipages des idées de dignité et de tenue militaire. Les jeunes officiers formés à cette époque commencèrent à comprendre leur position et leur mission, et c'est de ce temps-là que datent les belles éducations maritimes qui jettent aujourd'hui tant d'éclat sur le corps de notre marine militaire.

La diffusion des lumières dont notre génération est appelée à jouir depuis vingt ans de paix, a pénétré trop avant dans toutes les masses, pour que la partie de la population qui se voue à la marine ait pu rester étrangère à l'influence morale que la culture intellectuelle a exercée sur toute la société. Aujourd'hui on ne peut nier que la race des matelots ne se soit améliorée, et c'est en vain qu'en se rappelant la rudesse encore proverbiale des marins d'autrefois, on chercherait maintenant dans nos équipages, même les moins bien composés, la trace de cette grossièreté de mœurs et de langage. Le corps total de la marine, enfin, s'est régénéré, et a des mœurs nouvelles et des habitudes perfectionnées; on sent qu'il faut des lois plus douces, plus humaines que celles qui ont existé pour des populations maritimes informes ou barbares. Déjà les usages et les relations d'homme à homme, qui se modifient toujours avant les lois, se sont introduits dans le service des gens de mer. Les rapports entre les officiers et les matelots n'offrent plus rien que de bienveillant et de paternel à bord de nos navires de guerre. La discipline ancienne, qui n'apparaissait qu'armée de fers, de garcettes ou de bâillons, ne se montre maintenant qu'escortée de l'indulgence et de la pitié. Aux mousses on donne de l'instruction; aux matelots destinés un jour à commander leurs camarades, on offre de l'éducation. Ce service des bâtiments de l'État, que chaque marin n'embrassait auparavant qu'en tremblant, il le remplit aujourd'hui avec résignation, avec joie, quelquefois même et presque toujours avec orgueil. Ce n'est plus une soumission aveugle et servile qu'on exige de sa faiblesse; c'est une discipline noble et nécessaire qu'on réclame de sa raison. Aussi quelle différence d'aspect et de physionomie présenterait l'équipage d'un de nos anciens vaisseaux, auprès de l'équipage d'un de nos vaisseaux actuels! Les informes compagnies de bannerets de Louis XIII, rapprochées de nos plus belles compagnies d'un régiment de ligne, n'offriraient pas un contraste aussi frappant. Les matelots des escadres qui combattirent à Aboukir et à Algésiras ne seront jamais surpassés en bravoure et en dévoûment; mais tout un siècle de civilisation semble s'être écoulé entre eux et les matelots de notre marine de 1833.

ED. CORBIÈRE.

HISTOIRE MODERNE.

—

Bataille de Navarin,

ET

CONSIDÉRATIONS QUI S'Y RATTACHENT.

Le fils de Méhémet-Ali, vice-roi d'Egypte, Ibrahim, exerçait en Morée les plus affreux ravages. De 1825 à la fin de 1826, vingt mille trois cent cinquante femmes et enfants étaient tombés entre ses mains; la moitié avait péri du typhus, de misère ou par la peste; de l'autre moitié, une partie était esclave à Modon, Coron et Navarin, l'autre était envoyée en Egypte par détachements, sur la flotte turque. Parmi tous ces individus tombés en esclavage, il ne se trouvait que peu ou point d'hommes. Le genre de guerre que se faisaient les Turcs et les Grecs ne laissait que rarement survivre ceux qui étaient pris les armes à la main. Il est triste aussi de dire que nulle part, excepté à Missolonghi, Ibrahim n'avait trouvé de résistance obstinée; partout les hommes fuyaient, abandonnant leurs femmes et leurs enfants. Cette guerre, si elle se prolongeait ainsi, devait entraîner bientôt la dévastation entière de la Morée.

Au commencement de 1827, les Grecs, las enfin de leurs longues dissensions, étaient convenus de se réunir en assemblée générale à Damala. Là, il fut question d'appeler le comte Capo-d'Istrias à la tête du gouvernement, et de nommer deux chefs de forces disponibles, l'un pour la terre, l'autre pour la mer. Le général Church et l'amiral Cochrane, qui tous deux venaient d'arriver en Grèce, étaient désignés au choix de l'assemblée. D'un autre côté, des négociations avaient lieu à Constantinople, trois grandes puissances se concertaient pour proposer, et peut-être même *pour imposer* au divan leur médiation en faveur des Grecs, et cette médiation, rendue effective, pouvait seule devancer les opérations et les chances d'une guerre que, pour la sûreté du commerce, indépendamment des motifs d'humanité, on devait désirer voir finir.

Depuis un an, les Turcs faisaient, dans la Grèce orientale, des progrès un peu lents à la vérité. La citadelle d'Athènes était investie et très-étroitement bloquée depuis plus de neuf mois. Deux mille âmes environ y étaient enfermées. Cependant les Grecs, dans cette période, avaient tenté plusieurs efforts pour débloquer cette place; mais le 6 mai 1827, une expédition conduite par les généraux Church et Cochrane en personne, ayant été complètement dispersée, et la position de Phalère, dernière ressource des assiégés, évacuée par les Grecs, la garnison de l'Acropolis, réduite à la dernière extrémité, n'ayant pour toute nourriture que de l'orge, et

Combat de Navarin.

Paris, imp. Chardon, r.ⁿᵉ M. le Prince, 3.

T. 3. Page 22.

sur le point de manquer d'eau, se vit forcée de capituler.

Sur ces entrefaites, l'amiral Rigny arriva au mouillage de Salamine, avec la frégate *la Sirène* et la corvette *l'Echo*. Il allait devenir la providence des assiégés. A peine avait-il jeté l'ancre, qu'il reçut des chefs de l'Acropolis une lettre contenant les conditions de la capitulation qu'ils désiraient obtenir, en laissant toutefois à l'amiral la faculté d'y faire et d'y consentir toutes les modifications qu'il jugerait convenables. M. de Rigny se rendit aussitôt au camp du visir (Redchid-Pacha), et après trois jours de discussions et de sollicitations, la capitulation fut consentie le 5 juin. Mais avant de la faire mettre à exécution, l'amiral crut devoir prendre toutes les mesures que l'agitation et le ressentiment qu'il avait remarqués dans le camp turc ne rendaient que trop nécessaires. Il plaça trois de ses officiers en tête de la colonne qui évacuait la citadelle, et se mit lui-même à l'arrière-garde avec les trois chefs albanais que les Grecs avaient demandés pour otages. On se dirigea dans cet ordre vers l'embarcadère, où les canots de *la Sirène*, de *l'Echo*, ainsi que ceux d'un brig et d'une goëlette autrichienne, reçurent environ dix-huit cent trente-huit personnes, hommes, femmes, enfants, malades, blessés, avec armes et bagages, qui furent déposés, par les soins de l'amiral, sur l'île de Salamine, où il leur prodigua les secours de toute espèce que réclamait leur position. Quelques jours plus tard, la garnison grecque était obligée de se rendre à la discrétion des Turcs. Il ne sera pas hors de propos de faire remarquer ici que lorsque, en 1822, la garnison musulmane de ce même château d'Athènes fut obligée de capituler avec les Grecs, ce fut encore le commandant d'un bâtiment de guerre français qui employa sa médiation, et qui arracha un grand nombre de capitulés aux mains qui commençaient à se teindre de leur sang. Si, à Missolonghi, une semblable intervention eût pu avoir lieu, l'Europe n'aurait sans doute pas retenti des cris poussés à leurs derniers moments par les infortunés habitants de cette malheureuse cité.

Par la capitulation d'Athènes, les Grecs se voyaient rejetés hors de l'Attique. Cette province était entièrement détruite ; les ravages exercés tour à tour par les Grecs et par les Turcs avaient ruiné les villages, et il eût été difficile de décider lequel des deux partis était le plus funeste aux habitants.

Cependant ce dernier événement, joint à ce qui se passait en Orient depuis dix années, commençait à inquiéter l'Europe, et son repos paraissait menacé. Déjà une médiation avait été proposée à la Porte au mois d'avril précédent, et elle l'avait hautement refusée. La situation de la Grèce devenant de jour en jour plus embarrassante, il était de nécessité absolue que la *médiation proposée* devînt enfin une *médiation imposée*.

L'Angleterre, la France et la Russie, qui, dans cette circonstance, représentaient l'Europe entière, conclurent entre elles, à Londres, un traité contenant les bases de la pacification de la Grèce. Par ce traité, on exigeait que la Porte-Ottomane changeât la condition d'une population sur laquelle les malheurs d'une révolution qu'elle laissait durer depuis si long-temps avaient attiré l'attention de l'Europe, intéressée aujourd'hui dans cette querelle domestique. On lui demandait de reconnaître l'impossibilité de replacer les Grecs dans leur ancienne position, mais on lui laissait l'initiative des mesures qu'elle jugerait devoir prendre. Ce traité contenait aussi, dans l'hypothèse du refus de la Porte, les moyens coërcitifs qui devraient être employés pour parvenir à son exécution ; et en effet, vers la fin du mois de juillet 1827, une escadre anglaise, commandée par le vice-amiral sir Edouard Codrington, vint se joindre, dans l'Archipel, à celle aux ordres de l'amiral Rigny ; une escadre russe y était aussi attendue prochainement.

Dans les premiers jours du mois de septembre, les amiraux anglais et français furent informés par leurs ambassadeurs respectifs à Constantinople, que la Porte ayant signifié son refus officiel d'accéder à aucun arrangement favorable aux Grecs, ils étaient libres d'agir suivant leurs instructions. En ce moment, cent vingt bâtiments de guerre et de transport turcs et égyptiens se trouvaient réunis à Navarin. Ils avaient à bord un grand nombre de troupes et des munitions, destinées à une expédition contre Hydra. Toutes ces forces étaient sous le commandement d'Ibrahim-Pacha. Les amiraux Codrington et de Rigny, qui avaient l'ordre d'établir de fait, sur mer, l'armistice que la Porte refusait à établir en droit, sans cependant que les mesures à prendre contre les forces ottomanes dégénérassent en hostilités, résolurent de se rendre personnellement auprès d'Ibrahim, pour lui faire connaître leurs intentions.

Toutefois, pour agir avec plus d'efficacité, il fut convenu que M. de Rigny irait d'abord seul à Navarin, et que, dans une conférence préliminaire avec Ibrahim, il lui ferait connaître la réalité et l'imminence du danger qui le menaçait, et emploierait tous ses efforts pour l'engager à le prévenir.

L'amiral mouilla à Navarin le 22, et le lendemain matin, à huit heures, il se rendit chez Ibrahim. Il le trouva avec Tahir-Pacha, commandant une des divisions de la flotte ottomane. Ibrahim fit signe au pacha de se retirer. Celui-ci, après se l'être fait répéter, sortit enfin, mais en témoignant son mécontentement. « Vous le voyez, dit » le visir à l'amiral, je suis ici dans le même em- » barras que mon père à Alexandrie. Les Turcs » ont les yeux ouverts sur nous, et cet entretien » secret que je vous accorde, et que j'ai moi-même

» désiré, ne peut que les irriter encore. » L'amiral lui peignit alors avec force les résultats inévitables de l'obstination du grand-seigneur ; il y allait, lui dit-il, de la destruction entière des flottes ottomane et égyptienne. « Ce que l'on » veut de vous, c'est un armistice de gré ou de » force, qui décide la Porte à traiter : vous pou» vez, en l'établissant de fait, sauver peut-être » l'empire ottoman ; mais vous sauverez au moins » votre père et votre héritage. Méhémet-Ali est » vieux, très-inquiet, très-menacé ; songez-y, » l'Egypte riche vaut mieux que la Morée, dont » vous voulez faire un désert. »

Dans cette conférence, qui dura près de deux heures, tous les moyens de sortir de la position difficile dans laquelle Ibrahim se trouvait engagé furent examinés de part et d'autre ; mais comme rien ne pouvait y être arrêté définitivement, il fut convenu que les points en litige seraient solennellement discutés dans une réunion générale qui aurait lieu le plus prochainement possible.

Le 25 septembre suivant, les amiraux anglais et français, accompagnés chacun d'un secrétaire d'ambassade et de deux officiers des deux nations, furent introduits sous les tentes d'Ibrahim, qui les reçut en présence du capitan-pacha Tahir-Bey, et entouré des principaux officiers de terre et de mer. Après les compliments d'usage, ils communiquèrent à Ibrahim les ordres dont ils étaient chargés par suite du refus de la Porte de reconnaître la médiation des trois puissances maritimes dans les affaires de la Grèce, et ils terminèrent en lui signifiant leur intention formelle d'établir l'armistice de fait, et de détruire les forces ottomanes qui tenteraient de s'y opposer. Ibrahim, après avoir écouté avec autant d'attention que de sang-froid les déclarations des amiraux, leur répondit que, « serviteur de la Porte, il » avait reçu l'ordre de pousser la guerre en Mo» rée avec la plus extrême vigueur, et de la finir » par une attaque décisive sur Hydra ; qu'il n'a» vait aucune qualité pour entendre les commu» nications qui lui étaient faites, ni pour prendre » aucun parti à cet égard. Cependant il ajouta » que les ordres de la Porte n'ayant pu prévoir » le cas extraordinaire qui se présentait, il allait » expédier des courriers à Constantinople et en » Egypte, et que, jusqu'à leur retour, il donnait » sa parole que la flotte ne sortirait pas de Nava» rin, quelque dur qu'il fût pour lui de se voir » arrêté au moment où tout allait être fini, puis» que les Grecs étaient évidemment hors d'état » de résister à la force d'une expédition telle que » la sienne.

» Si mon souverain, dit Ibrahim en terminant » la conférence, qui est le juge de ses véritables » intérêts, maintient ses premiers ordres, j'y » obéirai, quoi qu'il puisse arriver de la lutte dis» proportionnée dans laquelle on m'engage. »

Après avoir conclu cette espèce d'armistice,

les amiraux français et anglais ne pouvant, en raison de la saison, rester avec leurs escadres dans une baie ouverte à tous les vents, quittèrent Navarin pour aller croiser dans l'Archipel, y laissant seulement quelques bâtiments légers en observation. Toutefois, en se séparant de l'amiral Codrington, M. de Rigny concerta avec lui un point de réunion, afin de se rendre maîtres de diriger les flottes ottomanes vers Alexandrie ou les Dardanelles, dans le cas où elles sortiraient de Navarin.

Dans l'impossibilité où il se trouvait d'exécuter son attaque contre Hydra, Ibrahim, ne voulant point laisser son armée oisive, en mit une partie en marche sur deux colonnes ; l'une se dirigea sur la Messénie, et l'autre sur l'Arcadie. Les chefs de ces colonnes avaient ordre de ravager le Péloponèse, en détruisant les moissons, en livrant les habitations à la flamme et les populations au fer.

Lui-même, ayant appris dans les premiers jours d'octobre que l'escadre grecque, sous les ordres de lord Cochrane, avait tenté une attaque sur le fort de Vassiladi, près Missolonghi, sortit de Navarin avec deux vaisseaux, une frégate, quatre corvettes et quelques brigs, et se dirigea sur Patras. Aussitôt que l'amiral Codrington, qui était à Zante, fut informé de ce mouvement, il appareilla en toute hâte. Il rencontra la division turco-égyptienne près du cap Papa, le vent contraire l'ayant forcée de mouiller avant d'avoir pu entrer dans le golfe de Lépante. L'amiral fit dire à Ibrahim qu'il eût à ne point entrer à Patras, et appuya sa signification de quelques coups de canon tirés sur les bâtiments les plus avancés. Cette escadre revira de bord immédiatement, et retourna à Navarin, suivant l'injonction qui lui en était faite.

Le 14 du même mois, les escadres française et anglaise se trouvant fortuitement réunies près de Zante, furent ralliées par l'escadre russe aux ordres de l'amiral Heyden, forte de quatre vaisseaux et quatre frégates.

Par son manquement à la parole donnée, Ibrahim s'était placé dans la situation d'agresseur. Il pouvait, d'un moment à l'autre, renouveler la tentative dans laquelle il avait échoué : il s'agissait donc de l'en empêcher.

Dans les premières communications qui eurent lieu entre les trois amiraux, trois points furent mis en discussion : 1° celui de courir les chances indéfinies d'un blocus au dehors, qui, n'aboutissant à rien, pourrait, à la suite d'un coup de vent, exposer les escadres alliées à voir la flotte turco-égyptienne regagner Alexandrie, après avoir rempli son but ; 2° celui d'entrer à Navarin, d'y mouiller, et de garder cette flotte à vue ; 3° enfin, celui d'entrer à Navarin, d'y prendre position, et de signifier aux chefs des deux flottes de se séparer immédiatement et de retourner, les uns à Constantinople, et les autres à Alexandrie. Ce dernier parti, sur lequel l'amiral de Rigny insistait plus particulièrement, comme le plus décisif, ayant été adopté par les amiraux anglais et russe, les motifs en furent consignés dans le protocole qu'ils signèrent, et que le capitaine Fellows, commandant la frégate anglaise le *Darmouth*, fut chargé d'aller porter à Ibrahim. Cet officier rejoignit la flotte sans rapporter de réponse, parce que Ibrahim ne se trouvait point à Navarin. Toutefois, il avait tracé un croquis de la position des flottes turque et égyptienne, dont les préparatifs annonçaient suffisamment que toute voie persuasive serait désormais sans effet.

Le 20 octobre 1827, à midi, le vent se trouvant favorable, les premières dispositions pour entrer dans le port de Navarin furent faites. L'amiral Codrington fit le signal de se tenir prêt au combat; ce signal fut répété par les amiraux français et russe. Alors chacun prit son poste : le vaisseau amiral anglais l'*Asia* était en tête, suivi de l'*Albion*, du *Genoa* et de deux frégates. Venait ensuite la frégate la *Sirène*, portant le pavillon de l'amiral de Rigny, suivie des vaisseaux le *Scipion*, le *Trident*, le *Breslaw*, et de la frégate l'*Armide*; puis le vaisseau amiral russe l'*Azoff*, monté par le contre-amiral comte Heyden, que suivaient trois vaisseaux et quatre frégates de sa nation.

La flotte turco-égyptienne formait une triple ligne d'embossage disposée en fer à cheval, ou croissant très-alongé, dont les extrémités étaient appuyées sur l'île de Sphactérie d'une part, et de l'autre au camp d'Ibrahim, au pied de la citadelle de Navarin. Elle consistait en trois vaisseaux de ligne, un vaisseau rasé, seize frégates, vingt-sept grandes corvettes et autant de brigs de guerre, ainsi qu'environ quarante bâtiments de transport, portant de gros canons de calibre, et six brûlots.

Sa force principale se trouvait réunie sur la droite en entrant. La première ligne présentait d'abord quatre grandes frégates, deux vaisseaux, une cinquième grande frégate, un troisième vaisseau, puis des frégates de divers rangs. Les corvettes et brigs formaient la seconde ligne, et les transports armés la troisième.

Des six brûlots, trois étaient placés à chacune des extrémités du fer à cheval, pour être à même de pouvoir se jeter sur les escadres alliées, si un engagement avait lieu. Cette disposition de forces était bien conçue et parfaitement adaptée aux localités de la baie. L'entrée du goulet, d'environ un mille ou tiers de lieue de large, était défendue, du côté de Navarin, par la citadelle, et de l'autre par une batterie placée sur la pointe de Sphactérie. On voyait les Turcs à leurs pièces, la mèche allumée.

A deux heures, l'*Asia* donnait dans le port, et avait dépassé les batteries; à deux heures et demie, il mouillait par le travers du vaisseau amiral turc, et était suivi par les autres vaisseaux anglais.

La *Sirène*, qui venait immédiatement, mouilla à portée de pistolet de la première frégate de la ligne turque, l'*Izania*, de 64. Jusqu'à ce moment, aucun coup de canon n'avait encore été tiré de part ni d'autre, lorsqu'un coup de fusil, parti d'un brûlot qu'un des canots de la frégate anglaise le *Darmouth* avait accosté, tua l'officier qui commandait ce canot. Cette frégate fit alors une vive fusillade sur le brûlot pour dégager son embarcation.

Dans ce moment, l'amiral de Rigny hélait au porte-voix au commandant de la frégate égyptienne, avec laquelle il était vergue à vergue, que s'il ne tirait pas, il ne ferait point feu sur lui; mais à peine cette allocution était-elle achevée, que deux coups de canon partirent d'un des bâtiments mouillés à poupe de la *Sirène*, à bord de laquelle un homme fut tué.

Pendant que cet incident avait lieu, l'amiral Codrington envoyait de son côté une embarcation à bord du vaisseau amiral turc, pour l'inviter à ne point tirer, lorsqu'un coup de fusil tiré de ce vaisseau tua le pilote anglais dans le canot parlementaire. Dès-lors le combat s'engagea, et bientôt il devint général. Les Russes eurent particulièrement à essuyer le feu des forts, qui ne commencèrent à tirer que lorsque le vaisseau français le *Trident* passa sous leur volée.

A cinq heures du soir, la première ligne des Turcs était entièrement détruite. La frégate l'*Izania*, la seule qui fût à portée de la *Sirène*, était rasée comme un ponton; des pièces entières de son bordage étaient emportées, et ce n'était plus qu'une carcasse, lorsqu'un incendie, qui s'était déclaré sur sa dunette, la fit sauter avec un fracas épouvantable, en couvrant de feu et de débris la frégate amirale. L'*Izania* avait cinq cent soixante hommes d'équipage; elle était commandée par Hassan-Bey, un des plus braves capitaines de la marine turque. Un brig et une goëlette avaient aussi été coulés à fond par la *Sirène*.

La canonnade durait encore à cinq heures un quart, au centre de la ligne, et vers l'île Sphactérie; mais bientôt elle cessa entièrement. A la fin de l'action, la flotte turco-égyptienne n'existait plus : quatre-vingt-dix ou cent bâtiments, tant vaisseaux que frégates, corvettes et brigs, avaient été détruits ou coulés; le reste s'était jeté à la côte, où ils se brûlaient eux-mêmes. Jamais plus complète destruction n'a été le résultat d'un combat naval; la perte des Turcs et des Egyptiens fut évaluée environ à six mille morts et mille blessés.

Dans ce combat, la plus noble émulation se fit remarquer entre les bâtiments des trois puissances, c'était à qui se porterait avec le plus d'ardeur au secours d'un allié qui se trouvait en danger; Français, Anglais et Russes s'acquirent des droits égaux à la reconnaissance les uns des autres, et l'histoire n'offre point d'exemple d'une coopération aussi franche entre des escadres de nations différentes. On rapporte que les manœuvres brillantes de *l'Armide* (capitaine Hugon), qui, ayant eu affaire à plusieurs bâtiments, avait abîmé tout ce qui s'était exposé à son feu, excitèrent à un tel point l'enthousiasme des frégates anglaises, que les équipages de ces bâtiments suspendirent un moment leur feu pour saluer de trois *houras* leur valeureuse émule.

Il paraît que, dans cet engagement, les efforts de la flotte ennemie s'étaient plus particulièrement dirigés sur les bâtiments portant pavillons amiraux. *L'Asia* perdit son mât d'artimon, plusieurs de ses canons furent démontés. L'escadre anglaise eut soixante et treize tués, et cent quatre-vingt-neuf blessés. *L'Azoff* eut sa mâture tellement criblée de boulets, qu'à peine pouvait-il porter ses voiles; il en avait environ cent cinquante dans le corps du bâtiment, dont sept dans la carène. Dans l'escadre russe, deux cents hommes furent mis hors de combat, dont cinquante-neuf tués. *La Sirène* fut encore plus maltraitée. Son grand mât et son mât d'artimon furent coupés, ainsi que ses deux basses vergues et celle du grand hunier. Six boulets étaient entrés dans la flottaison; toutes ses voiles étaient criblées, et ses embarcations mises en pièces. Vingt-et-un hommes avaient été tués, et quarante-deux blessés. On ne s'étonnera point de ce résultat, quand on saura que *la Sirène*, enveloppée de toutes parts par le feu des frégates ennemies, eut à lutter constamment contre des forces plus que triples des siennes (1).

Les pertes totales de l'escadre française s'élevèrent à quarante-trois hommes tués, et cent vingt-cinq blessés, dont soixante-six très-grièvement.

On pense bien que l'amiral de Rigny, juste appréciateur du zèle et de la bravoure qu'avaient déployés dans cette circonstance les états-majors et les équipages sous ses ordres, s'empressa de solliciter pour eux les récompenses qu'ils avaient si bien méritées. Le gouvernement acquiesça à toutes ses demandes; des grades et des décorations furent accordés aux officiers et aux marins désignés par l'amiral; des pensions sur la caisse des invalides furent allouées aux familles de ceux qui avaient succombé dans le combat.

(1) La fameuse bataille de Salamine a été livrée le même mois et le même jour que celle de Navarin. Le 20 octobre 480 avant l'ère chrétienne, Thémistocle, avec trois cents bâtiments, défit et détruisit entièrement la flotte de Xercès, forte de douze cents voiles. Si l'on se rappelle que Xercès avait envahi le territoire de la Grèce, et essayé de détruire ses libertés, la coïncidence paraîtra d'autant plus singulière, que les flottes combinées de France, d'Angleterre et de Russie ont défait la marine turque, dans le même pays, pour la défense des mêmes intérêts, le même jour du même mois, quoique à une distance de 2,307 ans.

Par ordonnance du 18 novembre 1827, M. de Rigny fut promu au grade de vice-amiral. Le roi d'Angleterre le nomma commandeur de l'ordre militaire du Bain, et l'empereur de Russie lui envoya les insignes en diamants de l'ordre de Saint-Alexandre-Newski.

Des opinions diverses ont été émises sur le combat de Navarin, et, sans les discuter ici, il doit demeurer constant, pour les hommes éclairés et impartiaux, que dans les circonstances où se trouvaient les amiraux alliés, il leur était impossible d'agir autrement qu'ils ne l'ont fait.

La résolution de la Porte, de n'accéder à aucune transaction favorable aux Grecs, était évidente. Ibrahim-Pacha avait violé sa parole donnée, de ne pas sortir de Navarin avant d'avoir reçu de nouveaux ordres du sultan. La guerre atroce et exterminatrice que ses troupes débarquées faisaient en Morée était tellement hors du droit des nations, qu'il devenait nécessaire d'imprimer aux Turcs une sorte de contrainte morale, qui ne leur permît plus de se livrer à de pareils excès. Enfin, et c'était le point le plus important, les commandants des escadres alliées auraient été coupables aux yeux de l'Europe entière, si, en laissant sortir de Navarin la flotte destinée à agir contre Hydra, il en fût résulté la destruction de cette île et le massacre de sa population entière. Peut-être, cependant, le résultat de ce combat a-t-il dépassé le but et les intentions du traité de Londres; mais on a vu que l'agression première a eu lieu de la part des Turcs, et que la destruction de leur flotte ne peut être imputée qu'à eux.

Un fait, qu'on aura sans doute peine à croire, c'est que pendant que le sang anglais, français et russe coulait pour la cause des Grecs, ceux-ci, poussés par la cupidité, et profitant de l'absence des bâtiments de guerre alliés, pillaient et maltraitaient les bâtiments de commerce de toutes les nations. Sous le prétexte d'un blocus devenu illusoire, ils lançaient des corsaires sur les divers points de l'Archipel, et ces bâtiments n'avaient d'autre mission que le pillage.

Avant de se séparer, les amiraux alliés écrivirent en commun aux membres de la commission permanente du corps législatif grec, à Egine, une lettre par laquelle, après s'être plaints amèrement des déprédations commises depuis si longtemps sur les bâtiments de leurs nations respectives, ils leur signifiaient qu'ils regardaient comme nulles toutes les patentes délivrées à des corsaires trouvés hors des limites qu'ils leur assignaient, et que les bâtiments de guerre des puissances alliées avaient l'ordre de les arrêter. Les amiraux terminaient leur lettre en protestant contre tout tribunal des prises institué pour juger aucun des bâtiments de leur commerce sans leur concours.

Le 25 octobre, les amiraux anglais et russe quittèrent Navarin pour se rendre à Malte, afin d'y réparer leurs vaisseaux. La nature si grave des avaries de *la Sirène* aurait pu déterminer l'amiral de Rigny à aller à Toulon ; sa santé, après une campagne aussi active et aussi fatigante, exigeait quelque repos ; mais pensant que ses services pouvaient encore être utiles dans l'Archipel, en raison des nouvelles circonstances qui peut-être allaient surgir, il expédia pour Toulon *le Scipion*, *le Breslaw*, *la Provence* et *la Sirène*, et porta son pavillon sur *le Trident*.

Dans les premiers jours du mois de novembre, l'amiral de Rigny fit voile pour Milo, où il apprit qu'une expédition grecque, sous Fabvier, s'était emparée de Chio. Il la suivit de près dans les détours de l'Archipel, et ne la manqua que de deux heures à Chio. L'amiral, s'il avait rencontré cette expédition, eût été en droit de la détourner, puisque le but du traité de Londres, pour parvenir à la pacification, était d'imposer un armistice général de fait, armistice qui, du côté des Turcs, venait d'être établi incontestablement.

La nécessité de se rapprocher des communications de Constantinople, la crainte que l'irritation des Turcs, provoquée par l'expédition sur Chio, ne se portât sur les Francs et sur les Grecs de l'Asie-Mineure, décidèrent l'amiral à se diriger sur Smyrne. En effet, il trouva cette ville dans la plus grande fermentation ; mais sa présence, les démarches qu'il fit auprès du pacha, et l'arrivée successive de plusieurs bâtiments de guerre français, contribuèrent à calmer cette crise momentanée.

On était à la fin de novembre, et les résolutions de la Porte étaient encore inconnues ; elle n'avait point rompu définitivement avec les trois puissances, et les ambassadeurs étaient indécis sur leur départ. Il existait en général, parmi les Turcs, peu de disposition à soutenir l'obstination du sultan et à embrasser les conséquences d'une guerre. On remarquait même que sur tous les points du littoral de l'empire ottoman, où la nouvelle du désastre de Navarin était parvenue avant d'arriver à Constantinople, l'attitude des Turcs avait été fort résignée, et l'on avait trouvé, soit dans la population, soit dans l'autorité, une modération inattendue. Il eût fallu des excitations de la part du gouvernement pour que dans les villes habitées par les Francs on se portât à des excès, et ce fait était remarquable, soit qu'il provînt de la modération des Musulmans, de leurs craintes, ou plutôt de la haine sourde qu'ils nourrissaient contre le sultan à cause de ses innovations récentes.

Cependant Ibrahim continuait, autant que la saison le lui permettait, la dévastation de la Morée, et les Grecs, au lieu de s'occuper à la défendre, se dispersaient en expéditions excentriques, ou organisaient le pillage sur des bâtiments neutres et sans défense. Leurs déprédations étaient arrivées à un tel point, qu'il devint enfin indispensable de prendre des mesures sévères de répression contre leurs corsaires. Pour parvenir à ce but, les amiraux alliés décidèrent qu'une attaque serait tentée sur le fort de Carabuza, qui était devenu leur repaire principal. En conséquence, le commodore Stayne, commandant la frégate anglaise *l'Isis*, fut désigné pour diriger cette expédition. On lui adjoignit la frégate *le Cambrian* et une corvette. L'amiral de Rigny mit sous les ordres du commodore la corvette *la Pomone*, renforcée de cent hommes pris à bord du *Conquérant*, ainsi que le brig-goëlette *la Flèche*.

Le fort de Carabuza est situé, comme un nid d'aigle, au sommet d'une petite île placée à l'extrémité O. de Candie, et qui commande le mouillage situé entre cet îlot et la terre. Le commodore Stayne s'y présenta le 29 janvier 1828. A son apparition, des bateaux grecs vinrent en parlementaires s'informer du but de sa visite. Il leur signifia qu'ils eussent à remettre immédiatement tous leurs bâtiments, et à livrer les chefs de la piraterie. Les Grecs, confians dans leur position, qu'ils croyaient inexpugnable, refusèrent d'accéder à aucune de ces propositions. Alors on se mit en devoir d'agir contre eux. *L'Isis* prit la tête, suivie du *Cambrian*, de *la Pomone* et des autres bâtiments, et ils entrèrent, en louvoyant, dans la passe la plus étroite ; chaque bâtiment envoyait sa volée en faisant son évolution. Cette manœuvre hardie intimida tellement les Grecs, que le lendemain ils livrèrent tous leurs corsaires ; trois avaient été coulés dans l'action.

Dans le même temps, M. de Rigny envoyait à Egine la frégate *la Junon* avec deux autres bâtiments pour faire relâcher, par l'emploi de la force, s'il était nécessaire, les bâtiments français récemment conduits dans cette île, et leur faire restituer ce qui serait possible des pertes qu'ils avaient éprouvées. Quelques-uns de ces bâtiments avaient été enlevés jusque sur les rades même de Bairuth et de Caïfa, par des corsaires grecs.

Dans les premiers jours du mois de janvier 1828, la Porte, à la suite d'un conseil extraordinaire, ayant renouvelé son refus d'accepter l'intervention des puissances signataires du traité de Londres, les ambassadeurs d'Angleterre, de France et de Russie quittèrent Constantinople. Leur départ ayant été suivi du retrait des consuls, l'amiral de Rigny expédia tout de suite des bâtiments dans toutes les échelles pour y faire connaître ces événements. En même temps, il établissait deux bâtiments légers en croisière devant Navarin, pour intercepter les munitions et les approvisionnements qui auraient pu arriver d'Egypte à Ibrahim.

M. de Rigny, resté seul dans l'Archipel, se trouvait aux prises avec des difficultés sans cesse renaissantes. Les ambassadeurs, en se retirant, n'avaient laissé aucune instruction à leurs amiraux respectifs, et ceux-ci, séparés eux-mêmes, ne pouvaient plus concerter leurs mesures. Il n'y avait sans doute rien de plus facile que d'aller brûler à Mételin ou à Chio une flottille de quelques brigs turcs qui s'y trouvait; mais fallait-il, par des hostilités partielles et sans résultat décisif, exaspérer *contre les Français seuls* les grandes échelles du Levant, habitées par eux, et mettre leur existence en balance avec quelques approbations ou quelques avantages personnels avant que la guerre fût déclarée? l'amiral ne le pensait pas. L'hiver aussi, en rendant les communications plus difficiles, aggravait cet état de choses. Il fallait donc attendre que le plan de conduite générale fût arrêté, d'après les circonstances nouvelles; se borner jusque là à empêcher le ravitaillement des troupes et des places turques en Morée, et engager les Grecs à porter tous leurs efforts vers ce but, au lieu de les disséminer dans des entreprises particulières. Malheureusement ils ne s'en occupaient pas. Les corsaires commissionnés par le gouvernement, ne trouvant aucun bénéfice dans cette surveillance, allaient à la recherche des bâtiments sans escorte, et s'inquiétaient peu d'affamer leurs ennemis.

Cependant des temps meilleurs semblaient être arrivés pour la Grèce. Le comte Capo-d'Istrias, qui venait prendre les rênes du gouvernement de ce pays comme président, était arrivé à Egine sur un vaisseau anglais. Les ambassadeurs de France, d'Angleterre et de Russie avaient reçu de leurs cours respectives l'ordre de se rendre à Corfou; et les discours de la couronne à l'ouverture des chambres et du parlement, avaient relevé les espérances de ceux qui craignaient la guerre.

De son côté, l'amiral de Rigny pressait Ibrahim d'évacuer la Morée, de retourner en Egypte, et il lui offrait pour cela ses propres moyens; mais Ibrahim reculait devant la honte d'une évacuation volontaire : il préférait y être forcé par un débarquement de troupes européennes. « La faim, lui disait M. de Rigny dans une communication qu'il lui adressait le 14 avril, cette terrible nécessité, n'est-elle donc pas plus pressante que la présence de troupes, et n'y a-t-il pas moins de honte à céder devant elle que devant une autre force? La Porte, ajoutait-il, peut-elle exiger de vous que vous nourrissiez votre armée avec les rochers de Navarin ou de Modon, lorsque aucun secours ne peut désormais vous arriver? Dans des situations moins critiques, de plus puissants que vous ont plié devant les circonstances; la voie vous est ouverte pour un arrangement particulier que tout chef militaire est en droit de prendre, lorsque la plus pressante des nécessités est là pour le justifier. »

Il s'agissait donc de contraindre Ibrahim à une évacuation qu'il se refusait à faire de bonne volonté. M. de Rigny était instruit qu'il ne lui restait plus que pour quinze jours de vivres, et il fit des dispositions pour empêcher la sortie d'Alexandrie d'aucun bâtiment chargé de provisions pour la Morée.

Sur ces entrefaites, quoique la guerre ne fût pas officiellement déclarée, l'armée russe passa le Pruth (mai 1828). A cette nouvelle, la Porte prit l'alarme, et des communications furent faites par le reis-effendi pour le retour à Constantinople des ambassadeurs des trois puissances; mais le point principal et le pivot de toute négociation étaient et devaient être l'évacuation de la Morée, afin de séparer matériellement les Grecs et les Mahométans. Déjà même cette séparation existait de fait; car, à un très-petit nombre près, ce qui se trouvait de Turcs en Morée étaient des combattants : il ne s'agissait donc que de faire lever un camp, et non de transplanter des populations.

Au mois de juillet, les amiraux anglais, français et russe, se trouvant réunis devant Modon, au moment où un brig égyptien y entrait, apportant des dépêches de Méhémet-Ali à Ibrahim, ils résolurent de lui demander une entrevue pour l'interpeller sur le contenu de ces dépêches. L'entrevue eut lieu le 6, dans le camp d'Ibrahim. Le pacha recevait de son père l'ordre d'évacuer la Morée, en même temps qu'il était averti de la prochaine arrivée des bâtiments nécessaires pour effectuer le transport de ses troupes en Egypte. C'était faire un grand pas dans la négociation. Les amiraux, après avoir arrêté dans cette conférence les points principaux de l'évacuation, exigèrent d'Ibrahim la promesse formelle que, dans cette circonstance, aucun esclave grec ne pourrait être emmené en Egypte, et le pacha en prit l'engagement.

En quittant Modon, M. de Rigny se rendit à Corfou, où se trouvait alors l'ambassadeur de France, à qui il rendit compte de ce qui avait été convenu avec Ibrahim, au sujet de l'évacuation. Les amiraux anglais et russe arrivèrent aussi à Corfou quelques jours après, et là ils décidèrent, de concert avec le comte Guilleminot, que, pour mettre obstacle à tout projet ou à toute ruse qui, sous le prétexte d'amener à Ibrahim les bâtiments nécessaires à l'évacuation, aurait pour objet de lui apporter des vivres, ils entreraient *amicalement* à Navarin avec la flotte égyptienne, et procéderaient à l'évacuation, même avec leurs bâtiments, si cela était nécessaire. Mais, comme dans cette opération délicate l'unité était surtout indispensable, les amiraux anglais et russe prièrent M. de Rigny de se charger de toutes les communications avec Ibrahim. Alors l'amiral Codrington se porta sur les côtes d'Egypte, afin de surveiller la flotte de Méhémet-Ali; M. de Rigny se rendit au blocus de Navarin, et l'amiral Heyden alla croiser dans l'Archipel.

Dans les premiers jours d'août, M. de Rigny fut informé qu'une expédition sous les ordres du général Maison allait arriver en Morée. L'amiral alors, laissant *le Breslaw* devant Navarin, appareilla pour se rendre au-devant de cette expédition et se concerter avec le général en chef. Elle parut devant Navarin le 29 août, et y entra le lendemain. Les escadres anglaise et française y entrèrent en même temps. Quoique toutes les précautions eussent été prises d'avance pour s'assurer que les forts ne tireraient pas, l'amiral de Rigny crut devoir se placer en panne, entre les deux forts, avec son vaisseau, pendant que l'escadre allait prendre le mouillage.

L'expédition française était à peine débarquée lorsque parut la flotte égyptienne destinée au rembarquement des troupes d'Ibrahim. Les opérations se compliquaient pour l'amiral. Il avait à pourvoir, d'un côté, au débarquement des troupes françaises, au déchargement de leur immense matériel; et de l'autre, à surveiller et à hâter l'embarquement de celles d'Ibrahim, en évitant toutefois tout conflit entre elles; et quand on songe que ces mouvements avaient lieu sur le même terrain, on peut se figurer quelle activité et quel zèle eut à déployer celui qui en était l'âme. En moins d'un mois depuis l'arrivée de la flotte égyptienne, c'est-à-dire dans les premiers jours d'octobre 1828, l'armée d'Ibrahim, composée d'environ vingt et un mille hommes et douze cents chevaux, faisait voile pour l'Egypte, embarquée sur 118 bâtiments, dont 45 étaient des transports français qui avaient amené l'expédition. Deux frégates françaises étaient chargées d'accompagner le convoi égyptien. Ibrahim s'embarqua seul sur un brig de sa nation, et ne quitta Navarin que quelques jours après le départ des troupes.

L'entière évacuation de la Morée par les Turcs étant le but de l'expédition, le général en chef eut à s'occuper immédiatement de faire le siège des places qu'ils y occupaient. Modon et Navarin tombèrent promptement; leurs garnisons furent dirigées sur l'Egypte et l'Asie-Mineure. Coron eut bientôt le même sort. Patras et le château de Morée offraient plus de difficultés. L'amiral de Rigny envoya trois de ses frégates pour appuyer le mouvement des troupes et seconder leurs opérations; mais la résistance ayant été plus opiniâtre qu'on ne s'y attendait, le général en chef Maison s'y rendit en personne. L'amiral s'y rendit, de son côté, sur *le Conquérant*, amenant avec lui le vaisseau *le Breslaw* et les frégates *l'Atalante* et *l'Iphigénie*. L'amiral Malcolm s'y porta également avec deux frégates. A l'arrivée de ces nouvelles forces, on débarqua du *Conquérant* seize pièces de 18 et deux de 24, qui furent employées à battre la place en brèche, conjointement avec l'artillerie de terre. Le 30 octobre 1828, Patras et le château de Morée avaient capitulé. Cette dernière conquête complétait l'évacuation de la Morée, le but du traité de Londres se trouvait

entièrement atteint, et la marine pouvait, à juste titre, revendiquer une grande part de cet heureux résultat.

J.-F.-G. Hennequin,
Chef de bureau au ministère de la marine.

————

(L'épisode suivant se joint à des détails particuliers, que nous croyons à leur place à la suite du récit qu'on vient de lire.)

—

Deux mois s'étaient écoulés depuis le combat du 20 octobre. Cette rade de Navarin, alors déserte, et que couvraient, un an auparavant, de nombreux navires, et que d'autres, non moins nombreux, allaient bientôt saluer encore, n'offrait plus que quelques débris avec peine soustraits au feu destructeur des escadres combinées, et à la terreur superstitieuse des Turcs; pour ne pas voir leurs navires tomber entre les mains ennemies, ou peut-être aussi désireux qu'ils étaient d'échapper au reproche de s'être rendus, ces barbares avaient hâté eux-mêmes la ruine de leur flotte en mettant le feu aux bâtiments.

Après le combat, les escadres française et anglaise avaient laissé quelques bâtiments pour croiser devant Navarin, où ils vinrent mouiller dans le mois d'août pour préparer en quelque sorte la voie à l'escadre qui allait jeter sur les côtes de Morée une armée française commandée par le général Maison. La frégate *la Sirène* revoyait cette rade où elle s'était couverte de gloire; elle n'était plus sous les ordres de l'amiral de Rigny, mais elle obéissait toujours au brave commandant Robert qui prit une si large et si glorieuse part à la manœuvre et à la lutte de la frégate contre les navires turcs qui l'entouraient. Là aussi était le vaisseau *le Breslaw*, dont le nom a été heureusement consacré par la reconnaissance des Russes, qu'il concourut à dégager. Ce n'était plus comme ennemis que les Anglo-Français entraient à Navarin, mais bien comme médiateurs. Anglo-Français! Bien des cœurs s'indignèrent, bien des fronts se colorèrent en voyant le pavillon blanc placé au mât de misaine du vaisseau de l'amiral Malcolm sous le pavillon britannique, quoique la maison régnante nous eût habitués, pour ainsi dire, à ces sortes d'humiliations. Quelques jours après, l'armée française défila devant Navarin, et fut débarquer sur les côtes de Morée. Les amiraux français et russe vinrent mouiller à Navarin, et là s'agitèrent avec Ibrahim-Pacha les conditions et l'ordre qu'on devait observer dans le départ d'une armée qui laissait après elle le deuil et la solitude.

Puis enfin, quand le convoi égyptien arriva, l'embarquement des troupes s'effectua lentement, mais avec ordre. Les officiers français et anglais surveillèrent cet embarquement, afin qu'aucun Grec ne fût enlevé furtivement et jeté sur la flotte égyptienne. Liberté entière fut donnée aux esclaves des deux sexes; ils purent, ou suivre leurs nouveaux maîtres, ou rester sur leur sol natal. Cependant, il faut bien le dire, beaucoup d'entre ces esclaves se refusèrent à rester dans un pays ravagé, et préférèrent la servitude dans laquelle ils avaient vécu et partir pour l'Egypte plutôt que de demeurer en Morée. Le joug des Turcs ne pesait pas beaucoup à ceux-là, puisque les idées de patrie et de liberté n'arrivaient pas jusqu'à eux. La plus grande partie accepta toutefois cette liberté.

Le soir, des embarcations françaises et anglaises parcouraient la rade, afin d'empêcher qu'on ne profitât de l'obscurité pour soustraire des esclaves. Ordre était donné d'arrêter toutes les embarcations et de les visiter. Un soir, par un temps calme, un ciel obscur, un canot français s'acquittait de cette surveillance nocturne. Un officier et un élève étaient dans le canot. Un fanal était ca-

3

ché pour servir au besoin. Vers les dix heures, une embarcation fut entrevue glissant furtivement entre les navires; ordre est donné de se diriger sur elle. Au qui-vive du canot, il fut répondu : France! puis, quand les deux esquifs furent à côté l'un de l'autre, l'officier releva le fanal dont la lumière vint éclairer un costume turc. Pendant que son œil rencontrait le regard sombre d'Ibrahim-Pacha : « Continuez votre ronde, et bonne nuit, monsieur, » dit celui-ci à l'officier qui s'était arrêté, cherchant à se rendre compte de la présence d'Ibrahim à une pareille heure et dans un canot français. Les deux barques se séparèrent. A quelque distance de là, l'aspirant éleva la voix : « On dit, monsieur R...., que l'amiral de Rigny dirige Ibrahim, et que ce prince vient le soir chez l'amiral apprendre le rôle qu'il doit y jouer le lendemain devant les amiraux. » Un silence profond suivit cette demande que cette rencontre récente rendait intéressante pour l'équipage. Mais le lieutenant, soit prudence, soit désir de réfléchir lui-même et de soustraire son opinion à la curiosité des oreilles qui attendaient une de ses paroles, parut ne pas entendre l'élève. « Je crois que nous aurons une belle nuit, » répliqua-t-il; et M. B... et le canot reprirent leur route pour continuer la ronde.

Or, au milieu de cette rade de Navarin était un vaisseau turc qui avait échappé à la désastreuse affaire du 20 octobre, non pas intact, car les boulets de l'Asia lui avaient enlevé la mâture, et de deux ou trois sabords n'en avaient fait qu'un. Ce bâtiment, mouillé en face de la ville, servait à la fois de caserne et de magasin, et il faisait peine à voir; ses bordages enlevés, la saleté de la peinture, divers autres dégâts si sensibles pour l'œil exercé du marin, tout attestait que ce navire était tel que l'avait fait le combat de Navarin; l'insouciance des Musulmans l'avait laissé comme pour rappeler à la fois les malheurs de la flotte et l'injustice de l'attaque. Toutefois, comme il fallait que ce navire, tout vieux, tout cassé et endommagé qu'il était, prit la mer, on avait, à la place de ses anciens mâts, élevé une mâture de corvette, peu proportionnée par conséquent à la grandeur du navire auquel elle devait imprimer le mouvement. Bien que la saison, belle encore, ne laissât pas à craindre les coups de vent qui rendent la navigation fatigante, l'amiral de Rigny, jugeant cependant des besoins que pouvait avoir ce navire arqué et ouvert en bien des endroits, proposa d'envoyer les ouvriers charpentiers et calfats de l'escadre pour faire à faux frais quelques réparations. Il fut refusé! La mer portait bien ce vaisseau dans la rade, pourquoi n'en serait-il pas de même au large. D'ailleurs, Dieu est grand. Le fanatisme turc ne devait pas faillir en cette occasion. Sur ce vaisseau furent entassés l'artillerie en bronze de la campagne, ce qu'on avait pu sauver de celle de la flotte, et une partie des chevaux de l'armée. Toutes les dispositions prises, le 16 septembre la flotte égyptienne appareilla lentement. Elle devait être escortée par la Sirène; cette frégate devait se rendre ensuite à la Sude, et y stationner avec l'escadre anglaise qui s'y était retirée pour ne pas être témoin de nos succès en Morée. Le vent était alors N.-O. Les vaisseaux, en quittant Navarin, se dirigèrent sur Alexandrie. Un accident peu important ralentit d'abord leur marche; un homme, tombé à la mer d'un de ces bâtiments, fut heureusement sauvé. Le coup-d'œil disgracieux du vaisseau était plus sensible encore à la voile; cependant tout défilait en bon ordre. La flottille perdait de vue Navarin, quand le vent, qui d'abord avait été faible et inégal, augmenta de force, et acquit en peu d'heures une intensité progressive. C'était le vent de l'équinoxe. La Sirène, qui cherchait à régler sa marche sur celle de l'escadre, diminua sa voilure; les perroquets furent serrés, des ris pris aux huniers; puis enfin, comme la frégate, malgré la diminution de toile, alors réduite aux huniers, au bas-ris et au petit foc, dépassait encore les bâtiments égyptiens, les huniers furent successivement serrés, et le soir, la Sirène filait entre deux frégates égyptiennes, dont l'une, la Belle Sultane, avait survécu au combat de Navarin. Le vent continua ainsi toute la journée du lendemain. Les petits navires ayant une marche inférieure, force fut de mettre en travers à plusieurs reprises. Enfin le vent tomba peu à peu et passa au N.-E. faible. Le vaisseau égyptien avait beaucoup fatigué. Son état connu faisait présumer que ce temps avait dû le faire souffrir. Toutefois, tant que le vent continua à souffler du N.-O., il ne courut aucun danger : recevant presque le vent et la mer de l'arrière, il cédait facilement à leur impulsion; mais quand le vent fut passé au N.-E., il reçut la mer par le travers, et, n'ayant que peu de voilure, il tourmenta beaucoup plus; aussi une voie d'eau se déclara-t-

elle. L'insouciance des Arabes y fit peu d'attention, et ce ne fut que lorsque cette voie d'eau, devenue plus forte par le roulis et la fatigue du vaisseau, en eut compromis la sûreté, qu'on comprit le danger et qu'on songea à réparer le mal. Quelques pièces d'artillerie furent jetées à la mer, mais les hommes furent distribués aux pompes; mais c'était trop tard. On ne pouvait étaler; l'eau gagnait rapidement. Des signaux de détresse furent faits; les autres navires, qui purent les apercevoir, vinrent se placer à côté de lui; les embarcations furent envoyées, tous les hommes furent retirés avec confusion et répartis sur les autres bâtiments. Cette opération ne s'effectua pas sans difficulté et sans danger; la mer était encore très-grosse et menaçait à chaque instant d'engloutir les frêles embarcations. Cependant aucun accident n'eut lieu. Le vaisseau, abandonné, devint le jouet des vagues; enfin, l'eau ayant gagné de plus en plus, le navire s'inclina comme en signe d'adieu, puis s'enfonça pour ne plus se relever. Un instant encore sa batterie haute, sa mâture se montrèrent au-dessus de l'eau; puis tout disparut.

Dix jours après, la Sirène mouillait à la Sude, où elle allait servir d'intermédiaire aux deux partis grec et turc qui ravageaient cette belle partie de l'île de Candie.

VARIÉTÉS.

LE

Poisson volant.

Comme ces beaux polypes qu'on nomme les méduses, les janthines, les vélelles, les physales et les glaucus, sont les fleurs de la mer, le poisson volant en est le papillon d'argent et d'azur.

Appellerons-nous ailes, ou nageoires, ces frêles membranes de gaze humide à l'aide desquelles cet agile petit poisson s'élance des lames, et plane à une légère élévation comme soutenu dans l'air par ce mobile parachute? Des marins prétendent qu'il les agite, comme un oiseau ses ailes, pour augmenter ou diminuer son ascension et sa rapidité, ou pour diriger sa course aventureuse; nous ne le croyons pas. Quand le poisson volant sort de l'eau, il semble obéir à l'impulsion d'un élan dont la durée est en raison de la puissance qu'ont ses légères membranes à le soutenir dans l'atmosphère. Sa course est droite, et presque continuellement chacun de ses bonds a la même étendue : cinq à six toises au plus. S'il change de direction, c'est en changeant l'élan qu'il semble prendre en sortant de l'eau. En l'air, la ligne qu'il décrit est droite; pour s'y soutenir, il faut que ses membranes soient humides, et le contact de l'air ne tarde pas à les sécher. Alors elles perdent toute leur puissance : c'est apparemment dès que l'air les traverse. Ce sont donc, à notre sens, des nageoires, et non des ailes. Mais le marin a trouvé poétique pour lui de faire d'un poisson un oiseau. Il a pris prétexte de cette agilité surprenante, de cette délicatesse de forme et de cette puissance ascensionnelle,—si léger que soit ce prétexte,—pour comprendre hardiment le poisson volant dans la classe des habitants de l'atmosphère maritime;

il dit : les *damiers*, les *alcyons*, les *poissons volants*, les *satanics*.

Les poissons volants sont presque toujours par bandes nombreuses, par cent, par mille, par volées innombrables souvent. Il arrive parfois qu'élancés de l'eau, sans juger sans doute la portée de leur course aérienne, ils retombent en partie sur un bâtiment dont le pont est peu élevé. C'est une joie pour les marins. Pendant la nuit surtout la récolte des poissons volants se fait de cette façon.—Aussi, sous les tropiques, ne manque-t-on pas, au lever du jour, de chercher partout ces petits sauteurs, qu'on entend parfois tomber à plat sur le pont. Ils sont destinés aux passagères ou aux malades du bord; leur chair est d'une grande délicatesse; elle participe, pour le goût, du hareng et du maquereau.

Les poissons volants sont de plusieurs sortes. Les plus connus, et que la science range parmi les abdominaux, sont les *exocets*, lesquels sont eux-mêmes de différentes espèces; l'*exocet muge*, l'*exocet volant* et l'*exocet météorien*.

Les *exocets*, en général, ont le corps quadrangulaire, couvert d'écailles bleuâtres sur le dos, qui se dégradent en teinte grise et brillamment argentée sous le ventre; leur tête est fine et alongée, leur bouche étroite, et leurs mâchoires osseuses, mais privées de dents; la nageoire caudale est fourchue, les pectorales aussi longues que le corps, les ventrales minces et couchées. —La longueur ordinaire varie de sept à huit pouces jusqu'à un pied, rarement plus.

L'*exocet muge* habite particulièrement la Méditerranée. On le trouve aussi sur les côtes d'Italie, où il est très-recherché; on l'y prend au filet. On dit que sa tête phosphorescente indique aux regards des pêcheurs les bandes sous-marines où ils doivent tendre leurs appâts.—La seule différence qui sépare le *muge* des deux autres variétés de l'espèce, c'est que lui seul a les quatre nageoires ventrales et pectorales; les deux premières sont les véritables nageoires, les secondes sont les ailes. — Les unes ne fonctionnent que lorsque les autres sont reployées.

L'*exocet volant* et l'*exocet météorien* se rencontrent plus particulièrement dans les mers tropicales et caraïbes, où le muge n'est cependant pas de toute rareté. C'est dans les eaux bleues de ces chaudes latitudes qu'on les aperçoit par bandes si compactes, qu'ils semblent un gros nuage découpé sur l'horizon. Les agiles dorades, les bonites aux larges queues en accolade, les thons, et parfois aussi les oiseaux marins, leur font une guerre acharnée. Les poissons les poursuivent dans l'eau, ils se réfugient dans l'air; les oiseaux les poursuivent dans l'air, ils se réfugient dans l'eau. Comme leur *vol* est régulier, c'est-à-dire droit dans sa ligne, bien qu'il décrive une courbe pendant la courte durée de son ascension, les dorades, qui sont particulièrement très-

friandes du poisson volant, nagent rapidement à la surface, dans la direction du vent, comme la proie qu'elles poursuivent, et guettent avec un admirable instinct le moment où le pauvre fuyard tombera dans l'eau pour y tremper ses ailes. Qu'un oiseau et une bonite poursuivent un poisson volant, on ne peut savoir qui des deux l'aura. Heureusement que tous les espaces de l'air et de la mer ne sont pas occupés par ces acharnés ennemis de cet *oiseau-poisson*, qui participe des deux natures et n'appartient précisément à aucune exclusivement.

Un soir, pendant une traversée de France aux Antilles, il nous arriva de vouloir prendre des poissons volants qui folâtraient en grand nombre autour de notre navire. Une petite ligne, dont l'hameçon était enveloppé de lard, fut pendue à l'avant du bâtiment, qu'une brillante journée de calme retenait dans ces molles brises des régions alizées. Apparemment que pas un poisson de gros calibre n'était dans ces parages, car les oiseaux marins se balançaient vainement en l'air, en rasant parfois la surface houleuse des lames; les petits poissons ailés restaient dans l'eau, nageant çà et là à la rencontre des débris de nourritures que leur jetaient les matelots.

Dans la bande si confiante des petits affamés, se trouvait surtout un *exocet muge* d'une dimension peu commune; aussi faisions-nous de grands efforts pour le tenter par l'appât que nous trempions souvent dans l'eau à son passage. Deux ou trois fois déjà nous avions cru le voir mordre à l'hameçon déguisé, et une dernière fois surtout, nous avions discuté la sauce la plus convenable à en faire valoir la chair délicate; lorsqu'au moment où, à demi sorti de la mer, nous croyions le voir mordre notre appât, nous aperçûmes une énorme dorade qui se souleva sous lui, et l'engouffra à l'instant où il mangeait notre lard.

La ligne en fut cassée, — la sauce mise de côté.

Tout l'équipage déplorait cette perte, lorsqu'une bande de dorades vint à son tour prendre part aux débris de cuisine que les matelots jetaient dehors par forme d'amusement.

Nous demandâmes une ligne à dorade, et dûment garnie de lard, nous la jetâmes à l'eau.

Peu d'instants après, une belle dorade y mordit; on la hala à bord. Le cuisinier la fendit de son large coutelas... elle avait dans le ventre le poisson volant, en deux bouchées; le petit hameçon et notre bout de ligne sortant par une de ses ouïes. La sauce fut remise au feu.

Rien n'est plus facile que d'empailler ces petits poissons. Il n'est guère de marins qui n'en aient rapporté de cette manière, ou quelquefois tout simplement conservé dans l'alcool. Aussi, le poisson volant est-il fort connu dans les ports de mer.

GÉOGRAPHIE.

—

Saint-Malo.

Entre toutes les villes de France, je ne sais si Saint-Malo n'est pas celle qui mérite d'obtenir le premier rang dans son histoire maritime. Son importance actuelle est fort secondaire, sans doute ; elle ne fut même jamais un de ces grands centres où vient s'étaler la puissance navale du royaume ; mais vous chercheriez vainement ailleurs un égal développement du génie maritime. C'est de son port que sont sortis ces essaims de corsaires, d'intrépides capitaines, de matelots habiles, hardis et expérimentés, qui ont désolé dans tous les temps les marines ennemies, et fait trembler tour à tour les flottes de l'Angleterre et de la Hollande.

Aucune autre ville n'a reçu de la nature une destination plus précise et mieux indiquée. Placée aussi elle comme un vaisseau à l'ancre, entre les embrassements de l'Océan et de la Manche, elle semble se bercer sur ses rochers énormes, en attendant que le jour vienne de déployer ses voiles, et de se livrer tout entière à la merci des flots.

Vous n'arriverez pas à Saint-Malo sans éprouver des émotions nouvelles, quand même vous auriez vu souvent la mer ; car il semble qu'elle ait voulu étaler là toutes ses magnificences, toute la sublime variété de ses spectacles.

Île autrefois, le terrain qu'occupe aujourd'hui Saint-Malo ne forme plus qu'une péninsule qui communique à la terre ferme par une belle chaussée. La tradition rapporte que, vers le sixième siècle, la Bretagne était peuplée d'une foule de saints solitaires anglais, écossais, irlandais, qui venaient, loin de leur patrie, s'y consacrer à la pénitence. De ce nombre se trouvait saint Malo, qui, selon Moréri, était fils d'un gentilhomme irlandais, nommé Went ou Guent. Il vint, sous la conduite d'un solitaire nommé Aaron, s'établir dans une île voisine de la cité d'Aleth.

Cette cité d'Aleth, dont le nom est celtique, est une de celles qui ont le plus exercé la patience des savants et des antiquaires bretons. Elle est incontestablement une des plus anciennes de la Bretagne-Armorique, et se trouve réduite aujourd'hui à n'être plus qu'un grand faubourg de Saint-Malo, connu sous le nom de Saint-Servan. L'histoire des temps reculés ne nous offre pas un grand nombre de faits relatifs à cette cité d'Aleth. Il paraît que vers le dixième siècle, ses habitants, fatigués des pillages et des fréquentes incursions des Normands, et dégoûtés d'une ville où ils avaient sans cesse à craindre pour leurs richesses, leur liberté et leur vie, cherchèrent à s'établir dans un lieu plus sûr et plus à couvert des entreprises des Barbares. L'île d'Aaron, qui fut appelée Saint-Malo, du nom de l'illustre solitaire qui y avait laissé une mémoire vénérée, leur parut un lieu propre à s'y fortifier. Ils y firent donc construire plusieurs édifices, et désertèrent en foule leur ancien séjour. De cette manière l'île se peupla bientôt au détriment de la ville, qui resta presque abandonnée.

A défaut de monuments authentiques, voilà ce que la tradition rapporte des premières origines de Saint-Malo. Aujourd'hui cette ville est une des clés du royaume et un des boulevards de la Bretagne. Dans le commencement du dernier siècle, elle a été accrue et embellie d'une nouvelle enceinte, et elle peut passer maintenant pour une des fortes places de la France. Ses remparts, assis sur le roc, flanqués de tours et de bastions, sont d'une rare magnificence, et forment une des plus belles promenades qui se puissent voir, par la variété et l'immensité de ses perspectives.

Le château, quoique ancien, est encore regardé comme un bon ouvrage ; il est fait en forme de carrosse, armé de quatre grosses tours principales, avec de vastes et profonds fossés : il doit son existence à la reine Anne. Cette princesse, ayant eu quelques démêlés avec l'évêque touchant le droit de régale, fit fortifier le château, malgré les excommunications lancées par le prélat contre les entrepreneurs et ouvriers, et y fit ajouter de nouveaux ouvrages, nonobstant les oppositions de l'évêque. Pour montrer qu'elle était véritablement et qu'elle voulait être souveraine de Saint-Malo, elle fit graver en bosse sur une de ces tours ces mots fort significatifs : *Qui qu'en grogne, ainsi sera : c'est mon plaisir.* Cet événement a fait nommer cette tour *Qui qu'en grogne,* nom qu'elle conserve encore.

Les forts avancés qui défendent la ville, construits sur des rochers dans la mer, sont au nombre de quatre : le Fort-Royal, le Petit-Bé, l'Île-Herbois et la Conchée. Ce dernier ouvrage, de l'immortel Vauban, est à une lieue en mer, sur un rocher qui n'est accessible que par un seul côté. L'abord y est assez dangereux, et il a été inutilement attaqué par les Anglais, sous le règne de Louis XIV. Le maréchal de Vauban avait aussi proposé, pour l'embellissement et les fortifications de Saint-Servan, un plan fort important qui n'a pas été exécuté.

Saint-Malo est principalement célèbre par ses armements et son commerce, qui lui ont valu des richesses immenses. Ce commerce se faisait avec nos colonies d'Amérique, avec l'Angleterre, avec la Hollande, et surtout avec l'Espagne. Il consistait en toiles dites de Bretagne, étoffes d'or et d'argent, satins de Lyon, étoffes de laine d'Amiens et de Reims. Ces marchandises, portées

FRANCE MARITIME.

Saint-Malo.

P. Brandlac. sc.   L. Garneray del.

Paris Imp.é par Chardon né et Pe r. Hautere 3.   T. 3 Page 20.

directement à Cadix, étaient transportées de là dans les Indes espagnoles. Les retours se faisaient toujours en espèces d'argent et en objets précieux. Les Malouins équipaient encore beaucoup de navires pour la traite des Nègres, et surtout pour la pêche de la morue. Les armements de ce genre employaient tous les ans sept à huit mille hommes; et comme, par un réglement fort sage, sur cent hommes d'équipage il devait se trouver toujours trente novices, il sortait chaque année de ces navires marchands deux mille nouveaux matelots, sujets précieux à l'Etat.

C'est dans l'année 1488, que la ville de Saint-Malo passa de la domination des ducs de Bretagne sous celle du roi Charles VIII. L'armée française, victorieuse à Saint-Aubin-des-Cormiers, sous le commandement du duc de La Trémouille, vint mettre le siège devant cette place. Après une vigoureuse résistance, elle fut forcée de capituler et se rendit. Le roi, pour retenir les habitants sous son obéissance, leur confirma tous leurs priviléges, et ayant épousé dans la suite Anne, héritière et duchesse de Bretagne, la ville de Saint-Malo se trouva naturellement réunie au territoire du royaume.

Elle fut honorée tour à tour de la visite de François Ier et de Charles IX. Ce dernier fit son entrée le 24 mai 1570 : jamais réception n'avait été plus magnifique. Les Malouins avaient fait équiper une vingtaine de bateaux en forme de galions. Les deux principaux, commandés par Hamon et Guillaume de La Jonchée, frères, présentaient, le premier, la forme d'un grand navire, le second, celle d'une galiote à la mauresque. Ils étaient montés par la jeunesse de la ville et les officiers municipaux, et s'avancèrent au-devant du roi, qui s'était embarqué à Dinan, sur la rivière de Rance, à la rencontre du roi. On fit une décharge d'artillerie, et le monarque entra dans le principal galion au son des trompettes et autres instruments de musique. Les enfants de la ville, au nombre de trois à quatre cents, armés d'arcs et de flèches, formaient une compagnie à la porte de la ville. Les clés furent présentées au roi par Jean Le Gobien des Donetz, sénéchal de Saint-Malo; il fut reçu sous le dais, et fit son entrée, précédé des enfants qui faisaient retentir l'air des cris de : *Vive le roi !*

En 1622, pendant le siége de La Rochelle, Saint-Malo équipa une flotte de vingt-cinq à trente vaisseaux, armés en guerre, dont elle donna le commandement à N. Porée, un de ses habitants. Cette flotte se joignit à celle du roi, et contribua beaucoup à réduire à l'obéissance ce dernier rempart de la rébellion en France. Vers le même temps, les Malouins enlevèrent au roi de Danemark l'île de Fer, et brûlèrent, sur les côtes du Groënland, trente-huit vaisseaux ennemis.

Mais c'est surtout sous le règne de Louis XIV que les Malouins se rendirent célèbres par leurs expéditions militaires.

Lors de la guerre allumée par la fameuse ligue d'Augsbourg, où toutes les puissances de l'Europe conspiraient pour l'abaissement de la France, les Anglais, fatigués des attaques opiniâtres des corsaires malouins, formèrent le projet de détruire la ville qui osait méconnaître leur empire sur la mer. Ils imaginèrent de la faire sauter par le moyen d'une machine infernale, composée d'un bâtiment de 90 pieds de longueur, qui avait la forme d'une galiote à bombes, et qu'ils avaient rempli de poudre, de bombes, de boulets, de grenades, etc.

Les Anglais se croyaient si sûrs du succès, que le célèbre Adisson chanta d'avance dans ses vers la destruction de Saint-Malo. Le dimanche, 29 novembre 1693, à huit heures du soir, temps de pleine mer, la machine fatale vint à toutes voiles vers les remparts de la ville, et fut jetée par un coup de vent sur un rocher où elle échoua. Ce contre-temps, et les boulets qu'on lui envoyait, pressèrent le capitaine d'y faire mettre le feu. L'inventeur de la machine en fut la victime : l'explosion précipitée ne lui donna pas le temps de se sauver avec son canot, et il périt avec quarante hommes qui l'accompagnaient. Le bâtiment sauta à cinquante pas des remparts; toute la ville fut ébranlée, les cheminées tombèrent, les vitres et les ardoises furent brisées, et plusieurs maisons découvertes. Il tomba un grand nombre de bombes et de carcasses sur la ville; deux canons chargés furent trouvés dans un grenier, et quand la mer se retira, elle laissa à sec trois cents bombes et trois cents barils remplis d'artifice. Cet amas de matières destructives ne fit de mal à personne : un chat seul, dit-on, fut trouvé mort dans une gouttière. Le lundi, 30, l'amiral anglais tira un coup de canon, et appareilla avec la honte d'une tentative vaine, et après avoir vu échouer l'infâme projet conçu par la fureur de la haine anglaise.

La guerre de la succession à la couronne d'Espagne fut pour Saint-Malo l'occasion de nouveaux armements considérables. Elle faisait en même temps un commerce immense, qui la rendit, pendant quelques années, la plus opulente ville du royaume. C'est du Pérou que les vaisseaux de Saint-Malo tiraient ces richesses qui mirent les habitants à même de prêter, en 1711, au roi, une somme de 30 millions. La compagnie des Indes était alors à Saint-Malo. Les richesses qu'elle apportait dans cette ville furent employées au service de l'Etat, dans la fameuse expédition de *Rio-Janeiro*. Les Malouins eurent la gloire de l'entreprise, en firent les dépenses et en partagèrent les périls sous la conduite de Duguay-Trouin, leur concitoyen.

Cette direction, presque exclusive, donnée à l'esprit et à l'industrie des habitants de Saint-Malo, ne pouvait manquer de produire des grands

24

hommes de mer. Sans parler de Duguay-Trouin, l'une des plus grandes gloires de la marine française, et en remontant encore plus haut, nous trouvons le célèbre navigateur Jacques Cartier, qui, en 1534, découvrit le Canada. La découverte du passage du cap Horn est due aussi à un Malouin, M. de Beauchêne-Bouin. On doit citer aussi avec honneur les noms de Mathieu Loison, de La Rondinière, Pierre Guyomark, Yves-Marie Roche, Chenard de La Girandais, etc., et le plus intrépide corsaire de ce siècle, Surcouf.

Ce qui est plus surprenant, c'est le grand nombre des hommes illustres dans les lettres qui sont sortis de son étroite enceinte. Elle a vu naître Châteaubriand et La Mennais, les deux plus grands écrivains de nos jours. Elle est aussi la patrie de notre célèbre médecin M. Broussais, qui trouverait sur les registres de sa ville natale le nom d'un autre célèbre médecin, matérialiste et écrivain distingué comme lui, Offrai de La Métrie, auteur de l'*Homme-Plante*, l'*Homme-Machine* et *Machiavel*. La Métrie haïssait les médecins au moins autant que Molière, et pour railler la médecine, il se fit saigner sans art et contre les règles de l'art, et mourut victime de cette opération.

Saint-Malo a également donné le jour à l'illustre Moreau de Maupertuis, président de l'académie de Berlin, l'un des savants que Voltaire s'est plu à persécuter, et qui lui écrivit un jour : « Je vous » déclare que ma santé est assez bonne pour vous » aller trouver partout où vous serez, et pour tirer » de vous la vengeance la plus complète. » Voltaire ne répondit rien, il professait le plus grand respect pour l'édit des duels. On doit citer encore beaucoup d'autres noms : M. Boursaint, l'un des hommes qui ont le plus honoré l'administration de la marine, et auquel nous consacrerons prochainement un article biographique ; M. Duport Dutertre, auteur de la *France littéraire* et d'un *Abrégé de l'histoire d'Angleterre*; l'abbé Trublet, membre de l'académie de Berlin ; etc., etc.

Après cette histoire de la vie passée de Saint-Malo, si nous jetons les yeux sur ce qu'elle est aujourd'hui, nous lui trouverons la physionomie d'une ville heureuse, aisée, confortable. Il a fallu que cette activité immense des commerçants et des corsaires ait cédé, là comme ailleurs, aux habitude plus tranquilles de l'existence du bourgeois et du propriétaire. Cependant, combien de gens qui, du haut de leurs murailles, jettent chaque jour un œil d'envie sur cette mer si souvent témoin de leurs triomphes, et qui, dans les regrets du temps passé, appellent de leurs vœux l'heure où il leur sera donné de prouver à l'ennemi que les enfants de Saint-Malo n'ont pas dégénéré de la fougue et de l'intrépidité de leurs pères !

AMÉDÉE GRÉHAN.

Découverte
DU DÉTROIT DE LEMAIRE.

La relation de la découverte du détroit auquel le navigateur hollandais Lemaire a donné son nom est connue ; mais ce qu'on ignore, c'est la part active que prit la France à cette expédition.

Des lettres-patentes accordées par les *états-généraux* à la compagnie des Indes défendaient à tous les sujets des *Provinces-Unies* de passer, non-seulement au sud du *cap de Bonne-Espérance*, mais encore dans le détroit de *Magellan*, et dans les pays connus et non connus situés hors des limites du grand océan Atlantique.

Cette défense ne servit qu'à exciter le génie actif des spéculateurs. En 1609, M. le président Jeannin, ambassadeur pour le roi Henri IV auprès des *états-généraux*, chargé de la négociation entre les Hollandais et le roi d'Espagne, l'une des plus difficiles de son temps, reçut les premières ouvertures de Lemaire.

Nous donnons ici la lettre authentique de ce célèbre diplomate, dans laquelle il explique au roi le projet de Lemaire en le discutant, ainsi que la réponse du roi.

On y verra que, sans le poignard de Ravaillac, qui rompit cette négociation, à l'heure qu'il est, le détroit de Lemaire porterait le nom de Henri IV.

Ces deux documens précieux que nous extrayons de la collection Brienne, feront connaître à la fois la généreuse politique de ce grand roi, le zèle judicieux de son ambassadeur, et l'état des connaissances physiques et géographiques d'alors ; nous les donnons exactement avec l'orthographe du temps

---

Lettre au Roy, escrite par M. le président Jeannin, ambassadeur près des 7 Provinces-Unies. Janvier 25, 1609 (1).

SIRE,

J'ai ci-devant conféré par commandement de Votre Mté et sur les lettres qu'il luy a plu m'escrire, avec un marchant d'Amsterdam nommé Isaac Lemaire, lequel est homme riche et bien

(1) Nous avons cru devoir conserver l'orthographe de cette lettre pour ne pas altérer le récit.

entendu au faict du commerce des Indes d'O-
rient, désireux d'y seruir Votre M^{té} sur les ouvertures que luy en faict, et de joindre auec luy
d'autres marchants, comme aussi des pilotes,
mariniers et matelots expérimentés en telles
nauigations qu'il dict auoir empesché de prendre
party, des le temps que luy en parlay; or, comme
il m'en a pressé plusieurs fois, je lui ay toujours
dict que Votre M^{té} n'y pouuait prendre aucune
résolution qu'après celle des Estats et le traité
de tresue qu'on poursuit aprésant faict ou rompu:
ce qu'il juge bien estre véritable et s'est aussi
contenté de ceste responce; mais, il m'ennoya ici
son frère il y a quelques jours, pour me faire entendre qu'un pilotte anglois, lequel a esté par
deux fois en mer pour rechercher le passage du
Nord, auoit esté mandé à Amsterdam par la compagnie des Indes d'Orient pour aprendre de luy
ce qu'il auoit recognu et s'il espéroit de trouuer
ce passage; de la responce duquel eux estoient
demourez fort contans, et en opinion que ceste
espérance pouuoit réussir, n'auoient toutesfois
voulu pour lors faire à la dite entreprise; mais
contenté seulement l'Anglois, et renuoyé auec
promesse qu'il les viendroit trouuer en l'année
suiuante 1610. Ce congé luy ayant esté donné,
Le Maire qui le cognoist fort bien auroit depuis
conféré auec luy et entendu ses raisons, dont il
a aussi communiqué auec Plancius (1), qui est
grand géographe et bon mathématicien, le quel
soustient, par les raisons de son art, et de ce
qu'il a apris, tant de cest Anglois que d'autres
pilotes qui ont faict la mesme négociation, tout
ainsy que du costé du midy, on a trouué en la
mer du Sud aprochant le pole Antarctique, ung
passage qui est le destroit de Magellan, qu'il y en
a doict pareillement auoir ung autre du costé du
nord. L'un des pilotes qui fut aussy, il y a trois
ans, employé en ceste mesme recherche, et
passa jusques à Noua Zembla qui est à 73 degrez
de latitude en la coste de la mer Tartarique tirant au nord, a déclaré que, pour n'estre lors
assez expérimenté en ceste nauigation, au lieu
d'entrer auant en pleine mer où elle n'est jamais
gélée à cause de la profondeur et de la grande
impétuosité de ses flots et vagues, il se contenta
de costoyer les bords, où ayant trouué la mer
gélée, luy et ses compagnons furent arrestez et
contraints de s'en retourner sans passer outre.

L'Anglois a encore raporté qu'ayant esté du
costé du nord, jusques à 81 degrez, il a trouué
que plus il aprochoit du nord, moins il y auoit
de froidures, et au lieu que vers nous, sembla
la terre n'estre couuerte d'herbes et n'y auoir
sinon des bestes qui uiuent de chair et de proie,
comme ours, regnardz et autres semblables; il y

auoit trouué ez dicts 81 degrez de l'herbe sur la
terre et des bestes qui en uiuent; ce que Plancius confirme par raison, et dict que près du pôle
le soleil luisant sur la terre cinq mois continuelz
encore que les rayons d'iceluy y soient foibles,
neantmoings, à cause du long temps qu'ils y demeurent, ont assez de force pour eschauffer le
terrouer et le rendre tempéré et commode pour
l'habitation des hommes, produire herbes et
nourrir bestial, alleguant ceste similitude d'un
petit feu, le quel demeurant long temps en quelque lieu a plus de force pour l'eschauffer qu'ung
grand feu qui ne feroit qu'estre allumé et aussi
tost esteint; il y adjouste aussy qu'il ne se fault
arrester à l'opinion des anciens qui estimoient la
terre près des deux pôles estre inhabitable à
cause de sa froidure, et qu'ils se peuuent aussy
bien tromper qu'en ce qu'ils ont dict la zone torride estre inhabitable à cause de sa grande chaleur; qu'on recognoist neantmoings par expérience estre habitée, fort tempérée, fertile et
commode pour la vie des hommes, et qu'il y a
aussi beaucoup plus de chaleur soubz les tropiques
de Cancer et de Capricorne que soubz la zone
torride; et, par ceste mesme raison, Plancius
juge que la froidure croist et est toujours plus
grande jusques aux 66 degrez; mais qu'en passant plus outre deuers le pole, elle devient
moindre, et ainsy l'ont trouué l'Anglois et d'autres pilotes, les quelz ont cy devant faictz tels
uoyages dont ils concluent que, pour trouuer
le passage du nord auec plus de facilité, au lieu
de rechercher les bords et les costes de la mer
à 70, 71, 72 ou 73 degrez, comme les Hollandois
ont faict cy devant, il se fault aduancer en pleine
mer jusques à 81, 82 et 83 degrez ou plus s'il
est besoing. Ez quelz lieux la mer n'estant point
gélée, ils se promettent qu'on pourra trouuer ce
passage, et par iceluy, en tirant vers l'Orient
passer le destroit d'Anian (2), et suiuant la coste
orientalle de Tartarie, aller au royaume de Catay,
à la Chine, aux Isles du Japon; comme aussy,
attendu que l'Orient et l'Occident aboutissent
l'ung à l'autre à cause de la rondeur de la terre,
aller par mesme moyen aux Moluques et aux
Philipines; le quel voyage et toute ceste nauigation, tant pour aller, que pour retourner,
pourra estre faicte en six mois, sans aprocher
d'aucuns ports et forteresses du roy d'Espagne;
au lieu qu'à la faire par le cap de Bonne-Espérance, qui est le chemin ordinaire qu'on tient
àprésant, on y met ordinairement près de trois
ans, et si on est subject aux rencontres et incursions des Portugais.

Il me proposait donc ceste ouuerture du pas-
sage du Nord pour savoir si Votre M^{té} auroit agréable de l'entreprendre ouuertement et en son nom,
comme chose fort glorieuse, et qui luy acquerroit

(1) Plancius (Pierre), théologien hollandais, né en 1552.
Son nom s'associe à ceux des plus célèbres navigateurs de
son temps, auxquels il paraît avoir dressé des cartes de
route.

(2) Actuellement détroit de Bering.

une grande louange enuers la postérité, ou bien le nom de quelque particulier dont on ne laisseroit de luy attribuer l'honneur, si le succez en estoit bon, offrant de la part de son frère fournir le vaisseau et les hommes ; sinon que Votre M^{té} y en veuille aussy employer quelques ungs des siens auec ceux qu'il y mettra, lesquelz sont expérimentez en telz voyages, disans que, pour exécuter ceste entreprise, il ne faut que trois ou quatre mil escus au plus, lesquelz il désire tirer de Votre M^{té} pour ce que luy qui n'est qu'ung particulier ny voudroit employer ceste somme ; et n'en ose communiquer à personne, d'autant que la compagnie des Indes d'Orient craint sur toutes choses qu'on ne les preuienne en ce dessein, et qu'à ceste occasion son frère n'auoit osé parlé à l'Anglois qu'en secret.

Il dict encore que si ce passage est trouué et descouuert, qu'il facilitera bien fort le moyen de faire une compagnie pour aller en tous les lieux sus dits, et que plus de gens y mettroht leurs fonds qu'en l'autre qui est désia faict, sans que la compagnie s'en puisse plaindre, attendu que l'octroy qu'elle a obtenu des Estats n'est que pour y aller du costé du cap de Bonne-Espérance, non de celuy du Nord, dont les Estats se sont reseruez le pouuoir de disposer au cas que le passage en puisse estre trouué, et pour inviter quelques pilotes courageux de se hazarder à en faire la recherche, a promis vingt quatre mil liures de loyer à celuy qui en seroit le premier inuenteur.

J'ay dict au frère du Maire qui m'en a communiqué de sa part, et luy en ay escript qu'en donnerons incontinant aduis à Votre M^{té} pour en sauoir sa volonté et la luy faire entendre au plutost : attendu qu'il dict, si on veult penser à ce voyage de ceste année, qu'il le fault commencer en mars au plus tard, pour en espérer bon succez, et que les autres qui l'ont cy deuant faict en juillet, s'en sont mal trouuez et en ont esté surpris de l'hiuer.

Ayant aussy esté aduerty que Plancius estoit venu à la Haye deux jours après auoir communiqué au frère du Maire, je le manday aussy tost pour en conférer auec luy, comme j'ai faict, sans toutesfois luy faire cognoistre que le Maire m'en ayt faict parler, ny que Votre M^{té} eust aucun dessein d'entreprendre ceste recherche : car le dict S^r le Maire ne desire pas que personne en sache rien ; aussi n'en ai-je parlé à Plancius que par forme de discoùrs, et comme estant curieux de m'instruire et aprendre ce qu'il en sçait et juge par raison pouuoir estre faict. Le quel m'a confirmé tout ce que dessus, et qu'il auoit excité feu Amsquerque (1), admiral de la flotte qui fit

l'exploit du destroit de Gibaltard, de faire ceste entreprise, le quel s'y estoit résolu dont il expéroit bien, pour ce que le dict Amsquerque estoit fort entendu aux nauigations et désireux d'acquérir cest honneur comme Magellan auoit faict, decouurant le passage du costé de la mer du Sud ; mais il mourut en ce combat.

C'est à Votre M^{té} de me commander ce qu'il luy plaist que je fasse en cest endroit. La vérité est qu'on ne peut respondre du succez de ceste entreprise avec certitude ; mais il est bien vray que dès long temps Le Maire s'est informé de ce qu'on pouuoit espérer de telle entreprise, et qu'il est texue pour homme fort aduisé et industrieux. Puis on n'y hasarderoit pas beaucoup.

Quand Ferdinand reçut l'aduis de Xristophle Coulon et luy fit équiper trois nauires pour aller au voyage des Indes d'Occident, l'entreprise sembloit encore pour lors plus incertaine, et tous les autres potantatz ausquelz cest homme s'en estoit addressé, s'en estoient mocquez, jugeans son entreprise impossible, et toutes fois, elle a produict ung si grand fruict.

C'est aussy l'aduis de Plancius et d'autres géographes qui ont escript que du costé du Nord il y a encore beaucoup de terres qui n'ont esté descouuertes, les quelz Dieu peut réseruer à la gloire et au proffict d'autres princes, n'ayant voulu tout donner à la seule Espagne.

Quand mesme il n'en succederoit rien, sera tousiours chose louable de l'auoir entrepris, et le repentir n'en sera jamais grand puisqu'on y hasarde si peu.

Ceste lettre estant acheuée et moy prest de l'ennoyer à Votre M^{té}, Le Maire m'a derechef escrit et renuoyé le mémoire qui est cy joinct, le quel contient ung discours assez ample, ensemble les raisons de ce que dessus. Il me mande pareillement qu'aucuns de la compagnie des Indes ayans esté aduertis que l'Anglois auoit conféré secretement auec luy, sont entrez en apréhension qu'il s'en uouloit seruir, et l'employer luy mesme pour découurir ce passage. Qu'à ceste occasion, ils ont de nouveau traicté avec luy, pour entreprendre la dite nauigation dès ceste année, ayans ceux de la Chambre d'Amsterdam escrit à cet effect aux autres Chambres qui sont de la mesme compagnie pour le leur faire approuuer, auec déclaration, s'ils le refusent, qu'ilz l'entreprendront eux seulz.

Le Maire ne laisse pourtant d'exhorter Votre M^{té} à ceste entreprise, me mandant qu'il a ung

(1) Heemskerke (Jacques), né à Amsterdam, s'est rendu célèbre dans le XVIIe siècle, par sa valeur et son expérience dans la marine. Il fut envoyé, l'an 1607, en qualité de vice-amiral, avec une flotte de vingt-six vaisseaux, dans le dé-troit de Gibraltar, pour y combattre les Espagnols. Il rencontra, en vue de Gibraltar, leur flotte, composée de vingt vaisseaux et de dix galions, commandée par don Juan Alvarez d'Avila. Heemskerke attaqua cette flotte le 25 avril et la battit. Davila fut tué et son fils fait prisonnier. Le vaisseau-amiral, le vice-amiral et cinq galions d'Espagne furent brûlés, et les autres échouèrent. Heemskerke ne jouit pas de son triomphe : il fut tué au commencement de l'action. Il est enseveli dans la vieille église d'Amsterdam.

Imp par Chardon

Environs de Saint Malo.

pilote, le quel a desia faict ce mesme uoyage et est plus expérimenté et plus capable que l'Anglois. C'est à elle de commander son intention.

J'ay eu plusieurs conférences avec d'autres, soit pour le voyage des Indes d'Orient et d'Occident, et suis asseuré quand il luy plaira d'y penser à bon escient, et pour en tirer du fruict, qu'il y aura moyen de lui faire auoir de très bons hommes et fort expérimentés, qu'il y a aussy de riches marchans, lesquelz seront de la partie pour le commerce des Indes d'Orient, et plus volontiers encore si ce passage du nord est troué; mais quand aux Indes d'Occident, ils tiennent tous qu'il y fault enployer un plus grand appareil de forces : est vray que le voyage est aussy beaucoup plus court, et ceux qui ont quelques cognoissances des entreprises qu'on y peut dresser en promettent tout bon succez, dont ils discoururent avec de si bonnes raisons qu'il y a subiect d'y adiouter foy.

J'en attendray ses commandemens, priant Dieu, Sire, etc. etc.

Signé JEANNIN.

De la Haye, ce 25 janvier 1609.

—

Lettre du Roy à M Jeannin en particulier du 28 mars 1609.*

M' Jeannin, encore que j'aye commandé au S' de Villeroy de vous escrire mon intention sur ce qu'a négotié le S' de Preaux avec le marchant d'Amsterdam, toutes fois, je vous répéteray par celle cy que je suis contant augmenter de deux mil liures la somme que je vous avois ordonné luy accorder pour l'effect qui a esté proposé. J'aprouue aussy que nous lui en confions l'employ, suiuant l'ordre au quel il s'est luy mesme soubmis. Pareillement je trouue bon accorder les vingt cinq mil liures de récompense au cappitaine du nauire, aduenant qu'il descouvre le destroit, et mesmes qu'il luy soit permis sur la d'' somme de doubler les gages des mariniers et soldats, s'ils font difficulté de se hazarder au destroit, et promettre sur icelle recognoissance à leurs vefves s'ils y périssent. Finablement, je veux bien aussi qu'ils arborent ma bannière et donnent mon nom au dict destroit s'ils le descouurent. De quoy vous deliurerez au d'' marchant ou au d'' cappitaine, en mon nom, les instructions, pouuoirs et escrits nécessaires en vertu de la présente que je ne fais que pour vous donner ce pouuoir; remettant le surplus à la lettre du d' S' de Villeroy. Priant Dieu, M' Jeannin, qu'il vous ayt en sa s'' garde, etc. etc.

Signé HENRY, et plus bas BRULART.

—

MARINE RÉPUBLICAINE.

Bataille du 13 prairial.

—

Famine, en France. — Convol de subsistances. — Sortie de l'armée navale. — Rencontre de la flotte anglaise. — Engagement du 9 prairial. — Victoire remportée le 20 sur toute l'escadre anglaise.—Bataille du 13. — Beau combat du vaisseau *la Montagne*.—Submersion du *Vengeur*.

La bataille du 13 prairial est un des faits les plus importants de la marine française; il est donc nécessaire de reproduire, dans sa pensée, la position terrible dans laquelle une famine d'une rigueur inouïe dans notre histoire avait réduit notre patrie, alors attaquée sur toutes ses frontières, si l'on veut bien en juger les détails et s'imaginer l'importance qu'avait pour elle le convoi de subsistances attendu des États-Unis. Aussi, aucune des mesures que dictait la prudence n'avait-elle été négligée pour assurer le succès d'une expédition si précieuse. Une puissante escorte défendait sa marche; une croisière éclairait les parages qu'elle devait parcourir; une division de vaisseaux de ligne couvrait l'attérage qu'elle devait atteindre.

Ces dispositions protectrices n'avaient cependant point tellement calmé les inquiétudes, que le retard éprouvé par cette flottille n'eût vivement alarmé l'opinion publique.

Le mois de mai s'écoula dans l'attente, sans qu'aucunes voiles fussent signalées par les vigies. On n'ignorait point, d'un autre côté, les projets que tramait l'Angleterre. Tous les journaux britanniques assuraient que l'amiral Howe allait enfin venger, par une seule course, le commerce de la Grande-Bretagne des déprédations de nos croiseurs. Le vaste système d'espionnage, qu'avait créé l'or britannique, n'avait laissé ignorer à l'amirauté ni le jour du départ, ni la route, ni la destination de ce convoi, ni les forces diverses auxquelles sa conservation était confiée.

De sinistres rumeurs ayant circulé dans le public, les commissaires de la Convention commencèrent à redouter qu'au lieu de confier à l'une de ses divisions le soin d'intercepter cette flottille, l'armée nombreuse qui sillonnait alors les eaux de la Manche ne se portât à sa rencontre. Ce fut cette appréhension qui les détermina à faire rompre à notre armée navale l'inaction où s'allanguissaient ses marins et ses vaisseaux.

Les pavillons de tous les bâtiments, mis en berne, transmirent aux matelots l'ordre de regagner immédiatement leurs vaisseaux.

A peine le canon de partance eut-il retenti sur les gaillards de *la Montagne*, magnifique trois-ponts, au grand mât duquel l'amiral avait arboré son étendard de commandement, que toutes les batteries de la ville et de la plage, s'enveloppant d'une fumée blanchâtre, lui répondirent comme autant d'échos.

La rade offrit dès lors le spectacle le plus brillant et le plus animé.

Il était onze heures de la matinée ; le soleil du printemps était dans tout son éclat, le ciel de mai dans toute sa limpidité ; la baie, dont les eaux bleues et légèrement émues palpitaient sous un frais léger que soufflait l'est, écumèrent sous les rames de mille embarcations. C'étaient les yoles brillantes de peinture et de l'uniforme des officiers, les allèges de services, encombrées de provisions. Les chaloupes ou les bateaux pêcheurs, surchargés d'hommes, tous légers ou rampants, nageaient vers le rivage ou se dirigeaient sur la flotte.

Ce mouvement se communiqua bientôt aux grands bâtiments. La plupart, affranchis de leurs amarres, se balancèrent impatiemment sur une seule ancre, comme les chevaux qui piétinent avant de prendre leur élan.

Enfin, une nouvelle détonation se fit entendre ; les pavillons, dont les plis étaient froncés, déployèrent vivement leurs couleurs ; les voiles larguées ou hissées offrirent leur surface à la pression de la brise, et vaisseaux, frégates, corvettes, s'ébranlant à la fois, glissèrent au milieu des acclamations de la foule, des vivat des matelots et du fracas des canons.

L'évolution se fit avec autant de rapidité que d'ensemble. L'escadre, s'étant formée en colonne, franchit le goulet dans le plus bel ordre.

« Mes amis, dit alors aux matelots, en les quittant, le représentant du peuple Prieur de la Marne, revenez bientôt vainqueur des Anglais !

— Oui, vainqueurs ! répondirent-ils avec enthousiasme, ou nous ne reviendrons pas ! »

Et toutes les voix, celles des députés, celles des officiers, celles des matelots, se confondirent dans ces cris, qui faisaient alors trembler l'Europe : Vive la France ! Vive la République !

L'escadre, se couvrant de toile, vogua grand largue, formée sur trois lignes.

La nuit ne tarda pas à descendre sur la mer. Les populations de la côte purent cependant suivre encore quelque temps des yeux la flotte, qu'aux fanaux suspendus dans les mâtures, l'on pouvait distinguer cinglant majestueusement dans le nord-ouest.

Le lendemain, aucun des accidents si fréquents dans une première marche nocturne n'était venu troubler l'ordre respectif des vaisseaux ; seulement, de quelque côté que se portassent les regards, ils n'apercevaient plus d'autre horizon que cette légère ligne de mirage qui, par les belles journées, sépare l'azur du ciel du bleu de la mer.

L'armée, conformément aux ordres transmis par le comité révolutionnaire, se dirigea sur les îles Corves et Flores, dans la mer desquelles l'amiral devait attendre le passage du convoi, en exerçant son escadre aux grandes évolutions de combat.

Cette navigation, favorisée par le vent et la mer, n'eut d'autres épisodes que les prises nombreuses continuellement faites par les frégates et les corvettes qui éclairaient la marche de la flotte ou qui se détachaient de ses lignes. Ce ne fut que le 9 prairial (28 mai), vers dix heures de la matinée, que les cris : Navires ! Navires sous le vent ! tombèrent des hunes, proférés au même instant par les gabiers de plusieurs vaisseaux.

A ce signalement, les passe-avants, les haubans et les vergues se couvrirent de soldats et de matelots ; un long cri se leva de toute la flotte dès que, dans les voiles signalées, l'on eut reconnu l'escadre britannique.

Les deux armées ne se furent pas plutôt aperçues que, tout en gouvernant l'une vers l'autre, leurs vaisseaux et leurs divisions se formèrent en ligne de combat.

Le motif qui détermina Villaret à exécuter cette manœuvre n'était pas cependant l'intention de s'engager avec l'ennemi, mais uniquement le désir de reconnaître la composition et la force de son escadre.

Les ordres supérieurs qui dominaient sa conduite, ainsi que celle du député conventionnel, lui enjoignaient expressément d'éviter tout combat tant que le convoi ne serait pas en sûreté dans un port de France. Villaret, comme Jean-Bon-Saint-André, connaissait trop la gravité de ces instructions pour s'exposer à compromettre, par un revers, la conservation d'une flottille au salut de laquelle se rattachaient les intérêts les plus pressants.

Les deux escadres ne tardèrent point à n'être séparées que par une étendue de mer d'une lieue et demie. L'armée ennemie se trouvait en ce moment égale, par le nombre de ses vaisseaux, à l'escadre française. Si sa ligne offrait quelque supériorité matérielle, elle ne le devait qu'au nombre des navires à trois ponts qui la bastionnaient de leurs coques élevées.

L'amiral français, après avoir recueilli les renseignements qui pouvaient éclairer sa conduite, donna immédiatement l'ordre de revenir au vent pour prendre la bordée du large.

L'exécution de ce mouvement commençait le système d'évolutions qu'il avait arrêté, conjointement avec le délégué révolutionnaire, pour essayer de tromper l'ennemi. Cette manœuvre était habile ; l'espèce de volte par laquelle les vaisseaux français avaient porté leur cap dans le nord-ouest entraînait la flotte britannique hors des eaux que devait traverser, avec son convoi, le contre-amiral Vaustabel. Lord Howe, loin d'en soupçonner le véritable motif, ne vit, dans ce virement de bord, qu'un indice de timidité et de faiblesse. La vivacité avec laquelle il se porta sur les traces de nos vaisseaux donna lieu à un combat durant lequel l'armée française, conservant son ordre de marche, présenta constamment à l'ennemi un front de bataille, dont le vaisseau *la Montagne* formait le centre ; la distance des deux lignes fut toujours telle, que l'on apercevait le feu et la fumée des bâtiments anglais sans entendre la détonation de leurs canons.

Un des vaisseaux de l'arrière-garde française, *le Révolutionnaire*, dont les trois ponts offraient cent pièces de canon en batterie, fut si compromis par l'inhabileté de son capitaine, qu'il faillit tomber au pouvoir des Anglais; assailli par une forte partie de l'armée britannique, il éprouva de si grandes avaries que, rencontré le lendemain par *l'Audacieux*, il eut besoin de la remorque de ce vaisseau pour gagner le bassin de Rochefort (1).

L'escadre française continua sa marche. Lorsque la nuit fut tombée, les vaisseaux anglais s'étant décidés, sur l'exemple qui leur en fut donné par les nôtres, à hisser leurs fanaux à leur corne d'artimon, les deux flottes purent se conserver en vue.

Le lendemain matin, les premières heures du jour se passèrent en évolutions, où Villaret, après avoir réglé quelque temps sa marche sur les tentatives que fit l'amiral anglais pour lui enlever l'avantage du vent, transmit à son armée l'ordre de reprendre son sillage de la veille.

Cette manœuvre, confirmant lord Howe dans la croyance que son ennemi redoutait tout engagement, le détermina à le forcer de nouveau à accepter le combat. Son avant-garde reçut ordre de tomber sur la queue de notre colonne. L'intention de l'amiral anglais était de tâcher, par un revirement brusque, d'en couper les derniers vaisseaux; son signal ayant été mal compris, il se porta en avant avec son corps de bataille pour l'exécuter lui-même.

Villaret, prévoyant cette attaque, signala à toute l'escadre de rompre sa bordée et de se former rapidement en ordre renversé. Cette évolution qui, exécutée seize ans auparavant par l'amiral d'Orvilliers (2), dans ces mêmes parages, avait obtenu un si beau succès, eût pu gravement compromettre l'escadre ennemie, en la forçant de passer, courant à contre-bord, sous le canon de tous nos vaisseaux; mais le vice qui, dans toutes les grandes rencontres, devait compromettre cette flotte, ne permit point à ce mouvement de réussir: certes, ce n'était point l'intrépidité qui manquait à ce corps naval dont les marins rivalisaient d'en-

thousiasme avec les soldats venus de la frontière pour former la garnison de ses vaisseaux ; ce qui lui manquait, c'était ce que possédaient tous les bâtiments de l'ennemi ; c'étaient des officiers éclairés et mûris par les lumières de l'expérience; c'étaient des équipages dont une longue pratique des opérations maritimes eût fait de vrais matelots; et cela, quels que fussent son dévouement et son héroïsme, notre flotte ne le possédait pas : ce que nos marins savaient alors, ce n'était pas habilement manœuvrer, c'était combattre courageusement et glorieusement mourir ; or, si la vaillance peut quelquefois suffire dans les combats terrestre, sur mer, dans les batailles en ligne, elle ne peut que concourir au succès, mais jamais l'asservir.

Le commandement, mal compris, fut exécuté avec une incertitude et une lenteur qui privèrent la manœuvre de tout ensemble; plusieurs vaisseaux même restèrent en panne sans y prendre aucune part.

Cependant la ligne française avait été coupée sur l'arrière du *Tyrannicide*. Ce vaisseau, enveloppé, ainsi que *l'Indomptable*, par les deux tiers de l'armée ennemie, se défendait avec une bravoure que ne pouvait ralentir le nombre des assaillants. Les commandants de ces deux vaisseaux, le brave Dordelin, jeune officier de l'ancienne marine, et le vieux Laniel, dont la tête avait blanchi sur les navires marchands, communiquaient leur dévouement à leurs équipages en leur donnant eux-mêmes l'exemple du courage. Écrasés par les foudroyantes volées des navires qui les attaquaient de tous côtés à la fois, ils ripostaient des deux bords et de toutes leurs pièces à la grêle de boulets qui pleuvaient sur eux. Cette défense acharnée n'avait point entravé toute leur manœuvre ; d'habiles mouvements, exécutés avec une résolution rare, les dérobaient fréquemment au feu de l'ennemi, dont ils leur permettaient de balayer à mitraille les batteries et les gaillards. Durant une heure entière que se prolongea cette action, les deux commandants ne cessèrent de donner des preuves d'un talent au niveau de l'intrépidité déployée par leurs matelots et leurs soldats.

Villaret-Joyeuse, impatient de la lenteur que les signaux d'urgence flottant à ses mâts rencontraient dans sa ligne, et redoutant que cette lutte héroïque ne se dénouât à chaque instant par une catastrophe, s'élança lui-même à leur secours, suivi du gros de son armée.

Un combat court, mais sanglant, força la flotte britannique d'abandonner le champ de bataille et les deux vaillants navires dont les canons tonnaient encore avec la même vigueur.

Cette affaire, comme l'engagement de la veille, coûta deux vaisseaux à l'armée française ; *l'Indomptable* et *le Montagnard*, percés à jour et privés presque complètement de leur mâture,

---

(1) « Le vaisseau *l'Audacieux*, qui le rencontra le lendemain, le prit à la remorque et le conduisit à Rochefort. » (Rapport de Jean-Bon-Saint-André à la Convention.)

(2) A la bataille d'Ouessant, gagnée en 1778 par l'escadre française, forte de vingt-six vaisseaux de ligne, sur l'escadre anglaise composée de trente vaisseaux, dont huit de 90 à 100 canons ; l'armée française n'en avait que trois de pareille force. (*Voir* le 2ᵉ vol. de la *France Maritime*.)

se virent forcés de se diriger sur les côtes de France. Les Anglais avaient bien éprouvé une perte semblable, mais une division de six vaisseaux, qui les avait ralliés sur la fin du combat, avait élevé, par de nouvelles forces, la supériorité matérielle de leur ligne.

Les deux flottes reprirent dès le soir même, et presque parallèlement, leur marche, que Villaret sut, avec habileté, porter de nouveau dans le nord-ouest.

L'atmosphère, qui, pendant toute la matinée, avait pesé lourde et stagnante sur la mer, se couvrit, sur la fin du jour, d'une brume légère d'abord, mais dont l'épaisseur devint telle, après la chute de la nuit, que les deux escadres ne tardèrent point à perdre, dans son ombre humide, la vue même de leurs fanaux. Chaque navire n'eut plus, dès lors, d'autres moyens, pour conserver son rang, que de régler sa marche sur les feux des bâtiments les plus voisins.

Le lendemain, lorsque le jour parut à travers les brouillards dont la mer était couverte, l'œil eût cherché vainement à découvrir dans ce milieu, où pénétrait à peine la lumière, non-seulement l'armée ennemie, mais encore les voiles de sa division ; ce ne fut qu'au moyen des détonations d'armes à feu, qui éclataient par intervalles sur toute la ligne, que les divers bâtiments purent conserver leurs eaux.

Ce voile de brume enveloppa, durant trente-six heures, les deux flottes ; le 31 mai, seulement, le frais léger qui se leva sur la fin du jour, permit de découvrir quelques-uns des vaisseaux anglais.

A partir de cet instant, le ciel ne cessa plus de s'éclaircir. Vers le milieu de la nuit, la lueur des étoiles commença, en dégradant l'obscurité, à laisser deviner la sérénité du ciel : la seule crainte que l'on pût concevoir alors, c'était que la brise, de moments en moments plus fraîche, ne prît la violence d'une tourmente.

Le jour parut : à ses premières clartés, les deux escadres se trouvèrent en présence. L'ennemi, qui, pendant le dernier combat, avait profité de la lenteur mise dans l'exécution des manœuvres par une partie de notre flotte, pour prendre le vent sur elle, avait conservé cet avantage et paraissait disposé à essayer d'en profiter.

Il était quatre heures et demie ; le vent soufflait grand frais sur cette mer dont la couleur bleue avait pris une teinte verdâtre ; la houle roulait lourdement ses longues barres dont les crêtes se couvraient, par espace, d'une légère crinière d'écume.

L'aspect sombre et menaçant qu'offrait cette mer sur laquelle les réverbérations de l'Orient jetèrent quelques instants une lueur sanglante, frappait d'autant plus vivement que le ciel, alors embrasé des premiers rayons du soleil, s'étendait au-dessus dans toute la pureté des plus beaux jours de prairial.

Aux dispositions révélées les jours précédents par la conduite de l'amiral Howe, à l'attitude et au mouvement que présentait son armée, il fut facile de prévoir que ce jour serait témoin d'un grand combat.

Les premiers signaux de Villaret transmirent l'ordre de faire le branle-bas sur tous les vaisseaux, et de tenir tout disposé pour une action générale. A ce commandement, une exaltation généreuse gagna les équipages, dont l'ardeur avait été excitée par les précédents engagements. Toutes les mesures signalées furent prises en un instant, et chacun à son poste attendit avec impatience.

La flotte anglaise, qui, sur ces entrefaites, s'était formée en ligne oblique, ne tarda point à s'avancer couverte de toile : les trente-cinq vaisseaux dont se composait alors cette flotte formaient une ligne armée de plus de 3,000 canons. Huit vaisseaux à trois ponts, montés par autant d'officiers généraux, en formaient les points les plus formidables.

L'armée française, elle, rangée sur une seule ligne, dans un ordre parfait, ne comptait dans ses rangs que vingt-six vaisseaux ; c'étaient *la Montagne*, en tête du grand mât duquel flottait le pavillon amiral, confié par Villaret à la défense du brave capitaine Bazire ; *le Terrible*, sur lequel le contre-amiral Bouvet avait pour capitaine de pavillon le citoyen Le Brun ; *le Républicain*, sous le contre-amiral Nielly et le capitaine Longer ; *le Pelletier*, commandé par Berade ; *l'Eole*, par Bertrand-Keranguin ; *le Patriote*, aux ordres de Lucadon ; *le Neptune*, capitaine Tiphaine ; *le Jemmappes*, *le Mucius* et *le Scipion* qui, dans cette journée, devaient se couvrir de gloire sous le commandement des citoyens Demartis, Larreguy et Huguet ; *le Jacobin*, capitaine Gassin ; *le Trente-et-un Mai*, capitaine Gantheaume ; *la Convention*, capitaine Allary ; *le Vengeur*, qui devait s'engloutir aux cris de liberté ; *le Juste*, *l'América*, *l'Achille*, *le Northumberland*, *le Sans-Pareil* et *l'Impétueux*, que le courage de leurs équipages et de leurs capitaines, Blavet, L'Héritier, Etienne et Couvand, ne purent point arracher aux Anglais ; *le Trajan*, commandé par Dumoutier ; *l'Entreprenant*, par Le Franc ; *le Tourville*, par Langlois ; *le Gasparin*, aux ordres du capitaine Tardy ; *le Téméraire*, à ceux du capitaine Morel ; enfin *le Tyrannicide*, monté, comme la veille, par le brave Dordelin. Encore le nombre de ces vaisseaux n'offrait-il que trois navires à trois ponts, et embrassait-il la division du contre-amiral Nielly, dont les quatre bâtiments étaient épuisés par les fatigues d'une croisière de plusieurs mois d'hiver sur l'Atlantique.

Rien pourtant sur toute notre escadre n'eût pu

faire croire que l'on soupçonnât quelque supériorité à l'ennemi, « tant le courage des républicains, comme le dit Barrère à la Convention, devait suppléer le déficit des vaisseaux, et balancer ainsi la somme des forces (1). » La confiance et la joie régnaient sur les visages comme dans les cœurs; de tous les vaisseaux s'élevait ce chant marseillais, aux refrains duquel nos armées balayaient nos frontières. Jaloux d'imiter les exploits de nos soldats, dont le dévouement égalait le courage, nos marins appelaient de tous leurs vœux le moment du combat.

Des pavillons bleus déployés, concurremment avec les couleurs nationales, à la tête des mâts, laissaient lire en lettres d'or, sur leur fond d'azur, cette devise du patriotisme : La Victoire ou la Mort! et nos matelots étaient bien résolus d'y être fidèles.

L'armée anglaise, toutes voiles déployées, arrivait, grand largue, sur nous. A peine sa première division eut-elle atteint la hauteur de notre arrière-garde, qu'elle passa sous le vent de la queue de notre colonne; son corps de bataille prolongeait notre front du bord opposé.

Le combat s'engagea aussitôt avec la plus vive énergie. La flotte française, rangée à portée de pistolet par la flotte britannique, ouvrit sur elle un feu roulant, auquel celle-ci répondit volée pour volée. L'attaque et la défense eussent ainsi embrassé toute la ligne en un instant, si l'amiral Howe, par l'évolution commandée à son premier corps, n'avait point eu pour but de négliger l'avant-garde française, et de porter tout le poids de ses forces sur les deux autres divisions de notre escadre; il n'eut pas plutôt atteint, avec la tête de son corps de bataille, l'extrémité du centre français, qu'il ordonna à tous ses bâtimens de serrer et de combattre les vaisseaux qu'ils avaient par le travers, et qu'il en donna lui-même l'exemple, en s'attachant, avec la *Reine-Charlotte*, à l'amiral français.

Le combat, dès le premier choc, fut terrible; l'attaque et la défense firent éclater un acharnement où se rallumèrent les haines invétérées des deux peuples. Ces vaisseaux, se tenant vergues à vergues, se couvrent d'abord, presque à bout portant, de leurs volées à boulets et à mitraille; puis, les lignes rompues, tous se mêlent; les bâtimens français, attaqués par plusieurs ennemis à la fois, leur répondent avec une vivacité et une justesse qui, malgré la disproportion des forces, tiennent la victoire incertaine. Partout le carnage est affreux, partout la destruction règne; les ponts sont jonchés de cadavres, les bastingages sont détruits, les voiles, les cordages, les vergues, tombent de tous côtés en pantenne; le combat s'enflamme encore. Les pavillons, tombés des drisses, sont cloués aux mâts; les pièces, privées

de leurs canonniers, trouvent de nouveaux artilleurs qui, tués à leur tour, sont aussitôt remplacés par d'autres. Le bruit du combat n'est plus qu'un roulement terrible, formé par l'explosion de milliers de canons. A peine si, dans ce bruit immense, l'on distingue le fracas des mâtures s'écroulant sous les boulets. Tel est l'ensemble de cette bataille, dont il n'est possible d'apprécier le caractère, meurtrier et glorieux à la fois, que par le récit des vingt combats isolés qui se livrent dans son atmosphère de feu et de fer.

Un des épisodes les plus sanglants est sans contredit l'affaire de *la Montagne*.

Attaqué par l'amiral ennemi, ce vaisseau fut d'abord si bien secondé par le feu de ses matelots d'arrière et d'avant, que *la Reine-Charlotte*, malgré les bordées énormes de ses cent vingt canons, fut plusieurs fois obligée de reculer. Mais une fausse manœuvre du *Jacobin* ayant laissé un vide derrière l'amiral français, lord Howe força de voiles et s'y jeta, suivi de plusieurs navires. *La Montagne*, enveloppée alors par six vaisseaux, la moitié à trois ponts, se défend avec un courage inouï, sous les feux meurtriers qu'ils vomissent sur elle. Son canon, grondant avec une vigueur qui étonne et décime ses ennemis, révèle seul à la flotte son existence : d'assailli, ce vaisseau devient même plusieurs fois agresseur.

Une fausse embardée portant sur lui *la Reine-Charlotte*, les deux navires se heurtent avec tant de violence, que leur carène se déjoint. Villaret essaie de profiter de cet accident pour s'emparer de l'amiral ennemi. L'abordage est ordonné. Pendant que les chargeurs, profitant du rapprochement des deux navires, se brisent la tête à coups de refouloirs par l'embrasure des sabords, on se prépare, dans les hunes et sur les gaillards, à lancer des grappins à l'ennemi; mais lord Howe, redoutant le choc de ces redoutables ennemis dont la valeur a déjà vaincu l'Europe, se hâte d'échapper à cet embrassement de fer, en reculant de plusieurs encâblures.

Le feu de l'artillerie se rallume alors avec une fureur nouvelle; les boulets rouges, les boulets ramés, les grappes de raisin, brisent les murailles et raflent les ponts. Chaque instant, sur *la Montagne*, enfante un trait d'héroïsme.

« Dites au représentant du peuple que je ne fais, en mourant, de vœux que pour la République! » murmure le capitaine Bazile, au moment où il expire sous le boulet qui frappe également l'intendant Russé.

Ithem, de Granville, les entrailles emportées par un boulet, expire en criant : Vive la Nation!

Angot, de Saint-Valery en Caux, frappé d'une balle, se fait panser et revient se battre.

Cordier se ligature, avec son ceinturon d'épée, le tibia qu'un boulet lui a brisé en esquilles, et reste à son poste.

L'amiral Villaret, précipité de son banc de quart, qui vole en éclat sous ses pieds, le député Jean-Bon-Saint-André, couvert du sang de deux novices, tués à ses côtés, ne cessent de donner l'exemple du sang-froid et de la bravoure. Tous les matelots tombent au cri : Vive la République !

Malgré cet héroïsme, la position de *la Montagne* devient à chaque instant plus critique. Le feu de ses batteries a presque cessé; les canons ont crevé ou sont démontés; les sabords ne forment plus que de larges crevasses. Vainement jette-t-on les cadavres à la mer, les ponts se couvrent à chaque instant de nouveaux morts. Les batteries inférieures restent sans canonniers; le tillac seul conserve encore quelques combattants, qui ne songent plus qu'à vendre chèrement leur vie en vengeant leurs frères. L'avant est devenu le poste d'honneur, tandis qu'un accident, l'explosion de plusieurs caisses de gargousses, fait de l'arrière un champ de carnage.

L'amiral Howe, voulant profiter de la confusion que ce malheur avait dû naturellement jeter au milieu des matelots qui survivaient à ce combat acharné, gouverna pour tenter un abordage.

Cette attaque devait être pour *la Montagne* la dernière péripétie de ce drame sanglant. Villaret, lui-même, n'espérait point que l'on pût la repousser, lorsque accourut Bouvet de Cressé.

« Amiral, lui dit ce jeune homme, étranger par ses fonctions au métier d'artilleur, vois cette pièce, veux-tu me permettre de m'en servir pour balayer le pont ennemi?

—Fais : saisis bien le mouvement de la lame; et prends garde de te faire tuer.

— Sois sans crainte, répond l'enfant en s'élançant vers le gaillard, je serai content si ma mort est utile à ma patrie. »

Les balles et les biscayens qui sifflent et frappent autour de lui ne peuvent arrêter son audace; il pointe avec attention une caronade de 36, et y met le feu aussitôt : les éclats de bois lui annoncent que le coup a frappé juste. L'effet que la décharge de cette pièce produisit sur l'arrière de *la Reine-Charlotte*, où l'état-major était réuni, fut décisif sur l'amiral anglais; ses ordres ayant fait déployer ses voiles, il s'éloigna en faisant le signal à sa division de le suivre.

La Montagne resta ainsi maîtresse de ce champ de bataille, dont les lames, rougies par le sang, ne ballottaient plus que des cadavres et des débris.

Ce bâtiment n'était pas le seul dont la défense opiniâtre eût donné des phrases glorieuses au récit de cette journée. Ces vaisseaux, épars autour de lui, privés presque tous d'une partie de leur mâture, attestaient, par leur délabrement, la part énergique qu'ils avaient prise à cette mémorable affaire. Il en était un, pourtant, dont le nom devait encore briller au milieu de tous.

L'œil l'eût vainement cherché parmi ces navires, dont les boulets avaient presque fait des pontons. Sa submersion avait légué à la postérité un des plus grands exemples de dévouement que la plume de l'historien puisse recueillir.

C'était *le Vengeur!*

Attaqué par trois vaisseaux de force supérieure à la sienne, cet intrépide navire avait longtemps riposté de manière à faire douter ses ennemis de leur triomphe. Le fer et le plomb, que leur tir croisé avait fait tourbillonner sur lui, n'avaient pu ni ralentir ni affaiblir ses volées.

Cette résistance, malgré sa vigueur, ne pouvait qu'avoir un prochain terme. Le tillac et la batterie du vaisseau français s'encombrèrent rapidement de mort; les mâts, coupés par les bordées de l'ennemi, tombèrent tour à tour avec fracas, écrasant les hommes ou masquant les sabords de leurs énormes débris. Beaucoup de ses pièces crevèrent ou furent démontées; plusieurs cessèrent leur feu, faute de bras pour les servir. Le combat n'en était cependant continué qu'avec plus de résolution par ceux qu'avait épargnés la mort : tous étaient devenus artilleurs dans ce moment; le gabier pointait les pièces; le refouloir et la pince avaient passé dans la main des novices : ceux-là tués, les caliers et les mousses prirent leur place. Telle pourtant était la résistance dans cette extrémité cruelle, qu'un vaisseau, ayant voulu par un abordage clore brusquement cette affaire, il fut accueilli par un feu si vif qu'il renonça aussitôt à prendre bord à bord un semblable ennemi.

Cependant, celui que semblait ne pouvoir vaincre le canon de l'Angleterre, allait être vaincu par les vagues de l'Océan. Depuis longtemps déjà la mer envahissait sa cale, dont les secousses de ce combat avaient en plusieurs endroits déjoint les murailles, lorsque l'affaissement du navire offrit à l'eau mille ouvertures par les trous dont les boulets avaient crevassé ses préceintes. Dès-lors elle se précipite à torrents dans l'intérieur du vaisseau, qui s'enfonce sous son poids; les lames envahissent la batterie où l'on combat toujours; les canons tirent encore que la mer bat leurs essieux; ce n'est que lorsque les pièces sont complètement noyées que l'entrepont est évacué. Le combat ne cesse point; il se rallume sur le pont avec plus de fureur.

Tous sentent que ce moment est le dernier; et, dans cet instant, une seule crainte naît dans leur cœur : c'est que leur pavillon ne surnage et ne tombe au pouvoir de l'ennemi. Ce malheur est prévenu; un tronçon de bas-mât se dresse encore sur le pont; les couleurs nationales et le pavillon bleu sont cloués à ce bâton d'honneur, tandis que les pièces des gaillards continuent vivement le feu de la batterie.

Mais la mer, montant, montant toujours, vient leur disputer ce nouveau champ de bataille. Le vaisseau va disparaître ; les braves qui le montent réunissent alors instinctivement leurs volontés dans une seule pensée de dévouement : ils veulent montrer aux Anglais ce que peut inspirer aux marins français l'amour de la patrie. Le pont de ce navire submergé s'agite convulsivement sous leurs pieds. Tous, combattants, blessés, mourants, se raniment dans cet instant suprême. Les canons, à fleur d'eau, tonnent pour la dernière fois ; un cri immense et répété s'élève de toutes les parties du tillac : Vive la République ! Vive la République !.... *Le Vengeur* coule !..., Les cris continuent ; tous les bras sont dressés au ciel ; les chapeaux et les bonnets rouges sont agités dans les airs : tous les regards défient encore les Anglais ; et ces braves, préférant à la captivité le froid linceul des vagues, emportent triomphalement leur pavillon dans ce glorieux tombeau !

Le Terrible, coulant bas comme *le Vengeur*, en foudroyant les ennemis, partage sa catastrophe et sa gloire (1).

Tels sont les principaux traits qui, dans ce combat, avaient illustré le centre de l'armée française ; la retraite du corps de l'escadre britannique n'avait pas mis fin à cette affaire. Les neuf vaisseaux, formant l'arrière-garde de l'armée républicaine, luttaient toujours avec les forces formidables que les dispositions stratégiques de lord Howe avaient, dès le premier moment de l'attaque, réunies contre eux.

Les bâtiments qui composaient l'avant-garde française se trouvaient sous voile à une demi-lieue à peu près des eaux du combat.

Cet accident ne permit point à Villaret-Joyeuse d'exécuter une manœuvre dont le succès infaillible eût non-seulement dégagé notre dernière division, écrasée en ce moment par le canon de toute la flotte ennemie, mais nous eût même conquis, avec le champ de bataille, plusieurs vaisseaux anglais trop complétement désemparés pour pouvoir effectuer leur retraite.

Les signaux de détresse par lesquels notre arrière-garde réclamait de prompts secours déterminaient pourtant l'amiral français à n'adopter aucune décision, sans avoir recueilli les avis des principaux officiers. Un conseil de guerre fut aussitôt assemblé sur l'arrière de *la Montagne*, en présence de tous les matelots qu'avaient épargnés les boulets.

La plupart des voix demandèrent que l'on conduisît immédiatement contre l'ennemi les vaisseaux susceptibles de manœuvrer ; cet avis, appuyé par les acclamations de l'équipage, brûlant de voler au secours de ses frères et d'achever la défaite des Anglais, allait sans doute fixer la détermination de Villaret, lorsqu'il fut combattu par le représentant du peuple.

(1) Moniteur du 21 messidor an II

Après avoir établi qu'un mouvement préalable pour réunir les deux premiers corps de l'escadre n'était pas seulement conseillé par la prudence, mais imposé par la nécessité, ce commissaire conventionnel fit remarquer qu'exécuter une attaque contre l'armée anglaise réunie, avec les vaisseaux délabrés qui les entouraient, c'était inévitablement provoquer un désastre ; qu'ainsi, nulle décision ne pouvait être irrévocablement arrêtée qu'ils n'eussent d'abord rallié leur première escadre.

Cette mesure adoptée, le signal de la retraite fut arboré au milieu de la douleur de tous les marins désespérés de s'éloigner de toute une division engagée avec des forces telles que son seul espoir ne pouvait plus être qu'une chute glorieuse.

La retraite du gros de l'armée ne suspendit pas la défense des vaisseaux qui, en ce moment, durent se croire abandonnés ; le combat, au contraire, puisa dans leur désespoir une énergie nouvelle. Les bâtiments anglais s'appuient et se succèdent sans pouvoir éteindre ni même ralentir le feu des nôtres. Sous les bordées qui grondent et éclatent sur eux, nos vaisseaux ne deviennent que plus terribles ; tous leurs marins ne songent plus qu'à faire payer chèrement à l'ennemi leur anéantissement ou leur conquête. L'action se prolonge dans toute sa chaleur ; les ceintures des vaisseaux sont criblées et trouées à jour, les vergues rompues, les manœuvres coupées, les voiles en lambeaux ! qu'importe ? les batteries soutiennent leur feu. Le carnage souille et obstrue les entreponts ; le sang coule à pleins dalots, les mâtures s'écroulent ;... le combat continue, les pavillons tombent, qu'importent les pavillons ? Ce vaste nuage de fumée que le vent agite et déroule au-dessus d'eux n'est-il point un pavillon assez glorieux ? Ils combattent toujours.

Ce ne fut que lorsque les coques de ces vaisseaux n'offrirent plus que des blessés et des mourants ; ce ne fut que lorsque la patrie ne put plus rien attendre de leur dévouement, que ces braves équipages consentirent à rendre à l'ennemi, non des bâtiments, mais d'immenses débris que la mer envahissait de toutes parts.

Six seulement, *le Juste*, *le Northumberland*, *le Sans-Pareil*, *l'América*, *l'Achille* et *l'Impétueux* purent être amarinés par la flotte. *Le Mucius* et *le Jemmapes*, pris à la remorque par des frégates que Villaret avait envoyées à leur secours, parvinrent, ainsi que *le Scipion*, à rejoindre l'armée française.

Ce dernier bâtiment était un de ceux de notre flotte entière qui avaient eu le plus à souffrir. Sept vaisseaux, se relevant pour le combattre, l'avaient tour à tour écrasé de leurs bordées ; il leur avait riposté par dix-huit cents boulets lancés tant par ses batteries que par ses gaillards. Ses mâts étaient coupés, ses fourneaux détruits, dix-sept de ses canons avaient eu la volée emportée, deux cents hommes de son équipage étaient mis hors de combat, lorsqu'il avait été attaqué à demi portée de pistolet par le vaisseau-commandant de l'arrière-garde ennemie.

Ce navire, qui avait encore peu donné dans cette affaire, portait 110 canons en trois batteries. *Le Scipion*, dans la situation extrême où il était réduit, avait dirigé avec tant d'énergie et de justesse les ressources que lui laissaient le massacre de son équipage et le délabrement de son artillerie, que son redoutable ennemi avait été contraint de prendre le large.

Le Scipion, après cet engagement, avait rétabli rapidement la mâture et les voiles à l'aide desquelles il avait doublé la tête de la colonne ennemie, malgré le mouvement qu'elle avait fait pour lui couper la retraite.

Cependant les deux divisions françaises s'étaient ralliées; l'issue du combat n'avait point suspendu la détermination qui avait été prise de se porter contre l'ennemi. Désolés de ne pouvoir secourir ceux de leurs compagnons qu'ils avaient laissés sur le théâtre du combat, ils voulaient venger sur les vainqueurs même leur généreuse défaite; mais un aviso étant venu annoncer à l'amiral qu'une division de onze vaisseaux anglais avait été rencontrée croisant dans le sud, on fut forcé de renoncer à ce dernier espoir.

L'armée française, sortie uniquement pour couvrir et défendre le convoi venant d'Amérique, ne pouvait, sans compromettre ses devoirs et les plus hauts intérêts de la France, se jeter dans un combat dont les suites nécessaires eussent laissé notre flottille sans protection réelle. La gloire et les avantages que présentait même la victoire ne pouvaient compenser le malheur qui en eût été l'inévitable résultat. Cette question fut longuement agitée dans le conseil. Jean-Bon-Saint-André, malgré la défaveur qui planait sur l'avis que ses devoirs lui dictaient, se rappela qu'il n'était ni soldat ni marin, mais représentant du peuple, et qu'homme politique, il devait, avant tout, avoir le courage civil. — Il l'eut.

En France, où notre esprit trop généralement superficiel se laisse dominer par les résultats brillants plutôt encore que par les résultats utiles, la conduite du député fut assez généralement blâmée; et cette opinion, que devait redresser la haute impartialité de l'historien, n'a été que faussée davantage par ceux qui, écrivant sur cette époque, loin de recueillir les monuments nombreux qui constatent officiellement ces faits, ont préféré se faire les échos de l'insouciance et de la passion.

N'eût-on cependant point pu se demander d'abord quelle était la cause de la sortie de cette armée navale et quel était le but qu'elle se proposait? La réponse se fût trouvée dans cent pièces authentiques. C'était la protection et la conservation du convoi américain. Or ce convoi n'avait-il point touché intact la côte de France? Et pourtant les mers qu'il avait à traverser étaient couvertes d'ennemis !

La conduite de l'amiral français et celle du représentant du peuple furent celles que l'on devait attendre de la prudence de celui-ci, du courage et de l'habileté de l'autre.

Villaret avait su dévier si adroitement l'amiral Howe par sa marche vers le nord-ouest que le jour même où l'escadre française luttait si héroïquement contre l'armée britannique, la division du contre-amiral Vaustabel et le convoi traversaient les eaux où deux jours auparavant s'étaient mesurées les deux flottes. Les débris de mâtures et de bastingages, les agrès et les pavois brisés annonçaient au contre-amiral Vaustabel que la sollicitude du gouvernement s'était étendue et veillait sur son retour.

Le mouvement rétrograde commandé par Jean-Bon-Saint-André fut d'une utilité si urgente, que sans ce reploiement, malgré les savantes évolutions par lesquelles l'amiral français avait trompé l'ennemi, notre flottille tombait au pouvoir de la seconde division britannique, dont notre escadre, toute froissée d'une lutte destructive, fit fuir honteusement devant elle les onze vaisseaux.

La flotte française rentra le 15 sur la rade de Brest, où la vue du convoi nourricier, si impatiemment attendu, vint consoler la France du prix que lui avaient coûté le triomphe du 10 et la gloire du 13 prairial.

VARIÉTÉS.

Le Chien de bord.

Plus l'homme est isolé dans la création, — plus son corps est éloigné des centres sociaux et plus il est sevré des avantages de la vie en commun, — plus son cœur sent le besoin de se raccrocher à quelque affection douce et naturelle qui lui rende en illusion, sinon en réalité, la famille, les frères, les amis. Si l'on n'avait pas assez prouvé que l'homme de la nature n'est que le rêve d'une philosophie misanthropique, l'étude du matelot en mer le prouverait de reste.

Certes, s'il y avait dans l'espèce humaine des êtres capables de vivre en dehors de toute société, ce seraient ceux qui passent des années entières loin des villes, loin de tout ce que la nature et l'art nous offrent de ressources pour le bien-être, seuls dans une maison de planches, entre l'air et l'eau, les deux éléments que l'homme peut le moins habiter. —Eh bien! non. Plus le marin se sent séparé du monde, plus aussi il sent le besoin de se le représenter; — plus les communications de famille et de société sont rompues autour de lui, plus il entretient celles qui peuvent les lui rappeler. — Et la physionomie sociale d'un navire offrirait à l'observateur le même intérêt que présente à l'historien l'étude des premiers pas de la civilisation, de l'origine de la famille entre les premiers hommes.

Sans parler des amitiés profondes et dévouées qui naissent en mer, qui fleurissent et se développent dans la communauté des dangers et de la solitude, si l'on peut s'exprimer ainsi; sans parler de ces attachements connus des camarades de quart, des tribordais et des bâbordais, il suffira, pour montrer le besoin d'affections qui travaille le cœur du marin, de rappeler ses soins et ses tendresses pour les animaux qui le suivent dans ses courses lointaines; il suffira, par exemple, de faire l'histoire du *chien du bord*. Cette histoire serait, certes, plus intéressante, et par le dévouement du serviteur, et par la protection du maître, que toutes celles des *Muphti* et des *Médor* dont on a fait des volumes.

Le chien du bord, c'est l'ami du bord, c'est le frère de l'équipage, c'est le héros et le roi du gaillard d'avant, bien mieux quelquefois que le commandant ne l'est de la dunette.

Quand le marin s'embarque pour des années, son père et sa mère le bénissent...... et restent; sa femme l'embrasse....... et reste; ses enfants pleurent...... et restent; ses amis lui souhaitent bon voyage... et restent; tous les liens du cœur se brisent avec le câble qui retenait son navire au rivage. Qui donc le suivra? le chien du bord. Il a gardé sa maison terrestre pendant ses jours de repos, il retournera garder, pendant ses voyages, sa maison flottante. Il a couché à sa porte dans le port, il couchera sur le capot de sa cabane en mer. Si on ne voulait pas le prendre dans le canot qui emmène l'équipage à bord pour le départ, il se jetterait à la nage, suivrait son maître jusqu'à l'épuisement de ses forces, et mourrait à ses yeux dans les flots plutôt que de retourner vivre sans lui à terre. —Le chien du bord, c'est un Cerbère sur le pont, un meuble dans la cabane, un camarade de lit dans le hamac. —C'est le vieil hôte de la famille, c'est ce bon parasite des maisons flamandes qui s'est encadré sous le toit hospitalier, comme votre lit ou votre foyer, qui se lève le matin avant les autres, qui ne se fait jamais attendre à la table, et qui vient chaque soir, sans bruit et sans façon, invisible et silencieux, se mettre à sa place au coin du feu patriarcal.

Le chien du bord se tient en vigie au bossoir, garde la cuisine et l'office, caresse le coq, joue avec le mousse, se roule parmi les voiles et les câbles; regarde l'eau par-dessus les bastin-

gages, et le ciel entre les manœuvres; ne laisse rien perdre des munitions de bouche; se promène avec les matelots et se couche auprès d'eux sur le panneau des écoutilles; apporte au maître son épiçoir et son couteau; le regarde avec bonheur manger à la gamelle et *flûter* sa ration d'eau-de-vie; fait la grimace au commandant qui gronde; donne un coup de dent à l'aspirant qui fait le difficile, et se tient du matin au soir sur l'avant, prêt à obéir au premier ordre, à courir au premier signe. Quand le matelot est de bonne humeur, le chien du bord est là qui rit de sa joie, saute avec lui, fait l'exercice pour le divertir, apporte et va chercher, et déploie, au grand épanouissement de toutes les rates, vingt talents que les chiens n'ont qu'à bord. Si le matelot est en colère, si le vent ne souffle pas ou souffle mal, si la ration d'eau-de-vie a été supprimée, si le biscuit se gâte, ou si le coq a mal apprêté la soupe, le chien du bord est encore là pour essuyer la bourrasque furibonde, comme il était là pour partager la joie. Il reçoit, docile et muet, les coups de pied qui lui pleuvent au derrière, et revient lécher ceux qui les lui ont donnés. — Mais aussi, c'est lui qui a la première caresse, le matin. Il reçoit sa part, à dîner, des meilleurs morceaux. Et la nuit son maître le couvre avec sa casaque goudronnée.

Le chien du bord n'est pas choisi parmi les races aristocratiques, parmi les lévriers ou les épagneuls, c'est quelquefois un brave et vigoureux molosse, souvent un bon grand mâtin de Terre-Neuve, presque toujours un maigre chien canard, au poil sale et frisé. Vous ne pouvez monter à bord d'un seul navire hollandais, sans rencontrer sur la lisse la face velue et rechignée d'un canard. Les marins bretons affectionnent surtout cette espèce, à cause de sa machinale docilité, et de sa fidélité à toute épreuve. En voici un exemple bien frappant: un animal de cette race faisait partie, il y a trois ans, de l'équipage d'un paquebot de Brest. Il avait été amené et impatronisé à bord par un vieux matelot breton nommé Lagadec. Ce vieux Breton avait toujours vécu avec son chien, et son chien avait toujours vécu avec lui; le maître ignorait l'âge du serviteur, et le serviteur n'avait jamais su l'âge du maître. Quoi qu'il en fût, tous deux paraissaient décidés à finir ensemble: la même vie semblait les animer. On eût dit que l'homme n'existait que pour le chien, et que le chien n'existait que pour l'homme. Quand le vieillard se présentait à un bord, c'était toujours avec son canard, et il ne se laissait enrôler qu'à condition de l'emmener avec lui. Il aurait volontiers exigé, pour plus de sûreté, que le nom de son chien Stoop fût porté auprès du sien sur les rôles du commandant.

Le paquebot partit de Brest, avec les deux amis. Stoop fit connaissance avec l'équipage;

mais, gardant toute son *amitié* pour Lagadec, il n'accorda aux autres que des caresses de *camarade*, de ces caresses qui disent à chacun : Tu es un bon enfant, c'est vrai, mais je ne suis pas à toi. Je ne raconterai point les soins réciproques de Stoop et de Lagadec pendant toute la traversée. Cela va sans dire. Après deux mois de mer, le vieux matelot, qui donnait la bande depuis longtemps, tomba mortellement malade, et ne quitta plus sa cabane. Inutile d'ajouter que son chien ne la quitta pas non plus. Il resta jour et nuit, assis en silence devant le hamac de son maître, regardant alternativement le malade, comme pour lui demander : Souffres-tu ? et ceux qui l'entouraient, comme pour dire : Quand sera-t-il guéri ? De temps en temps le Breton étendait son bras hors du lit, vers son vieux compagnon. Alors le chien se mettait debout et léchait les mains de son maître, en poussant de petits gémissements pleins de tendresse et d'anxiété. Le moribond expira un jour dans cet état, et le chien resta debout, appuyé au bord du hamac, regardant le cadavre, et implorant en vain, par ses petits cris accoutumés, un mot d'amitié ou une caresse. — On le fit descendre de force, pour ensevelir le mort. Mais il suivit d'un œil inquiet toute l'opération funèbre. Quand on monta sur le pont le corps enveloppé dans son dernier vêtement, le chien crut qu'on voulait lui enlever son maître, et s'élança pour mordre les matelots qui le portaient. On le laissa tourner autour du cadavre, le flairer, le frapper avec sa patte, en poussant toujours son petit cri ; on l'arrêta quand on le vit tirailler avec efforts la toile du linceul. Alors, au milieu des hurlements de la pauvre bête, et de la douleur profonde et silencieuse de l'équipage, on plaça le corps sur le bastingage, et l'on prononça sur lui la formule accoutumée ; puis on le laissa descendre dans sa tombe mouvante et sans fond.

Stoop suivait toute la cérémonie, appuyé sur les lisses ; — quand il vit le corps de son maître les dépasser et se pencher sur l'eau, il poussa un hurlement effroyable, s'élança sur lui, se cramponna de ses quatre pattes à la toile qui l'enveloppait, et malgré les efforts des matelots, tous deux disparurent ensemble. Le navire sillait rapidement ; on eut le temps de voir le pauvre animal revenir sur l'eau, lever la tête et chercher son maître autour de lui, puis replonger et reparaître encore... On entendit un hurlement plaintif et prolongé... puis on n'entendit plus rien.... on ne vit plus rien, et tout l'équipage, qui avait contemplé dans un douloureux silence cette double scène de mort, ne sut lequel pleurer davantage, du chien ou du matelot.

Il existe et l'on peut voir tous les jours à Toulon un chien de bord, qui présente un caractère moins héroïque, mais non moins curieux que celui de Stoop. — C'est un chien vétéran,

réformé depuis dix ans, et qui a fait du port de Toulon son Hôtel des Invalides, c'est le *rentier* de l'espèce. Il se promène du matin au soir sur le quai, parmi ses vieilles connaissances, attrapant un coup de pied de celui-ci, un morceau de pain de celui-là, une caresse de la plupart. Il regarde les navires qui arrivent ou qui partent, avec le calme et l'aplomb d'un oisif qui n'a rien de mieux à faire, ou d'un capitaine de port qui surveille son département. — A midi précis (il ne se trompe jamais d'une minute ; ses occupations et son temps sont réglés et mesurés comme ceux d'un heureux célibataire) il s'avance au bord du quai, se jette à la nage, et se rend à l'amirale dîner avec les matelots. C'est une habitude à laquelle ni lui ni ses convives ne dérogeraient pour aucune raison. Son couvert est mis là tous les jours depuis des années, et il n'a pas été mis une seule fois en vain. Quand le bienheureux vétéran a copieusement dîné, il retourne au quai recommencer ses paisibles flâneries. Puis quand vient l'heure de rentrer (le vieux pensionnaire a coutume de rentrer sagement avant la nuit), on le voit s'acheminer lentement, tête et oreilles baissées, vers l'intérieur de la ville. Il la traverse ainsi dans toute sa longueur, va souper et coucher avec des matelots ses hôtes, à l'autre extrémité du port. — Et chaque jour le même train de vie recommence. Je vous demande si vous connaissez un rentier dont l'existence soit plus calme, plus béate et plus régulière ? Tous les chiens du bord ne sont pas aussi heureux. — J'ai connu des matelots qui avaient choisi une pauvre bête et l'avaient nommée *Dumanoir*, pour représenter un personnage maudit dans la marine et faire subir au *représentant* toutes les insultes et tous les mauvais traitements dont ils auraient voulu gratifier le *représenté*. Etrange vengeance, assez semblable à l'idée de ce matelot, qui, afin de se laver le cœur d'une rancune contre son commissaire, payait un pauvre diable pour s'habiller en commissaire et se laisser *frotter* à la volonté de la pratique.

P. CHEVALIER.

BIOGRAPHIE.

Boursaint

(PIERRE-LOUIS),

DIRECTEUR AU MINISTÈRE DE LA MARINE.

La *France maritime* a pour objet de bien faire connaître les hommes et les choses de la Marine. Les hauts faits, les belles renommées, les anecdotes, souvent instructives, les découvertes, les perfectionnements : en un mot tout ce qui se rattache de près ou de loin à cette partie essentielle de la force et de la prospérité nationale, doit trouver place dans cette Revue.

Nous avons pensé qu'à côté des biographies déjà publiées sur nos Amiraux, on ne lirait pas sans intérêt quelques détails sur un des Administrateurs les plus remarquables de la Marine. Nous savons honorer le courage militaire : honorons aussi le courage civil ; et, puisque nous appelons la reconnaissance du pays sur le soldat qui consacre sa vie à le défendre, rendons également hommage à l'homme de bien qui, livrant sa vie aux fonctions publiques, ne recueille souvent que l'ingratitude pour prix de son dévouement et de ses lumières.

M. Boursaint (*Pierre-Louis*), mort à Saint-Germain-en-Laye le 4 juillet 1855, était né à Saint-Malo le 19 janvier 1781. — Après avoir été simple matelot, agent comptable et commis de Marine, il devint successivement Directeur au Ministère, Conseiller d'État, et membre du Conseil d'Amirauté ; mais, sans nous arrêter à des circonstances que la Presse a déjà citées, hâtons-nous de faire connaître quelques-uns des nombreux travaux sur lesquels repose la grande et belle réputation qu'il a laissée dans le département de la Marine.

Ce fut en 1810, après avoir quitté l'escadre de Toulon, dont il avait été Commissaire, que M. Boursaint entra définitivement dans les bureaux du Ministère, sous le patronage de M. l'Amiral Ganteaume.

L'avancement le plus rapide signala bientôt cette brillante carrière. En moins de cinq ans, M. Boursaint parcourut tous les emplois de l'Administration centrale. Il devint Chef de la Division du Personnel dans les Cent-Jours : Il occupait la seconde place depuis la fin de 1812, et la première étant vacante, M. Decrès la lui confia, dès qu'il eut repris le portefeuille. Ces détails justifieraient au besoin ce qu'on a si bien dit ailleurs : « Qu'un tel avancement, peut-être sans » exemple dans les bureaux de la Marine, était » d'autant plus flatteur qu'il fut pur de toute » intrigue (1). »

M. Boursaint, qui, dans les commotions politiques de 1815, s'était toujours montré bienveillant et ferme, ne fut pas moins en butte aux passions du temps. Au commencement de 1816, M. le vicomte Du Bouchage, alors Ministre, le fit passer, en sous-ordre, Chef de la Division des Invalides, qui forme depuis cette époque une des Sections de la Comptabilité générale.

Cette disgrâce accidentelle, dont un pareil homme ne devait pas tarder à se relever (2),

(1) Voir la notice insérée dans la *Biographie universelle*, t. 59.

(2) Au mois de juillet 1817, M. Boursaint devint Directeur

fut une circonstance heureuse pour la Marine. M. Boursaint put étudier alors dans toutes ses parties cette noble institution des Invalides, ouvrage du génie de Colbert, cette Spécialité bienfaisante qu'il contribua, en 1816, à faire restituer au Département, et qu'il défendit ensuite, avec autant de talent que d'énergie, contre des doctrines violatrices du droit de propriété (3).

Son premier mémoire, dans cette lutte mémorable, remonte à 1817. Ce document, plein d'intérêt, montre que l'hôtel royal des Invalides, ce Panthéon des vivants, n'est pas plus secourable aux vieux soldats que la Caisse de la Marine aux vieux matelots ; que, sauf les différences motivées sur les mœurs et les habitudes respectives, les deux Établissements ont la même origine et le même but ; que, consacrés tous deux à la vieillesse et au malheur, acquittant tous deux la dette de la patrie, ils se trouvent placés tous deux sous la sauve-garde des lois et de l'humanité.

Ce Mémoire, ainsi que ceux qui l'ont suivi, imprimés pour la plupart, ont prouvé jusqu'à l'évidence la haute utilité de ce vieux monument de sagesse et de prévoyance, créé pour les marins, alimenté par eux, servant de contre-poids indispensable au régime sévère des Classes, et venant en aide au Trésor lui-même, en acquittant à sa décharge une forte somme de pensions.

Dans un écrit qui doit trouver ici sa place, quoique bien postérieur à l'époque dont nous parlons, M. Boursaint résumait ainsi ses principes sur les Spécialités :

» Elles se défendent par le respect des lois » qui les ont fondées, et qui, loin de s'appuyer » sur des motifs chimériques, s'appuient toujours sur des raisons très-fortes et en général » sur les garanties plus effectives qu'elles donnent aux intérêts.

» Elles se défendent par les services qu'elles » rendent au Trésor, en recueillant, pour les » appliquer à leurs dépenses, des produits, des » impôts exceptionnels, auxquels le Trésor n'aurait aucun droit.

» Elles se défendent par la confiance, par la » sécurité qu'elles inspirent aux parties, dont » l'État, à moins de vouloir grossir le mécontentement et la désaffection, a le plus grand

des fonds et Invalides, sous le ministère de M. le Maréchal Saint-Cyr.

(3) C'est vers la fin de ce procès de quinze années que M. Boursaint écrivait un jour au Commissaire des Classes de Saint-Malo : « Il est sûr, mon cher Heurvard, que nous » avons fait de grands efforts pour sauver la pauvre vieille » Caisse. J'ai quelque espoir que nous aurons travaillé » utilement, et que les gens de mer conserveront ce qui » nous a tant coûté. C'est une institution si noble et si » pure, qu'elle a désarmé, du moins jusqu'ici, tous ceux » de ses ennemis qui valent la peine d'être comptés. Laissons faire à la Providence. De vieux matelots comme nous » doivent s'y confier. »

» intérêt à ménager les justes susceptibilités, » fondées sur la foi due aux contrats, aux lois, » en un mot, à tout ce qu'il y a de respectable » parmi les hommes. »

Toutefois il ne faudrait pas conclure de ce qui précède que M. Boursaint était partisan exclusif de toute espèce de Spécialités. Il s'élevait au contraire, avec force, contre celles qui, ne s'appuyant pas sur de graves intérêts, paraissaient devoir présenter d'ailleurs des inconvénients réels pour le Trésor. C'est ainsi qu'on le vit, à différentes époques, se prononcer contre les caisses d'escomptes des Colonies et la création d'une caisse particulière pour le service des Subsistances.

Quant à la grande Spécialité de la Marine, elle occupe une si belle place dans les travaux de M. Boursaint, que nous aurons sans doute à reparler de cet intérêt populaire. En attendant, nous sommes conduits à rappeler d'autres faits qui se rattachent au ministère de M. le baron Portal (1).

M. Boursaint, répondant à la confiance de ce Ministre habile par le plus entier dévouement, seconda de tous ses efforts une administration qui a laissé de si honorables souvenirs.

Ce fut principalement vers cette époque que se décidèrent les plus importantes affaires de la grande Liquidation de l'Arriéré (2), commencée plusieurs années auparavant, et dans laquelle M. Boursaint gagna pour 40 millions de procès au Trésor, luttant presque seul contre les talents les plus exercés du barreau de Paris.

Mais en même temps qu'il se montrait gardien vigilant des deniers de l'Etat, on le voyait toujours empressé de faire arriver aux gens de mer les décomptes de solde et de parts de prises que la Caisse des Invalides avait dû recouvrer pour eux. Il écarta d'abord énergiquement, avec l'aveu des lois, tous ces intermédiaires avides, spéculant sur le prix du sang. Puis, au lieu d'attendre les intéressés, il les faisait chercher et prévenir par les Commissaires des Quartiers des Classes, qui, de leur côté, provoquaient les demandes, réunissaient les titres, aplanissaient les difficultés et montraient enfin, suivant la touchante expression du Ministre d'alors, que, dans notre organisation de la Marine, *les matelots ne sont pas de simples créanciers, mais des enfants de la famille.*

Le budget normal de 1820, qui décida de la Marine en France, appartient également au ministère de M. le baron Portal. Ce travail, auquel M. Boursaint prit une grande part, avait le double avantage de bien déterminer le but qu'on voulait atteindre (3) et de montrer que les résultats

proposés répondaient aux besoins de la France, sans excéder les ressources applicables du Trésor.

Sous l'administration de M. de Clermont-Tonnerre, M. Boursaint, cédant aux instances pressantes du Ministre (4), réunit à ses fonctions de directeur de la Comptabilité, celles de directeur des Colonies. Cette surcharge était accablante. Après un an de peines et de travaux, il se démit volontairement de cette attribution nouvelle.

Un peu plus tard, et sous le ministère qui suivit, la position changea tout-à-coup. Les influences se déplacèrent; d'autres idées, d'autres systèmes prévalurent, et l'on vit alors commencer pour M. Boursaint cette belle époque où, luttant constamment avec désavantage, ayant en outre à se défendre contre les plus lâches attaques, il surmonta tous les dégoûts et puisa chaque jour, dans sa bonne conscience, de la résignation et du courage pour des combats sans cesse renaissants.

Avant de passer à cette seconde période, nous devons parler d'une affaire capitale où le succès répondit encore aux efforts de M. Boursaint, et qui marqua, pour ainsi dire, la transition des deux époques.

Dans le cours de l'année 1824, lorsque déjà l'on méditait une loi qui devait conduire à de grands sacrifices, M. de Villèle, alors Ministre des finances, voulait, pour en alléger d'autant le fardeau, qu'on reversât aux coffres du Trésor les sommes non encore acquittées sur les dépôts recueillis par la Caisse des Invalides.

Les bornes de cette Notice ne nous permettent pas de donner, dans son ensemble, la chaleureuse défense rédigée par M. Boursaint. Nous citerons du moins le passage où il expliquait, avec autant de sensibilité que de force, comment l'Administration de la Marine se trouvait investie par les lois de la tutelle des hommes de mer:

« Assurément, M. le Comte, nous sommes » bien loin de la sollicitude que témoigne avec » tant de chaleur un pays voisin pour cette » classe laborieuse, brave et dévouée, dont il » emprunte toute sa force; mais on a cependant » toujours compris en France que les gens de mer, » voués à des dangers multipliés, perpétuelle- » ment absents, étrangers aux relations sociales, » inconnus dans leurs propres foyers, incapables » d'ailleurs de suivre et de défendre de modiques » épargnes contre lesquelles les événements, les » doctrines et les hommes sont souvent ligués, » avaient besoin, comme les mineurs, les pau- » vres, les malades, comme tous ceux enfin qui » sont habituellement hors d'état d'agir, d'une » tutelle zélée, vigilante et forte. L'Administra-

(1) Décembre 1818 à décembre 1821.

(2) 146 millions.

(3) 40 vaisseaux et 50 frégates toujours disponibles, et un nombre proportionné de bâtiments de rang inférieur.

(4) M. de Clermont-Tonnerre écrivait alors à M. Boursaint : « Plus j'y réfléchis, plus je sens le besoin que vous » fassiez ce que je désire pour la Direction des Colonies. » Vous ne pouvez rien faire qui me soit plus agréable. »

» tion de la Marine en a été investie, non point
» par un acte unique, par un acte improvisé, mais
» par vingt actes différents qui, se liant entre eux
» sans jamais se contredire, remontent d'époque
» en époque jusqu'à cet âge fameux où l'on vit
» éclore, au milieu des merveilles d'un règne flo-
» rissant, l'industrie, le commerce, la navigation
» de la France. »

La défense fut brillante, le succès complet,
le service immense; mais il allait trouver des
malheureux, de vieux matelots, de pauvres familles, et comme il n'y avait pas là de tribune
possible, il dut passer inaperçu.

Nous arrivons maintenant à cette belle époque
de consciencieuse opposition, où M. Boursaint
sut montrer tant de persévérance. Le dissenti-
ment se révéla par un incident que nous ne devons pas omettre.

Au mois d'août de la même année 1824,
quelque temps après la formation du Conseil
d'Amirauté, on eut la pensée d'augmenter le traitement des Directeurs de l'Administration Centrale. Voici comment M. Boursaint terminait les
observations qu'il remit alors au Ministre : « Il
» est peu juste de songer aux Directeurs qui sont
» raisonnablement rétribués, lorsqu'on ne songe
» pas aux commis dont les traitements sont
» d'une insuffisance extrême. »

Il y a bien des traits ignorés du même genre
dans la vie de M. Boursaint, et cependant que
n'a-t-on pas dit de sa sécheresse pour les employés! Au surplus, cette méconnaissance des
intentions n'était encore que de l'injustice. La
calomnie n'était pas loin.

Chargé du contrôle des dépenses et de l'application des lois, M. Boursaint, ne luttant que par
devoir, mais luttant toujours, avait nécessairement soulevé beaucoup d'inimitiés dans ces fonctions ingrates et stériles. Le passage suivant,
extrait d'une lettre qu'il adressait au Ministre,
donnera la mesure des odieuses attaques dont il
devint bientôt l'objet.

« Je suis le fils d'un marchand de Saint-Malo.
» J'ai quitté depuis vingt ans ma famille à laquelle
» je n'ai jamais rien coûté. Bon ou mauvais, je
» suis mon propre ouvrage.

» Quoique absent, j'ai toujours conservé avec
» mes parents des rapports de soumission et de
» respect. Je suis arrivé à 43 ans sans avoir de
» ma vie causé à mes parents le plus léger cha-
» grin. Je prends à témoin de cette vérité une
» ville tout entière.

» Quoi qu'il en soit, quiconque a dit que j'a-
» vais des torts envers mon père, a menti; qui-
» conque a dit que mon père était dans le besoin,
» a menti de même. Je regrette amèrement que
» mon âge et mon caractère n'aient pas suffi pour
» flétrir d'avance une si lâche accusation. »

La *Correspondance particulière* de M. Boursaint, imprimée dans le cours de 1834, est pleine

de lettres où l'on retrouve, à chaque pas, ce
sentiment de la famille.

S'il nous avait été permis de rattacher ici
quelques épisodes de cette vie privée devant laquelle toutes les passions se sont éteintes, on
aurait vu que M. Boursaint, bon fils, était encore
bon frère et bon ami ; on aurait retrouvé, dans
la conduite de ses intérêts personnels, cette austérité de principes qu'il apportait au maniement
des affaires de l'Etat, et, dans sa bienfaisance
pratique et journalière, une garantie surabon-
dante des sympathies de l'homme public pour
toutes les classes malheureuses.

Environ un an après l'affaire des Dépôts, craignant que de pareilles tentatives ne se renouve-
lassent, craignant surtout que la haine qui le
poursuivait ne lui ravît enfin la force dont il avait
besoin pour être utile, M. Boursaint résolut de
donner plus de caractère à la défense de la Spécialité des Invalides. Dans ce but, et mettant de
côté tout amour-propre, il obtint qu'il fût institué près de la Caisse, qu'il dirigeait, une Commission supérieure, chargée de la surveiller et
de la défendre. Cette complète abnégation de
lui-même montre mieux que tous les raisonnements jusqu'à quel point M. Boursaint portait le
zèle et le dévouement pour l'Établissement auquel il avait déjà rendu tant de services.

L'événement ne prouva que trop combien la
prévision avait été juste. Les attaques recommencèrent sous d'autres formes, et la nouvelle Commission, où se trouvaient réunies plusieurs de
nos illustrations parlementaires, exerça bientôt,
avec autant d'autorité que de lumières, son honorable patronage. Hâtons-nous d'ajouter que,
par un sentiment de reconnaissance dont nous
sommes heureux de nous trouver ici l'organe,
l'Administration des Invalides n'oubliera jamais
qu'elle comptait alors à la tête de ses défenseurs
M. le vicomte Lainé, ce grand citoyen que la
France vient de perdre (1).

Au mois de novembre 1825, M. Boursaint remit à la Commission supérieure des Invalides
un Mémoire qui produisit, ailleurs que dans la
Commission, ailleurs même que dans la Marine,
une impression vive et durable.

Après un exposé brillant et rapide de la situation de la France sous Louis XIII, M. Boursaint
explique dans ce mémoire comment, sous le règne suivant, Colbert put tourner vers le Commerce les vues et les efforts du pays; comment

(1) La Commission supérieure des Invalides, créée par or-
donnance royale du 2 octobre 1825, était ainsi composée :
M. le vicomte Lainé, Pair de France, Président ;
M. le baron Portal, *idem*, vice-Président ;
M. de Martignac, Ministre d'Etat ;
M. le comte de Missiessy, vice-amiral ;
M. le vicomte Jurien, Conseiller d'Etat ;
M. Lacoudrais, Commissaire principal de la Marine, se-
crétaire.

il produisit d'un même jet et concentra dans un même département tout l'Établissement maritime.

Puis il ajoute :

« Le Ministre de la Marine, tel que Colbert » l'avait conçu, était un homme immense, et, ce » qui satisfait l'esprit, il n'avait pas moins d'uti- » lité que de pouvoir. Par les conseils centraux, » les consulats, les colonies, les amirautés, les » primes, les grandes pêches, les ports mar- » chands, les phares et les balises, il dominait » tout le Commerce maritime. Par les arsenaux, » les escadres, les garde-côtes et les lazarets, il » joignait à la protection du Commerce la dé- » fense du littoral voué aux établissements com- » merciaux. Par les Classes et l'institution des » Invalides, il pouvait en même temps contrain- » dre et secourir la population riveraine, sans » laquelle il n'y a ni Marine commerciale, ni Ma- » rine militaire : toute la pensée était dans sa » tête, tous les ressorts dans sa main ; c'était un » mécanisme complet dont toutes les parties, » enchaînées et se prêtant un mutuel appui, » concouraient au même but avec un ensemble » admirable. »

Après avoir déploré la perte successive d'une partie notable des attributions ainsi définies, M. Boursaint fait remarquer que de tout l'Éta- blissement de Colbert, il ne reste plus au dépar- tement, avec la Marine militaire, que les Colo- nies, les Classes et la Caisse des Invalides. Pas- sant ensuite aux deux dernières institutions, qu'il ne séparait jamais dans sa pensée, il reproduit encore une fois, pour leur défense, cette argu- mentation large et consciencieuse qui donnait toujours tant de force à ses écrits.

A peu près vers le même temps, M. Boursaint eut à traiter une autre question qui se rattachait indirectement à celle de l'Inscription maritime.

Toutes les idées étaient alors tournées vers les Équipages de ligne. M. Boursaint ne par- tageait pas les illusions qu'on s'était faites sur ce système. Il était convaincu que de jeunes soldats, provenant de l'intérieur de la France, ne pour- raient jamais devenir de bons matelots ; que ceux même qui le deviendraient, par exception, aban- donneraient le métier de la mer après avoir ac- compli le temps exigé par la loi, et que, dans cette hypothèse, la plus favorable, l'Etat ferait toujours en pure perte les frais d'une éduca- tion fort dispendieuse. Ne comprenant la Marine que par les hommes de mer, et les hommes de mer que par les Classes, son opinion était qu'on devait avant tout améliorer cette institution, et qu'une des premières choses à faire pour y par- venir, était d'augmenter, sur les bâtiments de l'Etat, la solde des matelots, comparativement très-inférieure à celle des Marines étrangères.

« Ce n'est pas disait M. Boursaint, dans les » tableaux synoptiques de nos budgets, ce n'est

pas dans des rapprochements avec les troupes » qu'il faut chercher la solution de cette ques- » tion. Les matelots ne sont ni des jeunes gens, » ni des soldats, ni des hommes accomplissant un » service borné après lequel ils redeviennent li- » bres. Ce sont, suivant la judicieuse expression » d'un honorable député, des pères de famille, » d'habiles ouvriers, des hommes qui, voués à » une profession dure et périlleuse, restent pen- » dant toute leur vie active (jusqu'à 50 ans) » à la disposition du gouvernement. C'est parmi » leurs analogues, dans la Marine du Commerce » et dans les Marines étrangères, qu'on peut » trouver, à leur égard, les termes d'une exacte » comparaison. »

Ici, comme dans la défense de l'Établissement des Invalides, comme dans la Liquidation de l'Ar- riéré, comme dans l'affaire des Dépôts, on re- trouve toujours au même degré la profonde sympathie de M. Boursaint pour les pauvres familles maritimes. C'est par de tels faits qu'il acquérait le droit de dire quelques années plus tard, en laissant aux vieux matelots de son pays plus de la moitié de sa fortune : « J'ai voué ma » vie entière à cette classe malheureuse, et je » mets le plus grand prix à lui donner ce der- » nier témoignage d'intérêt (1). »

Lorsqu'après le rétablissement des Préfec- tures maritimes (décembre 1826), il fut question de reconstituer le service des Ports, M. Bour- saint produisit un mémoire en faveur de l'Admi- nistration de la Marine.

Plus tard, il en fit un autre en faveur de l'In- spection, qui, dans sa pensée, formait le com- plément indispensable de l'organisation nou- velle.

Partisan du système des Préfectures, mais ne concevant pas l'unité des pouvoirs sans contre- poids, il demandait, à ces différentes époques, que l'on fortifiât les deux Corps civils, chargés de maintenir l'ordre et d'assurer l'économie. Il aurait voulu que l'on pût reprendre, sans y rien changer, la grande et belle organisation de l'an 8, dont il était un des plus sincères admirateurs.

Les paroles graves prononcées dans cette cir- constance déposeront peut-être un jour de la haute portée de vues de celui qui les fit entendre.

A travers des embarras et des soucis de toute espèce, la position de M. Boursaint demeura la même jusqu'à la révolution de 1830. A cette époque, et lors de la réorganisation du Conseil d'Amirauté, sous le ministère de M. le général Sébastiani, il put entrer dans ce Conseil. Quel- que temps après, il fut nommé Commandeur de la Légion-d'Honneur. Ces récompenses, qui venaient enfin le trouver après tant de travaux,

(1) Par son testament, M. Boursaint a légué cent mille francs à l'hôpital de Saint-Malo, pour la fondation de douze lits de matelots, et 500 francs de rente à la Caisse des In- valides, pour être annuellement distribués en secours.

lui donnèrent des forces nouvelles pour les circonstances qui se préparaient.

Forcés de choisir entre beaucoup de faits du même genre, nous signalerons du moins, en terminant, une des principales difficultés de l'époque.

Le budget de la Marine, sourdement attaqué dans l'intérieur du Ministère, éprouva bientôt, au sein de la Chambre, les censures les plus amères. Dans le double intérêt de sa propre considération et des convenances du service, M. Boursaint essaya d'abord de les faire tomber par des démarches personnelles, pleines de noblesse. Puis, sentant la nécessité de répondre officiellement à tant d'adversaires, il fit sur la constitution du budget et du compte un Mémoire très-développé, œuvre de talent, de patience et de bonne foi, qui désarma toutes les critiques, et qui sert encore aujourd'hui de base à la rédaction des budgets du département.

Nous terminerons ici cette Notice. Nous n'avons pas eu la prétention de retracer les immenses travaux de M. Boursaint. Notre unique but a été de faire ressortir, par l'analyse de quelques-uns, l'accord d'un beau talent et d'un beau caractère. Un jour, nous l'espérons, le grand Administrateur pourra revivre dans ses écrits. En attendant, laissons-le résumer lui-même une si belle vie. Voici comment il s'exprimait peu de jours avant de mourir :

» Après avoir servi dans les Ports, dans les
» Colonies et sur les vaisseaux, je suis venu au
» ministère de la Marine : il y a 27 ans que j'y
» sers.

» J'ai été Chef de presque toutes les Direc-
» tions : pendant quelque temps, j'en ai réuni
» deux, la moitié du Ministère.

» Dans toute ma carrière, j'ai recueilli des
» témoignages publics d'estime et de satisfaction.

» Ma vie a été honorable et pure.

» Je puis le dire : j'ai prodigieusement tra-
» vaillé. J'ai conduit les affaires contentieuses
» et la Comptabilité. Les budgets, les comptes
» de la Marine, c'est moi qui les ai fondés.

» Point d'intrigues, rien d'équivoque dans l'in-
» térieur des bureaux que j'ai dirigés. Les fri-
» pons en ont été écartés avec énergie.

» J'ai constamment observé la règle et les lois,
» sauve-gardes de l'Administration publique. On
» a parlé de ma rigueur : cette rigueur n'a jamais
» été qu'une impartiale justice.

» Soutenu par quelques hommes éminents, j'ai
» rétabli, défendu, sauvé l'Institution des Inva-
» lides de la Marine. Tous les intérêts du Com-
» merce maritime m'ont été chers : je les ai servis
» avec dévouement. »

Il y a, dans ce langage élevé de l'homme de bien sentant sa force, quelque chose qui satisfait à la fois le cœur et l'esprit. On ne saurait rien ajouter à de telles paroles, et nous finissons en appliquant à M. Boursaint ce qu'il disait un jour d'un de nos braves amiraux (1) : « C'était un » homme de la vieille roche, un des conservateurs » de cette loyauté qui s'éteint chaque jour de » plus en plus dans des cœurs livrés à l'ambition » et à l'intrigue. »

BLANCHARD,
Directeur au ministère de la Marine.

(1) L'Amiral Collet.

DU SERVICE
Des princes anglais
DANS LA MARINE.

Cette question : « La France doit-elle et peut-elle être une puissance maritime du premier ordre, » semble avoir été résolue d'une manière positive par les hommes les plus puissants en intelligence que la France ait eus à la tête de son administration : Richelieu, Colbert, Louis XIV, Napoléon. Richelieu ambitionna le titre d'amiral, et chercha à faire partager son goût pour la marine à la France, sur laquelle son génie exerçait une grande influence. Colbert, qui se faisait comprendre de Louis XIV, fonda les encouragements qui devaient avoir le plus de succès sur le développement de notre marine naissante, et créa des institutions législatives dont le moindre mérite est encore, au XIXᵉ siècle, de former, par ses dispositions réunies, notre code maritime. Napoléon, qu'on a accusé injustement de l'avoir négligée, sentait toute l'influence que la marine française pouvait obtenir ; mais l'Angleterre sut trop habilement l'appeler avec toutes ses armées sur le continent, puis l'y retenir en ameutant contre lui toutes les nations européennes ; et l'on n'apercevait point assez que ce n'était ni contre les Russes, ni contre les Autrichiens que la pensée intime du conquérant luttait, mais bien contre l'ambition de l'Angleterre qui jouissait en secret de cette diversion puissante pour construire son règne universel sur le monde. Anvers, Flessingue, Cherbourg ne sont-ils pas des révélations de la pensée du grand homme ; les Anglais l'avaient trop comprise, tandis que nous nous laissions aller à la fascination qu'exerçaient sur nous victoires sur terre. A Trafalgar nous avons crié *un sauve qui peut*, comme à Waterloo nous avons cédé devant un ennemi vaincu. Trafalgar et Waterloo ne sont point des défaites ; ce sont des malheurs que le génie et le courage de la nation *mieux informée* doivent mettre à profit.

Depuis ces malheurs, nous avons été préoccupés de notre organisation intérieure. La nomination du duc d'Angoulême au titre d'amiral de

France passa comme inaperçue et devait paraître, aux hommes dévoués à la France, plutôt un hommage à la Marine qu'autre chose ! cela n'avait et ne pouvait avoir aucune influence sur le caractère national ; le duc d'Angoulême n'avait jamais fait une campagne de mer. Chez une nation comme la nôtre, où l'on aime faire ce que les princes font, il en est autrement de l'exemple qu'a donné le chef actuel de l'Etat, en consacrant l'existence de son fils, le prince de Joinville, à la carrière de marin. Ceci est plus qu'un encouragement, plus qu'un hommage, c'est, chez les Français, une excitation ; un tel exemple doit avoir une influence marquée pour notre marine qu'illustre déjà une armée navale qui se ferait respecter de toutes les nations maritimes.

On ne peut se le dissimuler, c'est ainsi qu'en Angleterre le corps de la marine a acquis une sorte de prépondérance bien entendue, et que l'esprit national s'est réveillé pour une carrière qu'ambitionnaient de suivre avec gloire les fils des rois ?

Ce n'est qu'en suivant la filière de tous les grades qu'ils cherchaient à conquérir, par leurs services et par des actions d'éclat, qu'ils arrivaient à la dignité d'amiraux. Les devoirs personnels ne sont, au reste, qu'une bien faible partie des avantages que la Marine peut retirer du noviciat d'un prince ; car, au retour d'une expédition, il est entendu dans les conseils du souverain comme dépositaire de l'expérience des chefs distingués de son corps ; lui-même peut faire goûter ses observations, ce qui n'est jamais dans la puissance des hommes, quelque mérite qu'on leur suppose, qui vivent éloignés des marches du trône. C'est incontestablement à l'exemple des fils des rois, en Angleterre, que ce pays est redevable d'une partie de sa puissante armée navale.

Les services des princes anglais sont ainsi classés dans les états de la marine :

Le 24 juillet 1758, S. A. R. le prince Edouard, duc d'Yorck, alors âgé de dix-neuf ans, s'embarqua pour la première fois à bord du vaisseau *l'Essex*, où il commença à servir en qualité de midshipman (élève de marine), sous les ordres du commodor Howe.

Au mois de juin 1759, S. A. fut nommée capitaine de vaisseau, avec le commandement de la frégate *le Phénix*, de 44 canons.

Au mois d'avril 1761, fut fait contre-amiral, et, en 1762, vice-amiral, avec le commandement en second de l'escadre de la Manche, commandée par l'amiral Huwke : le prince avait alors pour capitaine de pavillon le même commodore Howe, sous les ordres duquel il avait été élève de marine trois ans auparavant.

Le duc de Cumberland, frère du duc d'Yorck qui venait de mourir, remplaça celui-ci dans la marine, en 1768.

La nomination du capitaine Barington au commandement de la frégate *la Vénus*, en 1768, n'avait été faite qu'afin que cet officier pût agir comme instituteur, ou *tuteur naval* de ce prince.

Personne ne pouvait être plus propre que le capitaine Barington à diriger le prince dans une carrière où il entrait, âgé de vingt-trois ans. Aussi, vers la fin de l'année, le capitaine Barington abandonna-t-il pour quelques jours son commandement pour en investir le prince, afin de lui faciliter le moyen d'être promu au grade de capitaine de vaisseau. Le duc de Cumberland passa ensuite au grade de contre-amiral, et le capitaine Barington reprit son commandement en qualité de capitaine de pavillon du prince, pour le voyage qu'il fit à Lisbonne.

Le duc de Clarence, dernier roi défunt embarqua pour la première fois, le 14 juin 1779, à l'âge de quatorze ans, en qualité de midshipman, sous les ordres de l'amiral lord Hood. Il fut fait lieutenant de vaisseau en 1785, âgé de vingt ans ; au mois de septembre 1786, il fut nommé capitaine de vaisseau ; en 1790, à l'âge de vingt-cinq ans, il fut nommé contre-amiral, puis peu après vice-amiral.

Au mois de janvier 1812, l'amiral Parker, qui était l'amiral de la flotte, étant venu à mourir, le duc de Clarence fut nommé à sa place, quoiqu'il y eût sur la liste de la marine des amiraux plus anciens que lui. Mais telle est la justice qui règne dans l'avancement, que lorsque l'amiral Saint-Vincent se trouva, par la mort de tous ses anciens, être arrivé en tête de la liste de la marine, il réclama cette place, et, pour la laisser au duc de Clarence, on créa un second amiral de la flotte.

Tel est l'exemple que l'Angleterre donne, et qu'en France les chefs du gouvernement ne devraient pas négliger : les peuples et les hommes sont ainsi faits, ils semblent n'attacher d'importance à une carrière qu'autant que ceux qui sont placés au-dessus d'eux, par l'effet des institutions ou des capacités, y attachent eux-mêmes de l'intérêt. Le czar Pierre se fit soldat et mérita tous ses grades, pour donner de l'émulation à son armée ; quand il a voulu avoir une marine et des vaisseaux, il s'est fait charpentier. Pierre était un grand homme ; il voulait la prospérité de son pays. Le prince de Joinville est sans doute en position de suivre le royal exemple des princes anglais ; son avancement, quelque rapide qu'il soit, partira toujours d'un point convenable. On se souvient du brillant examen qu'il a passé à Brest, et dans lequel le prince a été oublié pour *l'élève de marine*.

C. MARCHAL,

Ancien président, avocat à la Cour royale.

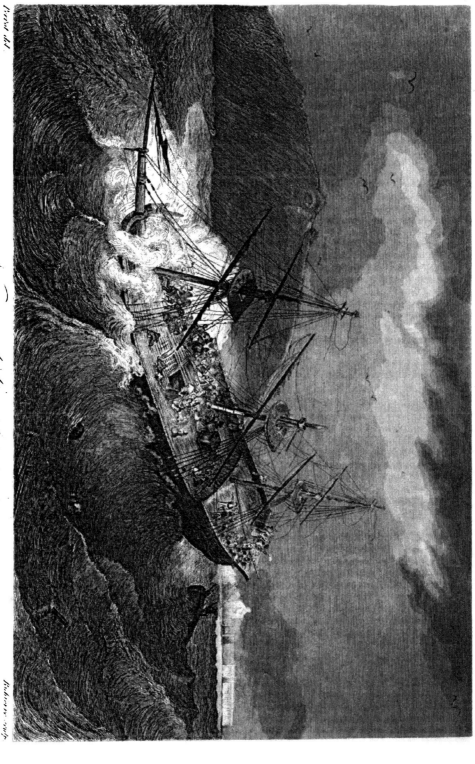

Naufrage

DE L'AMPHITRITE,

LE 31 AOUT 1833.

Le 31 août 1833, le trois-mâts anglais l'*Amphitrite* fit naufrage en vue de Boulogne; cent trente personnes périrent. Voici la relation, heure par heure, de cet horrible événement, écrite par un témoin oculaire :

Trois heures du soir.

La mer est toujours furieuse, tout annonce une nuit terrible; les bateaux-pêcheurs sont tous rentrés au port, sauf un, le n° 71, que l'on croit perdu. Le bruit se répand que le paquebot de Londres qui nous a quittés hier dans la nuit est également perdu. Je ne puis croire à cette nouvelle qui n'est peut-être que prématurée, car tout est à craindre : je connais malheureusement deux des passagers, entre autres une jeune femme, et je tremble pour leurs jours. Si le paquebot *The queen of Netherland* a pu toucher Ramsgate, il est sauvé. Je sors à l'instant pour me rendre sur la plage; on signale un bâtiment en détresse : c'est un trois-mâts, il ne porte point de pavillon. Avec la longue-vue, il est facile de voir qu'il cherche à gagner le large; les vents le repoussent sur la côte; s'il échoue, c'est fait de lui.

Quatre heures et demie du soir.

L'événement prévu est arrivé : le vaisseau vient d'échouer presque en face de l'établissement des bains; la mer est plus horrible que jamais; elle se retire. Avec la lorgnette, il est facile de distinguer l'équipage. Des marins se précipitent de tous côtés sur la plage; on traîne à bras un canot; on espère au moins sauver les hommes; quant au vaisseau, il ne faut plus y penser : la mer, en montant, doit le mettre en pièces.

Six heures.

Le canot est à la mer; il ne peut approcher. Un patron de bateau-pêcheur, Hénin (n'oubliez pas ce nom), déclare qu'il va se jeter à la mer; il se débarrasse de ses vêtements, et prend d'une main une corde; personne n'ose le suivre : on le voit lutter contre les flots : ce qui frappe, c'est l'immobilité de l'équipage, qui ne fait aucun signal. On s'en demande le motif : les malheureux n'en ont-ils plus la force? Le capitaine espère-t-il sauver le bâtiment?..... Je cours moi-même sur la plage.

Onze heures du soir.

Quel horrible spectacle ! je ne l'oublierai de ma vie ! Trente cadavres sont entassés pêle-mêle, dans la remise du bâtiment appartenant à la *Société Humaine*. Tout a péri, cent huit femmes, douze enfants, treize hommes d'équipage.

Trois malheureux sont hors de danger. Quelle épouvantable nuit ! je veux cependant vous en donner quelques détails.

Vers sept heures du soir, on voit le brave Hénin toucher le vaisseau. On voit un matelot lui jeter une corde, puis la corde est retirée; Hénin, sur le point de périr lui-même, est obligé de lâcher prise et de regagner la plage. Il veut se jeter de nouveau à la mer, mais il est épuisé..... Il faut renoncer à tout espoir de sauver ces infortunés; la nuit tombe, la mer commence à monter, le bruit des vents, des vagues, ne permet point d'entendre les cris de ces malheureux. Comment vous dépeindre l'anxiété de la foule qui couvre la plage découverte par la marée? Un grand nombre de hardis marins se sont mis à la mer pour tâcher de recueillir les naufragés. L'obscurité redouble; les vents mugissent avec plus de violence que jamais; les vagues se succèdent avec force et rapidité; on distingue à peine le bâtiment. La mer oblige les plus intrépides à reculer. Tout-à-coup, un mât est amené aux pieds des spectateurs, puis des tonneaux, puis des débris, puis des cadavres.

On court de tous côtés avec des fanaux, on se précipite sur la grève; à chaque instant, on ramasse des femmes, des enfants, des hommes.... Tous morts !..... Un marin court vers un rocher; il croit apercevoir quelque chose qui se meut dans l'ombre; c'est un malheureux matelot; on le prend, on le porte dans la salle des secours de la *Société Humaine;* deux autres sont recueillis; l'un est trouvé sans connaissance attaché par le spasme sur une planche que la vague a poussée sur le rivage; l'autre est ramené sur le sable, presque insensible; on le transporte à l'Hôtel de la Marine où les soins les plus touchans leur sont prodigués par le maître d'hôtel, et surtout par une Anglaise, Mme Austin, dont le zèle et le courage ont été admirables. Une autre jeune Anglaise, Mme Curtis, fille de M. Awet, dont le grand-père a fondé la *Société Humaine*, et qui se trouve logée à l'hôtel, s'empare d'une jeune femme amenée toute nue et déposée sur la table de la salle à manger; à force de frictions, on rappelle un peu de chaleur, mais hélas ! point d'espoir; la malheureuse ouvre les yeux, puis expire; on l'emporte, et Mme Curtis court prodiguer ses soins à d'autres. La malheureuse était d'une beauté remarquable.

Dans cet horrible moment, les marins de la douane et de la *Société* font preuve d'une activité qu'il est impossible de dépeindre. A mesure que les corps sont apportés, les chirurgiens s'en emparent; on les roule dans des couvertures; on les saigne. Une femme fait un léger mouvement; un sang noir s'échappe de son bras, elle soulève ses paupières, on espère, elle meurt ! Au fur et à mesure de cette terrible inspection, on dépose les cadavres dans un coin de la salle.

Les deux naufragés auxquels Mme Austin a prodigué ses soins, sont sauvés, ils ont repris leurs sens ; nous apprenons par eux que le bâtiment naufragé est anglais, qu'il se nomme *l'Amphitrite*, que c'est un bâtiment de transport pour les condamnés à la déportation ; il y avait à bord cent huit femmes, douze enfants, seize hommes d'équipage ; les matelots sauvés sont John Richard Rice, John Owen et James Towsey ; Owen, qui était maître d'équipage, est un homme dans la force de l'âge ; Rice et Towsey sont deux jeunes gens.

1er septembre, neuf heures du matin.

J'étais à six heures à la douane. Dans la nuit, on avait recueilli quarante-trois cadavres du sexe féminin. J'ai vu, de mes yeux, ramasser dans le port, une femme serrant dans ses bras un enfant de deux ans. Presque tous les corps sont dépouillés de leurs vêtements. La plage est couverte de débris ; la carcasse du vaisseau est, en quelque sorte, pulvérisée ; je ne crois pas l'expression trop forte. Nos malheureux naufragés vont parfaitement bien. Par suite d'une bizarrerie du destin, la femme de chambre de Mme Curtis vient de reconnaître, dans Owen, son voisin et son ami d'enfance. Nous avons profité d'un peu de repos pour interroger Owen et Rice, et nous avons reçu les dépositions ci-dessous.

J'ai reçu également celle du brave Hénin ; ce sont deux documents importants pour l'histoire de cet épouvantable événement.

Nous avons ouvert une souscription pour les naufragés et pour récompenser les braves marins qui ont exposé leur vie ; quant à Hénin, c'est au gouvernement à récompenser son intrépidité ; ce n'est pas la première fois qu'il s'honore par de pareils traits.

Onze heures.

On vient de transporter à l'hôpital les naufragés et les cadavres recueillis ; on a commandé cent cercueils, et demain la terre recueillera ces dépouilles. Il est à croire que la mer, à la marée montante, rejettera d'autres corps.

Déposition d'Hénin (François), patron de bateau-pêcheur, du port de Boulogne.

Hénin déclare que, vers six heures moins un quart, il dit au capitaine de port qu'il voulait se rendre à bord du bâtiment échoué, et que les marins n'avaient qu'à le suivre ; que, quant à lui, il était résolu à s'y rendre seul ; qu'il courut sur la plage avec une corde, qu'il se dépouilla de ses vêtements ; qu'il se jeta dans la mer. Il pense avoir nagé pendant près d'une heure, et avoir approché le vaisseau vers sept heures ; il héla alors le bâtiment, et cria en anglais : « Jetez-moi une corde pour vous conduire à terre, ou vous êtes perdus, car la mer monte. » Des hommes de l'équipage l'entendirent ; il était alors du côté de tribord du vaisseau qu'il toucha même ; il vit un

matelot, et lui cria de dire au capitaine de jeter des cordes. Les matelots lui en jetèrent deux, une de la proue, une autre de la poupe ; il put se saisir de celle de la proue seulement ; il se dirigea alors vers la plage ; mais la corde qu'il tenait était trop courte et lui manqua. Il revint sur le bâtiment, s'y accrocha, cria à l'équipage de le hisser à bord ; mais alors ses forces l'abandonnèrent. Il se sentit épuisé, et ce ne fut qu'avec peine qu'il put rejoindre la terre.

Déposition de John Owen, naufragé de l'Amphitrite.

John Owen déclare être né à Craffort, dans le comté de Kent (Angleterre), et être maître d'équipage à bord de *l'Amphitrite*, bâtiment de transport, capitaine Hunter, M. Forster, chirurgien, en charge pour Sidney, New-South-Wales, ayant à bord cent huit femmes et douze enfants condamnés à la déportation, et seize hommes d'équipage.

L'Amphitrite quitta Woolwich dimanche, 26 août ; la tempête commença dans la nuit du 29, quand le bâtiment était en vue de Dungeness ; il calcule qu'il était à trois milles Est du port de Boulogne. Le capitaine fit ses efforts pour s'éloigner de la terre, mais en vain. Sur les quatre heures de l'après-midi, le samedi, le bâtiment fut entraîné par la violence du vent vers le port, et prit terre. Le capitaine ordonna de jeter l'ancre, dans l'espérance qu'à la marée montante le bâtiment pourrait se remettre à flot. Vers cinq heures, un bateau français vint à leur secours ; Owen et Rice, ni aucun des hommes de l'équipage n'en eurent connaissance. Ils étaient en ce moment à travailler sous le pont et à faire leurs paquets, espérant pouvoir débarquer. Il pense qu'alors il eût été possible de sauver tout le monde. Avant l'arrivée du bateau, Owen vit un homme qui, du rivage, et avec son chapeau, faisait signe de débarquer. Il vit ensuite un homme arriver à la nage du côté de la poupe, qui lui cria en anglais de lui jeter une corde, ce que lui, Owen, allait faire quand il en fut empêché par le capitaine.

Après le départ du bateau, le chirurgien demanda Owen, et lui dit de mettre à la mer le grand canot, et ce, par suite de discussion avec sa femme, qui voulait débarquer dans le grand canot, et il empêcha aucun des condamnés d'y entrer. Le docteur changea d'avis et déclara qu'aucun canot n'irait à terre, ce qui empêcha aucun des condamnés de débarquer ; au même instant, les condamnés, qui étaient sur le pont, descendirent pour faire leurs paquets, et demandèrent à grands cris le canot ; trois femmes dirent à Owen qu'elles avaient entendu le chirurgien dire au capitaine de ne point accepter l'assistance du bateau français.

Sur les sept heures, la mer commença à monter, et l'équipage, voyant qu'il n'y avait plus d'espérance de salut, monta sur les vergues, les femmes restant sur le pont. Owen pense que les femmes restèrent dans cette situation plus d'une heure et demie. Tout-à-coup le vaisseau se sépara en deux, et toutes les femmes, moins une, furent enlevées par les flots. Owen, le capitaine, quatre matelots et une femme étaient sur les vergues; Owen estime qu'il resta dans cette position près de trois quarts-d'heure. S'apercevant que les mâts, les vergues, les voiles étaient sur le point de céder à la violence du vent et de la mer, il dit à ses camarades qu'il était inutile de rester plus longtemps, qu'ils allaient périr, et qu'il fallait tâcher de nager jusqu'à terre. Il s'élança alors dans la mer, et pense avoir nagé près d'une heure avant d'atteindre le rivage, où il fut ramassé par un Français, et conduit sans connaissance à l'Hôtel de la Marine. Owen ajoute qu'il était parfaitement instruit du danger que courait le navire dès l'instant de l'échouement, et demanda à ses camarades s'ils ne pensaient pas comme lui, qu'ils auraient pu se sauver alors. Ils répondirent oui; mais qu'ils n'avaient pas voulu paraître effrayés.

Déposition de John-Rice.

Il déclare être né à Londres, etc., confirme la déposition d'Owen, et ajoute qu'il fit remarquer au capitaine la personne qui, du rivage, lui faisait signe de débarquer; le capitaine lui tourna le dos.

En réponse à une question à ce sujet, il déclare que le capitaine n'était pas gris, et qu'il était copropriétaire du bâtiment. Owen et Rice disent que toutes les femmes étaient enfermées, mais que lors du danger, elles forcèrent les portes et se précipitèrent sur le pont. Il y avait déjà six pieds d'eau à fond de cale.

On sait que le brave Hénin, qui a joué un si beau rôle dans ce désastreux naufrage, a reçu des marques de l'intérêt des deux gouvernements anglais et français. Entre autres récompenses, le ministre de la marine lui a accordé la décoration de la Légion-d'Honneur.

LE
Maître calfat du bord.

Entre tous les individus qui sur un navire de guerre concourent, au prorata de leurs capacités, à lui donner la vie, le mouvement et la durée, il en est un auquel la spécialité de ses fonctions confère le titre de *maître-calfat*.

Avant de dire ce qu'il est, disons d'abord ce qu'il fut; et puissions-nous, par cette digression rétrograde, arriver à mieux aborder plus tard la description de cet humain, type parmi les utilités pensantes d'un bord.

Il avait cinq ans, lorsque ses pauvres parents, par l'heureuse puissance de leur certificat d'indigence, obtinrent qu'il fût employé comme *fileur d'étoupe* dans l'arsenal maritime voisin de son *endroit*. Là, sous un vaste hangar, assis en compagnie de quatre cents enfants fileurs d'étoupe comme lui, et placés sous la surveillance d'un vieux calfat borgne et poussif, dont la logique était un rotin que brandissait un bras impatient, il filait tant qu'il pouvait, pour quatre sous par jour, ces cordons longs et mous, formés de la filasse goudronnée sortie des vieux cordages, et qui servent à remplir les joints et les fentes des bordages d'un vaisseau, afin d'ôter tout accès à l'eau de la mer.

Remplir ainsi les joints est l'art du calfatage;
L'homme qui les remplit a le nom de calfat.
    (*Tableau de la mer par un canonnier de marine.*)

Le fileur d'étoupe, c'est le calfat en herbe. Filer de l'étoupe, c'est l'A B C du calfatage; c'est le premier échelon d'une échelle hiérarchique qui n'en a que trois, à savoir : le fileur d'étoupe, le calfat et le maître.

Dieu et un maître calfat seuls savent et comprennent la longueur des stations à faire sur chaque échelon, avant d'arriver à l'insigne gloire de se hucher au sommet de l'échelle, c'est-à-dire d'être un jour maître calfat. Peut-être croirez-vous que des difficultés artistiques du calfatage proviennent ces longs exercices dans chacune des classes, afin de devenir un calfat parfait? Nous ne partageons pas cette opinion; nous sommes au contraire persuadés, par observation, que vingt-quatre heures d'essai dans chaque division progressive du métier suffisent, au débutant le moins inspiré, pour atteindre à la supériorité de talent des *cordons bleus* de la partie; d'après cela, soyez étonnés comme nous à l'idée de ces fileurs d'étoupe qui débutent à quatre ans, et le sont encore à quinze ans! pour être élus calfats à vingt ans, à raison de 20 sous par jour! pour ensuite passer maître (s'ils doivent le devenir) à l'âge de cinquante ans, gagnant alors 3 fr. Ce sont des mystères! croyez et respectez.

Mais revenons à notre fileur d'étoupe que nous avons laissé filant et tordant ses torrons.

Alors il était gentil, comme tous les enfants bien portants. Sa petite intelligence, fraîche et vive, était prête à recevoir toutes les impressions de l'éducation : la culture de ses facultés en eût fait un homme comme les autres; mais il était pauvre, et les écoles lancastriennes et les frères ignorantins n'étaient pas encore inventés. Et d'ailleurs, ce temps de la première instruction, pour 4 sous par jour, il le passait à tordre et rouler sur son genou, avec la paume de sa main, et cela pendant dix ans, une filasse sale et puante; ouvrage niais, triste et ennuyeux comme celui d'un scieur de marbre ! Ajoutez qu'un rotin toujours prêt à frapper, et qui ne chômait pas, paralysait sa langue, et comprimait sa pensée et son sourire d'enfant. Aucun développement ne se faisait en lui ; hors celui de ses petits membres, gauchis par la posture accroupie, invariable et continuelle que lui imposait son insipide tâche.

Qui ne soupçonnerait déjà par le seul fait de ces contraintes, les contre-sens qu'en éprouveront plus tard ses facultés physiques et intellectuelles ? Aussi grandissait-il machine bipède, garçon hébété, cagneux et efflanqué.

C'est ainsi qu'il arriva à sa quinzième année. Peut-être alors le faux pli de son intelligence était-il encore susceptible de redressement, si sa tendance inévitable au calfatage n'eût conspiré à sa complète stupidité future.

Dans ces dispositions il atteignit sa vingt-deuxième année. Il devint calfat, deuxième degré de l'ordre. Alors il ne fila plus d'étoupe ; et celle que l'on filait pour lui, il l'enfonçait dans les jointures des planches du vaisseau, à l'aide d'un ciseau de fer et d'un maillet.... Oh ! d'un maillet !..... Le palladium du métier ; un maillet ! dont le bruit sans pareil, en frappant sur le ciseau sonore, est bien le plus puissant topique pour l'embêtement d'un cerveau.

Nous n'essaierons pas de chercher parmi les bruits redoutables à la pauvre humanité un parallèle à celui du maillet d'un calfat. Il y a dans le timbre affolant du maillet damné, du fouet de poste, de l'enclume frappée à nu, et du chien qu'on fouette ; c'est à vous fêler le crâne. Et notez encore que ce bruit assourdissant (par une bizarrerie inconcevable), c'est le calfat lui-même qui le procure à son outil. Il le façonne dans cette intention. Déjà le bois dur et sonore dont il le fabrique, et les deux petits cercles de fer dont il en fortifie les têtes, suffiraient pour en rendre les percussions éclatantes ; mais sa fibre paresseuse veut un ton plus relevé ; et à l'exemple des S découpées sur la table d'un violon, dont il a deviné l'effet *rinforzando*, deux cannelures longitudinales et croisées, pratiquées de part en part dans chaque branche du maillet, achèvent de lui donner son éclat infernal, que le calfat breton appelle *un bel ramage !*

Que penserez-vous de ce ramage, quand trois cents maillets ou plus du même acabit, comme un feu roulant et à volonté, tintamarrent à la fois sur les flancs caverneux, ou sur les ponts voûtés d'un vaisseau de ligne ? Que pensez-vous du cerveau de notre calfat qui, durant trente ans, a vibré sous l'influence de ce tapage incomparable, soit dans les arsenaux, soit sur les vaisseaux où il a été appelé à naviguer comme matelot-calfat ? Eh bien ! son cerveau, chaque percussion l'a peu à peu refoulé sur lui-même, il s'est presque ossifié. Il ne peut s'ébranler désormais qu'au diapason du maillet perturbateur. Toutes les idées du calfat sont passées dans la boîte grossière, sale et mal faite, dans laquelle il renferme ses vilains outils ; et ici se présente une preuve matérielle de sa perturbation cérébrale, quand, dans son argot, il nomme pompeusement, et avec amour, sa boîte et son contenu, *sa bijouterie*, voyez un peu !

Il est vrai que jamais artiste n'a plus raffolé de son art : effet du maillet sans doute, qui le lui a inculqué par tous les pores. Il en est devenu étoupe, guipon, brai gras, brai sec, pataras, pince-balle, pigoulière, etc. ; tous ces éléments du calfatage avec lesquels il vit, et avec lesquels il s'est identifié, il n'en sort pas. Il est calfat corps et âme.

Enfin, notre calfat avait atteint ce degré d'hébêtement, lorsque sa cinquantième année, son tour d'inscription et le besoin de créer un maître calfat pour un vaisseau qu'on armait, lui confirmèrent à la fois sa maîtrise, ses galons, son embarquement, et sa feuille d'armement de *maître chargé*, à 90 fr. par mois d'appointement, et 30 fr. de traitement de table. Ici une question se présente : comment se fit-il que le jour de cette élévation, qui fut durant quarante-cinq ans l'objet de ses rêves de calfat, comme le Messie est le rêve des Juifs, comment se fit-il, dis-je, qu'il n'a pas crevé d'orgueil, ou affolé d'embarras ?..... Mais plus avisé que nous le supposons, il a su admirablement parer au désordre final dont sa cervelle a été menacée par tant de biens et d'honneurs venus à la fois, en l'enveloppant des fumées enivrantes d'une copieuse dose de boisson, n'importe laquelle. Cependant, si le cas s'est passé dans un port de Bretagne, c'est à quatre ou cinq pots de cidre que l'Etat est redevable de jouir de ses utiles services, et nous de vous le faire voir à bord d'un vaisseau, dans toute sa valeur normale.

Convenons-en, à bord sa besogne et sa responsabilité sont importantes, et il y est propre ; très-occupantes surtout, et elles l'autorisent à paraître toujours affairé, même quand il n'a rien à faire ; aussi n'y manque-t-il pas c'est même un tic qui le caractérise. Dans ce dernier cas vous êtes sûr de le trouver dans l'une des batteries du vaisseau, fendant la foule des marins désœuvrés, comme pour se rendre à un travail qui presse ; et les matelots d'affecter malicieusement de lui faire place, en s'écriant : « Laissez passer le calfat ! »

Vous le reconnaîtrez à son pas précipité, à sa taille manquée par la courbe de son torse ; il n'a pas sa veste ; ses manches de chemise sont retroussées ; son chapeau sale est faussé par derrière, et laisse voir, jusqu'à sa naissance, sa fine queue de cheveux terminée par une touffe, se balançant sur ses omoplates, et souvent arrêtée sur l'épaule droite, comme celle d'un travailleur qui a dû se pencher. De l'étoupe sort de ses poches ; ses mains calleuses sont noires ; ses yeux sont gris, son regard couvert et inquiet a rapproché ses sourcils, expression de la préoccupation ; sur sa lèvre inférieure, projetée en avant par un peu de mauvaise humeur, ruisselle le jus bistré de la chique-monstre qui lui difforme les joues.

Si ce signalement ne suffit pas à votre sagacité, et que vous craigniez de blesser quelque susceptibilité en prenant un autre pour lui, il est un signe auquel vous ne manquerez jamais de le reconnaître : regardez au petit doigt de sa main gauche ; le calfat est là, dénoncé par une espèce de petit bourrelet en cuir, sale et gras, qui recouvre la deuxième phalange de ce petit doigt, et qu'il appelle son *doyau*. Ce bourrelet, que l'on prendrait d'abord pour une énorme verrue, est pour préserver son doigt des rudes frottements de son fer, qu'il tient de cette main, et des coups de son maillet qui l'effleurent quand il travaille comme ouvrier : quoique maintenant il fonctionne rarement comme tel ; mais une habitude de trente ans a établi, entre ce fer et son doigt, une connexion morale impérissable. Il ne s'en sépare donc jamais ; pas même pour dormir : son *doyau*, c'est son fétiche ; il y tient comme un abbé à son petit rabat, un ministre à son porte-feuille, une coquette à son corset.

Il a vu qu'un commandant marche toujours accompagné d'un officier, un administrateur d'un commis, un commissaire d'un gendarme ; il veut aussi jouer au supérieur, et dans ses trémoussements, il se fait suivre de l'un de ses subalternes calfats. Cet aide-de-camp (comme les matelots l'appellent) suit son chef comme sa doublure ; il part du même pied, s'arrête si son chef s'arrête : il apprend à être maître. S'il n'est pas bossu, borgne ou boiteux, c'est une anomalie ; mais s'il justifie la constance du cas, c'est en donnant le plus fier démenti à la prétendue vertu proverbiale des affections physiques marquées au B : et ici l'effet déjà expliqué du maillet, prouve péremptoirement le système des exceptions.

Occupé ou non, dans son service ou ses loisirs, ses actes et ses paroles révèlent toujours le travailleur de bonne foi, ou le faiseur de semblants ; et dans tous les cas, l'homme d'importance et d'étalage.

L'une des occupations de sa spécialité, qui justifie le plus ce dernier trait, c'est le soin que parfois il donne à la petite pompe à incendie, embarquée et commise à sa charge : c'est à faire pouffer de rire les spectateurs. Ce soin, pour un calfat de bord, est le *nec plus ultrà* du métier ; il s'escrime, il se remue autour de la petite machine ; il ordonne, contre-ordonne, gronde, encourage ses assistants ; et tout cela, pour l'essuyer peut-être. S'il parvient à remettre en place un écrou qu'il aura dévissé, oh ! alors, il ne doute

pas que son mérite soit aussi grand que celui du mécanicien, auteur de l'ingénieuse machine.

Nous ne chercherons pas à traduire les mots dont il compose ses ordres, ses admonitions ou ses encouragements à ses subalternes calfats ; eux seuls peuvent les entendre et les prendre au sérieux. Très-parleur avec eux ; peu causeur avec tous autres, vu que sa dialectique inextricable provoque le rire, et qu'il est très-susceptible. Aussi est-il très-embarrassé quand, pour affaire de service, il lui faut parler à un officier ; c'est à rire d'avance, tant il est certain qu'il y aura du grotesque, mêlé à la gravité de sa demande ou de son compte-rendu ; telle cette phrase à la Jeannot : *Pardon, lieutenant ; permettez que j'en chauffe du brai, sans vous commander, dans un chaudière, pour brayer un couture du pont qui crachait sur la cuisine du commandant.* C'est-à-dire : lieutenant, veuillez me permettre de faire fondre, dans une chaudière, un peu de brai pour brayer un joint du pont au-dessus de la cuisine ; l'étoupe sortait en cet endroit, et je l'ai rentrée.

Il n'est pas aimé du *lieutenant en pied*, chargé de donner au navire sa brillante tenue ; et pourquoi ? est-ce sa faute, au pauvre calfat, si ses ouvrages sont sales et continuels ? Non, sans doute ; mais aussi, la patience est-elle durable à un officier jaloux de l'ordre et de la toilette de sa frégate ou de son vaisseau, quand sans cesse un damné calfatage hurle à ses oreilles et salit tout autour de lui ? Il en portera sa croix, le pauvre calfat, soit que le lieutenant le rencontre sur son passage, soit que le soir, au rapport des maîtres, il vienne au-devant de la gronderie qui l'attend, qu'il recevra humblement, en hasardant quelques paroles de justification, qui ne valent jamais ce qu'il veut dire.

Les autres maîtres du bord, avec lesquels il vit en communauté, s'en amusent continuellement. C'est lui la bête d'une réunion, de laquelle le chef de timonerie est toujours le savant prétentieux, le capitaine d'armes le bel esprit, le maître canonnier le sage, le maître d'équipage le malin, le maître voilier le brouillon, le pilote-côtier l'asticoteur. Tous s'égaient à ses dépens, excepté le maître charpentier qui, vu les rapports de métier, le soutient ou au moins le console. Mais ici le maître calfat peut traiter de puissance à puissance : l'égalité le débâillonne ; et s'il ne sait pas dire des finoteries comme ses adversaires, il sait sur leur compte de bonnes et lourdes vérités qu'il leur lance à bout portant, comme il peut, mais qui sont comprises, et lui donnent souvent l'avantage de rire le dernier.

Courageux et dévoué dans toutes les situations périlleuses où son service l'appelle ; soit que dans la tempête il plonge, retenu par un cordage, sous les flancs du navire pour y *aveugler* une voie d'eau ; soit que dans le combat il se suspende au dehors du vaisseau pour boucher les trous faits au raz de l'eau par les boulets ennemis. Dans le premier cas, il peut être broyé contre le navire par les vagues qui se ruent sur lui; dans le second, c'est à une grêle de projectiles meurtriers qu'il offre son corps sans défense. Il sait tous les dangers auxquels ces cas l'exposent; mais il ne recule jamais devant eux, et le sublime *oui*, qu'il répond à l'ordre de se dévouer, est alors tout ce qu'il laisse entendre.

Nous avons vu des maîtres calfats décorés de la croix des braves; ah! certes, celle-là n'était pas donnée au beau parlage.

Enfin, à part le contre-sens de son imaginative, et sa marotte à se croire un personnage, le maître calfat est bon, soumis et surtout utile; et si ses ridicules sans conséquence excitent à rire quelquefois, ses qualités précieuses le feront toujours estimer.

Nous terminerons cet article par une anecdote qui achèvera de peindre le maître calfat dans ses prétentions et dans son enthousiasme pour son métier qu'il exalte au-dessus de tous les arts possibles. Maître Lescouic, de Recouvrance (Recouvrance! ce quartier de Brest, riche et excellente terre à calfat), en récompense de ses longs services, était devenu *maître calfat entretenu* au port de Brest. Un jour, un homme malheureux alla le solliciter d'admettre son enfant comme fileur d'étoupe à l'étouperie du port. A cette demande, maître Lescouic, relevant la tête avec cet air guindé de ministre que l'on supplie, demanda au solliciteur, dans son dialecte recouvrançois : « *Quel âge qu'en a ton fils?* — Cinq ans et demi à la Saint-Joseph, maître Lescouic, répondit le malheureux. — *Cinq ans et dimi!* exclama le calfat avec une sorte de colère, *c'est trop vieux! va-t-en le porter à maître Duret ou à maître Le Roy, qui en fera de lui un chirusien ou un espirant.* »

Il désignait ainsi sous la qualification de *maître*, M. Duret, le célèbre chirurgien-opérateur de l'hôpital Saint-Louis, à Brest, et l'illustre Duval Le Roy, professeur d'hydrographie au même port.

Vanitas vanitatum!

Le cap. P. LUCO.

PROGRÈS

DE LA

Civilisation à Taïti.

L'île de Taïti, découverte en 1606 par le navigateur espagnol Quiros, n'est plus ce qu'elle était du temps de Wallis, de Bougainville et de Cook. Dès l'arrivée des missionnaires, en 1797,

cette île prit une nouvelle face, et depuis lors, que de changements ne se sont pas opérés! Les coutumes barbares et sanguinaires, les sacrifices humains n'existent plus; la religion chrétienne (le protestantisme) est actuellement la seule professée. L'enseignement mutuel est en vigueur; un grand nombre d'habitants sait très-bien lire et écrire, mais il faut avouer cependant que ce ne sont encore, en grande partie, que des machines ou des automates, qui écrivent et lisent sans comprendre grand'chose à ce qu'ils font.

Quoique la civilisation soit déjà bien avancée pour le peu de temps que les missionnaires sont dans cette île, on aurait tort cependant de croire, comme l'ont avancé les inspecteurs des missions, que les habitants des îles de la Société ont des meubles et des costumes complets à l'européenne. Les soldats de la garde royale, qui sont certainement les mieux vêtus, ont des uniformes très-disparates.

Les Taïtiens ont une mise fort simple; une pièce d'étoffe, qui fait une fois le tour de leur corps, est pour le plus grand nombre le seul vêtement qui couvre en partie leur nudité. Les enfants ne portent généralement qu'un marrot, espèce de tresse en paille, ou en étoffe de mûrier ou d'arbre à pain, qui est large d'un demi-pied sur une longueur suffisante pour cacher une partie du corps; il y en a plusieurs qui s'entourent la tête d'un turban. Les plus aisés et généralement les chefs portent en outre des chemises, ou le *tipouta* ou *puncho* des Espagnols, grande pièce d'étoffe carrée, allongée et fendue au milieu pour y passer la tête.

Dans quelques années, les Taïtiens seront entièrement habillés à l'européenne : ils recherchent avec trop d'empressement les moyens de se procurer tous les objets d'habillement pour qu'il n'en soit pas ainsi; ils adopteront difficilement les bas et les souliers, parce qu'ils sont souvent forcés de traverser les nombreux ruisseaux qui arrosent cette île. La nouvelle génération n'offrira plus ces dessins variés dont leur peau est empreinte, le tatouage étant aboli par les lois qu'ont établies les missionnaires.

La langue de Taïti est déjà en quelque sorte fixée. MM. les missionnaires s'occupent d'une grammaire et d'un dictionnaire. Plusieurs livres saints et un syllabaire à la fin duquel il y a un précis de l'histoire sainte et un traité d'arithmétique, et dans lequel se trouvent en outre les jours de la semaine, les mois, une table chronologique des principaux événements arrivés à Taïti, sont sortis des presses d'Eiméo et de Taïti. Leur alphabet n'a que seize lettres qui sont : a, b, d, e, f, h, i, m, n, o, p, r, t, u, v, w; cette dernière doit appartenir aux Anglais, qui ne peuvent pas s'en passer dans leur langue. Les mots taïtiens sont presque entièrement composés de voyelles, tels que : *iorana*, qui signifie bonjour; *atua*, dieu; *eaaou*, rasoir; *eooo*, ronfler; *aoao*, cœur; ces derniers n'ont que des voyelles. Leur langue serait très-douce, s'ils n'avaient pas la mauvaise habitude de crier très-fort pour se faire entendre, elle a beaucoup de rapport avec celle de la Nouvelle-Irlande. Leurs relations avec les Européens y ont aussi introduit beaucoup de mots qui leur sont devenus nécessaires. On peut le reconnaître dans la lettre que nous donnons ici, et qui a été écrite par un Taïtien à M. Orsmond, missionnaire anglais.

On trouvera aussi dans cette lettre la meilleure preuve des progrès de la civilisation dans cette partie du monde et de la propagation des connaissances humaines. On aura lieu d'être d'autant plus surpris de leur rapidité qu'on se rappelle qu'il n'y a guère plus de quarante ans, le premier Taïtien amené en France par Bougainville montra un esprit toujours fort rebelle à tout ce qu'on voulut lui enseigner. Il n'y a donc point de doute que l'intelligence de ce peuple nouveau ne se soit de beaucoup accrue, et qu'il ne promette de se placer bientôt sur le rang des autres colonies européennes. Voici la traduction de la lettre citée, telle qu'elle a été faite par M. Orsmond, à l'exception de deux mots qu'il n'a pu rendre :

« Cher ami, Monsieur Orsmond,

» Salut à vous, dans le vrai Dieu et en Jésus-Christ, le vrai roi, par qui a été détruit le pouvoir de l'enfer : c'est la parole que nous vous adressons; c'est celle de nous tous, frères et sœurs, à raison de notre amour pour vous, qui vous accompagne dans votre voyage sur la mer profonde, et dans votre visite aux missionnaires qui demeurent à Taïti et à Moorea. Telle est la prière que nous adressons pour vous à Dieu, du fond de notre cœur.

Depuis que l'on ne nous prêche plus l'Evangile, nous sommes comme des enfants qui n'ont pas de parents, comme la bonite qui ne peut jouir du repos. Nous avons l'usage de participer au sacrement *oma* (1); il nous serait essentiel d'y participer encore. Notre corps seul est séparé de vous; notre souvenir et notre amour pour vous ne sont pas perdus.

Tous les jours en prières, pour que nous persistions dans notre conduite sur cette terre qui est la nôtre, nous nous attachons à l'Evangile de Jésus, et nous supportons patiemment le mal; nous sommes, comme l'*otaka*, frappés de l'*atoa*, exerçant notre patience avec les mauvaises coutumes qui sont sur la terre.

Na Terena, et tous les frères et sœurs, et aussi les amis Tiermann et Benett, vous faisons salut en Jésus ; nous avons de l'amour pour vous deux ; votre image n'est pas perdue pour nous ; elle est

(1) Mot à mot, manger l'*oma*.

en nous, et ne sera jamais perdue jusqu'à ce que notre corps soit mêlé avec la poussière, jusqu'à ce que nous soyons réunis dans le ciel. »

Les relations qui se multiplient chaque jour entre les Taïtiens et les peuples d'Europe hâteront sans doute les progrès de cette civilisation, dont le peu d'années révolues depuis son principe attestent déjà les rapides progrès.

P. Garnot, d. m. p.

Chirurgien en chef de la corvette *la Coquille*.

HISTOIRE.

—

Combat
DE LA FRÉGATE *LA VIRGINIE*,

EN 1796.

La Virginie sillonnait, le 22 avril au matin, la mer qui baigne les côtes du comté de Cornouailles, lorsqu'elle aperçut une division de six bâtiments à la hauteur du cap Lézard. Sur les huit heures du matin, la frégate française ne se trouvait plus séparée de ces navires que par une distance de quatre lieues. Le temps était clair, la mer belle, elle put aisément reconnaître, à l'ensemble de leur gréement et de leur voilure, un détachement de navires de guerre anglais. C'étaient en effet les quatre frégates l'*Amazone*, la *Concorde*, la *Révolutionnaire* et l'*Unité*. L'*Argo*, vaisseau de 64 canons, armé en flûte, naviguait sous le guidon d'Edward Pellew, depuis lord Exmouth, arboré, en ce moment, au mât du vaisseau rasé l'*Indéfatigable*.

La Virginie prit aussitôt chasse devant des forces aussi supérieures ; le branle-bas de combat se fit pourtant à bord avec l'enthousiasme du dévouement. La confiance qu'une longue navigation et une gloire commune et durable avaient mise entre ces marins et leur commandant, fait obéir ceux-ci sans nulle inquiétude, certains qu'ils étaient que les ordres de leur chef étaient toujours dictés par l'honneur et l'intérêt de la France ; cette confiance donnait à celui-là la plus grande liberté et la plus grande audace, sûr que tout ce qu'il commanderait au nom de la patrie serait exécuté avec ardeur. Quelque inégal que pût être le combat, on s'y préparait donc avec joie, en cas que l'honneur du pavillon tricolore en fît une nécessité.

Des six bâtiments ennemis, trois seulement s'étaient attachés à la poursuite de la frégate française, tandis que l'*Argo*, la *Révolu-*

tionnaire et *l'Unité* continuaient leur marche le long des côtes d'Angleterre. Le commodore anglais s'était élancé avec *l'Indéfatigable*, *l'Amazone* et *la Concorde* sur le sillage de *la Virginie*.

Le temps donna quelque avantage à la chasse des vaisseaux anglais ; la brise soulevait à peine une petite houle à la surface pâle de la Manche ; son souffle était si léger que ces navires, couverts de toile, accusaient à peine à leur loch une rapidité de 4 nœuds.

Le vent tomba encore dans la soirée ; la supériorité de marche des chasseurs devint dès lors incontestable. — La frégate française ne put conserver l'espoir ni d'échapper à l'ennemi ni de le dérouter.

La nuit était descendue, mais cette nuit était presque sans ombre ; la lune s'était levée large et sereine sur la mer ; le ciel, d'une pureté rare dans les nuits de printemps, en recevait, ainsi que de la clarté des étoiles, un demi-jour transparent et grisâtre. Les fausses routes de *la Virginie* ne purent donc échapper à l'ennemi. Sur les onze heures et demi du soir *l'Indéfatigable* donnait dans ses eaux.

Ce fut la frégate française qui commença l'action. Le vaisseau ennemi, avant d'ouvrir le feu, s'efforça de se placer de manière à prendre la hanche de *la Virginie* ; mais celle-ci, prévenant tous ses mouvements en lui offrant constamment la batterie, le contraignit à accepter le combat bord à bord. Il vint la serrer de si près, que les vergues des deux navires se touchèrent. Ce rapprochement rendit le combat terrible. La frégate française y déploya une valeur et une énergie qui purent seules faire balancer la victoire entre deux combattants si inégaux. En vain *l'Indéfatigable* vomissait-il à chaque bordée 750 livres de fer sur son adversaire ; la frégate française opposait avec une grande rapidité ses boulets de 8 et de 18 aux globes de fer et aux paquets de mitraille que lui vomissaient des caronades de 42. Le vaisseau ennemi, qui, dès la seconde volée, avait perdu son mât de perroquet de fougue et par conséquent ses voiles d'arrière, reprit bientôt l'avantage que lui assuraient la force de son artillerie et la solidité de ses murailles. Le combat se prolongea pourtant avec tant d'acharnement, que vers trois heures, l'Anglais, contraint de plier, força de voiles pour dépasser *la Virginie*, et se dérober ainsi à son feu.

Cet incident eût décidé la victoire, si un malheur n'eût empêché l'effet d'une manœuvre dont pouvait dépendre l'issue du combat. Le commandant Bergeret ayant, d'un coup de barre, porté le beaupré de *la Virginie* dans le vent, rangea *l'Indéfatigable* en poupe, de manière à enfiler et à balayer son entrepont ; mais son grand mât de hune, entamé par les boulets, étant tombé durant cette manœuvre, les vergues et les voiles masquèrent les sabords, et sauvèrent ainsi l'ennemi de cette bordée meurtrière et désastreuse.

Les deux navires se trouvèrent donc séparés. Bergeret employait à la hâte ce moment de répit à boucher les trous qui crevassaient la ceinture de sa frégate, et à réparer les parties les plus nécessaires de son gréement, lorsqu'il fut attaqué par les deux frégates *la Concorde* et *l'Amazone*.

La Virginie leur opposa quelque temps la résistance du désespoir. L'ennemi commençait à payer cher son triomphe ; *la Concorde*, désemparée, avait presque cessé son feu ; *l'Amazone* avait essuyé elle-même de graves avaries, lorsque le capitaine français dut renoncer à tout espoir de victoire et de salut. La cale s'emplissait d'eau, la plus grande partie de l'équipage était mis hors de combat, presque toutes les pièces hors de service. Bergeret ne voulut pourtant pas rendre le navire à l'ennemi sans avoir consulté ses officiers. Ce fut sur le pont, où de toute la mâture le bas-mât d'artimon se dressait seul, tout haché en esquilles par les boulets ; sur les gaillards, dont la batterie était complétement démontée, que le lieutenant Henry, les lieutenants et enseignes Labarde, Linant, Gallois, l'officier de manœuvre Duperré*, Bisson, commandant l'artillerie, presque tous blessés, se réunirent en conseil militaire auprès de leur commandant. Bergeret leur demanda avec une sombre tristesse ce que réclamait l'honneur de la France ; le parti de céder à des forces aussi supérieures était imposé par la nécessité. — Il fut adopté avec douleur ; l'ordre : bas le feu ! retentit dans la batterie. Les marins de *la Virginie* n'eurent point de pavillon à amener ; — les boulets de l'ennemi leur avaient épargné ce malheur (1).

(1) En retraçant dans nos colonnes quelques-uns des faits maritimes de cette glorieuse période de notre histoire navale, nous avons dû appuyer nos présomptions, nos récits ou nos opinions sur des documents que nous a laissés cette époque dans les colonnes des feuilles du temps, lesquelles écrivaient en face des événements, et pour ainsi dire d'après les journaux de bord. Tous les rapports à la Convention nationale et les colonnes analytiques du *Moniteur*, sont autant les autorités que nous invoquons que les histoires plus récentes écrites sur ces époques de lutte et de courage. Ce qu'on retrace aujourd'hui ne doit être considéré que comme des matériaux, que l'historien fouillera plus tard pour asseoir son opinion. L'histoire ne peut pas être sans cesse présentée sous la même facette, n'avoir qu'un seul et uniforme écho. Chaque opinion se produit forte de ses autorités, de son sentiment, de sa conscience. En écrivant le *Combat du 13 prairial*, nous avons usé de notre droit en creusant les faits pour y adapter nos idées. — On chercherait à tort à pressurer nos pensées pour en faire sortir du fiel ; et nous n'acceptons certainement pas la honte d'une époque pour désirer produire ce qu'elle a de glorieux suivant nous. — Nous vivons en 1836, et voulons toujours nous en souvenir.

* Aujourd'hui ministre de la marine.

La Barre de l'Adour.

Si, curieux voyageur, vos excursions se sont étendues jusqu'aux Pyrénées, vous aurez peut-être éprouvé le désir d'explorer les rives délicieuses de l'Adour ; peut-être aussi, dépassant le confluent de cette rivière et de la rive où se groupent les hautes maisons de l'antique Bayonne, vous n'aurez pas résisté à la tentation de voir la mer, et cette célèbre *Barre de l'Adour*, cause de tant de larmes et de naufrages. Après avoir longé pendant près d'un mille la magnifique promenade des *Allées marines*, vous verrez peu à peu disparaître derrière vous les sites charmants de la rivière au-dessus de la ville ; sur votre gauche, commenceront à s'étendre les grands bois des *Pignadas*, destinés à contenir les sables envahisseurs, et sur la droite, le maître et pilote de votre *Couralin* ne manquera pas de vous faire remarquer un joli bourg, dont les blanches maisonnettes se découvrent çà et là comme à regret parmi les massifs de verdure. Ce bourg, c'est le *Boucau*, situé à deux milles de Bayonne environ. Là commencent ces superbes jetées, qui, après avoir contenu le fleuve jusqu'à son embouchure, s'arrêtent à leur arrivée au milieu des lames furieuses, précisément à l'endroit où l'idée première de celui qui les a construites pourrait recevoir son efficace exécution. Le Boucau a ses fastes dans les annales du plaisir. Dans les beaux jours de l'été, dans les jours fériés surtout, parfois l'Adour se couvre de nombreux couralins à la tente bariolée de bleu, descendant rapidement avec le jusant, et se dirigeant vers le village. Leurs nombreux passagers font retentir les rives de chants joyeux, et bientôt des essaims de jeunes gens, de brunes jeunes filles, s'élançant de leurs bords, se répandent sur les jetées, et courent sur les bords de la mer essayer leurs premières heures de plaisir. Du Boucau l'on peut voir facilement les brisants de la Barre, et rien de pittoresque et d'animé comme ce petit port, lorsqu'un grand nombre de navires demandent *l'entrée*.

Voyez-vous, sur ce coteau couvert de vignes qui domine le bourg, ce grand pin noirci par les ans, au haut duquel on distingue confusément un homme à chemise rouge ? Là se tient une vigie qui doit signaler les navires du large. Un cri perçant et prolongé a fait vibrer trois fois les échos de la côte. Allons, pilote !.. à vos embarcations !.. C'est le signal. Voilà de pauvres *diables* de navires bien pressés sans doute d'être en deçà de la terrible barre !...

Considérez aussitôt le mouvement du petit havre ; il se dégarnit rapidement de la foule de chaloupes effilées qui s'y pressaient ; *intrépides*, elles se dirigent sur la Barre pour l'affronter, et la doubler s'il est possible, à l'aide des vigoureux rameurs qui les font voler sur les eaux.

Remarquez à leur tête, dans cette longue embarcation blanche et verte, cet homme de haute stature, à l'œil vif et perçant, aux mouvements brusques, dont la boutonnière est décorée d'un ruban rouge, qui n'a pas l'air d'avoir été mis là nouvellement. C'est un de nos vieux et hardis marins de l'Empire, c'est le *major* de Napoléon, comme ce dernier se plaisait à l'appeler. Depuis trente ans, en effet, il est pilote-major de la Barre, et chargé de diriger la route des navires au milieu de ces écueils changeants. C'est un épisode terrible, et qu'on ne se lasserait pas de voir, qu'une nombreuse *entrée* dans l'Adour par un mauvais temps ; la vue de ces malheureux bâtiments tourmentés, ballottés, et qu'un seul faux coup de barre peut faire sombrer à la seconde ; ces chaloupes disparaissant dans les brisants, et luttant avec courage pour s'approcher le plus possible, et porter secours en cas de malheur ; ces vagues acharnées, tournoyantes et si dangereuses ; ce bruit de la bourrasque et de la mer soulevée par elle, tout contribue à jeter dans l'âme une profonde terreur...

Mais aussi, comme le cœur bat avec liberté, comme les idées s'éclaircissent, comme la poitrine est soulagée, quand le dernier navire a franchi le bourrelet périlleux, lorsque vous le voyez s'élancer fier et joyeux le long des jetées, et disparaître dans les sinuosités de la rivière !...

— Il y a quelques années vivait au Boucau un pilote nommé *Baptiste Fagalde*. Baptiste était un vieux marin, bien connu du pilote-major avec qui plus d'une fois il avait affronté les boulets anglais, et qui depuis coulait une existence heureuse à l'aide de sa chaloupe, de sa vigne et de ses filets. Baptiste, veuf depuis peu de temps, n'avait qu'un enfant, une fille ; une jolie fille vraiment, à peine âgée de dix-huit ans, vive, alerte, aux yeux noirs, au teint brun, et qui portait nom *Thérésia*.

Thérésia était l'admiration de tout le pays ; douée du caractère hardi de son père, dès sa plus tendre enfance elle s'était plue au milieu des flots. Nul matelot de la chaloupe du vieux Fagalde n'aurait pu manier avec plus d'adresse la petite embarcation, sur laquelle elle venait tendre ses piéges à poisson, dans les premières heures du flot. Mais aussi quand Thérésia avait abandonné ce bord où elle régnait en maîtresse, lorsque encadrée par le pli d'un éclatant madras, sa jolie figure apparaissait le dimanche dans la salle d'un bal villageois de Boucau, Thérésia ne pouvait suffire aux invitations et aux succès. Déjà plus d'un marin avait brigué son choix à venir ; car Thérésia ne voulait lier sa destinée qu'à celle d'un marin, qu'à celle d'un homme qui pourrait comprendre ses émotions sur ces vagues turbulentes, qui saurait avec elle les combattre et s'y jouer.....

Jusqu'ici pourtant les admirateurs s'étaient en

vain pressés sur ses pas; Thérésia riait de tous et n'en acceptait aucun; son cœur ne lui avait rien dit encore.

Un jour, par une belle marée et un temps clair, Thérésia, suivant son habitude, avait guetté le commencement du flot pour s'établir sur la Barre avec son bateau pêcheur, aidée d'un jeune marin qui tenait les avirons.

Un navire demandait l'entrée, et le pavillon rouge flottait déjà sur la Tour des signaux. Les chaloupes-pilotes venaient de s'élancer à sa rencontre, et n'avaient pas tardé à l'atteindre. C'était une petite goëlette, gracieuse et effilée comme une salangane, qui s'avançait nonchalamment, et comme si elle eût connu depuis long-temps ces parages; elle s'engagea dans les passes avec assurance, et doubla la pointe nord au moment où Thérésia rentrait elle-même en rivière. Le vieux Baptiste se trouvait à bord de la goëlette, et sa voix se fit soudain entendre : « Viens sur bâbord, Thérésia, viens sur bâbord!.. cria-t-il à sa fille; tu vois bien que le courant te porte par notre travers, et tu vas te faire chavirer!.. — Oh ! n'ayez pas peur, mon père, répondit la jeune fille ; c'est que je veux voir de près ce joli navire... »

Et comme elle parlait, la goëlette effleura de ses préceintes les plats bords de la frêle embarcation. « Diable de fille! murmura le père Fagalde; elle finira par se noyer!... — Le feu du ciel m'élingue! père Baptiste, s'écria tout à coup un jeune homme qui était à côté de lui, si c'est là votre fille, vous avez bien la plus jolie fille que j'aie jamais vue!... Vraie femme de marin, ma foi!.. Elle a l'air d'être sur l'eau comme chez elle. Je ne plains pas celui qui l'aura pour matelot!.. Quel âge a-t-elle, père Baptiste? ajouta-t-il en se retournant brusquement vers le pilote. — Dix-huit ans bien près, pour la St.-Bernard qui vient. — Dix-huit ans !... c'est tout ce qu'il me faudrait! Et me laisseriez-vous prendre le commandement de cette jolie corvette, si je vous le demandais?.. — C'est suivant, mon jeune coq; si la fille le veut, moi idem, parce que je vous connais, Bernard, et que je sais qu'elle ne s'en mordrait pas les doigts. — Dit et conclu! s'écria le marin, en frappant fortement dans la main du pilote ; il ne s'agit plus maintenant que de m'élever au vent, pour laisser porter en douceur sur la corvette en vue,... et de ce soin là, je m'en charge!.... »

En effet, au premier jour de fête qui suivit, Bernard ne manqua pas de se rendre au Boucau, et d'offrir ses hommages à la belle Thérésia, en matelot galant et bien appris. Bernard était un beau garçon de vingt-cinq ans; né sur la côte de *Bidart*, petit port entre Bayonne et St.-Jean-de-Luz, il avait les mœurs hardies et entreprenantes de ces anciens marins basques, qui les premiers allèrent attaquer la baleine dans les mers glacées du nord. Bernard arrivait du service, où bien des chefs s'étaient efforcés de le retenir ; mais notre Basque, trop indépendant, avait dédaigné le sifflet et les galons du maître, et, son temps fini, venait de regagner le pays natal. A son retour, ses jeunes compatriotes avaient vu avec envie briller sur sa poitrine une large médaille d'or, prix glorieux de la vie de plusieurs hommes qu'il avait sauvés. Personne n'aurait osé contester à Bernad la réputation d'un marin aussi audacieux qu'habile; il savait d'ailleurs tempérer à propos l'éclat de sa renommée par un léger vernis de cette *galanterie* de gaillard d'avant, qu'il avait puisée dans les longues causeries d'entrepont de la frégate *l'Aréthuse*, d'où il sortait.

« Mademoiselle !.... dit-il à Thérésia dès la première contredanse, je vous ai vue l'autre jour au milieu des lames où vous n'aviez pas l'air plus gênée que sur ce plancher, et foi de Bernard! vous avez mouillé en travers de ma route ! Je pense à vous du matin au soir et du soir au matin, j'y pense toujours !.. même quand ça me tracasse, et que j'aurais à m'occuper d'autre chose. Si cela vous allait, et que vous croyiez qu'un seul hamac serait suffisant pour nous deux, je vous offre la moitié du mien avec le nom de ma femme.... »

Un jeune marin vif, intrépide et beau, était bien l'idéal que Thérésia s'était formé; aussi l'heureux Bernard ne fut pas longtemps à s'apercevoir que ses offres étaient agréées avec orgueil et plaisir, et ses nombreux rivaux se virent éconduits l'un après l'autre. Nos deux amants se trouvant d'accord, il ne resta plus qu'à en prévenir le père Fagalde ; malheureusement le vieux pilote mit une condition au mariage, qui contraria singulièrement les espérances du couple amoureux.

Bernad se trouvait embarqué sur la goëlette *la Basquèse*, où il remplissait les fonctions de second, et grande était son envie de débarquer, « pour s'affourcher de suite entre le maire et le curé, » comme il le disait. Mais Baptiste exigea qu'il fît auparavant un dernier voyage, nécessaire, du reste, pour l'examen de capitaine au cabotage auquel il devait se préparer.

Il fallut donc se résigner à une douloureuse séparation ; et, bien que déjà notre marin se fût attaché à sa jolie maîtresse avec une ardeur vive et sincère, ce n'était pas lui cependant qu'effrayait le plus l'idée de l'absence.

Thérésia, fille brûlante du midi, avait livré toute son âme à ce premier amour ; c'était aujourd'hui une passion de feu qui bouillonnait dans ses veines, et tous les moments où Bernard se voyait forcé de s'éloigner d'elle, où elle ne pouvait jouir des transports de sa franche et naïve affection, tous ces moments étaient vide et douleur pour elle.

Le vieux pilote, effrayé des changements qu'il remarquait en sa fille chérie, se repentit presque des conditions qu'il avait imposées; malheureusement il était trop tard, et un matin la goëlette *la Basquèse* vint jeter l'ancre devant le Boucau.

La brise était fraîche et favorable, la Barre assez calme, et le capitaine, surtout, nullement d'avis de perdre son temps au mouillage

Thérésia, le cœur gros et serré, accompagna la sortie du navire dans la chaloupe de son père; un dernier signe d'adieu s'échangea entre les deux amants, et bientôt le léger bâtiment disparut au loin dans le vague d'un horizon brumeux.

II

C'était par une froide matinée de décembre; le ciel menaçant s'était couvert de nuages livides; un vent glacé soufflait par intervalle avec violence, et la *Barre* agitée commençait à soulever ses lames bouillonnantes. La vigie, cependant, venait de signaler un navire au large, et les chaloupes se disposaient à prendre la mer. Une jeune fille les avait toutes devancées, et, assise mélancoliquement à l'extrémité de la jetée, considérait, pleine d'effroi, l'horizon chargé d'épaisses nuées chassant avec rapidité dans le nord-est.

C'était Thérésia.

Quelques mois s'étaient écoulés depuis le départ de Bernard, et l'époque de son retour approchait. Aussi Thérésia ne manquait-elle plus un seul arrivage de bâtiment, et dès que le cri de la vigie avait retenti dans les vignes du coteau, notre amante inquiète accourait sur le rivage.

La pauvre jeune fille était bien changée : rires, insouciance et folie, tout avait disparu; une teinte sérieuse avait glacé les traits de son charmant visage, et ses longs cils noirs s'humectaient bien souvent de larmes.

Les chaloupes s'approchaient cependant, et de rapides paroles s'échangeaient entre les pilotes :

« Il est décidé qu'il n'aura pas l'entrée, disait l'un d'eux ; le conseil s'est réuni à la Tour.

— Qu'on lui donne ou qu'on ne lui donne pas l'entrée, répondit le père Baptiste, il est certain qu'il la prendra sans permission; car il fait toujours route pour entrer, bien qu'il ne voie le pavillon nulle part.

— A propos de ça, père Baptiste, reprit un autre, *Ardony* vient de m'assurer que c'est la goëlette de Bernard; il dit l'avoir parfaitement reconnue du haut de la Tour. »

Le vieux pilote n'eut que le temps de répondre par un geste violent d'impatience; ils venaient d'accoster à la pointe nord, et Thérésia, assise à quelques pas, pouvait avoir tout entendu. En effet, elle se leva précipitamment, et, sautant légèrement parmi les décombres d'une jetée démolie, elle s'élança dans l'embarcation.

« C'est la goëlette de Bernard, vous dites !

s'écria-t-elle en s'adressant à son père ; oh ! je ne quitte pas la chaloupe, et je vais avec vous au-devant du navire !....

— Mais que veux-tu faire ici ? reprit Baptiste en lançant un regard de courroux à l'imprudent qui avait parlé; tu ne seras bonne qu'à nous gêner ! — Oh ! non, non !... mon père ! je ne vous gênerai pas.... Est-ce que je ne sais pas tenir un aviron? Tenez, je vais prendre celui de l'arrière, près de vous, et vous serez libre ainsi de gouverner avec le vôtre.... Vous le voulez, n'est-ce pas, mon père ? »

Et une larme roulait sous ses paupières.

« Allons donc, dit le vieux pilote, reste si tu veux !... *Ducos*, laisse-lui ton aviron, et mets-toi sur l'avant.... »

Et la jeune fille, joyeuse, se mit à nager avec ardeur.

Le pavillon rouge venait de s'élever sur la Tour; le pilote-major, voyant que le navire en vue manœuvrait comme ayant pris le parti de forcer la Barre, s'était décidé à lui éviter le plus de dangers possible en l'aidant de ses signaux.

La chaloupe du père Baptiste s'avançait intrépidement au milieu des brisants; tantôt, soulevée dans une direction presque verticale par une lame énorme, elle retombait lourdement en tournant sur elle-même; tantôt, prise de côté et découvrant jusqu'à sa quille, elle se penchait sur l'abime qui s'ouvrait pour l'engloutir....

Mais le vieux pilote maîtrisait avec adresse l'embarcation tourmentée.

Cependant, lorsqu'il fallut franchir la première ceinture des grandes lames, afin d'atteindre le navire qui serrait le vent pour doubler la pointe, toute la vigueur des rameurs échoua contre la furie des flots soulevés par la rafale.

En vain le vieux Baptiste les encourageait-il de la voix et du geste; trois fois leurs efforts se réunirent pour vaincre ce dernier obstacle,... trois fois une montagne frémissant d'écume et d'eau s'éleva contre eux et les rejeta en arrière avec violence....

La goëlette s'approchait de plus en plus; tenant avec audace plus de voiles dehors que la bourrasque semblait devoir le permettre, ses plats-bords rasaient les eaux, et ses mâts légers et flexibles s'inclinaient au vent d'une manière effrayante. Mais le cap du navire, toujours droit et fixe, indiquait qu'un timonier sûr s'était emparé de la Barre, et le foc, bordé à plat, se trouvait d'ailleurs prêt à parer aux dangereuses embardées.

Enfin, elle s'engagea dans le chenal périlleux, et le cœur des spectateurs de la chaloupe se serra involontairement; tous, abandonnant le soin de leurs avirons, fixèrent leurs yeux sur cette frêle goëlette qui allait disputer son existence aux flots. Celle-ci, toujours audacieuse, franchit sans malheur le premier danger.... L'approche du second la mettait à peu de distance de nos pilotes; Thérésia, qui, le cœur presque froid, la figure pâle et morte, se retenait aux lisses pour regarder sur l'avant, reconnut dans le timonier du léger navire, dans celui qui le dirigeait avec tant de bonheur, Bernard, son amant!... Un cri involontaire lui échappa, et ce cri fut entendu de Bernard... Portant les yeux de ce côté, il reconnut sa Thérésia, et le malheureux, pendant un instant, un seul instant, oublia le gouvernail dont il veillait les impatients mouvements....

Une lame prenant la goëlette par le flanc la fit céder sous son effrayant choc, et avant que la barre mise dessous avec précipitation eût fait sentir son action au bâtiment, une seconde lame se rua par sa hanche et balaya le pont de l'arrière à l'avant.... Bastingages, hommes, embarcations, tout disparut comme l'éclair....

La goëlette, laissée sans direction ni timonier, tourna deux fois sur elle-même au gré du vent furieux; puis une vague monstrueuse, s'élançant contre elle pour la troisième et dernière fois, l'engloutit tout entière sous sa masse pesante, et s'enfuit en mugissant vers la plage.

Cet horrible drame n'avait pas duré trois secondes, et Thérésia, blanche de terreur et la bouche ouverte, tenait un œil fixe et sans vie sur la place où il venait de s'accomplir.

Les canotiers, frappés de stupeur comme elle, en revinrent bientôt pour s'élancer en avant et porter quelques secours aux malheureux qui avaient pu échapper à une mort immédiate....

Le vieux pilote, épouvanté, considérait sa fille.... Thérésia sortit soudain de son effrayante immobilité, ses yeux s'animèrent, et son bras se roidit en se dirigeant avec désespoir vers le milieu des brisants, où l'on voyait surgir une ligne longue et noirâtre.... « Là! là! mon père, s'écria-t-elle avec déchirement; le voilà! Ne le voyez-vous pas! Du secours! du secours! il se débat contre la mort! » Tous en effet, portant les yeux de ce côté, virent un homme couvert de sang reparaître à la surface des eaux.... C'était Bernard, et le malheureux tâchait de se cramponner à la quille de son navire....

« Au secours! je vous dis! » répéta Thérésia d'un seul cri....

Et, franchissant le plat-bord de l'embarcation, elle s'élança dans la mer.... Le vieux pilote n'eut que le temps de la saisir par ses noirs cheveux; mais, avant qu'il lui fût possible de l'enlever, l'avant de la chaloupe, ballotté au milieu des brisants, retomba rudement sur le front de la pauvre fille, et en fit jaillir le sang....

Les matelots, consternés, la déposèrent complètement évanouie sur un banc de l'arrière....

Bernard, cependant, à quelques toises de ces hommes qui ne pouvaient lui porter aucun secours, Bernard venait de se faire voir encore vainqueur des flots déchaînés contre lui.... Mais à peine cette fois eut-il la force de soutenir la lutte pendant quelques secondes;... il disparut avec une dernière lame, et disparut pour toujours....

Le lendemain, les journaux de Bayonne annonçaient la perte de la goëlette *la Basquèse* sur la Barre, et une foule avide et curieuse était accourue de la ville pour contempler la carcasse démembrée d'un navire rejeté sur le rivage.

C'était un spectacle comme un autre.

III

A quelques mois de là, les jeunes filles du Boucau suivaient au champ du repos le cercueil de Thérésia.

Thérésia avait pris trop au sérieux l'amour qui lui avait été offert par une âme jeune et neuve comme la sienne; le souvenir du malheureux Bernard, l'horreur du moment où elle l'avait vu périr sous ses yeux, n'avaient pu s'effacer du cœur de l'infortunée. Minée peu à peu par les larmes, Thérésia, squelette vivant, n'avait plus trouvé de consolation qu'à parcourir solitairement ces plages battues des flots qui avaient englouti son bien-aimé! Souvent, lorsque le vent mugissait sourdement, que le ciel était noir et chargé de nuées, que la mer se soulevait en longues lames dont la crête commençait à blanchir, alors Thérésia passait des journées entières sur les sables, exposée à la furie de la bourrasque qui se déchaînait; c'est à peine si son père désolé pouvait l'en arracher aux approches de la nuit. Dans ces moments, Thérésia perdait la faible raison qui la guidait encore; affrontant les vagues furieuses qui se brisaient à ses pieds, courant éperdue le long des grèves, le nom mille fois répété de *Bernard!* sortait de sa bouche et allait se perdre dans les sifflements de la tempête.

Elle ne put résister long-temps à ces déchirements continus d'un cœur que le malheur avait desséché.... Forcée bientôt de renoncer à ses courses chéries, elle ne quitta plus la demeure de son père que pour aller à celle qui devait lui servir éternellement....

Le vieux Baptiste ne lui survécut que deux ans.

Ces événements se sont passés il y a quelques années. Si vous interrogez encore aujourd'hui quelques habitants des demeures les plus rapprochées de cette côte, ils vous diront que dans les mauvais temps de l'hiver, lorsque le vent est froid et la mer grondeuse, on voit, pendant toute la nuit, une jeune fille vêtue de blanc qui parcourt les sables en faisant retentir la rive du nom de *Bernard!...* Et bien des vieilles femmes ont assuré que, tant qu'on n'aurait pas retrouvé un reste du corps de Bernad pour le porter en terre sainte, l'âme de sa maîtresse viendrait errer dans les dunes et le demanderait éternellement aux flots.

AUGUSTE BOUET,
Capitaine au long cours.

Peint par Lapoitevin

Graré par Smicke, Robert

Naufrage à l'île de Sein.

L'île de Sein,

L'île de Sein est située sur la côte la plus ouest de Bretagne, à deux lieues de la pointe de rochers escarpés appelée *Bec du Raz*, qui forme l'extrémité la plus occidentale du royaume.

Cette île n'est, en quelque sorte, qu'un plateau de roc recouvert, en quelques endroits seulement, d'un peu de terre aride et sablonneuse. Séjour des orages et des tempêtes, les rivages de Sein, sans verdure et sans fleurs, attestent les ravages d'une mer furieuse, continuellement tourmentée par des vents impétueux; ils sont profondément déchirés et comme rongés par les flots qui semblent menacer d'engloutir l'île entière.

Elle n'a que 3,200 mètres de longueur, et sa plus grande largeur n'est que de 900 mètres. Cette île est environnée de tous côtés d'effrayants écueils, dont quelques-uns élèvent au-dessus des eaux leurs pointes noires et menaçantes; d'autres brisent à la surface de la mer ses lames qui les couvrent de leur écume blanchissante; d'autres enfin, plus dangereux encore, cachent dans le sein de l'Océan leurs funestes cimes que n'atteint que trop souvent la carène qui n'est pas guidée par l'expérience d'un prudent pilote. Mais le plus redoutable de ces dangers est une longue chaîne de rochers qui, depuis l'île de Sein, s'étend dans la direction de l'ouest, jusqu'à sept lieues au large. On sait que nombre de bâtiments y ont trouvé une fin désastreuse; et combien de malheurs inconnus, combien de naufrages ignorés n'ont pas eu lieu sur cette terrible Chaussée de Sein!

La partie orientale de l'île, du côté qui regarde le continent, est une petite anse où peuvent s'abriter des bateaux pêcheurs, et même, dans un cas urgent, de petits bâtiments caboteurs; mais encore leur faudrait-il, pour parvenir à s'y réfugier, des pilotes parfaitement au fait des localités.

C'est sur les bords de cette anse que sont réunies soixante-quinze misérables chaumières qui forment le village de Sein.

On a peine à croire, en visitant ce triste séjour, que des hommes aient pu volontairement s'y fixer; mais ce qui est plus incroyable encore, c'est que ces hommes y trouvent un charme qui les y attache, et qu'ils préfèrent ce rocher isolé, sans cesse exposé aux envahissements de l'Océan, au séjour du continent sur lequel ils pourraient se procurer aisément les choses nécessaires à la vie.

Le sol ingrat de l'île, sur lequel il ne se trouve ni un seul arbre, ni même un arbuste, produit à peine assez d'orge et de seigle pour en faire subsister pendant trois mois les pauvres habitants; et si on ne les secourait pas, en leur faisant distribuer annuellement un certain nombre de rations de biscuits, de légumes et de salaisons, ils seraient forcés d'abandonner leur île pour ne pas y mourir de faim.

Tous pêcheurs de profession, tous marins dès leur enfance, et habitués dès leur bas âge à affronter mille et mille dangers au milieu des écueils qui les environnent, ils deviennent des pilotes intrépides, et les services qu'ils ont rendus aux navigateurs qui fréquentent ces parages, et aux naufragés qu'ils ont arrachés à la mort en s'y exposant mille fois eux-mêmes, sont inappréciables.

Malgré leur extrême pauvreté, les habitants de l'île de Sein sont bons et hospitaliers; ils accueillent et traitent avec la plus grande humanité les malheureux jetés sur leurs bords par un funeste naufrage; ils se privent même du nécessaire pour subvenir à leurs besoins. Lorsqu'en 1796 le vaisseau de ligne *le Séduisant* se perdit sur le grand Stevennec (principal écueil du Raz de Sein), ils parvinrent, au péril de leur vie, à sauver huit cents hommes de ce vaisseau qui était chargé de troupes, et sans la violence de la tempête, qui augmenta au point de rendre la mer impraticable, ils eussent sauvé tout l'équipage.

Ils partagèrent leurs provisions avec les huit cents naufragés qu'ils amenèrent dans leur île. Pendant onze jours entiers, la tempête continua de manière à rendre impossible toute communication avec le continent; et pendant ce temps, on pense bien qu'un pareil surcroît de population épuisa bientôt les magasins des insulaires, de sorte que si cet état de choses se fût prolongé de quelques jours, les naufragés et leurs libérateurs fussent devenus la proie de la famine. Voici l'état des bâtiments sauvés et des naufragés secourus par les habitants de l'île de Sein, depuis 1763 jusqu'en 1817 seulement :

1° Sauvé la corvette du roi *l'Hirondelle*, commandée par M. Baron, lieutenant de vaisseau, au moment où, entraînée par les courants, elle allait se perdre sur le Stevennec, en 1763.

2° En 1767, sauvé un bâtiment de transport engagé dans les écueils du Raz, et ramenant des colonies françaises cinq cents hommes de troupe.

3° Cette même année, sauvé le vaisseau du roi *le Magnifique*, commandé par M. le comte Du Reste. Ce vaisseau, privé de tous ses mâts, avait été forcé de mouiller dans la partie sud de l'île de Sein, et s'y trouvait dans la position la plus périlleuse. Il en fut retiré par les habitants, et ramené à Brest dans la nuit du 2 au 3 septembre.

4° En 1777, sauvé deux hommes sur les débris d'un navire prussien,

5° En 1783, sauvé l'équipage de la corvette du roi *l'Étourdie*, au nombre de cent cinquante hommes. Cette corvette était commandée par M. le comte de Canillac.

6° Même année, sauvé, dans un canot presque submergé, à une lieue de l'île, neuf hommes provenant d'un navire danois, naufragé sur la Chaussée de Sein.

7° En 1793, la frégate française *la Concorde*, engagée dans les écueils du Stevennec, allait périr, lorsque, malgré le mauvais temps, les insulaires de Sein vinrent à bord, la pilotèrent et la conduisirent jusqu'au milieu du passage de l'Iroise, d'où elle entra sûrement à Brest.

8° La même année, le lougre français *l'Écureuil*, commandé par le lieutenant de vaisseau Rousseau, échoua sur les rochers de l'île. Les habitants l'en ont retiré, et, malgré de fortes avaries, ce bâtiment a été reconduit heureusement à Brest.

9° En 1794, sauvé huit cents hommes du vaisseau de ligne *le Séduisant*, commandé par M. Dufossey, et naufragé sur le Stevennec.

10° En 1795, sauvé l'équipage de la gabarre *l'Heureuse-Marie*, naufragée sur le Bec du Raz.

11° En 1796, un navire suédois ayant perdu son gouvernail, et se trouvant en perdition sur les écueils de Sein, a été sauvé et conduit à Brest par les habitants de cette île.

12° En 1799, sauvé la corvette française *l'Arrogante*, commandée par M. Le Bastard de Kerguiffinec, en perdition dans la baie des Trépassés.

13° Même année, sauvé deux hommes trouvés flottant sur les débris d'un navire prussien, naufragé sur la Chaussée de Sein.

14° Même année, sauvé l'équipage d'un navire suédois naufragé sur l'île.

15° En 1803, sauvé l'équipage de la frégate anglaise *le Hussard*, commandée par le capitaine Wilkinson, naufragée sur l'île. Cet équipage était de deux cent quatre-vingts hommes.

16° En 1806, sauvé cinq hommes trouvés sur un de leurs rochers, et provenant d'un bâtiment anglais naufragé sur la Chaussée.

17° En 1808, sauvé cinq hommes trouvés dans un canot sans avirons, et presque entre deux eaux, provenant d'un navire du commerce français naufragé dans le Raz.

18° En 1809, retiré des écueils du Raz, où il était engagé, un bâtiment espagnol, qui fut ensuite conduit à Brest.

19° En 1816, sauvé l'équipage d'un navire anglais naufragé sur la Chaussée de Sein.

20° En 1817, sauvé dans un canot, à quatre lieues au large, un homme survivant seul de l'équipage du navire français *la Marie*, naufragé sur la Chaussée.

On voit par ce qui précède que, depuis une époque assez rapprochée, jusqu'en 1817 seule-ment (et peut-être chercherons-nous plus tard à compléter cette nomenclature en la conduisant jusqu'à nos jours), l'île de Sein a été le théâtre d'un grand nombre d'événements, qui ont fourni à ses généreux habitants les moyens d'exercer leur admirable dévouement envers les naufragés. Le sujet de notre planche est emprunté à un sinistre plus récent, et dans lequel l'officieuse intervention de ces braves insulaires n'a pas eu des résultats aussi heureux, à cause des circonstances où il s'est accompli.

C'était en 1830, le 6 décembre; un navire belge, *le Lion* de Bruxelles, qui venait de quitter Londres pour porter à Nantes un chargement de machines à vapeur, se trouva affalé par de gros vents du nord, jusqu'en vue de l'île de Sein. La mer, que soulevait la brise, augmentait d'instants en instants la violence de ses lames; chaque rafale laissait dans l'air une vigueur nouvelle à la force du vent. Vers le soir, *le Lion* se trouva tellement poussé en dérive, qu'il toucha sur une roche, et endommagea sa carène. Retenu par l'écueil, le navire fut plus violemment battu de la mer et du vent, sa mâture se brisa en partie, et ses bordages, en se disjoignant, livrèrent accès à l'eau de mer, qui monta rapidement dans la cale.

Le capitaine du *Lion* jugea le moment venu de quitter son navire, où désormais toute espérance de salut devait être abandonnée. Dans la chute d'une partie de la mâture, plusieurs hommes avaient été écrasés, de sorte que la petite embarcation du brig pouvait à peine suffire à recevoir le reste de l'équipage et une pauvre femme avec son enfant qui s'était embarquée comme passagère sur *le Lion*. On ne parvint qu'avec des peines inouïes à mettre à l'eau cette chaloupe, que recouvraient des débris de mâture.

Depuis l'instant où *le Lion* avait touché, la grosseur des lames s'était un peu apaisée; il fut donc plus facile aux naufragés de diriger vers la terre leur frêle barque, qu'ils auraient pu redouter de pouvoir le faire quelques heures auparavant. Les quatre ou cinq hommes prirent place avec la passagère et quelques effets qu'on sauva à la hâte des invasions croissantes de l'eau.

La distance qui séparait de l'île les marins échappés à un premier désastre était trop considérable pour que les efforts qu'ils avaient déjà faits pour soustraire leur navire au naufrage ne les eussent pas épuisés au point de rendre de nouvelles tentatives difficiles. La mer était trop houleuse pour que les rames pussent être d'un secours efficace, et la chaloupe se trouvait sans mât et sans voiles. Les lames la poussèrent, et ce fut leur concours, bien plus que quelques coups d'avirons qu'essayaient parfois de donner les matelots, qui fit approcher de l'île ce débris d'équipage, dont le navire se brisait au large. Le courage ne manquait pas, mais les forces. Le vent, qui au loin soulevait la mer, avait moins de prise sur elle à l'abri de la terre, mais les lames étaient encore assez grosses pour entraver la marche d'une faible embarcation, péniblement chargée, fût-elle même dirigée avec toutes les ressources nécessaires. Après quatre à cinq heures d'abandon, les courants qui tourbillonnent entre les roches entraînèrent la chaloupe aventureuse, et la jetèrent contre une roche, dont le sommet paraissait à peine sous l'écume que la mer, en s'y brisant, amassait sur sa tête.

Epuisés par les malheurs de cette journée, les naufragés se trouvèrent impuissants pour lutter contre cette nouvelle catastrophe. Le cours des eaux les entraîna à demi noyés dans l'archipel de rochers qui défendait la côte de ce côté de l'île, et ils furent bientôt broyés et jetés sur la plage. Un seul des naufragés, le capitaine, parvint à gagner la terre sur un débris de la chaloupe auquel il s'était cramponné.

Les insulaires, rassemblés sur la plage, recueillirent l'infortuné capitaine, qui n'avait pu être secouru plus tôt, faute d'embarcation, et malgré tout le désir qu'avaient eu quelques marins de se jeter à la nage pour les rejoindre. Nul doute que la grosseur des lames n'eût fait de ces courageux sauveurs de nouvelles victimes à ajouter à celles du naufrage.

La Société centrale des Naufrages, dont les lecteurs de la *France Maritime* ont déjà été entretenus, et dont la généreuse pensée se fertilise en se développant chaque jour, a entendu, dans une de ses séances de décembre 1835, un intéressant rapport qui lui a été adressé par M. Amédée Gréhan, nommé à cet effet par la commission spéciale, afin de mettre sous les yeux des membres assemblés les détails d'un sinistre tout récent, et au milieu duquel l'héroïsme de la population maritime de l'île de Sein s'est développé avec un courage et une abnégation dignes des plus grands éloges. — Nous ne saurions mieux faire que d'emprunter à ce rapport les passages qui se rattachent plus particulièrement au fait que nous citons :

« Quatre habitants de l'île de Sein sont parvenus à sauver un équipage anglais, dont le bâtiment s'était brisé sur les écueils qui environnent leur île, et les naufragés ont été accueillis par le surplus de cette généreuse population avec les soins les plus touchants, dès qu'ils ont pu aborder cette terre hospitalière.

» Voici en quels termes s'expliquent les marins du brig anglais *la Bellissima*, en rendant compte au consul de leur nation résidant à Brest, M. Perrier, du courage déployé par M. Charlès, curé de l'île de Sein, et les sieurs Jacques Milliner, Noël Milliner et Pierre-Michel Guilcher.

« Ces braves, le recteur en tête, formèrent la » chaîne en s'attachant les uns aux autres, et es- » sayèrent de s'approcher de nous. Dans l'eau

» jusqu'au cou, souvent repoussés par les lames » qui les jetaient sur les rochers, ils ne cessèrent » leurs efforts, mais ne purent réussir qu'à envi- » ron minuit; alors, presque épuisés par le froid » et la fatigue, nous nous laissâmes couler un à » un entre leurs bras, et ils nous traînèrent par- » dessus les rochers, que peu de nous auraient » pu gagner sans leur secours. »

» Huit marins anglais et un passager durent ainsi leur salut au dévouement des personnes qu'on vient de nommer, secondées par d'autres habitants de l'île de Sein, qui tous s'empressèrent, malgré leur pauvreté, de partager avec les naufragés leurs lits et leurs misérables provisions.

» Un fait remarquable, et qui mérite d'être signalé, comme il l'a été par les habitants de l'île de Sein, aux autorités maritimes, c'est que le digne M. Charlès, dont la modestie égale le dévouement, lorsqu'il fit connaître la conduite de Milliner et de Guilcher, ne fit aucune mention de lui-même; quand l'administrateur de la marine à Audierne en eut connaissance, ce recteur le pria de ne pas parler de lui.

» Le zèle déployé par M. Broquet dans cette circonstance ne doit pas non plus être ignoré.

» Déjà le gouvernement a témoigné à M. le curé Charlès, ainsi qu'aux trois marins dont nous avons parlé, combien il avait apprécié le service qu'ils ont rendu à l'humanité, en décernant une médaille d'or à M. Charlès, et des médailles en argent aux trois autres sauveteurs, et de plus une gratification à chacun des sieurs Milliner, pères de famille, qui se trouvent dans la plus grande indigence. Nous aussi, nous croyons que ces braves ont un titre à votre estime (1), et nous sommes assurés que les dispositions prises par votre arrêté ne seront ni retardées par vous, qui éprouvez l'impatience de consacrer dignement une si belle action, ni dédaignée par eux, dont le mobile fut toujours une bienveillance désintéressée. En effet, ce n'est pas un trait d'un illustre courage, une seule manifestation d'un noble sentiment, mais une série de traits que vous avez à récompenser, et lorsqu'en tant de lieux différents les hommes changent et les mœurs s'altèrent, les habitants de l'île de Sein sont aujourd'hui ce qu'ils étaient jadis. (On l'a vu plus haut.) Peu de pays ont des archives aussi glorieuses que les longues listes de navires et de marins dérobés par eux à la fureur des flots.

» Frappé d'étonnement et d'admiration pour tant de services rendus avec si peu de moyens, un de nos respectables membres disait, dans un mémoire lu à l'Académie des sciences : « Si je voulais, » Messieurs, vous donner une idée plus exacte » de tout ce que pourra faire d'utile la Société » centrale des naufrages, je vous retracerais ce

(1) M. Amédée Gréhan s'adressait aux membres de la Société centrale.

» que fait depuis longtemps une poignée d'insulaires qui, sans en avoir le titre et les facultés, en partagent les sentiments et la mission; » et au paragraphe suivant : « Peut-être sera-ce à » eux que la *Société centrale* croira devoir accorder ses premiers suffrages, décerner ses premiers honneurs. »

» Ces phrases étaient à peine prononcées, qu'une tempête a soulevé l'Océan. Plusieurs navires sont en danger : l'île de Sein est là, mais ses habitants sont en vigie. Malheureusement un de ces navires, *la Bellissima*, touche sur un rocher; l'avant du navire est mis en morceaux. L'équipage se réfugie dans le gréement de l'arrière; mais le mât étant tombé, il est obligé de gagner la poupe qui bientôt elle-même se sépare du navire, pour être chassée par les flots, plus près de terre, mais au milieu des rochers.

» Amarrés sur les débris, les naufragés, exposés à la violence des vagues, couraient le plus grand danger, lorsque, vers les neuf heures, quatre personnes ayant entendu leurs cris de détresse, accourent, et après trois heures d'une lutte obstinée contre les éléments, ils parviennent enfin jusqu'à ces infortunés, au moment même où leurs forces défaillantes allaient les abandonner à la merci des flots.

» Éloignés des bords de l'Océan, mais établis au centre de l'institution, notre intervention doit être entièrement morale. Rechercher les meilleurs systèmes de sauvetage, énumérer les plus beaux faits qui auront eu lieu en faveur des naufragés, telle est notre tâche, et nous saurons multiplier ces exemples, leur donner des imitateurs en les inscrivant dans nos fastes, en les signalant à nos concitoyens, en faisant trouver à leurs auteurs une récompense dans l'estime publique, et une renommée dans nos tables monumentales, car les temps sont venus où les hommes plus éclairés, plus équitables, appréciateurs du mérite et de la gloire, sauront placer au même rang et le guerrier généreux qui, au prix de son sang, dérobe ses concitoyens au joug de l'ennemi, et le marin intrépide qui, au risque de sa vie, arrache son semblable à la fureur des flots.

» Votre comité, Messieurs, a l'honneur de vous proposer d'adopter les dispositions suivantes :

» 1° M. Charlès, curé de l'île de Sein, et les sieurs Jacques Milliner, Noël Milliner, et Pierre-Michel Guilcher, sont nommés membres honoraires de la Société centrale des naufrages;

» 2° Dès que la Société aura arrêté le type de ses médailles, il leur en sera délivré une à chacun;

» 3° Un précis de leur action sera lu dans notre première séance solennelle, et leurs noms seront inscrits sur les listes offertes à la reconnaissance publique;

» 4° Il sera inséré au registre de nos délibérations une mention honorable motivée de la belle conduite que les habitants de l'île de Sein ont toujours tenue en pareille circonstance;

» Pareille mention sera accordée à M. Broquet, administrateur de la marine à Audierne, pour le zèle et l'empressement qu'il a apportés à se transporter sur le lieu de l'événement, et à en adoucir les calamités. La Société lui confère également le titre de membre honoraire;

» 5° Le présent rapport sera inséré au bulletin de la Société, et un exemplaire en sera adressé à MM. Broquet et Charlès, par les soins de son secrétaire. »

On voit par l'exposé des faits qui viennent d'être énumérés, combien l'intrépidité et le dévouement des habitants de l'île de Sein ont déjà été utiles à l'humanité, et combien ces insulaires sont dignes de toute la sollicitude et de l'intérêt de la mère-patrie.

Nous ne devons pas laisser ignorer que le gouvernement anglais a fait adresser, comme témoignage de sa gratitude, une médaille en or et une montre de prix pour M. le curé Charlès, une tabatière en or pour M. Broquet, et une somme d'argent pour les autres sauveteurs de *la Bellissima*.

BIOGRAPHIE.

Le Comte de Forbin.

FORBIN (Claude) naquit en 1656 à Gardanne, près d'Aix en Provence. Sa famille était une des plus distinguées de cette province.

Entré de bonne heure dans la marine, il servit, en 1675, dans l'expédition de Messine. Ennuyé ensuite du repos dans lequel on le laissait, il entra dans l'armée de terre; mais il reprit bientôt la mer, et fit la campagne d'Amérique avec le comte d'Estrées, puis, avec Duquesne, celle dans laquelle Alger fut bombardée; il y donna de grandes preuves de courage et d'intrépidité.

Après avoir été grand-amiral du roi de Siam, à qui il fut laissé en 1686 par le chevalier de Chaumont, ambassadeur de Louis XIV auprès de ce monarque, il revint en France en 1688. Le ministre de la marine le reçut avec accueil et le présenta au roi, qui, lui ayant demandé si le royaume de Siam était riche : « Sire, lui répondit » le comte de Forbin, ce pays ne produit rien et » ne consomme rien. —C'est dire beaucoup en » peu de mots, » répliqua le roi, qui lui fit encore beaucoup d'autres questions sur ce royaume.

En 1689, le comte de Forbin se rendit à Dunkerque, par ordre du ministre de la marine; on lui donna le commandement d'une frégate de 16 pièces de canon, avec laquelle il croisa dans la Manche, et fit plusieurs prises.

Il partit bientôt avec Jean-Bart, qui montait une frégate de 24 canons, pour conduire au port de Brest plusieurs bâtiments chargés pour le compte du roi. Rencontrés par deux vaisseaux anglais de 52 canons chacun, ils se battirent courageusement, pour donner aux vaisseaux marchands qui s'étaient mis sous leur escorte le temps de fuir. Le roi le fit capitaine de vaisseau.

Forbin ayant armé en course une frégate nommée *la Marseillaise*, alla croiser à l'entrée de la Manche ; assailli par une tempête furieuse, il pensa périr. Son bâtiment, rempli d'eau, fut jeté à la côte. L'équipage, saisi de frayeur, adressait des vœux à tous les saints du paradis. Le comte de Forbin leur criait : « Courage, mes enfants ! » tous ces vœux sont bons ; mais, sainte pompe, » sainte pompe, c'est à elle qu'il faut s'adresser ; » n'en doutez pas, elle vous sauvera. »

En 1690, il se rendit à Brest, où il prit le commandement du *Fidèle*, vaisseau du roi, qui faisait partie de la flotte de Tourville, et qui devait aller dans la Manche chercher celles des Anglais et des Hollandais. Elle y alla effectivement, attaqua les ennemis et remporta sur eux une victoire complète. Le comte de Forbin poursuivit un vaisseau hollandais à trois ponts, et le força de se faire échouer dans un port de la Manche. Forbin fit plusieurs courses en mer, de concert avec Jean-Bart, et s'y signala par de nombreux exploits.

Au commencement de la campagne de 1695, on donna au comte de Forbin le commandement d'un vaisseau nommé *le Marquis*, pour aller avec M. Pallas, capitaine de vaisseau, escorter une flotte marchande destinée pour le Levant. Ayant rencontré un vaisseau de guerre hollandais, il l'attaqua et l'enleva après un combat assez opiniâtre. Parmi les prisonniers, il se trouva une dame de Genève, âgée d'environ dix-huit ans, d'une beauté ravissante. Forbin eut pour elle tous les égards et toutes les attentions qu'un chevalier français doit avoir pour le beau sexe. Plusieurs matelots avertirent le comte que cette dame avait caché dans sa coiffe des perles et des pierreries d'un très-grand prix ; qu'elles lui avaient été confiées par des juifs qui s'étaient embarqués avec elle, et qui étaient sur le vaisseau qu'il avait pris ; ils ajoutèrent qu'il ne devait pas négliger cet avis, et qu'il avait un beau coup à faire. Il leur jeta un regard d'indignation, et leur dit : « Si cette dame a des pierreries d'un prix considé- » rable dans sa coiffe, c'est un bonheur pour elle » ou pour ceux qui les lui ont confiées. Apprenez » qu'un homme tel que moi suis incapable des » bassesses que vous osez me proposer. » Sitôt qu'il fut arrivé à Céphalonie, il renvoya cette dame avec son mari.

Au commencement de la campagne de 1696, Forbin alla, avec deux vaisseaux, croiser dans la Manche, pour donner la chasse aux corsaires ennemis et couvrir le commerce. En se rendant à Alger, il prit un vaisseau anglais assez richement chargé et l'envoya à Toulon.

La guerre s'étant allumée en 1702 entre la France et l'Empire, Louis XIV fit passer des trou-

pes dans le Milanais, et envoya ordre au comte de Forbin de monter une frégate de 16 canons, et d'aller croiser dans le golfe Adriatique, pour empêcher les villes de Fiumes, de Trieste, de Boucari et de Seigna de fournir des secours en vivres à l'armée du prince. Il croisa fort longtemps dans ce golfe, ne prit qu'un vaisseau impérial et deux barques chargées de sel. Les Vénitiens profitaient de la neutralité ; ils lui envoyaient des vivres sur leurs vaisseaux.

Forbin se permit de faire plusieurs représentations à ce sujet ; mais voyant qu'on n'en tenait aucun compte, il arrêta plusieurs bâtiments vénitiens, et fit jeter à la mer les provisions de bouche et de guerre qu'il y trouva. Bientôt il brûla les vaisseaux eux-mêmes, bloqua le port de Trieste, dont il savait que beaucoup de vaisseaux et de barques devaient bientôt sortir, pour transporter à l'armée du prince Eugène des munitions et des soldats. Il forma le projet hardi d'aller brûler dans le port de Venise, lui-même, un vaisseau anglais que l'ambassadeur de l'empereur près cette république faisait armer secrètement.

En conséquence, il fit mettre en mer sa chaloupe et ses deux canots, y embarqua cinquante hommes dont il connaissait la bravoure, leur donna des cocardes blanches, afin qu'ils se reconnussent lorsqu'ils seraient à bord de l'ennemi, et partit. La mer était calme, l'air pur ; la lune l'éclairait. En entrant dans le port, il rencontra un petit bateau dans lequel étaient deux hommes qui pêchaient. Pour qu'ils ne le reconnussent pas, il feignit d'être de l'escorte du vaisseau qu'il voulait brûler, leur en fit demander des nouvelles par un Italien qui était dans son équipage. Pour mieux les tromper, il ajouta qu'ils avaient été pris et dépouillés par les Français. Ces deux pêcheurs s'écrièrent : *Ah ! le chien de comte de Forbin !* et dirent que le vaisseau qu'ils cherchaient était plus loin, qu'il fallait qu'ils avançassent pour le joindre.

Il avança donc et reconnut le vaisseau qu'il cherchait, à un grand lion doré qui était sur la poupe, et qu'on lui avait indiqué. En abordant le vaisseau ennemi, il s'aperçut que les sabords de la *sainte-barbe* étaient ouverts : il fit entrer son maître pilote et deux soldats. Ceux-ci tuèrent d'abord cinq ou six matelots qui se présentèrent à eux, encore à moitié endormis. A l'instant, le comte monta à bord en criant : *tue ! tue !* Il fut bientôt suivi par ses soldats, qui tuèrent plusieurs ennemis accourus au bruit, sans armes. Il s'empara de la grand'chambre, où sont ordinairement les armes des vaisseaux de guerre, tua tous ceux qui voulaient s'opposer à son passage, se rendit maître du château d'avant, alla dans la chambre du conseil, où le capitaine du vaisseau, son gendre et ses deux fils s'étaient retirés, et se défendaient avec beaucoup de vigueur. Il fit fendre la cloison avec une hache, jeta plusieurs grenades dans la chambre, et força ceux qui étaient dedans de se rendre. La plupart des matelots ennemis, qui étaient dans l'entre-pont, se jetèrent à la mer par les sabords, et se sauvèrent à la nage. Se voyant maître du vaisseau, il fit crier qu'il donnerait quartier à ceux qui se rendraient; vingt-sept hommes, qui étaient cachés au fond, vinrent se rendre; il les fit passer dans son canot, avec le capitaine, son gendre et ses deux fils. Voyant qu'il ne se présentait plus personne, il fit mettre le feu à trois endroits du vaisseau avec des chemises soufrées, qu'il avait eu soin d'apporter; lorsqu'il vit que le feu commençait à gagner le corps du vaisseau, il se rembarqua.

Dans un instant, le vaisseau fut embrasé; les canons, qui étaient chargés à boulets, tirèrent à droite et à gauche; le feu prit aux poudres, fit éclater le vaisseau avec un fracas terrible; l'alarme se répandit dans le port et dans toute la ville.

Forbin, se trouvant maître du golfe par ce coup extraordinaire, continua à croiser, et à brûler les bâtiments qu'il y rencontrait, et qui n'avaient pas de passe-port. Il bombarda Trieste, y fit beaucoup de ravages. Tous les habitants s'enfuirent à la campagne avec tant de précipitation, qu'ils ne songèrent pas même à emporter ce qu'ils avaient de plus précieux; la milice, qu'on avait assemblée à la hâte, profitant de l'épouvante des bourgeois, avait enlevé tout ce qu'elle avait pu trouver, et s'était également enfuie. Il dirigea sa marche du côté de Fiumes, dans l'intention de bombarder cette place; mais les habitants effrayés se rachetèrent de l'attaque projetée par une contribution de 40,000 écus.

Sur la fin de l'année 1703, escortant une flotte marchande, il courut le plus grand danger. Une tempête affreuse le força à se retirer dans le port de Rose. Etant radoubé, et ayant appris que les deux bâtiments les plus richement chargés de la flotte s'étaient retirés à Barcelonne, il partit pour les aller joindre et les conduire dans le Levant.

Arrivé à Barcelonne, il donna l'exemple du plus noble désintéressement. Un corsaire flessinguais, qui s'était emparé d'un navire français porteur d'une riche cargaison, avait été également forcé par la tempête de relâcher à ce port, où il était assuré d'être fait prisonnier de guerre avec tout son équipage. Pour éviter ce malheur, il s'engagea de rendre la prise au patron français, s'il consentait à arborer le pavillon de France en entrant dans le port. Le vice-roi, ayant été instruit de l'artifice, confisqua le navire, et fit mettre le Flessinguais aux fers; mais, en même temps, voulant reconnaître les services que Forbin avait rendus au roi d'Espagne dans le golfe Adriatique, il lui dit qu'il renonçait à ses droits, et

qu'il lui faisait l'abandon de cette prise. Forbin, pénétré de reconnaissance, et ne voulant pas céder en générosité au vice-roi, fit signe au patron de s'approcher, et lui dit : « Monsieur Jacques, » S. Exc. m'a fait présent de votre navire et de » sa cargaison; quand j'en ai sollicité la restitu- » tion, je ne prétendais pas m'enrichir. Je vous » rends le tout avec la même générosité qu'on me » l'a donné. » Ce sacrifice montait à 30,000 piastres.

En 1706, Forbin attaqua, près du Texel, avec cinq petits vaisseaux, une escadre ennemie forte de six vaisseaux de guerre; il en enleva un, brûla un autre, coula bas un troisième et dispersa le reste.

Nommé au commandement d'une escadre armée à Dunkerque, il se rendit à Versailles pour connaître les intentions du ministre, et lui dit que pour se distinguer par quelque action d'éclat, il convenait que la cour le laissât maître de sa conduite, en représentant qu'il était difficile qu'un ministre, quelque sage qu'il fût, prévît une multitude de circonstances que le hasard faisait naître, particulièrement sur mer. Le ministre lui répondit qu'il ne pouvait rien déterminer à cet égard, et qu'il fallait en parler au roi. Louis XIV en ayant été informé, dit : *Il a raison, il faut se fier à lui, et le laisser faire.* Quand Forbin prit congé du ministre, celui-ci lui dit : *Monsieur de Forbin, il n'y a eu en France que M. de Turenne et vous à qui on ait donné carte blanche.*

A peine Forbin fut-il hors du port, qu'il rencontra une flotte nombreuse de navires marchands, escortés par un vaisseau de ligne et trois frégates; il enleva dix navires richement chargés; tout le reste prit la fuite.

Une autre fois il attaqua, avec sept bâtiments qui lui restaient, une flotte de cent voiles hollandaises. Il prit, à l'abordage, le vaisseau commandant qui bientôt fut en feu; il en coula à fond un second qui était venu l'attaquer; un troisième tomba entre les mains d'une frégate française.

Une autre campagne dans la mer du Nord, en 1707, donna occasion à Forbin de livrer aux Anglais un sanglant combat. Le roi, pour le récompenser, le fit chef d'escadre et comte.

Animé d'un nouveau zèle, Forbin alla combattre les ennemis de la France au delà du cercle polaire, dans la mer Blanche. Les tempêtes fréquentes de ces mers boréales ne l'empêchèrent pas de battre à outrance les Anglais et les Hollandais qui naviguaient le long des côtes de la Norvége et du Finmark. Il prit sur la rade de Vardoehuus plusieurs navires marchands hollandais; et, passant par le nord de l'Ecosse et de l'Irlande, il entra heureusement à Brest.

Le tort qu'il avait causé au commerce des Anglais et des Hollandais était si grand que ceux-ci s'en plaignirent hautement; et « ils avaient d'au- » tant plus de raison d'en témoigner de l'étonne-

» ment, dit Forbin, qu'il était sans exemple que » les Français eussent poussé leurs courses si avant » dans le Nord. »

La même année, Forbin se signala avec Duguay-Trouin, dans le combat qui fut livré aux Anglais près du cap Lézard. (*Voyez* l'article de Duguay-Trouin.)

On lui confia, en 1708, le commandement de l'escadre qui devait porter le Prétendant en Ecosse. Les Anglais faisaient si bonne garde le long des côtes, qu'il ne put réussir et rentra à Dunkerque.

Les désagréments qu'il avait éprouvés journellement des ministres furent poussés à un tel point, qu'après avoir rempli quelque temps les fonctions de commandant de la marine à Dunkerque, Forbin, que les infirmités, suite de l'âge et des fatigues, commençaient à accabler, se retira du service en 1710, et alla passer le reste de ses jours dans une maison de campagne près de Marseille.

On a de Forbin des Mémoires qui ont été publiés par Reboulet, Amsterdam, 1750, 2 vol. in-12. Dans cet ouvrage, écrit avec facilité et que la vivacité de la narration et la variété des événements font lire avec plaisir, Forbin, quoiqu'il se montre sous un jour avantageux, ne cache cependant aucun de ses défauts. Son naturel était vif, bouillant, impétueux. Cette fougue, que l'âge ne put entièrement amortir, lui attirait souvent des affaires qu'il fallait terminer les armes à la main. Louis XIV l'aimait et lui adressait souvent des choses flatteuses. « Avouez, lui dit un jour ce » monarque, que mes ennemis doivent vous crain- » dre beaucoup.—Sire, répliqua Forbin, ils crai- » gnent les armes de Votre Majesté. » Une autre fois le prince dit : « Voilà un homme que les Vé- » nitiens n'aiment guère, et que mes ennemis » craignent beaucoup. »

Forbin s'attachait à ceux qui servaient avec lui ou sous lui, et ne laissait point échapper l'occasion de les faire connaître à la cour.

Louis XIV rendit, dans une circonstance particulière, un hommage bien flatteur à sa générosité. Forbin avait obtenu, en 1689, une récompense du roi, pour s'être distingué dans une action d'éclat. Il alla faire ses remercîments au prince, au moment où celui-ci sortait de la messe. Mais moins occupé de sa propre gloire que de celle de Jean-Bart, qu'on semblait avoir oublié, il osa représenter au roi que ce brave homme ne l'avait pas servi avec moins de valeur et moins de zèle que lui. Le roi s'arrêta, et s'étant tourné vers Louvois qui était à son côté : « Le chevalier » de Forbin, lui dit-il, vient de faire une ac- » tion bien généreuse, et qui n'a guère d'exem- » ples dans ma cour…. »

Forbin mourut le 4 mars 1733, dans la maison de campagne qu'il habitait près de Marseille.

VARIÉTÉS.

Naufrages

SUR LA COTE DE BONE (AFRIQUE),

EN 1835.

BELLE CONDUITE DE M. SAINTE-MARIE PRICOT,

Officier d'état-major.

Deux épouvantables tempêtes ont signalé, par des désastres sur la côte de Bone, l'année 1835. Celle du 12 février a laissé de profonds souvenirs, par le spectable horrible qu'elle a présenté et les actes de courage auxquels elle a donné lieu.

Les premiers symptômes de la bourrasque se firent sentir dès le 11 au soir. Dès lors l'on pouvait prévoir quelques-uns des événements que la journée du lendemain devait voir se réaliser.

Le 12, à sept heures du matin, déjà la rade était déserte ; une mer affreuse et un vent d'est furieux jetaient le dernier navire sur la plage occupée par la tribu de Béni-Urgin. Pour porter du secours, il fallait traverser la plaine inondée et la rivière de la Seybouse grossie par l'orage ; mais de tels obstacles ne purent arrêter un instant ceux qui, dans le reste de la journée, jouèrent vingt fois leur existence pour racheter celles des naufragés.

Les bâtiments de petite dimension s'étaient échoués assez près de la terre pour n'inspirer aucune inquiétude sur le sort de ceux qui les montaient, mais les yeux se tournaient avec anxiété sur trois gros navires, qui, en raison de leur force, avaient touché beaucoup trop loin de la rive pour ne pas mettre dans le plus imminent danger la vie de leur équipage. Les deux premiers étaient des brigs de près de 150 tonneaux : l'un, français (M. Molla, son capitaine, avait été retenu à terre), portait neuf matelots ; l'autre, toscan, *le Méridien*, capitaine Douai, avait un équipage égal, et était presque totalement chargé de chevaux pour Bougie. Les deux bâtiments, en venant à la côte, étaient tombés l'un sur l'autre et s'étaient fracassés. L'équipage français passa à bord du toscan, dont on abattit la mâture, et là, réunis sur les débris de ce navire, les malheureux attendaient, dans un muet désespoir, qu'on vînt à leur secours.

Aussitôt qu'ils aperçurent le capitaine Molla et le consul de Toscane Benzamoni, qui arrivèrent les premiers, trois d'entre eux se jetèrent à la nage : les deux premiers furent heureusement sauvés par le capitaine et le consul, mais lorsque ces messieurs voulurent s'élancer pour atteindre le troisième, un coup de mer terrible survint, qui les jeta sur la plage et rejeta au large le matelot qu'on ne revit plus.

Sur ces entrefaites étaient arrivés successivement les officiers du port, MM. le capitaine du génie Léon; de Saint-Génis, sous-directeur des douanes; Sainte-Marie, lieutenant d'état-major; Worms, médecin de l'hôpital militaire; Raimbert fils, interprète; Pochetti, employé du génie civil; Saint-Léon, sous-intendant militaire; d'Armandy, chef d'escadron d'artillerie, et quatre Maures de la ville.

On fit signe aux naufragés de jeter à la mer un câble fixé à une barrique vide. Après quelques essais infructueux, on parvint à saisir le tonneau et à établir un va-et-vient, le long duquel se glissèrent d'abord les artilleurs, et ensuite les marins des équipages.

Mais à chaque instant, et au moment d'arriver à la plage, des vagues monstrueuses venaient les arracher du câble auquel ils s'étaient cramponnés, et beaucoup d'entre eux auraient infailliblement péri, si chaque fois, au risque d'être eux-mêmes engloutis par la lame, leurs généreux sauveurs ne se fussent précipités pour les arracher à la mort.

MM. Sainte-Marie, lieutenant d'état-major, et Daugniac, capitaine du port, se sont signalés par leur héroïque dévouement, ainsi que MM. Léon, Raimbert, Saint-Génis, et le docteur Worms, qui, après avoir contribué, en se jetant à la mer, au salut de ces malheureux, leur prodiguait ensuite les secours de son art.

Vingt-quatre hommes furent ainsi arrachés à la mort. Mais pour obtenir ce résultat, il avait fallu des efforts surhumains : lutter contre la mer, rester exposé à la grêle et à un vent impétueux, avec des vêtements trempés. Force fut bientôt à tous de se traîner aux tentes des Bédouins, pour s'y réchauffer et prendre un peu de repos.

Personne ne se sentait la force de courir au secours du troisième navire.

Ce bâtiment était le brig autrichien le Rio, de 360 tonneaux; il avait par sa forme et sa beauté fait l'admiration de la ville. Le capitaine, fier de son navire, qui récemment, en rade d'Alexandrie, avait seul, de tous ceux qui s'y trouvaient, tenu contre une violente tempête, s'était endormi le soir en pleine sécurité.

Son réveil fut affreux. A sept heures, le second du bord lui apprend que tous les bâtiments étaient perdus, et qu'eux seuls tenaient encore, mais sur leur ancre de miséricorde.

A l'aveugle confiance succéda une démoralisation complète; il perdit tout son sang-froid, et ne fut pas assez heureux pour réussir dans la manœuvre d'échouage.

Au lieu de toucher par son avant, le Rio entra dans le sable par le flanc, et resta penché à moitié couvert par la mer, et présentant la concavité de sa coque aux lames énormes qui, venant se briser sur lui, le couvraient par moment tout entier.

L'horrible lassitude de ceux qui avaient sauvé le matin les deux autres bâtiments empêchait qu'on ne volât au secours de ce navire. L'on savait qu'outre dix-neuf matelots, il y avait à bord le capitaine, sa femme, âgée de dix-huit ans, et une servante.

A onze heures il ne se trouvait, sur la plage en face le Rio, que MM. Gestin, capitaine de port, le docteur Worms, M. Albert Bertier, habitant de la ville, et Ferrari, sous-officier des Spahis.

Tous les naufragés s'étaient réunis sur le point le plus élevé du pont que n'atteignaient pas encore les eaux. On leur fit signe de couper les mâts et de jeter à l'eau une barrique avec un câble; mais ce fut inutilement: il n'y avait plus chez ces malheureux ni faculté, ni volonté d'agir. Les cris affreux que poussaient les femmes augmentaient encore le trouble de cette scène; pendant une heure ils ne firent aucune tentative de salut, et personne n'arrivait sur la plage.

Enfin, un des matelots demanda par signes s'il devait se jeter à la nage : on lui répondit affirmativement. Il s'élança dans la mer; des montagnes d'eau le dérobaient à chaque instant à la vue; on le crut perdu, mais il reparut étendant les bras pour implorer des secours, ne pouvant plus nager. D'un mouvement spontané, MM. Gestin, Worms, Bertier et Ferrari se précipitent au-devant de lui, et au péril de leur vie, sans avoir même le secours d'un câble, et brisent les flots pour saisir ce malheureux qu'ils eurent le bonheur de ramener à terre encore vivant.

Encouragés par ce succès, cinq autres matelots tentèrent avec le même bonheur cette voie de salut, et leurs généreux libérateurs purent les sauver, en courant eux-mêmes les plus grands dangers.

Deux de ces hommes furent conduits aux tentes par des soldats qui arrivaient du poste, et M. Worms lui-même, souffrant et dépouillé d'une partie de ses vêtements, dont il avait couvert les naufragés, se chargea d'un matelot plus faible encore. M. Ferrari alla chercher du secours, MM. Gestin et Bertier, restés seuls, prodiguèrent leurs soins aux deux autres.

Arriva cependant M. Sainte-Marie Pricot, qui s'était déjà si énergiquement signalé au commencement de ce désastre; il était accompagné de MM. Daugniac, Pochetti, Guillomot, sous-lieutenant du génie, et de plusieurs soldats de cette arme, qui, avec M. Ferrari, un capitaine de bâtiment marchand, et plusieurs sous-officiers et soldats, rivalisèrent de zèle et de dévouement. On parvint à amener trois canots sur la plage après des efforts inouïs; ils furent successivement montés par le capitaine Ferrari, M. Daugniac, M. Gestin et les soldats du génie; mais ces canots furent ou remplis ou défoncés par la mer, et la vie de ceux qui les montaient courut de grands dangers.

La violence des vagues, les débris de toute sorte qui s'amoncelaient sur la plage, rendaient l'abord du navire impossible. Le soir arriva : on fut obligé de quitter le rivage. La mer augmentait et avait gagné le haut du bâtiment ; les malheureux qui le montaient encore étaient dans l'eau jusqu'à la ceinture : deux fois la jeune femme se laissa tomber dans la mer par l'excès de la fatigue, deux fois un des matelots du bord put la sauver.

Pendant la nuit le bâtiment fut mis en pièces, et coula à fond.

Six matelots morts furent portés sur la plage par les vagues ; cinq autres, le capitaine et les deux femmes, furent ensevelis sous les débris du brig.

Cette saison devait se montrer funeste aux navires qui se trouvaient dans ces parages, puisque le mois de janvier avait déjà été signalé par des désastres que ne pouvait entièrement paralyser l'héroïque dévouement de quelques hommes intrépides. Dans le coup de vent du 24 au 25 de ce mois, plusieurs bâtiments s'étaient déjà jetés à la côte ; un d'eux s'était trouvé porté par une mer furieuse jusque sur la barre de la Seybouse. Tout ce qui restait de l'équipage s'était réfugié dans la mâture, et, cramponné aux cordages, attendait dans une cruelle anxiété le dénoûment de cette crise affreuse. L'espoir de ces malheureux reposait uniquement sur les chances bien incertaines de gagner la plage, à l'aide des débris auxquels ils s'attacheraient, puisque la violence du vent et des lames semblait rendre impossible toute tentative de secours venant de terre. Des efforts inouïs avaient seuls pu jusque-là les préserver d'une mort certaine, et déjà un de leurs camarades avait été arraché des cordages, où il se cramponnait, et entraîné parmi les courants et les rochers, où son corps s'était brisé. Le temps s'écoulait, et parmi les spectateurs de cette scène déchirante, personne n'osait braver une mort qui paraissait certaine pour quiconque eût osé chercher à y soustraire ces malheureux.

Le jeune officier d'état-major, dont la belle conduite devait se signaler de nouveau aux désastres du 22 février, M. Sainte-Marie Pricot, arrive sur la plage. A la vue de la position désespérée de ces infortunés, il oublie les dangers qu'il va courir lui-même en voulant les secourir, il ne consulte que son courage ; il songe que s'il peut sauver quelques-uns de ces hommes, il sera bien dédommagé des chances qu'il va encourir en s'exposant lui-même à une mort qui semble pour eux inévitable ; il se jette dans une embarcation, en faisant un appel à tous ceux qui l'entourent.... Mais personne n'ose le suivre...

Il va partir seul, son courage n'est pas raisonné, il est emporté par un héroïque dévouement ; un militaire, touché de tant d'abnégation, consent à le suivre ; tous deux se dépouillent de tout vêtement incommode, et attaquent vigoureusement la mer.

Dirons-nous quels efforts inouïs, quel courage *surhumain* (comme le rapportent des témoins oculaires) M. Sainte-Marie et son généreux compagnon déployèrent dans cette lutte avec une mer furieuse, et un vent dont chaque rafale accumulait contre eux les lames qui ébranlaient le rivage ! tant d'efforts furent couronnés d'un succès complet : l'équipage *tout entier* fut ramené sur la plage.

Le coup de vent dont les détails ont précédé ce naufrage fournit à M. Sainte-Marie Pricot une nouvelle occasion de signaler son courage et son dévouement au salut des naufragés.—Bien qu'aidé dans la tempête du 12 février, par une population plus nombreuse, il a vu depuis le gouvernement récompenser MM. Daugniac, capitaine de port, et Saint-Genis, sous-directeur des douanes, qui ont reçu la décoration de la Légion-d'Honneur. Les glorieux antécédents de M. Sainte-Marie dans le naufrage du 25 janvier ont accumulé des titres en sa faveur, et le ministre duquel dépend ce brave officier n'oubliera pas des droits aussi puissants qu'ils sont rares. En attendant qu'il obtienne la juste récompense qu'il a gagnée deux fois, la *Société centrale des Naufrages*, sous la présidence de M. le pair de France duc de Montmorency, doit entendre un rapport qui conclura par l'envoi d'une médaille d'honneur à M. Sainte-Marie Pricot, pour sa belle conduite et les féconds résultats qu'elle a obtenus.

LE
Chirurgien de marine.

Les navires de l'Etat sont tous pourvus de chirurgiens instruits et gradués dans les écoles de médecine des grands ports. Ils gagnent leurs grades au concours, circonstance qui garantit leur capacité. La quantité de chirurgiens que comporte un navire est basée sur le nombre d'hommes d'équipage, dans la proportion d'un chirurgien sur cent hommes environ. Les chirurgiens de première classe embarquent en chef sur les vaisseaux et frégates, ceux de seconde et de troisième classes sur les navires inférieurs. Ils ont des émoluments fixes et des attributions déterminées. Relativement au commerce, l'ordonnance de 1819 porte que tout navire destiné aux voyages de long cours, ou à la pêche du poisson à lard, comportera un chirurgien pour vingt hommes, non compris les mousses. Le chirurgien du commerce doit être revêtu du titre légal d'officier de santé. Si l'équipage comporte moins de vingt hommes, le capitaine est muni d'un coffre à médicaments, et d'une instruction écrite, désignée sous le titre bizarre de *chirurgien de papier*, qui enseigne à faire l'application des moyens les plus simples aux divers cas de maladies.

Le chirurgien de la marine de l'Etat et celui du commerce diffèrent assez l'un de l'autre pour que, après avoir exposé ce qui leur est commun, nous devions les envisager à part sous le point de vue de leur position à bord.

S'il est des qualités essentielles au médecin, quelles que soient les conditions dans lesquelles il se trouve, il en est qui sont plus spécialement nécessaires à celui qui se destine à la navigation. C'est ainsi que la force physique, dont n'a pas besoin l'homme dont on n'invoque que les lumières, devient une condition essentielle dans une carrière semée de fatigues, de privations et de dangers de toute espèce. Les dehors avantageux, qui souvent font la fortune du praticien civil, sont utiles au navigateur pour commander la confiance et le respect à des hommes qui, tels que les matelots, jugent sur les apparences, et font cas, par-dessus tout, des qualités par lesquelles ils brillent eux-mêmes : la force unie au courage. Du courage, il en faut pour accomplir une mission de douleur qui consiste à porter le fer et le feu dans les chairs palpitantes; il en faut surtout pour conserver le sang-froid nécessaire au milieu de l'horrible fracas et de la sanglante boucherie d'un combat naval. Que d'industrie ne faut-il pas aussi alors que, semblables à une épidémie, une tempête, un naufrage, ne laissent au chirurgien d'autres ressources que celles qu'il saura puiser dans son propre génie, pour vaincre les obstacles qui s'opposent à l'application régulière des préceptes de l'art, et pour suppléer à la privation des objets d'absolue nécessité! Oh! c'est alors qu'il est sublime ce ministre d'humanité qui, lorsque chacun ne songe qu'à soi, s'occupe seul de tous les autres, et qui ne tient aucun compte de la vie tant qu'il reste un frère à secourir, une douleur à soulager.

Nous ne parlerons pas de la nécessité d'une solide instruction médicale : le navigateur en a besoin, car il doit être à la fois médecin, chirurgien, pharmacien. Privé de conseils étrangers, et réduit à ses propres moyens, la science est rigoureusement pour lui un devoir de conscience; sans cesse il doit la cultiver, sous peine d'encourir l'imputation d'homicide volontaire.

De bonnes études premières ouvriront au médecin navigateur une source d'ineffables jouissances : la connaissance des langues mortes et vivantes, en facilitant ses relations avec les étrangers, le rendra, pour ainsi dire, citoyen des nations dont il saura le langage, et l'initiera aux mœurs, aux usages, en un mot à la statistique physique et morale dont il doit faire une étude particulière. Les sciences naturelles lui procureront de précieuses ressources, quant à son art, et des plaisirs sans fin dans ses excursions sur des plages lointaines et fécondes, sans compter l'avenir de gloire scientifique qu'il peut espérer. Les arts d'agrément adouciront les ennuis d'une navigation fastidieuse, le rendront agréable à ses commensaux, et dans les pays étrangers lui ménageront un accès au sein des sociétés les plus recherchées.

C'est assez pour ce qui concerne les attributs dont la convenance est généralement appréciée; hâtons-nous d'étudier le médecin navigateur dans ses rapports avec ses compagnons de voyage. Aux yeux des matelots, le *major* est officier, quant aux honneurs qui lui sont dus; mais ils savent très-bien que ce n'est pas une autorité *militaire*. S'ils estiment volontiers l'officier qui sait se faire craindre, ils savent que le premier devoir du médecin est de se faire aimer. Ne perdez pas cette nuance de vue, et, loin d'affecter le ton impérieux et rude qui sied assez bien au commandement, sachez prendre un langage et des manières empreintes de douceur et de bienveillance, sans oublier cependant que, si la dureté produit la haine, l'humilité dispose au mépris, ou du moins exclut la confiance. Si le médecin doit faire sentir l'autorité que lui donne son rang, c'est alors qu'on manque aux égards qui sont dus aux malades; car alors le motif qui l'aura fait agir ne manquera pas d'être apprécié par l'équipage, qui en gardera le souvenir. Une étude digne du philosophe, et qui est essentielle au médecin navigateur, est celle qui consiste à deviner les maux par la physionomie : le matelot, insouciant et dur au mal, dissimule longtemps ses souffrances par faux point d'honneur, par timidité, souvent aussi par crainte de la diète et des remèdes. Le médecin doit aller au-devant des confidences, les provoquer par des moyens appropriés au caractère du malade; et, soit qu'il emploie la persuasion, la fermeté, ou même les menaces, il présentera toujours ses volontés comme dictées par l'intérêt qu'il lui porte. Les soins qu'il doit à ses malades seront calculés sur les exigences de leur état. Son devoir lui défend également de céder aux caprices et aux répugnances de certains individus pusillanimes ou rebelles à ses prescriptions. Le matelot n'est pas insensible aux attentions qu'on lui prodigue lorsqu'il souffre, et les autres marins tiennent note des témoignages de sollicitude que lui donne le médecin. Voyez-les lui frayer un passage lorsque la nuit, rampant péniblement sous les hamacs, un fanal à la main, il va visiter un malheureux sur le lit de douleur; au tumulte succède un religieux silence, chacun voudrait essuyer la sueur qui découle de son front, tous cherchent à lire dans l'expression de sa physionomie sinistre ou rassurante la destinée de leur compagnon de misère. Si vous savez accompagner vos soins de paroles familières et consolantes, si vous prêtez une oreille bienveillante au récit de ses maux, le malade verra bientôt en vous un ami qui soulage, au lieu de l'homme payé pour l'empêcher de mourir. Espèce de providence établie entre ses besoins et les rigueurs de sa position, ne placez pas les bornes du bien possible dans les étroites concessions des règlements. Vos ressources particulières, celles des officiers et du commandant lui-même, sont une mine que vous ne devez pas craindre d'exploiter ; car les indiscrétions motivées sur l'humanité deviennent des actes louables qui ne manquent pas leur effet sur des cœurs généreux. Le mets le plus vulgaire et le moins restaurant, offert dans la porcelaine ou l'argenterie, opère un effet prodigieux sur la santé du malade et sur le moral de l'équipage.

Mais combien de zèle, de persévérance, d'abnégation ne faut-il pas au médecin pour acquitter sa tâche en conscience ; que de difficultés à vaincre, que de dégoûts à surmonter ! Le pauvre malade est environné de tant de circonstances défavorables, que le mal le plus léger comporte presque toujours un fâcheux pronostic. D'une part, l'incommodité, l'insalubrité du local, l'humidité, le froid ou la chaleur extrême, la fumée, le bruit et le tumulte, enfin les mouvements perpétuels du navire ; d'autre part, l'avarice des règlements, les luttes avec l'autorité, la pénurie des moyens, l'impossibilité de leur application rationnelle ; tantôt c'est une lame qui fait irruption d'en haut et vient inonder le malade ; c'est un coup de roulis qui le renverse de son cadre ou brise l'ustensile qui contenait son breuvage ; d'autres fois c'est le feu qui manque pour préparer un remède essentiel ; un infirmier maladroit qui fausse ridiculement une prescription importante, etc., etc. De nouvelles difficultés surgissent de l'indocilité du malade lui-même : vous persuaderez difficilement au matelot d'accepter un moyen que repoussent ses grossiers préjugés ; et, si vous placez la mort en perspective, il accepte la chance avec un stoïcisme désespérant. En revanche, il saura se procurer les choses les plus funestes, et, comme l'intempérance est son péché favori, l'haleine encore vineuse, il vous soutiendra qu'il n'a pris que sa tisane ; le biscuit caché sous son chevet se trouvera là par hasard. Soignez de le préserver des injures de l'air, tout à coup vous l'apercevrez demi-nu, s'exposant, sur le gaillard d'avant, à la bise, à la pluie du ciel ou à celle que soulève le sillage ; d'autres fois vous le verrez couché sous une écoutille, humant l'air froid et mortel d'une nuit de l'équateur. Que d'éloquence, de fermeté, de vigilance il vous faudra pour prévenir un suicide ! Nous l'avons dit, et nous le répétons : l'exercice éclairé et consciencieux de l'art de guérir, à bord des vaisseaux, est le chef-d'œuvre du talent et l'héroïsme de la philanthropie.

Mais lorsqu'au prix de tant de soins vous aurez dignement accompli cette pénible tâche, vous recueillerez la plus douce récompense à laquelle vous puissiez aspirer : le faux-pont redira vos éloges, les cœurs et les bras vous seront dévoués ; vous disposerez de la vie que vous aurez rendue, le matelot sera prêt à se jeter pour vous au feu comme à la mer ; et lorsqu'arrivera le terme de vos fonctions à bord, un concert de bénédictions vous accompagnera sur le rivage ; vous ne seriez pas le premier qu'un équipage eût porté en triomphe.... Est-ce trop de tout un dévouement pour une telle ovation ?...

Voyons le médecin dans ses relations avec l'état-major. Pour beaucoup d'officiers, chose pénible à dire, le médecin est une espèce de parasite qui leur ravit une part de bien-être. Quel que soit son grade, il est logé le dernier ; soit, puisque ainsi le veut l'ordonnance. Néanmoins soyons justes : bien qu'il ne fasse pas de quart, les nuits du médecin ne sont pas toutes pour le repos, et lorsqu'il a veillé longtemps pour s'instruire et conjurer les maux qui vous menacent, pensez-vous que la responsabilité de la vie d'autrui ne pèse pas sur son sommeil ? Que de fois il s'élance de sa couche pour voler au secours d'un blessé, calmer les souffrances d'un malade, ou recueillir le dernier soupir d'un mourant. A part certaines tracasseries sur lesquelles nous n'insisterons pas, la position du médecin est assez favorable. Revêtu d'attributions isolées, il est maître de choisir ses liaisons, et, pour peu qu'il soit sociable, il compte bientôt des amis parmi les officiers. Ses qualités, ses talents le rendent agréable, comme ses lumières le rendent utile, et la nature de ses fonctions hâte l'intimité ; mais, sans cesser d'être bon vivant, il sera circonspect et se gardera de compromettre la gravité de mœurs sur laquelle repose l'estime qu'on lui porte. Le médecin est ordinairement l'ami et le confident du capitaine, qui trouve en lui les agréments de la société dégagés des inconvénients de la familiarité à l'égard des subordonnés. En cela, le médecin devient une puissance morale qui parfois porte ombrage aux habitants du carré. Nous n'avons pas besoin de dire qu'il ne doit user de son ascendant que pour le bien-être de ses malades et le maintien de l'harmonie générale. Bien que, dans les circonstances ordinaires, il doive surtout les égards qu'on lui témoigne à ses qualités personnelles, il est des cas où le médecin acquiert une prépondérance toute particulière ; c'est sous le règne des épidémies, aux approches d'un combat, toutes les fois enfin que la santé se trouve menacée ou affectée. Alors on fait cas du docteur, on le choie, on le flatte ; on oublie que lorsqu'a parlé le devoir les passions se taisent, les haines sont éteintes ; le malade, quel qu'il soit, est un ami que le médecin se trouve heureux de pouvoir secourir, dût-il faire un ingrat.

Le médecin est encore le personnage officieux de l'état-major ; on le charge volontiers des détails d'intérieur, particulièrement en ce qui concerne la table et les honneurs à faire aux étrangers. C'est un hommage rendu à ses connaissances hygiéniques, à ses habitudes sociales, autant qu'un impôt prélevé sur ses loisirs. On consulte son goût, s'il s'agit d'une fête ; il rivalise de prévenances et de galanterie à l'égard des convives. Si quelque estomac féminin éprouve les cruels effets du roulis, l'intéressante malade devient sa propriété ; c'est sa couchette qui est mise à contribution, dût-il dormir à la belle étoile ; la pharmacie est au pillage. Heureux, pour tant de soins, d'obtenir un coup-d'œil reconnaissant, car les hautes faveurs sont réservées à la puissance.

Voilà pour le chirurgien-major. Disons un mot des chirurgiens subalternes, qui n'existent qu'à bord des grands navires de l'État. Nous savons déjà qu'ils sont assimilés aux aspirants, dont ils partagent le régime et la position équivoque. Si, par ses qualités personnelles, son zèle et son exactitude dans le service, et sa circonspection envers les officiers, le chirurgien subalterne ne sait captiver l'estime des supérieurs, sa situation peut devenir fort malheureuse ; opprimé par son chef, souvent humilié par les officiers, il est bientôt abreuvé de vexations et de dégoûts. Ailleurs, nous avons tracé la ligne qu'il convient de suivre pour se faire bien venir de chacun ; ici, nous nous bornerons à quelques exemples. J'étais quatrième chirurgien à bord de la frégate *l'Antigone*, lorsqu'un jour, pressé par le départ d'un canot, j'y descendis sans prévenir l'officier de service. Celui-ci me prie de remonter, et, sur le pont, m'adresse une mercuriale dont certes je n'avais pas besoin, puis il m'invite à redescendre. Je refusai en le remerciant froidement de ses avis. Cette fierté, bien interprétée, me valut depuis, de sa part, beaucoup d'égards et de prévenances. Je passai deux ans sur cette frégate, ne parlant aux officiers que lorsqu'ils m'interrogeaient, passant à bâbord lorsqu'ils se promenaient à tribord, ne pénétrant chez eux que pour les besoins du service ou sur leur invitation ; aussi jamais personne ne m'a fait sentir l'infériorité de ma position, tandis que j'étais témoin des fréquentes humiliations de confrères moins discrets, et j'emportai l'estime générale, si j'en juge par les paroles bienveillantes du chirurgien-major, et celles du brave commandant Ducrest de Villeneuve, lorsqu'à regret ils consentirent à mon débarquement. Je passai second chirurgien sur la corvette *le Tarn*, conjointement avec un officier de la frégate. Là régnait moins de discipline militaire : je partageais le régime des officiers, et les relations avaient ce caractère de bonhomie

qu'on observe à bord des transports. Un soir, que je ruminais en me promenant sous le vent, l'ex-officier de *l'Antigone*, homme instruit et penseur, m'aborde en m'adressant une question scientifique que je résolus de mon mieux. Après une heure ou deux de conversation attrayante, l'officier s'arrête et me prend la main en me disant : « Docteur, depuis deux ans je vous ai considéré comme un garçon à peu près nul, et » sans le hasard qui nous rapproche, je perdais » le plaisir de vous connaître. — Merci, lieu-» tenant, lui répondis-je, c'est que j'ai toujours » présente à l'esprit la fable du *Pot de fer*. »

Arrivons au chirurgien du commerce. Poussé sur un navire par la main de fer de la nécessité, accueilli comme une charge imposée par les règlements, le chirurgien qui se résigne à naviguer au commerce est ordinairement un jeune officier de santé dépourvu d'autres moyens de subsistance. Obligé de débattre la quotité de ses émoluments avec l'armateur, souvent il est forcé, pour subvenir à leur insuffisance, soit de coopérer aux travaux du bord en tranchant la morue ou découpant la baleine sur les navires de pêche, soit d'embarquer quelque mince pacotille, afin d'en trafiquer en pays étranger. Bien que les lois garantissent son indépendance, en défendant qu'il lui soit imposé aucune autre obligation que celles de son état, les capitaines, qui ne souffrent pas de *fainéants* à bord, savent bien parvenir à leurs fins, en l'abreuvant de mille petites vexations. Nous recueillîmes, en 1821, au Brésil, un jeune chirurgien, qu'à force de mauvais traitements, un capitaine baleinier avait obligé de déserter le navire, parce qu'il n'avait pas voulu consentir à laver le pont et à travailler à la manœuvre. A mesure que les lumières se répandent, ces exemples deviennent plus rares, mais nous avons dû les signaler pour mieux faire sentir ce qu'ils ont d'odieux. Indépendamment de la pénurie des ressources, moindres encore que sur les navires de l'État, le chirurgien du commerce est obligé de s'établir en lutte perpétuelle avec le capitaine, lorsqu'il s'agit des soins à donner aux malades, car ici tous les bras sont nécessaires. Il est même arrivé que, dans les colonies, l'autorité s'est vue forcée de sévir contre les capitaines qui, en temps d'épidémie, refusaient d'envoyer leurs malades à terre, dans la crainte de se priver de secours utiles et de payer quelques journées d'hôpital. En face de tant de difficultés, si le médecin consent à composer avec sa conscience, et à dénaturer son mandat en se prêtant aux vues mercantiles de ses hôtes, en un mot s'il est *bon enfant*, sa carrière pourra lui procurer des avantages refusés à celui qui se borne à faire honorablement son métier. Les relations individuelles, à bord des navires du commerce, où tous les rangs sont à peu près confondus, offrent beaucoup moins de formalités que sur les vaisseaux de l'État où le despotisme hiérarchique règne dans toute sa sévérité.

Nous aurions voulu terminer cette esquisse en offrant le tableau des occupations du médecin-navigateur; nous abrégerons la tâche en rappelant qu'un service médical de bord, convenablement organisé, ressemble beaucoup à celui d'un hôpital, à part les irrégularités qui naissent des accidents de la navigation : faire deux visites par jour, l'une après le branle-bas du matin, l'autre avant celui du soir, plus celles nécessitées par les cas graves, et dont le médecin ne doit pas être avare; rendre compte au capitaine du nombre et de l'état des malades dont il remet la liste au lieutenant en pied; transmettre la note des aliments au commis des vivres; préparer les remèdes et surveiller leur application; tenir soigneusement ses cahiers de visite et de consommation; veiller à la propreté et à la salubrité du navire et de l'équipage; en un mot exercer une active surveillance sur tout ce qui peut intéresser la santé générale et individuelle, et solliciter les mesures qui peuvent concourir à la maintenir ou à l'améliorer, telles sont, en somme, les attributions du médecin à bord. Il est une foule de circonstances accidentelles où la sagacité de l'homme de l'art peut prévenir de grands malheurs, et, sous ce rapport, son importance est analogue à celle du pilote, dont, pendant des mois entiers, le ministère peut paraître futile, et qui, dans un cas donné, peut sauver le navire. La campagne terminée, le médecin rédige son rapport, qu'il transmet aux autorités compétentes, et dont il conserve la copie comme un recueil de leçons précieuses pour l'avenir. Heureux si, comptant avec lui-même, il peut puiser dans son âme le sentiment de pieux devoirs religieusement accomplis !

Dr FORGET.

Affaire de Carthagène.

OUTRAGES COMMIS

ENVERS M. BARROT, CONSUL DE FRANCE
A CARTHAGÈNE.

L'esprit public s'est longtemps occupé de l'attentat commis à Carthagène sur la personne de notre consul et des Français qui surent comme lui prendre une attitude si énergique dans cette affaire, sans pourtant que les détails d'une scène aussi révoltante aient été complètement connus; nous avons donc cru devoir leur donner une place dans notre recueil.

Parmi les causes qui influencèrent plus particulièrement cette violation du droit des nations, il faut placer en première ligne la haine héréditaire pour l'étranger, qui paraît être un des traits distinctifs du caractère de ces populations de l'Amérique espagnole. Il semble que la politique de cette nation se soit depuis longtemps attachée à rendre odieuse la qualification d'étranger dans ses colonies, et peut-être trouverait-on le secret de ce système gouvernemental dans la crainte qu'a toujours manifestée le cabinet espagnol de voir la civilisation progresser et se développer, dans ces latitudes, par le contact de nos idées nouvelles et de notre industrie; aussi ces colons confondent-ils dans une même réprobation les titres d'étranger et d'hérétique. Le progrès des idées libérales, la conquête de l'indépendance, n'ont pu déraciner encore ce vice de l'éducation primitive causé en partie par les influences haineuses du foyer. Le peu d'exceptions que permette de faire l'universalité de ces opinions à l'égard de tout ce qui vient d'Europe, suffit à peine pour faire espérer que l'Amérique espagnole puisse un jour concevoir que de nous seuls peuvent lui venir les bienfaits de l'industrie et de la civilisation, sans lesquels les trésors de son sol et de ses forêts resteront sans fruits pour sa prospérité et sa richesse à venir.

On doit ajouter à l'appui de cette cause primordiale une observation qui révèle une des causes les plus importantes peut-être de cette violation du pavillon français à Carthagène : c'est l'ignorance absolue qui enveloppe à la fois la population et les hommes que leurs fonctions magistrales placent en tête de ce peuple de la Nouvelle-Grenade, puisqu'ils ignorent les principes les plus simples du droit des gens, pour ne parler que de ce qui semble au moins rigoureusement nécessaire à l'homme policé.

Il serait difficile qu'il en fût autrement : vingt ans de révolutions et de guerres civiles n'avaient pas permis de donner à l'éducation publique tout le développement qu'elle aurait dû avoir; des soldats, que leur bravoure avait tirés des dernières classes populaires, occupaient à Carthagène les premiers emplois; ils y avaient apporté, et cette jalousie pour l'étranger, et cette ignorance du droit des nations, conséquence inévitable de toute leur vie passée; aussi, dans l'affaire qui nous occupe, loin d'accorder au consul la protection qu'il avait le droit d'attendre d'eux, ils furent les premiers à exciter contre lui cette haine improvisée de la populace qui aurait pu devenir si fatale à lui et à ses compagnons.

Voici les faits :

Dans la nuit du 26 au 27 juillet 1833, une famille anglaise avait été assassinée à deux lieues de Carthagène; dans la matinée du 27, les consuls anglais et américain étaient allés en canot chercher les restes de ces malheureuses victimes. Le consul de France, qui se trouvait à la campagne, à quelques lieues de Carthagène, n'avait point été informé de cet horrible événement, et n'avait pu, par conséquent, accompagner ses collègues dans l'accomplissement de leur triste devoir ; ce ne fut que dans l'après-midi qu'il revint à Carthagène. Immédiatement après son arrivée, il alla se joindre aux deux consuls qui venaient d'arriver au quai de la Douane, dans l'intention d'accompagner les cadavres jusqu'à l'église voisine.

Une populace immense couvrait le quai, criant, vociférant, et avide de se rassasier de l'horrible spectacle du débarquement des malheureuses victimes. Le consul de France était à quelques pas de là, accompagné de deux ou trois amis, et attendant, dans le calme d'une douleur profonde, que les corps eussent été mis à terre, et que la procession fût organisée, lorsque tout à coup, et sans aucun prétexte, un agent de police, dans un état complet d'ivresse, vint lui intimer l'ordre de se retirer. Ce fut en vain que le consul lui fit connaître sa qualité, et lui expliqua les motifs qui rendaient sa présence nécessaire pour prendre sa place dans le cortége, sur le quai : cet homme était hors d'état d'entendre la voix de la raison, et, dans son exaltation, saisissant le consul avec violence, il ordonna à des soldats de l'emmener. — L'ivresse de cet homme était si hideuse, l'injustice de ses procédés si manifeste, que les soldats se refusèrent à exécuter ses ordres, et que la populace, à qui il s'adressa, si facile cependant à soulever contre un agent étranger, resta impassible. — Cependant M. Barrot, qualifiant la conduite de cet homme avec le mépris qu'elle méritait, s'éloigna, se réservant de demander à l'autorité supérieure réparation de l'insulte publique qu'il venait de recevoir.

Quelques instants après sa rentrée dans la maison consulaire, au moment où il allait se mettre à table avec quelques amis, un domestique vint l'avertir qu'un agent de police, accompagné d'hommes armés, entrait dans la cour ; c'était le même individu qui, oubliant, dans un instant d'ivresse, et l'inviolabilité de l'hôtel du consulat sur lequel flottait le pavillon tricolore, et la loi même du pays, qui lui défendait de violer le domicile du dernier citoyen sans une autorisation écrite, venait se faire juge dans sa propre cause, et arrêter le consul. M. Barrot lui ordonna par trois fois de se retirer, et, voyant qu'il persistait dans son projet de l'arrêter, il fut obligé d'employer la menace pour le faire sortir.

Dès le soir même, le consul adressa au gouverneur une plainte détaillée, en demandant réparation, comme consul de France ; on lui répondit que justice serait faite. Cependant sa plainte resta deux mois dans les bureaux d'un juge d'instruction, jusqu'au moment où deux corvettes françaises parurent devant la ville, et firent pressentir que la France ne laisserait pas impuni l'outrage commis contre son représentant. Cependant l'agent de police avait, de son côté, porté sa plainte par-devant un autre agent supérieur de police, et, deux jours après, sans que le consul eût reçu la moindre nouvelle qu'une instruction se suivît contre lui, sans qu'aucune des personnes présentes dans la maison du consul eussent été appelées, M. Barrot fut condamné à la prison, comme coupable de résistance envers la justice, à main armée. La première notification qu'il eut de toute cette affaire fut l'ordre de se rendre en prison.

Il fallait, ou protester par une résistance énergique contre la violation de son inviolabilité personnelle, et rendre ainsi plus flagrante la violation des principes les plus sacrés du droit des gens, ou aller de bon gré en prison et attendre la réparation. M. Barrot adopta le premier parti ; il pensa que les autorités reculeraient devant l'accomplissement d'un attentat qui devait rompre les relations entre les deux pays ; il écrivit au gouverneur en lui demandant ses passe-ports : le gouverneur les lui refusa. Alors M. le lieutenant de vaisseau Gilbert, commandant la goëlette de l'État la Topaze, qui se trouvait alors dans le port, et dont la conduite a été si honorable dans tout le cours de cette affaire, se rendit chez le gouverneur, et lui déclara que M. Barrot, ne reconnaissant pas aux autorités de Carthagène le droit de l'arrêter, était décidé à user de son droit ; qu'il allait s'embarquer à son bord, et que la violence seule pourrait l'en empêcher. « Quelque faible que soit ma goëlette, ajouta le brave commandant Gilbert, je me ferais plutôt couler, une fois le consul à mon bord, que de ne pas défendre énergiquement son inviolabilité. » Le gouverneur resta impassible. — C'est alors que M. Barrot, en grand uniforme, sortit du domicile consulaire pour se rendre au quai de la Douane, où un canot de la Topaze l'attendait. Ce canot, commandé par le second de la goëlette, M. Doulé, fut déjà obligé de lutter avec la populace, qui, insultant lâchement nos marins, semblait vouloir déterminer une première rixe sur ce point (1). Mais la populace, excitée depuis deux jours par des écrits incendiaires où tous les étrangers étaient désignés comme les ennemis du pays, soldée, enivrée et furieuse, remplissait le quartier où se trouvait la maison du consul et toutes les rues adjacentes. Quatre ou cinq mille nègres ou matelots étaient là, armés de pierres et de bâtons, vociférant des menaces et des cris de mort, lorsque le consul sortit de sa maison ; M. Gilbert l'accompagnait, et partagea avec le plus grand courage

(1) Dans son rapport au gouverneur de la Martinique, le commandant Gilbert témoigna hautement de sa satisfaction pour l'attitude ferme, prudente et en tous points convenable, que M. Doulé tint dans toute la durée de sa participation à cette affaire. M. Doulé est fils d'un ancien officier distingué de la marine impériale.

tous les dangers de sa position; un négociant anglais, M. Michel, M. Paragnac, les consuls anglais et américain étaient également près de lui. On ne conçoit pas encore par quel miracle cette populace ne se jeta pas sur les victimes qui venaient ainsi s'offrir à sa rage. Les vociférations redoublèrent, mais sans doute l'attitude calme et imposante du consul, celle du commandant Gilbert et des personnes qui les accompagnaient, en imposa à cette multitude. On a dit que le bruit s'était répandu que les étrangers étaient armés. — Cependant le consul arriva à la porte de la ville, elle était fermée par ordre; ce fut un bonheur, car il paraît qu'une partie de la populace s'était portée sur les remparts, décidée à massacrer le consul et ses compagnons de danger, à coups de fusil et de pierres, pendant le trajet qu'ils étaient obligés de faire le long des remparts pour se rendre de la porte de la ville au quai. — Le consul, toujours accompagné de M. Gilbert, reprit donc le chemin de sa maison, entouré, pressé par la multitude, dont l'exaspération et le nombre augmentaient à chaque pas. Arrivé devant la porte de sa maison, il la trouva occupée par des soldats qui lui en refusèrent l'entrée et croisèrent la baïonnette contre lui; ce fut là le seul acte de présence que firent les autorités pendant plus de deux heures que dura cette horrible scène. — Dans une ville de guerre, où se trouvaient à chaque pas des postes militaires, on ne vit pas un seul officier se produire pour rétablir l'ordre; les autorités restèrent enfermées chez elles, laissant à la populace son libre arbitre; il y eut même des conseillers municipaux, des officiers supérieurs qui, au milieu de la foule, faisaient tous leurs efforts pour l'exalter davantage, et demandaient à grands cris la mort du consul. — Celui-ci crut qu'une plus longue résistance deviendrait folie, que ce serait exposer la vie des fidèles amis qui l'accompagnaient, et, poussé, traîné par le peuple, ayant la mort sous les yeux à chaque pas, la voyant dans tous les regards, l'entendant dans toutes les bouches, il arriva jusqu'à la prison qui se referma sur lui.

Toutes les personnes qui furent témoins de cette scène regardent comme un véritable miracle que le consul ait échappé aux dangers qui l'entourèrent pendant plus de deux heures. — Lorsqu'il quitta son hôtel avec le commandant Gilbert, ces deux énergiques représentants de la nation française avaient la conviction qu'ils allaient être victimes de leurs efforts à maintenir la dignité de leur drapeau.

Le lendemain de son emprisonnement, un juge d'instruction vint interroger M. Barrot; mais celui-ci déclara qu'il ne reconnaissait que son gouvernement pour juge, et qu'il ne signerait aucun écrit et ne répondrait à aucune déclaration. — Cependant la stupeur avait succédé à la rage de la veille; on commençait à craindre dans la

ville les conséquences de ce qu'on avait fait; les gens sensés, qu'on n'avait pas consultés, ou dont on avait méprisé les avis, disaient hautement que l'instruction suivie contre le consul était illégale et sans fondement, que son arrestation était un attentat que rendaient encore plus odieux les circonstances qui l'avaient accompagné. La Cour de district consultée ordonna de mettre le consul en liberté, sous serment de ne pas quitter le pays sans la permission des autorités; mais M. Barrot se refusa à prêter ce serment, déclarant que son gouvernement seul avait le droit d'exiger des serments de lui, et qu'il resterait en prison jusqu'à ce que le gouvernement français vînt le réclamer, ou jusqu'à ce qu'on lui en ouvrit librement les portes. L'effroi s'était peu à peu tellement emparé de toute la population, que la Cour, réformant sa propre sentence, ordonna la mise en liberté du consul sans condition. M. Barrot, entré en prison le 3 août, en sortit le 17, accompagné de tous les étrangers et de toutes les personnes recommandables de la ville; il en avait reçu, pendant tout le temps de son emprisonnement, de nombreux témoignages d'affection et d'estime; sa prison était jusqu'à huit heures du soir, heure à laquelle les portes étaient fermées, le rendez-vous général de tout ce qu'il y avait de respectable en ville. Les Français, dont la conduite a été admirable pendant toute cette affaire, s'étaient concertés, afin que l'un d'eux couchât alternativement dans la chambre du consul, et qu'il ne fût jamais seul. Les Français, sans aucune exception, lui adressèrent la lettre la plus flatteuse; et tous les autres étrangers résidant à Carthagène rédigèrent une adresse qu'ils envoyèrent à M. Odilon Barrot, frère du consul, dans l'intention de donner à sa famille un gage de leur estime et de leur amitié pour sa personne (1).

Le 1er octobre, arrivèrent devant Carthagène les corvettes l'*Hébé* et la *Seine*, conduites par M. Legrandais, commandant de la station française aux Antilles. — Le langage énergique de cet of-

(1) La goélette *la Topase* partit le 10 août de Carthagène pour aller porter à la Martinique la nouvelle de ces événements. M. Gilbert, qui la commandait, salua de son artillerie le consul captif, et fit toute la diligence possible pour se rendre à sa destination, où il arriva le 16 septembre. C'est ici le moment de payer à cet officier le tribut d'éloges que sa conduite a mérité dans toute cette affaire. Suivant les rapports de M. Barrot, et de tous les Français témoins de ces événements, il n'a cessé de montrer le plus grand courage et le plus grand sang-froid. Tous les Français résidant à Carthagène se sont empressés de lui donner un témoignage de leur reconnaissance, en parlant de sa conduite dans les termes les plus flatteurs dans un rapport qu'ils adressèrent à M. le ministre des affaires étrangères.

Aussitôt que la nouvelle de l'attentat du 3 août arriva à la Martinique, M. le contre-amiral Dupotet, gouverneur de cette colonie, s'empressa d'expédier au secours de M. Barrot, qu'on croyait encore en prison, les bâtiments dont il put disposer, et d'écrire au gouverneur de Carthagène une lettre pleine du sentiment de l'honneur national outragé.

ficier commença l'œuvre de la réparation; l'agent de police accusé d'en avoir imposé à la justice, et d'une insulte grave, sans provocation, contre la personne du consul de France, fut condamné à une forte amende et à la prison, et déclaré incapable d'exercer des fonctions publiques pendant deux ans. — Les autres conditions exigées par M. Legrandais n'ayant pas été accordées, et le gouverneur de Carthagène s'en référant à la décision que prendrait le gouvernement à Bogota, cet officier croisa sur les côtes de la Nouvelle-Grenade jusqu'à l'arrivée de M. le contre-amiral baron de Mackau, chargé par le gouvernement français de prendre des informations sur l'affaire de Carthagène, et d'exiger telle réparation qu'il jugerait convenable. — M. Barrot était parti le 10 octobre pour aller attendre à la Jamaïque les ordres du gouvernement.

M. de Mackau arriva devant Carthagène le 3 décembre; toutes les informations qu'il prit confirmèrent les rapports qui avaient déjà été présentés, et il repartit immédiatement de Carthagène, pour retourner à la Martinique, et y attendre les dispositions ultérieures que le gouvernement français prendrait pour la conclusion de cette affaire.

Le 14 juillet 1834, un traité fut signé entre le vice-amiral comte de Rigny, alors ministre des affaires étrangères, et M. le comte Gomès, chargé d'affaires de la Nouvelle-Grenade, et M. de Mackau partit de la Martinique le 28 septembre, accompagné de M. Barrot qui s'y était rendu dès le mois de juillet, pour aller recevoir à Carthagène l'éclatante satisfaction stipulée par ce traité.

La division de M. de Mackau se composait de la frégate *l'Atalante*, commandée par M. Villeneau, capitaine de vaisseau; la frégate *l'Astrée*, sous le commandement de M. Fauré, capitaine de frégate; la corvette *la Naïade*, commandant Letourneur; la corvette *l'Héroïne*, commandant de Courville; et le brig *l'Endymion*, commandé par M. Lavaud, capitaine de corvette. La frégate *l'Astrée* était partie le 6 septembre de la Martinique, pour porter à Carthagène le traité de Paris, afin que la ratification ou le refus du gouvernement de Bogota y fût arrivé quelques jours avant l'arrivée de la division.

L'Astrée était donc déjà dans la baie de Carthagène depuis environ vingt jours, lorsque *l'Atalante* et *l'Endymion*, partis trois jours avant les corvettes *la Naïade* et *l'Héroïne*, arrivèrent devant cette ville; *l'Atalante* et *l'Endymion* entrèrent dans la baie, après avoir fait branle-bas de combat, au cas où les forts qui gardent l'entrée de la baie auraient voulu en empêcher l'entrée; mais aucune démonstration hostile ne fut faite. — Les corvettes *la Naïade* et *l'Héroïne* arrivèrent trois jours après *l'Atalante* et *l'Endymion*, et restèrent en dehors devant la ville.

Cette séparation des forces de la division avait eu cet avantage, qu'elle n'avait pas alarmé tout d'un coup les habitants de Carthagène, comme aurait pu le faire l'arrivée simultanée des cinq bâtiments. — L'amiral Mackau avait ainsi pu faire pénétrer dans la baie les forces nécessaires pour assurer l'exécution de son mandat, et les deux corvettes placées en dehors offraient une position militaire avantageuse, qui promettait une réussite assurée.

Le courrier de Bogota arriva dans la matinée du 20, apportant les ratifications du gouvernement de la Nouvelle-Grenade au traité signé à Paris. Dans la soirée du même jour, MM. de Mackau et Barrot descendirent à terre incognito, et eurent, dans une maison tierce, une entrevue avec le gouverneur, dans le but de bien s'entendre sur l'application des diverses clauses du traité. Quelques difficultés, élevées par le gouverneur de Carthagène, furent levées. M. de Mackau opposa constamment aux demandes de ce fonctionnaire un langage poli, mais ferme, et toutes ses exigences furent repoussées. Tout étant bien convenu, on se retira de part et d'autre, pour se préparer aux scènes imposantes du lendemain.

Le 21 octobre, tous les officiers de la division étaient réunis à bord de *l'Atalante*, lorsque le gouverneur de Carthagène arriva à bord, suivi des principales autorités de Carthagène. Les commandants de la division allèrent le recevoir à l'échelle; il s'avança vers M. de Mackau, qui, accompagné de M. Barrot, était resté sur le gaillard d'arrière. Après les premières salutations, M. de Mackau invita le gouverneur et sa suite à descendre.

Toutes les portes et les fenêtres des appartements de l'amiral avaient été enlevées, afin que l'équipage pût assister à la cérémonie qui se préparait. Une députation des Français résidant à Carthagène y était réunie, et là le gouverneur, d'une voix émue, adressa au gouvernement français, en la personne de l'amiral, et au nom de son gouvernement, des excuses sur ce qui s'était passé à Carthagène en juillet et août de l'année précédente. L'amiral répondit à l'allocution du gouverneur par un discours énergique et convenable.

Après cette première partie de la satisfaction que la France devait recevoir ce jour-là, l'amiral et M. Barrot donnèrent la main au gouverneur et aux personnes qui l'accompagnaient, en signe de réconciliation; des rafraîchissements furent distribués; et, après avoir visité la frégate, dont il remarqua l'admirable tenue, le gouverneur retourna à terre, recevant, en sa qualité de gouverneur, un salut militaire de treize coups de canon.

Une heure après, M. de Mackau, M. Barrot,

tous les commandants et environ trente officiers de la division s'embarquèrent dans les canots de la division, et allèrent débarquer au quai principal. Une garde d'honneur les attendait sous les portes de la ville; ils s'acheminèrent lentement vers la maison consulaire, accompagnés de cette même populace qui, quinze mois auparavant, poursuivait le consul de ses cris de mort, et qui, ce jour-là, le saluait de ses acclamations. Tous les Français étaient réunis, tous les étrangers de Carthagène s'assemblèrent dans la maison du consul, et le pavillon tricolore y fut arboré et salué immédiatement de vingt-et-un coups de canon par les forts de la place. La division française rendit ce salut.

L'amiral, M. Barrot et la plus grande partie des officiers de la division, allèrent ensuite faire une visite de corps au gouverneur, qui les reçut en compagnie de tous les officiers de la garnison et des notables de la ville. L'accueil du gouverneur et de toutes les personnes présentes fut on ne peut plus cordial; et lorsque MM. de Mackau et Barrot se retirèrent, le chef d'état-major et presque tous les officiers les accompagnèrent jusqu'à la maison de M. Barrot, où une brillante collation leur fut offerte.

Quelques dîners et quelques bals scellèrent la réunion, et, depuis ce moment jusqu'au 25 juin 1835, époque à laquelle M. Barrot quitta Carthagène pour revenir en France, cet agent n'a pas eu une seule plainte à porter; il n'a eu, au contraire, qu'à se louer des attentions des autorités et de la bienveillance générale avec laquelle il n'a cessé d'être partout accueilli (1).

Nous avons oublié de dire que le colonel Vesga, gouverneur de Carthagène au moment de l'attentat du 3 août, et auquel les événements peuvent en grande partie être attribués, fut destitué par son gouvernement, et les personnes qui étaient accusées d'avoir excité la populace contre M. Barrot, poursuivies par-devant les tribunaux du pays.

Depuis le commencement de cette affaire jusqu'à sa conclusion, le gouvernement de Carthagène n'a cessé de conserver l'attitude la plus convenable, et d'accorder toutes les réparations que notre honneur national outragé était en droit d'obtenir. Notre pavillon a reparu pur et sans tache à Carthagène et les gouvernements des républiques de l'Amérique espagnole ont appris qu'on ne peut impunément insulter la

France... M. le duc de Broglie, ministre des affaires étrangères lorsque la nouvelle de l'attentat arriva en France, prit immédiatement toutes les mesures nécessaires pour obtenir une éclatante réparation, mesures auxquelles son successeur, M. le comte de Rigny, mit le sceau par le traité du mois de juillet 1834.

La France doit aussi des remercîments à M. le contre-amiral baron de Mackau, qui a déployé, dans l'accomplissement de la mission importante qui lui était confiée, cette fermeté et cette dignité qui sont si bien dans son caractère. La satisfaction que la France a obtenue le 21 octobre a reçu un nouvel éclat par la noblesse avec laquelle M. de Mackau y a présidé.

———◆———

PIÈCES JUSTIFICATIVES.

———

A M. ADOLPHE BARROT, CONSUL DE FRANCE
A CARTHAGÈNE.

Carthagène, 8 août 1833.

Monsieur le Consul,

Nous vous remettons une lettre que nous adressons au Ministre des affaires étrangères, auquel nous nous plaignons de la violence exercée contre vous et de l'insulte faite à l'honneur français que vous avez si honorablement soutenu avec le commandant Gilbert.

Depuis longtemps, Monsieur le Consul, votre conduite publique et privée, l'aménité que vous avez apportée dans vos relations avec nous, vous avaient assuré notre estime et notre amitié; mais aujourd'hui, vous avez acquis des droits à notre reconnaissance: pendant cette longue et terrible scène, vous avez conservé la calme dignité qui convenait à votre caractère. Impassible aux cris de mort qui retentissaient autour de vous, indifférent aux outrages et aux menaces qu'on vous adressait, votre sang-froid ne vous a pas abandonné un instant, et, nous aimons à le dire, c'est peut-être à cette conduite noble et ferme que nous devons tous la vie.

Votre détention se prolongera peut-être; qu'importe la prison à qui a fait son devoir? votre pays, duquel vous avez bien mérité, vous vengera; il exigera réparation de l'injustice et de l'insulte, et nous, vos amis, nous irons tous les jours adoucir votre captivité.

Vous avez eu la bonté de nous lire votre lettre au Ministre; votre récit est conforme au nôtre; la vérité n'est qu'une, et notre indignation et la vôtre ne l'ont point changée; seulement nous avons dû faire ce que vous ne faisiez pas, parler de vous, et, pour le faire avec éloge, il ne fallait que raconter

Nous avons l'honneur, etc.

(Suivent les signatures.)

———

(1) Les navires de la division quittèrent Carthagène l'un après l'autre. L'amiral mit à la voile pour la Jamaïque le 1er novembre, laissant dans le port le brig l'*Endymion*, commandé par M. le capitaine de corvette Lavaud, avec mission d'y rester jusqu'au 31 décembre, afin d'y veiller à la sûreté du consul et des Français. — Cette précaution était sage; et quoique l'expérience ait donné lieu de croire qu'elle n'était pas nécessaire, elle n'a pas laissé que de produire un très-bon effet.

Carthagène, 4 août 1833.

Monsieur le Duc,

Pénétrés de douleur et d'indignation par l'affront fait à la France dans la personne de notre consul, nous venons avec confiance porter nos plaintes et exprimer nos craintes au gouvernement de S. M. le roi des Français.

De la prison où la populace insurgée l'a jeté, M. Adolphe Barrot, notre consul, adresse à Votre Excellence la relation des faits qui ont amené l'attentat inouï qui nous prive de sa protection : cet attentat, c'est son incarcération, au mépris du droit des gens et des nations ; notre consul vous dit aussi de quelle manière s'est opérée son arrestation.

Dans cette relation pleine de la dignité qu'il a montrée dans ces circonstances, M. Barrot a peint les faits dans toute leur vérité ; nous, présents à son arrestation illégale, nous Français dévoués, résolus à partager son sort, ses périls, quels qu'ils fussent, nous nous empressons de communiquer à Votre Excellence ce que nous avons vu, ce dont nous avons été les témoins, ce que nous pouvons affirmer sous serment : voici le résumé des faits.

L'alcade Alandete, après la scène entre lui et M. Barrot, sur le quai, au débarquement des cadavres de la famille assassinée de Woodbine, après qu'à main armée il eut violé le domicile de notre consul (faits que nous ne mentionnons que pour venir au fait principal, le consul vous en donnant une relation exacte), cet alcade, disons-nous, porta une plainte contre M. Barrot, devant l'autorité judiciaire, l'accusant d'avoir résisté à la justice, à main armée. Puisque nous avons été obligés de nommer cet homme, nous devons dire que lorsqu'il osa insulter le consul français de la manière la plus grossière, lorsqu'il s'est permis de violer son domicile, cet homme était ivre ; des témoignages irrécusables mettent ce fait hors de doute.

La procédure se suivit par-devant un alcade de la même classe qu'Alandète ; le caractère bien connu de ce dernier, l'ivresse complète dans laquelle il se trouvait lors de son insolente conduite, nous portaient à croire qu'il serait puni et que justice serait faite à notre consul, malgré la partialité qui souvent influence les juges lorsqu'il s'agit d'une affaire entre un étranger et un national.

Cependant, quelques agitateurs obscurs enflammaient les passions de la populace par des écrits anonymes qui appelaient la rigueur de la loi sur M. Barrot et le menaçaient de la vengeance publique ; ces écrits contenaient de perfides insinuations contre les étrangers.

Malgré la direction que ces libelles et des propos encore plus menaçants que tenaient certains individus, donnaient à l'opinion publique sur cette affaire, nous aimions à croire que si l'autorité, entraînée par l'antipathie contre l'étranger, qui saisissait cette occasion pour se manifester, avait la faiblesse de laisser condamner M. Barrot, nous aimions à croire, disons-nous, qu'elle ne souffrirait

pas que la dignité consulaire fût ouvertement, scandaleusement outragée dans sa personne. C'était un vain espoir : rien n'a été respecté ; notre consul s'est vu provisoirement condamné à la prison pour y attendre un jugement, d'après les déclarations des témoins à charge, sans que ceux à décharge eussent été entendus.

Considérant ce mandat d'arrêt comme illégal, M. Barrot résolut de ne pas y obtempérer, malgré les périls auxquels cette résolution l'exposait. Averti qu'il serait mis à exécution par la force armée, il prit le parti d'abandonner son consulat, et convoqua quelques-uns d'entre nous pour procéder à l'inventaire de ses meubles et effets ; il nous déclara qu'il demanderait ses passe-ports, et s'ils lui étaient refusés, qu'il se rendrait à bord de la goëlette de guerre la Topaze qui se trouve en ce moment sur notre rade. Nous applaudîmes à cette résolution digne de son caractère public et privé, et nous fîmes appeler un notaire pour faire l'inventaire. Nous y procédions, lorsqu'un alcade de la classe la plus inférieure vint signifier à M. Barrot l'ordre de se rendre en prison ; le consul refusa de s'y soumettre : la sortie de l'alcade au milieu des groupes déjà rassemblés autour du consulat produisit une certaine fermentation ; le notaire effrayé demanda à se retirer, et il fut impossible de continuer l'inventaire.

M. Barrot écrivit à l'instant même au gouverneur pour lui demander ses passe-ports dans une heure de délai, et chargea un de nous d'aller porter cette lettre. Le gouverneur se refusait à répondre par écrit ; sur les représentations énergiques qui lui furent faites, il répondit enfin en refusant les passe-ports.

Alors M. le commandant Gilbert, de la Topaze, se rendit chez le gouverneur, et, dans les termes les plus fermes, lui déclara que la personne du consul était sacrée pour lui ; qu'il connaissait l'infamie de la procédure qui avait été suivie contre lui ; qu'il accompagnerait le consul à son bord, et qu'une fois là, il saurait faire respecter son pavillon, quelle que fût la faiblesse de son bâtiment. La conduite de cet officier, dans ce moment, est digne des plus grands éloges ; il s'est toujours montré le même dans la scène affreuse que nous allons décrire et dont il a constamment été acteur et témoin. Il revint rendre compte au consul de sa visite au gouverneur ; alors le moment était arrivé où la noble détermination de M. Barrot devait être exécutée ; il se revêtit de son uniforme, et, s'exposant aux plus grands dangers pour soutenir l'honneur français qu'il représentait, il sortit, donnant le bras au capitaine de la Topaze, accompagné des consuls de la Grande-Bretagne et des États-Unis, qui ont été constamment près de lui. Nous le suivions, et, comme lui, nous connaissions ses dangers et les nôtres.

Une populace furieuse et dégoûtante, qu'aucune autorité ne contenait, le suivait et bordait les rues : parmi elles, des hommes appartenant à une classe plus élevée l'excitaient, et déjà des cris de : A la carcel ! que no se embarque ! se faisaient entendre. Indifférent aux clameurs de la multitude, M. Barrot marchait impassible, et déjà il arrivait aux portes de la ville, lorsque, s'élançant avec impétuosité, quelques individus le devancent et viennent parler à l'officier du poste. Sans réfléchir un instant sur la violation de ses devoirs qu'il allait commettre, cet homme fit fermer les portes, et refusa le passage au consul. Voyant la foule exaspérée, M. Barrot lui demanda une garde pour le conduire chez lui et le protéger ainsi que ses amis contre la populace ameutée; il l'accorda; mais cette garde ne devait servir qu'à commettre un attentat plus grand encore!

Le consul revint chez lui; les cris les plus affreux se firent entendre : *Mata le! que muera!* et la foule s'armait de pierres et de bâtons.

Arrivé à sa porte, le consul voulut entrer; mais les soldats avaient reçu des ordres d'un officier, frère de l'alcade Alandete; ils empêchèrent le consul d'entrer chez lui. La résistance était vaine, elle pouvait entraîner la mort du consul, du brave commandant Gilbert, et de tous les amis et compatriotes qui l'entouraient. S'abandonnant sans crainte au péril plus grand qui l'attendait, le consul se résigna à la violence qu'on lui faisait, et, pour éviter de grands malheurs, prit le chemin de la prison où le poussait la multitude insurgée. Les cris devinrent plus forcenés, et la populace, armée de pierres, menaçait à chaque instant sa vie; une seule lancée, et le signe de l'honneur placé sur la poitrine du consul, son uniforme, rien n'était respecté; tout était violé à la fois; il périssait! et nous tous qui l'entourions, avec lui!

Enfin, M. Barrot arriva à la prison, où il est maintenant enfermé à côté des assassins du colonel Woodbine. Nul ordre n'était donné pour l'y recevoir: il n'y fut pas moins écroué, et illégalement écroué, d'après les lois du pays, et sans observer les formalités d'usage.

Voilà les faits, et nous le déclarons, Monsieur le Duc, chacun de nous en a été témoin.

Votre Excellence nous demandera peut-être où était l'autorité. Elle n'a paru nulle part, elle a laissé tout faire au peuple insurgé; les alcades de quartier, chargés de la police de la ville, sont tous restés dans leur maison, d'où ils voyaient ce qui se passait; leur indifférence dans une circonstance aussi grave nous induit à soupçonner qu'ils approuvaient la conduite des agitateurs. L'autorité militaire, que leur devoir était de prévenir, n'a point été avertie, et par conséquent ne s'est point présentée. Votre Excellence nous demandera encore : N'était-ce qu'une vile populace qui se livrait à ces excès? Non, Monsieur le Duc; dans ses rangs se trouvaient des hommes influents par leur position sociale : on y vit même un conseiller municipal une pierre à la main et vociférant. Ces hommes, nous les nommerons, au jour de la réparation, à ceux qui seront chargés de nous l'obtenir.

Depuis longtemps, Monsieur le Duc, nous nous trouvions dans ce pays en butte à de continuelles vexations, auxquelles, faute d'un consul, nous étions souvent obligés de nous soumettre. Le gouvernement du roi nous l'envoya, et alors nous crûmes à une protection efficace. M. Barrot arriva : nul mieux que lui ne pouvait nous assurer la sécu-

rité dont nous avions besoin, attendu qu'un long séjour dans l'Amérique du Sud lui donnait une connaissance exacte du caractère et des mœurs des habitants de ces contrées, avantage qui lui donnait une grande facilité de se concilier leur bienveillance et leur amitié.

Eh bien! lui aussi devait subir les conséquences de la prévention nationale contre l'étranger; il a été outragé à la première occasion qui s'est présentée, et notre protecteur est maintenant dans un cachot.

Que deviendrons-nous? Notre consul vous dit les périls qu'il redoute pour nous; ils ne sont que trop réels, et les faits que nous exposons à Votre Excellence en donnent la mesure. Mais en faisant appel au gouvernement du roi, à vous, Monsieur le Duc, nous sommes convaincus que la protection de la France ne se fera pas attendre, et c'est avec confiance que nous l'implorons.

Si nos espérances étaient déçues, si nous restions abandonnés à cette force brutale qui nous a menacés et qui peut nous menacer encore parce qu'elle nous croit faibles et délaissés, nos signatures au bas de cette lettre seraient peut-être un arrêt de mort.

(Suivent les signatures.)

Combat

DES FRÉGATES FRANÇAISES

LA GLOIRE ET L'AIGLE,

CONTRE LE VAISSEAU ANGLAIS

L'HECTOR.

Le 15 juillet 1782, deux frégates reçurent ordre d'appareiller et de quitter Rochefort : l'Aigle, de 40 canons, était commandé par le chevalier de La Touche; la Gloire, de 32 canons, obéissait au chevalier de Vallongue. Quelques semaines s'étaient déjà écoulées depuis leur départ, lorsque ces deux frégates, retenues par des calmes fréquents, arrivèrent aux Açores. Pendant cette ennuyeuse traversée, quels devaient être les sentiments de ces nobles officiers, qui brûlaient d'aller verser leur sang sur les plages de l'Amérique! Le prince de Broglie, les comtes de Vaudreuil et de Ségur, les ducs de Lauzun et de Talleyrand, jeunes hommes voués à la défense de la liberté américaine, ne pouvaient voir sans indignation les vents contrarier leur ardeur. Stationnés dans un des ports des Açores, apercevaient-ils un vaisseau anglais se balancer au loin sur la mer, ils le voyaient en même temps disparaître bientôt, et leur enlever la gloire d'un triomphe assuré. Ils désiraient combattre..... leurs vœux furent enfin exaucés; et avec quelle joie mêlée d'espérance ces jeunes Français n'accueillirent-ils pas l'ordre de M. de La Touche de se diriger vers le nord-ouest!

Le marquis de Rochambeau sollicitait de prompts secours en argent, et *l'Aigle* était chargé de 2,500,000 fr. et de dépêches importantes que M. de La Touche ne devait ouvrir qu'aux Açores. Or, jugez quels durent être son repentir et son inquiétude en lisant que l'ordre lui était enjoint de faire la plus grande diligence, d'éviter tout combat qui aurait pu le retarder dans sa marche.

Un temps précieux s'était écoulé, et cependant des calmes vinrent encore retarder la marche des deux frégates. On parcourait par jour peu d'espace, et les croisières anglaises sillonnaient l'Océan ; aussi la crainte de tomber entre les mains des Anglais avait inspiré à M. de La Touche des mesures assez sages : pour soustraire à l'avidité de l'Angleterre les trésors qui lui étaient confiés, on éteignait toute lumière à bord des deux frégates, lorsque la nuit commençait à couvrir la mer de ses sombres voiles. Mais ces précautions furent peut-être les seules causes du combat que nous allons rapidement esquisser.

Au milieu d'une nuit obscure, des cris plaintifs s'élevèrent de la mer : un matelot de *l'Aigle* était tombé et se débattait dans les lames ; un marin de l'équipage de *la Gloire* l'aperçut, on alluma des fanaux, un canot mis à la mer arracha l'infortuné à une mort certaine.

Les feux s'éteignaient, et tout rentrait dans le calme le plus profond, lorsque l'officier de quart avertit M. de Vallongue qu'au travers des ombres de la nuit il distinguait un bâtiment qui se dirigeait vers les feux qui venaient de l'instruire ; un court espace le séparait de *la Gloire*. Aussitôt on sonne le branle-bas, tous se lèvent, on s'arme à la hâte, un instant s'écoule à peine ; les hamacs, les meubles sont enlevés, les cloisons sautent, chacun vole à son poste. Heureux moment pour des Français ! comme le courage qui les anime précipite leurs actions !

Les mauvaises lunettes de nuit que possédait *la Gloire* ne permettaient point aux observateurs de reconnaître les dimensions du vaisseau ; on le prenait pour un navire marchand. *L'Aigle* cependant avertissait sa compagne du danger qui la menaçait. En effet, bientôt le bâtiment ennemi, tirant un coup de canon à boulet, engagea les frégates françaises à concerter leur défense.

Aussitôt M. de La Touche donne le signal du ralliement, et M. de Vallongue, malgré le désavantage que lui présente cette manœuvre, se décide à obéir aux ordres de son supérieur. Après avoir viré de bord, *la Gloire* présentait à peine sa poupe à l'ennemi qu'elle reçut toute sa bordée de l'arrière à l'avant ; la frégate française, dont les pertes étaient déjà assez considérables, devait infailliblement songer à sortir d'une aussi mauvaise position. La plus grande célérité présida aux manœuvres, et *la Gloire* arrivant tout plat sur l'ennemi, lui rendit sa bordée avec tant de

succès que le feu se déclara momentanément à son bord.

Dès que le vaisseau ennemi eut reçu la *gaillarde* réponse de *la Gloire*, il vira aussi sur tribord, et les deux navires se trouvèrent bord à bord, courant dans la même direction. Déjà le feu commençait à mollir ; l'ennemi cependant profitait de sa position pour démasquer sa seconde batterie et laisser découvrir aux guerriers de *la Gloire* qu'ils avaient à combattre un bâtiment de 140. (C'était *l'Hector*, on le sut plus tard, enlevé aux Français dans la défaite de M. de Grasse.)

Déjà *la Gloire* était traversée de bord en bord ; plus d'espoir d'échapper à une perte certaine, et cependant les Français qui combattaient sur son pont refusaient de céder, et voulaient au moins honorer leur mort par une téméraire intrépidité. Comme le drame paraît beau dans cet instant, lorsqu'il fait pressentir un semblable dénoûment, lorsque l'on aperçoit sur la scène les acteurs prêts à fondre les uns sur les autres ! Le désir de vendre chèrement leur vie électrisait tous les jeunes officiers de *la Gloire* ; néanmoins M. de Vallongue, incertain, à la forme du vaisseau agresseur, si l'on était amis ou ennemis, demanda au capitaine à quelle nation il appartenait. « Je suis Anglais, répondit-il.— Anglais ! répliqua M. de Vallongue ; eh bien ! je vous somme d'amener votre pavillon.—Oui, oui, je vais le faire ; » et une terrible bordée compléta sa réponse. Les Français ne restèrent pas dans l'inaction sous les boulets ennemis, et le feu continuait vivement. Déjà le sang ruisselait de toutes parts, les boulets de *l'Hector* faisaient voler en éclats des poutres entières, et perçaient *la Gloire* à flottaison ; l'eau entrait de tous côtés ; en vain faisait-on jouer les pompes, en vain les canonniers déployaient-ils la plus grande énergie, la perte infaillible de *la Gloire* était prononcée. Cependant *l'Aigle*, qui avait devancé les combattants, vint secourir sa compagne ; elle remplaça dignement *la Gloire*, et s'approcha même de si près que les canonniers des deux bords se frappaient avec leurs refouloirs. Une vergue de *l'Hector* s'accrocha dans les cordages de *l'Aigle*, et dès lors on n'entendit plus sur le pont de *l'Aigle* que les cris : *A l'abordage ! à l'abordage !*

Les Anglais redoutent l'abordage, et surtout l'abordage d'un vaisseau français ; aussi se hâtèrent-ils de couper les câbles qui les retenaient à *l'Aigle*, et, dès ce moment, *l'Aigle*, débarrassé de *l'Hector* qui l'écrasait, fit feu si heureusement qu'un de ses boulets de 24 brisa le gouvernail du navire anglais.

Cependant *la Gloire* revenait au combat, et, passant devant *l'Hector*, s'était postée derrière lui, pour lui lâcher bordée sur bordée. Ainsi favorisé par le sort, M. de Vallongue, voyant son ennemi hors de combat, espérait se rendre maître de *l'Hector*, qui flottait sur la mer comme un corps sans membres; mais au point du jour on signala plusieurs voiles, et la prudence conseilla la retraite; plus tard, *l'Hector*, accueilli par une violente tempête, coula bas, et, s'il échappa aux Français, il ne put se soustraire aux flots qui l'engloutirent. Telle fut l'issue de ce combat, qui mérite une place honorable dans l'histoire de la marine française.

Alfred ELIE-LEFEBVRE.

VARIÉTÉS,

—

Cabréra.

Cabréra, terre de deuil et de désespoir!... plage que nos soldats ont blanchie de leurs ossements!... Ils sont venus se briser là, ces vieux guerriers brunis par le soleil des Pyramides et respectés des balles égyptiennes; ces jeunes marins de la garde déjà éprouvés par vingt combats; eux que le monde entier pouvait à peine contenir, ils devaient se voir jeter sur un îlot désert et y endurer toutes les misères, toutes les souffrances!.. Triste présage du sort qui attendait leur capitaine!... Cabréra pour le dévouement, Sainte-Hélène pour le génie!...

Ce fut par une matinée du mois de mai 1809, que cinq mille cinq cents de nos frères, tirés des pontons espagnols, débarquèrent à Cabréra. Leur premier cri en y abordant fut un cri de joie: il y avait si longtemps que leurs pieds n'avaient touché la terre, que leurs poitrines ne s'étaient rafraîchies à un air pur!... Et pourtant, personne ne l'ignorait, il ne s'y trouvait pas le moindre vestige d'hommes, la plus légère trace d'habitation; le sol même se refusait à la culture; tout était à créer, et nul outil!... Mais que ne peut l'industrie humaine, que ne saurait produire la nécessité? Dès le soir même, chacun était abrité tant bien que mal, et mille feux resplendissaient d'un bout du camp à l'autre. Hélas! c'étaient des torches funéraires éclairant des tombeaux futurs!..

Le lendemain, dès l'aube, cette moderne Thébaïde fut explorée en tous sens: pas un coin que nos soldats ne visitèrent, pas un pouce de terre qui échappa à leurs investigations. Le résultat des recherches fut de constater que Cabréra, la plus petite des îles Baléares, et située à 7 lieues au sud de Majorque, par le 39° 5 50′ de latitude et le 4° 5′ de longitude du méridien de Paris, avait environ une lieue un quart de long et un peu moins de large. Du reste, la renommée avait dit vrai: nul fragment de civilisation, nul indice d'agriculture. Du sable, des pierres, des cailloux composaient le sol; à travers les fentes

des rochers, quelques lentisques apparaissaient, quelques chèvrefeuilles montraient leur feuillage desséché. Heureusement qu'à l'extrémité Est de l'île se trouvait un bois de vigoureux sapins; il fournit les matériaux nécessaires à la fondation d'une ville naissante, et, grâce à lui, les prisonniers eurent, pour se défendre contre les intempéries de l'air, autre chose que des réduits en branchages.

Mais que d'obstacles à vaincre avant de pouvoir poser la première planche de la cité nouvelle!.. Il fallait d'abord des outils, on en créa; avec des cercles de barriques, on fabriqua des scies; la pierre se façonna en coins; le moindre brin de chanvre, en câble; des cognées furent forgées, et l'on put se mettre à l'œuvre. Une fois les arbres abattus, il s'agissait de les conduire à l'emplacement choisi; cinq ou six montagnes à gravir successivement effrayaient les courages les plus robustes; enfin, à force d'exhortations où la menace et la prière se balançaient, d'efforts soutenus, les matériaux se trouvèrent rendus: bois, pierre, sable, argile, tout fut ainsi transporté à bras.

La ville élevée, les soucis s'emparèrent de nos soldats. Eloignés de la patrie, de tout ce qui leur était cher, en proie à la faim, à la soif, sans vêtements, sans chaussures, privés de sommeil par les insectes, qu'on juge de leurs souffrances!..

Un ciel de feu, et pas d'eau! Il n'existait dans toute l'île qu'une seule fontaine, peu abondante et sujette à tarir; et ils étaient près de six mille... six mille, qui se relayaient jour et nuit à la source précieuse, sans pouvoir satisfaire entièrement leur soif. Les rangs étaient pressés, les minutes comptées; malheur à qui dépassait le laps de temps accordé, on le frappait sans pitié. Les malheureux s'égorgeaient pour quelques gouttes d'eau!..

Et puis la faim, la faim dévorante! Vingt-quatre onces de mauvais pain, deux ou trois poignées de fèves détestables, telle était la ration octroyée tous les quatre jours par la munificence espagnole, et cela à des hommes épuisés par tous les genres de fatigue, vivant au grand air, sous un climat qui énerve... Honte! honte à jamais sur les misérables qui osèrent concevoir la pensée de détruire par la famine ceux qui avaient résisté au fer et à la trahison!..

Peu de mois s'étaient écoulés, et déjà l'infâme spéculation portait les fruits attendus: les malades se comptaient par milliers, les victimes tombaient par centaines... La dyssenterie, le scorbut, les ophtalmies, les fièvres de toutes sortes décimaient cette population exténuée. Leurs ravages étaient effroyables: dans les baraques, dans les endroits écartés, sur la côte, sur les montagnes, partout des morts et des mourants... Un hôpital devint indispensable; les Espagnols, suppliés, harcelés, fournirent de la toile pour dresser quelques tentes près de la source, à l'endroit où se faisait la distribution des vivres : ils oublièrent d'y joindre des médicaments...

Un nouveau fléau vint fondre sur les infortunés. Trois jours après la fondation de l'hôpital, éclata le plus terrible orage ; en quelques heures, tentes, paillasses, malades, tout fut entraîné au loin ; trois cents hommes périrent dans cette affreuse nuit... bientôt le cimetière devint plus peuplé que le camp.

A la suite de cette calamité, le bâtiment porteur de vivres éprouva un retard de cinq jours. Rien ne peut rendre les cris de détresse qui retentissaient du matin au soir, les scènes de désespoir qui éclataient... C'était une fièvre, un délire... Le bois, la terre, les plantes au suc brûlant, vénéneux, tout fut mis à contribution, tout servit d'aliment ; depuis longtemps les rats et les lézards avaient disparu... Du sommet des rochers au camp, le chemin était couvert de cadavres. Tous les matins, le conseil, composé de sous-officiers, s'assemblait ; mais la séance se passait en vains discours, en projets impuissants. Un sous-officier italien proposa de se nourrir de chair humaine ; cet avis fut repoussé avec horreur et d'une voix unanime.

Dans cette terrible circonstance, on se résolut au plus pénible des sacrifices, à tuer Martin, un pauvre âne trouvé dans l'île, lors du débarquement. Martin était l'enfant gâté des soldats : il avait rendu de si grands services, soit en transportant de l'eau, soit en servant de litière aux malades ! Jamais chez lui de caprices, d'indocilité, jamais on ne lui avait vu lancer la moindre ruade, sa bouche ne s'ouvrait que pour caresser, ses yeux ne respiraient que la douceur et la résignation. Aussi c'était à qui prendrait soin de lui, brosserait son poil, lui rapporterait de l'herbe ; on ne pouvait agiter sans s'échauffer, la question de savoir à qui il appartiendrait au moment de la délivrance : on se serait moins ému pour la possession d'une maîtresse chérie. Et Martin, reconnaissant de tant d'attachement, faisait chaque soir le tour du camp, visitant les barraques l'une après l'autre, souhaitant le bonsoir à tous ses amis ; personne n'était oublié. La ronde finie, sa voix retentissait, et chacun de dire : « Martin sonne le couvre-feu, dormons. » Le dernier couché, il était le premier debout, alerte et fringant, prêt à se remettre au travail.

Ah ! il fut bien amer l'instant où il fallut se séparer de lui !... A la suite d'une discussion orageuse, la cruelle nécessité l'emporta. Martin succomba sous les coups qu'on lui portait en pleurant, et de sa dépouille on fit *quatre mille cinq cents morceaux*. La part de chaque prisonnier s'éleva à environ trois quarts d'once, *os et intestins* compris.

Encore un jour de retard, et les Espagnols n'eussent plus trouvé personne de vivant. C'était

ce que voulait le peuple de Palma, qui, au moment du départ du bâtiment, s'était jeté dessus et en avait enlevé par deux fois les denrées.

« La barque au pain ! » s'écrie un malheureux qui avait pu ramper jusqu'au sommet de la plus haute montagne, et une longue exclamation d'allégresse répond à son exclamation. A cette nouvelle, ceux qui conservent encore quelque vigueur se précipitent vers la plage, suivis de loin par les plus faibles ; les agonisants eux-mêmes se traînent sur leurs traces... Plus de vertiges, de convulsions... Des transports de joie succèdent aux accents de détresse ; on rit, on chante, on gambade... Le bâtiment approche ; on le couve des yeux, on voudrait pouvoir accélérer sa marche... Enfin, il atteint la côte, les vivres se débarquent, la distribution se fait, on ne mange pas, on dévore, on engloutit ; et c'est à peine si, au milieu de cette avidité, on s'aperçoit que cent cinquante hommes ne répondent pas à l'appel. Ils étaient morts, morts de faim !..

Tant de pertes répétées amenèrent avec elles un peu de soulagement dans les souffrances des infortunés Français. Il est cruel de le dire, mais la mort fut bonne à quelque chose. Les Espagnols s'occupaient si peu de la situation des prisonniers, qu'ils ignoraient les vides opérés dans leur rang ; le nombre et la valeur des rations restaient les mêmes, tandis que sur les six mille malheureux déposés là au début de la captivité, un tiers avait déjà expiré de misère et de désespoir. Les deux autres tiers restant profitèrent de cette ignorance, et partagèrent entre eux les vivres destinés aux malheureux qui ne devaient jamais revoir le ciel de leur patrie.

Dès lors Cabréra prit une face nouvelle. Après la pénurie des premiers temps, une sorte *d'abondance* y régnait ; elle avait fui pour toujours l'époque critique où une superbe montre en or s'échangeait contre une demi-livre de pain. L'esprit des captifs, plus tranquille, s'ingénia à créer des moyens de dissipation, et quelques relations nouées avec l'équipage des canonnières gardiennes de l'île leur en offrirent la facilité. On construisit d'abord un bazar, et cet amas de cabanes fut décoré du nom pompeux de Palais-Royal. Les métaux précieux, les riches étoffes n'y brillaient pas comme aux galeries-modèles ; Very et Véfour n'y étalaient pas leurs mets tentateurs ; Lemblin n'y versait pas son nectar enivrant. Au Palais-Royal de Cabréra on ne comptait que de modestes cantines ; et la sensualité des gourmets devait se satisfaire avec des galettes de biscuit, des oignons crus, des piments, des caroubes, du poisson salé ; mais le vin, bon comme tous les vins de la Péninsule, aidait à la digestion de ces productions peu recherchées. Tout cela vendu vingt fois sa valeur, qu'importe ? On s'estimait encore fort heureux de pouvoir employer ainsi son argent, quand, bien entendu, on en possédait. On conçut enfin la possibilité de vivre sur ce roc pelé et brûlé par tous les feux du soleil.

Dans les magasins, à défaut d'or et de soie, on remarquait des paniers d'osier, des cannes, des couverts en racine de buis, des tabatières sculptées, de petits anneaux en os, en écaille, des ouvrages en cheveux. Ces objets se vendaient, à des prix très-modiques, aux Espagnols attirés par l'esprit de curiosité ou de spéculation.

Pour leurs besoins personnels, les prisonniers trouvaient au bazar du drap, du fil, des aiguilles, de la ficelle, des semences, du sel, du poivre, du tabac, quelques instruments aratoires. On détaillait à la volonté du chaland, qui pouvait acheter séparément une aiguillée de fil, un morceau de drap grand comme la main, et jusqu'à une pincée de tabac; trois prises de cette dernière denrée coûtaient un sou. Les crédits étaient rares, restreints; et, lorsque l'argent manquait, les fèves servaient de monnaie courante.

A force de retourner le terrain, on parvint à l'améliorer; et chaque soldat eut un jardinet attenant à sa demeure, jardinet composé de quelques légumes, de quelques fleurs. Les légumes vinrent augmenter sa ration, les fleurs réjouir sa vue; elles entretinrent chez lui la résignation aux maux présents et l'espérance de revoir un jour le sol natal.

Bientôt on posséda des concerts, des salles de danse. Les professeurs abondèrent, et la moitié du camp donnait des leçons à l'autre. Partout on rencontrait des maîtres de musique, de mathématiques, de langues, de dessin, mais surtout de danse, d'escrime et de bâton. Les instruments résonnaient, le fer se croisait sans relâche; on apaisait les cris de l'estomac en procurant de l'occupation aux autres membres; une leçon d'agilité tenait lieu d'une séance culinaire; cela faisait diversion, et l'intelligence progressait aux dépens de la matière.

On institua une loge maçonnique, et il s'établit parmi les prisonniers de fréquents rapports de bienveillance et de dévouement. On vit disparaître l'isolement, l'égoïsme, qui régnaient dans l'origine de la colonie et qui rendaient la captivité encore plus douloureuse. Ils avaient partagé les mêmes triomphes, ils devaient partager les mêmes revers. A compter de la fondation des réunions maçonniques, ils furent tous frères, frères de gloire et de malheur!

Afin que tous les plaisirs se trouvassent réunis sur cet îlot, où naguère le désespoir régnait en souverain absolu, il ne manquait plus qu'un théâtre; on en créa un. Où? Dans une vieille citerne en ruine. L'emplacement découvert, on se mit avec ardeur à l'œuvre; les travailleurs se présentèrent en multitude : un homme se louait un décime la journée. Du sable et des pierres formèrent un tertre, que l'on appela *la Scène*; les murs furent barbouillés avec de l'ocre et de la sanguine, puis

des guirlandes en feuillage les ornèrent. On écrivit, non sur la toile (elle ne vint que plus tard, par manque de capitaux suffisants), mais au fond du théâtre, le fameux : *Castigat ridendo mores.* Des pièces, rédigées de mémoire, furent apprises et mises en scène.

Ces préparatifs terminés, on était en état d'ouvrir, et un beau jour le crieur public annonça, par tout le camp, que le soir même le théâtre serait accessible à quiconque possédait deux sous vaillant. Grande fut la foule, et l'on put de bonne heure, je ne dirai pas fermer les bureaux, mais retirer l'échelle; car c'était au moyen d'une échelle que les amateurs parvenaient dans l'enceinte dramatique : la perception du prix d'entrée s'opérait sur le premier bâton. Trois cents, tel était le nombre rigoureux des élus à qui l'abord était permis. La salle comble et éclairée, non à l'italienne, pas même à la française, mais par des branches de pin, le spectacle commença.

Les pièces de début étaient *Philoctète*, de La Harpe, et *Marton et Frontin*, deux pièces du Théâtre-Français, rien que ça. Deux marins de la garde remplirent les rôles d'Ulysse et de Pyrrhus; un sergent d'infanterie, premier organisateur de la troupe, se chargea de celui de Philoctète, et le colossal Hercule échut en partage à un bon enfant de sapeur. Les éclats de voix, les gestes redondants, rien n'y manquait : l'illusion était parfaite.

Après la tragédie, vint la petite pièce. Ce fut au tour de Marton et Frontin de divertir l'honorable assemblée. L'hilarité s'empara complétement d'elle; jamais mademoiselle Dupont ou Monrose ne possédèrent mieux l'art de mettre leurs auditeurs en gaîté. Et, cependant, qui combinait les ruses de l'intrigant Frontin? un simple fourrier; qui dévoilait les projets de la malicieuse Marton? un matelot imberbe.

Comme on le pense bien, les moindres allusions furent saisies avec transport. Un tonnerre d'applaudissements accueillit ce vers de Philoctète :

Ils m'ont fait tous ces maux, que les Dieux les leur rendent !

L'acteur dut le répéter à la demande générale, et des trépignements, qui tenaient du délire, de l'ivresse, vengèrent en une seconde les souffrances de trois années.

Les affaires de la troupe dramatique fleurirent au delà de tout espoir, et quand elle se fut recrutée de deux ou trois sujets passables parmi une vingtaine de femmes françaises, espagnoles, italiennes, qui avaient suivi leurs amants à Cabréra, rien ne vint interrompre le cours de ses prospérités. Tout le répertoire du Théâtre-Français fut passé en revue, et l'on attaqua ensuite celui des Variétés; Talma eut sa doublure, Potier, Brunet, leurs imitateurs. A l'heure où les rues de Paris résonnaient sous le choc des équipages, où les heureux du jour volaient à leurs loges, au moment même où des femmes, brillantes de parure et de jeunesse, prêtaient une oreille attentive aux accents de notre premier tragique, ou un œil pétillant de plaisir aux charges des bouffons du boulevart Montmartre, de pauvres prisonniers, oubliés de tous, applaudissaient les vers de Corneille, et fredonnaient les refrains de Désaugiers. Ils se croyaient encore dans leur patrie.

Le succès de ces representations fut tel, que l'équipage des canonnières espagnoles voulut y assister. Ici les Français prirent leur revanche ; les bourreaux avaient rançonné leurs victimes, en vendant au poids de l'or les objets tirés de la métropole ; les victimes, à leur tour, exploitèrent les bourreaux, en doublant pour eux *seulement* le prix des places. Grâce à cette augmentation de recette, vingt prisonniers purent chaque soir entrer gratuitement. La vengeance était de bonne guerre ; de plus, elle tournait au profit des malheureux.

Les Espagnols prirent plaisir au jeu de ces acteurs improvisés, et devinrent dès lors plus accommodants. Afin d'accroître la vérité théâtrale, ils permirent l'usage de véritables haches, quand la scène se passait à Rome et comportait la présence des licteurs ; mais ils se borna leur tolérance en fait d'armes, et rien ne put leur faire franchir cette limite. Comme par le passé, les compagnons de Charles XII, ou les satellites de Gessler, durent se contenter de sabres en bois.

Ainsi que toute civilisation, cet état d'amelioration, de progrès naissants, entraîna avec lui les passions, les rivalités, et donna carrière à une foule de différends particuliers. On n'entendit bientôt plus parler que de duels, et la fureur de s'entr'égorger sut braver les entraves imposées par les Espagnols ; on se fit des armes de tout. Tantôt on assujettissait, à l'extrémité de longs bâtons, deux moitiés de ciseaux dont on se servait en guise d'épée ; tantôt c'étaient des lames de couteaux, de rasoirs ; plus d'une fois même on employa des alènes et des aiguilles à voiles. Les combats avaient lieu au cimetière, et, non loin de l'endroit où deux vies se disputaient, une fosse fraîchement ouverte disait assez clairement le sort réservé à l'infortuné qui succombait.

Pour mettre un terme à un pareil état de folie, les plus raisonnables sentirent la nécessité de composer un conseil d'administration, dont la mission fut d'apaiser les différends, de juger les délits, et de prononcer enfin sur tout ce qui concernait l'ordre et la police de la colonie. Douze juges, choisis parmi les sous-officiers, siégeaient en plein champ, sur des pierres disposées circulairement, et rendaient des arrêts toujours irrévocables. Tout accusé avait un défenseur, et, devant cette espèce de tribunal souverain, il s'est prononcé plus d'un discours empreint d'une véritable éloquence : celle qui provient du cœur, et non d'une faconde avocassière.

Le vol du pain était le crime le plus énorme et le plus irrémissible que l'on pût commettre ; ni prières, ni supplications n'avaient le pouvoir de sauver le coupable, qui, après le prononcé du jugement, était lapidé par la foule spectatrice des débats.

Lorsqu'il s'agissait de délits n'emportant point la peine capitale, on attachait les délinquants à un tronc de sapin, et ils y passaient le laps de temps fixé, dans un état de complète nudité, sans manger, exposés au soleil et à toutes les injures de l'air. Le minimum du châtiment était de quatre heures, le maximum de vingt-quatre.

Au milieu de tous ces visages blêmis par les privations et la nostalgie, un visage se détachait resplendissant de santé et de contentement : c'était celui du senor Damian Estebrich, véritable moine espagnol, tout pétri de paresse, de fanatisme et de gourmandise. Il vint dans la colonie à l'époque où des souffrances intolérables firent adresser requête sur requête aux autorités de Palma ; les prisonniers imploraient du pain, du linge, des habits, des médicaments ; ou leur envoya un aumônier !.. Il s'employa parfois en qualité d'intermédiaire, mais combien furent légers les services qu'il rendit !.. Quand la famine régnait au camp, el senor Damian Estebrich serrait précieusement dans son armoire des biscuits, des petits pâtés ; lorsque le bâtiment aux vivres éprouva ce retard épouvantable de cinq jours, el senor Damian Estebrich poussa la charité apostolique jusqu'à proposer une procession à travers l'île, afin d'attirer la miséricorde céleste sur les impies et les réprouvés (il traitait ainsi les Français) qui la peuplaient ; mais il ne se mit en marche qu'après avoir expédié la dernière moitié d'une énorme oie farcie. A la demande de quelques vêtements, el senor Damian Estebrich répondait par une citation tirée de la Genèse ; lui exposait-on ses tortures morales et physiques, il entamait une homélie où les grands mots : salut, doigt de Dieu, jugement dernier, se trouvaient prodigués. Plus tard ce fut bien pire ; quelques larcins commis dans ses provisions l'exaspérèrent, et il ne sortit plus de sa bouche que des paroles de colère et d'ironie. Il semait du coton, « afin d'en faire, disait-il, des chemises aux captifs ; » et lorsque l'un d'eux se hasardait à lui demander : « *Padre*, croyez-vous que nous soyons encore pour longtemps ici ? » il répondait d'un air mi-sérieux, mi-goguenard : « Vous quitterez Cabréra quand ma canne fleurira. » Et après avoir lancé son mot favori, le moine se caressait voluptueusement le menton : il était content de lui.

Que cela plût ou non au senor Damian Estebrich, il arrivait une époque dans l'année où les prisonniers oubliaient pour un seul jour leurs maux, c'était la Saint-Napoléon. On s'y préparait un mois à l'avance, et chacun prélevait, sur sa portion quotidienne, cinq fèves mises en réserve. On se serait fait scrupule de toucher à ce trésor ; mais combien la dernière quinzaine de juillet et la première d'août semblaient longues!.. On comptait les heures, on supputait les minutes.

Enfin, il est venu le grand jour!.. Salut, divin 15 août, salut!.. Dès l'aurore tout le monde est levé ; les cabanes s'approprient, les fragments d'uniformes sont brossés et rebrossés, les barbes longues d'un demi-pied disparaissent, les tonnelles ploient sur les guirlandes de feuillage. Un peu plus tard les feux s'allument, les bidons bouillent, le couvert se dresse... « A table, le festin est prêt. » Et l'on prend place en faisant des façons, des cérémonies, tout comme si l'on était à la table du prince Cambacérès... Au moins aujourd'hui la gamelle est au complet. Cent cinquante fèves, Dieu! quelle bombance!..

Les mâchoires opèrent, il faut voir ; la conversation pétille, il faut entendre. C'est un feu roulant de propos joyeux, de bons mots, de plaisanteries où le sel attique ne brille pas toujours. Qu'importe? avant tout, rions... On s'entretient de la France, de Paris, de la revue du Carrousel, des spectacles *gratis*, des distributions de comestibles. Ah! pourquoi une main vigoureuse n'a-t-elle pas lancé jusqu'à Cabréra quelques saucissons savoureux, quelques succulents pâtés?.. le repas eût encore été plus bruyant, plus animé... s'il est possible.

A la santé de l'Empereur! s'écrie une voix, et des milliers de voix répondent à l'appel. Les pots circulent, tous les convives se lèvent d'un commun accord, les bras s'avancent, et les gobelets en fer, les tessons de bouteilles s'entrechoquent. Une première rasade a lieu, puis une seconde, puis une troisième ; elle ne tarirait pas si, par malheur, l'eau ne venait à manquer ; car, hélas! c'est de l'eau qui sert à porter ces toasts si chaleureux, si sincères... Donnez un flacon de champagne à ces braves gens et vous leur ferez tourner entièrement la tête ; à force d'enthousiasme et d'illusion, ils ont vraiment perdu leur raison ; la meilleure des ivresses les domine, l'ivresse du cœur!..

De tous côtés des chants retentissent, des rondes se forment, et après une journée de plaisir et d'enivrement, chacun rentre chez soi, non sans avoir allumé auparavant devant sa cabane une branche de pin en guise de lampion. Les illuminations parisiennes étaient bien pâles, bien mesquines, comparées à celles de Cabréra.

Cet état de captivité touchait à son terme. Jetés là à la suite de sanglants revers, nos pauvres compatriotes ne devaient en sortir qu'après d'autres revers non moins sanglants... 1814 avait tu nos derniers prodiges et nos derniers désastres... Les Français épars en Angleterre, en Hongrie, en Sibérie, étaient rendus à la patrie ; le tour des prisonniers de Cabréra arriva aussi. Ils purent enfin abandonner cette île qui renfermait les dépouilles mortelles de trois mille de leurs camarades, moissonnés par la faim, la soif, l'insomnie, la chaleur du jour, l'humidité des nuits, et... la cruauté espagnole!..

E. Eustache.

HISTOIRE.

Désastres

QUI SUIVIRENT L'EXPEDITION D'IRLANDE.

—

1796.

On sait que l'expédition d'Irlande fut à son retour, comme à son départ, dispersée par la tempête, qui, complice des Anglais, semblait se déclarer pour leur tyrannie ; la mer soulevée repoussa loin de l'Irlande les vaisseaux libérateurs. Un égal malheur devait ouvrir et fermer cette campagne.

La plupart des bâtiments que la tempête avait balayés de la baie de Bentry ne songèrent plus qu'à regagner les ports de France. Une fortune diverse attendait leur traversée ; la frégate l'*Impatiente*, égarée dans la brume, se brisa sur les rochers du cap Clear, et les vagues ne roulèrent sur la grève que des débris et des cadavres ; le transport la *Fille-Unique* tomba entourée de vaisseaux anglais ; le *Suffren* fut enlevé par l'escadre britannique ; le *Scévola*, tout disjoint, tout brisé par le choc des lames, monté par un équipage que le jeu continuel des pompes avait excédé, donna à peine à la *Révolution* le temps de recueillir ses marins et les quatre cents hommes en garnison à son bord. Ce vaisseau rasé lutta quelques moments au milieu des lames avant de disparaître dans l'abîme. La frégate la *Fraternité*, sur laquelle se trouvaient le vice-amiral Morard de Galles et le général Hoche, venait de rejoindre ces deux vaisseaux lorsqu'eut lieu la catastrophe.

Depuis le coup de vent qui l'avait séparée du *Nestor*, de la *Cocarde* et de la *Romaine*, la *Fraternité* n'avait cessé d'errer sur les eaux septentrionales de la Manche, repoussée tour à tour de sa destination par les éléments et par l'ennemi.

Dans la matinée du 21, l'officier de quart, sachant la frégate dans les attérages de l'Irlande, avait recommandé la plus grande vigilance aux gabiers placés en vigie sur les barres de perroquet. Il s'attendait toujours à ce que la côte lui fût signalée, lorsqu'un cri se fit entendre, non celui : Terre! mais bien : Navire au vent!

Un vaisseau anglais avait découvert la frégate amirale ; il gouvernait sur elle. *La Fraternité* fut obligée de fuir devant lui ; en vain chargea-t-elle sa mâture de toute la toile qu'elle pouvait porter sans en compromettre la solidité, le navire anglais la maintint tout le jour en vue ; au coucher du soleil, on n'apercevait pourtant plus que dans les accalmies les voiles de l'ennemi se dressant à l'horizon au milieu des lames. La frégate française continua sa route forcée ; vers minuit seulement, par une manœuvre qui la porta hors le lit du vent, elle s'efforça de dévoyer ainsi le vaisseau chasseur. Délivrée de cet ennemi, elle reprit la direction des côtes d'Irlande. De nouvelles contrariétés attendaient l'impatience des deux généraux en chef, déjà surexcitée par ces retards. Les vents d'amont, dont la violence faisait déserter à beaucoup de vaisseaux la rade de Bentry, empêchaient *la Fraternité* d'en gagner les côtes. Elle fut donc obligée d'attendre un changement de temps pour cingler vers le havre de Bear, où Morard et Hoche croyaient l'armée en sûreté. Ils voguaient dans cette direction, lorsque le commandant de *la Révolution*, le chef de division Dumanoir, leur apprit que les bâtiments de l'escadre avaient quitté isolément la côte d'Irlande, durant l'ouragan du 25, pour regagner le port de Brest.

Leur surprise et leur consternation furent extrêmes. Ces instructions, dont la prudence prévoyait tous les obstacles et prévenait les chances les plus hasardeuses, avaient donc été ou mal comprises ou violées ; cette campagne si longuement méditée, préparée avec tant de peines et de soins, ne devait-elle être qu'un grand revers ? Ces rêves d'indépendance pour les patriotes irlandais, de gloire et de triomphes pour nos armes, étaient-ils évanouis sans espoir ? ne pouvaient-ils couronner dignement sur les montagnes d'Irlande cette année de triomphes, encore sans exemple dans nos annales : la campagne de 1796 !

Hoche ne pouvait le penser. Malgré les représentations de Dumanoir, *la Révolution* reçut ordre de faire voile vers Bentry, de conserve avec *la Fraternité*. Ces deux navires couraient dans cette direction depuis vingt-quatre heures, lorsqu'ils mirent un moment en panne. Un canot s'étant détaché de *la Révolution*, porta le second capitaine de ce vaisseau à bord de la frégate amirale. Cet officier venait, de la part du commandant, exposer à Morard l'état de délabrement où se trouvait *la Révolution*, et la famine aux horreurs de laquelle une navigation prolongée ne pouvait manquer d'exposer les 1600 marins et soldats dont était encombré son entre-pont. Ces considérations puissantes déterminèrent Morard et Hoche à regagner la rade de Brest, où, d'après les assertions du commandant Dumanoir, tous les navires de l'expédition devaient être de retour.

Ce fut ainsi que les deux officiers supérieurs renoncèrent à une résolution qui pouvait encore réaliser toutes les espérances qu'avait fait concevoir la sortie de la flotte. Les assurances de Dumanoir n'avaient d'autres bases que le signal de retraite arboré par Bouvet, en visitant la baie fixée pour le débarquement. Un grand nombre de bâtiments n'avait point cru, en l'absence du général en chef et de l'amiral, obtempérer immédiatement à cet ordre. Le vaisseau *le Nestor*, commandé par le capitaine Linois, y trouva encore, le 29 décembre, quatre vaisseaux, quatre frégates et deux corvettes. Le transport *la Ville de l'Orient* y vint même, quelques jours après, se faire capturer par les Anglais.

Linois ayant, par son ancienneté de grade, pris le commandement de cette division, convoqua à son bord tous les principaux officiers de mer et de terre. Sur la nouvelle qui fut communiquée de la présence de neuf vaisseaux et de six frégates sur la rade de Cork, Linois exposa quelle était la position de l'escadre sur le mouillage qu'elle occupait. Il était évident pour tous qu'elle ne pouvait prolonger son séjour dans ces eaux sans s'exposer à un combat ou à un blocus, par suite à une capture. Au milieu de ces circonstances, il demanda aux officiers des troupes de débarquement s'ils voulaient tenter la fortune des armes avec les 4,000 soldats que les navires, alors à l'ancre sous les terres de Killmarlock, pouvaient verser sur le rivage. Ces officiers crurent ne pas devoir entamer, avec d'aussi faibles moyens, une campagne pour laquelle le ministre Truguet et le général Hoche avaient regardé comme nécessaire une armée de 16,000 hommes. Leurs pouvoirs n'étaient point assez larges pour qu'ils pussent assumer, avec quelques régiments, la responsabilité d'un coup de main sur l'Irlande.

Linois, sur cette résolution, donna le signal du départ. Bien qu'il ventât grand frais et par grains chargés de pluie, la navigation fut constamment favorable ; la flotte, lancée durant quelque temps à l'ouest, porta ensuite son cap dans le sud-est, de manière à attaquer les côtes du Finistère. Quatre navires, dont une lettre de marque (1) forte de 14 canons, étant tombés dans ces eaux, furent amarrinés par nos frégates.

Après six jours de mer, cette division se trouva, par une nuit sombre et pluvieuse, vis-à-vis des côtes des îles du Four et de l'Iroise. Les feux, dont la mer était couverte, annonçaient la présence d'une nombreuse flotte ennemie.

Ces forces navales ne purent fermer Brest à nos bâtiments. Linois, ayant commandé de cacher avec soin la lumière des habitacles, donna la route et poussa hardiment à travers cette escadre. Le lendemain, la rade de Brest comptait douze navires de plus. De ses quatre prises, le

(1) Navires armés en guerre et en marchandises.

commandant Linois n'avait conservé que le bâtiment aventurier.

La Fraternité, dans le même temps, aborda à l'île de Rhé. Cette frégate étant tombée dans l'escadre britannique, fut forcée de s'éloigner de Brest, chassée par quelques vaisseaux, dont sa rapidité et son habileté de manœuvre purent seules tromper la poursuite.

Les navires de la division de Linois n'avaient pas été les derniers bâtiments qui eussent montré les couleurs françaises dans la baie de Bentry. Les deux vaisseaux *le Trajan* et *les Droits-de-l'Homme*, que les vents en avaient chassés, s'étaient empressés, dès le retour du calme, de gagner cet ancrage, où ils croyaient voir se rallier l'armée navale; trompés dans leurs prévisions, mais ne pouvant admettre que ce contre-temps fermât la campagne, ils s'étaient résolus de quitter cette crique déserte pour faire voile vers l'embouchure de Schannan, point fixé pour la descente, dans le cas où le débarquement sur la première plage rencontrerait d'insurmontables difficultés. La frégate *la Charente* s'était elle-même portée dans ces parages.

Ces trois navires sillonnèrent isolément les eaux qui battent le cap Loop et le cap Brandon, avant de s'éloigner des côtes d'Irlande; *les Droits-de-l'Homme* surtout, pensant toujours y voir quelques divisions de la flotte, ne les quitta qu'après avoir croisé pendant huit jours. Ce ne fut que le 6 janvier qu'il vit se noyer dans le nord-ouest de son horizon les hauteurs du cap Cybel. Six jours d'une navigation favorable le portèrent sur les attérissages de la Bretagne. Le 13 janvier, ses derniers relèvements le faisaient s'estimer par le 8° de longitude ouest et le 48° de latitude nord, c'est-à-dire à vingt-cinq lieues à peu près des terres de France, à la hauteur du sémaphore de Penmarck.

La mer était houleuse et la brise maniable; l'épaisseur de la brume qui pesait sur la mer détermina le chef de division Lacrosse à faire courir son vaisseau dans le sud-est, pour longer la terre, sans trop s'engager dans des eaux dangereuses. Il voguait ainsi sous ses huniers, lorsque, sur les deux heures de l'après-midi, un navire fut aperçu à son vent. La rapidité avec laquelle on vit sa masse se dessiner plus nettement à travers la brume, ne laissa aucun doute qu'il n'eût aperçu le vaisseau français; la vue d'un second bâtiment, qui ne tarda pas à poindre dans le sillage du premier, détermina le commandant des *Droits-de-l'Homme* à prendre chasse devant ses ennemis. *Les Droits-de-l'Homme* ne tarda pas à compléter sa voilure, et à s'élancer avec ardeur dans le lit du vent.

L'intention du citoyen Lacrosse n'était pas de se soustraire au combat par cette retraite, mais au contraire de se préparer à le soutenir avec vigueur. Pendant que le branle-bas de combat se faisait dans sa batterie, où l'encombrement des hommes jetait nécessairement de l'embarras et de la confusion, les gabiers passaient les manœuvres de combat, et doublaient les parties du gréement les plus nécessaires.

Tout s'exécutait avec activité : Lacrosse ayant cependant observé que, d'après l'avantage déjà acquis par le premier chasseur, ce vaisseau pourrait bien ne pas lui laisser le temps d'achever ses préparatifs, il voulut augmenter la vitesse de son aire, et donna ordre d'établir des bonnettes. La force du vent ne le permit pas; toutes les manœuvres rompirent, et contraignirent de renoncer à l'exécution de cette mesure.

A trois heures et demie, tout était prêt sur le bâtiment français pour commencer l'action, lorsque deux nouvelles voiles furent signalées sous son vent; cette circonstance aurait déterminé Lacrosse à continuer sa retraite, si un accident ne fût venu l'interrompre : les bras de son grand hunier s'étant rompus sous une forte rafale, leur perte entraîna celle de deux de ses mâts de hune. Ce sinistre le plaça quelque temps dans une position d'autant plus critique, que le bâtiment le plus voisin, *l'Indéfatigable*, vaisseau monté par le commodore Édouard Pellew, eût pu, en le prolongeant sous le vent, le canonner sans crainte de riposte, la batterie du vaisseau français se trouvant masquée par des débris de voile qu'eût infailliblement embrasés son feu. Sir Pellew ne profita point de cet avantage.

Le temps qu'il employa à remplacer la voilure de chasse par une voilure de combat, permit aux *Droits-de-l'Homme* de se dégager de tous les débris qui encombraient ses gaillards; déblayé de ces cordages et de ces troncons de mâts, le vaisseau français continua à courir sous deux basses voiles jusqu'au moment où *l'Indéfatigable*, parvenu à demi-portée de pistolet, vint brusquement au vent pour canonner en hanche. Le vaisseau français le prévint; ayant imité sa manœuvre, il lui lâcha toute sa volée, tandis que ses gaillards l'embrasant d'un feu roulant de mousqueterie firent pleuvoir sur l'Anglais une grêle de balles.

Le commodore Pellew n'eût pu supporter une demi-heure d'un engagement si terrible, si les lames, en battant à pleins sabords, n'eussent forcé le vaisseau français à fermer sa batterie de 36. L'avantage que ses pièces de 24 et ses caronades de 42 (1) assurèrent à *l'Indéfatigable*, augmenta, par une supériorité de forces, la supériorité nautique que le bon état de ses mâts lui donnait déjà sur un ennemi privé d'une partie de sa mâture. Toutes ses ressources n'eussent pourtant point empêché cet ennemi de succomber sous la valeur de l'équipage français et l'habileté de son

(1) Le vaisseau anglais put, dès cet instant, lancer par bordée 400 livres de fer de plus que le vaisseau français.

chef intrépide. *L'indéfatigable* ayant essayé de passer sur l'avant du vaisseau républicain pour enfiler sa batterie, celui-ci gouverna aussitôt pour l'aborder ; le commodore anglais sentait trop qu'un engagement bord à bord eût été pour nos soldats un triomphe facile, pour ne point s'efforcer de l'éviter à tout prix. L'évolution qu'il fit en refusant ce combat, l'ayant forcé de présenter son arrière, *les Droits-de-l'Homme* en profita pour lui tirer successivement toute sa bordée, en le rangeant à longueur de refouloir, et en le couvrant d'un feu de tirailleurs qui joncha son pont de cadavres. *L'indéfatigable* ne songea plus à combattre d'aussi près un ennemi si terrible. Un nouvel auxiliaire vint bientôt à son secours, c'était la frégate *l'Amazone ;* le commandant Lacrosse opposa tant d'habileté à cette double attaque, dont les marins et les soldats soutinrent le feu avec une vigueur admirable, qu'il força, après deux heures de combat, ses assaillants, dont le plus faible était armé d'une artillerie supérieure à la sienne, de suspendre le combat et de se retirer au large.

Des cris répétés d'enthousiasme accompagnèrent dans leur fuite les deux vaisseaux anglais.

Lacrosse, prévoyant bien que cette attaque ne tarderait point à être suivie d'une seconde, fit rafraîchir son équipage et exécuter toutes les dispositions que nécessitait un second combat.

Ce combat ne se fit point longtemps attendre : à neuf heures le feu s'était rallumé des deux côtés avec la même vigueur. Le commandant français fit tous ses efforts pour maintenir ses deux ennemis par son travers ; mais, ceux-ci s'étant placés des deux côtés sur son avant, profitaient de leur facilité d'évolutions pour se lancer tour à tour de manière à enfiler le vaisseau français ; Lacrosse, dans la situation terrible où se trouvait placé *les Droits-de-l'Homme*, n'eut plus qu'un but : aborder et enlever ces deux navires ennemis. Si ses manœuvres n'obtinrent pas ce résultat, elles lui procurèrent du moins plusieurs fois la faculté de balayer en longueur les ennemis avec ses boulets.

Vers les dix heures, Lacrosse crut devoir prévenir la chute de son mât d'artimon entamé par plusieurs boulets, en le faisant couper et abattre, de manière à ne point suspendre son feu ; l'ennemi n'eut pas plutôt vu chanceler et tomber ce mât, que, s'imaginant plusieurs pièces de son arrière masquée par cette avarie, il vint se poster à demi-portée de pistolet, de manière à le canonner par la hanche. Le commandant, craignant d'épuiser ses boulets ronds, fit charger son artillerie à obus. Ces nouveaux projectiles, bondissant et volant en éclats sur le pont de l'ennemi, y répandirent un effroi si vif, qu'il se hâta de mettre une plus large distance entre lui et ces volées meurtrières.

Le combat se prolongea ainsi furieux et acharné ; le carnage que les boulets faisaient à bord des *Droits-de-l'Homme* ne refroidissait l'ardeur ni des marins, ni des soldats. A peine un canonnier était-il mis hors de combat, que vingt combattants se disputaient sa place ; les généraux Humbert et Renier, rivalisant de zèle et d'ardeur avec les officiers de marine, rétablissaient continuellement l'ordre au milieu de l'exaltation du combat. Chacun donnait l'exemple du dévouement.

« Courage, mes enfans ! dit le commandant, au moment où, blessé par un boulet, on l'emportait à travers la batterie ; soyez sûrs que notre pavillon ne sera pas amené.

— Non, capitaine ! répondirent tous ses braves d'une seule voix. Vaincre ou mourir ! » Les Anglais ne s'aperçurent pas que le vaisseau avait changé de commandant. Sous les ordres du capitaine de frégate, *les Droits-de-l'Homme* ne fut pas moins intrépidement commandé que sous l'ancien chef. Le combat se soutint jusqu'à six heures avec une résolution qui étonna l'ennemi : ce fut vers cette heure que la terre fut signalée. La nuit couvrait encore la mer et la côte d'une obscurité complète ; ce ne fut qu'à la clarté de l'écume, dont les lames couvraient les rochers, que l'on eut connaissance du littoral. Lacrosse, à cette nouvelle, s'étant fait porter sur le pont, ordonna aussitôt de manœuvrer pour se relever de la côte et pouvoir la ranger ; mais, la rupture de ses mâts de misaine et de beaupré n'ayant plus laissé d'autres ressources pour résister à la dérive que de mouiller, on laissa tomber les ancres par un fond de douze brasses.

Un long cri se fit entendre, en ce moment, à peu de distance du vaisseau français. La frégate anglaise venait de toucher et d'échouer sur un récif. Le canon *des Droits-de-l'Homme* ne tarda point à répondre à celui que *l'Amazone* tirait en détresse. Ce vaisseau venait d'éprouver le même sort ; le grelin, qu'à défaut de câble on avait frappé sur une ancre à jet, s'étant brisé, le vaisseau fut jeté sur un banc de sable, où il échoua le 14 janvier, sur les sept heures du matin. Ainsi l'espoir de salut que ce généreux navire conservait encore après un combat de treize heures, où ses boulets de toutes formes, sa mitraille de toute espèce, avaient été épuisés, après un combat qui lui avait coûté deux cents hommes et dix officiers, venait de s'évanouir dans un naufrage. Du moins, ce n'était pas l'Anglais qui l'avait vaincu. Le vaisseau, presque désemparé, qui regagnait péniblement le large, et la frégate, étendue près des *Droits-de-l'Homme* sur la grève, attestaient assez hautement la défense héroïque de nos marins.

Le capitaine Lacrosse ne songea plus qu'à sauver l'équipage et la garnison de son navire, grand cadavre contre lequel s'acharnaient les lames.

La grosseur de la mer, qui avait été si funeste au vaisseau français durant sa longue lutte, s'était développée pendant la nuit sous la puissance qu'avait prise le vent. Le frais qui soufflait du sud-est, sans être passé à la tourmente, était une de ces brises carabinées si dangereuses sur des atterrages de rochers. Le ressac était d'une dureté qui laissait peu d'espoir pour les embarcations que l'on essaierait d'envoyer porter un grelin à terre. Un *va-et-vient* étant l'unique ou du moins le plus sûr moyen pour que tant d'hommes, la plupart étrangers à la vie maritime, parvinssent à gagner la plage, on se disposa à mettre les chaloupes légères à la mer pour l'établir. Peine inutile ! à peine les canots eurent-ils touché les lames, qu'il furent enlevés et broyés sur les rochers. On essaya de triompher de la fureur de la mer, en construisant un radeau avec des pièces de mâture et des vergues de rechange. Quelques hommes se hasardèrent sur cette machine fragile, qu'on laissa dériver sur la côte en la retenant peu à peu avec une aussière. Cette opération s'exécuta d'abord avec succès ; mais le poids de cette corde ayant ralenti la dérive du radeau, ceux qui le montaient, effrayés de la force des vagues qui enlevèrent plusieurs de leurs camarades, et qui menaçaient à chaque minute de les emporter, se hâtèrent de couper ce grelin de retenue, et furent jetés sur la grève.

Une seconde tentative échoua comme la première contre la violence que prenaient les lames aux abords des rochers.

Il fallut donc essayer d'autres moyens de sauvetage. Lemoudé, maître voilier du vaisseau, homme d'un grand courage et excellent nageur, offrit d'aller porter sur la rive une corde légère, à l'aide de laquelle on pût en amener une capable de servir de va-et-vient ; cette corde ne servit qu'à l'arracher à la mort. Le général Renier, dont la conduite au siége de Granville, son lieu natal, avait révélé le courage et l'habileté, proposa d'essayer cette périlleuse entreprise. Ce brave jeune homme trouva dans les vagues, à l'âge de vingt-sept ans, une sépulture que le destin des armes eût pu offrir plus brillante à son dévouement et à sa valeur, mais que certes il n'eût obtenue jamais ni plus noble ni plus belle.

Cependant l'assaut terrible que les lames livraient à ce vaisseau tout criblé par les boulets, en arrachait à chaque instant quelques débris ; l'arrière fut complétement enfoncé sous ces chocs incessants, les pavois disparurent par lambeaux. Ainsi s'écoula le premier jour et la nuit plus terrible encore. Le lendemain, cette foule de 1500 hommes, que la mer, en désertant, forçait de se tenir cramponnée à ce navire en ruine, songea à s'ouvrir de nouvelles voies de salut : le grand canot fut mis à la mer. Des vingt-cinq hommes qui s'embarquèrent à son bord, quinze seulement touchèrent la plage.

La grande chaloupe servit de tombeau le lendemain à ceux qui tentèrent de se sauver à son bord. Ce ne fut que dans la matinée du 17 que le

changement de vent permit à cinq chaloupes de sortir du havre d'Audierne, et de venir aborder le vaisseau. Ces barques étaient commandées par un officier de la frégate *l'Arrogante*, l'enseigne Provost, qui, dans cette mission, fit preuve d'une habileté non moins remarquable que son courage.

Au milieu des privations, des fatigues, des dangers dont ces malheureux avaient été continuellement assaillis, l'ordre le plus rare et la discipline la plus sévère n'avaient cessé de régner parmi eux. Un matelot ayant osé dire au commandant qu'une capture eût été moins à craindre qu'un tel naufrage, n'éveilla qu'un cri dans tous ses compagnons : «Non! plutôt la mort! plutôt la mort! Vive la nation! vive notre commandant! » Tous ces braves oublièrent dans cet élan d'enthousiasme le trépas qui les assiégeait sous mille formes, la famine, le froid et les vagues. Les officiers de toutes armes contribuèrent puissamment à soutenir cette généreuse patience, en donnant eux-mêmes l'exemple de l'abnégation et du dévouement.

Enfin, lorsque les chaloupes et le cutter *l'Aiguille*, arrivé depuis elles, s'éloignèrent, à l'approche de la nuit, de cette coque brisée, où ces embarcations furent forcées d'abandonner 400 hommes, pas une plainte ne s'éleva de cette foule que l'on abandonnait, par une longue nuit d'hiver, à tous les périls et à toutes les souffrances. Une fièvre ardente saisit la plupart et se convertit pour quelques-uns en calenture. Soixante expirèrent dans des convulsions horribles.

Enfin, le 18, la corvette *l'Arrogante* et le cutter vinrent recueillir ces malheureux. Le commandant Lacrosse et la plupart des officiers de son état-major furent les derniers à monter sur ces bâtiments sauveteurs.

La conduite admirable de cet officier, dans le combat du 13 et dans le naufrage qui en fut la suite, lui valut le grade de contre-amiral.

« Je n'ai pas perdu de vue, citoyen, lui écrivait Truguet, en lui annonçant cette récompense méritée, le combat honorable que vous avez soutenu sur le vaisseau *les Droits-de-l'Homme*, et le sang-froid dont vous montriez l'exemple dans votre naufrage. Le Directoire, à qui j'ai rendu compte de cette action, a trouvé juste de vous donner un témoignage de sa satisfaction, et je vous annonce avec plaisir que, sur ma proposition, il vous a élevé au grade de contre-amiral. »

« Votre combat vous a couvert de gloire, lui écrivit le général Hoche ; il a montré à tous nos ennemis acharnés ce qu'ils devaient attendre des marins français bien commandés. Grâces infinies vous en soient rendues. J'espère que, sous peu, vous recevrez des marques non équivoques de l'estime du Directoire et de la reconnaissance nationale. »

DES

Emprunts libres

FAITS PAR NOTRE ÉPOQUE A LA LITTÉRATURE
MARITIME.

Long temps encore, sans doute, on pourra
contester en France la légitimité artistique de
ce qu'on est convenu d'appeler, avec une certaine
ironie, la *littérature maritime*. Mais un fait que
l'on ne saurait nier sans repousser la plus frappante évidence, c'est l'influence que cette sorte
de littérature soi-disant bâtarde est parvenue
à exercer sur le langage littéraire lui-même.
En lisant les journaux et les livres du jour,
et en voyant passer une à une les pièces dont
la fécondité de nos auteurs dramatiques submerge nos théâtres, il serait bien difficile de
ne pas reconnaître dans toutes nos productions
nouvelles la trace des emprunts que la haute
littérature n'a pas dédaigné de faire à l'humble
littérature maritime. A part même ces drames
où l'on a tenté si maladroitement jusqu'ici de
faire intervenir des vaisseaux de ligne, et des
marins taillés sur un autre patron que ceux
dont l'Opéra-Comique se voyait depuis un siècle
en si tranquille possession, donnez-vous la peine
de vous rappeler ces ouvrages dans lesquels on
introduit, comme un personnage épuisé, un officier de marine ou un matelot au moins; et
vous vous convaincrez de la bonne volonté que
sont disposés à montrer nos auteurs pour offrir
à leur public des caractères et des mœurs que les
lecteurs ou les spectateurs n'ont pas toujours repoussés aussi dédaigneusement que voulaient le
donner à penser la plupart de nos critiques de
feuilletons et de revues.— Le Grand-Opéra, le
Théâtre-Français, l'Opéra-Comique, le Vaude-
ville et le Cirque-Olympique ont recruté depuis
deux ans plus de marins que n'aurait pu le faire,
dans le même espace de temps, l'inscription des
classes maritimes; et pendant que le feuilleton
des grands journaux et des gros recueils con-
testait le plus vivement la popularité de la
littérature amphibie, le théâtre, qui a aussi son
feuilleton, admettait, pour satisfaire le goût ou
l'engouement du public, tous les pirates, les négriers, les enseignes de vaisseau, les aspirants,
les maîtres d'équipage et les mousses, que les
littérateurs parisiens empruntaient discrètement
à ces romans de mer, dont l'odeur saline suffisait seule, disaient-ils, pour leur donner des
nausées... (1)

Un orateur dont la tribune nationale est encore
veuve, et qui longtemps sans doute portera son
deuil, avait écrit, il y a neuf ou dix ans, que *l'An-*

(1) L'*Ile des Pirates*, la *Traite des Noirs*, les *Deux Rei-*
nes, l'*Eclair*, la *Salamandre*, le *Capitaine de vaisseau*,
Sous la Ligne, l'*Aspirant de marine*, etc.

gleterre traînait le Portugal à sa remorque, comme
un vaisseau traîne sa chaloupe dans ses eaux. La
métaphore maritime de l'illustre général Foy fit
fortune, et aujourd'hui encore tous les publicistes,
traînés eux-mêmes, sans trop s'en douter, *à la*
remorque de cette phrase pittoresque, ne parlent
jamais de la dépendance d'un Etat ou d'une assemblée, sans mettre cet Etat ou cette assemblée *à la remorque* de quelque chose. Mais si
cette imitation de la phraséologie nautique s'é-
tait arrêtée à cet emprunt fort innocent et fort
tolérable, nous ne chercherions pas à réclamer
aujourd'hui, au nom de l'idiome du bord, les nombreuses dettes que la littérature élevée a con-
tractées envers lui. La hardiesse de l'imitation a
été poussée plus loin, et les emprunteurs se sont
multipliés en raison des ressources que les prê-
teurs avaient acquises. Ouvrez un journal voué à
la grave polémique de l'époque, et bien heureux
vous serez si vous n'y lisez pas : que le *gouver-*
nement vogue à pleines voiles vers les dangers qui
lui ont été signalés du haut des mâts par la vi-
gilance de la presse ; que le *branle-bas de combat*
est fait au ministère ; que l'opposition *a coulé bas*
les arguments *des orateurs désorientés du centre ;*
ou si, par malheur, le journal que vous avez ouvert est ministériel, bien favorisé serez-vous par
le destin, si vous n'y voyez pas que *les bordées de*
l'opposition n'ont pu faire obtenir pavillon à la
cause des principes que le ministère a arborés, et
que, malgré l'orage qui rembrunit l'horizon, les sa-
ges pilotes placés au *timon* des affaires sauront
serrer leurs voiles avant que *la bourrasque des évé-*
nements puisse compromettre la sûreté du vais-
seau de l'Etat. Les recueils littéraires même,
s'emparant avec plus de liberté de la métaphore nautique, nous égarèrent peut-être sur
les mers où la brise du matin vient caresser
l'azur des flots, et agiter sur la *poupe dorée*
du paisible paquebot la couleur glorieuse de la
France. Et quelle fécondité de vocabulaire, bon
Dieu! ne rencontrerait-on pas dans la description d'un naufrage, si le recueil qui vous tombe
sous la main avait à vous parler de la perte
ou du *sinistre* d'un navire ! Autrefois la littérature, pour peindre ces sortes de catastrophes,
se bornait à vous rappeler et à paraphraser la
dispersion classique des vaisseaux d'Enée, et l'é-
ternelle description de la tempête d'Idoménée ;
mais aujourd'hui c'est en vrais matelots, échappés
du naufrage sur les durs cailloux de l'*Accore*,
d'une côte à pic, que nos écrivains se sont habitués à nous parler de la *perdition* du premier
trois-mâts venu, ou du *sauvetage* de la cargaison
qu'il aura prise *en cueillette à Lintin*, ou à *Vam-*
poo. Partout enfin un débordement de métaphores ou de termes maritimes, sous la plume
orageuse des écrivains, qui nient encore la littérature maritime ! N'est-ce pas à peu près comme
ces bons bourgeois qui, dansant aux Tuileries

avec les Cosaques de la Sainte-Alliance, auraient voulu nier l'invasion des Cosaques !

Les Cosaques de l'invasion maritime, pardon du terme pour mes confrères en invasion, pourraient peut-être se féliciter d'avoir ainsi été pillés, sans avoir jamais pillé les autres, si, par avance, la critique n'avait pris le charitable soin de réprimer les mouvements d'orgueil auxquels ils auraient pu être tentés de se livrer. Jamais contrefaçon ne fut prouvée d'une manière plus flagrante que celle de la métaphore nautique, dans les œuvres journalières de nos artisans littéraires les plus accrédités. Chacun d'eux, poussant même encore plus loin qu'au délit de l'imitation exacte l'oubli du scrupule, a fait mieux ou pis que de se familiariser avec la phraséologie de bord, en niant la vulgarisation de l'idiome nautique en France. Aujourd'hui on ne citerait pas un littérateur un peu connu en librairie, qui n'ait essayé à faire pour le public au moins une *petite marine*, que le public bien entendu s'est hâté d'oublier. Le *faire* manquait à la plupart d'entre eux sans doute ; mais la bonne volonté y était du moins, et c'est là ce qu'il nous importait de constater ici ; car l'impuissance même devait nous aider à prouver le fait, et à démontrer le délit. Ceux qui n'ont pas voulu s'aventurer à courir les mers en vrais corsaires, comme Cooper ou Trelawney, se sont modestement attachés au rivage, pour battre les eaux peu profondes de la côte, sur quelques barques de pauvres pêcheurs ou d'humbles pilotes. Ceux qui, craignant plus encore que ces derniers l'effet du roulis ou le mal de mer, n'ont pas même osé se risquer à faire la pêche ou à piloter quelques petits caboteurs, se sont cramponnés aux rochers de la grève ou aux falaises des caps, pour avoir le loisir d'en décrire les pittoresques configurations ou les sauvages anfractuosités. Ceux aussi qui n'ont voulu, ni mettre littérairement le pied sur une barque, ni littéralement le bout des doigts sur un rocher, se sont faits boucaniers avec les *frères de la côte* de l'île de la Tortue, ou contrebandiers avec les *smogleurs* des Sorlingues et des Shetland. Là du moins, avec un peu de mer, il y avait au moins de la terre, et l'on pouvait se rattraper sur la description des lieux. Mais tous ont voulu faire de la marine, sans avoir daigné respirer l'air brûlant et salin de Marseille, ou la brumeuse atmosphère de Brest ; et les ingrats, après avoir joué, retourné, usé, déguenillé, rapiécé la littérature maritime par tous les bouts et sur toutes ses coutures, ont osé nier cette littérature ! Mieux aurait valu la blasphémer, car alors on aurait vu du dépit chez eux, et le dépit eût été cent fois préférable à une aussi noire ingratitude.

ED. CORBIÈRE.

État

DE LA LÉGISLATION MARITIME
AVANT 1789.

Les richesses qu'avaient importées de leurs colonies l'Espagne et le Portugal avaient excité la convoitise dans nos ports et dans nos villes. Les éblouissantes dépouilles des Incas et des Caciques avaient fait naître la soif de l'or, et le récit des exploits merveilleux des Pizarre, des Fernand-Cortez et des Vasco de Gama, avait tourné les esprits vers ces conquêtes faciles dont le règne orageux des derniers rois n'avait pu permettre à l'esprit français de tenter les aventures.

Les guerres de religion étant terminées par le siége de La Rochelle, Richelieu, tout entier à ses préoccupations de grandeur, comprit que la marine devait être un des éléments les plus puissants de la prospérité publique. Il fit dresser divers édits et règlements, et quoiqu'ils n'aient pas été publiés, ils n'en ont pas moins servi à former en partie l'ordonnance de 1681 et celle de 1689. Mais des entreprises de cette nature ne peuvent réussir que par des gradations lentes, à raison des soins assidus et des dépenses excessives qu'elles exigent ; de sorte qu'à la mort de ce grand ministre, loin que les choses fussent à leur perfection, il en restait plus à faire qu'il n'y avait de préparées, et la gloire de la consommation de l'ouvrage était réservée à Louis XIV. Il était de la destinée de ce prince que son règne fût l'époque mémorable de la grandeur, de la puissance et de la majesté de la France dans toutes les parties qui constituent la force et la splendeur d'un État.

Ainsi, dans le préambule de l'ordonnance, le roi expose ce qu'il a fait pour l'accroissement de la navigation et du commerce maritime du royaume. Quand il monta sur le trône, la France n'avait encore qu'un petit nombre de vaisseaux de guerre, avec deux ports simplement ébauchés ; mais, dès l'année 1669, la marine française se trouva composée de trente vaisseaux de ligne, dont deux de 150 canons, un de 120, et deux autres de 110. Il y avait d'ailleurs quarante-et-un vaisseaux depuis 45 jusqu'à 60 canons, dix-sept frégates, cinq tartanes et six galiotes. Ces forces maritimes, sans compter les galères, étaient distribuées dans les ports de Toulon et de Brest, auxquels l'augmentation de la marine allait ajouter les ports de Rochefort et de Lorient, qui, comme les précédents, eurent tous les bâtiments nécessaires à la construction, à l'équipement et à l'avitaillement des vaisseaux, et on allait compter bientôt cent vaisseaux de ligne avec un nombre égal de vaisseaux inférieurs.

Mais c'est peu que d'avoir des vaisseaux et des ports, si l'esprit maritime n'est point dirigé dans sa conception, ses projets et ses spéculations, par des institutions qui doivent le perpétuer dans la nation, et si l'on ne sait assurer, par des lois, l'avenir d'une branche aussi fructueuse de l'industrie humaine.

Telle fut la préoccupation de ce règne où le prince avait Colbert pour ministre.

Aussi bientôt la marine française grandit et acquit, à l'aide d'institutions en rapport avec son développement, une gloire qu'elle partage dans la postérité avec les Château-Renaud, les Duquesne, les Tourville, les Duguay-Trouin et les Jean-Bart.

Les ports de Dunkerque, du Havre-de-Grace, et divers autres ports, furent rendus propres à servir de retraite aux vaisseaux.

Les premiers succès des efforts que la France remporta furent signalés, sur les deux mers du Levant et de la Manche, contre les Espagnols et les Hollandais; la marine française eut encore la gloire de porter un secours utile aux Anglais. Ces derniers n'eussent point affecté l'empire de la mer ou n'eussent point, au mépris du droit des gens et de toute bonne foi, fait éclater leur système d'usurpation, si, moins tranquille sur l'exécution des traités, la France eût songé à relever la marine des pertes qu'elle essuya dans la suite, à la fin du règne de Louis XIV.

Il ne fallait que des vaisseaux à la France pour reprendre sur la mer son ancienne considération; et c'était là une des ressources que lui avait ménagées la prévoyance admirable du roi, au moyen de ces utiles établissements qu'il a faits, d'un côté pour former et perfectionner continuellement des officiers de marine, et d'un autre côté pour avoir toujours prêt un nombre suffisant de matelots expérimentés pour l'équipement des plus grandes flottes, sans interrompre le commerce maritime du royaume.

Ce prince, qui traitait tous les objets en grand, fit ouvrir le commerce de toutes les parties du monde à ses sujets; et, pour l'exécution de ces établissements lointains, il encouragea les compagnies : l'exemple, à la vérité, en avait été donné dès Henri IV et Louis XIII. Le premier de ces deux princes, par lettres patentes données à Fontainebleau le 8 janvier 1603, enregistrées au parlement le 6 mars 1603, nomma le sieur de Montz son lieutenant-général, pour commander en son nom dans les pays, territoire, côtes et confins de la terre d'Acadie, à commencer dès le 40ᵉ degré jusqu'au 46ᵉ, comme étant lesdits pays acquis depuis longues années à la couronne de France.

Ces lettres patentes furent confirmées par d'autres du 18 décembre, portant défenses à tous sujets, autres que ceux qui auraient pouvoir dudit sieur de Montz, de trafiquer ès-dits pays depuis le cap de Rosse jusqu'au 40ᵉ degré, comprenant toute l'Acadie, terre du Cap-Breton, baie de Saint-Clair, de Chaleurs, îles Perin, Gaspey, Chichetz, Electeau, l'Esquimaux, Cardouzac et la rivière de Canada, et toutes les baies et rivières en dépendant, etc.

Puis l'édit donné au camp devant La Rochelle, au mois de mai 1628, sous l'autorité du cardinal de Richelieu, portant établissement de la compagnie du Canada; un autre, portant établissement d'une compagnie générale de commerce, par traité conclu au château de Limours, le 19 mai 1626, entre le cardinal de Richelieu, au nom du roi, et Nicolas Diwitte, Hollandais, Francisco Billoly, de Bruxelles, et Jean de Meurir, de Saint-Remy, stipulant tant pour eux que pour leurs associés français, flamands et autres.

Cette compagnie devait se former en France, pour y faire tout commerce, y établir des manufactures de toute espèce, faire construire des vaisseaux, ou y en introduire en tel nombre qu'elle jugerait à propos pour commercer dans toutes les parties du monde. Les plus grands avantages lui étaient accordés; entre autres celui de la noblesse pour ceux qui, dans la première année, y entraient et y mettaient un fonds de 5,000 livres sans pouvoir le retirer de six ans. Cette compagnie prit le titre singulier de *Compagnie de la nacelle de Saint-Pierre fleur-delisée.* Les projets de cette compagnie furent trop vastes pour qu'elle pût se soutenir; mais il en résulte toujours que le cardinal de Richelieu se prêtait à tous les moyens qui s'offraient pour jeter les fondements d'un grand commerce au dedans et au dehors du royaume.

Louis XIV, à l'exemple de Louis XIII et du cardinal, continua à donner aux gouverneurs et commandants, qu'il nommait pour ces pays-là, le privilège d'y trafiquer par eux-mêmes ou par les personnes qu'ils s'associèrent, jusqu'à ce qu'un assez grand nombre de négociants particuliers y eussent des relations capables d'y entretenir un commerce correspondant à celui qui pouvait y être introduit.

Mais le plus grand service que ce prince ait rendu à la patrie a été, après avoir créé une marine formidable, de plier aux idées de la navigation et du commerce maritime une nation qui ne soupire que pour la gloire des combats.

Au mois de mai 1664 parurent à la fois ces deux célèbres compagnies connues, l'une sous le nom de Compagnie des Indes orientales, et l'autre sous celui de Compagnie des Indes occidentales.

La première subsista long-temps, et prit simplement le titre de Compagnie des Indes; l'autre fut supprimée dix ans après. Cette dernière compagnie avait dans son partage la seigneurie de nos îles de l'Amérique, qu'elle devait peupler et améliorer, avec le privilége exclusif d'y faire le commerce. Elle avait exclusivement le privilége d'y introduire seule des noirs pour y défricher et cultiver les terres; à l'effet de quoi ce n'était qu'à elle que la traite des noirs à la côte de Guinée était permise.

Dans les vues du roi, le commerce aux îles et à la côte de Guinée n'était pas interdit aux particuliers; mais ils ne pouvaient y aller commercer sans la permission de cette compagnie, qui leur délivrait même les congés nécessaires pour cette navigation.

Peu de temps après, et par arrêtés du Conseil d'Etat des 10 septembre 1668 et 12 juin 1669, il fut réglé qu'elle ne donnerait plus les congés, et que, sur sa permission, il serait expédié des passe-ports du roi. Un des motifs de la formalité des passe-ports du roi était de connaître par là l'étendue du commerce que les particuliers pouvaient faire dans ces îles, afin de régler sur cela le temps de l'existence de la Compagnie, qui ne devait être qu'un établissement passager.

D'abord elle n'accordait la permission de commercer aux îles et à la côte de Guinée qu'à condition, par les armateurs, de lui payer 6 liv. par tonneau du port de chaque navire pour aller, et en outre 5 p. 100 en nature des marchandises de retour du crû du pays.

Mais comme le premier droit de 6 liv. par tonneau était trop onéreux au commerce, il fut supprimé par arrêt du Conseil du 9 novembre 1669, qui laissa subsister encore quelque temps celui de 5 p. 100 des marchandises de retour.

Cependant, par rapport aux nègres qui seraient transportés à l'avenir de la côte de Guinée aux îles de l'Amérique, un autre arrêt du Conseil du 26 août 1670 déchargea en plein les armateurs du droit de 5 p. 100 sur les marchandises, droit qui, pour encourager d'autant plus ce commerce, fut enfin réduit à 3 p. 100 par un autre arrêt du 4 juin 1671. En même temps, toutes les marchandises destinées pour l'Amérique furent déclarées exemptes de tous droits de sortie, et autres généralement quelconques, au lieu que, par l'arrêt du Conseil du 30 mai 1664, elles n'en avaient été affranchies que pour moitié; exemption qui fut ensuite confirmée, de même que pour les marchandises destinées pour la côte de Guinée, par autres arrêts des 18 septembre et 23 novembre de la même année 1671.

Celle des droits d'octrois avait déjà été accordée par celui du 12 février 1665, et renouvelée par autre du 4 octobre 1672. Elle a enfin été solennellement confirmée, de même que celle de tous droits des fermes, par lettres patentes du mois d'avril 1717, art. 3 et 4.

Une prompte augmentation du nombre des nègres ayant aussi paru nécessaire, pour y exciter les armateurs, par ordonnance du 13 jan-vier 1672, il leur fut attribué 10 liv. de gratification par chaque tête de noirs qu'ils feraient passer de la côte de Guinée aux îles, et 3 liv. au capitaine qui les y conduirait.

A tous ces encouragements, Louis XIV en joignit encore d'autres non moins propres à hâter l'exécution de ses projets de commerce. Comme il ne se trouva pas d'abord dans le royaume un nombre suffisant de navires pour une navigation vive et soutenue, le premier moyen qu'imagina ce prince fut de rendre un arrêt dans son conseil de commerce, en date du 5 décembre 1664, par lequel, outre la compatibilité du commerce avec la noblesse, il offrit diverses récompenses à ceux qui bâtiraient des vaisseaux ou qui en achèteraient au delà de 100 tonneaux, pour leur faire faire des voyages dans la mer Baltique, ou pour porter des hommes et des femmes dans nos colonies, gratification qu'il eut soin de renouveler par autres arrêts des 7 septembre 1669 et 15 octobre 1679.

Pour l'activité du commerce du Nord en particulier, il fit publier aussi une ordonnance le 15 janvier 1671, portant qu'il serait accordé aux maîtres de navires français frétés pour la compagnie chargée de cette partie du commerce, 100 sous par tonneau au-delà de ce qui serait réglé pour le fret des vaisseaux hollandais employés par la même compagnie, lesquels 100 sous d'augmentation seraient payés, savoir, 40 sous par ladite compagnie, et 3 liv. pour le compte de Sa Majesté.

Un arrêt du Conseil du 7 décembre 1669 avait déjà invité les étrangers propriétaires de navires à venir s'établir dans quelques ports du royaume, en leur offrant une gratification de 100 sous aussi par tonneau pour chaque navire de 100 tonneaux, à la charge par eux néanmoins de déclarer au greffe de l'amirauté que leur intention était de demeurer dans le royaume.

Gratification encore de 4 livres par tonneau pour quiconque ferait bâtir ou acheter des vaisseaux au-dessus de 100 tonneaux en pays étranger, pour en faire l'introduction dans le royaume, par arrêt du Conseil du 28 octobre 1679.

La révocation de l'édit de Nantes ayant laissé un certain vide dans nos ports, un arrêt du Conseil du 11 janvier 1686 intervint, par lequel il fut permis aux étrangers, de quelque religion qu'ils fussent, de venir commercer en France, d'y séjourner avec leurs familles autant de temps qu'il leur plairait, et d'en sortir ensuite en toute liberté.

Louis XIV, après avoir dirigé lui-même les grandes opérations du commerce dans son conseil privé, et avoir nommé le conseil du commerce dès l'année 1664, établit enfin un conseil de commerce séparé, par arrêt du 29 juin 1700; il créa ensuite six intendants de commerce, par l'édit du mois de mai 1708, et ordonna qu'il y eût des chambres de commerce en certaines villes du royaume. Celle de la ville de La Rochelle fut ordonnée par arrêt du 21 octobre 1710, mais elle n'a été réellement établie qu'en conséquence d'un second arrêt du 15 juillet 1719.

On a vu qu'avant les arrêts des 10 septembre 1668 et 12 juin 1669, cette Compagnie non-seulement donnait la permission pour le commerce de ces îles, mais encore délivrait les congés nécessaires pour cette navigation; que dans la suite le roi ordonna que ces voyages ne se feraient à l'avenir qu'à la faveur des passe-ports de la cour, et qu'un des motifs de cette condition imposée aux armateurs pour cette sorte de commerce, était de reconnaître avec certitude les progrès que les particuliers y feraient.

Mais il y en avait un autre plus intéressant, c'était d'empêcher que les étrangers ne partageassent ce commerce avec les Français, et c'est pour cela que, par ce dernier arrêt du 12 juin 1669, il fut ordonné que les passe-ports du roi ne seraient plus délivrés que sur des certificats des directeurs de la Compagnie, et que l'enregistrement en serait fait au greffe des amirautés des lieux du départ des vaisseaux, avec soumission de la part des armateurs de ramener leurs navires, ou dans les mêmes ports, ou en quelque autre du royaume. Ce qui fut confirmé, tant par autre arrêt du 1er juillet 1670, qui exigea de plus le certificat des officiers de l'amirauté, portant que le navire pour lequel le passe-port était demandé était actuellement dans leur port, que par un autre arrêt du 30 décembre de la même année 1670; le tout sous peine de confiscation avec 1500 liv. d'amende contre les contrevenants, et sous plus grande peine en cas de récidive.

Avant ce temps, au moyen de permissions clandestines que la Compagnie donnait aux étrangers, ils s'étaient en quelque sorte emparés du commerce de nos îles; d'où il était arrivé que, pour mettre un terme à leur cupidité, les gouverneurs avaient introduit l'usage de fixer le prix de leurs marchandises, de même que celui des sucres et autres denrées qui leur étaient données en échange; et cet usage ils l'étendirent aux Français, après qu'ils eurent rétabli leur commerce à la faveur des ordres précis du roi, qui en excluaient absolument les étrangers.

Et comme cet usage était un abus intolérable, tendant à la ruine entière du commerce, il intervint une ordonnance du 9 juin 1670, portant « qu'à l'avenir toutes les marchandises qui se» raient portées de France dans les colonies » seraient vendues et débitées, soit en gros, soit » en détail, à tels prix, clauses et conditions dont » les vendeurs et les acheteurs conviendraient; » avec défense à tous officiers et autres de » mettre aucun prix aux dites marchandises, ni » aux sucres pris en échange, sous quelque pré» texte que ce fût. »

Il n'était plus question après cela que d'empêcher que les étrangers ne participassent plus à notre commerce des îles, et Louis XIV entendait trop bien les intérêts de sa gloire et de l'Etat, pour négliger les précautions convenables à ce sujet. Afin d'y parvenir plus sûrement, à la formalité à laquelle il assujettit les armateurs, de prendre des passe-ports de la cour de la manière ci-dessus marquée, il joignit les défenses les plus expresses à ses sujets d'associer aucun étranger à leur commerce, et de leur prêter nom directement ni indirectement; défenses qui, renouvelées par ordonnances des 10 juin 1670 et 22 mai 1671, furent réitérées les 18 juillet, 23 avril, 5 août, 13 septembre 1686.

Depuis ce temps, ces règlements n'ont éprouvé aucune variation; ils ont au contraire été solennellement renouvelés :

1° Par le règlement général du 20 août 1698, à l'occasion du commerce prohibé qui s'était introduit aux îles d'Amérique, pendant la guerre terminée par la paix de Riswick;

2° Par les lettres patentes d'avril 1717; elles avaient été précédées du règlement du 12 janvier de la même année, dont l'une des dispositions portait défense à tous marchands, maîtres, capitaines, et autres gens de mer naviguant dans les mers de l'Amérique, d'y faire aucun commerce avec les étrangers, et d'aborder dans ce dessein aux côtes et îles de leurs établissements, sous peine pour la première fois de confiscation des vaisseaux avec leur chargement, et des galères en cas de récidive ;

3° Enfin par l'édit du mois d'octobre 1727, portant réitération des défenses faites aux étrangers de commercer dans nos îles et colonies de l'Amérique, sous des peines très-sévères.

Le roi n'avait pas cru seulement devoir se précautionner contre le commerce des étrangers dans nos colonies, il avait encore étendu ses vues jusqu'à interdire tout commerce tant aux officiers commandant ses vaisseaux, et aux intendants, commissaires, et autres officiers de marine, qu'aux gouverneurs, commandants, et autres officiers des colonies.

Le but de ces défenses, par rapport aux capitaines et autres officiers, était tout à la fois que ces vaisseaux fussent toujours en état de combattre pour soutenir l'honneur du pavillon, n'étant pas embarrassés par des marchandises, à la conservation desquelles ces officiers songeraient plus qu'à la gloire de la nation, et d'empêcher que ces officiers ne fissent un tort considérable au commerce des négociants, par la préférence qu'ils auraient su se faire donner à leur préjudice.

Ce second motif avait aussi rapport aux intendants et commissaires de la marine, aussi bien qu'aux gouverneurs et autres officiers des colonies; mais il y avait de plus pour ceux-ci la crainte et l'abus de leur autorité.

i

L'ordonnance la plus remarquable à ce sujet est celle du 20 août 1691, par laquelle il fut défendu, tant aux capitaines et autres officiers des vaisseaux du roi, d'y embarquer aucune marchandise, qu'aux intendants de marine, commissaires ordonnateurs, comme aux classes et autres employés de la marine, de faire aucun commerce directement ni indirectement, ni de prendre part sous leur nom, ou sous un nom interposé, sous quelque prétexte que ce fût, dans les vaisseaux et effets de leur chargement, appartenant aux sujets du roi ; le tout à peine de cassation et de 5,000 liv. d'amende, applicables un tiers au dénonciateur, un tiers au profit des pauvres du port, et l'autre tiers au roi. Ces défenses furent renouvelées par les ordonnances des 22 octobre 1692, 26 août 1698.

Lors de la suppression de la Compagnie des Indes occidentales, par édit du mois de décembre 1694, le droit de 3 p. 100 sur les marchandises venant de l'Amérique, à quoi avait été réduit celui de 5 p. 100 établi dans l'origine, se trouva dévolu au roi, et continua d'être payé sous le nom de *Droit de Domaine d'occident*.

La Compagnie des Indes occidentales, avant sa suppression, avait déjà souffert un démembrement par l'établissement de la Compagnie du Sénégal, dont le commerce comprenait le Sénégal, la rivière de Gambie, et autres lieux de la côte d'Afrique, depuis le Cap-Vert jusqu'au Cap de Bonne-Espérance.

La traite des noirs avait essuyé bien des variations. Le privilége exclusif pour vingt années en fut accordé à la Compagnie de Guinée, établie par édit du mois de janvier 1685. A l'expiration du délai, cette compagnie en obtint la prorogation jusqu'au mois de novembre 1713, sous le nom de *Traité de l'Assiente*. A l'échéance de ce nouveau terme, il y eut des propositions pour le renouvellement du privilége ; mais le roi préféra la liberté du commerce, et par lettres patentes du mois de janvier 1716, ce commerce fut rendu libre à tous les négociants et armateurs des villes ayant la faculté de commercer aux colonies, avec les mêmes exemptions qu'avait la Compagnie, à condition néanmoins de payer 20 livres par tête de nègres qui seraient débarqués en Amérique, et par rapport à la traite de la poudre d'or, de payer 3 livres par tonneau, le tout en retour des navires de France. Ces sortes d'armements ne pouvaient alors se faire que dans les ports de Rouen, La Rochelle, Bordeaux et Nantes.

Un arrêt du Conseil du 27 septembre 1720 révoque cette liberté du commerce de Guinée, et rétablit la compagnie créée en 1685, avec réunion à perpétuité à la Compagnie des Indes, à laquelle furent accordés les mêmes droits et priviléges dont la première avait joui, et de plus non-seulement l'exemption des 20 livres par tête de nègres et des 3 livres par tonneau que le roi avait imposées sur les navires des particuliers, mais encore une gratification de 13 livres par tête de noirs qu'elle introduirait aux îles et colonies de l'Amérique, et de 20 livres pour chaque marc de poudre d'or qu'elle ferait entrer dans le royaume. Au moyen de cette disposition longtemps subsistante, les particuliers ne purent plus faire le commerce de Guinée qu'avec la permission de cette compagnie, au moyen d'une rétribution de 10 livres par chaque tête de nègres, au retour des navires dans le port du royaume où avait lieu le désarmement. A cette époque, il n'était pas encore question de notre colonie de la Louisiane : ce pays était à peine découvert.

Quand de justes appréciations sur la fertilité de son sol en furent faites, on pensa à y faire un établissement solide. Pour cet effet, la Compagnie d'occident fut formée par lettres patentes du mois d'août 1717, avec le privilége exclusif d'y faire le commerce. Cette faculté, qui était pour vingt-cinq ans, à compter du 1er janvier 1718, jusqu'au dernier décembre 1742, fut confirmée spécialement pour la traite des castors, par arrêt du Conseil du 11 juillet 1718. Cette Compagnie d'occident, aussi bien que celles de la mer du Sud et de Guinée, furent réunies en 1719 et 1720 à la compagnie appelée originalrement la Compagnie des Indes orientales ; mais elle ne jouit pas longtemps de son autorisation par rapport à la Louisiane : elle s'en démit entre les mains du roi, qui accepta sa démission par arrêt du Conseil du 23 janvier 1731. Après quoi le roi, par ordonnance de la même année, permit à tous ses sujets d'aller commercer librement à la Louisiane, aux mêmes conditions qu'aux îles et autres colonies de l'Amérique, avec le privilége du commerce des castors, de même que celui de la traite à la côte de Guinée resta à la Compagnie des Indes.

Dans les diverses phases législatives, il est aisé de reconnaître la suite et l'exécution du plan de commerce formé par Louis XIV sous la direction de Colbert ; nous le montrerons surtout dans la suite de cet article, en parlant des lettres patentes du mois d'avril 1717, données d'abord pour les îles de l'Amérique, et déclarées ensuite communes pour les autres colonies.

Du reste, la législation maritime qui, de nos jours, s'inspirait encore des vieilles traditions et des articles pour ainsi dire consacrés par le temps, va enfin recevoir une interprétation et une forme plus appropriée aux mœurs de notre époque. Les bureaux du ministère de la marine préparent depuis longtemps des projets de lois maritimes, dans lesquels la pénalité, cette partie importante de toute législation, sera calculée sur les initiations morales qui nous ont amené à une époque déjà si éloignée de l'enfance des lois maritimes.

C. MARÉCHAL.

Arrières et Avants

DES VAISSEAUX,

Depuis l'antiquité jusqu'à nos jours.

ARRIÈRES.

L'*arrière* est le poste d'honneur, il le fut toujours. Il y a deux raisons à cela, et les voici :

C'est à l'arrière que dut s'asseoir le premier qui, montant dans une barque, dans un tronc d'arbre creusé en canot, ou sur un radeau, eut la prétention de le diriger. Il fallait que son œil, fixé tour à tour sur l'avant de son navire, sur les obstacles qu'il avait à éviter, sur le courant sinueux du fleuve ou du ruisseau où il avait hasardé sa frêle machine, embrassât d'un seul coup l'espace à parcourir, l'embarcation et les instruments qui contribuaient à sa marche sur l'eau. La place marquée par la nécessité au directeur du navire devint bien vite la première, la plus honorable, parce que c'est là que l'expérience, la hardiesse, et ce qu'il y avait alors de savoir naval, durent siéger.

Et puis les dieux y vinrent. Les pénates du vaisseau, les effigies saintes de Castor et Pollux, les images de Neptune, de Thétis, de Jupiter et de tous les dieux protecteurs furent apportés par le capitaine, qui les logea dans sa chambre, comme il les avait à terre, sur un petit autel domestique. Ces vénérables représentations nommèrent bientôt la partie du navire qui les abritait. Les dieux étaient les guides, les tuteurs du navire, et la chambre qui leur servait de temple devint la *tutela;* leurs statues étaient petites, on les nommait *pupi* à cause de leur taille d'enfants, et l'arrière, qui contenait la *tutela* et les *pupi*, prit le nom de *puppis*, la *poupe*.

Ce qui n'avait d'abord été qu'un lieu honorable, devint ainsi un lieu sacré, une sorte de sanctuaire inviolable où pouvaient se réfugier les suppliants; et l'on voit Tite-Live, parlant des envoyés de Carthage venus pour demander la paix, dire : « Quand ils eurent touché le seuil » de la poupe du vaisseau prétorien, ils dépouil- » lèrent leurs vêtements de suppliants, et implo- » rèrent la foi de Scipion. » Ce droit d'asile, que la poupe du navire tenait de la présence des dieux, elle ne le perdit pas quand la religion du Christ triompha des croyances antiques. Marie et son Fils, les saints et les martyrs remplacèrent dans le panthéon du vaisseau toutes les divinités de l'Olympe grec; et la tutelle, comme l'église, fut un asile pour le coupable. La tradition, malgré les dangers de l'usage, se perpétua jusqu'au xviiie siècle, où la raison fit justice de ce privilége. Un écrivain suédois, cité par Scheffer dans son savant Traité de la marine militaire des anciens, raconte qu'à bord des vaisseaux de la reine Christine, la poupe était encore un lieu d'asile d'où personne ne pouvait être arraché par la force, à moins qu'il ne fût coupable du plus grand crime, et qu'il ne le fût ouvertement (*palam sontem*). Ainsi, au xviie siècle, tous les délits, toutes les infractions à la discipline, tout ce qui n'était pas un grand crime avéré trouvait encore protectrice la poupe de quelques vaisseaux chrétiens.

Doublement noble, et par la présence des images sacrées et par l'habitation du capitaine dans cette chambre, que Pétrone a nommée *diæta*, — mais que les marins latins n'appelaient peut-être pas ainsi,—car il faut beaucoup se défier des poëtes dans tout ce qui est des choses spéciales (1),— la poupe acquiert une grande importance. L'architecte naval, tout en lui donnant la forme qu'il croit le mieux convenir à cette partie du vaisseau, comme extrémité postérieure de la carène, songe à la parer, à la rendre par sa décoration, par l'éclat dont il l'environne, par la grâce et la majesté des lignes architecturales dans lesquelles il la renferme, digne des hôtes qui vont l'habiter. Alors elle grandit, elle s'élève; la sculpture, la peinture, concourent à l'envi à son embellissement ; et comme si ce n'était pas assez des ornements que la main habile du peintre et du statuaire a jetés avec profusion sur le *thronus* (2), sur la galerie (*hédolia* ou *fori*), sur les *acroteria* qui s'élèvent en panaches au-dessus de la tente, abri des siéges du capitaine (*thronus*) et du pilote, on sème la poupe de pierres précieuses; on fait de la chambre où sont établis les dieux un petit temple, dont le *magister navis*, le navarque ou le préteur de la flotte, devient le desservant.

Tous les monuments antiques, tous les textes témoignent de l'élévation de la poupe ; et sur ce point, les monuments auxquels j'ai d'ailleurs bien peu de confiance, parce que dans la plupart j'ai vu plutôt des signes symboliques, espèces de hiéroglyphes composés par les artistes, que des représentations naïves et vraies des navires grecs ou romains ; sur ce point, dis-je, les monuments sont croyables. Qu'ils ne donnent pas exactement la forme de la poupe, c'est ce que je pense ; qu'ils l'exagèrent, — et je parle ici de la colonne Trajane, aussi bien que des marbres de Pompeï et d'Ostie, — je le pense aussi, parce que je trouve là ce que je trouve partout dans les ouvrages antiques, des développements, des lignes gracieuses, des formes qui plaisent à l'artiste

(1) Virgile est peut-être le seul en qui l'on puisse avoir confiance sur tout ce qui concerne la marine. Ses traducteurs, en général, ne paraissent guère s'être doutés de cette vérité ; ils lui ont fait dire souvent le contraire de ce qu'il a dit. J'espère démontrer cela dans un grand travail que je prépare.

(2) Le *thronus* était un siége, souvent une espèce de tente. Les Vénitiens l'appelaient *ziare*, de *zia :* la tente. Dans les galères françaises cette partie de la poupe se nommait *la guérite*.

Morel Vicio del.   Marceau sculp.

Arrière d'un Vaisseau sous Louis XIV.

Mais qu'ils soient de réels témoignages de l'élévation de l'arrière du vaisseau romain, je n'en doute pas. Quand Virgile nous montre Énée dormant sous le petit dôme de la poupe élevée (*celsâ in puppi*), ou parlant du sommet de la poupe haute (*puppi sic fatur ab altâ*); quand il nous peint César *stans celsâ in puppi*, et Palinure tenant le gouvernail du haut de la poupe:

Ipse gubernator puppi Palinurus ab altâ,

Virgile nous apprend un fait que nous pouvons expliquer très-bien: c'est que l'arrière, siége du commandement, lieu assigné au pilote (*gubernator*, l'homme du gouvernail), demeure de César et d'Énée embarqués, était élevé plus que le reste du navire; comme le palais et le temple étaient plus élevés que la maison vulgaire; comme le trône est plus haut que les siéges qui l'entourent; comme l'éminence sur laquelle se plaçait le général pour faire mouvoir ses masses, le char qui le portait un jour de bataille, ou l'éléphant du haut duquel il dirigeait les opérations étaient hauts et dominaient la plaine et les légions.

Aujourd'hui, nous nous figurons bien encore la poupe élevée, parce que nous avons le souvenir assez récent des vaisseaux de la marine de Louis XV; mais nous avons quelque peine à nous représenter la poupe courbée (*curvata*), et même recourbée en crochet (*adunca*), comme la dépeint Ovide. Les galères à trois rangs de rames superposées, bas-reliefs trouvés à Pompeï, et déposés aujourd'hui au Musée de Naples, sous les numéros 1 et 98, ont le sommet haut et recourbé, paré des *acroteria* qui retombent sur la tête des pilotes, mais beaucoup moins pourtant qu'ils ne paraissent retomber dans une galère peinte, trouvée à Pompeï, et que j'ai dessinée au Musée Bourbon. Cette galère est cataloguée sous le double numéro 571—MCCCXII. (Elle est unirème, ainsi que presque toutes celles qu'on a tirées des maisons de Pompeï, et que j'ai copiées très-fidèlement. Une seule est à trois rangs superposés, comme les galères de marbre 1 et 98, et présente la même singularité ou plutôt la même maladresse de l'artiste: les rames supérieures plus courtes que les secondes, et celles-ci moins longues aussi que leurs inférieures. — Quelle foi peut-on ajouter à des monuments qui présentent de telles erreurs? Et c'est pourtant là-dessus que de braves savants ont bâti de beaux systèmes, torturant des textes qu'ils ne comprenaient point, pour les mettre d'accord avec des figures capricieuses qu'ils comprenaient moins encore, mais qu'ils respectaient comme sacrées, parce qu'elles leur arrivaient des temps antiques!..)

Haute, dominatrice, empanachée et surmontée de l'*aplustre*, bâton au bout duquel flottait une banderole ou flamme, la poupe antique a traversé les siècles, se modifiant sans doute, s'élar-

gissant, s'alourdissant selon que le vaisseau devenait plus vaste et plus magnifiquement décoré; puis elle s'est abaissée au XIXe siècle, bien qu'à bord des vaisseaux elle ait conservé une certaine supériorité, comme demeure du commandant et des officiers, comme point culminant d'où le capitaine voit tout, dirige tout pendant la navigation et le combat.

C'est le crayon à la main qu'il faudrait écrire l'histoire pittoresque de l'arrière des navires; la plume est insuffisante à ces descriptions. Comment faire comprendre en effet, autrement que par des figures, ces poupes des bâtiments du XIIe siècle, dont il ne nous est parvenu peut-être que deux échantillons: celles des deux vaisseaux pisans sculptés sur le campanile (la célèbre tour penchée de Pise) élevé en 1174 par Bonnano et Guillaume d'Inspruck? J'ai pu dessiner ces deux vaisseaux, horizontalement placés sur la base inclinée du clocher de Pise; — ce qui me prouve, contre tant d'assertions, que la tour fut en effet construite pour l'effet singulier qu'elle produit par son obliquité hardie. — Mais pourrai-je dire comment sur une poupe ronde, semblable à celle que tous les monuments donnent aux navires antiques, et à la poupe moderne de la hourgue et de la belandre hollandaises, s'élèvent deux étages de logement, l'inférieur plus petit que celui par lequel il est surmonté: à peu près comme dans les maisons des XVe et XVIe siècles, les étages bas étaient en retraite sous les autres? Ferai-je concevoir ces deux tranches presque cubiques, présentant leurs faces rectangulaires au-dessus des surfaces arrondies de l'arrière, des hanches et des flancs du navire, et surchargeant de leur masse ornée, que perçaient d'assez nombreuses fenêtres de style moresque ou grec? M'entendrait-on, si je dis que ce château, successeur des tours placées pour la défense à l'arrière des vaisseaux de guerre des anciens (1), présente deux cubes inégaux placés par étages sur la section faite dans une poire un peu au-dessous de la queue?

D'un trait de crayon ou de burin j'aurais bien vite expliqué ce qu'en dix pages un écrivain plus ingénieux que moi ne pourrait dessiner avec des phrases. Et cette difficulté que j'éprouve, quel descripteur de machines n'a pas eu à lutter contre elle!

Aussi, que faut-il penser de la plupart des textes, en admettant même qu'ils nous sont parvenus bien purs, de copiste en copiste, ce qui est certainement impossible! J'ai, pour moi, je l'avoue, autant de défiance contre les textes que contre les monuments. Il faut, avant de se décider pour un texte, agir sur lui par la critique comme sur un bas-relief, ou sur une vieille pein-

(1) *Turritis puppibus instant* (Virgile). *In quibus ad libram fecerat turres.* (César, *de Bello civili*). Et puis Appien, Pline et Dion.

ture. Qui a écrit le passage? Est-ce un contemporain des faits rappelés? Est-ce un homme qui savait quelque chose en marine, qui avait habité une ville où les vaisseaux venaient mouiller? S'est-il servi de la langue maritime ou du langage vulgaire? A-t-il parlé en homme spécial, ou seulement en homme du monde ou en poëte? Et puis, quel chemin a fait le passage pour venir jusqu'à nous?... Que de choses à examiner avant de se donner tout entier à un texte qu'on croira fidèle, mais qu'on ne pourra suffisamment bien interpréter, parce que des mots aux choses qu'ils veulent représenter, il y a si loin!

C'est avec douleur et amertume que je dépose ici cette observation, dont la conséquence très-juste est que nous ne savons rien de positif sur une foule de questions d'art et de science; mais pourquoi ne l'avouerions-nous point, si c'est la vérité? Les hommes spéciaux sont impuissants, s'ils décrivent sans dessiner pour expliquer leurs descriptions; les artistes obéissent aux conditions de leur art, quand ils représentent des formes; et souvent ils se contentent d'un misérable à peu près, qui flattera l'œil par la combinaison pittoresque de certaines lignes. Quel embarras pour l'historien, pour le critique, pour le commentateur! C'est désespérant. Et il ne faut cependant pas se laisser décourager; il faut lutter, il faut chercher, il faut se guider par des analogies, il faut s'ingénier à découvrir ce qui fut, en remontant de ce qui est à ce qui put être. C'est une tâche difficile, et j'en sais tout le poids.

Dans cette question des *arrières*, je pourrais peut-être émettre des suppositions spécieuses qui combleraient assez bien les lacunes que je trouve depuis les monuments qui me paraissent croyables, jusqu'au xiie siècle; mais je n'ai garde de rien hasarder de semblable; je dirai seulement que je tiens la galère du xvie siècle pour la représentante perfectionnée de la galère antique, et que les navires de Pise sont de la famille des *naves onerariæ*, et des bâtiments du commerce des premiers siècles. Ces navires tiennent beaucoup à ceux des xive et xve siècles que j'ai trouvés dans des tableaux de Carpaccio; dans une fresque de l'église de Saint-Pétrone à Bologne; dans les peintures de Simon Memmi et d'Antonio Veneziano au *Campo-Santo* de Pise; il y a sans doute quelques différences provenant des diversités d'espèces et de grandeurs dans les navires; mais on voit que cela se suit. Les poupes des bâtiments du *Campo-Santo*, grandes barques plutôt que vaisseaux, navires marchands et non pas vaisseaux de guerre, sont peu élevées; celles des navires élégants et bizarres de Bologne le sont au contraire beaucoup, et il y a en elles quelque chose de l'antique *navis longa*, avec ses *fori*, qui ont donné à la galère, à la felouque, à la tartane, au chebeck leur arrière allongé.

J'ai trouvé à Venise deux navires du xive siècle, dessinés à la plume sur une charte de 1566; mais ces deux représentations des bâtiments ronds vénitiens et génois, quoique faites certainement en présence des objets mêmes qu'elles voulaient peindre, sont tellement maladroites, lourdes et informes, qu'on n'en peut presque rien conclure; les poupes y sont médiocrement hautes, plus élevées toutefois que les proues.

Je crois que les vaisseaux figurés dans les vignettes de l'admirable Virgile du xve siècle, appartenant à la bibliothèque Ricardi de Florence, sont des images qui reproduisent de certains navires antérieurs à l'époque où ce précieux manuscrit a été confectionné. L'artiste, qui a d'ailleurs peint ce qu'il avait sous les yeux, et qui a embrasé Florence et le palais Strozzi pour montrer l'incendie de Troie, a peut-être, pour représenter les vaisseaux antiques, cherché parmi les bâtiments anciens, dont la tradition était encore récente, ceux qui conviendraient le mieux pour la forme et la grâce aux compositions qu'il arrangeait. Il a trouvé des navires assez élégants, à poupes peu élevées, mais larges et carrément établies sur des fesses rondes, et leur a donné la préférence sur ceux de son temps. Au reste, ces navires ressemblent à l'un de ceux que Victor Carpaccio a représentés dans un de ses tableaux de la *Vie de sainte Ursule*, et n'en différent que par quelques détails de mâture. Quant aux galères représentées par le miniaturiste florentin, elles ne différent point de celles que Carpaccio peignait en 1515, lesquelles à leur tour rappellent assez complètement celles que j'ai trouvées sur un tableau singulier de Pietro Laurati, peintre du xive siècle, dont la galerie des *Uffizi* de Florence possède, je crois, ce seul ouvrage. Et cela vient à l'appui du fait énoncé plus haut, que la galère du xvie siècle était presque une tradition antique.

Je jette ici rapidement ces idées qui, je l'espère, trouveront ailleurs leurs développements; j'appelle sur elles l'attention des hommes qui se sont occupés d'archéologie maritime et prennent intérêt aux questions que soulève cette partie importante de l'art.

Au xvie siècle, la poupe de la galère s'abaisse beaucoup, pour se relever au commencement du xviie siècle; j'en trouve la preuve dans les galères peintes par Francesco Bassano et Dominique Tintoret, pour la salle du grand conseil au palais des doges à Venise; dans les galères peintes par Raphaël, à la bibliothèque du dôme de Sienne, ainsi que dans celles qu'il dessina à la plume, et que conserve le musée de Milan; dans le tableau tout maritime del *Morone*, qui orne une des chapelles de *Saint-Jean-et-Paul* à Venise; enfin, pour les premières années du xviie siècle, dans les peintures de l'ancienne caserne des gardes-du-corps qui est au bout de la *Via Larga* à

Florence, et dans le recueil des spirituelles études de marine de Jac. Callot.

Pendant que la galère alerte, vive, et qui a besoin de virer promptement (1), comme elle a besoin de voguer avec rapidité, se débarrasse des œuvres trop élevées qui surchargeaient sa poupe, le vaisseau rond accable ses extrémités de châteaux à trois et à quatre étages. Le canon et le mousquet ne sont pas encore les seules armes que la marine emploie pour les combats à distance ; elle a conservé dans son artillerie (2) les flèches, carreaux, viretons et autres dards qui se lancent avec l'arc et l'arbalète, et il lui faut des points élevés pour placer ses archers et ses arbalétriers. La hune s'élargit à ce moment, ronde et en corbeille, tandis qu'elle ne perd pas toujours sa forme de gabie et de hotte ; dans les galères, elle devient nécessairement plus grande qu'elle n'était, quand elle n'avait à recevoir qu'un petit nombre de tireurs d'arc, et d'hommes chargés de lancer des matières inflammables ; il faut qu'elle fasse place aux petits canons et à leurs servants, en même temps qu'elle recevra ses arbalétriers. Ce qui se passe pour la hune se passe aussi pour les châteaux ; en même temps qu'ils se développent pour donner au logement des chefs de la troupe embarquée, et à celui des officiers du vaisseau, une étendue que les coutumes magnifiques et le *comfort* fastueux de l'époque, introduits à bord comme dans les nobles habitations des gentilshommes, ont rendue indispensable, ils ouvrent dans leurs hauteurs de nombreuses meurtrières pour les fauconneaux, et donnent aux tireurs de flèches des plates-formes larges, et inclinées de l'avant à l'arrière ; — inclinaison nécessaire à la défense de ces sommités, quand l'abordage a jeté des ennemis entre les deux châteaux.

L'architecture civile, qui devint élégante et noble avec les Lombardi, Galeas Alessi, Vittoria, Palladio, Sansovino et Michel-Ange, trouva les charpentiers de la marine fort au-dessous de leur mission, sous tous les rapports ; ignorant les belles proportions autant que les conditions de stabilité, de vitesse, de libre et facile manœuvre, ils exagéraient tout dans la construction du vaisseau, et oubliaient qu'une machine flottante à laquelle on donne des mâts doit être faite pour porter la voile et pour évoluer. Ce qu'ils prirent aux palais dont Gênes, Florence, Venise, Vicence et Rome couvraient leur sol, ce sont les ornements de la décoration ; et la poupe, haut accastillée, se couvrit d'or, de moulures, de fi-

gures en ronde-bosse, de bas-relief, et de peintures brillantes.

Les dieux n'habitaient plus la tutèle, et l'image protectrice des matelots était clouée au pied du grand-mât ; dans sa chambre, le capitaine avait bien quelquefois une Vierge ou un Christ, mais cette partie du navire avait cessé d'être un temple. Quand le bâtiment, ce qui était d'ailleurs assez ordinaire, avait pris la mer sous l'invocation d'un saint, le nom du bienheureux patron s'inscrivait au-dessus de la voûte d'arcasse, dans un cadre ou cartouche de menuiserie, appelé à cause de cela *Dieu-Conduit*. Sur ce cartouche ou miroër, comme on écrivait alors, se plaçaient, avec le nom du vaisseau, les armes du prince, et quelquefois l'effigie du saint à la garde de qui était confié le navire. Tant que les anges et les autres puissances célestes eurent leurs noms sur le miroër de poupe, il n'eut pas d'autre désignation que celle de *Dieu-Conduit* ; mais quand des noms profanes s'y virent écrits, on l'appela fronton, écusson, tableau, et ce ne fut plus que les dévots propriétaires de vaisseaux qui gardèrent, avec la pieuse dénomination du miroir, les noms empruntés à la légende dorée.

Au sommet de la poupe et autour du château qui la couronnait, on plaçait, les jours de fête, une rangée d'écus ou targes armoriées, figurées sur cette espèce de tenture nommée *pavois*, qui n'est plus en usage aujourd'hui, et que le moyen âge introduisit à bord des vaisseaux quand il cacha, sous des tapisseries éclatantes et sous le velours des draperies héraldiques, les balcons des fenêtres de ses palais. Le pavois d'étoffe succédait là au pavois véritable, à la pavesade composée de boucliers dont on se faisait un rempart sur les bâtiments de guerre des premiers siècles, conservateurs de l'antique usage que j'ai vu parfaitement exprimé dans une des peintures de Pompéi, la galère unirème conservée au musée de Naples, sous le numéro 603. Le Virgile de la Ricardienne, dont j'ai parlé plus haut, montre aussi quelques galères bordées de boucliers armoriés, de ces boucliers où les Francs nos aïeux élevaient leurs chefs élus, et qu'ils nommaient pavois. Les hunes avaient aussi leurs pavesades, et je les vois dans plusieurs monuments curieux d'époques fort reculées.

Si la poupe était haute aux xve et xvie siècles, elle était aussi fort saillante en arrière de la verticale de l'étambot. Dans les constructions modernes, la face large, et sévère dans la beauté de ses formes et de ses ornements, sur laquelle s'ouvrent les fenêtres des deux ou trois étages de logements attribués à l'amiral, au capitaine, aux officiers, et qu'on nommait le tableau ; cette face, dis-je, s'élève à peu près verticalement au-dessus de la voûte d'arcasse ; il n'en était pas ainsi jadis. Deux ou trois voûtes superposées, et séparées par des architraves de l'épaisseur d'un

---

(1) Je crois très-fort que le savant Père Daniel s'est trompé quand il a dit, dans son *Histoire de la milice française*, « que le temps nécessaire à faire tourner la galère (virer de bord) est de quinze à seize minutes. » C'eût été beaucoup quand elle eût pris la moitié de ce temps pour faire son évolution. Cependant cette assertion mérite qu'on l'examine, et je ne prétends pas la nier absolument.

(2) Ce mot, appliqué aujourd'hui seulement à ce qui regarde le canon, le mortier et l'obusier, comprenait alors toutes les armes d'attaque et de défense.

pont seulement, élevaient le tableau carré qui n'avait de hauteur que celle du rempart supérieur de la dunette, ou quelquefois celles de ce rempart et de la dunette elle-même. Tous les vaisseaux que j'ai vus représentés par les peintres du xvi⁰ siècle ont cette poupe à plusieurs étages, saillants l'un sur l'autre, liés par des voûtes, et dont l'ensemble offre, de l'extrémité la plus haute et en même temps la plus extérieure à la partie immergée de l'écusson plat, une inclinaison (quête) considérable. A ne considérer que sous le rapport pittoresque ces poupes si haut juchées, et si singulièrement assises en dehors de la verticale de l'étambot, il faut dire qu'elles ne manquaient pas d'élégance et de grâce ; mais les constructeurs marins avaient été trop séduits par ces qualités, dont l'excès n'avait en architecture civile que le petit inconvénient de jeter l'artiste dans des hardiesses et des tours de force quelquefois de mauvais goût ; ils n'avaient pas pensé que tout ce poids extérieur, en fatiguant l'arcasse, tendait à casser la quille, et nuisait par conséquent à la marche du vaisseau autant que la hauteur de l'accastillage nuisait à l'évolution (1).

Cette mode des châteaux exorbitamment élevés, et comme suspendus au-dessus de la portion principale de la poupe, dura jusqu'au xvii⁰ siècle. Le navire se perfectionna alors avec l'art de la manœuvre et de la navigation ; la poupe s'abaissa, bien qu'elle gardât encore une hauteur beaucoup plus grande que celle que nous lui voyons aujourd'hui. Au lieu de la forme rectangulaire qu'elle avait eue pendant plus de cent ans, de la voûte d'arcasse à son sommet, s'élargit au-dessus de cette voûte, se chargea de galeries, de bouteilles, et monta en diminuant de largeur jusqu'au couronnement ; tellement que sa figure, réduite aux lignes essentielles, était à peu près celle d'une lyre antique, largement enflée à la hauteur de la lisse-de-hourdi. Cette poupe, non moins parée, non moins brillante, mais peut-être encore plus fastueusement chargée de sculptures et de couleurs que celles des deux siècles précédents, est assez connue aujourd'hui ; une foule de li-

(1) J'ai pu réunir, avec beaucoup de peine, un assez grand nombre de représentations de bâtiments du xvi⁰ siècle. Je les ai trouvés dans des tableaux à Gênes, sur les murs d'un ancien couvent à Milan, dans les belles et fidèles peintures des illustres artistes vénitiens, et au cabinet des estampes de la Bibliothèque royale, malheureusement bien peu riche en pièces de cette spécialité. Le monument le plus curieux, sans comparaison, est celui que m'a prêté M. Paul Delaroche, peintre d'histoire ; c'est une fort belle gravure, faite à Londres en 1781, par James Bazire, d'après un tableau original conservé au château de Windsor, et qui représente le départ de Henri VIII se rendant au champ du Drap-d'Or. Il y a là cinq vaisseaux fort grands, fort détaillés, et qui peuvent donner une idée bien exacte des constructions, de l'armement, de la mâture et du grément à la fin du xv⁰ siècle et au commencement du xvi⁰. A part quelques fautes du graveur, ce morceau est digne de la plus grande confiance. Malheureusement, pour compléter les indications précieuses qu'il m'a données, je n'ai pas toute la langue maritime du xvi⁰ siècle : elle est si incomplète dans Rabelais.

vres l'ont conservée ; les précieux tableaux du Hollandais Back-Huisen et de quelques-uns de ses compatriotes nous la montrent au Louvre ; nous l'avons aussi en relief au Musée naval, qui a eu le bonheur de pouvoir réunir quelques beaux modèles de la marine de Louis XIV, et qui s'applique aujourd'hui, par les soins de M. l'ingénieur Zédé, à compléter avec des restitutions monumentales ce qui manque à cette grande époque, pour que nous ayons complète la flotte du xvii⁰ siècle, comme nous avons déjà la flotte du xix⁰ (ère impériale)

La poupe dessinée par M. Morel-Fatio pour la *France Maritime*, est celle d'un vaisseau de rang inférieur (quatrième ou cinquième rang), qui est loin d'avoir la magnificence des arrières de la *Couronne* et du *Royal-Louis*, dont les marins parlaient avec autant d'admiration et d'enthousiasme que les artistes et les courtisans parlaient des beautés architecturales de Versailles. En comparant cette poupe, qui paraît aujourd'hui bizarre, à celle du *Suffren*, aussi dessinée par M. Morel-Fatio pour la *France Maritime*, on verra quels changements a subis cette partie du vaisseau, non-seulement dans sa décoration, mais dans sa conformation essentielle. Ainsi, l'on remarquera que, dans le vaisseau de Louis XIV, la partie sur laquelle s'ouvrent les sabords d'arcasse est plate et configurée comme un écusson, dont au surplus elle avait pris le nom ; tandis que, dans *le Suffren*, les fesses du navire sont arrondies. Ce n'est pas que sous Louis XIV la poupe ait été toujours à écusson plat ; une ordonnance de 1673, la même qui supprimait les galeries extérieures de côté, pour leur substituer les bouteilles, régla que la poupe des vaisseaux du roi serait ronde au-dessous de la lisse-de-hourdi, et non carrée comme il avait été pratiqué jusqu'alors. La poupe carrée ne tomba pas cependant tout à fait pour cela ; à la fin du xviii⁰ siècle, il y avait encore, non parmi les vaisseaux à la vérité, mais parmi les bâtiments d'une moindre grandeur, des poupes à écusson plat, comme celles des chaloupes et de certains bateaux de ce temps-ci. Aujourd'hui les choses sont allées plus loin, et non-seulement la poupe s'est arrondie à la hauteur du gouvernail, mais tout ce qui surmonte l'arcasse a pris la forme ronde d'une demi-tour ; l'arrière est rond du haut en bas. Ce nouveau système n'est pas irrévocablement jugé ; il est encore plutôt à l'état d'essai qu'à l'état d'adoption. Nous n'avons encore que des frégates à poupe ronde ; les Anglais ont des vaisseaux, et je ne crois pas que dans nos chantiers il y ait des 80, des 90 ou des 120 ayant la poupe comme celle de *l'Asia*, sur lequel l'amiral Codrington était à Navarin.

Dans un prochain article, je parlerai des *avants*, et je m'efforcerai d'être moins long, bien qu'ici il m'ait fallu abréger beaucoup dans un sujet si ample. A. JAL.

BIOGRAPHIE.

La Motte-Picquet.

Le comte Toussaint-Guillaume PICQUET DE LA MOTTE, connu sous le nom de LA MOTTE-PICQUET, né à Rennes (Ille-et-Vilaine) en 1720, entra au service en 1735, et s'embarqua deux ans après sur *la Vénus*, envoyée en croisière contre les Salétins, corsaires barbaresques.

Il avait déjà fait neuf campagnes, lorsqu'en 1745, il s'embarqua sur *la Renommée*, commandée par le capitaine Kersaint.

L'année suivante, cette frégate revenait, pour la troisième fois, du Canada en Europe, et avait livré aux Anglais deux combats très-glorieux, lorsqu'elle tomba, pendant la nuit, au milieu de l'escadre de l'amiral Anson, qui venait d'échouer dans sa tentative sur Lorient. L'amiral anglais détacha contre elle une frégate de 36 canons, qui fut démâtée et obligée de se retirer. Une deuxième frégate eut le même sort. Celle-ci fut remplacée par un vaisseau de 70, qui lâcha plusieurs bordées contre *la Renommée*.

Kersaint, blessé grièvement, fit appeler les officiers, et croyant avoir assez fait pour l'honneur du pavillon, leur proposa de se rendre. « Est-ce pour cela que vous m'avez fait venir? demanda La Motte-Picquet; en ce cas je retourne à mon poste. »

Kersaint étant hors d'état de diriger le combat, La Motte-Picquet prit le commandement, et manœuvra avec tant d'audace et d'habileté qu'il réussit à faire rentrer la frégate au Port-Louis. Il avait eu, pendant l'action, la joue dépouillée par un coup de canon, qui coupa son chapeau au ras de la tête.

Pendant la guerre de 1756, La Motte-Picquet y fut le digne émule des braves commandants à qui la France avait confié l'honneur de son pavillon.

En 1760, commandant une prame portant 26 canons de 36, destinée à défendre les côtes et à escorter les convois, il proposa à un commandant d'une autre prame d'attaquer de compagnie un vaisseau anglais : l'autre officier, plus ancien que lui, refusa.

La paix de 1763 ne fut point pour ce brave marin le signal du repos. Il se distingua surtout dans les campagnes d'évolution des escadres de d'Orvilliers et de Duchaffaut. Il commandait *le Solitaire*, dans l'escadre de ce dernier, ayant à son bord le duc de Chartres.

Il passa en 1777 au commandement du *Robuste*, sur lequel il eut l'honneur de recevoir l'empereur Joseph, qui se souvient toujours de lui avec intérêt, et lui écrivit, pendant la guerre d'Amérique, pour le féliciter de ses succès.

Dans cette même campagne, un vaisseau anglais vint le héler pendant la nuit, d'une manière qui lui parut inconvenante. La Motte-Picquet, accoutumé à braver des forces supérieures, et peu disposé à supporter les insultes, le joignit au jour, et le força de lui envoyer à bord un officier pour lui faire des excuses.

Au mois de février 1778, chargé, avec sept vaisseaux et trois frégates, de conduire au delà du cap Finistère un convoi américain, il remplit avec succès sa mission, sans avoir été attaqué par les Anglais.

La Motte-Picquet était déjà un des meilleurs officiers de son corps, lorsque la guerre d'Amérique vint lui fournir les occasions d'augmenter sa réputation. Il n'était encore que capitaine de vaisseau; il n'avait point sollicité d'avancement, parce que le vrai mérite ne sollicite point : il avait été oublié. Cette espèce d'injustice, dont il n'avait pu s'empêcher de témoigner quelque mécontentement, fut réparée : il fut nommé chef d'escadre.

Au combat d'Ouessant, en 1778, il montait *le Saint-Esprit*, où se trouvait le duc de Chartres; et il partagea la gloire d'avoir combattu, au moins sans désavantage, des forces très-supérieures. De ce moment on voit La Motte se multiplier, se surpasser, méritant toujours le succès, même quand il ne l'obtint pas.

Après le combat d'Ouessant, ce brave et habile marin alla croiser sur les côtes d'Angleterre avec trois vaisseaux, et rentra au bout d'un mois à Brest, comme le lui avait ordonné le ministre, ramenant treize prises faites sur l'ennemi. Au mois d'avril 1779, il mit en mer avec *l'Annibal* de 74, quatre autres vaisseaux et quelques frégates, et escorta jusqu'à la Martinique un convoi de quatre-vingts voiles; aussitôt après il rejoignit le comte d'Estaing, et eut part à la prise de la Grenade, ainsi qu'à la victoire remportée à la fin de juin sur le vice-amiral Byron. *L'Annibal*, serre-file de la ligne française, y fut très-maltraité.

La Motte-Picquet fut ensuite chargé d'effectuer avec une escadre de sept vaisseaux le débarquement des troupes qui attaquèrent Savannah; et le siége ayant été levé, il fit voile avec trois vaisseaux seulement pour la Martinique. Il y était occupé à réparer ses bâtiments qui avaient beaucoup souffert dans l'expédition de Savannah, lorsque, le 18 décembre, les signaux de la côte annoncèrent qu'un convoi de vingt-six voiles françaises, escorté par une frégate, était poursuivi par une flotte anglaise de quinze vaisseaux et une frégate, qui entrait dans la rade à la suite. L'officier que La Motte avait envoyé au marquis de Bouillé, gouverneur de la Martinique, pour lui en donner avis, n'eut que le temps de revenir pour s'embarquer : déjà les voiles de *l'Annibal* étaient enverguées, les câbles coupés. La Motte se porta seul en avant, et attaqua la tête de l'escadre ennemie. *Le Vengeur* et *le Réfléchi* ayant embarqué avec une promptitude inespérée les munitions dont ils étaient dépourvus, vinrent joindre *l'Annibal*, qui combattait contre depuis près de deux heures, *le Conqueror* et *l'Élisabeth*. Pendant quatre heures, les trois vaisseaux eurent souvent à soutenir le feu de dix vaisseaux anglais, dont sept tiraient quelquefois ensemble sur *l'Annibal*. Enfin, la nuit étant survenue, l'amiral anglais fit signe de ralliement à ses vaisseaux; et La Motte-Picquet rentra au Fort-Royal, avec la frégate et la plus grande partie du convoi. Le capitaine du *Conqueror*, cinq officiers et environ deux cents hommes de ce vaisseau furent tués.

Cette action fut sans doute une des plus éclatantes de la guerre, et les relations anglaises du temps rendirent justice à La Motte; mais un suffrage inappréciable fut celui de l'amiral Parker lui-même, qui lui écrivit le lendemain pour le féliciter sur ce combat.

Au mois de janvier 1780, La Motte mit en mer avec six vaisseaux et six frégates, croisa entre les Îles anglaises, et rentra au bout d'un mois, ramenant une grande quantité de prises, et après avoir été chassé plusieurs fois par quinze vaisseaux de ligne anglais, qui n'avaient pu lui faire essuyer aucune perte. Il déploya beaucoup de talent dans cette croisière; et quoiqu'il n'eût point eu à combattre, elle lui fit, aux yeux des marins, le plus grand honneur.

Au mois de mars de la même année, étant sorti de nouveau de la Martinique avec quatre vaisseaux, pour escorter jusqu'à Saint-Domingue un convoi de quatre-vingts voiles, il rencontra trois vaisseaux ennemis, et ordonna la chasse. Comme au Fort-Royal, il joignit d'abord, avec son seul vaisseau, les Anglais qu'il combattit pendant plusieurs heures. Le reste de son escadre l'ayant rejoint, il continua le combat toute la nuit; mais atteint d'un biscaïen dans la poitrine, il resta quelques heures sans connaissance. Un calme plat empêcha pendant le jour les deux escadres de manœuvrer. Le vent étant revenu vers le soir, la chasse fut de nouveau ordonnée; mais trois autres vaisseaux ennemis et plusieurs frégates ayant paru, le commandant français fut obligé à son tour de prendre chasse. Les trois premiers vaisseaux anglais avaient été si maltraités, qu'ils ne purent le suivre que très-peu de temps; et il rentra, sans avoir été inquiété, au Cap, où le convoi l'avait précédé.

Après cette expédition, La Motte alla rejoindre l'armée combinée de Cadix, commandée par Guichen, et revint presque aussitôt en Europe avec d'Estaing.

Les combats que *l'Annibal* avait livrés pendant deux ans l'avaient tellement avarié, que, lorsqu'il revint à Brest, il pouvait à peine tenir la mer.

Le 25 avril de l'année suivante, La Motte appareilla de Brest avec six vaisseaux et deux frégates, pour aller croiser sur les côtes d'Angleterre. Le 2 mai, il rencontra un convoi de trente voiles, chargé du riche butin fait par les Anglais à Saint-Eustache, et escorté par quatre vaisseaux sous les ordres du commodore Hotham, qui se sauvèrent en apercevant l'escadre française. Vingt-six de ces bâtiments furent amenés à Brest. Les vaisseaux furent vendus en masse, environ huit millions, à des négociants de Bordeaux.

Depuis cette époque jusqu'à la paix, La Motte commanda l'escadre légère de douze vaisseaux, dans la flotte combinée, soit en croisière sur les côtes d'Angleterre, soit au siége de Gibraltar, soit enfin au combat du cap Spartel, où il attaqua le premier l'armée anglaise. Au mois d'avril 1783, il ramena son escadre à Brest, où il désarma.

La Motte-Picquet avait été fait cordon rouge, en 1780, à l'occasion de son combat du Fort-Royal, et lieutenant-général en 1782; il fut nommé grand'croix en 1784. Né sans fortune, il avait reçu, en 1775, une pension de 800 liv. En 1781, le roi lui en accorda une autre de 3,000 livres. Mais il ne jouit pas longtemps de ces avantages. Des fatigues continuelles avaient fort altéré sa santé; les attaques violentes de goutte auxquelles il était fort sujet hâtèrent sa mort, qui eut lieu à Brest le 11 juin 1791.

La Motte était très-petit, très-maigre et assez laid : en revanche il avait beaucoup d'esprit, et ses yeux étaient pleins de feu; il était en effet d'une vivacité extrême, et qui dégénérait souvent en emportement. Mais des marins qui ont constamment servi à côté de lui pendant la guerre d'Amérique attestent qu'il conservait dans l'action un sang-froid imperturbable. Au reste, sa colère durait peu, surtout quand il avait tort, parce qu'il était naturellement très-bon, juste et d'une loyauté rare.

Cet homme si intrépide ne croyait pas à la lâcheté. Ces qualités peuvent donner la mesure de la confiance et de l'attachement qu'il inspirait à tous ceux qui servaient sous ordres. On peut affirmer que peu de marins français ont autant fait pour l'honneur de leur pavillon et pour l'intérêt du commerce que La Motte, pendant quarante-six ans de service, et dans vingt-huit campagnes, dont nous avons rapporté les principaux résultats.

ANECDOTES MARITIMES.

—

Un Abandon.

Vers le milieu du xvii° siècle, au village de Notre-Dame-de-la-Délivrande, près Caen, vivait un honnête marchand, nommé Gisles Couture, propriétaire d'un bateau avec lequel il portait des toiles en Angleterre; il avait amassé, dans ce commerce, une fortune honnête.

Dans un de ses voyages, étant resté à l'étranger plus longtemps que de coutume, *sa femme*, dit un des auteurs qui rapportent ce fait, *jeune et impatiente d'avoir de ses nouvelles, en alla chercher elle-même : elle devint enceinte.* Le mari, étant forcé de prolonger son absence, renvoya sa femme en Normandie, à bord d'un de ses amis, commerçant comme lui. A peine le bâtiment fut-il parvenu au milieu de la Manche, qu'il s'éleva une furieuse tempête, et les coups de vent le portèrent, en deux fois vingt-quatre heures, jusque dans le détroit de Gibraltar. C'est au milieu de cette tourmente extraordinaire que notre jeune dame accoucha d'un fils, qui fut baptisé, à la hâte, dans une église de l'abbaye Sainte-Marie, par un curé espagnol, et ce avec les plus grandes précautions, parce que la France était alors en guerre avec l'Espagne. L'enfant fut nommé Gisles, comme son père. Les vents ayant changé de direction, le navire revint, sans accident, en Normandie.

Trois ans après la mère mourut; Couture se remaria, et eut des enfants de cette seconde union; mais il arriva ce qui aura presque toujours lieu en de semblables circonstances : autant le père chérissait le fils de sa première femme, autant la belle-mère nourrissait contre lui une haine profonde, qu'elle savait toutefois dissimuler. Elle avait un frère, capitaine au long cours, qu'elle parvint à décider à prendre à son bord le petit Gisles, en l'absence du père, et à le transporter et à l'abandonner dans les déserts du Canada, en allant à Québec, lieu de la destination de son chargement. L'enfant, accoutumé, dès ses premières années, à voir la mer et à fréquenter des marins, caressé d'ailleurs de toutes manières par le capitaine, consentit à s'embarquer. Quand on fut arrivé à l'embouchure du fleuve Saint-Laurent, dans un pays habité des deux côtés par les Iroquois, que leur commerce avec les Français avait à moitié civilisés, le capitaine proposa à l'enfant de descendre sur le rivage pour se promener. Arrivé dans un lieu retiré, sous prétexte de se reposer et de se rafraîchir, il lui fit boire du vin et des liqueurs en telle quantité, qu'il l'endormit profondément ; alors il le laissa, et se retira avec précipitation. Il lui fut facile de donner aux personnes de son équipage une raison plausible de la disparition de son jeune compagnon. Celui-ci, à son réveil, n'aperçut plus ni le capitaine ni le navire, et se trouva seul sur une terre inconnue, à deux mille lieues de la Normandie, sans savoir de quel côté se diriger.

Il avait alors cinq ans : des sauvages le rencontrèrent ; il leur plut par sa jolie figure et son enjouement, et par l'effet de ce sentiment naturel qui nous intéresse à un être faible et sans secours. Ils l'accueillirent donc et l'emmenèrent

dans leur cabane, où il trouva plus d'humanité que dans la maison paternelle.

Revenons à la cruelle belle-mère. Un crime est un terrible fardeau sur la conscience. Quand le père revint de ses voyages, il fallut trouver les moyens de le convaincre de la mort de son fils. Un récit était préparé ; l'enfant, lui assura-t-on, étant à jouer au bord de la mer, sur des rochers, était tombé dans un endroit profond et n'avait pas reparu ; des parents de cette femme attestèrent le fait comme témoins oculaires. Après des recherches soigneuses, on ne trouva point le cadavre, ce qui aurait pu faire naître quelques doutes ; mais les assertions des prétendus témoins, accompagnées des larmes que versait en abondance la criminelle épouse, firent que le père ne parut pas soupçonner qu'il se fût commis un forfait atroce.

Il y avait deux ans que le petit Couture vivait avec les Iroquois, lorsque, se promenant un jour sur les rivages de la mer, il aperçut, dans le lointain, un navire qui portait le drapeau blanc de la France ; à l'instant il monte sur un arbre, secoue un mouchoir avec sa main, et fait toutes les démonstrations propres à attirer l'attention. Ces signaux produisirent leur effet ; le bâtiment était du Havre et allait à Québec : le capitaine était de cette même ville ; il avait pour second un marin de Cherbourg, dont nous ignorons le nom, lequel descendit à ... l'enfant. Le Cherbourgeois fut étonné, dit un de nos auteurs, de trouver dans ces lieux *un enfant qui parlait le français de son canton*, et qui, de plus, lui citait très-pertinemment plusieurs endroits et les noms de plusieurs familles de la Basse-Normandie ; il apprit de lui l'étrange scélératesse avec laquelle il avait été enivré et délaissé. Le bon marin le prit avec lui, se chargea de sa nourriture et de son entretien pendant tout le temps que le bâtiment fut en voyage. A son retour au Havre, il s'embarqua pour Cherbourg, emmenant avec lui l'intéressant enfant dont il était le libérateur ; il le garda quelque temps dans sa maison, en attendant l'occasion d'instruire le père de tout sans esclandre. Le malheureux Couture, pénétré tout à la fois de joie et d'horreur en apprenant de pareilles nouvelles, ne savait comment s'ouvrir à sa femme sur cet objet. Enfin il fait venir son fils avec les plus grandes précautions, et l'introduit en secret dans un cabinet de sa maison. A l'arrivée de la belle-mère, il prend un air sombre et préoccupé. « Qu'as-tu donc? lui dit-elle. — Je songe toujours, répondit-il, à mon pauvre petit Gisles, qui était si spirituel et si aimable; mais peut-être ne s'est-il pas noyé; car enfin tu sais que ceux qui ont déclaré l'avoir vu tomber dans l'eau ont varié dans les circonstances de leur récit ; je prie tous les jours Dieu pour lui avec l'espérance de le revoir. » La femme entra en colère et éclata en reproches contre son mari.

«Pourquoi, lui dit-elle, me répéter, avec affectation, toutes ces choses? Il semble que je sois coupable de sa disparition; je vois bien que le témoignage de mes parents est révoqué en doute; je ne sais ce que tout cela signifie, mais je prétends connaître le motif qui vous rend, depuis quelque temps, taciturne et brutal avec moi, ou je vous quitte pour me retirer dans ma famille.» Ce fut alors que le père Couture ouvrit le cabinet, et en tira, par la main, son fils, qui ne tarda pas à être reconnu par la marâtre: celle-ci, n'ayant rien à répondre, sortit précipitamment de la maison et ne revit jamais, depuis, son mari.

Cette aventure fit beaucoup de bruit; la marquise de Cauvigny prit l'enfant sous sa protection, et se chargea de son éducation; il se distingua par les études les plus brillantes, et embrassa l'état ecclésiastique. Lors de sa promotion aux premiers ordres, l'embarras de se procurer son acte de naissance fut aplani par des certificats où d'honnêtes gens ne crurent pas se rendre coupables de faux en attestant complaisamment qu'il était né en la paroisse de Langrune, près Caen, du légitime mariage de, etc., et qu'on avait oublié d'en rédiger l'acte. Il professa d'abord la seconde en l'université de Caen, et la rhétorique au collége de Vernon. La capitale ne tarda pas à l'enlever à la province; il fut appelé à la chaire d'éloquence du collége de la Marche, et devint enfin recteur de l'Université, professeur d'éloquence au Collége royal de France, et membre de l'Académie des inscriptions et belles-lettres. Il déploya, dans toutes ces fonctions, beaucoup de jugement, d'éloquence et d'érudition.

Il mourut le 16 août 1728, à l'âge de 77 ans. Pendant toute sa vie il s'était plu à raconter les aventures de son enfance.

GÉOGRAPHIE.

Les Iles de Chausey.

Ces petites îles, groupées en un archipel d'environ trois lieues d'étendue, sont situées à deux lieues et demie ouest de Granville. Les principales sont l'Ile-Grande, qui peut avoir mille pas de longueur et est remplie de lapins, l'Ile-Longue et les trois Huguenaux. Elles sont peu fertiles, et n'ont pas un arbre, pas un arbrisseau; cependant elles pourraient produire de l'orge et même quelque froment, si elles étaient cultivées; mais elles sont en friche et ne donnent que du foin. Plus de trente de ces îlots sont couverts de verdure, et la plupart ont un aspect agréable; les autres ne sont que des rochers privés de toute végétation, et qui n'ont d'utilité que de servir de barrière à l'impétuosité des flots.

La rade de Chausey est au sud-est de la pointe de la Tour; elle est assez étendue, mais le mouillage y est peu sûr.

Les îles de Chausey sont un abri précieux pour les navires que la tempête surprend dans ces parages. Elles sont aussi un point de rendez-vous et même d'entrepôt pour les fraudeurs de Jersey et de Granville. C'est principalement un lieu de refuge pour les *smogleurs* anglais, qui entretiennent un commerce fort actif de marchandises de contrebande avec cette partie du littoral de la Manche. Pendant les dernières guerres, elles ont constamment servi de retraite aux légers bâtiments des stations anglaises, qui se trouvaient là en position favorable pour inquiéter le commerce français et intercepter les communications entre Granville et les autres ports.

Outre les fraudeurs, ces rochers ne sont guère fréquentés en temps de paix que par les pêcheurs, les côtres de la station militaire de Granville, et les nombreux ouvriers qu'on emploie à l'exploitation de leurs belles et abondantes carrières de granit. C'est avec des pierres de Chausey qu'on a construit les principaux édifices publics de Granville. Comme cet archipel est riche en varech, on y en ramasse en quantité pour fabriquer de la soude.

Il y a peu de chose à dire touchant l'histoire des îles de Chausey. Un couvent dont on ignore l'origine y existait anciennement. Bernard d'Abbeville l'habitait au xiᵉ siècle. En 1342, Philippe de Valois en déposséda l'ordre des Bénédictins pour en faire hommage à des Cordeliers qui s'y fixèrent en grand nombre et y menèrent joyeuse vie. Mais en 1543, après avoir possédé cette retraite pendant deux siècles, ils furent contraints de s'établir ailleurs, le monastère étant pillé pour la seconde fois par les pirates anglais.

Vers la fin des guerres de la Ligue, on établit un petit fort sur l'Ile-Grande; mais bientôt il tomba en ruine, et aujourd'hui il n'en reste aucun vestige, non plus que du monastère des frères Cordeliers.

Ces îles étaient autrefois une propriété de la maison de Matignon; ensuite elles passèrent au duc de Valentinois, et l'*Etat de la France pour 1736* nous prouve qu'à cette époque le duc les possédait encore et en était gouverneur.

Ce fut aux îles de Chausey que se réunirent et s'embarquèrent, le 6 janvier 1781, les douze cents hommes que commandait le baron de Rulecour, dans la tentative qu'il fit pour s'emparer de Jersey. Là, ce féroce général fendit d'un coup de sabre la tête d'un fusilier qui, ayant les pieds gelés, osait se plaindre du froid. Un autre soldat, qui s'était permis de murmurer contre les aliments gâtés qu'on lui délivrait, fut, pour cette légère infraction à l'obéissance passive, attaché à mer basse à un rocher, où les flots de la marée montante l'engloutirent.   **V.**

DE LA
Traite des Noirs [1].

(Premier article.)

Cette question toute vivante d'intérêt, retentissante encore à la tribune des députés, doit trouver une large place dans les colonnes de ce recueil. A nous aussi il appartient *d'écumer la mer* pour la rendre plus belle et plus pure; à nous il appartient de porter des cris de liberté et d'espérance là où les rivages retentissent de cris de pitié et de merci. C'est notre droit, c'est notre devoir de fouiller la cale de chaque bâtiment, et, lorsque nous y trouverons une cargaison de chair humaine, d'écrire en lettres de sang, sur le pavillon du navire maudit, ce mot de honte et de cruauté : *Négrier!...* et ce mot attirera sur lui les tempêtes de l'Océan, la justice des hommes et le feu du Ciel.

Et cependant nous ne pouvons étouffer la voix de ceux qui nous crient incessamment : Sans la traite point d'esclaves, sans les esclaves point de colonies. Sans doute ces paroles, qui nous paraissent, à nous hommes du continent, si barbares et si injustes, ne sont que le désir exprimé par un négociant de sauver sa marchandise, par un planteur de conserver ses domaines en pleine culture. Ils ne pensent pas, ces hommes, au fouet des commandeurs, aux sueurs des Nègres, aux larmes des Négresses; nés maîtres, ils croient qu'ils doivent mourir maîtres, comme l'esclave doit mourir esclave. Chez eux ce n'est point cruauté, c'est habitude; chez eux ce n'est point trafic qui dégrade le nom d'homme, c'est commerce dangereux, plein de chances, de profits et de pertes immenses. Ces hommes aiment leurs femmes et leurs filles comme nous, comme nous ils respectent et honorent leur mère, comme nous ils donnent au malheureux qui a faim, et lorsqu'ils ordonnent le supplice d'un Noir sans pâlir, et ils arrachent un enfant à sa mère sans verser une larme, et chaque jour ils avilissent l'homme sans pitié, ils le font brute sans remords. Telle est la nature des habitants des colonies qui disent avec confiance que l'esclavage est une chose utile, indispensable; que son abolition entraînerait plus de maux que son existence n'en impose. C'est leur conscience qui parle quand ils tiennent ce langage; aussi nous respecterons leur langage tout en le combattant, comme ils respecteront le nôtre, car c'est aussi notre conscience et notre cœur qui le dicteront.

Toutes ces questions sont graves et importantes; nous les traiterons avec la gravité et l'importance qu'elles réclament; cependant nous chercherons, autant qu'il sera en nous, à diminuer le sérieux et la sécheresse du sujet. Il est une foule d'anecdotes qu'on rencontre à chaque page dans les énormes ouvrages faits sur la traite des Noirs. Nous avons recueilli les plus intéressantes; elles trouveront leur place naturelle dans le cours de cet article. Nous parlerons d'abord de l'origine de la traite, de ses progrès, de ses développements jusqu'au moment où elle a été abolie; enfin nous dirons tous les moyens qui ont été proposés pour arriver à l'abolition de l'esclavage [2].

L'esclavage a deux périodes bien marquées. La première se perd dans la nuit des temps. Nous trouvons partout l'esclavage chez les anciens peuples. Chez eux, ce fut la guerre qui en devint l'origine; l'avarice et l'orgueil le maintinrent. Chez nous, ce fut l'avarice seule qui fit des esclaves.

Chez les anciens, les prisonniers de guerre étaient esclaves de droit; c'était d'abord la force brutale qui seule agissait. En temps de paix on les vendit, on en trafiqua. La piraterie des Grecs et des Romains eut aussi ses vaisseaux négriers. Les esclaves étaient hors la loi; méprisés du peuple et des grands, ils étaient regardés comme des brutes et traités comme tels. En effet, ces peuples antiques de Rome et d'Athènes ne supposaient pas qu'un homme pût se soumettre à la condition d'esclave. « Il faut tuer ton maître ou mourir, lui disait-on; si tu ne le fais pas, tu te dégrades de tes propres mains; tu ne mérites plus le nom d'homme; nous te rayons de l'humanité, descends au rang de la brute, sois esclave. »

Il y avait encore toute la noblesse de la liberté dans les fers qu'on leur jetait, et cependant, ces hommes qu'on foulait aux pieds trouvaient encore justice de leurs maîtres; ils avaient leur temple et leurs autels. Lorsqu'ils parvenaient à s'y réfugier, c'était pour eux un asile inviolable. De là ils parlementaient et demandaient justice; de là ils l'obtenaient. Aujourd'hui où est le temple des Nègres?... où est le tribunal devant lequel ils peuvent se plaindre? où sont les juges pour les juger?... On n'a pensé qu'à une seule chose pour eux, au bourreau.

---

[1] Mes opinions particulières sur l'esclavage et toutes les questions qui s'y rattachent, ne m'ayant pas semblé devoir être une raison pour ne pas accueillir les intéressants articles de mon honorable collaborateur et ami M. E.-Alboize de Pujol, j'ai cru néanmoins devoir faire mes réserves dans cette note attachée à son premier article.

[2] Nous dirons une fois pour toutes que tous les faits que nous allons citer, l'historique que nous allons faire, sont tirés des principaux ouvrages publiés sur la traite des noirs et l'abolition de l'esclavage. Nous citerons entre autres auteurs : Morgan Godwyn, John Woolmann, Baczal, Ramsay, Sharp, Stanfield, Falconbridge, J. Newton, Stone, Griffith Hughes, Jefferies, Porteus, évêque de Londres, Clarkson, etc., en Angleterre; et Frossard, l'abbé Genty, Saint-Lambert, Necker, Raynal, Montesquieu, Morenas, la Société de la Morale chrétienne, Dufau, Billiard, etc., en France.

Alors aussi les affranchis n'étaient pas rares. La liberté était donnée à quiconque la méritait. C'est du sein des esclaves que se sont élancés Esope, Phèdre, Epictète, Térence.

Cette première époque d'esclavage dura jusqu'au jour où la religion du Christ se répandit par le monde. Cette religion toute de liberté, qui posa les droits de tous, l'égalité de tous devant Dieu, régénéra les peuples, fit pâlir les maîtres, et tressaillir les esclaves. En vain les empereurs du monde, au sein de leur plus grande puissance, voulurent lutter avec elle; elle avait crié liberté pour tous. Tous les opprimés, tous les esclaves se levèrent, et, la croix à la main, refoulèrent l'esclavage dans l'Asie, et l'abolirent dans l'Europe. Quelques siècles après, ce furent encore des hommes et des prêtres qui, la croix à la main, le rétablirent dans l'Amérique. La croix à la main, ils pénétrèrent chez les peuples sauvages et leur dirent avec audace : « Soyez esclaves et croyez à notre Dieu mort pour le salut et la liberté de tous !... » C'est la seconde période de l'esclavage ; c'est la véritable origine de la traite des Noirs.

Christophe Colomb venait de découvrir un monde. Fernand Cortez et Pizarre avaient suivi la route tracée par Colomb, et acquis à l'Europe les richesses du Mexique et du Pérou. Il y avait de l'or dans ces pays, de l'or à rendre fous les monarques les plus riches; mais il fallait l'extraire des entrailles de la terre, et les Espagnols, après avoir plutôt massacré que vaincu les peuples sauvages, retombaient dans leur sieste et leur indolence naturelle sur un sol plus brûlant que celui de leur patrie. Il ne leur resta assez de force que pour commander aux vaincus, les frapper, les détruire et les engloutir dans ces carrières sans fin, d'où ils ne cessaient d'extraire l'or teint de leur sang. Mais bientôt aussi cette population, habituée à respirer l'air libre et pur des campagnes, commençait à s'éteindre dans les tombeaux souterrains qu'on la forçait à creuser. Ces peuples avaient des rois, on les tua. Ces peuples avaient des lois, on les brisa. Ces peuples avaient un culte, on l'abolit. La croix et le roi d'Espagne leur furent imposés de force. On leur dit : «Adorez ce Dieu, et ce Dieu vous fait esclaves ; aimez ce roi, et ce roi vous tue.» Dès ce moment il n'y eut plus pour eux de patrie et d'avenir. Les cruautés des Espagnols, les travaux des mines, les malheurs de l'invasion, tout concourut à abréger leur vie. Bientôt les bras manquèrent pour les travaux, et il y avait encore de l'or. Les Espagnols le voulaient jusqu'à la dernière once. Il leur fallait donc encore des esclaves à jeter dans les fosses. Ils se rappelèrent ceux qui étaient venus à la suite des Maures lorsque Grenade tomba en leur pouvoir. C'étaient des Nègres qui servaient leurs maîtres à genoux. Ils armèrent des vaisseaux et furent sur la côte d'Afrique voler des Nègres. Ils

les prirent d'abord de force en les combattant. Plus tard, voyant qu'ils avaient déserté la côte et qu'ils s'étaient retirés dans les terres, ils cherchèrent à les attirer vers eux par toutes les ruses d'Europe. Ils séduisirent leurs yeux, excitèrent leurs désirs, favorisèrent leurs penchants vicieux, profitèrent de toutes leurs faiblesses. Les objets les plus communs de notre Europe devinrent pour les Nègres des objets de luxe. Alors il fut fait un traité de paix et de commerce entre l'Europe et l'Afrique. Les rois nègres s'engagèrent à vendre leurs prisonniers de guerre et leurs sujets criminels. Mais à mesure que les objets apportés par les Européens pour faire l'échange se répandaient dans le pays, les Nègres prenaient l'habitude de les posséder et les convoitaient sans cesse. D'objets de luxe, ces colifichets devinrent des besoins. alors chaque chef de peuplade nègre fit la guerre à son voisin pour avoir des prisonniers à vendre; alors il trouva un coupable dans chacun de ses sujets qu'il voulut faire esclave; et lorsque les prisonniers et les esclaves manquèrent, on les arracha de force à leur famille, et on les porta à fond de cale du négrier. L'avarice et la cupidité pénétrèrent chez les noirs aussi infernales que chez les blancs. Les époux vendirent leurs femmes, les frères leurs frères, les pères leurs enfants. Ce fut la traite dans toute sa hidosité ; elle s'étendit d'un bout à l'autre du monde, et tacha de honte et de sang tous ceux qu'elle toucha. Les guerres furent éternelles en Afrique; les rois nègres périrent de la main de leurs sujets; les mères étouffèrent leurs enfants pour qu'ils ne fussent pas esclaves; les Européens combattirent entre eux à la vue de la côte d'Afrique pour conserver le monopole du trafic de chair humaine. Vendeurs et acheteurs furent exécrés des hommes et maudits de Dieu.

Les rois de l'Europe donnèrent des priviléges à leurs sujets pour faire la traite. Les Portugais avaient succédé aux Espagnols ; les Hollandais succédèrent aux Portugais. Ils devinrent tout à coup maîtres des possessions du Portugal sur la côte de Guinée, et abandonnèrent l'exploitation de l'esclavage à une compagnie. Cette compagnie voulut s'arroger à elle seule le droit de trafiquer de l'espèce humaine. En 1590 elle saisit plusieurs vaisseaux anglais qui venaient essayer la traite. Le pavillon de Hollande pouvait seul flotter alors à bord du navire négrier. Mais l'Angleterre ne pouvait souffrir longtemps un commerce maritime auquel elle n'avait aucune part. Il y avait de l'or à gagner en achetant et vendant les hommes, l'Angleterre voulut acheter et vendre des hommes. La paix de Bréda mit les Noirs en sa puissance. Elle aussi accorda d'abord des priviléges pour faire la traite, mais elle les retira peu à peu, et bientôt tous les sujets de la Grande-Bretagne purent s'adonner à cet infâme trafic. Ce fut surtout en 1749 que les négriers anglais inondèrent les mers. C'était l'époque où la puissance coloniale de l'Angleterre croissait de jour en jour; on compta annuellement deux cents navires armés pour la traite qui sortirent des ports de Londres, de Lancastre, de Bristol et de Liverpool.

Le Danemark prit peu de part à ce commerce : ses établissements de *Christianbourg* et de *Frédérisbourg*, situés sur la côte des Esclaves et sur la côte d'Or, ne lui offrirent pas assez de ressources pour cela.

Quant à l'Espagne, elle cessa un moment de faire la traite, et la reprit avec plus de vigueur lorsque les traités de 1777 et de 1778 lui eurent assuré, de la part du Portugal, la possession des îles d'*Anobon* et de *Fernando del Po*.

Il paraît prouvé aujourd'hui qu'en 1504 les Dieppois vinrent jusque sur la côte d'Afrique. Cinquante ans avant les Portugais, ils y avaient établi des habitations. Mais on ne trouve que peu de traces du commerce de la traite qu'ils auraient pu faire. Elle apparaît chez les navigateurs français pour la première fois dans l'ordonnance de Louis XIII qui l'autorise et la commande. Elle devient vaste et fréquente à l'époque de l'établissement de la Compagnie des Indes occidentales en 1664 ; elle diminue et augmente successivement à mesure que la France perd, en 1756, son établissement en Sénégambie, qu'elle le reprend en 1779, et le perd de nouveau en 1792.

Telle est la progression dans laquelle marcha chaque nation de l'Europe; progression effrayante qui dépeupla peu à peu l'Afrique, et s'étendit de jour en jour sur toutes les côtes. Le passage des négriers laissait après lui des traces de désolation et de solitude. On ne voyait plus que des vieillards, des femmes et quelques enfants. La guerre que se firent entre eux les rois nègres pour faire des prisonniers et les vendre, décima les peuplades et les livra aux massacres du désespoir. Les Européens entretinrent longtemps ces guerres qui mettaient les esclaves à un meilleur prix. Quelquefois ils prirent parti pour tel ou tel roi, moyennant une cargaison de Noirs après la victoire. Ils employèrent souvent la ruse, la trahison pour les enlever; ils furent jusqu'à se faire traîtres eux-mêmes pour servir la haine des peuplades qui leur promettaient des hommes en échange de leurs coups de canon. Un exemple sur cent prouvera ce que j'avance et qu'on a peut-être peine à croire.

En 1767, les vaisseaux *la Reine des Indes*, *le Duc d'Yorck*, *la Nancy*, et *la Concorde* de Bristol, *l'Edgard* de Liverpool, et *le Cantorbery* de Londres avaient jeté l'ancre dans la rivière du vieux Calabar.

Il existait dans ce temps-là une querelle entre les principaux habitants de Old-Town (1) et ceux de New-Town (2), à l'ancien Calabar.

(1) Ancienne ville.
(2) Nouvelle ville.

Les capitaines des six vaisseaux écrivirent aux habitants de Old-Town, et particulièrement à un nommé Ephraïm Robin Jonh, le plus riche d'entre eux, que s'ils voulaient envoyer à leurs bords, où ils trouveraient sûreté et protection, une députation des leurs, ils manderaient de leur côté les habitants de New-Town et deviendraient les médiateurs et les arbitres de leur querelle.

Les habitants de Old-Town s'empressèrent de déférer à cette invitation, et de courir après une paix qu'ils désiraient ardemment. En conséquence les trois frères du principal habitant, dont l'aîné était Amboë Robin Jonh, montèrent les premiers dans leur canot avec vingt-sept de leurs amis, et furent suivis de neuf canots qui se rendirent avec eux à bord de *la Reine des Indes*. Le lendemain ils passèrent sur le vaisseau *l'Edgard* et ensuite sur *l'Yorck*, à bord duquel ils montèrent sans défiance, et furent reçus avec les marques de la plus franche hospitalité. Ils laissèrent dans les canots les gens qui étaient venus avec eux et qui restèrent autour du vaisseau, ou se répartirent, ainsi que beaucoup d'autres, sur les divers navires de la rade.

Mais peu d'heures après que les trois frères eurent mis le pied sur *le Duc d'Yorck* et reçu l'hospitalité des Européens, le capitaine du vaisseau, suivi de ses officiers, s'avança vers eux pour les faire prisonniers, et leur mettre les fers aux mains. Ces malheureux cherchèrent en vain à s'évader par la fenêtre de la chambre où on les avait mis; ils furent pris de force, blessés, réduits et garrottés. En même temps le signal du carnage partit du vaisseau *le Duc d'Yorck*. Aussitôt on fit feu sur tous les canots; on les coula et on tua les Nègres qui s'y trouvaient. Quelques-uns parvinrent à s'échapper à la nage et à éviter les coups de fusil qu'on leur tirait; le reste fut massacré ou fait prisonnier.

Cachés derrière les buissons qui bordent le rivage, les habitants de New-Town, qui avaient passé avec les Européens ce marché de sang et de trahison, se répandirent sur la côte pour attendre leurs ennemis et les tuer. Puis, voyant que le carnage avait cessé, ils mirent un canot à la mer et s'approchèrent du *Duc-d'Yorck*. Ils réclamèrent aussitôt Amboë Robin Jonh, l'aîné des trois frères, laissant les deux autres au pouvoir du capitaine. Robin Jonh invoqua en vain les lois de l'hospitalité, la foi jurée, l'honneur du pavillon anglais, il trouva le capitaine sourd et inexorable. L'Européen le jeta dans le canot de ses ennemis après avoir reçu en échange un esclave nommé *Acoug*, plus fort et plus jeune que lui. A peine Robin Jonh fut-il au pouvoir de ses ennemis, qu'il fut décapité à la vue de ses deux autres frères, que les gens de l'équipage ne cessaient de battre pour étouffer leurs cris de désespoir. Bientôt on compta les cadavres; pour chaque cadavre les habitants de New-Town donnèrent un esclave, celle était la convention. Les Européens reçurent trois cents Nègres vivants, pour trois cents Nègres qu'ils venaient d'égorger!... C'est de l'histoire ceci!...

Pendant les siècles que dura la traite, de pareils actes se renouvelèrent souvent. On n'a pu évaluer le nombre des victimes mortes sur le sol africain; il dépasse peut-être celui des esclaves. On porte le nombre de ces derniers à *trente-deux millions d'hommes!*... Dans l'année 1768 seulement, *cent quatre mille* furent transportés dans les colonies. Et je ne vous dis pas encore leurs souffrances pendant la traversée, leurs misères auprès de leurs maîtres. Je ne vous dis pas ceux qu'on a jetés à la mer parce qu'on manquait de pain, parce que le navire sombrait. Je ne vous dis pas ceux qui se tuaient pour ne pas être esclaves; ceux qui expiraient au fond de la cale infecte où ils étaient entassés comme des bestiaux. Chacune de ces catastrophes me fournira de ces récits qui font douter de l'humanité. Je vous les montrerai aussi ces esclaves traînés sur les places publiques des villes habitées par les hommes les plus civilisés du globe, mis en vente comme des animaux qui vont peupler des étables ou des ménageries. Vous les verrez, courbant la tête de honte, mordant leurs fers de rage, soumis à l'inspection scrupuleuse des experts et marchands selon leur force, leur adresse et leur âge. Mais j'ai à vous dire maintenant des choses plus consolantes, et je me hâte d'y arriver.

Plusieurs voix s'élevèrent contre la traite. En Angleterre, ce furent *Morgan Godwyn, John Voolman, Antoine Benezet* qui les premiers cherchèrent à flétrir ce trafic. En 1754 les Quakers déclarèrent *qu'il n'était pas dans les principes du christianisme de pouvoir vivre dans l'opulence aux dépens de l'esclavage de ses semblables, et plusieurs membres de cette Société donnèrent sur-le-champ la liberté à leurs Nègres. Grandville Sharp* et *James Ramsay* applaudirent à ces principes, et les répandirent dans leurs écrits. Enfin la parole puissante des *Pitt*, des *Fox* et des *Wilberforce* conduisit à l'abolition de la traite.

La France peut citer aussi avec orgueil *Frossard, l'abbé Genty, Necker, Raynal, Montesquieu, Jean-Jacques, Saint-Lambert.*

En Espagne nous cherchons en vain. Une seule voix s'éleva en faveur des esclaves avant l'établissement de la traite, ce fut celle de *Las-Casas*, évêque de Chiapa, qui vint plaider la cause des Indiens au tribunal de Charles V.

L'Amérique n'eut ni orateurs ni écrivains en faveur des Nègres; elle pensa à se faire libre, et quand elle le fut, elle agit: la traite fut abolie. L'État de Virginie en donna le premier l'exemple en 1776; il fut bientôt suivi de tous les Etats de l'Union.

La France s'appelait république. Elle aussi avait aboli l'esclavage du sol en anéantissant les droits féodaux et mettant le peuple à l'égal des nobles, les pauvres à l'égal des riches. L'Assemblée nationale ne pouvait souiller le pavillon de la république sur un vaisseau négrier: le 16 pluviôse an 2 la traite fut abolie. Mais en tuant les libertés de la France, le gouvernement consulaire tua aussi la liberté des Noirs. Le consul empereur cassa le décret de la république, et, sous le prétexte que les besoins de nos colonies le réclamaient impérieusement, la traite fut autorisée et rétablie. Enfin abolie de nouveau avec restriction en 1814, elle fut définitivement proscrite en Europe dans le congrès des puissances alliées en janvier 1817. Plus tard, diverses ordonnances disposèrent les peines encourues par les négriers. Cette défense et ces peines les arrêtèrent faiblement; ils firent clandestinement ce qu'ils avaient fait au grand jour. Plusieurs y trouvèrent des dangers précieux à leur courage en temps de paix. La traite de contrebande est celle qu'on fait encore aujourd'hui et qu'on fera toujours, si l'abolition de l'esclavage n'engloutit pas tous les vaisseaux négriers. En France ce n'est plus une question. Cette abolition de l'esclavage est réclamée par tous, exigée par tous, criée par tous; mais les maîtres demandent de l'or pour affranchir leurs esclaves. Ils veulent trafiquer une dernière fois de leur liberté... Attendons.

E. ALBOIZE.

GÉOGRAPHIE.

—

Saint-Nazaire.

Saint-Nazaire, pauvre bourgade presque ignorée sur le littoral breton; accroupie parmi des algues, des sables et des bruyères, sur la rive droite, à l'entrée de la Loire, d'où elle montre au loin sa flèche grisâtre, comme une vieille dent unique dans la vaste bouche du fleuve nantais; Saint-Nazaire, dont le petit port est sans importance, l'histoire sans relief, les produits sans attraits, l'aspect sans vie et l'avenir sans espérance. Mais, comme disait Raynal, en parlant du pauvre territoire d'Anjinga, qu'il n'était quelque chose que par le mérite personnel de l'un de ses enfants, on peut dire aussi de celui de Saint-Nazaire qu'il n'est rien, mais qu'il est la patrie des pilotes les plus habiles, comme les plus intrépides de cette côte bretonne, tant tourmentée par les orages.

Si, à l'aspect des mille rochers épars entre la mer et l'embouchure de la Loire, on se sent ému en pensant aux courageux nautoniers dont la vie se passe à ruser avec la mort parmi ces écueils terribles, on n'apprend pas sans intérêt que la bourgade dont on aperçoit au loin le clocher effilé,

Parrot del.t

(L'Le Vaisseau , (continuation de la mer.)

Imprimé chez Auguste Bry à Paris

T.I.P.128

est le berceau et le séjour habité par ces hommes utiles et dévoués au salut des navigateurs. On veut le voir de plus près, et c'est à travers un terroir rebelle, entre des vignes maigres, tantôt sur un sable qui croule sous les pieds, tantôt sur un granit ardu qui les blesse, que l'on atteint péniblement ce groupe d'habitations noircies par le temps et par l'air salin de l'Océan.

Entre ces maisons, dont l'arrangement formule une rue longue et tortueuse, le silence et la solitude laissent à peine croire à un lieu habité. Cette somnolence au dehors s'explique pourtant, lorsqu'on apprend que ce qu'il reste d'habitans est livré à des soins d'intérieur dans l'intérêt des absens, et que ces absens sont les pilotes. La rue aboutit à la Loire, sur un petit promontoire que le fleuve bat de son eau bourbeuse : c'est le boulevart de Saint-Nazaire : sur ce point culminant se groupent les habitations des notabilités du pays; le cimetière et son grand mur, qui trempe son pied dans la Loire; au milieu, l'église gothique, bien vieille, bardée de lierre et de giroflées, et son vieux clocher lézardé par le vent du sudouest; vous pouvez y monter, la porte en est ouverte à tout venant : le maire, le curé et le syndic des pilotes ont paternellement, leur conseil entendu, décrété cette franchise aux habitants. Les femmes et les filles des pilotes y vont souvent demander à l'horizon de la mer des nouvelles d'une chaloupe attardée. Toujours l'anxiété monte son spiral de granit, quelquefois le désespoir le descend. Du haut de son faîte, la vue plane sur un vaste panorama, au milieu duquel la Loire maritime roule ses flots jaunes, qu'elle verse dans le golfe de Gascogne. Le regard tombe sur Saint-Nazaire, qui serpente à vos pieds comme un reptile traînant sa queue dans le sable de la grève, tandis que, la tête penchée au-dessus du fleuve, il trempe sa langue de roches dans le rapide courant de l'eau.

Saint-Nazaire est la première halte des navires arrivant dans la Loire, comme c'est le dernier repos de ceux qui descendent la rivière pour se mettre en voyage. La rade, en amont de l'église, n'est autre que le lit du fleuve qui creuse en cet endroit sa plus grande profondeur; la rapidité du courant de flot et de jusant y est d'une grande violence; le descendant d'une marée maline, aidée par un grand vent du nord, y est d'une vitesse dangereuse. Naguère encore, ce concours de circonstances rendait les accostages de la terre et des navires très-difficiles; une chaussée de roches, qui se projetait en travers du courant, à quelque vingt toises au large, semblait se trouver là, comme un barrage terrible prêt à broyer toute embarcation qui manquait son abordage en, rade; bien des naufrages ont été consommés sur les pointes aiguës de ces roches perfides, et entre autres celui de la frégate l'Heureuse, en 1795, prête à partir pour un voyage de déportation.

Mais le progrès de l'époque actuelle a passé par là; Saint-Nazaire aussi a ressenti son heureuse influence. Grâce en soit rendue à l'esprit d'amélioration qui préside aux destinées du département de la Loire-Inférieure; il a su prêter à cette dangereuse chaîne de rochers une prédestination plus protectrice que funeste à la navigation; il y a vu la première assise d'un môle, ou jetée marine qui, dans l'intérêt général, a reçu sa parfaite exécution. Projetée aussi loin que la retraite de l'eau à la basse mer a pu le permettre, sa large base a déterminé une élévation suffisante pour offrir un abri sûr aux petits bâtiments mouillés dans son voisinage. Sa maçonnerie en granit, cimentée par les meilleurs procédés de l'art, peut défier l'action violente des courants du fleuve, et le choc des vagues soulevées par les furieux coups de vent qui fréquemment tourmentent cette contrée. A l'extrémité marine de ce môle, un phare, dont le feu s'aperçoit de la mer, s'élève et complète ce monument de la sollicitude du commerce nantais pour les navigateurs et les pilotes de Saint-Nazaire. La plate-forme de ce môle a pour toujours ravi au cimetière du bourg ces réunions et ces conciliabules dont il était le rendez-vous traditionnel. C'est maintenant sur les dalles de la plate-forme du môle, et protégés par un parapet à hauteur d'appui, que les oisifs, sans excepter les notabilités intelligentes de Saint-Nazaire, viennent tenir leurs séances causeuses, et recueillir, dans leurs douces flâneries de petite ville, les nouvelles qui de toutes parts aboutissent au pied du phare. Le maire et le curé n'y paraissent sans doute qu'à intervalles espacés, afin de ne pas trop vulgariser l'effet imposant de leur apparition : c'est magistral, c'est révérend. Les familiers obligés du môle sont ces utilités du second ordre dans une bourgade : le receveur des contributions, le chirurgien-médecin-accoucheur, l'adjoint du maire, le commandant de la garde nationale, etc., deviseurs gros bonnets des nouvelles, qui viennent y commenter la gazette attardée; trancher à l'avance une question législative qui arrête la Chambre des députés; donner des conseils aux pairs dans l'affaire Fieschi, et cela en reniflant la brise de mer et le tabac de la régie.

Les pilotes aussi y viennent, mais non pas en flâneurs. En voici venir un d'un pas empressé; son regard est inquiet; il braque sur la mer sa petite longue-vue au tube de carton; il regarde l'amont, l'aval, l'eau, la girouette du clocher, et l'heure sur sa montre à boîtier d'argent; parle bas; fait un signe au mousse de garde dans une chaloupe, et s'en va. Un instant après, il passe sous la jetée, dans sa rapide embarcation au ventre suiffé; elle l'emporte avec toute la vitesse que lui imprime la violence du jusant, et une brise carabinée du sud-est : où va-t-il donc?.. Il a vu un trois-mâts, barque à l'entrée de la Loire, louvoyant péniblement entre les écueils qui se dressent devant lui, et lui barrent le passage. Il l'a reconnu; c'est un bâtiment très-attardé dans son retour des colonies; il manque de vivres et de *pratique*. Le courageux pilote lui porte des secours et le salut : il était temps; le vent a sauté au sud avec le flot, au moment où il atteignait le navire, déjà engagé dans les *remous* qui le drossent sur les rochers les *grands charpentiers*. Il tourmente de *l'avat;* la mer brise horriblement dans les passes étroites de la rivière, et déferle par-dessus le cap *Chémoulin.* Il était temps! « Faites servir, capitaine, dit le pilote; tribord » amure, le bord dans l'eau; le navire va souf- » frir; mais il le faut pour nous relever d'ici; une » demi-heure seulement, capitaine, et nous som- » mes parés. » Inquiet pour sa chaloupe, dans laquelle il a laissé deux hommes, dont l'un est son fils, il lui crie : « Jacques! ne cherche pas à » suivre le navire; relâche à *bonne anse,* et at- » tends-y la fin du coup de vent! — Oh! je vous » suivrai bien, maître Bernard, pour ça il n'y a » pas de dangers, » répond l'intrépide apprenti pilote. Le pilote détourne les yeux, quand il voit sa chaloupe effondrer les lames où elle disparaît quelquefois. « Pilote, le navire souffre, et » la mâture menace, dit le capitaine. — Je le » vois bien, Monsieur, mais ça va finir; laissez » porter; vous sortez d'une belle! Maintenant » serrez vos huniers, le petit foc suffit. » Et le navire vainqueur, grâce à l'habile pilote, laboure les eaux mutinées de la Loire, suivi de la chaloupe, où le fils de maître Bernard fait son rude apprentissage. Le navire enfin passe au bout de la jetée de Saint-Nazaire, où les curieux sont accourus, pour entendre la déclaration au porte-voix du navire arrivant bientôt enfin. Il laisse tomber deux ancres dans la rade de Saint-Nazaire, et hisse son pavillon de quarantaine.

La jetée de Saint-Nazaire est l'acheminement à d'autres travaux, dont la nécessité se fera plus fortement sentir, si une guerre maritime venait rendre à la Loire la construction de ses jolies frégates. Ces grands navires, forcés de descendre à Saint-Nazaire pour y compléter leurs dispositions de départ, y étaient arrêtés dans leurs travaux. Si le besoin pressant de quelques matériaux se faisait sentir dans le cours de ces préparatifs, c'était du petit port de Paimbœuf, à trois lieues en amont de son mouillage, qu'il lui fallait tout recevoir. Des retards, des dangers même pour les embarcations qu'on y expédiait, étaient des conséquences très-préjudiciables à ces armemens importans, et que l'on évitera en établissant à Saint-Nazaire des magasins où les objets les plus appropriés aux besoins possibles d'un navire, sur cette rade peu sûre, se trouveront réunis et promptement obtenus. La population de Saint-Nazaire est comptée à 3,000 âmes. A quelque distance en amont, on trouve de larges espaces de tourbière. Quelques géographies men-

tionnent que le sol aux environs offre des signes de minerai, et entre autres l'aimant s'y trouverait. Il y a quelques années qu'il fut même question d'une mine d'argent découverte dans les environs. Il n'y a pas à proprement parler d'industrie à Saint-Nazaire, car on ne peut donner le nom d'industrie, comme on l'entend aujourd'hui, à cette vocation, généreuse des hommes de cette bourgade; si par industrie on entend un moyen de faire fortune rapidement, le métier de pilote récuse cette acception. Ce n'est pas à risquer tous les jours sa vie pour un salaire, tarifé, disputé, et difficilement obtenu, et peut-être à y joindre quelquefois une livre de tabac de Virginie, ou un petit sac de café et de sucre, accordés par un capitaine reconnaissant, et débarqués à de grands risques, qu'un pilote de Saint-Nazaire peut faire une fortune rapide.

Le cap. P. LUCO.

MŒURS DES POPULATIONS MARITIMES.

LA

Tour de Bouc.

Après avoir quitté Marseille, Marseille l'orientale, la ville aux quais de briques et aux mœurs bigarrées, la Babylone de l'Occident; quand on a doublé le cap Couronne, en côtoyant le littoral, on aperçoit, au milieu des récifs, la tour de Bouc, dont le phare lumineux sert d'étoile aux marins, et peut seul les guider à travers cette mer de brisants et d'écueils. Plusieurs fois déjà le peintre et le poëte sont allés promener leur rêverie et féconder leur sublime pensée sous le ciel pur de la Provence; plusieurs fois déjà ils ont emprunté à ses brises de poétiques harmonies et de sublimes pages à son histoire. Toujours ils sont passés insouciants et oublieux près de cette anse solitaire, retirée qu'elle est au milieu des rochers, et que l'on nomme le port de Bouc. Pourtant de glorieux souvenirs se rattachent à ce nom; des projets grandioses ont été formés; de gigantesques conceptions se sont arrêtées là, sur ce sol que dédaigne maintenant l'antiquaire et l'historiographe. Cette plage déserte à l'heure qu'il est, l'empereur Napoléon, l'homme aux larges vues, celui qui n'annonçait jamais que la moitié de ce qu'il voulait faire, Bonaparte enfin l'avait marquée comme l'entrepôt central des richesses et de la puissance de l'Europe. Il voulait, et cela eût été, que le port de Bouc fût le premier port du monde. Avouons qu'il est admirablement situé pour cela. Creusé par la nature au milieu des rochers, enveloppé de toutes parts d'une épaisse muraille de granit qui le met à l'abri des ouragans si fréquents dans ces parages, capable, par son étendue et sa situation topographique, de contenir à l'aise plus de huit mille navires de tout tonnage, ayant en outre pour rade un large golfe flanqué de montagnes escarpées, le port de Bouc ne pouvait manquer d'être un jour un des premiers ports du monde.

Mais Napoléon fut mourir à Sainte-Hélène sur un chevet anglais, et de lourdes barques de pêcheurs viennent s'amarrer aujourd'hui aux lieux où devaient se balancer à l'ancre les flottes captives de l'Angleterre et les riches galions de l'Espagne. Les grandes œuvres ne sont pas de la compétence des petits hommes.

Pour celui qui n'a jamais vu la mer qu'à travers le prisme de son imagination; pour l'habitant même d'un port de mer qui n'a jamais quitté la ville natale et qui se trouverait soudainement transporté sur les hauteurs qui dominent le môle ou sur le sommet de la tour de Bouc, il y aurait pour celui-là véritablement prestige et magie. En effet, quoi de plus pittoresque que ce pays! quoi de plus gracieux et de plus sévère à la fois! Lorsque vous entrez dans le port, en venant de Marseille, vous avez à votre droite Fos, la ville antique, que quelques-uns confondent avec Phos, d'où sortirent les aventuriers qui fondèrent Marseille et qui portèrent le nom de Phocéens. Devant vous vous avez, s'élevant en amphithéâtre, d'immenses gradins de rochers d'une nature riche et forte; l'herbe ne croît pas sur ces collines; la fleur s'y dessèche et y meurt étiolée par l'air âpre de la mer; mais l'arbuste y jette de profondes racines; la vigne et le figuier sauvages y étendent capricieusement leurs rameaux. Enfin à gauche est la citadelle, sentinelle avancée au milieu du port, toujours active, veillant toujours, et suspendant invariablement chaque nuit son fanal au front de la tour, comme un regard vigilant sur la mer; puis pour horizon à tout cela, d'un côté des zones de rochers qui se marient admirablement aux nuages, de l'autre la Méditerranée, vaste nappe d'azur réfléchissant le bleu du ciel et où brille, comme des myriades d'étoiles, les blanches voiles des bateaux de pêcheurs dorées des derniers feux du soleil couchant. Les côtes de la Méditerranée ne sont point, comme on le voit, entièrement dépourvues de poésie; il est vrai qu'elles ont un caractère moins sévère que les grèves de l'Océan. A part les souvenirs qui se rattachent à nos ports méridionaux, ils ont en outre un cachet d'originalité qui leur est propre.

Ainsi, nous avons assisté aux grandes révolutions de l'Océan, nous avons rêvé sous le ciel gris et brumeux de la Bretagne, et nous nous sommes reposé sur les rocs nus et arides de ses côtes; nous avons aussi admiré le ciel bleu de la Provence, les eaux qui la baignent, le sable d'or de ses rivages parsemé de coquillages et de perles,

les tons chauds et vigoureux de l'horizon, et nous avons reconnu deux aspects différents dans deux créations dissemblables. Revenons au port de Bouc.

La Restauration, après avoir morcelé quelques-unes des grandes idées que le système continental devait mettre en relief, se prit à cette dernière, qui n'était peut-être pas la moins hardie et la moins heureuse; mais ce fut en hommes qui ont l'habitude de ne faire les choses qu'à demi, que les hommes de la Restauration tentèrent d'accomplir l'œuvre que Napoléon avait rêvée, et qui était sortie tout armée de son cerveau.

La nature laisse presque toujours son œuvre incomplète. L'entrée du port de Bouc étant trop large, et par cela seul compromettant la sûreté des navires qui restaient à découvert de ce côté, on imagina de construire une jetée en rochers qui restreignît l'ouverture du port à une dimension ordinaire. Malheureusement, l'argent ou le courage manqua pour réaliser ce projet, et la jetée resta inachevée. Chaque jour la mer ronge le ciment qui unit entre elles ces masses de pierres; et chaque jour en voit écrouler une partie. Avec l'aide de quelques années la mer se débarrassera de cette entrave, et il ne restera plus, pour attester la puissance du génie de l'homme sur cette plage, que la tour qui fait le sujet de cet article.

Son origine primitive est inconnue; néanmoins tout porte à croire que ce qui nous en est resté fut élevé sur les ruines de constructions romaines, vers le commencement du règne de François 1er. En effet, lors même que son architecture ne le laisserait pas deviner, les fouilles qui furent faites, quand on creusa le canal de Bouc, qui se jette dans celui du Languedoc, nécessitèrent plusieurs tentatives infructueuses. Ce fut dans l'une de ces fouilles que l'on rencontra l'ancien canal de Marius. On y trouva même, enfouis dans les vases et en quelque sorte pétrifiés, une barque de contruction romaine, des ossements humains, de petites statuettes en plomb, et des médailles frappées à l'effigie du dictateur. Du reste, tout le littoral est empreint de ce cachet d'antiquité indélébile. En 1829, des pêcheurs, explorant les côtes, trouvèrent, à une assez grande profondeur dans les sables, des troncs d'arbres entièrement conservés quoique noircis; l'écorce seule s'était oxydée au contact du sel marin, mais le bois avait acquis, en même temps qu'une teinte plus foncée, une telle densité qu'il émoussait l'acier de la hache, et ne pouvait être ainsi d'aucune utilité. Enfin et en dernier lieu, les déblaiements nécessaires à plusieurs constructions modernes ont amené la découverte de bains romains, ignorés et enfouis depuis longtemps. On a retrouvé encore entières des cuves de marbre de forme circulaire qui servaient probablement alors de réservoirs. Les murs d'intérieur étaient aussi revêtus de marbre à une assez grande élévation. Toutes ces découvertes, précieuses pour la science, furent faites en partie aux frais des particuliers, et n'éveillèrent pas un instant l'attention du gouvernement. M. de Frayssinous avait alloué 3,000 francs pour l'érection d'un Calvaire gigantesque en mémoire du jubilé. M. de Corbière ne voulut point être en reste avec le ministre des cultes, il envoya 500 francs au corps municipal des Martigues, pour le maintien et la restauration des antiquités des pays environnants. Aussi la cabane du pêcheur est aujourd'hui pavée de larges dalles de marbre blanc, empruntées aux murs des bains romains, et l'on peut lire sur le seuil de sa porte des inscriptions latines ou grecques perdues pour la science, que son pied outrage incessamment, et qu'il aura bientôt entièrement effacées. Nul doute que dans quelques années il ne restera plus rien de ces travaux prodigieux, appelés à fatiguer les siècles de leur inébranlable solidité, et que la main des hommes détruit dans un seul jour.

La citadelle de Bouc fut, comme nous l'avons dit, reconstruite (car les fondements existaient encore) sous le commencement du règne de François Ier. Lui aussi avait senti que c'était là une des portes de son royaume. Sous son règne et même jusqu'à Henri IV, elle fut entièrement inutile et oubliée; elle servit bien de temps à autre de prison ou de tombeau à quelques-uns de ces grands personnages qui disparaissaient si rapidement au profit des haines et des ambitions de famille. Mais ce n'était là que la moitié de ses fonctions; car il y avait dans ses murailles, outre les prisons et les caveaux qui existent encore, de bonnes munitions de guerre, et des bouches à feu toutes prêtes dans leurs meurtrières. Ce fut seulement sous Henri IV qu'une partie de la Provence s'étant soulevée, le duc de Guise marcha contre les rebelles, dont les forces s'étaient concentrées sur un seul point, et qui se tenaient renfermés derrière les murs de Marseille. La ville fut prise d'assaut; pendant ce temps, l'infant d'Espagne, qui apportait en toute hâte des secours au gouverneur insurgé, avait tenté une descente à Bouc; il fut repoussé avec perte. Une poignée d'hommes, que l'on avait jetés là en éclaireurs plutôt qu'en combattants, coulèrent bas plusieurs barques, et forcèrent les Espagnols désappointés à regagner le large. Bientôt après, la nouvelle de la prise de Marseille les força à virer de bord sans avoir pu opérer leur descente sur le territoire français. Ce fut là la première circonstance un peu remarquable qui appela l'attention sur ce port. On y mit un gouverneur et une faible garnison; ce système de fortification, quoique très-imparfait, empêcha néanmoins qu'aucune tentative de débarquement ne fût faite, et contribua grandement à la tranquillité de cette population de pêcheurs qui habite le port de Bouc.

Après avoir considéré ce port sous ses différents aspects historiques et politiques, disons quelque chose aussi des mœurs et des traditions de ce pays.

Vers la naissance de la jetée, dont nous avons parlé plus haut, est un bouquet de maisons qui se compose d'une douzaine de feux environ. Dans ces douze maisons se trouvent un boulanger, un marchand de tabac et un marchand de vin. Le boulanger est un pêcheur, le marchand de tabac est un préposé des douanes, qui probablement fait la contrebande, et le marchand de vin est un garde champêtre, ex-sacristain de l'église des Martigues, en même temps chirurgien-dentiste et barbier. C'est là que se rassemblent au tomber du jour, quelques instants avant la pêche de nuit, cette population de pêcheurs et de douaniers qui habitent le reste des maisons dont nous n'avons pas spécifié l'usage; population composée de parties hétérogènes, s'il en fut; population pacifique pourtant, et dont tous les membres vivent en bonne intelligence, malgré la disparate de leurs fonctions. Rien n'est plus curieux que l'auberge de maître Pitre, le tavernier du port: lorsque le soleil s'étend en lames d'or sur les eaux, et que les collines de l'horizon s'enflamment à ses derniers rayons, alors on vient d'achever le repas du soir; les maisons, silencieuses et closes pendant le jour, s'ouvrent et s'animent à cette heure, on se donne le bonjour et l'adieu tout à la fois, car chaque pêcheur va chercher au fond de sa cabane le mât et la voile de rechange, et chaque enfant décroché de la muraille où ils étaient suspendus, les filets de son père; puis, lorsque tout est arrimé à fond de cale, lorsqu'il ne reste plus qu'à lever l'ancre et à larguer les amarres, pêcheurs et douaniers-contrebandiers et *gabeloux* se rendent à l'auberge de maître Pitre: les uns, le verre en main et de joyeux propos aux lèvres, attendant que la brise se fasse; les autres, que le service les réclame. Il faut avoir assisté à une semblable réunion pour en comprendre toute l'originalité. Figurez-vous une salle d'une forme assez peu géométrique, où les angles les plus bizarres qui soient jamais sortis d'un compas mathématicien sont à la fois surpris et confus de se trouver réunis à travers l'épaisse atmosphère de fumée qui en défend l'approche aux profanes; on distingue, à la lueur d'une lampe de fer suspendue sous le manteau de la cheminée, une cinquantaine de têtes rayonnantes et empourprées, qui se dessinent en silhouettes bizarres sur le mur grisâtre de cette chambre. On trinque à la réussite de la prochaine entreprise, tout en s'envoyant alternativement des bouffées de fumée au visage; on se parle amicalement; on se touche la main; on raconte le dernier coup de vent qui fit échouer plus de trente barques de pêcheurs sur le banc de sable de Fos; puis on consulte l'heure avec impatience à la bruyante horloge de maître Pitre.

Insensiblement le brouhaha a fait place au silence. Un vieillard infirme est apparu sur le seuil, une jambe de bois a remplacé celle qu'il perdit au service de la patrie, un ruban rouge fané orne la boutonnière de son habit de vétéran, et sur son front dégarni repose un chapeau que l'on dirait être celui du grand homme déchu. A son approche, chaque voix s'est élevée pour le saluer, chaque main s'est tendue pour presser la sienne ; chaque chaise, chaque verre, chaque pipe se sont rapprochés pour lui faire place. C'est que soixante années ont fait blanchir ses cheveux et orné sa mémoire ; c'est qu'on a reconnu le vieux concierge de la tour, le *commandant* du port de Bouc. Il s'est assis face à face avec le boujaron d'eau-de-vie, sa ration du soir ; et il raconte aux marins ébahis quelqu'une de ces grandes guerres de l'Empire qu'il a vues, lui, et qu'il ne cesse de regretter chaque jour.

Mais la brise a fraîchi, et l'enseigne de maître Pitre fait entendre, par ses craquements et le grincement de ses ferrures, que l'instant du départ est arrivé. Allons ! matelot, un dernier baiser à ton verre, une dernière aspiration à ta pipe ; allons ! suspends à ta ceinture la gourde qui contient l'alcool précieux ; allume ta lanterne, pêcheur, et que Notre-Dame-de-la-Garde te soit propice !

Maintenant les tables sont désertes ; quelques instants encore, on entendra l'appel des retardataires, on verra courir et se croiser quelques lumières sur la côte. Mais bientôt toutes les voiles se hisseront, et bientôt après la rade tout entière étincellera de mille feux suspendus aux cordages et à l'avant des barques, qui sillonneront la mer en tous sens.

Jetons maintenant les yeux sur une autre partie du rivage, pendant que le pêcheur intrépide s'éloigne en chantant un gai refrain, pendant que le garde-côte s'endort, enveloppé dans sa capote, à l'abri sous sa guérite ; le phare s'allume au sommet de la tour, la citadelle se dessine en noir sur le bleu du ciel, et ses formes fantastiques se reflètent dans les eaux. Alors le concierge de la tour est rentré dans ses domaines, il gravit péniblement les trois cent quarante-quatre marches qui séparent la base du sommet ; puis, arrivé sur la plate-forme, il fait entendre un sifflement aigu auquel répond bientôt un sourd grognement comme celui d'un dogue ou d'un chien de Terre-Neuve. Il s'approche, l'honnête concierge, il fait tomber la chaîne qui retenait au pied son fidèle compagnon, son vigilant et inséparable ami. Bientôt un formidable croassement et un battement d'ailes semblable à celui d'un aigle qui s'abat se font entendre ; c'est que Jacques a pris la volée ; Jacques, le fidèle gardien de la tour, le soutien et le défenseur du vétéran, Jacques, le corbeau ! Son origine est complètement inconnue, il fut pris par des pêcheurs sur la barque desquels il était venu se reposer. Sa longueur, de-

puis la naissance du cou jusqu'à l'extrémité de la queue, est de 2 pieds et demi environ, et son envergure est de 4. Depuis sept ans, il est l'ami intime et le gardien fidèle du concierge auquel on en fit hommage.

Ce corbeau, d'une espèce vraiment rare, est doué d'une foule de qualités précieuses. Ainsi, sa vue, contrairement à celle des bipèdes de son espèce, chez lesquels cet organe est peu développé, sa vue est sûre et perçante, il distingue le soir dans la brume une voile à plusieurs milles de distance ; son odorat est aussi parfaitement exercé, il reconnaît à plus de vingt pas son maître et un étranger. Aussi est-il en réputation sur toute la côte, à dix lieues à la ronde : personne ne se hasarderait à l'approcher de jour, malheur aux curieux qui s'avanceraient trop près de sa demeure ; malheur à eux, car maître Jacques a le mouvement prompt, le coup d'œil sûr, et le bec acéré ! Cependant autant il est farouche et d'un abord difficile le jour, autant la nuit il est sociable et joyeux compagnon. Aussi chaque soir, à l'heure de la pêche de nuit, son maître le débarrasse de la chaîne qui le retient pendant le jour. Il faut le voir alors, battant joyeusement des ailes, balancer un instant son corps à la brise, puis, rapide comme l'alcyon, s'envoler sur les eaux.

Chaque barque de pêcheur qu'il rencontre dans ses excursions nocturnes lui doit un péage de poissons ou de lard salé, il ne fait grâce à aucune, et, toujours bien accueilli, il revient le matin se poser sur la plate-forme de la tour, en attendant le jour pour reprendre philosophiquement ses fers.

A l'époque où je fus à Bouc, le concierge mariait sa fille, jolie brune que le soleil du midi avait dorée de tous ses feux. Ce jour-là, maître Jacques semblait radieux ; il faisait une foule de gentillesses plus folles les unes que les autres ; montait sur les tables, buvait à tous les verres, et déchirait en mille pièces le tablier rouge de la jeune mariée, présent de noce de son époux. Puis il se promenait gravement dans la salle du festin, plongé dans la douce quiétude d'un corbeau qui digère. — Certes, à le voir, on ne se fût pas imaginé que c'était là ce Cerbère impitoyable dont la réputation avait saisi d'effroi toutes les contrées environnantes. Seulement, comme on craignait qu'il ne poussât trop loin ces plaisanteries de mauvais goût que l'on se permet d'ordinaire un jour de noce, il fut, la nuit venant, remis à la chaîne, au grand contentement du marié, qui manifestait déjà de sérieuses inquiétudes.

En remontant le port de Bouc de quelques milles seulement, on se jette dans un canal qui conduit aux Martigues, petite ville divisée en trois îles presque entièrement entourées d'eau, ce qui l'a fait surnommer la Venise de Provence. Ville insignifiante par elle-même, s'il ne s'y rattachait une foule d'anecdotes fort bouffonnes, et qui donnent une juste idée du génie de ses habitants, que du reste on a surnommés les Béotiens du midi.

En voici une qui m'a été racontée par le vieux concierge de la tour, sur la plate-forme même de la citadelle; je regrette de ne pouvoir transmettre ici tout le piquant des expressions provençales, qui font en partie le charme de ce récit.

Quand l'abbé Guillon vint prêcher la mission aux Martigues, en 1824, il fut question, dans le conseil municipal, d'élever sur la place publique un Calvaire surmonté d'une croix et d'un Christ : cette idée parut admirable; on nomma donc en conséquence quatre membres, représentant le corps municipal, pour aller choisir un sculpteur à Aix, ville peu distante de l'endroit. Arrivé à Aix, le sculpteur trouvé et le marché conclu, une difficulté s'éleva, l'artiste ayant posé cette question aux notables députés, à savoir s'ils voulaient un Christ mort ou un Christ mourant?

La stupéfaction fut générale, et ne voulant pas prendre sur eux de décider une question d'une importance aussi grande, ils s'en retournèrent aux Martigues. Le corps municipal s'assembla de nouveau, et après huit jours de discussions orageuses, les députés triomphants rapportèrent cette réponse à l'artiste, qui se croyait l'objet d'une véritable mystification :

« Le corps municipal des Martigues a décrété que, vu la difficulté de la délibération dans la circonstance présente, il serait mis aux voix, et que les votes seraient recueillis au scrutin secret. En conséquence, à la majorité de onze voix, ordonnons que le Christ, objet de la discussion, soit fait vivant, quitte à le tuer ensuite s'il ne convient pas. »

CH. ROUGET.

Combat

SUR LES CÔTES DU CALVADOS,

D'UNE DIVISION DE CANONNIÈRES,

EN 1811.

Le 8 septembre 1811, une division de six canonnières, armées chacune de trois canons de 18 et d'une caronade de 24, quitta le port de Boulogne pour se rendre à Cherbourg, sous le commandement de l'enseigne de vaisseau Jourdan. Chacun de ces brigs était monté par les capitaines Ratouin, F. Lecomte, Trigan, Anquier et Sanier, tous enseignes auxiliaires, choisis dans les cadres des capitaines au long cours.

Favorisée par un beau temps d'automne, cette petite division se trouvait le 9, au soir, en vue du cap de Hève, faisant bonne route vers sa destination, lorsqu'une corvette anglaise qui courait à contre route, aborda la tête de ligne de marche et fit feu de ses gaillards sur les canonnières commandées par les enseignes F. Lecomte et Sanier. Une riposte énergique décida la frégate à abandonner le combat qu'elle avait semblé vouloir présenter à cette avant-garde; car sa première attaque n'eut pas de suite, et elle prit le large, avec quelques manœuvres coupées par nos boulets.

Le 10 au matin, la petite flottille longeait les côtes du Calvados, lorsqu'on signala sous la terre une frégate et une corvette que l'œil exercé des marins reconnut tout de suite pour ennemies. Les deux bâtiments anglais prenaient probablement les six canonnières pour un convoi marchand, car elles envoyèrent des chaloupes armées pour les reconnaître et pour s'en emparer, sans doute, si l'examen répondait à leurs prévisions. Mais les officiers qui montaient les embarcations ne jugèrent probablement pas prudent d'attaquer nos navires; car, après avoir levé rames à bonnes distances, et essuyé une volée de mitrailles bien ajustée, elles prirent le parti de rejoindre la corvette et la frégate, qui déjà s'approchaient pour protéger leur retraite. A peine les deux grands navires ennemis prirent-ils le temps de ramasser leurs chaloupes au passage, qu'ils échangèrent des signaux, et se couvrirent de voiles pour joindre la petite division française qui établissait déjà sa ligne d'embossage, après s'être autant que possible rapprochée de la côte.

La nuit vint interrompre les préludes d'une action devenue déjà fort meurtrière. Bien que la frégate et la corvette eussent pris le large à la chute du jour, le commandant des canonnières ne jugea pas devoir quitter le mouillage pour continuer sa route vers sa destination, jugeant avec raison que le combat à l'ancre, rendu égal par le courage de son escadrille, présenterait des désavantages trop réels s'il venait à être soutenu à la voile le lendemain. L'infériorité de forces était déjà trop marquée entre six petits brigs, peu élevés sur l'eau et montés de faibles équipages, contre deux bâtiments de grande dimension, pour qu'il fût prudent de ne pas se renfermer dans les chances les plus favorables de combat.

Sans doute que, pendant cette nuit d'interruption, un des navires ennemis gagna la pointe de Barfleur pour prévenir, de l'action commencée la veille, le commandant d'un vaisseau rasé mouillé sur ce point; car, dès l'aube, les officiers français virent les trois voiles regagner la terre en lançant au large les premiers coups de leurs canons de chasse. La ligne française offrait un point de mire fort étendue. A ces premières attaques, auxquelles elle s'abstint de répondre jusqu'à ce que les positions de l'ennemi fussent également déterminées par le mouillage, le vaisseau courait sous toutes voiles vers la terre, près de laquelle il semblait vouloir jeter l'ancre en coupant la

Morel Fatio del.   Vandevelde sculp.

Combats et autres faits importants d'une division de Corvettes-avisos Françaises en 1844.

Imp. par Chardon jeune et fils, 3, r. Hautine, Paris.   T. 3. P. 136.

tête de notre ligne; la frégate et la corvette prenaient leurs distances pour opérer un pareil mouvement. Mais, soit que le vent trompât le vaisseau dans son virement de bord, soit qu'il ne connût pas suffisamment la profondeur de l'eau sur ce point, il échoua sur un haut fond appelé la *Fosse-d'Espagne*, et sa quille se prolongea précisément sur l'ancre de la canonnière n° 140, que montait le capitaine Lecomte, qui eut à peine le temps de filer son câble pour éviter le choc de cette masse formidable.

Les deux autres bâtiments ennemis mouillèrent près des rochers du Cavaldos, et tout aussitôt le feu commença.

La ligne française se trouvait prolongée en face d'un pauvre village, baigné par la mer, et qu'on appelle Arromanche. Un petit fort, armé de deux pièces d'un faible calibre, joignit son feu incertain aux volées des canonnières qui frappaient en plein bois sur les trois gros navires. Ceux-ci, au contraire, trop élevés sur l'eau pour battre les ponts de leurs petits adversaires, lançaient des bordées terribles, qui, traversant les gréements de nos bâtiments, allaient se perdre à terre et jusque dans le village qu'elles ravageaient.

La canonnière n° 140 (1) se trouvait, par l'échouage du vaisseau anglais, à portée de fusil de ses formidables batteries. Aussi souffrit-elle cruellement des paquets de mitraille que son puissant ennemi jetait sur son pont où se déployait une rare et valeureuse énergie. Le feu de cette canonnière et de celle montée par le capitaine Jourdan fut si vif, le pointage de leurs boulets si habile, qu'après deux heures de combat, la batterie du vaisseau anglais était tellement démantelée, que la plus grande partie de ses pièces se trouvèrent hors de tout service. Le reste de la ligne répondait vigoureusement au feu nourri de a frégate et de la corvette; la fumée de tant d'explosions successives était tellement épaisse, que parfois l'ennemi était contraint d'attendre que le vent la dissipât pour donner plus de justesse au pointage de son artillerie. Le combat dura ainsi jusqu'au soir, c'est-à-dire pendant plus de six heures, dont chaque minute fut comptée par de nombreuses explosions. La nuit vint encore, comme la veille, mettre fin à une action aussi acharnée qu'étonnante, si l'on tient compte de l'énorme disproportion des forces opposées les unes aux autres.

Mais il était temps pour le vaisseau rasé que l'action fût interrompue. Les gonflements de la marée du soir, en remettant à flot sa coque ravagée, n'eussent peut-être pu le soustraire à un abordage qui eût pu entraîner sa capture comme conséquence, si les deux alliés ne s'étaient hâtés de lui prêter leur appui pour regagner le large.

Son gréement et ses voiles en lambeaux l'eussent rendu impuissant à fuir, et le premier des trois il avait assoupi son feu, d'abord si nourri et si meurtrier, tant avaient été grands les ravages commis dans les batteries par l'adresse de notre pointage et la répétition de nos volées. Un pilote de Barfleur, retenu prisonnier à bord, fut témoin de la manière dont il avait été maltraité. — Lui seul avait perdu quatre-vingt-quatre hommes.

Une anecdote rapportée par ce même marin, nommé Nicolas Legrain, prouvera du reste jusqu'à quel point la lutte opiniâtre des canonnières françaises et les dégâts commis sur le vaisseau par leur feu nourri avaient jeté de démoralisation chez l'ennemi, et d'exaltation chez un sexe dont les habitudes paraissent si antipathiques avec la sanglante mêlée d'un combat naval. Une femme de marin, embarquée sur le vaisseau, comme il s'en trouve quelquefois à bord des bâtiments anglais, avait vu ses deux fils tués dans la batterie par des boulets, qui, entrés par un sabord, avaient causé un dégât affreux. Exaltée par sa douleur, elle se sentit transportée par la soif de la vengeance, et elle fit un appel aux autres femmes du bord pour les engager à servir avec elle une pièce de canon abandonnée par ses canonniers. Le désespoir de cette malheureuse mère ranima un peu le courage abattu des marins, qui peu à peu avaient ralenti le service de leur batterie encombrée d'éclats et de débris. Le canon servi par ces espèces d'Amazones ne tarda pas à se trouver également hors d'état de faire feu, et le petit nombre de boulets qu'il lança fut s'égarer dans les terres sans causer de dommage aux brigs canonnières dont les volées avaient au contraire porté si juste.

La division française perdit une vingtaine d'hommes dans cette affaire; le brig du capitaine Lecomte fut le plus maltraité, à cause de sa position, la plus voisine de toutes du puissant adversaire que le feu nourri de ses canonniers parvint pourtant à réduire. Un autre s'échoua sur le rivage; deux boulets avaient pénétré ses préceintes, mais la voie d'eau qu'ils avaient causée en déchirant le mince navire n'empêcha pas que celui-ci ne combattît jusqu'au dernier moment; et ce ne fut que lorsque la mer, montant toujours dans sa cale, gagna les poudres et les munitions, que son capitaine (M. Ratouin) s'échoua sur la côte pour sauver son équipage (2). Une seconde canonnière fut privée de prendre part à la fin de l'action, par un événement dont les suites eurent une bien moindre gravité qu'on n'avait eu lieu de le craindre d'abord; le canon d'arrière de ce bâtiment, échauffé par son service actif, creva sous une forte charge, et tua sept hommes. Les dégâts causés par cet accident furent affreux: le pont dé-

---

(1) Les canonnières n'avaient point de noms, comme les autres navires de guerre, mais des numéros d'ordre.

(2) Cet épisode est celui que représente la gravure qui accompagne cet article.

foncé, le couronnement brisé et les barreaux de l'arrière rompus sous les éclats de la pièce, jetèrent d'abord un affreux désordre dans le navire; mais une circonstance plus capitale faillit compromettre plus gravement encore, non-seulement la canonnière, mais encore toute la flottille, et particulièrement les bâtiments les plus voisins de ceux où s'était accomplie la catastrophe: dans la commotion produite par cette désastreuse explosion, la chambre d'arrière fut brisée, et la cloison, qui la séparait de la soute aux poudres, défoncée par les éclats. Il y eut un moment de vertige où tous ces hommes ignoraient s'ils vivaient encore: le feu courait partout et enflammait sur différents point des gargousses qui alimentaient le service, un foyer d'étincelle envahit la chambre et la soute aux poudres.... Un hasard inouï empêcha que le contact du feu ne fît sauter la canonnière, qui, dans un mouvement de prudence instinctive, avait cependant coupé ses câbles pour ne pas communiquer la terrible explosion à laquelle on devait s'attendre à chaque moment. Quand le combat finit, elle se trouvait donc également échouée sur la côte.

Après la retraite des bâtiments anglais, les quatre canonnières restées à l'ancre appareillèrent pour se ravitailler à Courseulles et à Sallenelle, petits ports de la côte, où les rejoignit bientôt celui des deux navires échoués qui parvint, avec la marée, à se remettre à flot.

Quelques jours après, la petite division entrait à Cherbourg, lieu de sa destination. On l'a dit, les bâtiments français avaient perdu vingt hommes, les bâtiments anglais cent soixante-huit....

Un Navire en partance.

On a souvent comparé la vie à un drame dans lequel chacun de nous joue son rôle: la comparaison est juste; mais si la terre est le lieu de la scène, s'il s'agit de la vie que mènent les *géophiles*, il faut convenir qu'il est bien ennuyeux ce drame si long, si classique, si mortellement uniforme, si rigoureusement armé des trois unités aristotéliques, tandis que l'existence d'un marin, vraiment, c'est bien une autre pièce, un véritable imbroglio, une vive pièce à tiroir, bien hachée, bien décousue, sans intrigue, n'ayant d'intérêt que dans les détails; tantôt inconstante et légère, oublieuse des chagrins, brisant ses affections d'un jour et sa chaîne d'un moment; tantôt grave, lourde, monotone comme un vent alisé, se laissant doucement aller dans un somnolent abandon; tantôt délirante et désordonnée, se ruant avec fougue au milieu des jouissances qui l'irritent et la tuent; toujours variée, toujours vagabonde, et surtout, oh! surtout insouciante. Oui, vraiment, c'est une autre vie, c'est un être à part

qu'un marin, c'est un homme toujours enfant, qui fait des années un jour. et des jours un moment: et comment pourrait-il s'impressionner de quelque sentiment durable? Est-ce qu'il a le temps d'avoir des passions? Son existence est une mosaïque dont chacun de ses voyages est un fragment, une phase accomplie...... Gloire, amour, fortune, amitié, adieu vite, adieu, les huniers sont hissés, la marée n'attend personne; et puis nouveaux usages, nouvelles figures, nouveaux pays, nouvelles affections, et à l'arrivée, tout cet édifice de vie s'écroule pour ne lui laisser que des souvenirs.

Je devisais de la sorte à part moi, en me rendant à bord d'un navire en partance, pour accompagner en rade un de mes amis, quand je fus interrompu par un roulement de tambour éclatant à mes oreilles: c'était maître Bocq, le crieur de la ville, qui, du même ton nasillard qu'il proclame la chute d'une dynastie, l'annonce d'un chien perdu, ou l'avénement d'un nouveau roi, faisait savoir aux marins composant l'équipage du *Solide*, qu'ils eussent à se rendre à bord pour partir à la marée.

A ce dernier appel, les matelots, répandus dans les cabarets et autres lieux voisins, boivent le coup de l'étrier, font leurs derniers adieux, et s'acheminent vers le navire sur lequel ils n'embarqueront cependant qu'au dernier moment.

Je sais ce que c'est qu'un départ de navire: scène de joie et de douleur, d'espoir et de regrets, dans laquelle je n'ai pas toujours joué un rôle désintéressé; j'aime le mouvement de ce tableau plein de coloris et de vie; ces figures joyeuses, chagrines, indifférentes, toujours expressives et si bien dessinées. Je hâtai le pas.

Quand j'arrivai, le navire, pavoisé de ses pavillons, s'était équarré sur ses amarres, et n'attendait, pour partir, qu'un signal et l'ouverture des portes du bassin; son pont, encombré de câbles, d'aussières et de manœuvres, offrait l'aspect d'un désordre que les officiers s'empressaient de réparer. De toutes parts on embarquait des lettres, des malles, des paquets; ici, les provisions de la chambre; là, les coffres des matelots; plus loin, l'impatient boulanger lançait ses miches à travers les airs; ailleurs, le poulailler introduisait les légions serrées de ses intéressants nourrissons; de bord à terre, les cris, les jurements, les interpellations se succédaient, se croisaient, se heurtaient et produisaient une harmonie bizarre, fioriturée par le caquetage des bipèdes emplumés, et accompagnée en manière de basse par le sourd grognement des hôtes de la chaloupe

Cependant le pilote, le ministre responsable, l'homme nécessaire du moment, gravement assis sur le beaupré, roulait çà et là des yeux indifférents, et, comme pour constater son pouvoir éphémère, lançait de temps en temps des ordres donnés au hasard.

Le quai n'offrait pas une scène moins animée ; d'abord, et rangée sur une seule ligne qui rasait les bords du bassin, une haie de mères, d'épouses, de bonnes amies qui se coudoyaient, se pressaient pour apercevoir à bord un visage connu, ou saisir au passage un dernier regard ; puis l'essaim des oisifs et des curieux ; puis, à l'écart, loin de la foule, une mère penchée sur son jeune fils joyeux de partir, lui répétant ses derniers conseils ; une femme, son enfant dans les bras, le présentant aux baisers d'un matelot, son mari sans doute, dont le visage rude et basané semblait plus étonné qu'attendri de sentir une larme sillonner ses contours.

Mais voici les passagers, ils sont au moins une douzaine, un canot en est plein ; ce sont d'abord de ces tournures insignifiantes, de ces gens ternes et sans couleur, qui, l'œil sec et sans regrets, quittent un hémisphère où la fortune ne s'acquiert qu'à la pénible condition du travail, et vont par leur triste conduite fortifier l'opinion désavantageuse que les étrangers ont conçue de nous sur de pareils échantillons.

Ah ! voici qui s'annonce mieux, c'est mademoiselle Boulard, rose et blonde, grande et mince, qui monte légèrement l'escalier, saute lestement sur le pont, et se retourne en sautillant pour voir monter sa mère.

Mais madame Boulard n'a pas autant de laisser-aller : c'est une grande femme sèche, maigre, au nez aquilin. L'échelle lui fait peur ; elle ne comprend pas les tire-veilles ; elle se plaint de la hauteur du navire ; elle se plaint des oscillations du canot et s'en prend aigrement à son mari, gros et court personnage qui l'écoute d'un air tranquille, et dont la figure béate reste impassible, et comme accoutumée à de pareils présents.

« Mais, monsieur Boulard, je ne pourrai jamais monter là-haut.

— Mais, ma bonne amie, comment font les autres ?

— Comme ils veulent, monsieur Boulard : est-ce que je me règle sur les autres ?

— Mais, ma bonne amie, c'est de l'enfantillage, si tu n'essaies pas.

— Je ne pourrai jamais ; est-ce que vous croyez que j'ai pris des leçons de voltige chez madame Saqui ?

— Mais, Olympe, c'est ridicule, tu nous donnes en spectacle.

— Hélas ! j'aurais bien peur d'en donner un autre........ »

Et M. Boulard, qui ne se soucie pas du spectacle dont la chute de sa femme doit faire les frais, se tait et se dispose à monter à bord pour demander assistance.

« Mais, maman, vois donc, cela n'est pas difficile. »

Et mademoiselle Boulard saute légèrement sur la lisse, se retourne avec vivacité, et met le pied sur l'échelle pour montrer l'exemple à sa mère.

Enfin, à l'aide d'une installation de fauteuil et de deux bras vigoureux, madame Boulard est hissée à bord et déposée sur le pont.

Au tumulte assourdissant qui bruissait tout à l'heure, a succédé la rumeur de l'attente. Déjà les portes du bassin sont ouvertes ; le pont tourne lentement sur son axe ; le capitaine monte à bord.

« Eh bien ! pilote, qu'est-ce que ce temps-là ?

— Des vents forains, capitaine, c'est de la *beauture* de temps.

— Sommes-nous parés ?

— Oui, capitaine.

— Eh bien, allons-nous-en. »

Chacun se rend à son poste, et bientôt, aux chants cadencés du travail, le navire, mu par ses haleurs, s'avance majestueusement entre les deux quais.

C'est le moment que les matelots de l'équipage choisissent pour s'embarquer ; ils l'ont reculé tant qu'ils ont pu ; mais il est impossible de tarder davantage, le gendarme, l'inexorable gendarme est là, tout prêt à leur faire *payer* une lenteur.

Ignoscenda quidem, scirent si ignoscere !....

Pauvres gens ! il est si dur de quitter la terre ! Pour eux, la mer, c'est l'esclavage ; la terre, c'est la liberté, et la liberté accompagnée du séduisant cortége de toutes les jouissances qu'une longue privation leur rend encore plus vives. Pendant tout le cours du voyage, les conversations du repas, les causeries du quart du soir ne rouleront que sur cet inépuisable sujet ; pauvres gens !

Au reste, pour l'instant, ils s'en inquiètent peu ; ils se sont philosophiquement mis hors d'état d'avoir des regrets, et s'il y en a qui sont mélancoliques, c'est qu'ils ont le vin triste.

Nous voici dans l'avant-port ; aux ordres du capitaine, les voiles se déploient, s'orientent et reçoivent l'impulsion de la brise ; le navire, comme reconnaissant de cette existence qu'on lui communique, se meut, prend son élan et sillonne doucement la surface paisible de l'eau ; peu à peu il s'anime et laisse rapidement derrière lui le grand quai, la tour de François Ier, puis la jetée où se font les derniers adieux, et, en courtois adversaire, salue, de deux coups de tangage, cette mer qu'il semble défier et qui contient ses destinées.

La brise a fraîchi et halé le sud-sud-ouest ; l'équipage est occupé à la manœuvre. Déjà le maître-queux a allumé le feu de la cuisine et préparé la grillade classique du déjeuner : un des officiers fait la ronde pour s'assurer que le bâtiment ne recèle aucun individu qui ne soit porté sur le rôle. Des passagers restés sur le pont, quelques-uns se livrent à leurs pensées ; d'autres, vraies mouches du coche, offrent, çà et là, leur assistance inopportune; plusieurs ont hasardé le cigare; tous ont un air brave et décidé. Patience! la mer est un peu clapoteuse, le navire commence à tanguer.

Je suis curieux de savoir ce que fait en bas la famille Boulard; je descends dans la chambre.

Mademoiselle Céline, assise sur une malle, est déjà occupée à consigner, sur le journal obligé, relié en maroquin rouge, l'historique de son arrivée à bord et de ses premières impressions; M. Boulard est debout derrière sa femme, qui, d'un air désappointé, examine sa cabane, et affirme à son mari qu'elle n'a pas l'habitude de coucher dans une caisse.

Les mouvements du navire deviennent plus vifs, madame Boulard chancelle.

« Ah ! mon Dieu, monsieur Boulard, qu'est-ce que c'est que ça?

— Ma bonne amie, c'est le navire qui *remue.*

— Est-ce qu'il va toujours remuer comme ça? Ah! mon Dieu......

— Mais, ma chère amie....

— Ah ! je suis tout étourdie! Oh ! encore !..... Je ne pourrai jamais supporter ça. Ah !.... monsieur Boulard, dites donc au capitaine qu'il arrête.

— Mais..... »

Un roulis un peu brusque fait en ce moment quitter prise à madame Boulard, et la jette sur son mari, qui, déjà peu valide lui-même, est ébranlé du choc et va tomber lourdement au milieu des paquets dont la chambre est remplie. Madame Boulard, que la table a retenue, querelle son mari, qui, dans sa chute, a froissé son carton à béret; mademoiselle Céline contemple la scène et va sans doute la rédiger pour son album.

J'en ai assez vu, je remonte sur le pont. Nous sommes à deux milles de la Hève, hors des dangers; le navire est en panne pour renvoyer le pilote; la plupart des passagers, pâles et défaits, et commençant à ressentir les atteintes du mal de mer, sont assis ou couchés, çà et là, dans un apathique engourdissement; le capitaine s'assure que tout le monde est à bord; enfin, le pilote, chargé des dernières commissions, descend dans son canot.

Quand tous ceux qui ne font pas le voyage y sont embarqués, on largue l'amarre, les voiles du navire s'orientent; il est parti.

Adieu, mes amis, adieu ; qu'Éole vous soit propice ! Puissiez-vous ne rencontrer que des cieux favorables et des flots caressants! Que votre prison vous conserve! que votre univers vous suffise! hors de lui, pas de salut. Détachez vos yeux de cette terre dont vous regrettez les plaisirs ! Elle est déjà bien loin de vous, cette terre que vous touchez du regard; déjà vous en êtes distants de six mois, un an, toujours peut-être; mais à peine si vous y pensez encore, elle est déjà pour

vous dans le domaine du passé. C'est vers le but du voyage que se tourne votre impatience. Adieu donc, je ne vous retiens plus; qu'Éole vous soit propice !

———

Histoire du sucre,

SA FABRICATION AUX COLONIES FRANÇAISES, ET CONSIDÉRATIONS QUI S'Y RATTACHENT.

Un des articles les plus importants de notre commerce maritime, et, parmi les productions alimentaires du sol, une de celles qui nous sont devenues le plus nécessaires par la facilité avec laquelle elle se mêle à nos aliments, pour les rendre plus agréables au goût et plus salutaires, c'est le sucre sans doute, et en particulier le sucre de canne.

Les anciens ne connaissaient guère que celui-là ; et bien que l'histoire de la vieille Égypte et de la Phénicie n'en fasse pas mention, il paraît qu'il y était employé dans la médecine, ainsi qu'il le fut plus tard chez les Grecs, sous le nom de *sel indien.*

Le naturaliste Rumphius dit que les Chinois ont possédé depuis un temps immémorial l'art de le fabriquer, et on peut voir, d'après ce qu'il ajoute sur ce sujet, que leurs procédés de fabrication étaient fondés sur des principes de chimie fort justes (1).

Pendant longtemps, les marchands qui achetaient du sucre à Ormus, et dans d'autres marchés des Grandes-Indes, ignorèrent ce qui le produisait, et aussitôt qu'ils eurent appris qu'il provenait du suc d'un bambou cultivé dans la partie orientale de l'archipel indien, les Perses, sur leur rapport, cherchèrent à découvrir s'ils ne possédaient pas eux-mêmes une plante si précieuse : une sorte de roseau, appelé par eux *mambu,* leur fournit quelque chose d'analogue au sucre de la canne, et ils lui donnèrent le nom de *tabaxir.*

C'est probablement de cette substance que Dioscoride et Pline ont voulu parler, ou c'est peut-être de la manne dont il est aussi question dans les livres juifs; mais aux caractères qu'ils dépeignent, il serait difficile (2) de reconnaître,

(1) « Le suc exprimé, dit-il, est reçu dans de grandes » chaudières, sous lesquelles on entretient un feu très-» fort ; à mesure que ce suc s'évapore, on en ajoute de » nouveau, jusqu'à ce qu'il devienne roux et épais ; alors » on le met dans des plats de terre, grands et profonds, » qu'on porte dans un lieu chaud. Le sucre forme à la sur-» face des cristaux qui se réunissent en groupes blancs, » qu'on nomme gâteaux de sucre, et celui qui cristallise au-» dessous est nommé *mouscouade.* Pour clarifier le sucre, » on emploie des blancs d'œufs, de la graisse de poule ; le » résultat qui provient des gâteaux de sucre prend le nom » de *sucre mâle,* et l'autre celui de *sucre femelle.* »

(2) On peut voir l'opinion contraire à la nôtre discuté

comme on l'a prétendu, le sucre candi tel que nous l'obtenons aujourd'hui.

Lorsque la canne fut transplantée en Arabie, en Nubie, en Ethiopie, en Egypte, et de là en Europe, il y avait déjà des siècles que le sucre y faisait une partie assez importante du commerce. L'époque de cette transplantation est du reste fort difficile à fixer. Les Européens qui voyagèrent les premiers dans les Grandes-Indes y trouvèrent la culture de la canne généralement répandue.

Marc Paul dit que le Bengale, visité par lui vers l'année 1250, produisait, outre du galanga et du gingembre, une quantité considérable de sucre ; et c'est après lui que des marchands, étant parvenus à étendre leur commerce au delà d'Ormus, prirent aux Indiens la canne et les vers à soie.

Vers la fin du xive siècle, la culture de la canne était établie en Syrie, à Chypre et en Sicile ; et les Portugais ayant fait la découverte de Madère, ils y introduisirent des cannes empruntées à ce dernier pays.

Plus tard, un certain Pierre d'Etiança en porta le premier à l'île Hispaniola, que Christophe Colomb venait de découvrir ; puis un autre Espagnol, nommé Gonzalès de Veloza, parvint à faire du sucre à l'aide d'ouvriers expérimentés venus de l'île de Palme. Enfin, au bout de peu de temps, la culture de la canne prit sur cette terre nouvelle une extension si grande, que, si l'on en croit *Sloane*, les habitations royales de Madrid et de Tolède furent bâties du produit des perceptions fiscales faites sur les sucres à leur entrée dans les ports d'Espagne.

Mais la canne qu'on avait ainsi importée à Saint-Domingue, et qui de là fut transplantée dans d'autres parties de l'Amérique et des Antilles, n'existait-elle pas originairement et naturellement dans le Nouveau-Monde? c'est à quoi l'on ne peut guère répondre. Les assertions du père Labat, et les rapports des voyageurs sur lesquels il s'appuie, ne prouveraient pas l'affirmative d'une manière suffisante, si la seule découverte de la canne, faite à Otahiti dans le siècle dernier, ne venait à l'appui de son opinion.

La *canne* (1) est une plante de la famille des graminées ; sa racine est genouillée, fibreuse ; sa tige est articulée, lisse et luisante comme celle des roseaux ; sa hauteur varie de 5 à 10 et 12 pieds ; son épaisseur diamétrale est d'un pouce et demi environ, et elle est garnie dans toute sa longueur de nœuds distants les uns des autres de plusieurs pouces. Chacun de ces nœuds présente à l'intérieur de la tige une cloison entourée extérieurement d'un léger bourrelet, d'où partent des feuilles étroites, terminées en pointe,

tout au long dans un ouvrage intitulé : *Mathioli et Manardi epistolæ medicinales.*

(1) *Saccharum officinale* de Linné.

et qui tombent à mesure que la plante mûrit. Quand cette maturité est complète, la tige est lourde et cassante ; sa couleur est tantôt blanchâtre, tantôt jaune, tantôt violette ; elle contient à l'intérieur une moelle fibreuse et spongieuse, analogue à celle du sureau, mais de plus remplie d'un suc qui s'élabore séparément dans chaque entre-nœud, et duquel on retire le sel essentiel appelé *sucre*.

L'extraction de ce sel est l'objet principal du planteur de cannes, qui attend pour faire sa récolte, non pas que la maturité soit complète, comme s'il avait besoin de recueillir les graines de la plante, mais que le suc contenu dans l'intervalle de ses nœuds soit le plus abondant possible, et le plus riche en matière sucrée. Or, comme ce suc s'élabore seulement d'une manière progressive, le temps favorable à la coupe des cannes n'est pas fixe d'une manière rigoureuse. Il y a des lieux où la récolte dure également toute l'année, d'autres où elle commence en février pour finir en mars, avril et mai.

Alors, des que les travaux de l'habitation le permettent, le maître ou le gérant donnent leurs ordres pour que la *roulaison* commence, c'est-à-dire pour que le service de la fabrication du sucre soit mis en train.

Une partie de l'atelier est désignée pour abattre les cannes ; les Nègres conducteurs des chariots qui doivent servir à leur transport préparent leurs attelages ; les Négresses, affectées plus spécialement au travail du moulin, déblaient ses alentours, nettoient la *table* destinée à recevoir le jus de la canne à mesure qu'il est exprimé ; les chauffeurs apprêtent leurs fourneaux et leurs combustibles ; d'autres lavent les chaudières ; et aussitôt que les cannes arrivent, le moulin commence à *marcher*, en obéissant à une puissance quelconque, telle que l'air, l'eau, le trait des bœufs, la vapeur ou les mulets.

Son appareil principal est composé de trois pièces de bois placées verticalement, et revêtues de cylindres creux en fer ; il est mis en jeu à l'aide d'un engrenage et de leviers ordinaires. La canne, pressée dans toute sa longueur par le cylindre du milieu, et celui de gauche par exemple, sort du côté opposé à celui où elle a été *engagée* dans l'appareil ; une Négresse placée pour la recevoir la fait passer une seconde fois entre le premier cylindre et le troisième, qui exercent sur elle une pression plus forte que la première ; et le jus de la canne, ainsi extrait tout entier, coule par la voie d'un conduit, jusque dans un réservoir pratiqué pour le contenir avant son passage dans les chaudières. Enfin, la canne elle-même est mise de côté, sous le nom de *bagasse*, pour servir de combustible dès qu'elle sera plus sèche.

Mais avant de suivre le travail de la sucrerie proprement dite, observons un peu ce jus exprimé dont nous venons de parler. C'est un fluide poisseux au toucher, d'une couleur sale et peu transparente, d'une saveur saccarine, d'une odeur légèrement balsamique; il est formé de deux parties, l'une solide et l'autre liquide. La première se compose de fécules, les unes fines, les autres grossières, et portant avec elles une matière résineuse; la seconde, qui s'allie plus ou moins avec les fécules, a une couleur citrine assez faible, et surnage quand la matière tout entière vient à être décomposée par l'air ou quelque autre agent. Elle prend alors le nom de suc dépuré ou de *vesou;* l'eau que ce vesou contient s'évapore par l'action de la chaleur; les molécules du sel essentiel se rapprochent, et le suc devient *sucre,* sous la forme de cristaux couverts par le suc savonneux d'une teinte un peu jaune. Mais, dans la pratique, la chaleur qui décompose facilement le suc exprimé au degré de bain-marie, est rarement assez forte, même aux plus hauts degrés d'ébullition, pour séparer les fécules de la partie fluide; et il arrive même quelquefois qu'elle favorise leur union mutuelle. Pour remédier à cet inconvénient, on emploie la chaux vive, l'eau de chaux (1), et les alcalis, autant du moins que leur puissance est capable d'effectuer la séparation des fécules sans les dissoudre, et sans nuire ainsi à la cristallisation du sel essentiel. Car cette cristallisation est l'objet important de la fabrication, et on n'arrive à l'avoir bonne qu'en séparant les matières grasses de la partie fluide du suc exprimé. Les chaudières de la sucrerie sont disposées à cet effet dans un ordre qu'il est nécessaire de bien remarquer, parce que le vesou ne passe que successivement dans chacune d'elles.

La première s'appelle la *grande,* par la raison toute simple qu'elle est la plus grande de toutes; et sa capacité est calculée sur la réduction qui s'opère dans le volume du suc exprimé pendant la cuisson.

La seconde s'appelle la *propre,* parce que le vesou y est dépuré.

La troisième s'appelle le *flambeau,* parce que le raffineur y trouve les signes qui le guident pour l'emploi d'un certain degré de lessive.

La quatrième s'appelle le *sirop,* parce que le vesou y prend une constitution sirupeuse.

La cinquième enfin a le nom de *batterie,* parce que le suc, à différents degrés de cuisson, s'y enfle et s'y boursoufle de telle sorte, qu'on est forcé de le battre pour le contenir.

Toutes ces chaudières sont soutenues par une maçonnerie qui s'élève un peu au-dessus de leurs bords, pour augmenter leurs capacités respectives; le fourneau destiné à les chauffer a son foyer sous elles, et son ouverture externe est située tout à fait en dehors de la sucrerie, au-dessous du niveau de son palier.

(1) L'eau de chaux se recommande surtout par la facilité avec laquelle elle se mêle avec les matières grasses.

L'ensemble des chaudières, telles que nous venons de les dénommer, s'appelle *équipage;* il y a deux équipages sur la plupart des habitations, mais leur service ne présente aucune différence positive. Ce que nous dirons d'un seul devra suffire pour donner une idée complète de la fabrication.

Nous avons vu tout à l'heure le suc exprimé couler de la table du moulin dans un réservoir particulier. Dès que ce réservoir est à peu près plein, on le fait passer dans la *grande,* qu'on charge ainsi jusqu'à un point déterminé. Suivant l'âge des cannes, et le terrain où elles ont crû, on le lessive avec une quantité convenable de chaux vive ou d'eau de chaux, et on le transvase dans le *flambeau* et dans le *sirop.* Puis, on charge de nouveau la *grande,* en ayant soin de lessiver aussi cette nouvelle charge, qu'on fait passer à son tour dans la *propre.* Ce transport effectué, on charge une troisième fois la *grande,* on remplit d'eau la *batterie* et l'on chauffe.

Alors, le suc contenu dans le *flambeau* et dans le *sirop* qui, par la disposition du foyer, s'échauffe le premier, entre en décomposition. Les fécules se présentent à la surface du fluide sous l'apparence d'*écumes* qu'on enlève avec le plus grand soin. On tire de la *batterie* l'eau qu'elle contenait, on la remplit avec partie du *sirop,* et, suivant l'indication du *flambeau,* on saisit ce moment pour lessiver *batterie, flambeau* et *sirop* avec une nouvelle quantité de chaux vive ou de dissolution alcaline. Quand la *propre* et la *grande* se sont échauffées à leur tour, on écume les matières féculentes qu'elles rejettent à leur surface; de plus, comme l'évaporation du suc contenu dans la *batterie* est très-active, on fait passer dans cette chaudière tout le produit du *sirop.* Partie du *flambeau* est passée dans le *sirop;* partie du *propre* est passée dans le *flambeau,* pour remplacer ce qu'on leur enlève successivement. Néanmoins le lessivage continue tant qu'on le juge nécessaire. La *batterie* se trouve bientôt chargée du produit de deux, trois, quatre grandes, après que ce produit a passé dans les autres chaudières; et la *cuite* s'opère finalement sur son contenu.

Le degré de cette première *cuite* est ordinairement moins élevé que celui des cuites qui la suivent. Mais le chef des travailleurs sucriers, auquel on donne improprement le nom de raffineur, s'assure qu'elle est telle qu'on peut la désirir, en retirant de la batterie une petite quantité de matière qu'il touche avec l'index et le pouce, ou qu'il laisse simplement découler du bout d'un écumoir, pour observer la consistance, la liaison, etc., et l'opacité du filet. A cette inspection il juge si le feu doit être arrêté. Dans ce cas, on prévient les chauffeurs qu'ils cessent, pour un moment, de fournir la bagasse et la paille au fourneau dont ils sont chargés. La liqueur contenue dans la *batterie* est transvasée dans des ra-fraîchissoirs, dont le nom indique suffisamment l'emploi, et suivant la volonté du maître, après un *empli* préalable, elle passe dans des *formes* ou dans des *bacs*, où elle ne tarde pas à se cristalliser.

Après ce premier résultat, le travail continue au fur et à mesure que le suc exprimé arrive du moulin; il donne le premier empli, et successivement tous ceux que la quantité de cannes coupées peut fournir, si le maître ne juge pas à propos d'interrompre la roulaison. Ces emplis sont transportés dans les bacs, où ils forment différentes couches, suivant la profondeur de leur vaisseau, qui est à peu près d'un pied, tandis que leur longueur varie de huit à dix pieds, et leur largeur de cinq à six. Le sucre qui sort de ces bacs est appelé *brut;* on le charge tout de suite dans les barriques, boucauts ou tierçons qui doivent le transporter en Europe; mais comme il contient encore une certaine quantité de sirop, parce que la cristallisation du produit des batteries n'est jamais complète, on dispose ces barriques sur des pièces de bois ou des exhaussements en maçonnerie, d'où le sirop peut couler dans un bassin destiné à le recevoir, en passant à travers les trous pratiqués dans les fonds provisoires de ces barriques.

Le bâtiment où s'opère cet égouttage s'appelle la *purgerie;* il est, autant que possible, attenant à la sucrerie proprement dite, et il sert de plus à la préparation du sucre *terré* dans les formes dont nous avons parlé plus haut.

Cette préparation n'a d'autre but que celui d'obtenir, pour le produit des batteries, un degré de pureté au-dessus de celui que procure l'égouttage grossier des barriques (1). Le sucre, placé dans les formes ou dans les vases de terre cuite faits en cônes renversés qui portent ce nom, ce sucre, disons-nous, est surchargé d'une terre argileuse délayée dans l'eau. Cette eau filtre lentement à travers le sucre, et entraîne avec elle le sirop qu'il contient par une issue pratiquée au bas de la forme; de sorte qu'après avoir répété cette opération plusieurs fois, en renouvelant la terre argileuse, le résidu est beaucoup moins jaune et plus riche de grains essentiels que le sucre brut.

Mais on fabrique aujourd'hui peu de sucre terré dans nos colonies, si ce n'est pour la con-sommation des habitations elles-mêmes. La petite quantité d'habitants qui en fait passer en France, après avoir enlevé les formes de dessus les pots où on les implante pour recueillir le sirop, en retire les pains, les met à l'étuve afin de les rendre bien secs; puis elle les concasse, les pile et les charge dans des tierçons ou des boucauts.

Là se termine l'œuvre du fabricant-colon. Ses sucres, une fois purgés, sont transportés bruts ou terrés dans nos ports, où ils paient en débarquant un droit proportionné à leur valeur.

Une partie est livrée telle quelle à la consommation, et l'autre passe entre les mains des raffineurs, qui lui font subir une dernière épuration, la blanchissent et la vendent sous la forme que nous lui connaissons. Le prix du sucre ainsi manipulé se trouve alors haussé; mais comme il jouit dans cet état d'un plus bel aspect et d'une plus douce saveur, il est généralement consommé par les classes aisées. On achète par pains et par quintaux cette denrée qui se vendait à l'once il y a deux cents ans; et, parmi les contribuables, il y en a peu qui se plaignent de l'impôt qui la frappe; ce qui tendrait à justifier l'augmentation des taxes qui ont pour but les objets de luxe. Mais c'est une haute question d'économie politique que celle de l'effet produit par les tarifs de douane, non-seulement sur le mouvement d'un pareil produit, mais encore sur l'existence de ceux qui le fabriquent. L'industrie qui a jeté dans notre commerce une valeur de plusieurs milliards méritait d'occuper la sollicitude des législateurs à un très-haut degré d'attention; elle était digne aussi d'une faveur plus grande que cette industrie récente surgie de notre pays même pour concourir avec elle à la fourniture d'un de nos plus grands besoins. C'est pourquoi, lors de la discussion du projet de loi sur les sucres, en mars de l'année dernière, un éloquent député disait :

« Je ne m'élève pas contre les fabricants de su-
» cre indigène; mais je demande protection pour
» les colons, et si l'un des deux intérêts doit être
» sacrifié, c'est celui des producteurs de sucre
» indigène que j'abandonne. Il y a une question
» d'existence pour les colonies sous un simple
» chiffre, celui du droit de douane que vous allez
» fixer.

» . . . .
» Vous savez que le commerce des colonies
» occupe presque les deux tiers de notre navi-
» gation. Eh bien ! si vous ruinez les colonies,
» vous faites cesser le travail d'un grand nombre
» de manufactures, et vous faites cesser une par-
» tie du travail des ports, parce qu'ils n'ont pres-
» que plus rien à livrer. »

Les relations réciproques de la France et des colonies emploient six cents navires et huit mille matelots au transport du sucre et des denrées

---

(1) La méthode employée aux colonies pour l'égouttage des sucres bruts est vraiment défectueuse, et c'est une des causes principales qui font que les qualités inférieures abondent sur nos marchés maritimes, et qu'on trouve difficilement à les placer. Mais il y a plus : j'ai vu de mes yeux charger, en rade de Saint-Pierre (Martinique), et de la Pointe-à-Pitre (Guadeloupe), des sucres qui n'avaient que trois ou quatre jours d'égouttage. Ce n'était pas là vice de méthode, mais la spéculation la plus absurde à laquelle le besoin d'argent pût porter.

françaises destinées à le payér. En diminuant convenablement les droits, on eût augmenté l'importance de cet échange, enlevé un appât à la fraude, et favorisé, grossi même la consommation individuelle, évaluée à 2 kilogrammes et 8 centièmes par année. L'exemple des Pays-Bas, des Etats-Unis et de l'Angleterre peut servir à prouver cette assertion; car chaque individu y consomme de 5 à 7 kilogrammes, et dans les iles espagnoles de Cuba et de Porto-Vico, où le sucre est encore à plus bas prix, cette consommation s'élève, au rapport de M. de Humboldt (1), et suivant nos propres observations, à 15 kilogr. par personne libre.

La production coloniale, qui a dépassé de 20 millions les besoins de notre marché, demandait encore qu'on favorisât le producteur, ou la dépréciation des produits était imminente. Mais, dans la crainte de nuire à l'industrie de la betterave, et par une prévention singulière contre les colonies, on ne prit qu'un tempérament. La surtaxe qui les favorise contre les sucres étrangers fut élevée un peu au-dessus du chiffre proposé dans le projet de loi, et le droit de 49 fr. 50 c., qui frappait les sucres bruts des Antilles françaises avant la promulgation de la nouvelle loi, fut diminué de la modique somme de 4 fr. 50 c. Les changements survenus dans la valeur vénale des sucres semblaient nécessiter une diminution plus forte. Mais elle ne fut pas accordée ; de sorte que depuis cette époque le mouvement de la denrée n'a pu saisir ni hausse ni baisse.

Cependant nous terminerons en ajoutant que la dette contractée depuis 1826 par les colons, pour répondre à l'appel de la métropole qui exigeait de leur part de nouveaux efforts, s'est amortie sensiblement, et sera balancée tout à fait dans peu d'années par leur crédit, s'ils conservent l'honorable désir d'employer à leur libération les ressources immenses que mettraient à leur disposition un système de culture moins routinière, et un perfectionnement de fabrication dans les détails duquel la spécialité de notre publication ne nous permet pas d'entrer.

Eug. PLÉE.

VARIÉTÉS.

—

LE

Pêcheur de Mardick.

(1590 ou 1591.) (2)

Piéter avait posé ses filets la veille sur le rivage, et était rentré tard dans sa hutte, harassé

(1) *Ensai politico sobre la isla de Cuba.*
(2) Ce fait est historique ; son authenticité est connue ; la date seule est incertaine. D'après les traditions, lord

de fatigue, transi de froid. Sa femme et ses enfants, couchés sur des herbes à demi séchées, oubliaient leurs souffrances, grâce à un sommeil réparateur. Sans feu et sans lumière, il cherche et trouve dans le coin de la cabane quelques débris de harengs fumés dont il fait son misérable souper; puis, tout humide d'eau de mer, il va s'étendre près de sa compagne chérie.

Cependant le vent s'élève : un horrible ouragan ébranle le faible abri qui protége cette famille infortunée, et les roseaux du toit volent en tourbillonnant sur la plage. Quelle nuit affreuse ! La mer mugit avec fureur. Tous se sont réveillés au bruit de la tempête. « Ah ! Piéter ! s'écrie douloureusement la pauvre Johanna, en cherchant à apaiser les cris d'effroi de sa jeune famille, quel temps effroyable ! on dirait que la terre s'ébranle! —Notre toit est à découvert, répond Piéter, demain je le réparerai; mais je crains pour mes filets, c'est notre fortune : la mer si houleuse les aura emportés comme l'année dernière, quoique je les aie attachés solidement ; car j'ai prévu l'orage que nous ressentons : l'horizon était rouge comme le sang, et les vagues, quoique à marée basse, étaient violemment poussées vers les dunes.»

Au crépuscule, Piéter, inquiet de ses filets, sa seule ressource, se dirige vers la côte. La mer était toujours frémissante, et laissait à découvert quelque chose de noir qui se débattait dans les cordages qu'il avait tendus la veille. La joie éclate sur son visage. « C'est sans doute un grand poisson, se dit-il ; voilà de quoi réparer mon toit. » Il court. Quelle surprise ! c'est un homme enveloppé par le chanvre hérissé d'hameçons qui lui déchirent le corps, le visage et les mains. Le généreux Piéter s'empresse de le délivrer en coupant les rêts qui l'enlacent. L'infortuné, après une lutte violente, après avoir perdu son sang et ses forces, expire en remerciant son libérateur, et en se nommant *Wilson*.

Piéter, désolé de n'être pas venu assez promptement pour secourir le naufragé, retourna tristement à sa cabane. « Ma femme, dit-il à Johanna, nos filets sont déchirés, c'est un noyé qui les a détruits. Nous sommes ruinés ! Je m'en consolerais pourtant, si j'avais pu sauver la vie à ce malheureux. »

Les femmes sont curieuses en général, et Johanna, quoique aussi affligée que son mari de la perte qu'ils venaient de faire, se rendit, avec son fils aîné et sa fille âgés de quatorze à quinze ans, vers le lieu où gissait Wilson. Ils s'approchent, et s'apitoient sur ce corps méconnaissable par ses nombreuses blessures. « Regarde donc, maman, dit le jeune garçon, il a une ceinture et un paquet attaché autour des reins. Je vais tout dé-

Wellington, ministre de l'Angleterre, serait un des descendants du nommé *Hull*, autrement appelé *Lewis*, dont il est question dans cet article.

(Note du rédacteur.)

faire, et l'apporter chez nous; aussi bien, il n'a plus besoin de rien. Sa chaussure est bonne, elle servira à papa : je vais le dépouiller entièrement. »

La mère et la fille s'en retournèrent, et le jeune homme fit ce qu'il avait dit. Ensuite il traîna le cadavre jusqu'à un endroit profond, où les courants avaient formé leur lit. Wilson disparut avec le flot.

Hull (c'était le nom du fils de Piéter) se charge des dépouilles de Wilson, et les apporte à la hutte que son père était déjà occupé à réparer. Il dépose sur le seuil son fardeau, et à l'aide d'un couteau, il ouvre la ceinture. « Venez voir, venez voir, ma mère ! de l'or ! beaucoup d'or ! »

Tous accourent: personne ne sait compter. Il n'y avait que deux cents pièces environ ; mais quelle richesse pour de misérables pêcheurs ! On fait un trou en terre; on cache le trésor, et la mère, ainsi que la fille, vont le même jour à Dunkerque, pour acheter les objets nécessaires à leur ménage.

Quand on est riche, on ne revient pas à pied. Une charrette, un âne, sont la première acquisition. Tous les ustensiles de cuisine, la toile, la laine, puis après, des lits, une armoire, une table, des chaises, sont rapportés, ainsi qu'une bonne quantité de provisions de bouche.

Quelle joie ! quel changement heureux ! On ne songe plus à la pêche, on se régale. Le toit est en bon état: le vent peut souffler tant qu'il voudra: au diable la tempête ! Tous les jours sont des jours de fête, tous les soirs des veillées agréables. La hutte s'est agrandie, embellie : un enclos cultivé produit quelque légumes et même quelque fruits. Trois ans se sont écoulés.

L'argent enfoui ne rapporte rien : le trésor était diminué de moitié.

« Hull, dit un soir Piéter, tu iras demain à la ville ; tu porteras ce lièvre que j'ai pris au lacet, et ces bécassines à notre changeur. Tu lui diras que je le remercie de la chaîne d'or qu'il a raccommodée, et pour laquelle il n'a demandé aucun salaire. — On dit cependant que c'est un usurier. — Il ne faut pas croire les propos, mon fils, c'est un brave homme, comme toi et moi. »

Hull fit la commission. Il mit le lièvre dans un panier de jonc, et chercha de quoi envelopper les bécassines. « Parbleu, dit-il, dans le bas de l'armoire il y a une bonne quantité de papiers de ce noyé qui nous a rendus riches; puisque nous ne savons pas lire, ils ne peuvent nous servir à rien. »

Et Hull entoura le gibier d'une grande feuille de parchemin sur laquelle il y avait un cachet de cire rouge, et avec le ruban orange qui s'y trouvait retenu et qu'il détacha, il fit un lien. Le voilà parti pour Dunkerque, ayant en poche deux pièces d'or à convertir en provisions et en monnaies.

Le changeur, qui faisait de gros bénéfices sur le change, reçoit bien Hull, le garde à dîner et le régale.

De tous temps le vin a été la source de vérité. Voici le dialogue qui s'établit au dessert : « Vous remercierez votre père de son présent. Il est riche, votre père, n'est-ce pas?—Notre fortune est diminuée de beaucoup. — Comment cela? — Quand la mer se retire, elle revient ; mais quand on prend l'or dans un trou, il ne pousse pas. — Où est donc votre or ? —Dans un trou. — Vous avez mis votre or dans un trou? — Oui, quand il n'y en aura plus, nous recommencerons à pêcher. — C'est sans doute un héritage. — Je ne sais pas ; c'est un homme que nous avons trouvé mort sur la plage, et qui avait autour de lui un grand nombre de pièces d'or. — Ah ! c'est différent ! je comprends. Eh bien, apportez-moi ce qui vous reste, je m'engage à vous en payer le revenu votre vie durant. — J'en parlerai à mon père. »

Hull retourne à Mardick, et raconte sa conversation avec le changeur. « Quelle sottise ! dit Johanna.—Ah ! dame ! par Dieu, ma mère, je ne savais pas mal faire. — Piéter, ce garçon ne nous fera que du chagrin. — Ma mère, je vous demande pardon. — Vous avez trop bu, allez vous coucher. — Oui, ma mère. »

Et Hull alla se mettre au lit. L'heure du sommeil venue, chacun dormait, hormis Johanna qui réveilla Piéter au milieu de la nuit. Hull ne dormait point non plus: le chagrin d'avoir déplu à sa mère, par son indiscrétion, l'avait empêché de fermer l'œil.

« Piéter, dit Johanna, Hull nous a compromis. Je ne sais, mais j'ai des craintes: ce changeur peut venir, et nous enlever notre or. — Que veux-tu faire ? répond Piéter. — Il faut te lever de grand matin et placer notre trésor dans une autre place. Il s'épuise ; vivons plus sobrement ; songeons à nos vieux jours. — Tu as raison; demain, je l'enfouirai dans un endroit qui ne sera connu que de nous deux. — D'ailleurs Hull n'est pas notre fils ; c'est un enfant que nous avons trouvé, il y a maintenant dix-neuf ans, sur le rivage, dans une caisse d'armes jetée sur la côte. J'ai conservé soigneusement le bracelet qu'il avait à son bras, seule preuve que nous ayons qu'il n'est pas notre fils. — Au petit jour, j'irai déterrer l'or, et tu n'auras plus d'inquiétude. Dors, ma femme, sois tranquille. »

Hull a tout entendu : son ardente imagination travaille ; sa résolution est prise irrévocablement. Il se lève sans bruit, s'habille de ses meilleurs vêtements, et sort furtivement. Son premier soin fut de fouiller à l'endroit où était l'or. Il prend quelques pièces, s'éloigne rapidement et dirige sa course vers le chemin de Boulogne.

A l'aube, Piéter dormait profondément. Johanna, tourmentée de l'indiscrétion de Hull, se réveille et aperçoit le jour. « Lève-toi, dit-elle à son mari, il est plus que temps de te mettre à l'ouvrage. Surtout, soyons discrets. Je ne sais, mais j'ai fait un triste rêve; il m'a toute troublée; je ne serai calme que lorsque notre or sera en sûreté. »

Piéter se leva, et retira l'or du trou; puis il le mit dans le sable, à quelque cent pas plus loin, non sans s'apercevoir que la somme était diminuée, mais sans pouvoir encore s'en expliquer la cause, puisqu'il ignorait la fuite de Hull.

« Femme, c'est fait : notre fortune est en sûreté. — Tu ne sais pas ? — Quoi ? — Hull s'est levé de bonne heure; il a pris ses meilleurs habits, et on l'a vu sur la route de Gravelines, se dirigeant au loin. — C'est donc cela qu'il manque de l'or. — Que dis-tu ? Ah ! le misérable ! Quand je t'ai dit que ce garçon nous porterait malheur. C'est un mauvais sujet; je l'ai toujours dit. Je ne l'aurais pas cru capable d'un pareil trait. Que la volonté de Dieu soit faite ! Certes, je ne courrai pas après lui. »

Deux jours s'écoulèrent. Le troisième, un homme vêtu de noir, suivi de quelques soldats, se présente chez Piéter, au moment où il était à table avec sa famille. Cette visite inattendue effraya Johanna, qui pensa se trouver mal. Les enfants restèrent impassibles. Piéter seul se leva en demandant ce qu'on lui voulait. « Reconnaissez-vous ce parchemin ? répondit l'huissier. — Non, » répondit Piéter. Et Johanna pâlit de nouveau. « Nous allons faire chez vous la visite de votre cabane..... » Et l'huissier ouvrit l'armoire, où il trouva tous les papiers de Wilson, qu'il lut très-attentivement, et dont il dressa procès-verbal.

« D'où tenez-vous ces papiers? — D'un homme que j'ai trouvé se débattant dans mes filets, et qui, au moment d'expirer, m'a déclaré se nommer *Wilson*. — Qu'en avez-vous fait ? — Comme il était mort, je l'ai abandonné sur le sable. — Pourquoi avez-vous conservé ces papiers depuis si longtemps, et ne les avez-vous pas remis entre les mains de la justice? — C'est dans le cas où l'on voudrait me les réclamer. — Mauvaise excuse. — Je ne cherche pas à m'excuser; je n'ai pas fait de mal. — Mais vous l'avez dépouillé. — Ce n'est pas moi. — Qui donc? — C'est un enfant adoptif, nommé Hull, que j'avais recueilli également sur le rivage, à la suite d'un naufrage. — Mais vous avez partagé ses dépouilles? — Ces papiers ne m'ont servi à rien. — N'avait-il pas quelque autre chose sur lui? (Moment de silence : Johanna s'évanouit.) — Oui, dit Piéter, il avait de l'or. — Qu'en avez-vous fait? — J'ai soutenu ma misérable famille. — Cet or ne vous appartenait pas. — J'étais ruiné; il avait détruit tous mes filets. — L'indemnité vaut bien la perte. Pourquoi avez-vous eu l'imprudence d'envoyer ce parchemin à un changeur de Dunkerque? — Ce n'est pas moi; j'ignore de quelle manière il est tombé entre vos mains. — N'avez-vous pas enveloppé quelques pièces de gibier? — Non, c'est Hull qui

l'a porté à la ville. — Et ce Hull est absent? — Oui, il est parti sans rien dire. — Le corps de Wilson a été jeté à la côte. Il a été constaté par les gens de l'art qu'il mourut à la suite de nombreuses blessures, et vous êtes arrêté comme son assassin. — O ciel ! monsieur, je vous jure que je suis innocent, j'en prends Dieu à témoin. Les blessures qu'on aura remarquées proviennent des hameçons qui lui avaient déchiré le visage et les mains. — Mauvaise excuse. Je vous arrête au nom de la loi, et vous allez, ainsi que votre femme, me suivre en prison. — Que la volonté de Dieu soit faite ! »

Et Piéter se mit à genoux en priant avec ferveur.

Quelle désolation! rien ne saurait la décrire. Les deux malheureux époux sont conduits à Dunkerque, et la charrette qu'ils avaient achetée les emmène attachés par des cordes.

En route, l'huissier et les gardes s'arrêtent dans un cabaret. Par commisération, le cabaretier apporte quelque boisson aux prisonniers. Il reconnaît Piéter.

A l'instant, le généreux ami, à l'aide d'un couteau, coupe les liens de Piéter et de Johanna, qui se sauvent précipitamment dans la campagne. Ils arrivent à la cabane, prennent une partie de l'or, se rendent vers la mer, et, sur leur embarcation de pêche, ils se livrent à la merci des flots.

L'huissier et les gardes, qui avaient fait de longues et nombreuses libations, retournent à la charrette. Ils courent après les fugitifs; mais leur surveillance mise en défaut leur affaiblit les jambes, et, honteux et confus, ils reviennent raconter aux magistrats cette triste mésaventure.

Mais quel était ce Wilson? Voici son histoire en peu de mots. Fils d'un boulanger de la Cité de Londres, la nature l'avait doué d'un esprit naturel extraordinaire, et d'une beauté de corps très-remarquable. Il plut à la fille de Howard, et l'enleva. Une union illégitime leur donna un fils qu'ils nommèrent Lewis (c'est ce même Hull trouvé par Piéter sur la côte, dans un coffre d'armes). Lord Howard mourut de chagrin de la conduite de sa fille, qui se trouva ainsi héritière des biens de son père. Les remords de Jenny causèrent entre les deux amants un refroidissement subit. Wilson s'aperçut qu'il n'était plus aimé, et, dans la crainte d'être poursuivi par la famille, il se rendit secrètement à la maison mortuaire, s'empara de tous les titres, des bijoux, des valeurs, et s'embarqua à Déal dans une barque de pêcheur, emmenant avec lui son fils qu'il chérissait, et abandonnant à son seul désespoir celle qu'il avait séduite.

Les Anglais étaient en guerre avec les Hollandais. Le bateau pêcheur fut capturé par un corsaire qui, lui-même pourchassé, s'échoua sur la côte de Mardick. Wilson se confia aux flots, et mit son fils dans un coffre d'armes. La violence des vagues les séparèrent : il crut son enfant perdu, et regagna à la nage le corsaire. Ce bâtiment se releva dans la nuit, et put effectuer son retour vers Ostende. A la hauteur du port, une nouvelle chasse de la part du brig sous pavillon britannique les détermina à se défendre. Le combat fut vif de part et d'autre, et le corsaire, après avoir perdu beaucoup de monde, ne trouva d'autre moyen de salut que de s'échouer une seconde fois. C'est alors que Wilson, s'emparant de ses richesses et profitant du trouble de l'équipage, après avoir corrompu quelques matelots, mit le canot à la mer, et débarqua à Anvers.

Wilson, possesseur d'une fortune assez considérable, se livra au commerce, et correspondit avec Jenny. Au bout de quinze ans de séparation, son retour en Angleterre fut décidé. La famille des Howard, quoique d'une grande noblesse, consentit à l'union des deux amants.

Alors Wilson revenait en Angleterre, lorsqu'un effroyable ouragan occasionna une voie d'eau que les pompes ne pouvaient franchir. Le navire coulait ; Wilson se confia à la merci des flots, et, près d'aborder, il fut pris et déchiré dans les filets de Piéter. On sait le reste de sa fin déplorable.

Revenons aux enfants du pêcheur. La fille aînée, nommée Sisca, ignorait le lieu où son père avait caché l'or. Elle vendit tout ce qu'elle possédait, et, suivie de ses deux jeunes sœurs, vint à Dunkerque, où son travail laborieux lui permit de les élever. Elle fut pour elles une seconde mère. Sept années s'écoulèrent sans aucune nouvelle de Piéter et de Johanna. Un jour qu'elle revenait de l'ouvrage, un jeune homme de bonne mine et bien vêtu l'aborde ; c'était Hull. « Me connais-tu ? —Oui, je vous reconnais. — Ah ! ma chère Sisca, qu'il me tarde d'embrasser mes bons amis, mes parents adoptifs ! — Hélas ! je ne sais où ils sont. »

Et Sisca, après l'avoir conduit dans sa modeste demeure, lui raconte tout ce qui était arrivé. « C'est moi, s'écria-t-il douloureusement, qui suis cause de toutes vos infortunes ; mais je puis les réparer : mes voyages ont été heureux ; sans être bien riche, j'ai assez d'argent pour soutenir dans leur vieillesse mes bienfaiteurs. Je vais prendre des informations, afin de les secourir s'ils sont dans la misère, et obtenir, à force de bienfaits, un pardon sans lequel ma vie serait insupportable. »

Les recherches produisirent pour résultat que Piéter était mort de chagrin à Courtrai, et que Johanna parcourait la Belgique en demandant l'aumône.

Hull, désolé des tristes renseignements qui lui étaient parvenus, se décida à offrir sa main à Sisca en réparation. Le mariage eut lieu, et de cette union naquit un fils auquel on donna le nom de Piéter. Hull fit bon ménage, et se conduisit en homme d'honneur. Il dota, quelques années

plus tard, les deux filles de Piéter et de Johanna, et, chéri de tous ceux qui le connaissaient, il passait des jours heureux au sein de l'amitié la plus expansive. Vingt ans s'étaient écoulés.

Cependant Jenny, désespérée de la perte de Wilson et de son fils, ne s'était point remariée, et, retirée dans une petite ville, y vivait solitairement, toujours dans l'espoir de revoir son cher Lewis. Une maladie grave la conduisit au tombeau. Son testament portait qu'elle laissait toute sa fortune à l'hospice des marins naufragés, à moins qu'on ne retrouvât son fils Lewis, et, de plus, qu'une somme de cinq mille livres sterling serait accordée à celui qui le découvrirait authentiquement ; que, si au bout de dix ans on n'avait pu réussir à le faire juridiquement connaître, la donation était valable.

Dans l'intervalle, une foule de *Lewis* se présentèrent ; mais aucun ne put justifier son identité.

Le seul Hull, à l'aide des papiers conservés par Johanna, et du parchemin déposé chez le magistrat, hérita et de l'immense fortune de Jenny et du nom de Wilson.

Mais le cruel souvenir d'avoir jeté son père dans le ravin, l'incertitude de savoir s'il respirait encore, lui occasionnèrent une fièvre nerveuse qui le rendit fou furieux. On fut obligé de l'enfermer dans une maison de force près d'Amiens, où il mourut totalement privé de la raison.

On n'a jamais su ce qu'était devenue Johanna. Sisca est passée en Angleterre avec son fils Wilson, dont un des descendants est aujourd'hui l'un des plus riches et des plus puissants seigneurs de la Grande-Bretagne.

DE LA
Traite des Noirs.

(Deuxième article.)

J'ai dit que les Européens avaient jeté dans l'Afrique le poison de leur luxe, et que les Africains l'avaient recueilli comme un besoin ; aussi ces peuples, barbares dans leurs lois, dans leurs mœurs, dans leurs coutumes, ne tardèrent-ils pas à trouver une admirable organisation de l'esclavage, ingénieuse de cruauté et d'avarice. Les Nègres eux-mêmes trafiquèrent des Nègres, sous le nom de facteurs ou de courtiers. Ces courtiers se divisèrent en plusieurs classes ; on établit des règlements, des usages, des lois, qui furent observés comme une charte, et ce que n'avaient pu les efforts de quelques hommes de bien, donnant leur vie à la science et à la religion, la cupidité et l'avarice l'obtinrent : sous le rapport de l'esclavage, les Nègres furent bientôt civilisés.

La première classe de courtiers est celle qui se tient sur la côte. De là ces espèces de facteurs publics ont des correspondances avec les courtiers de l'intérieur, qui leur envoient des troupes d'esclaves, selon les demandes des Européens.

La seconde classe de marchands nègres est composée de ceux qui voyagent dans l'intérieur des terres, et la troisième et la plus pauvre, de ceux qui communiquent directement avec les vaisseaux. Ces courtiers reçoivent une certaine quantité de marchandises, qu'ils vont échanger contre des Nègres; mais ils sont forcés de laisser des gages de leur retour aux Européens: ces gages sont leurs parents qui sont retenus esclaves sur les vaisseaux. La traite s'est longtemps faite avec des marchandises de l'Inde, telles que des petites coquilles qui servent de monnaie sur la côte, des étoffes bleues et blanches de l'Orient, des barres de fer, des chaudières, des cotons, des mousselines, des eaux-de-vie, etc. Mais, plus tard, les rois nègres ont exigé des armes et des munitions; les Européens leur ont fourni avec joie ces nouveaux moyens de faire des esclaves de guerre; mais la perfidie civilisée s'est encore glissée dans ces marchés: les négriers ont donné, en échange des esclaves, des armes qui ne pouvaient longtemps servir, et qui se brisaient ou crevaient entre les mains des Nègres; de nouveaux besoins appelaient de nouvelles armes, et les négriers avaient de nouveaux esclaves. *Radama*, un des rois les plus puissants de Madagascar, est le premier qui ait forcé les Européens à essayer les armes qu'ils fournissaient; aussi étendit-il ses conquêtes au point de s'appeler le *premier guerrier du monde*. Un jour les habitants de l'île Bourbon réclamaient de lui l'exécution d'un traité qu'il refusait. Voulant l'effrayer sur les conséquences d'une guerre dont on le menaçait, ils lui racontèrent l'histoire de Napoléon. Radama traita cela d'imaginaire et d'impossible. Alors, ayant réuni tous les tableaux qui se trouvaient dans l'île Bourbon, et qui représentaient les hauts faits de Napoléon, les habitants les présentèrent au roi Radama pour prouver ce qu'ils avançaient. Radama examina tout avec la plus grande attention, puis il s'écria, en repoussant les tableaux: « Il » est impossible que Napoléon ait fait tout cela, » car s'il avait été aussi grand guerrier que vous » le dites, il n'eût pas résisté au désir de se » mesurer avec moi, qui suis le premier guerrier » du monde! » Radama était un de ces hommes qui prouvent que la race nègre peut autant que la race des blancs. Il avait du courage jusqu'à la témérité, combinait admirablement le plan d'une bataille, et se montrait généreux après la victoire. Il a agrandi ses États par d'immenses conquêtes, et a doté ses sujets de plusieurs lois que l'Europe pourrait lui envier; et cependant la civilisation n'a jamais pénétré dans ces contrées. Radama fut un grand roi par instinct. Toutes les fois que des Européens ont pu pénétrer dans sa maison, ils ont été reçus dans une vaste salle tapissée de pièces de monnaie de tous les pays. Radama leur montrait par là le mépris qu'il faisait de l'or, et rejetait sur eux toute la honte du trafic.

La traite des Nègres commence à peu près à la grande rivière du Sénégal, et s'étend jusqu'à la partie la plus reculée d'Angola.

Les Européens font la traite sur les rivières du Sénégal et de Gambie, en remontant avec leurs vaisseaux jusqu'à un lieu favorable à jeter l'ancre. Ils arment alors leurs canots et les envoient vers les villages; lorsqu'ils sont parvenus à portée, ils tirent des coups de fusil ou battent du tambour. C'est un signal pour avertir les Nègres qu'un vaisseau est en rade et a besoin d'esclaves.

A Sierra-Leone, les négriers ont des agents choisis parmi les blancs, qui les approvisionnent toute l'année.

Sur la côte qui s'étend depuis le cap Monte jusqu'au cap des Palmes, les signaux partent de terre; les Nègres allument de grands feux sur la côte, pour donner avis aux Européens qu'ils ont des esclaves à leur livrer; mais ils ne les livrent que par trois ou quatre à la fois; de sorte que les vaisseaux sont quelquefois quatorze mois avant d'avoir pu compléter leur cargaison.

Les négriers qui exploitent la côte d'Or se mettent ordinairement à l'ancre devant Anna-Maboé. Leur première opération est d'envoyer à terre pour acheter de l'or; puis, avec ce même or, ils achètent des esclaves qu'on leur amène par troupeaux, le poignet engagé dans une pièce de bois qu'ils sont obligés de porter au-dessus de leur tête.

A Whidah, à Bonny, à Calabar, à Benin et à Angola le commerce est plus régulier: les courtiers arrivent sur le vaisseau, et font un marché à livrer, comme on en fait un dans nos bourses.

Les moyens d'échange varient suivant les différents endroits. A la côte vers le vent et à Bonny, l'objet ordinaire d'échange est appelé par les Africains et les Européens *une barre*; à la côte d'Or et à Whidah, on l'appelle *une once*; à Calabar, *un cuivre*; à Benin, *une chaudière*; à Angola, *une pièce*.

On voit que le commerce de la traite est régularisé dans toutes ses formes. Les négriers et les courtiers trafiquent de l'espèce humaine, comme nous trafiquons des marchandises. Ce commerce de honte et de sang se fait encore par contrebande; seulement n'étant plus permis par les lois, il a autorisé les négriers à user plus que jamais de ruse et de violence. Les rois nègres, les Nègres eux-mêmes, ont appris nos ruses infernales; ainsi, si le négrier emmène des noirs sans en payer le prix, le courtier engage le Nègre à s'échapper du vaisseau pour le revendre une seconde fois.

Les esclaves se divisent en plusieurs ordres. Les Européens ont classé dans le premier ceux qui le deviennent par ruse ou par violence ; ces esclaves sont ceux qui leur coûtent le moins. Le second ordre se compose de ceux que leur propre souverain a faits prisonniers, en faisant des excursions dans ses Etats. Le dernier roi de Dahomy avait l'habitude, comme quelques empereurs romains, de faire des largesses à son peuple ; il fui laisait distribuer des coquilles qui servent de monnaie ; puis, pour remplacer cet argent, il taxait le village à tant d'esclaves, et les vendait aux Européens. Il en était de même toutes les fois qu'il manquait d'eau-de-vie, ou qu'il avait envie de quelque colifichet d'Europe.

La troisième classe comprend les Africains convaincus de crime. Avant même que les Européens eussent demandé des esclaves en Afrique, on punissait quelques criminels par la servitude ; mais aujourd'hui il n'est pas de crime si léger pour lequel on n'inflige cette peine. L'adultère, par exemple, emporte la punition de l'esclavage. Sur la côte d'Or, principalement, les rois font consister leur richesse dans un grand nombre de concubines ou de femmes ayant le titre d'épouses. Ces femmes sont envoyées, par ordre de leur maître, auprès de jeunes gens qu'elles cherchent à séduire, et si elles y parviennent, elles dénoncent à l'instant celui qui a succombé, et qui devient l'esclave et la propriété du prince.

La quatrième classe d'esclaves est celle des prisonniers de guerre. La guerre a été allumée par les Européens sur les côtes d'Afrique, sans motif, sans autre but que celui de faire des esclaves. Les rois nègres combattent aussitôt qu'ils apprennent l'arrivée d'un vaisseau négrier. Ces combats sont atroces et sanglants, d'autant qu'il arrive souvent qu'animés par le carnage, les Nègres oublient la première cause de la guerre, et s'entr'égorgent jusqu'au dernier. Clarkson rapporte dans son ouvrage l'extrait d'une lettre d'un particulier qui fut témoin de ces combats ; il s'exprime en ces termes.

Je copie :

« Je fus envoyé avec plusieurs autres personnes dans un petit bâtiment pour acheter des esclaves, en remontant la rivière du Niger. Nous avions avec nous quelques Nègres libres, et comme les vaisseaux sont sujets à être attaqués par les Nègres d'un côté de la rivière, et de l'autre par les Maures, nous étions tous armés. Pendant que nous étions à l'ancre, très en avant dans le haut de la rivière, nous remarquâmes un très-grand nombre de Nègres dans des cabanes qui étaient le long du rivage, et pour notre propre sûreté, nous les veillâmes constamment. Le lendemain matin de bonne heure, nous vîmes du haut de notre grand-mât accourir un corps nombreux de naturels, se tenant très-serrés quoique sans beaucoup d'ordre. Ils s'approchèrent très-vite, et se jetèrent avec fureur sur les habitants de la ville, qui parurent très surpris, mais qui néanmoins ne laissèrent pas que de se réunir comme ils purent, et de faire une vigoureuse résistance. Ils avaient quelques armes à feu, mais ils en firent peu d'usage, parce qu'ils en vinrent aussitôt à combattre corps à corps avec leurs lances et leurs sabres. Plusieurs des attaquants étaient montés sur de petits chevaux, et combattirent pendant environ une demi-heure avec la plus grande animosité. Les femmes et les enfants s'étaient ramassés sur le bord de l'eau, allant et venant, et jetant des cris de terreur, et en attendant l'issue du combat, jusqu'à ce que leur parti céda et s'en fut vers la rivière, afin de gagner à la nage la côte de Barbarie. Ils furent poursuivis avec acharnement jusque dans la rivière par les vainqueurs, qui, quoique venus dans l'intention de faire des prisonniers, ne firent point de quartier, et s'abandonnèrent alors bien plus à leur cruauté qu'à leur avarice. Ils ne firent point de captifs, mais ils massacrèrent tout sans pitié ; le carnage des vaincus fut en effet horrible dans cette occasion, et comme nous n'étions pas à plus de deux ou trois cents pas, les cris et les pleurs de ces malheureux nous affectaient beaucoup. Nous avions levé l'ancre au commencement de l'attaque, et nous nous tînmes ensuite dans le lieu où les vainqueurs, ayant poursuivi jusque dans l'eau les vaincus, ne cessèrent d'atteindre et de massacrer ceux que les blessures empêchaient de fuir ; ils n'épargnèrent même pas les enfants, dont ils prirent un grand nombre. Révoltés de leur barbarie, nous tirâmes sur eux avec du canon chargé à mitraille, et nous leur envoyâmes une volée avec nos fusils ; ce qui en effet arrêta leur fureur, et les obligea de s'éloigner du rivage, d'où quelques boulets de canon les chassèrent bientôt, et les firent rentrer dans les bois. Toute la rivière était noire des têtes de ceux qui se sauvaient à la nage. Ces pauvres malheureux, qui nous craignaient autant que leurs vainqueurs, plongeaient quand nous faisions feu, et jetaient les cris les plus lamentables pour nous demander grâce. Après avoir favorisé leur retraite et leur salut, nous cherchâmes à sauver ceux qui étaient blessés et fatigués ; mais tous ceux que les blessures avaient mis hors d'état de nager furent égorgés ou noyés avant que nous eussions pu aller à leur secours. Je dois convenir que ce fut avec une justice et une générosité dont je n'ai jamais ouï citer d'exemple parmi ceux qui vont chercher des esclaves, que nous rendîmes la liberté à ceux que nous avions tirés de l'eau, et que nous les rapportâmes sur la rive de Barbarie, parmi le reste de leurs compagnons infortunés qui avaient survécu au carnage du matin. »

Voilà un exemple d'humanité qu'un négrier avoue lui-même être bien rare parmi les gens de son état; mais voilà aussi un exemple de l'effet que produit l'apparition d'un vaisseau sur les côtes de Barbarie : le sang et le carnage ; et comme si la fureur des Nègres n'était pas assez grande pour se détruire, les boulets européens ont fait explosion au milieu d'eux.

La cinquième classe d'esclaves est celle des êtres qui naissent dans la servitude. Sur la côte on voit des marchands établis qui en tiennent magasin. Les mères ne sont jamais vendues avec leurs enfants.

La sixième est celle des esclaves qui ont perdu leur liberté au jeu. Cette passion est si violente chez les Africains, que lorsqu'ils ont tout perdu, ils jouent la liberté de leurs femmes et de leurs esclaves. Un Africain de la nation de Mundigoé avait tout perdu au jeu, il ne lui restait que trois esclaves : il les joua et les perdit. L'un d'eux prit la fuite, le maître fut emmené esclave à sa place.

Telles sont les différentes manières de faire des esclaves. Une fois vendus au négrier, ils sont enchaînés, traînés à bord, et jetés à fond de cale. Ils y périssent plus souvent par le manque d'air que par le manque de nourriture. Cela a été remarqué par les négriers qui ont voulu parer à cet inconvénient. Ils n'ont trouvé de moyen que dans un raffinement de cruauté. Chaque jour ils font monter un certain nombre de Nègres sur le pont ; ils les détachent de leurs fers, les entourent de sentinelles qui veillent sur eux le fusil à la main, et leur ordonnent de danser la danse favorite de leur pays. Sur le refus des Nègres, les fouets retentissent ; on leur déchire le corps pour les forcer à danser. Les plus timides commencent, les matelots les encouragent à coups de fouet, et bientôt la danse devient si vive et si animée qu'on a de la peine à la faire cesser. Ce spectacle est horrible à voir. Le Nègre dansant malgré lui, entraîné malgré lui par l'habitude et le plaisir, poussant des hurlements d'horrible volupté qui se mêlent au bruit des fouets et du tam-tam, tandis que des hommes appuyés sur les bastingages sont là pour empêcher les noirs de se jeter à la mer, tout cela est hideux, tout cela est affreux !.. Puis les Nègres reprennent leurs chaînes, et vont tristement dans leur cloaque, maudissant leur joie frénétique d'un moment, et pleurant de rage d'y avoir succombé. Mais ceci n'est qu'un des plus légers malheurs de la traversée : ordinairement il en arrive assez pour que le tiers des Nègres périsse. C'est l'épidémie, les mauvais traitements, le mal du pays, le désespoir et la révolte qui les tuent. A cet égard je pourrais citer une foule de traits qui viendront à l'appui de ce que j'avance, je me bornerai à en retracer quelques-uns.

Sur un vaisseau à l'ancre devant Bonny, on mena un jour un Nègre prendre l'air sur le pont. Le Nègre aperçut près de lui un couteau ; aussitôt, quoique enchaîné à un compagnon, il sauta sur cette arme, s'en saisit, et tua le matelot qui était de garde près de lui ; puis, forçant son compagnon à le suivre, il tua trois autres matelots. Mais comme il s'aperçut que le Nègre auquel il était enchaîné refusait de le seconder, il le poignarda lui-même, en exprimant par ses gestes et son regard le mépris qu'il lui inspirait. Il cherchait le capitaine, et voulait l'immoler à sa vengeance. Et déjà il était à la porte de sa chambre, traînant après lui le cadavre de son compagnon, lorsqu'un coup de feu l'étendit roide mort.

Un vaisseau s'était procuré une cargaison de cent quatre-vingt-dix esclaves, sur la côte vers le vent. On était en mer depuis plusieurs jours, lorsqu'on s'aperçut d'un projet de révolte de la part des Nègres. On saisit sur-le-champ l'un d'eux que l'on supposait le chef, on l'amena sur le pont, et après l'avoir chargé de chaînes et lui avoir fait souffrir tous les supplices possibles, ou le jeta à la mer. On espérait que cet exemple suffirait pour arrêter la révolte, mais les Nègres avaient juré de se faire libres ou de mourir. Deux d'entre eux parvinrent à rompre leurs chaînes, et s'avancèrent bravement vers les matelots. Ceux-ci cherchent à les réduire ; mais comme les Nègres avaient les bras libres, ils ne purent y parvenir. Ces esclaves poursuivirent les matelots, suivis de leurs compagnons, qui, quoique enchaînés, marchaient avec eux ; ils arrachèrent le sabre de la sentinelle, parvinrent à briser quelques fers, et livrèrent un combat opiniâtre aux matelots, qui furent obligés de se retirer dans les hunes. Mais il était resté sur le pont un homme que les esclaves n'avaient pas découvert. Caché derrière une cage à poulets, et occupé à raccommoder ses habits, il ne s'était aperçu de la révolte que lorsqu'il ne lui était plus possible de se sauver. Il fut assez heureux pour trouver une corde suspendue à la poupe du vaisseau, au moyen de laquelle il se glissa jusque dans la chambre du capitaine, qui était malade avec un autre matelot, et leur apprit ce qui se passait sur le pont. Aussitôt le capitaine et les deux matelots s'armèrent de fusils, et attendirent les rebelles, qui ne tardèrent pas à les attaquer. Mais les Nègres n'avaient pour toutes armes que des morceaux de bois qu'ils avaient pris à fond de cale, et à chaque pas qu'ils faisaient dans l'escalier étroit qui conduisait à la chambre du capitaine, ils tombaient morts ou blessés. Enfin, ayant perdu leur chef, épuisés de fatigue et de blessures, ils se retirèrent sur le pont pour reprendre haleine. Les matelots profitèrent de ce moment pour descendre des hunes, et bientôt les Nègres furent réduits. On se hâta de les passer en revue, pour voir la perte que le négrier éprouvait. Le plus grand nombre était couvert de blessures ; à tous ceux-là, il fut ordonné de se jeter à la mer. Ils auraient été estropiés, ou auraient coûté plus de soins qu'ils n'auraient rapporté d'argent : on s'en déchargea comme d'un fardeau inutile. Les Nègres obéirent avec une espèce de joie. Ceux qui n'avaient pas de parents sautèrent sur-le-champ à la mer; ceux qui en avaient encore ne prirent que le temps de les embrasser, et disparurent dans les flots. Il ne resta en tout que quatre-vingt-dix esclaves, qui furent vendus aux îles Barbades.

Un vaisseau chargé d'esclaves échoua sur un banc de sable. Le péril que courut l'équipage, et la peine qu'il prit pour l'éviter, fit qu'on oublia les Nègres, qui restèrent deux jours sans manger; le troisième, ces malheureux poussaient des cris affreux : plusieurs femmes avaient été noyées par une voie d'eau que l'équipage n'avait pu parvenir à étancher; les hommes, poussés au désespoir, en proie à la rage de la faim, étaient parvenus, pour la plupart, à briser leurs fers, et faisaient des efforts inouïs pour ouvrir les grilles qui les séparaient du pont. L'équipage, effrayé, prit la résolution de tuer les plus désespérés, ce qui fut exécuté à l'instant. Enfin, le cinquième jour, vers le soir, on aperçut un vaisseau qui se rendait aux signaux de détresse. L'équipage poussa des cris de joie, les Nègres y mêlèrent leurs voix, mais leurs cris de joie ne furent pas de longue durée. Le vaisseau reçut à son bord l'équipage du bâtiment naufragé; quant aux esclaves, ils furent abandonnés aux horreurs de la faim et des eaux!...

Un brig anglais rencontra un jour un vaisseau négrier. Ce vaisseau faisait eau depuis plusieurs jours, et c'était en vain qu'on cherchait à en tarir la voie à force de pompes. Ce brig accourut vers lui à ses signaux de détresse, et recueillit tout l'équipage et tous les Nègres qui étaient à fond de cale. Bientôt le bâtiment négrier fut englouti dans la mer. Mais les gens de l'équipage du brig comptaient déjà avec effroi les Nègres qu'ils avaient à bord, et calculaient la quantité de vivres et le temps probable de la traversée; ils firent leurs observations au capitaine, le capitaine les accueillit. On résolut d'abord de jeter les Nègres à la mer, mais on réfléchit que presque tous surnageraient et qu'on aurait trop de peine à les achever. Alors, les ayant fait retirer sur le pont, on braqua sur eux des canons chargés à mitraille, et l'on en fit une horrible boucherie. Ce trait de barbarie s'est renouvelé plusieurs fois; plusieurs fois aussi les capitaines négriers ont prié pour leurs Nègres, mais ce n'était pas compassion chez eux, c'était avarice : ils ne voyaient pas la mort de l'homme, mais la perte de la marchandise.

Je pourrais ajouter beaucoup de traits à ceux que je viens de citer, mais ils suffiront pour faire comprendre les malheurs de la traversée. Ce n'est là que le commencement des souffrances réservées aux Nègres.

Aussitôt qu'ils arrivent au lieu de leur destination, on s'empresse de les faire baptiser. Cet usage est rigoureusement observé par les négriers, même depuis que la traite est abolie. Ces hommes, qui ne craignent pas de faire une si horrible contrebande, trouvent des prêtres qui viennent clandestinement faire des chrétiens, qui leur donnent le sacrement de la liberté, et qui les laissent esclaves.

Lorsque le vaisseau est arrivé dans le port où doit se faire la vente des esclaves, on s'empresse de les préparer, puis on procède à s'en défaire. Il y a trois modes pour cela. Le premier est par le moyen d'*agents*; ils viennent à bord du bâtiment et achètent des esclaves pour des tiers. Le second est l'*encan*; on conduit les Nègres dans un endroit public, et on les expose au marché comme des bestiaux. Les acheteurs s'approchent d'eux, les examinent, les tâtent, et les marchandent. Lorsqu'il y a des esclaves malades et en mauvais état, ce sont ordinairement des Juifs qui les achètent pour peu de chose, leur rendent la santé, et les revendent ensuite à un meilleur prix. Enfin la troisième manière de vendre les esclaves est celle que les Anglais appellent *scramble*. On met les Nègres dans un lieu obscur; à un certain signal, les acheteurs entrent dans cet endroit, une corde à la main, et c'est alors à qui pourra en entourer le plus.

Les Nègres passent alors à leurs nouveaux maîtres. Je n'ai pas besoin de dire ici leurs fatigues, leurs labeurs, leurs souffrances. D'abord il leur faut près de deux ans pour s'acclimater, pendant lesquels il en périt un tiers. Sur vingt-quatre heures, ils donnent seize heures à leurs maîtres, trois à leurs besoins, cinq au sommeil. Encore s'ils n'étaient pas déchirés par le fouet des commandeurs, séparés de leurs femmes et de leurs enfants! encore s'il leur était permis de vivre comme vivent les brutes! mais non, ce système d'esclavage entraîne avec lui la cruauté calculée sur l'avarice. On ne les tue pas, parce qu'ils valent de l'or; on les fouette, on les flagelle, on les meurtrit, parce qu'on guérit d'une meurtrissure. On ne les laisse pas vivre avec leurs parents, parce que le spectacle des souffrances d'un père peut exciter la souffrance et la révolte d'un fils; on les sépare de leurs femmes, parce que les femmes ne sont plus bonnes à rien, dès qu'elles ne peuvent plus faire des enfants. Quelquefois on les accouple ignominieusement, on les excite au plaisir et à la passion, et lorsqu'un noir a choisi sa compagne, on l'arrache de ses bras, parce qu'elle porte dans son sein un enfant qui vaut de l'or. Telles sont leurs souffrances, je le prouverai par des faits.

E. ALBOIZE.

Jean Bart [1].

Bart (Jean), né à Dunkerque, en 1651, ennoblit son nom et répandit sa renommée dans toute l'Europe, par des actions d'une bravoure extraordinaire. Il était fils d'un simple pêcheur, et il commença lui-même par cette profession; mais elle était trop obscure pour son âme bouillante. Afin d'en sortir, il alla en Hollande et se fit mousse. Il servit sous le fameux Ruyter, et devint bientôt un excellent marin.

Louis XIV ayant déclaré la guerre aux Hollandais, en 1671, ceux-ci offrirent de l'emploi à Jean Bart; mais celui-ci, concevant la honte qu'il y avait de porter les armes contre sa patrie, s'enfuit et retourna à Dunkerque. De ce moment, il se fit connaître par une audace inouïe, qui lui valut, à lui et à ceux qui associèrent leurs intérêts aux siens, des prises multipliées et considérables. Le vaisseau sur lequel il monta d'abord ne sortait jamais de Dunkerque sans revenir avec des prises.

En 1675, Jean Bart, assez riche pour équiper à ses frais une galiote de deux pièces de canon et de trente-six hommes, eut la hardiesse d'attaquer, devant le Texel, une frégate de dix-huit canons et de soixante-cinq hommes. Étant monté à l'abordage, il s'en rendit maître.

S'associant ensuite avec plusieurs armateurs, il monta une frégate de dix pièces de canon; il en prit une hollandaise de 12, tomba dans la mer Baltique sur une flotte marchande, composée d'un nombre considérable de vaisseaux, escortée par deux frégates. Il s'empara d'une partie de la flotte, prit une des frégates et mit l'autre en fuite.

Ses associés, encouragés par ses succès, firent construire cinq frégates; chef de cette petite escadre, Jean Bart fit un grand nombre de prises. Devenu redoutable sur la mer, chaque jour était témoin des nouveaux exploits de ce brave marin. Louis XIV, qui en fut informé, lui envoya une médaille et une chaîne d'or, l'attacha à son service, et le fit lieutenant de vaisseau.

Jean Bart commença dès lors à se signaler contre les Espagnols. Ayant reçu le commandement d'une frégate pour aller croiser dans la Méditerranée, il prit d'abord un vaisseau de cette nation, puis bientôt, montant un vaisseau de guerre, il s'empara de deux autres, après un combat furieux, dans lequel il fut blessé à la cuisse.

En 1689, ayant reçu ordre d'aller au Havre, avec le chevalier Forbin, pour escorter vingt vaisseaux marchands, il rencontra au milieu de la Manche deux vaisseaux de guerre anglais, de 50 canons chacun. Forbin lui ayant conseillé de gagner le large, Jean Bart lui répondit qu'il ne se couvrirait jamais de la honte d'avoir fui devant l'ennemi. Ils se battirent comme des lions et maltraitèrent beaucoup les deux vaisseaux ennemis; mais ils furent tous deux blessés, leurs vaisseaux rasés et mis hors d'état de se défendre.

Conduits prisonniers à Plymouth, ils ne tardèrent pas à recouvrer leur liberté; car, ayant scié avec une lime une des grilles de leur fenêtre, ils eurent le bonheur de se sauver pendant la nuit, à la faveur d'un canot, sur lequel ils traversèrent la Manche en deux jours et demi, et arrivèrent enfin sur les côtes de Bretagne, à six lieues de Saint-Malo.

Le roi, informé de la vigoureuse défense de ces deux braves marins, qui s'étaient sacrifiés pour donner aux vaisseaux marchands qu'ils escortaient, le temps de prendre le large, les nomma tous les deux capitaines de vaisseau, et leur donna à chacun une gratification de 400 écus.

En 1690, Jean Bart, avec un seul vaisseau, alla croiser sur les côtes de Hollande, et coula bas presque tous leurs vaisseaux pêcheurs. En revenant à Dunkerque, il enleva deux vaisseaux anglais, fit d'autres prises à l'embouchure de l'Elbe, et rentra ensuite dans ce port. Il en sortit ensuite, malgré le blocus des ennemis, s'empara de trois vaisseaux marchands anglais, brûla la flotte hollandaise de la pêche aux harengs, alla ensuite croiser sur les côtes d'Écosse, où il brûla plusieurs villages, ainsi que plusieurs pêcheries.

A Bergue, en Norwége, ce brave marin y fit rencontre d'un capitaine anglais, qui lui dit qu'il avait envie d'en venir aux prises avec lui. Jean Bart l'avertit qu'il mettrait à la voile le lendemain. L'Anglais répondit qu'ils se battraient lorsqu'ils seraient en pleine mer, mais qu'étant dans un port neutre, ils devaient se traiter réciproquement avec amitié; il l'invita à déjeuner le lendemain à son bord avant de partir. Jean Bart lui répondit: « Le déjeuner de deux ennemis » comme vous et moi qui se rencontrent, doit » être des coups de canon, des coups de sabre. » L'Anglais insista; Jean Bart, sans défiance, parce qu'il était brave, accepta le déjeuner: il se rendit à bord du vaisseau anglais, prit un peu d'eau-de-vie et fuma une pipe. Il dit ensuite au capitaine: « Il est temps de partir. — Vous êtes mon pri» sonnier, dit le perfide Anglais; j'ai promis de » vous conduire en Angleterre. » Jean Bart furieux alluma sa mèche, et cria: A moi! il renversa quelques Anglais qui étaient sur le pont, et dit: « Non, je ne serai pas ton prisonnier; le » vaisseau va sauter. » Et en même temps, ayant sa mèche allumée, il s'élança vers un baril de poudre qu'on avait tiré de la sainte-barbe. Les Anglais furent saisis d'effroi; les Français, qui avaient entendu Jean Bart, se mirent promptement dans

[1] Bien qu'un de nos collaborateurs ait déjà esquissé quelques traits de la vie de Jean Bart dans notre premier volume, page 20, nous n'avons pas cru devoir négliger de compléter sous son aspect militaire l'examen de la vie de ce grand marin.   (*N. du Réd.*)

des chaloupes, montèrent à l'abordage, hachèrent une partie des Anglais, firent les autres prisonniers, et s'emparèrent du vaisseau. En vain le lâche capitaine anglais représenta qu'il était dans un port neutre : Jean Bart l'emmena et le conduisit à Brest.

Jean Bart, de retour à Dunkerque, apprit les tristes résultats du combat de la Hogue, et vit en même temps le port de sa ville natale bloqué par ses ennemis. Ennuyé d'y être enfermé, il trouva le moyen, le 7 octobre 1693, de passer avec sept frégates et un brûlot dans les intervalles des vaisseaux ennemis, et il enleva, dès le lendemain, quatre vaisseaux anglais.

Quelques jours après il joignit une flotte de quatre-vingt-six bâtiments de la même nation, prit une partie des marchandises, fit passer les équipages sur ses vaisseaux, brûla tous ceux des ennemis, et ayant fait une descente en Angleterre vers Newcastle, il brûla environ cinq cents maisons, et revint à Dunkerque avec des prises qui furent estimées 500,000 écus.

Ayant remis à la voile peu de jours après avec quatre frégates, il s'empara de dix-huit vaisseaux marchands hollandais, escortés par trois vaisseaux de guerre, dont il prit un et mit les deux autres en fuite.

Lors de l'expédition de Tourville auprès de Cadix, Jean Bart commandait un vaisseau de 66 canons. Étant séparé de la flotte, il rencontra près de Fero six navires hollandais richement chargés ; les ayant attaqués et forcés de s'échouer, il les brûla. La perte des ennemis monta, dit-on, à 12 millions.

Jean Bart rendit, en plusieurs circonstances, les services les plus signalés à la France menacée de la disette, en allant chercher dans les ports du Nord, et en présence de l'ennemi, des flottes chargées de blé.

Ce fut à la suite d'une de ces expéditions que Louis XIV, pour lui témoigner sa satisfaction, lui envoya la croix de Saint-Louis.

La plus importante de ses expéditions fut celle où plus de cent vaisseaux chargés de blé pour la France, et qui étaient partis avant que Jean Bart eût été les chercher, furent pris par huit vaisseaux de guerre hollandais, qui ne respectèrent pas la neutralité des trois vaisseaux composant l'escorte de cette flotte, savoir : deux danois et un suédois. Jean Bart les rencontra avec six vaisseaux ; il n'hésite pas à les attaquer ; il dit aux officiers : *Il faut avancer ou combattre, l'intérêt de la France le demande.* Lorsqu'il fut à la portée du canon des ennemis, il dit encore aux officiers : *Camarades, point de canon, point de fusil ; songeons à donner des coups de pistolet, de sabre ; je vais attaquer le contre-amiral, et vous en rendrai bon compte.* Il monte à l'abordage, abat le contre-amiral, reprend toute la flotte chargée de blés, s'empare de trois vaisseaux hollandais, tan-

dis que les cinq autres prennent la fuite, et que les vaisseaux danois et suédois restent spectateurs du combat. Cette victoire rendit la joie à toute la France, que la disette avait plongée dans la désolation. On frappa une médaille pour en conserver le souvenir, et Louis XIV envoya des lettres de noblesse à Jean Bart.

Les Anglais et les Hollandais, pour se venger de Dunkerque, dont les marins, animés par le courage et les succès de Jean Bart, les désolaient par les prises continuelles qu'ils faisaient sur eux, résolurent de détruire cette ville (1). Ils y jetèrent beaucoup de bombes. Mais les Dunkerquois, soutenus par l'intrépidité du brave marin, leur compatriote, bravèrent les dangers, rendirent impuissants tous les efforts des ennemis, et ne leur laissèrent que la honte d'avoir échoué.

Après d'autres exploits, Jean Bart fut nommé, en 1697, chef d'escadre, et chargé de conduire en Pologne le prince de Conti, qui prétendait au trône vacant par la mort de Jean Sobieski, et qui avait pour compétiteur Frédéric-Auguste, électeur de Saxe. Le prince s'embarqua le 6 septembre au soir sur l'escadre de Jean Bart, qui était composée de six vaisseaux et d'une frégate. Le 7, il passa devant Ostende, fit sa route pendant la nuit, et échappa à dix-neuf vaisseaux de guerre ennemis qui s'étaient postés au nord de Dunkerque, pour s'opposer à son passage. Au point du jour, il en rencontra deux autres à la voile, et neuf mouillés entre la Meuse et la Tamise. Jean Bart, se tenant sur la défensive, continua fièrement sa route. Lorsque le danger fut passé, le prince de Conti lui dit : « S'ils nous » avaient attaqués, ils auraient pu nous prendre. » Jean Bart lui répondit avec sang-froid : « Cela était impossible. — Comment auriez-vous fait ? » répliqua le prince. Jean Bart dit : « Plutôt que de » me rendre, j'aurais fait mettre le feu au vais- » seau ; nous aurions sauté en l'air, et ils ne » nous auraient pas pris : mon fils avait ordre de » se tenir à la sainte-barbe, tout près d'y mettre » le feu au premier signal. » Le prince de Conti frémit, et lui dit : « Le remède est pire que le » mal : je vous défends d'en faire usage tant que » je serai sur votre vaisseau. » Il conduisit heureusement le prince de Conti à la rade de Dantzik ; mais ce prince ayant renoncé à ses prétentions au trône de Pologne, remonta sur l'escadre de Jean Bart, qui le ramena à Dunkerque, le 10 décembre 1697. L'électeur de Saxe fut proclamé roi, sous le nom d'Auguste II.

La paix de Riswick ayant mis fin à la guerre qui désolait l'Europe, Jean Bart se reposa de ses fatigues ; mais la succession d'Espagne ne tarda pas à la rallumer. En 1702, Jean Bart fut chargé d'armer une escadre qui était à Dunkerque, et d'en prendre le commandement. Tandis

(1) Voir nos articles sur Dunkerque.

qu'il travaillait avec ardeur à mettre son escadre en état d'aller en mer, il gagna une pleurésie, et mourut à l'âge de cinquante-deux ans, il fut enterré à Dunkerque, sa patrie.

Dans la notice que nous avons donnée sur Jean Bart, nous ne nous sommes point arrêtés sur les traits qui peignent le caractère de cet homme extraordinaire, afin de ne point interrompre la rapidité de la narration, étant plus à propos de les rejeter à la fin de cet article.

Jean Bart, conduit à la cour, se présenta pour entrer chez le roi. Mais comme il n'était pas encore jour, il resta dans l'antichambre, tira sa pipe, battit son briquet et se mit à fumer. Tous ceux qui étaient présents furent étonnés de voir qu'il se trouvât un homme assez hardi pour prendre une pareille liberté. Les gardes voulurent le faire sortir, disant qu'il n'était pas permis de fumer chez le roi. Il leur répondit avec sang-froid : « J'ai contracté cette habitude au service du roi, » mon maître ; elle est devenue un besoin pour » moi ; je crois qu'il est trop juste pour trouver » mauvais que j'y satisfasse. » Il continua à fumer. On alla en avertir le roi, qui dit en riant : « Je » parie que c'est Jean Bart ; laissez-le faire. » Lorsqu'il entra, Louis XIV lui fit bon accueil, et lui dit : « Jean Bart, il n'est permis qu'à vous » de fumer chez moi. » Au nom de Jean Bart, tous les courtisans furent étonnés. Lorsqu'il eut quitté le roi, ils se rangèrent autour de lui, et lui demandèrent comment il avait fait pour sortir de Dunkerque avec sa petite escadre, pendant que ce port était bloqué par une flotte anglaise. Il les fit tous ranger en ligne, les écarta à coups de coudes, à coup de poing, passa au milieu d'eux, se retourna, et leur dit : *Voilà comme j'ai fait.* Quelques-uns rentrèrent chez le roi en riant, et lui racontèrent ce qui venait de se passer. Louis XIV, voulant s'amuser, fit appeler Jean Bart, et lui demanda comment il avait fait pour passer au travers de la flotte anglaise qui bloquait Dunkerque. Il répondit, en termes énergiques, en langage marin, qu'il leur avait envoyé des bordées de tribord et de bâbord. Les courtisans marquèrent de la surprise. Le roi leur dit : « Il me » parle un peu grossièrement, mais il agit bien » noblement pour moi. » Les parcourant ensuite des yeux, il ajouta : « Y en a-t-il un parmi vous » qui soit capable de faire ce qu'il a fait ? » Ils baissèrent la tête sans répondre. Le nom de Jean Bart remplissait toutes les bouches. Les petits-maîtres se disaient : *Allons voir l'ours.*

Louis XIV lui fit donner un titre de mille écus, que devait payer un nommé *Pierre Gruin*, qui demeurait rue du Grand-Chantier. Jean Bart va de porte en porte demander ce payeur. Il arrive enfin à sa maison, et demande au portier : *N'est-ce pas ici que demeure Pierre Gruin ?* — *C'est ici que demeure M. Gruin*, lui répond le portier. Jean Bart entre dans une salle où dînent plusieurs personnes : *Lequel de vous*, leur dit-il, *est Pierre Gruin ?* Le maître répond : *C'est moi qu'on appelle M. Gruin ?* Jean Bart lui présente le titre. Le payeur le prend, le lit, passe la main par-dessus son épaule, comme pour le lui rendre, et le laissant tomber, lui dit : *Vous repasserez dans deux jours.* Jean Bart tire son sabre, et lui répond : *Ramasse cela, et paie tout à l'heure.* Un des convives, ayant reconnu Jean Bart, dit à M. Gruin : *Payez, c'est Jean Bart ; il ne faut pas plaisanter avec lui.* M. Gruin se lève, ramasse le titre, et dit à Jean Bart de le suivre, qu'il va le payer. Il passe dans son bureau, prend des sacs remplis d'argent blanc, va pour les peser. Jean Bart lui dit : *Il me faut de l'or.* M. Gruin, que la peur rend docile, paie en or.

Jean Bart s'illustra dans la marine par son caractère, par son audace, par ses exploits ; né dans l'obscurité, il s'éleva jusqu'au grade de chef d'escadre. L'intrépidité caractérisait toutes ses actions. Il sortait des ports bloqués, passait au travers des flottes ennemies, et les battait toujours avec des forces inférieures. Il enlevait les convois ennemis, reprenait ceux qui avaient été enlevés aux Français, était sans cesse en action, se trouvait toujours à point nommé partout où il pouvait être nécessaire ou utile.

Son éducation était médiocre, bien qu'il n'eût pas complétement, comme on a voulu le répéter, le ton, les manières et le langage d'un pêcheur ou d'un matelot.

Sur la Division

HYDROGRAPHIQUE DU GLOBE.

Les navigateurs français, dans leurs courses militaires, scientifiques ou commerciales, ont sillonné toutes les mers. Pour les suivre au milieu du récit de ces glorieux et utiles travaux, il est nécessaire que le lecteur ait une connaissance suffisante de la division hydrographique du globe ; mais cette division, établie pièce à pièce et au fur et à mesure des découvertes que firent successivement les diverses nations maritimes, manquait d'ensemble et présentait des dénominations qui étaient devenues absurdes par suite des étonnants progrès que fit la navigation dans les trois siècles qui précédèrent le nôtre. Une réforme générale était depuis longtemps indispensable ; mais, soit par insouciance, soit plutôt par ce respect du passé, qui exerce tant d'empire sur l'esprit des hommes, jusqu'à nos jours on s'était borné à quelques changements partiels, et qui, opérés souvent d'une manière arbitraire, n'avaient pas été universellement adoptés. Fleurieu, dont le nom est justement célèbre dans les fastes maritimes de la France, osa le premier présenter un système complet. Lorsqu'il publia la relation du voyage autour du monde exécuté par Marchand, navigateur marseillais, il accompagna cette relation d'une carte générale dans laquelle il avait changé la division hydrographique du globe, et recomposé la nomenclature générale et particulière de l'hydrographie. Les changements qu'il avait proposés furent approuvés par le Bureau des longitudes, sur le rapport d'une commission composée de MM. Méchin, astronome, Bougainville, amiral et circonnavigateur distingué, et Buache, hydrographe en chef du dépôt de la marine. Les suffrages de ce corps savant décidèrent ceux des géographes de presque tous les pays, et aujourd'hui le système de Fleurieu est généralement suivi ; le Mémoire dans lequel il l'a développé occupe une place dans la bibliothèque de quelques marins instruits, mais est assez peu connu du public pour que l'analyse qu'on va en donner ait l'attrait de la nouveauté.

Voici comment Fleurieu justifiait les changements qu'il apportait à la division hydrographique du globe, pour la ramener à des principes pris dans la nature.

Les dénominations particulières qu'ont reçues les différentes portions de la masse générale des eaux qui embrassent l'un et l'autre continent, doivent, pour la plupart, leur origine, ou à la situation des ports, relativement aux portions de la terre voisines de l'Océan qui furent civilisées les premières, ou à la route que tinrent les navigateurs qui successivement découvrirent les mers. Les Européens, qui ont tant fait à cet égard, ont rapporté tout à l'Europe, et, selon eux, le monde entier doit aboutir à ce centre. Ainsi, ils ont appelé OCÉAN OCCIDENTAL la partie de l'Océan qui est située à l'occident de l'Europe. Mais, depuis qu'à l'occident de cet Océan l'on a découvert une autre terre, depuis que l'Europe et l'Afrique y ont successivement versé une partie de leur population, devons-nous obliger les hommes qui l'habitent à donner le nom d'OCÉAN OCCIDENTAL, d'Océan où le soleil se couche (*sol occidens*), à la mer où ils voient le soleil se lever (*sol oriens*)?

A mesure que nous nous sommes avancés par la navigation vers le nord ou vers le sud, dans cette étendue de mer qui laisse à l'orient les côtes occidentales de l'ancien continent, nous avons imposé aux portions découvertes des noms analogues à la route que nous avions tenue pour y parvenir ; et nous avons nommé la partie du nord OCÉAN SEPTENTRIONAL ; celle du sud, OCÉAN MÉRIDIONAL. Mais ces dénominations n'appartiennent pas plus à l'espace de mer qui sépare l'Europe et l'Afrique de l'Amérique qu'à la partie qui, répandue également au sud et au nord de la ligne équinoxiale, sépare l'Amérique de l'Asie.

Avant que l'Amérique eût été découverte, nous naviguions à l'occident de notre continent, et nous ignorions s'il existait des terres plus à l'occident encore, et quelles étaient les limites de notre Océan, dont nous ne connaissions qu'un espace très-circonscrit. Mais lorsque *Magalhaens*, que nous nommons *Magellan*, eut poussé la navigation jusqu'aux latitudes élevées de l'hémisphère austral, et qu'il eut franchi le détroit qui a retenu son nom, un nouvel Océan s'ouvrit devant lui. Cet Océan, trois fois plus large que celui que nous connaissions, et qui s'étend de même d'un pôle à l'autre, fut nommé MER DU SUD ou MER PACIFIQUE. Il serait difficile de se rendre raison de cette première dénomination de MER DU SUD ; car, en passant de l'ancien Océan dans ce nouveau, après avoir doublé la pointe méridionale de l'Amérique, ou franchi le détroit de Magellan, la partie de mer où l'on entrait n'était pas plus méridionale que celle d'où l'on sortait ; et cependant tous les navigateurs, sans s'apercevoir qu'ils emploient une expression inexplicable, vous disent dans leurs relations, en parlant de leur passage de l'ancien Océan dans le *nouveau* : A telle époque, le vaisseau passa de la MER DU NORD dans la MER DU SUD.

La dénomination de MER PACIFIQUE n'est pas mieux fondée en raison, ni plus admissible. Les Espagnols, qui les premiers naviguèrent sur cette mer, dans leurs passages habituels du Mexique au Pérou, et du Pérou au Mexique, sans jamais s'éloigner des côtes, n'éprouvaient que des brises légères, des vents incertains ; souvent même ils étaient arrêtés par ces bonaces, ces calmes si communs sous la zone torride, dont ils ne dépassaient pas les limites ; et persuadés que, sur toute l'étendue qu'ils ne connaissaient pas, à toutes les hauteurs et dans toutes les saisons, les vents impétueux ne devaient jamais troubler la tranquillité de la grande mer qui a l'Amérique à l'orient, ils consacrèrent leur opinion et leur erreur par le nom qu'ils lui imposèrent : elle fut appelée EL MAR PACIFICO ; et cette dénomination de MER PACIFIQUE, tout au plus applicable à une partie de la bande équinoxiale, est devenue synonyme de la première dénomination de MER DU SUD. Quant à celle-ci, qui conviendrait également à toutes les mers australes, on l'étendit de l'un à l'autre pôle ; et, sous le cercle polaire du nord, on était encore dans la MER DU SUD.

Il ne doit plus être permis de faire usage de ces expressions antigéographiques, depuis que l'expérience nous a appris que la MER prétendue PACIFIQUE est sujette, comme toutes les autres, aux vicissitudes du beau temps, du calme et de la tempête, suivant les hauteurs ou les saisons, et depuis que nous savons que cette même mer qui, sous le nom de MER DU SUD, se répand sur près de la moitié de la circonférence du globe entre les côtes occidentales du Nouveau-Monde et les côtes orientales de l'ancien, est illimitée du côté du nord, où, pour former la calotte du pôle, elle va confondre ses eaux avec celles de la partie de l'Océan qui sépare l'Europe et l'Afrique du vaste continent de l'Amérique. Un exemple suffira pour prouver l'inconvenance et l'incongruité de ces deux dénominations. En parcourant l'Océan sur une carte générale du globe, que les yeux s'arrêtent sur le détroit de Behring, et que l'on se représente l'intrépide Cook luttant, sous le cercle polaire du nord, contre les tempêtes hyperboréennes, contre les montagnes de glaces flottantes, au milieu de la ténébreuse horreur d'une mer bouleversée par les aquilons, ne sentira-t-on pas l'absurdité de dire qu'il naviguait alors dans la MER PACIFIQUE du SUD?

Dans une autre partie de la terre, un grand golfe, qui est borné à l'ouest par les côtes orientales de l'Afrique, au nord par l'Arabie, l'Indostan et le Bengale, et à l'est par le grand archipel d'Asie, a été nommé Océan oriental. Les Européens, sans doute, ont pensé que l'Asie étant à l'orient par rapport à eux, une mer qui baigne une partie de l'Asie devait être qualifiée d'orientale. Ils n'ont pu avoir en vue l'ancien continent pris en masse; car cette mer ne pourrait être OCÉAN ORIENTAL que par rapport à l'Afrique, c'est-à-dire pour une seule des trois parties de ce continent. Que l'on considère la presqu'île de Malaye (ou Malac), dont les habitants sont vraisemblablement les plus anciens navigateurs du monde; cet immense empire de la Chine et celui du Japon; ces Indes si étendues, si riches, et peut-être le berceau du genre humain; ce grand archipel qui se développe dans le sud-est de l'Asie, et cette grande île de la Nouvelle-Hollande, qui égale en surface plus de la moitié de l'Europe, et l'on reconnaîtra que cet océan, ou plutôt ce golfe, serait, pour les peuples qui occupent les régions de l'Orient, une MER OCCIDENTALE à l'égard des uns, et MÉRIDIONALE à l'égard des autres.

Le géographe ne doit appartenir ni à un continent ni à l'autre. Il doit, pour ainsi dire, planer sur le globe, et, en le voyant tourner au-dessous de lui, attacher à chaque partie de l'Océan qui environne de ses eaux les deux grandes masses terrestres, des dénominations qui puissent convenir également aux situations différentes de toutes les contrées et à tous les peuples de la terre.

Quand on envisage le globe terrestre sous un point de vue général, on voit que la portion de sa surface qui fut destinée à être l'habitation des hommes est partagée en deux continents ou grandes îles, dont l'une comprend dans ses limites l'Europe, l'Asie et l'Afrique, et l'autre présente les deux Amériques liées par un isthme étroit qui résiste à l'action continue des eaux. Toutes les autres îles semées sur l'Océan ne lui servent pas de limites; la plupart ne sont, en quelque sorte, que des points dans l'espace.

L'Océan, *le père des choses* (1), *dont les bras ceignent la terre*, dit le prince des poëtes (2), environne l'un et l'autre continent de l'immensité de ses eaux, tandis que le grand astre (le soleil) les attire, les forme en nuages, pour les verser en pluies et en rosées fécondantes sur la terre, d'où, rassemblées dans les lits des fleuves, elles retournent à l'Océan.

L'Océan est un, universel; ses eaux, d'un pôle à l'autre, et sur toute la circonférence du globe, se communiquent et se maintiennent en équilibre; et, si elles sont resserrées dans le nord entre l'Europe et l'Amérique, et plus encore entre l'Amérique et l'Asie, elles se rejoignent et se confondent sur la calotte du pôle arctique; tandis que, dans l'hémisphère austral, où les grandes terres sont situées à d'immenses distances les unes des autres, aucun détroit ne gêne la libre et entière communication des mers.

La dénomination d'Océan comprend donc l'universalité des eaux qui embrassent les deux continents. Le globe terrestre ne présente proprement que deux îles et un Océan. Mais comme, pour la facilité de s'expliquer et de s'entendre, on a subdivisé les deux grandes îles de la terre en différentes parties auxquelles on a appliqué des noms distinctifs, il est devenu nécessaire de diviser de même l'Océan, et la manière la plus rationnelle de le faire doit être d'attacher à chacune des divisions un nom qui indique sa situation déterminée à l'égard des pôles et de l'équateur : c'est ainsi que l'on peut établir une nomenclature invariable, indépendante des hommes et des événements, et qui convienne également à tous les temps, à toutes les contrées, à tous les peuples.

La disposition des terres sur le globe présente d'abord deux grandes divisions de l'Océan.

La première est cette partie de mer la plus anciennement connue, qui, d'une part, baigne les côtes occidentales de l'ancien continent, depuis le cap Nord, le Finistère de l'Europe, jusqu'au cap de Bonne-Espérance, le Finistère de l'Afrique; et de l'autre, les côtes orientales de l'Amérique, depuis les terres connues du Groënland, jusqu'au cap Horn, le point du nouveau continent le plus avancé dans l'hémisphère austral.

Ainsi que le proposait Fleurieu, on est généralement convenu d'appeler toute cette première division OCÉAN ATLANTIQUE.

Ce nom d'Atlantique, consacré par l'antiquité, employé longtemps par les historiens et les cosmographes, et remis en honneur par quelques géographes modernes, méritait d'être conservé : on peut croire qu'il est lié en quelque sorte à l'origine du monde.

C'est cette MER ATLANTIQUE, quelle que soit l'ori-

---

(1) *Oceanumque patrem rerum........*
                 VIRGILE, Géorg., lib. IV.

(2) HOMÈRE, Odyssée, ch. J.

gine de son nom (1), que, fort de ses méditations et guidé par l'aiguille aimantée, traversa hardiment l'immortel Colomb, dans l'espoir de s'ouvrir par l'occident une route aux Indes-Orientales, à ces régions d'où tant de richesses commençaient à couler vers l'Europe, et où les Portugais, sous la conduite de Gama, avaient déjà pénétré par la route de l'orient : cette chimère ne se réalisa pas; mais Colomb et l'Europe en furent amplement dédommagés par la découverte d'un monde nouveau que les anciens ne soupçonnèrent pas ; à moins que l'on ne veuille admettre que le poëte Sénèque a pu exprimer l'opinion des philosophes de son temps, lorsque, dans les vers prophétiques débités par un des chœurs de sa tragédie de *Médée*, en l'honneur des héros navigateurs, il présage et prédit des découvertes qui, dans les siècles attendus, feront connaître de nouveaux mondes, et reculeront les bornes de la terre. Si l'on accorde aux poëtes (*vates*) le don de prophétie (*vaticinium*) que l'antiquité fut tentée de leur attribuer, ce passage de Virgile :

Alter erit tùm TYPHIS, et altera quœ vehat ARGO
Delectas heroas,　　　　　(BUCOL., Eclog. IV.)

ne pourrait-il pas nous présenter le *Typhis* moderne, *Colomb*, conduisant les Argonautes castillans à la conquête des mines d'or ?

La seconde division qui se fait remarquer, à l'inspection du globe, est cette immense mer qui a pour limites : d'un côté, les côtes occidentales de l'Amérique, depuis le cap Horn, à 56 degrés de latitude australe, jusqu'au détroit de Behring, qu'une fable surannée a fait longtemps nommer le détroit d'Anian, et qui sépare les deux mondes sous le cercle polaire arctique; de l'autre, les côtes orientales de l'Asie et de l'Afrique, depuis ce détroit du Nord jusqu'au cap de Bonne-Espérance, à 34 degrés sud : les eaux de cette partie de l'Océan se répandent de l'est à l'ouest, sur un espace de 3,400 lieues marines, à peu près la demi-circonférence de la terre.

Cette seconde division peut être appelée le GRAND-OCÉAN par excellence. C'est ce GRAND-OCÉAN qu'ont traversé en différents sens, et que nous ont fait connaître les navigateurs à jamais célèbres dans l'histoire de la navigation moderne, dont la longue et glorieuse liste, qui commence à Magellan, ne s'arrêtera pas à Dumont-Durville (2).

Pour subdiviser ces deux grandes divisions des eaux, Fleurieu avait proposé de considérer les divisions mêmes du globe terrestre, partagé en

(1) Nous rapporterons ailleurs les traditions qui ont été les plus répandues à ce sujet.

(1) Nous espérons y voir inscrire avec honneur le nom du capitaine Laplace, dont une étroite amitié nous interdit l'éloge ; mais l'accueil distingué que les savants et le public ont fait à la relation du voyage de circonnavigation qu'il a fait sur la corvette *la Favorite*, justifie pleinement notre espoir.

différentes zones correspondantes aux cercles de la sphère céleste : par là, les subdivisions de l'Océan prenaient aussi leurs limites dans le ciel.

Selon ses vues, la partie de l'OCÉAN ATLANTIQUE comprise entre le cercle polaire arctique et le tropique du Cancer ou tropique du nord, a été nommée OCÉAN ATLANTIQUE SEPTENTRIONAL ;

Celle qui est renfermée entre les deux tropiques et qui se trouve partagée par l'équateur ou la ligne équinoxiale, s'appelle OCÉAN ATLANTIQUE ÉQUATORIAL OU ÉQUINOXIAL ;

Et celle qui s'étend du tropique du Capricorne ou tropique du sud, jusqu'au cercle polaire antarctique, a reçu le nom d'OCÉAN ATLANTIQUE MÉRIDIONAL.

En suivant le même principe pour les subdivisions du GRAND-OCÉAN, l'on a :

Au nord, le GRAND-OCÉAN BORÉAL ;

Au milieu, entre les tropiques, le GRAND-OCÉAN ÉQUINOXIAL ;

Au sud, le GRAND-OCÉAN AUSTRAL.

Au delà des limites assignées nord et sud aux deux Océans principaux, il reste encore de chaque côté une portion de sphère, une calotte, dont le pôle marque le sommet et le centre, et qui est limitée par un cercle polaire. Les glaces qui occupent, ou perpétuellement ou une partie de l'année, ces régions des pôles, semblaient indiquer la dénomination qu'il convenait de donner aux portions de l'Océan qui couvrent ces extrémités du globe.

On a ainsi appelé OCÉAN GLACIAL ARCTIQUE, celle qui environne le pôle boréal;

OCÉAN GLACIAL ANTARCTIQUE, celle qui environne le pôle austral.

On ne poussera pas plus loin l'analyse de l'intéressant Mémoire de Fleurieu. Les différentes subdivisions des parties principales des deux Océans seront décrites isolément à l'occasion de quelque événement remarquable dont chacune d'elles aura été le théâtre.

La carte générale de Fleurieu, dont nous avons parlé au commencement de cet article, carte publiée en l'an 8 de la république et qui ne contenait que le résultat des observations astronomiques, non pas faites, mais connues en France avant l'an 5 (1797), a d'autant plus vieilli que les découvertes, reconnaissances et rectifications opérées par les circonnavigateurs de différentes nations se sont considérablement multipliées depuis cette époque. Celle qui accompagne l'Atlas du voyage de La Pérouse, publiée en l'an 5, est encore plus surannée, et cependant c'est cette dernière qui n'a cessé de figurer jusqu'à ce jour en tête de tous les Neptunes. Désormais l'orgueil national ne sera plus blessé de ce choquant anachronisme. Le dépôt de la marine vient de publier, par ordre du roi, une très-belle carte hydrographique des parties connues de la terre, dressée sur la projection de Mercator, par M. C.-L. Gressier, ingénieur hydrographe de la marine. C'est une œuvre qui nous paraît mériter à tous égards les suffrages du public.

J.-T. PARISOT.

FRAGMENTS HISTORIQUES.

Un Combat

ENTRE

LE GÉNÉREUX ET LE LÉANDRE.

Assis sur les bords de la mer, je me plaisais à contempler, avec une attention muette, les vaisseaux qui la couvraient, et les vagues qui venaient se briser sur le sable en le ceignant d'une frange d'écume. Le soleil promenait lentement ses rayons sur les ondes, auxquelles il prêtait sa clarté; un vieux marin s'était placé près de moi.

Aux profondes cicatrices qui sillonnaient son front, reconnaissant un de ces hommes qui, pendant plusieurs années, soutinrent avec gloire les chances peu stables de notre marine : « Vous avez assisté, je crois, à quelque combat?—Quelle question vous m'adressez là! me répondit-il en fronçant le sourcil. Voyez plutôt mon front, et mon bras rompu en plusieurs endroits; demandez plutôt aux Anglais s'ils me connaissent. Comme j'en ai tué!...

» Le Généreux, de 74, commandé par le brave capitaine La Jalle, sur lequel je me trouvais en 1798, faisait partie de l'escadre qui, sous les ordres de l'amiral Brueys, avait débarqué sur les plages de l'Egypte l'armée de Bonaparte.

» Les fautes de Brueys au combat d'Aboukir, le fatal ordre de bataille qu'il assigna à son escadre, entraînèrent la ruine de nos vaisseaux. Plusieurs combattirent entre deux feux; l'Orient, de 120, sauta en l'air, en emportant dans ses débris les reste inanimés de Brueys qui s'était couvert de lauriers. Peu de vaisseaux échappèrent au désastre général.

» La Jalle, voyant que notre vaisseau n'avait reçu aucun dommage, désespérant de tenir tête à la flotte anglaise, se hâta d'aller chercher un abri dans un port de France.

» Quoique les flots de la Méditerranée fussent sillonnés en tous sens par les escadres ennemies, neuf jours se passèrent sans nous offrir l'occa-

sion de déployer notre courage. Le 10, enfin, La Jalle nous signale une voile : «Qu'on se prépare! s'écrie-t-il; aux armes! aux armes! du silence surtout! un vaisseau anglais se dirige sur nous; comme nous allons le recevoir! » Aussitôt tous prennent leur poste; les mèches des canons sont allumées; et nous sommes bien disposés à nous venger d'une sérieuse manière de la défaite que nous venons d'éprouver à Aboukir.

» Notre brave capitaine, oh! il me semble le voir encore, fait serrer les voiles, pour attendre le vaisseau ennemi. Quelques minutes d'attente nous plongèrent entre la crainte et l'espérance : on était muet sur le pont; c'est alors que les cœurs battent; on ne songe plus qu'à faire son testament. On n'avait aperçu qu'un vaisseau; mais peut-être serait-il secouru.

» Enfin le soleil, qui ce jour s'était levé plus beau qu'à l'ordinaire, sans doute pour éclairer notre triomphe, en se réfléchissant sur l'avant du navire, nous permit de reconnaître le Léandre, de 60, que l'amiral ennemi députait en Angleterre pour annoncer la victoire, et étaler sur les places publiques de Londres les drapeaux qu'on nous avait enlevés.

» Aussitôt La Jalle ordonne le branle-bas, et 40 bouches à feu ont vomi la mitraille sur le pont du Léandre. Ce dernier nous lâcha sa bordée qui, sans nous causer aucun mal, ne servit qu'à aiguiser notre courage.

» A l'abordage! à l'abordage! » Mille voix répètent ces cris : Vive la république! vive Bonaparte!

» Notre capitaine, persuadé que ces dispositions étaient le prélude certain de la victoire, aurait eu honte de ne pas répondre à nos désirs. Il fait voile contre le Léandre. Celui-ci tente de s'esquiver; inutiles efforts : nous l'atteignons. Les grappins sont jetés : il faut que l'un des deux succombe. Nous l'écrasons sous le poids de notre mitraille; il riposte; le sang ruisselle de toutes parts sur son pont que nous venons de balayer.

» Sur notre bord plusieurs sont blessés; plusieurs graissent de leur cervelle l'essieu de nos pièces; moi-même je reçois plusieurs blessures à la tête et au bras droit; mais peu m'importait, le gauche ne me restait-il pas, et des dents au besoin pour déchirer ma victime!.... le Léandre est forcé de se rendre, et nous reconquérons nos propres dépouilles. »

Ces dernières paroles de mon compagnon faisaient briller ses yeux d'un nouvel éclat, et trente-sept ans après qu'il avait eu lieu, il paraissait encore assister au combat.

La nuit, jetant son voile d'ombre sur la terre, nous invita à nous séparer.

Alfred-Elie LEFEBVRE.

HISTOIRE.

LES

Pontons Espagnols [1].

INFORTUNES ET ÉVASIONS.

On a beaucoup écrit sur les pontons anglais, on a dépeint fort longuement les souffrances et les privations que nos soldats y endurèrent sous l'empire. Pourquoi s'est-on moins occupé des pontons espagnols, où les privations furent aussi grandes et les souffrances aussi cruelles?... Il serait difficile de se l'expliquer, et c'est un oubli qu'il nous appartient de réparer; car la baie de Cadix fut tout aussi féconde en scènes de désespoir que la rade de Portsmouth.

Après le désastre de Trafalgar, les débris de notre escadre se réfugièrent dans le port de Cadix; 'le Neptune, l'Argonaute,. le Pluton, le Héros, voilà tout ce qui restait de cette flotte qui avait causé tant d'alarmes à l'Angleterre!... Notre alliance avec l'Espagne semblait durable alors, il en devait bientôt être autrement; la captivité de Ferdinand VII fut le signal de la rupture, et dans ce pays qui nous fournissait auparavant des soldats, des vaisseaux, de l'argent, nous n'entendîmes plus que des cris de vengeance et de mort!

Attaqué à la fois par les vaisseaux espagnols et les forts de Cadix, coupé dans sa retraite par la flotte anglaise qui se tenait non loin de là, l'amiral Rosily se vit forcé de capituler après une résistance honorable, mais inutile. Les équipages des bâtiments qu'il commandait formèrent le premier noyau des pontons; ils n'y furent pas longtemps seuls.

De tous les points de la Péninsule, on dirigea sur Cadix les Français résidant dans le pays; beaucoup y étaient établis et naturalisés depuis plus de trente ans, rien n'y fit. Heureux encore de n'être point traités comme à Valence, où, en un seul jour, deux cents de nos compatriotes tombèrent sous le fer des assassins, ameutés par un chanoine de Saint-Isidore, nommé Balthasar Calvo.

Les prisonniers faits dans des rencontres partielles, et les Français venus à la suite de l'armée et séparés d'elle au moment des événements, augmentèrent également la population des pontons.

Mais ce qui la quadrupla, ce fut la capitulation de Baylen, capitulation enveloppée encore de tant de mystère et de soupçons déshonorants. Jusque-là il n'y avait eu que des révoltes de peu d'importance, des essais d'affranchissement; Baylen non-seulement les encouragea, mais détruisit le prisme attaché à nos armes. Vingt et un mille hommes d'infanterie, deux mille quatre cents cavaliers et quarante pièces de canon, tombant au pouvoir d'une multitude mal armée, mal commandée,. quelle catastrophe !... Dès ce moment l'Espagne ne fut plus à nous; chaque paysan devint un soldat, chaque soldat un héros. Cet enthousiasme fut entretenu habilement. *Aux vainqueurs des vainqueurs d'Austerlitz!* telle était la devise des drapeaux de l'armée espagnole; et les officiers qui prirent part à cette action reçurent une médaille où l'on voyait deux épées en croix auxquelles un aigle était pendu par les pieds; on lisait au revers: *Bataille de Baylen, 19 juillet 1808.*

Bientôt les pontons ne suffirent plus à contenir tant de monde, et les marins de l'escadre Rosily furent transférés à San-Carlos, dans l'île de Léon. Là, du moins, ils avaient de l'air, de l'espace; là encore, en dépit de la captivité, on riait, on s'amusait, on jouait la comédie.

Les pontons espagnols étaient tout à fait dignes des *prisons-schips* de l'Angleterre; après avoir longtemps parcouru les mers, on les avait, vers le déclin de leurs jours, transformés en cachots malsains. Chacun d'eux avait environ 160 à 180 pieds de longueur, sur 40 à 45 pieds de largeur, et renfermait quelquefois jusqu'à quinze cents malheureux entassés les uns sur les autres. Nul vestige de cordage, de mâture, rien enfin de ce qui anime l'aspect d'un vaisseau; c'était de véritables cercueils flottants, dans lesquels se trouvaient engloutis des milliers d'hommes vivants!...

La cale et le faux-pont, placés au-dessous de la surface des eaux, étaient les lieux les plus insalubres. La cale contenait toujours un fond de boue noire et infecte; dans la multitude de petites cellules qui formaient les distributions du faux-pont, une seule écoutille permettait l'introduction de l'air : on avait de la peine à y distinguer les objets, même en plein midi.

Si à la seconde et à la première batterie on jouissait de la lumière du jour, on y était en proie à des inconvénients d'une autre nature. Pour chasser les émanations fétides qui provenaient d'un aussi grand nombre d'hommes rassemblés sur un si petit espace, les sabords restaient ouverts jour et nuit : de là d'affreuses ophthalmies et des rhumatismes intolérables.

Un seul endroit eût offert un séjour passable, c'était l'arrière du bâtiment, auprès de l'emplacement de la sainte-barbe; mais des négociants espagnols s'en étaient emparés, afin d'y former un dépôt de leurs marchandises.

Point de hamacs, de matelas, point même de

---

[1] Voir au premier volume, page 22, l'intéressant article de M. Ed. Corbière sur les pontons anglais.

paille; le plancher du bâtiment servait de couche à nos pauvres soldats. Par la suite, plusieurs d'entre eux trouvèrent moyen de se faire une espèce de lit aérien, en suspendant quelques bouts de corde tressés; mais si ce moyen leur procura un peu plus d'emplacement, il ne les mit pas à l'abri de myriades d'insectes dégoûtants engendrés par la misère.

Ainsi la nuit, un air corrompu, une atmosphère où l'on nageait dans la sueur, dans la respiration les uns des autres; le jour, les rayons d'un soleil tombant à plomb, le souffle du *solano*, et rien pour s'en défendre... Il eût été si doux, si bienfaisant de pouvoir se baigner aux alentours du bâtiment, mais la défense la plus absolue existait à cet égard. Depuis un petit nombre d'évasions effectuées à la nage, les gardiens de chaque ponton avaient ordre de faire feu sur tout prisonnier qui s'éloignerait du bord, ne fût-ce que pour un instant. Dans cet état de choses, le seul soulagement qu'on pût se procurer, consistait à s'arroser le corps avec des seaux d'eau de mer. Remède bien insuffisant!...

Afin de ranimer l'organisation physique affaiblie par tant de causes de ruine réunies, il eût fallu une nourriture saine, abondante; mais là encore, les Espagnols satisfaisaient leur haine pour tout ce qui portait le nom de Français. On distribuait aux captifs du pain de munition noir et rempli de substances terreuses, du biscuit plein de vers, des viandes salées et se décomposant à force de vétusté, du lard rance, de la morue imprégnée d'une saumure corrosive, du riz et des fèves avariés; ni vin, ni vinaigre, et nul moyen de préparer ces tristes aliments. Encore si l'eau eût été donnée en abondance, mais non! on semblait la donner à regret et lorsqu'elle était déjà corrompue par les puanteurs de la cale, lieu où on la laissait pourrir à dessein.

Tant que l'espoir d'une délivrance prochaine régna dans l'âme des prisonniers, ils firent contre mauvaise fortune bon cœur; les privations les plus pénibles étaient supportées avec résignation, avec gaieté même. Mais lorsque le corps Dupont eut capitulé, et que les pontons se virent encombrés d'une population nouvelle, les esprits changèrent; le découragement succéda aux bravades, et le marasme à l'enjouement. Alors les maladies se déclarèrent en foule; les fièvres de mille sortes, la diarrhée, la dyssenterie, le scorbut, le typhus, firent d'affreux ravages à bord des pontons.

De toutes ces maladies, le typhus était la plus horrible; on ne pouvait voir sans être terrifié les souffrances des malheureux qui en étaient atteints. Une sueur froide ruisselait sur leur front, baignait leurs membres, et cependant ils se plaignaient qu'un feu intérieur dévorât leurs entrailles. *De l'air! de l'air!* criaient-ils sans cesse, en s'efforçant de changer de place; *ah! par grâce,* de *l'eau; je brûle, je brûle! par pitié, plongez-moi dans la mer!*...

L'excessive irritation du cerveau s'annonçait par des hurlements à fendre l'âme, des cris d'épouvante, d'horribles contractions, des propos, des actes extravagants, et quelquefois par un hébêtement qui tenait de l'idiotisme. Beaucoup se croyaient sous le fer des ennemis; d'autres répétaient les vociférations des naturels de la Péninsule contre l'armée française, et cela avec une imitation parfaite de physionomie, de langage, d'accent; d'autres se figuraient que le ponton coulait, écrasé par le feu des forts de *Cadix*; quelques-uns s'arrachaient les cheveux ou s'ensanglantaient la figure, avec leurs mains décharnées; les plus jeunes pleuraient, en appelant leurs mères!... Et comme si le grotesque devait toujours se glisser à côté du sublime, un petit nombre contrefaisait le cri de tous les animaux qui peuplent une ferme, depuis le chant du coq jusqu'au mugissement du taureau, on redisait sans relâche l'exclamation : hu, dia!... huhau!...

Combien les regrets du sol natal étaient vifs, poignants, amers!... Qu'étaient devenus ces rêves de gloire et de renommée qui avaient fait déserter à tant de jeunes gens le foyer paternel?... Au lieu de cette brillante carrière qui devait couronner leur noble ambition, ils rencontraient une mort lente, douloureuse, loin de tous ceux qui leur furent chers, et sans pouvoir dire un dernier adieu à leurs camarades d'enfance, aux rives du fleuve qui vit leurs premiers jeux!...

Dans ces prisons flottantes, où morts et vivants étaient entassés pêle-mêle, l'égoisme régnait dans toute son étendue hideuse. *Il ne mourra donc pas!*... telle était l'exclamation qui partait de la bouche d'un malade, aigri par l'agonie convulsive d'un mourant dont il lui tardait d'être débarrassé. Il invoquait le sommeil comme un oubli à ses maux, comme un bienfait sans prix; et lorsqu'une plainte trop bruyante s'élevait à ses côtés, la prière faisait bien vite place à la colère et aux transports de rage. Là, toute compassion était inconnue, toute charité bannie.

Tous les jours quinze à vingt prisonniers mouraient à bord de chaque ponton; et si, dans les commencements, on put jeter leurs cadavres à la mer, il fallut bientôt y renoncer : le reflux en ayant déposé plusieurs sur le rivage de Cadix, défense formelle fut faite de s'en débarrasser ainsi. On dut désormais souhaiter la visite des Espagnols, afin de les voir enlever; et cette visite était souvent attendue vainement durant toute une semaine. Les foyers d'infection, répartis sur tous les points du bâtiment, donnaient une nouvelle force aux maladies et doublaient la mortalité.

Les gardiens étaient sans âme, sans pitié. Loin d'être émus par d'aussi grands désastres, ils contemplaient d'un œil joyeux les angoisses de ces chiens de Français, *gavatchio*, qu'ils regardaient comme autant d'hérétiques dont on ne pouvait se défaire assez vite.

Les seules consolations que nos compatriotes reçurent dans leur état de dénûment et d'abandon leur vinrent des femmes qui partageaient leur captivité. Femmes de soldats ou vivandières, il s'en trouvait plusieurs centaines sur les pontons, et, chose remarquable, pas une ne cessa d'agir. « *Si nous tombions malades*, se disaient-elles, *qui prendrait soin de nos pauvres hommes?* » Et le sentiment de leur utilité ranimait en elles le courage et conservait la santé.

Quand les Français s'approchèrent de Cadix, il y eut un moment terrible à bord du ponton *le Horca*, sur lequel on avait fait évacuer de nouveau les marins casernés au quartier San-Carlos. On fut six jours sans leur apporter la moindre provision. En vain les malheureux faisaient retentir l'air de leurs cris de désespoir, en vain leurs signaux de détresse se succédaient sans cesse pour se rappeler au souvenir de leurs barbares geôliers; on semblait les avoir oubliés.... Les bottes, les souliers, les havresacs, tout fut dévoré.... Enfin, ceux qui succombèrent les premiers servirent à prolonger l'existence des autres!... Mais toutes ces ressources étant insuffisantes, on en vint à d'horribles extrémités. Les mieux portants tinrent conseil, où l'un d'eux, après avoir tracé un tableau affreux mais fidèle de leur situation, proposa d'égorger sur-le-champ tous les hommes dont la mort paraissait à peu près certaine. La nécessité, tel fut l'argument employé; il était péremptoire, et déjà plusieurs voix appuyaient l'orateur, lorsque la majorité, effrayée à juste titre d'une pareille décision, y mit fin en repoussant l'avis ouvert.... Quelques nègres faisaient partie des équipages; on les aperçoit, quel trait de lumière!... L'orateur reprend soudain son discours, et s'attache à prouver que le crime, si c'en est un, sera bien moindre : la différence de couleur légitimait tout.... Cette fois nulle dissidence ne s'élève, toutes les voix sont unanimes; d'impatients désirs se lisent sur chaque visage; on saisit les nègres, on les enchaîne;... ils vont être immolés! Mais une chaloupe s'avance vers le ponton; elle est remplie de vivres.... *On pense donc encore à nous!* s'écrient les malheureux, et, dans l'excès de leur joie, ils tombent aux genoux de ceux qu'ils voulaient égorger un moment auparavant!

Cependant l'armée française marchait à grands pas sur Cadix, et les autorités espagnoles, effrayées de la responsabilité qu'elles avaient encourue, s'occupèrent enfin de soulager les maux des prisonniers. Leur âme, fermée à la pitié, s'ouvrit à la crainte des représailles. Des hôpitaux furent établis à bord des pontons, et l'on décida que chacun d'eux contiendrait quatre cents malades. On fit partout des fumigations; les planchers se virent débarrassés des immondices qui les encombraient, et sablés; des manches à vent renouvelèrent l'air dans les lieux les plus humides; et sur le tillac on éleva des tentes, afin d'abriter les malades pendant leur promenade. Chaque convalescent reçut des vêtements chauds, obtint des aliments plus sains; les plus mauvais jours étaient passés. Il y eut alors de véritables résurrections; les scorbutiques recouvrèrent complétement l'usage des membres attaqués; moins heureux, les dyssentériques périrent presque tous dans les langueurs du marasme.

Les privations et les souffrances dont nous avons esquissé le tableau n'atteignirent jamais qu'une portion des captifs. Dans le malheur même, il y avait des privilégiés. Le ponton *la Vieille-Castille*, monté par les officiers, ne connut point la maladie aux ravages effrayants, ni la famine aux étreintes cruelles. Une solde journalière, que n'avaient point les soldats, et qui variait depuis une piastre (5 francs) pour les grades supérieurs, jusqu'à huit réaux (2 francs) pour les grades subalternes, permettait de vivre fort passablement; avec huit réaux on achète bien des choses en Espagne, et un marchand de comestibles, établi à bord de *la Vieille-Castille*, fit de très-bonnes affaires, tout en contentant ses chalands. Sur ce bâtiment, l'eau potable, le vin généreux et les aliments frais ne manquèrent pas un seul instant.

La solde eût-elle fait défaut, certaines réserves seraient venues en aide. Si, après la capitulation de Baylen, les havresacs des soldats subirent une visite rigoureuse, les malles de la plupart des officiers furent à l'abri de toute recherche, et, dans le nombre, il y en avait de fort pesantes qui suivirent leurs propriétaires sur les pontons. Cet or procura d'abord quelque soulagement, mais devint plus tard la source de violentes discussions entre ceux qui possédaient et ceux qui ne possédaient pas. Ceux-ci, supportant avec moins de résignation les ennuis de la captivité, s'ingéniaient à découvrir des moyens d'évasion; tandis que les premiers, devenus apathiques par une bonne chère continuelle, craignant en outre la vengeance des Espagnols et la perte de leurs bienheureux coffres, s'opposaient à toute tentative hasardeuse.

Avec l'aurore on devait se lever à bord de *la Vieille-Castille*, suivant le règlement adopté; aussi, dès que le coup de canon de la diane retentissait, un cri de : *Branle bas général!... tout le monde sur le pont!* se faisait entendre de tous côtés, et chacun se précipitait à bas de son hamac. Des matelots chargés du service intérieur se mettaient à l'œuvre, sous la direction de sous-lieutenants. Un officier supérieur était chargé de la haute police, et faisait exécuter les peines sévères portées contre les gens malpropres ou paresseux. Des bains fréquents étaient prescrits, et des barriques défoncées tenaient lieu de baignoires.

Les officiers eurent toujours à leur disposition des vêtements convenables, du linge de rechange, et, pour se coucher, des cadres garnis de matelas.

Aussitôt le lavage achevé dans l'intérieur du ponton, chacun reprenait ses distractions accoutumées : l'escrime, le dessin, la peinture, le jeu, la musique, et même la danse, tout était mis à contribution. Les *dilettanti* abondant parmi cette foule de jeunes gens de bonne famille, des concerts s'organisèrent rapidement, où Cimarosa, Paësiello et le divin Mozart, les dieux de l'époque, se virent exécutés d'une manière très-satisfaisante ; si Rossini eût été connu alors, Rossini eût été aussi attaqué. Un commissaire des guerres jouait la partie du premier violon, un sous-lieutenant celle du second, la basse était échue en partage à un agent-comptable, et un pharmacien rendait les solos de clarinette dans la perfection. La musique vocale était également en honneur, et madame Hollard (la compagne d'un major) tenait l'emploi de prima-donna : beauté, esprit, puissance d'organe, méthode parfaite, rien ne lui manquait, et elle vint, après avoir brillé sur les premières scènes de l'Italie, adoucir les ennuis de pauvres Français prisonniers dans la baie de Cadix.

Lorsqu'en dépit de tous ces moyens de consolation les chaînes de l'esclavage paraissaient encore trop lourdes aux habitants de *la Vieille-Castille*, on laissait de côté piquet et reversi, flûte et violon, Haydn et Paër, et l'on avait recours au vin chaud, ce nectar des militaires. Bacchus venait s'asseoir à côté d'Euterpe, la chansonnette remplaçait le morceau d'ensemble, et le couplet gaillard, la strophe gracieuse ; on ne filait plus des sons langoureux, des roulades perlées ; on éclatait en accents bruyants, on détonnait même parfois. Sans chanter plus ou moins juste, on chantait toujours : c'était l'essentiel. La liqueur vermeille épuisée, les coupes taries, chacun se jetait sur son hamac, et Dieu sait quel sommeil venait s'emparer alors de l'honorable assistance !... On rêvait de la France, du village où l'on reçut le jour ; on pressait la main de ses amis ; on voyait briller de nouveau au sein de la mitraille la noble bannière de l'Empire, ces trois couleurs, objet de tant d'amour et d'espérance !...

Et tout à côté du ponton d'où s'échappaient ces cris de joie, ces chants d'allégresse, languissait une population aux pieds nus, à la capote trouée, n'entendant pour toute harmonie que le murmure des flots, les paroles lugubres des geôliers et le dernier soupir de leurs camarades mourants. Plus d'histoires de chambrée !... Adieu les récits de bonne fortune avec la femme d'un alcade ou la sœur d'un *hidalgo*!... On n'entendait plus le chant de Roland, si en vogue au début de la campagne.... C'en était fait, le *lustig* était muet et la grosse plaisanterie envolée pour long-temps.

A bord de *la Vieille-Castille*, les visages étaient vermeils, les ventres rebondis ; à bord du *Terrible*, de *l'Argonaute*, etc., les figures étaient hâves, flétries, et les membres diaphanes. D'un côté, une espèce d'abondance ; de l'autre, la disette, la maladie ; là, enjoûment et philosophie ; ici, marasme et désespoir !...

La consternation peinte sur la physionomie des Espagnols, les soins inaccoutumés qu'ils prenaient de leurs prisonniers, la destruction par les Anglais des forts Matagorda et Sainte-Catherine, tout annonçait les progrès de l'armée française ; bientôt Cadix se trouva complètement cerné... Une vie nouvelle s'empare alors des pontons ; les conjectures, les calculs abondent ; chacun fabrique sa nouvelle ; on parie des déjeuners dans Madrid à un mois de là ; on ne dort plus, et pendant tout le jour les lorgnettes, les longues-vues se dirigent vers la côte. Quand le temps est beau, on aperçoit au loin des fantassins, des cavaliers ; on ne distingue point l'uniforme, les couleurs, mais, pas de doute, c'est l'uniforme de la garde, ce sont les couleurs de la patrie!... l'Empereur est là!... Quels cris de joie, quels transports d'ivresse à la vue du camp français!... Deux lieues en séparent seulement, mais, hélas! c'est la mer qui élève sa barrière impitoyable...

Pour la franchir, qu'importent les obstacles, les dangers? A bord des pontons une captivité cruelle, une souffrance de tous les instants ; une fois la côte atteinte, la liberté et les rangs de l'armée française, c'est-à-dire le sol natal!... La nuit est donc mise à profit, et, utilisant ses ténèbres, tous les nageurs se confient à l'onde, mais tous se noient ou sont repris et mis à mort... Les malheureux que les Espagnols fusillent, les cadavres de ceux qui périssent, rien ne saurait arrêter... Liberté, liberté!... Pour elle, on brave et le courroux de la mer et la vengeance des geôliers.

Les désertions se multiplièrent tellement que le général Mondragon, gouverneur de Cadix, prit un arrêté par lequel il rendait les prisonniers responsables les uns des autres, et condamnait à mort deux de ceux qui restaient pour un qui se serait échappé. Les prisonniers répondirent au général Mondragon que ceux qu'il ferait fusiller le remercieraient, en marchant au supplice, d'avoir mis un terme à leurs souffrances.

Mais, comme tout le monde ne savait pas nager, il fallut songer à organiser les moyens de délivrance sur une plus grande échelle. C'est alors que la division s'introduisit à bord de *la Vieille-Castille*; ses habitants se séparèrent en deux camps : les *prudents*, appelés à mi-voix d'un nom plus énergique, et les *téméraires*, que, par représailles, on surnommait les *fous*. Les premiers se composaient des gens à l'âge mûr, aux grosses épaulettes, aux coffrets bien garnis ; les seconds comptaient dans leurs rangs tous les officiers d'un grade inférieur qui, si la fortune ne souriait pas à leur entreprise, aimaient autant mourir d'une balle anglaise ou espagnole, que d'ennui sur un ponton. Nombre de projets furent mis en avant ; tous furent rejetés par le parti des *prudents*. Tantôt il s'agissait d'enlever tous les pontons à la fois ; tantôt, de la délivrance d'un seul, celui de *la Vieille-Castille*. L'occasion ? le premier gros temps, alors que les geôliers seront occupés de leur propre salut. Les moyens ? l'acide sulfurique pour entamer les câbles, la hache pour les rompre. Chaque jour, c'étaient de nouveaux plans, et chaque jour de nouvelles objections les repoussaient.

Las d'un tel état de choses, le chef des *téméraires*, M. Grivel, alors capitaine des marins de la garde et aujourd'hui vice-amiral, convint avec ses intimes d'enlever la première barque qui viendrait par un vent frais. Le 22 février 1810 *le Mulet*, petit navire espagnol, porteur des barriques d'eau, arriva le long de *la Vieille-Castille*. La brise était favorable. Sous prétexte d'aider à transporter les barriques, les chefs du complot descendirent dans l'embarcation et s'assurèrent des bateliers ; sans perte de temps, la voile fut regarnie de ses écoutes et hissée. Pendant que l'on s'embarquait à la hâte, une chaloupe anglaise partit du vaisseau-amiral et salua le bateau d'une décharge de mousqueterie ; la garde du ponton répondit au signal, et bientôt pierriers, canons, fusils, tout se ligua contre le faible navire. Il ne fallait qu'un biscaïen pour casser son mât ou couper sa vergue ; ce malheur n'arriva pas. Un seul homme périt, le marin Francisque Barberi... Le capitaine Grivel et ses compagnons donnèrent au milieu des bâtiments marchands mouillés près de Cadix, et s'en firent un rempart. Les marques du plus vif intérêt les y attendaient. *Hourra ! hourra !* criaient les équipages, *courage, Français !...* Fortifiés par ces accents de sympathie, les fugitifs mirent à profit la brise rapide, et ils touchèrent enfin, au nombre de trente-quatre, la terre d'Andalousie, après une heure d'inquiétudes et de périls renaissants... Le maréchal Soult donna les plus grands éloges à leur conduite courageuse. *Bah ! Monsieur le maréchal,* répondit le capitaine Grivel, *ce n'est qu'un tour de matelot.*

Depuis lors les Espagnols redoublèrent de vigilance ; la garde fut augmentée à bord de chaque ponton, et quatre soldats montaient les barques de service ; en outre, on ne laissait personne sur le pont tant qu'elles étaient là. Malgré toutes ces précautions, les projets d'évasion reprirent avec une nouvelle vigueur. Le vent commençait-il à souffler, chacun s'élançait sur le pont, afin d'explorer du regard la mer en tous sens, cherchant à y découvrir le plus petit bateau, la plus

légère nacelle. Tout devenait possible, mais nulle occasion ne se présentait.

Le 23 avril, deux mois après l'évasion du capitaine Grivel, un nouvel essai eut lieu : les suites en furent bien funestes. On amenait des matelots à bord de *l'Argonaute*, plusieurs chaloupes l'entouraient, et quoique le vent ne fût pas fort, il se prêtait assez à un coup de main. MM. Jamet, officier du génie, Bonnafos, officier à la 4e légion, Druet, pharmacien, Doucet, chirurgien, et deux matelots sautent dans une embarcation et se rendent maîtres de ses gardiens. Mais, tandis qu'ils travaillent à larguer la chaloupe, le moine Tadéo, chargé d'administrer les secours de la religion aux malades, aperçoit les fugitifs du haut du pont ; il se précipite aussitôt dans la chaloupe et poignarde l'infortuné Druet !... Remontant ensuite à bord, il engage les soldats de garde à suivre son exemple ; une décharge est dirigée sur nos malheureux compatriotes que l'on achève ensuite à coups de baïonnette !...

Ces tentatives partielles, plus ou moins heureuses, n'étaient que le prélude de coups décisifs. L'heure sonna où le parti des *téméraires* devait l'emporter sur celui des *prudents* à bord de *la Vieille-Castille*. Après avoir comploté contre les Espagnols, on complota contre les cassettes, en projetant de les dénoncer ; puis on revint à une vengeance plus généreuse, celle de sauver malgré eux les opposants... Le 15 mai, il s'éleva un vent d'ouest des plus favorables, qui devait encore prendre de la force à la marée montante. En conséquence, les conjurés assignèrent à chacun son poste et sa mission, et quand vint le moment d'agir, ils coururent aux câbles, armés d'une scie et d'une hache ; plusieurs chefs supérieurs s'y élancèrent aussi, mais pour mettre obstacle à la tentative : la scie fut brisée ; alors la colère et l'indignation ne connurent plus de bornes, une lutte s'engagea ; les chefs furent repoussés, culbutés, la garde espagnole désarmée, et les câbles cédèrent sous le choc de la hache. Libre alors de toute entrave, le ponton fila vers la côte, à l'aide du vent, de la marée et de la nuit ! On lui tira bien quelques coups de canon, mais ils n'atteignirent que trois victimes, et le jour levant vit sept cents officiers débarquer au milieu des cris d'allégresse de leurs frères d'armes. Le feu fit justice de *la Vieille-Castille*, et de ses flancs s'éleva, pendant plusieurs jours, un fanal indiquant aux autres captifs le port où leurs maux devaient être oubliés.

Le tour de *l'Argonaute* vint ensuite. Là, pas de craintes méticuleuses, de lâche opposition ; un seul esprit régnait parmi ses habitants, la même pensée les animait tous, celle de tout braver pour s'affranchir de l'esclavage. Une fois ce parti pris, les dispositions furent bientôt arrêtées ; il suffisait d'un mot, d'un geste, d'un regard pour triompher ou mourir... Le 26 mai, au moment de la marée montante sur les quatre heures de l'après-midi, en plein jour par conséquent, et à la vue des deux escadres ennemies, le signal partit. En un clin d'œil, les hommes de garde furent désarmés, leurs fusils distribués aux meilleurs tireurs, les câbles largués; les femmes et les enfants descendirent à fond de cale; une chaîne s'établit pour monter les pierres, les boulets et les gueuses qui composaient le lest du bâtiment, et l'on en forma des tas auprès de chaque sabord de la batterie de 18.

À peine le navire avait-il changé de place, que douze chaloupes arrivèrent à pleines voiles; six canonnières les suivaient et se tinrent à demi-portée de canon. La sommation de se rendre fut accueillie par un cri unanime et négatif, et bientôt la mousqueterie retentit, afin de préparer l'abordage. Des pierres, des boulets, des gueuses lancées à pleines mains dans les embarcations, dix fusils tirant à bout portant et le courage du désespoir, telles étaient les armes que les prisonniers pouvaient opposer aux Anglais et aux Espagnols réunis. Le premier choc fut terrible; cinq hommes tombèrent à bord du ponton, et les assiégeants en perdirent vingt-quatre, sans compter plus de cinquante mis hors de combat. Voyant l'inutilité de sacrifier ses soldats pour prendre à l'abordage des malheureux décidés à se faire hacher, l'ennemi recule et les six canonnières commencent leur feu. *La Sainte-Anne*, vaisseau à trois ponts, le fort du Pontal, une demi-lune des remparts de Cadix, s'y joignent, et bientôt des milliers de projectiles labourent les flancs de *l'Argonaute*. Tout ce que l'artillerie a de plus destructeur est mis en œuvre; aussi, un pareil acharnement de la part des Anglais provoqua-t-il plus tard de cruelles représailles!...

La nuit approche, et c'est à peine si le ponton a marché. Les prisonniers sont perdus, la marée descendante va les entraîner au milieu de la flotte ennemie... O bonheur! *l'Argonaute* touche, et s'il roule encore, c'est en se creusant un lit dans le sable... Le canon gronde toujours, les bombes se succèdent, mais, tombant toutes dans la mer, elles sont peu redoutables. Une seule vient frapper d'aplomb sur le pont et descend éclater dans la cale, parmi les centaines d'infortunés qui s'y sont réfugiés.

De la côte où l'on observait cette lutte si inégale, chacun voudrait pouvoir voler au secours de ses frères. Une batterie française, établie sur les ruines du fort Matagorda, cause une utile diversion en tirant sur les canonnières. Plusieurs chaloupes abordent aussi le ponton, les matelots qui les montent sont français; mais craignant une ruse de l'ennemi, on les reçoit d'abord à coups de pierres; puis, rassurés par leurs discours, on s'embarque avec eux pour tomber, chaloupes et équipages, au pouvoir des Anglais... Quelle nuit!.. Sur tous les points de la rade, les boulets et les

bombes se croisent en longs sillons enflammés... Les malheureux doivent attendre la mort dans une complète inaction; ils n'ont, pour s'en garantir, que les bordages d'un navire à demi pourri!

Au point du jour, on entend battre la diane dans le camp français, et ce signal redonne du courage aux fugitifs, qui, profitant d'un moment où l'ennemi ne tire plus, se mettent à faire des radeaux. Quelques chaloupes se détachent de nouveau de la côte vers le ponton, mais tant de monde s'y précipite en désordre, que les matelots prennent le large, dans la crainte qu'elles ne coulent à fond; et tous ceux qui s'étaient jetés à l'eau dans l'espoir d'en profiter, se noient en cherchant vainement à remonter sur *l'Argonaute*...... Bientôt le vent souffle avec une telle violence, qu'il faut renoncer à ce moyen de salut et revenir aux radeaux. Planchers, tonneaux, cordes de hamacs, clous, crampons, on tire parti de tout; par malheur chacun travaille pour soi, et ces travaux, à peine ébauchés, deviennent funestes; car aussitôt qu'elles touchent la mer, les pièces mal liées se détachent, et l'imprudent navigateur périt... Pendant ce temps la canonnade avait repris et achevait de mettre à jour la carcasse de *l'Argonaute*; le pont était couvert de morts, de mourants, les batteries encombrées de cadavres; le sang ruisselait partout...

Ce fut seulement vers quatre heures de l'après-midi que, le vent se calmant un peu, les chaloupes, retenues depuis le matin au rivage, purent être de quelque secours. Les dangers que les matelots avaient courus les rendirent plus prudents; sans aborder le navire, ils s'en approchaient assez pour qu'on pût les joindre à la nage. Chacun s'élançait, et lorsqu'un chargement était complet, les embarcations retournaient à la côte. Avec quelle joie on atteignait les bienheureuses chaloupes!... Avec quelle ivresse on embrassait cette terre après laquelle on soupirait depuis si longtemps!.. En entendant ces mots magiques: *Vous êtes libre!* on renaissait à l'espérance, au bonheur!... En ce moment bien des actions de grâces furent rendues au Dieu tout-puissant qui vous arrachait à tant de dangers réunis, actions belles de ferveur et de sincérité!...

La conduite des marins fut admirable. Nul relâche entre leurs divers voyages, et quand les Anglais embrasèrent le ponton, ils s'y élancèrent afin d'arracher les malades aux flammes. Malgré leurs courageux efforts, le nombre des victimes fut effroyable. Le 26 au matin la population de *l'Argonaute* était de cinq cent quatre-vingt-quatre prisonniers, deux cent cinquante seulement vinrent à terre. La mousqueterie, le canon, les flots et l'incendie avaient dévoré le surplus!...

Les fugitifs n'étaient pas encore au bout de leurs peines, car les premiers moments d'effusion passés, un mot terrible circula de bouche en bouche, celui de *contagion*. Leurs vêtements en lambeaux recélaient une odeur qui les faisait reconnaître partout pour des captifs de Cadix ; on les croyait atteints de la peste, et bientôt chacun craignit leur présence. Afin de tranquilliser l'armée, un lazaret fut établi à Santa-Maria, et une quarantaine des plus rigoureuses imposée aux ex-habitants de l'*Argonaute*.

Après cette dernière évasion, les Espagnols usèrent de tant de précautions et de vigilance, que toute nouvelle tentative devint impossible. Par la suite les prisonniers restants furent transportés, les uns à Cabréra, où des épreuves encore plus cruelles les attendaient ; les autres en Angleterre. Pour ceux-ci Portsmouth remplaça Cadix : ils changèrent de climat, ils ne changèrent point de régime.

Une revanche terrible eut lieu à la prise de Badajoz. Quatorze cents Anglais, faisant partie de la garnison, s'étaient renfermés dans une église. Les portes en furent brisées, et parmi les vainqueurs se trouvait un bon nombre des mitraillés de l'*Argonaute* ; en vain les réfugiés implorèrent quartier, ils furent tous mis à mort. « *Voilà pour l'Argonaute*, s'écriaient en les frappant les soldats furieux ; *vous avez été pour nous sans pitié, nous sommes pour vous sans miséricorde.....*

EUSTACHE.

────◆◆◆────

VARIÉTÉS.

─

Histoire de la piraterie.

L'étymologie du mot pirate n'est pas bien connue ; cependant l'on croit généralement qu'il vient du mot grec, *pur*, qui signifie feu, parce que les pirates ont coutume de brûler les habitations des îles où ils font des incursions. Quelle que soit l'origine de ce mot, il est certain que dans les temps fabuleux, ou héroïques, il servait à désigner un capitaine de vaisseau ou un guerrier, ainsi qu'on peut le voir dans Thucydide : « Les Grecs, dit-il, ainsi que tous les habitants des îles, étaient des guerriers aventureux qui s'adonnèrent à la piraterie sous le commandement de bons marins. »

L'état de corsaire n'était pas alors une profession méprisée ; c'était le chemin de la gloire. Presque tous les petits États maritimes se livraient à la piraterie ; l'usage en était si général, que marchand, voyageur ou pirate, tout étranger était reçu partout avec une égale hospitalité. C'est ainsi que le sage Nestor, après avoir donné un festin somptueux à Télémaque et à Mentor, leur dit que le banquet étant terminé, il était temps de s'informer du nom et de la profession de ses hôtes. « Êtes-vous, dit le vieux roi, des marchands ou de simples aventuriers, des corsaires errant au hasard

sur les mers et vivant de dépouilles ? » Jusqu'au temps de Tarquin, la piraterie fut regardée comme très-honorable chez les Phocéens, et Jules-César, en parlant des peuples de la Germanie, dit que leurs seigneurs les plus puissants étaient fiers d'être à la tête d'une troupe de brigands ; Diodore de Sicile donne les mêmes détails sur les Lusitaniens, et Plutarque sur les Ibériens, dans sa Vie de Marius.

La première expédition contre les pirates eut lieu environ 1300 ans avant l'ère chrétienne. Minos II, roi de Crète, équipa une flotte pour purger le Pont-Euxin des corsaires qui l'infestaient. Pendant cette campagne, il se rendit maître des Cyclades, et y envoya une colonie sous le commandement de ses fils. Vers cette époque, des Athéniens, trop jeunes encore pour entrer dans les rangs de l'armée, organisèrent une milice dite des *Déripoles*, chargée de protéger les vaisseaux marchands contre les attaques des corsaires, ce qui atteste combien dès lors ils étaient redoutables.

Les guerres puniques, en étendant la navigation des Romains, leur apprirent à combattre sur mer. Environ 250 ans avant l'ère chrétienne, leur flotte victorieuse se rendit maîtresse de celle de la fière Teuta, reine d'Illyrie, qui couvrait les mers de ses pirates. Malgré cet échec, le nombre de ces brigands s'accrut encore par la ruine de Carthage et de Corinthe ; bientôt ils eurent des ports, des arsenaux et des fortifications dans les positions les plus avantageuses ; des hommes entreprenants de toutes les nations, ainsi que d'autres distingués par leur rang et leur naissance, se joignirent à eux ; leurs flottes furent dirigées par d'habiles pilotes ; leurs vaisseaux étaient décorés avec magnificence ; ils eurent des voiles de pourpre, des avirons garnis d'argent, et le nombre de leurs galères, dans le port seul de Séleucie, s'élevait à plus de onze cents. Maîtres de plusieurs centaines de villes maritimes, ils osèrent insulter les côtes de l'Italie, pénétrèrent jusque dans le port d'Ostie ; et, après avoir livré aux flammes une flotte romaine, ils emmenèrent deux préteurs, ainsi que les licteurs qui leur servaient d'escorte.

Rome, déchirée par les fureurs de Marius et de Sylla, ne put s'opposer aux progrès de cette multitude de flibustiers ciliciens qui ne tardèrent pas à se répandre dans la Méditerranée et portèrent la terreur partout où ils approchèrent. Ce fut vers ce temps que, croisant près de l'île de Pharmacuse, ils prirent Jules-César qui revenait de la cour de Nicomède, roi de Bythinie. Pendant sa détention de trente-huit jours, César les mena fort mal, et les menaça d'un terrible châtiment dès qu'il serait libre. Les forbans lui ayant demandé vingt talents pour sa rançon, il leur répondit qu'ils étaient mal informés de l'importance de leur prisonnier, qu'il leur en ferait donner cinquante, mais qu'il saurait bien les leur reprendre.

Les habitants de Milet ayant fourni la somme demandée pour sa rançon, il fut mis en liberté. Aussitôt Jules-César, dans cette ville même, équipa des vaisseaux, poursuivit et prit les forbans, et les conduisit à Pergame, où ils furent mis à mort, ainsi qu'il les en avait menacés.

Cependant ce châtiment n'eut pas tout l'effet qu'on en attendait. De nouvelles bandes s'organisèrent et devinrent plus formidables que jamais; elles firent prisonniers des généraux romains dont la république se vit contrainte de payer la rançon. Le préteur Marc-Antoine, fils de l'orateur et père du triumvir de ce nom, fut investi du commandement suprême sur toutes les mers de l'Empire; mais il borna son expédition à l'attaque de l'armement de Crète, et, vaincu, il consentit à conclure un traité tellement honteux, qu'il fut appelé par dérision *Creticus;* il en mourut de douleur.

L'empire des pirates ne tarda pas à s'étendre sur toute la mer de Toscane; Rome, craignant que sa navigation ne fût entièrement interceptée, se décida à donner à Pompée des pouvoirs illimités pour la suppression d'un fléau si désastreux. Pompée leva une armée de cent vingt-cinq mille hommes, et rassembla tous les vaisseaux de l'Empire au nombre de cinq cents. Il en forma treize escadres; après leur avoir assigné leurs stations respectives, il se plaça au centre, et dans l'espace de quarante jours, sans avoir perdu un seul homme, il chassa ces barbares des mers de Toscane, des côtes d'Afrique, de la Sardaigne, de la Corse et de la Sicile. Ces forbans s'étant retirés dans la Cilicie, il les y poursuivit et les défit entièrement; vingt-quatre mille d'entre eux furent faits prisonniers, et les villes qu'ils avaient fortifiées furent déclarées soumises à la puissance romaine.

Pompée, ne voulant pas faire périr un si grand nombre d'hommes, les envoya dans l'intérieur des terres. Ces victoires rendirent l'abondance dans Rome, le prix des denrées baissa sensiblement; mais sous le triumvirat d'Octave, d'Antoine et de Lépide, le jeune Pompée, ayant été proscrit, s'empara de plusieurs navires romains, se joignit à une bande de pirates qui venait de se former nouvellement, et inquiéta Rome jusqu'au moment où Octave ayant réuni tous les vaisseaux dont il pouvait disposer, les mit sous le commandement du sage Agrippa, qui parvint à détruire la flotte de son antagoniste. Pendant plus d'un demi-siècle après cet événement, l'histoire ne fait mention d'aucune force navale employée par les Romains ni par aucune autre nation. On peut en conclure que la piraterie était presque anéantie.

Quelques années plus tard, les Goths et les Vandales, s'étant établis dans l'Ukraine, se rendirent redoutables par leur nombre, leur audace et leur cruauté. Les vaisseaux de ces barbares dans la mer Noire étaient faits de bois de charpente,

sans la plus petite addition de fer; ils étaient en général d'une construction légère et couverts d'une espèce de toit. Dans ces huttes flottantes, les Goths s'abandonnaient à la merci d'une mer inconnue. Trois de ces expéditions réussirent, de nombreuses cités furent saccagées, toute la province de Bythinie fut couverte de ces maraudeurs; la Grèce et ses îles furent pillées, et Rome elle-même tremblait, lorsque des divisions éclatèrent parmi leurs chefs et déterminèrent leur retraite. Mais ce repos ne fut pas long, ils recommencèrent leurs incursions et pillèrent la Thrace et la Grèce; l'empereur Claude marcha contre eux, les atteignit en Servie, et remporta sur eux une victoire signalée. A l'exemple de Pompée, il transporta des corps entiers de captifs dans différentes contrées, afin que leur turbulence pût être plus facilement réprimée et leur travail mis à profit. Une tribu de Francs, à qui l'on avait donné des terres dans le Pont, résolut de braver tous les dangers pour retourner dans son pays natal. Ces aventuriers s'étant emparés de quelques vaisseaux sur le Pont-Euxin, ils dirigèrent hardiment leur course à travers le Bosphore et l'Hellespont jusque dans la Méditerranée. Après avoir ravagé les côtes de l'Asie, de la Grèce et de l'Afrique, ils voguèrent entre les Colonnes d'Hercule, entrèrent dans l'Atlantique, traversèrent la Manche, et débarquèrent sur les côtes de la Hollande. De cette époque datent probablement les entreprises des rois marins du moyen âge.

Vers l'an 450 de l'ère chrétienne, Genseric s'établit sur la côte septentrionale de l'Afrique, équipa une flotte formidable et exerça la piraterie. La conquête des peuples noirs de la zone torride ne tentait guère l'ambition de Genseric; il porta ses vues vers la mer, et résolut de se créer une puissance navale invincible. Les forêts du mont Atlas lui fournissaient le bois; ses sujets étaient habiles dans l'art de la navigation et de la construction des vaisseaux: il réussit à leur inspirer le goût d'une vie militaire qui pût leur rendre accessibles toutes les contrées maritimes. Bientôt les flottes sorties de cette nouvelle Carthage s'emparèrent de l'empire de la Méditerranée. Quoique ces barbares ne cherchassent que le pillage, sans les cruautés dont ils souillèrent leurs exploits, ils auraient acquis quelque gloire: non-seulement les provinces de Ligurie, d'Etrurie, de la Campanie, de Brutium et de Lucanie furent le théâtre de leurs sanglantes rapines, mais les côtes de l'Espagne, de la Grèce, de l'Epire, de la Sicile et de la Sardaigne éprouvèrent le même sort.

Genseric, appelé au secours de l'impératrice Eudoxie, qu'on voulait forcer d'épouser le meurtrier de son époux, fit voile pour l'Italie, mit à l'ancre dans le port d'Ostie, et marcha sur Rome. Il ordonna à sa suite de ne point mettre le feu à la ville ; mais il l'abandonna au pillage pendant quatorze jours. Parmi le butin immense que ces forbans emportèrent, étaient les vases sacrés des Juifs, la table d'or et le chandelier à sept branches que Titus avait fait transporter du temple de Jérusalem à Rome.

Les Saxons, peuple qu'on suppose descendre des Cimbres, en même temps pêcheurs et pirates, commencèrent vers ce temps leurs excursions sur les côtes de l'Océan d'Allemagne, des Gaules et de la Bretagne. Les femmes même ne craignirent pas de s'exposer aux dangers de la vie maritime. Synardus, roi goth, voulant contraindre sa fille Alwilda à donner sa main au prince Alf, fils de Sygarus, roi de Danemark, cette princesse, pour se dérober à un hymen qu'elle redoutait, s'échappa furtivement de chez son père, et, vêtue d'habits d'homme, elle s'embarqua sur un bâtiment dont tout l'équipage était composé de jeunes femmes. Après avoir parcouru les mers pendant six mois, et livré plusieurs combats dans lesquels elle remporta toujours la victoire, elle débarqua dans une île où elle trouva une compagnie de pirates occupés à rendre les derniers devoirs à leur chef. Ces barbares, frappés de l'air de dignité et de résolution d'Alwilda, la choisirent à l'unanimité pour leur commandant. Elle devint alors si formidable, que le prince Alf fut envoyé avec une escadre pour la combattre ; elle soutint d'abord ses attaques avec bonheur ; mais dans une action sanglante qui eut lieu dans le golfe de Finlande, Alf aborda son bâtiment, tua une partie de l'équipage et désarma le capitaine, dans lequel il reconnut seulement alors les traits de sa fiancée. Ses prétentions se réveillèrent, et furent cette fois mieux écoutées. Cette belle princesse consentit en effet à se marier à bord, ce qui mit fin à la guerre.

Vers le commencement du ix⁰ siècle , les villes maritimes de la France furent ravagées par les pirates appelés Normands, ou hommes du Nord. Charlemagne, pour s'opposer à leur incursion, fortifia l'embouchure des rivières, et fit construire une flotte de quatre cents galères, dont quelques-unes avaient jusqu'à six rangs de rames.

Les barbares, intimidés par ces immenses préparatifs ainsi que par la mort de leur chef Godefroy, se retirèrent en Danemark ; mais peu d'années après, sous les faibles descendants de Charlemagne, ils revinrent et se répandirent dans les provinces de la France. Wailand, leur chef, prit ses quartiers d'hiver sur les bords de la Loire, ravagea les campagnes, saccagea les villes, massacra leurs habitants ou les emmena en esclavage.

Vers la fin du ix⁰ siècle, un des fils de Rognwala, nommé Ilorolf ou Rollon, ayant infesté les côtes de la Norwége, fut à la fin vaincu par Harold, roi de Danemark. Il se réfugia dans l'île de Soderac, où il trouva beaucoup d'aventuriers mécon-

tents. Il se mit à leur tête, et au lieu de tirer l'épée contre son souverain, il tourna ses armes contre les villes les plus opulentes du midi de l'Europe ; puis se dirigeant vers la France, il demanda et obtint du roi Charles III, à titre de fief, la province de Normandie. Ce prince lui donna pour épouse sa fille Giselle, et Rollon, pour répondre à tant de bienfaits, promit d'embrasser le christianisme et de mettre un terme aux dévastations des Normands.

A la fin du xi⁰ siècle, Zachas, pirate sarrasin, équipa quarante brigantins et parcourut l'Archipel. Après s'être emparé de plusieurs îles et s'être fait reconnaître souverain de Smyrne, sa puissance devint telle, que Soliman, sultan de Nicée, et fils du grand Soliman, rechercha son alliance et lui donna sa fille en mariage vers l'an 1093 ; mais dans le courant de l'année suivante, Soliman ayant été averti que son beau-père convoitait ses Etats, il le poignarda.

L'art de la navigation avait fait de grands progrès, et la piraterie, masquée sous le voile du commerce, se répandit parmi les peuples de Gênes et de Florence. Dans ces Etats, des aventuriers armaient des vaisseaux qu'ils louaient aux nations en guerre ; ils ne s'engageaient, en général, que pour les expéditions dans lesquelles ils espéraient quelque butin.

A cette époque commencèrent les croisades, le plus grand événement du moyen âge, et celui qui contribua le plus à anéantir la piraterie. Les bâtiments ne furent occupés qu'à transporter les innombrables pèlerins qui, de toutes parts, se rendaient en Palestine.

Au commencement du xvi⁰ siècle, pendant que le corsaire Aroudji, surnommé Barberousse, à la tête d'une bande de pirates, se rendait maître de la Méditerranée, des forbans, connus sous le nom d'*Uscochi*, désolaient le golfe Adriatique. Ces derniers devinrent en peu de temps tellement redoutables, que le pape Paul III, de concert avec l'empereur Ferdinand, engagea l'archiduc à les prendre à sa solde. Ce prince, sentant de quel intérêt il était pour lui de s'attacher d'aussi intrépides guerriers, les nomma gardiens des frontières, leur assigna une paie militaire, et leur donna, en 1540, la ville de Segna pour demeure. Cette place, située sur les côtes de Quarnero, était presque inaccessible ; mais sa position, au milieu de rochers et de précipices, la rendait d'une importance majeure.

Les mécontents de toutes les nations ne tardèrent pas à se rallier aux Uscochi ; et Segna ne pouvant plus les contenir, ils s'emparèrent des villes et des châteaux de Maschenizze, de Bunizzo et de Brigne, étendirent leurs conquêtes vers la Dalmatie et sur plusieurs îles soumises au pouvoir de Venise. Le doge Grimaldi envoya contre eux une flotte commandée par Filippo-Pasquale, qui les pourchassa jusque dans leurs repaires ; mais à peine les forces vénitiennes se furent retirées, qu'ils recommencèrent leurs déprédations.

Ils traversèrent le territoire de Raguse, et, tombant à l'improviste sur les Turcs établis à Trébigne, ils s'emparèrent de leur camp, et revenaient chargés d'un immense butin, lorsqu'ils furent attaqués par douze bâtiments vénitiens. Cette action sanglante se termina par la défaite des Uscochi, qui perdirent deux bateaux et soixante hommes. Les veuves de ceux qui avaient péri demandèrent hautement une vengeance éclatante, et les forbans ayant aperçu la galère de l'amiral de la république qui croisait sur les côtes de Quarnero, l'attaquèrent avec tant d'impétuosité, que les Vénitiens étonnés, après une courte résistance, amenèrent leur pavillon. Ils ne savaient pas que leurs vainqueurs étaient plus avides de vengeance que de butin. Le brave Veuieri, petit-fils de l'amiral et du doge de ce nom, qui commandait le bâtiment, fut égorgé ainsi que tous les officiers et passagers au nombre de quarante; les femmes furent outragées; un horrible festin eut lieu, dans lequel les pirates trempèrent leur pain dans le sang de Venieri et dévorèrent son cœur. Le sénat, justement indigné, demanda une satisfaction aux chefs établis à Segna; mais elle leur fut refusée, ainsi que la restitution de la galère et des fusils en cuivre qu'elle contenait: la tête seule de Venieri fut envoyée dans une boîte avec une simple lettre de condoléance sur l'événement. L'établissement des Uscochi fut enfin détruit, en 1618, par suite des efforts combinés de Venise et de l'archiduc d'Autriche.

Dès lors la piraterie fut reléguée dans les Etats Barbaresques qui avaient été fondés dans le xvie siècle par Barberousse et son frère Kair-Eddyn. Ces forbans, qui s'étaient rendus redoutables par leur valeur et leur cruauté, aspiraient à jouer un rôle plus relevé que celui de pirates errants. Ils projetèrent de fonder un établissement sur l'une des côtes du nord de l'Afrique, où ils déposaient d'ordinaire leur butin. Les Algériens, attaqués par les Espagnols, invoquèrent l'appui de l'invincible Barberousse. L'ambitieux corsaire s'empressa de céder à cette invitation. Il les délivra de leurs ennemis, et usurpa la souveraineté du pays sous le titre de dey; pour mieux assurer sa puissance, il consentit à devenir tributaire de la Porte-Ottomane. Depuis ce temps, Alger était devenu un repaire de pirates, et le fléau des peuples qui naviguaient dans la Méditerranée. En 1541, Charles-Quint essaya inutilement de soumettre cette ville, et l'Europe supporta long-temps cette honteuse tyrannie avec une patience et une indifférence dont il est difficile de se rendre compte. Cependant ce projet tenta la noble ambition de Louis XIV; et s'il ne put entièrement subjuguer ces barbares, sa flotte, sous les ordres du célèbre Duquesne, en tira du moins une vengeance éclatante; le 26 et le 27 juin 1683,

Alger fut écrasé et s'abîma dans les flammes. A peine cette guerre était-elle terminée, que les Algériens provoquèrent de nouveau la colère des puissances chrétiennes, et prouvèrent qu'il ne pouvait y avoir avec eux ni paix ni trève. L'Angleterre envoya en 1816 une puissante flotte, commandée par lord Exmouth, qui bombarda la ville, et la força de conclure un traité onereux. Mais les fortifications d'Alger furent bientôt reconstruites, et la marine d'Omar-Pacha reparut plus redoutable que jamais.

Il était réservé à la France de purger définitivement les mers de ces forbans; l'expédition de 1830 et la conquête d'Alger, en rétablissant la libre navigation de la Méditerranée, ont délivré l'humanité d'un fléau dont l'existence était la honte des nations civilisées.

GÉOGRAPHIE.

LE
Port de Brest.

Si vous êtes arrivé par mer à Brest, voyageur attiré par la renommée de l'une des merveilles de notre France, vous aurez, sans doute, en traversant le *Goulet*, admiré quels moyens de défense l'art et la nature y ont placés. Ayant ensuite pénétré dans la rade, vous aurez encore admiré les fortifications dont ses rives sont flanquées; puis, vous vous serez représenté une flotte ennemie, fière d'avoir franchi les premiers obstacles, se croyant maîtresse de cette vaste enceinte...... qui ne sera que son tombeau!... Car il n'est pas un point de cette rade immense où n'atteignent les foudres de ces mille batteries. Représentez-vous encore, s'il est possible, la flotte ennemie parvenue, par tels moyens que vous pourrez imaginer, à éteindre tous ces feux dévorants...Ou plutôt, supposez que nous sommes en 1312, époque à laquelle la plupart de ces fortifications n'existaient pas : l'Anglais, l'Anglais détesté vient d'entrer dans la rade; il a à venger bien des affronts; eh bien, l'Anglais viendra briser sa rage à l'embouchure de ce port, pour lequel il a déjà versé tant de sang !. .

C'est que ce port est bien gardé. Levez la tête, et vous verrez à votre droite, sur un rocher escarpé, trois sentinelles gigantesques : la première, la *tour des Français*, croise ses feux avec ceux de la *batterie royale*, située sur l'autre rive du port; puis, voilà la *tour de César*, fortification transmise, dit-on, au *moyen âge*, par les conquérants de la Gaule, et dont les murs blanchis servent maintenant de point de relèvement aux navires.

Ingoldt del.

Deposé Imp.é par Chardon-Fils Paris.S

Entrée du Port de Brest

Chataignier Sculp.

A côté la *tour de Brest* présente son superbe massif revêtu de pierres de taille et sa base toute de roches. Derrière sont d'autres tours, d'autres fortifications qui complètent l'ensemble de ce *château de Brest*, si célèbre dans les fastes de la Bretagne.

Mais, ce qui forme du côté de Brest la plus belle défense du port, ce sont les batteries du pied de la citadelle ; c'est surtout cette *batterie couverte*, construite presqu'à fleur d'eau, casematée dans le terre-plein de ce môle qui s'avance dans la mer. Ce sont aussi ces mortiers assis sur la plate-forme, où s'élève le sémaphore aux pavillons, guidons et flammes de toutes couleurs.

Vis-à-vis, du côté de Recouvrance, est encore une batterie à fleur d'eau, qui fait face à la rade et à l'entrée du port. Sa forme demi-circulaire l'a fait nommer *Fer-à-cheval* ; les remparts qui la couronnent sont armés de vingt-quatre pièces de 48 en bronze, et portent le nom de *batterie royale*.

Un éclair subit vient d'illuminer le *Fer-à-cheval*, et le coup de canon qui annonce la levée de la chaîne retentit aussitôt, répété par tous les échos de la rade. Puisque les portes nous sont ouvertes, entrons dans l'édifice. D'abord, voyons le vestibule.

Après avoir passé à côté de la *Rose*, dangereux écueil pour les vaisseaux, nous débarquons à droite sur la Cale, à laquelle il a donné son nom, et assez près d'un *parc à boulets*. Nous sommes à peine sur le quai, et déjà les douaniers nous entourent avec des regards soupçonneux. Mais poursuivons : ici, nous trouvons la *Pigoulière*, où l'on fond des brais et du goudron ; plus loin, penchée vers le canal où elle semble se mirer, la *mâture* étend vers le ciel ses grands bras chargés de chaînes et de haubans ; la *mâture*, un des plus beaux monuments de statique qu'il y ait en Europe, superbe machine à l'aide de laquelle sont élevés dans l'air, comme des brins de paille, les mâts les plus gros vaisseaux.

A côté de la machine à mâter, est la *Coquerie*, où cuisent les aliments destinés aux navires qui sont dans le port, puis une grille qui ouvre sur le quai marchand. Là, nous ne nous arrêterons pas, car les moments sont précieux lorsqu'on visite le plus beau port de France. Seulement, en tournant l'*École d'hydrographie*, autrefois l'*Intendance maritime*, nous jetterons un regard sur l'*Amiral*, frégate rasée où sont un poste d'avant-garde, une salle de tribunal maritime et des prisons, et sur la seconde chaîne établie vis-à-vis. Puis, dépassant cette belle grille, des deux côtés de laquelle sont des corps-de-garde, nous nous trouvons dans le port proprement dit.

C'est bien là un port militaire. Ici, vous ne respirez plus qu'une odeur de goudron, vous n'entendez plus que le cri des ouvriers qui s'animent au travail, *Ahissohé!!*, que le bruit des marteaux qui tombent en mesure, que le grincement des machines. Voyez comme tout a pris un aspect sévère ! Les chefs commandent avec autorité ; les matelots obéissent passivement. Ici, des forçats traînent leurs chaînes, jetant un regard sombre sur les garde-chiourmes qui les surveillent. Cette longue et large ligne noire, parallèle à cette immense rangée d'édifices, parallèle aussi à cette immense étendue de quais, ce sont des canons et des ancres. Quelle symétrie admirable ! Et ces édifices, vous n'y trouverez ni sveltes colonnes, ni frontons gracieux, ni frises élégantes, mais partout des lignes droites et parallèles, des ouvertures carrées ! Oui, c'est bien là un port militaire.

Et, si vous passez à l'examen particulier de chacune des constructions de ce port, vous y admirerez le même caractère de grandeur et de simplicité.

D'abord, voilà devant vous, à votre droite, la première forme qu'ait possédée la France. Construite sur pilotis, restaurée, démolie, puis relevée en pierres de taille en 1782, elle offre un excellent bassin pour les radoubs. A son pourtour extérieur règne un canal couvert qui s'emplit à volonté, par des ouvertures pratiquées de distance en distance, et chacun de ses côtés contient un château d'eau, où sont renfermées les pompes à chapelets, destinées à l'épuisement du bassin. Il serait à désirer que, dans un siècle où les machines à vapeur ont fait tant de progrès, on les substituât pour cette opération à ces pompes à chapelets qui nécessitent l'emploi de moteurs humains.

Si vous ne préférez traverser l'anse sur le bateau-porte qui la ferme, ou sur le pont-levis placé vis-à-vis de la grille, suivez à droite les bords du bassin, vous trouverez, en premier lieu, l'ancienne *École des gardes de la marine*, où résonne maintenant le marteau des ferblantiers et des serruriers, et où l'on voit l'imprimerie du port ; puis la *Chaudronnerie*, et au-dessus l'atelier des boussoles et les salles spacieuses de la *Bibliothèque* ; enfin, à l'extrémité de ces bâtiments aux fenêtres cintrées, et derrière eux, une tour aux quatre faces tournées vers les points cardinaux.

Examinons maintenant la place sur laquelle nous nous trouvons.

Nous rencontrons premièrement la *Cale du contrôle*, au-dessus de laquelle domine une grue, comme sur toutes les autres cales que l'on voit presqu'à chaque pas dans le port. Deux monuments fixent ensuite notre attention : l'un est cette *Consulaire* de terrible souvenir, *colonne* l'endôme, toute d'une pièce, sur laquelle un coq gaulois chante la gloire de notre expédition d'Alger ; l'autre, élevé par les soins de M. Cafarelli, est une élégante fontaine, surmontée d'une magnifique Amphitrite, due au ciseau de *Coustou*.

Vis-à-vis cette place, commence par le *Ma-*

gasin général cette longue étendue d'édifices qui forment un si admirable coup d'œil. Entrés par cette porte grillée, au-dessus de laquelle est sculpté un bel écusson de France, qu'environnent les attributs de la marine, nous sommes au milieu d'une incalculable quantité d'approvisionnements. Derrière ce riche dépôt, pénétrons dans cette vaste cour : là-bas nous verrons un mur qui est de ce côté la clôture du port.

Ces trois grands édifices qui font suite au *magasin général*, ce sont les *magasins Keravel*. Là, règne en ce moment une grande activité ; devant, près des bords du quai, sont rangés les vaisseaux qui attendent leur armement. Au rez-de-chaussée de ces magasins, voilà les agrès et apparaux ; au-dessus, voici la *voilure*, la *garniture* et l'*atelier des cordages*.

Si vous êtes tenté de faire plus d'une demi-lieue, entrez dans les *corderies*, pénétrez dans ces huit salles, longues chacune de plus de 1000 pieds : ici nous sommes à la *corderie basse*, l'ancien bagne construit par Louis XIV ; au rez-de-chaussée une porte est ouverte par laquelle, en montant un escalier de pierre, nous nous trouverons à la *corderie haute*. Maintenant que nous l'avons examinée, sortons-en par cette porte. A quelques pas, nous foulons une place rougie souvent par la justice des hommes. En effet, cet édifice qui regarde cette place avec ses yeux voilés par des grillages, c'est le *bagne*.

Le bagne ! Quoi ! ce magnifique palais ? — Oui, c'est là le bagne. Mais ne vous hâtez point de considérer comme trop doux le sort des malheureux qui l'habitent. Car si l'humanité a présidé aux dispositions de cet édifice, on n'a pas oublié que c'était un lieu de châtiment, une prison. Voyez, aux deux pavillons des extrémités, ces préparatifs menaçants des soldats de la chiourme ! Et à celui du centre, au-dessus de la porte qui conduit aux quatre salles des condamnés, ce frontispice éloquent : une grille composée de chaînes, manilles et chaussettes de fer rond ! Et dans l'hôpital du bagne tous ces corps usés par la fatigue !

D'ailleurs, n'est-ce pas une prison le lieu sur lequel domine le *quartier de la marine ?*

En nous rendant à ce dernier édifice, vous avez dû distinguer à quelque distance ces caractères gravés sur un beau portail : *Hôpital de la Marine*. Ce nouvel hôpital, aux immenses proportions, connu particulièrement sous le nom d'*Hôpital Clermont-Tonnerre*, est encore un magnifique témoignage de ce que peut faire l'architecture avec notre pierre bretonne, j'allais dire notre marbre de Kersantan.

Après être revenus sur le quai de la Corderie chargé d'ancres, et à l'angle formé par le *magasin au goudron*, nous passons devant le *parc au lest*, et devant un superbe réservoir qui approvisionne d'eau les navires, au moyen de six énormes tuyaux, et l'hôpital de la Marine à l'aide d'une pompe à vapeur.

En tournant ensuite à l'est, nous sommes vis-à-vis le pont qui forme l'anse de la Tonnellerie ou *de la Recette*, autrefois nommée *moulin à poudre*.

Le long des bords de l'anse, nous rencontrons successivement les hangars de la scierie des bois, les vastes magasins des madriers et planches, les caves aux vins ; au fond la *panserie*, près de laquelle s'ouvre une porte donnant sur la campagne. Enfin, toute la rive nord de l'anse est occupée par la *tonnellerie*, beau bâtiment dépeuplé d'ouvriers, depuis qu'on a placé des caisses à eau en tôle à bord des vaisseaux. Au-dessus de cet établissement ruiné est une autre ruine, je me trompe, que reste-t-il du délicieux *jardin du Point-du-Jour ?* Rien. Mais la cale de construction qu'on va établir sur son emplacement sera bien préférable dans un port à des fleurs et à des bocages.

Non loin de là, d'autres changements se sont opérés. Ainsi, il n'y a guère plus d'un quart de siècle, à cet endroit où nous sommes, d'énormes rochers s'avançaient jusque dans le lit de la rivière de Penfeld. Eh bien, la mine les a fait sauter, et à leur place s'étend maintenant un quai spacieux, qui bientôt rivalisera de beauté avec les autres quais du port. Au-dessus, nous voyons la *boucherie*, à partir de laquelle le quai se rétrécit en chaussée étroite ; on s'aperçoit que le port va finir. En effet, voilà l'*arrière-garde* et la dernière chaîne. Au delà, on trouve bien encore sur la rivière quelques établissements importants, tels que la digue et la fonderie de la Villeneuve, mais ce n'est plus le port proprement dit.

Au contraire, si nous passons l'eau pour débarquer vis-à-vis, le côté de Recouvrance ne nous offrira d'abord rien de bien remarquable ; mais à mesure que nous quitterons le fond du port et que nous approcherons de la ville, le tableau changera, deviendra plus imposant, plus animé. Cependant l'aspect ne sera plus le même que sur l'autre rive du chenal. Les quais s'arrondiront davantage en sinuosités ; nous y rencontrerons plus d'ateliers et moins de magasins, partant plus de bruit et de mouvement, moins d'ordre et de symétrie.

Entrons donc dans ce canot de passage qui vient nous chercher, et en traversant le chenal jetons un regard sur *le Vétéran*, le vieux vaisseau de Jérôme Bonaparte.

Suivons ensuite ce quai non revêtu sur lequel on nous a débarqués ; à son extrémité nous trouverons le magasin des mâtures, plus loin le *canot du roi*, qui jadis, lorsqu'il était le *canot de l'empereur*, promena dans le port d'Anvers Napoléon et sa fortune ; plus loin encore, un beau bassin nouvellement creusé dans le roc, et assez près duquel est l'emplacement de la *Tour blanche*, disparue ainsi que la *Tour noire* qui s'élevait en face. Ces deux tours terminèrent longtemps le port, dont les limites reculent sans cesse depuis Anne de Bretagne.

Déjà un grand mouvement règne autour des murs ; cependant nous ne sommes encore qu'aux ateliers de détail.

Voulez-vous voir construire des canots et des chaloupes ? Regardez travailler ces ouvriers. Voulez-vous voir confectionner les différentes pièces d'un vaisseau ? Suivez le quai : ici, dans cette étuve, on amollit les bordages ; là, dans ces forges, on fabrique les cercles des mâts ; ce hangar contient l'atelier des gouvernails ; cet autre hangar, l'atelier des hunes ; enfin, sur ce platin, on travaille les mâts et les vergues.

Vous avez admiré déjà tout le long du chenal bien des vaisseaux et des frégates, bien des navires de toute grandeur. Voulez-vous savoir d'où sortent ces figures qui ornent leur proue ? Entrez à l'*atelier de la sculpture,* qui est à côté de celui des avirons ; dans le même édifice, arrêtons-nous dans cette salle décorée des bustes des plus célèbres marins, et de tant de modèles de constructions navales. Nous sommes à la *salle des modèles,* aujourd'hui en partie dépouillée en l'honneur du *Musée naval.*

Arrêtons-nous aussi devant le *chantier de la montagne,* car, sur l'une de ses cales, on remonte, à force de bras, de poulies et de caliornes, une gabare que l'on veut radouber.

Nous sommes maintenant aux grands ateliers de travail.

Où trouverez-vous une cale plus belle que celle que nous avons devant les yeux, avec sa magnifique toiture supportée par des piliers en granit ? Où trouverez-vous une cale couverte sur laquelle on puisse construire des vaisseaux de plus haut rang ? A côté, vous voyez une autre cale de construction, de même grandeur, mais non couverte.

Vis-à-vis, et au-dessus de l'un des plus beaux bâtiments de l'arsenal, la *menuiserie,* reposez vos yeux sur ce frais bouquet d'arbres d'où l'on découvre tout le port. C'est le *bois des Capucins,* derrière lequel est assis, sur un large plateau, un ancien couvent, converti tour à tour en école de canonnage et en caserne des équipages de ligne.

Nous trouvons ensuite l'anse de Pontanion, qu'entourent l'atelier des charpentiers, la prison et les forges. L'anse est formée par quatre superbes bassins, creusés dans le roc comme celui que nous avons déjà vu sur cette rive. Ils sont placés par deux au bout l'un de l'autre, et se communiquent, par des portes battantes, les eaux qu'ils reçoivent par les bateaux-portes qui les séparent de la mer. Le bassin du nord était autrefois couronné par une immense toiture en ardoises, qui s'écroula, il y a quatorze ans, au moment où on allait la démolir.

Montons là-haut, en passant près des bureaux des chantiers et ateliers ; la *Cayenne,* caserne

des équipages de ligne, nous montre ses vastes hangars construits à la hâte sur un plateau d'où jaillit une élégante fontaine.

Plus loin, en descendant, nous voyons un édifice le plus vieux du port, bâti par Richelieu pour servir de *magasin général,* et qui actuellement contient les ateliers de la clouterie ; bientôt quelques pans noircis de murailles nous indiquent l'emplacement de cette belle *salle d'armes,* l'admiration des voyageurs ; enfin, nous avons sous les yeux le *parc d'artillerie,* riche d'innombrables canons de toute espèce et de tout calibre, et une grille qui ouvre sur le quai marchand.

A l'extrémité de ce quai, et derrière une nouvelle grille, nous trouvons encore de superbes édifices bordant un quai superbe : ici, le parc aux vivres, composé d'ateliers immenses, et près duquel s'élèvent une montagne de bois à brûler et une fontaine qui verse ses eaux dans les fours de la boulangerie ; là, le parc aux boulets.

Si nous montons enfin au sommet de ce rocher nous y verrons les batteries du polygone, où les escadres viennent s'approvisionner de poudre et d'artifices, et à nos pieds nous aurons les batteries Royales et du Fer-à-Cheval, dont je vous ai déjà parlé.

Et maintenant que vous connaissez tous les détails de ce port, dites-moi où vous trouvez un ensemble aussi majestueux que celui que présente cette masse superbe d'édifices. Venez, par une belle matinée, dans le *bois des Capucins,* jouir tout entier du spectacle animé de ces quais où des vaisseaux s'arment, se gréent, s'approvisionnent. Ici, ce sont des corvées d'hommes qui portent les voiles, des canonniers du bord qui embarquent l'artillerie ; là, des grues qui chargent les chaloupes en faisant gémir leurs énormes réas ; les calfats tapent, les gabiers crient, les charpentiers hachent, les menuisiers scient ; le sifflet aigu des maîtres vibre dans l'air et domine les brises les plus carabinées ; les élèves courent dans les ateliers, les officiers dans les directions, tandis que le commandant, centralisant tout le travail par l'organe de son second, crée les éléments de l'ordre au sein d'un désordre apparent. Ce sont encore des chalands que l'on entraîne, des embarcations qui volent d'une rive à l'autre, laissant un fugitif sillon dans l'onde où se reflètent les prélats rouges des vaisseaux. Ce sont encore... Mais qui pourrait dérouler une à une les scènes de cet immense spectacle ? Allez le voir si vous aimez ce qui est imposant ; allez à Brest, si vous voulez voir le plus beau port de la France, l'un des plus beaux ports du monde.

Aug. Proux.

Astronomie nautique,

OU

MOYENS EMPLOYÉS POUR LA CONDUITE DES NAVIRES,

DEPUIS LA CONQUÊTE DES GAULES PAR LES FRANCS,

JUSQU'AU SIÈCLE DE LOUIS XIV.

I.

Lorsque l'on veut suivre les progrès de la navigation, les documents manquent; et l'on ignore comment, d'une navigation bornée, dans le principe, à côtoyer les mers, on est parvenu à les traverser. Les Tyriens, les Carthaginois, les Marseillais, guidés en mer par l'observation des étoiles, osaient rarement s'éloigner des côtes, et si, cependant, les traditions du passé ne sont point infidèles, ils auraient le mérite de bien des découvertes attribuées aux modernes. Les Gaulois aussi avaient une idée des astres et de leur mouvement. Ces connaissances leur venaient sans doute des Phocéens établis à Marseille; mais depuis la conquête des Gaules par les Francs, l'histoire n'offre, pendant nombre de siècles, que le spectacle des démembrements de l'empire romain et des peuples se partageant ses dépouilles. Aussi ces connaissances utiles aux navigateurs s'oublièrent. Ce fut en vain que Charlemagne voulut faire renaître les sciences; malgré ses efforts, l'ignorance couvrit l'empire, et le XIIIe siècle fut un siècle de lumière, comparativement aux précédents. Ce siècle se recommande par les découvertes de Roger Bacon, et l'invention des verres à lunette, invention qui, plus tard, devait conduire au télescope. Au XIVe siècle la boussole fut trouvée, et, comme toutes les inventions reconnues excellentes, son usage s'introduisit promptement dans toutes les marines. La boussole fut perfectionnée; on la chargea d'un carton divisé en trente-deux airs de vent, et l'on suspendit la boîte de manière que, quelle que fût la position du navire, elle restait horizontale. Les Français, les Italiens, les Allemands et les Anglais se sont disputé mutuellement l'honneur de cette invention. De nombreux perfectionnements ayant été ajoutés à l'invention première, chaque peuple qui y a contribué a pu s'attribuer tout le mérite de l'invention. L'usage de cet instrument, offrant aux navigateurs les moyens de se diriger en tout temps, les enhardit au point de s'éloigner des côtes. Bientôt ils purent connaître le chemin qu'il fallait faire pour aller d'un lieu à un autre, et déterminèrent des méthodes propres à leur donner la position de leur navire, par rapport à ces mêmes lieux. Le succès, couronnant leur audace, les rendit plus entreprenants, et bientôt on les vit s'élancer en pleine mer; et dès le milieu du XIVe siècle, les Espagnols naviguaient sur l'Océan atlantique, et découvraient les Canaries. Cependant, lorsque l'on voulut faire des voyages de découverte, l'usage de la boussole ne suffit plus, et l'astronomie dut venir au secours des navigateurs. Au commencement du XVe siècle, une grande activité tourmentait l'Europe, les relations des Croisades avaient ranimé les sciences et développé les connaissances géographiques. On dut peut-être aux Croisades la connaissance de la marine; en effet, les fatigues et les privations que les Croisés endurèrent en les entreprenant durent leur faire penser qu'il serait plus facile de se rendre par mer au lieu de leur destination; des communications fréquentes s'établirent alors au midi, avec l'empire grec et les îles de l'Asie-Mineure; au nord, par l'union des villes Anséatiques. Les traditions des Croisades, l'invention récente de la boussole, qui donnait plus de sécurité aux navigateurs, vinrent éveiller le désir de faire des découvertes. On se demandait s'il n'y avait pas quelque chose de vrai dans ces récits des Phéniciens, qui prétendaient avoir fait le tour de l'Afrique. Christophe Colomb, géographe, navigateur habile, vaste génie, un de ces hommes enfin dont les siècles sont avares, pressentit que la mer devait lier les Indes à l'Europe. A Gênes, sa patrie, il fut traité de visionnaire; à Charles VIII, roi de France, à Henri VII, il offrit un monde; ses offres furent repoussées. L'Espagne enfin les accepta, mais au prix de combien de déboires et d'humiliations! Christophe Colomb est le premier des modernes qui ait lié l'astronomie à la navigation. Ces deux sciences sont désormais inséparables. Perdu sur l'immensité des mers, seul avec son génie et son courage, Colomb porte ses regards sur le ciel, et, reportant la position des astres au point qui leur correspond sur le globe terrestre, il connaît sa position. Mais déjà, et avant lui, cette activité qui tourmentait l'Europe avait pris l'essor; c'est d'un petit coin de l'Europe occidentale (le Portugal) que devait partir le mouvement. L'infant dom Henri de Portugal, préoccupé de ces idées de découverte qui fermentaient dans les têtes, et auxquelles lui-même était soumis, consacra son temps et sa fortune à les faire réussir. Habile mathématicien, bon géographe, il avait une connaissance exacte de la configuration du globe terrestre. Pendant son séjour à Ceuta, il avait recueilli de nombreux renseignements sur la côte d'Afrique, et il pensa que d'immenses découvertes pourraient être faites dans ces contrées. Il appelle à son aide les savants, les engage à trouver des moyens propres à se diriger en mer et diminuer les dangers des navigateurs; lui-même invente les cartes hydrographiques appelées cartes-pilotes; il fonde un collège de marins où les professeurs les plus célèbres viennent enseigner l'astronomie appliquée à la navigation; tous les documents connus sur la navigation furent rassemblés; il équipe des flottes, exploite hardiment toutes les passions, la gloire comme l'avarice ; aux timides il offre de l'or et des indulgences, et, à force de ténacité, il parvient à lancer sur des mers inconnues des navigateurs qui d'abord avaient reculé devant les dangers qu'elles semblaient présenter. D'immenses découvertes furent la suite de sa persévérance; la route qu'il avait frayée fut parcourue en tous sens par de nombreux navigateurs ; l'Europe, trop à l'étroit dans le bassin de la Méditerranée, fonda partout des colonies qui, plus tard, devaient rivaliser avec les métropoles, et se détacher de la mère-patrie.

La navigation ayant dès lors pris un accroissement considérable, on s'attacha à perfectionner les instruments et les méthodes propres à reconnaître sa position à la mer. La détermination de la latitude et de la longitude étant pour les navigateurs un besoin de tous les jours, nous allons examiner quels furent, jusqu'au siècle de Louis XIV, les instruments et méthodes qui furent employés pour arriver à ce but. Les premiers instruments dont on se servit pour observer, furent des instruments à suspension, tels que l'anneau, connu depuis des siècles, et l'astrolabe. Ces instruments étant d'un usage difficile à bord, à cause des mouvements des navires, ils furent abandonnés et remplacés par l'arbalète. Cet instrument donna facilement le moyen d'obtenir la latitude par la hauteur méridienne du soleil, puisque, dès 1485, Martin de Bohême avait calculé des tables de déclinaison de cet astre. Quant à la longitude, on ne parvint à la résolution du problème que lorsque l'astronomie eut atteint le plus haut degré de perfection; on dut donc, pendant cette période, se contenter d'estimer le chemin parcouru à l'est ou à l'ouest, pour en déduire la longitude, et ce moyen défectueux donna souvent lieu à d'étranges erreurs. Christophe Colomb la détermina une fois par une éclipse, mais les autres navigateurs ne paraissent pas l'avoir imité.

En 1514, Jean Wem (de Nuremberg), dans ses notes sur la géographie de Ptolémée, décrit un instrument en forme de croix, dont il recommande l'usage pour observer la distance de la lune aux étoiles et déterminer par ce moyen la longitude. Cet instrument ne paraît pas avoir été fréquemment employé.

En 1550, Nonius, Portugais, présent les cartes réduites. En considérant les défauts des cartes plates, il cherche un moyen de rectification, et invente la théorie des lignes loxodromiques; il indique aussi le moyen d'obtenir la latitude par deux hauteurs, avec la différence des azimuts.

En 1570, on se sert du loch pour mesurer le sillage du navire; ce n'était d'abord qu'un bloc de bois en forme de bateau (de là l'origine du bateau de loch qui s'est conservé jusqu'à nos jours); mais bientôt on s'aperçut qu'il n'offrait pas assez de résistance. Il fit place au loch triangulaire, qui oppose une résistance assez grande pour être considérée comme immobile.

En 1594, Davis, célèbre par le détroit qui porte son nom, invente le quarter anglais.

Philippe II, roi d'Espagne, offre 100,000 écus, et la Hollande 50,000 florins à celui qui déterminera le moyen de trouver la longitude. Ces primes offertes engagèrent beaucoup de personnes à s'en occuper, mais aucune des méthodes proposées ne mérita la prime.

L'usage des cartes réduites s'introduisit en 1630. L'invention en est due à Édouard Wright (Anglais). Celui-ci ayant remarqué que le rayon d'un parallèle, allant de l'équateur au pôle, diminue en raison inverse de la seconde latitude, proposa de construire des cartes d'après ce principe Depuis on a calculé des tables qui en ont perfectionné la théorie et la pratique. Si, dans les cartes plates, on se fût borné à représenter de petites étendues, on eût obvié à l'inconvénient qu'elles ont d'exprimer par des lignes égales les degrés des deux cercles parallèles qui terminent la carte N. et S., en donnant une proportion convenable aux expressions de ce degré ; mais ce moyen de correction devenant impossible lorsqu'elles représentent une grande étendue, elles furent abandonnées. En 1635, Jellibert découvre la variation du compas. En 1637, Norwood enseigne la manière de corriger les routes de la variation du compas. Toutes ces découvertes successives dans les sciences firent faire un pas immense à la navigation, perfectionnèrent l'art du pilotage, et la géographie s'enrichit de nombreuses découvertes. Les Canaries, le Cap-Vert, le cap de Bonne-Espérance, les Florides, les Indes, la rivière des Amazones, le Brésil, le Mexique, le détroit de Magellan, la mer du Sud, les Philippines, le Pérou, le Chili, la Californie, les îles de Salomon, etc., etc., furent successivement explorés. Les voyages de long cours qu'il fallait entreprendre pour commencer, firent donner plus de capacité et de solidité aux navires; il ne paraît pas cependant que l'architecture navale ait fait de grands progrès durant cette période. Les constructeurs s'attachaient à donner le plus de solidité possible aux navires, et l'incertitude où ils étaient d'obtenir la vitesse en changeant les formes les empêcha d'abandonner un avantage certain pour une qualité qu'ils n'étaient pas sûrs d'obtenir.

Occupée de ses guerres d'Italie, d'Allemagne, et en proie aux discordes civiles enfantées par les guerres de religion, la France ne prit qu'une faible part à ces expéditions aventureuses qui poussaient la vieille Europe à la découverte de nouveaux mondes. Les essais qui furent tentés le furent par des négociants, et à leurs frais et périls. En 1477, Jean de Bethoncourt, gentilhomme normand, forme des établissements à la côte d'Afrique.

En 1503, un armement se fait à Rouen. Gonne-ville, qui commande l'expédition, pousse jusqu'au cap de Bonne-Espérance ; mais, assailli par de violentes tempêtes, il revient en Europe sans l'avoir doublé. Sous François Ier, Verazan, Véni-tien au service de la France, reconnaît l'Amérique depuis le 24e degré N. jusqu'au 56e. Il en prend possession au nom de la France, y forme quelques établissements ; mais, sous Charles IX, les Espa-gnols en chassent les Français. Ville-Gagnan par-vient à Rio-Janeiro et reconnaît une partie du Brésil. Ces entreprises particulières, peu secon-dées par le gouvernement, n'amenèrent aucun résultat favorable ; les négociants se lassèrent des pertes continuelles qu'ils éprouvèrent, et, peu à peu, les découvertes s'oublièrent, les établisse-ments se détruisirent, et il n'en restait que de faibles vestiges lorsque Richelieu prit le minis-tère de la marine, sous le titre de surintendant du commerce et des mers. Cependant, avant lui, Henri IV avait créé une compagnie des Indes ; mais l'assassinat du roi, arrivé au moment où elle avait besoin de toute sa protection, lui porta le coup de mort ; elle s'opiniâtra à coloniser sur les côtes d'Afrique et de Madagascar dont l'air malsain tuait les colons, et l'énergie impétueuse de Richelieu qui voulait son rétablissement ne put la ranimer.

A. BORIUS,
Capitaine de vaisseau.

La suite à la page 156.

MARINES ÉTRANGÈRES.

—

Forces navales

DE LA RUSSIE.

Nous pensons que, sans mentir au titre de ce recueil, nous pouvons jeter de temps en temps les yeux sur les marines des autres nations euro-péennes, puisque la politique en a plusieurs fois rendu l'examen une question toute nationale ; nos recherches ne devront donc pas être sans intérêt pour nos lecteurs, et nous pouvons leur garantir l'exactitude des documents que nous mettons en œuvre.

Mais avant de les entretenir des forces ma-ritimes que possède aujourd'hui la Russie, et afin d'en mieux envisager le degré d'importance, nous jetterons un coup d'œil rapide sur les déve-loppements successifs de cette force matérielle de cette nation.

L'empire russe n'a eu qu'un homme qui fût créateur, Pierre le Grand. Le premier il donna de l'impulsion aux éléments qui constituèrent par la suite toute la puissance de ce pays.

Sous le règne de son prédécesseur, Alexis, la Russie ne possédait qu'un bâtiment de guerre et

quelques petites embarcations sans importance matérielle. A peine lancée sur la mer Caspienne, cette mince escadre fut détruite par un certain révolté du nom de *Stianka*. Une seule des chalou-pes échappa au désastre, et, retrouvée dans la suite par Pierre, elle lui fournit un modèle pour en faire construire un plus grand nombre. Plu-sieurs essais de ces constructions nouvelles furent faits sur les lacs et les rivières, mais ce ne fut qu'en 1694 qu'un bâtiment, quelque peu complet dans son emsemble, toucha la mer, emportant avec lui des chances de navigabilité. La mer Blanche, à Archangel, reçut ce premier bâtiment, auquel se joignirent bientôt deux espèces de petites flottes armées, et trois autres embarcations plus pro-pres à être employées comme bateaux de plai-sance que comme instruments de guerre.

Le premier vaisseau de ligne que posséda la Russie ne fut mis en chantier que quatre ans plus tard. Le czar lui-même y mit la main ; à cette époque, en Russie, comme aujourd'hui chez nous, les ministres ou les princes posaient la première pièce des grands monuments publics.

A dater de cette époque, la flotte russe s'aug-menta peu à peu de nouvelles constructions ; à la fin du règne de Pierre Ier, elle avait déjà at-teint une assez grande importance, eu égard à l'époque peu reculée de sa fondation. Elle comp-tait alors plus de vingt vaisseaux et trois fréga-tes, dont l'ensemble présentait une force de mille canons. Mais ce fut là le maximum de la prospérité maritime de la Russie pour cette époque ; une décadence la suivit bientôt, et les guerres continentales qui occupèrent les règnes ultérieurs furent mortelles pour la marine de cette puissance.

Catherine II, dont la vaste imagination dota sa patrie de tant de grandes choses, prit en affec-tion ce grand élément de force et de richesse nationales. L'état de dépérissement où était tom-bée la flotte cessa bientôt, et sur les chantiers couverts de bâtiments démolis, s'élevèrent rapi-dement des constructions audacieuses et multi-pliées. Soixante-dix vaisseaux de ligne, quarante frégates et plus de mille petits bateaux à rames non pontés, s'élancèrent des chantiers et des ca-les pour couvrir la Baltique, la mer Noire et la mer Caspienne. Bien que dans le nombre des bâtiments qui composaient cette flotte, il s'en trouvât quelques-uns que de simples radoubs avaient mis à flot, toujours est-il que cette force était imposante, malgré l'inexpérience d'un grand nombre de marins qui la composaient.

Par cette divergence entre le chiffre des bâti-ments et les forces en artillerie comme en expé-rience nautique de ces marins, s'explique le peu d'avantage que la flotte russe obtint contre la Turquie, dans ses luttes réitérées avec cette na-tion barbare. Ce fut pourtant cette époque qui fut l'apogée maritime de la Russie, encore fut-elle de courte durée, et Catherine II entraîna-t-elle dans sa chute celle des pavillons de ses vaisseaux.

Un grand embarras de finances signala l'avénement au trône d'Alexandre Ier. Les traités de commerce contractés avec l'Angleterre, en absorbant tous les fonds de la Russie, placèrent cette puissance dans un embarras tellement critique, que les fonds de l'Etat, de 100 tombèrent à 50, puis enfin à 27, taux auquel ils se sont maintenus. Ces rapports de finance avec l'Angleterre eurent donc pour la Russie les plus fâcheuses conséquences. Ses forces navales déclinèrent avec la privation des ressources qui en alimentaient l'entretien. De soixante-dix vaisseaux, quarante à peine furent conservés en état de prendre la mer, et le nombre des frégates se réduisit de moitié; ajoutons à cela que ce nombre déchut tous les jours à mesure que quelque bâtiment tombait dans un dépérissement irrémédiable.

Ce fut donc à cette époque que commença la décadence des forces navales et des ressources de la Russie. Napoléon, en intimidant depuis cette puissance, lui fit employer presque toutes ses réserves à se défendre de son invasion. Ces derniers sacrifices ne furent donc même pas profitables à la marine.

De nos jours seulement on commença à s'occuper d'elle. Quelque temps avant l'insurrection polonaise, sept ou huit vaisseaux furent mis en chantier à Ochta et à Saint-Pétersbourg. Plusieurs vieux bâtiments furent refondus, et la mesure la plus importante peut-être reçut un commencement d'exécution : on s'occupa d'instruire des marins, comme nous le verrons plus bas.

Nous allons transcrire ici l'état de cette flotte, telle qu'elle était au moment où éclata la révolution polonaise. Si, depuis cette époque, quelques bâtiments ont été lancés des cales de construction, le nombre en a été balancé par celui des anciens bâtiments que leur délabrement a consignés dans les bassins et dans les chantiers de démolition.

Trois escadres composent donc la flotte russe : celle de la mer Baltique, celle de l'Archipel, et enfin celle de la mer Noire. La première, sous le commandement de l'amiral Silniawine, compte huit vaisseaux, sept frégates, et plusieurs brigs et corvettes d'un moindre tonnage, portant en tout cent quatre-vingts bouches à feu.

La seconde, commandée par le vice-amiral Heyden, qui, depuis la bataille de Navarin, n'ayant reçu aucune mission, devait être réunie à la première, se compose de sept vaisseaux de ligne, six frégates, une corvette et deux ou trois brigs. L'ensemble présente une force de neuf cents pièces d'artillerie.

Voici l'énumération des bâtiments qui composent cette double escadre :

Vaisseaux de ligne : *le Pierre Ier*, de 110 canons; *l'Alexandre*, de 110; *la Fère-Champenoise*, 84; *l'Impératrice-Alexandra*, 74; *l'Azof*, 74; *l'Hézéchiel*, 74; *le Saint-André*, 74; *l'Alexandre-Newski*, 74; *le Grand-Duc-Michel*, 74; *le Cesarewitch-Constantin*, 74; *le Wladimir*, 74; *le Grand-Syssoï*, 74; *le Hangoerda*, 74; *le Kronstadt*, 74; *l'Emmanuel*, 74. Ensemble 1174 canons.

Les frégates sont : *La Constantine*, de 44; *le Castor*, de 44; *le Grand-Duc-Alexandre*, 44; *l'Olga*, 44; *la Marie*, 44, *la Princesse-Lowith*, 44; *le Signaleur*, 44; *le Croiseur*, 44; *l'Aigle*, 44; *la Russie*, 44; *la Diane*, 44; *le Mercure*, 44; *l'Hélène*, 36. En tout 564 bouches à feu.

Les corvettes sont : *le Tonnant*, de 24, et *la Maniérée*, de 24. Ensemble 48 canons.

Puis les brigs : *l'Ochta*, de 18; *le Zélé*, de 18; *l'Achille*, 18; *l'Ulysse*, 18; *le Télémaque*, 18. Formant ensemble un matériel de 90 canons.

Ainsi, les trente-cinq principaux bâtiments de l'escadre de la Baltique comptent ensemble 1880 bouches à feu.

La troisième escadre, celle de la mer Noire, est commandée par l'amiral Greigh. Elle se compose de quinze vaisseaux de ligne, cinq frégates, sept corvettes et brigs. En voici la liste :

Le Paris, de 110 canons; *le François Ier*, de 110; *l'Impératrice-Marie*, 84; *le Roi-de-Prusse*, 84; *le Pantaleïmon*, 84; *l'Oméga*, 84; *la Hollande*, 74; *le Beau*, 74; *le Jean-Bouche-d'Or*, 74; *le Parménion*, 74; *l'Aigle-du-Nord*, 74; *le Tchesmé*, 74; *l'Erivan*, 60; *l'Archipel*, 60, et *le Sénédas*, 60. En tout 1180 canons.

Les frégates sont : *l'Etendard*, de 56 canons; *l'Estafette*, de 44; *le Dépêchant*, 44; *la Flore*, 44; *l'Eustatia*, 44. En tout 234 canons.

Les corvettes et brigs : *la Diane*, de 28; *le Jason*, 25; *le Mercure*, 20; *le Papal*, 20; *l'Orphée*, 20; *le Ganymède*, 18; *la Mingrélie*, 15. En tout 144 bouches à feu.

Les principaux bâtiments de l'escadre de la mer Noire sont au nombre de vingt-sept, et portent ensemble 1556 pièces d'artillerie.

Voici donc l'état actuel des forces de la Russie : trente vaisseaux de ligne, dix-huit frégates, quatre corvettes et dix brigs, portant ensemble 3430 bouches à feu.

Ajoutons-y maintenant les bâtiments légers. Ainsi :

Sept brigantins, six cutters, cinquante schooners, cent vingt chaloupes canonnières, vingt galères, vingt-cinq batteries flottantes, et environ seize à dix-sept cents canons en arsenal, ce qui forme un total de deux cent quatre-vingt-dix bâtiments, portant environ 5100 bouches à feu. Ces forces sont réparties pour la plupart dans les ports de Cronstadt et Revel, sur la Baltique; Sewastopol et Nicolaïef, sur la mer Noire.

Cette flotte est montée par trente-cinq mille

hommes. Dans ce nombre on comprend trois mille artilleurs et neuf mille soldats de marine; le reste sont des matelots pour la plupart fort peu expérimentés sur la navigation.

En général les Russes sont peu propres aux manœuvres et aux évolutions nautiques : la mer est pour eux un élément trop nouveau. Sous un chef habile, le matelot russe pourra, par sa docilité, se former aux exigences de cette vie laborieuse et intelligente, mais il restera toujours imprévoyant et gauche. Des rangs de simples marins rarement on verra sortir un officier transcendant.

Le gouvernement russe, reconnaissant l'extrème infériorité de son personnel naval sur les autres puissances maritimes, et renonçant, avec raison, à former un marin d'un soldat ou d'un artisan déjà avancé en âge, a pris une initiative qui pourrait offrir pour l'avenir à sa marine des avantages qui ne seront jamais complets sans doute, mais qui offrent le plus de chance d'avenir à ses armements.

On sait que la Pologne recelait une grande quantité de Juifs ; ce sont les enfants de ces tribus malheureuses que les Russes forment à ce rude métier de la mer. Leur nombre est aujourd'hui si considérable, qu'il pourrait suffire à lui seul à l'équipement de la flotte. Mais, laissant de côté la considération morale qui se rattache à un semblable système de recrutement, n'y a-t-il pas du danger à peupler ainsi ses vaisseaux de mécontents ? Ces hommes, que lient à leur famille des habitudes patriarcales, qu'on arrache ainsi aux pratiques rigoureuses de leur culte, eux, pour qui les traditions religieuses sont si puissantes et par qui elles sont si fidèlement observées, ne supporteront-ils pas ce nouveau joug comme aux temps anciens, épiant la plus favorable occasion de le secouer ! On n'a point encore vu de matelots juifs dans les fumées d'un combat naval, ce sera une curieuse étude ; puisse-t-elle n'être que cela !

Voilà donc quelle est aujourd'hui la force maritime de la Russie. Elle repose sur de vieux bâtiments, de jeunes et inhabiles matelots, et un matériel ancien qui n'a point encore subi les modifications scientifiques que chaque découverte impose aux autres nations.

L'attitude de la marine russe à Navarin fut trop peu active pour qu'on puisse porter un jugement sur l'habileté de ses chefs et la régularité de ses manœuvres.

Cette réserve était-elle de la modestie ? D'autres marines grandissent dans l'ombre : l'Egypte commence à posséder une flotte dont la valeur relative pourra bientôt balancer les forces que la Russie maintient dans la mer Noire. Des officiers français et anglais montent les bâtiments égyptiens et y répandent l'instruction nautique qu'ils possèdent. C'est donc bien à tort que la question des Dardanelles avait répandu des craintes sur les forces maritimes d'une nation à laquelle il manque surtout l'argent, mobile principal de toute puissance militaire.

Peintres de marine.

LOUIS GARNERAY (1).

La peinture maritime ne fut guère cultivée en France avant le milieu du siècle dernier, sur les inspirations de l'école hollandaise, qui, au temps de son plus grand éclat, avait porté ce genre à sa perfection.

Un peintre lourd et maniéré, du nom de Manglard, fut le premier qui représenta la marine dans l'école française ; ses compositions avaient quelque chose de parfois dramatique, qui rappelait les toiles du Tempesta en Italie. A Manglard on dut Joseph Vernet, qui fit faire un si grand pas au genre marine, et qui, à son époque, partageait déjà la gloire que, dans leur pays, on commençait à accorder à Vandervelde et à Backuisen.

Joseph Vernet possédait d'éminentes qualités. Il avait une grande et souple imagination, une entente parfaite des effets généraux, et se rendait habilement raison des phénomènes de la nature; aussi la passion et la poésie de son âme se retrouvent-elles dans plusieurs de ses bons ouvrages. Dans quelques détails seulement, Vernet s'est montré privé d'études ou de connaissances suffisantes; ainsi les constructions, le gréement des navires, les lois harmoniques de leurs mouvements, puis enfin la variété dans les formes de ses rivages, de ses fabriques, de ses arbres, la simplicité et la netteté indispensable aux choses déjà grandes par elles-mêmes. On peut ajouter qu'il manque encore à beaucoup de tableaux de Vernet cette délicatesse d'effet et de touche qu'on rencontre à un degré si éminent dans les premiers tableaux du maître; les derniers qu'il a produits sont donc les plus reprochables, mais ses effets de crépuscule et ses nuits de lune resteront toujours d'admirables compositions comme pensée, comme sentiment, comme exécution.

Vernet ne fit point école, et les traditions du coloriste du xviiie siècle semblèrent au contraire avoir été soigneusement évitées par M. Crépin, qui, doué d'une science complète de tout ce qui est marine, envisagea la nature sous un autre aspect, et résuma toute la nouveauté de sa pensée dans son

---

(1) Ces portraits d'artistes paraîtront tour à tour avec des portraits d'écrivains maritimes, sans que nous cherchions à les classer de quelque manière que ce soit.

(N. du R.)

Basset del.

Ferdinand sc.

Louis Garneray.

Peintre de Marine.

beau tableau de *la Surveillante* (1). Certes M. Crépin était loin de posséder un talent, en quoi que ce soit, comparable à celui de Joseph Vernet, car à part ce tableau du combat de *la Surveillante*, mais on peut dire ce bon tableau, M. Crépin n'a rien produit qui ne fût d'un mérite médiocre.

Après M. Crépin, ou peut-être mieux pendant M. Crépin, arriva un jeune artiste dont les brillans débuts jetèrent la peinture maritime dans une tout autre voie. La mer fut considérée par Th. Gudin comme un être capricieux, passionné, terrible. Le poëte poétisa ce qu'il fit naître sous son agile pinceau ; le ciel et l'eau eurent leurs mystérieuses analogies ; les nuits roulèrent des étoiles dans leurs lames moirées d'écume ; les tempêtes s'amoncelèrent à l'horizon, et se ruèrent sur l'Océan, qui se souleva sous leur souffle, comme se tourmente l'arène sous le pas des coursiers ; de grands drames jetèrent çà et là leurs scènes terribles ; les acteurs luttèrent avec tout ce qui est grand. Les éléments, les orages, les nues se déchirèrent traversés par les foudres et les éclairs ; il y eut des entr'actes de sérénités sublimes où l'air baigna le spectateur sous les plus fraîches rosées d'un océan de soleil et d'indolentes lames ; puis enfin de grandes convulsions où tout se mêla, où l'œil ne put suivre les contours des lames déchirées par le vent, où les navires et les hommes éprouvèrent l'agonie du naufrage ; de déchirantes compositions vinrent se mêler tumultueusement à ces calmes aspects du silence d'une nuit de lune ou d'un beau jour des tropiques. La mer eut son poëte ; Gudin peignit avec des nuées, avec des rayons égarés du soleil ; il teignit ses toiles en les trempant dans l'air bleuâtre des nuits, puis parfois il peignit avec de l'écume et du sang... il déchira les chairs comme un boulet, et les navires comme une explosion !

Mais avant les débuts de Gudin dans le *genre marine*, avant ceux d'Eugène Isabey et de quelques autres artistes de mérite dont nous aurons occasion de parler en terminant cette revue, parut M. Louis Garneray. Ce sera l'artiste par lequel nous ouvrirons cette petite galerie consacrée, d'une part, aux peintres, de l'autre, aux écrivains dont les travaux ont le plus contribué à vulgariser la marine en France.

Nous avons pensé que ce que nous pourrions offrir de plus piquant sur la carrière de M. Louis Garneray consisterait dans la relation pure et simple d'une conversation que nous eûmes avec cet estimable artiste, et dont l'originale et expressive allure a gravé chaque détail dans notre mémoire.

« Je suis né à Paris en 83, nous disait M. Garneray, en causant des embarras qu'ont eu à traverser beaucoup d'hommes d'un talent réel pour arriver à se faire adopter du public. Mon père

(1) Déposé au Luxembourg.

était un artiste ; il inspira ma première vocation, qui fut de suivre la même carrière que lui. Mes études classiques furent donc pour l'art. Des événements s'accomplirent en 92 ; je partis pour l'Inde en qualité de mousse.

» En 98, ou à peu près, j'avais terminé mes classes de matelotage. — En 1803, je commandais pour le commerce.

» Excepté la piraterie, j'ai fait à peu près tous les genres de navigation. — Excepté l'Amérique et la Nouvelle-Hollande, j'ai vu à peu près le monde entier.

» J'ai parlé plusieurs langues orientales et africaines. — Les accidents de mer ne m'ont pas manqué ; j'en ai vu de toutes sortes.

» J'ai fait la course avec Surcouf, Malerousse, Dutertre. J'étais à bord de la frégate *la Forte* dans le combat livré par l'amiral Linois à deux vaisseaux de 80 ; — j'étais à bord de *la Preneuse* dans sa dernière croisière, — à bord de *l'Atalante* quand elle fit naufrage au cap de Bonne-Espérance. — En 1806, je fus fait prisonnier dans la division de l'amiral Linois. Je subis une captivité de près de dix ans sur les pontons de Portsmouth.

» Ce fut au milieu de cette vie misérable que je repris mes premières études de peinture, en même temps que je m'occupais de mathématiques, incertain encore à laquelle des deux professions d'artiste ou de marin je vouerais mon avenir.

» Rendu à la liberté, de flatteurs encouragements me décidèrent à embrasser la carrière de la peinture.... »

En effet, à cette époque, M. L. Garneray vint à Paris. En 1817, il fut nommé, au concours, peintre de marine du grand-amiral ; plus tard, le ministère commanda le tableau du combat de Navarin, dont l'esquisse se voit au Musée naval : ce tableau a été rendu populaire par la gravure de M. Jazet, un des artistes les plus distingués que possède la France, pour la fidélité et le nerveux de ses reproductions.

Plus tard, M. L. Garneray publia, avec M. Jouy, de l'Académie française, un ouvrage fort précieux sur les ports de France. L'œuvre de Joseph Vernet était depuis longtemps dépassé par les progrès des constructions et les agrandissements commerciaux, et celui d'Ozanne, quoique plus étendu, avait été négligé du public à cause des nombreuses inexactitudes qu'il offrait dans ses détails.

C'est sur les lieux mêmes que M. Garneray a dessiné les nombreuses vues qui composent ce bel album ; il a, de plus, complété ce laborieux travail en gravant lui-même toutes ses planches, et ainsi s'est trouvé conserver dans les dessins une rare qualité d'exactitude et de sentiment que perd toujours l'original en passant par le burin matériel du graveur. On trouve dans ces planches une variété complète de navires et de positions, aspect de son ouvrage qui, à nos yeux, est de quelque poids dans l'histoire de l'art. La division du texte et des planches a été ainsi opérée : la Manche, l'Océan, la Méditeranée. Les physionomies particulières à chacune de ces natures d'un même sol ont été habilement rendues, et le texte suivi et élégant de M. Jony a complété ce bel ouvrage, qui a pris place dans toutes les bonnes bibliothèques particulières, hautement protégé d'ailleurs par l'autorité.

En 1832, la place de conservateur du Musée de Rouen fut mise au concours; M. L. Garneray l'emporta sur ses nombreux concurrents. C'est de cette position honorable qu'il a signé la plupart des tableaux sur lesquels nous jetterons un rapide coup d'œil.

Les diverses pêches que cet artiste a représentées forment une collection fort curieuse, dans laquelle l'exécution générale ne le cède en rien à la nationalité et à l'intérêt du sujet.

Le premier tableau de ce genre qui fut soumis à l'examen public fut une Pêche aux harengs; c'était un fort bon début dans cette espèce de monographie pittoresque. M. Garneray y faisait surtout remarquer une grande exactitude de détails, une complète transparence dans les eaux, et sinon un très-bon dessin, au moins beaucoup de saillant dans les figures. On pensait à Ruisdaël en voyant cette pêche; et pourtant de ce tableau à celui représentant la Pêche aux aloses, exposé en 1835, il était facile de reconnaître de grandes perfections acquises dans la touche du maître, ainsi que dans son dessin. Sans cesser d'être lui-même, c'est-à-dire original et coloriste, M. Garneray s'était heureusement inspiré de la manière de Decamp, en corrigeant ainsi certaines habitudes de sécheresse et de manière précédemment reprochées à l'auteur.

Entre ces deux tableaux parurent successivement la Pêche à la morue, acquise par le Musée de Rouen; la Pêche à la baleine, composition d'un beau mouvement, d'une couleur séduisante, et surtout, ce qui était un assez grand obstacle, d'une assez complète exactitude. La Pêche au cachalot et celle du maquereau complétèrent l'intervalle qui séparait la première toile de M. Garneray de la dernière offerte au public : la Pêche aux aloses.

Nous revenons sur la Pêche au maquereau, parce qu'elle nous a paru l'une des plus remarquables de cette curieuse et riche galerie. Cette pêche se pratique à l'hameçon et au filet. Sur le premier plan, M. Garneray avait représenté une chaloupe remplie de pêcheurs du Pollet; leurs lignes étaient attachées au bout de longues perches, afin de les écarter du navire dont le remous peut effrayer le poisson. Dans le fond de la toile se dessinait la ville de Dieppe, et sur la droite les bains et le château.

Cette toile était sans contredit l'une des plus remarquables du salon de 1834. La transparence des eaux quelque peu bourbeuses de la côte y était parfaite; le bateau était d'un vieux bois goudronné admirablement rendu; les pêcheurs avaient le caractère type de cette classe courageuse et endurcie qui habite la moitié de sa vie au milieu de l'orage et des lames sans s'en soucier. On y trouvait sur toutes les faces cette connaissance parfaite que possède M. Garneray de tout ce qui constitue la mer et les marins. Pendant vingt ans navigateur, il a meublé sa mémoire de toutes les physionomies de la mer; un esprit juste et une grande originalité d'observation ont complété les qualités du peintre, auquel n'a pas manqué la parfaite connaissance de toutes ces opérations techniques qui ne s'apprennent qu'à la pratique. Nous l'avons dit ailleurs, et nous le répétons, parce que cela est vrai et que M. Garneray devra, pensons-nous, accepter ce jugement porté sur son talent : il est à la peinture maritime ce qu'est Edouard Corbière à la littérature. Tous deux marins comme les cordes, ils dédaignent toutes ces coquetteries du style et du pinceau que poursuivent tant de gens aujourd'hui, et cela pour mouler leurs productions sur le relief de la nature, belle ou laide, toujours vraie. Avec le désavantage d'être parfois fidèles en pure perte, par la raison que leur nature, souvent inconnue des masses, ne peut conséquemment être appréciée, tous deux se sont mis au premier rang, et le marin, bon juge en cette matière, les aime parce qu'ils traduisent avec vérité les épisodes dramatiques de sa vie aventureuse.

En 1836, M. L. Garneray a peu exposé, deux ou trois petites toiles seulement, cartes de visite où figure un nom honorable, et dont le public est reconnaissant. Un grand tableau, commandé par le roi pour le beau musée de Versailles, occupe le maître, qui, espérons-le, livrera cette grande composition à la critique de 1837. Le sujet, laissé au libre arbitre de M. Garneray, a été choisi par lui avec un grand discernement : c'est une victoire de Duquesne. M. Garneray avait à craindre que la reproduction d'un combat particulier, fût-il glorieux pour nos armes, ne contribuât davantage à faire ressortir l'impossibilité où se trouve réduite la peinture, de représenter une des affaires générales accomplies vers la fin du dernier siècle et au commencement de celui-ci. —Une pareille difficulté constatée, l'auteur se voyait poussé à se réfugier dans le passé. Une autre condition qui devait rendre plus heureux le choix d'un sujet, c'était d'en puiser les éléments dans quelque fait glorieux dont le résultat fût lié aux questions les plus importantes de la politique. La réunion de ces diverses nécessités a fixé le choix de l'artiste sur le troisième combat livré par la flotte française, sous le commandement de Duquesne, aux flottes combinées de Hollande et d'Espagne, commandées par Ruiter, sur les côtes de Sicile, le 19 avril 1676.

Le moment choisi est celui où, notre avant-garde fléchissant sous les efforts de celle de l'ennemi, présidée par Ruiter, Duquesne détache à son secours deux vaisseaux du centre, montés par Tourville et le comte de Préville, qui forcent bientôt l'ennemi à leur abandonner le champ de bataille. — Un épisode du premier plan représente le marquis de Valbelle, contraint d'abandonner son vaisseau, tellement avarié qu'il se refusait à tout combat, lorsqu'il est attaqué par des chaloupes ennemies qui profitent du trajet que fait celui-ci pour changer de vaisseau.

On sait que ce fut le succès dont fut couronnée cette nouvelle attaque, dans laquelle Ruiter fut grièvement blessé, qui décida la victoire en faveur du pavillon de France, et nous laissa maîtres absolus de toute la Méditerranée jusqu'à la conclusion de la paix.

Une aussi large composition est celle qui, au château de Versailles, représentera M. L. Garneray à ce grand congrès de célébrités modernes qui marquera notre époque dans l'histoire de l'art, et la livrera, dans chacun de ses membres, aux appréciations de l'avenir.

Ce que M. L. Garneray semble aimer dans l'art où il a su se faire une belle réputation, c'est la peinture énergique ; ce qu'il cherche visiblement, c'est la lumière et la couleur : disons qu'il a souvent complétement réussi. Achevons notre jugement sur cet artiste, en disant qu'il possède, à nos yeux surtout, un incontestable et bien rare mérite, celui de connaître irréprochablement tout ce qui se rattache à la spécialité maritime à laquelle il s'est voué. Une grande partie des planches de ce recueil appartiennent à son crayon énergique ; aussi répéterons-nous notre pensée pour finir : c'est que ce qui peut nous arriver de plus heureux, c'est de pouvoir offrir à nos lecteurs un dessin de Garneray sur un article de Corbière.

BIOGRAPHIE.

—

Bousard

LE BRAVE HOMME.

La ville de Dieppe se place au premier rang des cités maritimes qui ont vu naître des hommes célèbres. Son ancienne renommée, l'état florissant de son port, comme le caractère brave et aventureux de ses marins, donnent une pleine satisfaction à cet orgueil de localité.

Si l'éclat de la gloire militaire, malgré ses sanglants sacrifices, offre plus de séductions à l'i-magination brûlante de la jeunesse, les actes d'humanité et de dévouement, qui ont pour résultats la conservation des hommes, n'en ont pas moins un charme sur lequel l'imagination aime à se reposer.

Parmi les hommes qui ont consacré leur laborieuse existence à sauver celle d'autrui, on distingue particulièrement le pilote Nicolas Bousard. Né à Dieppe, de pauvres pêcheurs ; obligé de lutter dès son enfance avec les dangers qui entouraient sa périlleuse profession, il s'habitua à les combattre, à les braver en leur opposant un grand courage. Simple, sans ambition, il passa sa jeunesse sur les côtes et les grèves de sa ville natale, épiant les sinistres pour leur porter secours. Signalé pour son dévouement, son habileté et son sang-froid, il fut nommé pilote. Cette première récompense, donnée à des services déjà nombreux, le grandissant à ses propres yeux, Bousard n'en continua qu'avec plus d'acharnement l'exercice de sauvetage qu'il avait si généreusement entrepris. Les occasions, malheureusement trop fréquentes, ne manquèrent pas à son courage ; et la nuit du 31 août 1777 vint montrer aux Dieppois combien leur pilote méritait leurs couronnes civiques.

Un navire chargé de sel, arrivant de La Rochelle, se présenta, vers les neuf heures du soir, devant le port de Dieppe. L'impétuosité des vents qui s'étaient élevés ne permettait pas aux pilotes de sortir du port pour diriger l'entrée du bâtiment. Bousard était là ; Bousard, dont les développements du danger accroissaient l'impatience, essaya de guider le navire avec le porte-voix. Voyant qu'il prenait une fausse route, il fit des signaux ; s'apercevant que le fracas des vagues et l'obscurité empêchaient le bâtiment de les apercevoir, il résolut de tout tenter pour le sauver d'un danger imminent. Il achevait ses préparatifs, lorsque le navire, mal gouverné et poussé par la tempête, vint échouer à environ trente toises de la jetée. A la vue de cette catastrophe, tous les spectateurs de cette scène furent saisis d'une épouvante qu'augmentèrent bientôt les cris des malheureux embarqués sur le bâtiment. A ces doubles angoisses se joignait l'impossibilité de leur porter secours, et cette impossibilité était telle, que personne n'aurait osé la braver sans folie. Bousard seul, ne prenant conseil que de son cœur, y trouva ce courage que personne n'avait. Faisant retirer sa femme et ses jeunes enfants, dont la tendresse pouvait mettre obstacle à ses généreux desseins, et n'écoutant que sa témérité, il se dispose à voler au secours de l'équipage. Il se fit ceindre le corps d'une longue corde attachée à la jetée, et se précipita dans les flots, luttant, et brisant de sa force herculéenne ceux qui s'opposaient à son passage. Après un combat acharné, il allait atteindre le bâtiment naufragé, quand une énorme vague le repoussa au rivage. Son corps, refoulé avec violence contre les rochers, reçut de nombreuses contusions : loin de s'altérer, son courage n'en est que plus énergique. Revenu de ce premier éblouissement, il s'élance au naufrage une deuxième fois ; repoussé, il s'y élance encore......... Il va atteindre le navire que battent et brisent les vagues ; il est près de s'y accrocher, lorsqu'une d'elles, balayant le pont, entraîne dans sa chute un matelot ; il l'aperçoit, le saisit, et revient au rivage déposer ce corps presque sans vie.

Sa tâche n'est point finie : neuf marins restent encore à sauver !..... La lutte recommence entre lui et la tempête : il a hâte d'en finir avec elle. La mer le reçoit de nouveau ; en vain la houle le rejette au rivage. Entouré de débris que les vagues y poussent, et blessé par leurs étreintes, la lutte devient alors plus terrible, plus acharnée ; les obstacles doublent ses forces : c'est la rage du désespoir !... Les éclairs sont les seuls flambeaux à la lueur desquels on distingue ce sinistre. Le rivage onduleux, reflétant leurs clartés, semble un miroir de feu sur lequel roule un point noir — comme une tache — qui varie et cherche à se fixer : c'est la tête de Bousard !.... Une vague le couvre, l'entraîne sous le navire ; Bousard disparaît ; on le croit perdu !.... Aux cris des naufragés, les échos portent les cris du rivage : *perdu !......* *perdu !...* mais, comme un grappin d'abordage, il s'est cramponné au navire ; il le tient : la mer lui rendra ses victimes !.... Grimpant aux ruines du bâtiment, il y fixe la corde qui l'entoure et qui tient au rivage ; il en instruit les matelots, il leur montre, leur fait toucher cette planche de salut qui assure leur passage au milieu des ténèbres et des flots ; il les place un par un dans cette périlleuse route, exhorte, soutient les plus faibles, et, recommençant sa lutte, aborde enfin précédé de six victimes arrachées au gouffre prêt à les engloutir.

Épuisé par un aussi long combat et couvert de meurtrissures sanglantes, Bousard, presque sans mouvement, est dans un état effrayant de défaillance. On s'empresse de le secourir, on panse ses blessures, il rejette l'eau de mer dont sa poitrine est chargée ; il commence à reprendre ses sens, quand de nouveaux cris partent du navire et frappent son oreille. L'humanité, plus forte que les spiritueux qu'il respire, lui rend son audace primitive ; ses forces renaissent : il s'oublie. Tant qu'il restera un malheureux à secourir, sa tâche ne sera point terminée : il ne se reposera pas. Que lui importe la vie ! sa vie, à lui, c'est le dévouement : il sera la Providence de cette soirée. Le voilà qui reprend son élan, brisant les flots avec une nouvelle fureur ;..... il arrive encore au navire, trouve sur ses débris un homme que sa faiblesse avait empêché de suivre ses camarades au premier départ ; il s'empare de lui, le fixe à son tour à la corde, l'y soutient et a le bonheur de le ramener au rivage.

Sur dix hommes que portait le bâtiment naufragé, huit furent sauvés ; deux furent enlevés par les vagues, qui rendirent le lendemain leurs corps à une grève jonchée de débris.

Bousard rentra dans sa demeure escorté, ou plutôt soutenu par huit matelots qui lui devaient la vie. — A tous les yeux philanthropiques ce triomphe vaut le gain d'une bataille.

L'intrépidité du pilote Bousard mérite d'autant plus notre admiration, que, dans cette périlleuse entreprise, il connaissait les dangers qu'il bravait ; ce n'était pas l'aveuglement d'un courage irréfléchi, mais bien une impulsion d'humanité que fortifiait l'habitude de sauver ses semblables. Le dévouement, chez cet homme, était un hommage religieux qu'il rendait aux mânes de son père, lequel avait péri sans secours sur ces rivages, — se vengeant ainsi loyalement du sort qui l'avait privé de l'auteur de ses jours.

Dieppe apprit avec reconnaissance les exploits de son pilote, et les éloges dont il fut l'objet le signalèrent à l'intendant de Rouen. Celui-ci, à son tour, le signala à M. de Necker. Ce ministre soumit à Louis XVI, entre autres belles actions, celle dont Bousard venait récemment de se rendre l'auteur. Le roi lui donna l'ordre de récompenser dignement ce courageux citoyen. M. de Necker écrivit de sa propre main au pilote dieppois cette lettre flatteuse :

« Brave homme,

» Je n'ai su qu'avant-hier, par M. Crosne, intendant de Rouen, votre action courageuse du 31 août. J'en ai tout de suite rendu compte au roi, qui m'a ordonné de vous en témoigner sa satisfaction, de vous annoncer de sa part une gratification de mille francs et une pension de trois cents livres. J'écris en conséquence à M. l'intendant. Continuez à secourir les autres quand vous le pourrez, et faites des vœux pour votre roi qui aime les braves gens et sait les récompenser.

» *L'intendant des finances,*

» NECKER. »

Cette lettre, rendue publique à Dieppe, attira de nouveaux éloges à Bousard. Les citoyens les plus recommandables le sollicitèrent d'aller à Versailles remercier le roi. M. Le Moyne, maire de Dieppe, le fit venir à Paris, et s'honora de le présenter aux personnes les plus distinguées. M. de Necker le présenta à M. de Maurepas. Ce seigneur et M. Le Moyne le menèrent à Versailles pour le présenter au roi. Placé dans le salon d'Hercule, qu'il représentait par sa taille et ses formes athlétiques, le roi l'aperçut bientôt ; et s'adressant au duc d'Ayen :

« Monsieur le duc, quel est cet homme ?

— Sire, c'est le brave pilote dieppois qui vient

remercier Votre Majesté de la récompense que vous avez accordée à ses belles actions.

— Quoi ! c'est cet homme dévoué dont m'a parlé M. de Necker ?

— Oui, Sire.

— Approchez, *mon brave homme*, » lui dit le roi ; et le présentant aux seigneurs qui l'entouraient : « Voilà, leur dit-il, un citoyen que Dieppe chérit pour son dévouement désintéressé. Bousard, comme cette ville je vous chéris aussi, parce que vous êtes *un brave homme*, et *véritablement un brave homme*. — Messieurs, faites honneur à ce généreux pilote. »

Les seigneurs s'inclinèrent devant lui, et le comblèrent de nouvelles félicitations, auxquelles la reine joignit un gracieux salut. M. de Sartines lui fit délivrer un brevet de solde de quartier-maître pour récompenser ses anciens services. Le maire de Dieppe fut chargé de faire construire une maison pour Bousard et sa famille.

Avant de quitter Paris, notre pilote dîna chez le garde-des-sceaux, et reçut un accueil bienveillant de MM. le duc d'Orléans, le duc et la duchesse de Chartres, le duc de Penthièvre et autres seigneurs auxquels on le présenta. Dans plusieurs de ces circonstances, il témoigna son étonnement par cette modestie de langage :

« J'ai fait, disait-il, quelques actions semblables ; je ne sais pourquoi ma dernière fait tant de bruit. — Certainement mes camarades sont aussi braves que moi, et ce n'est pas leur faute si ma force me donne quelque supériorité sur eux. »

De retour dans sa ville natale, il ne prit aucun repos, et remercia celui qui l'avait remplacé pendant son absence. Les honneurs dont on le combla n'avaient en rien altéré cette âme sublime ; seulement il était plus joyeux d'avoir suffisamment d'argent pour acheter des cordes et tout ce qui lui était nécessaire pour se livrer à ses actes de sauvetage, témoignant son contentement de n'être plus obligé d'emprunter des objets que souvent il perdait et ne pouvait plus rendre, et surtout de pouvoir donner à son fanal une hauteur plus considérable, afin de guider plus sûrement la marche des bâtiments. Il continua jour et nuit de surveiller le port et les jetées de Dieppe. Au moindre signe de détresse, Bousard, s'élançant dans les flots, sauvait toujours tout ou partie des équipages, quand il n'avait pas la possibilité de sauver les navires ou barques que battait la tempête.

On ne commettra point d'exagération en disant qu'il sauva, à ses risques et périls, plus de cent personnes dans le courant de sa vie. Son fils, aussi brave que lui, l'aida souvent dans cette tâche périlleuse, et continua une carrière que son père avait si dignement illustrée.

Une médaille d'or avait été accordée à Bousard **père** pour prix de ses services ; une médaille d'argent, décernée au fils, compléta le trophée qui valut au premier le titre si simple et si honorable de *Brave homme*.

J. B.

VARIÉTÉS.

—

DE LA

Pêche des perles

A CEYLAN.

L'île de Ceylan n'offre peut-être pas un spectacle moins frappant pour un Européen que celui de la baie de Condatchy, durant la pêche des perles. Cet aride désert présente alors une scène d'une telle variété, qu'on n'en a jamais vu aucune qui puisse lui être comparée sur ce point. Plusieurs milliers d'individus qui diffèrent entre eux par le teint, par le pays, par la caste et par l'état, passent et repassent, et forment une foule continuelle fortement occupée. Le grand nombre de petites tentes et de huttes élevées sur le rivage, et dont chacune a sa boutique ; la multitude de barques qui, dans l'après-midi, reviennent de la pêche des perles, et dont plusieurs sont chargées de richesses ; l'anxiété peinte sur la physionomie des propriétaires, tandis que les barques approchent de la côte ; l'empressement avec lequel ils y courent dans l'espoir de trouver une riche cargaison ; le nombre prodigieux de joailliers, de courtiers, de marchands de toutes couleurs et de toutes espèces, tant indigènes qu'étrangers, tous, de manière ou d'autre, occupés de perles ; ceux-ci les séparant et les assortissant ; ceux-là les pesant ; plusieurs en examinant le nombre et la valeur, et d'autres les perforant ; tous ces détails réunis font une vive impression sur l'esprit, et démontrent l'importance de l'opération qui cause un si grand mouvement.

La baie de Condatchy est le rendez-vous le plus central pour les barques employées à la pêche des perles. Les bancs sur lesquels se fait celle-ci s'étendent à l'espace de plusieurs milles, le long de la côte de Manaar, au sud et à la hauteur d'Arippo, de Condatchy et de Pomparipo. Le principal de tous est vis-à-vis de Condatchy, et se prolonge en mer jusqu'à environ 20 milles. Le premier soin, avant de commencer la pêche, est de faire examiner les divers bancs, de reconnaître l'état des huîtres, et de faire un rapport à ce sujet au gouvernement. Si l'on juge que la quantité en est suffisante, et qu'elles sont parvenues au degré convenable de maturité, les bancs sur lesquels on permet la pêche sont mis à l'enchère; et ordinairement c'est quelque noir qui s'en rend adjudicataire. Néanmoins ce n'est pas là toujours le mode qu'on adopte. Le gouvernement trouve quelquefois plus avantageux de faire pêcher pour son propre compte, et de vendre ensuite les perles aux marchands; lorsqu'il a pris ce parti, il fait louer de tous côtés des barques dont le loyer varie infiniment, suivant les circonstances, mais qui ordinairement est de 500 à 800 pagodes pour une seule. Cependant il n'y a rien de fixe sur ce point, et l'on fait un marché particulier et le meilleur qu'on peut, pour chaque barque. Les Hollandais suivaient ordinairement le second système. Ils faisaient la pêche au profit du gouvernement qui vendait les perles en différentes parties de l'Inde, ou les envoyaient en Europe.

Comme ni la saison ni la commodité des personnes qui assistent à la pêche des perles ne permettaient de dépouiller la totalité des bancs chaque année, on l'a divisée en trois ou quatre portions parfaitement distinctes, et qu'on met en vente alternativement : par ce moyen, les huîtres ont le temps nécessaire pour acquérir une grosseur convenable. Comme la portion que l'on a pêchée la première s'est généralement garnie de nouveau, lorsqu'on vient d'enlever les huîtres de la dernière, la pêche se fait presque tous les ans, et de la sorte on peut la considérer comme produisant un revenu annuel. Les huîtres perlières atteignent en sept ans, dit-on, leur état de maturité le plus complet; l'on prétend que si on les laisse plus long-temps, la perle s'élargissant devient si incommode à l'animal, qu'il la vomit et la lance hors de sa coquille.

La pêche des perles commence dans le mois de février, et se termine à peu près au commencement d'avril. Six semaines ou deux mois au plus forment l'espace du temps fixé aux marchands pour cette opération; mais plusieurs interruptions empêchent que le nombre des jours qui y sont consacrés ne s'élève à plus de trente. Si la saison est très-mauvaise, et qu'avant le terme prescrit il y ait quelques jours orageux, l'adjudicataire obtient souvent quelques jours de plus, comme une grâce. Le nombre et la différence des jours de fête qu'observent les plongeurs des nations et des sectes diverses qu'on emploie à la pêche, leur enlèvent beaucoup de temps. La plupart des plongeurs sont des noirs connus sous le nom de Marava, et qui habitent sur la côte opposée, sur celle de Tutucurin.

Les barques et les donies (1) employées à la pêche des perles n'appartiennent point à Ceylan. On les y amène des différents ports du continent, et particulièrement de Tutucurin, de Caracal et de Négapatam, sur la côte de Coromandel, ainsi que de Colang, petite ville située sur la côte de

(1) Grandes barques de transport.

Malabar, entre le cap Comorin et Aujango. Les pêcheurs de Colang passent pour les meilleurs, et n'ont de rivaux que les lubbahs, qui, pour se former à cet exercice, résident dans l'île de Manaar. Avant le commencement de la pêche, les barques se rendent toutes dans la baie de Condatchy, où elles sont comptées et louées.

Pendant que dure le temps de la pêche des perles, toutes les barques vont et reviennent ensemble; pour signal du départ on tire, sur les dix heures du soir, un coup de canon à Arippo, et la flotte met à la voile avant la brise de mer; elle atteint les bancs avec la pointe du jour, et au lever du soleil on commence à plonger. L'opération continue sans aucune interruption, jusqu'à ce que la brise, qui s'élève vers midi, avertisse les barques de retourner à la baie; dès qu'on les a signalées, on fait partir un autre coup de canon, pour annoncer leur retour aux propriétaires, toujours plongés dans une vive inquiétude à cette heure. Lorsqu'elles ont abordé, la cargaison est immédiatement enlevée; car il faut que le déchargement soit complétement achevé avant la nuit. Quelque mauvais que soit le succès, les propriétaires ne laissent que rarement paraître leur mécontentement, et ils espèrent toujours être plus heureux le lendemain. Les bramines et les devins auxquels, malgré l'expérience, ils accordent toujours une entière confiance, savent trop bien quelle est la libéralité de ceux qui attendent les faveurs de la fortune, pour ne pas leur promettre l'accomplissement de tous leurs vœux.

Chaque barque porte vingt hommes et un findal, c'est-à-dire un patron, qui agit comme pilote. Dix de ces hommes sont attachés à la rame, et aident aux plongeurs à remonter. Ceux-ci forment le reste de l'équipage, et descendent dans la mer cinq à la fois; lorsque les cinq premiers ont regagné le dessus de l'eau, les autres les remplacent; et en plongeant de la sorte alternativement, ils se donnent le temps de reprendre des forces pour recommencer.

Pour accélérer la descente des plongeurs, on emploie le moyen suivant : on apporte dans chaque barque cinq grosses pierres d'un granit rougeâtre, qui est commun dans le pays. Ces pierres, dont la forme est pyramidale, sont néanmoins arrondies haut et bas, et, dans la partie la plus mince, percées d'un trou suffisant pour laisser passer une corde. Afin d'avoir les pieds libres, quelques plongeurs se servent d'une pierre taillée en forme de demi-lune, qu'ils s'attachent sous le ventre lorsqu'ils veulent entrer dans l'eau.

Accoutumés à cet exercice dès leur plus tendre enfance, les plongeurs ne craignent nullement de s'enfoncer de quatre à dix brasses dans la mer, pour prendre les huîtres. Lorsque l'un d'eux est sur le point de descendre, il saisit avec les doigts du pied droit la corde attachée à l'une des pierres que je viens de décrire; et de ceux du pied gauche, il prend un filet qui a la forme d'un sac. Tous les Indous ont l'adresse de se servir, pour travailler, des doigts des pieds comme des doigts des mains : et telle est la force de l'habitude, qu'ils peuvent ramasser à terre, avec ceux-ci, l'objet le plus menu, aussi facilement qu'un Européen le ferait avec ceux-là. Le plongeur s'étant préparé, comme on l'a dit, prend de la main droite une autre corde, et, tenant ses narines bouchées avec la gauche, il descend dans l'eau, au fond de laquelle la pierre l'entraîne rapidement; il passe ensuite à son cou la corde du filet, qu'il fait retomber par devant; et, avec autant de promptitude que d'adresse, il ramasse un aussi grand nombre d'huîtres qu'il le peut, pendant l'espace de temps qu'il est capable de rester sous l'eau, c'est-à-dire, pour l'ordinaire, à peu près deux minutes; ensuite il reprend sa première position, et donne le signal en tirant la corde qu'il tient de la main gauche. Par ce moyen, on le remonte immédiatement, et on le reçoit dans la barque. Quant à la pierre qu'il a laissée à fond, on la retire au moyen de la corde qui y tient.

Les efforts que, pendant cette opération, font les plongeurs, sont si violents, que, rentrés dans la barque, ils rendent l'eau, et quelquefois même le sang par la bouche, par les oreilles et par les narines; mais cela ne les empêche pas de redescendre, lorsque leur tour revient. Souvent ils plongent de quarante à cinquante fois en un jour, et à chaque fois ils rapportent une centaine d'huîtres. Quelques-uns d'entre eux se frottent le corps avec de l'huile, et se bouchent le nez et les oreilles pour empêcher l'eau d'y pénétrer; d'autres n'usent d'aucune précaution quelconque, quoique ordinairement ils ne demeurent pas plus de deux minutes au fond de la mer. Cependant il y a des exemples de plongeurs qui y sont restés quatre et même cinq minutes; on ne connaît personne qui y ait passé un plus long espace de temps qu'un plongeur qui vint d'Anjango en 1797, et qui s'y tint six minutes.

Grâce à la souplesse des membres des Indiens et à l'habitude qu'ils en ont contractée dès l'enfance, cet exercice, qu'un Européen considère comme si pénible et si dangereux, leur est extrêmement familier. Ce qu'ils redoutent le plus, c'est de rencontrer un requin tandis qu'ils sont au fond de l'eau : ce terrible animal est commun dans les mers qui baignent les côtes de l'Inde; il est l'objet d'une continuelle inquiétude pour ceux des habitants qui se hasardent dans la mer. Quelques plongeurs cependant sont assez adroits pour l'éviter, tout en demeurant un espace de temps considérable dans l'eau; mais la terreur qu'il inspire à tous les agite sans cesse, et la certitude de lui échapper est si faible, que, guidés par la superstition, ils ont recours à des moyens surnaturels pour se garantir d'un si redoutable ennemi.

Avant de commencer à plonger, ils ne manquent jamais de consulter un conjurateur ou un exorciste, et croient implicitement à ce qu'il prédit. Selon la caste et la secte à laquelle le plongeur appartient, on lui prescrit diverses cérémonies préparatoires, dans l'exacte observation desquelles il met une confiance que rien ne peut détruire. Cette crédulité enfin est toujours la même, quoique l'événement soit absolument contraire aux prédictions de l'imposteur. En conséquence, le gouvernement cède sagement à un préjugé qu'il ne peut détruire, et paie toujours quelques exorcistes pour accompagner les plongeurs et dissiper leurs craintes; et, quelle que soit l'adresse de ceux-ci, ils ne descendent jamais dans l'eau que leur devin n'ait achevé certains rites superstitieux. Ils en suivent religieusement les avis qui généralement ont pour principal objet la conservation de la santé du plongeur, a qui ordinairement il est enjoint de ne point manger avant la pêche, et de prendre un bain froid dès qu'il en est de retour.

Dans la langue malabare, les exorcistes ou devins sont connus sous le nom de *pillal karras*, c'est-à-dire hommes qui aveuglent les requins. Depuis le matin jusqu'au retour des barques, ils se tiennent sur la côte, marmotent continuellement des prières, s'agitent le corps de plusieurs manières fort étranges, et font des cérémonies auxquelles eux-mêmes ni les autres ne comprennent rien. Pendant tout ce temps, il faut qu'ils s'abstiennent de boire et de manger, sans quoi leurs oraisons n'auraient aucun effet. Cependant ils font quelquefois trève à cette abstinence, et prennent tant de *toddy* (espèce de liqueur qu'on tire du palmier au moyen de la distillation) qu'il ne leur est plus possible de continuer à s'acquitter de leur ministère.

Souvent quelques-uns des exorcistes accompagnent à la pêche les plongeurs, qui sont charmés d'avoir leurs protecteurs avec eux. Mais cette prétendue protection ne fait qu'occasioner plus d'accidents, parce que l'entière confiance des premiers dans l'infaillibilité de ceux qui sont censés veiller sur leurs jours, est cause qu'ils s'exposent beaucoup trop, et ne prennent point toutes les précautions nécessaires. Qu'on ne s'imagine pas toutefois que les enchanteurs soient dupes de leur art, ou qu'en se déplaçant ainsi, ils n'aient en vue que la sûreté des plongeurs : leur principal objet est d'escamoter quelques perles de prix. En conséquence le surveillant de la pêche, qui ne l'ignore pas, ne voit un tel voyage qu'avec mécontentement; mais il est contraint de ne pas le laisser éclater, ou du moins de cacher ses soupçons. Il ne doit pas non plus paraître douter du pouvoir des exorcistes sur les requins, sans quoi les plongeurs pourraient hésiter à descendre dans l'eau, et même refuser de pêcher. Aussi ces devins font une excellente récolte à la pêche, où, quoiqu'ils soient payés par le gouvernement, ils reçoivent toutes sortes de présents des marchands noirs et de ceux que la fortune a favorisés en cette occasion.

L'adresse des exorcistes à rétablir leur crédit lorsqu'un fâcheux accident a fait voir la vanité de leurs prédictions, ne doit point être passée sous silence. Un pêcheur ayant eu une jambe emportée, les camarades de celui-ci firent venir le principal devin, pour qu'il expliquât ce malheureux événement. Sa réponse montra combien il connaissait ceux auxquels il s'adressait ; il leur dit gravement qu'une vieille sorcière, qui lui portait envie, était arrivée de Colang sur la côte de Malabar, et avait fait une conjuration contraire qui, pendant quelque temps, avait détruit l'effet de ses enchantements ; il ajouta qu'il ne l'avait pas su assez tôt pour prévenir l'accident qui venait d'avoir lieu, mais qu'il allait faire connaître sa supériorité sur son adversaire, qu'il enchanterait les requins, et qu'il leur fermerait la gueule, de manière qu'il n'arriverait plus aucun malheur le reste de la saison. Heureusement pour lui, l'effet répondit à la prédiction. Je laisse au lecteur à décider si l'on dut l'attribuer aux prières et à la science de l'exorciste ; mais les plongeurs ne manquèrent pas de le faire, et redoublèrent d'estime et de vénération pour lui. Cependant on pouvait lui contester un tel succès, car il y a des années où il n'arrive aucun accident. L'apparition d'un seul requin suffit pour jeter l'effroi parmi les plongeurs. Aussitôt que l'un de ceux-ci aperçoit le monstre, il en donne avis à ses camarades, qui le communiquent aux autres barques. La terreur s'empare d'eux à tel point, que souvent ils retournent à la baie, et ne veulent plus pêcher le reste de la journée. Quelquefois ce qui cause une si vive alarme n'est qu'une pierre tranchante sur laquelle un plongeur a mis le pied. Comme la pêche en souffre beaucoup, on prend tous les moyens de s'assurer de la vérité du fait ; et s'il y a eu de la fraude, on en punit les auteurs.

Le salaire des plongeurs varie selon l'accord qu'ils ont fait avec le propriétaire de la barque ; on les paie, soit en argent, soit en leur abandonnant une quantité d'huîtres proportionnée à celle qu'ils prennent ; et ce dernier mode est le plus généralement adopté. Les arrangements que l'on fait avec ceux qui louent les barques sont à peu près les mêmes ; ils reçoivent une certaine somme pour le loyer, ou bien ils en paient une au principal fermier des bancs, afin d'en obtenir la permission de pêcher pour leur propre compte. Quelques-uns de ceux qui adoptent ce dernier moyen n'ont qu'à s'en féliciter, et deviennent riches, tandis que plusieurs autres perdent considérablement par cette spéculation. On fait aussi des loteries, qui consistent à acheter un certain nombre d'huîtres sans qu'elles soient ouvertes, et à

courir la chance d'y trouver ou de ne pas y trouver des perles. Les officiers européens, et différentes personnes qui assistent à la pêche, soit à cause de leur service, soit par curiosité, sont passionnés pour cette sorte de jeu, et font très-souvent de pareils achats.

Les propriétaires de barques et les marchands sont exposés à perdre un grand nombre de perles les plus belles, pendant que la flotte retourne vers la baie. Lorsqu'on les laisse quelque temps en repos, les huîtres s'ouvrent fréquemment d'elles-mêmes ; alors il est facile de découvrir une belle perle, et, au moyen d'un peu d'herbe ou d'un petit morceau de bois, d'empêcher les coquilles de se rapprocher ; il ne faut plus ensuite que trouver l'occasion de commettre le vol, et elle peut se présenter facilement. Ceux que l'on emploie à fouiller dans le corps de l'animal se permettent aussi beaucoup d'infidélités ; ils vont même jusqu'à avaler des perles ; mais lorsque les marchands les soupçonnent de l'avoir fait, ils les renferment, leur administrent à forte dose l'émétique et des purgations, au moyen desquels on recouvre souvent les objets dérobés.

A la sortie de la barque, les huîtres sont emportées par ceux à qui elles appartiennent, et déposées dans des trous ou des puits d'environ deux pieds de profondeur. On les place aussi quelquefois sur de petits espaces carrés, entourés d'une palissade, chaque marchand ayant sa division particulière. On étend une natte sur la terre pour empêcher les huîtres de la toucher, puis on les laisse pourrir. Après qu'elles ont passé par l'état de putréfaction, et qu'elles se sont desséchées, on les ouvre sans courir le risque d'endommager les perles, ce qui arriverait infailliblement, si l'on voulait prendre celles-ci lorsque les huîtres sont fraîches ; car il faudrait beaucoup d'efforts pour y parvenir. Lorsque les coquilles sont séparées, on examine l'huître attentivement ; il est même d'usage de la faire bouillir, parce que la perle, quoiqu'ordinairement on la trouve dans la coquille, est assez souvent aussi renfermée dans le corps de l'animal.

La puanteur occasionnée par les huîtres, lorsqu'elles sont en état de putréfaction, est insupportable et dure longtemps après la fin de la pêche. Elle s'étend à la distance de plusieurs milles aux environs de Condatchy, et rend toute cette contrée des plus désagréables et des plus malsaines, jusqu'à ce que la mousson où les grands vents du sud-ouest aient purifié l'air ; néanmoins cette odeur nauséabonde ne suffit pas pour repousser ceux qu'anime l'espoir du gain. Plusieurs mois après la saison de la pêche, on voit une foule d'individus parcourir, les yeux fixés à terre, les rivages et les emplacements où l'on a fait pourrir les huîtres ; et de temps en temps quelques-uns d'entre eux ont le bonheur de trouver une perle qui les dédommage amplement de leurs peines.

Les perles que l'on pêche sur la côte de Ceylan sont d'une eau plus blanche que celles du golfe d'Ormus sur la côte d'Arabie ; mais à d'autres égards on ne les considère pas comme si pures ni d'une si bonne qualité ; d'ailleurs, quoique les perles blanches soient les plus estimées en Europe, les Orientaux préfèrent celles qui ont un reflet de couleur d'or ou jaunâtre. On pêche aussi des perles à la hauteur de Tutucurin, ville située sur la côte de Coromandel, presque à l'opposite de Condatchy ; mais elles sont bien inférieures à celles des deux espèces dont on vient de parler, car elles ont une teinte bleue ou grisâtre.

Les ouvriers noirs ou esclaves sont d'une adresse étonnante à perforer les perles et à les enfiler. L'instrument dont ils se servent est une machine de bois d'environ 6 pouces de long et de 4 doigts de large, dont la forme est semblable à celle d'un cône obtus et renversé, et qui est porté par 3 pieds, de 12 pouces de longueur chacun. A la surface supérieure de cette machine, il y a des trous destinés à recevoir les perles les plus grosses, les moindres étant battues avec un petit marteau de bois. Les instruments à perforer sont des espèces de fuseaux, dont la grosseur est proportionnée à celle des perles, et qu'on fait tourner dans une tête de bois, au moyen d'un manche en demi-cercle auquel chaque fuseau est attaché ; la perle étant déposée dans le trou, l'ouvrier y ajuste la pointe du fuseau, et ensuite presse de la main gauche sur la tête de bois de la machine, tandis que de la droite il fait tourner le manche. Pendant ce procédé, il mouille quelquefois la perle, en trempant le petit doigt de sa main droite dans une noix de coco pleine d'eau, placée près de lui, ce qu'il exécute avec une telle adresse qu'elle n'arrête pour ainsi dire point l'opération.

On emploie aussi plusieurs autres instruments, tant pour couper que pour perforer les perles ; on se sert, pour les nettoyer, les arrondir, et leur donner le poli que nous leur voyons, d'une poudre que fournissent les perles mêmes. Ces opérations diverses procurent de l'occupation à beaucoup de noirs, en différentes parties de l'île. Dans le Pettah, ou dans la ville noire de Colombo particulièrement, on en voit journellement un grand nombre occupés de ce travail, bien digne d'attirer l'attention des voyageurs qui ne le connaissent pas encore.

AMÉDÉE GRÉHAN.

La Baie d'Audierne.

Une visite à la baie d'Audierne est un de ces pèlerinages qui commencent à être à la mode parmi les admirateurs si longtemps exclusifs des sites de la Suisse et de l'Italie, et qui finiront par y amener aussi des caravanes de curieux et d'artistes. Ils ne seront pas attirés dans cette baie par de frais ombrages, des ruisseaux au doux murmure, et autres considérations bucoliques qui peuvent contribuer au bonheur champêtre, mais qui accusent une nature un peu féminine ; c'est ailleurs que se trouve l'Arcadie bretonne. Ici la nature est âpre et rude ; il y a quelque chose de sauvage, mais de sublime, dans sa magnificence. Tout, du reste, y est en harmonie. A la majestueuse tristesse de cette mer qui se confond au loin avec un ciel nébuleux, et dont la voix rauque et lugubre semble râler sur les grèves, se joint l'aspect non moins mélancolique de cette autre mer de landes qui couvre la contrée comme d'un crêpe funèbre. Ces côtes déclinées, ces mille rochers blanchissants d'écume qui, tels que des squelettes menaçants, sont pour le pays une sorte d'armure enchantée, y racontent les révolutions du globe auprès des ruines qu'ont faites les révolutions humaines. A ce double spectacle, la pensée se recueille, voudrait reconstruire tous ces débris du passé, et cherche à y pénétrer les mystères de l'histoire et de cette volonté invisible et toute-puissante qui régit le monde.

Voici d'abord, sur cette pointe d'où s'étend au large une effrayante chaîne de récifs avec la forme qu'indique son nom (*Pen-march*, tête de cheval), voici le cadavre d'une ville du moyen âge, qui a dû succéder elle-même à une cité celtique, tant sont nombreux, sur ce coin de terre, les autels des druides et leurs pyramides funéraires. La ville chrétienne couvrait une surface de près d'une lieue carrée, jonchée aujourd'hui de décombres ; deux villages, Pen-march et Kérity, sont les seuls restes vivants d'une de nos villes les plus florissantes du xve siècle. Dans ces temps de piraterie, les riches habitants de cette ville, ouverte et sans remparts, avaient senti la nécessité d'être au moins chez eux à l'abri d'un coup de main ; aussi voit-on que leurs maisons étaient pourvues de créneaux et de machicoulis. Quelques-unes des six églises qu'elle renfermait, et qui existent encore, soit entières, soit en ruines, ont servi de citadelles et avaient aussi leurs meurtrières. Les deux plus grandes de ces églises, celles de Pen-march et de Saint-Guenolé, sont remarquables par les sculptures de leur façade, qui donnent une idée des navires si bizarres de cette époque et semblent indignes des fondateurs enrichis par le commerce maritime. C'est qu'en effet il y était considérable. La pêche du hareng, et surtout de la morue, dont un banc séjournait annuellement non loin de la pointe de Penmarch, aurait suffi à la prospérité de cette ville, dans ces temps beaucoup plus dévots que les nôtres, lors même qu'elle n'eût pas été l'entrepôt de tous les produits que nous demandait alors l'Espagne et qu'elle ne nous demande plus. La décadence de Penmarch date de la découverte du banc si poissonneux de Terre-Neuve. L'atroce brigand de souche noble que la ligue déchaîna sur la Cornouaille, et qui, entre autres crimes, s'amusait à éprouver lesquels souffraient le plus des malheureux qu'il faisait mourir de faim ou d'indigestion, Guy Eder porta le coup de grâce à Penmarch; trois cents bateaux purent à peine charger le butin que lui valut le sac de cette ville.

Plus loin, voilà la *Torche*, sorte d'îlot de rocs, fragment de la terre ferme qui y tient encore, mais auquel la fureur de l'Océan n'a laissé que sa charpente de granit. En en parcourant les anfractuosités, où le vent et la mer se livrent des combats qui retentissent quelquefois à quatre ou cinq lieues, vous trouverez le *Saut du Moine*, qui rappelle la témérité d'un homme voué à Dieu, et cependant assez fort pour mettre sa volonté à l'épreuve; ensuite, la *Chaise d'Aristote*, siége que l'on croirait façonné par le fer, et que les lames et le temps ont seuls creusé. Après avoir suivi les contours arides et solitaires de la baie, sans entendre quelquefois pendant des heures, des journées entières, d'autre bruit que le bruit des vagues et le cri funèbre des goëlands et des aigles de mer, vous arrivez au Bec-d'Uraz, cette limite extrême, cette proue de l'ancien monde, où le deuil de la nature semble encore redoubler, où ne se rencontrent que ces images ou des menaces de destruction et de mort.

Comment peindre, avec des paroles, cette pointe redoutable, cette presqu'île en l'air, immense carcasse nue et pelée, qui s'avance au-dessus des flots à une hauteur de 300 pieds? On est saisi de stupeur, on est pris de vertige sur cet assemblage de rochers minés, aux pieds desquels se heurtent deux mers, la Manche et l'Océan, dont la lutte y entretient une continuelle tempête dans les jours les plus sereins! Considérez, en outre, cet abîme qu'on appelle l'*Enfer de Plogoff*, cette baie des Trépassés, où errent en gémissant, vous dira-t-on, les âmes des milliers d'infortunés à qui la mer a servi de linceul; enfin cette plage désolée où les pêcheurs trouvaient jadis un bateau prêt, qu'ils devaient diriger chargé d'êtres invisibles vers l'île des ombres, et vous reconnaîtrez les lieux mêmes où les anciens placèrent la rive infernale et les gouffres du Ténare. Vous comprendrez aussi ce proverbe breton : *Biscoaz den ne dremenas ar raz n'en devez e aoun peglas*, Personne ne passa jamais le raz-sans peur ou mal. Ici, plus qu'ailleurs encore, tout annonce une grande catastrophe de la nature. Peut-on douter, en effet, que l'île de Sein, ce rocher recouvert de sable qui produit à peine quelques maigres épis d'orge, et dont la population hospitalière mourrait de faim sans les secours de l'Etat; peut-on douter qu'elle ne dépendît jadis du continent, auquel la lie encore une chaîne de roches sous-

marines? Mais à quelle époque en remonterait donc sa séparation convulsive, puisque l'île de Sein était déjà célèbre il y a deux mille ans, comme la demeure de neuf vierges sacrées, sorte de Médées druidiques, dont les philtres guérissaient jusqu'aux maux incurables, et qui pouvaient à leur gré soulever ou calmer les tempêtes? Ce sont elles, on le sait, qui prédirent un trône à Aurélien et une défaite à Alexandre Sévère. Suivant quelques-uns, une catastrophe plus récente engloutit également en ces lieux cette fameuse ville d'Ys, qui a laissé tant de renom et si peu de traces; cité introuvable, mais non problématique, sur laquelle ses déréglements attirèrent .a malédiction divine, et où la légende a mis si naïvement en scène saint Guenolé, l'impudique Ahut, et son père, le bon roi Grallon, qui seul put se sauver de la Sodome maritime (1).

ALEXANDRE BOUET.

SCIENCES MARITIMES.

—

Astronomie nautique.

(2e période.)

Il est triste de ne pouvoir ajouter à la longue liste des navigateurs européens qui illustrèrent les xve et xvie siècles que peu de noms français, plus connus encore par leurs tentatives infructueuses que par la réussite de leurs essais; aussi la France fut-elle la dernière à prendre rang parmi les puissances maritimes, comme elle le fut à former des établissements coloniaux. L'histoire des découvertes faites par les navigateurs peut se diviser en trois périodes, qui toutes ont un caractère distinct et nettement tranché de celles qui l'ont précédée. Poussée par une inquiétude vague, un instinct inexplicable semblait avertir l'Europe du xve siècle que le monde ne lui était pas révélé. En outre, cette Atlantide tant regrettée des anciens éveillait les imaginations; il ne fallait plus qu'un homme de génie pour imprimer le mouvement à l'Europe maritime et aider à l'activité inquiète qui tourmentait cette époque. Henri de Portugal et Christophe Colomb parurent; et de nombreuses découvertes, sources de richesses et de dangers, vinrent répondre au besoin d'activité qui la fatiguait. Aux xvie et xviie siècles, l'or ramené en Europe par les galions des Portugais et des Espagnols éveilla la cupidité des peuples maritimes. La soif de l'or remplaça dans le cœur des navigateurs ce désin-

---

(1) Extrait de la 26e livraison, encore inédite, de la *Galerie Bretonne, ou Vie des Bretons de l'Armorique*, par feu O. Perrin, avec un texte explicatif, par Alexandre Bouët.

téressement et ce sentiment chevaleresque qui les avaient, dans le principe, jetés sur la route des découvertes. On voulut des richesses à tout prix, et les expéditions maritimes se firent dans le but hautement avoué de s'en procurer. Bien plus, une piraterie régulière s'établit sur toutes les mers, et continua ses déprédations même en pleine paix. Les expéditions des xviiie et xixe siècles se firent sous une meilleure influence. Déterminer la position des pays découverts, en lever des cartes, essayer de nouvelles méthodes de calcul, et de nouveaux instruments donnés aux navigateurs par les savants, furent le but principal. Les voyages de circumnavigation ont pris naissance dans cette période, et l'hydrographie, cultivée avec soin par les navigateurs français, atteignit bientôt un degré de perfection qui ne laissa rien à envier aux Espagnols, qui nous avaient encore devancés dans cette nouvelle carrière.

Vasco Gama, en découvrant la route qui conduit par mer aux Indes, fit plus qu'une découverte, il fit une révolution dans le commerce maritime : Gênes, Venise et l'Égypte se virent arracher le monopole du commerce qui, depuis tant de siècles, était entre leurs mains. Les marchandises qui arrivaient en Europe par caravanes, en parcourant des pays dont les communications difficiles offraient des dangers toujours renaissants, prirent la route enseignée par Gama ; et Gênes et Venise, longtemps dominatrices des mers, se virent déchues du nom et du rang de puissances maritimes. La création des marines militaires suivit de près l'essor rapide que cette nouvelle route avait imprimé au commerce maritime. Il fallut aux souverains des vaisseaux et des canons pour les protéger contre les pirateries d'audacieux flibustiers, et pour assurer l'existence des colonies nouvellement fondées. Les Espagnols et les Portugais furent les premiers qui eurent une marine militaire ; les autres puissances commerçantes, telles que l'Angleterre et la Hollande, les imitèrent. Ce ne fut que vers le milieu du xviie siècle que la France fit quelques efforts pour se ranger au nombre des puissances maritimes. Colbert acheva l'œuvre ébauchée par Richelieu. En moins de quinze ans, il créa une marine forte et puissante, la dota d'institutions excellentes, encouragea les entreprises particulières, pensant avec raison qu'il valait mieux aller chercher les produits coloniaux à travers l'Océan que de les recevoir des mains étrangères. Il créa une nouvelle compagnie des Indes ; le roi et les princes y prirent des actions, et le commerce français, jadis borné au cabotage, prit la route des Indes. Là ne se bornent point les bienfaits de Colbert ; il encouragea les savants et les excita à trouver des méthodes qui donnassent aux navigateurs les moyens de diriger leurs navires et leur rendissent plus facile la pratique de leur art. Il fit exécuter le projet d'un méridien

en France, et corriger plusieurs erreurs de latitude. L'établissement de l'Académie des sciences en 1666, et celui de l'Observatoire en 1672, contribuèrent à élever la science de l'astronomie à ce degré élevé où nous la voyons aujourd'hui. La Société royale de Londres fut formée à peu près à la même époque, et le concours de ces deux savantes assemblées fit éclore une foule de théories dont l'application à la marine fut d'une immense utilité. Nous allons tâcher de reproduire succinctement les principales découvertes de la science pendant le cours des xviie, xviiie et xixe siècles.

L'application de la science astronomique à la navigation avait produit de trop précieux résultats pour qu'elle ne fît pas de nouveaux efforts pour l'affranchir des erreurs produites par l'estime et la routine. Plusieurs moyens de déterminer la latitude étaient connus ; il n'en était pas ainsi pour la longitude. Les tentatives répétées des astronomes du xvie siècle avaient été infructueuses ; ils n'avaient pu arriver à la résolution du problème. Déjà, cependant, on parlait de faire servir la lune pour l'obtenir, et Morin, dans le siècle suivant, s'empara de cette idée et soumit au cardinal de Richelieu une méthode qui lui semblait renfermer tous les éléments du succès. Richelieu la fit examiner par une commission ; l'examen ne lui fut pas favorable ; elle fut rejetée. Le cardinal avait créé des chaires d'hydrographie ; ces écoles, suivies avec assiduité par ceux qui se destinaient au métier de la mer, ou qui aspiraient à devenir pilotes, répandirent insensiblement les découvertes de la science. L'enseignement détruisit, entement, il est vrai, l'esprit de routine, et donna naissance à l'esprit de raisonnement et d'observation. Des professeurs célèbres, tels que Bougan (père), d'Assiez, Du Boccage, firent paraître divers traités d'hydrographie. Le Père Deschales publia son Art de naviguer, démontré par principes, ouvrage qui ne manque ni de précision ni de clarté pour le temps où il fut écrit. Morin appliqua la lunette aux instruments d'observation. Les logarithmes, publiés en 1614, devinrent d'un usage commun, et simplifièrent et abrégèrent les calculs. Des cartes hydrographiques de l'Océan et de la Méditerranée furent levées. Cassini détermina la parallaxe du soleil, s'occupa des éclipses du soleil, et imagina une théorie de projection qui servit à déterminer la longitude du lieu où l'éclipse était observée. Ce moyen pouvait réussir à terre, mais à bord il devenait d'un difficile usage ; et d'ailleurs ce genre d'observation étant très-rare, et la longitude étant un besoin de tous les jours, ne pouvait convenir aux navigateurs. Huygens fit, en 1664, la première tentative pour résoudre le problème des longitudes au moyen des horloges marines. On était dans la voie du progrès, et le xviiie siècle, héritier des travaux des siècles précédents, parvint à vaincre toutes les difficultés.

Au xvᵉ siècle la navigation avait eu son Christophe Colomb, au xviiᵉ la science eut le sien. Newton parut, et découvrant les lois de la gravitation, soumettant les mouvements des corps célestes aux combinaisons de la géométrie et aux calculs de l'analyse, il indiqua, par ces diverses théories, les moyens de calculer des tables astronomiques qui, donnant la position que les planètes occupaient à chaque instant dans le ciel, facilitèrent la détermination des longitudes par les distances de la lune au soleil et aux étoiles. Newton inventa aussi le télescope, et eut l'idée première d'adapter des miroirs aux instruments, idée dont Halley s'empara lorsqu'il inventa son sextant. Les navigateurs du xviiᵉ siècle ajoutèrent la Nouvelle-Hollande, les terres de Diemen et de Tasman, la Nouvelle-Zélande, la Louisiane, etc., aux anciennes découvertes.

Newton avait ouvert une nouvelle route à l'astronomie; plusieurs profonds géomètres, tels que Lagrange, Laplace, Euler, etc., l'y suivirent avec succès, et exposèrent leurs idées sur le système du monde. Cependant le problème des longitudes n'était pas encore résolu. En 1714, le parlement d'Angleterre offrit une prime de 20,000 livres sterling à celui qui le résoudrait, et, deux ans plus tard, le duc d'Orléans, régent du royaume, promettait 100,000 francs. Ces encouragements, joints aux efforts constants des mathématiciens, produisirent des théories qui, si elles ne remplissaient pas entièrement le but proposé, faisaient prévoir que le moment où l'on y parviendrait n'était pas éloigné. Halley, mettant à profit les découvertes de Newton sur les lois de la gravitation, se livra à un immense travail; il calcula et rectifia les tables de position de la lune, de manière à ce que cette position ne différât jamais de plus d'une minute ou deux de celle de l'observation. Ce travail de tant d'années eut tout le succès qu'il méritait; il parut en 1730, et Halley, inventant un an après son sextant à réflexion, donna un moyen facile d'obtenir les distances à une minute près, aussi bien que les hauteurs de la lune. Cette perfection d'instrument, jointe au travail d'Halley, fit surgir plusieurs méthodes pour la détermination des longitudes. On se fixa à celle des distances de la lune au soleil et aux étoiles. Lacaille la simplifia et la perfectionna. Des améliorations successives ont abrégé la longueur du calcul, et l'ont réduit à ce qu'il est aujourd'hui. Le problème était donc résolu, et les navigateurs eurent dès lors toute facilité pour connaître leur position sur le globe terrestre.

BONIUS,
Capitaine de vaisseau.

(La suite à la page 227.)

Peintres de marine.

TH. GUDIN.

I.

NAUFRAGE EN SEINE.

Il était environ six heures du matin; la lumière fausse et blafarde d'une orageuse journée d'équinoxe (le 4 mars 1823) commençait à poindre, et la pluie, fouettée par de violentes rafales, venait battre et ruisseler aux vitres d'un atelier de peinture, situé dans une maison de la rue du Faubourg-Saint-Honoré.

A la vive clarté d'une lampe que faisait pâlir le jour naissant, assis auprès du feu, deux jeunes gens semblaient écouter le bruit du vent avec un plaisir mélancolique, et jouir de ce bonheur de contraste qui fait trouver, pendant l'orage, tant de charme au bien-être du foyer.

Ces deux jeunes gens étaient Louis et Théodore Gudin.

Tous deux étaient arrivés à cette phase décisive de la vie des grands peintres où les longues et incertaines études ont porté leur fruit, où la pensée, jusque-là confuse, se dessine et se formule nettement, où l'on dépouille les derniers langes de l'école, parce que le *soi*, l'originalité, commence à poindre. Phase unique dans la vie de l'artiste, où il a comme une radieuse prévision du brillant avenir tant de fois rêvé; c'est alors, c'est dans ces rares et fiévreux instants d'hallucination, que les plus vastes et les plus grandioses conceptions lui paraissent faciles et réalisables; c'est enfin pour lui l'heure d'une sereine et noble confiance dans sa force et dans sa volonté.

Louis et Théodore Gudin en étaient donc alors à cette époque de leur carrière, si féconde en aspirations et en espérances sublimes. Unis, dès l'enfance, par le plus impérieux sentiment d'affection fraternelle; plus tard, plus étroitement liés encore par une entière parité de goût, de projets et d'études; tous deux originaux dans leurs conceptions, ils venaient de se promettre, dans ce dernier entretien, de fondre leurs deux génies en une seule et puissante idée artistique, comme ils avaient uni leurs cœurs dans une sainte et profonde affection, voulant imiter ces deux artistes de l'école florentine, qui, peignant aux mêmes toiles, laissèrent deviner à la postérité la part de chacun dans ces glorieux travaux. Aussi, en songeant aux résultats de la fusion de ces deux talents si complets, on ne peut que déplorer amèrement la fatalité qui les sépara, car le hasard ne rapprocha jamais deux natures plus heureusement douées.

Avant de songer à la peinture, Théodore Gudin, par une bien singulière et peut-être instinctive prévision, s'était passionnément épris du métier de marin. Un brave et digne capitaine

T. GUDIN.

américain, M. Burke, ami de sa famille, se chargea de son apprentissage; et Théodore Gudin, malgré les larmes de sa mère et de son frère Louis, qui voyait de funestes présages dans de furieux coups de vent d'équinoxe, dont la violence causa plusieurs sinistres au moment de son départ de Dieppe, Théodore Gudin, dis-je, appareilla pour New-York le 15 septembre 1819, sur *le Manchester-Packet.*

Après trois années de navigation et de séjour en Amérique, Théodore Gudin revint en France; les grandes scènes de cette nature primitive, l'immensité de l'Océan, les vastes solitudes du Nouveau-Monde avaient impressionné vivement cette imagination rêveuse et ardente, et le capitaine Burke admira souvent avec quelle impassible témérité le grand peintre futur, qui alors ignorait lui-même sa glorieuse vocation, malgré les plus grands dangers, épiait jusqu'aux moindres effets pittoresques de la tempête ou de l'ouragan, sans se rendre compte de ce besoin impérieux d'observation.

A son retour à Paris, Théodore Gudin trouva son frère en voie de succès progressifs; car Louis Gudin, guidé par la rigoureuse logique du génie, avait trouvé l'inspiration dans un ordre de faits qui devaient sympathiser profondément avec la tendance naturelle de ses idées; — à son imagination bouillante, chevaleresque, mais souvent mélancolique et sombre, il fallait un sujet fécond en contrastes à la fois éclatant comme une fanfare de guerre, ou triste et poignant comme un chant de regret. Il eut vite choisi. La gloire des armées de France était insultée par les partis. Napoléon était à Sainte-Hélène. Louis Gudin traça nos batailles gigantesques avec une âpre et brûlante énergie, et trouva, dans son indignation, le secret de cette poésie grandiose et mélancolique, qui saisit à l'aspect de ses compositions, immenses comme celles de Martin, puissantes et colorées comme celles de Salvator Rosa.

Et l'on ne taxera pas ces paroles d'exagération, si l'on a seulement vu ses gravures des *Victoires et Conquêtes*, admirables encore de mouvement et de pensée, bien qu'un burin malhabile ait perdu en partie le style et le caractère imposant des originaux.

Quant à ces derniers, M. Théodore Gudin les a recueillis à grands frais, avec un pieux respect pour la mémoire de son frère. Nous dirons, avec plusieurs maîtres de notre école, qu'une suite de tableaux conçue d'après ces magnifiques dessins, telle que voulait et pouvait l'exécuter Louis Gudin, avec son incroyable vigueur de coloris, soutenu de son dessin pur et sévère, eût été une des plus grandes créations artistiques des temps modernes.

Ce fut donc au milieu de cette carrière si pleine de sève, et qui florissait déjà, que Théodore Gudin trouva son frère Louis en revenant

d'Amérique. Les succès de Louis lui révélèrent sa vocation; Théodore, déjà grand peintre par la pensée et l'observation, céda facilement aux instances de son frère qui, par l'instinct d'un cœur aimant, devinait peut-être à quel avenir il était appelé. Aussi un matin, Théodore Gudin, accompagné de son frère, alla bravement déclarer à sa mère qu'il serait peintre, et qu'il renonçait à la marine.

L'excellente mère fut aussitôt de l'avis de ses fils, préférant de beaucoup les orages de la vie d'artiste aux orages de la vie maritime, et Théodore Gudin, suivant son frère à l'atelier de Girodet, se mit à l'œuvre avec une ardeur incessante.

De ce moment les études de Théodore Gudin ne furent plus qu'une suite de succès inespérés, dont on comprendra l'incroyable rapidité, en songeant que, pendant trois ans, il avait étudié la nature avec une attention profonde; il ne lui restait donc plus à acquérir que la partie matérielle de l'art, *le faire, la main;* aussi bientôt il sut traduire sur la toile le fruit de ses observations, si longtemps méditées, avec cette puissance et cette vérité naïve de coloris qui le placèrent si haut dans l'école.

Ce fut alors, en se rendant compte de leurs progrès mutuels, que les deux frères eurent cette pensée de fondre leurs deux forces en une; et que l'on songe aux prodiges que cette pensée eût produits, si Louis Gudin eût peuplé les vastes et admirables paysages de son frère, et si Théodore Gudin eût peint les horizons profonds et les cieux sombres ou étincelants qui se déroulaient sur les immenses batailles de son frère! D'après cela, à quelle hauteur n'eussent pas atteint ces deux génies, éclairés par une critique franche et soutenus par une émulation touchante et fraternelle!

Les deux frères devaient commencer par retracer cet épisode d'un Canadien qui, voyant, malgré ses efforts, son canot entraîné vers la chute d'une énorme cataracte, se résigne et s'abandonne à l'impétuosité du courant.

Qu'on se figure cette profonde solitude, ce torrent furieux encaissé dans un roc couvert d'une végétation géante, cette chute d'eau bondissante et reflétée des derniers rayons du soleil; et puis, au milieu de cette nature imposante et sombre, se laissant entraîner à l'abîme, qui l'engloutira peut-être, un homme, seul dans un frêle canot, qui s'abandonne à cet épouvantable danger avec le calme stoïque du sauvage!... Quel tableau!... Que l'on en juge par le passé de l'un et l'avenir accompli de l'autre!...

Ce fut à creuser et à discuter l'exécution de ce tableau, qui devait être d'une très-grande proportion, qu'une partie de la nuit du 3 au 4 mars avait été employée par les deux frères... D'autres projets aussi les avaient occupés; une large et féconde série de travaux s'était déroulée à leurs yeux: jamais l'avenir ne leur avait paru plus souriant et plus beau ! Exaltés par ces pensées de gloire et de poésie, ils ne pouvaient dormir ; une inexplicable irritation nerveuse, qu'ils attribuaient au temps orageux de l'équinoxe, les agitaient ; plusieurs fois les larmes leur vinrent aux yeux sans qu'ils pussent s'expliquer pourquoi ; jamais enfin leur conversation n'avait été plus intime, plus tendre, plus remplie de vœux fervents l'un pour l'autre.

Lorsque le jour fut tout à fait haut, sur les huit heures du matin, Louis et Théodore Gudin, avant de sortir, allèrent embrasser leur mère ; elle fit les plus vives instances à ses fils pour qu'ils renonçassent à aller naviguer sur la Seine dans une embarcation appartenant à un de leurs amis. En vain la pauvre mère leur représenta la violence du vent, la pluie ; les deux frères persistèrent. Louis était souffrant. Malgré cela ils partirent.

Je l'ai dit : c'était une triste et orageuse journée d'équinoxe ; des nuages épais, gris et rapides, chassés par l'ouragan, couvraient d'un reflet sombre les eaux jaunâtres de la Seine, qui, soulevées par ce vent impétueux, se brisaient sur les arches des ponts en lames assez fortes.

Environ vers les neuf heures du matin, l'attention des curieux qui bordaient les quais fut attirée par la manœuvre, plus intrépide que savante, d'un petit canot noir, à lisse rouge et à pavillon blanc, qui louvoyait entre les ponts Royal et Louis XVI. Le vent était alors si violent, qu'un des plats-bords de cette frêle embarcation rasait la surface de l'eau et menaçait de la faire sombrer à chaque instant. M. de Beaumont, ex-aspirant de marine, tenait le gouvernail ; Théodore et Louis Gudin étaient à l'avant de cette yole.

Partis du pont Royal, on les voyait arriver sur les culées du pont Louis XVI avec une effrayante rapidité. Quelques bateaux de blanchisseuses et plusieurs trains de bois encombraient les approches de la première arche. Au lieu de virer de bord afin de ne pas s'engager dans cet étroit passage, M. de Beaumont laissa malheureusement porter, manqua la passe, et le canot, entraîné par le vent et le courant, alla se briser contre l'arête de l'arche.

Le choc fut si épouvantable que l'embarcation, mise en pièces, coula presque aussitôt. M. de Beaumont est entraîné par le courant, et disparaît. Louis Gudin disparaît aussi ; mais son frère, excellent nageur, plonge pour le sauver, le saisit et revient sur l'eau, soutenant son frère évanoui, et appelant du secours à grands cris... Plus de mille personnes se pressaient sur le pont, et regardaient cet épouvantable accident avec une cruelle et imbécile curiosité... Pas une ne porta secours à cet homme qui criait : « Sauvez mon frère ! »

Des gens du port, des mariniers, étaient là tout près, sur les trains de bois : quoique dans un bateau à rames il n'y eût pas le moindre danger,

pas un n'osa démarrer un canot pour aller sauver ces deux hommes, dont l'un était évanoui, et dont l'autre, s'affaiblissant de plus en plus, rassemblait ses dernières forces pour crier encore une fois, avec l'horrible accent du désespoir : « Mon frère !... Sauvez donc mon frère ! ! ! »

Rien... personne ne bougea... Ces gens avaient peur, ou pensaient sans doute aux cinquante francs que rapporte le corps de chaque noyé. — Aussi quand ils virent les deux hommes disparaître, car Théodore Gudin, ayant épuisé ses forces à lutter contre le courant, était à son tour entraîné par le poids du corps de son frère, qu'il ne voulait pas quitter ; quand ces gens, dis-je, eurent vu disparaître les deux frères, trois ou quatre des plus braves démarrèrent un bateau, et s'avancèrent prudemment près de l'arche. Un dernier élan de rage et de désespoir ramena un instant Théodore Gudin à la surface de l'eau ; un des bateliers lança son croc et le manqua... Un second fut plus heureux, et l'atteignit par son collet, au moment où il coulait à fond, et le retira évanoui, mourant.... mais il le retira seul...

Le corps de Louis Gudin fut retrouvé un mois après, mutilé, dépouillé de tout, par les riverains de je ne sais quel village du bord de la Seine, qui lui coupèrent un doigt pour lui voler une bague, et cela à quatre lieues de Paris, et cela avec une si exécrable avidité qu'on aura peine à me croire.

A peine revenu d'une longue maladie, causée par cet effroyable événement, Théodore Gudin, sachant que le corps de son frère avait été retrouvé dans ce village, s'y rendit, pour tâcher de recueillir tout ce qui lui avait appartenu. Les pillards du cadavre avouèrent, parlèrent d'une montre, d'une bague, d'une chaîne, trouvées sur un mort ; dirent qu'ils savaient bien qui les avait, mais que pour ravoir ces objets il fallait *les payer, et les bien payer*..... Le malheureux frère offre le double, le triple de leur valeur ; les riverains ne veulent rien entendre. Un ami de Théodore Gudin, outré d'une si épouvantable cupidité, court se plaindre au maire de la commune, qui lui répond benoîtement : « Hélas ! que voulez-vous, Monsieur? si mes administrés ont ces objets, on ne peut pas non plus leur donner la torture pour les ravoir ou leur prouver qu'ils les ont ; le mieux est de passer par où ils veulent. » Quand l'ami revint, Théodore Gudin avait conclu son précieux marché, en payant vingt fois la valeur de ces objets qu'il recherchait avec une si pieuse et si sainte avidité. Cela s'est passé et se passerait encore à cinq lieues de Paris, en pleine civilisation, quand le progrès nous déborde. Cela s'est passé sur le vertueux sol où fleurissent tant de lois électorales, municipales, nationales, départementales..... Et puis l'on ira chercher, pour nous épouvanter, je ne sais quelles narrations de la rapacité féroce des sauvages de l'Océanie !......

EUGÈNE SUE.

HYGIÈNE NAVALE.

—

L'atmosphère maritime.

Les éléments essentiels de l'air maritime sont les mêmes que ceux de l'atmosphère terrestre, mais ils subissent certaines modifications qu'il est utile d'examiner, eu égard à leur influence sur la santé des marins et aux moyens d'en prévenir ou pallier les effets.

A l'humidité près, l'atmosphère maritime présente le type de la pureté : ici, point de ces émanations hétérogènes et plus ou moins insalubres qui s'élèvent du sol et des grandes agglomérations d'individus. Prétendre que l'air marin contient des molécules salines, c'est se montrer étranger aux premières notions de physique qui enseignent que l'évaporation a pour effet d'isoler l'eau des principes fixes qui s'y trouvent dissous. On pourrait, tout au plus, admettre que certains éléments volatils, bitumineux ou autres, s'élevant de la mer, s'y trouvent mélangés : telle était l'opinion de Gilkrist qui prêtait à l'air maritime des qualités balsamiques, et celle de Valther qui lui attribuait, au contraire, des propriétés malfaisantes. Mais l'analyse et l'observation ne démontrant rien de semblable, et sans invoquer l'autorité de Pline, qui sut se procurer de l'eau potable en garnissant l'extérieur de ses vaisseaux de peaux de mouton qui s'imprégnaient des vapeurs de la mer, nous pouvons en référer à l'avis de Bacon, Rouppe, de Morogues Poissonnier, Péron, M. Keraudren et tant d'autres qui accordent unanimement la prééminence à l'air de la mer sur celui de la terre, sous le rapport de la pureté. Cet avantage est, pour ainsi dire, car il ne tient, comme nous l'avons dit, qu'à l'absence de principes hétérogènes.

Il est pourtant une circonstance qui a pu facilement en imposer aux observateurs, c'est cette poussière saline qui parfois effleurit à la surface de la peau, et cette saveur de même espèce que reçoit la langue en passant sur les lèvres, lorsqu'on s'est promené quelque temps sur le pont d'un navire sous voile et poussé par une jolie brise ; mais ces phénomènes sont le résultat manifeste de l'embrun ou poussière humide qui, soulevée par le sillage et les vents, se vaporise insensiblement à la surface des corps, en y déposant des cristaux de sel marin.

L'air de mer, quoique essentiellement humide, ne l'est cependant pas autant qu'on pourrait le supposer, d'après les calculs qu'on a faits sur l'énorme quantité de vapeurs aqueuses qui s'élèvent de la mer, et dont on se fait aisément une idée lorsqu'on songe que ces vapeurs sont la source principale des nuages et des innombrables courants d'eau qui sillonnent le globe. On sait aussi que les vents de mer sont toujours humides et présagent souvent la pluie. Néanmoins il est beaucoup de localités terrestres où l'air est plus humide encore qu'en pleine mer ; ce sont celles que circonscrivent des montagnes ou des forêts qui forment une barrière aux nuages, tandis qu'au large la brise disperse et répartit également les vapeurs dont elle favorise la dissolution. Si, pour apprécier l'humidité réelle de l'atmosphère maritime, on s'en rapportait toujours à l'hygromètre, on pourrait se faire illusion ; car cet instrument, comme on le sait, n'accuse que l'humidité suspendue, et non celle qui est dissoute et combinée dans l'air. Tous les navigateurs ont observé que les côtes sont ordinairement chargées de brouillards, appréciables surtout le soir et le matin ; c'est avec raison qu'on envisage cette circonstance comme une des causes de l'insalubrité des navigations littorales. Or nous attribuons ce phénomène au contact des deux atmosphères, terrestre et maritime, lesquelles comportent une température différente, et dont la plus froide condense les vapeurs de l'autre. En somme, l'humidité de l'air maritime n'est pas si développée qu'elle puisse jouer, dans les maladies des marins, le rôle capital qu'on lui attribue ; mais il est important, sous ce rapport, de la distinguer de celle qui est inhérente au navire, et qui vraiment est un fléau : nous en apprécierons plus tard les causes et les effets.

Il est d'observation que le froid et la chaleur sont, en général, moins intenses à la mer que sur terre, ce qu'on peut expliquer par la densité plus grande de l'atmosphère maritime et par l'absence des accidents de terrain qui concentrent et accélèrent le cours des vents froids, de même qu'ils multiplient les réverbérations du soleil. Ici les rayons de l'astre sont absorbés en grande partie ; en outre, le roulement perpétuel des molécules rafraîchit la surface de la mer, à laquelle l'abondance de l'évaporation enlève encore du calorique ; ajoutez à cela les mouvements du navire, la réflexion des vents sur la surface des voiles, réflexion dont on peut apprécier l'intensité en se plaçant sous la ralingue, et vous concevrez pourquoi la chaleur n'est jamais très-intense au large et sous voiles ; des observations répétées ont constaté qu'elle ne dépassait pas trente degrés centigrades, tandis qu'à l'ancre, et surtout à l'abri des mornes, le soleil des tropiques est souvent intolérable. La différence de température du jour et de la nuit est également moins marquée à la mer que sur les côtes, ce qui n'est pas une des moindres causes de la salubrité de l'air maritime. Sa pesanteur en densité est considérée comme type, la hauteur moyenne du baromètre étant, comme on le sait, basée sur le niveau de la mer.

Cet air est, sans contredit, le plus favorisé sous le rapport de la lumière. Nous devons ici dire un mot d'une illusion d'optique très-commune à la mer, et que l'on connaît sous le nom de *mirage*. Ce phénomène, qu'on attribue à la réfraction, s'observe dans des circonstances qui ne sont pas bien déterminées, mais surtout pendant les calmes, le matin et le soir, lorsque le temps est beau. Alors les objets situés aux extrémités de l'horizon paraissent plus élevés, plus volumineux que la distance ne le comporte, au point qu'on aperçoit, par exemple, le bois d'un navire duquel, dans les temps ordinaires, on ne découvrirait que les bas mâts; les marins à vue exercée savent tenir compte des effets du mirage pour l'appréciation des distances réelles.

Quant à l'électricité de l'atmosphère maritime, on doit la croire très-développée, si l'on en juge par la fréquence et l'intensité des orages dans certaines régions, particulièrement entre les tropiques. Les orages de l'hémisphère du sud, du cap Horn et du cap de Bonne-Espérance, sont surtout d'une violence dont il est difficile de se faire une idée sans les avoir vus. Qu'on se figure une nuit profonde, une atmosphère de plomb, qu'aucun zéphir ne traverse, un morne silence qui n'est troublé que par les craquements du navire, toutes voiles carguées, tourmenté par une houle énorme et phosphorescente; tout à coup la voûte céleste s'embrase de toutes parts, sillonnée par des éclairs, dont la vive lumière rend plus affreuse l'obscurité qui les suit; puis arrivent des fracas de tonnerre prolongés, horribles, à faire croire que l'univers va se dissoudre, et pour témoins de cette épouvantable perturbation des éléments, une poignée d'hommes cramponnés à la planche qui les sépare de l'abîme, éblouis par l'éclair, assourdis par la foudre, bouleversés par les vagues, et pourtant impassibles et confiants dans l'habileté du chef dont la voix s'élève de temps en temps, calme et solennelle comme une exhortation de la divinité, car ce n'est que le prélude d'un drame plus terrible encore. De rares et larges gouttes de pluie annoncent la crise; des mugissements lointains se font entendre : c'est la mer qui, de l'un des points de l'horizon, s'avance en écumant, fouettée par un vent forcené, battue par la grêle ou la pluie. Laisse arriver! fuis devant la tempête, car si le navire est pris par le travers, c'en est fait : il s'incline sur le flanc, il est engagé, submergé, sombré peut-être; heureux s'il se relève avec ses mâts brisés, sa muraille défoncée, son pont balayé de ce qui s'y trouve : hommes, animaux, embarcations, apparaux, etc. Alors même fuir devant le temps, n'est pas toujours le moyen le plus sûr, car, si le navire est de faibles dimensions ou trop lourd, la mer va le couvrir d'un bout à l'autre, défoncer son arrière et noyer ses entreponts.... C'est dans ces circonstances critiques et difficiles que brillent le sang-froid et l'expérience du vrai marin.

La seconde partie du tableau que nous venons d'esquisser représente ce qu'on appelle un *grain* ou vent violent, qui tombe subitement à bord. Dans les circonstances ordinaires, le grain *noir* s'annonce par un nuage qui se forme, grossit et s'élève avec plus ou moins de vitesse à l'horizon. Le marin expérimenté le reconnaît de loin et se dispose à le recevoir, mais il y a ce qu'on appelle des grains *blancs*, fréquents entre les tropiques, et qui ne se décèlent que par un léger nuage, floconneux et diaphane, qui traverse rapidement un ciel d'azur, et trompe souvent la vigilance des navigateurs. On appelle grain *sec* celui qui n'est point accompagné de pluie. On conçoit que les grains diffèrent d'intensité, de rapidité, de durée. Le grain qui se prolonge devient un *coup de vent*; s'il est contraire ou même trop fort pour permettre de faire bonne route, il oblige à mettre à la *cape*, c'est-à-dire en travers sous petites voiles.

Il appartient à la physique générale d'expliquer la théorie des vents et les causes de leurs variétés. On sait ce qu'on entend par vents *généraux*, *alisés*, *moussons*, vent de *terre* ou du *large*; le vent *de bout* est celui qui souffle du point vers lequel on se dirige; c'est l'opposé du vent *arrière* ou vent *sous vergue*; on appelle vent du *travers*, vent *largue* ou de la *hanche* celui qui vient par côté. On sait que le compas (boussole) est divisé en trente-deux aires ou rumbs de vent, dont vingt permettent d'aller droit au but; car ce n'est pas une des moindres merveilles de la navigation que de présenter les moyens d'avancer contre le vent lors même qu'il est directement contraire, ce qu'on fait en orientant les voiles *au plus près* et en courant des *bordées*.

Les marins ont une foule de locutions pour exprimer toutes les modifications que les vents peuvent offrir, depuis le *calme plat* jusqu'à la *tempête* : la *brise*, ou vent léger, est *petite*, *molle*, *fraîche*, *jolie*, *maniable*, *variable*, *folle*, lorsqu'elle souffle irrégulièrement en sautant brusquement d'un point à l'autre du compas; la brise *carabinée* est synonyme de vent violent; il vente *petit frais*, *bon frais*, *grand frais*, par *risées*, par *rafales* ou *bourrasques*; ils donnent l'idée de l'extrême force du vent au moyen d'une phrase hyperbolique très-expressive : Il vente, disent-ils, à *décorner des bœufs*.

Nous nous dispenserons également de donner la théorie des autres météores communs à l'atmosphère terrestre, tels que les nuages, la pluie, la grêle, etc.; nous dirons seulement un mot de deux phénomènes plus particuliers à l'atmosphère maritime : *Le feu Saint-Elme* est un météore lumineux, attribué au jeu de l'électricité, qui se montre en effet dans les temps orageux et pendant l'obscurité sous la forme de feu follet, d'aigrettes plus ou moins brillantes qui courent dans le gréement, le long des mâts et des vergues. Ce phénomène, divinisé par les anciens sous le nom de dioscures, était réputé comme un signe favorable; il joue, au même titre, un grand rôle dans nos vieilles légendes maritimes, et aujourd'hui même il exerce quelque influence sur l'esprit naturellement superstitieux de beaucoup de marins.

La trombe est un autre météore non moins étonnant et plus dangereux : c'est une longue colonne d'eau qui tantôt s'élève en tournoyant de la surface de la mer, tantôt descend d'un nuage et voyage parfois avec une extrême rapidité. Lorsqu'elle rencontre un obstacle, ou même spontanément, elle se brise, se dissout et retombe avec fracas. Les trombes comportent un double danger en ce qu'elles peuvent submerger de petits bâtiments ou les engloutir dans le remous qu'elles forment. Dans tous les cas elles peuvent occasionner de graves avaries. Cook faillit en être victime sur les côtes de la Nouvelle-Zélande; aussi, lorsqu'il paraît impossible d'éviter leur rencontre, s'efforce-t-on de les rompre à coups de canon. Elles se forment, dit-on, soit sous l'influence d'un tourbillon de vent, soit par l'effet de l'attraction du soleil et des nuages. Elles ont, en général, peu de durée et ne sont pas très-redoutées des navires de fortes dimensions dont pourtant elles peuvent inonder le pont, tordre et briser quelques parties de la mâture.

Tâchons maintenant d'apprécier les effets de ces diverses modifications atmosphériques sur la constitution et la santé des marins, en commençant par l'humidité, leur principale ennemie. L'influence de l'humidité est essentiellement débilitante, elle frappe les fonctions d'atonie, abreuve les tissus et les fait passer à l'état de bouffissure et de flaccidité. Si son action n'est que passagère, et si l'individu jouit d'une certaine force de réaction, ces résultats sont peu sensibles; mais si cette action se prolonge sur une constitution radicalement débile, il en résulte des affections graves parmi lesquelles figurent au premier rang le scorbut, le typhus et la dyssenterie.

Les extrêmes de température donnent lieu à des considérations non moins importantes : la faculté de produire la chaleur, qui est inhérente à l'homme, étant d'autant plus développée que la constitution est plus vigoureuse, nous avons un nouveau motif pour exiger que le marin soit fortement organisé, surtout s'il se destine aux navigations polaires; car le froid prolongé, à part la sensation pénible qu'il occasionne aux individus délicats, finit par affecter gravement les organes essentiels, le poumon en particulier. Le froid est d'autant plus pernicieux qu'il se trouve combiné avec l'humidité, car alors il engourdit et relâche les tissus, tandis que le froid sec leur donne du ton, s'ils ont assez de force pour réagir. Le vent ajoute singulièrement à l'intensité du froid,

en multipliant les points de contact avec la peau. Le capitaine Parry, dans ses voyages au Nord, a remarqué que tel qui supportait facilement un froid de 17 degrés sous zéro, durant le calme, était vivement affecté par 6 degrés avec la brise.

La chaleur extrême précipite la respiration et la circulation, détermine des congestions à la périphérie, occasionne des pertes considérables par les sueurs, et cause un malaise souvent plus insupportable que le froid et auquel surtout il est plus difficile de se soustraire. De même que l'agitation de l'air augmente le froid, elle tempère considérablement la chaleur en activant l'évaporation cutanée. La sensation si pénible qu'on éprouve dans les parties basses du navire, sous le règne de la chaleur, tient en grande partie à la stagnation de l'air à l'intérieur.

Les effets physiologiques et morbides des extrêmes de température varient selon les constitutions et les habitudes individuelles; sous ce double rapport, la résistance du marin est au summum de développement; mais quelque endurci qu'il soit à la souffrance, il ne faut pas oublier que là où commence la douleur, débute la maladie.

Les variations de température sont plus pernicieuses encore que le froid ou le chaud permanents. Ces variations sont la cause la plus commune des maladies les plus répandues parmi les équipages. Nous avons vu qu'à la mer la température est assez uniforme; mais sur certaines plages, spécialement entre les tropiques, le jour et la nuit présentent, sous ce rapport, des différences très-grandes, quelquefois même plus marquées que celles qu'on observe entre l'hiver et l'été dans les mêmes régions, ce qui réclame de la part des personnes chargées de conserver la santé des équipages, une attention sérieuse et soutenue.

La faculté conductrice que l'air maritime doit à son humidité, et par laquelle il tend à soutirer l'électricité des corps qu'il environne, est probablement une des causes du sentiment de malaise qu'on éprouve à bord dans les temps chauds et orageux. Ce sentiment étant plus développé chez les personnes délicates et nerveuses, il en résulte que, malgré les circonstances défavorables, il est, en général, peu prononcé chez les marins.

On sait aujourd'hui combien est grande l'influence de la lumière sur la texture et le développement des êtres organisés; de là, probablement, ces proportions viriles et cette rigidité de tissus qui caractérisent le marin dont la vie laborieuse s'écoule sous un ciel lumineux.

L'impression des vents comme celle du froid modéré, fortifie le corps et le rend agile; mais les variations qu'ils occasionnent dans la température les rendent souvent causes de maladies. Rappelons ici que les vents sont pour l'hygiène une ressource immense, aussi essentielle peut-être qu'à la navigation elle-même ; mais comme ils peuvent servir de véhicule à des effluves pernicieuses, il convient d'en apprécier les qualités, afin d'en interdire ou d'en favoriser l'accès. Les voyageurs font mention de l'arome qui émanent de certaines plages fertiles en végétaux odoriférants, et qu'on perçoit à de très-grandes distances en mer : les parfums des îles Moluques se font, dit-on, sentir à vingt lieues au large, et l'on raconte que les compagnons de Christophe Colomb pressentirent la terre d'Amérique longtemps avant de l'apercevoir, aux odeurs qui leur furent apportées sur les vents : c'est ainsi qu'il faut expliquer la faculté que possèdent certains navigateurs de *sentir la terre*. Mais les miasmes qui s'élèvent des rivages marécageux peuvent occasionner des épidémies à bord des navires mouillés sous le vent ; cependant, par un bienfait de la Providence, la force expansive de ces émanations délétères est beaucoup plus restreinte, en général, que celle des parfums.

Nous arrivons à la partie essentiellement utile et pratique de l'histoire de l'atmosphère maritime, à celle qui concerne les moyens d'en prévenir ou corriger les effets ; mais comme ces moyens s'appliquent plus directement encore à l'atmosphère intérieure des navires, nous n'établirons ici que quelques préceptes généraux.

La ventilation et les feux, voilà les deux grands moyens à mettre en usage contre les influences de l'humidité. L'établissement des feux dans les entreponts, indépendamment de son but d'assainissement, a pour effet de réchauffer les hommes engourdis par le froid, et de les rendre plus aptes à le supporter de nouveau. Les feux de la cuisine et du four ne sont pas toujours suffisants ; on a recours alors aux réchauds mobiles. Le poêle, qu'on accorde aux états-majors des grands navires, serait plus utile peut-être à bord des petits bâtiments où l'on trouve plus difficilement des abris et des moyens de se réchauffer. On se garantira de l'influence des vents froids, soit en fermant les ouvertures au vent, soit en permettant aux hommes de s'abriter, hors le temps des manœuvres. On veillera scrupuleusement à ce que les matelots soient pourvus de bons vêtements, dont ils changeront lorsqu'ils auront été mouillés par la mer ou par la pluie. Dans les temps rigoureux, il convient d'abréger la durée des quarts et des services qui réclament l'immobilité, tels que ceux du gouvernail et des vigies.

L'extrême chaleur, avons-nous dit, est encore plus pénible et non moins dangereuse que le froid ; elle se fait vivement sentir dans les longs calmes sous l'équateur, et surtout dans les mouillages des colonies. Les navigateurs, qui, comme nous, ont éprouvé les angoisses d'une chaleur excessive et prolongée, nous sauront gré, sans doute, des détails minutieux que nous allons exposer. Outre les moyens de réfrigération puisés dans la ventilation, les vêtements légers, les boissons tempérantes, le repos, etc., il existe des procédés particuliers qu'il est bon de faire connaître. L'un des plus efficaces et des plus importants pour le maintien de la santé générale consiste dans l'usage des tentes installées dans toute l'étendue des gaillards. Chaque embarcation doit également être munie de son tendelet. Le soleil est parfois si brûlant, que les bordages racornis se disjoignent, et que le goudron des coutures entre en fusion, d'où résultent des gouttières et même des voies d'eau ; on obvie à ces inconvénients par des arrosements répétés sur le pont et en dehors du bâtiment, au moyen des pompes à incendie, dans le double but de conserver le navire et de répandre une fraîcheur agréable et salutaire à l'équipage. Dans une circonstance où nous nous trouvions réduits à la ration d'eau, sous les feux d'un soleil d'Afrique, nous n'imaginâmes de meilleur moyen pour tempérer l'ardeur qui nous dévorait, que de faire arroser le pont à grande eau, et de nous coucher à plat ventre pour humer la fraîcheur.

Le repos absolu que semble commander la chaleur extrême est cependant moins favorable qu'une promenade paisible qui procure un peu de ventilation dans une atmosphère immobile.

Les bains de mer, pris le matin ou le soir, procurent du calme pour une partie du jour ou de la nuit ; on évitera de se baigner tant que le soleil est élevé sur l'horizon, car il peut en résulter des accidents graves : un bain pris sous un soleil perpendiculaire me valut un érysipèle général, grave et douloureux. Si le bain n'est pas praticable, on peut recourir à d'autres moyens : j'ai dû de grands soulagements à un drap de lit trempé dans la mer, et dans lequel je m'enveloppais tout nu. Les matelots s'amusent parfois à s'arroser mutuellement pendant les lavages ; on tolérera ces ablutions tant qu'elles ne dégénéreront pas en désordre. Un procédé plus simple, mais qui ne peut s'appliquer qu'à des surfaces circonscrites, consiste dans l'humectation de la peau avec un linge mouillé ; l'évaporation qui en résulte procure un soulagement notable. Un large éventail de papier concourt au même but ; c'est un meuble dont les officiers devraient se munir, car rien n'est ridicule de ce qui peut procurer du bien-être. C'est encore un usage salutaire dans les colonies, que de suspendre au plafond une large couronne de feuillage qui, tournant sur son axe, exerce une douce ventilation. Ceci nous conduit à blâmer l'étiquette qui défend de s'asseoir à table sans habit ni cravate. A part le malaise qui résulte d'un pareil décorum, la santé peut en souffrir, car on mange et l'on digère mal quand on suffoque, et l'abondance des boissons destinées à tempérer la sensation ne fait qu'ajouter les inconvénients d'une transpiration excessive à la calamité d'une chaleur étouffante.

Les feux dirigés contre l'humidité chaude n'obvient à un inconvénient qu'en exagérant l'autre ; la ventilation rationnellement exploitée est ici le seul moyen applicable.

On veillera surtout à prévenir les effets des variations de température : lorsque des nuits glaciales succèdent à des jours brûlants, défiez-vous de la volupté perfide que vos lèvres desséchées éprouvent à humer la délicieuse fraîcheur du soir ; empêchez que les matelots ne s'exposent nus au contact d'une rosée malfaisante ; sévissez contre ceux qui s'endorment sur le pont, car ils s'éveilleraient avec le germe d'une maladie grave si ce n'est mortelle.

Nous avons peu de préceptes à établir au sujet de l'électricité : les navires doivent d'autant plus redouter la foudre, que les points d'attraction qu'ils représentent sont moins multipliés à la surface de la mer ; que leurs mâts élancés agissent par le mécanisme des pointes, et que la marche ainsi que les balancements dont ils sont agités déterminent des courants atmosphériques qui peuvent appeler l'électricité suspendue. C'est pourquoi l'on est dans l'habitude de carguer toutes les voiles pendant l'orage. Il est alors essentiel de veiller à l'installation du paratonnerre qui surmonte le grand mât, et de s'assurer si la chaîne qui descend le long des haubans plonge dans le réservoir commun, la mer. L'oubli de cette précaution a souvent occasionné des désastres.

La lumière est un bienfait pour les navigateurs, et l'on doit en favoriser les effets par tous les moyens possibles : on ne souffrira pas que des hommes apathiques s'étiolent ou croupissent dans les réduits obscurs ; mais lorsqu'elle émane d'un soleil ardent, on aura soin que la tête soit ombragée d'une coiffure légère et à larges bords.

Au sujet du froid et de l'humidité, nous avons implicitement parlé des vents et de la pluie ; ajoutons quelques mots sur les précautions à prendre contre les influences du littoral. Si les maladies sont plus fréquentes sur les côtes qu'en pleine mer, il n'est pas besoin, pour expliquer cela, d'invoquer des causes mystérieuses ; nous en avons déjà trouvé de suffisantes dans les brouillards, les variations de température, la fréquence des manœuvres ; nous en trouvons de plus puissantes encore dans les émanations pernicieuses qui s'élèvent du sol. Le préservatif souverain serait donc de prendre le large ; mais nous devons supposer que la destination du navire le retient au rivage. Alors il est important de choisir le mouillage le moins dangereux, et ce choix est basé sur les notions de topographie médicale. Les exemples fourmillent de navires qui, mouillés sur tel point de la côte, étaient exempts de maladies, tandis que d'autres, ancrés ailleurs, étaient en

proie aux épidémies. S'il faut, de nécessité, subir les influences d'un sol infecté, il est encore certaines précautions à prendre : on place le navire en travers au vent contaminé, on ferme les ouvertures qui regardent la plage, et l'on espère qu'ainsi les miasmes franchiront sans pénétrer ; tandis que si le navire est évité debout au vent, ces miasmes l'enfilent dans toute sa longueur. Dans cette position même, on conseille de masquer l'avant au moyen d'une voile tendue qui formera barrière aux miasmes, comme le masque empêche la fumée des cuisines de passer de l'avant à l'arrière... Trop souvent le poison subtil se joue de ces faibles entraves, et le malheureux équipage est forcé d'en subir les effets destructeurs. Communiquez le moins possible avec la terre, gardez-vous surtout d'y séjourner la nuit ; évitez les excès de tout genre, et sachez conserver cette fermeté d'âme qui allège les fléaux qu'elle ne peut prévenir.

FORGET,
Professeur à la Faculté de Médecine de Paris.

———◆◆◆———

VARIÉTÉS.

—

UN

Événement de mer.

Il y a longtemps que le reproche en a été fait : on ne s'occupe généralement pas assez de marine en France.

Et cependant d'où peut provenir une telle indifférence ? La position géographique de la France ne l'appelle-t-elle pas à jouer un rôle important sur la scène maritime ; ses rives, creusées par le travail incessant des mers qui la baignent, ne comptent-elles pas d'excellents havres, de sûres et profondes rades, de beaux et majestueux arsenaux ; ses côtes ne sont-elles pas habitées par de hardis marins ; et de la simple cabane de pêcheurs, de l'humble habitation de quelque obscur navigateur, ne s'est-il pas, parfois, élancé un homme au vaste génie, à la bouillante valeur, qui a su porter aux plus lointains rivages l'honneur du pavillon français ?

Comment donc justifier une telle indifférence ?

La justifier serait, à mon avis, impossible, et l'expliquer serait fort délicat, car il faudrait nécessairement attaquer cet égoïsme qui ronge notre société, qui désunit des parties que la nature avait créées homogènes et inséparables ; il faudrait s'élever contre ces coteries, ce charlatanisme qui abusent l'esprit du peuple, et qui, à son insu, lui ravissent ses affections et leur impriment une fausse direction.

Si, comme cela n'est que malheureusement trop

vrai, il faut user de ruse, de calcul pour éveiller l'attention, pour obtenir quelque intérêt; s'il faut recourir à cette sensiblerie d'emprunt pour mendier quelque bienveillance à l'opinion publique, jamais nos populations maritimes ne sauront mériter ni cette attention, ni cet intérêt, ni cette bienveillance, parce que, semblables à ces rochers sur lesquels la lime du temps n'a pu mordre, elles ont résisté au frottement des générations; parce qu'elles sont restées dans une simplicité de mœurs et d'habitudes inhérentes sans doute à la nature qui les entoure; parce que, bercées par la tempête, elles ont étudié le péril, reconnu la fragilité de l'homme et de ses œuvres, et, se trouvant constamment face à face avec la mort, elles ont su se créer de religieuses pensées, y puiser courage et consolation, et apprendre à souffrir sans se plaindre,

Mais qu'en résulte-t-il? Vainement la voix de l'histoire proclame-t-elle quelques-uns de ces drames sanglants, joués entre le ciel et les eaux, où tout conspire contre les hommes, où vainqueurs et vaincus descendent quelquefois dans l'abîme qui se referme aussitôt... Vainement arrive jusqu'à nous le récit de quelques-unes de ces catastrophes si fréquentes, dans lesquelles disparaissent partiellement tant de malheureux... Vainement quelques hommes généreux élèvent-ils la voix en faveur de ces familles infortunées que chaque tempête plonge dans le deuil, et qui viennent chaque jour demander au rivage un père, un fils, un frère qu'elles ne verront plus!... Tous ces désastres passent inaperçus aux yeux du plus grand nombre, et n'ont guère de retentissement que jusqu'où les échos répètent encore le sourd mugissement de la mer, où vient s'éteindre le bruit des lames, de ces lames qui vous portent les dernières plaintes..., de vos semblables!...

Mais aussi, l'on entendra quelque commerçant demander froidement si le navire naufragé était assuré; on verra cette foule, si indifférente aux malheurs de nos populations maritimes, tressaillir à la nouvelle de quelque misérable suicide, de quelque fait scandaleux, de quelque faible incident politique.

Que ne s'occupent-ils d'une classe aussi admirable par ses mœurs simples et vertueuses que par son étonnante résignation? si ses plaintes ne s'élèvent pas jusqu'à eux, pourquoi leur philanthropie ne descend-elle pas jusqu'à elle? Leur faut-il des émotions fortes, terribles, des larmes à sécher, des infortunes à adoucir, des vertus sublimes, ils en trouveront toujours là!

Car, dans la profession maritime, il y a vingt chances malheureuses contre une favorable; car chaque jour compte de nouveaux désastres.

Voulez-vous une preuve de ce que j'avance? Je choisis entre mille et je m'arrête à une époque peu éloignée de nous.

C'était en avril 1835.

La Marie-Jeanne, bateau de pêche de l'île de Sein, non ponté et du faible port de deux tonneaux, était venu, sous le commandement du patron Yves Thémeur, porter du poisson à Brest; son équipage se composait, outre le patron, de deux matelots et d'un mousse. — Après avoir terminé leurs petites opérations commerciales, ils appareillèrent le 14 pour retourner à leur île; mais la nuit s'étant faite pendant la traversée et un grand vent d'est-nord-est s'étant élevé, le patron ne put reconnaître l'île, et le bateau fut jeté en pleine mer.

Sans doute ils ignoraient encore le danger de leur position et s'imaginaient se trouver en vue des côtes; mais quelle dût être leur consternation lorsque, les ténèbres s'étant dissipées, ils n'aperçurent que l'immensité des mers; lorsqu'ils virent que la force de la tourmente maîtrisait leur frêle embarcation et rendait inutiles tous leurs efforts pour regagner la terre; lorsqu'ils se trouvèrent là, sans vivres, sans vêtements, exposés à toute la furie des vents et des flots; lorsque leurs yeux éperdus ne lurent dans le ciel et sur la mer qu'une sentence de mort!

Encore, dans les premiers instants, l'instinct de la conservation, si fort chez l'homme, dut se faire entendre, et leur prêter une nouvelle énergie pour affronter le péril imminent auquel ils étaient exposés; mais lorsque la nuit eut étendu de nouveau son voile de deuil, lorsqu'ils virent la tempête redoubler, quand reparut un jour glauque, avec son ciel brumeux que chargeaient à chaque instant d'épais nuages qui disparaissaient rapidement pour faire place à d'autres plus épais encore; quand la mer se montra plus irritée que la veille et déroula son horizon d'écume qu'accidentaient de longues lames de plus en plus élevées, alors ils se prirent sans doute de désespoir, et, découragés, l'œil éteint, ils gardèrent un morne silence, car ils n'osaient plus se communiquer leurs pensées.

Pourtant leurs souffrances étaient loin d'être finies...

La nuit revint, puis le jour, puis encore la nuit; la tempête s'était apaisée; mais où étaient-ils? Qui le saura même jamais? Néanmoins ils reprirent quelque confiance, et s'aidant, à défaut d'instruments nautiques dont ils n'auraient d'ailleurs su se servir, de quelques signes célestes que leur expérience leur avait appris à connaître, ils essayèrent de regagner la côte.

Mais, ils ne pouvaient se le dissimuler, ils en étaient fort loin, et à l'incertitude, déjà si cruelle de leur position, devait vraisemblablement se joindre la crainte de voir leurs forces trahir le faible espoir qu'ils conservaient.

Déjà le petit mousse s'était plaint du froid, et ces hommes qui, sous une rude écorce, cachaient un cœur bon, sensible et généreux, avaient, pour secourir l'enfant, oublié les souffrances que leur faisait éprouver à eux-mêmes l'atmosphère glacée qui les enveloppait ; mais lorsque, cédant au plus impérieux des besoins, le pauvre petit murmura *j'ai faim*, ces paroles si simples, mais prononcées d'une voix entrecoupée et déjà affaiblie, durent résonner d'autant plus péniblement dans l'âme des trois matelots qu'elles leur rappelaient leur situation désespérée, et venaient comme donner une nouvelle violence au feu qui dévorait leurs entrailles.

Et alors commença la plus horrible scène qu'on puisse imaginer, scène à briser le cœur, à faire subir mille morts, à tuer la raison, scène toute d'acrimonie, surtout si l'on songe que ceux qui en étaient spectateurs ne pouvaient y voir que la première partie d'un drame dont ils étaient appelés à former l'affreuse péripétie.

Accablé de froid et de faim, le mousse perdit la résignation qui jusque-là l'avait porté à souffrir en silence ; ses gémissements devinrent de plus en plus fréquents ; ses plaintes redoublèrent : « Du pain... du pain, » disait-il à ses compagnons qui ne pouvaient lui répondre que par des larmes. « Oh ! donnez-moi du pain... Mon Dieu ! » je vais mourir !... »

Et le pauvre enfant tendait ses mains qu'avait amaigries la souffrance, et ses yeux éteints se promenaient suppliants de l'un à l'autre des matelots.

Puis, jouet de son imagination affaiblie, il croyait être rendu à ses parents : « Ma mère, » s'écriait-il alors, ma bonne mère, donnez à » manger à votre fils.... il a bien faim, allez.... » il y a si longtemps qu'il n'a rien pris.... don- » nez-lui quelque chose, donnez, bonne mère, à » votre pauvre fils.... J'ai bien souffert.... oh ! » oui, car nous avons été loin, loin comme tout.... » et j'ai eu bien froid et j'ai eu faim pendant » plusieurs jours..... Mais Dieu a eu pitié de » moi..... Me voici près de vous maintenant.... » je pourrai manger tant que je voudrai, n'est-ce » pas ?... Donnez vite, ma mère, j'ai bien be- » soin.... »

A ces moments d'affaissement succédait une fiévreuse exaltation ; sa voix, brusque et saccadée, prenait plus de force ; son regard témoignait de l'égarement de ses esprits, et ses joues appâlies, sèches et comme soudées à la partie osseuse de son visage, se recouvraient d'un vif incarnat. Puis vinrent d'horribles convulsions : ses membres se tordaient ; tout son corps frémissait, bondissait ; ses yeux, d'une effrayante mobilité, semblaient faire effort pour sortir de leurs orbites, et de sa bouche écumeuse s'échappait un sourd gémissement qu'interrompaient à peine de fréquents cris de rage....

C'était hideux.

Ce ne fut cependant qu'au bout de trois jours que cessa cette horrible agonie ; il y eut un long silence après lequel s'éleva le murmure de quel-

ques voix qui récitaient des prières.... Le mousse venait de succomber....

On était alors au 20 avril, et le ciel reculait toujours devant ces malheureux, et le spectacle seul de l'immensité de l'Océan venait frapper leur vue qui, plongeant dans toute la profondeur d'un horizon sans bornes, cherchait vainement quelque lointain visage, quelque voile passagère.

Et pendant deux jours et deux nuits le même tableau se reproduisit avec son accablante uniformité ; mais il passait presque inaperçu aux yeux de ces malheureux. Un seul, le nommé Yvers Porsmoguer, qui jusque-là avait offert une plus vive résistance aux attaques redoublées des plus impérieux besoins, avait conservé assez de force pour s'élever au-dessus du plat-bord du bateau, et de là embrasser, de ses regards désolés, la vaste étendue de l'Océan.

Quant à ses deux compagnons dont les forces étaient épuisées, ils gisaient là, immobiles, l'œil atone, les dents convulsivement serrées, le teint livide, et le corps comme replié sur lui-même et singulièrement amoindri.

Parfois, agités de mouvements spasmodiques, ils détordaient leurs membres desséchés, se soulevaient brusquement, et, livrés aux plus violents paroxysmes de rage, mordaient dans les cordages, dans le bois, dans le fer, se mordaient eux-mêmes.... C'étaient alors des cris, des hurlements arrachés par les douleurs les plus atroces ; puis le bruit s'éteignait, et l'on ne pouvait plus distinguer qu'un son faible, péniblement arraché de poitrines agonisantes....

Tout à coup une voix s'écrie : « Une voile, une voile ! » C'était Porsmoguer qui, en interrogeant encore une fois l'horizon, venait d'apercevoir un bateau qui avait le cap sur eux. « Voile ! » répète-t-il ; mais ce mot, qui formulait à lui seul toute une nouvelle existence, se perdit dans l'espace sans éveiller la moindre vibration et sans trouver d'autre écho qu'un second murmure, semblable au gémissement lugubre d'un instrument dont la table d'harmonie s'est brisée.

La distance qui séparait les deux bateaux disparut cependant de plus en plus, et, peu de temps après, ils se trouvèrent bord à bord. Quelques paroles de Porsmoguer, son pâle visage sur lequel se voyaient empreintes tant de souffrances, le spectacle de ses deux malheureux compagnons qui, dans un long et pénible râlement, consumaient les derniers efforts de leur vie expirante, eurent bientôt tout expliqué aux nouveaux venus, qui, après leur avoir donné les secours dont ils purent disposer, se dirigèrent immédiatement sur La Teste, port auquel ils appartenaient, et qui était peu éloigné, car c'était non loin du bassin d'Arcachon, à 150 lieues de Brest, qu'ils avaient rencontré ces infortunés.

Arrivés à terre, les soins les plus empressés leur furent prodigués ; mais Porsmoguer put seul en profiter : les deux autres matelots succombèrent peu d'heures après. Ce n'étaient que deux cadavres que l'Océan avait rendus à la plage !

Le lendemain, trois cercueils furent conduits au champ du repos. Trois, car, au sein même de leur détresse, ces malheureux avaient religieusement conservé le corps du jeune mousse, espérant pouvoir le déposer en terre chrétienne.

Ainsi donc, dans ce fatal événement, trois existences, sur quatre, furent détruites ; ainsi voilà trois familles plongées dans le deuil, dans la misère sans doute, et ne pouvant compter que sur quelques secours bien faibles, hélas ! comparativement à leur infortune ; car la caisse des Invalides, à qui seule est réservée la noble mission de venir à l'aide des populations maritimes, et qui s'en acquitte avec toute la sollicitude, toute la justice d'une bonne mère, la caisse des Invalides n'est pas riche, quoi qu'on en dise ; et puis elle a tant d'enfants, et tant d'enfants malheureux !

E. EYMIN.

GÉOGRAPHIE.

—

L'île de l'Ascension.

On trouvera, dans tous les dictionnaires de géographie, par qui fut découverte cette petite île bien connue, devant laquelle passent presque tous les navires qui reviennent du Cap de Bonne-Espérance ou de l'Inde. Cependant ce n'est que dans ces derniers temps que sa position géographique fut déterminée avec précision par la corvette *la Coquille*, et plus tard par *l'Astrolabe* (1).

Cette île, jadis déserte, commence à offrir un coup d'œil intéressant pour l'observateur, et devient une preuve de ce que peut un bon système administratif, suivi avec constance, dans des lieux qui semblent le moins propres à être habités.

En effet, après être débarqué et avoir franchi une grande plage de sable blanc, on ne voit, tant que la vue peut s'étendre, qu'un sol volcanique, rougeâtre, entrecoupé de plaines et de hauts pitons, sur lequel un naturaliste seul peut trouver des traces de végétation. Partout on ne marche que sur des laves ou des tas de scories, qui dans les plaines présentent cela de particulier, qu'elles

(1) Voyez l'*Atlas de M. le capitaine Duperré*, qui fixe le mouillage de Sandy-Bay, d'après les calculs de M. Lottin, officier de marine, par 7° 55' 9" 8 de latitude sud, et 16° 44' 25' 7 de longitude occidentale, ou par 16° 45' 30", d'après les calculs de M. Jacquinot, officier de *l'Astrolabe*.

forment des élévations irrégulières, comme si l'on s'était plu à les relever pour cultiver leurs intervalles composés d'une terre molle et rougeâtre. La montagne la plus élevée est à peu près placée au milieu de l'île. Les nuages qu'elle attire et fixe à son sommet y ont décomposé les substances volcaniques et produit une bonne terre, seul point où la végétation ait commencé à s'établir. C'est de ce lieu qu'on embrasse parfaitement l'ensemble géologique de l'île, et qu'on voit que tous ces pitons, plus ou moins élevés, furent des centres d'action, lorsque cette terre était dans une conflagration générale. Plusieurs d'entre eux ont encore leur sommet découpé en cratère plus ou moins bien conservé. Un, entre autres, présente un accident fort remarquable. Vu de haut, ses bords, parfaitement arrondis, ressemblent à la place d'un vaste manége qui aurait été nouvellement foulé ; on y aperçoit jusqu'à la différence des lignes concentriques. La disposition de ce cratère, qui n'a que très-peu de profondeur, est certainement due à ce qu'il a autrefois contenu des eaux pluviales qui se seront peu à peu évaporées en laissant les traces que nous indiquons. Les Anglais donnent à ce lieu le nom de *Cirque du Diable*. Une personne qui l'a visité m'a dit que, lorsqu'on était dedans, on ne pouvait plus apercevoir la régularité de son ensemble par la grandeur des reliefs.

De cette hauteur encore on se rend parfaitement compte de cette apparence de tas de scories relevées. C'est qu'après qu'elles furent formées, les irruptions qui survinrent furent composées de cendres qui remplirent tous les vallons, les égalisèrent en forme de plaines, et ne laissèrent que les sommités de ses amas apparentes. Tout le sommet du piton central, une partie même de ses flancs ne se composent que de ces cendres agglomérées en morceaux de la grosseur du doigt, et contenant des scories légères, des ponces et de petites obsidiennes : c'est ce que les Italiens nomment *rapillo*. On creuse avec la plus grande facilité, au milieu de ces masses, des chemins et des excavations où les habitants se logent momentanément. Dans les coupures pratiquées à cet effet, on remarque des teintes diverses, toujours dans le brun ou dans le noir, et quelquefois des veines d'obsidienne de quelques lignes d'épaisseur, qui semblent s'être étendues, en coulant, comme le ferait du ver fondu sur du sable. Dans quelques localités que je n'ai point vues, il existe de gros blocs d'obsidienne d'une couleur noire.

Les contours de cette île sont très-déchiquetés ; il n'y a point de ports proprement dits, et l'on mouille sous le vent. Les plages de sable sont exclusivement formées de débris de coquilles et de madrépores. En certains lieux du bord de la mer, où ont probablement coulé autrefois de petits ruisseaux, l'on remarque des agglomérations, par bancs, de ce sable, qui fournit des pierres à bâtir, blanches et faciles à tailler.

Les madrépores qui concourent à former ces pierres n'existent plus vivants; on les retrouverait dans la rade, à l'endroit même où l'on débarque. Ils ont été recouvert par les irruptions; il n'en est demeuré que quelques lisières que la mer a pulvérisées, traçant maintenant les plages blanches sur lesquelles les tortues viennent déposer leurs œufs. Ce sont ces animaux qui ont rendu cette île utile aux navigateurs.

Elle n'a commencé d'être habitée d'une manière fixe qu'en 1815, lorsqu'on transporta Napoléon à Sainte-Hélène. Les Anglais y mirent un lieutenant de vaisseau avec vingt-cinq hommes, pour empêcher que d'autres puissances ne s'y établissent, et qu'on ne pût, de là, faire quelques tentatives pour enlever Napoléon de sa prison. Si vraiment tel a été le motif de peupler cette île, il paraîtra aussi mal fondé que pusillanime à ceux qui ont vu Sainte-Hélène et ses redoutables fortifications.

Peu à peu le nombre des habitants s'est augmenté, et, à l'époque où j'écrivais, il était de deux cent vingt-quatre hommes, auxquels il faut ajouter quelques femmes. Ce sont des soldats de marine commandés par leurs officiers. Le gouverneur est un capitaine, et l'état-major est formé de huit ou dix personnes. On a loué en Afrique des hommes de couleur qui servent pendant un certain temps, mais qui ne sont point esclaves. Des officiers, des soldats y ont leur femme et toute leur famille.

Les matériaux propres aux constructions, moins les pierres, sont apportés d'Angleterre ou du Cap de Bonne-Espérance. Il en a été de même, pendant longtemps, pour les aliments; et, à présent, quoiqu'il y ait dans l'île beaucoup de chèvres, de volailles et quelques bestiaux, on est toujours obligé d'envoyer des vivres salés pour une grande partie de la garnison. Les seuls aliments frais qu'on puisse distribuer sont des tortues, du poisson et des légumes.

Le premier établissement, qui est encore le plus considérable, est situé sur le bord de la mer, au milieu des scories, et sur le sol le plus aride que j'aie jamais vu. Il est formé de la maison du gouverneur et des officiers, de quelques autres maisons particulières et de grands magasins très-bien construits. Malheureusement il n'y a aucune trace d'eau douce sur le rivage; la petite quantité qu'en possède l'île vient du piton du *milieu*, distant de près de deux lieues. On est obligé de transporter à dos de mulet jusqu'à l'établissement.

J'ai déjà dit que le sommet de cette montagne était recouvert d'une terre végétale profonde et constamment humide. Les Anglais y ont imaginé des cultures parfaitement entendues de la plupart des légumes d'Europe. On a commencé aussi à y

planter des arbres, car il n'y en a point de naturels à cette terre. Au milieu de ces champs sont des étables pour les bœufs, et plus bas, encore dans la région des nuages, une maison avec ses dépendances pour le gouverneur et les officiers.

Par un transport rapide on laisse le sol brûlant et aride du rivage pour se trouver au milieu de la verdure et des fleurs, dans une température agréablement fraîche. Le spectacle qu'on a au-dessous de soi est remarquable par sa rudesse et sa sauvagerie; c'est l'image de la désolation. Après l'action du feu il n'est resté que des cratères éteints, des précipices, des pitons rougeâtres ou des roches noires.

Là, comme partout où les Anglais s'établissent, ils commencent par construire des routes aussi solides que commodes, parce qu'ils savent combien cette précaution de première nécessité contribue à la prospérité d'une contrée. Les habitants de l'Ile-de-France leur rendent pleinement justice à cet égard. On a donc commencé à l'Ascension par de beaux chemins coupés dans la montagne; il en est même un qui la contourne en partie, qu'on peut appeler de luxe, vu l'état actuel de la colonie.

C'est ensuite l'eau qu'on s'est occupé de recueillir avec le plus grand soin, parce qu'elle coule, non pas par filet, mais goutte à goutte dans trois ou quatre endroits, pendant huit mois de l'année. On a, à cet égard, un grand nombre de tonneaux défoncés par un bout, placés à côté les uns des autres, communiquant entre eux par des conduits et se remplissant les uns par les autres. Quelquefois ce n'est que l'humidité du lieu, condensée sur une pierre, dont on reçoit les gouttes qui tombent de seconde en seconde. Cette eau est aérée, salubre et sans mauvais goût; elle est meilleure que celle de Sainte-Hélène, qui conserve une émanation de la terre sur laquelle elle coule.

Le gouverneur de cette époque, M. Bate, s'occupait de faire construire sur le penchant de la montagne un vaste réservoir en pierres de taille pour mettre une certaine quantité d'eau en réserve, soit pour la garnison ou pour les navires qui en auraient un pressant besoin. Dès ce moment même l'on pouvait, sans se priver, donner dix tonneaux d'eau. Celle destinée aux animaux provient de la toiture de l'étable à bœufs, qui est couverte d'une toile vernie, sur laquelle les nuages se condensent; et comme on a lâché dans la campagne des poules, des dindes, des pintades, des pigeons qui sont devenus sauvages, on pousse la précaution jusqu'à leur mettre à boire dans des lieux solitaires. Certes, ces détails peuvent paraître minutieux, mais c'est de leur ensemble, qui indique un ordre pour ainsi dire inné, que résulte le succès.

Les tortues, richesses propres à cette île, ont dès le commencement de l'établissement fixé l'attention des colons. On sait qu'auparavant les navires abordaient à l'Ascension pour y prendre de ces amphibies, et que les matelots en retournaient sur le dos souvent beaucoup plus qu'ils ne pouvaient en emporter ; elles périssaient dans cette position sans être utiles à personne.

Depuis l'arrivée des Anglais, eux seuls se chargent d'en donner, d'en vendre ou d'en échanger avec les navires qui en ont besoin. Pour cela, ils ont agrandi, sur le bord de la mer, un réservoir naturel, dans lequel l'eau se renouvelle à chaque marée. — Il peut contenir en réserve une centaine de tortues. Pendant six mois de l'année, ces animaux semblent accourir de toutes les parties de l'Atlantique pour déposer leurs œufs sur les petites plages sablonneuses de l'Ascension. C'est la nuit qu'ils choisissent de préférence. Des sentinelles cachées préviennent de leur arrivée, et des hommes armés de leviers les renversent. On attend au lendemain pour les porter au réservoir. Comme ce ne sont que des femelles, on a le soin de les laisser pondre en partie avant que de les prendre, afin de ne pas arriver trop promptement à la destruction de l'espèce. Malgré cela, nous en avons eu à bord de notre navire qui contenaient encore près de quatre à cinq cents œufs.

On a la précaution d'écarter tout ce qui pourrait les empêcher d'aborder. A cet effet, on ne reçoit ni ne rend de salut, parce qu'on s'est aperçu que le bruit du canon leur est contraire. On va même jusqu'à empêcher de fumer sur le rivage, parce que l'on croit que l'odeur du tabac les écarte. Enfin ces précieux animaux trouvent encore sur le bord de cette île la même solitude qu'à l'époque où elle était inhabitée. L'espèce est la tortue franche ou mydas, ou tortue verte (*testudo viridis* des naturalistes). Les individus sont tous de la plus grande taille, pesant généralement de 4 à 500 livres, souvent davantage ; on en aurait même vu, dit-on, de 800 (1). Il s'en consomme ordinairement huit cents par an. C'est un excellent manger pour les marins. Bien accommodé, il a la plus grande ressemblance avec du jeune bœuf. On ne mange ordinairement que les chairs qui couvrent les membres, ou quelquefois les œufs les plus avancés et prêts à sortir, qu'on trouve dans le ventre ; de sorte qu'il y a beaucoup de perte, et que la quantité de viande dont on se sert se réduit à assez peu de chose, vu la masse totale de l'animal. Cependant on peut tout aussi bien faire usage des intestins. On sait que les tortues ne mangent point à bord des vaisseaux, et ne demandent d'autre soin que de jeter dessus un peu d'eau de mer, et de les abriter du soleil qui les dessèche et les tue.

(1) En 1828, touchant à l'Ascension, à bord du navire *la Pallas*, nous avons pris une de ces tortues de la grande espèce, qui pesait 520 kilogrammes. J'ai sous les yeux cette note de mon journal de cette époque.

(*Note du rédacteur.*)

La température du haut de la montagne diffère toujours de 10 à 12 degrés de celle de la plaine. Dans la saison des pluies, qui est la plus fraîche, le minimum du thermomètre de Farenheit est, sur la plage, à 70 degrés, et dans la montagne à 58 degrés. C'est probablement alors qu'on peut recueillir jusqu'à 900 gallons d'eau par jour de toutes les sources réunies. (Le gallon est de quatre bouteilles.)

Dans les autres saisons, le maximum de la chaleur est sur la plage de 92 degrés ; à la montagne, de 80 degrés ; par conséquent il ne gèle jamais, jamais non plus on n'a reçu de coups de vent.

Quelqu'un de bien instruit m'a dit qu'il n'y avait point de dépenses spéciales affectées à cette petite colonie, qu'elles étaient prises sur la masse générale qu'occasionnent les plus grandes.

Voici la liste des gouverneurs qui se sont succédé depuis le commencement de l'établissement, qui a été formé par :

1° Le lieutenant de vaisseau Cuppaze, en 1815, avec vingt-cinq hommes ;

2° Major Campbell, avec trente-neuf hommes, arrivé en septembre 1821, parti en mars 1824 ;

3° Colonel Nicoll, avec deux cent vingt-deux hommes, arrivé en mars 1824, parti en octobre 1828 ;

4° Capitaine Bate, avec deux cent vingt-deux hommes, arrivé en novembre 1828.

M. le capitaine Bate, par son air de douceur et de bonté, semble être né pour conduire un pareil établissement, qui demande réellement pour cela une trempe particulière de caractère ; car ce rocher ressemble à l'exil le plus affreux, et le serait en effet pour tout autre peuple que des Anglais, qui ne sauraient pas, comme on dit en terme de marine, *s'installer*. Ce gouverneur et ses officiers agissent sans la moindre cérémonie, et sont toujours dans le costume le plus simple, parce qu'il est le plus commode. C'étaient bien là les gens qui nous convenaient. Ils nous firent toutes les politesses qui étaient en leur pouvoir, et leur table nous fut constamment ouverte pendant la semaine que nous passâmes parmi eux. Nous eûmes l'avantage de leur donner à dîner ; ils parurent prendre plaisir à une société passagère qui rompait pour eux la monotonie de leur existence. On y porta diverses santés. Quelques-unes furent appuyées d'un modeste coup de canon, afin de ne pas trop effrayer les tortues, et dans cette circonstance on se relâcha un peu de l'utile sévérité du règlement.

...Y.

Courses
DANS LA MANCHE,
SOUS LA RÉPUBLIQUE.

Exploits du corsaire boulonnais l'*Unité*. — Courage et bravoure du capitaine Laugier. — Double combat du corsaire *le Prodige*. — Naufrage de *l'Enfant de la Patrie*. — Belle affaire des deux corsaires l'*Espiègle* et le *Rusé* contre un brig de guerre anglais.

Les vicissitudes politiques qui agitèrent 1787 avant que la baïonnette de nos armées républicaines n'atteignît jusque dans la législature les conspirations de l'aristocratie, avaient bien pu désorganiser les forces navales devant lesquelles tremblait l'Angleterre ; mais si, par le renversement du ministère Truguet, les royalistes avaient dissipé les espérances que la France avait placées sur ses escadres, ce qu'ils ne purent obtenir, ce fut d'arrêter les triomphes de nos armements particuliers.

L'année 1797 imprima à cette industrie guerrière le même élan qu'elle avait reçu de l'année qui l'avait précédée ; une multitude de nouveaux bâtiments vinrent s'associer, par l'audace de leurs entreprises, aux succès déjà obtenus par nos croiseurs : l'impossibilité de rapporter tous leurs exploits nous force à ne reproduire dans la statistique de cette navigation que ceux qui frappèrent le plus vivement l'attention publique.

L'*Unité*, de Boulogne, ouvre cette glorieuse série ; ce corsaire, grand chasse-marée portant six canons de 4, avait consumé la fin de décembre sur les eaux d'Angleterre, d'où il avait expédié plusieurs prises vers les ports de France ; dans les premiers jours de janvier, il se dirigeait lui-même vers Boulogne, traînant à sa remorque un sloop amariné de la veille, lorsqu'il aperçut un bâtiment anglais courant sur lui.

Le capitaine Carry ne fut pas longtemps sans reconnaître l'inégalité des forces qui existait entre son embarcation et le bâtiment ennemi ; il abandonna donc sa capture, et prit chasse ; l'Anglais força de voiles et se porta avantageusement sur ses traces.

C'était un beau cutter dont la carène, doublée de cuivre, mêlait ses reflets métalliques aux teintes sereines de la mer ; quatorze caronades, d'un calibre très-lourd, garnissaient ses sabords ; un équipage très-nombreux couvrait son pont : ce bâtiment, nommé le *Swan*, appartenait au service de la douane.

Le capitaine Carry eut bientôt acquis la conviction qu'il ne pouvait éviter d'être atteint par l'ennemi. Le cutter tombait en effet sur son sillage avec une rapidité qui dévorait la distance. Il n'avait d'autre espoir d'échapper à cet Anglais, que celui de lui causer quelque avarie assez grave pour ralentir sa poursuite ; il résolut de tenter

cette chance. Virant aussitôt de bord, il se dirigea vers le *Swan*, en recommandant expressément à son monde de pointer à démâter. Le combat ne tarda point à s'engager avec une vigueur qui se maintint durant trois heures que les deux ennemis se canonnèrent bord à bord. Le corsaire français fut si maltraité par le cutter, que pour lui toute possibilité de s'éloigner du combat était détruite ; dans cette position, le capitaine Carry songea à rétablir la parité que l'artillerie de l'ennemi avait rompue, en suppléant à la force matérielle par la puissance du courage.

« Garçons ! dit cet intrépide officier à ses hommes dont la valeur lui était connue, il n'y a pas de milieu, aborder l'Anglais ou pourrir dans les pontons. Vous sentez-vous le cœur de l'enlever ?

— Abordons ! abordons ! » lui répond l'équipage d'une seule voix.

Un coup de barre porte l'*Unité* sur le *Swan* ; les Français sautent à bord, une mêlée furieuse ensanglante le pont. Le capitaine anglais tombe frappé d'un coup de hache auprès de six des siens, renversés par les sabres ou les balles ; les autres demandent quartier : les républicains sont vainqueurs !

Le citoyen Carry fit immédiatement rétablir le gréement et les voiles hachées par la mitraille et les boulets, et gouverna sur le Havre, dans le port duquel il entra le lendemain avec sa prise. Les félicitations du Directoire et une hache d'honneur furent la récompense que l'équipage de l'*Unité* reçut, pour cet exploit, dans la personne de son chef.

Le 4 floréal (25 avril) vit s'accomplir, dans les lagunes mêmes, un forfait où le capitaine français, le citoyen Laugier, déploya un courage qui ne fit que rendre plus odieux le crime dont lui et ses compagnons devinrent les victimes.

Les Pâques véronaises eurent de funèbres échos dans les populations fanatiques de Venise. Tandis que les influences d'une noblesse et d'une inquisition machiavéliques lançaient une foule égarée contre les ennemis de leur despotisme, un petit lougre français, poursuivi par plusieurs frégates autrichiennes, vint se réfugier sous la protection de la place. Le vent était violent et la mer très-dure ; penché sous le poids de cette brise carabinée, le corsaire français était venu jeter l'ancre sous les batteries du Lido, que son canon avait militairement saluées de neuf coups.

Ordre lui fut transmis aussitôt de s'éloigner de ce mouillage. Indigné de ce déni d'hospitalité, Laugier, malgré la présence de l'ennemi, se préparait à exécuter cette sommation, lorsque les forts croisèrent sur lui le feu de tous leurs canons. Le capitaine français, ne voulant pas exposer son équipage à ces volées meurtrières, fait descendre tous ses hommes dans la cale, et accompagné seulement de ses deux officiers, monte sur le pont ; en vain son porte-voix annonce-t-il qu'il est prêt à se retirer : la canonnade continue, et ces braves officiers tombent sous les boulets qui balaient le pont du corsaire français.

Le feu des batteries ne s'éteignit que lorsque des chaloupes, chargées d'une soldatesque esclavonne, vinrent achever l'œuvre des boulets. Tous les malheureux qui se trouvaient encore sur le corsaire furent égorgés, à l'exception de trois marins que l'on traîna dans les prisons.

Bonaparte, vainqueur de l'Autriche, vint bientôt venger ce forfait; en vain cette oligarchie épouvantée lui députa-t-elle une commission chargée de fléchir son courroux.

« Je ne puis, dit-il à ces envoyés, vous recevoir ainsi couverts du sang français. Mes prisonniers sont-ils délivrés, les assassins sont-ils poursuivis? Point de vaines paroles. Mes compatriotes ont été massacrés, il faut une vengeance éclatante. »

Les envoyés ayant voulu arguer de la difficulté de connaître et de saisir les coupables, il poursuivit :

« Eh bien, ce que ne peuvent vos magistrats, je l'exécuterai moi-même. J'ai fait la paix, j'ai quatre-vingt mille hommes; j'irai briser vos plombs, je serai pour Venise un second Attila. Je ne veux plus ni inquisition ni livre d'or : ce sont des institutions des siècles de barbarie; votre gouvernement est trop vieux, il faut qu'il s'écroule. »

Rien ne put calmer sa colère; les offres de tribut que firent les députés furent rejetées avec indignation. « Quand vous couvririez toute cette plage d'or, ces trésors ne pourraient payer le sang d'un seul Français. » Cette vieille puissance, dont les escadres avaient conquis l'empire militaire et commercial du Levant, dont les armées avaient dominé l'Italie, paya son crime de sa vie. Le lion de Saint-Marc fut offert en hécatombe aux mânes de nos matelots.

Le corsaire *le Prodige* se signala quelques mois après dans un combat où le courage de son brave équipage obtint une bien différente fortune.

Ce navire, portant quatorze canons de 4, et monté par un équipage de quatre-vingts hommes, sortit le 21 juin du port de Dunkerque, sous le commandement du capitaine Vandezande. La première partie de sa croisière fut remarquable par le nombre des bâtiments anglais qu'il amarina et dirigea sur la France; la seconde fut non aussi lucrative, mais incontestablement plus glorieuse.

Le 28, il naviguait par le 54° de latitude septentrionale, lorsque ses védettes découvrirent un convoi de neuf voiles sur les limites nordouest de son horizon. Il gouverna sur elles; mais ces navires, au lieu de se couvrir de voiles et de se disperser, se formèrent en ligne de combat, et se mirent en panne. Bien que cette flotte fût une réunion de navires marchands, elle se trouva

offrir ainsi un front armé de quarante-quatre canons de 4 et de 6, et plusieurs caronades de 18. Ces navires, dont les signaux correspondaient avec ceux d'un grand trois-mâts, leur amiral, affectaient l'attitude et les habitudes d'une escadre.

Le Prodige, parvenu vers une heure et demie à quelques encâblures au vent de leur ligne, leur présenta le côté et commença le combat. L'action devint aussitôt générale, et s'engagea des deux côtés avec une énergie que le capitaine français n'attendait pas de ces négociants armés. Si, lorsque le feu cessa après avoir grondé six heures, deux des bâtiments ennemis avaient été obligés d'amener leurs pavillons, les trous de boulets que *le Prodige* avait reçus dans sa coque, sa misaine déralinguée, ses voiles et son gréement en lambeaux, annonçaient que le corsaire avait au moins acheté son triomphe.

Le capitaine amarina ses prises, la nuit s'écoula employée des deux côtés à réparer les avaries causées par le combat. La mer était d'un calme aussi profond que l'air était tranquille. Les navires ennemis ne purent ainsi profiter de l'obscurité pour se disperser. Ils s'éloignèrent cependant d'une demi-lieue du théâtre du combat. *Le Prodige* ayant livré toutes ses voiles au frais léger qui s'éleva le lendemain sur les huit heures, s'attacha à leur poursuite; la faiblesse du vent le força de border ses avirons de galère.

Il joignit l'ennemi vers la même heure à laquelle le combat avait commencé la veille. Cette affaire fut plus sérieuse encore que la précédente; les sept navires anglais étant parvenus à envelopper le corsaire, le foudroyèrent à portée de pistolet. *Le Prodige* essuya les pertes et les ravages les plus terribles; son pont se couvrit de cadavres; sa carène, trouée et disjointe, recevait l'eau avec abondance : matelots et soldats n'en donnaient pas moins l'exemple de l'abnégation et du plus grand courage. Un sergent de la garnison est atteint par un boulet; ce brave, baigné dans son sang, réunit toutes ses forces pour exalter l'enthousiasme de ses compagnons : « Songez, disait-il, à ceux qui voulaient me secourir, songez à ceux de nos frères blessés qui peuvent en revenir; conservez-les à la république. » Il mourut en héros.

Son exemple et ses paroles exaltèrent tous les courages : les bordées éclatèrent avec une nouvelle furie, trois nouveaux adversaires amenèrent leurs pavillons, les autres prirent aussitôt la fuite. L'affaiblissement dont les deux combats et l'armement des bâtiments capturés frappèrent son équipage, l'empêchèrent de poursuivre les quatre fuyards, il se dirigea avec ses cinq prises vers le Texel, d'où il regagna la rade de Dunkerque, pour y jeter l'ancre le 2 juillet.

Le convoi, dont il avait enlevé plus de la moitié des voiles, venait de Memel et se dirigeait vers Londres, chargé de toile, de fer, de chanvre et de pelleterie : il arriva heureusement dans les eaux du Texel.

Vers cette époque, *l'Enfant-de-la-Patrie*, grand corsaire de l'échantillon et de la dimension de nos plus fortes corvettes, assailli par plusieurs coups de vent successifs, se perdit dans les lames orageuses de la Norwége. Ce sinistre disparut au milieu de nos triomphes.

Le dernier fait d'armes de cette année, funeste au commerce anglais, est dû à deux bâtiments boulonnais.

L'Espiègle et *le Rusé*, jolies embarcations pleines de ces qualités nautiques qui donnaient tant d'avantages à nos croiseurs, sortirent du lit de la Lianne dans les premiers jours de décembre. *Le Rusé*, commandé par le capitaine Formentin, portait huit canons de 4 ; *l'Espiègle*, capitaine Duchesne, en avait dix. Ces deux navires ayant rencontré un convoi nombreux qui naviguait sous l'escorte de plusieurs corvettes, le suivirent quelque temps dans l'espoir qu'un coup de vent, une avarie ou de fausses manœuvres en distrairaient quelques bâtiments dont ils pourraient sans danger faire leur proie. Les premiers jours s'écoulèrent sans réaliser leur espoir ; dans la nuit du 21 au 22, l'inutilité de leur expectative les fit se hasarder à s'approcher du convoi pour s'y mêler. Cette démarche ayant fait apercevoir au capitaine Duchesne un navire assez éloigné du gros de la flottille pour qu'on pût l'enlever sans se compromettre avec les convoyeurs, gouverna immédiatement sur lui. Lorsqu'il put apercevoir le travers du navire, qu'à son arrière il avait pris pour un marchand, il reconnut un des forts brigs-canonnières attachés au service des côtes britanniques. Ce navire portait en batterie barbette des pièces de 18 et des caronades de 32.

L'Espiègle, qu'avait démasqué sa manœuvre, se trouvait trop près pour essayer de se retirer ; l'alternative qui s'offrait à lui était de se rendre ou d'aborder. Le brave équipage, commandé par le citoyen Duchesne, n'avait donc pas à choisir. Il continua à se porter sur le brig anglais. *Le Rusé*, ayant reconnu le danger que courait son matelot, se dirigea aussitôt à son secours ; les deux navires français ne pouvaient laisser un seul instant languir leur attaque. La supériorité de leur ennemi établissait déjà le combat assez douteux pour que les deux corsaires ne donnassent point le temps aux forces de l'escorte de venir les écraser. Ils renoncèrent presque à faire usage de leurs canons. Un feu de mousqueterie couvrit seul la canonnière anglaise d'une grêle de balles, tandis que les deux Français cherchaient à l'accoster. Après plusieurs tentatives manquées, *l'Espiègle* réussit à lui jeter quatorze hommes. Le lieutenant Tack, de Dunkerque, était à la tête de cette poignée de braves. Le brig leur opposa soixante-huit combattants. Les Français, sans s'effrayer du nombre, chargent l'ennemi avec une

intrépidité et une vigueur inouïe ; les Anglais ne résistent que par la puissance du nombre ; les Républicains redoublent d'ardeur ; Tack, dont un coup de sabre dans le flanc n'a fait jusque-là qu'exalter l'énergie, est mis hors de combat par un coup de feu qui l'atteint au cou ; sa chute excite ses compagnons à le venger ; le carnage devient affreux : le capitaine et le second du brig sont abattus sur un monceau de cadavres ; l'équipage, ne pouvant résister à la furie de cette attaque, se rend à merci. Le brig est amariné ; ses couleurs nationales sont remplacées par notre glorieux pavillon, et il est enlevé dans les eaux mêmes des deux corvettes.

Les acclamations de la population boulonnaise saluèrent le lendemain l'entrée de ce beau navire dans la Lianne. Les félicitations du Directoire vinrent se mêler au concert de louanges qu'obtint ce noble exploit.

FULGENCE-GIRARD.

VARIÉTÉS.

—

Un Naufrage

ENTRE ORAN ET ALGER, ET CAPTIVITÉ SUR LA CÔTE D'AFRIQUE.

Tout le monde sait dans quelles vues a été entreprise l'expédition d'Alger. C'était, en première ligne, l'abolition de la piraterie et de l'esclavage des chrétiens ; mais sur cette partie des côtes africaines, on ne se fait pas une idée juste de la barbarie avec laquelle on traitait les malheureux jetés par une tempête sur ces plages inhospitalières. Le tableau des tortures réservées à ceux que la mort épargnait dans un naufrage a été fidèlement tracé par une des nombreuses victimes de la cruauté des Maures. P.-J. Dumont a peint avec une effrayante vérité les souffrances qu'il a endurées pendant dix-huit années d'esclavage au milieu de ces hordes que nos armées auront bientôt soumises et forcées de reconnaître les droits des gens et de l'humanité.

Voici un abrégé de la relation qu'il a publiée ; elle offre des détails fort peu connus.

Je quittai la maison paternelle à l'âge de douze ans, pour me mettre au service d'un officier de marine que je suivis dans l'expédition de Gibraltar. Je m'embarquai au port d'Alacire, en Espagne, sur le brig français *le Lièvre*, qui devait se rendre à Mahon. Le soir même de notre départ, une violente tempête jeta le bâtiment en débris sur les côtes d'Afrique, entre Oran et Alger. Soixante personnes disparurent sous les flots, et quatre-vingts seulement parvinrent à terre accablées de lassitude. A peine avions-nous mis le pied à terre, que nous fûmes assaillis par les Arabes. La plupart des naufragés se laissèrent égorger comme des moutons : je fus blessé d'un coup de lance et frappé en même temps d'une balle à la jambe. Au point du jour, les Arabes nous lièrent les bras en croix, et nous attachèrent à la queue de leurs chevaux. Nous marchâmes trois nuits de suite. La dernière marche se fit de jour, parce que nos conducteurs n'avaient plus rien à craindre. Chaque pas rouvrait nos blessures que le sang séché avait un peu refermées. Nous arrivâmes le soir à la montagne Félix, demeure du cheik Osman.

Nous lui fûmes présentés. Lorsque nous lui dîmes que nous étions Français, il s'écria : — *Français ! sans foi, sans loi, malins et diables.* — Qu'on les jette à la chaîne. On nous mit tout nus, hors un court jupon de laine ; on nous attacha deux à deux à une grosse chaîne d'environ dix pieds de long, fixée aux pieds par un anneau en forme de forme de fer à cheval ; on nous conduisit au bagne à une demi-lieue du palais. Deux mille esclaves y sont détenus. Il est très-obscur, n'ayant que d'étroites fenêtres placées de distance en distance, qui permettent de voir toutes les nuits des animaux féroces prêts à dévorer les prisonniers. Le bagne est gardé par des soldats qui tirent souvent des coups de fusil chargés à sel sur les esclaves qui font du bruit. Quoique mes blessures me causassent de vives douleurs, je fus forcé d'aller au travail comme les autres à six heures du matin, traînant la chaîne, et ramassant quelques grains de blé de Turquie qu'on nous jetait comme à des chiens.

Après avoir tiré toute la journée une charrue avec une douzaine d'esclaves, je fus ramené en prison, meurtri des coups que j'avais reçus du gardien. Un Italien, voisin de ma chaîne, touché de mes souffrances, prit un bâton qu'il enveloppa de chanvre ; il le fit entrer dans la plaie du coup de lance en me causant d'indicibles tourments ; il parvint à établir une espèce de séton : je guéris au bout de trois mois.

Parmi les deux mille personnes du bagne, il se trouve des vieillards qu'on occupe à nettoyer les ordures du bâtiment. Quand leur faiblesse ne leur permet plus de travailler, les gardiens les tuent à coups de fusil, et leurs crânes servent de vases aux esclaves. On traite de la même manière les jeunes gens atteints de maladies graves.

Les captifs se lèvent à deux heures du matin. Les uns travaillent au jardin du cheik, les autres coupent du bois : ceux-ci défrichent des montagnes, ceux-là tirent la charrue ; on les y attelle par six ou huit paires. Pendant le travail, les gardiens veillent autour de nous, bien armés, pour éloigner les bêtes féroces, et principalement les lions et les tigres, dont quelques-uns sont de la grosseur d'un mulet.

Les Arabes adressent trois fois par jour leur prière à Mahomet : à deux heures du matin, à midi et à quatre heures du soir. Cette cérémonie dure environ dix minutes, et c'est ce temps si précieux de midi que prennent les esclaves pour dérober à la hâte les fruits, les légumes, et même le blé qu'ils rencontrent dans leur chemin. Ce n'est pas que ce vol soit autorisé par les gardiens ; mais rien au monde ne pouvant les distraire de leur prière, le vol s'effectue impunément.

En allant aux champs dans les terrains incultes, nous ressentions une faim et une soif dévorante. Le soleil dardait perpendiculairement ses rayons sur notre peau devenue d'une couleur très-foncée. Qu'on juge de ses effets sur des dos écorchés et meurtris. Nous couvrions notre tête de feuillage, et nous ombragions notre poitrine de notre barbe. La mienne, qui me descendait à la ceinture, servait à me garantir de la chaleur, du vent et de la pluie.

Quelquefois, si nous rencontrions en chemin une moitié d'ours ou de sanglier déchiré par les tigres ou les lions, nous demandions la permission d'achever leur rebut : « Oui, mange, chien de chrétien, » répondaient les Koubals.

On conçoit qu'avec un pareil genre de vie, notre corps s'endurcissait à la fatigue ainsi qu'aux durs traitements. Nous avions les mains si remplies de callosités, qu'il nous était impossible de les fermer, même à moitié. La plante des pieds était devenue une espèce de corne plus épaisse que celle des chevaux. Ce n'est point une exagération : on aurait pu nous ferrer sans douleur. Jamais nous n'en éprouvions en passant dans les broussailles et les ronces : les épines qui pénétraient cette partie y pourrissaient à notre insu.

Les gardiens, à qui la pitié est totalement étrangère, ont coutume de redoubler les châtiments sur ceux des esclaves dont le naturel leur paraît le plus sensible. Cette remarque ne pouvait m'échapper. Je chantais presque toujours quand j'étais battu, ce qui m'épargnait une bonne moitié de la correction journalière. « Celui-là est de fer, disaient les gardiens, il est inutile de le frapper. » Mes chants néanmoins ne m'ont pas toujours porté bonheur.

Un prince de Maroc étant venu à la montagne Félix, poussa jusqu'aux champs où je travaillais. Nous fûmes étrangement surpris, à son arrivée, de voir nos gardiens mettre pied à terre, aller les yeux baissés, avec le plus profond respect, lui baiser la manche. Nous demandâmes à l'un d'eux, renégat liégeois, moins dur que ses confrères, quel était ce personnage d'une si haute importance. Dès qu'il nous l'eut nommé, mes camarades me dirent : « Dumont, toi qui sais la langue du prince, va le prier de nous accorder quelque chose. »

Après un moment d'hésitation, j'emmène mon

camarade : nous nous précipitons aux genoux du prince, et j'en sollicite une charité pour l'amour de Dieu.

« Pourquoi as-tu renié la loi ? me dit-il, croyant que j'étais un Arabe fait chrétien ; vois-tu, Dieu te punit. »

Je répondis avec assurance : « Non, Monseigneur, je ne suis point Arabe ; je suis chrétien.
— Quelle est ta nation ?
— La France.
— Ah ! tu es Français ! *sans foi, sans loi, malin et diable.* Ecoute : si tu veux renier ta religion et embrasser celle de Mahomet, je te conduirai dans mon pays, et te ferai du bien.
— Non, Monseigneur, je suis homme et chrétien ; je veux mourir au sein de ma religion : celui qui renie sa loi n'en connaît aucune. »

Le prince se tourna alors vers son aide-de-camp, et dit à haute voix : « Il a raison. » Tirant aussitôt cent sequins (mille francs) de sa poche : « Tiens, me dit-il gracieusement, voilà pour toi et tes compagnons. »

Nos gardiens ont deux chefs : le premier s'appelle gardien bâche, et le second gardien hail. Le bâche a droit de vie et de mort sur les esclaves et leurs gardiens ; il ne doit compte de sa conduite qu'au cheik, qui approuve constamment ses raisons ; il lui suffit de montrer la tête qu'il a fait tomber. Le bâche ne vient guère au bagne que cinq ou six fois par an. Les punitions qu'il ordonne sont toujours sévères, la mort ou six cents coups de bâton au moins. Cependant nous désirions sa vue ainsi que celle d'Osman, qui était encore plus rare, parce que nous en obtenions toujours quelque chose. Le hail m'ayant vu recevoir de l'argent du prince maroquin, l'exigea dès qu'il fut parti, avec les menaces des châtiments ordinaires ; je n'en fis aucun cas, et, sans redouter ses criailleries, je partageai la somme entière avec mes compagnons, ne me réservant que cinq sequins pour mon camarade et moi. On pense bien que la colère du hail n'épargna personne : la grêle sur nos têtes serait tombée avec moins de rapidité que les coups que l'on fit pleuvoir sur nos épaules. Ce fut en vain ; le bâton ne put nous arracher un sou. Quelques esclaves, afin d'abréger leurs souffrances, eurent la faiblesse d'avouer qu'ils m'avaient conseillé de lui remettre l'argent. Cet aveu le rendit furieux ; il redoubla mes tourments sans succès. Mon opiniâtreté fut inébranlable, tant le sujet de l'injustice m'endurcissait contre sa cruauté. Hélas ! j'ignorais que la haine qu'il allait me vouer particulièrement n'aurait de terme que la durée de ma captivité. En effet, ce barbare, plus cruel que les lions, qui ne font aucun mal lorsqu'ils ne sont point affamés, m'accabla de meurtrissures toute une année, sans m'épargner un seul jour. Hors d'état de résister à ces souffrances imméritées, je résolus de mourir. Le lendemain, quand mon tour vint de m'in-

cliner pour franchir le seuil de notre prison, un coup si violent m'atteignit aux reins, que j'en fléchis et perdis la respiration. Presque aussitôt je me dresse et j'étends le bras ; je m'empare d'une grosse pierre, je la jette avec force à la tête du hail dont l'œil sort de son orbite ; je m'élance comme un tigre à son sein, qui se dépouille à la suite de mes transports, sans me faire ressentir les coups des gardiens, tombant à la fois sur toutes les parties de mon corps.

On sent bien qu'un funeste exemple, l'insubordination, la révolte, les mains et les dents portées sur le second chef des gardiens, devaient avoir des suites terribles. Je m'y étais attendu, puisque je soupirais après la fin de mes maux, dont la tête tranchée était le remède. Si le gardien bâche eût été présent, l'affaire n'aurait sans doute point traîné. Mais le hail n'a pas le même pouvoir : il lui fallut donc porter ses plaintes au cheik, avec la pièce de conviction, c'est-à-dire moi-même. A cet effet, pour procéder en règle, on me déchaîna ; un mulet s'avança, sur lequel on me mit à plat, les pieds et les mains liés sous le ventre de l'animal. Conduit ainsi au trot, accompagné de coups sans intervalles, jusqu'au palais du cheik, éloigné d'une demi-lieue, j'arrivai presque évanoui : l'attitude, le traitement, l'allure du mulet, m'avaient rendu le visage tout noir. J'avais, en outre, le corps déchiré.

En arrêtant le mulet devant Osman, on me détacha et l'on me jeta à terre comme une charge. Le hail va se plaindre. Osman paraît au balcon. Je respire un moment. Il me demande pourquoi j'ai maltraité ce chef des gardiens.

« Je te prie, PAR LA LOI, lui dis-je, de me laisser parler, tu me trancheras la tête après, si tu veux.
— Allons parle, chien, » me répondit le cheik.

Je lui raconte brièvement la venue du prince maroquin au lieu de nos travaux, la distribution de son argent à mes camarades, la volonté du hail de s'en emparer ; puis j'ajoutai que le prince m'avait donné les cent sequins pour la dévotion de Mahomet (1), dont, selon sa réplique, le hail s'embarrassait fort peu, pourvu qu'il touchât les sequins ; qu'il m'était impossible de remplir son vœu, puisque mes compagnons les avaient partagés.

« De quelle main as-tu lancé la pierre ? » reprit le cheik.

Faisant la réflexion rapide que cette question tend à me faire couper la main droite, j'accuse la gauche sans hésiter. Soudain Osman ordonne qu'on m'attache la *falaque;* c'est une courroie qui, prenant le poing au-dessous, va saisir les troisième et quatrième doigts, afin de fixer la main étendue sur une table au moyen d'un tour-

(1) Le hail n'avait pas parlé du prophète ; mais ce mensonge sauva la tête de Dumont.

niquet; l'autre main, également étendue, est attachée à une poulie à hauteur de l'homme, ce qui lui donne, en quelque sorte, jusqu'au milieu du corps, la position d'un crucifié. Deux gardiens me frappèrent à coups de bâton dans la main gauche, à la manière des maréchaux, jusqu'à ce qu'il plût au cheik de suspendre le châtiment, ce qui dura près de vingt minutes. Ma main en sortit en lambeaux, dépouillée, écrasée; elle y perdit tous ses ongles; on n'y voyait plus que les nerfs : j'en suis estropié pour toujours.

Osman me fit détacher. « As-tu vu, dit-il au bail, comme j'ai châtié le chrétien? »

Le gardien, montrant un air satisfait, le remercie de la rigueur que venait de déployer son maître, et approuve tant de justice. Mais Osman le regarde en courroux, et lui adresse ces mots terribles : *Toi, pour avoir préféré l'argent à la loi de Mahomet, tu seras pendu;* ce qui fut exécuté à l'instant au premier arbre.

On me ramena à pied dans le bagne, laissant une trace de sang sur ma route; et, tout de suite, on me dirigea vers une meule à repasser les outils. Je l'ai tournée du bras droit pendant un an, c'est-à-dire tout le temps qu'il m'a fallu pour guérir le bras gauche. Combien j'ai souffert encore à cette maudite meule! la main droite, accablée de lassitude, me causait quelquefois plus de douleur que la gauche. Ah! que je regrettais, dans ces jours cruels, les plus rudes travaux des champs!

Dès qu'il me fut permis de les reprendre, ma main droite armée d'une pioche, et mon bras gauche assez roide, offrirent encore au cheik quelque utilité. Mon camarade avait soin de remuer la terre devant moi, dans l'intention de faciliter ma tâche. Je lui en savais gré, et ne manquais jamais de le faire participer aux petits vols que mon bonheur couronnait.

L'un des travaux qui me semblaient les plus rudes était l'occupation aux *matamores :* ce sont de vastes souterrains renfermant des magasins de blé. On les creuse jusqu'à la profondeur de quatre-vingts pieds sur une largeur proportionnée. Le fond en est planchéié ainsi que les parois. On met des nattes sur les planchers et d'autres planches sur les nattes. On emplit ces immenses réservoirs jusqu'à la hauteur de soixante-dix pieds, ou, si l'on veut, à dix pieds du niveau du sol. Alors même précaution que dans l'intérieur, c'est-à-dire qu'on les ferme avec des poutres, des planches, des nattes, et des planches encore par-dessus; le tout est ensuite recouvert de terre, sur laquelle on laboure et l'on sème comme sur tout autre terroir. Le blé s'y garde douze à quinze ans aussi frais qu'à l'époque où il fut déposé.

Quelques-unes des esclaves, afin de se soustraire à leurs maux, reniaient leur religion contre celle du prophète. On ôtait leurs chaînes;

on en faisait des gardiens; on les mariait à leur choix avec des renégates ou des filles du pays. On leur donnait 75 fr. par mois, et quelquefois un établissement à leur goût; mais l'exemple du supplice d'un renégat infidèle à la loi du prophète portait la terreur dans l'âme des esclaves les plus résolus. Un Liégeois voulut adoucir sa misère en livrant sa conscience aux Arabes. Il remplit quatre ans, sans y manquer, les devoirs de Mahomet. Par malheur, il remarquait quelquefois le plaisir des Juifs à boire de l'eau-de-vie. La tentation le prit d'en goûter : il résista d'abord; mais l'esprit malin le poussa si fort, qu'il succomba. Pris le même jour en flagrant délit, on l'amena devant nous pour être empalé. On suspendit ce malheureux, à l'aide d'une poulie, à la hauteur d'une branche de fer scellée par le gros bout dans une colonne de marbre; on lui posa le derrière sur la pointe, et, de minute en minute, on le descendait de deux à trois lignes, jusqu'au moment où la broche lui sortit par le côté près de l'épaule. Il demeura dans cette terrible position pendant trente-six heures sans expirer, nous suppliant de l'achever à coups de pierre, mouvement de pitié qui nous aurait aussi coûté la vie. Les Arabes nous disaient. « Regarde ce chien comme toi. » Et des esclaves, loin de le plaindre, le chargeaient d'imprécations pour avoir changé de culte.

J'étais depuis trente-trois ans dans les mains des Koubals, livré à toutes les horreurs de la servitude, et ne pensant plus désormais à m'en affranchir, quand un événement assez extraordinaire vint me tirer de l'affreuse prison du cheik. Un Français appelé *Manet* était depuis cinq ans renégat sous le nom d'Ali. Comme il savait très-bien fabriquer la poudre à canon, ses talents l'avaient mis si avant dans les bonnes grâces d'Osman, qu'il marchait après son premier ministre. Manet, séparé de la France, n'avait point encore perdu la curiosité naturelle de ses compatriotes : il eut celle de regarder par les fenêtres du sérail les jolies femmes du cheik, qui le surprit. Ce crime emporte la peine capitale; mais Osman, qui l'aimait et qui faisait cas de son industrie dont il avait grand besoin, commua la peine de mort en quinze cents coups de bâton, distribués mille sur le derrière et cinq cents sous les pieds; puis il le priva de ses richesses, ne lui laissant que son cheval et ses armes. Cette douceur dans le traitement, due à l'affection singulière de son maître, ne l'empêcha point de conserver contre lui le plus violent ressentiment.

Quatre mois après sa guérison, le cheik lui confie qu'il a l'intention de surprendre le dey d'Alger, pour en arracher un tribut, et qu'il lui faut une grande quantité de poudre pour cette expédition. Ali-Manet, enchanté d'une confidence de cette importance, conçoit le dessein de la faire tourner à son profit. Il va déposer son cheval dans un village écarté dont il se trouvait gouverneur, en déclarant au cheik qu'il était mort. Osman lui en donne un autre, que Manet conduit à son village, afin de détourner l'attention de son maître. Il monte le premier cheval, s'enfuit, passe devant le bagne en nous disant un adieu que nous entendîmes très-bien, mais sans nous douter de la démarche qu'il allait faire

Le lendemain, le cheik, ne le voyant point paraître au baise-main, faveur uniquement accordée à Manet et au premier ministre, en demanda des nouvelles. Il ne conçut aucun soupçon dès qu'on lui eut rapporté que Manet ne pouvait être éloigné, puisqu'il avait laissé son cheval dans le village. Le surlendemain, pensant qu'il avait été dévoré, on négligea des recherches. Manet, durant ces précieux moments, traversait seul, avec autant de bonheur que d'intrépidité, cent vingt lieues de déserts, de montagnes, de forêts remplies de lions, de tigres et de léopards, trajet que les Koubals, bien montés et bien armés, n'ont jamais fait sans une caravane de vingt à trente personnes.

Il va trouver le bey de Tittery, dont le pouvoir s'étend aux frontières des Koubals du côté d'Alger, et l'avertit de prendre ses précautions contre Osman, dont les fils doivent l'attaquer sous peu de jours. Le bey, recevant cet avis, le fait accompagner par cent de ses *caspatdgi* jusqu'à la ville d'Alger. Le dey retint Manet, et lui dit : « Si ta nouvelle est vraie, je te confère un emploi digne d'un pareil service : ta tête tombera si elle est fausse. » Manet confirme par serment ce qu'il vient d'avancer. Aussitôt le dey ordonne aux beys d'Oran, de Constantine, de Tittery, de se réunir, et ils marchent à la fois sur divers points à la rencontre de l'armée d'Osman. Trois jours étaient à peine écoulés, que les fils du cheik battirent les beys d'Oran et de Constantine ; mais celui de Tittery, plus heureux, les vengea, car, après avoir enveloppé ses ennemis, il les tailla en pièces, et fit un grand nombre de prisonniers, parmi lesquels les deux généraux, enfants d'Osman. Le vainqueur se disposait à leur trancher la tête, lorsque l'un d'eux l'ayant supplié de consentir à un échange contre les chrétiens, le bey envoya l'avis au dey d'Alger, qui en fixa le nombre à cinq cents. Osman, à l'arrivée du courrier porteur de cette nouvelle transmise par le bey de Tittery, se soumit volontiers à l'échange proposé. Il se rendit au bagne, vit trois cents esclaves qu'on amenait aux travaux, et fit suspendre leur marche : deux cents autres furent ajoutés à ce nombre.

J'avais l'habitude de sortir un des derniers du bagne quand je savais que les lieux où nous devions passer étaient stériles ; je marchais, au contraire, à la tête de la colonne toutes les fois que nous nous dirigions sur des points où la fa-

cilité de marauder pouvait me tenter. Ce jour là, je traînais ma chaîne avec gaieté, certain que le propriétaire, qui souffrait nos vols en silence, nous laisserait le choix. Bien m'en prit ; car c'est à cette heureuse idée que je dois ma liberté avec l'inappréciable avantage de revoir mon pays. Pourquoi faut-il que j'aie encore à gémir sur le sort de quinze cents compagnons qui, selon toutes les apparences, rendront le dernier soupir dans l'esclavage !

Je me trouvais donc au milieu de trois cents esclaves qui se rangèrent les premiers sous les yeux du cheik. Il se mit lui-même à la tête d'une armée, et nous escorta jusqu'aux environs de Tittery. Osman et le bey s'étant rencontrés, se baisèrent les épaules, et l'échange s'opéra. (C'était au mois de septembre 1815.)

En paraissant devant le bey de Tittery, nos fers tombèrent ; on nous laissa le simple grillet, indiquant notre servitude au profit du gouvernement d'Alger. On nous habilla ; nous fûmes nourris trois mois entiers sans faire aucun travail. Quelles délices ! Je me croyais dans la terre de Chanaan ! L'époque où le bey solde ses contributions au dey d'Alger étant arrivée, on nous conduisit à ce dernier, et voilà Pierre-Joseph Dumont esclave d'un nouveau maître.

Les chrétiens sont habillés tous les ans de vêtements tout en laine, excepté la chemise qui est d'une toile grise et claire comme un tamis. Ces vêtements consistent en un gilet, une capote, une culotte et des souliers de maroquin qui ne durent qu'un jour. On a pour nourriture, pendant vingt-quatre heures, deux pains noirs de cinq onces chacun, avec sept ou huit olives d'une odeur insupportable.

Le bagne est distribué par chambrées de trente à quarante hommes ; lorsqu'il est plein, l'excédant repose dans les corridors, sur les escaliers, dans la cour, jusqu'à ce qu'il se trouve des places vacantes. Le gouvernement emploie chaque esclave aux travaux qui lui sont familiers. N'ayant point de profession, on m'occupait à porter des fardeaux, à servir d'aide aux charpentiers et aux ouvriers de l'arsenal.

J'étais depuis huit mois dans ma nouvelle captivité, lorsque l'amiral *Exmouth* se présenta devant Alger, au mois d'août 1815. Il exigea du dey la remise des esclaves chrétiens de toutes les nations, et fit en même temps ses dispositions pour bombarder la ville. On nous conduisit alors, au nombre de quinze cents, dont un trentième de Français, dans une immense caverne au sommet de la montagne d'Alger. Il nous fallut quatre jours pour y arriver. Dans l'appréhension d'une révolte, on nous avait enchaînés. Malgré le temps que nous avions mis à tourner la montagne, nous étions encore assez près de la rade pour voir fort distinctement le combat qui nous offrait le spectacle le plus imposant dans l'incen-

23

die de la flotte algérienne. C'est alors que les coups roulèrent sur nos épaules comme les boulets sur la ville; mais cet effet de la rage ennemie ne put nous empêcher de faire des vœux pour le succès des forces anglaises; car nous ne doutions pas qu'il ne marquât la fin de nos maux. Cependant le ministre du dey nous refusa cette consolation; car, sans en prévenir son maître, il commanda qu'on abattît nos têtes. En conséquence, on nous déclara que nous étions libres. Tous se précipitèrent à l'ouverture de la caverne pour en sortir. Le mouvement causait un grand embarras : on ne put couper que lentement les têtes. Quatre venaient de tomber, lorsque les Turcs, qui n'agissaient qu'avec répugnance, et qui sont d'ailleurs bien moins féroces que les Arabes, dépêchèrent un de leurs camarades vers le dey afin de faire cesser cette boucherie, s'il était possible. Celui-ci ordonna de nous mettre en liberté, et le courrier porteur de cette bonne nouvelle fut de retour à dix heures du soir. Pendant cet intervalle, trente-deux têtes avaient roulé sur la poussière. Les esclaves, témoins de ce carnage abominable, et craignant le même sort, refusèrent long-temps de sortir. Il fallut de nouveau employer les coups, jusqu'à ce qu'entendant les cris de joie de ceux qui avaient passé les premiers, ils fussent certains de la vérité du message.

Alors nous traînâmes nos fers en courant, parmi les ronces et les épines, vers le rivage. Des chaloupes anglaises nous recueillirent, et là nos dernières chaînes tombèrent au milieu des larmes de trois mille renégats qui les versaient du plus profond regret de ne pouvoir obtenir leur délivrance.

Qui peindra mon étonnement d'apprendre à bord des vaisseaux les événements de la révolution française ? Que de faits s'étaient accomplis pendant ma longue absence ! Que d'hommes morts, et que de gens à peine nés à mon départ, qui se trouvaient jouer les premiers rôles dans ce monde tout nouveau pour moi ! D'abord je me refusai à croire à des choses qui me paraissaient aussi invraisemblables. Tout ce qu'on me disait me paraissait si incroyable, que je me figurais que les Anglais s'amusaient à mes dépens et voulaient rire de ma crédulité. Je ne fus pas bien détrompé à Naples. A Marseille, on me fit le même récit ; il ne me fut plus possible de me refuser à l'évidence.

Une frégate conduisit Dumont à Naples ; de ce lieu, il s'embarqua pour Marseille, où il retrouva un Lyonnais, compagnon de ses infortunes à Alger, et dont l'esclavage avait duré dix-huit ans. Dumont partit avec lui pour Lyon, et de cette ville, il se rendit seul à Paris, où il arriva par le coche d'Auxerre, le 24 janvier 1817, après trente-neuf ans d'absence.

VARIÉTÉS.

DE LA
Traite des Noirs.

(Suite. — Troisième article.)

Voici encore un fait qui prouve à quel point les Nègres portent le fanatisme de leur patrie. En 1807 les négriers de Saint-Louis eurent besoin d'esclaves, ils se hâtèrent de faire un armement destiné en apparence pour Galam, mais qui se rendit réellement à Alebia, appartenant au Sol. Le commandant était M. Charbonnier. Les Nègres d'Alebia reçurent les Français sans défiance, établirent avec eux un commerce d'échange, et se livrèrent à toute espèce de réjouissances en l'honneur de leur arrivée. Puis la nuit venue, chacun alla prendre du repos. Mais les Européens veillaient sur leur proie. Au milieu de la nuit ils surprirent les Nègres endormis, et les firent esclaves ou les massacrèrent. Une partie de ces esclaves fut envoyée dans nos colonies, où ils sont encore, si le désespoir ou les mauvais traitements ne les ont pas tués. Le reste fut transporté à Cuba. Le système de l'esclavage est plus modéré chez les Espagnols que chez les Français. Les maîtres accordant à leurs esclaves une partie de leur journée, les Nègres d'Alebia l'employèrent aux travaux les plus pénibles, et amassèrent de l'or pour acheter leur liberté. Ils n'y parvinrent qu'au bout de dix ans de labeurs, et ce fut en mars 1818 que l'on vit partir de la Havane une goëlette espagnole, frétée moyennant 300 piastres (1500 fr.) par personne, et faisant voile pour Alebin. Ce fait est relaté dans *la Gazette de Sierra-Leone*, à la date du 23 juillet 1818.

Le jeune D....., commis dans une maison de commerce à l'Ile-Bourbon, avait pour maîtresse une Négresse esclave, appartenant à d'autres maîtres qu'à lui. Un jour elle vint le trouver la fureur dans les yeux, et lui jeta ces mots terribles : Je suis enceinte !.... Mots terribles en effet, car leur enfant devait naître esclave, et appartenir au maître de la mère.

Cependant ces événements-là sont communs à l'Ile-Bourbon, et lorsque le père de l'enfant est libre, il achète l'enfant dans le ventre de la mère, pour qu'il ne naisse pas esclave, pour qu'il en puisse disposer à son gré. Il faut même voir ces marchés hideux pour juger de l'avarice du maître. Il examine avec attention le père, il fait l'éloge de la beauté de la mère, il discute gravement la force future de l'enfant, son intelligence, son utilité, sa valeur. Enfin ces sortes de marchés se passent ordinairement dans trois hypothèses : si l'enfant

est une fille, si c'est un fils, si ce sont deux jumeaux. Chacun de ces marchés a son prix spécial : on cote un enfant dans les colonies, comme on cote une pinte de vin à la bourse. Y a-t-il rien au monde de plus dégoûtant ?

D.... avait huit mois devant lui pour racheter cet enfant. Il fut trouver le maître de sa Négresse et convint avec lui du prix ; il fut fixé à 2000 fr. C'était un prix énorme, mais D.... croyant attendrir le maître, avait déclaré qu'il était le père de l'enfant, et le maître alors avait calculé que la tendresse paternelle de D.... pouvait aller jusqu'à cette somme. Mais les huit mois s'écoulèrent, et D.... ne put parvenir à se procurer les 2000 fr. La mère était désolée ; son enfant esclave, malheureux comme elle, humilié et souffrant comme elle !.... Cette pensée lui mettait le désespoir au cœur. Le terme fatal arriva. La Négresse devint mère. Trois jours après la mer rejeta deux cadavres sur le rivage, celui d'une Négresse et d'un enfant : c'était celui de la maîtresse de D..... et de son fils. Ce trait m'a été raconté par un témoin oculaire.

La révolution de juillet a traversé les mers, et a pénétré jusque dans nos colonies. Aux premières nouvelles de la sainte révolte du peuple, les maîtres tressaillirent plus que les esclaves. Ils tressaillirent de crainte et d'espérance, de joie et de douleur. Cette révolution qui étendait leurs libertés les fit pâlir devant l'avenir de leurs esclaves. Ils voyaient déjà les noirs suivre avec plus de justice l'exemple des blancs. La révolte avait été sainte pour eux, elle devenait criminelle pour les Nègres. Ils voulaient s'affranchir de leurs maîtres, et conserver leurs esclaves. Liberté, disaient-ils, liberté non selon Dieu et selon la justice, mais selon la couleur et la nation. Liberté en France, esclavage en Afrique, l'esclavage est si doux quand on est maître. Aussi cachèrent-ils avec soin à leurs esclaves tous les événements de cette grande révolution. Les Nègres entendirent bien bourdonner à leurs oreilles le mot de liberté, mais la discipline des commandeurs devint de jour en jour plus sévère ; ils virent bien le drapeau blanc arraché et remplacé par les trois couleurs, mais ils se rappelèrent l'esclavage de l'Empire, et se crurent revenus à ce temps de misère et de cruauté pour eux.

Il y avait à peine un mois que la nouvelle de la révolution de juillet était parvenue à l'Ile-Bourbon, lorsqu'un vaisseau venant de France apporta sur cette terre *la Parisienne*, dont le chant retentissait dans toute l'Europe. Cette nouvelle *Marseillaise*, jetée aux habitants de l'Ile-Bourbon, passa de main en main, et excita l'enthousiasme de tous. Le soir, au spectacle, des cris s'élevèrent de toutes parts, pour demander que le principal acteur chantât ce chant national. Aussitôt les autorités s'assemblèrent dans leur loge, et décidèrent que le chant allait être exécuté, mais qu'auparavant on aurait soin de faire sortir les Nègres. Rien n'était plus facile à exécuter. En effet, ces pauvres esclaves ont tous une place qui leur est affectée, et où seuls ils peuvent entrer. On fit évacuer la troisième galerie, et les blancs restés entre eux poussèrent des cris de liberté sans crainte d'être entendus de leurs esclaves. Les Nègres, cependant, refoulés par les soldats aux abords du théâtre, gardaient un morne silence, tendaient le cou, prêtaient l'oreille pour saisir quelques-uns des accents des blancs ; mais rien ne parvint jusqu'à eux ; et lorsque les blancs eurent terminé leur orgie à la liberté, ils firent rentrer leurs esclaves qui lurent la même sévérité sur leurs fronts. La chose se passa comme on le voit le plus secrètement possible, et pourtant au bout de deux jours on entendait tous les Nègres qui portaient des fardeaux dans la ville, ou qui travaillaient les terres dans les campagnes, chanter à pleine voix les paroles de *la Parisienne*. Les colons furent effrayés : en effet, ils étaient menaçants ces hommes dont l'œil lançait du feu, et dont les voix mâles s'écriaient :

> **En avant marchons**
> **Contre leurs canons,**
> *À travers le fer, le feu des bataillons,*
> **Courons à la victoire,**

Ils étaient menaçants alors qu'ils fixaient leurs maîtres, dont le regard se baissait presque vers la terre. Mais comment étaient-ils à connaître ce chant de liberté ? C'était bien simple : il n'est pas un jeune homme à l'Ile-Bourbon qui n'ait pour maîtresse une Négresse. Le soir on chante *la Parisienne* au spectacle ; chaque Négresse fut, comme à l'ordinaire, rejoindre son amant. Elle le trouva fredonnant encore *la Parisienne*, le pria de la chanter, et l'apprit après l'avoir entendue une fois, tant est bonne la mémoire des esclaves pour retenir un chant de liberté. Le lendemain, les Négresses à leur tour chantèrent *la Parisienne* aux Nègres, et bientôt elle courut toute la colonie. Mais ce chant épouvanta les colons ; ils firent des démarches auprès de l'autorité, et le seul chant national qui reste de notre révolution de juillet, celui qui en a consacré la mémoire, qui a crié liberté à tous les Français, ce chant, dis-je, est défendu à l'Ile-Bourbon sous les peines les plus sévères.

Mais jusqu'ici je n'ai cité que des traits arrivés à l'époque où la traite était autorisée. Peut-être croira-t-on que depuis qu'elle est défendue il n'en est pas ainsi ; que les lois qui la défendent sont exécutées, que les vaisseaux négriers sont saisis, que les mers sont écumées, que le nombre des esclaves diminue de jour en jour : il n'en est rien. Jamais, peut-être, la traite n'a été plus hideuse qu'à présent, jamais les négriers n'ont déployé plus de cruauté et d'avarice, jamais on ne s'est mis avec plus d'impudence au-dessus des lois. La traite a été abolie à une époque où la paix régnait dans le monde. Beaucoup de marins venaient d'être renvoyés encore dans l'âge de servir leur pays, les corsaires eux-mêmes disparurent sur toutes les mers. L'abolition de la traite, jetée au milieu de marins habitués depuis longtemps à une vie active et aventureuse, aux dangers et à l'or, trouva de l'écho chez tous. La traite est défendue, dirent-ils; pour la faire maintenant, il faut s'exposer à mille dangers, affronter les vaisseaux de l'État et braver les lois d'un pays, c'est presque une guerre à entreprendre, une victoire à remporter, faisons la traite. La traite est défendue, par conséquent le prix des esclaves va augmenter, il y aura de l'or à gagner, faisons la traite !...

Ainsi, les uns par un courage mal entendu, les autres par avarice, quelques-uns par ces deux sentiments, firent la contrebande des noirs. Bientôt, soit à cause du peu de surveillance des autorités, soit que la force et la ruse des négriers fût plus grande, la traite devint presque aussi commune après son abolition qu'avant. Sir Georges Collier, commandant la croisière anglaise sur la côte d'Afrique, déclare dans deux rapports officiels, dont la Chambre des communes d'Angleterre a ordonné l'impression, que, dans les six premiers mois de 1820, il a rencontré vingt-cinq à trente négriers sous pavillon français, et qu'il en a retenu deux, qu'il s'est cru autorisé à saisir; il ajoute qu'il a vu dans le port de la Havane trente négriers également sous pavillon français. Enfin, il estime que pendant les quatorze derniers mois, il a été exporté d'Afrique, sur navires français, *quarante mille esclaves !...* Un Mac-Charty, gouverneur général des établissements anglais sur la côte occidentale d'Afrique, a confirmé ce témoignage lors de son retour en Angleterre. Depuis cette époque, la traite s'est maintenue à peu près dans les mêmes proportions; ceci est facile à prouver par des faits, et je le prouverai. Qui croirait qu'à l'époque où nous vivons, il y a des gens dont toute l'industrie consiste à fabriquer des fers pour enchaîner les esclaves, et cette industrie suffit à leur existence et à celle de leur famille? J'en pourrais citer même dans la ville de Nantes. Du reste, le gouvernement, tout en voulant sévir contre les négriers, n'a pas pris de mesures contraires à la traite. Lorsqu'un vaisseau négrier est saisi, on punit le capitaine et l'équipage; mais au lieu de rendre la liberté aux Noirs, ou les fait esclaves; ils deviennent esclaves de l'État qui les vend ou les emploie. Pour bien attaquer la traite, il faudrait les faire libres ou les rendre à leur pays. L'État défend la traite et la fait par privilège.

Chaque esclave paie un impôt. Il suffit à un colon d'envoyer déclarer qu'il a tant d'esclaves; l'État reçoit le prix de l'impôt sans s'informer d'où peut parvenir un pareil accroissement de Noirs. De cette manière il est très-facile d'introduire dans les colonies des esclaves provenant de la traite. Et l'on dira encore que la traite est prohibée ! ce n'est plus qu'une dérision.

Depuis que la traite est défendue, les négriers sont devenus bien plus cruels envers leurs esclaves. D'abord les dangers qu'ils courent les forcent à diminuer leurs courses; dès lors ils veulent emporter le plus grand nombre d'esclaves possible. Pour cela ils les entassent et les pressent à fond de cale en bien plus grand nombre que cela ne se faisait autrefois. *Le comité, pour l'abolition de la traite des noirs de la Société de la morale chrétienne*, a publié dans le temps une gravure représentant la cale d'un vaisseau négrier avec les Nègres courbés au fond. On peut juger par là de l'ingénieuse cruauté des négriers. Ils ne perdent pas la plus petite place. La manière dont ces hommes sont entassés est horrible à voir. La même livraison contient les fers qu'on met aux esclaves. C'est d'abord un appareil nommé *barre de justice*, garni de menottes pour garrotter les pieds des esclaves. Chaque barre a environ six pieds de long; elle est garnie de huit menottes qui servent à attacher les huit esclaves, si l'on n'en met qu'une à chaque pied, ou seulement quatre si l'on entrave les deux pieds. Puis c'est un carcan ou collier à charnière qui se ferme au moyen d'une vis; il y a deux œillets pratiqués dans ce collier. Ces deux œillets sont destinés à recevoir les anneaux d'une chaîne que l'on arrête au moyen d'un cadenas passé dans deux chaînons, et qui sert à amarrer les esclaves soit à bord, soit avant leur embarquement. Enfin des menottes pour les poignets, et des poucettes que l'on serre à volonté et de manière à faire jaillir le sang au moyen d'une vis et d'un écrou. Telle est la manière dont on traite aujourd'hui les esclaves au milieu de la plus heureuse traversée. Le comité pour l'abolition de la traite a déjà rendu de grands services à l'humanité. J'aurai occasion de le citer encore souvent dans le cours de ces articles.

Outre les maux de la traversée, les esclaves sont plus exposés qu'autrefois. Souvent le propre danger des négriers, auxquels on donne la chasse, leur fait sacrifier leur cargaison tout entière. Ils enferment leurs captifs deux à deux dans une barrique qu'ils jettent à la mer, s'ils craignent de ne pas fuir assez vite; cela est arrivé au navire *la Jeune Estelle*, capitaine Sanguises. Il n'est pas de tourment, pas de supplice que n'aient inventés les négriers pour contenir les esclaves dont ils craignent plus que jamais la révolte. Aussi les négriers inspirent-ils la défiance et la terreur. Lorsqu'un acte de cruauté et de barbarie est commis en mer, on est certain qu'il l'a été par un négrier. Ces gens-là, qui se sont mis hors la loi pour trafiquer de leurs semblables, sont pires

FRANCE MARITIME.

que le pirate le plus terrible. Voici un fait, sur mille autres, qui le prouvera; c'est l'extrait d'une lettre de M. Milius, gouverneur de l'Ile-Bourbon, au ministre de la guerre.

Saint-Denis, le 25 mai 1825.

« . . . . En septembre dernier, le sieur Le-
» moine, capitaine et armateur de la goëlette la
» Bamboche, était parti de l'île de France, sous
» pavillon anglais, et s'était dirigé sur les côtes
» de Madagascar et de Mozambique. Il rencontra
» en route un navire portugais chargé de Noirs et
» de poudre d'or. L'avidité, l'amour du gain s'em-
» parèrent de son âme; il s'élança sur le bâtiment
» portugais, et tua d'abord le maître de l'équi-
» page à coups de fusil; arrivé à l'abordage, il
» s'empara bientôt du navire qu'il attaquait, et
» ses premières questions s'adressèrent d'abord
» à un colonel portugais âgé de cinquante ans, au-
» quel il demanda où étaient l'argent et la poudre
» d'or. Après ce court interrogatoire, Lemoine
» se dérangea à dessein, et le nommé Rainar, qui
» se trouvait derrière lui, fit sauter la cervelle
» du malheureux colonel, à l'aide d'un pistolet;
» mais ce crime ne suffisait point à leur affreuse
» cruauté. Le capitaine du bâtiment qui venait
» d'être pris, effrayé de la rapidité de ces mas-
» sacres, se jeta à la mer pour chercher un salut
» contre la mort. Vaine espérance! la rage de
» Lemoine et de ses satellites n'était pas satis-
» faite; ils le poursuivirent dans un canot, et,
» bientôt atteint, ils lui déchargèrent un coup de
» sabre sur la tête. L'infortuné, se sentant blessé,
» s'accrocha fortement, pour se soutenir, au ca-
» not que montaient ses assassins; ils profitèrent
» de cette erreur du désespoir, et ils eurent la
» lâche barbarie de lui passer un sabre au tra-
» vers de la gorge, dont la pointe sortit par le
» côté de leur victime. Le cadavre disparut, et
» ils revinrent fatigués, mais non pas assouvis de
» meurtres. Ils renfermèrent dans la cale les ma-
» telots portugais, et, après en avoir enlevé la
» riche cargaison, ils sabordèrent le navire à la
» flottaison, et le firent couler avec les prison-
» niers qu'ils avaient enfermés... Voilà, monsei-
» gneur, la narration fidèle des horreurs com-
» mises par un traitant. Voilà jusqu'où le délire
» de la cupidité peut porter ceux qui trafiquent
» ainsi du sang humain.

» Signé MILIUS. »

Ce sont de tels hommes qui sont les contrebandiers des Nègres.

E. ALBOIZE.

Naufrage du Colbert

DEVANT CHERBOURG.

1835.

Le Colbert était un beau trois-mâts de construction neuve, à poupe ronde; ses premiers
voyages s'étaient accomplis aux Antilles, et on
l'admirait dans les rades de Saint-Pierre et du
Fort-Royal, comme un beau modèle dans le nouveau genre d'architecture navale, dont sa construction avait été l'essai. Depuis il avait été employé à la pêche de la baleine.

Le 19 décembre 1835, le Colbert quitta le
Havre pour se rendre à Cherbourg. — La brise
était favorable, quoique un peu forte. Toutefois
la navigation n'offrait pas de difficultés réelles,
puisque, à la nuit tombante, l'équipage reconnut
alternativement les divers feux qui brillaient
dans ces parages pendant l'obscurité, le feu de
Barfleur, et ceux de Querqueville et de l'île Pelée. Le seul homme échappé au sinistre qui suivit
ce commencement de voyage relate ainsi les diverses circonstances de son naufrage, dans son
rapport à l'autorité, et on ne saurait mieux faire
que d'emprunter ses naïves et véritables expressions : « Nous sommes partis du Havre à onze heures du matin, dit ce brave matelot, avec bonne
brise de N.-E. Nous avons doublé la pointe de Barfleur vers les neuf heures du soir. A onze heures
nous eûmes connaissance des feux de l'île Pelée
et de Querqueville. Les vents ayant passé au
N.-N.-O. (c'est-à-dire du large vers la côte),
nous avons couru quelques bordées. A deux heures
moins un quart nous avons manqué l'évolution du
virement de bord. — Un peu après, nous avons
touché sur les rochers de la pointe N.-O. de l'île
Pelée. La mer déferlant par-dessus le navire qui
commençait à se pencher violemment, je me
suis dévoué, aux sollicitations du capitaine Bonnetard et de M. Mauger, frère des armateurs,
embarqué sur le Colbert comme passager, à me
jeter à la mer, pour porter une ligne sur une
roche dont nous apercevions la pointe, afin d'établir un va-et-vient, qui pût aider une chaloupe à
sauver l'équipage. Mais à peine étais-je arrivé sur
le rocher que je n'ai plus aperçu le navire. Dans
cette extrémité je me suis décidé à traverser un
bras de mer qui me séparait du fort, bien que ce
dernier me parût être à une grande distance de
moi. Après mille efforts, et après avoir été longtemps ballotté par la mer qui me jetait de rocher
en rocher, je suis enfin parvenu au pied du fort de
l'île Pelée, où je me suis cramponné à une barre
de fer qui liait les pierres, et là, exténué de fatigues, j'ai attendu que quelqu'un me portât secours. Enfin le jour allait venir, lorsque je fus
aperçu, et l'on me transporta sur le fort, où je

reçus les soins les plus empressés. A huit heures du matin j'avais repris connaissance avec quelques forces, et j'appris que le capitaine Bonnetard, M. Mauger, le second du navire, M. Bouchard et le mousse avaient été aperçus à peu de distance du fort, sur un petit radeau qu'on vit presque aussitôt chavirer en même temps que disparaissaient les malheureux qui le montaient. Peut-être avec une bouée de sauvetage ou quelque appareil de salut, aurait-on réussi à les sauver ! »

Dès le matin la côte de Cherbourg se bordait de débris. Vers dix heures un coup de canon tiré du Fort-Royal, et le pavillon hissé en berne, annonçaient le besoin de secours de la grande terre. Le temps était affreux, le vent battait violemment en côte. Le pilote Ferey n'hésita cependant pas à s'embarquer avec son équipage de péniche, dans ce frêle bateau dont les pénibles efforts parvinrent pourtant à franchir la distance qui séparait la plage du théâtre présumé de la catastrophe. L'inquiétude de la population sur la nature des événements que cette nuit orageuse avait vus s'accomplir, ameutait d'instants en instants la population sur la plage. Enfin Ferey revint ! L'on apprit alors que le Colbert, de 400 tonneaux, s'était perdu pendant la nuit, et que de treize hommes qui le montaient, un seul était parvenu à se sauver après les efforts d'un héroïque courage.

En effet, douze victimes avaient perdu la vie dans ce nocturne naufrage ; le corps du capitaine et le cadavre d'un matelot échouèrent bientôt sur la rive ; plus loin on trouva un autre naufragé, noyé sur des débris auxquels il s'était attaché !

Deux hommes, deux marins se sont donc signalés de manière à honorer leur profession et leur caractère dans cette nouvelle répétition d'événements dont le littoral de la Manche particulièrement se voit si souvent le théâtre : Ferey, jeune pilote-lamaneur, qui souvent s'était fait remarquer dans de pareilles occasions par son sang-froid et son courage à toute épreuve, et le matelot Lecannellier, embarqué sur le Colbert, et qui, dans l'extrait du rapport que nous avons cité plus haut, expose avec simplicité des faits au milieu desquels son courage et son dévouement n'ont pas été impuissants en face de si grands dangers. Quelques réflexions sur ce naufrage sont inspirées par le rapport de Lecannellier, et nous les ajouterons comme complément à ce récit, dont la partie dramatique ne peut avoir les développements qu'ont ensevelis avec elles les malheureuses circonstances dans lesquelles s'est accompli le sinistre : la nuit, et la mort de tous les naufragés.

Le Colbert était peu lesté en quittant le Havre : bien qu'une demi-charge suffît ordinairement à ce navire pour porter convenablement la voile,

les 200 tonneaux de lest en cailloux, que le capitaine y avait fait entrer avant de quitter le port pour une aussi courte traversée, semblent n'avoir pas suffi, bien que 200 tonneaux formassent au moins la moitié du chargement complet du Colbert. Le Journal du Havre, énergique et savant organe des besoins et des intérêts du commerce maritime, avance que, par l'effet d'une déplorable coutume tolérée dans ce port, le Colbert, après avoir reçu à la hâte les 200 tonneaux de lest, mesurés comme on mesure le lest au Havre, n'avait guère dans sa cale que 100 à 120 tonneaux en poids réel. Le faible tirant d'eau du navire, à sa sortie, révéla au capitaine l'inconvénient qu'il n'avait pas prévu en ne demandant au lestage que la quantité exacte du lest qu'il jugeait nécessaire à la navigabilité de son navire. — Aujourd'hui peut-être est-il permis de croire que si le Colbert n'avait pas été aussi lège qu'il l'était en sortant du Havre, il serait parvenu à éviter le sort terrible qu'il a éprouvé à l'entrée de Cherbourg. Voici ce qui fonde cette opinion, laquelle est fort importante à discuter, puisqu'elle peut être un grand enseignement pour l'avenir.

Ce ne fut qu'après avoir manqué à virer de bord vent devant, que le Colbert échoua sur les rochers de l'île Pelée, en laissant arriver vent arrière, pour effectuer l'évolution manquée quelques instants auparavant. Il est probable que si le navire, qui ne pouvait porter que ses deux huniers avec deux ris, tant il était lège, avait pu faire plus de voile, il n'aurait pas manqué son premier mouvement, et eût conséquemment réussi à s'éloigner de la côte sur laquelle il s'est jeté en virant de la seule manière qu'il le pût désormais. Mais le peu d'erre qu'il avait, porté par une grosse mer, avec deux ris dans les voiles, joint à la difficulté qu'il avait accidentellement éprouvée de porter son gouvernail de manière à aider l'évolution, la firent totalement manquer, tandis qu'il l'eût certainement accompli, s'il eût été lesté de manière à porter plus de toile, et conséquemment en avant plus de son pied dans l'eau. Peut-être pourtant la bonne exécution de sa première manœuvre n'eût-elle pas sauvé le Colbert, mais au moins il est permis de le supposer avec quelque raison, ce nous semble.

On a vu en quelques mots, au rapport du matelot Lecannellier, comment ce brave marin est parvenu à échapper à la mort qui a frappé ses infortunés compagnons. Parti du bord avec le bout d'une ligne de pêche, il se trouva jeté de rocher en rocher jusqu'à terre. Ce ne fut qu'après avoir fait des efforts inouïs sur lui-même qu'il parvint à démarrer de dessous ses aisselles le bout de ligne qui menaçait à chaque instant de l'engloutir ou de l'étouffer. Ses doigts étaient tellement engourdis par le froid, qu'il ne comprend pas aujourd'hui comment il a pu trouver assez de force pour se débarrasser de ce cordage, que dans le premier moment de confusion il avait amarré avec une désespérante solidité autour de son corps. Le désir d'établir un *va-et-vient* entre le navire et la terre lui avait fait accomplir avec trop de précipitation ce que lui inspirait son dévouement pour le salut de ses camarades. L'aspect du navire, dit le *Journal du Havre*, lorsque le matelot Lecannellier partit du bord, présentait la scène la plus déchirante. Tout le monde attendait la mort, et les cris de désespoir de tant d'hommes qu'allait engloutir, avec leur navire déjà brisé, la mer affreuse qui déferlait au-dessus des hunes, ajoutait encore à l'horreur de cette scène épouvantable. Le dévouement de Lecannellier fut inutile. Après avoir resté trois heures sur les flots de décembre, il fut jeté étourdi, meurtri, ballotté par les récifs, et presque sans connaissance, sur les rochers de l'île Pelée. Mais alors le navire avait disparu, et les malheureux qui le montaient avaient cessé de vivre !

Lecannellier est un père de famille qui navigue depuis vingt-cinq ans ; c'est un marin habile, qui raisonne des choses du métier en homme sûr et expérimenté, quand il raconte les funestes circonstances de la catastrophe à laquelle il a si miraculeusement survécu. Il a tout perdu dans ce naufrage ; il méritait de n'être pas abandonné dans le préjudice matériel qu'il a reçu de cet événement, auquel il n'a échappé qu'en voulant sauver ses camarades. M. Ed. Corbière a ouvert au Havre une souscription qui a eu quelques bons résultats pour ce digne marin. — Le ministre de la marine lui a décerné, ainsi qu'au brave Ferey, le pilote de Cherbourg, une médaille d'argent, destinée à perpétuer aux yeux des compatriotes de ces deux courageux marins le souvenir de leur belle conduite dans cet horrible sinistre.

Amédée Gréhan.

GÉOGRAPHIE.

LES

Iles Saint-Marcouf.

Les îles Saint-Marcouf, qui sont comme la digue de la rade de la Hougue, se trouvent vers l'entrée de la baie d'Isigny, en face de la commune de Saint-Marcouf et à cinq quarts de lieue de la côte de la Manche. Elles sont au nombre de deux, l'île d'Aval ou de terre, et l'île d'Amont ou du large, éloignées l'une de l'autre de cinq à six cents mètres. C'est à tort que la plupart des géographes y en ajoutent une troisième sous le nom d'île Bastin : le rocher Bastin n'est point une île, puisqu'il est privé de terre et recouvert par les flots à toutes les

grandes marées. Ces îles sont fort petites ; l'île d'Amont, qui est la plus étendue, a moins de sept cents mètres de circonférence au moment de la pleine mer.

Le nom de Saint-Marcouf, donné à ces îlots, vient de l'abbé Marcouf, évêque de Bayeux, qui vint au VIᵉ siècle fonder un prieuré sur le rivage voisin (1), et qui passait tous les ans le temps du carême à l'île d'Amont, se recueillant et priant dans un pauvre ermitage qu'il y avait bâti. Avant cette époque et pendant la domination romaine, ces îlots étaient connus sous la dénomination de *Duolimons*, nom latin que leur avaient donné sans doute les maîtres du monde.

Jadis les îles Saint-Marcouf étaient désertes ; des habitants de la côte y transportaient des chevaux, des bœufs et des moutons qui y paissaient pendant toute la belle saison, moyennant un léger tribut que payaient leurs propriétaires. Cet état de choses existait encore en 1792. Aujourd'hui elles n'ont d'habitants que la garnison et les employés du service ; il serait d'ailleurs difficile qu'elles en eussent davantage, puisque les fortifications qui les défendent couvrent presque entièrement le sol, et que c'est à peine si les officiers peuvent y former quelques jardins d'agrément.

La position de ces îles fixa l'attention des Anglais ; ils sentirent de quelle importance serait pour eux la possession de ce point que le gouvernement français dédaignait d'occuper, et en messidor an 3 (juillet 1795) ils vinrent s'y établir et s'y fortifièrent. Bientôt les rochers Saint-Marcouf furent un poste formidable contre la France. Les communications par mer entre le Havre et Cherbourg devinrent impossibles, et les approvisionnements de ce dernier port durent se faire par terre, ce qui entraîna à des frais de transport considérables. Cette station navale, en rapport avec celles de Guernesey et de Jersey, avait constamment des navires qui croisaient près des côtes et au large ; tout bâtiment français qui osait prendre la mer était à l'instant capturé : le peu de cabotage qui se faisait encore fut anéanti dans ces parages. L'occupation de ces rochers porta plus d'un préjudice à la France. De là les Anglais correspondaient avec les Vendéens et les mécontents de Paris ; ils jetaient sur la République leurs brandons de discorde ; ils soufflaient le feu de la guerre civile.

Ces attentats, sans cesse renouvelés, aigrirent le Directoire, et il résolut de reprendre ces îles. Une expédition partit à cet effet du port de la

(1) En un lieu nommé *Nantus*, selon la légende et les histoires ecclésiastiques de Normandie. Il n'y a aujourd'hui sur cette côte aucun endroit qui porte le nom de *Nante* ; on ne trouve nulle part non plus le moindre indice des ruines du monastère de Saint-Marcouf : ce qui porterait à croire que cet établissement était construit peut-être sur un terrain que les flots ont dévoré depuis des siècles.

Hougue, le 17 floréal an 6 (6 mai 1798); elle était composée de quinze chaloupes canonnières, quatre bombardes et trente-trois bateaux plats, aux ordres d'un officier supérieur de la marine, et de trois mille hommes de débarquement, commandés par un général. L'expédition sortit à la rame sur les neuf heures du soir, favorisée par une brume épaisse et par une mer tranquille, et n'ayant rien à redouter de la station anglaise qui croisait au large. La flottille s'approcha des îles à la distance d'une lieue, et y prit le mouillage à minuit. A trois heures du matin, tout étant disposé pour agir, elle se forma en trois divisions qui devaient attaquer simultanément sur trois points différents, d'abord l'île d'Aval, et ensuite l'île d'Amont. Tout promettait un succès complet à cette expédition, et au lieu d'une réussite qui paraissait certaine, le manque d'ensemble dans ses opérations ne lui fit trouver qu'un déplorable échec. La première division, formant la droite de la flottille, exécuta son mouvement pour se porter au sud de l'île d'Aval; mais de fausses manœuvres l'éloignèrent de la route qu'elle devait tenir; elle s'engagea dans les Veys, courants impétueux, et se trouva bientôt à une distance qui la mit dans l'impossibilité de pouvoir seconder le reste de l'expédition, et qui rendit son concours absolument nul. En ne coopérant point à l'attaque, dont le plan avait été arrêté avant le départ, c'était en paralyser les moyens d'action et peut-être la faire échouer; du moins cette manœuvre qu'on ne peut expliquer rendait fort douteux le succès de l'entreprise.

Cependant la division de gauche se porta au nord-ouest et attaqua avec vigueur, en même temps que les bateaux plats de la division du centre s'avançaient audacieusement sous la volée des boulets de l'ennemi, et ripostaient par leur artillerie aux foudres des batteries anglaises. Alors un cruel malentendu vint de nouveau contrarier les efforts des assaillants: des chaloupes canonnières restées sur les derrières de la seconde division, et qui devaient se porter sur ses flancs pour s'approcher de l'île, tirèrent maladroitement sur les bateaux plats, qui se trouvèrent ainsi placés entre deux feux. Cependant l'attaque continuait avec impétuosité, et la défense faiblissait. Les troupes de débarquement, dont l'odeur de la poudre et le bruit du canon animaient encore le courage, se disposaient à opérer leur descente aux cris, à terre! à terre! tandis que les Anglais, effrayés de tant d'audace, cessaient leur feu, et que leur commodore se jetait dans son canot pour abandonner l'île. L'issue du combat n'était plus douteuse. Mais, qui le croirait! alors qu'il n'y avait plus, pour ainsi dire, qu'à recueillir les fruits de la victoire, le commandant de l'expédition ordonna la retraite et revint à la Hougue. L'action avait duré trois heures. Dans cette affaire qui ne donna que la confusion d'un échec pour résultat, un bateau plat fut coulé près du rocher de Bastin, plusieurs chaloupes sombrèrent, et beaucoup de sang fut inutilement répandu.

Cette expédition si mal exécutée dut son revers à la mésintelligence des chefs, au défaut de concert dans l'attaque et à la confusion des bâtiments de la division du centre. Elle ne servit qu'à mettre les Anglais sur leurs gardes: ils augmentèrent les fortifications des îles Saint-Marcouf, et s'y maintinrent jusqu'en 1802, qu'ils les rendirent à la France en vertu d'une stipulation du traité de paix d'Amiens.

Les Anglais avaient leurs établissements dans l'île d'Aval. Ils y avaient formé une rue de cent mètres de longueur, bordée d'une double rangée de baraques qui servaient de magasins et de casernes aux troupes de la garnison. On voit encore aujourd'hui plusieurs de ces baraques qui sont en bois, et qu'on construisait en Angleterre. Le pavé de la rue, formé de galets, existe aussi dans presque toute sa longueur.

Dès que le gouvernement français fut en possession de ces îles, le premier consul donna l'ordre d'y élever des ouvrages de défense. Un fort fut bâti en 1810 dans l'île d'Amont, sur l'emplacement d'une chapelle dédiée à saint Marcouf. Il consiste en une forte tour de plus de 50 pieds de circonférence, qui est à deux batteries, dont la première est casematée. Pour compléter le système de défense de ces îlots, il faudrait qu'on élevât quelque redoute sur l'île d'Aval, et même sur le rocher Bastin. Il serait encore à désirer, dans l'intérêt du commerce, qu'on rétablît le petit port qui existe au couchant de l'île d'Amont; dégradé par les flots, il n'offre plus de garantie aux navires que la tempête force à y chercher un refuge.

S'il faut en croire la tradition, les îles Saint-Marcouf tenaient anciennement au continent, non-seulement vers Saint-Vaast, mais aussi du côté de la pointe de Grand-Camp, qui en est aujourd'hui distante de 4 lieues. Ce n'est pas ici que je veux examiner ce que cette tradition peut avoir de spécieux. Bien que des phénomènes fort extraordinaires démontrent sur plusieurs points de nos côtes le singulier mouvement des eaux qui tantôt envahissent le continent, tantôt s'en écartent, il pourrait se faire, en effet, que ces îles eussent fait autrefois partie des côtes de la Manche; il ne faut, pour donner du poids à cette supposition, qu'étudier un peu l'action particulièrement envahissante de la mer sur nos rivages; mais c'a dû être à une époque fort reculée: l'histoire de saint Marcouf nous apprend qu'au vi[e] siècle ces îlots existaient déjà, et tout porte à croire qu'il en était de même au temps de la conquête de la Gaule par les armées romaines.

VÉRUSMOR.

Arrières et Avants

DES VAISSEAUX,

DEPUIS L'ANTIQUITÉ JUSQU'A NOS JOURS.

(Deuxième article.)

AVANTS (1).

Je n'ai pas plus besoin de définir le mot *avant*, appliqué au navire, que je n'ai eu besoin de définir le mot *arrière*.

Avant : qui va devant, qui est en avant du centre de gravité de la machine appelée vaisseau ; c'est clair.

Quand le mot de la langue vulgaire a-t-il passé dans la langue maritime ? L'époque est assez difficile à préciser ; cependant je dois dire que je ne le trouve pas dans Joinville, et cela est tout simple, parce qu'au temps de ce chroniqueur, *devant* était seul usité (*le jeudi devant l'Ascension*), et *avant* était une conformation encore inconnue.

Joinville ne dit pas une seule fois : « le *devant* de la galie, ou le *devant* du vessel ; toujours il dit : la pointe, le bec du vessel, de la galie, de la navie, de la nef, etc. »

Guillaume Guyart, dans ses récits en vers, ne parle pas plus du devant des *nez* et *vaisssiaux* que Joinville. Froissart qui, en racontant la bataille navale de l'Écluse, dit : « *Lors y eut grand huée et noise, et approchèrent moult fort les Anglois, qui pourvurent incontinent Christofle* (2) *d'archers : qui firent passer tout devant et combattoit aux Genevois,* » veut faire comprendre que les Anglais, après avoir reconquis *le Christophe* sur les Normands, qui le leur avait pris en 1339, le garnirent d'archers et le firent passer au premier rang dans leur ligne de bataille, parce qu'étant très-haut, ce vaisseau leur devait servir comme de forteresse. Vouloir entendre que les archers passèrent *tout devant* sur le vaisseau, c'est-à-dire sur l'*avant*, parce que la locution de Froissart se trouve être celle que la marine actuelle emploierait en ce cas, ce serait tomber dans une grande erreur. Au reste, la préposition *avant* est d'un usage fréquent chez Froissard et chez tous les écrivains du XIVe siècle.

Martin Dubellay, ni Brantôme, ni Rabelais ne se servent du mot *avant*, que je vois en grand usage seulement après ces écrivains. Dans tous les rapports des officiers de la marine de Louis XIV, dans l'Hydrographie du père Fournier, dans les Mémoires de Duguay-Trouin, partout enfin ce mot remplace *devant*, quand il s'agit de bâtiments à voiles ; et *proue* reste affecté aux galères et aux autres navires de la même famille. Aubin, dans son Dictionnaire de 1702, consigne et définit l'*avant* ; et, s'il ne donne pas ce terme comme ancien, il ne le présente pas non plus comme moderne.

(1) Voir page 88 du présent volume.
(2) Nom d'un grand vaisseau normand.

Ce n'est donc qu'au XVIIe siècle qu'on voit *avant* s'introduire dans le vocabulaire des marins ; il y entre sans doute presqu'en même temps qu'il remplace *devant* dans une de ses acceptions adverbiales les plus usuelles depuis six ou sept cents ans.

Je dois ajouter que le mot *avanti* est dans la langue maritime italienne depuis bien longtemps ; non pas, à la vérité, pour désigner la proue du navire, mais comme expression d'un commandement, et d'un mouvement particulier aux rameurs. Ainsi le patron d'une galère, ou le comite chargé de veiller sur la chiourme, criait-il : « *Avanti ! avanti !* » c'est-à-dire : Avance, nage, vogue avant ! Aujourd'hui, dans les embarcations militaires aussi bien que dans les barques et gondoles, on se sert du même terme impératif pour ordonner aux rameurs de presser ou de forcer le mouvement qui fait *andare avanti*. La marine française a emprunté *avanti* aux italiens, et nous avons maintenant : « Avant ! avant partout ! avant tribord ou bâbord ! » Ce qui m'autorise à dire que nous avons pris à l'Italie cet adverbe de métier, c'est que je le trouve dans le Dictionnaire italien de Duez (1664), tandis qu'il n'est pas dans le Dictionnaire de marine d'Aubin. Que notre langue vulgaire tienne de nos anciennes fréquentations avec les peuples d'Italie le mot *avanti*, comme elle en tient tant d'autres, c'est ce que je ne pourrais affirmer, mais j'en suis persuadé.

Jusqu'à la fin du XVIe siècle, bâtiments ronds et navires pointus eurent une *proue* comme ils avaient une *poupe*. Toute la marine avait gardé ces antiques dénominations qui lui venaient du grec et du latin. —Quand je dis toute la marine, je ne parle que de celle de la Méditerranée, et des marines française et espagnole, qui ont une ancre mouillée dans l'Océan et l'autre dans le grand lac qui s'ouvre au détroit de Gibraltar. La marine du Nord a des expressions saxonnes, et peu des mots latins ou grecs que nous conservons, étrangement défigurés quelquefois, mais cependant reconnaissables pour des yeux exercés, ont pris droit de gaillard d'avant chez elle. Les vocabulaires maritimes de la Hollande, de l'Angleterre, de la Prusse, de la Suède, etc., ont beaucoup plus d'unité que le nôtre ; tandis qu'ils repoussaient presque tous les termes d'origine méridionale, le nôtre puisait largement à cette source, et s'enrichissait en même temps d'emprunts faits au Nord ; il ne se targuait pas d'un patriotisme étroit, et il avait raison. Quand l'art faisait des progrès, quand il s'appropriait une découverte, un instrument, une manœuvre, la langue s'élargissait, elle acquérait un mot nouveau qu'elle francisait le plus ordinairement, non pour dissimuler sa conquête, mais pour la rendre plus facile aux bouches que les dialectes septentrionaux faisaient trop grimacer. Tout marchait à la fois, et notre marine était par la langue, comme par l'état de ses connaissances

24

et par ses pratiques de métier, une sorte de résumé toujours complet des marines du Ponant
et du Levant. —

Quand un arbre creux reçut, pour la première
fois, le navigateur qui tentait en personne l'expérience d'un trajet sur une eau courante, fait déjà
par des corps pesants imposés à cet arbre, l'homme
dut remarquer que la partie qui coulait la première, qui *voyait devant*, suivant l'expression
grecque dont les latins firent *prora*, présentait
une résistance très-grande en raison de sa forme
et de la section verticale à son centre, que je
suppose assez naturellement, je pense, être la
façon primitive de l'avant. L'idée de tailler le bout
de l'arbre en coin dut venir bien vite. C'était un
grand perfectionnement sans doute, mais l'observation devait en amener aussi promptement un
autre. En luttant avec les oiseaux aquatiques sur
l'étang ou sur le fleuve où surnageait son embarcation encore grossière, l'homme dut s'apercevoir
que le cygne, l'oie ou le canard étaient de belles
et solides machines naviguantes; et que leur poitrine, bien appuyée sur l'eau, était ouverte, de
bas en haut, d'une certaine façon tout à fait propre aux évolutions qu'un corps flottant a besoin
de faire quand il veut aller vite, tourner, se soulever sur la vague et lui résister. La carène et la
proue furent alors trouvées; et c'est de ce point
que le charpentier partit pour tailler l'avant du
navire, ses flancs, son ventre, et préparer aux
mathématiciens le problème qu'avec la science il
résout assez aisément aujourd'hui : Déterminer la
meilleure forme à donner aux œuvres basses d'un
vaisseau de telle espèce, pour assurer la marche
et l'assiette de ce navire.

Ce fut bien lentement que la proue antique se
transforma pour devenir ce qu'elle est aujourd'hui.
Tant que le vaisseau navigua le long des côtes;
tant qu'on put le tirer à terre, le soir, ou le faire
entrer dans un petit port peu profond; tant qu'il
reçut sur son avant des tours, de grandes plates-
formes ou des châteaux crénelés comme il en
recevait à l'arrière, pour sa défense, ses fonds
s'assirent largement sur la mer, et sa poupe
ronde aussi, n'eut ni plus de finesse, ni plus
d'élégance que celle de ces lourdes galiotes de
Hollande dont toute la fonction est de voiturer
des chargements considérables, et qui n'ont guère
souci du chemin qu'elles peuvent faire dans un
temps donné. Quelques bâtiments grecs, ciliciens,
romains et carthaginois eurent certainement la
poupe affinée en coin, et de moins larges épaules
à opposer aux lames; leur destination de por-
teurs d'avis, de pirates, ou de navires légers, faits
pour des courses rapides, modifièrent la construction de leurs parties antérieures, et il arriva, dès
ce temps-là, ce qui arrive aujourd'hui, que les
proues furent établies en raison du poids et des
efforts que devaient supporter les navires.

Ainsi rondes, larges, solides au-dessus de la
ligne de flottaison, arrondies, fondées sur une
base presque plate et s'enfonçant peu dans l'eau,
telles furent les proues des navires de charge
appelés par les Romains *naves onerariæ*, et de quelques autres bâtiments, comme les pontones, les
caboteurs, les navires faits pour transporter le
vin, la farine, le bois, le fer, etc. Ces formes furent
à peu près aussi celles de la proue des *naves longæ*,
famille des bâtiments affectés à la guerre. Cependant
dant plus de finesse et de légèreté étant une
condition de vitesse et de facile évolution pour
ces vaisseaux, leurs proues durent s'allonger et
s'amincir près de la quille. Cela est évident; et
l'on peut très-bien se passer de l'autorité des
monuments pour appuyer une opinion incontestable. Au reste, il est heureux que la raison suffise ici, car, sur ce point comme sur tant d'autres, les monuments sont ou fort incomplets, ou
fort peu croyables. Il en est pourtant quelques-
uns qui méritent une assez grande confiance; de
ce nombre sont, à mon avis, deux avants de galères peintes, pièces remarquables d'une décoration arrachée aux murs de Pompéi déterrée,
qui figurent au musée Bourbon avec cette marque : P¹. MCLXXI. La partie immergée se voit
sur une couche d'eau transparente, et l'on y reconnaît la finesse relative que je crois être le
partage des proues des *naves longæ*. Les galères, bas-reliefs en marbre qu'on voit au musée
Bourbon, où elles sont venues de Pompéi, témoi-
gneraient aussi, au besoin, de cet amincissement
de la partie de la carène sur laquelle s'élevait
la proue. La section horizontale qu'on pourrait
faire passer au-dessous de la ligne du tirant
d'eau, à peu près à la hauteur du *rostrum*, me
paraît en effet devoir présenter la figure d'un
angle sphérique très-aigu. Il est inutile d'insister
davantage sur un fait hors de doute.

Il n'y a pas dans Virgile une seule épithète qui
tende à peindre la proue, lourde ou légère, lente
ou rapide; et cela doit paraître extraordinaire,
car Virgile ne manque guère l'occasion de carac-
tériser le plus précisément possible les objets
dont il parle. S'il a, par exemple, à mentionner
l'armement de la proue, il dit :

Quot prius ÆRATÆ steterant ad littora PRORÆ;

ou bien il cite les rostres arrachés aux carènes :
ereptaque rostra carinis; les navires fendant
l'onde avec leurs rostres à trois dents : *rostrisque
tridentibus æquor*; les rostres plongeant dans
l'eau, au tangage, comme les marsouins qui entrent dans la lame et en ressortent bientôt
après :

Delphinumque modo demersis æquora rostris
Ima p tun¹.

Et tout cela est d'une exactitude scrupuleuse
qui montre le grand poëte sous un point de vue
spécial bien intéressant. S'il n'a pas pris la peine

de parler de la prone *allongée* ou *renflée*, selon le navire qu'elle précédait, c'est qu'il n'a pas jugé nécessaire de dire ce qui était généralement connu ; c'est qu'il n'a pas trouvé l'occasion de faire image avec une proue ouvrant la mer au vaisseau, comme la tête d'un poisson sépare la masse fluide pour faciliter au corps et à la queue, qu'elle mène à sa suite, une navigation plus rapide.

Les proues des bâtiments de guerre étaient armées de rostres en fer ou en airain. Ce moyen terrible d'attaque avait été adopté pour donner à un vaisseau assaillant l'avantage qu'avait avec le bélier une armée frappant un rempart pour y faire brèche : cela est su de tout le monde. Tout le monde sait aussi que le rostre était appliqué à la proue, à fleur d'eau, et descendait jusqu'à la jonction de la quille avec l'étrave, c'est-à-dire qu'il embrassait tout ce qu'on a appelé au xviiiᵉ siècle l'*élancement* de la proue, position nécessaire pour que la blessure faite à la carène du navire frappé par le rostre fût mortelle, ou du moins très-dangereuse à ce navire, qui devait aussitôt se remplir et couler à fond ; position d'ailleurs fort bien indiquée par Virgile au livre xᵉ de l'Enéide, quand il dit :

Inimicam findite rostris
Hanc terram, sulcumque sibi premat ipsa carina.

Rostrée pour l'attaque, la proue du vaisseau de guerre était ordinairement munie pour la défense de tours capables de contenir certain nombre d'archers ou d'autres soldats. Appien, cité par Baïf et par J. Scheffer, atteste cet usage quand, dans son livre vᵉ *de Bello civili*, il parle de navires ayant des tours *à la proue* et à la poupe. Pollux, qui écrivait au temps de l'empereur Commode, dit qu'il y avait tour à droite et l'autre à gauche, qui s'élevaient sur des planchers, et qui n'étaient pas très-grandes, *turricula*. La tradition veut que ce soit à Agrippa, le préfet de la flotte d'Auguste qui commandait à Actium, que les Romains dussent les tours de proue et de poupe, faciles à monter et à démonter, et qu'on dressait aussitôt qu'il y avait apparence de combat, selon l'expression de Servius : *de tabulis subito eriguntur, simul ac ventum est in prælium, turres hostibus improvisæ.* L'usage de ces tours se perpétua chez les Romains dans les siècles postérieurs à Auguste, et l'on voit l'empereur Léon recommander au commandant de sa flotte d'élever dans les plus grands *dromons* — c'était le nom des bâtiments de guerre qui avaient succédé aux trirèmes et aux liburnes — des châteaux de bois sur des plates-formes pour y loger quelques combattants, et établir des points culminants d'où l'on pût jeter dans les navires ennemis des pierres meulières (*molares*, comme traduit Scheffer) ou d'autres projectiles de ce genre. Au moyen âge, les tours ou châteaux

continuèrent de dominer la proue ; mais, construits avec le navire, à demeure, et non plus seulement dressés à l'heure du combat (1), ils n'en furent que plus solides. Bientôt ils devinrent lourds, et opprimèrent l'avant comme ils opprimaient la poupe. Tous les bâtiments de guerre du temps de Léon n'avaient pas de châteaux, et on le voit par la recommandation que fait l'empereur d'en munir les plus grands. Avant Léon, il en avait été de même, car les peintures de Pompéi, qui représentent plusieurs navires combattants, n'en montrent pas un armé de tours. Au moyen âge, il dut en être également ainsi ; j'en juge par analogie, connaissant les navires qui me paraissent continuer à peu près la forme antique.

Cependant le château que, dans les galères des xviᵉ, xviiᵉ et xviiiᵉ siècles, je vois remplacé par la plate-forme appelée *rambade*, prend dans le xiiᵉ siècle, et peut-être avant, sa place sur la proue, qu'il domine. Forteresse pour le combat, il est en même temps un complément d'habitation pour les marins et les gens de guerre. Toutefois, les bâtiments du commerce ne l'adoptent pas tous, et je trouve à la tête du *Capitulare nauticum per Emporio veneto*, mcclv, que j'ai étudié et copié à Venise, un navire à deux mâts (dont celui de l'avant est un peu incliné sur la proue), à deux gouvernails latéraux, ayant un château d'arrière ou dunette, mais n'ayant point de château d'avant. Il est vrai que la proue arrondie — *curvata*, comme elle est dans quelques médailles et bas-reliefs antiques — est fort élevée, et pourrait être considérée comme une sorte de château sur laquelle une partie de l'équipage aurait logé plus sainement que dans la cale. Les deux navires de la *tour penchée* à Pise ont des châteaux d'avant ; je vais tâcher de faire comprendre leur forme et leur position. La proue est basse relativement à la poupe, qui est fort élevée, indépendamment même de son château à double étage ; et si le château d'avant ne la surmontait pas, le navire, haut derrière, bas devant, ressemblerait assez à certains bâtiments de la mer Rouge et du golfe Persique appelés *dau*. Au-dessus du plat-bord qui enferme et limite la proue dans sa hauteur, plat-bord terminé en V renversé par un petit éperon au-dessus de l'étrave, s'élève, tribord et bâbord de l'avant, une courbe solide très-arquée et surbaissée par en bas et par en haut, qu'on pourrait représenter à peu près par un grand ressort de carrosse ou par les trois quarts d'une circonférence ; à l'arrière de cette courbe et de la poupe, à quelques pieds de ce système

(1) Il est fort probable que des planchers exhaussés existaient sur certaines grandes galères, avant Agrippa, à la proue et à la poupe, et que les tours mobiles de ce marin célèbre ne furent qu'un perfectionnement, pour alléger le navire à ses extrémités et dégager son tillac.

qui donne à la proue un peu de l'aspect du boutoir d'un sanglier armé de ses deux défenses recourbées, règne une muraille épaisse et forte apparemment, dont l'extrémité antérieure est verticale. La tête de la pièce de bois qui borne cette muraille est à la hauteur du point le plus élevé de la courbe, ce qui donne à droite, à gauche et à environ 6 pieds au-dessus du tillac, quatre points dans un plan horizontal. Ce plan horizontal existe en réalité, et ses points d'appui sont les quatre que je viens d'indiquer, moins clairement que je n'aurais voulu, mais aussi précisément qu'il m'a été possible de le faire sans avoir recours au dessin. Sur ce plan ou plancher, dont la forme est un rectangle presque carré, s'élève une construction tout à fait analogue à celle de la proue, mais à un seul étage, hexaèdre dont la hauteur est égale au tiers du côté de sa base. Des fenêtres éclairent, au moins sur les faces de côté — les navires étant représentés en profil, on ne peut juger des faces antérieure et postérieure du château — la chambre suspendue, que je ne puis décrire mieux, et dont je ferais comprendre tout de suite la singulière physionomie, si j'avais le crayon du dessinateur au lieu de la plume de l'écrivain.

Je ne puis pas dire si la forme bizarre de ce château de proue fut un peu générale au xiie siècle; si la plus grande partie des bâtiments de cette époque — à Pise du moins ou dans la Méditerranée — en fut pourvue; si les navires de la tour penchée ne sont pas une exception; je n'ai trouvé aucun autre monument de cette époque reculée qui m'autorise à parler plus généralement des proues encastillées de ses nefs et galies. Joinville, qui contient plus d'un détail intéressant sur les galies et les nefs du xiiie siècle, ne parle pas une fois du château d'avant ni du château d'arrière; il est fort à croire pourtant que les navires ronds, sinon les galères, avaient de ces logements supérieurs; car je ne vois pas comment le monument de Pise et les tableaux de Carpaccio témoignant de la presque continuité de l'usage qu'avaient les constructeurs d'accastiller les proues des bâtiments marchands, le xiiie et le xive siècle auraient abandonné une habitude qui n'aurait été reprise qu'au xve. Je pense que le château d'avant ne fut plus supprimé, au moins sur certains navires, depuis le moment où on l'eut emprunté aux galères, jusqu'à la fin du xviiie siècle. Quant aux galères, tous les monuments que j'ai vus, et notamment la galère que j'ai dessinée d'après Pierre Laurati, les montrent sans tours ni châteaux, autres que les gabies et rambades. Guillaume Guyart, qui est du xive siècle comme Pierre Laurati, dit dans sa Chronique rimée :

> Au bout des mâts sont li châtel
> Bien crenelés, à quatre quieres, etc.

Il est vrai que cela peut se rapporter aussi bien aux hunes des vaisseaux ronds qu'à celles des galères. Nous retrouvons positivement les tours ou châteaux sur l'avant et l'arrière des navires en 1304, à la bataille du jour de Saint-Laurent, donnée, auprès de Ziriczée en Zélande, par la flotte de Philippe le Bel, à celle du comte Guy de Flandre. Le jeune Guy avait, dit le père Daniel, quatre-vingts vaisseaux avec des tours.

Les bâtiments ronds que le miniaturiste florentin, auteur des belles peintures du Virgile de la Ricardienne, a représentés, et auxquels je trouve une très-grande analogie avec un des navires peints par Vittore Carpaccio dans sa *Vie de sainte Ursule*, ont, appuyé sur l'étrave et sur les deux côtés du vibord, non pas un château proprement dit, mais une espèce de plate-forme ou de gaillard bastingué, triangulaire, dont la pointe est très en dehors de la tête de l'étrave, et dont la base repose sur la proue élevée du vaisseau. Au sommet de ce triangle est un bâton incliné, qui a pu recevoir à juste titre le nom de bâton de l'avant, si beaupré (*bow-sprit* ou *boegspriet*) a en effet cette signification, comme cela me paraît évident. Au bout du bâton sont deux poulies avec deux cordages dont je ne comprends pas encore bien l'utilité.

Dans les navires du *Campo-Santo* de Pise, antérieurs à ceux du Virgile Ricardien, ni château, ni tour, ni beaupré; il est vrai que ce sont des barques d'un petit tonnage. La forme triangulaire de la plate-forme qui se remarque aux proues des navires que j'ai dessinés à Florence d'après le Virgile si connu et si renommé, je l'ai vue non-seulement là, mais encore à un bâtiment représenté par l'avant, qui figure dans un des Carpaccio du musée de Venise, et au navire qui va emporter *Hélène enlevée*, sujet traité par Mantegna au xve siècle, et que j'ai vu à la galerie Barberigo, où il était à vendre. Seulement les plates-formes qui s'appuient sur les avants larges, ronds et élevés des navires, et s'inclinent beaucoup de l'avant à l'arrière, ainsi que dans les bâtiments du Virgile, sont surmontées de véritables châteaux avec fenêtres, galeries et le reste. Sur le château est un mât debout portant une voile carrée, mât de misaine, comme on dit aujourd'hui; et à la pointe, dans le plan du plancher inférieur, est un beaupré. La surcharge que cet accastillage de l'avant devait occasionner à la proue n'avait pas sur la quille tout le mauvais effet qu'on pourrait croire, parce que si le triangle était fort extérieur par rapport à la tête de l'étrave, le château n'avait pas de quête bien réelle, en ce sens que son sommet ne dépassait pas la partie la plus saillante de la proue protubérante qui la supportait. D'ailleurs, le château n'est pas très-considérable, et la proue a un développement en largeur, qui ne doit pas faire supposer que ce poids la puisse fatiguer. Par une singula-

FRANCE MARITIME.

Avant d'un Bâtiment Moderne. (1831).

rité assez digne de remarque, le vaisseau de Mantegna, ainsi pourvu d'un château à la proue, n'en a point à la poupe. Quant à celui de Carpaccio, on ne voit point du tout son arrière, ce qui peut faire supposer qu'il n'y a point de château, ou qu'il est au moins peu important. L'authenticité des deux monuments que j'invoque ne me paraît pas douteuse; les deux vaisseaux sont à peu près contemporains, ils se ressemblent beaucoup, et ils sont de deux artistes qui ont vécu beaucoup à Venise, et que leur instinct, comme celui de tous les peintres de leur temps, portait à copier fidèlement ce qu'ils avaient devant les yeux : hommes, animaux, costumes ou navires.

Les galères des xve et xvie siècles, en général, n'eurent ni châteaux d'arrière ni châteaux d'avant; la rambade fut ce qui succéda aux tours de la proue sur les bâtiments à rames armés pour la guerre. Tous les monuments que j'ai étudiés à Venise et à Gênes sont d'accord là-dessus. Je n'ai rencontré de galères ayant à l'avant et à la poupe de certaines constructions, qui ressemblent à des maisons ou à des tentes en planches, que dans la sacristie du dôme de Sienne, ornée de si précieuses peintures à fresque par Raphaël et son vieux collaborateur Pinturicchio. Les galéasses, qu'André Doria fit construire pour avoir raison des Vénitiens — Doria qui comprit que la valeur seule ne suffisait pas dans une bataille navale, et que les grands bâtiments étaient une puissance opposée à des vaisseaux plus petits!— ces galéasses, l'amiral génois les chargea de châteaux d'arrière à triple étage, comme étaient ceux des vaisseaux ronds, et il fit à la proue une muraille demi-circulaire, espèce de tour qu'il perça de meurtrières pour l'armer de deux rangs superposés de petites pièces d'artillerie. Ces tours, ouvertes à l'arrière, furent le complément de la défense, qui s'étendait dans une batterie continue de l'avant à l'arrière, sur l'un et l'autre bord de la galéasse, dont la chiourme nageait à couvert. La galère grandit, et, devenue galéasse, s'alourdit au point d'être difficilement maniable; elle rendit pourtant par sa taille dominatrice de grands services à Doria. J'ai trouvé la figure de ces géants de la navigation à rames dans des représentations de batailles, peintes avec la liberté de la décoration, sur les panneaux intérieurs d'armoires qui meublent l'ancien garde-meuble du palais Doria.

Au xvie siècle, les châteaux d'avant s'élevèrent à la proue des vaisseaux ronds comme à la poupe, un peu moins hauts seulement que les châteaux d'arrière, bien qu'ils fussent aussi à deux ou trois étages, selon la grandeur du vaisseau. A l'appui de cette assertion, faudrait-il citer quelques autorités? N'est-ce pas la chose la plus connue des personnes qui se sont un peu occupées d'antiquités maritimes, que cette hauteur des châteaux d'avant, successeurs ambitieux des

tours peu élevées que les anciens érigeaient à la poupe de leurs *naves longæ*; vastes logements que l'art de l'architecte naval s'appliquait à décorer, extérieurement surtout, pour que la demeure du marin ne le cédât en rien aux palais, aux riches habitations bourgeoises ou aux casernes des hommes d'armes? Le frontispice de l'*Arte del navegar*, imprimé à Venise en 1559, montre un vaisseau courant grand largue, vu par la joue de bâbord; sa poupe très-arrondie, très-ventrue, je pourrais dire, dans le genre de celle des vaisseaux de Mantegna et de Vittore Carpaccio, que j'ai cités tout à l'heure, supporte un château dont la hauteur, au-dessus du pont et des passavants, est égale au tiers environ de la longueur du grand mât. Ce château a la forme triangulaire que je signalais plus haut, et que je retrouve aussi dans la figure d'un vaisseau représenté sur une perspective *della cita di Rodi*, gravure en cuivre des trente dernières années du xvie siècle. La tranche de pyramide à trois arêtes, placée sur la proue des vaisseaux, se fait remarquer dans plusieurs autres estampes; je l'ai aussi vue sur un modèle en relief que me prêta, à Venise, M. l'ingénieur en chef du port Casoni, homme aussi obligeant qu'érudit. Ce modèle est un *ex voto* de la fin du xvie siècle, œuvre d'un marin sans doute, assez soigneusement fait, et curieux sous une foule de rapports. La proue de ce petit bâtiment de guerre, percé à sept sabords de chaque côté sur la ligne des écubiers, comme une de nos modernes corvettes, ce qui n'avait guère lieu alors, ce qui n'avait pas eu lieu du tout depuis que l'artillerie avait été introduite à bord des vaisseaux, où elle tenait sa place à différentes hauteurs, sans logique apparente; la proue de ce bâtiment se relève, c'est-à-dire que le navire a, fort prononcée, cette ligne de courbure de l'arrière à l'avant, qu'on nomme *tonture*; le château s'assied dessus, triangulaire, mais tonturé aussi, ayant à peu près la configuration de la partie antérieure de certaines lampes antiques, et surmonté d'un mât de misaine dont l'emplanture — chose étrange! — est sur la tête même de l'étrave. La belle planche de Basire d'après S. H. Grimm, qui représente le départ de Henri VIII du port de Douvres pour le *champ du drap d'or* (1), montre une dizaine de vaisseaux haut encastillés devant et derrière, mais dont les châteaux de proue sont arrondis et carrés sur l'avant ainsi que quelques-uns des xive et xve siècles, et notamment celui d'un navire de Carpaccio, dont la proue, en col de cygne, a l'air de porter son château comme une couronne.

Le xviie siècle, qui abaisse un peu les poupes magnifiques mais déraisonnables dont les deux siècles précédents avaient exagéré la masse, au point de rendre la navigation des vaisseaux

(1) Voir page 92.

aussi dangereuse que difficile, abaisse davantage les châteaux d'avant. On voit au palais ducal à Gênes, dans une des salles du sénat, cinq tableaux, dont un, peint en 1597, montre plusieurs vaisseaux encore très-haut encastillés par derrière, mais déjà beaucoup moins enhuchés à la proue. Dans les tableaux du Hollandais Michel Ritter, que j'ai examinés à la galerie Barberigo (à Venise), cet abaissement de la proue n'est pas moins sensible que dans les marines de Callot du palais Pitti et de son œuvre gravée. La marine contemporaine de Louis XIV, perfectionnant son matériel pour accroître sa puissance, dont les vaisseaux mieux faits qu'ils ne l'étaient sous Louis XIII sont les instruments précieux, abat peu à peu ses châteaux d'avant. En 1670, elle les supprime tout à fait aux trois-ponts, déjà bien hauts sur l'eau; plus tard, elle les rase absolument, et ne laisse à tous les bâtiments que des gaillards semblables à ceux qu'on place aujourd'hui à l'avant de presque tous les navires de guerre, pour mettre les hommes de quart à l'abri du vent froid, de la pluie et des coups de mer; précaution excellente que, sous l'empire et avant lui, on négligea de prendre, comme s'il y avait eu de la honte pour des marins à ne pas s'exposer inutilement aux intempéries, et à préserver leur santé d'atteintes fâcheuses qu'ils pouvaient éviter sans tomber dans la mollesse. Sous prétexte que ce gaillard d'avant alourdissait la proue et n'était pas d'un effet agréable, on le supprima, et pour abri on permit aux matelots de tendre des *prélarts*, ou toiles goudronnées, qui prirent le nom de *cagnards*; dénomination méprisante, infligée à ces toitures volantes par certains loups de mer, qui en faisaient fi, et se seraient crus déshonorés s'ils s'y étaient blottis pendant la pluie. Aujourd'hui nos matelots ne poussent pas si loin l'amour-propre; ils s'abritent très-volontiers sous le gaillard d'avant..... Nous avons de singulières vanités! nous nous croyons de bien meilleurs soldats, parce que nous ne portons point de parapluies quand nous sommes en uniforme, n'étant pas de service, et nous rions beaucoup des Anglais, qui en portent! Je me rappelle qu'un jour, en 1816, je m'avisai de vouloir faire honte à un officier de hussards de son parapluie, qu'il avait sous le bras avec son grand sabre : « Quelle bravoure, me dit-il, voyez-vous à » faire mouiller son habit? Mon habit me coûte » fort cher, et je ne suis pas riche; il faut donc » que je le ménage. Ce qui importe au pays » que je sers, c'est que je ne ménage pas ma peau » un jour de bataille, et dans ces occasions-là je » suis très-peu soigneux. » En effet, il avait beaucoup de nobles cicatrices, et je fus tout honteux d'avoir voulu ridiculiser ce brave homme.

Quand le château d'avant du XVIᵉ siècle disparut, l'éperon s'avança à la proue des vaisseaux ronds. Jusque-là, tous les monuments en font foi

— et l'on sait de quels monuments je fais cas — jusque-là une courbe, descendant un peu au-dessous de la ligne des écubiers, et servant de point d'appui à la portion extérieure du château, était la seule partie placée en avant de l'étrave. La fonction de cette pièce n'avait donc aucun rapport avec celle destinée à remplir le taille-mer, morceau attaché à la proue comme un nez aquilin renversé le serait au visage, et dont le nom est tellement significatif, qu'il est inutile d'en donner le sens par une définition spéciale. Pendant quelque temps, l'éperon eut une longueur démesurée; la proue d'un des vaisseaux de Ritter, que j'ai mentionnés plus haut, en est une preuve matérielle, que corrobore ce passage d'un auteur hollandais cité par Aubin dans son *Dictionnaire de marine* : « Les longs éperons retardent le sillage » du vaisseau à cause de leur pesanteur; c'est ce » qui a fait venir la coutume de les faire courts » et arrondis. » Aucune règle bien fixe ne fut posée alors pour la longueur et l'importance de l'éperon; on tâtonna, et l'on arriva à un moyen terme fondé sur cette raison, donnée par un auteur du temps : « Il est besoin que les navires » de guerre aient des éperons, au moins d'une » certaine grandeur convenable, parce qu'ils ser- » vent beaucoup à l'équipage, qui va s'y déchar- » ger, s'y nettoyer, et y prendre l'air commodé- » ment et sans embarrasser; on en fait aussi plus » commodément toute la manœuvre du beaupré, » et surtout ils *sont un bel ornement*. » Cette dernière considération décida bon nombre de charpentiers à reporter sur l'éperon tout le luxe que leurs prédécesseurs avaient prodigué aux châteaux d'avant, écrasés d'ornements, d'écussons, figures, emblèmes, fleurs, guirlandes, animaux fantastiques empruntés à la décoration somptueuse alors adoptée par les architectes civils. De là les vaisseaux tombant sur le nez, comme on dit, et l'équilibre rompu entre toutes les parties du navire. L'expérience corrigea les maîtres constructeurs, et les vaisseaux devinrent plus camards. L'éperon, qui était long et peu relevé à son extrémité, se raccourcit, se redressa, se recourba, et justifia le nom de *poulaine*, qu'il prit, dit-on, par analogie avec les souliers polonais, dont la forme un peu chinoise avait été mise à la mode. La poulaine, qui fut longtemps à jour, gracieusement courbée, enveloppée d'aiguilles, de courbatons, de porte-vergues, comme d'un grand réseau aux mailles curvilignes, est aujourd'hui droite, sévère, fermée par une muraille mettant cette partie à l'abri du dégagement des eaux des lames que broie la proue. Les hommes y sont plus commodément; mais la poulaine est-elle d'un effet plus agréable? Je n'en suis pas d'avis. Je sais qu'on trouve cela plus grave, plus noble, plus militaire; que cette disposition entre mieux dans le système de simplicité adopté pour la décoration des bâtiments de guerre, trop surchargés autrefois sans doute de sculptures, de peintures et de dorures; mais comme j'ai vu qu'on était tout aussi épris jadis du mode d'ornement architectural qu'on a abandonné depuis, qu'on l'est de celui qui l'a remplacé; comme je crois que là, aussi bien que dans l'architecture civile, il y a des modes qui ont leurs enthousiastes et leurs détracteurs, je me bornerai à dire que la poulaine, telle que je l'ai connue sous l'Empire, avait assez de grâce, et que c'était une belle chose que la poupe ornée et bien peinte de certains vaisseaux. Aujourd'hui, un vaisseau a l'air d'un vaste et imposant cercueil; cet aspect a bien sa poésie, mais l'autre me plaisait davantage. Sauf l'exagération dans le luxe des détails, une proue et une poupe de vaisseau de ligne sous Louis XIV étaient aux yeux de l'artiste plus magnifiques et plus élégantes que celles qu'on fait aujourd'hui. Les fait-on plus convenables? c'est toute la question. On dit que oui; nous verrons ce qu'on dira dans trente ans.

Bien que je sois beaucoup plus long que je n'aurais voulu l'être, je ne puis finir sans parler de la *figure* et des prérogatives de l'avant; ce mémoire serait incomplet si je n'en disais pas quelques mots.

Un passage du dixième livre de *l'Énéide* (vers 156 et 157) :

Ærea puppis
Prima tenet rostro phrygios subjuncta leones,

autorise à croire que, dès l'antiquité, des figures furent placées aux proues, comme à la poupe étaient des images des dieux. La proue du navire d'Énée était ornée de lions phrygiens, inférieurs au rostre, c'est-à-dire placés à fleur d'eau. Ces lions étaient là pour rappeler Cybèle à qui ils étaient consacrés, et dont le culte était en grand honneur dans la Phrygie. Ces lions étaient ce qu'on a appelé depuis les *armoiries* de Troie, et ils figuraient à l'avant des vaisseaux troyens qu'ils distinguaient des autres bâtiments grecs. Je ne sais si c'est par tradition que le lion est devenu une des figures les plus ordinairement employées pour ornement de l'éperon des vaisseaux, mais je le trouve au XVIe siècle sur les proues des navires anglais qui portent Henri VIII en France; il y est hideux, menaçant, s'élançant du vaisseau les griffes en avant et la gueule ouverte, comme s'il allait saisir une proie. Pendant presque tout le XVIIe siècle, il a presque exclusivement le privilège d'être à cheval sur la guibre, bien que d'autres animaux s'y asseoient quelquefois aussi. Alors, s'il est pour toutes les marines un symbole vaniteux de leur force et du courage de leurs bâtiments de guerre auxquels l'homme s'est incarné, il est essentiellement le blason de la Hollande. La sirène tenant une couronne à la main, ou une figure humaine, remplaça, à la fin du siècle de Louis XIV, le lion qu'on laissa aux

Hollandais. La pointe de l'éperon, qui jusque-là s'était appelée *le bestion*, de la grosse bête (*bestione*) qu'elle portait, ou *le lion*, de la figure ordinaire qui s'y montrait, perdit ces deux noms pour prendre celui de *guibre*, bientôt confondu avec ceux de *cap*, *capion* (en usage surtout dans la Méditerranée, et dont l'origine, *caput*, tête, se fait assez aisément reconnaître sans que je la signale), *avantage*, *taille-mer*, et *poulaine* ou *poleine*, désignation adoptée par les Normands et les Malouins, dit le vieil Aubin. Aujourd'hui des figures de héros, des figures mythologiques ou fantastiques, de petits génies tenant l'écusson des armes françaises, voilà ce qu'on place à l'extrémité de la poulaine, quand on croit devoir terminer la courbe du taille-mer autrement que par une volute. Le lion est aux Turcs, et on le voit à califourchon au bec de toutes leurs proues. Dans les vaisseaux, navires et barques des XIIe, XIVe et XVe siècles, que j'ai pu étudier en Italie et ailleurs, je n'ai pas vu d'apparence de figures conservatrices de la tradition antique. Une des proues que le musée de Naples tient des fouilles de Pompéi, est surmontée d'une tête d'aigle, ou plutôt de chimère, à bec aquilin; rien de cela, ni dans les navires du *Campo-Santo*, ni dans les vaisseaux de Mantegna et de Carpaccio, ni dans les bâtiments des miniatures du Virgile florentin. Une des barques d'Antonio Veneziano (dans les miracles de saint Renier mort) porte au bec de la pique une lanterne. Les vaisseaux du Virgile n'ont aucun autre ornement qu'une rosace à l'extrémité du tillac pointu, qui leur sert de château d'avant. Quant aux navires de Carpaccio et de Mantegna, ils ont au-dessus des écubiers, et au-dessous des châteaux de proue, un écusson de chaque bord timbré probablement des armes nationales ou du blason particulier aux propriétaires. Stradano, qui a fait quatre dessins à la gloire de Colomb, d'Améric Vespuce et de Magellan (dessins qui existent à la bibliothèque laurentienne de Florence), a orné l'éperon d'un de ses vaisseaux d'une tête d'animal bizarre, tout aussi laide que les lions ou les léopards des bâtiments de Henri VIII, mais d'un plus beau caractère, seulement peut-être parce que Stradano était un peintre plus artiste que S. H. Grimm.

Sur les bâtiments à rames de l'antiquité, un officier, du nom de *proreta*, se tenait à la proue, chargé de veiller devant, d'avertir quand il apercevait quelque chose à éviter, quelque écueil à tourner, de suivre le vent dans ses variations, de diriger la route lorsqu'il y avait quelque danger que le timonier ne pouvait pas voir : ce qui le fait nommer élégamment par Ovide *prora tutela*, la sauve-garde de la proue. Si l'homme du gouvernail (le pilote, patron ou capitaine) devait quitter le timon (*clavus*), le *proreta* le remplaçait. On voit que le brigadier dans nos chaloupes ou nos canots, et l'officier en second de tout bâtiment, ont aujourd'hui les devoirs du prorète, qui était chargé aussi de placer les rameurs à leurs avirons, de soigner tous les ustensiles, instruments, agrès nécessaires au navire, et de veiller au maintien de l'ordre. Après le proreta était le *hortator* ou *portisculus*. Cet officier, armé d'une baguette (*portisculus*) qui avait nommé sa fonction, était chargé d'exciter, par ses exhortations (*hortationes*), le mouvement des rameurs, à qui il battait la mesure avec son portiscule comme un chef d'orchestre avec son bâton. Sa place était à la proue; mais il se promenait souvent entre les bancs, marquant quelquefois sans doute, sur les épaules des rameurs inattentifs ou paresseux, le mouvement qu'ils avaient manqué. Le *comito* des galères du moyen âge, les comite, come et sous-come des galères des XVIIe et XVIIIe siècles, ont continué l'*hortator*. On étonnerait bien sans doute un argousin, un de ces soldats des bagnes qui veillent sur les forçats dans les embarcations et sur les chantiers, si on leur disait que leur office date de quelque deux mille années, et que leur bâton n'est autre chose que le *portiscule* dont parlent Ennius et Plaute.

Il est vrai qu'on ne surprendrait pas moins le maître d'équipage armé du sifflet, si on lui disait : « Maître, vous avez à la main un petit tube d'argent qui fut le signe de commandement d'Annebaut, l'amiral de François Ier. Ce signe, il le tenait des successeurs d'un esclave, d'un histrion qui, au temps des Grecs, chantant sur la flûte des airs cadencés pour occuper les rameurs, les faire nager ensemble, et pour donner l'élan aux matelots quand ils avaient quelques manœuvres de force à faire. » Chaque vaisseau avait son *jussor*, avertisseur, qu'on appelait aussi le musicien (*symphoniacus*); il excitait les marins par le rhythme musical, comme le portiscule par sa voix, qui marquait le temps fort de la mesure jouée par la flûte. Le cri du portiscule, c'est le *celeusme* religieusement conservé par Rabelais; c'est le : « une, deux, trois, *hourra!* » des matelots du commerce et des forçats, quand ils hissent quelque lourd fardeau; c'est le cri mesuré, le chant (à quatre temps en général) qu'un matelot, l'*hortator* moderne, proférait encore, il y a quinze ans, dans tous les hissements de huniers, de barriques, de canons, et dans tous les bordements de voiles un peu pénibles. Personne ne crie plus, ne chante plus aujourd'hui sur les vaisseaux de guerre français; le sifflet et le fifre renouvellent ou, pour mieux dire, perpétuent la tradition du symphoniaque.

De tout temps, l'avant a été moins noble que l'arrière; de tout temps, le poste d'honneur a été à la poupe; l'étiquette consacra ce que la raison avait dû établir. Quand les vaisseaux avaient des châteaux d'avant, c'était sous leur abri qu'était la cuisine et la prison. C'est sous les gaillards de nos bâtiments modernes qu'on met les turbulents aux fers; jadis on les mettait dans la poulaine, même près des latrines, ou bien on leur infligeait pour punition de nettoyer cette partie de l'avant... Les maîtres demeurent dans les parties basses de la proue, comme les officiers dans les chambres de l'arrière.

Il est, je pense, sans nécessité qu'à propos de l'*avant* je parle des ancres, toujours suspendues à la proue depuis les Grecs. Il est vrai, aujourd'hui comme au temps de Virgile, que

Anchora de prora jacitur. . . . . .

Il paraît qu'au XVe siècle il y avait de certains navires qui portaient une ancre à l'arrière comme à l'avant, suspendue par l'organeau à une branche de fer sortant d'un écubier ouvert assez près du gouvernail. On voit de ces ancres de poupe dans une des belles vignettes du grand Froissard que possède la Bibliothèque du roi, et qui est numérotée 8,520 (départ. des manuscrits).

A. JAL,
Chef à la section historique de la marine.

———

Naufrage dans les glaces

DU

NAVIRE *LA NATHALIE*.

(1826.)

Le navire *la Nathalie*, du port de Granville, mit à la voile, pour la pêche de la morue à l'île de Terre-Neuve, le 25 avril 1826 (1).

Notre traversée fut d'abord assez heureuse. Mais, par le 51° 5' de latitude nord et le 56° 53' de longitude ouest, nous rencontrâmes les glaces flottantes. C'était le 29 mai. Nous voguions avec peu d'air, quand une glace creva le bâtiment. La scène devint affreuse, l'eau entra dans le navire. Un malheureux père tenait son fils entre ses bras, et dans l'égarement de sa raison, il criait de toutes ses forces : « Où est mon fils? Oh! de grâce, rendez-moi mon fils; que du moins en périssant je le presse sur mon cœur. »

Le bâtiment s'enfonçait avec une effroyable rapidité. Toute espérance nous était ravie; à huit heures du soir le navire disparut... Avec lui s'engloutirent, hélas! la plupart des infortunés qui le montaient (2). Je coulai avec l'équipage, mais bientôt je revins sur l'eau, et la Providence permit que je trouvasse, tout auprès de moi, deux

(1) Ce récit est presque complètement le journal du bord de l'un des officiers de *la Nathalie*.   (*N. du R.*)
(2) Des soixante-quatorze hommes qui formaient notre équipage, dix-sept se sauvèrent dans le canot, cinquante ont péri.

Naufrage dans les Glaces

Imp.ᵉ par Chardon aîné & fils r Royer. 3. Paris

morceaux de bois attachés l'un à l'autre. Sur ce frêle asile était le matelot Potier. Je m'y place à côté de lui. En vain nos regards cherchent quelque moyen de salut, plongent de toutes parts sur le lugubre espace qui nous entoure, ils ne découvrent que des flots sombres et légèrement agités. Revenus du fond de l'abîme, notre perte n'était retardée de quelques instants que pour devenir plus cruelle !

Cependant nous aperçûmes bientôt une glace plate. Nous nous dirigeâmes vers elle. Après de longs et pénibles efforts, nous l'abordâmes.

J'avais pour tout vêtement une chemise de laine, un pantalon, mes bas et mon chapeau que j'avais eu le bonheur de retrouver en revenant sur l'eau.

Mon malheureux compagnon n'était pas mieux vêtu ; il n'avait rien pour couvrir sa tête.

Presque nus, à demi gelés, affaiblis, livrés aux pensées les plus désespérantes, nous restâmes quelque temps immobiles sur ce glaçon.

La brume, le verglas et la nuit vinrent mettre le comble à nos maux. Le froid était si pénétrant que, pour n'être pas entièrement gelés, il nous fallut marcher toute la nuit. Déjà nous sentions vivement l'aiguillon de la faim.

Le matin, dans une éclaircie, nous aperçûmes quatre hommes à une grande distance de nous, et un autre naufragé beaucoup moins éloigné. Bientôt le temps se couvrit et nous déroba la vue de nos compagnons. Nos regards restaient toujours fixés sur le point où ils étaient ; car il semble que nos maux soient plus légers quand nous savons qu'on les partage. Vers les neuf heures du soir le temps redevint plus clair. Un trois-mâts nous apparut dans les mêmes parages.

Nos yeux attachés sur ce bâtiment le suivaient avec anxiété. Il s'approcha, diminua ses voiles, fit la manœuvre nécessaire pour sauver les quatre naufragés.

Déjà nous prenions part à leur bonheur. Nos cœurs bondissaient de joie, l'espérance rayonnait sur nos fronts. Persuadés qu'on nous voyait, notre délivrance nous semblait assurée. Nous avions avec grande peine planté dans la glace un aviron saisi le jour du naufrage. Il était surmonté de mon chapeau et de ma cravate, que nous agitions afin qu'on nous aperçût plus facilement. Le malheureux qui était sur une glace, non loin de nous, faisait avec une planche un signal du même genre. Mais, hélas ! notre espoir fut cruellement déçu. Au bout d'une demi-heure, le bâtiment mit ses voiles au vent, louvoya parmi les glaces et s'éloigna de nous, cherchant vainement à sauver d'autres victimes.

Toute la journée le bâtiment resta à notre vue. La brume et la nuit revinrent. Le bâtiment sur lequel reposaient de si vives espérances de salut disparut entièrement ; alors, comme un poids immense qui a été un moment soulevé, la douleur

et le désespoir retombèrent sur notre cœur et nous plongèrent dans un morne et affreux silence. Mon compagnon l'interrompit par ces mots prononcés d'un son de voix déchirant : « Ah ! » M. Houiste, plus d'espoir... Il faut périr de » froid et de faim. » J'essayai de ranimer un peu son courage et de lui donner des espérances que j'étais loin de partager

Nous passâmes cette nuit et la suivante sous la pluie et le verglas ; transis de froid, tourmentés horriblement par la faim, d'autant plus accablés que nous avions été plus près d'être arrachés à notre épouvantable situation. Dieu seul pouvait nous soutenir au milieu de si terribles épreuves.

Le 1er juin, une botte de pêcheur passa près de notre glace. Nous tâchâmes de l'attirer vers nous. Nous l'eussions dévorée en un instant. Ne pouvant l'atteindre avec l'aviron, je fus sur le point de l'aller chercher à la nage. Je n'osai me sentant trop affaibli, je craignais de rester gelé dans l'eau. Alors, avec un couteau, j'enlevai quelques parcelles de notre aviron ; je voulais les manger, mais je n'y pus réussir.

Nous ne cessions de porter autour de nous des regards avides, dans l'espérance de trouver à notre portée quelque chose qui pût servir à notre nourriture.

Ce même jour la brume se dissipa ; nous aperçûmes des débris de la Nathalie, et le même homme que nous avions cherché à joindre le 30 mai. Parmi ces débris, je distinguai à cent pas environ une cage à poules. Tout près de nous était une petite glace, capable à peine de porter un homme. Je me hasardai à y passer, et avec le couteau de Potier j'y fis une entaille pour y placer notre aviron. La glace me servait comme d'un canot pour aborder. Je visitai ainsi beaucoup de petits barils ; ils se trouva que tous étaient ou défoncés ou débondés et pleins d'eau de mer. Je poursuivis ma route vers la cage à poules et je parvins à la saisir : elle contenait quatre poules noyées. A cette vue ma joie fut inexprimable. Nous n'avions jusqu'alors soutenu notre misérable existence qu'en mangeant de petits morceaux de glace !... Je dévorai à l'instant la cuisse d'une de ces poules ; ce peu de nourriture me donna quelque force et beaucoup de courage. Mon compagnon ne me quittait pas des yeux. Quand il vit que je mangeais, les bras tendus vers moi, il me cria d'un ton lamentable : « Ah ! M. Houiste, de grâce, apportez-moi à » manger. » J'avançais vers lui de toutes mes forces. Il ne cessait de répéter d'une voix altérée et presque éteinte : « Pour Dieu, M. Houiste, venez » donc vite. » Nous fûmes bientôt réunis. Nous achevâmes de manger cette poule sans prendre le temps de la plumer : jamais nous n'avions fait un si délicieux repas...

Dans le cours de nos recherches, nous trouvâmes une barrique de cidre débondée ; avec des efforts incroyables nous réussîmes à la porter sur notre glace. Il y était entré de l'eau de mer; mais cette eau ne s'était pas entièrement mêlée avec le cidre. Quand nous eûmes fait couler à peu près la moitié du liquide que contenait la barrique, le reste nous fournit une boisson potable.

Une demi-heure après cette heureuse rencontre, au vent à nous, nous découvrîmes une petite chaloupe. Nous tressaillîmes de joie.

Nous l'atteignîmes : elle était entre deux eaux. Quand nous y fûmes entrés, nous avions de l'eau à la ceinture. Je la dirigeai vers le malheureux que nous voyions seul, sur une glace, éloigné de nous d'environ une demi-lieue.

Un baril de beurre défoncé passa tout près de nous : c'était un objet d'un prix inestimable. J'exhortai Potier à le saisir : il le fit; mais bientôt il me dit qu'il ne pouvait le tenir plus longtemps, ayant beaucoup de peine à se tenir lui-même. A ma prière il prit un peloton de ce beurre et lâcha ce baril qui nous aurait été si utile si nous avions pu le conserver. Nous sauvâmes ensuite une casquette, que je reconnus pour être celle de notre capitaine : c'était un bonheur pour Potier, qui jusqu'à ce moment était resté la tête nue.

Après une heure et demie de travaux sans relâche, nous abordâmes enfin la glace du malheureux que nous voulions secourir : c'était Julien Joret, matelot de notre équipage. Son état était déplorable. Un morceau de poule que je lui donnai lui rendit quelques forces. Ignorant sur quoi nous étions portés, il regardait notre arrivée comme l'effet d'un miracle; mais quand il vit que nous étions sur la chaloupe de *la Nathalie*, et que je lui eus donné l'assurance qu'avec son secours nous pourrions la mettre à flot, car il fallait une fausse pièce, sa joie fut au comble. Cependant ce travail était bien difficile pour nos forces épuisées. Durant plus d'une demi-heure, nous nous trouvâmes, Potier et moi, dans l'impuissance de nous mouvoir; nos jambes et nos cuisses étaient engourdies de froid et de fatigue : nous ne les sentions plus; nous eûmes bien de la peine à nous mettre debout. Enfin, nous réussîmes à marcher peu à peu et à rappeler quelque chaleur.

Sur la glace où était Joret, il se trouvait plusieurs chemises et une petite chaudière. Il nous apprit que, le 50 mai, un coffre avait été poussé près de lui, qu'il avait eu le bonheur de l'arrêter, mais que la mer, trop rude en ce moment, ne lui avait pas permis de le vider entièrement. Le froid qui nous glaçait ayant un peu diminué, nous réunîmes nos forces et nous halâmes la chaloupe le long de notre glace. L'eau moins trouble nous permit d'apercevoir au fond de cette chaloupe une veste et le petit marteau du charpentier. Cette découverte nous causa un grand plaisir. Avec quelle avidité on saisit, dans un extrême danger, les moyens qui peuvent adoucir la rigueur du sort contre lequel on lutte ! Je déposai sur la glace ces objets précieux, et nous travaillâmes à tourner la chaloupe la quille en haut. Cette opération exigea les plus grands efforts. Monté sur cette embarcation, je pris la mesure de la fausse pièce, et, après l'avoir tracée sur une des douvelles de la barrique, je chargeai Joret de la tailler avec son couteau. Pendant ce travail, Potier pétrissait la pelotte de beurre, et moi, avec le petit marteau, j'arrachais d'une des planches sauvées un clou d'environ trois pouces. Tout étant préparé avec le soin que nous pouvions apporter à cette opération à laquelle nous attachions notre salut, je clouai la fausse pièce, et afin qu'il restât moins d'ouverture pour le passage de l'eau, je mis une des manches de la veste à servir de frise. Avec une des chemises j'essuyai la fausse pièce, et j'y appliquai la pelotte de beurre; ensuite nous retournâmes la chaloupe, et nous la poussâmes à la mer. L'eau pénétrait encore, mais notre petite chaudière nous servait à l'épuiser.

A peine notre chaloupe était à flot que nous eûmes connaissance de la terre à une distance d'environ dix lieues. Je reconnus que c'était Belle-Isle et Groays (1). A cet aspect l'espérance rentra dans nos cœurs. Quelque affreuse que fût notre position, ce premier jour de juin, notre malheur était supportable. Sur un élément perfide, excédés de froid, tourmentés par le sommeil et la faim, pressés par les glaces flottantes qui pouvaient à chaque instant briser notre frêle nacelle, notre salut nous paraissait assuré; la vue de la terre nous faisait presque oublier nos maux et nos dangers.

Une brise légère soufflait du sud-ouest. Jusqu'au 2 juin nous continuâmes à nous diriger vers la terre. Ce jour-là nous n'étions plus qu'à quatre lieues de Groays, quand, sur les dix heures du matin, nous fûmes *clavés* dans les glaces. Il ne nous restait d'autres vivres que deux poules et demie !...

Vers cinq heures du soir la brume nous reprit; quatre jours se traînèrent dans cette douloureuse situation. Nous vivions avec une prodigieuse économie : pas un os n'était mis de côté.

Lorsque nos portions étaient faites pour un repas, nous cachions avec soin dans l'arrière de la chaloupe le déplorable reste de nos vivres, de crainte de céder au désir d'y toucher trop tôt.

Les deux premiers jours Potier ne pouvait avaler les os; il nous les donnait et nous les division.

Je m'arrête; mon cœur se soulève en rapportant ces détails. Éprouva-t-on jamais une misère aussi épouvantable ?... Cependant cette misère devait s'accroître encore !...

Le 6 juin, vers onze heures du matin, le temps s'éclaircit un peu, et nous découvrîmes une trentaine de navires près de *la banquise* (1), environ

(1) Deux petites îles situées sur les côtes de Terre-Neuve.

à deux lieues à l'est de nous. Aurons-nous le bonheur d'être aperçus de ces bâtiments? Nous délibérons sur ce qu'il nous convient de faire. La chaloupe sur laquelle nous avions tant compté faisait corps avec les glaces. Il nous était désormais impossible d'en tirer parti. D'un commun accord, nous résolûmes de tenter de nous rendre à bord par la voie des glaces qui nous paraissaient s'allonger jusqu'auprès des bâtimens. Nous plantâmes dans notre chaloupe, que nous abandonnâmes à regret, notre aviron surmonté d'une chemise, afin de pouvoir la retrouver si nous n'étions pas sauvés par quelque navire.

Après avoir fait nos dispositions et nous être recommandés à Dieu, nous nous mîmes en route, munis des deux petites planches qui nous servaient de pont pour passer d'une glace sur l'autre. Les glaces assez unies nous offraient une route qui n'était pas trop difficile. Nous ne marchions cependant pas vite; nous étions si affaiblis! nous avions déjà tant souffert!... A mesure que nous avancions, notre courage croissait avec l'espérance; mais, arrivés à peu près à la moitié de la distance qui nous séparait des bâtiments, ô malheur qui ne peut se décrire! un fort vent du nord-ouest souffle, divise, détache et éparpille toutes les glaces.... Notre sort est devenu plus affreux. Nous ne pouvons ni avancer vers les navires, ni rejoindre notre chaloupe. Navrés de douleur, nous montons sur une glace très-grosse qui était près de nous; de là, avec nos planches et nos cravates, nous faisons des signaux. Hélas! tout fut inutile. Que le sort de nos compagnons qui avaient péri au moment du naufrage nous paraissait digne d'envie!...

Depuis huit jours nous n'avions eu pour soutenir notre déplorable vie que quatre poules noyées. Il ne nous restait plus rien. Dans ces parages on voit communément des loups-marins sur les glaces, où ils se traînent avec assez de lenteur. J'en avais souvent aperçu dans les dix campagnes que j'avais faites précédemment à Terre-Neuve. Armés de nos planches, il nous eût été facile de les tuer: il ne s'en présenta pas un seul.

Dévorés par la faim, demi-morts de froid, le désespoir s'empara de nous... Les yeux égarés, la bouche ouverte, nous nous regardions en silence. Cette scène d'angoisses inexprimables dura une heure... Nous invoquâmes Dieu; cela nous fit du bien.

Vaincus par la faiblesse et la fatigue, nous éprouvions un besoin insurmontable de nous livrer au sommeil; mais à chaque instant l'humidité et le froid nous réveillaient cruellement... Cet état de souffrance dépasse tout ce qu'on peut imaginer. La faim, quoique portée au plus haut degré, nous semblait plus tolérable.

(1) Amas de glaces flottantes. On rencontre ordinairement ces glaces à la fin d'avril; quelquefois beaucoup plus tard. Dans l'hiver elles forment des masses continues.

Pour empêcher nos pieds de se geler complétement, nous les tenions dans une agitation continuelle. Quand la fatigue nous forçait de cesser ce mouvement, je m'asseyais sur une de nos planches, vis-à-vis un de mes compagnons, et je portais mes pieds sous ses aisselles; il se réchauffait de la même manière.

Dans les courts instants consacrés au sommeil, notre imagination s'égarait sur mille sujets agréables. Il nous semblait que nous étions sauvés, qu'on nous présentait des vivres; je croyais voir le maître d'hôtel de la Nathalie m'offrir le biscuit et les mets qui avaient servi au dernier repas fait avant le naufrage; mais que le réveil était affreux!

Le 6 juin, sur les dix heures du soir, la brise du nord-ouest faiblit. Les vents du large revinrent et ramenèrent la brume et la pluie. La glace à laquelle nous étions comme enchaînés était presque ronde, et si peu étendue, que nous pouvions à peine y faire cinq à six pas. Sur cet étroit théâtre la nuit fut affreuse, et quand le jour reparut, mes deux compagnons avaient les extrémités des pieds noires et gelées.

Le besoin du sommeil devenait tout à fait invincible. Pour y céder, nous nous asseyions sur nos deux petites planches. A peine commencions-nous à dormir, que nous tombions sur la glace, et l'eau, fondue autour de nous par la chaleur de notre corps, se gelait et nous forçait de nous réveiller.

Cette déchirante situation se prolongea durant quatre jours, ou mieux quatre siècles.

Le 10 juin je vis, avec une extrême douleur, que nous n'étions plus sur le passage des navires. Nous avions été portés au moins à six lieues dans le sud. Il nous fallait donc renoncer tout à fait à l'espoir d'être sauvés par quelque bâtiment. La terre avait reparu à nos regards sur les deux heures du matin. Les glaces nous semblaient serrées jusqu'à la côte. Je dis à mes compagnons qu'il valait mieux mourir en tentant les derniers efforts, que d'attendre une mort inévitable et prochaine. Ils m'approuvèrent. Nous prîmes nos deux planches, et nous commençâmes notre route vers la terre dont nous étions éloignés d'environ dix lieues. Il m'est impossible de donner l'idée de tous les tourments éprouvés dans ce cruel trajet, qui dura trois jours. Soutenus par un faible reste d'espérance, nous cheminions lentement vers cette terre de salut. Souvent nous trouvions devant nous des intervalles trop considérables qui séparaient les glaces et nous forçaient à faire d'assez longs circuits. Ces circuits, notre faiblesse, les inégalités des glaces, rendaient notre marche excessivement pénible. A chaque instant l'un de nous tombait; il fallait des efforts inouïs pour nous relever. Le sang qui coulait de nos blessures et de nos pieds écorchés marquait la trace de notre douloureux passage.

Le 12 juin nous crûmes que ce jour serait le dernier de notre vie. A une demi-lieue de terre les glaces nous manquèrent...

A cet aspect, le plus profond désespoir s'empara de nous. Assis sur la glace qui nous portait et qui s'amoncelait en forme de voûte sur nos têtes, nous désirions ardemment qu'elle nous écrasât. Recueillis devant la pensée de l'éternité, nous attendions la mort avec résignation. Elle nous paraissait douce en ce moment.

Le souvenir de ma jeune épouse, que je quittais pour la première fois depuis notre union, me poursuivait sans cesse et ajoutait un nouveau poids à mes maux.

Une petite glace était près de nous : « Courage ! dis-je à mes compagnons encore plus abattus que moi ; courage ! mes pauvres amis. Tâchons de monter encore sur cette glace, et là nous allons nous abandonner à ce qu'il plaira à Dieu. »

Ils me suivirent, et nous vînmes à bout de l'atteindre. Avec notre petite planche nous la dirigions assez heureusement vers la terre. Mais, ô douleur ! cette nacelle de neige gelée se divise en deux morceaux. Un de mes compagnons était sur un de ces morceaux, à moitié dans l'eau, près de périr. Nous le saisîmes par les mains, et, nous tenant ainsi tous trois, en forme de cercle, nous eûmes le bonheur de nous maintenir sur notre glace fendue, que nous faisions péniblement mouvoir, en la poussant de nos pieds, appuyés contre les aspérités dont elle était hérissée. Nous abordâmes ensuite une autre glace ; nous en changeâmes quatre fois dans cette journée. Enfin, les dernières difficultés furent surmontées et nous atteignîmes la terre : c'était le 13 juin, vers les cinq heures du soir.

Nous la touchions donc cette terre que nous appelions de tous nos vœux, où nous tendions de toutes nos forces ; cette terre que nous regardions comme le terme de nos maux... Hélas ! nous nous abusions... Acablés de tout ce que nous avions souffert, nous tombâmes sur l'herbe : nous prîmes un peu de repos. Nous avions la confiance que le sommeil nous ferait du bien. Il en arriva tout autrement ; le réveil fut terrible. Le malheureux Joret était aveugle... Ni lui ni Potier ne pouvaient faire aucun mouvement. Par bonheur j'avais encore un peu de force. Je me traînai sur les genoux et les coudes vers le *plain*, où je trouvai des moules dont je remplis mon chapeau. Quoiqu'il n'y eût qu'une vingtaine de pas, j'eus bien de la peine à le rapporter. Nous dévorâmes nos moules avec une avidité inconcevable ; nous avalions jusqu'aux écailles. Depuis sept jours nous ne vivions que de glace.

Nous ne pouvions aller au loin chercher des secours ; d'ailleurs cette côte était-elle habitée ? N'avions-nous pas à craindre les bêtes sauvages, surtout les ours, si nombreux dans cette contrée ?

Quel moyen de nous défendre de leurs attaques ? Nous n'avions donc fait que changer de danger...

Le 15 et le 16 il nous fut impossible de nous procurer des moules. Continuellement battus par une pluie extrêmement froide, nous n'eûmes pour nourriture que quelques brins d'herbes que la faim nous força de manger, et que nous ne pûmes digérer...

Dans le désir de découvrir quelque habitation, j'essayai de gagner une pointe éloignée d'environ un demi-quart de lieue. Après avoir fait à peu près cinquante pas, je tombai d'épuisement.

Je me ranimai afin de revenir mourir près de mes compagnons. Il me semblait que la mort me serait moins amère si je la recevais à leurs côtés. Ensemble nous avions souffert, ensemble nous devions mourir.

Le lendemain, 17, fut un jour de bonheur. Le temps devint beau. Pour la première fois nous ressentîmes une chaleur bienfaisante : Joret recouvra la vue. Ce fut lui qui le premier aperçut, vers les quatre heures du soir, sur la baie, où depuis le matin nos regards étaient toujours fixés, une goëlette anglaise qui longeait la côte. Notre cœur se rouvrit à l'espérance. Je parvins à me mettre debout, et j'engageai mes compagnons, qui ne pouvaient plus se lever, à crier de toutes leurs forces avec moi. Nos cris égalaient à peine ceux d'un enfant ; aussi les Anglais ne pouvaient nous entendre, mais ils nous aperçurent. Nous les vîmes s'embarquer dans leur petite chaloupe et se diriger vers nous. Je n'essaierai pas de dire quelle fut notre joie : c'était une ivresse, un transport, un délire au-delà de toute expression. Nos cœurs, si longtemps et si douloureusement affectés, se fondaient... Enfin nous versâmes d'abondantes larmes. Oh ! combien ces larmes étaient douces ! Sans elles nous eussions été étouffés de joie. Le bonheur était revenu trop vite et nous avait saisis avec trop de violence.

A mesure que nos sauveurs s'approchaient, ils ramaient avec plus de force. La peine que nous avions à nous traîner vers le rivage leur faisait déjà comprendre que nous étions dans la plus affreuse détresse. Aussitôt qu'ils eurent abordé, trois d'entre eux s'élancèrent de la chaloupe et nous prirent dans leurs bras pour nous embarquer. Ils pleuraient comme des enfants. Nous étions aussi dans un état tout à fait digne de pitié. Couverts de plaies, à demi nus, décharnés, les yeux caves et presque éteints, à peine conservions-nous un reste de figure humaine. On eût dit des cadavres arrachés du fond des tombeaux. L'attendrissement était général. L'épouse du capitaine nous marqua surtout une touchante sensibilité. On s'empressait autour de nous ; on nous prodiguait les soins les plus tendres. Une charité active et délicate prévoyait à tous nos besoins.

Le capitaine nous porta dans le havre de Fourché, sur le bord duquel nous étions, et nous remit à une habitation française. Là j'éprouvai un sentiment bien pénible : la plume me tombe des mains. Des Anglais nous avaient accueillis avec bontés, et des Français, indignes de ce nom, ne nous témoignèrent que de l'indifférence. Je ne les nommerai pas, ce serait appeler sur eux le mépris et l'indignation. Délaissés par des compatriotes, je priai le capitaine anglais de nous reprendre à son bord ; il y consentit volontiers, et nous promit de nous conduire où je voudrais.

Le 19 juin nous partîmes de Fourché. Bientôt le capitaine anglais me fit apercevoir un brig français, et je reconnus *la Bonne-Mère*, de Granville. A ma prière, ce digne marin me fit mettre à bord. Deux hommes du brig me donnaient la main pour monter ; ils me recevaient croyant que j'étais un Anglais malade ; mais bientôt l'un d'eux, me reconnaissant, s'écria : C'est le *second de la Nathalie !* A ce mot tout l'équipage de *la Bonne-Mère* poussa des cris de joie. Je m'empressai de dire à M. Hélain, armateur de ce navire, que deux compagnons d'infortune, encore plus malades que moi, étaient sur la goëlette anglaise. Aussitôt M. Hélain envoya son médecin et des hommes pour les apporter à son bord. Ainsi nous quittâmes le généreux Anglais à qui nous devions la vie. Son nom est Vitheway, capitaine de la goëlette *les Frères-de-Saint-Jean*. Ah ! le souvenir de ses bienfaits vivra toujours dans nos cœurs. Homme respectable, que votre mémoire soit bénie des gens de bien.

Nous devons aussi une vive reconnaissance à M. Hélain, à son médecin et à son équipage. Nous avons reçu à bord de *la Bonne-Mère* tous les secours que réclamait notre situation. Hélain, Vitheway, votre conduite honore l'humanité. Que l'estime universelle vous en récompense !

Mes compagnons d'infortune ont perdu pour jamais l'espoir de se rétablir.

On l'a souvent remarqué, pour supporter les grandes fatigues, les maux extrêmes, l'exercice des facultés intellectuelles est beaucoup plus nécessaire que la force physique. La narration qu'on vient de lire en offre une nouvelle preuve. Nul doute que les matelots Joret et Potier n'eussent succombé s'ils eussent été abandonnés à eux-mêmes. Il est évident que c'est au courage et à l'intelligence de M. Houiste qu'ils doivent d'avoir conservé un reste de vie. Nous l'avons déjà dit lorsque s'en est présentée l'occasion, nous tenons beaucoup à ces sortes de récits, si vrais et si naïfs, lorsque nous sommes assez heureux pour en pouvoir offrir à nos lecteurs, et nous sommes bien persuadés qu'ils considéreraient aussi comme un sacrilége littéraire de toucher à ces narrations si naturelles et si palpitantes que les marins échappés au naufrage, écrivent en quelque sorte sur les planches de leurs débris !

———

VARIÉTÉS.

—

LA

Frégate la Blanche.

Un des événements les plus terribles auxquels soient exposés les navires, est, sans contredit, leur rencontre pendant les nuits brumeuses. Je vais essayer de rappeler ici un accident de ce genre, auquel nous faillîmes être exposés, dans une campagne que je fis aux Antilles, en 1835. C'était le 15 mai, nous trouvant par 19° 46′ 48″ lat. N. et 70° 55′ 12′ long. O,

Il était onze heures du soir. Le temps couvert et à grains semblait un épais brouillard, comme un impénétrable manteau de brume sur la mer. *L'Adonis*, courant au nord-nord-est tribord amures, par une brise fraîche de nord-est filant huit nœuds, faisait force de voiles pour gagner le vent de Saint-Domingue. Des lames clapoteuses et bruissantes, dont les crêtes blanches d'écume étincelaient de pointes de feu, venaient se briser sur ses flancs, qu'elles couvraient d'atomes phosphoriques. Parfois, à de rares instants, quand la lune, couverte de nuées moins épaisses, laissait percer un rayon, alors une blancheur insolite, comme celle de la voilure d'un gros navire, se montrait derrière nous à grande distance.

Tout était morne et silencieux à bord. Le pas réglé de l'officier de quart se faisait seul entendre dans la nuit, et le brig, au milieu des ténébreuses solitudes de l'Océan, semblait une merveilleuse apparition courant vers un but inconnu.

Une heure passa, puis une autre s'écoula encore, et cependant la voilure mystérieuse qui semblait nous poursuivre devenait plus distincte, son approche plus marquée.

Mais l'officier qui veillait, plongé dans ses souvenirs du passé, ne prêtait qu'un bien faible intérêt à l'attente d'un événement incertain.

Et le temps s'envolait, et le navire en vue approchait toujours.

Bientôt il ne fut plus permis de douter que, sans une extrême attention portée sur une manœuvre difficile et hasardée, un choc était à craindre entre les deux navires faisant la même route et courant dans les mêmes eaux. Notre étonnant chasseur donnait à penser.

Dans la journée qui venait de s'écouler, on avait bien cru, il est vrai, reconnaître une frégate que nous avions dernièrement laissée au mouillage à la Jamaïque, mais la nuit est le temps des embûches, et on ne savait trop que croire.

A chaque instant le péril se montrait plus imminent. L'ordre de hisser un fanal au beaupré fut donné; mais comme il s'élevait en l'air, au moment même il s'éteignit, et la frégate, courant toujours, franchissait le faible espace qui nous séparait, et l'*Adonis* était plongé dans une obscurité bien redoutable à cette heure, par ce temps, dans ces circonstances.

Le navire inconnu, dont la batterie éclairée semblait dans un jour de fête, roulait majestueusement au milieu des flots qu'en s'inclinant il renvoyait au loin, et balançait avec grâce les fanaux qui étincelaient à son avant et à sa corne.

A l'ordre admirable qui régnait à son bord, on l'eût bientôt reconnu, et en effet, c'était bien réellement une vaillante frégate anglaise.

Encore quelques instants, elle nous passait dessus, et l'*Adonis* sombrait, prenant l'Océan pour tombe, quand, tout d'un coup, venant au lof, puis passant à une brasse de notre avant, l'anglaise vire de bord.......

A ce moment vous eussiez entendu le vol d'une abeille. Chaque poitrine s'était contractée, pas un cœur ne battait, aucun souffle ne flottait plus. Nous étions dans la stupeur, immobiles, fascinés. L'instant était solennel et terrible. Il y allait de la vie.

D'un bond, l'officier de quart avait sauté sur l'échelle; une voix hurla :

« Laisse arriver... la barre dessous... toute... ..... cargue la brigantine ! »

L'éclair d'une seconde passa, que la manœuvre était exécutée. On avait été lestement paré, je vous jure.

Et comme cela s'achevait, le choc d'un corps pesant retentit. Un homme à peine vêtu se montra. C'était le commandant, et un porte-voix rauque et enroué beugla :

File l'écoute de grand'voile !

Le monde tomba comme un plomb au grand taquet, et telle qu'un oiseau géant, l'immense toile frémissante s'éleva gonflée, au milieu des cordages qui sifflaient.

A cet instant, prenant la bordée de sud-est et courant à nous raser, tribord à nous, la frégate passa si près de nos pavois, que les lames clapoteuses, emprisonnées entre les deux navires, s'élevèrent en bouillonnant, et grimpèrent sur notre brig.

« *The brig the Adonis* ? cria le Breton.

—Oui, commodore, la frégate *la Blanche* ?

—*The White!* » fut la réponse de l'Anglais, qui bientôt se perdit au milieu des brumes.

Un quart d'heure plus tard nous étions solitaires et roulant sur la mer, qu'on entendait grouder confusément. La nuit nous enveloppait obscure et orageuse; et le murmure monotone des flots, qui couraient au loin en se brisant, était le seul bruit qui nous vint à l'oreille.

Ed. de Chaniac.

GEOGRAPHIE.

—

Honfleur.

C'est une petite ville qui n'offre rien comme souvenirs, qu'aucun édifice moderne ne signale à l'attention du voyageur; propre et vivante, encaissée dans une riante vallée qui s'ouvre sur la mer, mais couronnée de ces jolis coteaux de Barneville et de Beuzinville; son ensemble, vu de la mer, offre la combinaison accidentée d'un des plus jolis paysages de la Normandie.

Son port est formé de deux bassins que garde un avant-port; il sert de refuge aux bâtiments qui, descendant la Seine, confiants dans la sérénité du ciel, trouvent l'orage au moment d'entrer dans la pleine mer. Par contre, les navires venant du large, et qu'un chargement trop lourd empêche de naviguer dans les eaux basses de la rivière, entrent dans cette espèce d'hôtellerie avancée, pour se débarrasser d'une partie de leur fardeau en prenant de nouvelles forces pour mettre à fin le voyage.

Dans des circonstances plus capitales, le petit port d'Honfleur s'est maintes fois vu un précieux asile où se réfugiait sain et sauf le pauvre bâtiment qui, poussé par la tempête du nord-ouest, n'avait pu réussir à pénétrer au Havre.

Le principal commerce d'Honfleur, c'est la pêche : la pêche du hareng surtout. Il n'a du reste pas de distinction particulière d'industrie locale qui lui donne une importance géographique. Sa position au confluent d'une rivière, et son voisinage d'un grand port de commerce sont ses principaux avantages. Depuis quelques années, cependant, on y a construit des navires marchands qui peuvent, par l'élégance de leurs formes, entrer en concurrence avec les plus beaux monuments de notre architecture navale. En disant qu'Honfleur ne possède pas d'industrie qui lui soit propre, nous généralisons trop peut-être; sa bière et son biscuit de mer ont, la première aux Antilles, le second dans la marine, une certaine réputation. On attribue la bonne qualité de ces produits à une mystérieuse propriété de l'eau douce, qui filtre à travers les coteaux boisés de ses montagnes. Ajoutons à ceci que les femmes d'Honfleur sont fraîches et fortes; les hommes, laborieux et chicaniers, comme toute cette partie de la Normandie, et que ce petit port a constamment fourni de bons et courageux marins à l'inscription maritime. Mais l'aspect pittoresque d'Honfleur est plus remarquable que son analyse matérielle. Jetez-vous dans une barque, prenez le large, et, à peine arrivé à quelques encâblures, vous aurez devant vous le spectacle d'une magnifique nature. La côte de Grâce, avec sa

petite chapelle solitaire, s'élève à droite, parée du plus beau manteau de verdure, et couronnée d'arbres géants qu'ont battus tous les vents de la mer. De longues allées de marronniers, qui descendent des montagnes, viennent se mirer jusque dans l'eau des bassins; à gauche, les chantiers de construction s'échelonnent et se perdent dans les déchirures de la plage, sur laquelle s'élève les caps dont se borde cette partie de la Seine; puis, au milieu, la ville grise, rougeâtre, se découpe sur la verdure des collines rayées par les mâts et les cordages des navires; partout, le paysage est semé de maisonnettes blanches enfouies dans la verdure comme des nids d'aloës dans des feuilles; puis le vent de la mer, qui tourmente tous ces arbres, qui fait osciller tous ces mâts, les lames qui apportent et emportent les barques, les matelots qui chantent en halant sur les cordages, les mouettes qui vont sécher leurs ailes humides dans le soleil des feuilles..... voilà Honfleur pour l'artiste.

Pour les habitants du Havre, c'est du reste un pèlerinage, un but de promenade par les belles journées de l'été, et l'industrie de notre navigation côtière en a facilité les moyens. Nous parlerons plus loin de ses bateaux à vapeur, et nous jetterons ici quelques lignes sur les anciens moyens de communication dont une heureuse concurrence a depuis beaucoup annulé le rôle autrefois si actif.

Deux ou trois sloops au ventre rebondi, à la mâture courte et solide, et encore connus aujourd'hui sous le nom de *Passagers d'Honfleur*, faisaient seuls à chaque marée un voyage d'une ville à l'autre, pour le transport des marchandises et des voyageurs. Ce voyage, quant à sa traversée du moins, avait certainement bien plus un but utile qu'agréable. Encombré comme il l'était de bestiaux, de marchandises de toutes sortes, de poissons, de fruits, de légumes, de volailles, et de voyageurs parquant pour ainsi dire au milieu de tout cela, ce *passager* était une détestable habitation. Il fallait être ou propriétaire de quelques-unes de ces marchandises, ou bien cruellement contraint à faire ce voyage, pour se risquer à passer les quelques heures que la marche lourde du grossier bateau employait presque constamment à franchir les trois lieues qui séparent d'Honfleur le Havre-de-Grâce. Bien des voyageurs de goût, incapables de surmonter les répugnances que leur offrait cette traversée nauséabonde, préféraient faire le tour par Rouen, et franchir sur le vieux pont de bateau une distance de quelques mètres, qui leur avait coûté quarante lieues de route sur chaque rive de la Seine. Mais les temps sont changés, et l'industrie, en améliorant les conditions matérielles de l'existence, a rendu le passage du Havre à Honfleur une chose aussi aisée et aussi agréable, que peut l'être une promenade de 30 minutes sur un boulevard. Nous venons de parler du *bateau-passager*; mettons en regard les lignes suivantes, que le *Journal du Havre* rapportait il y a peu de jours, à propos des communications établies entre le Havre et Honfleur, et franchissons en quelques mots les dix années qui par initiation ont amené ce progrès dans les rapports de ces deux villes:

« Le steamer *le Français* a fait hier (22 mai 1848) dans la journée trois voyages, et par conséquent six traversées entre le Havre et Honfleur. En évaluant à dix-sept ou dix-huit cents personnes le nombre de passagers que *le Français* a transportés dans ses trois voyages, et ajoutant à ce nombre celui de sept à huit cents promeneurs que le remorqueur *le Neptune* et les *bateaux-passagers* ont passés de l'autre côté de l'eau, on peut supposer, sans exagération, que le Havre et Honfleur ont échangé entre eux, dans l'espace de quelques heures, une population flottante de 2,400 à 2,500 individus. »

On le voit, les *bateaux-passagers* vont toujours; mais leur rôle a beaucoup changé. Ce sont les charrettes d'une route dont les bateaux à vapeur sont les élégantes calèches. A celles-ci les marchandises, les denrées encombrantes, le glapissement des animaux, l'odeur de la marée ou des provisions de bouche; à celles-ci la lenteur, l'allure traînante et poussive, les matelots jureurs et grossiers; — à celles-là les élégants voyageurs, les parures de femmes, tout le bagage aristocratique; puis la marche rapide et légère, la souplesse des mouvements, les chambres dorées, les matelots fringants et coquets. La cloche bat sa mesure retentissante sur le quai du Havre: le bateau à vapeur va partir! il fera six traversées, tandis que, contrarié par le vent, le classique *bateau-passager* n'en fera peut-être qu'une seule. Le voilà couvert de tentes bariolées; ses roues impatientes palpitent dans l'eau du port, ses dernières amarres vont être larguées: embarquez-vous! Des musiciens ambulants occupent déjà le tillac pour vos plaisirs; la société est choisie; il y a des promeneurs de toutes nations; vous trouverez là de vos amis, car la foule est épaisse... la cloche jette son dernier avertissement: *Largue!* crie le capitaine... Les roues tournent, le quai fuit contre les pavois, la machine joue, des tourbillons de fumée se roulent dans la colonne d'air que laisse le rapide navire... il est parti! Maintenant voilà le *bateau-passager* qui se déhale; on le met dehors en le tirant avec des cordages; il lui faut du vent pour transporter sa lourde coque et son lourd chargement: le vent est faible, la mer unie. Le bateau à vapeur est déjà en Seine, que la barque à volaille, dont le capitaine avait autrefois une certaine importance dans la ville, est encore obligé de se faire traîner le long de la jetée.

Nous ne savons si la navigation par la vapeur pourra un jour s'appliquer avec efficacité aux voyages de longs cours ; la solution de ce problème est dans la découverte d'un combustible plus économique et moins encombrant que le charbon de terre, et beaucoup de savants sont à la recherche de cette force expansive ; mais en supposant que les bateaux à vapeur ne soient jamais en état de rendre leur auxiliaire utile à la haute navigation, les rapports nouveaux établis entre les côtes par leur intermédiaire sont une des plus précieuses conquêtes de notre siècle. La Manche particulièrement est sillonnée de ces élégants paquebots, qui en un seul jour échangent leurs passagers sur les rives des deux plus grandes nations du monde maritime. Par leur concours, la Méditerranée a noué les rapports les plus réguliers entre la France, l'Afrique et toutes les rives orientales.

En face de semblables résultats, obtenus par le progrès des connaissances humaines en si peu d'années, ne peut-on pas se demander avec inquiétude, comme autrefois du haut des Alpes les soldats de César : « Maintenant où porterons-nous nos pas ? »

Amédée Gréhan.

Une Lutte
ENTRE DEUX FRÉGATES.

Environ un an avant la déclaration de guerre entre les États-Unis et la Grande-Bretagne, la frégate anglaise *Macédonian* arriva à Norsolk, où son commandant, le capitaine Carden, et ses officiers, furent reçus par les habitants avec toute l'affabilité qui les caractérise. La frégate américaine *les États-Unis* était alors à l'ancre dans la rade, sous le commandement du commodore *Décatur*, qui s'empressa de témoigner au capitaine Carden tous les égards ordinaires de convenance et de politesse.

Pendant un repas donné au capitaine anglais à bord des *États-Unis*, la conversation roula sur les avantages réciproques et la construction des deux vaisseaux ; des observations furent faites de part et d'autre. Le capitaine Carden soutint avec chaleur la supériorité de son navire, dont, il est vrai, la solidité et la force égalaient l'élégance et la beauté. Décatur répondit alors avec la plus grande politesse qu'il regretterait vivement que le hasard les plaçât un jour en état d'hostilité, et qu'il en éviterait, autant qu'il serait en lui, l'occasion. Telle fut cette conversation, semblable à la fois à un pressentiment et à un songe ; car un an devait à peine s'écouler avant que les craintes de l'un fussent justifiées et que le courageux capi-

taine Carden eût reconnu, d'une douloureuse manière, l'erreur de sa sécurité et de sa confiance.

Le Macédonian était, depuis peu de mois, de retour à Portsmouth, lorsque la guerre éclata et l'obligea à rallier l'escadre anglaise sur les côtes d'Amérique. Déjà cette frégate avait touché les premières îles du Vent, lorsqu'elle aperçut un bâtiment qui, ne répondant pas aux signaux de convention, parut être américain ou français. Le plus grand enthousiasme éclata aussitôt parmi l'équipage anglais, et le capitaine Carden s'écria lui-même avec transport, en s'adressant à ses officiers :

« Si c'est un Français, nous lui accordons quarante minutes ; si c'est un yankée (sobriquet donné aux Américains), nous en sommes maîtres en vingt minutes. — *If she be a French frigate we will give her 40 min. ; if a yankee, we will take her in 20 min.* »

L'engagement commença bientôt ; mais *le Macédonian*, maître du vent, pouvait choisir sa portée, et ce ne fut qu'après une lutte inégale et opiniâtre de plus d'une heure que la frégate *les États-Unis* fit cesser le feu des Anglais et les força à amener.

Lorsque le pavillon aux léopards fut abattu, le navire fut hélé par le vaisseau américain : « Quel est ce bâtiment ? » La réponse suivit aussitôt : « Frégate de S. M. Britannique *le Macédonian*, commandant *John Carden*. » A ces mots, Décatur, saisi d'une émotion très-vive, envoya, avec empressement, un officier et un trompette s'informer de la santé du capitaine Carden, et bientôt le commandant anglais se trouva sur le pont des *États-Unis*, cherchant avec inquiétude autour de lui son vieil ami Décatur. Le commodore s'était levé en un clin d'œil, enveloppé d'un caftan goudronné, la figure noircie par la poudre et la fumée ; il s'avança vers le capitaine Carden, en lui tendant la main, et alors seulement celui-ci put le reconnaître au milieu des matelots qui l'environnaient. Leur entrevue fut extrêmement touchante ; les deux officiers s'embrassèrent avec émotion et cordialité. Le capitaine anglais fut informé de la prise des frégates *la Guerrière* et *la Folie* ; il en fut vivement affecté, et dit à son ami que, quelque désolé qu'il dût être d'avoir vu humilier le pavillon de son souverain, il pouvait cependant trouver une consolation dans le hasard qui ne le plaçait que le troisième sur la fatale liste.

Le capitaine Carden, conduit à New-London comme prisonnier de guerre, y subit une captivité de plusieurs mois, et retourna ensuite dans sa patrie, où il fut honorablement acquitté devant une cour martiale. Un an après cet événement, ce brave officier succomba à sa douleur et à ses regrets.

Ruyter

ET LA FLOTTE DES SEPT-PROVINCES.

(1675.)

Général, capitaine, matelot, Ruyter devait à l'espèce même de sa longue et laborieuse carrière une foule de connaissances pratiques presque toujours négligées des meilleurs amiraux; aussi pas de pilote ne possédait mieux que lui l'atterrissement des ports, le gisement des écueils, des bancs des hauts et bas-fonds de tous les parages où il avait navigué, toujours la sonde à la main; doué d'une mémoire locale merveilleuse, notant chaque jour ses observations nautiques et astronomiques sur son journal, Ruyter, fort de cette rare expérience, pouvait alors d'un seul coup d'œil deviner sa route, ou choisir sa position de combat parmi un labyrinthe de dangers, et imprimer ainsi à la marche ou aux évolutions de ses escadres je ne sais quelle allure prompte, facile et décidée qui tenait du prodige.

J'oubliais encore la connaissance approfondie de la direction des courants, étude importante, alors fort négligée, et qui pourtant aida tant de fois et si puissamment Ruyter à gagner ou tenir le vent, sur des adversaires mieux postés, mais moins instruits que lui. D'une vigilance et d'une activité merveilleuses, hormis quelques courtes heures de sommeil, toujours sur le pont de son vaisseau, surveillant avec dignité, mais incessamment, l'exécution des ordres qu'il avait donnés comme amiral, Ruyter savait entretenir et stimuler par sa seule présence le zèle de ses lieutenants et de son équipage, et cela parce qu'à tant d'autres moyens d'action, l'amiral joignait encore une indicible puissance d'attraction qu'il exerçait sur les matelots; car, on le sait, ils l'appelaient *le bon père*, et éprouvaient pour lui cette affection profonde et pour ainsi dire fraternelle, irrésistible, que le peuple a presque toujours pour ceux qu'une éclatante fortune a tirés de son sein, et qu'il n'accorde jamais, même à mérite égal, à un chef de l'aristocratie, qui ne peut tenir aux masses par ces racines profondes et indestructibles, par ces liens mystérieux et sympathiques que l'homme du peuple y laisse toujours. Aussi généralement le peuple se dévouera-t-il pour le premier, et ne fera-t-il qu'obéir au second.

Et puis, il faut le dire, cette extrême simplicité, cette bonhomie naïve qui rayonnait si placidement sur le front de Ruyter, parmi tant de gloires, et qui portait jusqu'à l'enthousiasme l'adoration de ses matelots pour lui; cette admirable modestie, en un mot, était non-seulement un des traits les plus fortement accusés du caractère de Ruyter, comme une expression de vertu morale et religieuse, mais avait encore été un des plus sûrs et des plus merveilleux expé-

dients de sa tactique militaire. Je m'explique: l'homme intimement convaincu de cette hypothèse, qu'il ne peut y avoir de *victoire certaine sans l'assistance de Dieu*, l'homme qui disait: Je ne suis *dans toutes choses, victoire ou défaite, que l'instrument de la volonté de Dieu*, devait conclure de ceci qu'il ne fallait ni abuser du succès, octroyé par Dieu, ni désespérer d'une défaite voulue par lui. Eh bien! cette sage modération dans la victoire qui en fait cueillir mûrement tous les fruits, au lieu de la compromettre par une ardeur insatiable; ce courageux espoir, malgré le désastre, qui fait trouver tant de ressources inespérées; ces deux vertus stratégiques, morales ou religieuses, ces deux qualités des plus indispensables à un grand homme de guerre, Ruyter les posséda à un haut degré; ses attaques promptes et vigoureuses, mais sagement ménagées; ses retraites calmes, mais sagement menaçantes, en donnaient mille preuves: tant il est vrai qu'une nature forte et supérieure peut s'assimiler heureusement à l'esprit de certaines théories, de certaines croyances qui seraient mortelles pour tout autre!

En un mot, et à part de cette dernière question, ce fut donc le savoir de cet amiral dans toutes les parties de la navigation, depuis le pilotage jusqu'aux combinaisons de la plus savante tactique navale; ce furent, dis-je, ces éléments si multipliés, qui, concentrés, fondus en une seule mais immense faculté, formèrent le rare et vaste génie de Ruyter.

Mais occupons-nous de la flotte que les Sept-Provinces devaient envoyer au secours de Messine, et qui devait être commandée par Ruyter, habitant alors la ville d'Amsterdam, dont il était bourgeois.

A l'angle gauche de la place de la cathédrale de cette ville, on voyait une maison de modeste apparence; son toit assez élevé, mais très-incliné, s'abaissait rapidement vers les cinq frontons, hauts et contournés, des fenêtres de la façade; un perron de grès, soigneusement lavé, conduisait à une porte de chêne, garnie de larges clous de cuivre qui reluisaient comme de l'or.

Cette maison était celle de Ruyter.

Or, le 25 juillet de cette même année 1675, le vieil amiral était retenu chez lui par les souffrances d'une nouvelle et violente attaque de gravelle, maladie dont Ruyter ressentit souvent les cruelles atteintes.

Il était environ sept heures du soir; le ciel était pur et bleu, le temps calme, l'air chaud. La scène suivante se passait dans le jardin de l'amiral.

Selon la mode du temps, les allées de ce jardin, droites, larges, régulières et couvertes d'une poussière de grès fine et blanche, étaient entourées de bordures d'un buis vert et sombre, taillé de mille sortes: ici se découpant en festons, là se dessinant en groupes de figures d'hommes et d'animaux d'un aspect étrange, ailleurs se creusant en niche, pour recevoir quelque statue d'un marin de renom, faite d'un travail assez grossier, peinte de couleurs tranchantes, mais puissamment équarrie dans le chêne par quelque maître sculpteur du port d'Amsterdam. Vers le centre de ce jardin il y avait un grand bassin rempli d'une eau limpide; ses bords étaient revêtus de carreaux de faïence du Japon bleus et blancs, et à son milieu s'élevait un robuste Neptune de marbre bruni par le temps, et soutenu sur un rocher factice dont la pierre était couverte de mousse. Plusieurs petits vaisseaux de bois, jouets dignes d'ailleurs de la petite-fille de Ruyter, flottaient sur ses eaux.

J'oubliais encore qu'autour de ce bassin on voyait, en assez grand nombre, de magnifiques poules flamandes, jaunes et noires, ainsi qu'on l'a déjà dit, extrêmement favorites du vieil amiral, et parmi lesquelles étaient admises quelques pintades grises à tête écarlate, ainsi qu'un paon, qui faisait royalement miroiter au soleil l'or et l'azur de son plumage diapré.

Enfin, au bout de la longue allée que ce bassin coupait par la moitié, on voyait un cabinet de verdure entouré de massifs de rosiers de toutes espèces et de toutes couleurs, que l'amiral aima toujours avec passion. Quelques tiges de ces jolis arbustes, ayant enlacé le tronc lice et argenté de deux grands frênes placés à l'entrée du berceau, en retombaient mollement et s'y balançaient en souples guirlandes, dont les feuilles vertes et les fleurs roses se dessinaient à merveille sur le fond obscur de ce frais réduit, où se tenaient alors Ruyter et sa famille.

Il faudrait le pinceau suave, naïf et puissant de Géralde-Do, d'Holbe ou de Van-Dyck, pour retracer dignement l'admirable tableau que présentait l'intérieur de ce berceau; et encore que de choses échappent à la peinture qui donnaient pourtant un charme indicible, un caractère imposant à cette scène qu'on va dire! La profonde solitude de ce jardin, la senteur douce et fraîche de ses rosiers, le faible cri des oiseaux cachés sous les feuilles, enfin cette sublime harmonie de couleurs, de bruit et de parfums qui transporte, qui pénètre d'admiration, mais qu'on ne saurait peindre.

Et puis cette pensée qui rend tout à coup si grandiose cette nature riante et sereine; cette pensée enfin que ce modeste séjour est celui de Ruyter, est celui d'un homme qui a toujours fièrement porté sur toutes les mers le noble pavillon que la république a confié à son honneur; d'un homme qui, fort de son savoir et calme au milieu des éclats de la foudre, a bien souvent maîtrisé les efforts de la tempête pendant ces nuits terribles où les vagues, noires et monstrueuses, semblent bondir à l'horizon sur un ciel de feu; d'un homme qui a bien souvent ordonné d'un signe

à des flottes de cent vaisseaux de guerre; d'un homme enfin qui a commandé tant de fois ces sanglantes batailles qui commençaient dès l'aube du jour et qui n'étaient pas finies le soir !

Et puis aussi cette pensée triste et amère que dans six mois à peine, de tant de gloire il ne resterait qu'un nom; que dans six mois, cette demeure si heureuse serait froide et déserte; que le cercueil du vieux Ruyter, couvert du manteau ducal, en sortirait entouré d'une pompe majestueuse.

Ce sont en un mot ces sublimes contrastes, ces souvenirs, ces prévisions que le pinceau ne saurait traduire, et qui donnaient, on l'a dit, un si beau caractère de grandeur à cette habitation de Ruyter si simple d'ailleurs.

L'amiral ayant voulu passer une partie de la soirée dans le cabinet de verdure du jardin, Anne Van-Gelder, troisième femme de Ruyter, y avait fait transporter un large fauteuil de tapisserie, où Ruyter était alors assis, enveloppé d'une longue robe de chambre grise retenue par une ceinture rouge. Quelques éclaircies dans le feuillage épais et sombre laissaient parvenir çà et là les chauds rayons du soleil couchant, qui éclairaient merveilleusement le vieux marin, dont la tête blanche et vénérable s'appuyait sur le haut dossier de ce fauteuil.

Ruyter avait alors soixante-dix ans; l'expression de sa figure était toujours simple, naïve et bonne; seulement la souffrance avait pâli son visage creusé, ordinairement plein et coloré, tandis que ses yeux gris et perçants, animés par l'ardeur de la fièvre, brillaient d'un éclat inusité.

Debout, le coude appuyé sur l'angle du dossier du fauteuil de Ruyter, et considérant l'amiral avec un profond sentiment de tristesse et d'intérêt, se tenait un jeune homme de vingt-quatre ans environ, d'une taille moyenne et robuste, simplement vêtu de brun avec une écharpe et des bas orange. Son visage coloré, ses longs cheveux châtains, ses yeux gris, rappelaient trait pour trait la physionomie de Ruyter dans sa jeunesse, car ce jeune homme, Eugel de Ruyter, fils de l'amiral, lui ressemblait extrêmement.

La femme de Ruyter, vêtue de noir, avec un bonnet blanc à barbe et une large fraise à la flamande, se tenait assise à côté de l'amiral, sur une chaise de bois, et tournait son rouet pendant que madame Lemers, sa fille, placée près d'elle, démêlait quelques brins de sa quenouille. Enfin le gendre de Ruyter, le pasteur Bernard Lemers, homme de trente-six ans, et vêtu de noir ainsi qu'il convenait à un ministre, assis en face de Ruyter, avait sur ses genoux une Bible d'un grand format, tandis que sa fille Anne, âgée de huit ans, petite-fille de Ruyter, baissant sa jolie tête blonde, considérait avec admiration une belle gravure sur bois représentant Tobie rendant la vue à son père.

La lecture de ce saint livre, à laquelle Ruyter prenait un si religieux plaisir, que chaque jour, à terre ou à bord, il se le faisait lire, était pour un moment suspendue, et toute la famille du vieil amiral paraissait l'écouter avec une profonde attention.

« Ce saint nom de Jonas, — disait Ruyter, — me rappelle que, lors de l'expédition de Chatam, j'étais sur le vaisseau *le Jonas*, avec mon pauvre Corneille de Witt.... qu'ils ont si abominablement massacré... » — Et Ruyter poussa un long soupir au souvenir de ce meurtre affreux; puis il ajouta : « Et je me souviens aussi que ce fut à bord du *Jonas* que je donnai ordre de faire avancer davantage les brûlots dans la Tamise, pour y aller incendier quatre grands vaisseaux défendus par le château d'Upnor; et bien qu'il fallût passer sous le canon de ce fort pour aller à ces vaisseaux, mes brûlots passèrent et réussirent.

— Et qui commandait ces brûlots, mon père? — demanda Eugel de Ruyter.

— Autant que je m'en souviens, mon fils, il y avait le vieux Kenvenowhen, puis Guillaume Willems.

— Et qui encore?

— Ah!... Popinga, je crois; oui, oui, Popinga, qui commandait le brûlot *la Pomme-d'Or*.

— Et vous avez oublié le nom de ces autres braves capitaine, mon père? — demanda Lemers avec un vif intérêt.

— Hélas! oui, Bernard, quoiqu'il n'y ait que neuf ans de cela;... mais, je le sens, ma mémoire s'efface, et c'est sans doute la volonté du bon Dieu, qui veut qu'au lieu de vivre en songeant au passé, on vive en pensant à l'avenir de la vie éternelle.

— Mais ces brûlots firent bravement leur devoir, n'est-ce pas, mon père? — dit Eugel.

— Oh! bien bravement, — dit Ruyter, en s'animant un peu; — bien bravement. Je me souviens encore qu'ils mirent à la voile sur le midi, après que nous eûmes entendu l'exhortation du ministre; puis ce pauvre Corneille de Witt et moi nous les exhortâmes à bien faire, afin de venger la République des outrages et des pilleries des Anglais. Alors ces pauvres enfants mirent à la voile par une petite brise d'est-nord-est, et allèrent en bon ordre à cette expédition, où il y avait en vérité beaucoup de dangers.

— Et vous ne vous rappelez pas absolument le nom des capitaines des brûlots que vous avez employés dans cette entreprise, mon père? » demanda de nouveau le pasteur, avec une insistance que l'on comprendra quand on saura qu'il amassait tous les documents propres à écrire un jour la vie glorieuse du père de sa femme. Mais il lui fallut soigneusement cacher le juste intérêt qu'il prenait aux récits de l'amiral, sous le semblant d'une curiosité sans but; car dès que Ruyter venait à soupçonner qu'on lui faisait raconter quel-

que particularité de ses combats afin d'y puiser des matériaux destinés à l'histoire de sa vie, par une incroyable modestie il se taisait aussitôt, devenait inquiet et chagrin, parce qu'il croyait, ainsi qu'il le dit naïvement lui-même, « faire péché » d'orgueil en laissant écrire pour l'avenir et en » son nom des choses que la volonté et la puis- » sance de Dieu seul avaient faites. »

Ainsi donc ce fut sans paraître attacher une très-grande importance à sa question que le pasteur Lemers interrogea de nouveau Ruyter sur le nom des capitaines de brûlots qui prirent part à cet épisode de l'affaire de Chatam, l'un des faits d'armes les plus glorieux de la vie militaire de Ruyter, et dont les conséquences furent si fatales à l'Angleterre.

Ne se doutant pas le moins du monde des projets historiographiques de son beau-fils, qu'il n'avait jamais soupçonné à ce sujet, le bon amiral réfléchit un moment, et dit après quelques minutes de silence :

« Non, non,... je ne me les rappelle plus les autres noms; mais qui ai-je donc nommé?

— Le vieux Kenvenowhen, Guillaume Willems et Popinga, qui commandait *la Pomme-d'Or*, — dit le pasteur avec une imprudente sûreté de mémoire, dont heureusement Ruyter ne se défia pas, étant absorbé par ses souvenirs; aussi l'amiral reprit aussitôt :

« Cela ne fait que trois capitaines, et ils étaient six... Attendez, attendez... Ah! il y avait Vander-Hoëven;... oui, Vander-Hoëven, et aussi Meyndert-Senties.

— En voilà déjà cinq, mon père; — dit le pasteur. — Encore un effort, et vous nous direz le sixième.

— Cinq; vous en êtes sûr, Bernard? — demanda l'amiral d'un ton interrogatif

— Sans doute, — dit étourdiment le pasteur. — Nous avons déjà Kenvenowhen, Guillaume Willems, Popinga, Meyndert-Senties et Vander-Hoëven;... cela nous fait bien cinq. Maintenant, mon père, il nous faut le sixième. »

Ruyter, stupéfait de la mémoire de son gendre, le regarda avec étonnement, et commença dès-lors d'être en défiance avec lui, et de soupçonner sa curiosité qui lui sembla fort intéressée; aussi, sans toutefois lui laisser deviner cette découverte, il lui répondit tout simplement :

« Quant au sixième... je l'ignore.

— Et les brûlots incendièrent les vaisseaux malgré le feu du canon, mon père? — demanda Eugel.

— Oui,... — dit laconiquement Ruyter.

— Mais est-il vrai, mon père, — reprit Eugel, — que ceux de nos vaisseaux qui protégeaient les brûlots allèrent fièrement s'embosser sous le feu du château d'Upnor, afin de faciliter l'entrée de nos brûlots en se mettant entre eux et le canon du fort?

« — Oui,... cela fut ainsi, mon fils. »

A cette réserve subite de Ruyter, le pasteur vit facilement que son beau-père avait pénétré le motif de ces questions ; alors, par une ruse assez habile, et au risque de chagriner momentanément l'amiral, il dit, avec une indifférence affectée :

« Mais est-il vrai, mon père, que M. Corneille de Witt, d'ordinaire si brave, se soit montré timide dans cette occasion, et que pourtant l'honneur de l'expédition lui ait été attribué au moins autant qu'à vous ? »

Ce piège était adroit, car Ruyter, soupçonnant son gendre d'écrire l'histoire, devait trop tenir à la justice et à la vérité pour laisser, par son silence, flétrir ainsi la mémoire de son ami, de Corneille de Witt, qui avait, au contraire, montré une rare intrépidité dans cette action. Aussi, partagé de la sorte entre la voix de sa conscience et l'exigence de sa modestie, il n'était pas douteux qu'au risque de compromettre un peu cette dernière, l'amiral ne donnât tous les renseignements, tous les détails nécessaires à la réhabilitation de Corneille de Witt.

La femme de Ruyter et ses enfants, connaissant l'amitié sincère qui avait toujours existé entre Ruyter et le ruart, firent un signe suppliant au pasteur, en voyant l'émotion vive et pénible que cette question avait fait éprouver à l'amiral, qui s'écria en rougissant :

« Lui timide !... lui !... lui, Corneille de Witt ! Qui a osé avancer une pareille calomnie ?... Sa mort affreuse ne suffit-elle donc pas encore aux implacables ennemis de cette malheureuse famille ! Lui timide ! mon Dieu ! lui timide, quand au contraire, ce jour-là même des brûlots de Chatam, me voyant descendre dans mon canot pour aller prendre moi-même le commandement du brûlot *le Dragon* ; il me demanda *où j'allais* ; et qu'alors moi lui répondant *que j'allais voir ce que faisaient mes enfants*, il me dit avec simplicité : *Je vous accompagnerai donc* ; et il m'accompagna en effet sur le brûlot ; et malgré le feu d'un vaisseau de 80, que nous voulions détruire, il resta avec moi sur le pont jusqu'à ce que nous eussions accroché notre brûlot à ce navire : ce fut alors seulement qu'il le quitta avec moi, car il n'y avait pas deux minutes que nous avions abandonné le brûlot, qu'il éclata, et de ses débris tua cinq hommes de notre chaloupe. Est-ce là un homme timide ? Allez, allez, Bernard, cela est bien mal et bien peu chrétien d'attaquer ainsi la mémoire d'un homme qui n'est plus, et que sa mort affreuse et inique devrait faire admirer comme un martyr. »

Mais le pasteur, tout à la narration de Ruyter, fit peu d'attention à ce reproche qui la termina, et s'écria, en joignant les mains avec admiration :

« Mais cela est admirable, mon père. Ce qu'il y a de grandeur dans ces mots échangés entre vous et le ruart ; entre vous, amiral, allant vous exposer aux affreux périls d'un brûlot, *pour aller voir ce que faisaient vos enfants* ; et lui, ruart, député des États sur la flotte, vous répondant ces seuls mots si beaux de simplicité : *Je vous accompagnerai donc*, et allant avec vous braver les plus affreux dangers. Ah ! mon père ! mon père ! voilà une belle page de plus dans votre histoire et dans celle du ruart. »

A ces mots imprudents, la figure de Ruyter prit une expression de chagrin et de mauvaise humeur, et il dit, d'un ton à la fois triste et fâché :

« Bernard, je ne m'étais donc pas trompé... Cela est mal d'épier ainsi mes paroles, quand vous savez que rien ne me déplaît autant... » Puis, levant les yeux au ciel, il dit avec amertume : « Et ne pouvoir être en paix et confiance au milieu de ses enfants ! être obligé de mesurer ses mots de crainte de les voir reproduits par une vanité impie .. cela est bien cruel en vérité !...

— Mon ami, — dit madame Ruyter, — ne vous affectez pas ainsi. Bernard n'agit pas dans cette pensée.

— Qu'il le dise, alors, et je le croirai. »

Le pasteur, n'osant mentir, baissa la tête et ne répondit rien.

« Vous voyez bien, » dit Ruyter.

A ce moment un domestique âgé parut à l'entrée du cabinet de verdure, et vint demander à Ruyter si M. Weldt, conseiller du collège de l'amirauté d'Amsterdam, pouvait l'entretenir un instant de la part de messieurs du collège.

« Faites entrer M. de Weldt dans la salle, et dites que je vais le joindre, » dit Ruyter.

Alors la femme et les enfants de Ruyter se levèrent pour l'accompagner ; lui, se levant avec peine, s'appuya sur le bras de son fils, et regagna sa maison à pas lents.

La nuit était à peu près venue, et Ruyter entra dans une assez vaste salle, tendue de tapisserie verte à feuillage d'un vert plus clair, et éclairée par six bougies de cire jaune, qui brûlaient dans un lustre de cuivre rouge à crémaillère et aux branches extrêmement contournées ; de grandes bandes de pareille tapisserie à haut dossier et à pieds torses ; un riche cabinet d'ébène, supportant de beaux vases du Japon rouge d'or, et un magnifique Christ d'ivoire, qui resplendissait sur un fond de velours noir, entouré d'un cadre de buis sculpté avec une merveilleuse habileté ; une grande table, couverte d'un tapis de Turquie, dont les plis lourds et carrés traînaient sur le sol : tel était l'ameublement simple et sévère de cette pièce où Ruyter trouva M. de Weldt, homme de moyen âge, à cheveux gris et vêtu de velours noir.

« Bonjour, monsieur de Weldt, — lui dit affectueusement Ruyter, en s'asseyant dans un grand fauteuil avec l'aide de son fils, qui sortit bientôt.

— Et comment allez-vous, monsieur l'amiral? cette gravelle maudite vous fait-elle au moins trêve? ¨

— Je souffre toujours, monsieur de Weldt; mais que la volonté de Dieu soit faite ainsi... Mais, dites-moi, que décide le collège au sujet de l'expédition dans la Méditerranée?

— Mais le collège, monsieur, est toujours dans la même intention.

— A-t-on des nouvelles récentes de Messine?

— Les dernières sont du commencement de juin, et les Espagnols paraissent redouter fort peu une entreprise qu'on allait tenter sur Melazzo, qui devait être attaqué par terre et par mer. Cette dépêche du prince de Montesarchio à S. A. le prince d'Orange annonçait le départ des troupes françaises pour Melazzo.

— Le vice-roi sort donc enfin de son sommeil?

— Oui, monsieur l'amiral; il y paraît du moins, puisqu'il doit aller, disaient les gens bien informés, seconder l'attaque sur Melazzo. — Tenez, monsieur, s'ils prennent Melazzo, toute la côte du nord de la Sicile leur demeure libre jusqu'à Palerme, et leur subsistance est assurée par la plaine de l'intérieur : c'est là un noble et beau projet, et le vice-roi n'est pas si dormeur qu'il veut le paraître.

— Mais, sait-on au juste les forces françaises dans le Levant?

— Dix-huit vaisseaux et douze galères... Ainsi vous voyez, monsieur l'amiral, que les intentions de messieurs du collège sont des plus raisonnables en vous donnant dix-huit vaisseaux et quatre brûlots, qui, joints aux forces espagnoles, vous assurent un avantage vraiment marqué sur les Français, qui sont d'ailleurs de tristes marins. »

Sans répondre à M. de Weldt, Ruyter réitéra sa question, et dit :

« Ainsi, messieurs des Etats ne veulent m'accorder que dix-huit navires de guerre?

— Oui, monsieur l'amiral.

— Eh bien, monsieur, messieurs des Etats font une faute dont ils se repentiront un jour.

— Comment?

— Ces forces sont trop inférieures, monsieur, comparées aux forces françaises.

— Trop inférieures, monsieur l'amiral? Ne comptez-vous donc pas la flotte espagnole?

— Non, monsieur, je ne la compte pas.

— Mais elle est forte de quarante vaisseaux ou galères.

— Mais les marins espagnols, à cette heure, monsieur, sont les plus mauvais marins du monde; avec des forces six fois plus considérables que leurs ennemis, ils n'ont pu garder l'entrée du détroit.... Si je prends ce commandement, monsieur, la première chose que je ferai sera de prier messieurs des Etats de me donner libre manœuvre, et de me permettre de ne pas me mêler à ces *Dons*, qui, loin de me servir, m'embar-

rasseraient fort; c'est pour cela, monsieur, que je trouve que messieurs des Etats ne mettent pas assez de vaisseaux en mer pour cette expédition.

— Mais, monsieur l'amiral, les dépenses ont été si grandes pendant ces deux malheureuses années, qu'il faut toutes les exigences de la politique pour accorder un pareil secours à S. M. le roi d'Espagne.

— Pardonnez-moi, monsieur, si je ne comprends pas l'économie à propos d'une pareille expédition; l'économie, monsieur, quand il s'agit de l'honneur du pavillon, de la vie des hommes, me paraît plus qu'une faute, monsieur, c'est un crime, l'économie; mais, monsieur, songez donc que pour épargner peut-être 5 ou 400,000 écus, vous compromettez le salut de votre flotte entière.

— Mais, monsieur l'amiral, vous n'aurez qu'à paraître pour faire fuir ces Français; vous les avez vus à Southwood en 72, et dans les combats, de 73.

— C'est parce que je les ai vus, monsieur, que je sais le cas qu'il faut en faire; si dans deux combats, par une lâcheté inouïe, leur amiral s'est éloigné du lieu du combat, dans la première bataille, livrés à eux-mêmes, ils se sont battus intrépidement.... Voyez-vous, monsieur, il y a un homme qu'on n'estime pas assez en France, et qui devrait être prince, si prince signifiait quelque chose, c'est Duquesne; ils l'oublient, ils lui donnent pour supérieurs des d'Estrées, des Vivonne, des gens de cour; mais s'il vient une occasion sérieuse, ils le trouveront, et je ne voudrais pas, je l'avoue, me trouver opposé à Duquesne avec des forces inférieures aux siennes; car la présence de ce brave homme à bord d'une flotte vaut déjà dix vaisseaux. » M. de Weldt ne put retenir un geste d'étonnement, et dit à Ruyter :

« Comment, monsieur l'amiral, vous craindriez de combattre M. Duquesne avec des forces inférieures?

— Oui, monsieur, dit Ruyter, avec une bonhomie sublime.

— Ah! monsieur l'amiral, après avoir jusqu'ici donné tant de preuves d'une invincible intrépidité, deviendriez-vous timide? »

Cette exclamation, du reste assez niaise, ne pouvait absolument blesser Ruyter, qui, ainsi que tous les hommes d'un courage éprouvé, ne pouvait mettre en doute qu'on pût le soupçonner de lâcheté; aussi reprit-il avec son extrême simplicité :

« Je ne deviens pas timide, monsieur, mais je regrette sincèrement que ceux qui gouvernent la république hasardent aussi imprudemment l'honneur de son pavillon.

— Pourtant, monsieur l'amiral, messieurs du collège de l'amirauté ne peuvent pas agir follement, et croient au contraire faire preuve de haute sagesse en composant cette flotte de la sorte, surtout en vous priant d'en prendre le commandement.

— La république, monsieur, ne doit pas me prier, mais me commander; et lors même qu'elle m'ordonnerait d'aller combattre une flotte avec un seul vaisseau, j'irais.

— Vous iriez, monsieur l'amiral?

— Oui, monsieur, parce que je serai toujours prêt à hasarder ma vie, partout où la république voudra hasarder sa bannière. »

Cette admirable réponse, faite du ton le plus calme et le plus naïf, stupéfia tellement le consiller, qu'il ne trouva pas un mot à répondre. Aussi, ayant demandé à Ruyter s'il se rendrait le lendemain à la séance des Etats, et ce dernier l'en ayant assuré, il le quitta malgré ses douleurs.

La nuit était tout à fait venue; aussi, après un souper frugal, la famille du vieil amiral se réunit de nouveau dans la grande chambre dont on a parlé; puis les domestiques entrèrent; et lorsque neuf heures du soir sonnèrent, Ruyter se mit à genoux; tous l'imitèrent, et écoutèrent avec un profond et religieux recueillement la prière du soir, dite par le vieil amiral d'une voix grave et sonore.

Puis la prière dite, selon l'antique usage auquel, durant sa longue carrière, Ruyter ne faillit jamais, il donna une touchante bénédiction à ses enfants, à ses petits-enfants agenouillés; puis, ses domestiques, presque tous d'anciens matelots, vinrent lui baiser respectueusement la main.... Alors, appuyé sur le bras de son fils, et suivant sa femme qui l'éclairait, Ruyter gagna sa chambre à coucher, et bientôt toute cette famille, si calme et si patriarcale, fut ensevelie dans le sommeil.....

. . . .

Le lendemain, 26 juillet, Ruyter se rendit à l'assemblée des Etats, où, selon la coutume, il prit séance sur une chaise sans bras. Après avoir présenté franchement aux Etats qu'il regardait comme trop faible le nombre de vaisseaux qu'ils envoyaient au Levant, il leur assura qu'il était prêt à exécuter aveuglément leurs ordres. Après quoi les Etats lui donnèrent les instructions les plus précises et les plus détaillées.

. . . .

. . . .

Le 29 juillet, Ruyter partit et embrassa sa femme et ses filles pour la dernière fois. Par une anomalie singulière, cet homme qui avait toujours montré et un sang-froid et un courage extraordinaires, ne put résister à de tristes pressentiments.

Il partit, en un mot, avec l'intime conviction que cette campagne lui serait fatale, et les dernières paroles qu'il dit à son gendre, Bernard Lemers, en le tirant à part, furent celles-ci:

« Mon cher fils, je vous dis adieu, et non pas simplement adieu, mais adieu pour jamais, puisque je ne crois pas revenir. Cette expédition ne s'achèvera pas que je n'y demeure, je le sens bien. »

Ruyter attendit jusqu'au 16 août que les vents fussent favorables pour sortir de Kellervetsme, où était mouillé le vaisseau amiral. Alors il mit au large, selon les nouveaux ordres des Etats, vers Dunkerque et Blakembourg. Ce fut à la hauteur de cette dernière ville qu'il reçut, le 20 août, la déclaration de guerre de la république contre la Suède; enfin il reçut l'ordre de poursuivre sa route et arriva près de Douvres le 7 septembre. Le 25 du même mois il arriva à la tête de son armée, à la hauteur du Tage; et le 26 il mouilla dans la baie de Cadix, avec douze vaisseaux, six senauts, deux brûlots et deux bâtiments de charge.

... Après avoir attendu les dépêches de la reine d'Espagne et de don Juan d'Autriche.

Les dépêches de la reine lui ordonnaient de se joindre incessamment à six vaisseaux de guerre espagnols qu'on attendait de jour en jour d'Oran, aux Alfaques de Tortose, et sur lesquels devait s'embarquer don Juan d'Autriche pour passer en Sicile.

Ruyter résolut d'attendre quelques jours don Juan, qui ne vint pas. On expliquera en peu de mots les causes qui retardèrent l'arrivée de ce prince, retinrent la flotte hollandaise dans l'inaction, et permirent aux vaisseaux français de Toulon d'opérer leur jonction avec l'escadre de Messine.

La reine d'Espagne portait une haine violente à don Juan; mais Charles II, frère de don Juan, sollicité par son précepteur don Francisco de Mançano et par son confesseur le P. Alvarez de Montenegro, vendus à don Juan, avait plusieurs fois appelé don Juan près de lui pour l'aider à gouverner. Mais la reine, avec assez d'habileté, trouva plusieurs fois le moyen d'éviter le rapprochement des deux frères, entre autres en nommant don Juan au gouvernement des Pays-Bas; mais le prince ayant refusé ce poste sous divers prétextes, la reine profita du soulèvement de Messine, et résolut d'y envoyer don Juan avec le titre de vicaire-général, qui l'élevait au-dessus de tous les vice-rois, gouverneurs, généraux et commandeurs. Il accepta cette charge dans l'intention de l'abandonner, parce qu'il ne voulait pas s'éloigner du roi son frère, dont la majorité approchait.

Don Juan ne venant pas pour toutes ces raisons, Ruyter, suivant ses instructions, partit de Cadix au risque de mécontenter beaucoup la reine très-catholique; il mit à la voile le 7 octobre, et fit route vers le détroit de Gibraltar. Après plusieurs jours de vent forcé ou de calme, Ruyter ne put arriver que le 1er novembre devant Alicante; après une relâche de quelques heures dans ce port, il remit à la voile, et arriva le 8 du même mois devant Vineros, où il croyait trouver don Juan d'Autriche; mais, avec un art infini, ce dernier avait gagné du temps jusqu'à la majorité de son frère qui alors le rappela près de lui.

A Vineros, le 9, Ruyter reçut cette lettre de don Juan, qui était comme un supplément d'instructions à l'égard de la guerre de Messine :

Don Juan d'Autriche à Ruyter.

« Monsieur Ruyter,

»Je vous ai écrit, le 18 de ce mois, pour vous témoigner l'impatience que j'avais de vous voir heureusement arriver sur les côtes de Valence dans le temps que j'espérais, sous la faveur du Ciel, me joindre avec vous et avoir la joie de vous donner des marques de l'estime que j'ai eu de tout temps pour votre mérite, et de mon affection pour vous et pour vos braves compatriotes. Mais présentement celle-ci est pour vous dire que j'ai reçu des ordres de Sa Majesté, qui me commande de me rendre à Madrid; ayant pris, comme je le crois, cette résolution parce que j'avais fait connaître combien il importait pour l'avancement des affaires générales et de la conclusion d'une bonne et fidèle paix, qu'on entreprît avec une véritable ardeur la guerre de Messine, et qu'on la poussât vigoureusement en envoyant de prompts et puissants secours, non-seulement en Italie, mais aussi en votre pays, pour satisfaire de point en point au traité en vertu duquel l'armée que vous commandez a été mise en mer, j'ose m'assurer que Sa Majesté me fait l'honneur de croire que ma présence et mes soins contribueront à ce que l'une et l'autre de ces choses soient exécutées avec plus de promptitude et en moins de temps qu'on n'y en a employé jusqu'à ce jour, et que, par conséquent, ils seront plus utiles et de plus grand fruit que mon voyage en Italie, Sa Majesté reconnaissant avec raison que rien au monde ne pourra manquer où vous serez, soit à l'égard du zèle ou de la valeur ou de la fermeté que requiert la présente conjoncture. C'est donc sur ce fondement que Sa Majesté m'ordonne de vous dire que vous lui rendrez un service fort agréable de prendre sans aucun délai votre cours vers l'Italie, avec les vaisseaux de votre armée et ceux de Sa Majesté qui ne tarderont guère à venir, si déjà ils ne sont arrivés sur la côte, et qu'elle m'enjoint de vous informer en même temps de ce que je croirai être nécessaire que vous sachiez, selon la connaissance que j'ai des affaires. Mais avant que de commencer d'obéir à Sa Majesté sur ce dernier point, je puis bien vous assurer que c'es la seule obligation où je suis de suivre aveuglément ses ordres qui diminue un peu la douleur que je sens de ne me trou-

ver pas dans une occasion où je crois et espère que vous allez acquérir tant de gloire aux armes des deux Etats joints ensemble, et à votre propre personne. D'ailleurs, c'est cette même considération qui, avec l'espérance que j'ai que mon voyage à la cour ne sera pas de peu d'utilité pour l'exécution de ce qu'on a entrepris, fait que je me soumets avec d'autant plus de plaisir aux volontés de Sa Majesté. Il n'est pas nécessaire de vous dire que surtout vous preniez soin de vous joindre à l'escadre qui est sous le prince Montesarchio, et comme, par le dernier courrier qui est parti de Naples le 20 septembre, on écrit que ce prince avait pris la route de Sicile avec seize navires de guerre et trois brûlots, il semble que vous ne pouvez mieux diriger la vôtre qu'en droiture à Palerme, allant mouiller l'ancre à Cagliari et à Trapane pour y apprendre des nouvelles plus récentes de notre armée et de celle des ennemis; car, quand même vous auriez besoin de vous pourvoir de quelque chose à Naples, il sera pourtant plus expédient, vu que notre armée est déjà sur la côte de Sicile, que vous alliez tout droit vous joindre avec elle pour entrer ensemble dans le phare de Messine et y attaquer les ennemis, pour les chercher aux lieux où ils seront. J'envoie le même ordre au marquis Del Carpio, qui est embarqué sur les vaisseaux de Barcelone, afin qu'il vous aide à exécuter ce dessein : ce qu'il fera sans doute en toute diligence. Je vous envoie aussi des dépêches, ici jointes, pour les vice-rois de Sardaigne, de Naples et de Sicile, par lesquelles il leur est donné avis de votre voyage, et ordre de vous prêter tous les secours que vous pourriez avoir besoin, afin que vous vous en serviez selon que vous aurez occasion, et suivant les lieux où vous aborderez. Sa Majesté m'a envoyé une chaîne d'or, afin de vous la présenter en son nom, pour marque de sa faveur royale et de l'affection qu'elle vous porte. Je me promettais de vous la donner moi-même; mais puisque cela ne se peut, j'ai choisi le marquis Del Carpio pour faire cette fonction en ma place. Faites-moi savoir, je vous prie, quel jour vous mettrez à la voile, afin que j'en puisse avertir Sa Majesté. J'attendrai cette nouvelle avec impatience. Vous pouvez envoyer votre réponse au marquis Del Carpio. Cependant, monsieur de Ruyter, je prie Dieu qu'il vous tienne en sa sainte et digne garde.

A Sarragosse, le 31 octobre 1675.

» Signé DON JUAN. »

Après la réception de cette lettre, Ruyter examina ce qu'il y avait à faire. Son escadre manquait d'eau, et il ne voyait pas de moyen d'en faire dans la baie de Veneros, ni sur la côte de Valence ou de Catalogne. Il fut donc résolu en plein conseil d'aller aux îles d'Yvica et de Formentera pour y faire du bois et de l'eau. La flotte remit à la voile le soir même ; mais un grain violent de nord-est ayant donné dans la nuit, au point du jour, Ruyter ne vit plus l'amiral Haan ni son escadre, qui avait été séparée du corps de bataille par la tempête. Le 14, Ruyter arriva devant Barcelone. Après y avoir attendu jusqu'au 17 le vice-amiral Haan, et ne le voyant pas venir, l'amiral allait mettre à la voile pour Cagliari, lorsqu'il reçut du roi d'Espagne une lettre qui lui annonçait enfin comme prochaine la venue de Don Juan.

Pourtant le roi signalait encore quelques délais, et force fut à Ruyter d'attendre don Juan, qui définitivement ne vint pas, et ne céda pas davantage à cette dernière preuve du crédit de la reine, qui avait obtenu de son fils d'éloigner don Juan ; mais ce dernier, fidèle à son plan, tout en paraissant se rendre aux volontés du roi, et se préparer à passer en Sicile, ne bougea pas de la cour, feignit une maladie, ne voulant pas s'absenter de Madrid avec l'espoir qu'il avait de miner tôt ou tard la reine dans l'esprit de Charles II, ce qui arriva d'ailleurs à la suite.

Toujours est-il, qu'après avoir encore perdu plusieurs jours à attendre don Juan, Ruyter partit pour Cagliari, après avoir reçu une lettre de don Juan, où il lui disait avoir « informé le roi du mauvais état de sa santé, qui ne lui permettait pas de s'embarquer. » Il ajoutait « qu'il regrettait beaucoup de ne pouvoir donner en personne à Ruyter des témoignages de la sincère affection qu'il avait pour lui, et de s'en tenir à de simples vœux pour l'heureux succès de son voyage. »

Ruyter partit donc pour Cagliari le 29 novembre ; mais par l'absence du contre-amiral de Haan et du commandeur Verschoor, l'amiral n'avait plus que seize voiles, dont dix vaisseaux, sous son pavillon, en comptant un navire de guerre espagnol. Ruyter divisa ses forces en deux escadres : la première composée de cinq navires, deux senauts et deux brûlots, et la seconde aussi de cinq navires, deux senauts, deux brûlots et la flotte espagnole. Les choses ainsi ordonnées, Ruyter mit à la voile, et arriva le 5 décembre au matin en vue de Sardaigne, et le soir du même jour il mouilla dans le port de Cagliari. Ce fut là qu'il apprit, par le consul hollandais, la conduite étrange du contre-amiral de Haan, qui, arrivé à Cagliari le 19 novembre, après une relâche de onze jours, avait remis à la voile pour Naples, contre les instructions et les ordres de Ruyter.

Le lendemain de son mouillage à Cagliari, Ruyter reçut de nouveaux ordres du roi d'Espagne, qui, le croyant encore à Barcelone, lui défendait de toucher la côte de Sardaigne, afin d'arriver plus promptement à Melazzo. Il lui recommandait de concerter les entreprises à faire avec le marquis de Villa-Franca, vice-roi de Sicile (pour le roi d'Espagne, comme Vivonne l'était pour le roi de France), et de conférer avec lui toutes les fois qu'il serait nécessaire de le faire. Il avertissait en outre Ruyter que, selon une coutume qui avait force de loi dans ses royaumes, le général des galères d'Espagne commandait toutes les forces maritimes de Sa Majesté dans la Méditerranée, et qu'en son absence c'était le prince de Montesarchio, général de l'armée navale. Enfin, Charles II annonçait à Ruyter que les Etats-Généraux avaient consenti à ce que le séjour de la flotte dans la Méditerranée fût prolongé de six mois.

Quelque diligence que fit Ruyter pour exécuter ces nouveaux ordres, il ne put partir que le 14 de Cagliari, et arriva le 20 décembre à Melazzo, où il ne trouva qu'un vaisseau de guerre espagnol et quatorze galères. Le lendemain Ruyter alla conférer avec le vice-roi, et lui représenta vivement la nécessité de faire venir à Melazzo le prince de Montesarchio avec les neuf vaisseaux qu'il avait à Palerme, afin d'agir vigoureusement, et avec ensemble, contre les Français. Le vice-roi voulut, au contraire, que la flotte hollandaise allât rejoindre à Palerme l'escadre du prince Montesarchio. Cette visée était absurde, puisque Palerme était deux fois plus éloignée de Messine que Melazzo. Aussi, Ruyter envoya-t-il immédiatement son capitaine de pavillon et son secrétaire, pour représenter au vice-roi les inconvénients de cette jonction faite de la sorte ; mais le vice-roi était tellement occupé de ses dévotions du jour de Noël, qu'il ne put donner audience au capitaine de Ruyter ; enfin ses dévotions finies, le lendemain du jour de Noël, le vice-roi donna en effet ordre au prince de Montesarchio de venir à Melazzo avec ses neuf vaisseaux. Le prince répondit *qu'il ferait le bon plaisir du vice-roi ; mais qu'il n'avait pas les voiles et les cordages nécessaires pour sortir du port.*

On voit que les prévisions de Ruyter ne l'avaient pas trompé, et qu'il avait grande raison de compter pour si peu des auxiliaires tels que les Espagnols. Le temps se perdait, et le contre-amiral de Haan, qui s'était rendu de Naples à Palerme, selon de nouveaux ordres, n'osait partir avec sa faible division sans le prince de Montesarchio.

Ce fut ainsi que se termina cette année 1675. On voit que, grâce aux incertitudes de don Juan, la flotte hollandaise perdit un temps précieux, puisque, pendant ces irrésolutions, les deux escadres françaises opérèrent leur jonction.

EUGÈNE SUE.

Eugène Sue

HISTOIRE.

—

Bataille d'Aboukir.

I.

Le 1er août 1798 eût été l'une des plus brûlantes journées que l'escadre française eût essuyées sur la plage d'Egypte, si le bon frais du nord-nord-ouest, qui ne cessa de souffler tous les jours, n'eût tempéré les ardeurs de son ciel sans nuages. La nécessité d'obtenir de l'eau avait forcé chaque bâtiment français d'envoyer à terre une escouade de matelots et un détachement de soldats; pendant que ceux-ci, jetés sur la plaine en tirailleurs, tenaient, par la crainte de leurs balles, éloignés de la rive les Bédouins, qui venaient sans cesse harceler nos travailleurs, les marins s'occupaient de creuser des puits d'où l'on tirait à grand'peine l'eau pesante et saumâtre que l'on consommait à bord de nos vaisseaux.

Vers deux heures après midi, tout était calme et en repos sur l'escadre et parmi les équipages; dans une partie, des hommes de quart se livraient à cette sieste, dont, au milieu de l'oisiveté des rades, la chaleur du jour faisait à cette époque surtout un besoin aux matelots, lorsque l'une des vigies du 74, l'Heureux, signala l'escadre anglaise dans le nord-ouest. Cette nouvelle se répandit aussitôt sur toute la flotte, d'où tous les regards plongèrent dans la direction où était annoncé l'ennemi; les signaux de l'amiral rappelèrent aussitôt à bord de leurs bâtiments respectifs les chaloupes avec les travailleurs et leurs escortes; les frégates reçurent également l'ordre de remplir les larges lacunes qui se trouvaient dans tous les équipages, en versant une partie de leurs marins à bord des vaisseaux.

L'escadre ennemie s'étant considérablement approchée vers trois heures, tous les bâtiments français, sur le signal de l'amiral, exécutèrent le branle-bas général de combat. Ces dispositions guerrières furent incomplétement faites sur plusieurs vaisseaux. Les capitaines, pensant que, lors même qu'un engagement dût être le résultat de la présence de l'escadre ennemie, Nelson ne pouvait songer à attaquer notre ligne dès ce premier jour, n'accomplirent point les ordres de l'amiral avec cette rigueur maritime que doit toujours rencontrer sur les navires le commandement d'un chef. Plusieurs négligèrent également de tendre le grelin qui devait suppléer, inefficacement il est vrai, à l'écartement de nos vaisseaux en les enchaînant l'un à l'autre.

Brueys, ayant alors appelé à son bord les capitaines des deux brigs l'Alerte et le Railleur, leur confia une mission qu'ils voguèrent exécuter à

l'instant même. Ces deux bâtiments, ayant franchi notre ligne, serrèrent le vent le plus près possible, pour s'approcher de l'escadre britannique comme pour explorer rigoureusement sa force. L'Alerte, s'étant approché jusqu'à portée de canon de la flotte ennemie, se couvrit de toile aussitôt qu'il aperçut un des vaisseaux prêt à le chasser, et, passant dans sa fuite par-dessus les bas-fonds qui entourent l'îlot d'Aboukir, il s'efforça d'entraîner sur ces écueils le vaisseau qui s'attacha à sa poursuite; mais celui-ci, ayant couru quelques encâblures à la chasse de ce faible ennemi, vira de bord pour rejoindre son corps d'armée.

L'Alerte, ayant aperçu en ce moment une djerme qui se dirigeait sur la flotte anglaise, se porta vers cette embarcation qu'il couvrit de son feu, mais qu'il ne put ni vaincre ni couler. Cette djerme, sortie de l'anse de l'antique Canope, fut déposer à bord de l'amiral plusieurs pilotes du pays, que Nelson fit aussitôt répartir sur ses vaisseaux.

L'escadre anglaise ne comptait en cet instant que douze vaisseaux et un brig. Ces bâtiments s'avançaient lentement et sans ordre. Malgré cette marche confuse sous laquelle l'amiral ennemi voulait masquer ses intentions, Brueys les eut bientôt pénétrées à la direction de cette marche : ses signaux semblèrent même indiquer de l'incertitude dans le mode de combat. L'ordre de mettre les perroquets en croix semblait révéler la détermination de combattre sous voile, lorsqu'un nouveau signal et le commandement d'amener les pavillons et les flammes, notifia à l'escadre la volonté d'attendre à l'ancre l'armée anglaise.

Celle-ci s'avançait toujours pêle-mêle. Parvenue par le travers des ruines de Canope, à la hauteur de la bouche occidentale du Nil, tous ses vaisseaux rompirent simultanément leurs sillages pour se former en ligne de bataille. L'évolution s'accomplit en un instant avec une rapidité et une précision admirables. Cette mesure exécutée, elle s'avança tribord amures sur la tête de la colonne française.

Nelson n'avait arrêté aucun plan d'attaque. La confiance qu'il avait dans ses capitaines lui avait fait négliger ces combinaisons stratégiques auxquelles le génie d'un chef demande souvent la victoire. Les seules injonctions qu'il eût prescrites à ses officiers étaient de prendre position de manière à pouvoir respectivement se soutenir; en cas de combat à l'ancre, ordre était également donné de surveiller par l'arrière; tout avait été préparé d'avance pour filer le câble par un sabord d'arcasse, de manière que les bâtiments, n'évitant pas, ne cessassent de présenter le travers à l'ennemi.

Cependant, lorsqu'il eut pris connaissance de la position des bâtiments français, il signala à ses vaisseaux l'ordre de tenir le large de leur ligne, et de n'attaquer que l'avant-garde et la droite du centre, de manière que chaque navire français, foudroyé à la fois par la proue et la hanche, fût écrasé sous ce feu croisé avant que le mouvement de l'arrière-garde pût venir à leur secours.

« Du moment, dit l'auteur de la Vie de Nelson, » imprimée à Londres en 1814, que l'amiral eut » reconnu plus positivement la flotte française, » le plan qu'il résolut de suivre fut de placer ses » vaisseaux, autant que possible, l'un vis-à-vis la » joue extérieure, un autre vis-à-vis la hanche » extérieure de chaque navire ennemi. »

Un sinistre faillit entraver son attaque : *le Culloden*, son chef de file, ayant rangé de trop près la petite île, toucha sur les hauts-fonds qui gisent à son nord-est ; *le Goliath*, qui le suivait dans la ligne, laisse aussitôt arriver, et sur l'assurance du pilote que le vaisseau doit, en reprenant la direction première, trouver une eau saine et profonde, le capitaine revient au lof, suivi par le reste de l'escadre, qui continue ainsi à tomber sur l'avant de l'armée française.

La flotte britannique n'était plus qu'à portée de pistolet, lorsque, sur le signal de Brueys, nos bâtiments mêlèrent leurs bordées au feu qu'avaient déjà ouvert les quatre pièces et les deux mortiers dressés en batterie sur l'îlot. Pavillons et flammes, courant à la fois sur les drisses, pavoisèrent en cet instant la ligne entière.

Les vaisseaux anglais, continuant silencieusement leur route, n'accusèrent leur nationalité qu'en déployant à leur mâture l'étamine bariolée de leurs yacks.

Une faute grave commise par notre avant-garde fut de ne pas commencer son feu dès que le mouvement offensif des Anglais les eut placés à portée de ses canons ; ce tir eût été d'autant plus dangereux pour l'ennemi, que les boulets de nos premiers bâtiments eussent alors enfilé l'escadre britannique et balayé ainsi de l'avant à l'arrière le gaillard et la batterie de ses vaisseaux. Ce feu eût pu, par le démâtage ou par le dégréement de quelques-uns de ses navires, arrêter l'évolution agressive de cette flotte.

La colonne anglaise apprécia avec tant de justesse sa position, qu'elle préféra continuer son erre sous nos volées sans brûler une amorce, que de prolonger les dangers en prêtant le côté pour répondre par son feu à celui de nos canons. Les ravages que leur fit essuyer le peu de temps durant lequel ils se trouvèrent ainsi exposés à l'action de notre artillerie, put indiquer les avantages qu'eût retirés notre escadre de la prolongation de ce feu.

Arrivé à la hauteur de la ligne française, le capitaine du *Goliath* crut devoir profiter de la latitude que lui laissaient les instructions de l'amiral pour doubler notre escadre et la prendre à revers, durant qu'une autre partie de son armée, exécutant le plan d'attaque signalé, l'attaquerait et combattrait de front.

Cette manœuvre d'une si audacieuse habileté, que généralement jusqu'à ce jour elle a été dans l'opinion publique un des plus beaux rayons de la gloire de Nelson, comme l'avoue son historien lui-même, ne fut donc point due au génie militaire de ce général, mais à l'une de ces inspirations qui, sous le coup du danger, viennent parfois illuminer l'esprit d'un officier supérieur.

Loin de nous de vouloir attaquer ici l'une des plus grandes illustrations de la marine anglaise ; cette pensée d'iconoclaste nous est complétement étrangère ; nous respectons toujours le génie, lors même que les sentiments les plus vifs de notre cœur nous font déplorer ses succès. Nous protestons donc contre toute interprétation semblable ; nous protestons, parce qu'il y a quelque chose de si étroit dans cet égoïsme national qui arme les écrivains d'un pays contre les grands hommes d'une nation rivale, que la pitié est le seul sentiment que puissent exciter ces déclamations, lorsque la bonne foi de leur auteur les absout d'une condamnation plus sévère : à piétiner dans de telles calomnies, on n'éclabousse et ne salit que soi-même.

Nous ne sommes guidés dans nos récits que par la vérité seule. Voulant repousser jusqu'à l'influence involontaire du sentiment de nationalité, nous laisserons dans cette circonstance parler les écrivains anglais. « Le capitaine Foley, dit l'his-» torien de Nelson, dont nous avons déjà invoqué » le témoignage, montra la route avec *le Goliath* ; » il s'était depuis longtemps pénétré de l'idée » que si les vaisseaux français étaient mouillés le » long d'une côte, la meilleure manière de les at-» taquer serait de passer entre eux et la terre, » parce que leurs batteries ne seraient pas aussi » doute aussi bien préparées pour le combat de » ce côté que de l'autre. » L'*Annual Register*, 1798, p. 143, n'est pas moins formel : « Il paraît, porte-» t-il dans une de ses notes, que c'est le capitaine » Foley qui a pris sur lui de tourner l'avant-garde » ennemie et de passer à terre de la ligne, aucun » signal n'ayant été fait pour ordonner cette ma-» nœuvre. Une pareille résolution, adoptée si à » propos, annonce un marin ayant les plus saines » idées sur tout ce qui touche à sa profession. »

A défaut de ces autorités qui dissipent le doute le plus vague, la conduite seule de Nelson dans cette affaire eût suffi pour rendre certaine la circonstance sur laquelle nous nous appuyons, circonstance d'autant plus grave que ce fut d'elle surtout que sortit le triomphe de l'escadre anglaise. Que fit cet amiral ? Quelques-uns de ses pavillons transmirent-ils à sa première division l'ordre de cette manœuvre ? S'il eût conçu ce projet, n'eût-il pas fait alors, comme il le fit à Trafalgar, ce signal de toute tactique maritime : « L'a-» miral va prendre la tête de la ligne, » et ne se fût-il pas porté lui-même en chef de file pour conduire cette évolution? Ne fut-ce point au contraire *le Vanguard*, sur lequel flottait son étendard de commandement, qui le premier de son armée laissa arriver pour ranger le front du premier corps français?

A peine *le Goliath* eut-il doublé *le Guerrier* dont il toucha presque le beaupré, en lui lâchant tout à coup toute la décharge de sa volée, qu'il largua son ancre pour prendre position en travers de sa joue; mais son ancre n'ayant point mordu le fond de sable et de coquilles brisées, son erre le porta jusque sous la hanche du *Conquérant*, second matelot de notre ligne, contre lequel sa batterie éclata avec une énergie foudroyante : *le Zealous*, mouillant avec plus de précision, prêta le côté à notre premier vaisseau; *l'Orion*, après avoir coulé de ses bordées la frégate *la Sérieuse*, qui, à l'ancre sur des hauts-fonds, avait osé engager le combat avec lui, vint s'embosser sur l'arrière de *l'Aquilon*, tandis que *le Theseus*, dont la bordée avait achevé de démâter *le Guerrier*, venait se porter en travers du *Spartiate; l'Audacious*, voulant lâcher à la fois ses deux bordées à nos vaisseaux, se porta par une légère arrivée sur la ligne française qu'il coupa sur l'avant du *Conquérant*, en se couvrant de feu des deux côtés, et mouilla sous son bossoir de tribord. *Le Vanguard* fut le premier vaisseau qui ne franchit point la ligne ennemie; donnant l'exemple aux vaisseaux qui le suivaient, il laissa arriver en dehors de notre front de bataille, et vint jeter l'ancre à une encâblure du *Spartiate*, tandis que *le Minotaure* s'attachait à *l'Aquilon*, que *la Défense* prêtait le côté au travers du *Peuple-Souverain*, *le Swiftsure* à la joue du *Franklin*, *le Bellérophon* à la triple batterie de *l'Orient*, *le Majestic* enfin aux volées du *Tonnant*.

Telle était la position des vaisseaux anglais à six heures et demie du soir, alors que le soleil, en disparaissant dans un couchant enflammé, rougit de ses derniers rayons la vapeur dont les tourbillons enveloppaient l'escadre britannique et les premières divisions de l'armée française.

Ainsi enveloppés par l'ennemi, les vaisseaux républicains répondirent à cette attaque foudroyante par la défense la plus énergique. A la vigueur avec laquelle ripostaient leurs batteries, les Anglais n'eussent certes pu soupçonner qu'une lacune de deux cents marins existait dans les équipages de chacun de ces navires (1).

Quelque formidable que fût pour nos vaisseaux la disposition de l'ennemi, nous pouvions espérer une victoire, si le contre-amiral Villeneuve, commandant de l'arrière-garde, eût compris que dans un combat maritime, à moins d'ordres rigoureux

(1) Le désir d'embarquer sur les vaisseaux le plus de troupes possible avait fait réduire les équipages, dont le personnel se trouvait ainsi excéder de peu le pied de paix.

et spéciaux, une division ne peut, sans trahir ses devoirs, rester hors du feu spectatrice et oisive; qu'au milieu du danger est la place d'honneur; que là où un vaisseau peut présenter son travers à un vaisseau ennemi, là aussi est son poste. L'amiral Villeneuve, dont le pavillon flottait sur *le Guillaume-Tell*, pouvait, avec les quatre autres vaisseaux placés sous ses ordres, *l'Heureux*, *le Mercure*, *le Généreux* et *le Timoléon*, appareiller, se lever dans la baie et retomber tribord amures sur la principale flotte britannique avec une division de trois cent soixante-dix canons, qui l'eût enveloppée elle-même.

Le contre-amiral Villeneuve, n'apercevant point les signaux de Brueys, resta sur ses ancres durant que notre avant-garde et notre corps de bataille luttaient héroïquement avec des forces qui devaient l'écraser; cette faute décida de l'issue de cette importante affaire; elle fut sans doute vivement sentie par le chef, car elle ne devait trouver nulle part une condamnation plus directe que dans l'instruction mise par lui-même, dans l'ordre du jour, avant une autre bataille qui ne fut pas moins terrible pour l'armée française, que dans celle dont son inaction causa la perte : « C'est bien plus de son courage qu'un commandant doit prendre conseil, que des signaux de l'amiral, qui, engagé lui-même dans le combat, n'a peut-être plus la faculté d'en faire... tous ses efforts doivent tendre à se porter au secours des vaisseaux assaillis. »

Cependant l'obscurité s'étendait et s'épaississait sur la baie, que le combat, loin de mollir, grondait à chaque instant avec une nouvelle fureur. Tous les navires français, enveloppés par l'ennemi, faisaient des prodiges pour ressaisir une victoire qui échappait à leur valeur; *le Peuple-Souverain*, dont les boulets ennemis avaient coupé les câbles, avait dérivé de la ligne, et, drossé par le vent et les courants, il s'était échoué sur un haut-fond. Les dernières lueurs du crépuscule allaient mourir, lorsque deux vaisseaux, détachés le matin par Nelson pour reconnaître Alexandrie, donnèrent dans la baie, et vinrent, par la position qu'ils prirent dans le combat, compliquer encore la situation de l'armée française; *l'Alexander*, ayant coupé notre ligne sur l'arrière de l'amiral, se posta sous le vent de ce vaisseau; *le Leander*, lui, se mit en travers sous le beaupré du *Franklin*, dans le vide qu'avait laissé *le Peuple-Souverain*.

Le désastre de notre armée fut désormais inévitable. L'immobilité de notre dernière division les condamnait à succomber par une catastrophe ou par une prise; quel que fût le malheur qui dût clore cette journée, ils voulurent que ce fût un dénoûment glorieux : tout ce que la France pouvait attendre d'héroïsme de ses marins, nos vaisseaux engagés le déployèrent.

Le Guerrier et *le Conquérant*, que les bordées

de cinq vaisseaux avaient rasé de toute mâture, luttèrent jusqu'à ce que leurs canons démontés et plus de la moitié de leurs équipages mis hors de combat, leur eurent enlevé l'espoir de vendre plus cher leur défaite.

Le *Spartiate*, sur lequel *le Vanguard* et *le Goliath* mêlaient leur mitraille et leur boulets, tonnait des côtés de ses batteries ; et, dans cette riposte de coup pour coup, dirigeait si habilement son feu, que l'amiral anglais, dont il battait le bossoir de bâbord, fut obligé d'en renouveler trois fois les canonniers.

Le *Franklin*, assailli par quatre vaisseaux ennemis, enfilé de poulaine en poupe par *le Léander*, canonné au vent par *le Swiftsure* et *la Défense*, dont les boulets se croisaient sur lui avec ceux de *l'Orion*, posté à terre de la ligne, opposaient à des ennemis matériellement si disproportionnés une telle supériorité de bravoure, qu'aucun autre indice que son nombre ne pouvait révéler à l'ennemi la fortune du combat.

L'Orient et son matelot d'arrière, *le Tonnant*, avaient donné à l'affaire, sinon un plus héroïque, du moins un plus favorable aspect ; sur ce point, la victoire se fixait sous nos pavillons. *Le Bellérophon*, porté au vent de l'amiral français, n'avait pu se soustraire à ses écrasantes volées. A sept heures et demie, ses trois mâts étaient abattus, ses canons étaient brisés et mis hors de service, deux cents hommes de son équipage gisaient sur les cadres ou sur son pont. Quelques nouvelles bordées de *l'Orient* l'eussent infailliblement coulé bas. La dérive à laquelle il s'abandonnait en coupant son câble ne put le sauver d'une capture ; pris en travers par une volée de mitraille que lui lança *le Tonnant*, il amena son pavillon pour se soustraire à une imminente destruction. *L'Heureux* et *le Mercure* l'eussent encore canonné longtemps, si Villeneuve n'eût entendu les cris par lesquels les marins de ce vaisseau annonçaient qu'il s'était rendu, et n'eût aussitôt fait cesser le feu. Le contre-amiral ayant négligé de le faire amariner immédiatement, *le Bellérophon* se laissa affaler vers l'embouchure du Nil.

Le *Majestic*, qui était venu se poster vis-à-vis du *Tonnant*, n'avait pas été beaucoup plus heureux ; ce vaisseau, en voulant serrer la ligne française, avait engagé le bout-dehors de son beaupré dans les haubans du grand-mât de son adversaire ; *le Tonnant*, l'ayant maintenu quelque temps dans cette position, avait battu son avant d'un feu si meurtrier, que ses enfilades avaient dans un instant tué le capitaine, mis hors de combat presque tous les officiers, ainsi que deux cents matelots.

Le *Majestic*, à peine dégagé de cette situation critique, s'était laissé dériver vers *l'Heureux* pour se soustraire aux coups d'un si formidable ennemi.

Telle fut la physionomie générale de ce combat, dont bien des détails héroïques illustrèrent indubitablement la défense de chacun des vaisseaux,

II.

Beaucoup de ces faits glorieux ont échappé à l'histoire, qui se trouve presque toujours écrite dans les bulletins des vainqueurs ; il en est cependant dont la mémoire est restée, et que la France a recueillis comme une consolation de ce grand désastre.

Brueys, entouré sur son vaisseau d'un nombreux état-major, dans les rangs duquel se trouvaient son capitaine de pavillon Casa-Bianca et l'ordonnateur Joubert, suivait de ce point élevé tous les faits du combat que la fumée lui permettait de recueillir. Une vingtaine de tirailleurs étaient avec le gros d'officiers les seuls hommes que l'on aperçût sur les gaillards. L'insuffisance des combattants avait forcé de négliger la batterie barbette, pour que l'on pût activement servir les autres. Quel que fût le danger que présentât cette espèce d'isolement sur un point aussi ostensible, Brueys, quoique blessé, ne voulut point l'abandonner : c'est là qu'il fut atteint par un boulet qui le coupa presque en deux. Comme dans cet état désespéré on voulait le transporter au poste des blessés, il s'y opposa en prononçant d'une voix forte ces paroles : « Laissez-moi ici : un amiral français doit mourir sur son banc de quart ! » Si cet officier avait commis quelques fautes stratégiques, ces erreurs ne furent-elles pas bien effacées par l'éclat d'un pareil trépas !

Les officiers supérieurs des deux escadres avaient presque tous été atteints. Pendant que Brueys mourait glorieusement, Duchayla et Nelson étaient portés au poste des blessés.

Cependant les pertes nombreuses qu'essuyait la ligne française, loin d'abattre nos équipages, ne firent qu'électriser leur valeur par l'exaltation ; le feu du *Franklin* et de *l'Orient* n'avait jamais été aussi terrible que depuis l'instant où ces vaisseaux avaient été privés des amiraux dont ils portaient les pavillons. La blessure reçue par Casa-Bianca vint encore, sur *l'Orient*, redoubler la fureur des matelots ; les vaisseaux anglais, foudroyés par le centre de notre ligne, commençaient, malgré leur nombre, à fléchir sous la vigueur de sa défense. La victoire se décidait pour nous, lorsque l'arrivée de deux nouveaux combattants révélèrent à notre centre ce que la cessation du feu à notre avant-garde lui avait déjà fait redouter ; toute l'intrépidité que nos vaisseaux avaient déployée dans leur défense désespérée n'avait pu qu'ennoblir leur chute.

Ce premier revers fut pour notre armée navale le présage infaillible de la défaite qui devait frapper ses vaisseaux. Privé de son avant-garde qui venait de succomber après la plus belle défense, abandonné par l'inaction de la dernière division, le corps de bataille de l'armée française sembla, à la vigueur de son feu, conserver l'espoir de triomphe que lui avait inspiré ses premiers succès. Les nouveaux ennemis qui, portés sur ce point du combat par une première victoire, y concentrèrent toutes les forces de leurs escadres, ne purent y changer que les probabilités de succès; l'intrépidité de nos marins et la fureur de l'action restèrent toujours égales : même enthousiasme et même ardeur dans les batteries; même dévouement, même héroïsme dans les officiers. Le capitaine du *Franklin*, grièvement blessé, remet le commandement de son vaisseau au capitaine de frégate Martinet, en lui recommandant de vaincre ou de mourir. Du Petit-Thouars reçoit sur *le Tonnant* une mort sublime : criblé de blessures, ce brave continue de son poste à diriger le combat; au milieu de l'ouragan de fer qui foudroie tout autour de lui, il reste calme et inébranlable : tout son corps est mutilé, ses deux bras sont coupés par les boulets, ses cuisses sont elles-mêmes emportées, que cet énergique citoyen semble survivre à lui-même pour veiller sur l'honneur de son vaisseau. Placé dans un baril de son, il parvient ainsi, en arrêtant la fuite de son sang, à prolonger de quelques instants sa vie. C'est de cette couche héroïque que sa voix mourante, ferme encore, fait promettre à son état-major de ne point rendre son vaisseau; «Et si l'ennemi, ajoute-t-il, tente enfin de l'enlever à l'abordage, jurez-moi, citoyens, de jeter à la mer notre pavillon et mon cadavre, afin que ni lui, ni votre chef, ne soient souillés par la main des Anglais. » Ceux-ci jurent, et il expire.

Cependant un nouveau malheur menaça notre escadre: les gaillards de *l'Orient*, que le service des deux dernières batteries a rendus déserts, deviennent le foyer d'un incendie terrible; vainement veut-on en arrêter les ravages. La dunette et les pavois, nouvellement peints, offrent aux flammes l'aliment le plus facile; ceux qui ont abandonné leurs canons pour combattre ce nouvel ennemi, voyant leurs efforts impuissants, retournent aussitôt à leurs pièces, et tandis que les flammes courent aux haubans, s'élancent aux cordages, s'attachent aux mâts et aux vergues, se déploient aux voiles qu'elles dévorent sous leurs cargues, flottent aux pavillons qu'elles consument au haut des mâts, le canon des batteries tonne avec une nouvelle fureur.

Ce fut un effrayant mais splendide spectacle que l'aspect de la baie d'Aboukir dans ce moment terrible : ces flottes, dont l'obscurité de la nuit enveloppait un moment la mêlée destructive, dessinant sur le fond sombre du ciel leurs coques en ruine et leurs mâtures échevelées, toutes rouges des réverbérations de ce trois-ponts en feu; la mer, d'un noir opaque, jetant du sommet de sa houle des reflets livides et sanglants; la côte se colorant des teintes ardentes de cet incendie, et *l'Orient* lui-même flamboyant au milieu des deux flottes, embrasant à chaque instant sa carène des éruptions de ses batteries, et couvrant ses ennemis d'une grêle de boulets.

Les vaisseaux anglais ploient devant un pareil adversaire et se refluent vers *le Franklin* et *le Tonnant;* la valeur de ces deux bâtiments ne s'ébranle pas au milieu du carnage, dont l'acharnement de tant d'ennemis inonde leurs ponts; ce dernier pourtant, que le vent enveloppe de flammèches et couvre de débris enflammés, est forcé de couper son câble pour se dérober aux périls dont le menace le voisinage de *l'Orient*. Son exemple est aussitôt suivi par *l'Heureux* et *le Mercure* qui, n'ayant pas eu comme le premier la précaution de préparer une seconde ancre, vont échouer sur les hauts-sables de la plage.

Le vaisseau amiral combat toujours sous l'embrasement dans lequel sa mâture chancelle et va s'engloutir. Il donne toujours à ses compagnons d'armes le glorieux exemple de la défense : ce que l'équipage du *Vengeur* fit devant les vagues, les matelots de *l'Orient* le font devant le feu. Ils n'évacuent le second pont que lorsque les flammes l'envahissent, et se réfugiant dans la dernière batterie, ils continuent avec le même acharnement leur noble défense. Mais l'incendie les poursuit dans ce nouvel asile : les canons sont chargés de nouveau; une voix annonce que le feu gagne la sainte-barbe : c'est le moment extrême. Pendant que quelques marins courent aux blessés, pour entraîner ceux qu'on a quelque espoir de sauver, la batterie éclate une dernière fois, et ses défenseurs, s'élançant par les sabords, sautent à la mer.

La cale de *l'Orient* fut alors témoin d'un acte digne de couronner cette fin héroïque. Le jeune Casa-Bianca, au moment de ce dernier danger, quitte le combat et court au poste des blessés où se trouvait son père. Il n'était plus d'espoir de salut pour le brave capitaine; en vain un matelot veut-il arracher cet enfant du vaisseau qui dans quelques minutes va sauter en l'air : «Non! non! répond celui-ci en se jetant dans les bras de son père qui en pleurant le repousse, ici est ma place; mon père, laisse-moi mourir avec toi! » Le matelot fuit. Un instant après une explosion effroyable se fait entendre, une immense trombe de feu jaillit dans l'air; tout semble enflammé de cette éblouissante clarté : là flotte, la mer, la rive, le désert... et puis tout retombe dans l'obscurité et le silence; on ne voit plus rien que les lueurs de l'éblouissement que tant d'éclat a laissé dans les yeux, et l'on n'entend plus rien qu'un sourd tintement et le bruit des débris et le claquement des canons qui, lancés vers le ciel, retombent un à un dans la mer.

Les deux flottes, frappées de stupeur, semblèrent un moment oublier la bataille : ce ne fut qu'un quart d'heure après cette catastrophe que recommença le combat.

De l'avant-garde et du corps de bataille le *Franklin* seul continuait le feu à son poste. Attaqué par cinq vaisseaux, écrasé par l'énorme poids de fer que leurs volées abattent sur lui, il soutient cette lutte avec le petit nombre de pièces que n'avaient point encore démontées les boulets. L'intrépide Duchayla, que des blessures avaient d'abord privé de la vue et de l'ouïe, s'était fait porter, quoique toujours aveugle, dans sa batterie pour animer son équipage. On lui apprend qu'il ne reste plus que trois canons de 36 capables de faire feu : « Tirez toujours, répond-il : notre dernier canon peut être funeste à l'ennemi. »

Mais les Anglais, voulant en finir avec ce bâtiment tout désemparé, et dont le tir mourant annonce la faiblesse, se résolvent enfin à l'aborder. Ce brave navire, qu'à peine le quart de son équipage défend encore, est forcé de se rendre à l'instant où deux vaisseaux l'accostent. Ce fut le capitaine de frégate Martinet qui fit amener son pavillon.

Les vaisseaux ennemis, que leurs succès rapprochaient sans cesse de notre arrière-garde, purent alors échanger avec elle un feu vif d'abord, mais que les pertes graves, au prix desquelles ils avaient acheté leur triomphe, firent complètement tomber vers trois heures du matin.

Le jour, en se levant sur la baie, éclaira les couleurs françaises encore arborées sur neuf bâtiments ; six vaisseaux, dont trois échoués : *l'Heureux*, *le Mercure* et *le Tonnant*; trois en ligne sous le pavillon du contre-amiral Gantheaume : *le Guillaume-Tell*, *le Généreux*, et *le Timoléon*; la frégate *la Justice*, qui avait mis sous voile pour amariner *le Bellérophon* rendu la veille (1), *la Diane* et *l'Arthémise* (2). Les six heures employées par les Anglais à remettre leurs bâtiments les moins dés-

(1) Ce vaisseau avait, au mépris des règles de la guerre, rehissé son pavillon. Nelson envoya *l'Audacious* pour le protéger.

(2) Un épisode, qui aurait pu trouver sa place dans ce récit, se rattache à la capitulation de la frégate *la Sérieuse*, qui ne se *rendit* point dans toute la rigidité de l'acception. Le capitaine de cette frégate eut la grandeur d'âme de stipuler à Nelson : *que seul de son bord il resterait prisonnier*; et, en effet, tout son équipage gagna la terre.

Plus tard on en trouve un nouvel exemple de cette fermeté si honorable pour notre pavillon, et on se plaît à se le rappeler.

Dans la dernière guerre, la frégate de 18 *la Psyché*, du plus faible échantillon, dont le capitaine avait commencé sa réputation d'une manière si brillante sur la frégate *la Virginie*, se montra tellement redoutable à la frégate anglaise de premier rang *la San-Fiorenzo*, et soutint avec tant de gloire la fin d'un admirable combat, que le capitaine anglais crut devoir adhérer à la proposition de renvoyer libres et sans conditions les restes de l'état-major et de l'équipage, avec leurs armes individuelles et leurs effets particuliers.

emparés en état de soutenir le combat, furent consacrées sur nos vaisseaux encore à l'ancre, à réparer les avaries qu'ils avaient reçues dans leur court engagement. Le combat recommença vers cinq heures avec une extrême vivacité sur tous ceux de ses vaisseaux que Nelson avait pu mettre en état de manœuvrer. *L'Heureux* et *le Mercure*, échoués la guibre en terre, ne purent se défendre avec leurs canons de retraite ; *l'Arthémise* lâcha sa bordée de bâbord, puis amena son pavillon ; son capitaine, imitant l'exemple du *Bellérophon*, mit le feu à son navire, et gagna la côte avec son équipage.

L'amiral Villeneuve, reconnaissant l'impossibilité d'engager un nouveau combat, qui n'eût eu d'autre résultat que de compléter le désastre de notre armée, fit signal aux bâtiments qui pouvaient encore appareiller de mettre à la voile et de le suivre. Le vaisseau *le Généreux* et les frégates *la Diane* et *la Justice* levèrent l'ancre aussitôt, s'élancèrent sur le sillage du *Guillaume-Tell*, et, après avoir lâché leurs bordées au *Zealous* qui, craignant d'être coupé par leurs évolutions, se hâta de courir à terre, furent prendre la panne devant l'embouchure du Nil. Le brig *le Salamine*, qui dès le commencement de l'action s'était réfugié, ainsi que quelques bombardes, sous le fort d'Aboukir, vint rallier cette division. Villeneuve, après l'avoir chargé d'un rapport pour le général en chef, l'expédia sur Alexandrie et se dirigea vers Malte avec les quatre autres bâtiments.

Des treize vaisseaux français, deux seulement conservaient dans la rade d'Aboukir notre pavillon national flottant sur les débris de leur mâture : c'étaient *le Timoléon* et *le Tonnant*. Nelson négligea jusqu'au lendemain à s'emparer de ces deux espèces de pontons échoués sur la plage. Cet amiral, ayant sommé vainement, vers le matin, l'officier qui commandait sur *le Tonnant* de lui rendre ce navire, fut obligé de détacher deux vaisseaux pour le réduire ; mais le capitaine du *Timoléon* avait profité de la nuit pour descendre ses blessés et son équipage à terre ; dès qu'il vit les Anglais s'avancer pour amariner son vaisseau, il y mit le feu et gagna la plage.

Telle fut l'issue de cette bataille, où la gloire de notre escadre fut complète comme ses revers. Si des fautes de tactique furent commises, si un devoir mal compris retint notre arrière-garde en dehors du combat, la valeur héroïque déployée dans cette affaire par ceux de nos vaisseaux qu'enveloppa l'ennemi, fait de cette journée une page dont peut s'enorgueillir notre marine. Tant qu'un siècle ne lègue à la postérité que de semblables défaites, l'histoire est là pour en recueillir le glorieux héritage.

FULGENCE-GIRARD.

Imp.é par Chardon ainé, rue Hautefeuille 9, Paris

Fort Lafayette près New-York.

GÉOGRAPHIE.

—

LE

Fort Berthaume,

PRÈS DE BREST.

On raconte qu'un Breton de l'ancien temps, revenant d'un voyage lointain, après une longue absence, recula épouvanté, après avoir vainement cherché des yeux *Is*, sa chère ville natale. La mer avait tout envahi : richesses et palais de l'antique capitale étaient ensevelis au fond de la baie de Danarnenez.

Depuis, la mer ne s'est point arrêtée devant les durs rochers qui protègent le Finistère. Sortez de la rade de Brest, et vous la verrez continuer son œuvre de destruction. Au nord comme au sud, elle s'avance lentement, minant sourdement les terres en les dévorant avec bruit dans une tempête.

Voilà à quoi je songeais, il y a quelques jours, lorsque, humble piéton, après avoir longé la rive nord du goulet pour me rendre à Berthaume, je me trouvai en face de l'Océan. Le vent était au nord-ouest ; de grandes vagues se brisaient sur les rochers avec de solennels mugissements. C'était à peine si, au milieu de ce fracas, j'entendais les cris aigus des oiseaux de mer qui poursuivaient leur proie. A ma gauche, la mer et le ciel semblaient, dans le lointain, former un seul et immense désert, à la surface duquel apparaissaient çà et là, couronnées d'écumes, quelques têtes grises de rochers. Vous eussiez dit les divinités classiques de la mer regardant quel vent était assez audacieux pour venir encore troubler l'empire de Neptune. Du reste, aucun navire de guerre ou marchand n'apparaissait sur les flots sortant de la rade ou y entrant. La solennité, la tristesse du tableau que j'avais sous les yeux n'était tempérée par aucune barque de pêcheur. C'était le saint jour du dimanche, et l'église de la paroisse éloignée avait sonné l'heure de la messe. Aussi nul être humain ne se montrait sur la côte, si ce n'est quelques douaniers ; rien ne témoignait que des hommes eussent passé par ces landes, si ce n'est quelques forts dominant au loin sur la mer.

Mais bientôt, du haut d'un promontoire gravi péniblement, je vis quelque chose de noir se balancer au dernier point de l'horizon, au sein de la brume : c'était un navire de guerre. Il avançait le joli brig, bâbord amures, les voiles gonflées par le vent. Les vagues semblaient le porter comme un enfant chéri et apaiser devant lui leur colère. O mon navire ! eusses-tu été aussi grossier dans tes formes que le vaisseau des fêtes de juillet, exposé naguère à l'enthousiasme des Parisiens, je t'eusse salué avec amour, avec admiration, tant mon isolement m'avait identifié avec la position du pauvre Crusoé ! Gracieux comme tu étais, je te saluai à trois reprises, étendant mes bras vers toi, tandis que, après avoir quitté la baie de Berthaume, tu courais des bordées vers Brest.

En suivant les sinuosités de la baie, je me disais : Quel autre spectacle plus imposant elle dut offrir, lorsque, calme comme une glace, trois énormes vaisseaux, *l'Austerlitz*, *la Ville de Paris* et *le Wagram* vinrent y mouiller en 1814 ! Je me disais : Quel spectacle plus imposant encore, et surtout plus terrible, dut offrir au même moment le superbe *Golymen*, lorsque, forcé d'aller au-devant des trois vaisseaux, il s'engagea, par le jusant, dans les parages dangereux du goulet ! Cependant la mer était sereine, et pas un souffle de vent ne ridait sa surface unie. La Roche-Mingan semblait dormir sous l'eau.

Au nord, la baie était bornée par un amas confus de rochers s'avançant dans les flots. Est-ce le bras puissant d'un Cyclope qui les a lancés, ou bien une convulsion de la mer qui les a entraînés en les arrachant de la côte ? Je ne sais ; mais, à la place où ils sont, ils paraissent maintenant solidement implantés ; mais l'homme a su tirer parti de leur position pour y établir des moyens de défense.

A mesure que j'avançais, les rochers semblaient se détacher du rivage. Le premier y était réuni par un pont de bois, et j'y distinguais la petite maison du gardien. Je distinguais aussi sur l'autre rocher le fort et ses blanches murailles ; mais où était le lien qui unissait jadis les deux îlots, ce pont si léger, si frêle d'où, suspendu au-dessus de l'abîme, on éprouvait d'invincibles terreurs ? qu'était devenu le fameux pont de cordes ?

Hélas ! je le vis bientôt, ou plutôt je vis ses débris gisant le long de l'escalier qui mène au fort par-dessus une arcade ! Pauvre pont ! ta longue carcasse de câbles noircis par le vent de mer n'offrait plus qu'un triste et déplorable spectacle !

J'interrogeai le gardien. « Vous vous souvenez sans doute, me répondit-il, si vous étiez alors à Brest, de l'épouvantable tempête qui eut lieu sur toutes les côtes au commencement de février dernier. Elle commença par jeter une chaloupe sur cette roche (il me désignait près de la buse nord de l'îlot sur lequel nous étions une pointe de rocher à demi cachée par la mer) ; plusieurs braves garçons du pays se jetèrent dans une embarcation pour sauver quelques débris. Mais, baste ! tout fut bientôt dispersé. Un autre bâtiment, *le Bon-Père*, de Saint-Malo, passait presque en même temps par-devant le fort. Si j'en crois ce qu'on m'a dit, il est allé aussi se perdre à Porsmoguer. Il louvoyait cependant assez bien; c'est une justice qu'il faut rendre au défunt; mais, par le vent qui souffla bientôt plus fort que jamais, l'amiral Mackau et son escadre, s'ils se fussent aventurés à sortir de Brest, se fussent noyés tout aussi bien que cette coquille. Les militaires de mon temps, monsieur, ont respiré d'autres parfums que celui de l'eau de rose; ils ont passé par de terribles épreuves. Eh bien! jamais je n'ai rien vu de plus épouvantable que cette tempête. La mer que nous voyons maintenant est polie comme une glace auprès de celle qui, le 1er février, ébranlait ce rivage. Elle était tout écume, et ne ressemblait vraiment pas à de l'eau. On la voyait tout là-bas se courber de manière à laisser voir son lit; mais c'était pour mieux bondir. Tout à coup elle se dressait d'une hauteur prodigieuse, et se lançait comme un tigre sur sa proie. Cette proie, c'était tout simplement ce rocher qu'elle voulait, je crois, dévorer. C'est présomptueux, n'est-ce pas? car il a bien 200 pieds sans compter ce qu'il a dans le sable. Aussi, le fort semblait prendre cette fureur en pitié.

» Et quel vacarme! le vent et la mer semblaient lutter à qui ferait le plus de bruit. Un troisième concurrent, le tonnerre, vint se mettre sur les rangs. En définitive, je ne sais qui l'a emporté.

» Ce fut surtout la nuit qui fut affreuse! Et cependant je finis par m'endormir. Il est vrai que je rêvais que j'étais à Bautzen ou à Lutzen, je ne sais, où c'était aussi un fier tapage. Mais là, du moins, on n'éprouvait pas de secousse aussi désagréable que celle qui me jeta en bas de mon lit. Quelle était la cause de cette secousse et du craquement qui l'avait suivie? C'était le pont, qui, de ce côté, venait de rompre ses doubles amarres et de tomber à l'eau. »

Le gardien me dit ensuite que, si je voulais visiter le fort, je devais attendre que la mer fût basse. Je pourrais alors traverser à pied sec ou à peu près l'espace qui me sépare les deux roches. Pendant ce temps, il me montra plantés en terre, non loin de sa maison, les deux canons auxquels étaient attachées les extrémités des câbles. Plus bas, sur le penchant du rocher, ces câbles étaient saisis et retenus par deux crampons de fer enfoncés dans d'énormes pierres. Je vis leurs débris tombés près du lieu où l'on doit établir le nouveau pont de cordes. Ce pont ressemblera-t-il à l'ancien? Oui, en ce qu'il sera, comme lui, composé de deux câbles, en travers desquels seront liées des planches; mais, établi à une bien moindre hauteur que son devancier, en même temps qu'il donnera moins de prise au vent, il présentera un spectacle moins digne de la curiosité du voyageur.

Je me fis expliquer par mon Cicérone l'ancien système de communications, qui était une véritable navigation aérienne. Vous montiez dans une

espèce de chaland, et des cylindres, placés sur les deux rochers, faisaient glisser le bateau le long de gros câbles suivés. Depuis près de trente ans, on a renoncé à ce système.

Lorsque la mer fut basse, nous descendîmes un escalier à pic taillé dans la pierre, et qui était d'abord la seule voie par laquelle on pût se rendre au port. La mer clapotait encore contre les fragments de rochers qui séparent les deux blocs gigantesques. Néanmoins, nous les franchîmes sans trop de peine, et, montant un nouvel escalier, nous nous trouvâmes bientôt au milieu des fortifications.

Le fort, auquel de nouvelles constructions vont être ajoutées, et qui va subir des réparations importantes, peut actuellement contenir une garnison d'environ quarante hommes. Par lui-même, il n'est pas remarquable; on n'y voit rien qui commande davantage l'attention que dans tous ces autres forts qui bordent la côte. Seulement sa position est admirable.

De là, je contemplai longtemps les sublimes spectacles de la mer. Bientôt des rêves, réalités d'autrefois, passèrent devant mes yeux. Que de navires de toute espèce et de tout temps se succédèrent dans cette fantasmagorie rapide! Que de vaisseaux armés en guerre je vis sortir du goulet, fiers de leurs vaillants équipages et de leurs dignes capitaines! Que d'escadres, joyeuses d'aller combattre l'ennemi, je vis défiler vers la Manche! Ensuite, d'autres navires revenaient: ceux-ci mutilés, troués par la mitraille; c'étaient les seuls débris d'une défaite, mais d'une défaite glorieuse! ceux-là ramenaient derrière eux des trophées de victoire!

Et quand la voix du gardien, me demandant ce à quoi je pensais, vint me tirer de ce monde enchanté, peuplé de souvenirs (car toutes ces voiles innombrables avaient passé par-devant Berthaume), quand je jetai de nouveau les yeux sur ce théâtre jadis si animé, où n'apparaissent plus maintenant que de rares acteurs, quand je songeai enfin que tous les abords de la grande rade semblaient aussi abandonnés par les vaisseaux, — le port de Brest, me demandai-je, a-t-il été pris et comblé, non par les Anglais qui sont maintenant nos alliés, mais par les Américains ou les Russes? — Bientôt je me rassurai en voyant les fortifications qui m'entouraient et celles dont la côte était hérissée. Mais je n'en déplorai pas moins l'état de solitude où l'empire des circonstances avait réduit si longtemps le plus beau port de la France, et je souhaitai ardemment que, les circonstances venant à changer, des flottes parties de Brest fussent encore appelées à jouer le premier rôle dans de nouveaux triomphes de la marine française.

A. Proux.

Combat de l'Isle de la Grenade de Comer.

Combat

DE L'ILE DE LA PASSE,

A L'ÎLE-DE-FRANCE;

(1810.)

A cette époque de batailles et de gloire, lorsque le dévouement de nos marins les jetait dans les dangers d'une lutte inégale et terrible, si le courage trahi par le nombre a rendu l'Atlantique et la Méditerranée témoins de nos glorieux revers, si les flots ensanglantés de ces mers se sont ouverts frémissants à plus d'un sublime naufrage, il n'en était pas de même dans l'Océan indien. Dans ces contrées lointaines, la bravoure et les vertus civiques de nos marins neutralisaient avec plus de bonheur la valeur brutale du nombre, et l'honneur des couleurs françaises y brillait de l'éclat de la victoire.

Sur cet Océan éloigné, il était un point qu'il serait permis de croire prédestiné pour le succès de nos armes ; ce point isolé sur l'immense solitude, unique et précieux centre d'appui de nos efforts et de nos espérances dans l'Inde, semblait un foyer électrique où la marine française allait retremper son ardeur ; l'Ile-de-France, comme on l'appelait alors, cette délicieuse oasis sur la mer, cette colonie si chaleureusement française, se rattache à ce que nous avons de plus pur et de plus grand en exploits maritimes, et son nom, qui fait battre le cœur sous la puissance des souvenirs, brille dans l'histoire de notre marine tout resplendissant des foudres victorieuses de quelques frégates.

Si partout ailleurs nos chefs et nos matelots ont déployé le courage qui donne l'illustration, à l'Ile-de-France ils montraient, de plus, cette unité de pensée et d'action qui donne le succès. Là, en face de nos adversaires, plus de ces dissidences de principes, plus de ces petites passions si funestes à nos armes ; là, plus de doute sur la participation énergique de chacun dans ces questions de gloire. Un seul et noble vouloir, celui de conserver à la France ce dernier débris de sa puissance dans l'Inde, son dernier boulevard sur l'empire des mers, animait nos officiers de marine. Mais le sentiment du devoir seul eût été trop froid pour la réalisation de cette généreuse pensée ; il fallait encore l'entraînement moral que nos marins puisaient dans la sympathie qui les unissait aux généreux colons de l'Ile-de-France. La volonté de les protéger et de les rendre heureux excitait leur chaleureux enthousiasme : peut-être aussi, sous ce ciel d'exaltation, la puissance du beau sexe sur le courage chevaleresque des Français, et le désir de mériter le suffrage de ces belles créoles, si françaises et aimant les

braves, étaient-ils complices de ces brillants faits d'armes livrés à la vue d'un rivage où l'attachement à la mère-patrie et la reconnaissance personnelle garderont longtemps le souvenir des braves qui les ont accomplis.

Entre toutes les belles actions qui ont illustré notre marine à l'Ile-de-France, nous choisissons le combat livré au Grand-Port, comme celui qui résume tout ce que l'inégalité des chances, la spontanéité du dévouement militaire, l'habileté des chefs, l'ardeur du choc et un succès accompli offrent de plus glorieux pour le vainqueur.

Au mois de mars 1810, une division aux ordres du commandant Duperré, capitaine de vaisseau, composée des frégates *la Bellone* et *la Minerve*, et de la corvette *le Victor*, avait été expédiée par le général Decaen, gouverneur de l'Ile-de-France, pour croiser dans l'Océan indien. Durant cette croisière de cinq mois, la division eut à subir toutes les vicissitudes de ce genre de mission : les ouragans, la disette et les combats avaient tour à tour éprouvé la persévérance et le courage des marins de cette petite flotte. Ces rudes atteintes du sort avaient parfois obligé le commandant Dupéeré à chercher sur les rivages inhospitaliers de Madagascar et de Mozambique des secours insuffisants aux besoins de ses équipages et aux réparations de ses bâtiments. Cependant de glorieuses compensations avaient été le fruit de tant de privations et de souffrances : dès le commencement de la croisière, deux riches navires, l'un venant du Bengale, l'autre de la Chine, avaient été pris sur les Anglais. Le 3 juillet, un combat sanglant avait laissé au pouvoir de la division trois gros vaisseaux de la Compagnie, dont l'un, après s'être rendu, s'était, au mépris des lois de la guerre, lâchement soustrait aux vainqueurs, en masquant sa fuite des ombres de la nuit. Les deux autres, restés en la possession de nos frégates, étaient les vaisseaux *le Ceylan* et *le Windham*, partis du Cap, et portant chacun 400 soldats dans l'Inde.

Au mois de juillet 1810, la division Duperré, grossie de ces deux vaisseaux, riches et glorieux trophées d'une mission accomplie avec une rare persévérance, cinglait pour rallier l'Ile-de-France, où l'attendaient les récompenses et le repos. Le commandant français n'était pas sans inquiétudes sur le sort de la colonie ; il la savait exposée aux attaques des croiseurs anglais, qui avaient pour centre d'appui de leurs opérations l'Ile-Bourbon, tombée en leur pouvoir. Privé de nouvelles depuis cinq mois, sa manœuvre à l'atterrage de l'île devait être prudente. Il dirigea donc sa route pour attaquer la terre par le côté du vent, et, le 20 août au matin, l'île montra, aux regards des marins de la division, les sommets bleus de ses montagnes, se profilant sur l'horizon blafard et vaporeux du nord-ouest.

A midi les frégates et leurs prises reconnaissaient le Port-Impérial et l'île de la Passe, petit poste avancé qui en défend l'entrée dangereuse. Un grand bâtiment fut aperçu mouillé dans la passe étroite du port. Ce navire, reconnu frégate de guerre, fut pour le commandant français un vaste sujet de conjectures. Le Port-Impérial, appelé aussi le Grand-Port, est rarement fréquenté par nos frégates. Ouvert aux vents éternels du S.-E. qui y battent souvent avec violence, son bassin, semé de hauts-fonds, n'est qu'un abri dangereux, et sa passe rétrécie, une issue de difficile sortie. La position plus avantageuse du Port-Napoléon, ou port N.-O., situé dans la partie sous-ventée de l'île, a fait négliger le Port-Impérial. Hors quelques points du rivage défendus contre les tentatives de l'ennemi, rien ne s'y trouve pour y attirer les bâtiments. La présence d'une frégate dans ce port dut paraître inexplicable au commandant Duperré, et faisait soupçonner quelques événements intéressants à connaître. Le pavillon national qui flottait sur cette frégate et sur l'île de la Passe; de plus, la vigie de ce poste qui signalait : « L'ennemi croise au coin de mire, » étaient des intelligences suffisantes pour écarter tout soupçon de l'occupation du Port-Impérial par l'ennemi. Le commandant français se décide donc à toucher à ce port, ou au moins à y prendre langue, et dans ce but il signale à sa division l'ordre de se former sur une ligne, et de donner dans le port. La corvette le Victor, commandée par le capitaine Maurice, prend la tête; elle est suivie par la Minerve, sous le commandement du brave Bouvet; derrière la Minerve, le vaisseau le Ceylan s'avance sous les ordres de l'enseigne de vaisseau Moulac, officier très-distingué; le Windham, commandé par l'enseigne D...., doit prendre poste derrière le Ceylan; et la Bellone attend que la manœuvre indécise du Windham soit marquée pour prendre la queue de la colonne.

À peine la corvette le Victor a-t-elle atteint l'entrée des passes, que le fort et la frégate au mouillage, substituant tout à coup le pavillon rouge d'Angleterre aux trois couleurs françaises, accueillent par une grêle de boulets et de mitraille les navires français déjà engagés dans les étroits passages. Alors tout se dévoile au commandant Duperré : l'île de la Passe est prise, et peut-être aussi toute cette partie de l'Ile-de-France est-elle en possession de l'ennemi. Il fait à ses navires le signal de rallier et de serrer le vent; il était trop tard : la Minerve et le Ceylan donnaient dedans, en combattant vigoureusement la frégate ennemie et le fort. Il n'y avait plus à balancer : secourir sa division et opérer une diversion en faveur de la colonie en s'introduisant dans le port, telle est l'inspiration soudaine de Duperré, et le signal de forcer le passage flotte aux mâts de la Bellone.

La manœuvre du Windham, jusqu'alors lente et timide, est marquée par un mouvement de retraite : il fuit ! mais il fuit seul; et seul, il ne partagera pas la gloire qui attend dans le Grand-Port la division dont il se sépare. Son capitaine va se réfugier dans la Rivière-Noire, où il rendra aux Anglais cette précieuse capture; et sa manœuvre, encore incomprise par les braves qui l'ont vue, ne sera palliée que par l'indulgente mention d'un chef trop généreux.

Cependant, la Bellone, sous une voilure aisée, et dans les plus belles dispositions de combat, se présente dans les passes; elle reçoit avec un calme admirable les feux croisés de la frégate anglaise et du fort; elle s'avance, silencieuse et menaçante, jusque sous la poupe de la frégate ennemie, et la foudroie à bout portant de toute sa bordée chargée à triples projectiles; puis, continuant son sillage, elle va joindre dans le port sa division qui l'attend pour choisir son mouillage.

À peine Duperré est-il entré qu'il aperçoit le pavillon national flotter sur tous les points du rivage. Il est bientôt instruit de la position de l'île; et il apprend que l'île de la Passe seule est au pouvoir des Anglais. Il informe aussitôt le général gouverneur, résidant au Port-Napoléon, de son arrivée au Grand-Port. La nuit survint. La division française, bien ancrée, la passa en branle-bas de combat; et dans cette position on attendit le jour.

Dès le matin du 20, l'apparition d'une division française devant le Grand-Port avait été signalée par les vigies de la côte. Cette nouvelle, parvenue au Port-Napoléon, avait mis les habitants en grand émoi : c'était l'époque à laquelle la division Duperré devait effectuer son retour. La prise de l'île de la Passe et la présence d'une forte croisière anglaise dans les eaux de l'Ile-de-France soulevaient les inquiétudes sur le sort de cette division. Mais une joie folle succéda à la crainte, lorsqu'à huit heures du soir la dépêche du commandant Duperré, reçue au gouvernement, confirma l'arrivée et l'entrée vigoureuse au Grand-Port de la division attendue. L'enthousiasme des habitants fut à son comble. Des compagnies de volontaires se formèrent pour aller offrir leurs généreux services aux capitaines de la division et partager les dangers du combat que nos frégates doivent bientôt soutenir.

Le général Decaen, dont les hautes capacités apprécient la valeur des événements qui se préparent, présumant que les Anglais ne peuvent tarder à venir attaquer avec des forces supérieures la division Duperré, qui a si heureusement trompé leur espoir, déploie toutes les ressources de son zèle infatigable pour balancer les chances de la victoire. La division du commandant Hamelin, composée des frégates la Vénus, la Manche et l'Astrée, et de la corvette l'Entreprenant qui se trouvait au Port-Napoléon, reçoit l'ordre d'appareiller, et de se rendre devant le Port-Impérial. Au moment de l'appareillage le général se rend à bord des frégates. Sa présence y augmente l'enthousiasme des marins, qui ne demandent qu'à voler au secours de leurs frères du Grand-Port. Partout la présence et les paroles du digne gouverneur impriment l'énergie et l'activité; par ses ordres, un détachement de soixante marins, sous la conduite de leurs officiers et aspirants, est dirigé sur le Port-Impérial.

Le 21, après le départ de la division Hamelin, le général Decaen se rend lui-même au Grand-Port pour assister aux événements qui ne tarderont pas à se passer, et dont l'issue doit si puissamment réagir sur le sort de cette précieuse colonie.

Cette même journée fut employée par le commandant Duperré à faire prendre à sa division une position militaire; il la fit embosser en ligne de bataille, acculée à un récif qui borde la baie, la tête appuyée à un plateau de corail. La corvette le Victor était en tête, présentant son tribord à l'ennemi; la Bellone venait ensuite; derrière la Bellone était la Minerve; le Ceylan fermait la ligne. Ces trois navires présentaient leur côté de bâbord au large. Dans cette position, la division française, ne pouvant être tournée par l'ennemi, s'était assuré la communication avec le rivage. De son côté, la frégate anglaise, mouillée à l'île de la Passe, réparait ses avaries; la nuit se passa sans événement.

Le 22, une deuxième frégate anglaise se joignit à la première. On s'attendit à une attaque de ces deux frégates. Un mouvement qu'elles firent dans cette intention, fit mettre les équipages français à leurs postes de combat; mais, dans sa manœuvre, l'une des frégates ennemies s'échoua, et ce contre-temps fit cesser de la part des Anglais toute démonstration d'en venir aux mains; au grand regret de nos ardents équipages, impatients de combattre sous les yeux du gouverneur et de la population accourue de toutes les parties de l'île; mais l'événement inattendu dont s'irritait l'impatience de nos marins se liait au sort, qui ne retardait leur gloire que pour la rendre plus grande. Les secours de toutes sortes étaient arrivés et ajoutaient encore aux espérances fondées sur le courage. La nuit vint encore jeter son voile sur cette attente de bataille. On la passa à s'observer mutuellement.

Le 23, deux frégates parurent au large, se dirigeant vers les passes. On pensa d'abord qu'elles appartenaient à la division du commandant Hamelin; mais cet espoir s'évanouit aux signaux qu'elles échangèrent avec les frégates ennemies mouillées à l'île de la Passe; elles eurent bientôt rallié celles-ci. Les dispositions qu'elles ne cessèrent de prendre durant la journée révélaient une attaque imminente. Ce ne fut pourtant qu'à cinq heures du soir que les frégates

ennemies marquèrent leur mouvement. Elles viennent; ce sont le Syrius, sur laquelle flotte le pavillon de commandement du capitaine Pym; la Néréide, capitaine Willhougby; l'Iphigénie, capitaine Lambert; et la Magicienne, capitaine Curtis. Toutes quatre, fortes et menaçantes, et montées par des équipages frais et nombreux, s'avancent, remorquées par leurs embarcations, et aidées par un courant qui les porte sur la ligne des bâtiments français. Une d'elles se dirige sur la Minerve; une autre gouverne sur le Ceylan, et les deux dernières se portent sur la Bellone et le Victor. Leurs dispositions d'embossage annoncent qu'elles veulent en finir promptement avec leurs adversaires, et que la lutte sera sanglante.

La division française, dont l'attitude calme et décidée annonce qu'elle accepte tous les genres d'attaques dont l'ennemi a l'initiative, était loin de présenter un front aussi formidable que celui de la division anglaise. La supériorité matérielle était du côté de celle-ci, tant par le chiffre de l'artillerie de ses frégates, que par la différence de deux frégates de combat à une corvette et à un vaisseau de la Compagnie capturé, imparfaitement armé, comme le sont ordinairement les prises. Mais pour balancer cet avantage de leurs adversaires, nos marins avaient cette résolution héroïque qui ne compte pas les ennemis, et qui élève l'âme des braves dans les difficultés d'une lutte inégale. Le commandant Duperré venait d'ajouter à cette soif de combattre de nos équipages, par une courte et énergique allocution qui portait aux cœurs de ses matelots cette pensée de gloire toujours comprise par nos marins; c'est aux cris de Vive l'Empereur! qui retentissent sur nos navires, et répétés par les échos de la terre, que se déroulent les pavillons tricolores de la division française, et dans ce cri magique est la sentence d'un duel à mort, qui aura pour témoins le gouverneur et les habitants d'une colonie si chère à la France.

A cinq heures et demie le feu s'ouvre partout à la fois; et bientôt le roulement des volées dont se foudroient les combattants annonce que le combat est dans toute sa fureur, et que l'ardeur est égale des deux côtés. Mais la fortune, qui depuis trois jours n'a cessé de tromper les espérances de nos marins en coordonnant les événements en faveur de leurs adversaires, réservait une dernière épreuve au dévouement et à la bravoure de nos équipages; et comme si elle eût voulu rendre leur gloire plus grande en disproportionnant encore plus les chances de la victoire, la fortune veut que les premières bordées de l'ennemi coupent les embossures de la Minerve et du Ceylan, et que ces deux navires, drossés en terre de notre ligne par le courant et la brise, s'échouent sous le travers et bord à bord de la Bellone qui masque leurs batteries, et qu'ils soient ainsi condamnés à rester muets témoins du combat que *la Bellone* et *le Victor* continuent à soutenir vaillamment. L'ennemi, profitant d'un événement inattendu qui augmente son espoir et son ardeur, s'acharne sur *la Bellone*. Une de ses frégates est échouée et ne peut jouer de ses pièces de l'avant; mais les trois autres présentent le côté à notre seule frégate, et croisent sur elle leurs écrasantes bordées.

Seule contre toutes, sous le tourbillon de fer et de feu qui l'accable, l'héroïque *Bellone* déploie une énergie excitée encore par la haine que réveille dans l'âme de nos matelots l'ingénérosité d'un triple adversaire. Ses pièces, aveuglées de boulets et de mitrailles, volent à leurs sabords sous les efforts de l'acharnement. *Mort ou victoire, et vive l'Empereur !* crient les braves qui ont converti *la Bellone* en un volcan terrible ; son flanc de bâbord n'est qu'un jet continuel de flammes, nourri et activé par les secours de toutes sortes fournis par *la Minerve* privée de combattre : son ardeur s'augmente de ses pertes; ses morts et ses blessés font place aux combattants de *la Minerve*, avides de venger leurs frères d'armes. Cependant, malgré le roulement épouvantable des bordées qui se répondent, on s'aperçoit que notre feu acquiert une supériorité qui grandit d'instants en instants. A huit heures, l'une des frégates anglaises est réduite au silence : c'est *la Néréide*. Le feu des autres frégates se ralentit sensiblement et annonce du désavantage. Le nôtre en devient plus vif et plus meurtrier. Duperré est partout, surveillant l'ennemi, encourageant ses braves de son exemple et de sa voix, et instruisant le gouverneur des phases diverses que le sort et son courage donnent à ce glorieux conflit. A dix heures, il est frappé à la tête par une mitraille qui le renverse de dessus le pont dans la batterie de sa frégate. Il est enlevé sans connaissance par ses matelots, qui jurent de le venger ou de mourir. Le capitaine Bouvet, dont le bouillant courage est condamné à l'inaction par l'échouage de sa frégate, apprend le malheur qui prive *la Bellone* de son digne chef; il passe à bord de cette frégate. A lui l'honneur de monter sur le banc de quart que, pour mot d'ordre, Duperré a teint de son sang. Rien n'est changé sur *la Bellone;* le combat continue avec la même énergie, dans l'ombre d'une nuit profonde illuminée par les foudres de l'ardente bataille. A onze heures, l'ennemi, de guerre lasse, cesse son feu; on le cesse aussi à bord des bâtiments français, mais seulement pour faire prendre un peu de repos et de nourriture aux équipages harassés. A onze heures et demie, nous le rouvrons avec la même vigueur ; l'ennemi n'y répondant pas, on le cesse de nouveau; mais ce n'est qu'un entr'acte de plus dans le drame terrible qui a rempli cette glorieuse journée. A demain donc la dernière péripétie, et bonne espérance en faveur de nos intrépides marins.

A deux heures, tandis que les matelots reposent à côté de leurs pièces brûlantes, un aide de camp du gouverneur vient donner avis au commandant de *la Bellone* qu'un prisonnier, échappé de la frégate *la Néréide*, a gagné le rivage à la nage, et a rapporté que cette frégate, réduite à l'état le plus affreux, était amenée depuis le soir. A cet avis Bouvet fait répondre au général : « Une ancre de mille et un grelin pour renflouer *la Minerve*, et les autres frégates sont à nous : Vive l'Empereur ! » La nouvelle est communiquée aux équipages, et ces braves hâtent de leurs désirs le lever du jour pour recommencer le combat.

Le 24, lorsque le soleil levant laissa voir à nos marins le champ de bataille illustré par eux la veille, l'aspect en était bien changé : la position de nos navires était la même, et l'espoir de vaincre leur restait, avec la possibilité de combattre encore. Du côté des Anglais, *la Néréide*, déchirée par nos boulets, laissait encore flotter dans les débris de sa mâture les couleurs confuses du yacht de Saint-Georges. *L'Iphigénie*, jetée en dérive, était masquée par *la Néréide*, et ne pouvait prendre qu'une faible part au combat. *Le Syrius*, toujours échoué, présentait son avant aux bordées balayantes de nos navires. *La Magicienne*, horriblement mutilée, présentait seule le travers à *la Bellone*.

Le feu recommença à bord de *la Bellone*. Quelques pièces dirigées sur *la Néréide* suffirent pour faire tomber son pavillon : elle était rendue; mais les feux croisés de *la Magicienne* et de nos bâtiments empêchèrent les embarcations françaises de se rendre à bord de *la Néréide* pour en prendre possession. Il fallut attendre que *la Magicienne* fût réduite : les coups furent donc dirigés sur elle. La canonnade dura jusqu'à deux heures, mais de notre côté seulement. *La Magicienne* n'y répondait que par coups espacés, jetés au hasard, et comme derniers efforts du désespoir. Ce qui lui restait de son équipage paraissait occupé d'un autre soin que de celui de combattre; et la continuelle allée et venue de ses embarcations dénotait une évacuation.

A deux heures, le lieutenant de vaisseau Roussin (1) put aller amariner *la Néréide*. Cet officier trouva cette frégate dans un état horrible. Ses ponts ensanglantés n'étaient que des mosaïques hideuses de cadavres déchirés et de chairs saignantes. Plus de cent morts gisaient pêle-mêle parmi les débris causés par nos boulets. Son capitaine Wilhougby était blessé. *Le Syrius* travaillait inutilement à se renflouer. *L'Iphigénie* ne songeait plus à combattre. Sur le soir des tourbillons de fumée s'élèvent de *la Magicienne* : bientôt des flammes livides s'échappent des sabords de sa batterie, se tordent sur ses flancs et les dévorent. A onze heures une gerbe de feu s'élève dans l'air

(1) Aujourd'hui vice-amiral et notre ambassadeur à Constantinople.

avec un bruit horrible, et annonce que *la Magicienne* saute. Ses débris éparpillés viennent tout fumants battre les préceintes de nos victorieux navires. On passa la nuit à se préserver de leurs atteintes, et à déblayer *la Néréide* de ses morts. Le 25 au matin, le feu recommença à bord de *la Bellone* et du *Victor*, et leurs coups dirigés sur *le Syrius* portent la mort et le ravage sur cette frégate, qui, échouée, ne peut répondre à cette vigoureuse attaque que par ses caronades de l'avant. Sa position lui rendait la lutte trop inégale; son sort était de succomber. Pour la soustraire au pouvoir de la division française, les Anglais ne pouvaient mieux faire que de l'évacuer et d'y mettre le feu; et, comme *la Magicienne*, *le Syrius* offrit à nos marins le triste spectacle d'une belle frégate dévorée par les flammes. A onze heures elle sauta avec un bruit horrible, en couvrant la mer de ses restes fumants. De ces quatre frégates, si belles, si audacieuses, *l'Iphigénie* seule restait; elle pouvait combattre encore et prétendre à une fin glorieuse; mais elle se hâta d'abandonner un champ de bataille si funeste au pavillon anglais, et de se réfugier vers l'île de la Passe; elle fut bientôt hors de la portée de nos canons.

Le 26 le triomphe de la division française était assuré. Pour le rendre plus complet, il fallait encore, par la prise de *l'Iphigénie*, ajouter une frégate de plus au trophée de la victoire; dans ce but, *la Minerve* et *le Ceylan* furent remis à flot, et *la Bellone* fit ses dispositions pour se touer à la poursuite de la frégate ennemie, qui, bloquée dans le port par le vent et par nos frégates, devenait une proie assurée.

Le 27, la division du commandant Hamelin, sortie du Port-Napoléon, parut au large, et se dirigea pour approcher les passes sans y entrer. Des communications s'établirent entre la frégate *la Vénus* et *l'Iphigénie;* elles avaient pour but des sommations adressées par le commandant Hamelin pour la reddition de la frégate anglaise et de l'île de la Passe aux Français.

Le 28, à la pointe du jour, un officier, porteur d'une sommation de Son Exc. le gouverneur-général, se rendit à bord de *l'Iphigénie* pour conclure de la reddition de cette frégate et de l'île de la Passe, aux conditions les plus avantageuses aux intérêts des vainqueurs et aux égards dus aux vaincus. A onze heures le pavillon français, arboré sur le fort et à bord de la frégate anglaise, fut le signal qui annonça aux marins de la division et aux habitants de l'Ile-de-France le complément de la victoire. Le commandant Bouvet fit prendre possession de la frégate *l'Iphigénie*.

Les frégates anglaises *la Magicienne* et *le Syrius* brûlées; les frégates *la Néréide* et *l'Iphigénie* prises;

Les vaisseaux de la Compagnie *le Ceylan* et *le Windham* pris;

Une partie du premier bataillon du 24e régiment anglais destiné pour l'Inde, prise;

Le général Weatherhall, le colonel et le lieutenant-colonel du 24e régiment, les commandants des quatre frégates, des deux vaisseaux de la compagnie; cent autres officiers *midshipmen*, officiers de troupes; seize cents soldats et marins prisonniers; un nombre incalculable de morts et de blessés, furent les trophées de la division Duperré depuis le 3 juillet.

Notre marine perdit trente-sept hommes qui furent tués, et cent douze blessés seulement. Les officiers Montlazan et Meunier de *la Bellone*, l'enseigne Lanchon et l'aspirant Arnaud de la corvette *le Victor*, furent également comptés parmi les morts.

Tel fut pour nos armes le dénoûment du combat de l'île de la Passe et du Grand-Port, combat glorieux et inouï qui dura huit jours, et dont le souvenir vivra comme un nouvel exemple du courage et du dévoûment de nos marins, et surtout comme une nouvelle expression de cette vérité, prouvée ici par l'héroïque habileté de son chef[1]: qu'il ne faut jamais désespérer du succès en face d'un ennemi supérieur.   *Le cap*e. P. Luco.

Pontons d'Angleterre.
ÉVASIONS.
(1807.)

On vous a conté les plus mémorables de ces évasions: vous avez lu les hasards de ces hommes aventureux; vous avez frémi de leurs craintes, pâli de leurs dangers, pleuré de leurs larmes, et en vérité tout cela était bien effrayant et bien triste, et parmi tout cela cependant la gaieté venait quelquefois réclamer ses droits; le drame faisait place à la comédie, et quelques rires joyeux venaient déplisser les rides que creusait sur nos fronts chaque année de captivité.

Car ce n'était pas toujours à ces hardies tentatives d'évasion où le travail et la patience s'appuyaient sur la ruse et la force, que nous avions recours. — Un hasard, les circonstances, une idée heureuse faisaient naître parfois des occasions, qu'on s'empressait de mettre à profit pour la liberté. — Je dus la mienne à un moyen aussi simple qu'il fut efficace tant que l'abus qu'on en fit bientôt ne l'eut pas discrédité.

Un jour, je me promenais sur le pont, où l'on nous laissait monter par escouades à certaines heures; et bien fixé sur l'impossibilité de fuir, surveillés comme nous l'étions, je ne pensais qu'à jouir instinctivement de la fraîcheur de l'air extérieur, quand j'aperçus un ouvrier qui travaillait au ponton voisin perdre l'équilibre et tomber dans

[1] aujourd'hui amiral, pair de France et ministre de la marine.

la rivière, et tout aussitôt, mu par humanité, un prisonnier s'élançant du même ponton le saisir et le ramener à bord. Certes, l'Angleterre a bien mérité le reproche de cruauté envers nous ; mais on ne peut lui refuser cette espèce de générosité qui croit devoir reconnaître un service. Le prisonnier obtint sa liberté, et, quinze jours après, moyennant quelques napoléons que je possédais encore, un des soldats qui nous gardait consentit à se laisser sauver par moi ; nous jouâmes si bien nos rôles, que le pauvre diable était presque noyé quand on vint à notre secours, et j'atteignis ainsi mon but.

Une idée plus originale, qui fit naître une circonstance analogue, fut employée dans les prisons de terre avec plus ou moins de succès. — On renvoyait les aliénés en France, après visite d'une commission qui constatait la situation mentale du malade. — Il n'y avait donc qu'à feindre un genre quelconque de folie, et si l'on parvenait à ne pas se démentir, à soutenir le caractère quelquefois pendant des mois entiers, la liberté était au bout. Essayer était séduisant ; réussir très-rare ; car, pour jouer convenablement ce rôle, il faut être doué d'une force de caractère peu commune et d'une grande présence d'esprit. Un prisonnier nous en donna un singulier exemple.

Il simulait la folie du cheval, la monomanie de l'équitation ; et c'était plaisir de le voir pendant des journées entières galopant sur des bâtons, cavalcadant sur les bancs avec un sang-froid si imperturbable et une si grande vérité, que l'autorité, avertie, crut devoir envoyer la commission. —C'était la dernière, mais la plus difficile épreuve. — Dès que la commission, ayant en tête son président en uniforme, parut dans le *préau*, où notre ami avait été conduit, celui-ci s'avança avec la plus plaisante gravité vers le président, lui passa doucement la main sur l'épaule, et avant qu'on pût soupçonner son intention, il s'élança sur son dos, lui talonnant si vigoureusement les reins et l'étreignant des genoux avec tant de force que le malheureux président, contraint à céder, fournit une charge aux applaudissements de tous les spectateurs. Vous pensez bien que la folie fut jugée sérieuse.

C'est bien là de la comédie, n'est-ce pas ? de la farce même ; mais comme cette comédie devient horriblement dramatique, si l'on veut pénétrer au-delà de l'apparence extérieure ! examinez cet homme : il rit aux éclats, il fait des gestes ridicules, et son âme pleine d'angoisses compte chaque anneau qui se détache de sa chaîne. Ôtez son masque à cet homme, et vous verrez qu'il ne fait qu'effleurer l'épiderme ; et vous verrez ses muscles à nu répondre par leur crispation à ses véritables pensées. Il crie, il parle ; et ses paroles follement burlesques partent d'un cœur torturé par la crainte et l'espoir. Ah ! nous faisions aussi du drame, alors !

Et quelquefois, après tant de peine, tant de contrainte, une circonstance imprévue venait compliquer la situation, comme il arriva à un de mes amis qui vit encore, et dont les contemporains n'ont sans doute pas oublié le nom.

C'était Lanty, de Saint-Malo, le brave, l'intrépide corsaire, que plusieurs évasions successives des cantonnements avaient amené dans les prisons. A peine y fut-il entré, que son plan fut fait, son rôle tracé, et il l'exécuta et le soutint jusqu'à la fin avec une persévérance digne de son caractère.

Il commença par montrer quelques signes d'égarement, qui s'augmentèrent bientôt au point qu'un jour, apercevant un four allumé, il s'y précipita la tête la première. — Il avait pris ses précautions : une couverture qu'il jeta sur sa tête et qui disparut dans le four l'avait en partie préservé ; mais il agit avec tant d'adresse et de vivacité qu'on ne s'en aperçut pas, et il resta constaté que Lanty avait pris un four allumé pour la rivière.

Dès lors sa folie attira l'attention ; dès lors aussi elle devint complète.

Homme, il était entré dans le four, il en sortit coq. — Je ne plaisante pas ; c'était un coq, un véritable coq, roide, bouffi, glorieux, ayant toutes les allures, les gestes, les intonations du bipède ; il fallait qu'il eût fait de cette nature une étude profonde, car jamais imitation ne fut si parfaite. Tous les jours, *à la première heure*, Lanty chantait, et tous les coqs du voisinage répondaient à leur nouveau camarade. En entendant ses chants d'amour, les poules inquiètes et troublées couraient çà et là, cherchant l'animal dont la voix les appelait si tendrement. Quand la colère semblait l'agiter, ses cheveux se dressaient comme des plumes ; il ne dormait plus que sur un pied ; il ne mangeait plus que du grain ; il faisait un amalgame si grotesque et si bien entendu des habitudes de l'homme et de celles de la race galline, que, n'était sa forme humaine, vous l'eussiez pris pour l'orgueilleux habitant des basses-cours.

Un rôle si bien joué et soutenu avec tant de constance et d'adresse devait tromper les plus habiles ; son renvoi fut décidé. Mais avant de l'ordonner, l'inspecteur des prisons, que l'expérience avait rendu défiant, voulut l'examiner lui-même et se le fit amener.

Après un entretien que je n'essaierai pas de reproduire, et dans lequel les *coquericos* tinrent une notable place, l'inspecteur, voulant tenter une dernière épreuve, lui tendit une plume :

« Allons, Lanty, dit - il, voilà votre acte de liberté, signez.

— Fi ! répondit majestueusement Lanty, fi !

— Et pourquoi ne voulez-vous pas signer ?

— Fi ! une plume d'oie !

— Mais vous savez que cet acte doit être revêtu de votre signature : il faut que vous signiez.

— Eh bien ! qu'on me donne une plume de coq : je ne signerai qu'avec une plume de coq. »

Plus on cherchait à le persuader, plus il s'obstinait ; il fallut le satisfaire, et il signa gravement : *Le coq de France.*

« Il est vraiment fou, dit l'inspecteur ; qu'on l'expédie tout de suite sur Plymouth, où il profitera du *Parlementaire* qui doit y être en appareillage pour Cherbourg. »

Et quand on amena Lanty, il salua le commissaire d'un de ses plus beaux chants, et reprit à cloche-pied le chemin de la prison.

Alors il put croire au succès ; ce qui lui restait à faire était peu embarrassant sans doute, il avait encore des ménagements à garder tant qu'il resterait sous les yeux des Anglais ; son escorte ne le quittait pas de vue, mais il devenait plus facile de tromper des gens qui n'avaient aucun intérêt à découvrir la fraude ; aussi les idées les plus riantes et les plus agréables l'accompagnèrent pendant son voyage : il allait retrouver la France et Saint-Malo, embrasser sa famille et ses amis ; il se voyait armer un nouveau corsaire qui ferait payer cher aux Anglais la contrainte qu'ils lui avaient imposée ; et ce fut plein d'espoir et de confiance qu'il arriva à bord du *Parlementaire,* où il fut reçu par un officier qui, sur-le-champ, donna l'ordre au *toast-swain* de le faire conduire dans la cale.

« Écoute, Nell, ajouta l'officier, comme il a l'air assez doux, ne l'enchaîne pas, et dis-lui qu'il ne s'approche pas des autres, car ils pourraient bien l'étrangler. »

L'officier fit une pirouette, et Nell, prenant Lanty par le bras, le fit descendre et l'introduisit dans une cabine bien fermée d'un cadenas, que l'on avait pratiquée près de la soute aux câbles.

Son entrée avait sans doute éveillé les premiers hôtes de la cabine, car à peine la porte fut-elle fermée sur lui, qu'il fut accueilli par un bruit de fers accompagné de ricanements féroces et d'imprécations obscènes, dont l'obscurité l'empêchait de distinguer les auteurs. Il voulait faire un pas, et son pied fut saisi par une main robuste qui, l'attirant avec force, le renversa sur le plancher ; aussitôt les cris, les jurements redoublèrent, et une grêle de coups tomba sur le pauvre Lanty, qui, meurtri, sanglant, eut besoin de toute sa vigueur pour se retirer des mains de ces forcenés, qui semblaient décidés à le déchirer.

C'étaient deux fous furieux qu'on renvoyait en France, et que Lanty, quand l'obscurité lui permit de distinguer les objets, pensa appartenir à la classe des matelots. Leur aspect hideux, leurs traits hagards et hébétés, l'égarement de leurs regards, leurs gestes indécents et empreints d'une rage convulsive, leurs cris inarticulés, le délabrement de leurs vêtements, dont quelques sales lambeaux tranchaient à peine sur leur peau souillée d'immondices, tous ces signes d'une démence complète annonçaient assez que leur folie était parvenue au plus violent degré d'intensité.

Lanty s'était retiré dans son coin, le plus loin qu'il avait pu de ces misérables, c'est-à-dire à deux pieds environ, car l'étroit réduit ne permettait pas une plus grande distance ; et bien que la barre de fer qui tenait leurs pieds enchaînés fût fixée au pont, il était obligé, pour se tenir hors de leur portée, de rester accroupi et ramassé sur lui-même, et de surveiller ses mouvements et les leurs avec la plus vigilante attention : un instant d'oubli était un danger ; il ne pouvait dormir, car si le sommeil détendait un moment ses muscles fatigués, si ses jambes quittaient cette position gênante, ses compagnons, dont la malice furieuse semblait s'être réunie contre lui, l'attiraient entre eux, et avant qu'il pût résister, le déchiraient de morsures et le rouaient de coups : il pouvait à peine manger, car lorsque le *cook* jetait leur ration dans la cabine, les fous s'en emparaient, et après avoir assouvi leur faim, se faisaient du reste des projectiles infects dont ils l'accablaient, et cependant le malheureux n'osait se plaindre, dans la crainte de se trahir, et même, aux yeux de ses camades, il continuait son rôle et ses chants.

C'était une horrible situation ; c'était un affreux spectacle que le contact de ces trois êtres. Cette active et patiente énergie, soumise à la brutalité d'une ignoble démence, cette noble et forte raison tremblant devant l'absence de toute raison, cette lucide intelligence aux prises avec les instincts vicieux de la brute ; car Lanty tremblait, il avait peur ; il se sentait vaincu : cet homme qui avait bravé tant de dangers, affronté tant de morts, n'osait regarder en face celle dont le menaçaient ses abjects compagnons. L'espérance, en rentrant dans son cœur, l'avait amolli : les scènes dont il était témoin, les supplices dont il était martyr, affaiblissaient sa fermeté en agaçant sa raison ; il sentait ses idées s'embrouiller et se perdre ; il craignit de devenir réellement fou ; et ce fut dans ces souffrances physiques et morales, dans ces angoisses de torture, de crainte et de faiblesse, qu'il passa les cinq jours qui s'écoulèrent depuis son arrivée à bord jusqu'au moment où le brig *le Parlementaire* mouilla en rade de Cherbourg.

Aussitôt que la communication fut obtenue, on les fit sortir de prison pour les conduire à terre ; il était temps pour Lanty : il n'était plus reconnaissable ; la privation d'aliments, l'insalubrité de l'air, les tourments qu'il avait endurés, avaient creusé ses yeux et son visage : une partie de ses cheveux avaient blanchi. Cependant la pureté de l'air extérieur lui fit du bien : un peu de pain qu'il dévora rappela ses forces, et son moral se raffermit. Il comprit que le moment était critique et le succès prochain ; qu'un instant de découragement pouvait le compromettre, et il retrouva l'énergie nécessaire pour conserver son masque jusqu'à ce que les Anglais, après les avoir remis entre les mains des autorités françaises, se fussent retirés.

Dès qu'ils furent arrivés dans la cour de l'intendance, où ils devaient attendre que le commissaire-général disposât d'eux, Lanty, s'adressant au chef d'escorte, le pria, d'un air si calme et d'un ton si posé, de demander pour lui une audience au commissaire, que cet homme, frappé du changement subit de ses manières, crut devoir obtempérer à sa demande.

Le commissaire descendit lui-même et fit approcher Lanty, qui lui déclina son nom et son grade, lui fit part de la ruse qu'il avait employée pour obtenir sa liberté ; exposa ses traverses et les souffrances inouïes qu'il avait éprouvées à bord, et termina en demandant en grâce que si l'on doutait de la réalité de sa raison, on voulût bien, pendant l'épreuve, le séparer de ses cruels bourreaux.

Le commissaire, ému de ce récit, l'écouta avec bienveillance, et, s'étant assuré par diverses questions de sa véracité, ordonna qu'on lui fournît des secours, et s'avança vers les deux autres prisonniers.

Ils étaient toujours attachés et gardés à vue ; mais soit que le grand jour les eût troublés, soit que la nouveauté de la situation les surprît, ils étaient assez calmes, et même l'un d'eux avait paru prêter attention à la scène qui venait de se passer et semblait en avoir compris le but et le résultat ; car, dès que le commissaire fut assez près de lui, il fit un pas en avant, se redressa, et portant ses deux mains liées, à sa tête, en forme de salut :

« Mon commissaire, fit-il, j'ai deux mots à vous dire.

— Quoi ? répondit le commissaire étonné.

— C'est que je ne suis pas plus fou que vous, mon commissaire.

— Comment, drôle, et ces haillons, ces blessures ?

— C'est de la frime, mon commissaire. »

Le commissaire se tourna vers Lanty, qui, les yeux ébahis, ne pouvant en croire ses oreilles, s'était approché du groupe et considérait d'un air de stupéfaction cette singulière scène, quand le second fou, imitant la manœuvre de son camarade, fit un pas, salua et dit :

« Mon commissaire, j'ai deux mots à vous dire.

— Hein ! Quoi ! Comment, est-ce que tu ne serais pas fou non plus, toi ?

— Non, mon commissaire.

— Alors, mes drôles, vous m'expliquerez pourquoi vous avez ainsi maltraité le capitaine Lanty.

— Mon commissaire, c'était pour jouer notre jeu.

— Mais vous saviez bien qu'il était votre supérieur, vous lui avez manqué de respect ; vous avez méconnu son grade.

— Dame, mon commissaire, dit-il en éloignant les yeux d'un air moitié malin, faut pas nous en vouloir pour ça, c'étaient des *coricocos* continuels ; quand le coq chante, vous savez bien que saint Pierre renie le bon Dieu.

Cap. VALENTIN.

ORNITHOLOGIE MARITIME.

La Mouette.

Si les nuages s'amoncèlent à l'horizon sillonné par la foudre, le pêcheur craintif songe à rentrer dans le port ; les cris aigus de la mouette se sont fait entendre.

Précurseur de la tempête, la mouette ne quitte les rochers où elle habite ordinairement, que lorsque les vents ont bouleversé en vagues d'écume les flots de l'Océan ; seule, elle semble se plaire au milieu du désordre ; seule, elle paraît rechercher ses délices dans l'état de trouble qui constitue la tristesse de l'homme.

La nature n'a point permis qu'un oiseau aussi bizarre fût doux dans ses mœurs ; il immole à ses besoins ce qui a vie, il se nourrit de poissons qu'il pêche à la surface de l'onde agitée ; ou bien, quand le calme règne sur les flots, pour étourdir son appétit féroce, il surcharge son estomac des chairs putréfiées que la mer rejette sur ses rivages. La mouette émigre ensuite et va cacher son abjecte existence dans le creux de quelque rocher lointain, pour ne l'abandonner qu'au moment de la tempête ; alors, se rapprochant des villes, on la voit planer au-dessus des tours gothiques de nos églises, en étendant ses larges ailes blanchâtres, qui se détachent sur le sombre azur des cieux. A en juger d'après ses habitudes dégoûtantes, l'oiseau messager du désordre devrait posséder des formes peu élégantes ; au contraire, elles sont assez bien proportionnées. Ses ailes, dont l'envergure est de 2 pieds, se trouvent supportées par un corps de 13 pouces de longueur ; son plumage est d'un gris cendré ; derrière chaque œil se dessine chez la mouette une tache brune qui contraste assez avec le rouge foncé de son bec ; ses deux pieds membranés, coloriés d'un rouge orangé, sont armés d'ongles noirs.

Quoique la mer semble être la patrie exclusive de la mouette, elle s'en éloigne quelquefois pour remonter le cours des fleuves : c'est là que, peu méfiante, elle succombe parfois sous le plomb mortel du chasseur aux aguets ; victorieux, il se pare souvent des plumes de sa victime, mais il repousse toujours sa chair maigre, d'un goût fade et mauvais.

VARIÉTÉS.

—

LA

Rencontre des pirates.

Le gouverneur de Saint-Thomas venait de saisir un charmant brig américain qui s'était trouvé, peu de jours auparavant, en contravention flagrante à quelques règlements policiers, dont l'autorité dressait le piège à tous les navires venant du large. La cargaison avait été vendue, l'équipage mis à terre, et le navire, mouillé en petite rade, attendait le jugement du conseil colonial, qui avait à décider des dernières mesures dont sa valeur devait être l'objet.

En même temps que le brig confisqué sous le plus futile prétexte, deux petits bâtiments, de cette espèce originaire des Antilles connue sous le nom de *balaou*, avaient jeté leur ancre près des roches les plus reculées de la baie. Ceux-ci étaient tout simplement des pirates, Lazzaroni marins, vivant tantôt bien, tantôt mal, de ce qu'ils pouvaient attraper, en attendant au passage les petits navires détachés des rades caraïbes pour suivre les débouquements, où les *écumeurs* plaçaient leur poste d'observation.

Depuis quelque temps, les chances avaient été médiocrement productives. Les pauvres diables de forbans ne trouvaient que de l'eau à boire dans leur métier. Ils avaient, chacun de leur côté, reçu de vigoureuses secousses de la part des navires récalcitrants auxquels ils s'étaient frottés. Tout leur poil était resté sur le champ de bataille, les malheureux, ils s'étaient laissés tout à fait tondre et mordre. Les *balaous* étaient dans le plus piteux état, sales, déguenillés, rapiécetés, avec les voiles en loques et les cordages en étoupe. Ils avaient plutôt l'air de mendiants honteux bons à tendre la main aux passants qu'ils trouvaient sur la grande route de la mer, que de hardis voleurs, dont l'extérieur impose et dont la parole est arrogante et expressive. A peine restait-il quelques piastres pour acheter la poudre indispensable qu'il leur fallait brûler pour intimider les voyageurs pusillanimes. Ceux qui résistaient à l'éclat passager de cette sommation étaient sauvés; c'était là tout ce que pouvaient faire les pirates; ils avaient peu à peu vendu leurs armes; leur moral s'était abattu sous le découragement de l'insuccès, et pour peu qu'ils en eussent valu la peine, rien n'aurait empêché un bon navire marchand de les prendre à son tour. Mais qu'en faire? Nourrir ce tas de misérables pendant toute une traversée, pour les voir pendre ensuite aux arbres de la Basse-Terre ou au Fort-Royal! autant les laisser mourir de faim. La sécurité était devenue parfaite dans tout le commerce des

Antilles; les caboteurs, même les plus prudents, s'aventuraient hardiment au large, et ne considéraient plus Saint-Thomas, l'île des pirates, comme un fantôme des mers longtemps redouté. Les deux *balaous*, qui autrefois, semblables à deux griffes, tiraient dans la baie tous les navires au passage, avaient perdu toute leur vigueur. Aussi les bâtiments qui rencontraient l'un des pirates riaient-ils impunément de l'impuissance de leurs adversaires autrefois tant redoutés. Faisant eau de toutes parts et ne pouvant se faire craindre, suspendant les lambeaux de leurs voiles dans une mâture écourtée, les forbans ne pouvaient poursuivre même les plus médiocres marcheurs, que leur poudre sans balle n'effrayait plus. Un pareil état de choses était insupportable, et les pirates s'en désolaient dans leur impuissance. Combien ils regrettaient alors les sommes énormes qu'ils avaient englouties dans leurs débauches, et dont la plus faible partie leur serait devenue si utile pour acquérir de nouvelles richesses! Cette extrémité avait tellement découragé les équipages, que pas un homme n'avait voulu continuer son service; les navires étant en partie abandonnés les matelots cherchaient leur vie, chez les Nègres, et les capitaines se grisaient du plus grossier tafia pour oublier leurs infortunes, lorsque la saisie du joli brig américain vint jeter quelque agitation dans l'île.

C'était bien la coque la plus souple et la plus rapide sur laquelle forban pût désirer placer son sac. Une jolie mâture bien entretenue penchée en arrière, de bonnes voiles de coton blanc d'Amérique, un doublage en cuivre lustré et poli par le frottement des lames sur l'agile navire, puis une cambuse bien garnie de vivres de campagne, des chambres élégantes, une précieuse fusion enfin de luxe et de commodités nautiques, tout faisait du brig confisqué l'embarcation la plus propre à rétablir les affaires en lambeaux des deux *balaous* pirates. Mais où prendre la première piastre nécessaire au paiement du prix auquel monterait le navire? Comment en devenir possesseur et y faire flotter le pavillon autrefois si redoutable et maintenant si méprisé, ou, qui pis est encore, hué et honni par les bateaux des Antilles? C'était bien là le plus cruel vertige qui pût assaillir l'imagination de nos forbans, et Dieu sait quels irrésistibles désirs la possession de l'américain inspirait à ceux-ci. Les pirates tourmentèrent leur cerveau de tant de façons, ils construisirent et renversèrent tant de projets qu'une idée à peu près exécutable s'offrit à l'un d'eux : réunir en un seul équipage ce qu'il serait possible de rassembler de tous les matelots dispersés, profiter d'une ou deux nuits obscures pour transporter sur le brig convoité ce qu'il y avait de moins mauvais en canons et en armes sur les deux *balaous*, tuer les Nègres de garde placés par le gouverneur sur la prise, puis profiter du moment le plus favorable pour appareiller et prendre le large à la rencontre des navires marchands. La marche du brig américain répondait à l'avance de la facilité avec laquelle on aborderait ceux-ci, et l'abordage était le seul moyen qui leur restait de tirer parti d'une rencontre. Cette opération, que leur avait rendue impossible le mauvais état des *balaous*, en assurant leur conquête, leur permettrait d'apporter dans l'île une valeur suffisante pour l'achat du brig confisqué, à bord duquel chacun des deux capitaines commanderait à son tour en partageant les bénéfices de l'association. Quant au gouverneur, l'espoir de lui offrir une somme plus considérable que celle qu'il eût pu trouver dans la vente du brig, sembla une excuse valable à offrir à sa colère quand lui viendrait la nouvelle d'un procédé aussi cavalier. A la faveur de cette résolution, les deux forbans virent un prompt moyen de rétablir leurs affaires délabrées, et purent espérer de se revoir prochainement montés chacun d'un beau navire, pratiquant avec fruit leur métier aventureux, dont les joies et les dangers s'étaient identifiés à leur existence en leur devenant une seconde nature.

Chacun fit sourdement ses préparatifs. La difficulté qu'il y avait à trouver, dans Saint-Thomas, un acquéreur solvable pour le brig américain, en retardait la vente. Le gouverneur était sans défiance, et pour consolider sa sécurité, les deux pirates, vivant sur leurs barques mouillées dans la baie, firent répandre le bruit de leur disparition de l'île. On y crut. Quelques matelots, qu'on voyait rôder çà et là, démontraient le démembrement des anciens équipages. L'autorité avait écrit dans les îles voisines pour provoquer des acheteurs sur lesquels on comptait. La plus grande confiance animait donc le gouverneur, qui restait complétement étranger aux sourds préparatifs. Pourtant l'œuvre s'accomplissait, et un des plus prochains jours devait éclairer la rade vide du beau brig américain.

Toutes les précautions avaient été prises. Une personne de la terre, mise dans la confidence, avait eu assez de confiance dans le résultat du hardi projet des forbans pour leur prêter quelque argent afin d'en compléter les chances de réussite. Quelques boulets, des balles, des armes et de la poudre s'étaient glissés au soir dans les chaloupes des *balaous* décrépits et dont l'office était de servir provisoirement de magasin entre la terre et le brig. On fixa le jour de la prise de possession. Le nombre de recrues n'était pas considérable ; la plupart des marins s'étaient éparpillés dans les habitations ; d'autres se faisaient nourrir par de vieilles Négresses amoureuses. Les deux capitaines avaient bien chapitré toutes leurs conventions, — en montant sur la prise à la nuit du départ, le sort devait décider de celui qui en serait le chef. Toute la première campagne s'accomplirait sous les ordres de ce nouveau

Brutomnius, et son compagnon d'aventure ploierait sous sa volonté suprême. Si le résultat de la première sortie n'était pas de donner un bâtiment à chacun des deux chefs, le commandement passerait, pour la seconde campagne, sur la tête de celui qui le premier avait obéi. Les arrangements matériels réglèrent les parts distributives du butin ; tout enfin fut basé et arrangé au contentement général.

Le jour qui précédait la nuit fixée pour le départ se leva enfin. Toutes les armes avaient été dès la veille adroitement transportées sur celui des *balaous* qui se trouvait mouillé le plus près de terre. Au capitaine de celui-ci était dévolu le soin de transporter toutes ces munitions sur le brig, à l'heure convenue où l'autre capitaine quitterait sa barque, pour rejoindre dans son trajet la première, et aborder ensemble l'américain dont les hommes de garde seraient promptement écharpés. La nuit vint : elle était moins épaisse qu'on n'eût pu la désirer. Une amorce brûlée sur l'avant d'un des *balaous* donna le signal du départ des chaloupes qui allaient transporter hommes et munitions. Il était minuit ; il y avait une fraîche brise dans la rade ; la mer agitait quelques lames dans la partie de sa surface où les montagnes n'interceptaient point ce vent de terre qui semblait une circonstance de plus en faveur des pirates. Les deux chaloupes quittèrent les *balaous* et firent route pour se rejoindre en se dirigeant vers le brig convoité.

Celle des deux embarcations qui portait les munitions gréa une voile afin de franchir plus rapidement la distance qui la séparait du point de réunion ; lourdement chargée, elle fut rapidement gagnée par l'autre chaloupe, qui portait une partie de l'équipage partagée sur les avirons.

En se voyant ainsi possesseur de toutes ces munitions et de la plus grande partie des armes, puisque l'autre chaloupe ne portait que celles qui étaient restées sur le *balaou*, le forban sentit bouillonner dans son sang le frisson du désir d'une domination complète. Il lui vint subitement à l'esprit que cette aventure pouvait se conclure à son unique avantage, et que le commandement du brig lui échoirait sans partage, s'il parvenait à évincer l'autre forban. Sous l'impression de cette subite idée, il retraça énergiquement à ses compagnons la position où ils se trouvaient, et les avantages qu'ils récolteraient de la mise à exécution de son projet. Le moyen qui parut le plus simple aux forbans pour évincer leurs camarades, fut de les aborder avec une décharge de mousqueterie, en prenant soin de sabrer ceux que n'atteindrait pas le plomb. L'idée était violente, elle plut à tous, et chacun s'empressa de contribuer à la réussite de l'exécution générale, par la préparation de son rôle particulier. On tira de leurs fourreaux quelques sabres ; puis les couteaux d'abordage et les pistolets furent mis sous la main. Le capitaine de la barque fit une courte allocution à son équipage, et, le vent gonflant la voile, le cap fut dirigé vers le point où, faisant toutes deux route vers le brig américain, les chaloupes devaient se rencontrer.

C'était jouer gros jeu, mais le résultat de la partie avait un grand attrait. Au lieu de massacrer les Nègres qui gardaient le brig, le forban songea à les conserver pour renforcer son équipage, puis il se prépara, en faisant bonne route, à surprendre la chaloupe que la limpidité de la nuit lui permit de voir bientôt se détacher du Salaou éloigné. L'une des chaloupes avançait à la voile, l'autre à l'aviron. Quand il se vit à une distance convenable, le bandit fit larguer l'écoute de sa voile, et, portant son gouvernail sous le vent, il fit lofer la barque, qui heurta violemment l'autre embarcation, dont quelques moments auparavant la route était parallèle à la sienne. Au même instant il ajusta son rival qui s'était placé sur l'avant du canot, et tout son équipage se précipita sur les nageurs surpris. Le choc fut rude, et faillit être funeste à l'embarcation lourdement chargée, mais les marins furent lestes à se jeter sur l'avant de l'autre barque, et leur triomphe ne fut pas un instant douteux. L'unique arme à feu que possédât la chaloupe assiégée tua un des assiégeants; quelques hommes, tombés à la mer, furent assommés à coups d'aviron. Les hurlements des blessés, les cris de victoire des assaillants s'éteignirent peu à peu sur la mer, et la brise de terre poussa la chaloupe ensanglantée vers le brig, où peut-être une lutte nouvelle allait s'offrir. Calme et indolemment balancé par la houle, l'américain découpait sa brune silhouette sur le ciel gris-bleu, qu'éclairaient à l'horizon quelques teintes rousses qui précédaient le lever de la lune. Les forbans abordèrent sans obstacle; le pont était silencieux, un seul Nègre dormait à l'arrière, les autres gardiens étaient couchés dans les hamacs suspendus dans l'entrepont. Plus tard, je vous dirai ce que devint le brig américain qui s'appelait *la Perle*.

J.-L.

SCIENCES MARITIMES.

—

Astronomie nautique.

(2ᵉ période.)

II.

En 1724, Sully, horloger français, proposa le premier une montre marine qui ne réussit pas dans les essais qu'on en fit. Une mort prématurée vint l'enlever à ses nouvelles recherches. Vers la même époque, un charpentier anglais, nommé Harrisson, poussé par un instinct qui l'entraînait vers la mécanique, construisit une montre qui fut essayée en 1736; et, après plusieurs années d'essais et de perfectionnements, il arriva à toute la perfection désirable. En France, diverses tentatives furent faites par Dutertre, Gallon de Rivas, Leroy et Berthoud. L'Académie des sciences, voulant encourager ces tentatives, proposa, en 1764, un prix pour la meilleure montre marine. M. Leroy mit deux montres au concours, et ces montres, essayées en mer par M. de Courtenvaux, qui avait armé un navire à ses frais, donnèrent les meilleurs résultats. Berthoud, de son côté, en avait mis une au concours. MM. de Gainpy-Dulac et l'abbé Chappe, membres de l'Académie, étaient chargés de l'examiner; mais cette montre n'ayant pas paru à M. Berthoud avoir toute la perfection désirable, il la retira du concours; et, se livrant à de nouveaux travaux, il vainquit toutes les difficultés, et parvint à construire des montres marines dont la marche régulière conserva des mois entiers l'heure du premier méridien.

L'astronomie et la mécanique étaient arrivées, chacune de leur côté, à la résolution de cet important problème, qui, depuis tant d'années, était mis pour ainsi dire à l'adjudication. Les marins, certains de connaître en tout temps leur position, veulent rendre à la science ce qu'ils en ont reçu. L'hydrographie prend naissance; les pays découverts sont visités, explorés avec soin; les positions déterminées, et des cartes sont construites. Des astronomes célèbres, tels que Lacaille et Maskelyne, propagent les observations astronomiques; des marins illustres, Borda, Fleurieu, Verdun de La Crenne, Bougainville, contribuent à la perfection de la science de la navigation, et paient en travaux consciencieux les utiles leçons qu'ils ont reçues des astronomes. Mayer donne la première idée du cercle de réflexion et de la répétition des angles; Borda dote la marine du cercle répétiteur à réflexion, améliore les méthodes de calcul, et contribue à répandre l'usage de lever les plans.

Fleurieu éprouve les montres marines de Berthoud et en fait l'application à la géographie. Bougainville fait le tour du monde, et obtient des résultats d'autant plus heureux que ses moyens d'exécution étaient très-bornés: ce ne fut qu'après son départ qu'on adopta la méthode des distances et que Harrisson fit la première montre marine. Puységur, Lajaille, de concert avec Fleurieu et Borda, explorent la côte d'Afrique; et ce travail, commencé par ces navigateurs, a toujours tenu lieu d'instructions nautiques jusqu'à l'exploration faite en 1817 par M. Roussin. Tant que la science de la navigation fut bornée à des estimations grossières, les officiers de la marine royale ne paraissent pas s'être beaucoup occupés de diriger leurs navires; ce soin était abandonné à des pilotes souvent incapables de perfectionnement, et qui mettaient sur le compte des courants les nombreuses erreurs qui souvent provenaient d'une fausse estimation. Mais lorsque, par des travaux constants et sans cesse répétés, on eut vaincu toutes les difficultés qui s'opposaient à la résolution du problème des longitudes; lorsque les instruments furent perfectionnés et devinrent plus connus, une louable émulation s'empara des officiers de la marine, on observa avec fruit et persévérance, et la conduite des vaisseaux ne fut plus abandonnée aux pilotes. M. de Charnières fut peut-être celui qui contribua le plus à opérer cette révolution dans les habitudes des officiers. Jeune, il se livra aux observations et aux calculs; il fit plus, il inventa un instrument propre à observer les distances, qu'il appela *mégomètre*. Cet exemple fut heureusement imité. La création de l'Académie de marine, fondée au port de Brest, acheva de répandre, par ses utiles travaux, une foule de connaissances essentielles à ceux qui faisaient partie de la marine royale. Des géomètres profonds, d'habiles marins astronomes, des ingénieurs célèbres se firent un honneur de faire partie de cette assemblée. La marine française devint la plus instruite et celle qui joignit à une théorie complète du navire l'art non moins grand de bien le diriger. La révolution de 1789, en brisant violemment les institutions qui régentaient la France, a fait disparaître cet illustre corps, recommandable à tous égards par son instruction et la bravoure dont il fit preuve dans la guerre de l'indépendance et dans les rencontres de tous les jours avec les Anglais.

Les travaux des savants du xviiie siècle ne portèrent pas seulement sur la recherche de la longitude, ils embrassèrent toutes les parties de la science de la navigation. L'Académie des sciences proposa, à diverses époques, des prix pour ceux qui donneraient la meilleure manière de mesurer le sillage du navire et de déterminer sa dérive. Nous nous bornerons à indiquer quelques-uns des moyens qui furent proposés. Saumarez, en 1732, proposa un loch de son invention. Ce loch avait deux branches divergentes; chacune portait une palette faisant assez de résistance pour n'être pas entraînée par le mouvement du vaisseau. Ce loch était attaché à une ligne qui venait passer dans un canal pratiqué à côté de l'étambot. Cette ligne, tirée avec plus ou moins de force, mettait en mouvement une aiguille qui marquait sur un cadran le sillage du navire.

En 1753, M. Bouguer proposa de calculer la vitesse du navire par la mesure de la résistance ou de l'impulsion de l'eau sur un globe. En 1773, le capitaine Phips fit l'essai de ce loch et en fut satisfait; depuis, en 1828 ou 1829, je crois, M. de Fréminville l'essaya sur une corvette de

charge, il ne lui parut pas avoir aucun avantage sur le loch en usage dans la marine. En 1772, M. Aubry inventa un autre instrument qu'il appela trochomètre, dont le double but était de mesurer le sillage et la dérive. C'était une surface plane placée dans l'eau au bas d'une tringle verticale. La surface était opposée directement au courant de l'eau en équilibrant avec des poids pour la faire tenir dans cette position. Cette espèce de girouette, abandonnée à elle-même, marquait le sillage et la dérive du vaisseau. En 1791, M. Baussait, capitaine de frégate, en proposa un fort ingénieux; c'était un globe flottant sous la quille. Ce globe, suspendu dans un puits au ressort d'un barillet, tirait plus ou moins vite, suivant la vitesse du navire, une aiguille fixée sur l'axe de ce barillet. Une foule d'autres inventions, plus ou moins ingénieuses, ont été proposées, mais aucune n'a paru assez parfaite, et jusqu'à présent on a conservé le loch triangulaire. En 1793, l'Académie avait proposé un prix pour la meilleure question sur la dérive des bâtiments; le gouvernement ayant supprimé, par un acte de vandalisme qu'on ne saurait qualifier, cette savante assemblée, le concours n'eut pas lieu. Diverses méthodes d'observer la dérive ont été indiquées depuis, mais elles n'ont pas été adoptées.

Un des grands travaux du xviiie siècle, et qui intéressait essentiellement la géographie et la navigation, fut la mesure des degrés du globe terrestre. On crut pendant longtemps que la terre était parfaitement sphérique. Huygens et Newton furent les premiers qui ébranlèrent cette opinion; ils avancèrent que la terre était aplatie vers les pôles, et expliquèrent ce phénomène par la force centrifuge des corps mus en rond et par la rotation de la terre sur son axe. Picard, membre de l'Académie des sciences, avait été précédemment chargé de mesurer les degrés terrestres. Cette mesure, déterminée astronomiquement, fut appliquée indistinctement à tous les degrés; mais la nouvelle théorie d'Huygens et de Newton sur la sphéricité de la terre ne permettait plus de regarder la mesure de Picard applicable à tous les degrés; car, si la terre n'était pas sphérique, les degrés devaient être inégaux. Ces nouveaux raisonnements déterminèrent Colbert à faire mesurer la ligne méridienne qui traverse la France. Ce projet, entrepris en 1683, fut terminé en 1718. Le résultat de cette opération fut que la terre était allongée vers les pôles. Les mesures de Cassini, à qui ce travail avait été confié, montrèrent que les degrés septentrionaux étaient moindres que les méridionaux. On en conclut avec raison que la terre devait avoir la figure d'un sphéroïde allongé. Cependant les partisans de Newton n'étaient pas tout à fait de l'avis des savants français. Une controverse s'établit entre eux, et, durant cette dispute, la figure de la terre demeurait indécise. Les navigateurs avaient hâte

La Rencontre des Rentes.

Tom. 3 C. 2.

/

de la voir terminée, puisque, la distance des lieux différant dans les deux systèmes, cette inexactitude les exposait à diverses erreurs. Les géographes et les astronomes sentaient aussi le besoin d'une décision, les uns pour leurs cartes, les autres pour la connaissance exacte de la parallaxe de la lune. Les discussions duraient depuis quarante ans, lorsque Louis XV prit la résolution de ne rien épargner pour faire décider la question. Le moyen qui parut le plus convenable fut d'envoyer des savants mesurer près du pôle nord un degré, et un autre près de l'équateur. Si la terre était aplatie vers les pôles, les degrés devaient aller en augmentant depuis l'équateur jusqu'au pôle. Maupertuis, Clairaut, Camus et Le Monnier, académiciens, furent au nord, et Godin, Bouguer et La Condamine se dirigèrent vers l'équateur. Les observations de ces savants terminées, il résulta que la différence du degré mesuré au Pérou, et celui mesuré dans la Laponie suédoise, était de 800 toises. Ainsi, les opinions des savants français se trouvèrent confirmées, et il demeura constant que la terre est un sphéroïde aplati. La navigation, la géographie obtinrent une nouvelle perfection de la connaissance exacte de la terre et de la différence des degrés. La géométrie s'en empara pour perfectionner la théorie des loxodromies; on découvrit que la longitude croissait comme le logarithme de la tangente du demi-complément de la latitude. Cette importante propriété des loxodromies facilita les solutions de la plupart des problèmes de navigation, où la longitude entre toujours dans les éléments du calcul, soit comme donnée, soit à trouver.

Nous avons dit plus haut que les voyages de circumnavigation prirent naissance dans le xviiie siècle, et que ce ne fut cependant que vers 1764 que la science et le désir d'ajouter de nouvelles découvertes aux anciennes devinrent leur unique but. Plusieurs voyages autour du monde avaient été tentés avant cette époque, mais il n'y eut que ceux de Magellan, Le Maire, Shouten et de Rogewen qui aient été entrepris pour faire des découvertes. Les autres n'avaient pour but que les courses sur les Espagnols, et si quelques découvertes ont eu lieu dans le cours de ces expéditions, elles ne sont dues qu'au hasard. L'Angleterre donna la première l'exemple du désintéressement, la France l'imita, et Bougainville suivit de près Byron, Cartere, Cook et Wallis. D'autres voyageurs, Marson Surville, Kerynden, ajoutèrent de nouveaux titres à la reconnaissance que les navigateurs et les géographes avaient pour ces hommes célèbres. Les heureux résultats de ces voyages inspirèrent au gouvernement français l'idée de faire une expédition scientifique où rien ne serait épargné. La Pérouse en eut le commandement. Tout le monde connaît le sort de cet infortuné voyageur. Le voyage de d'Entrecasteaux à sa re-

cherche termine la série des expéditions du xviiie siècle. Dans ce siècle, la science de la navigation avait marché à pas de géant. Les montres parfaites des Berthoud et des Bréguet, les instruments d'observation de Fortin et Lenoir, et les nombreuses méthodes de calcul firent sortir la navigation de l'ornière de la routine. Héritiers du génie de leurs pères, les fils Berthoud et Bréguet n'ont pas manqué à leur vocation : ils ont continué à doter la marine de montres excellentes, et les savants artistes de la capitale, Jeker, Gambey, etc., acquièrent chaque jour de nouveaux titres à la reconnaissance des navigateurs pour la parfaite confection de leurs instruments.

La révolution de 1789, dans son grand déchirement social, anéantit la marine. Fidèles à leur conviction, presque tous les officiers émigrèrent et périrent à Quiberon. Il fallut des années pour la reconstituer et donner de l'homogénéité à ce corps composé d'éléments divers. La marine de la république et de l'empire se livra plus à l'étude de la science de la tactique et à l'art des combats qu'à celle des calculs. Les nombreux exercices du bord laissaient peu de loisir aux officiers, continuellement sur le qui-vive. Mais lorsque la paix eut rendu la mer libre et eut permis aux navigateurs français de la sillonner dans tous les sens, les goûts studieux reprirent, et la marine du xixe siècle égala et bientôt surpassa celle du xviiie. Ses investigations portèrent sur toutes les branches de la science; la zoologie, la minéralogie, l'histoire naturelle, la physique, etc., lui durent de belles et nombreuses découvertes. L'hydrographie corrigea et leva de nouvelles cartes. M. Roussin, en 1817 et 1818, reconnaît la côte d'Afrique, et son travail embrasse une étendue de plus de 400 lieues. Plus tard, en 1819, il explore les côtes du Brésil depuis Sainte-Catherine jusqu'à Maranham. M. Gautier, capitaine de frégate, détermine les côtes de l'Afrique septentrionale, de l'Adriatique, de l'Archipel, de la mer Noire. Les voyages de circumnavigation de MM. Freycinet, Duperrey, Dumont-d'Urville enrichissent la science d'une foule d'objets nouveaux et d'observations intéressantes sur l'intensité des forces magnétiques dans l'hémisphère austral, sur la déclinaison de la boussole et la déviation de l'aiguille aimantée; ils reconnaissent et déterminent la position de plusieurs îles. M. Beautems-Beaupré reconnaît les côtes occidentales de France et donne des cartes si exactes que l'entrée de nos ports de l'Océan devient facile et qu'un capitaine peut se passer de pilote. M. de Hell fait l'hydrographie de la Corse. Les officiers de marine à qui le bonheur de faire un voyage de circumnavigation n'est pas échu, lèvent des plans particuliers. Ces travaux, déjà nombreux, de la marine du xixe siècle suffiraient à sa gloire, mais l'avenir lui est réservé, et d'autres titres à la reconnaissance nationale viendront s'ajouter à ceux qu'elle possède déjà.

Depuis la paix, les livres d'instruction se sont multipliés, les méthodes de calcul ont été abrégées; la difficulté de se procurer toujours des montres marines, et la longueur du calcul des longitudes par les distances font désirer qu'on puisse parvenir à les déterminer par un moyen plus facile. Diverses tentatives ont eu lieu, espérons que plus tard on arrivera à cette perfection.

L'étude chez les officiers de la marine est d'une nécessité absolue; il faut, en s'occupant sérieusement de son métier, y joindre d'autres accessoires qui distraient et ajoutent de l'intérêt à leurs voyages; c'est en travaillant et s'occupant qu'on se prémunit contre les mécomptes de l'ambition, les ennuis de la paresse, et qu'on ne fait pas dépendre son bonheur du changement d'épaulette.

Je ne terminerai pas cet article sans dire un mot sur mon malheureux ami Jules de Blosseville, dont le sort, encore inconnu, laisse des regrets douloureux dans le cœur de ceux qui ont su l'apprécier. Entraîné par un goût irrésistible vers la marine, il avait à peine seize ans lorsqu'il débuta dans cette carrière. L'amour des voyages de découverte se développa bientôt chez lui, et ce fut un des jours les plus heureux de sa vie, que celui où il obtint d'embarquer sur le navire commandé par M. Duperrey, et destiné à un voyage de circumnavigation. Il prit une grande part aux travaux de cette campagne, et à son retour à Paris, il fut désigné pour travailler à la rédaction de l'itinéraire du voyage. Aucune des branches de la science qui se rapportaient à la navigation ne lui fut étrangère. Son désir et sa ferme volonté domptèrent tous les obstacles: il voulait savoir et il sut. Son nom était déjà honorablement connu dans les sciences, lorsque, poussé par cet instinct irrésistible qui l'entraînait vers les voyages lointains, il demanda et obtint d'embarquer sur la corvette la Chevrette, qui allait dans les mers de l'Inde. Plusieurs savants de la capitale le chargèrent d'observations magnétiques, etc., observations dont il s'acquitta avec son zèle accoutumé. Quelque temps après son retour, il fut fait lieutenant de vaisseau, en 1828. Cet avancement au choix lui était bien dû: il l'avait d'avance justifié par ses travaux comme officier instruit, et par son habileté comme manœuvrier. Quelques paroles échappées à la vivacité du directeur du personnel firent penser à Blosseville qu'au ministère de la marine on lui tenait peu compte de ses travaux scientifiques; il quitta Paris, embarqua comme second sur le brig l'Alacrity, renonça à ses anciennes occupations, et prouva qu'on pouvait employer les loisirs du métier, sans négliger le but principal. En 1832 il revint à Paris, et là, cette pensée incessante de voyages de découvertes, qui fait les

Christophe Colomb, ou qui vous réserve le sort de La Pérouse, s'empara de nouveau de son esprit. Au mois de novembre 1832, il m'écrivait: « J'ai peu de chances de faire une grande campagne, aussi me suis-je mis dans le tête d'exécuter un de mes vieux projets; je l'ai soumis au ministre qui l'a adopté. Voici mon projet: je m'embarque au mois d'avril sur un navire baleinier, en qualité d'observateur, pour aller étudier la navigation des glaces dans la baie de Baffin, ou au nord du Spitzberg. Je joindrai à la marine pure quelques observations scientifiques. » Ce projet échoua, et le 29 mars, quelques jours seulement avant d'avoir le commandement de la Lilloise pour sa fatale expédition, il m'écrivait: « Je suis dans un moment critique, mon voyage au nord est manqué; je ne sais où j'en étais dans ma dernière lettre, mais je vous répéterai que, forcé d'avoir recours aux armateurs anglais, ils ont refusé de me recevoir à bord de leurs bâtiments pour aller dans la baie de Baffin. J'ai alors demandé un navire à M. l'amiral de Rigny; il m'a exprimé ses regrets; son refus a été poli. J'ai voulu alors faire un armement par souscription, j'ai encore échoué. Je n'ai d'autre consolation que celle de n'avoir négligé aucun moyen pour réussir, et de penser qu'une autre année je serai plus heureux, car je ne renonce pas à mes projets: pour ne point avoir perdu mon temps, je vais peut-être faire paraître une relation des voyages des navires normands, sous le titre de: La navigation dans les glaces. »

Peu de temps après qu'il m'eut écrit cette dernière lettre, la Lilloise lui fut donnée pour ce malheureux voyage, et depuis la fin du mois d'août 1833, on n'a plus reçu de ses nouvelles. Des trois expéditions envoyées à sa recherche, la première, commandée par M. Dutaillis, lieutenant de vaisseau, n'a point eu le succès désiré. Quant aux deux autres, confiées à M. Tréhouart, officier du même grade, celle qui est déjà réalisée a été également infructueuse; la seconde est encore en cours de voyage.

L'espoir est le dernier sentiment qui s'empare du cœur de l'homme, et l'exemple du capitaine Ross peut encore faire espérer aux amis de l'infortuné de Blosseville qu'un jour il leur sera rendu. J'ai là au cœur un regret, c'est de n'avoir pu faire partie des expéditions qui ont été envoyées à sa recherche; je n'eusse pas mieux réussi que les habiles officiers qui ont eu cet honneur, mais l'amitié qui nous liait depuis tant d'années m'en faisait un devoir, et si cette précieuse faveur ne m'a pas été accordée, je n'ai pas du moins à me reprocher d'avoir négligé les moyens de l'obtenir.

BORIUS,
Capitaine de vaisseau.

Pêche des perles

SUR LA CÔTE DE LA CALIFORNIE.

Nous croyons devoir compléter par les détails qui suivent, ce que nous avons déjà raconté sur la pêche des perles à l'île Ceylan.

En 1825, il se forma à Londres une association pour la pêche des perles et du corail. M. Hardy, lieutenant de vaisseau de la marine royale de la Grande-Bretagne, fut nommé commissaire de cette Société, et partit pour le Mexique vers la fin de cette même année. De retour dans sa patrie, il a publié, en 1829, le résultat de ses explorations sur la côte de la Californie. « On sait, dit M. de Humboldt, que de toutes les productions de cette contrée, les perles sont celles qui, depuis le xvie siècle, ont le plus engagé les navigateurs à visiter les côtes de ce pays désert. Elles abondent surtout dans la partie méridionale de la presqu'île. »

M. Hardy, à son arrivée au Mexique, s'occupa de solliciter, en faveur de ses commettants, un privilége exclusif pour la pêche des perles; mais il avait été devancé : il obtint seulement une permission de faire cette pêche, et une diminution dans les droits à payer au gouvernement.

Nous ne suivrons pas le voyageur dans ses différentes excursions étrangères au sujet qui nous occupe. Le 5 juillet 1826, M. Hardy arriva au port de Guayucas, où il trouva deux navires, le Wolf et la Bruja, qui, après avoir fait une expédition inutile, l'un à Loreto, l'autre à Tiburon, l'attendaient depuis plusieurs jours. Les perles rapportées étaient très-petites, mal faites et en petit nombre. Le capitaine et le subrécargue du Wolf attribuaient principalement leur mauvais succès à l'inefficacité de la cloche à plonger. Les dragues avaient également été inutiles, n'ayant rapporté que quelques coquilles : il essaya de se procurer des indiens plongeurs; mais il ne put en trouver que quatre.

Le 19 juillet, il arriva à N. S. de Loreto, capitale de la Vieille-Californie. Les bancs d'huîtres perlières du voisinage sont, les uns au sud, les autres au nord de Loreto, où la sainte Vierge et la douane reçoivent chacune leur part de la pêche, qui depuis trente ans n'a pas excédé annuellement la valeur de soixante-dix mille piastres.

Seize ou dix-huit petits bâtiments sont employés tous les ans à cette pêche. Lorsque le temps a été favorable, et que les plongeurs ont eu du bonheur, chaque navire obtient une valeur d'environ cinq cents piastres, et parfois de mille piastres en perles. Mais si l'on tient compte de la dépense causée par les armements, des mauvaises saisons et des autres incidents, le produit net revenant à chaque partie prenante est considérablement réduit, et si le prix des perles à Guayucas et à Loreto n'était pas supérieur à celui qu'elles ont à

Guadalaxara et à Mexico, peu de personnes entreprendraient la pêche le long de la côte de la Californie. Le gouvernement de la Segnora est tellement persuadé de l'importance pécuniaire de cette pêche, que, pour encourager les indigènes à s'y livrer, il a rendu un décret qui supprime le paiement de la dîme, dans l'espérance que cela pourra augmenter le nombre des armements et conduire à de nouvelles découvertes.

Ce genre d'affaires est un système de fraude et de finesse, et consiste dans l'achat et la vente des perles entre les pêcheurs. Un habitant du Rancho de Guayucas, qui se mêle de ce négoce, a dit à M. Hardy que son seul moyen de réaliser quelque chose par le commerce des perles, résultait de la vente de liqueurs et de figues sèches aux équipages des bateaux. Il échangeait ces denrées contre des huîtres non ouvertes, et quelquefois, mais rarement, contre des perles.

Ces navires sont expédiés tous les ans à la pêche, et, comme ils prennent toutes les huîtres qu'ils rencontrent, sans égard à leur dimension et à leur âge, la pêche doit déchoir beaucoup.

Le 21 juillet, M. Hardy passa du Wolf sur la Bruja, petite goëlette, et le lendemain, il entra dans la baie de Molexé, où on lui avait dit, à Loreto, qu'il existait un banc d'huîtres qui, lors de la découverte, produisait une immense quantité de perles; mais ensuite on n'avait pu le trouver. On jeta l'ancre dans les anses et près des îles de cette baie; les dragues ne rapportèrent rien. Cette circonstance détermina M. Hardy à se faire plonger, afin d'examiner par lui-même la cause de ce mauvais succès; d'ailleurs il n'avait avec lui qu'un seul plongeur très-médiocre.

Après plusieurs essais, M. Hardy parvint à plonger et à rester sous l'eau à une profondeur de plus de sept brasses; malheureusement il ne trouva pas une seule huître pour le récompenser de sa persévérance. Épuisé par le manque d'air, il prit une pierre afin de prouver qu'il était descendu jusqu'à huit brasses, et revint à la surface aussi fier que s'il eût rapporté un trésor.

Je n'y fus pas plutôt parvenu, dit M. Hardy, que je reconnus que mes yeux, mes oreilles et ma bouche étaient en sang, ce qui m'expliqua la douleur excessive que j'avais ressentie dans toutes ces parties, à mesure que je m'enfonçais plus profondément. Je ne m'étais pas aperçu alors que mon sang coulait; mais c'est le moment où il y a le plus de danger pour le plongeur, parce que les requins, les mantas (1) et les tintereros ont une

_____

(1) Les mantas sont des raies monstrueuses qui serrent les plongeurs si fortement qu'elles les étouffent, ou bien, en se laissant tomber sur eux de toute leur pesanteur, elles les écrasent au fond de la mer et les dévorent ensuite. Pour se délivrer de ces poissons, les plongeurs prennent souvent avec eux un couteau pointu afin de les combattre; malgré ces précautions, souvent ils perdent la vie ou ils reviennent avec un bras ou une jambe de moins.

sagacité étonnante pour sentir le sang. Toutefois, j'étais trop flatté de mon succès, pour céder aux conseils de l'indien plongeur, et je continuai à descendre dans l'eau jusqu'à ce que j'eusse recueilli une quantité considérable de coquilles, desquelles j'espérais obtenir une riche récolte. Hélas! la constance ne commande pas la réussite : six petites perles furent tout ce que produisirent les nombreuses coquilles que j'avais arrachées aux roches, quoiqu'il y en eût de fort grandes, qui paraissaient être très-âgées.

L'huître s'attache si fortement au rocher par ses filaments, qu'il faut un déploiement de force pour l'en arracher, et sa surface extérieure étant couverte de pointes tranchantes, les mains sont bientôt coupées cruellement. L'effet de la disposition de l'eau à faire flotter les corps est aussi extrêmement curieux : à la profondeur de sept ou huit brasses, ou est obligé de faire des efforts pour se tenir au fond, et si l'on essaie de saisir une roche avec les mains, on se trouve comme suspendu, de sorte que si on lâche prise, on culbute en haut. Je me souviens que la première huître que je rencontrai n'était qu'à la profondeur de quatre brasses; ma tête la touchait presque; le plaisir que j'éprouvai me fit oublier de pousser mes jambes en avant, lorsque j'étendis la main pour prendre l'huître, de sorte qu'à mon grand étonnement le coquillage m'échappa, et je me retrouvai presqu'à la surface de l'eau l'instant d'après, ayant pris en vain beaucoup de peine.

L'huître tient si fortement au rocher, que, pour l'en arracher, il est nécessaire de se faire un point d'appui, en plaçant ses pieds sur le fond. Il est excessivement difficile d'en venir à bout : l'action de la force musculaire de tout le corps est indispensable pour mieux vaincre la résistance qu'oppose la disposition de l'eau à faire flotter les objets libres. Je ne doute pas qu'au moyen de ses larges filets, l'huître n'ait la faculté de changer de place suivant qu'elle le trouve convenable.

Toutefois, le principal objet de mes recherches, la connaissance de la véritable situation des coquillages sous l'eau, avait été obtenu. Je reconnus que j'avais été complétement dans l'erreur, en supposant qu'ils formaient des lits, c'est-à-dire des tas. C'était l'idée de toutes les personnes avec qui je m'étais entretenu sur ce sujet en Angleterre; mais un moment de réflexion suffisait pour faire voir qu'il serait impossible que les huîtres fussent disposées en tas dans le golfe de Californie. Ce coquillage cherche toujours la tranquillité, qu'il ne trouverait jamais dans des positions exposées à des courants et à des mouvements causés par les ondulations de l'eau. Je les ai toujours trouvés dans les baies abritées et dont les fonds étaient couverts de grands rochers.

Nous ajouterons aux détails fournis par M. Hardy le récit d'une aventure récente dont le héros est Pablo-Ochou, qui fut longtemps chef de

cette pêche, et le plongeur le plus expérimenté de ces parages.

Près de Loreto est un rocher connu sous le nom de *Piedra-Negada* : la difficulté qu'on éprouve à plonger jusqu'à ce roc a fait supposer qu'il était couvert d'une grande quantité de belles huîtres perlières. Pablo-Ochou, encouragé par l'espoir de recueillir ses précieuses coquilles, plongea à onze brasses d'eau, et atteignit bientôt le rocher, objet de ses désirs. Il en fit le tour; mais à sa grande surprise, il n'y trouva point ce qu'il était venu y chercher; il ne s'offrit pas à sa vue une seule huître perlière. Désespéré de ce mauvais succès, après avoir fait le tour du roc, qui n'a pas plus de cinq ou six pieds de circonférence, il voulut revenir sur la surface de l'eau; mais auparavant, il suivit ce que la prudence lui ordonnait de faire; il leva les yeux pour s'assurer si la côte était claire: car dans ce cas il n'y a nul risque pour le nageur à remonter incontinent. Cette investigation fit découvrir à Pablo un de ces poissons ennemis des nageurs, un tinterero enfin, lequel n'était pas à plus de douze pieds au-dessus de lui. Il est probable que le monstre marin l'avait espionné pendant ses recherches autour de la Piedra-Negada. Un bâton ferré aux deux bouts est une arme inutile contre un tinterero, car sa gueule est si large et son gosier si vaste, qu'il engloutirait en un instant et l'homme et le bâton.

A l'aspect du tinterero, Pablo ne perdit pas courage; il passa de l'autre côté du rocher, espérant, par cette manœuvre, échapper à la vigilance de son persécuteur; mais sa frayeur augmenta, lorsqu'après avoir nagé pendant quelques secondes, il se trouva en face de son ennemi. Les yeux du monstre étaient grands et ronds; ils paraissaient remplis de feu; sa gueule s'ouvrait et se fermait continuellement.

Le nageur Pablo n'avait plus que la perspective d'être dévoré par le monstre ou de se noyer; il était resté si longtemps sous l'eau, qu'il ne pouvait plus retenir son haleine, et ses forces commençaient à l'abandonner quand il se souvint que d'un côté du roc il y avait un endroit sablonneux. Il se dirigea vers ce point avec toute la vitesse possible; son ennemi attentif ne perdait pas de vue un seul de ses mouvements, et se trouvait toujours à distance. Aussitôt que le pêcheur eut atteint le sable, il l'agita avec son bâton, de sorte que l'eau étant troublée, il ne pouvait voir le monstre; il saisit cet instant pour nager dans une direction oblique, et il remonta ainsi au-dessus des flots. Il n'était pas éloigné d'une de ses barques dont le patron se hâta de le recueillir; il était dans un si triste état, qu'il fit une longue maladie à la suite de cette aventure, et jamais l'envie ne lui prit d'aller chercher des huîtres à la *Piedra-Nagada*.

VARIÉTÉS.
—
LES
Matelots à terre.

L'air était frais et pur ; le ciel lucide et bleu reflétait sa couleur transparente sur les eaux tranquilles de la mer, qu'une faible brise parvenait à peine à rider. La rade paisible et calme de Cherbourg se montrait encadrée d'un côté par la masse imposante du fort du Heaumet, de l'autre par les Mielles et la pointe aux Flamands, et en face de la ville, cette admirable digue, cauchemar de l'Angleterre, semblait la toile d'un immense tableau animé par les groupes majestueux des bâtiments de l'escadre récemment arrivée ; de joyeuses corvettes à l'allure dégagée, aux mâts capricieux ; de malignes frégates au pied léger, à la dent incisive ; puis, tout seul en avant, étalant avec fierté sa triple rangée de fer et son orgueilleuse mâture, un noble vaisseau mouillé en tête de la division et la protégeant de sa force comme une poule ses poussins... Une brume légère venant du large se jouait disséminée dans la rade, suspendue aux cordages des navires, accrochée aux embrasures des forts, ou glissant doucement sur la surface de l'eau. Entre la digue et la côte, le fort de l'île Pelée, baigné de tous côtés par la lame, semblait sourire à celles qui venaient mollement mourir à son pied. Puis, çà et là, quelques voiles matinales de pêcheurs, un canot qui gagnait la terre, et au large, au delà de la digue, la mer et son horizon.

Ce tableau, jusqu'alors ombragé par la montagne, venait de s'illuminer tout à coup d'une éblouissante lumière, que reflétaient de toutes parts les grises murailles des forts, les batteries luisantes des vaisseaux et le miroir poli de l'eau ; les flocons de brume, saturés des rayons du soleil, se diapraient de nuances diverses : la rade étincelait de mille feux, de mille couleurs et, comme pour saluer ce splendide réveil de la nature, tous les bâtiments venaient de hisser leurs pavillons.

C'était un de ces spectacles si beaux, mais si rares, particuliers à nos côtes de la Manche, et dont le caractère septentrional ne s'adresse pas seulement à la vue. J'en jouissais, plongé dans une contemplation extatique, que je me serais complu à prolonger, si je n'en eusse été brusquement tiré par ces mots prononcés auprès de moi :

Lève rames ! défie devant !

Puis un canot aborda, et une vingtaine de matelots, le rire à la bouche, gravissant lestement les aspérités du débarcadaire, firent irruption sur la jetée.

À leur chemise ou vareuse de laine bleue, que venait serrer au-dessus des hanches un large pantalon blanc, retenu à défaut de bretelle par une ceinture rouge ; à leur cravate de même couleur, négligemment nouée autour d'un col supplémentaire de coutil bleu bordé de raies blanches ; à leurs petits chapeaux de paille à bords étroits, à forme écrasée, crânement jetés sur le derrière de la tête, je reconnus l'uniforme d'une des frégates les mieux tenues de la rade

L'expression de plaisir qui radiait leurs physionomies, mieux encore que la propreté sévère de ce costume tout primitif, m'indiquait assez qu'ils ne venaient pas en corvée. En effet, c'était la bordée en permission, c'est-à-dire ceux de l'équipage dont le tour était arrivé de passer à terre la journée du dimanche.

Une partie avait déjà pris le chemin de la ville. Quatre d'entre eux seulement, arrêtés non loin de moi, comptaient leur argent mis en commun, et dressaient le programme de leurs réjouissances. Le résultat du calcul fut sans doute satisfaisant, car la gaieté du groupe devint plus vive et les gestes plus fréquents. J'examinais avec intérêt ces visages joyeux et ouverts, ces traits brunis et caractérisés ; leur joie m'amusait, et ma première pensée fut de les suivre pour voir une fois moi-même comment un matelot s'y prend pour dépenser à terre son argent et douze heures de liberté.

Mais une réflexion contraire me retint. Ce serait une journée perdue ; que m'offriront-ils de nouveau que je n'aie déjà vu tant de fois ? rien d'extraordinaire sans doute, rien de dramatique.

Car, me disais-je, en suivant d'un œil défiant leur allure insouciante et dégagée, car ce ne sont pas là des *flambarts* du nord ou du midi ; ces gaillards-là n'ont pas l'air féroce ; sur ces bonnes et franches figures je ne lis de passions que celles des cabarets et des ribaudes : affaires de violon, non de cour d'assises. Nulle apparence de crime, nul espoir d'incendie, pas même d'un chétif assassinat, car nos ponantais (je les gagerais du nord) ne sont pas si prompts à *tirer de leur pochette un gentil petit coustelas dont ils soûlent s'esgorgiller doucettement.* En revanche, ils ont la main légère et le poing lourd. Chacun son goût.

Et puis continuai-je, avec dépit, notre nature froide et sévère n'offre aucune ressource. L'air, ici, n'est ni tiède ni embaumé des exhalaisons odorantes des citronniers et des orangers ; puis-je raisonnablement exiger de la poésie de notre ciel nuageux et embrumé ? Irais-je demander des parfums aux pommiers de la Normandie ? sans doute avec un peu d'imagination..... Mais un marin, je dis un marin, brille peu par l'imagination ; il a trop vu pour inventer : chez lui le réel a tué l'idéal.

Tandis que je délibérais de la sorte à part moi,

mes quatre matelots s'étaient mis en marche, et machinalement je les suivais sans me presser pourtant, bien sûr de les rejoindre au plus prochain cabaret.

C'est ce qui ne manqua pas d'arriver; et quand j'y entrai quelque temps après eux, décidé à leur faire le sacrifice de ma journée, je les trouvai attablés.

Ils n'avaient pas perdu de temps; trois d'entre eux (je les saluai normands) portaient le dernier coup au pot de cidre indigène; le quatrième, qu'à sa tournure carrée et à son accent de plomb je reconnus pour un Breton, tenait à la hauteur de ses lèvres un verre de vin qui attendait que la fin de la phrase commencée lui livrât le passage.

« Pas moins, disait-il, que sans le commandant je serions encore à bourlinguer à bord, comme l'autre dimanche de l'autre semaine, te rappelles-tu, Coquet?

— Oui donc, que je m'en rappelle, et à nettoyer des boulets... Non, v'là ce qui me fait marronner, comme s'il n'y avait pas assez de jours dans la semaine! c'est travailler en paria, quoi! V'là ben des navires que je fais, eh ben! c'est la première barque où je vois qu'on travaille comme ça le dimanche.

— Encore si c'était un marchand, dit un troisième, où qu'on est trois pelés et un tondu, v'là ce que c'est; faut que la besogne se fasse, tant plus ici, tant moins ailleurs : mais au service, où ce qu'on est cent hommes sur un poil, cré tonnerre! il y a de quoi manger son sang!

— C'est cette vieille baderne de maître François, reprit le quatrième; il fait tout ça sans qu'on lui dise, pour faire enrager le monde et faire sa cour au lieutenant; tiens! aussi vrai comme je m'appelle Goupil, c'est rien qu'un flatteur, un vieux politique... pas vrai, Désiré?

— Oui donc, répondit le précédent interlocuteur, aussi as-tu vu comme il rognonnait, quand le commandant y a dit avec sa petite voix : Maître François, on fera ça plus tard; laissez le dimanche à nos gens... Enfoncé!

— Laisse donc, dit le Breton, c'est le plus chien de toute la frégate; car pour le capitaine, c'est un bon enfant tout de même, et j'te réponds qu'avec ses petites manières, c'est un nom de nom qui ne brasse pas culer, et que si j'allons là-bas, il y en aura plus d'un qui portera de ses marques, et qu'il t'appuiera une fameuse chasse aux Ollandais, ah bigre oui!

— Ah! çà, quoi que c'est décidément? interrompit Coquet; j'irons t'y là bas? Depuis le temps que je somme à droguer dans cette rade, il y aurait déjà des parts de prise.

— Des parts de prise! s'écria Goupil, qui paraissait le doyen; des parts de prise! ouah, sur la tête d'un cabillot. J'ai fait, moi que je te parle, j'ai fait toutes les campagnes depuis le drapeau

blanc; j'ai été en Espagne, quoi! à Alger, à Navarin, partout, quoi! eh ben! j'en ai pas vu la queue d'une. C'était bon avant la petite paix.

— Il y en aura peut-être cette fois-ci, dit le Breton.

— Avec ça, reprit Coquet, qu'on dit que c'est un beau pays qu'Anvers, pas vrai, Goupil?

— Ah oui donc! pour ce qui est d'ça, c'est vrai, un beau et un crâne pays que je dis; d'la bière et d'la bonne à deux sous le pot; quand tu vas queuqu'part, on t'apporte des tartines de je ne sais quoi, que c'est ben le feu de Dieu; du tabac tant que t'en veux, et des pipes donc, que c'est défendu de fumer deux fois dans la même; et puis, mon fils, des bassins et des canals partout; tu veux te promener dans la ville, une supposition, eh ben! tu prends ta godille et tu vas farauder à la promenade en filant le long des maisons qui reluisent comme l'habitacle d'une frégate... et les femmes donc; c'est le pis, qu'adorent les Français, et qui viennent te chercher jusqu'à bord; et c'est pas du sexe craquelin comme tes petites filles du Havre, ouah! c'est espalmé et rabuché que faut voir; et tout ça, matelot, si blanc, si propre qu'on dirait qu'on vient de briquer et de passer le saubert partout.

— J'ai crânement envie de voir ça tout de même; mais j'y ai pas idée, le gouvernement file à retour que le diable! répondit Coquet.

— Dame, vieux, reprit Désiré, c'est qu'il a un fier palan de retenue; c'est le Russien, vois-tu, qui fait contre; oui donc, j'ai lu ça dans un journal de l'autre semaine; ainsi il n'y a pas quoi, dit-il en rasant la table de sa main; c'est cet infernal Russien, que le feu de Dieu l'élingue! mais laisse faire, j'le retiens, qu'il accoste jamais à longueur de gaffe, et dig et dog et dur, j't'en réponds.

— Ah çà, quoi que c'est, vous autres? s'écria le Breton; allons-nous rester-là en panne jusqu'à demain? je suis descendu pour me flanquer une guigne; filons.

— C'est ça, repartit Désiré, et en avant; mais y a-t-il des dames à l'assemblée où que j'allons? c'est que, ajouta-t-il en tirant sa pipe de sa poche, c'est qu'il n'y a rien que j'aime comme les bals, moi.

— Est-il canulant avec sa danse! pensons d'abord à la chiquaille, reprit le Breton; après, danse qui veut; pas vrai, les boys? faut pas s'embarquer sans biscuit.

— Bon, bon, c'est moi qui pilote, dit Coquet en se levant; et ainsi j'allons acheter de quoi en ville et je trouverons le reste là-bas. Ohé! la mère, l'hôtesse, envoyez par ici une tournée de *scipion*, fais passer le tabac, Goupil; chargeons les pipes, et puis avale en double et file en quatre.

— Ça va, reprit le Breton, et nous ferons la tambouille là-bas; filons notre nœud, les gars. »

Tous se levèrent, et après avoir lestement

achevé la première des nombreuses libations par lesquelles ils se promettaient de consacrer la journée, ils s'acheminèrent la pipe à la bouche vers l'intérieur de la ville.

A la première boutique de boucher qui se présenta, ils s'empressèrent de faire emplette d'un énorme quartier de mouton, que le Breton chargea sur son épaule, l'appelant modestement du nom de gigot; puis ils s'aventurèrent dans la rue du Marché, le nez en l'air, les bras ballants, le torse en branle, lâchant tribord et bâbord des bordées de fumée à obscurcir le soleil, s'obstinant à marcher de front malgré la foule, et s'arrêtant çà et là, tentés par tout ce qu'ils voyaient, comme provinciaux à Paris; ici, pour acheter quelques aunes d'un beau ruban rose dont chacun d'eux orna son chapeau; à deux pas de là, pour s'approvisionner de mauvais fruits ou pour s'armer d'un gros bouquet de fleurs; plus loin, pour échanger contre un gros sou l'arrêt du destin, formulé en rimes françaises par quelque troubadour de voie publique, et augmenté des numéros gagnants au prochain tirage. Puis au bout de la rue, nouvelle halte, nouvelle libation.

De là, après s'être consultés, ils se dirigèrent vers le *faubourg* où, bravant la consigne de l'adjudant de service qui défend aux *bataillons de marine* l'accès de ce *harem* des matelots, je les vis disparaître dans l'allée obscure d'une de ces maisons que notre poète Régnier appelle des *mauvais gîtes*, et dont, à Pompeïa, les façades portent encore cette attrayante inscription : *Hic habitat felicitas.*

Leur séjour n'y fut pas long; bientôt ils sortirent de ce palais de la félicité, tenant chacun sous le bras une dame en cornette et en moins que modeste déshabillé. Ayant ainsi rassemblé tous les éléments nécessaires pour un jour de bonheur, ils prirent le chemin d'une assemblée qui devait en effet se tenir à quelque distance de Cherbourg; à peine en dehors la ville, la joyeuse société se forma sur une seule ligne, et barrant toute la largeur de la route, se mit à marcher à grands pas en détonnant un chœur célèbre du gaillard d'avant, auquel ces dames ne dédaignèrent pas de prêter les accents enroués d'une superbe voix de basse.

L'aventure prenait une tournure satisfaisante, et commençait à piquer ma curiosité. Je me résignai donc assez facilement à les accompagner dans leur promenade, impatient d'arriver au dénoûment de cette pièce, dont je pensais bien que l'épitase ne vaudrait pas la péripétie.

Car j'en soupçonnais les acteurs étrangers à la ville..... Et, je le sais, un matelot dans le port, s'il a quelques connaissances à terre, ne manquera pas une occasion d'y descendre, et ne laissera pas passer son tour sans en profiter, et cela dans le seul but de courir de cabarets en cabarets, s'enivrant périodiquement, mais sans originalité, re-

tenu dans ses élans d'imagination par la prudence circonspecte de ses compagnons terrestres; mais celui qui n'y connaît personne agira tout autrement, il n'a que deux désirs à y satisfaire : *voir le pays* et faire une *bosse.* Voir le pays, car il aime à raconter; faire une *bosse,* parce que c'est un désir conçu et nourri dans les privations; et pour cela une journée lui suffit, car il est observateur, craint peu la fatigue, et se plaît à cumuler ses jouissances. Il s'associera donc quelques camarades dans le même cas que lui, et au jour fixé il se mettra en campagne. En arrivant à terre, son premier soin, s'il a la tête saine et reposée, sera de satisfaire à sa manière sa curiosité, soit en parcourant la ville dans tous les sens, visitant les églises et les mauvais lieux, musant par les rues, s'arrêtant aux carrefours, soit en entreprenant des courses d'une effrayante longueur, pour voir une chapelle ou cueillir une baguette; usant le temps en inutilités, et pour employer dignement son dimanche, se donnant dix fois plus de peine pour trouver le plaisir qu'il ne le ferait dans le plus long jour de corvée.

Cependant la faim se fait sentir; il se rapproche alors du théâtre qu'il a choisi pour ses bachiques ébats, et là, tout entier à l'intérêt du moment, sans souci, sans prévoyance, il procède à leur exécution, s'en remettant à la Providence du soin de les terminer, *n'importe pas comment,* dirait-il.

Je les suivais donc, guidé par leurs chants, et laissant entre eux et moi la distance nécessaire pour n'être pas remarqué. Certes, en les voyant si bien disposés dès le matin, j'avais lieu d'espérer que la soirée serait chaude, et qu'ils me régaleraient de quelqu'une de ces effroyables orgies dont je désirais tant être témoin. Aussi, plus content de ma rencontre qu'un faiseur de drames qui croit avoir mis la main sur une idée, je m'appliquais, chemin faisant, à m'en représenter toutes les conséquences possibles, à en faire jaillir les effets les plus extraordinaires. J'imaginais des scènes bizarrement atroces, disposant les personnages, compliquant les situations, multipliant les incidents et formant, de l'horrible et de l'ignoble adroitement mélangés, un tout grotesquement épouvantable....., absolument comme un faiseur de drames.

Je marchais les yeux baissés, comme on marche en rêvant, préoccupé de mes idées et laissant à mes yeux distraits le soin de veiller à l'action mécanique de mon corps; j'en étais à la catastrophe de mon œuvre imaginaire, charmé de mes inventions, et me demandant comme Sosie *où prenait mon esprit toutes ces gentillesses,* quand un de mes rayons visuels, qui depuis quelque temps labourait sans obstacle le côté droit de la route, se trouva tout à coup brisé par l'interposition d'un corps opaque qui lui disputait le passage; je levai la tête et reconnus un groupe d'individus arrêtés à quelques pas de moi : c'étaient mes compagnons de voyage.

Auprès d'une de ces carrières d'ardoises si communes dans les environs de Cherbourg, et dont l'entrée donnait sur la route, les quatre femmes et leurs chevaliers, dont les traits expressifs avaient perdu la gaieté qui les animait tout à l'heure, entourait et paraissait écouter avec intérêt un vieillard dont les vêtements délabrés portaient les traces d'un travail récent. Cet homme parlait avec quelque chaleur, et de temps en temps indiquait par ses gestes un jeune ouvrier, vêtu comme lui, qui se tenait assis et appuyé contre un arbre, et dont les traits hâves et contractés annonçaient la faiblesse et la souffrance.

Mon arrivée avait à peine un instant détourné leur attention; mais j'étais trop près d'eux pour pouvoir, sans affectation, rester spectateur indifférent de cette scène; je m'approchai.

« Je lui disais bien, continuait d'une voix tremblotante le vieillard, dont la figure exprimait une vive émotion; je lui disais bien : Garçon, t'es encore trop faible, espère un peu; qui se presse pêche. Nenni, il a voulu reprendre la besogne, mais la volonté n'y suffit point, faut la santé; mais quand on a besoin!..... Enfin, c'est ce qui fait que j'avons entrepris un ouvrage à la tâche dans cette ardoisière, et que pour gagner une journée je travaillons aujourd'hui; ce n'est pas bien, je n'en ignore, mais qui travaille prie; et puis vous pensez bien mes braves marins (car je vois bien que vous êtes des hommes de mer), on n'a pas le bon Dieu et les saints à la maison; il y a sa femme, qu'est donc ma fille, avec deux enfants; c'est des bouches à nourrir, et le malheur tombe toujours sur les pauvres gens; ces maladies, ça mange de l'argent, et les remèdes coûtent si cher !

— Oui, bigre donc, qu'ça coûte cher, interrompit Coquet; tenez, la médecine et les médecins, je voudrais que le diable les ait dans l'estomac. Dernièrement que j'étais chez nous...

— Tais-toi donc, Coquet, lui dit Goupil; comment que tu peux blaguer comme ça? laisse donc finir le vétéran.

— Eh bien donc! reprit le vieillard, que je pensions avoir fini demain ou après et recevoir notre paie, et j'avons compté dessus pour le ménage. Mais maintenant que revoilà Michel malade, et que je suis seul à l'ouvrage, v'là ce qui me fait de la peine et du chagrin; quand viendra-t-il cet argent?

— C'est donc bien difficile ce que vous faites? lui demanda Goupil.

— Oh! non, c'est pas difficile, répondit-il, en leur indiquant une des excavations de la carrière : il n'y a qu'à déblayer ce trou-là, qui s'est effondré, et porter les déblais là-bas à ce tas que vous voyez; mais dame, je ne suis plus jeune, ça ne va pas comme je voudrais, et Michel travaillait

pour deux; moi j'ai plus de courage que de force, et pourtant faut du pain chez nous..... Mais je perds du temps; merci, mes bons marins, il faut qu'j'aille conduire ce pauvre garçon qui ne tient pas sur ses jambes. Allons, Michel. »

Pendant qu'il parlait, j'examinais avec curiosité les physionomies des matelots qui l'écoutaient. Elles exprimaient tour à tour l'impatience et la compassion; et pour qui connaît les matelots, la mobilité de leurs sensations, leur caractère insouciant, égoïste, j'allais dire inhumain, ce n'était rien moins qu'un indice de l'intérêt réel que leur inspirait la position de ce vieillard. Individuellement, chacun d'eux eût manifesté quelque sentiment de pitié; ensemble, ils restaient indécis; à deux pas de là ils n'y eussent plus pensé que pour en rire : tout dépendait d'un premier mouvement impossible à prévoir, car leur bienfaisance est aussi irréfléchie que leur insensibilité. Néanmoins j'étais bien certain qu'ils ne songeraient pas à recourir à leur argent. Enfin, voyant les deux ouvriers sur le point de s'éloigner, Coquet s'écria :

— Espérez, vieux, espérez, restez à votre besogne, et dites-moi seulement où qu'est votre maison; j'vas le reconduire votre garçon; viens-tu avec moi, Marion?

— Ah! que vous m'obligeriez! répondit le vieillard; mais dame, c'est pas près d'ici, ça va vous déranger.

— Bon, bon, j'sommes pas de service, reprit Coquet en s'approchant du jeune homme; allez toujours, vous autres, je vous rattraperai.

— C'est ça et c'est pas ça, s'écria Goupil; c'est vrai, ça me fiche malheur d'voir un ancien comme ça, qu'a d'la famille, qu'est vaillant et qui ne peut pas faire plus qu'sa force pourtant... au tonnerre l'assemblée! Marchez devant mon vieux, j'vais vous donner un coup de main jusqu'à ce soir, je sais manier la brouette, et ainsi...

— Tiens, est-ce que tu crois qu'on ne saurait pas faire ça tout comme toi, dis donc, Goupil, repartit le Breton, en déposant son gigot à terre et s'emparant de la brouette.

— Ah bien! si vous restez, je reste aussi, reprit Coquet. Où qu'il y en a pour deux, il y en a pour trois. Tiens, Désiré, veux-tu reconduire cet homme-là? Va-t-en, Marion; tu ne peux pas rester là à nous espérer; pare à virer, ma fille.

— Puisque c'est comme ça, interrompit Goupil, vaudrait mieux que tu restes avec nous, Désiré, et que le vieux aille mener son fils à la case; pas vrai, matelots?

— Encore, ça va tout de même, repartit Coquet : ainsi allez-vous-en, l'ancien, on n'a que faire de vous ici; allez, votre ouvrage sera bien faite, il n'y a pas de soin; et tenez, ajouta-t-il en apercevant le gigot, tenez, prenez ça avec vous; vous ferez du bouillon à votre fils, ça lui fera du bien.

A mesure que les matelots parlaient, le vieillard les considérait l'un après l'autre, et sa figure prenait une expression vraiment touchante; une larme que le chagrin avait arrachée séchait lentement sur sa joue ridée; il regardait alternativement son fils qui souffrait évidemment et lui faisait signe d'accepter, et les matelots qui déjà se disposaient à pénétrer dans l'ardoisière; enfin, les voyant se mettre en marche:

« Mais, mes bons marins, je n'ai pas parlé d'ça... mais vous allez vous salir... mais ce n'est pas votre métier.

— Mon vieux, répondit Désiré en se retournant vers lui, le matelot, voyez-vous, sait tous les métiers avant d'être au monde; c'est un *factoton*, quoi! et ainsi laissez-nous vous arrimer ça. »

Le vieillard allait répliquer; je m'approchai de lui, et, le prenant à part, je l'engageai à laisser faire ces braves gens, charitables à leur manière, et dont la soudaine et bienfaisante résolution m'avait singulièrement ému. Je le persuadai; et, après avoir mis ses outils à leur disposition et leur avoir indiqué leur ouvrage, il rejoignit son fils et se mit en route avec lui.

Cependant les quatre Arianes, qui ne s'attendaient pas à ce singulier dénoûment, ne sachant que penser de ce qu'elles voyaient, avaient suivi les matelots sans chercher à s'opposer à leur dessein. Mais dès qu'elles les virent se débarrasser des vêtements qui les gênaient et se mettre sérieusement à l'ouvrage, le dépit se fit jour; d'abord elles essayèrent par des plaisanteries et des reproches de les faire renoncer à leur entreprise; n'y pouvant réussir, elles employèrent les injures.

« Par exemple, dit une d'elles, cette bêtise! faut être bien malhonnête pour inviter des femmes et puis les planter là. »

Les autres murmurèrent également.

« Allons, allons, leur dit Goupil, soyez bonnes filles; allez-vous-en, et si j'avons fini de bonne heure, j'irons vous retrouver. »

La promesse fit son effet; après quelques instants d'hésitation elles reprirent le chemin de la ville; bientôt j'en fis autant.

Mais les matelots tinrent leur parole; car dans la soirée, curieux de savoir ce qu'ils étaient devenus, et m'étant mis à leur recherche, je les trouvai en *bon lieu*, travaillant avec ardeur à établir la compensation de leur généreux sacrifice, et ne conservant d'autre souvenir de leur travail que des taches terreuses à leurs vêtements, et quelques déchirures à leurs pantalons: ce qui sans doute leur aura valu d'être retranchés à l'*inspection* du dimanche suivant.

DU
Balisage et des Amers
INCOMPLETS DE NOS CÔTES.

Les dernières tempêtes qui sont venues jeter tant de sujets de consternation et de larmes sur nos rivages, nous ont fait entrevoir, à la suite des désastres qu'elles nous laissaient à déplorer, l'imperfection des moyens que jusque-là on avait employés en France pour prévenir les naufrages dont nos dangereuses côtes ne sont que trop souvent affligées. C'est ainsi que presque toujours après les malheurs que l'on a à plaindre, on s'accuse de l'imprévoyance qui a quelquefois causé ces malheurs. La prudence ne marche jamais qu'à la suite des événements, et n'arrive guère qu'après plusieurs siècles d'expériences fatales. Trop heureux encore sont les hommes, quand elle finit par leur arriver!

Au nombre des mille et une négligences que l'on pourrait accuser l'administration d'avoir commises dans la série des mesures à adopter pour prévenir les naufrages, nous pourrions signaler le peu de soins que l'on a apporté jusqu'ici à étendre ou à perfectionner le *balisage* des écueils qui hérissent nos côtes les plus mauvaises. En Angleterre, aux Etats-Unis, en Russie et en Suède même, il n'existe guère de récifs le long du rivage ou à l'entrée des plus petits ports, qui ne soient indiqués aux navigateurs par la présence d'une *bouée* ou d'une forte *balise* en fer. Quand la tempête survient, et que la lame poussée par la tourmente enlève la *bouée* ou brise la *balise* posée sur les rochers qu'elle indiquait, un des premiers soins de l'autorité maritime est de faire replacer, à la première embellie, le signe protecteur que l'ouragan a fait disparaître. La sollicitude de l'administration pour ce devoir, que l'on pourrait appeler un devoir pieux, va quelquefois si loin, qu'il n'est pas rare de voir des bancs situés au large de l'entrée des rades, recevoir après un coup de vent furieux les *bouées* de rechange que l'on tient sans cesse disposées à remplacer les *bouées* que la tempête a emportées dans ses premiers moments de fougue et de fureur. C'est ainsi, pour ne citer qu'un exemple entre mille que nous pourrions rappeler; c'est ainsi, disons-nous, qu'à Weymouth, près Portland, on a vu en 1826 les Anglais renouveler trois fois dans un seul mois les espèces de *corps-morts* qui indiquent aux navigateurs les redoutables accores de cet écueil que l'on nomme le *race*, et qui se trouve éloigné de plus de deux lieues et demie du petit port de Weymouth. C'est peu pour nos voisins d'outre-mer qu'un récif situé à l'entrée de leurs havres soit éclairé la nuit par le feu d'un phare soigneusement entretenu, ou indiqué le jour par la vue d'une grande *balise* ou d'une *bouée* flottante : il faut encore que, bien loin au large, leur prévoyance s'ingénie à signaler à l'attention des marins les dangers dont ils peuvent être menacés en longeant la côte, ou en s'écartant des rivages de la France. La sollicitude du gouvernement anglais pour la sécurité de la navigation ne s'arrête que là où notre négligence commence par droit de possession respective.

En France, il est vrai, ce n'est pas à la marine qu'il faut reprocher les effets de cette incurie, mais bien au mode d'administration qui ravit à la marine elle-même la surveillance des intérêts dont elle devrait naturellement être l'arbitre. En France, c'est aux ponts et chaussées qu'est confiée, par une inexplicable anomalie, la charge de *baliser* les écueils les plus dangereux, de poser des *bouées* sur les brisants les plus redoutés, et Dieu sait la manière dont les ponts et chaussées doivent s'acquitter d'une spécialité qui leur échappe à chaque instant des mains, faute de connaissance pratique et d'intelligence *professionnelle*. Un banc se montre à 12 pieds sous l'eau dans le bas des plus grandes marées : il se trouve sur la route des navires qui calent 9 à 10 pieds d'eau ; la lame a quelquefois 5 à 6 pieds de creux sur le banc. Un marin tout de suite établira le facile calcul des dangers que peuvent courir ces navires, et que doivent leur présenter ces bancs ; et s'il était chargé du soin de prévenir de tels dangers, vite vous le verriez faire poser une *bouée*, un coffre ou une balise sur les écueils qu'il serait si important de montrer comme une cause de perdition certaine à tous les navigateurs. Mais que fera un ingénieur dans cette circonstance si étrangère à ses études, à ses habitudes, à ses calculs même ? Il attendra que des événements sinistres soient venus lui révéler un danger qu'il ne soupçonnait pas, ou une nécessité qu'il n'avait pu prévoir, pour ordonner tardivement des travaux qui ne s'exécuteront qu'avec lenteur. Oh ! que le simple bon sens qui conseille de ne confier les intérêts de la marine qu'à des marins, est supérieur à toutes les phrases que l'on a faites jusqu'à présent, pour prouver que le balisage de nos côtes et de nos ports ne pouvait être mieux placé que dans les mains d'hommes habitués à toujours faire des questions d'art *terrien*, de toutes les questions de prévoyance maritime !

En Angleterre, car il faut souvent citer l'Angleterre quand on se risque à parler marine dans quelque pays que ce soit ; en Angleterre, ce sont pour la plupart de vieux généraux de mer qui sont appelés sur les lieux quand il s'agit de placer un *corps-mort*, une *bouée* ou une *balise* sur un écueil quelconque. Une sorte d'enquête fort prompte a lieu avant les travaux, ce qui vaut toujours mieux qu'après une bévue. L'officier de marine s'entend avec les pilotes de l'endroit,

parce qu'il parle leur langue, et pénètre leurs idées. Le transport-office reçoit et approuve le plan ; le plan s'exécute, et le ministre des travaux publics, si tant est qu'il y ait un ministre de ce nom en Angleterre, n'en a même pas connaissance, parce qu'il est parfaitement inutile que le conseil supérieur des architectes du gouvernement se mêle de l'établissement d'une bouée flottant à la lame, au bout de son orin, à 8 ou 9 milles d'un port. Autant il serait ridicule que l'amirauté fût appelée à donner son avis sur la construction d'une bourse ou d'un collége, autant il serait étrange aux yeux de nos voisins, qu'un conseil d'architectes fût requis de dire son opinion sur le placement et l'opportunité d'une balise en mer. A chacun sa spécialité et son métier, dit-on ; et cette part de chacun est encore quelquefois assez large et assez accablante pour certaines intelligences.

Ed. Corbière.

Naufrage
DU VAISSEAU BLANC,
A LA POINTE DE BARFLEUR.

Le 26 novembre 1120, tout était en émoi dans la cité de Barfleur, aujourd'hui pauvre bourgade de pêcheurs, à 7 lieues E. de Cherbourg, et jadis l'une des places importantes du Cotentin, l'un des premiers ports de Normandie.

Il y avait, ce jour-là, par la ville beaucoup de tumulte, un peu de joie et encore plus de curiosité ; à en juger par le carillon de cloches qui bondissait dans les airs, les cris de Noël qui bruissaient aux carrefours, et la turbulence des bourgeois et manants qui tapissaient les abords, les rues et les remparts de la vieille cité, car c'est à peu près ainsi qu'on pourrait traduire le langage de toutes les réjouissances publiques.

En effet, un grand personnage venait de faire son entrée dans Barfleur, au bruit des victorieuses fanfares, avec un long cortège de barons, hommes d'armes et chevaliers ; avec tout ce luxe de pennons aux mille couleurs flottant autour de la bannière royale, de heaumes empanachés, de caparaçons armoriés, de cottes de mailles et d'armures étincelantes, spectacle que la foule avide et béante dévore du regard, ne pouvant y toucher de la main. — C'était le très-haut et très-puissant seigneur Henri Ier, dit Beauclerc, roi d'Angleterre et duc de Normandie ; Henri, au comble de sa puissance, au faîte de sa gloire, qui, après quatre ans d'absence, quatre ans de guerres au duché de Normandie, couronnées par la victoire de Brenville, retournait triomphalement dans son beau royaume d'Angleterre.

Le roi descendait les marches de l'église, où il venait d'entendre avec orgueil un *Te Deum* en l'honneur de ses victoires, et avec humilité une neuvaine pour le salut de sa traversée; quand un marin normand se jeta à ses genoux :

« Monseigneur, je suis Fitz-Stéphen. Le devoir de mon fief est de pourvoir au passage du roi de Barfleur à Southampton, et pour prix de ce fief, voici 1 marc d'or. Mon navire est tout neuf, muni de bonnes voiles et de fortes rames; il est monté par cinquante hommes, l'élite de la marine normande, et il a pour nom : *la Blanche-Nef*. Monseigneur, octroyez-moi le don de conduire votre honneur. Stéphen, mon père, a conduit votre père Guillaume le Grand, quand il alla conquérir la Grande-Bretagne. »

Alors, à travers les bruyants applaudissements de la foule, les cris de *gloire à Guillaume* et de *vive Henri !* on eût pu voir un singulier contraste de physionomie entre l'épanouissement des jeunes barons normands et le refrognement des vieux thanes anglo-saxons.

Le roi Henri répondit au pilote Fitz-Stéphen qu'il avait déjà fait choix d'un autre navire pour lui-même; mais qu'il confiait à son talent et à sa fidélité son trésor royal, et plus que son trésor, son fils bien-aimé le prince Guillaume, déjà duc de Normandie, et héritier présomptif de la couronne d'Angleterre.

Fitz-Stéphen se releva en répondant sur sa tête du salut de son prince.

Le roi s'embarqua le premier, et fit voile au premier flot de la marée.

Le prince Guillaume, alors âgé de dix-huit ans, monta *la Blanche-Nef*, et avec lui, Richard et Adèle, ses frère et sœur, enfants naturels de Henri, puis le comte de Chester et la comtesse sa femme, nièce du roi; seize autres nobles dames, et cent quarante chevaliers. En ajoutant à cette liste royale un nommé Bérold, boucher de Rouen, qui figure assez étrangement comme passager, si ce n'est comme officier de bouche des nobles seigneuries, le pilote Fitz-Stéphen et ses cinquante marins, on verra le vaisseau *Blanc* monté par le nombre fatal de deux cent *treize* personnes.

Les jeunes passagers, à peine sur le pont, n'eurent rien de plus pressé que de vider quelques rasades à leur bonne traversée. Ils passèrent la journée en danses, en folles joies et en somptueux festins. Il est juste de dire que les nobles hôtes de Fitz-Stéphen n'oublièrent ni leur pilote, ni ses compagnons. On distribua trois barreaux de vin à l'équipage. Il est encore juste d'ajouter que l'équipage accueillit la distribution royale avec des acclamations de reconnaissance, qui dégénérèrent bientôt en bruyantes querelles et en chants d'ivresse. Il y avait donc fête sur le pont et fête dans la cale, brillante société au dehors, mauvaise compagnie au dedans; mais pour tous même joie, et même péril pour tous.

Ce ne fut pas ainsi que le bon roi saint Louis s'embarqua à Aigues-Mortes. Ce ne fut pas au milieu des chants d'ivresse et d'orgie que les Croisés s'embarquèrent à la suite du pieux roi, pour le rude pèlerinage d'outre-mer. Tous ceux qui arborèrent la croix ne jouissaient pas, comme leur chef, d'une piété édifiante; mais tous comprenaient la sainteté de leur mission et les dangers du voyage, et ils élevaient leur âme vers Dieu.

Le soleil couchant descendait sur un horizon tout bleu, et la mer berçait mollement le navire de ses vagues à reflets d'or, quand le prince Guillaume, réveillé par la fraîcheur du soir et la contemplation de ce majestueux spectacle, ordonna enfin de mettre à la voile. Fitz-Stéphen fit lever les moins ivres de ses matelots, et, avec quelque peine, toutes les rames se courbèrent sur les flots; toutes les voiles furent déployées au vent.

«Vogue, ma *Blanche-Nef*, s'écriait Fitz-Stéphen, les bras croisés près de son gouvernail, au bruit étouffé des chants joyeux qui résonnaient toujours sur le pont, et dont la brise lui soufflait par bouffées des lambeaux d'harmonie. Vogue, mon beau navire, mon trésor et mon amour. Chante et bats des ailes, mon cygne à la vierge parure, voici là-bas les blanches côtes et les portes de Bretagne; balance-toi sur les flots, avec tes chants joyeux et ton vol triomphant; tu portes la fleur de la chevalerie normande et l'héritier du trône d'Angleterre. »

Mais il se fit soudain un grand choc. Les chants s'éteignirent dans un profond silence, et l'on n'entendit plus que le bruit de l'eau qui se précipitait dans le navire, comme un torrent dans un gouffre. Le vaisseau *Blanc* avait heurté en pleine proue et de toute la violence de sa course aérienne, contre un rocher connu de tous les marins sous le nom du *Catteraze*. Fitz-Stéphen devait le connaître plus que tout autre. Mais Fitz-Stéphen avait noyé son devoir dans l'ivresse, et, quand tous chantaient folles joies et refrains d'amour, lui chantait le chant du cygne.

Alors réveillé comme par la foudre, il s'est souvenu qu'il répondait sur sa tête du salut du prince. D'un élan il se précipite vers lui, l'emporte d'un bond dans la chaloupe, dont il tranche l'amarre avec le tranchant de son poignard, et fuit vers le rivage à toutes rames.

Mais des cris déchirants, d'atroces imprécations s'échappent du navire, et le prince a entendu la voix de sa jeune sœur Adèle, l'appel de son frère Richard. Il force le pilote à retourner vers le navire, et ce que le pilote a prévu cette fois arrive comme une implacable fatalité. Entre l'abîme et la planche de salut, il n'y a plus de rang parmi les hommes; il n'y a ni princes, ni matelots, ni maîtres, ni esclaves; il n'y a plus que des naufragés. Tous s'élancent dans la chaloupe, et elle s'engloutit côte à côte du vaisseau qui sombre lui-même.

Déjà la mer s'est refermée comme une vaste tombe sur ces cadavres. On n'aperçoit plus dans l'ombre que l'extrémité du mât qui surgit comme une croix sur la tombe. Cependant deux êtres encore vivants, mais pâles, défaits, moins semblables à des hommes qu'à des fantômes, s'accrochent péniblement à ce mât qui tremble et craque au-dessus de l'abîme prêt à les engloutir avec tous leurs compagnons.

Un homme, pourtant, que l'habitude des tempêtes avait familiarisé avec la mort, nageait autour du navire, sondant le gouffre de ses bras vigoureux et de ses regards impuissants. Par moments il disparaissait de la surface, et l'eau, en se refermant sur lui, bouillonnait et balayait sa trace; puis il se montrait de nouveau et semblait chercher autour de lui quelque espérance, dont la déception faisait luire son regard, qui, se levant vers le ciel, en accusait l'inclémence. Enfin il reste immobile à la surface, et voyant, cramponné au mât, le chevalier Geoffroy de l'Aigle :

« Où est le prince ? s'écrie Fitz-Stéphen furieux et désespéré.

— Mort ! »

Fitz-Stéphen replonge à l'instant… et ne reparut plus.

Bientôt le jeune Geoffroy de l'Aigle, transi de froid, et les forces épuisées, sent fuir ses mains autour du mât glissant. Il jette pour adieu une prière à son compagnon, et le chevalier tombe où était tombé le pilote.

Le robuste compagnon qui ne lâcha pas prise de toute la nuit, et fut sauvé, le jour suivant, par un bâteau pêcheur, c'était Bérold, le boucher.

Henri attendait le prince Guillaume à Southampton, et se plaignait avec anxiété du retard de son fils. Théobald de Blois apporta la fatale nouvelle et n'osa la révéler au redouté souverain, au malheureux père. Le lendemain un jeune page se jeta tout en pleurs aux pieds du roi, s'écriant : «Votre fils est mort, » et Henri tomba à terre. Ensuite il affecta de se résigner au sort, mais nul, depuis, ne le vit sourire. Henri Ier, qui n'était pas un saint homme, ni un roi miséricordieux, s'était cru frappé par la main de Dieu.

Mathilde, veuve à douze ans du prince Guillaume, six mois après son mariage, prit le voile à l'abbaye de Fontevrault, en Anjou.

La nation ne prit pas le deuil… Elle eût même volontiers chanté des actions de grâces à Fitz-Stéphen, qui avait enseveli dans sa *Nef-Blanche* un jeune tigre royal.

L. OURY.

LES
Vainqueurs du Globe.

Les marins de toutes les nations, mais surtout les marins anglais, tiennent singulièrement aux traditions, aux usages consacrés par un long espace de temps dans le corps auquel ils appartiennent, et ce n'est pas sans causer quelque mécontentement aux classes peu éclairées de cette arme qu'on fait subir des modifications à ces usages traditionnels.

Lorsque le duc de Clarence fut nommé grand-amiral d'Angleterre, il voulut que son pavillon présentât, dans ses divers quartiers, les principaux combats où la marine anglaise s'était illustrée.

On se mit donc à l'œuvre ; mais quand on en vint à l'énumération, on trouva la tâche si grande qu'elle était au-dessus des ressources de l'art, et que le pavillon ne suffirait pas même à recevoir les noms seuls des diverses affaires honorables pour le corps de la marine.

Pour remédier à cela, sans abandonner son idée première, le grand-amiral crut qu'il était tout simple de peindre un globe au centre du pavillon, avec cette devise tant soit peu métaphorique :

THE GLOBE RANGERS,

qui signifie littéralement *ceux qui ont mis le globe à la raison*, ou, plus élégamment, *les vainqueurs du globe*.

L'auteur d'une si pompeuse légende ne douta pas qu'elle ne satisfît l'orgueil des marins de sa nation : mais si elle fut admirée et appréciée par les officiers de la marine britannique, la classe des matelots n'en fut point contente ; la devise était trop savante pour eux, ils ne la comprenaient pas ; la plupart de ces hommes de mer la regardèrent comme une mauvaise plaisanterie. Lorsque cette décision fut connue de l'armée navale britannique de la Méditerranée, ainsi que le détail des cérémonies qui avaient eu lieu à Londres, à l'occasion de la présentation de ce pavillon par la duchesse de Clarence, un soldat de marine rencontrant un vieux matelot :

« Holà ! *my jolly marine* (mon joli marin), lui dit-il, qu'y a-t-il de nouveau ? comment cela va-t-il ?

— Nous ne sommes plus *jolly marine*, s'il vous plaît, lui répondit, en hochant la tête, le vieux matelot, nous sommes *the globe rangers* : c'est ainsi que notre duc nous appelle à présent, et, sans le respect que j'ai pour lui, je dirais qu'il est fou de traiter de la sorte les braves marins de la vieille Angleterre. »

EDOUARD CORBIÈRE.

Pour les Chardon Aîné et Fils - Rouen.?

Écrivains maritimes.

ED. CORBIÈRE.

M. Ed. Corbière mérite une large part dans la départition du mérite qu'ont eu de nos jours quelques écrivains en cherchant à faire en France de la propagande en faveur de la marine.

Avant d'examiner de notre mieux le talent de M. Corbière comme romancier et comme écrivain politique, nous ne croyons pas sans intérêt de jeter un coup d'œil rapide sur sa carrière maritime.

Fils d'un capitaine d'artillerie de marine, M. Ed. Corbière est né à Brest en 1793. A treize ans, il était aspirant de seconde classe, après avoir débuté sur les vaisseaux par les moindres grades de leur hiérarchie; à seize, il participa, en qualité d'aspirant de première classe, au beau combat de la canonnière 93, qui a été rapporté dans notre premier volume. Fait prisonnier, et conduit blessé à Plymouth, il y commença, en 1811, une captivité qui dura plus de deux ans.

En 1813, il rentra en France, prisonnier sur parole, et se vit contraint de renoncer à tout service militaire jusqu'à la paix. Embarqué bientôt sur le vaisseau *le Marengo*, qui partait en croisière pour les Antilles, il fit, sous les ordres du commandant Lemarant, le service d'enseigne jusqu'au retour de la campagne. Mais ses opinions libérales l'ayant signalé, avec un grand nombre de ses camarades, à la surveillance inquisitionnaire de la restauration, en 1817 il fut renvoyé de la marine royale comme un officier dangereux, à cause des idées de liberté qu'il était accusé de chercher à répandre parmi ses collègues.

Ce fut en 1819 que, pour occuper les loisirs que lui laissait la marine, qui l'avait quitté, M. Ed. Corbière publia à Brest le journal semi-périodique *la Guêpe*, première feuille libérale qu'imprimât la province. Cette témérité, que semblait encourager son succès, ayant alarmé l'autorité locale, on proposa au jeune marin de rentrer avec un grade supérieur dans le corps où il avait fait ses premières armes; mais il préféra garder sa plume, parce qu'au besoin elle piquait comme une épée, et n'accepta point l'avancement militaire qu'on voulait échanger contre son silence.

La Guêpe continua son ère de prospérité. En 1820, les missionnaires vinrent visiter Brest. Ed. Corbière publia une brochure véhémente sur des événements fort graves auxquels le séjour de ces prêtres nomades avait donné lieu dans son pays. Dix mille exemplaires de cette brochure, ayant pour titre *Trois jours d'une mission à Brest*, furent enlevés en une semaine. Pendant quelque

temps, la France entière s'occupa du jeune publiciste et de son œuvre hardie et spirituelle; puis les missionnaires partirent, et la brochure fut épuisée. Mais, on doit le penser, les Jésuites cherchèrent une vengeance pour un scandale déjà oublié. M. Ed. Corbière fut poursuivi devant la Cour d'assises de Quimper, sous le poids de trois chefs d'accusation capitaux. Le jury l'acquitta à l'unanimité. Cette décision réveilla d'autres haines locales, et l'autorité inquiéta à son tour le rédacteur de la feuille libérale, qui, pour échapper à la prison et aux amendes, chercha un refuge sur l'Océan.

Un brig armait pour la côte d'Afrique et le Brésil; il s'y embarqua comme second capitaine. Pendant deux ans il laboura la mer, et planta sa tente sur vingt rivages. Puis le désir d'essayer les temps nouveaux l'ayant rappelé en France, il vint à Rouen fonder une autre feuille, *la Nacelle*, journal quotidien qui, dans l'espace d'environ un an, se vit dix-huit fois poursuivi par le parquet de cette capitale de la Normandie. Traîné en prison pour ces nouveaux délits littéraires, M. Ed. Corbière ne vit, à l'expiration de sa peine, d'autre parti à prendre, au milieu de ses idées d'indépendance, que de courir de nouveau l'Océan, où il devait rencontrer moins d'orages et de bourrasques qu'il n'avait n'amendes à payer aux tourmentants persécutions du fisc.

Cette fois-ci, ce fut comme capitaine et *maître après Dieu* d'un beau trois-mâts du Havre que M. Corbière attaqua le large. Il fit avec activité la navigation des Antilles, et il a laissé de lui à la Martinique des souvenirs si honorables, qu'on ne put lui pardonner son absence qu'en faveur des succès qu'il remportait dans sa mère-patrie.

Durant ses voyages dans la navigation commerciale, M. Ed. Corbière a composé quelques poésies qui ont obtenu un fort bon accueil : *les Brésiliennes*, qui eurent rapidement une deuxième édition, et une traduction en vers de Tibulle : traduction classique fort recherchée aujourd'hui, parce qu'elle est de toute rareté.

Ce fut après quelques voyages aux Antilles, et à la suite de deux ou trois naufrages sur leurs côtes de fleurs, que M. Corbière prit enfin la rédaction en chef du *Journal du Havre*, qui devint bientôt un organe puissant et énergique pour les besoins de la marine et du commerce, et dont la physionomie politique marche aujourd'hui de pair avec les premières feuilles de la capitale. Ce fut de cette position qu'il signa les romans maritimes qui ont si puissamment contribué à vulgariser son nom, en créant dans notre époque un genre de littérature inconnu jusque-là, faute d'hommes assez habiles pour allier à un véritable mérite d'écrivain d'indispensables connaissances d'homme de mer. Lorsque M. Ed. Corbière prit la rédaction du *Journal du Havre*, il n'existait dans les ports de France que des feuilles donnant des nouvelles maritimes, mais qui n'étaient réellement pas ce qu'on pût appeler des journaux maritimes : l'intelligence du métier et la critique essentielle des faits leur manquaient complètement. En se mettant à la tête du *Journal du Havre*, qui lui doit aujourd'hui toute sa réputation, M. Ed. Corbière s'empara avec discernement de tout ce qu'il put trouver dans les événements de mer qui lui permit de les raconter et de les faire comprendre à ses lecteurs. Armé de ces faits eux-mêmes, il attaqua les nombreux abus et les vices fondamentaux des usages de localité, et surtout la législation navale. Une précieuse branche d'industrie se trouvait livrée aux mains d'une marine étrangère qui, payée pour faire de nos marins des baleiniers, ne s'attachait qu'à rendre plus longue notre tutelle, et plus fructueux pour elle le monopole de l'exercice, en prolongeant notre enseignement. M. Ed. Corbière livra énergiquement assaut à ce monopole étranger, et parvint, à force de logique et de patriotiques efforts, à faire restituer à la marine française son exploitation baleinière. Cette féconde industrie vit depuis s'agrandir la sphère de ses armements, et l'œuvre honorable de M. Ed. Corbière fut complète lorsque toute la nation maritime s'y fut vouée, en versant dans nos ports des trésors jusque-là engloutis par l'avarice de l'étranger. Aujourd'hui, la pêche de la baleine est une des ressources les plus sûres et les plus fécondes du commerce maritime de la France, en même temps qu'elle est la pépinière de la classe d'élite de nos gens de mer.

Le *Journal du Havre*, ainsi poussé par la force d'impulsion qui le dirigeait dans les voies de spécialité qu'il s'était créées, acquit loin de son centre une popularité plus grande encore que celle dont il jouissait sur son propre terrain. Ce fut dès lors le journal de prédilection des colonies et celui de tous les Français d'outre-mer; et si la ligne politique qu'il suivait avec la plus entière indépendance lui suscita quelquefois dans le négoce d'égoïstes susceptibilités, au moins la gente commerciale fut-elle toujours forcée de reconnaître l'immense influence qu'il exerçait en faveur du commerce lui-même, sur toutes les questions et les choses qui se rattachaient à la marine. Ce fut enfin, et c'est encore le seul journal réellement maritime que possède la France; et nous ne connaissons nulle part une autre feuille conçue et écrite dans l'esprit dont celle-ci est le type unique : avantage précieux et isolé qu'elle doit à la singulière réunion de deux facultés presque incompatibles, qui se sont rencontrées dans son rédacteur, homme à la fois écrivain quand il parle de marine, et marin alors même qu'il fait de la littérature.

Ce fut dans son *Journal du Havre* que M. Ed. Corbière publia les premiers feuilletons de *littérature maritime* qui ouvrirent les voies nouvelles dans lesquelles sont entrés depuis plusieurs écrivains. On ne peut donc hésiter à dire que de ce point de départ naquirent et grandirent peu à peu ces idées qui donnent chaque jour de la vulgarité aux choses nautiques, et par conséquent que de là découlent tous les romans maritimes, la peinture maritime, et enfin le recueil lui-même dans lequel nous écrivons ces lignes.

Maintenant que nous croyons avoir présenté M. Edouard Corbière comme marin, économiste et écrivain politique, il nous reste à le considérer comme romancier. — C'est sous ce point de vue qu'il est le plus populaire chez tout ce qui ne tient point à la marine. Ce nous est une rude mission que nous accomplirons avec la plus impartiale conscience; toutefois, nous nous rappellerons toujours qu'il fut le premier à nous montrer la route dans laquelle nous essayons d'entrer, et qu'il est resté notre maître sans s'arrêter dans une belle et honorable carrière où il marche toujours.

M. Ed. Corbière a publié huit romans ou livres de nouvelles : *le Négrier*, *la Mer et les Marins*, *les Pilotes de l'Iroise*, *les Contes de bord*, *le Prisonnier de guerre*, *les Aspirans de marine*, *deux Lions pour une femme* et *le Banian*. Dans chacun de ces ouvrages il a considéré philosophiquement un des caractères si originaux de la vie maritime : *le Négrier*, *le Prisonnier de guerre*, *les Aspirans de marine* et *le Banian* sont ceux de ses ouvrages qui ont obtenu le plus large succès.

L'apparition du *Négrier*, publié en 1831 ou 1832, fut un véritable événement littéraire. L'étrangeté du sujet, la bizarrerie des incidents, la complication des aventures, et l'âpreté originale et expansive du style, firent à cet ouvrage une vogue que peu de livres ont obtenue depuis, même avec des données plus régulières en littérature.

Le principal personnage mis en scène par M. Corbière était moulé sur nature; la plupart des aventures et des événements étaient arrivés; l'auteur n'avait eu qu'à les lier, et à les compléter avec sa parfaite connaissance du sujet. Ce qu'il y avait d'étrange et d'imprévu dans ce livre, qui ne renfermait pas du reste toutes les conditions ordinaires du plan et de la progression des faits vers un dénoûment inévitable, contribua le plus au succès retentissant qu'il obtint. Cette allure sans façon de l'écrivain, cette crudité pittoresque de l'expression, cette originalité de mœurs ignorées, tout excita vivement la curiosité, et fit à ce premier roman de l'écrivain maritime un des succès les plus valables de la littérature moderne.

Les Pilotes de l'Iroise, qui parurent un an après *le Négrier*, eurent un moindre succès. M. Ed. Corbière avait semblé vouloir ployer son travail à certaines de ces conditions littéraires qui manquaient à son premier ouvrage, comme nous venons de le dire. Sa fable était plus simple, son style avait peut-être un peu obéi aux conseils jaloux du feuilleton qui s'était vu totalement dérouté par le *Négrier*. Il n'appartenait pas à M. Ed. Corbière de devenir un écrivain maniéré, compassé, parfumé, comme on l'était alors par épidémie. — C'était un peintre de genre comme Teniers ; il n'avait rien à gagner en abdiquant son allure expressive, mordante, originale, rude parfois ; il lui allait mieux de tremper sa plume dans l'eau de mer que dans l'eau douce, de parler de sang que de parfum. M. Ed. Corbière le sentit bien lui-même, en écrivant à la fin d'une de ses plus énergiques pages :

« Tout ceci est bien horrible ; j'en suis bien » fâché pour les oreilles délicates : mais l'his-» toire des corsaires ne s'écrit pas sur du papier » jonquille avec de l'encre vaporisée de jasmin et » de tubéreuse.... »

Les Contes de bord et la *Mer et les Marins* sont des livres formés de nouvelles, de petits drames maritimes, dans lesquels M. Ed. Corbière est encore, à notre avis, supérieur à ses romans. *Un calme plat sous l'équateur* est une des plus magnifiques narrations qu'on puisse lire, et jamais aucun écrivain, sans en excepter Cooper, n'a écrit rien de pareil ; la plupart des contes de l'auteur du *Négrier* ont une valeur littéraire incontestable, et les études de mœurs et de physiologie qu'ils renferment ont, nous n'en doutons pas, beaucoup contribué à attirer sur la marine l'attention populaire.

La Mer et les Marins fut un livre formé en partie des premières esquisses que M. Ed. Corbière publiait dans le *Journal du Havre* et dans le *Navigateur.* — *Deux Lions pour une Femme*, scènes de mer, complète la réunion des œuvres détachées de l'auteur. Nous avons exprimé notre opinion sur ces petits tableaux de chevalet, et nous répétons, à propos de ce dernier livre, que nous pensons que c'est dans ce genre que M. Ed. Corbière est le plus remarquable. Une longue nouvelle, qui a donné le premier titre de ce dernier ouvrage, est pourtant, il faut le dire, une composition peu digne de M. Ed. Corbière ; la trivialité et le peu d'importance du sujet font regretter qu'elle se trouve dans ses œuvres.

Le Prisonnier de guerre a eu du succès, et cependant peu de retentissement. Les livres de M. Ed. Corbière se vendent presque sans qu'on sache qu'ils ont paru ; le placement en est fait d'avance, et l'éditeur juge inutile de se consumer en annonces. — L'éloignement où vit l'auteur du centre de la critique, et la parfaite indépendance de son caractère, font que le feuilleton s'éveille à peine au passage de ses nouveaux livres ; pourtant si chacun de ses nouveaux ouvrages ne reçoit pas le baptême de la critique quotidienne, M. Ed. Corbière n'en est pas moins toujours présent à l'idée des journalistes lorsqu'il est question de

marine ; et nous voyons constamment, quand on s'occupe, soit sérieusement, soit plaisamment, de quelque événement du domaine maritime, que le nom de M. Ed. Corbière se trouve glissé dans la phrase spéciale : c'est là la véritable popularité. Mais si la critique a pu s'endormir au passage d'un roman de l'auteur du *Négrier*, *le Prisonnier de guerre* méritait pourtant bien toute son attention. Cette fois, l'auteur était sorti du cercle étroit, mais neuf et coloré, où jusque-là s'étaient complues ses prédilections : l'existence vulgaire du matelot. Pour un instant il avait abandonné ce monde qu'il avait créé dans la littérature, et nous racontait l'odyssée aventureuse d'un de ces jeunes aspirants qui, exaltés par le retentissement glorieux de nos armes sur nos frontières, s'élançaient avec enthousiasme sur les rares croiseurs qui protestaient, en 1811, contre la toute-puissance du yack anglais. La scène placée en dehors de ces *pontons*, d'odieuse mémoire, a perdu quelques sources d'intérêt peut-être, mais s'est affranchie d'un retour scandaleux sur des crimes oubliés... M. Ed. Corbière appartient à une école politique trop large de sympathies pour réchauffer, par des souvenirs de haine, les ressentiments qui ont trop longtemps régné entre des peuples faits pour s'aimer et se comprendre. Le livre est rempli par les aventures d'un malheureux qui, traversant un pays inconnu où toute porte lui était fermée, se trouve ballotté au milieu de populations dont le fanatisme national ne lui accorde ni pitié ni merci. *Le Prisonnier de guerre* offre donc la peinture des dangers, l'analyse psychologique des souffrances contre lesquelles l'amour de la liberté faisait à nos captifs jouer leur vie pour une seule chance de salut. Une heureuse intrigue d'amour sert de porte au jeune marin pour sortir de l'esclavage et revoir sa patrie.

Les Aspirants de marine est celui de tous les ouvrages de M. Ed. Corbière qui, à notre sens, a le moins de mérite. Il nous a semblé que l'auteur n'avait pas justifié son titre, et que les aventures d'une jeune fille, jetée par le hasard au milieu d'une bande d'aspirants, n'offraient pas assez de variétés de situations pour mettre en regard les physionomies si mobiles et les faces multiples des mœurs des aspirants. Cette époque de l'Empire est celle où une pareille action pouvait être le mieux placée, et nous savons qu'il n'y avait pas moins à dire sur les aspirants de marine que sur les anciens pages de la Régence et les mousquetaires si espiègles et si roués. M. Ed. Corbière a lui-même été aspirant.... et nous sommes certains qu'il a en portefeuille les mémoires les plus plaisants du monde ; mais, il faut le dire, à toutes ces folles équipées il aurait fallu qu'il mêlât des noms ou des portraits que de hauts motifs de convenance ne permettent peut-être point de livrer encore au public... Attendons !

Notre opinion sur *le Banian* est que c'est le

meilleur ouvrage de son auteur, sans en excepter *le Négrier*. L'idée neuve et vraiment originale, la bizarrerie des détails, et la philosophie de la pensée qui domine l'action, ont fait un grand succès à ce livre. La critique s'est émue de son apparition; elle si nonchalante et si aristocratique dans le choix qu'elle fait des productions de notre littérature, pour en occuper son superbe loisir. Un spirituel feuilletoniste, M. Eugène Guinot, expliquait de la manière suivante sa position de critique à l'apparition des livres nouveaux en général, et d'un roman en particulier, dont sous plusieurs rapports il ne nous appartient point de parler :

« Qui pourrait suivre à la voile ou à la rame » ces formidables escadres de romans qui appa- » reillent chaque jour? Ce n'est point au départ, » c'est en pleine mer, le plus souvent, que la cri- » tique les aborde; les surprenant au milieu du » calme plat que leur fait l'indifférence publique, » ou les saluant au passage lorsqu'ils ont le vent » en poupe, et que le succès enfle leurs voiles et » fait flotter fièrement leur pavillon... » — Revenons au *Banian*, qui certes est bien de ceux qui comptent parmi les romans fins voiliers, habilement commandés, et auquel la critique doit le bienveillant salut du passage. Si M. Corbière a toujours bien navigué, la traversée qu'il a faite sur le *Banian* est sans contredit une de ses plus heureuses. Il y a un véritable intérêt à suivre d'aventure en catastrophe, cet amusant *Gustave Letameur*, cuisinier romantique, qui, après mille traverses, rentre en France se faire nommer député, après avoir subi dans les Antilles les métamorphoses les plus capricieuses. *L'enlèvement des dames de Lamana, les aventures de l'Oiseau de nuit, l'élection du député, et ses amours avec la comtesse de l'Annunciade,* sont les choses les plus amusantes du monde. Le style de M. Ed. Corbière a dans ce livre particulièrement une verve et une originalité fort précieuses.

Nous n'hésitons pas à dire que le mouvement opéré dans la littérature en faveur de la marine, et qui depuis s'est étendu jusqu'à la peinture de la nouvelle école, est principalement dû à M. Ed. Corbière. Il a du reste fort bien apprécié lui-même la vulgarité acquise en France par tout ce qui ressort de la marine, dans un article publié dans ce volume, sous ce titre : *Des emprunts libres faits par notre époque à la littérature maritime.* Nos lecteurs doivent s'y reporter. Il est un genre d'études vers lesquelles les amis de M. Ed. Corbière, — lequel paraît vouloir renoncer au roman, — désireraient vivement le voir entrer : c'est l'histoire. Cette plume de fer qui a tracé tant de pages énergiques, et d'articles de politique incisive, serait alors dans un champ assez vaste pour ses écarts; et en vérité, lorsque nous y songeons, nous ne comprenons pas comment, pour notre part, nous

avons osé écrire notre tâche dans les *Chroniques de la Marine française de 1789 à 1830,* tandis qu'en même temps que nous, M. Eugène Sue songeait à son *Histoire maritime du siècle de Louis* XIV, et que l'auteur du *Négrier* avait été lui-même un des acteurs des grands drames de la marine impériale.

La majeure partie des romans de M. Ed. Corbière sont traduits en Angleterre, et réimprimés en Belgique aussitôt qu'ils paraissent chez nos éditeurs.

Fulgence Girard.

LES
Chansons de marins.

Ce n'est pas, il faut l'avouer, chose facile, à l'endroit du bon goût et de la décence, que de faire un choix dans la littérature du gaillard-d'avant, pour initier nos lecteurs à ses allures. Pourtant c'est une étude curieuse que nous ne voudrions pas négliger de leur révéler. La muse maritime est sans façon, et ses thèmes éternels sont le vin et l'amour! Son vin, ce n'est pas celui que versait l'amphore antique; ses amours ne sont pas l'exquis sentiment qu'Ovide, Catulle et Anacréon ont divinisé dans leurs vers; c'est plutôt le vin d'Erigone, c'est plutôt l'amour de Grécourt, de Pétrone et de Piron.

Depuis quelques années, il faut le dire, la chanson traditionnelle à laquelle chaque génération ajoutait un couplet ou un mot plaisant, s'est tue sous le retentissement des chants patriotiques que les événements ont mis en faveur chez nous. Béranger s'est glissé dans le coffre du matelot, en cela plus libre que le soldat, et les longues veillées de quart, les vigies monotones se sont amusées des refrains du *Vieux Sergent* et du *Cinq Mai.* Pour celles-ci, le matelot met une véritable religion à les dire telles qu'il les a apprises, sans volontairement y rien changer. Par-ci par-là quelques mots estropiés font bien boiter les admirables vers du poète, mais c'est à coup sûr à son escient, le digne matelot! Quant aux chansons grivoises, c'est différent. La chanson leur vient-elle de quelque bouge de port de mer, de quelque tradition de petit souper des marins parfumés de la régence, ils en font leur affaire, pourvu qu'ils y fassent entrer un matelot, et que ce matelot puisse s'y montrer vainqueur de quelque chose. Il y aurait de longues lignes à écrire là-dessus, et je préfère en arriver aux citations. Je les choisis de mon mieux dans mes souvenirs, et j'ai cherché à présenter deux types variés. La première a un certain caractère poétique, qui, tout maritime qu'il est, décèle au moins une plume d'officier de marine, au milieu de son allure originale : j'ai lieu de supposer que mon collaborateur le capitaine Luco n'est pas étranger à ces premiers couplets. Quant aux suivants, ce sera une autre affaire.

CHANSON BACHIQUE

DES ASPIRANTS DE LA DIVISION NAVALE DE LORIENT
AUX ORDRES DU GÉNÉRAL LALLEMAND,
EN 1811,
A L'OCCASION DU DÉPART DE L'ESCADRE.

—

Adieu Lorient, séjour de guigne;
Nous partirons demain matin
Le verre en main.
Que cent flacons de jus de vigne
Du départ signalent l'instant.
Adieu Lorient.

Demain Lorient sera tranquille :
L'époux ne craindra plus le bruit
Des chants de nuit.
Dans plus d'un café, par la ville,
Que de tonneaux déchalandés
Et rebondés !

Il nous faut quitter nos maîtresses.
Sachez pour braver le regret
Notre secret.
Si la terre voit nos faiblesses,
A la mer, n'aimons que le vin,
Plus de chagrin.

Le moment des combats s'avance.
Des combats oublions l'horreur
Pour voir l'honneur.
Ne songeons plus qu'à la vaillance;
Toujours on donne après l'action
Double ration.

Sachons soutenir la mémoire
Des beaux noms *Golymin, Eylau*
Et *Marengo* (1).
Jours où pour grossir la victoire,
Le Germain céda sans trafic
Gloire et chenic.

Pour les vaincus pas de rancune,
Quand nous aurons pris leurs vaisseaux
Et leurs tonneaux ;
Du brave honorons l'infortune :
Qu'il ait sa part de ratafia
Et de tafia.

Si Neptune, dans sa malice,
Nous garde d'un coup de trident
Un coup de vent;
Que notre dieu nous soit propice :
Bacchus a pour parer au choc
Un coup de croc.

Si du scorbut, l'horrible touche,
Nous minant par ses accidents,
Nous prend les dents
Amis, plus d'espace en la bouche,
Pour engloutir à doubles coups
Rhum et vin doux.

(1) Les vaisseaux *le Golymin*, *l'Eylau* et *le Marengo* faisaient partie de cette division navale.

Il n'est qu'un instant dans la vie
Où le soiffeur, comme un badeau,
Boira de l'eau :
C'est lorsqu'une vague ennemie
Sera sa dernière boisson
Et son poison.

Pour éviter ce sort funeste,
Dans la cambuse tout exprès
Je m'en irais
Fuir l'élément que je déteste,
Et rencontrer mort et tombeau
Dans un tonneau.

Près du port, dans la nuit obscure,
Pour dire au vigilant amour
Notre retour;
Comme un phare, dans la mâture,
Faisons briller en arrivant
Un punch brûlant.

Des couplets qu'ici je vous chante,
Les auteurs sont deux bons enfants :
Deux aspirants.
Sur *l'Eylau*, sur *la Diligente*,
Ces deux vrais amateurs de rack
Avaient leur sac.

Maintenant voici la chanson matelotesque. Je regrette vivement que certaines tournures, certains tropes ne soient peut-être pas à la portée de tous nos lecteurs, mais il était en vérité impossible d'altérer ces images, en voulant les dessiner d'une manière plus littéraire.

LE CORSAIRE.

Le corsaire *le Grand-Coureur*
Est un navire de malheur.
Quand il se met en croisière
Pour aller battre l'Anglais,
La mer, le vent et la guerre
Tournent contre le Français.

Il est parti de Lorient
Avec belle mer et bon vent.
Il cinglait bâbord amure,
Naviguant comme un poisson;
Un grain tombe sur la mâture,
V'là le corsaire en ponton.

Il nous fallut remâter
Et diablement bourlinguer.
Tandis que l'ouvrage avance,
On aperçoit par tribord
Un navire d'apparence
A mantelets de sabord.

C'était un Anglais vraiment
A double rangée de dents,
Un marchand de mort subite;
Mais le Français n'a pas peur.
Au lieu de prendre la fuite,
Nous le rangeons à l'honneur.

Ses boulets sifflent sur nous.
Nous lui rendons coup pour coup,
Tandis que la barbe en fume
A nos braves matelots,
Nous voilà pris dans la brume ;
Nous échappons aussitôt.

Pour nous refaire des combats
Nous avions à nos repas
Des gourganes et du lard rance,
Du vinaigre au lieu de vin,
Du biscuit pourri d'avance
Et du camphre le matin.

Nos prises au bout de six mois
Ont pu se monter à trois :
Un navire plein de patates,
Plus qu'à moitié chaviré,
Un second plein de savates,
Un troisième de fumier.

Pour finir ce triste sort,
Nous venons périr au port.
Dans cette affreuse misère,
Quand chacun s'est cru perdu,
Chacun, selon sa manière,
S'est sauvé comme il a pu.

Le capitaine et son second
Se sont sauvés sur un canon ;
Le maître sur la grande ancre,
Le commis dans son bidon ;
Ah ! le triste vilain congre,
Le voleur de ration !

Il eût fallu voir le coq
Avec sa cuiller et son croc.
Il s'est mis dans sa chaudière
Comme un vilain pot au feu.
Il a couru vent arrière ;
Il a pris terre à l'Ile-Dieu.

De notre horrible malheur
Le calfat seul est l'auteur,
En tombant de la grande hune
Dessus le gaillard d'avant,
A rebondi dans la pompe,
A défoncé le bâtiment.

C'est du pur sang, croyez-le bien.

VARIÉTÉS.

Pêches fluviales.

DE QUELQUES POISSONS D'EAU DOUCE.

§ Ier. — L'Anguille.

L'anguille vit également dans l'eau douce et dans l'eau salée. Ce poisson est classé par les historiens dans le genre des *murènes*, mot qui vient du grec *murein*, et signifie couler, s'échapper, et désigne cette faculté de souplesse de l'anguille et des autres poissons du même genre.

L'anguille dut être l'un des premiers objets de la pêche grecque. Comme ce poisson n'a pas besoin d'une eau profonde pour vivre et s'accroître, il devenait d'une capture plus facile, et les Sybarites en faisaient si grand cas, qu'ils exemptaient de toutes contributions les pêcheurs d'anguilles.

L'anguille a la forme cylindrique et allongée du serpent. Sa peau est si glissante qu'on ne peut la retenir dans la main en la serrant. Ses couleurs varient fréquemment, et il paraît que cette variété de nuances dépend beaucoup de son âge et de la qualité des eaux où elle vit. Dans les eaux bourbeuses l'anguille est d'un brun noir en dessus et jaunâtre en dessous ; dans les eaux limpides, elle est d'un vert varié, rayé de brun en dessus et d'un blanc argenté en dessous. Ses nageoires sont très-peu apparentes, les écailles à peine visibles, la tête menue, les mâchoires avançant en pointe. Ses lèvres répandent constamment une liqueur onctueuse, ce qui donne à sa peau une sorte de vernis et la rend insaisissable.

Les auteurs, et entre autres M. de Lacépède, distingue cinq sortes d'anguilles. La première, qui est la plus petite, se trouve dans les marais environnant Venise.

La seconde est apportée par la mer, dans les fortes marées. Elle est ordinairement assez grosse : on la prend quelquefois à la seine, mais le plus souvent avec une ligne, dont les appâts sont de très-petits poissons.

La troisième est une anguille qui se trouve communément dans la Seine, dont la tête est fort menue et dont la couleur est brune.

La quatrième se trouve principalement à l'embouchure de la même rivière ; elle a la tête moins allongée que les autres espèces. Son corps est aussi plus court, sa chair plus ferme, et la plus délicate, après celle du marécage de Venise. Sa couleur est très-peu déterminée : elle varie du noir au brun, du gris au roussâtre.

La cinquième, enfin, est *l'anguille-chien*, qui a la tête la plus effilée, de gros yeux, moins de grâce dans la forme, et la chair filamenteuse ; elle se plaît sur les fonds, elle ronge les filets ; c'est la plus vorace.

Les pêcheurs distinguent encore d'autres variétés, mais celles-ci sont les principales.

On trouve des anguilles dans les pays les plus chauds comme dans les contrées les plus froides. Pendant le jour elles se tiennent presque toujours enfoncées dans la vase ou dans les trous qu'elles se sont creusés au rivage. Ces trous sont souvent très-vastes et recèlent une grande quantité de ces poissons ; mais le plus souvent encore, ces trous sont d'un petit diamètre, ont deux ouvertures par lesquelles les anguilles entrent et sortent, et sont peu perceptibles à une investigation peu attentionnée. Pour sortir de ces retraites sous-marines, l'anguille nage également bien à reculons.

L'anguille se pêche en grande abondance dans les marais, dans les fleuves et dans les rivières. Une grande partie se mange fraîche, une plus grande encore est salée ou fumée ; on en tire de l'huile. Il y a cependant une foule de personnes qui l'ont en horreur. La loi de Moïse la proscrivait de la nourriture des Juifs.

La peau de l'anguille a la consistance du parchemin lorsqu'elle est séchée ; elle a une application dans le commerce.

On pêche l'anguille d'un grand nombre de manières. Dans les étangs, les réservoirs qu'on peut mettre à sec, on les prend en fouillant la vase et en les saisissant jusque dans leurs trous. On peut encore les forcer à sortir de leurs retraites lorsqu'on ne peut les y saisir, en les fermant comme les renards. Toutefois cette sorte de pêche doit être faite avec précaution, parce que les anguilles mordent fortement.

La nuit on les prend assez facilement à la nasse simple ou à la ligne dormante, quelquefois même à la fouine ; mais la manière la plus productive est la seine.

Les anguilles peuvent être conservées assez longtemps en vie hors de l'eau. On peut les garder plusieurs années dans des réservoirs, en ayant soin d'y renouveler l'eau de temps en temps, en leur donnant pour nourriture des débris d'animaux, des végétaux provenant des restes de cuisine, des vers, des pelures de fruits, etc.

§ II. — *Du Brochet.*

Le brochet, si estimé aujourd'hui, l'était fort peu anciennement. Les Romains le rejetaient, parce que, péché dans les marais de l'Etrurie, il y contractait une odeur repoussante. Dans le xiiie siècle, les lois qui régissaient les pêches défendaient de le pêcher avant certaine époque de l'année, où il était reconnu que sa chair avait le plus de qualité.

On trouve le brochet dans presque toutes les eaux douces de nos contrées et même de l'Europe. Sa croissance est fort rapide : on en a vu de près de 10 pieds, dont le poids était de plus de 100 livres. En 1497 on a pris, près de Manheim, un de ces poissons qui avait 18 pieds de longueur, pesait 380 livres et avait près de trois siècles d'âge, ce qu'on apprit par un anneau de cuivre qui lui avait été attaché et sur lequel on lisait :

«Je suis le premier poisson qui a été jeté dans
» cet étang par les mains de Frédéric II, le
» 5 octobre 1262. » — On voit encore au château de Lautern le squelette de ce prodigieux animal.

Le brochet est très-vorace, il dévore jusqu'à ses propres petits ; ses proportions sont agréables, ses formes déliées, ses couleurs riches et variées.

L'ouverture de sa bouche s'étend jusqu'à ses yeux ; ses dents sont d'une forte proportion et en grand nombre. Il a sous ce rapport quelques points de ressemblance avec le requin. En naissant il est d'abord vert, puis il devient gris et taché, puis enfin ces tons se nuancent et deviennent jaunes ; dans sa grande croissance, son ventre est blanc, son dos noirâtre tacheté de noir.

Ses habitations favorites sont les rivières, les fleuves, les lacs et les étangs. Lorsqu'il se trouve entraîné dans la mer, il y dépérit. On le trouve principalement dans les eaux douces du Nord.

On prend le brochet de différentes manières : en hiver sous la glace, en été avec des appâts ; dans toutes les saisons au clair de lune, dans les nuits sombres à la lueur des torches. On le pêche principalement à la ligne volante, à la ligne dormante, à la fouine et à la seine ; — il mord très-bien à l'appât vivant.

Il y a aussi un autre moyen de pêcher le brochet, mais seulement depuis le mois de février environ jusqu'en août. Ce moyen consiste à veiller attentivement le moment où il vient dormir sur les rivages. On se sert alors d'un collet de crin et d'une perche de bois léger d'une bonne longueur. Mais cette pêche exige infiniment de précautions pour être fructueuse.

Chez nous on est assez en usage d'enfermer des brochets dans des caisses de bois exactement fermées et percées d'une infinité de trous qui livrent passage à l'eau où flotte la caisse et à l'air atmosphérique ; on les engraisse de cette manière en leur jetant de la nourriture.

C'est sur les brochets qu'on a essayé particulièrement l'opération de la castration, par le moyen de laquelle on est parvenu à engraisser les individus auxquels on l'a fait subir. Il en résulte une chair plus ferme et plus savoureuse.

§ III. — *La Carpe.*

La carpe est propre aux eaux douces de l'Europe ; sa chair présente plus que toute autre des ressources essentielles pour la nourriture de l'homme. Si ce poisson se trouve aujourd'hui dans les régions septentrionales de l'Europe, c'est qu'il y a été apporté par les soins de gens qui en appréciaient le prix.

La carpe est originaire des contrées de l'Asie placées sous des latitudes tempérées. Ce poisson était fort connu et fort recherché des anciens ; dans le moyen âge on le nourrissait dans des étangs en France et en Allemagne. Aujourd'hui on en pêche dans toute l'Europe, dans les lacs, dans les rivières qui coulent doucement. Cependant plus on approche du cercle polaire, plus le volume de ce poisson diminue ; aussi, en transporte-t-on une quantité considérable chaque année en Russie, en Suède, en Danemark, etc.

C'est depuis le milieu du xvie siècle principalement, qu'on a commencé à mettre un soin particulier à propager la carpe dans les pays soumis aux jeûnes et à l'abstinence du culte catholique. Aucun autre poisson ne peut être aussi facilement nourri et soigné en réservoir. Les carpes ainsi conservées parviennent quelquefois à d'énormes proportions ; il y a en Allemagne des lacs où il n'est pas rare d'en trouver qui sont parvenues au poids de 30 livres. Leur fécondité est vraiment merveilleuse; on a compté jusqu'à deux cent trente-sept mille œufs dans une femelle, pesant une livre. — Mais la plus grande partie de leur frai est dévorée par les autres poissons.

La grosseur des carpes varie beaucoup. Leurs couleurs changent aussi avec leur âge, et l'influence du lieu qu'elles habitent. Ces couleurs sont en général plus foncées dans la jeunesse, et deviennent presque blanches dans un temps plus avancé; dans les eaux troubles et vaseuses, leurs couleurs sont plus marquées.

Les carpes ont la tête grosse et aplatie en dessus, et les mâchoires garnies de cinq larges dents. Le corps est ovale, allongé, épais, couvert d'écailles grandes, arrondies, et longitudinalement posées. Les nageoires sont d'une médiocre grandeur.

Ces poissons peuvent résister à un séjour prolongé dans l'atmosphère; aussi en hiver peut-on les transporter à travers de grandes distances, en les enveloppant d'herbes, de linge mouillé ou de neige, et en leur mettant dans la bouche un morceau de pain trempé dans l'eau-de-vie. Cependant la meilleure manière de les transporter est sans contredit l'emploi des bateaux à réservoirs. On en voit souvent à Paris, qui apportent ainsi du poisson vivant pour alimenter les tables.

La qualité la plus recherchée parmi les carpes, est celle du Rhin; il y a encore près de Boulogne-sur-Mer un étang de Camière, qui en fournit de fort estimés. Ensuite viennent celles de la Seine, celles du Lot, de la Bresse, etc.

Ce poisson a la plus grande vogue sur les tables recherchées; on a essayé vainement de le saler ou de le fumer: ces moyens en altéraient trop la chair, on a été forcé d'y renoncer. Le seul moyen de conservation après sa mort, est de le faire cuire et de le plonger dans du vinaigre assaisonné de sel, de poivre, de thym et autres aromates.

C'est à la ligne que se pêche principalement la carpe. Le moment le plus favorable est le soir deux heures avant le coucher du soleil, ou le matin au soleil levant. Il faut être bien certain de la solidité des lignes qu'on emploie à cette pêche, parce que, une fois prise, la carpe se débat violemment, et d'ailleurs le poids en est quelquefois assez considérable.

Dans les étangs, on doit pêcher à la ligne dormante. Dans les rivières on pêche avec une ligne à main. On les prend aussi aux collets, aux filets, à la seine, etc.

La castration est aussi appliquée à ce poisson, qui, après cette opération, acquiert une chair plus délicate. Ce procédé est fort en usage en Angleterre.

§ IV. — L'Esturgeon.

L'esturgeon se trouve non-seulement dans la mer, mais aussi dans presque tous les grands fleuves de l'Europe et de l'Asie septentrionale, ainsi que dans les lacs qui s'y déchargent.

Ce poisson était connu des anciens, et particulièrement des Grecs qui le pêchaient dans le Pont-Euxin. Depuis, il devint un poisson royal, il ne parut que sur les tables des grands.

L'esturgeon est un des plus forts poissons dont on se nourrisse en Europe. Il s'engage quelquefois dans les rivières secondaires, et y remonte fort loin. Dans la Moselle on en a pris jusqu'à Metz. Dans la Seine, il remonte rarement jusqu'à Rouen. Cependant, en 1800, on en a pris un à Neuilly qui pesait 200 livres, et avait 7 pieds et demi de longueur, sur près de 4 de circonférence.

L'esturgeon a la tête longue, terminée en pointe obtuse; ses mâchoires lui tiennent lieu de dents; son corps est très-allongé, pentagone, terminé en pointe, et d'une couleur grisâtre parsemée de points bruns ou noirs; son ventre est blanc, sa nageoire dorsale est très-près de la queue. En général ce poisson ressemble au requin; la conformation de la tête et des mâchoires, aux dents près, la rudesse de sa peau, et enfin la forme de sa queue, déterminent assez cette ressemblance entre ce poisson si paisible et le vorace habitant des mers.

Il n'est pas rare de voir des esturgeons de 15 pieds de long. — Ils parviennent quelquefois jusqu'à 20 à 22 pieds.

La pêche de ce poisson commence en février, du côté de Bordeaux, et elle dure jusqu'en juillet et août. Dans les pays où ils sont très-communs, comme en Russie, on en prend pendant l'été et l'automne dans les eaux des fleuves, et en particulier dans celles du Volga. On les transporte dans les lacs qui avoisinent ce fleuve, et à l'entrée de l'hiver, on va les prendre avec des filets, pour les envoyer gelés dans les différents cantons.

En Hollande, on partage ce poisson par morceaux, que l'on macère avec de la saumure, pour les embariller. Cette espèce de préparation est l'objet d'un grand commerce avec l'Angleterre.

La chair de l'esturgeon est fort délicate; on la compare, pour la consistance et le goût, à celle du veau. Fraîche, salée, séchée ou marinée, c'est toujours un manger agréable. La fermeté de cette chair permet de la faire cuire à la broche, comme la viande.

La pêche de l'esturgeon ne se fait qu'au filet, parce que ce poisson n'est pas vorace: il vit plutôt en suçant qu'en dévorant.

§ V. — La Perche.

La perche est un des poissons les plus connus. Il habite dans presque toute l'Europe, et particulièrement dans le voisinage des mers et des fleuves de France. C'est un des poissons les plus recherchés d'entre ceux dont le lac de Genève abonde. Il aime l'eau claire, aussi le trouve-t-on rarement dans l'eau bourbeuse de nos rivières, et spécialement de la Seine. Dans nos contrées, il est rare de voir la perche dépasser 2 pieds de longueur, mais dans le nord elle acquiert des dimensions plus considérables.

La perche nage avec beaucoup de vitesse, et comme le brochet elle se tient presque toujours près de la surface de l'eau. Elle ne fraie qu'assez avancée en âge, et au printemps. On a trouvé jusqu'à cent mille œufs dans un de ces poissons qui ne pesait qu'une livre.

Pour la pêche de la perche on se sert principalement de lignes amorcées avec des vers, ou du petit poisson. Sa couleur est d'un vert doré, et marqué de raies noires. Elle a le corps gros et massif, ses yeux sont grands, ses écailles fortement attachées à la peau, la queue en forme de croissant.

C'est un des plus beaux poissons de nos contrées, surtout lorsqu'il vit dans des eaux pures. Alors il est de couleur d'or, rayé de noir; ses nageoires et sa queue sont rouge-feu. Dans les eaux bourbeuses et stagnantes, ses belles couleurs se fondent en un gris jaunâtre et sale.

Les Romains et les Grecs connaissaient et faisaient grand cas de ce poisson. Sa chair dépend beaucoup aussi pour sa qualité de la nature des eaux où elle vit. Aussi certains pays en nourrissent-ils de meilleures les unes que les autres. Celles du Rhin sont particulièrement très-estimées, et d'après un vieux proverbe suisse, il paraîtrait que leur réputation, sous le point de vue de leurs qualités salubres et agréables, date d'une haute antiquité. Un des mets les plus délicats que l'on puisse offrir à Genève, est composé de petites perches du lac Léman, que l'on connaît dans le pays sous la dénomination des *mille cantons*.

Dans la Laponie, où se trouve une immense quantité de grosses perches, les habitants ne se nourrissent pas seulement de la chair de ce poisson, ils se servent encore de leur peau pour la préparation d'une colle fréquemment en usage dans les provinces du nord, et versée dans le commerce des contrées civilisées de l'Europe.

§ VI. — Le Saumon.

Bien que le saumon habite la mer pendant une partie de l'année, nous placerons ici ce que nous avons à dire de ce poisson. Il est fort commun sur les côtes occidentales de France, sur les rivages de la Grande-Bretagne, de la Baltique; dans la Méditerranée. La pêche de ce poisson eut autrefois dans le nord une grande activité.

Bien que le saumon naisse dans l'eau douce, il croît dans la mer. Il parvient souvent à une grosseur considérable; il a le corps allongé et aplati latéralement, la tête médiocre et noirâtre, l'ouverture de la bouche très-fendue, la mâchoire supérieure avançant un peu, et à un certain âge, garnie de dents pointues; son ventre et sa gorge sont d'un rouge jaune, la queue en croissant.

Quoique ce poisson habite dans toutes les mers, il préfère cependant le voisinage des grands fleuves et des rivières, dont les eaux douces lui servent de retraite pendant une partie de l'année. Il tient ainsi le milieu entre les poissons de mer et ceux de rivière.

A Châteaulin, près de Brest, il y a une pêcherie considérable de saumon. C'est vers le mois d'octobre que la pêche commence sur ce point, et elle devient de plus en plus abondante jusqu'à la fin de janvier, pour continuer durant les mois de février, mars et avril, puis diminuer graduellement en mai, juin, et cesser entièrement en juillet. On a établi encore beaucoup d'autres pêcheries, semblables à celle de Châteaulin, dans d'autres rivières : celle du Pont-de-Château, sur l'Allier, jouit d'une grande célébrité.

En Norwége, pour prendre le saumon, les pêcheurs barrent, à peu de distance de la mer, l'embouchure du fleuve où se trouvent les hauts-fonds semés de rochers, sur lesquels les flots se brisent avec fracas. La pêcherie de Falkemberg, construite d'après ce mode, rapporte 50 thalers au gouvernement qui l'afferme.

On s'empare également des saumons avec des filets de différentes espèces, tels que l'étente, le tramail, la seine, dont les mailles doivent avoir 4 ou 5 pouces de largeur, et être faites de la ligne aussi grosse qu'une plume à écrire.

On les pêche encore souvent au feu durant la nuit, ou bien on les attire dans des nasses faites avec des branches de sapin.

La ligne n'est point non plus un moyen à négliger, surtout si l'on a soin d'amorcer les hameçons avec de petits poissons, des vers, des insectes, et spécialement celui connu vulgairement sous le nom de *demoiselles*.

La quantité de poissons de cette espèce que l'on prend à chaque pêcherie est tellement considérable, qu'on est obligé d'en saler, d'en sécher, d'en mariner et d'en fumer pour les conserver et les envoyer au loin, de sorte que cette pêche devient ainsi un commerce assez actif.

AMÉDÉE GRÉHAN.

Capture

DU VAISSEAU DE LA COMPAGNIE

LE TRITON,

PAR LE CORSAIRE *LE HASARD.*

La foule riait sur le port : on riait à voir appareiller l'humble brig qui se rendait en rade. C'était pitié de songer à l'armateur qui pouvait expédier cette mesquine coque de noix à la chasse des prises, avec vingt hommes commandés par un inconnu. Il était bien petit, en effet, cet aventureux navire ; il était fragile et léger comme son nom : *le Hasard.* Mais on n'aurait pas dû rire, je vous le jure ; car ce départ était le commencement d'une longue et incroyable série d'exploits. Spectateurs vulgaires qui assistent à la naissance d'une vaste renommée, et qui n'y devinent rien du futur éclat ! Les mêmes qui sifflent applaudiront plus tard ; ces gens, dont la parole n'a pas assez d'ironie pour l'absurdité de l'entreprise, exalteront plus haut que tous sa gigantesque audace. Oh ! que le succès est une belle chose ici-bas ! et que misérable est le public qui l'accueille !..... Peut-être Surcouf se livrait-il à ces réflexions, tandis que son petit brig se glissait au milieu des beaux navires qui paraient le port. Peut-être aussi songeait-il peu aux propos du public, livré qu'il devait être à de trop hautes pensées. L'avenir, la fortune, la victoire, étaient sans doute devant lui comme ces êtres du sommeil que certaines imaginations gardent encore éveillées, songes vivants qui nous obsèdent, d'où naquit la doctrine des pressentiments ; de ces visions immobiles qui font les timides et les forts selon la figure qu'elles affectent. Sans doute, il ne fut guère attentif à voir disparaître l'île aux Tonneliers, la Pointe-aux-Anes, la Chaussée-Tromelin, que ses matelots saluaient de leurs adieux. Le séjour en rade ne se prolongea pas. Les traînards se rallièrent au coup de *partance*, et bientôt s'effaça aux yeux de ces vingt-cinq aventuriers la colonnade purpurine des montagnes de l'île, la crête brisée du Pance, les Trois-Mamelles et le cône renversé du Piter-Boot. Voilà cette barque téméraire, jetée aux vagues de l'Océan indien, se dirigeant parmi les tempêtes vers le passage des vaisseaux d'Europe, de ces massifs navires tout hérissés d'artillerie ; route effrayante où il s'enfonce comme s'il pouvait y rencontrer quelque ennemi plus faible que lui-même. Mais cette barque a une âme, de ces âmes électriques dont la puissance est infinie ; car l'homme qui commande s'appelle Surcouf : ce sera tout à l'heure un nom qui vaudra une escadre. Quand le vent l'aura porté aux oreilles anglaises, vous verrez fuir les vaisseaux de haut-bord, ce nom vint-il d'une chaloupe ! Laissez seulement naviguer *le Hasard* pour que s'établisse un si merveilleux ascendant de renommée ; laissez-le, inaperçu, peut-être méprisé par tout ce qui passe, gagner les brasses du Bengale, et se blottir dans le Gange, non loin de Balassore. Il y est, il se cache, il n'a point de pavillon, il guette...... La proie viendra.

C'était un matin. La brume épaisse qui chargeait l'air permettait à peine de distinguer une voile à quelques brasses. Dès la pointe du jour on avait crié : « Navire !.....» ce cri si imposant dont un profond silence est toujours la suite. La lunette du capitaine avait démontré aux moins experts que c'était un vaisseau de la compagnie des Indes, portant vingt-huit pièces en batterie, et autant sur son pont. Le moyen de songer à une attaque ! À coup sûr personne n'y pensa, si ce n'est peut-être Surcouf, impatient d'une tentative, las aussi de cette inaction prolongée. Le manteau gris dont l'atmosphère se couvrait de plus en plus servait d'ailleurs les desseins du hardi Breton, et il résolut d'exploiter l'impossibilité du succès en faveur du succès même. Quel officier, quel matelot, à bord du bâtiment anglais, ira supposer un instant que ce brig imperceptible, avec ses quatre misérables canons, veut risquer le combat ? On ne croit pas à un équipage de fous. Donc, *le Hasard* approchera sans exciter de défiance : grand point. Son exiguïté lui donne assez de ressemblance avec ces *pilot-bot* (bateaux-pilotes), qui vont chercher les navires au large pour les faire entrer dans le Gange : on pourra donc s'y tromper. Mais suffit-il de ces chances ? Aborder à l'aide d'un brouillard, à l'aide d'une erreur, ce n'est que le premier acte du drame ; le second est tout entier dans le courage des hommes qui entourent Surcouf. Quelque braves qu'ils soient tous, seront-ils au niveau d'une pareille audace ? Il y a des intrépidités de divers ordres ; tel grenadier, avec son bataillon, marche gaiement à l'assaut d'une redoute, et n'y marcherait pas avec sa seule escouade.

Le capitaine interroge chacun de l'œil. Au feu qui luit dans sa prunelle, on a deviné ce dont il s'agit, même avant que Surcouf ait parlé. Il semble que tous ses pores exhalent une énergie qui se communique.

« Mes amis, voulez-vous ?..... Il est fort, mais il est endormi ; jamais nous ne retrouverons ce que le sort nous offre ; je parie ma tête qu'il est à nous ; et s'il est à nous, notre fortune est faite. Eh bien ! mes braves, voulez-vous ?

—Oui ! »

Il n'y eut qu'un son.

« Alors silence, et chacun à son poste... Timonier, laisse arriver... comme ça... Mets le cap droit sur son travers... Halez les canons dedans, vous autres, on ne s'en servira pas... Amène les

L'abordage du « Berwick » par le « Vengeur ». — H. mourait... — P. 312.

basses vergues... Bon! Écoutez bien! nous jouons notre vie sur un dé : il ne faut qu'avoir la main ferme. Que celui d'entre vous qui se sentira mollir lorsque nous allons aborder, que celui dont l'âme ne sera point passée dans sa hache, et qui réfléchira, que celui-là se jette à la mer : il nous perdrait !... Il faut que chacun de nous vaille dix hommes : je vous promets, pour moi, d'en valoir vingt. Sitôt sur le pont de l'Anglais, pas de repos, pas de quartier; à mort tout ce qui s'y trouve ! mais point de coups de feu, si ce n'est à la dernière extrémité; tout doit se passer vite et sans bruit, afin que personne de ceux qui seront dans la batterie ne remonte, et que nous puissions fermer les panneaux. A ce compte, cinq minutes feront la victoire, et l'Ile-de-France nous verra revenir grands !...

—Hourra !... » crièrent les vingt-cinq héros; nobles et belles figures alors, dignes d'être peintes par l'artiste qui seul, peut-être, survit à cette scène glorieuse (1). C'est une si sublime race que celle des matelots, trop inconnue à ceux qui ne les aperçoivent que sur le quai, grossièrement ivres, salis de goudron, empestés de tabac, la parole rauque et violente, ou en révolte pour une solde arriérée. Mais voyez-les à bord, faisant avec ardeur un métier presque infaisable, réunissant chacun mille qualités diverses que l'on recherche ailleurs dans mille individus séparés; voyez-les tout à la fois artificiers, calfats, cordiers, tisserands, menuisiers, pêcheurs, et même voyez-les funambules; voyez-les surtout soldats, canonniers, tireurs adroits, puis sobres, patients, subordonnés; muets s'il le faut, enragés si vous en donnez l'ordre. Des fatigues, des peines, toujours et à tout instant; la mort de tous côtés, et pour l'éviter, contraints à la braver toujours. Ah! qu'on leur pardonne d'être parfois des brutes à terre, car ils sont souvent plus que des hommes sur l'eau !... Quand on leur donne un chef digne d'eux, je ne sais quelle bizarre gageure de témérité ils ne gagneraient pas. Les matelots du *Hasard* avaient un chef; aussi vous allez voir ce qu'ils firent.

Le brig était au vent du navire anglais, qui se dessinait plus distinct. C'était bien en effet un majestueux vaisseau, *le Triton*, qui se balançait sous ses voiles hautes, coquet et richement vêtu, fier de sa double ceinture de bronze, joyeux à l'aspect des côtes amies. Il finissait un long voyage; son opulente cargaison allait remplir les comptoirs, et convertir en or les produits de Londres. Aussi, comme l'équipage saluait l'approche du grand fleuve, et comme on attendait avec impatience le pilote qui viendrait en faciliter l'entrée ! Le voici !... il s'avance, la brume a empêché de

(1) Notre collaborateur M. L. Garneray, dont nous avons précédemment analysé les campagnes maritimes, était embarqué avec Surcouf sur *le Hasard*, et il a accompagné l'intrépide corsaire dans ses plus périlleuses croisières.

l'apercevoir plus tôt; bon accueil pour lui : il reste encore du punch de la soirée d'hier...

En effet, il s'avance, le pilote désiré; mais c'est bien loin qu'il veut vous conduire ! Une portée de pistolet sépare les deux navires; Surcouf vient d'appuyer sa lunette sur l'épaule d'un mousse; il a reconnu qu'on s'occupait à laver le vaisseau, toilette d'usage à chaque matin sur les bâtiments bien tenus; les canons reposent dans leurs sabords; l'ennemi n'a pas d'autres armes aux mains que le balai, le faubert et l'éponge; on ne peut plus d'ailleurs reculer... on est vu. Point de réponse au porte-voix. Le brig, lancé comme une bombe, vient ranger *le Triton;* les grappins sont jetés; les basses vergues servent de pont-levis aux vingt-cinq braves qui, pour se ruer sur le pont anglais, n'ont attendu qu'un cri : « Saute tout le monde !... » Ils y sont. Vogue maintenant à l'aventure, petit *Hasard !* Surcouf t'a repoussé du pied, toi, l'échelle dont il s'est servi pour monter à son haut renom; tu es vide et seul sur les flots, tu n'es plus rien, ta mission est remplie; va-t'en, pauvre *Hasard,* premier instrument d'une grande fortune, va-t'en te perdre sur les rochers où tes débris serviront à raccommoder la cabane de quelque pêcheur; va paisible, ton nom vivra!

Oh ! quel spectacle! Ce jeune officier aux cheveux blonds qui se promène sur le gaillard d'arrière, rêvant à ses amours de Hyde-Park, le voilà surpris dans ses songes par une hache qui lui fend le crâne; les premiers cris d'alerte sont étouffés par le poignard; la mort répond à l'étonnement; une chanson commencée s'achève dans l'agonie. Peu à peu le tumulte s'accroît; quelques Anglais montent l'escalier de la batterie : leurs têtes roulent en éclats; on se presse, on s'encombre. Un coup de fusil tiré de la vergue barrée où s'était sauvé un fuyard, donne le signal à tout le vaisseau; voilà ses flancs qui bruissent, et la masse d'hommes qu'il renferme y bourdonne comme un immense essaim dans la ruche enflammée... A nous, Surcouf! Il est partout; sa hache et son pied tour à tour refoulent dans l'intérieur ce qui se présente à la surface. Sa main vigoureuse ferme le grand panneau; on lance des grenades dans le petit, où leur pluie étincelante forme bientôt une libre place; on en profite pour couvrir aussi cette issue... Mais dans cette minute décisive, Surcouf est saisi par l'habit; on l'entraîne, il va s'engouffrer avec ce monde altéré de vengeance. C'en était fait, sans un pistolet qui partit, et qui fit lâcher prise à une main désormais glacée.

En vain le vaisseau se débat sous cette poignée de vainqueurs; de rage on tire des coups de canon dans la batterie : les boulets ne frappent que l'air; toute cette fureur s'apaise au cliquetis des grenades qui vont serpentant dans l'espace resserré où tant d'hommes se désolent et blasphèment ; des ricochets de feu nettoient la foule qui se précipite dans la cale, aveugle, incohérente, éperdue, ainsi que toute foule livrée à l'effroi. *Le Triton* est pris. C'est le lion terrassé par la mouche.

Ils sont cent vingt là-dessous ! On les contient par l'ascendant moral qu'exercent, sur des gens surpris, ceux qui les surprennent. Puis, dans le calcul des premiers, il y a bien également cent vingt Français sur le pont : il faut être nombreux pour un pareil trait d'audace.

Les trois couleurs sont hissées à la corne au bruit d'un triple *hourra*, et l'on s'éloigne des côtes.

L'Ile-de-France !... Salut à elle, à ce paradis du marin ! Ici l'on va gaspiller largement les grasses parts de prise. Oh ! que la vie sera bonne, et que de fantaisies satisfaites ! Que de belles piastres, qui vont dorer ces mains calleuses, durcies par le frottement des drisses et des écoutes ! A vous, propriétaires de cabarets, orfévres, musiciens ! à vous, filles de couleur, prenez, ramassez, cet or est le vôtre ! Il roule, il saute, il vole, c'est une grêle ; on le lancera par les fenêtres, on en écrasera les passants, plutôt que d'en conserver une dernière pièce. Pourquoi en conserver, bon Dieu ! Demain la mort, peut-être ; et si l'on vit, il y a d'autres vaisseaux anglais que *le Triton*!!!

GÉOGRAPHIE.

Nantes.

I.

Il y a quelques siècles, les voyageurs qui voulaient jouir en arrivant à Nantes du plus avantageux aspect et de la plus large perspective de cette grande cité, ne manquaient pas d'y entrer par l'est, en suivant le cours de la haute Loire ; tout ce que Nantes offrait alors à l'admiration des curieux se trouvait groupé sur ce point autour des deux édifices qui dominaient les autres : la cathédrale de Saint-Pierre et le château des ducs de Bretagne ; l'une, éternel et harmonieux chef-d'œuvre de plusieurs âges ; l'autre, imposante masse de pierres, qui fit dire à Henri IV ce mot célèbre : *Ventre saint-gris, les ducs de Bretagne n'étaient pas de petits compagnons.* C'est qu'à cette époque Nantes était encore une ville du moyen âge, une ville féodale, qui se résumait comme les mœurs, comme les lois, comme la civilisation entière, en deux choses : une église et un château-fort, habités par le maître de toutes les consciences et par le maître

de toutes les vies, par le prêtre et par le seigneur. Les autres bâtiments n'étaient que les humbles succursales de ces deux temples jumeaux, comme leurs habitants n'étaient que les humbles vassaux de ces deux chefs suprêmes.

Aujourd'hui au contraire, pour se mettre au véritable point de vue de Nantes, pour l'embrasser d'un coup d'œil dans toute sa puissance et toute sa richesse, il faut y arriver par l'ouest en remontant la Loire ; il faut voir ses quais spacieux et ombragés, sa fosse bordée de hautes maisons neuves, couverte d'une population pressée, active, bourdonnante, — coupée de cales nombreuses et commodes, — reproduisant toutes les langues, tous les mouvements, tous les bruits de la Babel antique. Il faut voir les voiles et les pavillons de ses cent navires flotter aux vents comme autant d'écharpes ou de bannières, et leurs mâts innombrables percer la nue de leurs pointes, en figurant avec leurs milliers de cordages croisés en tout sens une immense forêt aux noirs branchages. Il faut compter et mesurer du regard ses chantiers avec leurs carcasses inachevées, déjà dressées vers la Loire sur leur souille et leurs étais ; — sa longue rade avec son armée de bâtiments debout ou inclinés, échoués ou flottants, arrivants ou prêts à partir ; — ses petites rades partielles jonchées de barques et de canots de toute espèce ; — ses ponts massifs couchés de distance en distance sur la rivière, fourmillant d'hommes et de chevaux, formant à l'œil qui plonge sous leurs hautes arches les anneaux successifs de plusieurs lunettes parallèles et gigantesques, au bout desquelles apparaît, d'un côté, la riante campagne de Mauves, et de l'autre, le large fleuve semé de petites îles vertes, pareilles à des bouquets éparpillés sur ses eaux. Enfin, il faut entendre la vaste et forte voix qui s'élève de ces divers points, composée de tous les murmures, de tous les chants, de tous les cris, de tous les bruissements de la grande cité en travail. Voilà Nantes aujourd'hui. Nantes, non plus ville féodale, mais ville de commerce et d'industrie. Au lieu de regarder, comme autrefois, le continent, avec son église et son fort, elle s'est tournée, avec ses entrepôts, ses manufactures, ses chaussées et ses ponts, vers la nouvelle reine qui l'en a couronnée, vers la nouvelle puissance qui l'enrichit sans l'assujettir, vers le nouveau temple où son beau fleuve porte chaque jour son offrande : vers la mer ! On aperçoit bien encore derrière la ville rajeunie les deux sommets gothiques de la vieille cité : les aiguilles de la cathédrale et les tourelles du donjon ; — mais ils ont beau dresser leurs têtes colossales par-dessus la foule de maisons qui les étouffe, la flamme des trois-mâts flotte plus haut que le pavillon de la forteresse déserte et croulante, et le son des grosses cloches de Saint-Pierre ne couvre plus qu'à peine les puissantes voix de

Vue du Port de Naples

l'industrie et du port; expression, d'autant plus admirable qu'elle est plus naturelle, de la vocation de Nantes dans tous les temps, et de sa haute mission dans l'avenir. Après avoir suivi, dans un rapide aperçu de son histoire, ses acheminements successifs vers son état actuel, nous examinerons cet état sous le rapport commercial et maritime, et nous discuterons les progrès et les améliorations dont il est susceptible.

L'origine de Nantes remonte à l'invasion du pays où elle est située aux premières colonies de Celtes. Son nom, qui, en langue celtique, signifie *abondance d'eau*, indique de lui-même la cause qui fit choisir cette demeure aux barbares. Composée d'abord de quelques hameaux épars entre le Sail, l'Erdre et la Chézine, elle dut ses accroissements rapides aux avantages de sa position. Quand l'Italie importa dans les Gaules ses arts avec sa domination, la ville des *Nannètes* devint l'entrepôt de son commerce avec la Grande-Bretagne. Plusieurs documents et traditions prouvent qu'elle était déjà fort considérable à l'époque de l'expédition de César, et le calme forcé qui suivit l'établissement des Romains sur son territoire tournant l'esprit de ses habitants vers des relations pacifiques, elle fut le centre d'un mouvement commercial très-actif et très-étendu. L'invasion du chef breton Conan Mériadec, en 386, remplaça à Nantes les institutions romaines, déjà vieillies et usées, par l'organisation féodale surgissant avec le christianisme; et les Nannètes passèrent du joug des consuls sous celui des ducs et des évêques.

Vers 860, saint Félix, à la fois évêque et gouverneur de Nantes, y fit faire les grands travaux hydrauliques chantés avec plus d'emphase que de clarté par le poëte Fortunat.

Il résulte néanmoins de l'examen attentif de ces poëmes, que la ville doit à saint Félix le canal qui porte son nom, — l'élargissement du lit de la Loire à l'endroit où s'arrêtent maintenant les bateaux à vapeur d'Angers, — l'établissement de chaussées et de moulins sur l'Erdre et ailleurs,— le nettoiement du bras droit de l'île Feydeau, — et l'ouverture du port de la Fosse, laquelle fut opérée en coupant dans la Loire la pointe avancée du rocher de *Miseri*. Les Nantais, en souvenir de ces importants services, ont toujours regardé l'évêque Félix comme le premier fondateur de leur cité. Son second fondateur, ou du moins son restaurateur, fut le duc Alain Barbe-Torte (939). Rentré à Nantes après avoir battu à Mauves les hordes normandes dont l'approche seule changeait alors la Bretagne en désert, il trouva la ville abandonnée depuis trente ans, noircie par la flamme, couverte de ronces et de débris. Le jeune conquérant, découvrant encore la beauté de cette capitale à travers son deuil, en répara les ruines, en augmenta les fortifications, et fit creuser — depuis le château jusqu'à la haute Grande-Rue — un

fossé profond bordé d'une chaussée en terre. Depuis cette époque jusqu'à la terrible révolution qui a fait définitivement succéder, vers la fin du XVIIIe siècle, l'ère industrielle à l'ère féodale, Nantes n'a cessé de faire, à travers les obstacles du moyen âge et de la renaissance, des progrès commerciaux dont il ne sera pas indifférent de suivre dans ses annales les traces et les vicissitudes. En 1117, nous voyons la ville entière détruite par un incendie et rebâtie incontinent avec des aqueducs et autres améliorations; au XIIIe siècle, Pierre de Dreux recule le lit de l'Erdre, construit deux ports sur la Loire, et arrête les pillages exercés par un seigneur de Chantoceau sur les navires qui montaient et descendaient le fleuve. — Pendant les deux siècles suivants le commerce se régularise peu à peu, et de nombreux travaux en facilitent le développement. En 1496, le comte de Nantes fournit au roi de France des bâtiments pour transporter son artillerie à Naples. La ville contribue à cette expédition pour 3,750 livres (ce qui équivaudrait à 75,000 francs aujourd'hui), et son revenu de l'année monte à 115,220 francs de nos valeurs actuelles. Au XVIe siècle, s'élèvent les ponts de l'Erdre, de Pirmil et de la Madeleine, les premiers quais de la Fosse et du Port-Maillard, et les chantiers de l'île Gloriette. Le roi de France, en passant à Nantes, renouvelle l'honneur public rendu par François Ier au Marseillais Jean Ango, et visite avec sa cour le négociant Rhuys dans une maison de la Fosse, nommée la maison des Tourelles, et que l'on montre encore avec les deux petites tours qui justifient sa dénomination.

En 1646, une société de commerce se forme à Nantes, remplacée bientôt par une chambre de direction de la célèbre Compagnie des Indes.

Enfin, au commencement du XVIIIe siècle, nous trouvons le commerce maritime de Nantes rivalisant avec celui des plus riches ports des Deux-Mondes, et touchant déjà à son plus beau degré d'accroissement. Ainsi cinquante navires de 80 à 300 tonneaux vont annuellement échanger avec les îles d'Amérique les richesses européennes contre les denrées coloniales, et les Nègres contre l'or des planteurs; Terre-Neuve et le Grand-Banc sont exploités par trente navires; des sociétés s'établissent entre Nantes et Bilbao, qui étendent leurs relations sur tout le nord de l'Espagne; des flottilles, chargées des produits du pays, vont les porter dans tous les ports étrangers dont ils rapportent des valeurs considérables; les salines de la terre de Bourgneuf et celles de Guérande rendent à elles seules, année commune, plus de 80 mille tonneaux; presque tous les peuples du Nord et beaucoup de ceux du Midi viennent s'approvisionner à Nantes des miels et des cires de Bretagne, des vins d'Anjou, des grains du Morbihan, etc., etc., et l'armement des navires du port consomme à lui seul, par mois, un demi-mill.

lion de livres de chanvre. Ce fut à cette époque que les intrépides marins de Nantes donnèrent tant d'extension et de rapidité à la traite des Noirs, qu'ils eurent, presque durant un demi-siècle, le monopole de ce périlleux commerce. Un tableau du mouvement du port en 1790, que nous avons sous les yeux, l'élève à 850 navires, dont une forte partie étaient négriers, et à 140,120 tonneaux exportés ou importés, sans compter le petit cabotage. Cette même année, Nantes se trouva la première place commerciale du royaume (après Bordeaux), et l'emporta sur le Havre et sur Marseille. Du reste, les agrandissements et les embellissements de la ville suivaient les progrès de son industrie, et les travaux exécutés depuis 1720 jusqu'à 1792 sont si nombreux, que la liste seule en serait trop longue ici.

Alors sonna au timbre du temps ce lugubre 93, qui se fit entendre à toutes les extrémités du monde et se dressa sur l'échafaud de Louis XVI, cette terreur si bien nommée pour la malheureuse ville de Nantes, et si horriblement personnifiée chez elle dans la personne de Carrier. Aucune cité ne paya plus cher ses libertés et ne reçut de la révolution un plus sanglant baptême. Tout commerce fut non-seulement suspendu, mais presque anéanti; attaquée au dehors de tous les côtés par les Vendéens, ravagée au dedans par les épidémies, décimée par la guillotine, Nantes laissa à ces ennemis multipliés non-seulement sa richesse et sa paix, mais une forte partie de sa population. Sans répéter les récits qui ont été faits de ces désastres, nous rappellerons seulement que pendant plusieurs mois l'échafaud fut en permanence et en activité sur la place du Bouffay; que quatre cents hommes furent employés tous les jours à couvrir de chaux vive les corps des prisonniers ou des suspects fusillés aux bords de la Chézine ou dans les fossés de Gigant, et que les *noyades* au moyen des bateaux à soupapes furent si nombreuses et si fréquentes que la Loire fut encombrée de cadavres et ses rives empestées. Il fallut, pour cause de salubrité, prohiber la pêche sur plusieurs points, et aider le fleuve à porter vers la mer les fardeaux putréfiés que les courants entraînaient à peine; de grandes troupes de corbeaux planaient au-dessus toute la nuit, et quelquefois même pendant le jour. Les digues et les rochers paraissaient à la marée basse couverts de corps en lambeaux, et les navires soulevaient avec leurs ancres des barques pleines de noyés. Ce n'était plus (dit M. Guépin à qui nous empruntons ces détails) *l'aspect de la France; on eût dit le Gange, où les Indiens déposent ceux qui ont vécu.*

Toutes les industries de la cité et du port étaient tellement étouffées dans ce sanglant chaos, que leur histoire disparaît dans les annales de la ville, où il n'est guère question que du pe-

tit nombre de navires restés au service des accapareurs.

Nantes ne respira de tant de souffrances et ne vit renaître sa prospérité que vers les années 1798 et 1800; mais son commerce maritime, qui avait été le plus abattu, se releva bien lentement de sa chute. La statistique de Huet, en 1802, ne porte le mouvement du port pour le long cours qu'à 18,471 tonneaux chargés sur cent quatre navires. Encore, dans ce mince total, le tonnage français ne figure-t-il que pour 8,066. Au reste, sans être très-prospère, le cabotage s'était mieux soutenu, et les industries manufacturières, après avoir baissé, réparaient rapidement leurs pertes. La paix intérieure rétablie, par Napoléon et continuée, après une courte interruption, par Louis XVIII, permit à Nantes de rouvrir ses anciennes relations, de les étendre et d'en créer de nouvelles. L'activité de son port fut d'autant plus infatigable qu'elle avait été plus longtemps paralysée.

Tous les grands établissements commerciaux, les commissions, le courtage, la banque, les assurances, suivirent à Nantes les progrès qu'ils firent dans les ports rivaux les plus riches; et quelquefois même ils les devancèrent. Dès le commencement de la Restauration, elle se replaça au rang supérieur et au degré de prospérité où l'avait trouvée la révolution en 90. Plusieurs de ses opérations fixèrent l'attention du monde maritime; entre autres, ses armements pour la pêche de la baleine, les premiers essayés en France. Le premier baleinier sorti de Nantes fut le trois-mâts *le Nantais*, capitaine Winseloo. Muni d'instruments apportés d'Angleterre, il partit pour la première fois en 1817, et revint au bout de quatorze mois, chargé du produit de vingt-sept baleines. Deux mois et demi après son retour, il repartit, muni cette fois d'instruments faits à Nantes et à Paimbœuf; il tint la mer pendant quinze mois, et rentra à Nantes avec le produit de vingt-neuf baleines. Enfin un troisième voyage, entrepris immédiatement, en réunit trente-trois dans un an et demi. Des pêcheurs anglais avaient accompagné le capitaine Winseloo dans ces trois expéditions. Encouragé par son succès, M. Thébaud, de Nantes, partit avec un équipage tout français, et mérita bientôt, par son courage et son habileté, le surnom de *Thébaud-Baleine*. Dès lors la carrière fut ouverte et les concurrents s'y précipitèrent.

Malgré cette activité prodigieuse, le commerce général de Nantes fut entravé par la Restauration, qui lui ferma toutes les anciennes colonies de la Péninsule, et les abandonna à l'Angleterre, en n'osant pas sanctionner leur affranchissement. Les immenses gains que cette faiblesse a procurés aux Anglais prouvent assez combien elle a fait perdre au commerce français en général, et au commerce nantais en particulier.

Aussi les progrès du libéralisme à Nantes ont-ils été remarquables depuis cette époque.

Dans cette analyse, que nous avons faite le plus rapidement possible, du passé de notre ville, nous avons omis à dessein les nombreuses améliorations matérielles que le dernier siècle lui a apportées. Nous les retrouverons sur notre route dans le tableau qu'il nous reste à tracer de son état présent et de ses destinées à venir.

II.

Il serait difficile de décider si Nantes a gagné ou perdu à la révolution de 1830 (abstraction faite des effets généraux de cette révolution qu'elle a partagés avec toute la France).

Son commerce maritime a perdu. La plupart de ses industries sont restées ce qu'elles étaient auparavant; ses agrandissements et ses embellissements se sont accrus ou perfectionnés (chose étrange!) en raison du décroissement de sa prospérité commerciale et de son importance maritime. A tout prendre, nous croyons que les avantages dépassent les pertes, et, sans oser juger le *procès*, nous allons en donner les *pièces* dans un examen rapide du *port* et de la *cité*.

Pour juger celle-ci d'un coup d'œil, il suffit de monter au sommet de la tour du Bouffay et de contempler le panorama qui se déroule à l'entour. Et c'est un spectacle curieux et consolant que la comparaison de ce tableau magnifique et vivant aux plans tristes et irréguliers de l'ancienne ville de Nantes.

A nos pieds, voici d'abord cette place du Bouffay, qui fut, sous Carrier, le théâtre de tant d'exécutions et de massacres, et qui maintenant, à la place de la guillotine et des bourreaux, n'offre plus que l'aspect joyeux et animé d'un marché couvert de vendeurs et d'acheteurs. Devant nous, la Loire se déroule entre les quais comme un ruban doré; sortie des riants paysages d'Angers, d'Ancenis, de Mauves et de Saint-Florent, elle se hâte, en quittant la ville, de replonger dans la verdure de ses rivages et de ses îles, et s'en va vers la mer entre une double rangée de coteaux et de prairies, de vieux châteaux dressés sur le roc, et de maisonnettes blanches, assises à leur pied au bord de l'eau.

A notre gauche, la cathédrale lève sa tête éternelle, le donjon laisse tomber ses créneaux l'un après l'autre; la jolie promenade des cours Saint-Pierre et Saint-André joint la Loire à la Sèvre, comme un pont de verdure, portant sur son sommet la colonne que Louis XVI et la liberté se disputent depuis quarante ans, et abritant sous ses arches ombreuses les statues d'Arthur et d'Anne de Bretagne, de Clisson et de Duguesclin, les deux *bons* connétables! Plus loin s'élèvent le coteau de Saint-Sébastien, dont l'église fait rêver aux cérémonies du moyen-âge, et les maisons de

campagne qui forment de Nantes à Angers comme une chaîne continue de villas romaines. En face de nous, par delà le fleuve, voici *les Ponts*, quartier bruyant et populeux qui emprunte son nom à la suite de ponts et de chaussées qui le traversent. A droite et derrière lui, la scène change : — c'est le port, c'est la ville industrielle et marchande, la véritable Nantes, dont nous parlions en commençant. — Et c'est ici que les progrès du dernier siècle et des dernières années sont écrits en caractères magnifiques! Ici tout est neuf et brillant, riche et animé; partout circulent le mouvement et la vie, partout apparaissent l'art, le commerce et la civilisation, comme une trinité pleine d'harmonie et de prestiges.

Il n'existe peut-être pas en France une ville qui se soit plus rajeunie et agrandie que Nantes depuis le commencement de ce siècle. Les noms de ses principaux monuments et les dates de leur élévation en seront la preuve.

Ce sont: l'Hôtel-de-Ville, achevé en 1808, enrichi d'inscriptions antiques du plus grand intérêt, et d'un élégant jardin; — la Préfecture, ancien palais de la Cour des comptes, remis à neuf, orné d'une grille dorée, d'une façade moderne, et d'un escalier qui fait l'admiration de tous les architectes; — la Bourse, terminée en 1809, par Mathurin Crucy, gracieux et vaste édifice, qui ouvre tous les soirs aux commerçants ses salons spacieux, et tous les jours au public sa promenade que ne dédaigneraient pas des habitués des Tuileries, et que les Nantais négligent, on ne sait pourquoi.

« La Bourse a deux façades (1) : celle qui
» donne sur la place du Port-au-Vin a son fron-
» tispice orné de quatre statues qui représentent
» Jean-Bart, Duguay-Trouin, Duquesne et
» Cassart; la façade de la promenade présente
» dix statues emblématiques; ce sont : la ville
» de Nantes, sous les traits d'une femme qui
» porte une couronne murale; sa main droite est
» appuyée sur un gouvernail, la gauche tient
» une couronne de chêne; — la *Prudence*, qui tient
» un serpent d'une main, un miroir de l'autre;
» — les beaux-arts, sous la figure d'une femme :
» dans la main droite est une tablette, dans la
» gauche un rouleau de papier; — l'Europe : un
» aigle est placé à ses côtés; elle porte un casque
» surmonté d'une tête de cheval, comme pour
» rappeler les fils de Japhet et les bons cavaliers;
» une lyre et un rouleau de papier sont dans ses
» mains; — l'Asie : elle est personnifiée sous les
» traits d'une femme à la pose molle et pleine
» d'abandon; — l'Afrique, couverte d'une peau
» de tigre, appuyée sur une dent d'éléphant, avec
» un serpent à ses pieds; — l'Amérique, offrant
» un arc et un carquois rempli de flèches, un pagne
» à sa ceinture, une tortue à ses pieds; — l'Abon-
» dance et l'Astronomie, sous les figures de con-

(1) A. Guépin et Bonamy.

» vention que leur ont données les poëtes ; — la
» Loire, qui tient dans la main droite une écrevisse
» de mer, et que couronnent des roseaux. »

La salle de spectacle, ouvrage du même architecte qui a bâti la Bourse, est encore supérieure à ce dernier bâtiment. Paris n'en offre pas une qui en approche pour la grâce et la légèreté ; et il faut remonter, pour lui trouver des égales, jusqu'au théâtre de Bordeaux et à ceux d'Italie. Une colonnade, élevée sur un escalier de dix à douze marches, soutient un fronton surmonté des statues des Muses, et laisse voir, à travers un mur à jour de la dernière élégance, jusqu'au fond d'un vestibule spacieux d'où part un grand escalier dans le genre de celui du Louvre, conduisant à l'intérieur du théâtre, et portant à droite et à gauche les statues de Molière et de Corneille. Cet édifice fait le fond de la place Graslin, à laquelle il ne manque que l'étendue pour être comparable à la place Vendôme, et qui a son digne pendant à cinq cents pas dans la Place-Royale.

Après ces monuments remarquables, on doit encore citer le cours Henri IV, espèce d'oasis calme, fraîche et mystérieuse, où sont groupées, derrière des terrasses ombragées d'arbres, sous un demi-jour doux et mélancolique, plusieurs hôtels magnifiques, assez semblables à ces voluptueuses maisons du faubourg Saint-Germain qui s'abritent, sous les marronniers en fleurs, de la poussière et de la chaleur du jour, et qui n'entendent qu'à travers le chant des oiseaux sous leurs charmilles, l'immense clameur de la grande ville ;

Les ponts Charles X ou d'Orléans, Madame ou Lafayette, celui d'Arcole, et les quais superbes dont ils sont accompagnés à l'entrée du canal de Bretagne ;

Le quai Brancas, encore plus étonnant par sa solitude que par son élégante régularité ; la rue d'Orléans, la plus riche et la plus belle de Nantes ;

La nouvelle chaussée de Barbin, un des plus admirables points de vue qu'on puisse se figurer ;

Les Musées de l'industrie et des beaux-arts, le premier encore dans l'enfance, le second déjà riche des collections Cacault et Fournier, et des dons de la ville.

Telle est aujourd'hui la *cité* de Nantes ; maintenant passons à son *port ;* et, avant d'arriver aux modifications qu'on y prépare ou du moins qu'on y attend (modifications qui contiennent toute la question de l'avenir maritime de notre ville), établissons d'abord son état commercial. Comme nous l'avons dit, le port de Nantes est en décadence depuis plusieurs années ; la concurrence redoutable de Bordeaux et des grands ports a chassé les navires nantais de *Calcutta,* de *Pondichéry,* de *Manille,* de *la Chine,* de *Sincapore,* etc. *Analabou, Soosou, Tapatoine* sont les marchés qu'ils fréquentent davantage ; beaucoup de navi-

res complètent leur chargement à *Padang,* comptoir hollandais, dont ils importent des cafés.

En 1834, six expéditions ont été faites pour la traite des poivres sur la côte de Sumatra ; par une fatalité déplorable, la récolte y a manqué précisément cette année-là.

Nantes a de grandes relations avec Bourbon, dont elle a en quelque sorte accaparé le commerce, en y employant les fonds recueillis dans la traite des Noirs. Elle envoie à cette île une grande quantité de mules. Au 30 novembre 1834, vingt-deux navires nantais étaient à Bourbon ou en mer pour arriver, trois autres en étaient partis pour l'Inde, et deux autres se chargeaient à Marseille pour y aller. Cette même année a fourni vingt-sept départs pour Bourbon et vingt-sept retours. Nantes porte au Sénégal des guinées et autres tissus, de la poudre, des fusils, de la verroterie, etc.; à la côte d'Afrique, de la poudre d'or (cinq navires en 1834) ; à la Martinique et à la Guadeloupe, des feuillards, salaisons, briques, chaux, mercerie (vingt-deux navires en 1834) ; à Cayenne, mêmes produits qu'à la Martinique (neuf navires en 1834) ; aux États-Unis, ardoises, cuirs, chapellerie, soierie, etc. (un navire en 1835).

La pêche de la baleine occupait en 1834 cinq navires nantais.

La Belgique, la Hollande, Hambourg, tirent de Nantes des vins, du sel, des toiles, des denrées coloniales, de l'ocre en pierre, etc. Nos négociants et nos capitaines n'attendent que la réduction des droits pour tripler leur commerce avec l'Angleterre et la Russie, et que la paix pour reprendre leurs rapports avec l'Espagne et le Portugal. — Somme totale, le commerce nantais figure pour un vingt-huitième dans le commerce français, quant au long cours ; et pour un trentième, quant au cabotage ; ceci nous amène tout droit à la discussion de l'avenir de Nantes.

S'il est vrai que le commerce européen, et surtout le commerce français, tendent à redevenir méditerranéens, comme le prétendent beaucoup d'économistes, et comme le promettent l'affranchissement de l'Espagne, la civilisation d'Alger et les vastes projets du roi d'Égypte, il est certain que les ports du Midi ont de plus belles chances prochaines que les ports de l'Ouest ; mais, parmi ceux-ci, Nantes se présentera toujours avec les avantages les plus positifs et les conditions les plus favorables.

Placée au confluent des rivières de Loire, de Sèvres, d'Erdre, de Chézine et de Sail, centre et clef du bassin de la Loire (le fleuve de France le plus important par lui-même et par ses affluents), capitale de l'ouest de la France, elle en est à la fois la ville la plus considérable et le plus grand marché. Toutes les denrées qui viennent de l'intérieur des terres s'échangent à l'embouchure de la Loire contre les denrées exotiques ont leur entrepôt naturel à Nantes. Son territoire n'attend que d'habiles exploitateurs pour devenir le plus riche sous le rapport agricole et manufacturier; la position de son port semble arrangée à plaisir par la nature pour laisser le moins possible à faire à l'art et à la science : au milieu du fleuve, des îles disposées tout exprès pour un entrepôt éclusé; à l'est, la haute Loire, agrandie par la Mayenne, la Sarthe, le Loir, la Vienne, le Cher, l'Indre, la Nièvre et l'Allier; au sud, la Sèvre et des routes nombreuses; au nord, le canal de Bretagne; à l'ouest, la basse Loire, qui permet, par la Vilaine et le Blavet, d'approvisionner les côtes de la Vendée, celles de la Bretagne et la presqu'île armoricaine; voilà des avantages que Nantes ne perdra jamais, lors même qu'elle perdrait la plupart de ses relations extérieures.

Cependant, il faut l'avouer, ces avantages sont déjà et seront de plus en plus soumis à l'exécution de deux grands projets : l'achèvement du canal de Bretagne et le nettoiement de la haute et basse Loire; toutes les destinées de Nantes sont là!

Et d'abord, ses relations avec la Bretagne se faisant autant par le roulage que par le cabotage, il est évident que les effets attendus de l'établissement du canal de Bretagne ne seront complètement réalisés que par un système de routes nouvelles et de chemins de fer.

Quant au nettoiement de la Loire, il suffit, pour sentir combien il devient urgent, d'observer l'état de son lit de Nantes à Orléans et de Nantes à Paimbœuf, dans ce qu'on appelle la haute Loire et la basse Loire.

La première est tellement encombrée de sable, que la navigation à la vapeur, cette voie de communication si rapide et si commode, y est interrompue chaque été par les basses eaux pendant des mois entiers, et qu'on a vu des navires faire le voyage d'Amérique (aller et retour) pendant que des marchandises embarquées à Orléans sur des bateaux, à l'époque de leur départ, étaient encore en route pour Nantes. Divers systèmes ont été proposés pour obvier à cet inconvénient; les deux principaux sont un canal latéral et l'amélioration en lit de rivière : le premier couperait le plus fertile territoire de France, sans compenser cette perte par des économies; le second, qui paraît d'abord un travail sans fin, devient plus facile par la découverte qu'on a faite que la haute Loire n'a besoin d'améliorations que dans le tiers de sa longueur. L'ingénieur, M. Lemierre, propose, pour obtenir ces améliorations, de combiner ensemble les effets connus des épis transversaux et des digues longitudinales, et de diviser, par ce moyen, tous les hauts fonds de la Loire en grands triangles et trapèzes submersibles où se déposeraient les sables d'alluvion. Pour obtenir ainsi 3 pieds à

l'étiage entre Nantes et Orléans, il en coûterait 15 millions.

L'ensablement de la basse Loire entre Nantes et Paimbœuf a pour effet d'empêcher les navires de 300 tonneaux de franchir cet espace avec leur charge. Ils sont réduits à la transborder partiellement à Paimbœuf sur des gabarres qui la portent jusqu'à Nantes, ce qui amène chaque année un excédant de frais de 120,000 francs au moins. On a proposé trois remèdes pour guérir cette plaie du commerce nantais : 1° un canal latéral qui coûterait 10 millions; 2° un canal de Nantes à Pornic qui ne coûterait guère moins; 3° enfin le rétrécissement du fleuve par des digues submersives et un dragage continu. Ce dernier projet, le plus économique de tous, a été essayé déjà avec succès à Trentemoult, et la chambre du commerce propose en ce moment au gouvernement de coopérer à l'établissement du dragage sur toute la basse Loire, en fournissant les machines à vapeur; il est à espérer que cette proposition modeste sera bien reçue, et que son acceptation sera enfin le signal des travaux actifs que la ville de Nantes demande et attend depuis des années entières. P. CHEVALIER (1).

De la Nostalgie

A BORD DES NAVIRES DE GUERRE.

Parmi les maladies qui désolaient nos anciens équipages, et que l'hygiène navale, mieux appliquée, a rendu moins fréquentes à bord des bâtiments de l'Etat, il en est une qu'on n'observe pas très-souvent, il est vrai, mais dont les conséquences sont terribles, et à laquelle succombe ordinairement le matelot qui en est atteint. C'est la nostalgie (mal du pays).

Les marins des classes y sont très-peu exposés; nés sur le bord de la mer, une voile leur a servi de berceau, les grèves ont été le théâtre de tous leurs jeux; habitués dès leur bas âge à contempler l'horizon immense qui se déroule devant eux, témoins des scènes imposantes que leur présente une mer courroucée, des désastres malheureusement trop nombreux qu'occasionnent les tempêtes, leur âme grandit à ce spectacle sublime et terrible à la fois. D'ailleurs, ils ont passé leurs années d'enfant à la pêche, sur les bateaux de leurs pères; et là, ils se sont formés à ce rude métier de marin; la mer devient indispensable à leur existence; rester longtemps à terre, c'est végéter, disent-ils, et ils appellent vivre, eux, se bercer dans un hamac au roulis d'un navire, supporter les privations et les fatigues que l'isolement d'un vaisseau au milieu de la mer entraîne

(1) Nous ne pouvons terminer cet article sans remercier publiquement notre compatriote et ami le docteur Guépin, des matériaux précieux que nous ont fournis ses savans et courageux travaux sur Nantes.

nécessairement, surtout lorsqu'un ouragan, une tempête, viennent l'assaillir, et que les hommes qui le montent, obligés de lutter avec les élements, voient sous leurs pieds une mort à laquelle ne pourront les arracher ni leurs efforts ni leur courage.

Aussi n'est-ce pas de ces marins que nous voulons parler, quoiqu'on voie des matelots de classe atteints de nostalgie. C'est qu'il existe alors chez eux des sentiments plus forts que l'amour de la mer, sentiments que quelques mois de navigation affaiblissent, s'ils ne les font pas oublier entièrement. On pourrait citer plusieurs exemples de marins nostalgiques parmi les hommes voués à cette profession dès leur enfance; mais parmi ces exemples même, on en voit beaucoup chez qui la nostalgie n'est qu'une conséquence d'une affection organique, tandis que le contraire a lieu chez les marins de conscription. C'est parmi ces derniers qu'on observe plus fréquemment la maladie dont nous parlons.

Obligés par le sort de faire un service de plusieurs années, les conscrits se voient arrachés aux paisibles travaux de leurs campagnes, à leurs affections les plus douces, pour être jetés dans un monde tout nouveau pour eux, *un navire.*

Tant qu'on les laisserait à terre, ils ne verraient dans le corps de la marine que des soldats sous un autre uniforme; mais dès qu'on les embarque, ces jeunes hommes, qui n'ont jamais vu la mer, et les flots qui paraissent vouloir engloutir leur *vaisseau,* caserne flottante; qui n'ont jamais éprouvé les mouvements de ce même vaisseau, et qui, par conséquent, sont étrangers au tangage et au roulis; ces hommes seront émus à la vue des côtes qui disparaissent peu à peu à leurs yeux. L'idée de ne plus revoir leur famille, leur patrie, leur fait verser des larmes de regret; et lorsque le navire, ses voiles amurées, se penchera sur une de ses bandes et leur fera sentir le mouvement que lui impriment les vagues, le mal de mer commencera à les tourmenter. Ce mal, qui se manifeste par des tournoiements de tête, des vertiges, des vomissements et une faiblesse générale, ne sert qu'à entretenir et souvent augmenter les regrets et l'affaissement moral qui les tourmentent déjà.

Un train de vie monotone, un travail rude, surtout pour ceux que le mal de mer, l'ennui et le découragement ont déjà affaiblis, leur font éprouver une émotion, une sensation pénibles, d'où dérivent cette tristesse profonde et cette langueur qui les accablent et les rendent bientôt malades.

L'ennui nostalgique semble porter de préférence son action sur les viscères hypocondriaques; la nutrition s'altère, le malade dépérit; le trouble nerveux, d'abord concentré dans le cerveau, se fait sentir dans toutes les fonctions, et amène de nombreux désordres; les digestions sont désordonnées; il y a vomissement, anorexie,

une anxiété pénible; quelquefois on a remarqué le délire et des convulsions. Il existe un sentiment de gêne vers le cœur; les spasmes de cet organe produisent des palpitations et des syncopes; la respiration est tantôt lente, tantôt précipitée, le plus souvent entrecoupée; et les mouvements d'aspiration ne se faisant, pour ainsi dire, qu'en plusieurs temps, sont suivis d'une longue expiration; enfin, au milieu de ces troubles, la fièvre s'allume, et le malade succombe.

Nous ne disons pas que tous les nostalgiques présentent les mêmes symptômes; il en est chez qui les moyens de distraction, quelques égards, surtout l'amitié d'un bon camarade (ce qui n'est pas rare à bord de nos bâtiments), peuvent produire un changement heureux. Citons maintenant quelques faits : Pendant la campagne que la frégate *la Médée* fit aux Antilles en 1828, on a vu un jeune homme de vingt et un ans, atteint d'une gastro-entérite qui se développa sourdement, et qui n'était due qu'à l'ennui nostalgique qui minait le malade depuis son départ de France. Pendant les croisières, on le déposa à l'hôpital du Fort-Royal, et cinq mois après on le reprit pour retourner à Brest. Il était réduit alors à l'état de marasme. Des soins assidus, des consolations et l'espoir de revenir au sein de sa famille, l'avaient ranimé un peu; sa gaieté commençait à renaître, l'appétit revenait avec ses forces, mais il succomba quelques jours avant l'arrivée en rade.

Nous avons vu nous-même deux jeunes gens, nés dans l'intérieur du Haut-Languedoc, succomber à l'ennui nostalgique; le premier après deux mois de souffrance, et le second au bout de sept mois. Celui-ci, doué d'une constitution plus forte et d'un caractère plus gai, donnait l'espoir de le sauver, lorsque quelques chansons dans l'idiome de son pays vinrent rappeler à son esprit tous ses souvenirs et ses regrets, et le plongèrent dans un état de langueur qui amena les désordres que nous avons signalés plus haut, et auxquels le malade succomba. On pourrait citer bien d'autres exemples, mais il serait trop long de les rapporter ici.

Il est même des marins chez qui la nostalgie peut faire développer le scorbut. Parlons maintenant du traitement en général de la nostalgie et des causes secondaires qui peuvent lui donner naissance.

Le traitement de cette maladie doit être tout moral; car, en essayant de combattre les ravages qu'elle exerce sur les organes, on ne peut se dissimuler que les ressources de la thérapeutique ne sont presque jamais d'aucune utilité. Inspirer de la confiance au malade, l'obliger, à force de soins, de bienveillance, à épancher ses douleurs, lui prodiguer des consolations, le tromper même, s'il le faut, en lui donnant l'espoir d'un prochain retour : tel est le but que doit avoir le chirurgien de marine, lorsqu'il est appelé à donner ses soins à des nostalgiques. Il n'est malheureusement que trop vrai que les conseils, les consolations, les soins même de l'amitié, ne peuvent le plus souvent réussir auprès des individus livrés à cette affection; cependant, si on obtenait quelques succès, si le malade laisse l'espoir de le sauver, il faut le recommander alors à quelque camarade qui ait sa confiance, et qui l'amène insensiblement à partager ses travaux et ses plaisirs. Il faut tâcher de ne le laisser jamais seul, et lui éviter dans les commencements le service, si pénible à bord; il finit par s'habituer à la vie de marin, et peu à peu il remplit le service avec résignation, souvent même avec gaieté.

Dans certaines circonstances, la seule chance qu'on ait de sauver le malade, c'est de le renvoyer du service maritime, ou bien de le laisser à terre. S'il est éloigné de la France, il suffit quelquefois de provoquer au plus tôt son retour pour le guérir.

Tels sont les moyens qu'on emploie pour guérir les nostalgiques. Si l'on n'aperçoit aucune amélioration dans leur état, et si toutes les distractions, toutes les consolations qu'on peut trouver à bord d'un navire n'exercent aucune influence sur le malade, on le voit dépérir chaque jour, et nul doute qu'il ne succombe bientôt. Une chose digne de remarque, c'est qu'on réussit à calmer l'esprit, à diminuer l'ennui de certains hommes en leur parlant de leur pays, en leur rappelant certains souvenirs, tandis que chez d'autres ce moyen ne sert qu'à aggraver leur mal.

Dans la définition de la nostalgie, *mal du pays*, regret de *quitter sa patrie*, on trouve la cause première et la plus puissante de cette maladie. Il en est d'autres qui peuvent hâter son développement, ou bien l'aggraver, si elle existe peu forte chez un marin. Tels sont un travail pénible, prolongé, la crainte du danger surtout, et les mauvais traitements dans les premiers temps de leur service. Il serait à désirer qu'on adoucît les règlements de bord, et qu'on en bannît la punition la plus pénible pour un homme, *les coups;* car cette manière de sévir contre un matelot l'irrite au lieu de le corriger, et souvent elle est la cause d'une tristesse concentrée, qui, si elle ne le rend pas malade, le fait du moins travailler avec dégoût.

En 1829, dans un voyage fait autour du monde par une frégate française, on commanda de hisser les bonnettes basses et les bonnettes de hune; les gabiers une fois à leur poste, le sifflet du contre-maître se fit entendre, et les bouts dehors dûrent s'allonger aux extrémités de la vergue. Le gabier de bâbord n'ayant pas exécuté sa manœuvre au même instant que le gabier de tribord, fut puni de vingt-cinq coups de corde. Le matelot fut tellement impressionné de ce châtiment, qu'il regretta plus vivement que jamais sa

famille et son port marchand, et il ne fallut rien moins que les soins et les consolations du chirurgien-major pour le rendre à la santé.

En 1830, une corvette de charge se rendait de Toulon aux Echelles du Levant; la même manœuvre de hisser les bonnettes fut commandée, et vingt-cinq coups de corde appliqués au gabier retardataire. Cette punition rendit le matelot soucieux, inquiet; il négligeait son travail; il finit par tomber malade. A son retour à Toulon, il déserta son bord, préférant encore se cacher que continuer un service qu'il ne faisait plus que par force.

On ne peut révoquer en doute qu'il ne faille une grande sévérité à bord des navires de guerre, mais cette sévérité est quelquefois poussée trop loin par des subalternes. Du reste, lorsqu'on fait une levée de marins de classe, on les voit se résoudre à regret à se rendre à leur destination, et si vous leur demandez la cause de leur mécontentement, ils vous répondront, surtout dans nos ports méridionaux, que le service de l'Etat ne leur serait pas si pénible, s'ils n'étaient si souvent injuriés, souvent même frappés brutalement. Heureusement qu'on a moins à se plaindre aujourd'hui de ces mauvais traitements; mais on devrait continuer à améliorer de plus en plus la condition de ces hommes qui jouent leur existence avec les éléments, et qui, pendant plus de quarante ans, sont soumis à l'appel de la patrie. Si l'hygiène a fait des progrès à bord de nos bâtiments, l'humanité n'est pas restée en arrière, et des sociétés maritimes, fondées pour le bien-être des marins, parviendront, il faut l'espérer, à attirer un peu plus de sollicitude sur ceux qu'on a trop longtemps regardés comme une classe à part, et qui sont aussi utiles à notre commerce qu'au service militaire de la France.

Justin SANTY,
Chirurgien de marine.

État
DE LA LÉGISLATION MARITIME
AVANT 1789.
(Troisième et dernier article.)

Dans le cours de ces articles on a dû voir comment la législation suivait les progrès de la marine, ou plutôt combien de sages mesures, des lois inspirées par le génie et le patriotisme d'un grand ministre, pouvaient avoir d'influence sur le développement d'une des branches les plus importantes de la prospérité d'une nation.

La France était dénuée de bons ports; elle était sans vaisseaux, et le commerce maritime était avili; la législation était en rapport avec ce mauvais état de la marine nationale : c'était un chaos inextricable d'ordonnances, d'édits, déclarations, arrêts du conseil, règlements, mémoires; et toutes ces dispositions législatives avaient-elles reçu encore à chaque changement de règne des dérogations, des modifications et des exceptions infinies.

Tout à coup cet ordre de choses disparaît, la marine de commerce fleurit et enrichit la France; les batailles navales que la France va livrer à ses ennemis seront gagnées, et notre gloire maritime égalera notre illustration militaire; le code de nos lois de mer sera un modèle pour toutes les nations, et deux siècles après il sera encore en vigueur dans presque toutes ses parties.

Voilà, on peut le dire, une des plus belles pages de l'histoire du règne de Louis XIV, et cette gloire était sans contestation. Ses successeurs ne firent que suivre les errements que ce code avait tracés; témoin les fameuses lettres patentes du mois d'avril 1717, données d'abord pour les îles de l'Amérique en particulier, et ensuite déclarées communes pour nos autres colonies, savoir, pour le Canada, par un arrêt du conseil du 11 décembre de la même année, et pour la Louisiane, par autres arrêts du 30 septembre 1732 et 31 octobre 1741.

Le préambule de ces lettres patentes est conçu de cette manière remarquable :

« Le feu roi ayant, par édit du mois de décembre 1674, éteint et supprimé la compagnie des Indes occidentales, précédemment établie par autre édit du mois de mai 1664, pour faire seule le commerce des îles françaises de l'Amérique, et ayant réuni au domaine de la couronne les terres et pays dont elle était en possession, avec permission à tous ses sujets d'y trafiquer librement, voulut, par différentes grâces, les exciter à en rendre le commerce plus florissant. Cette considération l'engagea de rendre, les 4 juin et 25 et 27 août 1701, différents arrêts par lesquels il exempta de tous droits de sortie et autres généralement quelconques les denrées et marchandises, du crû ou fabrique du royaume, destinées pour les colonies françaises; et par les arrêts des 10 septembre 1668, 19 mai 1670 et 12 août 1671, il accorda la faculté d'entreposer dans les ports du royaume les marchandises provenant desdites colonies. Nous avons été informés que les différentes conjonctures du temps ont donné occasion à une grande multiplicité d'autres arrêts dont les dispositions, absolument contraires ou difficiles à concilier, font naître de fréquentes contestations entre les négociants et l'adjudicataire de nos fermes; ce qui serait capable d'empêcher nos sujets d'étendre un commerce qui est utile et avantageux à notre royaume, et qui mérite une faveur et une protection particulière; nous avons estimé nécessaire d'y pourvoir par une loi fixe et certaine, après avoir fait examiner les mémoires qui nous ont été présentés à ce sujet par les négociants de notre royaume, les réponses de l'adjudicataire de nos fermes, et tous les édits, déclarations et arrêts intervenus sur cette matière; à ces causes, etc. »

Cette loi fut jusqu'en 1789 la règle du commerce de nos colonies. On nous saura gré de la faire connaître; et l'idée que nous en donnerons ne paraîtra pas un hors-d'œuvre à ceux qui y reconnaîtront le plan de Louis XIV.

L'article 1er détermine les ports dans lesquels les armements pour les colonies pourront être faits. Ces ports sont : Calais, Dieppe, le Havre, Rouen, Honfleur, Saint-Malo, Morlaix, Brest, Nantes, La Rochelle, Bordeaux, Bayonne et Cette.

Depuis, la même faculté a été étendue à Marseille, par autres lettres patentes du mois de février 1719; à Dunkerque, par autres du mois d'octobre 1721, confirmées par arrêt du conseil du 3 septembre 1726; à Vannes, par arrêt du conseil du 21 décembre 1729, et encore à Libourne et à Cherbourg, par arrêt du conseil du 8 juin 1756.

Les négociants qui armaient pour les colonies étaient assujettis à faire au greffe de l'amirauté la soumission par laquelle ils s'obligeaient, sous peine de 10,000 livres d'amende, de faire revenir directement leurs vaisseaux dans le port de leur départ, sauf les cas de relâche forcé, naufrage, ou autre accident imprévu.

On trouve dans l'art. 3 l'exemption de tous droits d'entrée et de sortie pour toutes les marchandises du crû ou de la fabrique du royaume, même pour la vaisselle d'argent dont la destination sera pour les colonies françaises, qu'elles viennent des provinces des cinq grosses fermes ou de celles réputées étrangères, à l'exception des droits unis et dépendants de la ferme générale des aides et domaines.

De même pour les munitions de guerre, vivres et autres choses nécessaires, prises dans le royaume pour l'armement des vaisseaux ayant la même destination.

Il est à remarquer qu'il y avait une ordonnance de Louis XIV, du 4 mars 1699, qui défendait de porter de l'or ou de l'argent monnayé aux îles de l'Amérique pour y commercer; de manière que le commerce ne devait s'y faire qu'avec des denrées et marchandises, sous peine de confiscation, de 3,000 livres d'amende et de prison contre les capitaines ou autres contrevenants, et de trois ans de galères, en cas de récidive; laquelle ordonnance, fondée sur les principes de ce commerce, est toujours restée dans sa force, comme n'ayant pas été révoquée par aucune loi expresse ni tacite.

Par l'art. 5, les denrées et marchandises du royaume, venant par mer d'un port du royaume dans un autre, doivent, à leur arrivée, être renfermées dans un magasin d'entrepôt, sans pouvoir être versées de bord à bord.

A l'égard de celles qui viennent par terre, il faut en faire la déclaration au bureau du lieu de leur enlèvement, par quantité, poids et mesure ; en prendre un acquit-à-caution, et les faire décharger dans le magasin d'entrepôt, dans le terme de trois mois, suivant la disposition de l'art. 6.

S'il y a fraude dans la voiture, il y a la peine de la confiscation des marchandises et de 500 liv. d'amende, aux termes de l'art. 7.

L'art. 8 ordonne que les marchandises ne pourront être embarquées qu'elles n'aient été visitées et vérifiées par les commis.

Suivant l'art. 9, les marchandises embarquées pour les colonies doivent être déchargées dans un an au plus tard, et le certificat en doit être rapporté, écrit au dos de l'acquit-à-caution par l'intendant ou commandant et par les commis du fermier du domaine d'Occident, à peine de payer le quadruple des droits.

Les marchandises et denrées des pays étrangers dont la consommation est permise dans le royaume, même celles qui seront tirées de Marseille et de Dunkerque, paieront les droits d'entrée au premier bureau par lequel elles entreront dans le royaume, nonobstant leur destination pour les colonies ; mais à la sortie, elles ne paieront rien (art. 10).

Le bœuf salé venant des pays étrangers dans un des ports où peuvent se faire les armements pour les colonies, est déclaré par l'art. 11 exempt de tous droits d'entrée et de sortie, à condition toutefois de le mettre à l'entrepôt à l'arrivée, sous peine de confiscation.

Défenses de charger pour les colonies aucunes marchandises étrangères dont l'entrée et la consommation n'est pas permise dans le royaume, à peine de confiscation et de 3,000 livres d'amende, qui sera prononcée par les officiers de l'amirauté (art. 12).

Les art. 13 et 14 regardent les soieries et autres marchandises d'Avignon, et les toiles de Suisse. Les premières doivent payer les droits d'entrée et les autres ceux de sortie, nonobstant leur destination.

Permis d'entreposer les marchandises et denrées de toute sorte du crû des colonies françaises, à leur arrivée dans un des ports privilégiés pour ce commerce ; au moyen de quoi, lorsqu'elles sortiront de l'entrepôt pour être transportées en pays étranger, elles seront exemptes de tous droits d'entrée et de sortie, même du droit du domaine d'Occident, à la réserve de trois pour cent auxquels elles demeureront sujettes (art. 15).

A l'effet de cette exemption, l'art. 16 veut que les négociants soient tenus de faire leur déclaration au bureau du lieu du départ des marchandises, de leur destination pour le pays étranger ; avec soumission de rapporter dans six mois, au plus tard, un certificat en bonne forme de leur déchargement, signé du consul français, s'il y en a, ou, à son défaut, par les juges du lieu ou autres personnes publiques, à peine de payer le quadruple des droits.

L'art. 17 permet aussi la sortie par terre pour les pays étrangers, moyennant les précautions qui y sont marquées ; mais cela ne regarde que les sucres, indigo, gingembre, rocou et cacao ; et ce n'est que par les endroits désignés dans l'art. 18, à peine de confiscation et de 3,000 livres d'amende.

L'art. 19 fixe les droits dus sur les marchandises lorsqu'elles se consomment dans le royaume ; lesquels droits sont dus au fermier des cinq grosses fermes, sauf celui du domaine d'Occident, sur les sucres bruts et terrés, dont la déduction doit être faite sur les droits dus par lesdits sucres.

Dans les art. 20, 21, 22, 23 et 24, il est encore question des droits. Il a été dérogé à la disposition de l'art. 20 par arrêt du conseil du 3 septembre 1726, en ce qu'il a permis aux négociants français qui armeront pour les colonies, de porter toutes les marchandises et denrées qu'ils y auront prises en droiture à Marseille, à condition néanmoins d'y payer les droits qu'ils auraient payés dans le port de leur armement, s'ils y eussent fait leur retour. Le même arrêt a permis pareillement aux négociants des ports de Saint-Malo, Morlaix, Brest et Nantes, venant de l'Amérique, de faire leurs retours en tel desdits ports de Bretagne qu'ils arriveront.

Par l'art. 25 toutes les marchandises des colonies sont assujetties à payer trois pour cent, en nature ou de leur valeur, au fermier du domaine d'Occident, à leur arrivée dans quelque port du royaume que ce soit, nonobstant la déclaration d'entrepôt.

Défenses dans l'art. 26 de transporter, des colonies dans les pays étrangers ou dans les îles étrangères voisines, aucunes marchandises du crû desdites colonies, à peine de confiscation des vaisseaux et marchandises, et de 1000 livres d'amende, qui sera prononcée par les officiers de l'amirauté, outre d'autres peines contre les capitaines.

Il a aussi été dérogé à cet article par arrêt du conseil du 27 janvier 1726, par rapport à l'Espagne, où il est permis de porter directement toutes sortes de marchandises du crû des îles françaises de l'Amérique, à l'exception seulement des sucres bruts. Cette permission toutefois ne s'étend pas aux habitants desdites colonies. Veut au surplus S. M. que les navires français qui auront transporté directement des marchandises des îles en Espagne, soient tenus de revenir dans les ports de France d'où ils seront partis, sous les peines portées par l'art. 2 ci-dessus, et que les négociants qui auront fait ce commerce soient obligés de rapporter, à leur retour en France, l'état des marchandises qu'ils auront chargées aux îles, certifié par les principaux employés des fermes; et, en outre, l'état du déchargement fait en Espagne, certifié par le consul de France; sur la vérification desquels états les droits du domaine d'Occident seront acquittés.

Cet arrêt, qui a été confirmé par celui du 3 septembre de la même année, ci-dessus cité, n'eut rien de commun avec la déclaration du roi, du 29 janvier 1716, enregistrée au Parlement, par laquelle le commerce de la mer du Sud a été défendu aux Français, sous peine de mort; déclaration rendue en conformité des traités faits avec la couronne d'Espagne. Lors de la paix d'Utrecht, les défenses n'étaient que sous peine de confiscation du vaisseau et des marchandises, avec amende arbitraire (lettre de M. le comte de Toulouse, du 14 décembre 1715).

Défenses aussi, par l'art. 27, de prendre aucuns vins étrangers pour les colonies, même dans l'île de Madère où cela était permis auparavant.

Suivant l'art. 28, les droits d'entrée qui auront été payés sur les marchandises des colonies ne seront point restitués, quoiqu'elles passent ensuite à l'étranger; et elles seront même sujettes aux droits de sortie, excepté néanmoins les sucres, l'indigo, le gingembre, le café, le rocou, le cacao, les drogueries et épiceries.

Aux termes de l'art. 29, les sucres et les sirops ne doivent être déclarés, à leur arrivée dans le royaume, que par quantité de futailles ou caisses, et non par poids, comme il en est usé à l'égard des autres marchandises; mais toutes doivent être déchargées en présence des commis des fermes.

Les magasins d'entrepôt seront choisis par les négociants à leurs frais et fermés à trois clefs, dont l'une sera remise au commis du fermier des cinq grosses fermes, l'autre au commis du domaine d'Occident, et la troisième entre les mains de celui qui sera proposé par les négociants. C'est la disposition de l'art. 30; mais depuis, par arrêt du conseil du 6 mai 1738, il a été permis aux négociants d'entreposer, du consentement du fermier, dans leurs propres magasins, à la charge par eux de déclarer chaque magasin au fermier, de se soumettre à représenter les marchandises en même quantité et qualité, toutefois de ne pouvoir les changer d'un magasin dans un autre sans le congé du fermier, et d'en souffrir à tout instant le recensement.

Le 31e et dernier article regarde des droits pour des cas particuliers en faveur du raffinage du sucre brut, dans les villes de Bordeaux, La Rochelle, Rouen et Dieppe.

En interprétation de cet article, il y a l'arrêt du conseil du 17 novembre 1733.

Le temps de la durée de l'entrepôt permis par les art. 5, 6, 11, 13 et 30 desdites lettres patentes, n'ayant point été fixé par aucun de ces articles, il l'a été par une déclaration du roi du 19 janvier 1723, suivie d'autres lettres patentes du 21 mai de la même année, et il a été déterminé à un an, à compter du jour que les marchandises auront été mises dans l'entrepôt.

Mais il s'éleva une difficulté en 1750, relativement aux vins de Bordeaux. Le fermier prétendait, contre ce qui s'était pratiqué jusque-là, que l'année devait se compter du jour que les vins achetés dans la haute Guyenne étaient entreposés à Bordeaux, quoique destinés pour La Rochelle, à l'effet d'y être entreposés, en attendant leur chargement pour les colonies. Les armateurs, de leur côté, alléguaient qu'à compter l'année d'entrepôt de cette manière, il arriverait souvent qu'elle serait écoulée avant qu'ils eussent été en état de profiter de l'exemption des droits, tandis qu'aux termes des lettres patentes de 1723, ils devaient avoir une année entière utile à compter du jour de l'entrepôt dans le port de la destination des marchandises pour les colonies.

La contestation portée devant le juge des traités de La Rochelle, il décida en faveur du fermier, et en conséquence, par sentence du 3 mars 1752, il débouta les sieurs Rasteau, Couillaudeau et Hoogwerf de l'opposition qu'ils avaient formée aux contraintes décernées contre eux pour le paiement des droits sur les vins qu'ils avaient fait venir de Bordeaux, sous prétexte qu'il y avait plus d'un an qu'ils avaient été entreposés à Bordeaux, quoiqu'ils eussent été expédiés pour les colonies dans l'entrepôt à La Rochelle. Mais, par arrêt de la Cour des aides du 6 août 1753, la sentence a été infirmée, et le fermier condamné de restituer les sommes par lui exigées par provision pour les droits qui n'étaient pas dus dans les circonstances.

Pour contravention aux lettres patentes de 1723, confirmatives du règlement du 21 janvier de la même année et de tant d'autres antérieurs prohibitifs du commerce étranger aux colonies, le nommé Gille Robin, capitaine du navire *le Saint-Michel* du Havre, convaincu d'avoir fait le commerce étranger à Saint-Domingue, fut condamné, par sentence de l'amirauté du lieu, en 2,000 livres d'amende et à six mois de prison, outre la confiscation de ses marchandises; mais cette condamnation n'ayant pas paru assez rigoureuse, par ordonnance du roi du 23 juillet 1724, ce capitaine fut déclaré incapable de monter à l'avenir aucun bâtiment destiné pour les colonies.

Telle a été la législation maritime dont le plan est dû entièrement au règne de Louis XIV.

Sur le pied qu'il avait déjà mis la navigation et le commerce maritime, après en avoir assuré les progrès, tant par l'augmentation de ses forces navales que par un grand nombre de ports et havres rendus par ses ordres plus commodes et d'un abord plus facile, il ne lui était plus resté, pour couronner la gloire de son entreprise, qu'à former un corps de lois particulières, toutes relatives à cet objet, où l'on trouvât des dispositions pleines d'équité et de sagesse, pour instruire les gens de mer de leurs principaux devoirs, fixer la jurisprudence des contrats maritimes, et établir une bonne police dans les ports et rades, de même que sur les côtes du royaume, en déterminant en même temps les droits, priviléges et prérogatives de l'amiral, la juridiction de l'amirauté, la procédure qui devait y être observée, les fonctions et les obligations, enfin, des juges et autres officiers préposés pour concourir au maintien du bon ordre dans cette partie du droit français. C'est tout cela qui a été prévu avec une admirable sagesse. Depuis, quelques changements ont été apportés aux ordonnances de Louis XIV, mais ils n'ont aucun rapport à la jurisprudence, qui est toujours demeurée la même:

Ces changements, en effet, ne regardaient guère que la police de la navigation et du commerce, matière naturellement sujette à de nouveaux règlements. Quant à l'ordonnance militaire du 15 avril 1689, on ne l'augmenta que de quelques règlements, soit pour fixer le sort des invalides de la marine par édit du mois de juillet 1720, soit pour régulariser le service des élèves, l'entretien des vaisseaux, pour déterminer le service des troupes d'infanterie à bord des vaisseaux et frégates, etc.

Mais toujours est-il que les ordonnances de 1681 pour le commerce maritime, et de 1689 pour la marine militaire, furent adoptées partout comme un monument de sagesse et d'intelligence, et que l'immense révolution de 1789, en brisant le passé, a conservé la plupart de leurs dispositions.

C. MARCHAL.

Le mont Tombelène.

Ce rocher granitique, qui s'élève à 40 mètres de hauteur sur une base de plus de 600 toises de circonférence, est situé à une demi-lieue nord du Mont-Saint-Michel, au milieu d'une grève unie, blanche, solitaire, de 8 à 10 lieues carrées de superficie. Il est tous les jours terre-ferme et îlot, selon l'état de la marée : pendant la pleine mer, c'est un point isolé qu'environnent les flots, et l'on ne peut y aborder qu'en bateau ; à mer basse, il n'est plus borné que par la plage aride, et les grèves mouvantes qui l'entourent rendent son accès dangereux. Le mouvement du flux, en déplaçant les sables, forme comme des fondrières, connues sous le nom de *lises*, endroits fort dangereux, où le voyageur court risque de s'ensevelir, s'il suit une route déjà prise par un autre, ou s'il ne franchit rapidement la lise, de manière que la superficie du sable n'ait pas le temps de se délayer sous ses pieds,

Tombelène était autrefois un lieu vénéré : les Gaulois y adoraient, dit-on, leur dieu Bélénus, l'Apollon ou l'Osiris des Celtes ; et de là son nom de *Tumba Beleni*, monument ou temple de Bélénus, qui, par corruption, a formé le mot *Tombelène*.

Cependant plusieurs écrivains veulent que le mont Bélénus ait été le Mont-Saint-Michel ; et comme l'étymologie du mot *Tombelène* est contre eux, ils la détruisent en prétendant que les chrétiens, pour faire oublier l'origine païenne du Mont-Saint-Michel, où ils édifièrent une église, donnèrent le change au public, en imposant au rocher Tombelène le nom que portait l'autre mont. Avec de pareilles hypothèses, on dit nécessairement du nouveau ; mais la supposition est tout à fait gratuite.

J'en dirais presque autant, malgré l'autorité de Deric et de Saint-Foix, de ce que l'on conte des druidesses qui desservaient l'autel de Bélénus à Tombelène ; de leur don de divination ; de leur pouvoir tout féerique de produire et de calmer à leur gré les tempêtes ; enfin des flèches qu'elles vendaient aux marins, et qui avaient la vertu d'apaiser l'irritation des flots, pourvu qu'elles fussent jetées à la mer par un beau jeune homme. Tout cela est évidemment tiré du géographe romain Pomponius Méla. Je ne vois à cet emprunt qu'un inconvénient, c'est que Pomponius Méla, en parlant des prêtresses gauloises, mentionne le collége de druidesses de l'île de *Sena*, aujourd'hui l'île de Sein, et qu'il ne dit pas un mot du *Mons* ou *Tumba Beleni*.

Selon Robert Cenalis, évêque d'Avranches, et, après lui, le savant Huet, le mot *Tombelène* vient du latin *tumbellana* ou *tumbulana*, petite tombe, diminutif de *Tumba*, nom que portait le Mont-Saint-Michel. Mais on ne peut donner le nom de petite tombe à Tombelène par rapport au Mont-Saint-Michel, puisque celui-ci, pour être plus élevé, plus pyramidal que l'autre, a pourtant moins d'étendue. On a prétendu aussi que ce rocher tire son nom du gaulois *tum*, tombe, à cause de sa forme qui a l'aspect d'un grand *tumulus* ou tombeau des anciens.

Dom Huynes et Le Baud donnent à Tombelène une étymologie toute différente. Ils font dériver ce mot de *tumba Helenæ*, tombe d'Hélène, parce qu'une princesse Hélène, fille de Hoël le Grand, duc de Bretagne, ravie et outragée par un merveilleux géant venu d'Espagne, qui l'abandonna sur ce rocher, où elle mourut, y aurait été enterrée par sa nourrice, compagne de ses infortunes. Cette tradition ayant une certaine analogie avec un épisode de la mythologie grecque, on a cru qu'il fallait en chercher l'origine dans la fable d'Ariane, princesse de Crète, délaissée par Thésée dans l'île de Naxos. C'est une erreur. Ce récit est certainement tiré du roman du *Brut*, qui raconte épisodiquement la malheureuse aventure d'une Hélène enlevée de la cour de Bretagne, conduite à Tombelène et déshonorée par un géant qui causa sa mort. Le poëme du *Brut* ajoute que la princesse fut inhumée là, et que ce rocher s'appela de son nom :

> Del tombel u Helaine fut,
> Tombe Helaine son nom reçut.
> Del tombe u Il cors fu mis
> Il tombe Helaine, c'est ce nom pris.

Marchangy nous donne à son tour quelques détails sur cette Hélène ; mais, selon lui, c'était une jeune fille qui, « n'ayant pu suivre Montgommery son amant, qui allait avec le duc Guillaume conquérir l'Angleterre, mourut de chagrin sur ce rivage où elle fut ensevelie. » Il est inutile de rechercher où l'auteur de la *Gaule poétique* a pris cette tradition. En voilà bien assez sur l'étymologie de Tombelène. Passons à l'histoire de ce rocher.

Ce qu'on peut dire de Tombelène sous les Gaulois et pendant l'époque romaine est purement hypothétique; on raisonne par analogie, par supposition; on fait des conjectures plus ou moins spécieuses : mais le moyen de les étayer de quelque certitude, quand nous n'avons à cet égard aucun monument qui remonte à ces temps éloignés ! Nous ne connaissons rien de Tombelène avant le xiie siècle. L'histoire fait mention de ce roc, pour la première fois, à propos d'un prieuré que Bernard, treizième abbé du Mont-Saint-Michel, y établit en 1135. Selon le *Gallia christiana* et le *Neustria pia*, Bernard, qui trouvait ce lieu favorable à la vie contemplative, y fit bâtir un oratoire et plusieurs cellules, où il allait souvent avec quelques frères, et y envoyait ses religieux en retraite. Il en fit un petit monastère en y établissant trois moines de l'abbaye du Mont-Saint-Michel, qui étaient relevés par d'autres après un séjour de trois ans. Tel fut l'établissement d'un prieuré qui exista jusqu'au xviie siècle, et qui, pendant six cents ans, porta les fidèles à aller en pèlerinage prier à Tombelène.

En 1212, Jordan, dix-septième abbé du Mont-Saint-Michel, reçut, d'après sa demande, la sépulture à Tombelène. Il ne reste plus de vestiges de son tombeau, que les croyants visitaient autrefois.

Quelques années plus tard, en 1220, Philippe-Auguste fit élever un petit fort sur ce rocher, dans le but de protéger le Mont-Saint-Michel contre toute tentative de la part des Anglais qui le convoitaient déjà. Ces légères fortifications n'empêchèrent pas ceux-ci de s'emparer de Tombelène en 1357, pendant la désastreuse captivité du roi Jean. Ils le possédèrent jusqu'à 1374, qu'il fut repris par les troupes de Charles V, aidées des habitants d'Avranches. Mais en 1417, alors que la France gémissait sous le sceptre incertain d'un monarque en démence, et que tout était confusion dans l'Etat, Tombelène retomba sans coup férir au pouvoir des Anglais. L'année suivante ils y construisirent un nouveau fort, flanqué de tours et revêtu de hautes murailles. Ce fut leur arsenal et le dépôt de leurs approvisionnements : ils en firent leur place de guerre, le centre de leurs opérations contre le Mont-Saint-Michel, qu'ils avaient à cœur de réduire, et qui sut braver leurs efforts.

Après le honteux échec qu'ils reçurent devant cette forteresse en 1424, ils retirèrent une partie de leurs troupes désormais inutiles contre l'imprenable mont ; mais ils laissèrent une forte garnison à Tombelène, d'où ils inquiétaient sans cesse les environs par des coups de main, de rapides irruptions.

Enfin la bataille de Formigny se donna. L'issue de cette journée, si fatale aux Anglais, leur fit bientôt perdre le mont Tombelène. Le duc de Bretagne et le connétable de Richemont vinrent assiéger ce rocher dans le courant de l'année 1450, et contraignirent l'ennemi à se rendre par capitulation, après avoir possédé Tombelène pendant trente-trois ans.

On enleva les armes et les munitions que contenaient les magasins de la place; mais aucun ouvrage de fortification ne fut endommagé. C'était une redoute toute prête, qui pouvait servir au besoin; la France la conserva. Des comtes de Montgommery l'occupèrent avec quelques troupes jusqu'au temps des guerres de la Ligue.

Il devint ensuite le siège d'un gouvernement militaire, et fut le théâtre de plusieurs petits faits d'armes pendant les troubles de Bretagne. Le surintendant Fouquet, son dernier gouverneur, qui ne la visita jamais, y fit faire d'importantes constructions pour loger plus commodément la garnison qu'il y entretenait; il répara aussi une partie des remparts. Mais à la chute de ce somptueux financier, Tombelène devint désert; la garnison et les religieux l'abandonnèrent : rien ne fut plus entretenu, tout se détériora. Enfin, cinq ans après la disgrâce de Fouquet, en 1669, Louis XIV donna l'ordre de démolir ce fort, qui fut entièrement rasé l'année suivante.

Une humble chapelle, placée sous la double invocation de Notre-Dame et de sainte Appoline, fut le seul monument qu'épargna le marteau destructeur. Cette chapelle a existé jusqu'à la révolution de 1789. Elle recevait une subvention pour l'entretien d'une lampe perpétuelle, et les pèlerins qui venaient la visiter y laissaient d'abondantes offrandes : c'est dire assez qu'on avait intérêt à la conserver.

Tombelène n'est plus aujourd'hui qu'un rocher aride et solitaire, couronné de décombres et couvert de ronces et d'épines. On y voit encore un chemin taillé dans le roc, la trace des fondements de quelques édifices, les ruines d'une ancienne porte, des fragments de murailles et des débris de remparts.   VÉRUSMOR.

VARIÉTÉS.

—

Scènes nocturnes

AUX ANTILLES.

. . . . . Lorsque le cercle fut formé de nouveau, le jeune colon commença en ces termes :

Messieurs, je vous demande pardon de n'être pas né en Bretagne ou en Champagne, comme c'est l'usage. Mon second tort est d'avoir pour patrie une île appelée la Martinique, laquelle se trouve dans le golfe du Mexique au milieu de plusieurs autres. A voir surnager les fronts tout fleuris de ces jeunes Délos, on dirait, en vérité, les roses d'un bouquet qu'une vierge du ciel a effeuillées sur les eaux. Vous comprenez, du reste, puisque vous avez de nobles cœurs, que l'on peut aimer son pays, même quand il ne contient pas trente-deux millions d'âmes. Le degré de latitude n'y fait rien. D'ailleurs la beauté est relative, et je vous jure, pour ma part, que j'ai mangé des ananas qui valaient bien vos prunes et vos pommes. Si donc, dans le cours de ce récit, il m'arrivait, comme maintenant, de me laisser emporter à quelque chose d'anti-national, je veux dire d'anti-français, je vous supplie d'avoir à m'excuser. Je suis sauvage comme les rochers de ma pauvre île, et dans mon cœur saigne une vieille blessure.

On m'a déroulé tout à l'heure, messieurs, une brillante épopée de vos *trois jours*. Plaignez-moi, je n'ai rien de semblable à vous offrir. Vous autres, vous êtes habitués à des victoires, à des glorieuses journées, à des soleils. Il est vrai que votre capitale est notre *mère-patrie*. La Martinique, en fille soumise, s'est contentée d'une lune et de trois nuits. Ici ce fut l'ouvrage d'un peuple ; là-bas, celui des nègres et des mulâtres. Vous chérissez tous les nègres, messieurs ; moi je ne les déteste pas ; je dis seulement qu'il leur prend fantaisie trop souvent de nous égorger, et que s'ils réussissaient, cela nous ferait du mal ; rien de plus. J'ajouterai que dans les affreuses ténèbres de février est morte misérablement, et par leur faute, la première femme que j'aie aimée, la seule, peut-être. Je la désignerai sous le nom de Virginie, et, comme je l'ai promis, je vais vous raconter sa triste fin.

C'était une jeune fille, que l'on trouvait avec raison plus sauvage que civilisée. Beaucoup s'en affligeaient ; pour moi, qui m'échappais de Paris, de ce cœur d'une civilisation en pourriture, je vous confesse que je ne me suis jamais plaint de cette virginale sauvagerie. Ce caractère était d'une nouveauté qui ne me réjouissait pas moins que l'aspect merveilleux des palmistes et des dattiers ;

car, à cette ignorance nonchalante et farouche des créoles, Virginie mêlait un peu de coquetterie française. Les femmes, d'ailleurs, quelles qu'elles soient, et n'importe dans quel lieu, aiment à plaire. S'il n'y a point d'hommes derrière le feuillage, elles rêvent peut-être, en voyant se fixer sur elles l'œil des oiseaux, que des âmes souffrent dans ces vivantes prisons de plumes ; elles rêvent que c'est de dépit que les roses secouent sur la pelouse leurs feuilles et leurs perles, et les superbes mettent un charme de plus dans leur sourire !

J'ignore si c'est Dieu qui le veut, mais les créatures féminines nées sous le regard brûlant du tropique réunissent et confondent admirablement en elles les deux types de la Française et de l'Espagnole. Pieuses et dissipées, légères et passionnées ! Dieu et l'amour se disputent ces cœurs, et elles consument beaucoup de leur loisir à donner gain de cause à tous deux. Ce seraient d'excellentes mères en France, et des amantes très-passionnées en Espagne. Leurs cheveux sont aussi noirs que leurs esclaves, et pleuvent jusqu'à terre, semblables aux cascades de nos mornes. Leur œil, qui réfléchit tristement sous leurs paupières, est un océan dont un homme ne sonde pas la profondeur. Elles aiment à se parer et à danser toutes les nuits, quoiqu'elles soient superstitieuses et contemplatives. Car si elles sont élevées dans le christianisme, il n'est pas rare cependant qu'elles croient aux sorcelleries dont les esclaves bercent leur enfance. Quant à leur tristesse, elle est inspirée, je suppose, par la vue constante des sables, et peut-être aussi par cette existence enfermée dans une île. Là surtout l'homme sent qu'il est peu de chose, et qu'il voyage. La mer le lui rappelle éternellement et sans pitié.

Virginie avait coutume de passer la main sur son front, tantôt pour relever une boucle défaite de sa chevelure, tantôt comme si elle eût cherché à se rappeler un autre monde où elle avait été plus heureuse. Cette mélancolie, autant que la perfection de son visage et de son corps, contribua à me séduire. L'amour et la vanité trouvent si bien leur compte à passionner ces douloureuses beautés. Il nous semble, en effet, que nous sommes meilleurs lorsque nous sommes parvenus, d'un rayon de nos yeux, à réjouir ces terres mornes et froides. Elle s'aperçut bientôt que je l'aimais ; et, elle me tendait sa main, sa belle main blanche, dont les ongles imitaient les nuances délicates des fleurs du franchipanier, me conseillant d'avoir bon courage ; et alors pétillait sur ses lèvres la rare et innocente joie de son âme ; mais cela durait peu. Le moindre accident, deux feuilles tombées en croix suffisaient pour tout renverser ; ou c'était le nombre des étoiles, ou la couleur du ciel. Quand il devenait rouge, l'anxiété de Virginie augmentait visiblement. Sa destinée, disait-elle, avait été marquée d'un signe rouge, et quelle plus fatale couleur que le rouge ! Le feu est rouge, le sang est rouge, la langue des serpents est rouge, et celle des hommes aussi ; la honte est rouge ; il y a des mulâtres rouges..... Les plus sages raisonnements n'y faisaient rien. On lui avait prédit également qu'elle mourrait à dix-sept ans. Et chaque jour elle nous avouait qu'elle aurait bien voulu, s'il avait été possible, consulter de nouveau une sorcière habile : l'oracle de la première était trop redoutable ! Malgré ces bizarreries, nous étions heureux. Pour ma part, je savais dès cette époque qu'il n'y aurait pas dans le reste de ma vie de plus douces soirées que celles passées près de sa chaise, tandis que la lune se levait si brillante derrière le Morne-Rouge, que nous nous demandions où notre nuit prenait ce soleil ? Elle nous disait, la Phébé américaine, telle qu'une mère prudente : Soyez heureux, soyez heureux ; le bonheur n'est pas serein et périodique comme moi.

Il est probable que tout ce poëme, composé et soupiré entre Virginie et moi, aurait eu même fin que ceux de nos nègres, à la bénédiction nuptiale près, dont ces messieurs ne s'embarrassent pas, si des circonstances imprévues ne l'avaient brusquement varié, et soudain interrompu pour le clore à jamais. La mort, que nous persistons à oublier, mais qui n'est pas assez dédaigneuse pour nous imiter, à l'instant que personne n'y songe, se présente, et emporte bon gré mal gré l'acteur souvent le plus nécessaire ; et c'est toujours à recommencer.

Qui m'eût dit, par exemple, qu'un soir que je parcourais au galop les bosquets fleuris du Morne-d'Orange, je rencontrerais une jeune mulâtresse du nom de Cidélise, et que de cette circonstance si futile naîtraient de longs malheurs !..... Elle avait été piquée par un serpent. L'abandonner sur le chemin eût été cruel. Et quoique vos écrivains, messieurs, vous donnent ordinairement pour un planteur américain le premier ours qu'ils ont fait sortir de leur cerveau, coiffé de paille, armé de bambou, et muni d'un négrillon rôti, je vous apprendrai que je reconduisis Cidélise jusque chez elle. Dans la route, je découvris qu'elle était la femme d'un mulâtre appelé Jupiter, célèbre par un meurtre exécrable, qui l'eût conduit à la potence, si le tribunal n'avait pas manqué de preuves.

La nuit n'avait pas tardé à descendre. Aux colonies, nous n'avons point de crépuscule. Il faisait même bien sombre, lorsque le mulâtre, de retour de son travail, se présenta à la porte de la case. Il salua d'abord, examina en silence quel était son hôte ; et quand il m'eut reconnu, il fit la plus laide grimace que nègre ou singe aient jamais essayée.

« Maître, me dit-il alors, c'est bien de l'honneur pour moi, et je vous prie de ne pas vous déranger. Je vais aller tenir votre cheval jusqu'à ce qu'il vous plaise de partir. »

Et sans attendre de réponse, il se retira en nous enfermant à clef.

« Quel est cet homme ? demandai-je étonné.

— Mon mari, répondit Cidélise, mon mari lui-même ! Ah ! ne voyez-vous pas qu'il nous soupçonne et que me voilà perdue ! A quoi bon me guérir de ma piqûre ! je ne suis pas la première qu'il ait aimée. »

Cela voulait dire tuée, probablement. Je me levai, en la priant de se rassurer, et j'allai à la porte.

« Ne frappez pas, s'écria-t-elle, par pitié ! Attendez, vous êtes blanc. Cette marque de déférence l'adoucira peut-être. O mon maître, faites encore ceci pour votre esclave. »

Je pris l'accident en patience, et je retournai m'asseoir. J'étais cependant fort contrarié, d'abord d'être ainsi récompensé de ma peine, ensuite de me trouver en tête-à-tête forcé avec la Junon de ce *monsieur*, comme dirait un Européen. Dans ces pays, j'ignore qui s'est amusé à doter les nègres des plus nobles noms. Celui-là était un amer philosophe qui connaissait bien le néant des grandeurs et le voulait faire connaître à tous. J'ai vu un nègre qui s'appelait Alexandre-Sévère. Mais alors ce qui me préoccupait le plus, c'était la détestable renommée de ce mulâtre. J'étais éloigné de la ville ; je n'avais point d'armes ; la nuit nous enveloppait. Par intervalles, il chantait une chanson de nègres dont je ne comprenais pas les paroles, mais dont l'air était si lugubre, qu'elle me paraissait accompagner la sépulture de toute une génération. Mon cheval, qu'il promenait, hennissait tristement, comme s'il eût eu peur, et par les folles bouffées du vent, j'entendais les tamarins pousser dans l'air de larges soupirs.

La physionomie de Cidélise était un livre indéchiffrable en ce moment. Ses contorsions, son anxiété, sa pâleur, la mulâtresse attribuait tout à la piqûre du serpent, et elle maudissait le serpent et son mari. Moi, je les maudissais tous.

Ce qui n'empêchait pas les tamarins de frissonner, le cheval de hennir, et la maudite chanson de me poursuivre toujours.

Qui de nous n'a pas ainsi tremblé à des dangers imaginaires ! La pointe d'une épée, le plomb d'une arme à feu, n'épouvantent pas : on leur présente sa poitrine sans pâlir, quelquefois pour une parole, quelquefois pour rien ; mais cette mort est glorieuse et précédée d'éclairs ; elle nous enlève parmi les fanfares et les bravos ; le sang lui-même nous couvre alors comme un royal manteau d'écarlate. L'autre est ténébreuse, souterraine, aussi froide que l'acier qu'elle cache ; elle rampe jusqu'à notre poitrine, dans l'ombre, dans le silence, pareille à ces hideux scorpions dont le ventre est si glacé !

Las d'attendre pourtant, du pied j'abattis la porte et je sortis, mais presque aussitôt je plaçai la main sur mon cœur : c'est là qu'on frappe ordinairement. Personne ne frappa. Jupiter était appuyé contre un arbre, et chantait toujours sa chanson.

Je montai à cheval sans prononcer un mot; j'étais honteux du triste rôle que j'avais joué là. Au moment de partir, cependant, je lui remis deux quarts de doublon, et j'ajoutai, pour l'honneur de Cidélise, qu'il s'abusait; que sa femme avait pour garant de sa chasteté non-seulement ma parole, mais encore la douleur d'une blessure.

« La parole aurait suffi, la parole d'un blanc! » me répondit-il en s'inclinant jusqu'à terre; mais cette feinte humilité ne me déroba point l'affreuse ironie de son regard de vipère.

« Adieu, » lui dis-je. Et je partis au galop.

Mais dans ce récit, messieurs, vous devez être surpris de ne pas avoir encore vu figurer de nègres. Je m'explique cette impatience et vais la satisfaire; car, au lieu de vous ramener avec moi à Saint-Pierre, j'userai de mes droits d'historien pour vous transporter dans une autre case à peu près semblable à celle que nous quittons, mais plus spacieuse et moins exposée aux regards. Et si maintenant arrive le drame, ne vous en prenez pas à moi, messieurs. De ce drame, je ne suis pas moins innocent que vous : la faute en est aux nègres. Quant à la véracité des détails, vous ne la soupçonnerez pas, car drame et vérité découlent des protocoles du lieu.

Une vieille négresse, maîtresse du logis, était assise à l'extrémité de la salle. A ses côtés se tenait, toute tremblante, une jeune fille, qu'on eût prise volontiers pour une noble blanche, si ce n'avait été la couleur de sa peau. Le madras qui couvrait son cou ne s'étalait point avec cette immodestie et cette avide impureté auxquelles nous ont habitués les mulâtresses. Dans ce costume si gracieux et si lascif, qu'il n'y a que des femmes esclaves qui aient pu l'inventer, celle-ci avait su glisser quelque chose de pudique et d'honnête. Son visage, on l'apercevait à peine, reposé qu'il était entre deux ravissantes mains, qui s'arrondissaient et s'ouvraient comme deux coquilles d'or. C'est là que Jupiter entra lorsque je fus éloigné.

« Soyez le bienvenu, dit la vieille.

— Où sont les autres? demanda-t-il sans répondre au salut.

— Les autres, je les attends; et en attendant je *tire les cartes* à cette jeune fille. — Ne tremblez donc pas ainsi, ma chère. — Mon ami, une belle fille de Saint-Pierre!

— Il n'y a plus de belles filles, mère... Aujourd'hui nous n'avons que des blancs, des blancs qui dévorent nos sœurs, nos femmes, nos enfants; des blancs que les gens d'Europe nous conseillent de tuer, et que nous tuerons.

— Est-ce que Cidélise....

— Non, reprit-il, mais je feins de le penser. Il ne messied pas qu'un mari ait un prétexte et un mulâtre une haine de plus.

— Mais tu n'es déjà qu'un tas de haine.

— Et de laideur, c'est vrai. Ainsi le démon fait à son image ceux qu'il envoie pour punir. Laideur au dehors, haine au dedans. »

Ce qu'il avait appelé *les autres* se présenta enfin. C'était une bande de nègres et de mulâtres dont les physionomies rivalisaient de bassesse et de cruauté. Toutes les nuances, depuis un jaune sale jusqu'à un noir plus sale encore, composaient leurs différents teints. On eût dit qu'on leur avait barbouillé la face avec leur âme. Ils entourèrent la table, s'emparèrent chacun d'une calebasse, et le tafia commença à couler. Lorsque ces gens sont à la veille d'une action importante, c'est malheur au rhum blanc. Ils en avalent, comme si c'était de la bravoure. Si jamais ils possèdent une déesse de la Liberté, je leur conseille de lui fournir pour piédestal un boucaut de tafia. C'est de là qu'elle sera sortie à coup sûr.

« Messieurs, dit Jupiter, vous buvez, mais serez-vous prêts? Avez-vous préparé vos torches? Avez-vous choisi les emplacements? Avez-vous prévu les accidents? Le feu sera-t-il rapide et certain? Le vent souffle du nord depuis quelques jours, c'est bon; mais veillez, et s'il changeait, changez.

— Oui, oui, s'écrièrent-ils, et mort aux blancs!

— Jusqu'au dernier! Je ne m'informe pas si le fil de vos coutelas est tranchant. Ces têtes de blancs se font prier pour tomber, ne l'oubliez pas. A sept heures précises, le couteau dans les dents, le sabre d'une main, le feu de l'autre. Le feu surtout! On tuera tout, c'est convenu entre nous, les hommes d'abord, ensuite les vieux, les femmes et les enfants! Peut-être en trouverez-vous, des blancs, qui vous radoteront qu'ils sont vos amis, qu'ils sont *négrophiles;* dites oui, mais frappez toujours. Dans la gorge, droit dans la gorge : il est rare qu'on en réchappe.

— Messieurs, interrompit un des assistants, je demande à parler. Moi, Benjamin, surnommé le dandy à cause de mon élégance, je vous accuserai de précipitation. Vous savez tous combien je suis versé dans la lecture des journaux et des brochures de France...

— Abrége; nous savons tous aussi que tu es ennuyeux.

— Rapportez-vous-en par conséquent à ma sagesse, et croyez que ne pas épargner les femmes, c'est manquer de goût. J'entends celles qui sont jeunes; les vieilles, je les livre à vos coutelas.

Jupiter, haletant de colère, se leva et ne lui permit pas de continuer,

« Quel est le misérable faquin, s'écria-t-il, qui

ose parler de conserver des blanches? Est-ce toi, Benjamin? Peut-être as-tu peur qu'on ne te prenne pour une femme? Avec ton jabot qui fait la roue, ton habit, peut-être splendide jadis, mais si court aujourd'hui que les manches t'en viennent aux coudes; avec ton col imperceptible sous l'oreille, mais accru si démesurément au menton et terminé par une pointe d'aiguille! Va, tu peux battre tes lèvres de ce jonc flanqué d'une pomme d'ivoire; comme il est vrai que tu te crois élégant, il est vrai aussi que tu es un lâche.

— Jupiter, répondit Benjamin, avec un sang-froid qui ne pouvait guère être égalé que par sa fatuité, vous êtes jaloux de ma beauté et de mon dandysme, je le conçois, et vous pardonne vos violentes paroles : elles sont filles de la colère. A qui la faute, s'il existe entre les femmes et moi un lien sympathique, comme entre vous et la liberté? Ces frêles créatures m'adorent, et je les défends : c'est justice. Vous, vous avez le courage, et moi les qualités que ma bouche modeste se refuse à énumérer. Composons, magnanime Jupiter. Tandis que les blancs tomberont sous vos coups en aussi grande quantité que les mangots par un orage violent, confiez à ma garde, enhardie par vingt hommes, les plus jolies parmi les blanches. Après l'effort du combat, rien n'est préférable au charme des vins, si ce n'est la douceur des baisers de la femme. »

Et il se remit à jouer avec sa badine, fier de l'immense effet de son discours sur ce grossier auditoire; mais son brusque adversaire s'était déjà élancé de sa chaise, avait saisi la jeune mulâtresse assise aux genoux de la sorcière, et disait, plein de rage : « Mais viens donc ici, fille du soleil; viens, mulâtresse, plaider tes droits de mulâtresse! Les entends-tu? il leur faut de la chair blanche à ces messieurs, à ces vieux débris de libertinage, à ce vil Benjamin! Faites-vous donc égorger pour mettre au cou de ces Adonis d'ébène des bras plus blancs, des lèvres plus roses! Dis-leur donc que tu es aussi belle que les femelles de ces loups, dis-leur qu'ils sont fous de préférer des oies à des paons, parce que les oies sont blanches! »

Par malheur, la jeune fille s'évanouit au beau milieu de la période.

« Ranime un peu ce paon, ennemi des oies, » lui cria Benjamin.

On rit, et Jupiter fut condamné. D'ailleurs, les femmes blanches planent au-dessus du regard des noirs, comme des anges, comme des êtres d'une nature tellement supérieure à la leur, qu'ils préféreront toujours le viol au meurtre, d'autant plus que l'un n'empêche pas l'autre. Cependant quelques-uns d'entre eux s'empressèrent, enlevèrent à la mulâtresse évanouie un mouchoir des Indes, et lui versèrent de l'eau sur la face. Mais quel fut leur étonnement à tous lorsqu'ils virent la chair déteindre, puis rougir, puis blanchir! Les plus niais crièrent au miracle. Jupiter, irrité, déchira

la chemise, et la poitrine d'une femme blanche se découvrit à leurs yeux : il n'y eut plus de doute.

« Tuons-la! tuons-la! » s'écrièrent-ils; et soudain, tels que vingt éclairs déchaînés sur les sommets de neige d'une montagne, vingt lames étincelantes de couteau menacèrent ce jeune sein.

« Arrêtez, nobles opprimés, reprit Benjamin en étendant les bras sur la victime; vous aimez trop à tuer. Ecartez-vous, et permettez que j'en confère avec notre gracieux chef Jupiter.— Mon ami, dit-il à Jupiter, lorsqu'ils furent seuls, l'amitié est presque une obligation entre des hommes pareils à nous! Soyons unis pour être plus grands. Je connais cette demoiselle. Elle est de la ville et se nomme Virginie. Votre noble amour pour la liberté vous rend odieuse la chair blanche; moi, qui suis moins parfait et moins patriote que vous, je confesse que posséder une blanche a toujours été le rêve de mon âme. Oublions nos anciens différends : je vous sacrifie ma motion de tout à l'heure, qui vous a paru peu agréable; mais, en revanche, vous m'abandonnerez cette femme; n'est-ce pas, mon auguste Jupiter? »

— Votre motion de tout à l'heure, aimable Benjamin, répondit le mari de Cidélise, loin de m'être peu agréable, me charme au contraire infiniment, et je ne saurais vous en donner de preuve plus certaine qu'en vous annonçant que j'ai choisi cette femme pour moi. J'abhorre depuis une heure le jeune homme blanc qui l'aime, et vous me connaissez trop pour penser que je négligerai ma vengeance. Vous aviez raison : avant comme après le combat, le baiser des femmes est doux. »

Benjamin, déconcerté, se retourna du côté des nègres :

« Messieurs, leur dit-il, apprenez que le démon de la luxure s'est emparé de notre chef. Cette chevelure noire, que vous voyez pendre de la tête de mademoiselle comme une branche de saule, projette une ombre dangereuse sur les intentions de Jupiter. C'est gare à nous!

— O le plus lâche de tous! cria le mulâtre en fureur; ta langue comme ton corps fait parade du clinquant que tu voles aux blancs! Gare à toi d'abord! » Et, le couteau au poing, il se précipita sur le dandy.

Pendant ce temps, un nègre, du nom de Christophe, saisit Virginie sur ses épaules :

« Je l'emporte hors d'ici, dit-il à ses frères; elle serait l'occasion de querelles trop violentes. Elle jurera de se taire, et je la remettrai aux portes de Saint-Pierre. Evitons un meurtre inutile. » Et il sortit avec son précieux fardeau. Ce Christophe était un bon noir; le mauvais exemple seul détourna de l'obéissance.

Le malheureux paya cher ce moment de compassion. Le lendemain son corps fut trouvé au revers d'une falaise : il avait reçu deux balles au côté droit.

On était enfin parvenu à séparer les combattants. Le sang n'avait pas coulé, et pourtant la peur rendait Benjamin presque aussi livide que la feuille du citronnier.

« Où est cette femme? demanda Jupiter.

— Partie ! répondirent les nègres.

— Avec qui?

— Avec Christophe.

— C'est bien, reprit-il, c'est bien; » et il jeta sur ses épaules sa lourde carabine, remit à sa ceinture son coutelas, et continua avec un calme qui paraissait trop profond pour ne pas être mensonger :

« Nous sommes punis, vois-tu, Benjamin. Les frères ne doivent pas lever l'acier l'un contre l'autre. Messieurs, oublions ces discordes et préparons-nous au grand événement. A demain, frères, à demain. Demain se lèvera la première des trois nuits. Qu'elles passent comme trois sombres linceuls qui emporteront dans leurs plis toute la race blème de nos tyrans ! Benjamin, disposez de leurs femmes; et vous aussi, messieurs. On partagera en camarades. Peu importe qu'elles périssent à coups de baisers ou à coups de sabre. Je n'en veux qu'une, moi, et celle-là je l'aurai, dussé-je l'aller chercher jusque sous leurs baïonnettes. Séparons-nous, messieurs, il est tard; mais auparavant vidons ce verre rempli d'une liqueur inconnue par vous, et répétons ensemble : *A l'extermination des blancs !*

— Amen ! » dit Benjamin.

Et, semblable à une troupe de vautours enivrés de l'odeur des cadavres, la bande disparut dans l'ombre en criant : *A demain!*

Messieurs, je vous verrais avec regret mettre en doute les événements que j'ai l'honneur de vous raconter. L'intimité des détails, si je puis dire ainsi, ne saurait faire soupçonner mon récit d'exagération. Nul de nous ne les aurait connus certainement, si les révoltés n'avaient tout avoué, moins par esprit de repentir peut-être que par une vanité dont je ne veux pas les blâmer. Tant mieux pour leur salut éternel s'ils se crurent des martyrs. Du reste, telle est la déplorable situation des colons, que le mensonge n'est pas nécessaire pour intéresser à leur sort. La vérité est si hideuse qu'elle suffit. Mais il serait bien temps que le loup de la philanthropie jetât sa peau de mouton. Les don Quichotte de l'humanité ont causé assez de maux, allumé assez d'incendies; qu'ils se reposent ! La nature avait placé loin d'eux ces terres favorisées, les avait bénies et dotées d'inépuisables richesses; qu'ils se reposent, car ils ont donné un horrible démenti à la nature ! Leur tâche est finie; nos fortunes s'écroulent, le coutelas luit sous notre gorge, et nous payons à notre tour le crime de notre couleur.

Oh ! combien j'ai amèrement pleuré quand,

pour la seconde fois, l'île a disparu à mes regards! J'ai acheté bien cher, messieurs, le plaisir de vous entretenir des hauts faits de vos négrophiles. Mais Dieu m'est témoin que je ne regretterais ni l'amphithéâtre gigantesque des mornes, ni leurs sommets découpés comme des fleurs, ni les colonnades des palmistes, ni l'odorante pluie qui tombe du franchipanier ; que je ne songerais pas même dans mes rêves à l'éternel azur du plus beau ciel du monde, à nos gazons émaillés de paons et de colibris, aux sables d'or où se mire le soleil, où souvent mon cheval plongeait deux pieds ensanglantés ; que j'oublierais à l'ombre de vos chênes les cendres froides qui m'ont été chères et qui dorment là-bas sous des sycomores, si cette destinée qui dispense les dons daignait m'armer d'une parole assez puissante pour vous convaincre, vous et nos impitoyables ennemis ! Mais je ne l'espère pas. Deux esprits funèbres planent sur nos têtes: l'un de cruauté, c'est le vôtre; l'autre de vertige, c'est celui des blancs.

Ainsi donc à quoi bon les plaintes ! il ne s'agit pas de notre conservation, mais des trois nuits de la Martinique, et d'une jeune créole nommée Virginie, si vous vous en souvenez. Je pense que nous ferons mieux de parler des trois nuits et de la jeune créole. Quand je la revis, l'infortunée était assise dans un fauteuil à ramages, les yeux élevés vers une madone de Raphaël. Sur leurs traits, à toutes deux, apparaissait une douleur pensive, comme il y avait une beauté surhumaine. Pourtant la vierge mortelle était plus pâle. Les affreux secrets qu'elle avait juré de taire la consumaient lentement ; tout son corps ployait, car il ne lui avait pas été donné, à elle, d'écraser la tête du serpent.

Quelquefois son regard s'animait, sa bouche s'entr'ouvrait, et sa main diaphane se levait vers le morne d'Orange.

« Est-ce le joli feuillage des orangers que tu veux nous montrer, ma bonne Virginie ? lui disions-nous.

— Oh non ! répondait-elle; vous autres, vous n'apercevez jamais que le feuillage et ses jolies teintes; mais les yeux ronds et gris du serpent, ne les verrez-vous pas aussi? Ils luisent cependant partout, ils luisent ! Sous le mancenilier, cherchez, c'est le serpent; sous les tiges élancées des cannes, c'est encore le serpent ! Sa tête se dresse sur les rochers du Carbet, et son corps qui vous enveloppe se termine à peine au Prêcheur.

— Mon enfant perd la raison, s'écriait le malheureux père.

— O mon père ! continuait-elle, mon courage est abattu. Savons-nous, pauvres créatures que nous sommes, les jours que nous avons à vivre? Les bonnes œuvres seulement peuvent nous conquérir l'éternité, et cette couronne de flamme que les séraphins posent sur le front de celles qui ont été pensés et sages. Depuis deux jours je n'ai pas aperçu les esclaves de la maison. Mon père, je voudrais qu'ils me fussent présentés. »

Il fut fait ainsi qu'elle le désirait. Tous passèrent devant elle, chacun d'eux déposant à ses pieds une bénédiction, car elle ne leur était connue que par des grâces et des bontés. En les accueillant, elle souriait tristement. On eût dit une étoile qui regarde à travers la rosée. Elle leur distribua beaucoup d'argent, et leur recommanda d'être de bons chrétiens et des serviteurs fidèles.

Quand elle les eut renvoyés, elle m'indiqua une place à ses côtés, et reprit de cette manière :

« Vous ne croyez donc pas qu'on puisse pénétrer l'avenir? Qui le prépare le devine. Le pressentiment n'est pas une chimère. Je sais, moi, que si j'étais un homme, un homme mêlé, comme vous, à des races ennemies, sans cesse animées les unes contre les autres, je sais que mon sabre ne serait pas noir de rouille, et mes pistolets pendus sans amorces. Oui, je voudrais être habile dans votre art sanglant de tuer à coups sûrs. »

Ces divagations m'inquiétaient, non-seulement parce qu'elles dévoilaient une sorte de faiblesse d'esprit, mais aussi parce qu'il y régnait une suite, un mystère, un ordre qui manquent en général aux discours de la folie.

La journée s'écoula dans ces fâcheuses alternatives : le père de Virginie désespérant de la santé de sa fille; elle, sombre et s'affaiblissant à mesure que le jour diminuait; moi, triste et perdu dans les plus funestes conjectures. Quand le soleil se coucha, Virginie posa la main sur son cœur, et s'évanouit lentement, comme le dernier rayon sur la mer.

Le soir, elle insista pour ne pas nous quitter. Selon la coutume, nous nous réunimes au seuil de la porte, et nous causâmes de tout le mal que nous faisait la France, peut-être sans le vouloir. Le ciel était magnifique de sérénité, le vent un peu fort; mais il descendait si parfumé de la crête des mornes, que nous ne songions pas à nous en plaindre. Soudain ma jeune fiancée se dressa d'un bond, et désigna l'horizon du côté du Prêcheur. Nous vîmes aussitôt un orbe éclatant s'étendre, s'ouvrir, occuper l'espace. Les nuages s'enfuyaient comme des vaincus dans un sac de ville, éclairés d'une lumière rouge et pressés les uns contre les autres. Les étoiles se retirèrent.

« C'est le feu des nègres! — dit la jeune fille en retombant accablée; mais elle reprit soudain avec une énergie qui m'étonne encore à présent : —Vous seriez bien insensés de vous laisser brûler comme la paille de vos cannes! Il n'y a pas à hésiter, messieurs! Tuez-nous d'abord, et trouvez ensuite une noble mort. Notre perte est jurée, je puis la déclarer maintenant. Mon silence de douze heures a payé les douze heures de vie qu'ils m'ont accordées. »

Alors elle nous raconta la terrible scène dont elle avait été témoin; elle nous cita en grande partie les discours des nègres et des mulâtres, leurs menaces et leurs résolutions, et combien peu s'en était fallu que sa curiosité ne fût punie par une plus atroce peine que la mort.

Le 10 février, dans la matinée, on nous rapporta en effet qu'une habitation voisine de la ville avait été la proie des flammes, que la potence était renversée à la place Bertin, et qu'au portail de l'église de Notre-Dame-de-Bon-Secours flottait un drapeau tricolore avec cette inscription : *La liberté ou la mort.*

A huit heures du soir, le ciel devint plus rouge encore que la veille. S'il ne m'est pas possible de vous dépeindre la modération et le désintéressement de mes héros, je confesserai du moins qu'ils ont déployé une science charmante dans la gradation de l'incendie et du meurtre. Ces messieurs naissent avec l'instinct de ces sortes de choses.

La troisième nuit s'abattit enfin sur nous pareille à un foudre obscur et silencieux. Quelle nuit, Dieu puissant! et comment n'a-t-elle pas été la dernière de notre vie! Le gouverneur arrivait à Saint-Pierre, et, sans le savoir, jetait la confusion parmi les révoltés. Ils s'attendaient peu à sa présence, et quelques-uns de leurs chefs pensèrent que c'était un signe qu'il désapprouvait leur complot. Ces pauvres victimes! à l'instant d'agir, ils vinrent à douter si l'assassinat n'était pas le plus saint des devoirs. Et vraiment tristes sont les résultats de l'indécision : c'est l'indécision qui les condamne à ne gratifier jamais leurs bourreaux que de nuits et de lunes.

Malgré ces contre-temps, leur ouvrage fut encore digne de l'admiration de vos philanthropes négrophiles, de ces charitables publicistes qui mangent les blancs, sous prétexte que les blancs ont mangé les noirs. Le ciel palpitait au-dessus de nous comme un grand drap en feu. D'instants en instants une flamme s'élançait de la cime d'un mont et courait rejoindre les autres. On eût cru que chacun de ces mornes qui domine la pauvre cité était un vieux volcan qui rallumait son cratère éteint. Saint-Pierre, étendu en long à leurs pieds, gisait, ainsi qu'un cadavre, le côté droit entamé et brûlé, le côté gauche battu de vagues rugissantes. O ville maudite de Dieu, puisque tu meurs rongée perpétuellement par la flamme et l'eau, par les nègres et les mulâtres!

Au quartier du Fort le feu dévorait une maison. Le toit tombait de côtés et d'autres avec fracas; les grandes poutres, telles que des salamandres, se balançaient dans la fumée et soudain disparaissaient, laissant après elles de longues lignes d'une lumière dansante. Le vent, par capricieuses bouffées, saisissait la flamme, la déployait, l'unissait, la séparait, en un mot la tourmentait comme la sanglante chevelure d'une femme rousse. Il fallait voir les teintes sépulcrales répandues sur la figure des spectateurs, et l'immobile étonnement des soldats français. Nous avions l'air de cadavres convoqués de leur fosse pour assister à une orgie des princes de l'enfer; et le calme de la nature, au milieu de ce désordre, semblait un sourire de mépris et d'ironie de la Divinité. De ces bouches de feu sortaient pêle-mêle des mères, des épouses, de pauvres petits enfants et de jeunes filles d'une apparence si candide, qu'on les eût comparées volontiers à des âmes qui s'envolent du purgatoire. Parmi les plus tremblantes était ma bien-aimée Virginie. Elle s'appuya sans force et sans parole sur mon bras. Le madras qui cachait son cou était à moitié consumé, et elle s'était vêtue de ses longs cheveux noirs, comme de sombres dentelles. En ce moment la maison s'écroule, une insupportable chaleur nous frappe au visage, l'atmosphère se paillette d'étincelles, et Virginie s'écrie: «Le voilà! le voilà!» Je regardai et j'aperçus un mulâtre, de la hauteur de Jupiter, nu jusqu'au milieu du corps, son coutelas à la main et sautant de débris en débris. Trois coups de fusil partirent en même temps que l'exclamation de la jeune femme. Peut-être avait-on reconnu en cet homme l'auteur du crime. Il ne paraissait pas avoir reçu de blessure dangereuse, car il continua à courir, et la fumée qui s'épaississait de plus en plus déroba sa fuite aux regards.

Mais le tambour battait, le pavé des rues s'agitait sous le galop effaré des chevaux, le régiment français marchait contre l'habitation Dariste, les milices blanches s'emparaient de leurs postes. Armés au hasard, les créoles se rassemblaient sur tous les points de refuge. Pendant ce temps, M. le gouverneur était à à l'hôtel de l'intendance. Autour de lui étaient rangés de nombreux soldats, tandis que de vieux planteurs, appuyés sur leurs armes, suivaient, impassibles, les progrès de l'océan de feu qui s'avançait vers l'océan d'eau. Ces vieillards, par leur dignité, me rappelaient les vénérables sénateurs romains mourant sur leurs chaises curules. Les maisons étaient baignées d'une immense clarté, et chacun s'élançait où l'appelaient les roulements du tambour. Il me fallut, hélas! suivre la foule, sacrifier l'amour au devoir: il me fallut quitter Virginie. Lorsque ses deux mains furent posées dans les miennes, nous nous regardâmes comme jamais nous n'avions osé nous regarder. La terreur et l'amour seuls pouvaient ainsi diviniser ses yeux. Il n'y eut pas une parole de prononcée.

Arrivé parmi les dragons, j'entendis une affreuse et singulière histoire. On rapportait que, tandis que la population se ruait aux incendies du Fort et des campagnes d'alentour, sur la plage s'était promené un mulâtre non moins remarquable par son accoutrement que par sa férocité. Aux femmes que la peur, mauvaise conseillère, précipitait à la rive, il offrait un asile à bord des navires, et lorsqu'il les avait embarquées dans ces

légères pirogues, que les nègres nomment des bambottes, les rameurs, qui étaient ses complices, les allaient noyer au large. Ainsi était jeté aux flots ce que le fer n'avait pas massacré, ce que la flamme n'avait pas brûlé.

Ce mulâtre, messieurs, vous devinez son nom. Oui, c'était notre Benjamin lui-même, cette fleur du dandysme jaune. Il avait mis la mort de moitié dans ses voluptés, et lui livrait, l'infâme! les malheureuses auxquelles il avait infligé à la fois le plaisir et l'agonie. J'eusse voulu le voir, ce jeune *homme de couleur*, cette hyène si délicieusement pommadée, suivant les dentelures de la vague, l'attention partagée entre le meurtre et sa cravate, l'œil élancé sur le dos des lames, comme s'il eût cherché à leur reprendre le reste de cadavre qu'elles caressaient après lui, aux lueurs chatoyantes de l'incendie!

Mais ni l'assassinat, ni ces voluptés imbibées de sang n'avaient pu ranimer son lâche cœur: ce n'était toujours qu'un tueur de femmes. Sous son habit il avait caché deux poignards, mais il ne portait à la main que son inséparable jonc à pomme d'ivoire, tant il redoutait encore les blancs, tant la peau de l'esclave, lavée et relavée dans le sang des maîtres, était restée une misérable peau d'esclave!

Les messages importants que le colonel m'avait confiés, toute la nuit me poussèrent çà et là, tantôt au Carbet, tantôt au Prêcheur. Je haletais de fatigue sur mon cheval, si fatigué lui-même que sa forte tête s'inclinait vers la terre. Au milieu de ses courses, imaginez, messieurs, de quelle anxiété j'étais dévoré! L'un avait vu des mulâtres rôder comme des bêtes fauves autour de la maison de Virginie; un autre m'assurait avoir distingué à leur tête Jupiter et Benjamin. En moins d'une heure j'eus exécuté les nouveaux ordres du chef, et, libre à la fin, je m'élançai dans Saint-Pierre. J'allais vite! Parvenu à je ne sais quelle rue, un brancart placé en travers m'arrêta court. Un prêtre confessait un mulâtre blessé mortellement, quelques grenadiers l'entouraient; mais je dois avouer que ce n'était pas d'un air attendri. Il est vrai, messieurs, que jamais mort, si la mort peut cesser d'être grave, ne fut empreinte de quelque chose de plus risible et de moins solennel. Le pauvre Benjamin, sa badine à ses côtés, déplorait la perte d'une existence qu'il prétendait aussi chère à la mode qu'à la beauté. Il disait adieu aux soieries, aux jabots dentelés, aux gilets brodés de fleurs, aux habits verts, aux habits bleus, aux pantalons moins courts que les siens, en un mot, à toutes ces fantaisies de la toilette qu'il perdait avant le temps! Les paroles religieuses du prêtre se mêlaient singulièrement à cette diabolique énumération.

«Messieurs, murmurait-il, cette canaille en haillons a tiré sur moi, me prenant pour un blanc, pour un de vous. C'est qu'en effet peu s'en faut que je ne sois un blanc. Je péris victime de mon élégance. Oh! cette blessure, comme elle est douloureuse!... Les chiens! déchirer avec leurs balles, le basin anglais de mon gilet... Je meurs! je meurs!... O les jeunes mestives! qu'elles sèment sur mon tombeau les fleurs qu'elles agitaient en dansant aux fêtes de ce carnaval! Je meurs...»

Son dernier mot fut, je crois, *gilet de basin.* Ont-elles pleuré, les jeunes mestives? Ont-elles ramassé dans un coin de l'armoire les roses de leurs bals, ces vieilles roses flétries comme leur vénale beauté, pour les venir répandre sur la terre où pourrit le plus beau et le plus fashionable des mulâtres? Messieurs, je ne l'imagine pas. Ces femmes-là, que nous appelons d'or quand nous faisons de la poésie, on ne les rencontre jamais où coulent des larmes, où veille une douleur. Ce sont de ces vers honteux qui vont de fruits en fruits, et les désertent lorsqu'ils les ont gâtés. Là où brille l'or, là cherchez-les! En calculant leurs baisers, vous pourrez toujours savoir, à un louis près, ce qui vous reste encore de vos doublons d'Espagne. Cette Cidélise, si timide, si dévouée; cette Cidélise que j'avais ramenée chez elle piquée par un serpent, elle aussi, dans cette nuit, ne rougit pas de dévoiler toute la criminelle turpitude de son âme! Tandis que son Jupiter pillait et brûlait ailleurs, elle, semblable à la Mégère antique, sa tête crépue au vent, les mamelles pendantes, grimpée sur une borne, provoquait les esclaves à la ruine de la colonie... La veille, elle se mourait d'amour pour une blanche figure de jeune colon.

Mais c'est assez abuser de votre attention, messieurs. Ce qui vous intéressait davantage à savoir, je vous l'ai appris, les exploits de Jupiter et la lugubre destinée de Benjamin, surnommé le dandy *à cause de son élégance.* Pourtant, si vous n'en voulez pas trop aux colons d'être recouverts d'une peau de la qualité de la vôtre, j'ajouterai que les projets des révoltés furent déjoués, et que cette révolution, dont la suite semblait devoir être si effrayante, se borna à une révolte partielle, mal dirigée, promptement apaisée, et punie sans colère. Pour Virginie, elle est morte, messieurs. Aux yeux d'un Européen, sa mort aura été très-douce; les créoles, qui ont beaucoup de préjugés, et ne le sont pas aussi éclairés que vous, l'ont trouvée atroce. Les opinions et la différence des intérêts entrent pour beaucoup dans la manière dont nous sentons ces choses et les jugeons. Il faut leur pardonner.

Souvenez-vous comment Virginie fut poursuivie pendant tout l'incendie par Jupiter et Benjamin, délaissée de son père, que la frayeur avait rendu fou et dénaturé; loin de moi, que l'inflexible devoir retenait sous les armes; près à tous momens de devenir leur victime, et ne leur échappant que par les entraves que les deux mulâtres

se créaient l'un à l'autre. Je pense qu'à la fin Jupiter, ennuyé d'être gêné par Benjamin, s'en débarrassa d'un coup de fusil. Maître alors de sa proie, — c'est lui qui l'a raconté, — il brisa la porte de la chambre où s'était réfugiée Virginie. Il ne lui restait plus qu'un noir lambeau de vêtement, ses bras étaient rouges du sang des autres et de son propre sang qui coulait d'une blessure. Sous ses paupières brûlaient, plus terribles encore, ces deux yeux gris de démon. Il paraîtrait qu'en le voyant entrer, Virginie se leva toute droite, et se tint immobile et pâle comme un cierge d'église. Ainsi abandonnée de Dieu et des hommes, elle dut demander au ciel quel était son crime; mais non, religieuse et soumise comme un esprit angélique, elle bénit la Providence qu'elle ne comprenait pas; et par un dernier mouvement de pudeur et de piété, saisit le crucifix de son petit oratoire, et le posa sur son sein. La pauvre enfant! le malheur lui avait dit le secret du crime; d'ailleurs ne l'aurait-elle pas lu dans chaque pli lascif de l'infernal visage de ce mulâtre! Son crucifix ne la protégea point, hélas! Jupiter s'avança jusqu'à elle sans parler; il ne l'osait sans doute pas! et lorsqu'il fut à ses côtés, il lui posa, toujours en silence, sa main sur l'épaule. Elle tomba roide par terre. Le mulâtre prétend qu'il la releva avec beaucoup de soin, mais qu'elle était déjà froide et tout à fait inanimée.

Voilà tout, messieurs. Jupiter, à cette heure, vit en parfaite santé. Les preuves ont manqué pour la seconde fois, et il a été déclaré innocent. C'est aujourd'hui un *monsieur* à qui le gouverneur a décerné les épaulettes d'officier de milice. Sa vénérable *épouse* est morte à l'hôpital, et, pour opérer la *fusion,* l'autorité locale serait bien aise de le marier à une jeune héritière, riche, jolie et de couleur blanche. En attendant, il est chevalier de plusieurs ordres.

LOUIS DE MAYNARD.

Les lecteurs de la *France Maritime* ont pu s'apercevoir que nous évitions constamment d'affecter une opinion, ou d'accuser une couleur dans certaines parties de nos articles qui touchaient à des matières sujettes à discussion. Nous avons constamment tenu nos collaborateurs dans une indépendance de mots, après laquelle notre contrôle ne s'exerçait qu'autant que le fond des idées jetait l'ensemble de notre rédaction hors de ses allures normales. M. Louis de Maynard, auquel la littérature moderne doit un de ses plus beaux livres, — *Outre-Mer,* — est né aux Antilles; il a fait ses études en France, et l'on doit aisément comprendre de quelles convictions ou de quels raisonnements procède sa littérature. Ainsi donc nous le disons encore ici, comme déjà, à propos d'articles sur la *Traite des noirs,* que nous avons publiés, à la signature seule de ces articles toute la responsabilité. Notre titre est un cadre dans lequel nous faisons passer une série de tableaux que nous nous attachons à rendre le plus varié possible : voilà tout.

Gilbert del.

Paris, imp. par Chardon, 30 Rue Hautefeuille à Paris

Expédition du siège (1871)

Rouargue sculp.

T.3. P. 71.

Expédition du Tage

SOUS LES ORDRES DU CONTRE-AMIRAL ROUSSIN.

(1831.)

Les rapports de la France avec le gouvernement portugais avaient pris un caractère d'hostilité qui nécessita, en 1831, l'intervention de la marine. Le contre-amiral Roussin reçut l'ordre de porter son pavillon sur la frégate *la Guerrière*, pour prendre le commandement des forces que le gouvernement français avait résolu d'envoyer dans le Tage.

L'examen des causes politiques qui déterminèrent la France à envoyer sa flotte devant Lisbonne ne nous appartient pas; nous nous contenterons donc d'apprécier l'attitude qu'a prise la marine dans sa mission toute à la fois diplomatique et militaire.

Le 16 juin 1831, l'escadre confiée au commandement du contre-amiral Roussin sortit en louvoyant du goulet de Brest; cet officier général avait transporté son pavillon sur le vaisseau de 100 canons *le Suffren*, récemment arrivé à Brest de Cherbourg, son port de construction.

Les vents contraires retinrent quelques jours l'escadre dans les parages du Finistère. Le 25 suivant, elle parvint en vue du cap La Rogue; une petite division de cinq bâtiments, commandée par M. de Rabaudy, croisait devant le Tage, et apprit à l'amiral Roussin que le gouvernement portugais faisait des préparatifs de résistance, en armant les forts et en équipant les bâtiments de guerre qui se trouvaient à Lisbonne.

Une petite division de trois vaisseaux et trois frégates, commandée par le contre-amiral Hugon, devait rejoindre au cap Sainte-Marie la flotte sortie de Brest. Mais le poste d'observation devant le Tage était important à maintenir; le brig *l'Endymion* reçut ordre d'attendre et de rejoindre l'amiral Hugon sur le premier point, et de lui donner avis de la réunion des forces devant le Tage.

Des temps fort violents assaillirent l'escadre française pendant la durée du blocus; alors l'amiral Roussin prépara ses instructions. Une circonstance vint enfin décider la nature des rapports dont sa présence était l'intermédiaire et l'agent entre la France et le gouvernement portugais. Le 1er juillet, un trois-mâts de Lisbonne, chassé par *le Hussard*, se réfugia sous la protection de la citadelle de Cascaes, qui tira sur le brig de guerre français. Cette initiative d'agression, considérée comme une déclaration de guerre, fut saisie avec empressement par l'amiral français, qui riposta, afin de dessiner plus formellement la nature des rapports qui devaient suivre. *Le Suffren* et *la*

Melpomène tirèrent plusieurs bordées sur la forteresse, qui répondit faiblement. Le trois-mâts portugais ayant amené son pavillon, nos marins s'en emparèrent.

L'état de guerre bien constaté par l'agression de la citadelle portugaise, le 6 juillet la division du contre-amiral Hugon rallia l'amiral Roussin; ce qui composa l'escadre française comme suit :

Le vaisseau *le Suffren* (portant le pavillon de l'amiral Roussin), le vaisseau *le Trident* (portant le pavillon de l'amiral Hugon), les vaisseaux *le Marengo*, *l'Algésiras*, *la Ville de Marseille*, *l'Alger*; les frégates *la Melpomène*, *la Pallas*, *la Didon*; les corvettes *l'Eglé*, *la Perle*, et les brigs *le Dragon* et *l'Endymion*. Le *Suffren*, *le Trident* et *la Melpomène* s'en furent mouiller dans la baie de Cascaes; le reste de l'escadre resta en croisière au cap La Rogue, sous le commandement du plus ancien des capitaines de vaisseau.

La première journée du mouillage fut employée en conférences sur les prochaines affaires et sur le règlement des instructions; le lendemain, l'escadre fut rappelée au mouillage pour recevoir les ordres relatifs aux détails de l'attaque.

Le plan d'agression fut combiné d'après deux hypothèses.

La première admettait que le passage des forts Saint-Julien et de Bugio serait assez meurtrier pour les vaisseaux, pour qu'après avoir franchi l'entrée du Tage, leurs avaries les empêchassent de poursuivre leur route jusque devant Lisbonne. Cette conséquence réalisée faisait adopter le mouillage par le travers de *Paço-d'Arcos*, espace où les forts sont moins rapprochés les uns des autres, et où la séparation des navires était facile.

La deuxième prévision reposait sur la faiblesse des avaries essuyées par la flotte; ce qui permettait à toute la flotte de franchir la citadelle dans toute la longueur du goulet, et par conséquent d'aller s'embosser devant les quais de Lisbonne, où se trouvait réunie l'escadre portugaise.

Tous les détails et les instructions les plus minutieux furent rattachés à chacune de ces deux versions, et les signaux applicables à chacune d'elles réglés avec ordre et clarté. L'escadre française resta encore au mouillage quarante-huit heures, afin que les Portugais pussent convenablement apprécier notre attitude. Au bout de ce temps, les vents étant contraires aux opérations de nos vaisseaux, l'amiral Roussin se décida à expédier au gouvernement portugais une sommation par parlementaire.

Cette demande reposait sur plusieurs raisons équitables et franches : elle prouvait au plus haut degré la modération de notre esprit national; elle plaçait le gouvernement portugais dans une alternative d'adhésion ou de résistance, qui le rendait lui-même arbitre des événements ultérieurs; enfin, elle augmentait les ressources de l'amiral français, en corroborant ses données sur une foule de renseignements précieux de localité, ou sur les accidents des passes, des courants, etc.; en même temps que les consuls étrangers se trouvaient, par cette demande, en position d'instruire leurs compatriotes de la tournure des événements.

L'amiral Roussin confia cette mission importante au capitaine du *Dragon*. Vingt-quatre heures furent le délai prescrit pour attendre la réponse du gouvernement portugais.

Un ordre du jour expliqua aux équipages la nature de l'expédition : les projets de l'amiral furent accueillis avec enthousiasme.

Le 10 juillet, le *Dragon* rejoignit la flotte française; il était porteur d'une réponse de M. de Santarem, ministre des affaires étrangères de Portugal. Les propositions de la France étaient rejetées.

L'amiral se décida sur-le-champ à user des forces assemblées sous ses ordres, et à profiter de la première brise favorable. Elle souffla le 11; à dix heures du matin l'escadre entière reçut ordre de prendre rang de bataille tribord-amures, afin de compléter immédiatement les dispositions de l'attaque.

La célérité de cette mesure et l'énergie de son commencement d'exécution répandirent un grand enthousiasme sur la flotte française. Les ordres et les intentions de l'honorable chef qui représentait notre patrie furent compris et exécutés avec une merveilleuse intelligence; tous les mouvements s'opérèrent avec un ensemble qui est l'expression la plus complète de l'habileté maritime. A deux heures, l'escadre ayant pris ordre de bataille bâbord-amures, elle put donner à pleines voiles dans le Tage, tenant son cap entre les forts Saint-Julien et Bugio.

Voici l'ordre de marche dans lequel s'avançait la flotte :

Les vaisseaux le *Marengo*, — l'*Algésiras*, — le *Suffren*, — la *Ville de Marseille*, — le *Trident*, — et l'*Alger*; — puis les frégates la *Pallas*, — la *Melpomène*, — la *Didon*; — la corvette l'*Eglé*; — les brigs l'*Endymion* et le *Dragon*, et enfin l'aviso la *Perle*.

Afin d'éviter que les bâtiments fussent exposés à souffrir de leur propre feu, l'amiral Roussin avait indiqué l'ordre de marche de façon à ce que les corvettes ou bâtiments légers occupassent la droite de la ligne; ordre était donné aux vaisseaux de ne point agir de ce côté. Cette disposition livrait l'attaque de la tour de Bugio aux canons des corvettes, tandis que les vaisseaux devaient diriger leur feu sur le fort Saint-Julien.

Avant de franchir les premières passes, l'amiral Roussin, en grand uniforme et escorté des principaux officiers de son état-major, parcourut les batteries du vaisseau qu'il montait. Sa présence, en réveillant dans l'équipage le souvenir

des victoires passées de l'illustre marin, répandit dans tous les rangs un chaleureux enthousiasme. Bientôt les deux premiers forts portugais ouvrirent leur feu; mais l'escadre continua encore pendant quelques instants sa marche avant de riposter à ces préludes de l'attaque.

Enfin, le *Marengo*, puis l'*Algésiras*, le *Suffren*, et successivement toute la ligne, ripostèrent et firent pleuvoir sur le fort Saint-Julien une grêle de fer qui en fit voler de toutes parts les débris multipliés. Les frégates et les corvettes canonnaient avec vigueur la tour de Bugio, toute la ligne des citadelles portugaises se trouva bientôt dans le plus misérable état. La ligne française, en s'avançant dans le Tage, prolongeait les forts à trente toises environ, et jonchant les rives des démolitions que sollicitaient ses boulets bien dirigés. L'escadre parvint ainsi, s'enveloppant de fumée et laissant la destruction sur son passage, jusque par le travers de *Paço-d'Arcos*. Comme aucune avarie notable n'altérait encore l'ordre de marche, l'amiral Roussin se décida à pousser jusqu'à Lisbonne.

Il y eut alors une légère indécision dans le mouvement de notre ligne. Soit que les signaux de continuation de route eussent été retardés, ou mal compris, les vaisseaux de tête le *Marengo* et l'*Algésiras* mouillèrent sur ce point, suivant les instructions qui se rattachaient à l'une des deux hypothèses établies; mais un nouveau signal et l'examen de la continuation de l'ordre de marche du reste de l'escadre remédièrent à cette interprétation, qui fut promptement rectifiée : les deux vaisseaux remirent immédiatement sous voiles.

Le *Suffren*, qui venait de prendre la tête de la colonne, suivi de *la Ville de Marseille*, du *Trident* et de l'*Alger*, ainsi que des frégates la *Melpomène*, la *Pallas* et la *Didon*, rangèrent, en le canonnant vivement, le fort de Belem; mais l'amiral fit cesser le feu de ces navires, lorsqu'après avoir dépassé ce fort, leur pointage ne se dirigeait plus que sur des édifices particuliers. Cette pensée généreuse fut, du reste, celle qui présida à toutes les opérations de la flotte française.

Après avoir franchi ce dernier fort, les vaisseaux l'*Agésiras*, le *Trident* et l'*Alger*, suivis des frégates et des corvettes, se dirigèrent sur l'escadre ennemie qui s'était embossée entre la ville et la pointe de Pontal. L'amiral Roussin fit signal de faire feu sur l'ennemi; les vaisseaux portugais ripostèrent, mais faiblement, et, après une nouvelle bordée de nos voiles, on vit les sphères portugaises descendre de leurs drisses et s'humilier devant le pavillon vainqueur, que la prudente fermeté et l'habile tactique de l'amiral français avaient fait pénétrer jusqu'au cœur de la cité ennemie, malgré les redoutables sentinelles qui en gardaient les difficiles abords

A cinq heures du soir, l'escadre était mouillée

sous les quais de Lisbonne, droit en face du palais du gouvernement. Alors, un officier supérieur, envoyé par l'amiral Roussin, porta aux agents portugais ses dernières sommations. Elles étaient nobles et énergiques, et rappellent les expressions mémorables du commandant Latouche lorsqu'il portait au roi de Naples l'impérieuse demande de réparations que celui-ci devait à la Convention nationale. L'attitude militaire de la flotte française reçut un puissant auxiliaire de succès dans la conduite ferme et généreuse de l'amiral Roussin, pour convaincre le gouvernement portugais de la nécessité d'une adhésion. A dix heures du soir, l'envoyé de l'amiral lui rapportait une réponse satisfaisante aux intérêts de notre gloire et de notre dignité nationale.

Cette campagne de l'amiral Roussin a démontré aux yeux des nations deux choses, dont la première ressort de la philosophie, et la seconde d'une opinion consacrée : 1° le plus grand avantage qui ressort pour une grande nation, de vaincre ses ennemis par la crainte, la noblesse de son attitude, la logique de sa conduite; 2° le renversement d'une idée généralement accréditée : l'inexpugnabilité du Tage du côté de la mer (1).

La marine française montre aujourd'hui l'un de ses plus beaux vaisseaux qui porte au front le nom de *Tage*.

------◆◆◆------

VARIÉTÉS.

—

LA
Remorque du diable.

Connaissez-vous *le Saint-Marcan*, qui fit en sept jours la traversée de Terre-Neuve à Granville ?

(1) Immédiatement après le combat, l'amiral Roussin s'empressa d'écrire aux consuls étrangers pour leur offrir ses services, dans le cas où, malgré ses prévisions, les bâtiments de leur nation auraient souffert. Son rapport au ministre de la marine consacra de nombreux éloges aux officiers de sa flotte, et l'on sait combien, pour sa part, le brave amiral Hugon seconda puissamment la réussite de notre heureuse tentative.

Le 14 juillet l'amiral français conclut avec le gouvernement portugais un traité, qui fut signé à bord du vaisseau *le Suffren*, et dès le 20 toutes les clauses en furent exécutées. Les principales portaient ordre de mise en liberté pour tous les Français incarcérés pour délits politiques, la nullité des sentences et la destitution de leurs juges. De plus, des indemnités furent fixées pour plusieurs de nos compatriotes, et une somme de 800,000 francs appliquée aux déboursés de notre guerre.

La nouvelle de ces événements parvint à Paris la veille de l'ouverture de la session des Chambres, et leur publication dans le discours de la couronne excita un enthousiasme général. — Le 26 juillet une ordonnance royale promut le contre-amiral baron Roussin au grade de vice-amiral.

— Sept jours du banc de Terre-Neuve à Granville ! c'est une belle tournée. La corvette *la Diligente*, notre plus fine voilière, ne l'aurait pas faite en sept semaines, surtout si, comme *le Saint-Marcan*, elle avait eu à lutter contre une mer affreuse et une brise carabinée de vent d'est. Et pourtant *le Saint-Marcan* n'est pas taillé pour la marche; c'est un gros brig bien solide, peu coquet, étalant avec complaisance un large arrière aux formes callipyges; jamais il n'avait dépassé six nœuds : son journal en fait foi.

Il fut bien parlé dans Granville de cette miraculeuse traversée; quelques-uns l'admirèrent; beaucoup en furent surpris; d'aucuns, et c'étaient les plus vieux, gardaient à cet égard un silence significatif, ou hochaient la tête d'un air mystérieux.

Mais pourquoi le capitaine n'aimait-il pas qu'on entamât un sujet si flatteur pour lui? Aux félicitations, il se taisait; aux questions, il répondait avec brusquerie : d'où lui venait donc cette tristesse inusitée? quelle était la cause de cette réserve taciturne? N'avait-il pas bien vendu son beau chargement de morue? et huit jours après son arrivée, le branle des cloches n'annonçait-il pas le mariage du capitaine Jean Jouin avec la fraîche Marie Grainbeau?

. . . . . La saison de la pêche tirait vers sa fin; déjà bon nombre de navires bien chargés avaient quitté le banc de Terre-Neuve, les plus tardifs se préparaient à débarquer à leur tour, et *le Saint-Marcan* n'avait pas encore salé un seul baril de morue.

C'était un sort, rien ne lui réussissait. Depuis qu'il était sur le fond il n'avait pas perdu un instant; ses flottes, bien allongées, attestaient sa vigilance; ses chaloupes n'étaient point paresseuses; et tandis que les navires qui l'entouraient faisaient une pêche abondante, lui ne prenait pas un morillon.

Il avait beau virer de bord, changer la panne, quitter un mouillage pour un autre, le malheur lui donnait la chasse, le poisson semblait le fuir.

Et pourtant ses ains étaient bien aqués, chaque jour ses boîtes étaient soigneusement rafraîchies; le saleur jurait ses grands saints que le navire était charmé; l'équipage ne jurait plus : il faisait des vœux. Le capitaine Jean Jouin, l'esprit fort de Granville, n'envoyait pas une chaloupe sans faire un signe de croix. Peine inutile : il eut la douleur de voir le dernier de ses compagnons pousser le bourg de départ et faire voile pour la France, sans avoir pu saler encore un baril de morue.

Et voyez comme cela se rencontrait mal pour ce pauvre Jean Jouin : c'était son premier voyage de capitaine; sa réputation en dépendait et son mariage aussi !

« Dieu de Dieu ! s'écriait-il quand la chaloupe

ramenait à bord les lignes toujours désertes; Dieu de Dieu! pour un rien je vendrais mon âme!

L'extrême bonheur touche souvent à l'extrême infortune. C'est vieux, mais c'est juste : voyez Polycrate..... Jean Jouin l'éprouva. Il y avait dix jours que la dernière voile avait disparu à l'orient, quand la chance tourna. Les chaloupes tiraient à couler bas, le pont du *Saint-Marcan* ployait sous le poids du poisson, le saleur n'y pouvait suffire, les tonneliers se multipliaient, on travaillait le jour, on travaillait la nuit; la joie reparut à bord: la saison ne serait pas perdue. On était en retard; mais qu'importe! on serait favorisé pour le retour : les marins sont si confiants! Si l'espérance était bannie de la terre, on la retrouverait à bord d'un navire.

En huit jours le navire eut son plein. Il appareilla le soir même. Jamais houras ne furent poussés avec plus de ferveur; la mer en frémit, et la corvette de station chercha pendant deux jours, croyant avoir entendu des coups de canon de détresse.

Le lendemain matin ils avaient débanqué.

Le temps se soutint beau toute la journée; le soir il mollit; la nuit calme plat : ils espérèrent.

Le lendemain une faible brise d'est s'éleva : c'était vent debout : ils jurèrent.

Peu à peu la brise fraîchit, l'horizon prit une apparence menaçante; de gros nuages gris, poussés avec rapidité, obscurcirent le ciel; la mer grossit, *le Saint-Marcan* fatiguait : ils mirent à la cape.

Plus de doute : c'était un coup de vent.

Le premier jour, ils avaient juré; le second, ils prièrent; le troisième, ils invoquèrent saint Marcan : saint Marcan n'entendit point. Vœux et prières furent emportés par la tempête.

Depuis six jours ils étaient dans cette cruelle position, et rien n'annonçait la fin du mauvais temps. La nuit était venue, et jetait à travers l'ouragan les teintes lugubres de son obscurité; le ciel, devenu invisible, était voilé par une brume épaisse, qui, chargée d'eau salée, brûlait leurs yeux appesantis par la fatigue; la mer, déployant ses énormes lames, tourmentait, roulait, ballottait dans tous les sens le bâtiment fragile, et le menaçait à chaque instant d'une dissolution immédiate. Livré sans défense à sa fureur, à moitié désemparé, le brig offrait le spectacle d'un fort vigoureusement canonné, et dont chaque boulet emporte une pièce. L'équipage, entièrement démoralisé, s'était groupé auprès du couronnement, et, dans un engourdissement apathique, attendait.

Mais qui pourrait peindre le désespoir de Jean Jouin? Depuis le commencement de la tourmente ses yeux ne s'étaient pas fermés, il n'avait pas mangé : il n'en avait pas eu l'idée! Debout près du gouvernail, serrant fortement dans ses doigts contractés la corde dont le bout entourait son corps, ses regards n'avaient pas quitté l'horizon, aucun ordre n'était sorti de sa bouche. Chaque fois que maître Calé venait lui annoncer quelque nouvelle avarie : « C'est bon, » disait-il; et il retombait dans son morne silence.

C'est qu'aussi ce retard lui enlevait tout reste d'espoir. Il arriverait longtemps après les autres, sa cargaison n'aurait aucune valeur, il perdrait son commandement, et, sans commandement, pas de mariage; et il aimait tant cette bonne Madeleine Grainbeau!

Donc il était nuit, et la tempête était dans toute sa force, quand Jacques Grou, le tonnelier, mettant une chique neuve dans sa bouche, s'approcha de maître Calé, qui se tenait près du couronnement derrière le capitaine.

« Eh bien! maître, lui dit-il, en serrant précieusement sa boîte à tabac, qu'est-ce que vous dites de ce temps-là?

— Je dis que c'est un chien de temps, où on y voit clair comme dans un four.

— Et qui n'est pas fini encore, voyez-vous : il a pris avec la lune, il ne finira qu'avec.

— Que le diable t'emporte, dit Jean Jouin qui l'entendit.

— Merci, capitaine; mais pourtant ce n'est pas bien de parler du diable quand on ne voit pas qui est-ce qui peut vous écouter.

— Et quand on entend cette musique-là, murmura le saleur.

— Et quand, à tout moment, on peut masquer son perroquet de fougue, ajouta Jacques Grou.

— Et quand... Oh! voyez donc là-haut, capitaine!... »

Jean Jouin jeta les yeux vers l'endroit que lui montrait le saleur; une légère flamme bleuâtre voltigeait autour du mât et des vergues, et se jouait à travers les cordages :

« Le feu Saint-Elme! » dit-il, et il retomba dans son apathie.

« Le feu de Saint-Nicolas! dirent les deux matelots.

— Bon Dieu du ciel! ajouta Jacques Grou; nous sommes flambés. Je me suis laissé dire que lorsque *la Sophie* a sombré sous voiles... »

La chute du petit mât de hune l'interrompit. Les deux matelots se regardèrent, en jetant un coup d'œil sur le capitaine, qui restait immobile.

« Il faut qu'il ait l'âme chevillée dans le ventre, » dit Jacques Grou.

Et vraiment le pauvre brig offrait un triste tableau. Ses mâts de hune pendants sous le vent, et retenus par quelques manœuvres, suivaient les mouvements du roulis et frappaient les flancs du navire avec une force qui faisait craquer la membrure. Il fallait toute la solidité de sa construction bretonne pour qu'il pût résister à d'aussi violentes secousses; et pourrait-il résister longtemps?

La tempête semblait redoubler de violence, le vent rugissait avec fureur, la mer déchaînée envahissait de toutes parts et battait en brèche la machine. Les matelots, réveillés par l'imminence du danger, s'étaient levés, et, les yeux fixés sur le capitaine, faisaient des signes de croix.

« Grand saint Jacques ! s'écria tout à coup Jacques Grou, si nous nous tirons de là, je fais vœu...

— Grand saint Nicolas ! dit à son tour le saleur...

— Grand saint diable ! interrompit Jean Jouin, si tu veux me donner la remorque, je fais vœu de t'envoyer un grelin.

— Navire ! cria une voix ; navire derrière nous ! »

Toutes les têtes se tournèrent vers le point indiqué, toutes restèrent immobiles, les regards fixés sur l'objet effrayant qui s'avançait vers eux.

Malgré l'obscurité de la nuit et l'épaisseur de la brume, on voyait distinctement un beau navire courant, toutes voiles dehors, contre le vent et la mer. Mais ce qu'on ne pouvait concevoir, ce qui fit dresser les cheveux sur la tête des plus hardis, il courait contre le vent et la mer, brassé carré, les bonnettes tribord et bâbord. Une lueur vague qui flottait autour de lui rendait visibles toutes les parties d'une mâture élancée et d'un gréement en bon état. Ses voiles, gracieusement arrondies, semblaient céder à la douce impulsion d'une brise légère. Sa guibre sculptée ne refoulait pas avec force devant lui la mer furieuse, qui n'allait pas en grondant tournoyer à son gouvernail, insensible à la tourmente qui faisait rage autour de lui. Droit, tranquille, majestueux, il glissait rapidement sur la cime des vagues, qui semblaient le respecter et ne conserver aucune trace de son passage.

Mais personne ne se montrait sur le pont, personne à son gouvernail ; il glissait comme une ombre et s'approchait silencieusement.

Bientôt il passa bord à bord du *Saint-Marcan*. Alors une voix éclatante au milieu du fracas de la tempête fit entendre ces mots : « Amarre à bord ! » et le bout d'un grelin tomba sur le pont du *Saint-Marcan*.

« Tourne à la bitte ! » cria Jean Jouin sortant de son engourdissement.

Mais pas un ne bougea ; tous étaient frappés de stupeur.

« Quand ce serait *lui !* » dit-il, et il s'élança devant.

Ce furent ses dernières paroles ; il resta immobile, une main appuyée sur la bitte, et l'autre tenant le bout du cordage qu'il venait d'amarrer.

Qui pourrait dire ce qui se passa cette nuit terrible à bord du *Saint-Marcan* ? Comment le brig résista-t-il aux efforts inouïs qu'il eut à supporter ? Jean Jouin n'en a jamais rien dit...

. . . .

. . . . . Le soleil venait de se lever à Granville, le ciel pur annonçait un beau jour, la mer commençait à monter, quand le garde du roc signala un navire en vue.

Le vent était bon, il terrissait rapidement, et bientôt, à ses mâts de perroquet à flèches, on reconnut dans le navire signalé *le Saint-Marcan*, capitaine Jean Jouin.

Dès qu'il fut dans le port, le pont fut encombré d'une foule de curieux. Les uns félicitaient le capitaine d'être arrivé le premier, les autres le louaient du bon état de son navire, tous s'enquéraient des bâtiments qu'il avait laissés derrière lui. A toutes ces questions Jean Jouin répondit par une autre ; il demanda le quantième du mois.

Il y avait six jours qu'il avait débanqué.

Et voilà comme *le Saint-Marcan* fit en sept jours la traversée du banc de Terre-Neuve à Granville.

GÉOGRAPHIE.

—

Port d'Ambleteuse

DANS LE PAS-DE-CALAIS.

Les antiquaires et les géographes ayant définitivement fixé le port *Itius* à Wissant, il y a tout lieu de croire qu'Ambleteuse était, sous les Romains, le port *citérieur, citerior portus*, lors de l'expédition de César. Il ne peut, en effet, y avoir d'équivoque sur la distance établie dans les Commentaires de ce grand capitaine, entre le premier et le second de ces ports : d'ailleurs, l'antiquité d'Ambleteuse ne saurait être contestée ; l'histoire et les chroniques nous offrent des preuves de son existence remontant au vi⁰ siècle de notre ère. On ne trouve point, il est vrai, dans cette baie, d'ouvrages en terre attestant la présence des Romains, comme on en voit entre les caps Grinez et Blanez ; mais les efforts de la mer qui s'engouffre dans le Pas-de-Calais, l'envahissement du terrain par les flots, ont pu, depuis vingt siècles, faire disparaître ces ouvrages, et l'on doit présumer que les sables qui couvrent le littoral renferment des antiquités romaines et des débris de constructions du moyen âge. Sangatte, qui était le port ultérieur, *ulterior portus*, en présente un grand nombre, parce qu'il est abrité par le cap Blanez, rongé cependant de près d'une lieue depuis la conquête des Gaules.

Anciennement ce port s'appelait *Ampleat*, d'où, par succession de temps, on a fait *Ambletus, Ambletuse*, et enfin *Ambleteuse*. En 584, il était recommandable, non-seulement par son commerce, mais encore parce qu'il rendait les Français maîtres du Pas-de-Calais. Défendu à l'ouest, au nord et à l'est, par des fortifications, au sud il était fermé par une vaste jetée. Ce fut à cette époque que saint Grégoire, pape, envoya dans l'île des

Bretons plusieurs religieux pour convertir *Edelbert*, qui avait épousé Berthe, princesse catholique. Parmi ces religieux il s'en trouvait un du nom de Pierre, dont *Barenius* raconte ainsi la fin déplorable : « En 606, Pierre, premier abbé » du monastère de Cantorbury, fondé par Edelbert, fut noyé dans un golfe nommé *Ampleat*, où il » fut enseveli par les habitants du lieu ; et depuis, le corps de ce Pierre ayant fait des » miracles, on le canonisa sous l'invocation de saint » Pierre d'Ambleteuse. » — Les marins du pays ont conservé une grande confiance dans les prières adressées à ce saint, qu'ils appellent à leur secours au milieu des dangers de leur périlleuse existence.

Renaud de Brie, comte de Dammartin et de Boulogne, à cause de son mariage avec Ide, héritière de ce comté, fit rétablir, en 1109, l'ancien port d'Ambleteuse, qui avait été détruit par les Normands, lui rendit le titre de ville, et lui concéda, par une charte, des libertés, priviléges et exemptions considérables. Cette charte fut renouvelée le 9 octobre 1398 par Jean de France, duc de Berri, comte de Boulogne, et dès lors Ambleteuse eut un mayeur, quatre échevins élus par le peuple, et devint une des cinq villes de lois de la contrée. Bouchet, dans les Annales d'Aquitaine, parle de cette ville comme d'une place belle, forte et entourée de cinq boulevards et de larges fossés.

En 1544, Henri VIII, qui avait formé le projet d'attaquer Boulogne, commença par s'emparer d'Ambleteuse ; mais, en 1549, Henri II en fit le siége, après avoir pris le fort de Slacq, et les Anglais, d'abord retirés dans le château, capitulèrent. La ville fut pillée, on pendit les soldats de la garnison, et les fortifications tombèrent sous les coups des vainqueurs. Les habitants d'Ambleteuse obtinrent, en 1550, des lettres patentes pour le rétablissement de leur ville : ces lettres restèrent sans effet.

Le temps, le défaut de travaux et de soins, achevèrent la ruine d'Ambleteuse. Cependant, en 1650, la côte ayant été visitée depuis Étaples jusqu'à Dunkerque, pour créer un port susceptible de nuire à la marine anglaise, Ambleteuse obtint la préférence. Louis XIV, accompagné de sa cour et du célèbre Vauban, vint visiter ce port, qui fut alors reconnu comme le plus avantageux de la Manche, en ce qu'on pouvait en sortir par les vents du nord, et que la mer ne s'en éloignait que de quatre cents toises. On jugea qu'il pourrait recevoir des vaisseaux de trente-six à quarante canons, et le roi donna des ordres pour que les travaux fussent tout de suite commencés.

L'écluse de Slacq fut achevée, le bassin creusé ; on construisit la tour, les jetées et lignes de fascinage pour contenir le chenal jusqu'à la basse mer ; et une seconde écluse fut établie dans le fond du port. Au bout de six années, ces ou-

vrages furent interrompus, parce qu'on s'aperçut que les écluses de chasse ne répondaient pas aux espérances qu'elles avaient fait concevoir.

Un événement d'un haut intérêt, puisqu'il se rattache à la chute des Stuarts, se passa à Ambleteuse dans l'année 1689. Jacques II, type de faiblesse et d'entêtement, jouait chaque jour son royaume contre le désir d'être bien venu des jésuites. S'il eût pris le turban du Turc ou la robe du derviche, ses sujets lui eussent peut-être pardonné ; mais il nourrissait le projet de rétablir le catholicisme, qu'ils avaient en horreur, et ce fut la cause de sa perte. Pour rendre un culte dominant dans un pays, il faut le bonheur d'un Clovis ou le génie d'un Mahomet : Jacques n'avait ni l'un ni l'autre. C'est de lui que l'archevêque de Reims, frère de l'ambitieux Louvois, disait avec plus de philosophie que n'en comportait son état : « Voilà un bonhomme qui a quitté trois royaumes pour une messe. » — Abandonné par ses filles, il le fut encore par plusieurs de ses officiers généraux, comme Churchill, si fameux depuis sous le nom de Marlborough, qui était sa créature et son favori. C'est la conduite ordinaire des courtisans, race oublieuse et ingrate, à genoux devant le pouvoir, et se rangeant au nombre de ses plus mortels ennemis lorsqu'il vient à tomber. Cette leçon et tant d'autres du même genre que nous offre l'histoire, ne parlent-elles pas assez hautement pour engager les rois, suivant l'expression de l'immortel Sully, à chasser de leur présence ces *baladins*, dont la mission sur la terre semble être d'empêcher la vérité d'arriver jusqu'au trône?... Poursuivi par le prince d'Orange, son gendre, la fuite devint la seule ressource de Jacques II. Il se sauva de Rochester, et monta dans une barque longue qui l'attendait au rivage. Après avoir côtoyé les dunes, cette barque atteignit, dans la nuit du lundi au mardi, la rade d'Ambleteuse. Une tempête horrible rendait en ce moment la mer très-dangereuse. Le capitaine Selingue, commandant une frégate de Dunkerque, a transmis à l'histoire, dans son journal de bord, jusqu'à ce jour inconnu, des détails aussi précieux qu'intéressants sur cet événement. Voyant approcher la barque longue, Selingue tira le canon pour la faire amener ; il détacha ensuite sa chaloupe avec le sieur de Taulx, officier de la marine, qui descendit dans la barque avec quelques matelots. « Qui êtes-vous? et où allez-vous? dit de Taulx. — C'est un lord qui se sauve d'Angleterre, » répondit un des fugitifs. Le roi, qui se trouvait sur le tillac, avait ordonné de faire cette réponse : mais il fut reconnu par un des matelots français. De Taulx, en ayant été averti, se jeta à ses pieds, et le supplia de se confier à lui, en promettant, foi de gentilhomme, de le conduire en lieu de sûreté. Jacques, ayant accepté ses offres, passa dans la chaloupe avec le duc de Berwick et sa suite. Entre deux et trois heures du matin, on lui fit ouvrir la maison du sieur de Château-Guillaume, commissaire de la marine à Ambleteuse, qui le reçut avec le respect et les égards dus à son rang et à son malheur. Un courrier fut envoyé à Versailles pour prévenir la cour du débarquement du monarque anglais, qui, après un léger repas, se mit au lit, où il resta jusqu'à neuf heures du matin. A son lever, M. le duc d'Aumont, gouverneur du Boulonnais, vint le saluer, accompagné de la noblesse, d'une garde formée par la milice bourgeoise et du jeune Fitz-James, cadet du duc de Berwick, arrivé la veille en France avec deux frégates. Un dîner splendide avait été préparé par les soins du sieur Château-Guillaume, mais Jacques mangea peu. Au moment où M. le duc d'Aumont mit le genou en terre pour lui présenter le vin, Jacques le releva et lui dit avec l'accent de la tristesse : « Monsieur d'Aumont, je ne suis plus que le duc d'York! » Selingue ajoute que Berwick et les autres seigneurs, qui n'avaient mangé qu'un peu de biscuit durant la traversée, dînèrent beaucoup mieux que leur maître, et firent honneur au vin de France. Après le repas, Jacques partit pour Boulogne, où il arriva à deux heures, au bruit du canon. Le duc d'Aumont avait pris les devants pour le recevoir aux portes de la ville. Tous les habitants, avec leur uniforme bleu de ciel et leurs baudriers chamois, étaient sous les armes, et Sa Majesté britannique fut complimentée par les chefs du chapitre, le sénéchal et le mayeur. Vêtu, lors de son entrée, du simple justaucorps de l'un de ses gardes, le roi changea d'habit, et se décora du cordon bleu et de l'ordre de la Jarretière. Il avait repris sa gaieté, et fit souper avec lui quelques personnes choisies parmi les Français et les Anglais qui étaient allés le visiter. La veille, l'ambassadeur de Pologne était arrivé, fuyant les mauvais traitements des orangistes, qui lui avaient pris son argent, sa perruque et son sabre dont il ne lui restait que le fourreau. La fureur des protestants contre les catholiques était arrivée à son comble, à cause des persécutions que leurs coreligionnaires éprouvaient en France. Quand le fanatisme secoue son flambeau, adieu le repos public et particulier!...

De Boulogne Jacques II se rendit à Hesdin, et se reposa chez l'aïeul du vicomte Blin de Bourdon, dernier préfet du Pas-de-Calais sous la restauration, aujourd'hui membre de la Chambre des députés. Il fut entouré, dans cet asile, des soins les plus attentifs. Enfin il partit pour Saint-Germain, où l'attendait la reine sa femme, et où le grand roi Louis XIV avait envoyé les officiers nécessaires pour composer sa maison. C'est de ce séjour qu'il adressa à ses hôtes d'Hesdin une pendule que leurs descendants conservent comme un honorable souvenir de la reconnaissance de ce roi fugitif.

Ambleteuse, à dater de cet événement, perdit de jour en jour de son importance. Les Hollandais, en 1740, ayant pensé à exploiter les carrières de marbre de Ferques et du Haut-Banc, devenues depuis si fécondes, avaient résolu d'en faire déboucher les produits par Ambleteuse. La dépense qu'exigeaient le canal et le port, dans laquelle la France ne voulut pas entrer, les effraya : ils abandonnèrent un projet dont l'exécution eût été très-utile au Boulonnais.

En 1762, Ambleteuse cessa d'être compris dans le département de la guerre, et on le réunit à celui des finances. Le manque d'entretien acheva la ruine de ce port, et les matériaux qui en provenaient devinrent la proie du premier occupant.

Lors du vaste projet que Napoléon, encore premier consul, forma contre l'Angleterre, il entra dans les plans de cet homme extraordinaire de rétablir le port d'Ambleteuse. En 1803, et dans le court espace de vingt et un jours, la troisième division militaire de l'armée des côtes de l'Océan fit l'extraction de 14,587 pieds cubes de terre, et acheva le bassin. L'activité de ce génie brûlant semblait avoir passé dans l'âme de ses soldats qui, comme les soldats de César, se délassaient des fatigues de la guerre en maniant la sonde et la pioche. En visitant leurs travaux, le consul déjeuna chez M. de La Lasture-d'Offretun, gentilhomme à cheveux blancs, qui venait d'atteindre sa quatre-vingt-dixième année. Dans mon enfance j'ai connu particulièrement ce vieillard respectable, dont le corps vigoureux et l'esprit primesautier rappelaient les fiers Gaulois de la Morinie ; c'est à lui que je dus la première lecture des fables de La Fontaine, dans la belle édition des *Fermiers Généraux*. Pendant le déjeuner, Napoléon lui témoigna son étonnement de voir, dans la salle où il l'avait reçu, un équipage de chasse complet. Alors le bon vieillard : « Je vous prie de croire, général, que si un débarquement avait lieu, j'ai le cœur assez français, l'œil assez juste, la main assez ferme encore, pour ne point manquer le soldat anglais qui se trouverait à la portée de mon fusil. » Cette réponse plut beaucoup au consul, qui lui fit cadeau d'une belle tabatière en or.

Depuis, Ambleteuse est dans un état complet de stagnation. Les savants et les artistes vont seuls quelquefois visiter ses ruines et y puiser des souvenirs et des croquis. MM. Taite, Letombe et Saint-Aulaire en ont fait de jolis dessins, et le dernier a reproduit avec bonheur la scène du débarquement de Jacques II. Le jeune Delacroix, qui promet à la ville de Boulogne un peintre de marine distingué, a exécuté une aquarelle charmante d'Ambleteuse et de son château.

P. HÉDOUIN,
de la Société des Antiquaires de la Morinie.

RECHERCHES HISTORIQUES.

—

QUELQUES

Notions sur la marine

DES ANCIENS GRECS.

Un poëte de l'ère impériale pouvait à bon droit espérer de se faire applaudir en s'écriant :

Qui me délivrera des Grecs et des Romains ?

Il ne se trompa point ; et les applaudissements et le rire accueillirent cette spirituelle boutade.

Je conçois une telle affectation de dédain pour le passé, alors que le présent se montrait sous un aspect si glorieux, et que la nation française, guidée par un puissant génie, surpassait les merveilles des temps antiques.

Aujourd'hui, que notre grandeur n'est plus qu'un brillant souvenir ; que, pour en chercher la trace, il faut déjà remonter le torrent des âges, et que, une fois entré dans cette carrière, il n'est pas de motif pour s'y arrêter ; à une époque enfin où le goût du public s'est reporté, plus vif que jamais, vers les études historiques, je n'aurai pas besoin d'excuse pour le sujet que je veux esquisser. Néanmoins, je dirai en peu de mots quelles circonstances m'ont amené à composer cet article.

Mon ami et collègue à la section historique, M. Jal, s'est livré à de laborieuses recherches sur les marines de l'antiquité et du moyen âge, et il se propose de faire bientôt jouir le public du fruit de ses longues et patientes investigations.

Dans nos entretiens sur cette partie de l'histoire générale de la marine, que je n'avais primitivement étudiée que pour mon instruction personnelle et sans trop l'approfondir, je lui parlai d'ouvrages anglais où j'avais trouvé des renseignements d'un assez grand intérêt, et il me pria de lui en donner des extraits. J'ai donc jeté sur le papier quelques notes qu'il mettra en œuvre, les dramatisant et les revêtissant de ce brillant coloris qui distingue toutes les productions de sa plume. En revoyant ces notes, j'ai pensé qu'elles pourraient intéresser les lecteurs de *la France Maritime*, et je les leur soumets, sans prétendre à d'autre mérite que celui, bien peu considérable, d'avoir rassemblé diverses notions curieuses tirées de sources qui ne sont pas à portée de tout le monde. Maintenant j'entre en matière.

Les vaisseaux des anciens Grecs étaient la plupart sans pont et n'avaient qu'un seul mât. Dans le principe, ce peuple s'était servi de barques doublées en cuir, et dont la charpente,

extrêmement légère, était formée de baguettes flexibles, liées entre elles par des liens d'osier. C'est ainsi que Virgile décrit la barque à Charon :

. . . . . . Gemuit sub pondere cymba
Sutilis et multam accepit rimosa paludem.
ÆNEIDE, l. VI, 414.

Des barques de ce genre sont encore employées par les Esquimaux et même sur les côtes d'Islande. On en a vu une traîner longtemps dans les corridors du ministère de la marine, à Paris.

Quiconque apportait un perfectionnement à la marine, chez les anciens Grecs, était placé au nombre de leurs dieux. Les noms de Bélier et de Taureau donnés à deux constellations étaient ceux de deux vaisseaux qui, après avoir accompli heureusement un voyage, avaient été consacrés suivant l'usage des siècles qu'on appelle héroïques.

Les vaisseaux de guerre employés par les Grecs étaient distingués des autres par la dénomination spéciale de νηις ; les autres avaient des noms appropriés à leur destination. Les bâtiments de charge étaient nommés ολκαδες πλοια ; ceux qui faisaient le service de transport : στρατιωτιδες, οπλιταγωγοι ; le premier de ces noms, dérivé de *soldat*, désignait particulièrement les bâtiments destinés à transporter des troupes. Les bâtiments affectés au transport des chevaux étaient nommés ιππαγωγα, et ceux qui portaient des provisions στρογγυλαι.

Les vaisseaux de guerre des Grecs, étant plus longs que les autres, étaient quelquefois nommés μακραι, et, parce qu'on les faisait voguer principalement avec les rames, επικωπα et κωπηρη. Il est assez singulier que, malgré les connaissances qu'ils avaient des voiles, ils en bornèrent longtemps l'usage à leurs bâtiments de charge.

Leurs rameurs, qui jouaient ainsi le principal rôle dans le combat, devinrent extrêmement habiles. Ils contournaient un vaisseau ou venaient le heurter de leur proue dans le flanc avec une très-grande adresse.

Le principal écrivain sur ce sujet (la marine des Grecs), est *Scheffer*, qui a expliqué aussi exactement qu'ingénieusement les différentes parties dont les vaisseaux des anciens étaient composés. Le savant docteur Potter, dans ses *Antiquités de la Grèce*, s'est beaucoup aidé de cet auteur.

Les Grecs comptaient, dans leurs vaisseaux, trois parties principales : le corps, la proue et la poupe. Dans la première se trouvait la quille formée de bois, et qui, à raison de sa force et de sa solidité, était nommée στειρα. Les seuls vaisseaux appelés μακραι, c'est-à-dire les vaisseaux de guerre, en étaient pourvus ; les autres étaient à fond plat. Autour de la partie extérieure de la quille étaient fixées des pièces de bois destinées à l'empêcher d'être endommagée lorsqu'on lançait le vaisseau, ou lorsqu'il venait à toucher sur les roches ; on les nommait χλινσματα, *cunei*, et on lit dans Ovide :

Jam labant *cunei*, spoliataque tegmine cera
Rima patet.

Immédiatement au-dessus de la quille était le φαλκις, ou le puits de la pompe ; la pompe (dont on ne nous dit pas le genre) s'appelait αντλιον. Après venait le δευτερω τροπις, ou seconde quille, ressemblant à ce qu'on appelle aujourd'hui contre-quille.

Au-dessus de la pompe était un espace vide, appelé par Hérodote κοιλη της νηος, par Pollux κυτος et γαστρα, comme étant large et vaste (*capacious* anglicè), et par les latins *testudo*. Cet espace était formé par les pièces cintrées qui s'élevaient de la quille, et que Hesychius appelle νομεις, et d'autres auteurs εγκοιλια, en latin *costæ*, ce que nous nommons membres ou couples. Sur ces pièces étaient placées des planches qu'Aristophane appelle εντερονειας ou εντερονεια, et que les modernes ont nommées *vaigres*.

Les πλευραι, *latera*, ou cotés du vaisseau, embrassaient complétement toutes ces parties. Ils étaient composés de grands bordages qui s'étendaient de la proue à la poupe, et étaient appelés ζωστηρες, parce qu'ils faisaient ceinture, ceignaient et entouraient le tout. Dans ces deux côtés, les rameurs avaient leurs places, les unes au-dessus des autres ; l'inférieure était nommée θαλαμος, la moyenne ζυγα et la supérieure θρανος ; d'où les noms de *thalamites*, *zygites* et *thranites*, donnés aux trois rangs de rameurs. Dans ces différents postes, il y avait des trous par lesquels entraient les rames. Quelquefois il y avait une ouverture continue de l'avant à l'arrière appelée τραφηξ ; mais le plus communément il n'y avait que des trous appelés τρηματα (trémies) et οφθαλμοι, parce qu'ils ressemblaient à des yeux. Il paraît que les passagers avaient leurs postes entre les différents bancs de rames, à travers le vaisseau. Au sommet du tout était une espèce de pont appelé παραδος.

La proue, appelée quelquefois μετωπον, le front, était aussi désignée par d'autres noms métaphoriques tirés du visage humain. Quelques vaisseaux paraissent avoir été bâtis avec une double proue et une double poupe : tel était celui sur lequel Danaüs s'enfuit d'Égypte, et que la fable dit avoir été décoré par Minerve. Sur le pont d'avant était une espèce de tour que l'on a si longtemps continué d'élever sur cette partie du bâtiment, et d'où est dérivé le nom, encore en usage chez les Anglais, de château d'avant (*fore castle*.)

La coutume était de couvrir la proue de dorures et de divers ornements sculptés, tels que des animaux, des casques et des guirlandes triom-

phales ; enfin on décorait cette partie plutôt à la manière des yachts que des bâtiments de guerre des temps modernes.

A l'extrémité de la proue était placée une pièce de bois ronde appelée πτυχις à cause de sa courbure, et οφθαλμος, l'œil du vaisseau, parce qu'elle était fixée à la partie nommée le front. Sur cette pièce on inscrivait le nom du vaisseau, qui était ordinairement emprunté à la figure peinte sur pavillon. Voilà pourquoi on rencontre fréquemment dans les poëtes la mention de vaisseaux nommés *Pégase*, *Scylla*, *Taureau*, *Bélier* et *Tigre*, qu'ils représentaient comme des créatures vivantes qui transportaient leurs héros d'un pays à un autre.

La chaste simplicité, qui caractérise si bien les monuments des arts chez les anciens Grecs, ne paraît point s'être étendue à leur architecture navale, qui était ridiculement fastueuse et surchargée d'ornements.

La proue, comme il vient d'être dit, était couverte de dorures et de peintures. Dans les temps héroïques, le rouge était la couleur favorite. Aussi voyons-nous Homère donner à ses vaisseaux le nom de φοινικοπαρηοι, ou *aux joues rouges*. Le bleu céleste était aussi employé comme s'harmonisant avec la couleur de l'Océan, d'où nous trouvons des vaisseaux appelés, par Homère κυανοπρωραι, et par Aristophane κυανεμβολοι.

Les Grecs avaient l'art de couvrir les côtés du vaisseau d'un enduit qui leur servait aussi, avec beaucoup de succès, à en boucher les fentes, et qu'ils préparaient de telle sorte que ni le soleil, ni l'air, ni l'eau ne pouvaient lui causer la moindre altération. Vitruve, dans le neuvième chapitre de son septième livre, fait connaître la composition de cet enduit auquel les Latins donnaient le nom de cire.

Ceux qui voudront prendre une plus ample connaissance des ornements employés par les anciens pour décorer leurs vaisseaux, peuvent consulter le Recueil des monuments antiques, publié par Bayfius.

Les parties du vaisseau qu'on appelle aujourd'hui les joues avaient ce nom dès l'origine de la marine grecque, suivant certains auteurs, qui emploient le mot παρειαι ; d'autres les appelaient πτερα, les ailes. Le nom de joues était naturel, d'après celui de front donné à la proue.

La partie de l'arrière du vaisseau nommée πρυμνη, *puppis*, a toujours, sauf quelques variations accidentelles, conservé le même nom de *poupe*. Les Grecs l'appelaient quelquefois ουρα, la queue du vaisseau.

L'arrière des vaisseaux grecs était construit à l'inverse de nos idées actuelles en architecture navale ; car il était renflé et arrondi de manière à ressembler plus à l'avant qu'à l'arrière des vaisseaux modernes. Toute cette partie était lourde et mal appropriée à la navigation. Deux rames, d'une largeur et d'une longueur considérables, servaient au pilote en guise de gouvernail; elles étaient fixées l'une à tribord et l'autre à bâbord. Quelques vaisseaux en avaient quatre, dont deux étaient, dans certaines occasions, employées à l'avant pour faire tourner le vaisseau d'un côté ou de l'autre avec plus de certitude et de facilité. Ces *gubernacula* avaient la pale plus longue et plus large que les autres rames, et façonnée autrement, étant plus large aux deux extrémités qu'au milieu.

Au-dessus de la poupe était suspendue une lanterne. Les ornements de l'arrière étaient généralement de forme orbiculaire ou façonnés comme des ailes, d'où pendait ordinairement un petit bouclier. On plantait quelquefois à l'arrière une perche ressemblant à peu près à notre mât de pavillon, et au sommet de laquelle flottaient des rubans ou banderoles de diverses couleurs. Ces banderoles servaient de girouette pour indiquer la direction du vent et aussi de marques distinctives pour les différents vaisseaux.

La première invention de l'ancre, *αγκυρα*, est attribuée, par Pline, aux Tyrrhéniens, et par d'autres auteurs, à Midas, fils de Gordias. Pausanias assure que l'ancre inventée par Midas avoit été conservée, jusqu'à l'époque où il vivait, dans un temple dédié à Jupiter. Les plus anciennes ancres n'étaient composées que d'une simple pierre; puis on les fit de bois garni d'une grande quantité de plomb. Quelquefois on employait pour servir d'ancres des paniers remplis de cailloux et même des sacs de sable. Dans le principe, les ancres des Grecs n'eurent qu'une patte. Ce fut Epilamius, d'après quelques auteurs, et, suivant d'autres, le philosophe scythe Anacharsis, qui en ajouta une seconde. A partir de cette époque, les ancres des Grecs ressemblèrent assez aux nôtres, dit le docteur Potter, à la réserve de la pièce transversale qui forme ce qu'on appelle aujourd'hui le *jas*. Chaque vaisseau avait une ancre qui surpassait en grandeur toutes les autres, et qui correspondait à notre maîtresse ancre, qu'on appelait encore, il y a moins d'un demi-siècle, *ancre de miséricorde*. Les marins de l'antiquité n'avaient recours à cette ancre que dans les cas d'extrême danger, et elle était réputée sacrée.

Les Grecs se servaient pour sonder d'un morceau de plomb suspendu à une chaîne. Sur les hauts-fonds, ils employaient, pour reconnaître la profondeur de l'eau, des perches, avec lesquelles il leur arrivait aussi de pousser de fond pour faire avancer le vaisseau. Dans leurs ports, il y avait de grosses pierres percées d'un trou par lequel on faisait passer le bout d'un câble pour amarrer le vaisseau par l'arrière. C'est de là qu'est venue l'expression *solvere funes*.

Ce fut, dit-on, Copas qui inventa les rames, d'où elles furent appelées *κωπαι*. La partie la plus large, c'est-à-dire la pale, était ordinairement recouverte d'airain. Quand les rameurs se livraient au repos, ils suspendaient leurs rames à l'aide de courroies sur des pièces de bois rondes garnies en cuir et que l'on nommait *σκαλμοι*; les sabords de nage ou trous des rames étaient alors fermés avec des morceaux de cuir.

De même que les vaisseaux n'avaient qu'un mât, ils n'eurent d'abord qu'une seule voile sur ce mât, puis on plaça au-dessus une seconde voile ou hunier, qu'on nomma *αρτεμων*; vinrent ensuite, avec de nouveaux mâts, le *δολων*, petite voile d'avant, et l'*επιδρομος*, petite voile d'arrière. Quelques auteurs prétendent que l'*αρτεμων* était la grande voile elle-même, et non pas l'espèce de hunier placé au-dessus. Plus tard le nombre des voiles augmenta. On les faisait ordinairement de toile. Dion parle de voiles faites en cuir. A défaut de voiles, les Grecs suspendaient quelquefois leurs vêtements. Hercule suspendit ainsi sa peau de lion, ce qui donna lieu de dire qu'il avait passé la mer à dos de lion.

Chez les Grecs, les vaisseaux de guerre se distinguaient des autres par un casque sculpté à la tête de leurs mâts, et par plusieurs tours qui servaient de remparts à leurs soldats, et d'où ceux-ci lançaient des traits et des pierres sur les vaisseaux ennemis.

L'honneur d'avoir inventé l'art de gréer les vaisseaux est attribué par certains auteurs à Parhalus ou à Sémiramis; d'autres l'attribuent à Ægæon.

Les cordages de chanvre étaient inconnus aux anciens Grecs, qui se servaient de lanières de cuir et de courroie.

Les vaisseaux grecs étaient classés d'après le nombre de rangées ou de bancs de rames. Les nombres les plus ordinaires étaient trois, quatre et cinq rangs; d'où vinrent les noms de galères trirèmes, quadrirèmes, quinquirèmes.

La manière dont les rangs de rames étaient disposés est un problème que les archéologues n'ont pas encore résolu. Il serait hors de propos d'entrer dans une discussion à ce sujet. Je cite ici textuellement, et sans l'approuver ni la désapprouver, l'opinion d'un auteur anglais (1).

« Les rames ne paraissent pas avoir été disposées, comme plusieurs savants l'ont pensé, au même niveau, dans différentes parties du vaisseau, ni, ainsi que d'autres l'ont faussement supposé, de manière à ce que les rameurs des rangs supérieurs fussent placés directement au-dessus de la tête des autres; mais les bancs s'élevaient en gradins, comme les degrés d'un escalier.

» Les Erythræens furent les premiers qui placèrent un double rang de rames; Aminoclès, dit-on, en ajouta un troisième (Clément d'Alexandrie dit que ce furent les Sidoniens); Aristotélès, le Carthaginois, un quatrième; Nesichton (d'après

(1) Voyez *Naval Chronicle*, vol. 2, p. 181.

FRANCE MARITIME.

Pline) ou Denys le Sicilien (d'après Diodore), un cinquième ; Xénagorus, de Syracuse, un sixième; Nésigiton accrut le nombre des rangs jusqu'à dix; Alexandre le Grand, à douze ; Ptolémée-Soter, à quinze ; Philippe, père de Persée, à seize; Démétrius, fils d'Antigonus, bâtit un vaisseau à trente rangs de rames.

» Ptolémée-Philopator, mu par le désir de surpasser tout ce qu'on avait fait avant lui, augmenta, dit-on, le nombre des bancs de rames jusqu'à quarante. Le vaisseau qu'il fit construire à cet effet avait des dimensions telles que, de loin, on le prenait pour une île flottante, et, de près, pour un immense château bâti dans la mer. Sa longueur était de 280 coudées, sa largeur de 38 et sa hauteur de 48. Il portait quatre cents rameurs, quatre cents matelots pour la manœuvre des voiles et trois mille soldats. Le même prince fit construire, pour naviguer sur le Nil, un vaisseau qui avait une stade en longueur. Cependant ces deux navires gigantesques n'étaient rien en comparaison du vaisseau de Hiéron, construit sous la direction d'Archimède, et dont la description a fourni à Moschion la matière d'un volume entier.

» Suivant cet auteur, on avait employé pour le bâtir autant de bois qu'il en eût fallu pour cinquante galères. Il renfermait une grande variété d'appartements, des salles de banquet, des salles de bains, une bibliothèque, des jardins, des étangs remplis de poissons, des écuries et même un temple dédié à Vénus. Les lambris des principaux appartements étaient couverts de riches incrustations, et leurs panneaux, peints de brillantes couleurs, représentaient les principaux événements de l'Iliade; les plafonds, les fenêtres et toutes les autres parties étaient ornées avec un art et une magnificence admirables. Dans la partie supérieure des appartements, il y avait un gymnase, c'est-à-dire une vaste pièce destinée aux jeux et exercices du corps. Le pavé du temple de Vénus était incrusté d'agates et d'autres pierres précieuses; les lambris étaient en bois de cyprès, et les fenêtres ornées de peintures sur ivoire. Ce fameux vaisseau avait vingt rangs de rames. Il était entouré d'un rempart en fer, flanqué de huit tours garnies de machines de guerre, dont une pouvait lancer à un demi-mille une pierre pesant trois cents livres ou un dard de douze coudées de long. Athénæus donne beaucoup d'autres détails sur ce chef-d'œuvre d'architecture navale. »

Les navires de guerre des anciens Grecs avaient la proue terminée en pointe et présentaient à cette partie un ou plusieurs éperons ou becs fortifiés d'airain, pour percer le flanc des navires ennemis en venant les heurter de toute la force que pouvaient leur imprimer les rameurs vigoureux et adroits. On a mis en doute si cette disposition de la proue avait été adoptée par les Grecs antérieurement au siège de Troie; mais elle existait évidemment à cette époque. Parmi les autorités qu'on peut citer sur ce point, il suffit de rappeler qu'Eschyle donne au vaisseau de Nestor l'épithète de *διμβολος, armé de dix becs*.

En outre du nom de *vaisseaux longs* donné aux navires de guerre des anciens Grecs, ils portaient aussi celui de *vaisseaux couverts*, tiré de l'espèce de faux-pont ou pont volant sur lesquels se plaçaient les soldats pour lancer leurs armes de jet avec plus de force et de justesse.

Suivant Thucydide, à l'époque de la guerre de Troie, les combattants ne se postaient que sur les parties de l'avant et de l'arrière qui répondaient à ce que nous nommons aujourd'hui les gaillards. On étendait des peaux sur les côtés et au-dessus du plat-bord, comme nos prélarts ou pavois de bastingage, pour empêcher les lames d'entrer dans le navire, et aussi pour servir de parapet contre les dards de l'ennemi. Il y avait à bord des vaisseaux grecs une machine formidable pour le temps et qu'on appelait *δαφιν*; c'était une énorme masse de plomb fondue sous la forme d'un dauphin, que l'on suspendait aux vergues pour la faire tomber de tout son poids sur les vaisseaux ennemis, afin de les crever et de les couler à fond.

J.-T. Parisot.

GÉOGRAPHIE.

NOTICE

Sur la Rade et le Port

DE CHERBOURG.

La nature, qui s'est montrée si prodigue envers la Grande-Bretagne en la dotant d'une ceinture de ports et de rades praticables dans tous les temps, a traité en véritable marâtre la France, sa rivale, en lui refusant ce précieux avantage. Que l'on jette les yeux sur une carte de la Manche, et l'on verra que dans toute sa longueur il n'existe pas sur nos côtes un seul port où un bâtiment d'un fort tirant d'eau puisse trouver un refuge assuré contre l'ennemi ou contre la tempête. Pourrait-on citer Saint-Malo, d'un accès difficile, entouré de rochers, et où la violence des courants peut mettre en défaut la pratique la plus éclairée? D'ailleurs, sa rade n'est pas tenable pendant l'hiver, et ne peut être considérée que comme propre à servir d'asile à des navires d'un médiocre tirant d'eau.

Dans l'année 1687, Louis XIV chargea le maréchal Vauban de visiter les côtes de Normandie, et de mettre à l'abri d'entreprises hostiles tous les lieux qui paraîtraient favorables à un débarquement : il lui donna encore pour mission de fonder à Cherbourg un port considérable, qui fût capable de contenir un grand nombre de vaisseaux. Cet illustre ingénieur, ayant étudié la question sur les lieux mêmes, caractérisa par un trait toute l'importance de la position de Cherbourg, en appelant ce port l'*Auberge de la Manche.* Cette dénomination, le port de Cherbourg la mérite encore ; car, dès que le vent commence à souffler avec quelque violence, à l'instant on voit sa rade se garnir de petits bâtiments, parmi lesquels les chasse-marées bretons sont toujours en majorité.

C'est surtout dans l'année 1692, lors du combat désastreux de La Hougue, que la nécessité d'établir sur cette partie de nos côtes un port militaire se fit sentir d'une manière plus impérieuse. Et, en effet, on n'ignore pas que la flotte du comte de Tourville, composée de quarante-quatre vaisseaux, ayant livré combat à la flotte anglaise, composée de quatre-vingt-quatre vaisseaux et d'un grand nombre de brûlots, fut obligée de céder au nombre, et que vingt-neuf vaisseaux seulement, ayant réussi à gagner Brest, échappèrent à une entière destruction. *Le Soleil-Royal,* vaisseau de 120 canons, qu'avait monté le comte de Tourville pendant le combat, fut si maltraité qu'il n'eut d'autre ressource que de se réfugier sur la rade de Cherbourg, où il fut détruit par le feu des vaisseaux anglais, le 1er juin, à la pointe du Homet. Le vaisseau *le Triomphant* subit le même sort à l'entrée du port, et le vaisseau *l'Admirable* sous Tourlaville. Les douze autres vaisseaux, qui s'étaient réfugiés à La Hougue, périrent de la même manière le lendemain. Ainsi se trouva anéantie une partie de cette flotte, qui n'aurait eu que quelques avaries à réparer si Cherbourg lui eût présenté un abri contre la poursuite de l'ennemi.

Le gouvernement, décidé à établir un port militaire dans la Manche, hésita longtemps à se prononcer entre La Hougue et Cherbourg, et ce ne fut qu'en 1777 que MM. de La Bretonnière, capitaine de vaisseau, et Méchain, astronome hydrographe, chargés de faire un rapport à ce sujet, firent pencher la balance en faveur de Cherbourg. Ils démontrèrent que sa position avancée dans la Manche offrait toutes les facilités désirables pour inquiéter la navigation des navires de commerce, et pour prendre l'offensive contre les forces navales et les côtes de l'Angleterre ; que cette rade était d'une excellente tenue, et également favorable à l'arrivée et au départ des vaisseaux par tous les vents et dans tout état de marée ; qu'enfin elle réunissait, sous les rapports militaires et maritimes, tous les avantages qui peuvent contribuer à garantir le succès de nos entreprises navales.

Il ne resta plus qu'à se prononcer sur l'étendue qu'on voulait donner au mouillage des vaisseaux. Le département de la guerre, sans avoir préalablement sondé cette rade et en avoir observé les propriétés maritimes, proposa de la fermer par une digue dirigée de la pointe du Homet à l'île Pelée. Ce projet était insuffisant, puisque la portion très-circonscrite de la rade, que l'on proposait de défendre contre l'agitation des flots et l'attaque de l'ennemi, ne devenait accessible qu'aux bâtiments d'un médiocre tirant d'eau. M. de La Bretonnière, qui possédait une parfaite connaissance des localités, s'éleva fortement contre cette disposition ; il démontra les inconvénients graves qui devaient en résulter, et, par des observations pleines de sagesse, il fit renoncer au projet présenté, et détermina le choix de la direction, qui a été suivie et qui couvre tout l'espace compris entre la pointe de Querqueville et l'île Pelée, laissant aux extrémités deux passes, l'une à l'est, de 975 mètres d'ouverture, et l'autre à l'ouest, de 2,339 mètres d'étendue. On jeta presque aussitôt les premiers fondements de deux forts à triple batterie, destinés à défendre la rade, l'un sur le rocher du Homet et l'autre sur l'extrémité occidentale de l'île Pelée : celui qui est situé sur la pointe de Querqueville fut commencé plus tard.

Après quelques hésitations sur les moyens à employer pour fermer la rade de Cherbourg, on adopta le système proposé par l'ingénieur de Cessart, et qui consistait à couler des caisses de charpente, de forme conique tronquée, de 45 mètres 50 centimètres de diamètre à la base, et de 19 mètres 50 centimètres au sommet, sur 19 mètres 50 centimètres de hauteur verticale. Leur pourtour se composait de quatre-vingt-dix montants en bois de chêne, liés entre eux par quatre moises également en chêne. Pour soulever cette immense caisse, on saisissait à la circonférence de la base un certain nombre de pièces vides, de la capacité de quatre barriques chacune, et lorsque cette masse énorme était à flot, on la prenait à la remorque, puis on la conduisait à l'emplacement qui lui était destiné, et on la coulait. On proposa d'abord de les combler en pierres sèches, et ensuite on décida d'en remplir la capacité, depuis le niveau des basses marées d'équinoxe jusqu'à leur sommet, en maçonnerie cimentée

Quatre-vingt-dix caisses semblables devaient être ainsi échouées en pleine mer. La première fut coulée le 26 juin 1784, à la distance de 1169 mètres de l'île Pelée, pour former l'extrémité orientale de la digue. Dix-sept autres furent coulées successivement jusqu'en l'année 1788, et l'intervalle qui les séparait fut comblé à pierres perdues. Mais la destruction de ces caisses coniques par l'effort des lames fit triompher le système des digues à pierres perdues, et l'on ne s'occupa plus que du versement des pierres, qui fut dès lors considéré comme le seul moyen à employer avec quelque espoir de succès. L'expérience apprit que les matériaux dont la digue était composée n'avaient de stabilité que lorsqu'ils étaient recouverts par des blocs de quinze à vingt pieds cubes au moins. On reconnut aussi qu'en laissant exposées à l'action des vagues les matières qu'elles sont capables de mettre en mouvement, ces matières se disposent de la manière la plus convenable au maintien de leur stabilité. C'est donc à l'effet des tempêtes, et notamment à celle qui eut lieu le 12 février 1808, que l'on doit la consolidation de cette île de 3,768 mètres de développement que la main audacieuse de l'homme a fondée par une profondeur de plus de 17 mètres sous l'eau.

La montagne du Roule, qui domine la ville de Cherbourg, fournit les blocs destinés à la digue, et, pour faciliter le transport, on a établi un chemin de fer, qui va du pied de la montagne à l'un des angles du bassin du commerce. Là, ces blocs, au moyen d'une machine très-ingénieuse, sont enlevés de dessus les chariots et placés dans des bateaux qui les transportent à la digue.

La longueur de la partie de la digue élevée hors de l'eau est de 400 mètres vers l'est, à partir de l'extrémité de la batterie centrale : 200 mètres sont fondés et devront être élevés à la même hauteur dans la campagne qui va commencer. La base, composée de blocs et de pierres perdues, est de 70 centimètres au-dessus des plus basses mers de vives eaux ; la hauteur de la maçonnerie et du béton est de 7 mètres 45 centimètres. Cette maçonnerie est revêtue en granit des deux côtés ; elle s'élève à un mètre au-dessus des hautes mers de vives eaux. Il reste à mettre le couronnement et le parapet à la partie déjà élevée, ce qui en augmentera encore l'élévation de 2 mètres au moins. L'épaisseur est de 11 mètres dans le bas et de 9 mètres dans le haut. Les divers travaux qui concernent la digue ont été dirigés pendant plus de vingt ans par M. le baron Cachin, inspecteur général des ponts et chaussées. Lors de la reprise des travaux en 1823, M. Fouquet-Duparc, ingénieur en chef, a été chargé de leur direction; il a, pour le seconder, un ingénieur aussi modeste qu'il est plein d'activité et d'instruction, M. Vrila, qui concentre sur cette œuvre gigantesque toutes les facultés de son intelligence.

Quelques paroles échappées de la tribune de la Chambre des députés ont eu du retentissement et ont pu faire craindre que d'énormes dépenses n'aient été faites en pure perte. On prétendait que la digue avait contribué à la formation d'un banc de sable, dont l'accroissement menaçait de rendre la rade impraticable. Pour vérifier le fait avancé, l'ordre fut donné de couvrir d'un réseau de sondes toute l'étendue de la rade, et le résultat, rapporté sur la carte de la Bretonnière, prouva clairement que depuis 1790 aucun changement sensible n'avait eu lieu, et que les craintes manifestées étaient purement chimériques. Ainsi nul doute que l'on n'achève ce monument, qui, mieux que des obélisques et des pyramides, doit perpétuer dans les âges futurs le souvenir de la puissance du génie de l'homme. Ces travaux gigantesques auront eu du moins un but utile, et qui aura tourné au profit de l'humanité, en préservant du naufrage les navigateurs poussés par la tempête, et prêtant un abri à ceux qui naguère n'y rencontraient qu'une plage hérissée de rochers.

Du port militaire ou grand port.

Le maréchal Vauban avait désigné et fait acheter, pour y creuser des bassins, une prairie qui portait le nom de *Pré du Roi;* ce terrain se trouvait situé entre la pointe du Homet et le fort du Galet, que les habitants de Cherbourg avaient construit à leurs frais, pour se défendre contre les attaques des Anglais. Ce qui avait été conçu par le génie de Vauban ne reçut un commencement d'exécution qu'en 1803, et Napoléon, qui savait apprécier toute l'importance de la position de Cherbourg, ordonna que les travaux fussent poussés avec la plus grande activité. Le 27 août 1813, en présence de l'impératrice Marie-Louise, on introduisit les eaux de la mer dans l'avant-port, en détruisant un bâtardeau qui les avait retenues pendant six ans. C'est au moyen de la cloche à plongeur, dont on a fréquemment fait usage dans les travaux du port de Cherbourg, qu'ont été retirés les matériaux qui avaient servi à l'établissement de ce bâtardeau.

L'avant-port, creusé dans le roc à 50 pieds de profondeur au-dessous du niveau des hautes mers, compte 300 mètres de longueur sur 230 de largeur. L'ouverture, indiquée par deux môles ou musoirs, sur lesquels doivent être établis deux petits phares destinés à en marquer l'entrée de nuit, est, du côté de la mer, de 60 mètres, et du côté de l'intérieur, d'à peu près 100 mètres. Les murs du quai, les cales et les escaliers destinés à faciliter l'embarquement, sont en pierres de beau granit, tirées de Fermanville, près le cap Lévy. Au nord de cet avant-port a été creusé un bassin de même longueur, et large d'environ 200 mètres; la communication est établie au moyen d'une écluse de 20 mètres de largeur, garnie de portes de flot, et au-dessus de laquelle un pont tournant forme le passage d'un quai à l'autre. C'est dans ce bassin que s'amarrent les bâtiments désarmés ou en armement. Il contient, dans ce moment, un vaisseau de quatrième rang, une frégate de premier rang, une corvette à gaillards, une corvette sans gaillards, et un brig de 10 canons. Tous ces bâtiments sont neufs et ont leur matériel prêt à mettre en place. Ce bassin se termine, dans la partie nord, par une écluse qui le fera communiquer avec une excavation destinée à devenir plus tard la gare de la mâture. Cette espèce de crique communiquera avec la mer par une écluse aboutissant dans le fossé du fort du Homet; par là elle pourra recevoir directement les petits navires chargés de munitions.

Le projet du port militaire comporte encore un troisième bassin, qui sera parallèle et contigu aux deux autres, et communiquera avec eux au moyen de deux écluses que l'on voit au milieu des côtés ouest de l'avant-port et du bassin, et dans la direction desquelles sont en chantier deux frégates de 52 canons. Sur le bord du quai ouest de l'avant-port est une grue qui sert au chargement des navires, et près de cette grue un hydromètre pour mesurer la hauteur des marées.

Dans la partie sud de l'avant-port sont quatre cales couvertes pour la construction des vaisseaux; elles ont plus de 80 pieds de haut. Les arêtes des piliers sont en pierres de granit, et leur charpente, composée de petites pièces de bois, est d'un travail remarquable. Trois vaisseaux de 100 canons et un vaisseau de 120 y sont en construction. Une belle forme de radoub, en pierres de granit, partage en deux l'espace occupé par ces cales; c'est un bassin garni de banquettes, et dont le tracé représente à peu près la courbe qui circonscrit le pont d'un vaisseau. On y introduit les bâtiments destinés à recevoir un radoub ou bien un doublage en cuivre, en profitant du moment de la mer haute. On ferme la forme au moyen d'un bateau-porte, et après avoir accoré le navire de toutes parts, sa quille reposant sur des chantiers en bois, on la met à sec avec des pompes mues par une machine à vapeur locomobile.

Tous les établissements de la marine doivent être réunis dans l'enceinte du port militaire; mais, jusqu'à présent, on n'y a transporté que l'atelier des forges et celui des machines, qui contient une fonderie. Le vaste bâtiment qui les renferme est bâti dans l'est de l'avant-port, et part du musoir du sud en se prolongeant jusqu'au rempart; il peut rivaliser avec les plus beaux établissements de ce genre.

Une coupure faite dans les fortifications du port militaire, vis-à-vis la dernière cale des vaisseaux, conduit dans l'emplacement connu sous le nom de *Cales Chantereine*. Là se trouvent les ateliers de la peinture, de la tonnellerie, de la sculpture et des modèles. Deux bâtiments à vapeur, construits pour le compte de l'administration des postes, et qui doivent naviguer dans la Méditerranée, sont en ce moment sur les chantiers. Leur position est parallèle à un énorme édifice en bois, nommé le *Grand Hangar*, qui sert à mettre à l'abri les bois destinés aux constructions navales, et contient les ateliers des

embarcations, de la voilerie, de la poulierie, de la menuiserie, la salle des gabarits et celle des modèles. De l'autre côté de ce hangar sont en chantier deux grandes frégates, dont l'une est cette malheureuse *Calypso*, qui, dans un abordage de nuit, ayant eu le côté de bâbord enfoncé par le vaisseau anglais *Talavera*, a été ramenée à Cherbourg et remontée sur les chantiers au moyen de douze cabestans. On achève les réparations que nécessitait son état, et bientôt elle pourra courir de nouveau les hasards de la mer.

Près de l'enceinte des cales Chantereine se trouve le chantier Chantereine, qui sert de parc aux bois, et contient la corderie, la salle d'espadage pour le chanvre, et l'atelier des salaisons préparées par la direction des vivres.

Le vieil arsenal de la marine est situé dans l'avant-port de commerce, et occupe un emplacement de 288 mètres de longueur, sur 100 mètres de largeur. Il renferme les ateliers de la mâture, de la serrurerie, de la garniture des boussoles, ceux de la direction de l'artillerie, une salle d'armes, le magasin général, une bibliothèque et le magasin des vivres. Il est à désirer que tous ces établissements soient transportés le plus tôt possible dans l'enceinte du grand-port, et que l'on se décide à abandonner définitivement le vieil arsenal. Le retard occasionné par les promenades obligées d'un arsenal à l'autre retarde les armements et préjudicie gravement au bien du service. Déjà le génie des constructions navales a transporté ses ateliers et ses bureaux au port militaire, et ne tient plus à l'ancien arsenal que par son atelier de la mâture. Espérons que le gouvernement, convaincu de la nécessité de tout concentrer au grand port, fera commencer les travaux qu'exige cette opération, dès qu'il le pourra sans nuire à des travaux plus importants; car, avant tout, il faut s'occuper de protéger la rade contre les vents du large : le reste n'est qu'accessoire.

Le port de commerce, où se trouve le vieil arsenal, communique avec la rade par un chenal qui se prolonge le long d'une superbe jetée en granit, bordée de parapets; de mer haute, on y trouve une profondeur de 18 pieds d'eau. On s'occupe de fonder une seconde jetée, qui sera parallèle à la première, mais ne s'étendra pas aussi loin; par là on facilitera l'entrée et la sortie des bâtiments. Le port communique, au moyen d'une écluse de 13 mètres de largeur, avec un magnifique bassin de 408 de longueur et de 127 de largeur. Cette écluse est garnie de flot qui retiennent, au moment de la haute mer, la quantité d'eau nécessaire pour tenir les bâtiments toujours à flot. Un pont tournant, placé au-dessus de l'écluse, établit la communication d'un *côté* à l'autre. Ce bassin peut contenir tous les bâtiments qui, dans les mauvais temps, viennent se réfugier à Cherbourg. A l'extrémité sud se trouvent deux cales de construction, et une troisième pour le carénage et le débarquement. Un bateau-dragueur, muni d'une noria mue par une machine à vapeur, a été employé dernièrement à écurer ce bassin, en enlevant les dépôts de vase et de sable qui s'y étaient formés. Ce travail s'est fait d'un mouvement continu, et sans inconvénient pour les bâtiments amarrés, qui sont constamment restés à flot pendant le temps qu'a duré cette opération.

A. GACHOT,
Capitaine de frégate.

VARIÉTÉS.

—

LA
Dernière traversée.

I.

Le capitaine Michenn était un des courageux officiers de l'Empire, qui s'associèrent à cette gigantesque expédition dont l'œil de Napoléon couvait les immenses préparatifs à Boulogne-sur-Mer.

La flottille fut divisée par l'or que prodigua l'Angleterre aux puissances du Nord. — Le projet de descente abandonné. — Puis l'empire français devint le royaume de France.

Le capitaine Michenn fut du nombre de ses braves collègues qui, prévoyant un avenir infructueux pour la gloire de leur épée, se livrèrent aux spéculations commerciales. Il monta un beau navire marchand et fit vingt voyages; l'ancre de son vaisseau sonda toutes les rades des mers caraïbes.

Durant le cours de sa navigation, Michenn épousa une jeune Créole; un avenir de paix et de bonheur s'ouvrait devant le marin; une ambition bornée lui fit trouver une satisfaction complète à ses besoins matériels dans le produit de ses vingt années de travail. — Le bonheur moral résidait pour lui dans l'échange d'affection qu'il trouvait dans sa famille et chez quelques sincères amis.

Il s'écoula quelques années de ce calme dont le marin devient si avide à la fin de sa carrière. Michenn avait un fils dont il se gardait bien de vouloir jamais se faire un successeur dans la pénible profession qu'il avait heureusement parcourue; l'avenir de ce fils et le bonheur de sa jeune mère étaient l'objet des pensées constantes de Michenn, sa vie était la plus douce que puisse jamais désirer ambition humaine.

Au milieu de ce calme qu'avaient précédé tant d'orages, le vieux marin ressentait parfois de vagues besoins d'activité qui troublaient quelques-unes de ses heures immobilisées dans un bonheur uniforme. Un jeune officier que Michenn avait connu tout enfant, venait de recevoir son brevet de capitaine au long cours. Michenn, qui avait guidé dans la carrière maritime les premières armes du nouveau capitaine, saisit cette occasion de semer quelque variété dans son repos; il résolut d'acheter et d'armer un navire pour son jeune protégé.

Il eut à vaincre les répugnances qu'éprouvait sa jeune femme à le voir, bien qu'accidentellement, rentrer dans la vie active. Pourtant il poursuivit son projet, et partit pour Cherbourg afin d'y faire l'acquisition d'un bâtiment dont l'inventaire lui avait été soumis. Dans le cas où le marché dût être consommé, la jeune mère fit toutes les instances possibles pour que son mari revînt par la *diligence*, abandonnant au futur capitaine du navire le soin de le conduire au Havre, son port d'armement. — Michenn promit

Arrivés à Cherbourg, les deux marins visitèrent le bâtiment qui leur convint; en peu de jours les formalités d'acquisition furent accomplies. Au moment du retour, quand le trois-mâts fut prêt à prendre la mer pour la courte traversée qui le séparait du Havre, Michenn ne put résister aux sollicitations du capitaine, qui, d'accord avec le désir secret du marin, le déterminèrent enfin à s'embarquer sur le navire pour venir rejoindre sa famille.

Le temps était voilé : la mer, que le vent du large poussait en côte, donnait à cette traversée un certain attrait d'inquiétude et d'agitation qui plaisait à l'ancien capitaine devenu armateur. Il s'embarqua. — On prit le large.

Mais le vent et la mer se courroucèrent; monté par un faible équipage, et mâté avec précipitation, le navire éprouva la plus pénible navigation. Cinq à six heures après sa sortie de la rade de Cherbourg, le vent du nord soufflait en tourmente. Porté par de longues lames qui accouraient devant la baie, le bâtiment franchit avec une étourdissante rapidité la distance qui sépare Barfleur du Havre-de-Grâce.

Quand il fut près du port en dedans duquel il avait tant besoin de trouver un refuge, Michenn n'y reconnut point une hauteur d'eau suffisante pour porter son navire. Sa position devint alors fort alarmante, car il était impossible que le bâtiment pût tenir à l'ancre, et la ressource de louvoyer devant le port en attendant l'heure de la marée offrait aussi des chances pleines de danger. La côte était battue par les lames, qui, gonflées sous l'effort de la bourrasque, semblaient se briser jusque dans la ville; une vapeur venteuse, en noyant les contours du rivage, dissimulait sa distance; le vent devenait de plus en plus lourd : il fallait que le navire passât six heures ainsi. C'était une position fort périlleuse.

La bourrasque augmentait toujours, à mesure que le flux apportait de nouvelles eaux du large. Deux heures s'étaient écoulées, pendant lesquelles le trois-mâts avait lutté en désespéré contre toutes les circonstances qui semblaient devoir accomplir sa perte. Déjà quelques petits bâtiments qui avaient manqué l'entrée du port, se jetaient sur la grève... Un pareil sort attendait le navire du capitaine Michenn.

Comptant sur la surabondance des eaux apportées du large par la violence du vent, les deux marins, qui avaient épuisé les dernières ressources de la manœuvre pour garder la mer, se virent enfin forcés d'essayer de se jeter dans le port, où ils espéraient que la marée avait déjà une hauteur suffisante pour porter leur navire. Mais la nécessité, qui les força de se réfugier dans cette détermination, ne fit peut-être qu'accélérer l'instant de leur perte..... Le bâtiment toucha sur le poulier gonflé de cailloux qui défend la gauche du port, et les lames le mirent en morceaux.

Tout périt ! corps et biens !

II.

Pendant cette affreuse tempête, la femme du vieux marin, accablée sous de mystérieux pressentiments, avait peine à ne pas attacher sans cesse sa pensée aux dangers qu'offrait dans ce moment la mer, bien qu'elle eût la ressource d'une consolation véritable : la promesse que lui avait faite son mari de ne pas revenir sur ce navire; et d'ailleurs rien ne disait à cette imagination inquiète que cette journée de tempête fût celle du retour. Mais qui sait analyser ces vagues appréhensions qui frappent l'imagination des femmes à la veille d'un malheur? Cette seconde vue divine et fatale, que Dieu a mise dans leur intelligence, les trompe-t-elle jamais? La pauvre épouse, dont les vives inquiétudes ne pouvaient logiquement reposer sur aucune donnée qui les expliquât, n'en éprouvait pas moins toutes les secrètes alarmes que distille le cœur sous l'instinct des pressentiments, et chaque bouffée de vent qui ronflait par la ville tourmentait sa pauvre âme inquiète, comme l'orage ballotte, sans l'arracher, une fleur que la sève retient encore à sa branche.

Elle s'était renfermée; sa ferveur religieuse avait cherché des consolations dans la prière; elle invoquait Dieu pour tous les marins dont la tempête compromettait la vie. Bien que sa pensée apportât souvent presqu'à ses lèvres le nom de son époux, elle ne prononça point ce nom : la lutte établie entre ses pressentiments si cruels et sa raison, ne lui permettait pas de s'avouer à elle-même que son époux eût besoin de ses prières; elle s'était agenouillée devant Dieu en se dissimulant de toutes ses forces la puissance inquiète qui la faisait agir, et pourtant sa prière si fervente, et dont les expressions se formulaient pour les autres, était la secrète conséquence de ses alarmes personnelles..., car parfois le bruit assourdissant de la tempête étouffait le souvenir de la promesse qu'à son départ lui avait faite le vieux marin.....

Cette journée fut bien pénible. Vers le soir, le vent s'assoupit un peu, la pauvre femme reprit courage.

La jeune Créole attendait impatiemment le retour de son fils, pauvre enfant de trois ans, qui passait ses journées dans les écoles. Parmi les consolations qu'avait cherchées en elle-même la femme du marin, celle d'embrasser son fils lui avait manqué tout le jour; elle y comptait pour clore ces longues heures d'angoisses.....

III.

L'enfant arriva.

« Ma mère ! cria-t-il en se jetant vers elle, j'ai vu papa !

— Comment, cher enfant, s'écria la jeune femme, ton père arrive? Oh! il y avait donc quelque chose de vrai dans mes pressentiments ! Dieu soit loué ! Mais où est-il? Il vient, n'est-ce pas, mon petit bien-aimé? Oh! qu'il ne me quitte plus! Cet orage m'a fait mourir! »

Au même instant la domestique qui ramenait l'enfant pénétra dans la pièce.

« Où est mon mari? L'enfant l'a vu...... Mon Dieu, comme il tarde ! » Puis, reconnaissant le trouble inexplicable dans lequel était sa servante : « Mais qu'y a-t-il donc? ajouta-t-elle. Ah! dites.... Cher enfant, où as-tu vu ton père?

— Dans la petite maison, maman, il était tout mouillé..... »

La jeune femme entrevit une partie de l'affreuse vérité.

« Ah! madame, reprit la servante, il faut bien vous le dire..... Nous avons vu du monde devant la morgue...... J'ai voulu céder à ma curiosité de voir......, et le petit dit qu'il a vu Monsieur !.....

— Oui, maman, ajouta précipitamment l'enfant, qui, ne comprenant pas le trouble de sa mère, cherchait innocemment à la consoler; je ne mens pas, je t'assure.... J'ai vu papa qui s'était déshabillé. Il dormait tout nu sur une table de marbre....... C'est bien vrai, je ne mens pas.... »

La jeune Créole était veuve; quelques jours après l'enfant était orphelin.

FRANCE MARITIME.

H. Bergaud del.

Fort de Bayonne

Bayonne.

RÉSUMÉ HISTORIQUE, TOPOGRAPHIQUE, STATISTIQUE, MARINE, COMMERCE, ETC.

A une époque fort reculée, qu'il n'a pas été possible de préciser jusqu'à ce jour, les Romains s'étant avancés dans les Gaules jusqu'au pays des *Tarbelliens*, dans la *Novempopulanie*, remarquèrent, au confluent de la *Nive* et de l'*Adour*, un emplacement avantageux qui commandait le cours de ces deux rivières. Ils y bâtirent des fortifications, dont quelques-unes subsistent encore, et, comme il arrivait presque toujours aux établissements militaires de ce peuple, de nombreuses habitations s'élevèrent autour de leurs forteresses. C'est là l'origine de Bayonne, qui porta le nom de *Lapurdum* jusqu'au XIᵉ siècle. Ce mot *Lapurdum* avait une étymologie mi-basque, mi-celtique : *lapurra*, désert; *dun*, bas, profond. Quant à celle de *Bayonne*, la plus naturelle est celle qui le fait se composer de *baïa — ona*, deux mots basques signifiant *baie bonne* ou *bon port*.

L'histoire de Bayonne peut se diviser en trois phases distinctes : la première, depuis sa fondation jusqu'à l'année 1152, où elle passa sous la domination anglaise; la seconde, depuis 1152 jusqu'en 1451, époque où finit cette domination; et, enfin, de 1451 jusqu'à nos jours.

PREMIÈRE PHASE.

Durant la première phase, *Lapurdum* appartint successivement aux Romains, aux Visigoths, aux rois de France et aux Normands. Sous les Romains, cette ville était riche et peuplée. Suivant *Ausone* et *Ammien Marcellin*, les pays dont l'Adour et la Nive sont les débouchés naturels abondaient en or, fer, cuivre, vins, etc...A la chute de l'empire romain, elle fut conquise par les Barbares, et cette conquête ruina toutes ses sources de richesses. Vers l'année 500, elle tomba au pouvoir des Francs, et dès lors elle put recommencer l'ère de prospérité qui l'avait abandonnée. Il ne se passa rien de remarquable sous la domination des rois francs, si ce n'est l'invasion des *Vascons* ou *Basques* (1), qui finirent par être vaincus et soumis.

(1) La similitude des mœurs, du langage surtout, porte à croire que les Basques ne sont autres que les anciens Cantabres, premiers indigènes connus de l'Espagne, que les armes des Phéniciens repoussèrent vers les Pyrénées. Les anciens auteurs représentent cette nation comme une nation courageuse, turbulente, bravant les besoins et les fatigues. La guerre actuelle des provinces basques-espagnoles prouve qu'ils n'ont pas dégénéré. Dans le pays basque-français, le type s'est un peu affaibli par suite du rude niveau qu'y a fait passer la révolution de 89. Une observation assez remarquable qui a été faite, c'est que les idiomes

En 841, quelques chefs normands, cherchant un établissement commode sur ces côtes, remontèrent l'Adour et s'emparèrent de *Lapurdum;* ils s'y maintinrent jusqu'au temps de Guillaume *Sanche,* duc de Guienne, en 980, qui, furieux de voir ses Etats continuellement ravagés par ces bandes d'aventuriers, les attaqua et les défit. A dater de ce jour, *Lapurdum* appartint aux ducs de Guienne jusqu'au XIIᵉ siècle.

Au commencement du XIIᵉ siècle apparaît saint *Léon,* que les Bayonnais révèrent comme leur premier évêque. Ayant eu la tête tranchée par des pirates, un jour qu'il prêchait sur les bords de la Nive, il se tint debout, dit la chronique, une heure entière, et relevant même sa tête tombée à terre, la porta à plus de quatre-vingts pas. Comme on le voit, c'est un miracle commun à bien des martyrs, puisque *saint Denis, saint Genis, saint Piat,* etc., le revendiquent en toute propriété.

Lapurdum s'agrandissait cependant; une nouvelle enceinte était tracée pour l'entourer, et, en 1132, les évêques et vicomtes qui la gouvernaient effacèrent d'un commun accord le nom de *Lapurdum* de leurs actes publics pour y substituer celui de *Bayonne.* Une chose bien digne de remarque, c'est que les baleines fréquentaient en grand nombre les côtes de Biscaye à cette époque, et c'est là que les Basques firent leurs premiers essais dans la pêche de ce monstrueux cétacé (2).

En 1141 furent jetés les premiers fondements de la belle cathédrale que Bayonne possède encore, comme aussi du pont de la *Grande-Mer,* ou du *Saint-Esprit,* qui traverse l'Adour et joint la rive gauche à la rive droite. Bayonne était célèbre dans ces temps par la fabrication de ces armes de *Biscaye,* dont les vieilles chroniques ont vanté la trempe et le travail. Celle des *arbalètes* y était surtout renommée : de là, suivant *Morery,* le nom de *baïonniers* donné aux anciens *arbalétriers;* et de ces *baïonniers* provient peut-être aussi le nom de la *baïonnette,* arme qu'on dit vaguement avoir été inventée à Bayonne sous Henri IV.

En 1152, Louis le Jeune, roi de France, ayant fait casser son mariage avec Eléonore de Guienne, cette princesse épousa Henri, duc d'Anjou, depuis roi d'Angleterre : c'est ainsi que Bayonne passa sous la domination britannique.

américains n'avaient d'analogie en Europe qu'avec le *basque,* en Asie avec le *tchuktschi,* en Afrique avec le *Congo.*

(2) « La saison de la pêche des baleines sur les côtes de Guienne et de Biarritz, dit Cheirac (*Coutumes de la mer*), commence après l'équinoxe de septembre et dure presque tout l'hiver. »

En 1255, un Guillaume Lavielle donnait à l'évêque et au chapitre de Bayonne la dîme des baleineaux et baleines pêchés sur la côte; cette dîme alla toujours en décroissant de valeur par suite de la disparition des baleines, et fut acquise par les habitants, en 1566, pour la modique somme de 300 écus.

DEUXIÈME PHASE.

Nous avons glissé légèrement sur la première phase, jetant çà et là quelques dates sur les événements les plus saillants. La nouvelle ère dans laquelle nous entrons fut l'ère véritable de prospérité pour Bayonne.

Les rois d'Angleterre lui accordèrent une protection spéciale, lui octroyèrent des franchises et immunités, et en tirèrent de grandes ressources dans les guerres qu'ils eurent à soutenir. Le corps municipal de Bayonne fut composé d'un maire, de douze jurats, de douze échevins et de soixante-quinze conseillers compris sous le nom général de maire, et de cent pairs. La charge de maire était annuelle et le résultat d'un vote d'une assemblée générale des bourgeois; ce magistrat ne pouvait être réélu qu'après un intervalle de neuf ans, et, dès 1380, il fut statué que cette charge était incompatible avec celle de *prévôt royal*. Le maire avait le commandement de la milice, administrait les finances et présidait l'assemblée des cent pairs. Assisté de quelques échevins, il jugeait en première instance les causes des bourgeois et de leurs serviteurs, tant au civil qu'au criminel.

La marine de Bayonne était, à ce qu'il paraît, déjà puissante et redoutable, puisque, sous Édouard III, son contingent à fournir à ce prince était fixé, *suivant l'ancien usage*, à vingt vaisseaux et dix galées (1).

Sous les règnes de Philippe-Auguste et de Louis VIII, les Anglais ayant perdu presque toutes leurs provinces du nord de la France, la Guienne devint l'entrepôt d'un riche commerce et un transport maritime considérable, qui ne tarda pas à exciter la jalousie des Normands. En 1291, deux matelots, l'un normand, l'autre gascon, ayant pris querelle à Bayonne, le matelot normand fut tué, et cette mort fit jaillir l'étincelle qui provoqua l'explosion de toutes les haines. Des représailles cruelles furent commises de part et d'autre : soixante-dix Bayonnais, surpris à bord de leurs navires dans le port de Saint-Malo, furent pendus à leurs vergues pêle-mêle avec des chiens; d'autre part, soixante vaisseaux anglais et bayonnais s'étant dirigés vers les côtes de Bretagne, rencontrèrent, à la hauteur du cap *Saint-Mathieu*, deux cents vaisseaux ennemis chargés de vins; « bien eskipés de gents d'armes, chasteaux hordis devant et derrière, chasteaux au sommet de chacun mast, banère déployé de rouge sendal, signifiant mort sans remède, et mortèle guerre en tous lieux où marines sount. » Un combat s'engagea où les Normands perdirent, dit-on, cinq mille hommes et la plupart de leurs bâtiments (2). Dès ce moment les hostilités prirent le caractère d'une guerre de puissance à puissance, et un jugement de la cour des pairs de France confisqua la Guienne au profit de la couronne. Cette guerre continua avec des phases diverses jusqu'en 1303, où la paix fut signée.

En 1337 la guerre s'étant déclarée de nouveau entre la France et l'Angleterre, les Bayonnais envoyèrent en Angleterre, sous le commandement de *Pierre Bougniau*, une superbe flotte, qui servit quelques années après à transporter en Normandie l'armée qui remporta la célèbre victoire de Crécy.

En 1374 le roi de Castille assiégea inutilement Bayonne, à la tête de vingt mille hommes et de deux cents vaisseaux de guerre et transports; il fut obligé de repasser la Bidassoa.

En 1449, pendant la conquête de la Normandie, le sire de Lautrec et le bâtard de Foix, chargés d'occuper l'attention des Anglais du côté de la Gascogne, s'avancèrent jusqu'à *Guiche*, village situé à quatre lieues de la ville; quelques affaires partielles où ils eurent le dessous, forcèrent les Bayonnais à se retirer dans leur enceinte; *Jean de Beaumont*, gouverneur et frère du gouverneur-général de Navarre, encourageant les habitants par son exemple et ses discours, les détermina à s'exposer à toutes les extrémités d'un siège. Cependant l'armée victorieuse de Charles VII se mettait aussi en marche sur Bayonne après la reddition de Bordeaux; elle arriva le 6 juillet 1451 devant les premiers ouvrages, et poussa vivement les travaux du siège.

Le 19, convaincu de l'inutilité de sa défense, Jean de Beaumont demanda à capituler, et les troupes françaises occupèrent la ville le lendemain 20 juillet.

« Ce jour-là, dit la chronique, le temps était » bel et cler, une espèce de météore figurant la » croix blanche de France se montra pendant » une demi-heure dans les airs. »

Dans la disposition où se trouvaient les affaires, les Bayonnais virent là une approbation miraculeuse de leur soumission à la France : depuis ce jour, en effet, Bayonne n'a pas perdu son titre de cité *française*.

Comme nous l'avons dit, pendant les trois cents ans qu'elle resta au pouvoir des Anglais, Bayonne joua un rôle brillant, et rendit d'importants services aux rois Plantagenets.

L'ancienne ville, assemblage confus de cabanes de bois couvertes en chaume, fit place à une

---

(1) « Galées, bâtiments à voiles et à rames. D'après un état qu'on trouve dans *Hacklayt*, de la flotte anglaise qui bloqua Calais en 1347, chaque *galée* était montée par vingt-cinq hommes. » (Chronique bayonnaise.)

(2) Ce fait est encore emprunté aux *Chroniques bayonnaises*. D'après le nombre des morts, cette bataille dut être acharnée, et pourtant l'auteur ne dit pas à qui resta le champ de bataille. Peut-être que, cédant à un patriotisme local, du reste assez naturel, a-t-il oublié de même de rapporter ce que les Normands revendiquaient pour leur part de gloire et de fortune dans ce combat.

autre plus régulière et mieux construite; des faubourgs se créèrent, l'Hôtel-de-Ville, le château Vieux, les monastères, des nouveaux ponts *Saint-Esprit* et *Panecau* s'élevèrent successivement.

C'est en ces temps que les Basques, voyant fuir de leurs rivages les baleines, allèrent les attaquer jusque dans les mers du Nord, et s'avancèrent même jusqu'à Terre-Neuve, dit *Cleirac* dans ses *Coutumes de la mer*. Aussi la plupart des cosmographes leur attribuent-ils la découverte de cette partie de l'Amérique. Comme il en est encore de nos jours, les constructions maritimes de Bayonne jouissaient alors d'une grande réputation: *Villani* rapporte dans sa chronique qu'en 1334 les Vénitiens firent de notables changements à leurs *vaisseaux*, d'après le modèle d'un navire bayonnais qui avait franchi le détroit; et dans l'ancienne *coutume* de Marseille, une forme particulière de rame et de gouvernail est appelée *bayonesta*.

Nous terminerons l'aperçu chronologique de cette seconde phase par le récit de quelques coutumes assez singulières du temps. Le luxe devint si effrayant, dit la chronique, que le corps municipal fut obligé de proscrire l'usage des parures d'or, d'argent et de soie: des amendes furent établies contre les nouvelles mariées qui, le jour de leurs noces, se permettaient de donner à leurs maris plus de *deux chemises*, et des souliers à qui que ce soit; et contre les veuves qui, âgées de moins de trente ans, portaient le paillet ou manteau de deuil au delà d'un an et un jour.

« Si aucun crève ou ôte un œil à l'autre, dit un statut de 1340, de quelle façon il le fasse, à moins qu'en son corps défendant, il doit être condamné à avoir l'œil tiré; les faux témoins auront la langue percée avec un *greffoir*, seront promenés dans les rues depuis la porte *Saint-Léon* jusqu'à la chaîne du *Pont-Majour*, et ensuite chassés de la ville. »

Les filles de mauvaise vie étaient punies de la *cage*, laquelle consistait à les enfermer dans des corbeilles couvertes, et à les plonger trois fois dans la rivière; ou bien à celle du *chariot*, petite voiture qu'elles étaient obligées de traîner par la ville, escortées de six soldats du guet et des deux *chasse-gueux*, après avoir été préalablement rasées; elles étaient ensuite expulsées de Bayonne.

Toute femme *babillarde et querelleuse* était liée avec des cordes sous les aisselles, enfermée dans une cage de fer et plongée dans l'eau publiquement. En cas de récidive, elle encourait une seconde immersion, et se voyait en outre bannie de la ville et de sa juridiction.

On conviendra qu'il est fort heureux que de pareilles coutumes ne soient pas en vigueur de nos jours.

TROISIÈME PHASE.

Louis XI, en montant sur le trône, accorda à Bayonne quelques franchises nouvelles; l'hôtel des Monnaies fut établi, et ne lui a pas été retiré depuis.

C'est vers cette époque, qu'après un violent coup de vent, l'embouchure de l'Adour s'obstrua par une grande quantité de sable charrié par les courants. Les eaux violemment refoulées forcèrent leur lit du côté du nord et prirent leur cours vers le *Cap-Breton;* la nouvelle embouchure qu'elles formèrent se trouvait dès lors aboutir à *Messanges*, à sept lieues environ de la ville.

Quelques années après cet événement, les Espagnols se présentèrent de nouveau devant Bayonne : le brave *Lautrec* s'y trouvait en qualité de gouverneur; les habitants le secondèrent intrépidement dans la défense opiniâtre qu'il opposa, et après un siége meurtrier où ils perdirent beaucoup de monde, les Espagnols se virent une seconde fois obligés de se retirer.

En 1550, les Juifs chassés d'Espagne par Ferdinand et Isabelle arrivèrent en foule à Bayonne où ils s'établirent sous le nom de *marchands portugais*, au nombre de mille à douze cents familles. Ce nombre s'est prodigieusement accru depuis, malgré les persécutions dont ils furent continuellement l'objet jusqu'en 1850, et qui ne leur permettaient même pas d'habiter Bayonne, mais seulement le *Saint-Esprit*, espèce de faubourg situé sur la rive droite.

C'est aussi vers la fin de ce siècle que les Bayonnais obtinrent enfin que l'on s'occupât de replacer l'Adour dans son ancien lit. Le fameux *Louis de Foix*, d'abord valet de chambre de Henri III, et l'un des plus grands architectes de son temps, se vit chargé de ce périlleux travail, qui fut commencé en 1579.

Il fit d'abord creuser et nettoyer l'ancien canal; puis, au moyen de digues qu'il établit à l'endroit même où l'Adour s'était écarté de son cours primitif, il le força à se précipiter vers l'ouest.

Malheureusement cette immense opération échoua la première fois; la rivière ne put franchir les massives dunes de sable qui s'étaient accumulées à l'embouchure de son premier lit, et les eaux, repoussées de tous côtés, se portèrent avec rapidité sur Bayonne, débordèrent sur tous les points et inondèrent la ville. La tradition rapporte qu'on fut obligé d'amarrer les navires aux premiers étages des maisons. Une émeute sérieuse fut la suite de ce fâcheux début, et Louis de Foix ne parvint à y échapper que par la fuite. Il revint cependant lorsqu'elle se fut un peu apaisée, et ne perdit pas courage: instruit par l'expérience, il disposa mieux ses digues, leur donna plus de force et d'appui, et une *sous-*

berme (1) lui étant venue en aide, l'Adour franchit avec furie les bancs qui s'opposaient à sa marche, et se précipita vers la mer par les passes qui existent encore de nos jours.

En ces temps, dit la chronique, *Saint-Jean-de-Luz* était une ville remarquable par la beauté de ses édifices et l'activité de ses armements maritimes (2). La pêche de la baleine et de la morue en était principalement le but. Jusqu'au viie siècle, plus de cinquante navires de 200 à 300 tonneaux, montés chacun de cinquante ou soixante hommes, partaient annuellement des côtes basques pour cette pêche. Mais quelques marins de ce pays, ayant la pratique de cette navigation, s'étant laissé embaucher par les Anglais, ceux-ci, favorisés par leur position géographique, créèrent bientôt une redoutable concurrence qui porta le coup mortel aux armements basques.

L'année 1651 fut remarquable par la troisième et inutile tentative des Espagnols pour surprendre Bayonne.

En 1659, la paix ayant été conclue entre la France et l'Espagne, Louis XIV arriva, le 1er mai 1660, à Bayonne. Des fêtes nombreuses et brillantes signalèrent le séjour d'une semaine qu'il dut y faire pour les apprêts nécessaires à son mariage avec l'infante d'Espagne *Marie-Thérèse*, apprêts qui s'effectuaient à Saint-Jean-de-Luz. «A son arrivée, le pont du *Saint-Esprit*, l'un des plus beaux de l'Europe, disent les registres de la ville, était bordé dans toute sa longueur par quatre à cinq cents mousquetaires. Des joueurs de hautbois, venus de Toulouse, faisaient entendre sur la rivière les plus douces harmonies, tandis que des multitudes de chaloupes, montées par de vigoureux matelots en *barrets* rouges et vestes blanches bordées de bleu, exécutaient sous les yeux du roi d'admirables manœuvres.» Le samedi, 8 mai, Louis XIV partit pour Saint-Jean-de-Luz et y épousa, le 9 juin, l'infante Marie-Thérèse. Vers 1680 Louis XIV envoya Vauban à Bayonne dans le but d'élever cette place au degré de force exigé par le rôle qu'elle semblait appelée à jouer dans le système défensif du royaume; comme l'esprit des habitants avait toujours paru opposé à l'établissement d'une garnison permanente, quelques troupes y furent en

outre expédiées afin de protéger les travaux. C'est alors que Vauban fit bâtir sur la hauteur de *Saint-Etienne* cette superbe citadelle que nous admirons de nos jours; on dit pourtant que le plan du maréchal de Vauban ne reçut point son entière exécution, et que de là viennent quelques imperfections que les gens de l'art remarquent dans le tracé et le relief des ouvrages extérieurs.

Il existe à Bayonne une magnifique promenade, celle des *Allées marines*, qui longe l'Adour sur une longueur de plus de 1500 mètres, et qui contient plus de neuf cents ormes; les premiers arbres de cette promenades furent plantés en 1727.

Durant la guerre de la succession, Bayonne se maintint dans un état florissant; elle fournit aux Espagnols, sans relations avec l'Angleterre, la plupart des denrées et munitions qui leur étaient nécessaires : les armements en courses surtout lui rapportèrent d'immenses bénéfices.

Malheureusement la *barre de l'Adour*, qui alors comme aujourd'hui était le plus grand obstacle à la prospérité maritime de ce pont, s'opposa subitement à son accroissement.

Les travaux de Louis de Foix avaient été négligés et laissés sans entretien (3); aussi les sables ne tardèrent-ils pas à obstruer de nouveau le lit de la rivière, qui cette fois se jeta dans le sud et se fraya un passage jusque vers la côte de *Biarritz*.

Plusieurs officiers du génie se succédèrent infructueusement pour s'opposer à ce nouveau cours, lorsqu'en 1729 M. *de Touros* conçut le premier l'idée de substituer une *maçonnerie pleine* à la charpente nue des digues, seule usitée jusqu'à ce jour. Son plan fut adopté, et alors furent commencés ces magnifiques ouvrages du *Boucau* qui ferment aujourd'hui l'Adour entre deux murs de maçonnerie d'environ 1500 toises de développement sur 24 pieds de hauteur et 12 d'épaisseur.

M. de Touros malheureusement commit une faute grave, celle de n'établir ses *pilotis* qu'au niveau de basse mer, ce qui laissait au courant le moyen de saper leur pied au-dessous du grillage; cette faute occasionna des dépenses énormes, par l'obligation où l'on se trouva de protéger les pilotis d'immenses enrochements. Quoi qu'il en fût, le succès du plan de M. de Touros, au bout de quatre ans, parut tenir du prodige, et, en 1742, l'Adour, complétement replacé dans son ancienne direction à l'ouest-quart-nord-ouest, donnait 20 pieds d'eau dans les passes. Les corsaires bayonnais commencèrent dès lors à inquiéter vi-

(1) *Sous-berme* ou grande crue des eaux de rivière par suite de pluies et fontes de neige.

(2) Par *l'activité de ses armements maritimes*, soit; mais bien qu'il existe encore aujourd'hui une assez grande quantité de constructions de cette époque, on y chercherait vainement de l'élégance et de la beauté. Saint-Jean-de-Luz est une très-petite ville, située à six lieues de poste environ dans le sud de Bayonne. Elle est sale, triste, mal bâtie, et en partie déjà rongée par la mer qui empiète journellement sur cette côte. On s'y ressent tout à fait du voisinage de l'Espagne. Du reste, son port s'est encombré, et il ne peut recevoir maintenant que des pêcheurs. Les digues que l'on avait construites à grands frais pour s'opposer à l'invasion des flots, ont été emportées et détruites sans ressources.

(3) Ces leçons du passé ont été complétement perdues pour notre siècle; aujourd'hui encore les belles jetées de M. de Touros sont abandonnées sans le moindre entretien; l'herbe y pousse, force le ciment et disjoint les pierres de revêtement, le sable les couvre, les cales se détériorent et on ne répare rien.

vement le commerce ennemi; on cite particulièrement le combat du capitaine *Larue* contre un bâtiment anglais d'une force bien supérieure à la sienne; le combat dura cinq heures, après lesquelles le navire anglais fut enlevé à l'abordage.

Les Bayonnais se signalèrent encore au renouvellement de la guerre avec les Anglais, en 1756; les capitaines *Minvielle, Tournès, Detcheverry, Ducassou, Duler*, etc., se virent successivement gratifiés de l'épée du roi ou de la croix de Saint-Louis, à raison de leurs traits d'audace et d'intrépidité.

Rien de bien remarquable ne se passa depuis ce moment jusqu'à la révolution de 1789, si ce n'est pourtant la franchise du port que Bayonne obtint en 1784, ainsi que Dunkerque et Marseille, et dont la Convention prononça l'abolition le 11 nivôse an 3.

L'agitation des esprits, en 1789, occasionna à Bayonne quelques troubles, qui heureusement furent de peu de durée. En l'an 2, la Convention ayant déclaré la guerre à l'Espagne, toutes les troupes disponibles, montant au plus à six mille hommes, se concentrèrent en cette ville et les environs.

Bayonne, comme toutes les autres parties de la France, eut cruellement à souffrir du régime de la terreur, et les représentants du peuple *Baudot, Chaudron-Rousseau, Pinet* surtout, y ont laissé de funestes souvenirs.

Le 10 juillet de cette année, la salle d'artifice du Château-Neuf sauta avec un fracas épouvantable, et tua beaucoup de monde; dans la nuit du 29 au 30 du même mois, le feu prit à un magasin où se trouvait l'entrepôt général des eaux-de-vie de l'armée, et beaucoup de personnes se rappelèrent encore à Bayonne l'horrible et magnifique spectacle qu'offrit pendant cette nuit le fleuve, sur les eaux duquel une grande partie de ces eaux-de-vie enflammées s'étaient répandues comme un torrent de laves. C'est à la suite de ces deux événemens que les représentants du peuple mirent en état de siége les deux villes de Bayonne et du Saint-Esprit, « attendu, est-il dit dans l'arrêté, que ces deux villes sont depuis quelque temps le repaire d'une infinité de scélérats, sur lesquels les soupçons les plus graves se réunissent. »

Plusieurs corps d'armée passèrent ou séjournèrent successivement à Bayonne jusqu'à une époque célèbre par l'influence qu'elle exerça sur la fortune de Napoléon.

En 1807, Napoléon ayant terminé plusieurs guerres heureuses avec les puissances du Nord, tourna ses vues du côté de l'Espagne et du Portugal. Le 14 avril 1808, il vint lui-même à Bayonne, où l'avait précédé un corps d'armée de vingt mille hommes, et bientôt après lui, y arrivèrent les infants d'Espagne, et le roi Charles IV et sa femme. Napoléon ayant exigé du jeune

prince Ferdinand l'abdication de la couronne d'Espagne en faveur de son père, ce dernier en fit la cession à Napoléon, qui la plaça sur la tête de son frère Joseph. Napoléon séjourna à Bayonne jusqu'au 21 juin de cette année, et les Mémoires du temps sont remplis de détails curieux sur ce séjour comme sur les événements qui s'y accomplirent : les bornes de cette notice nous forcent à les omettre.

Avant son départ de Bayonne, Napoléon put recevoir la nouvelle du soulèvement général de l'Espagne; les grands humiliés et aigris, le clergé menacé dans son antique domination, déjouèrent toutes les habiles combinaisons du prince français, et la reconnaissance de son frère Joseph comme roi fut repoussée par presque toute l'Espagne. Le passage des troupes françaises à Bayonne fut dès lors continuel jusqu'à la fin de cette année; en novembre, Napoléon y revint encore, et en repartit immédiatement pour rejoindre son frère sur les bords de l'Ebre. Cette guerre désastreuse d'Espagne se maintint jusqu'en 1813, époque à laquelle furent contraints de rentrer en France cinquante mille vétérans, débris de cette belle armée qui avait franchi les Pyrénées; *Wellington* au contraire avait à leur opposer une armée de plus de cent soixante mille Anglais, Espagnols ou Portugais; aussi ne tarda-t-il pas à s'approcher des frontières françaises, et le 7 octobre il passa la *Bidassoa*. Au commencement de l'année suivante, le maréchal Soult, ayant reçu l'ordre d'envoyer à l'armée du Nord une grande partie de ses troupes, se vit forcé de laisser seulement quinze mille hommes de garnison à Bayonne, et prit lui-même position derrière la Bidouze.

Bayonne se trouvait investi quelques jours après. La garnison était composée, comme nous l'avons dit, d'environ quinze mille hommes, dont faisait partie un corps de huit cents marins, formant les équipages de vingt chaloupes canonnières (1). La corvette de 24 canons *la Sapho*, commandant Rippau, brave officier de l'Inde, qui fut tué pendant la durée du blocus, fut embossée au milieu de l'Adour pour battre de revers et d'écharpe tout le terrain en avant des inondations que l'on avait pratiquées. L'artillerie avait trois cents bouches à feu, environ 500 milliers de poudre, quinze cent mille cartouches, et des bombes et obus à proportion. Parmi les nombreux combats qui eurent lieu, la sortie du 14 avril, exécutée par les troupes de la citadelle, est le plus remarquable par la perte immense qu'elle

(1) Les marins se distinguèrent pendant ce siége par des traits d'une audace incroyable, et dans leurs hardies expéditions, ils furent souvent dirigés par le brave Bourgeois, lieutenant de vaisseau, en retraite aujourd'hui, et pilote-major de la dangereuse barre de l'Adour. Nous aurons peut-être l'occasion de raconter plus tard aux lecteurs de *la France Maritime* quelques-uns des faits d'armes de cet intrépide officier.

fit éprouver à l'ennemi. Les Français y perdirent à peine une centaine d'hommes, tandis que, d'après le rapport des prisonniers, on peut évaluer la perte des alliés à près de trois mille hommes, dont neuf cents morts; encore eût-elle été plus considérable sans la trahison d'un sergent français, qui parvint à s'échapper de la citadelle avant le commencement de l'action, et qui donna avis au général anglais de ce qui allait être tenté.

Enfin, le 26 avril 1814, par suite d'un armistice conclu entre les deux armées après la célèbre bataille de Toulouse, Bayonne vit arborer sur ses murs le drapeau blanc. Durant les Cent-Jours, les Espagnols ayant déclaré la guerre à Napoléon, et le mauvais état de leurs finances ne leur ayant pas permis d'agir avant la rentrée des alliés à Paris, on eut bientôt quelques inquiétudes à Bayonne sur les mouvements qui se faisaient de l'autre côté des Pyrénées. Le 27 août, en effet, l'armée espagnole franchit la Bidassoa, sous le commandement du comte *de l'Abisbal*. Malgré la proclamation de ce général qui annonçait cet événement avec toutes les formes d'une fausse amitié, la nouvelle de l'invasion ne se fut pas plutôt répandue que tout s'arma à Bayonne.

La garde nationale vola aux postes avancés, et cinq cents marins, qui pour la plupart avaient combattu sur les corsaires ou les vaisseaux de l'État, se chargèrent spontanément du service de l'artillerie. Des gardes nationaux à cheval poussèrent une reconnaissance jusqu'à Saint-Jean-de-Luz, et ayant trouvé cette ville occupée par les Espagnols, rompirent en deçà le pont de *Bidart*, ce qui retarda de plusieurs heures la marche de leurs troupes. Aussi, grand fut l'étonnement du général ennemi, lorsque, arrivé sur les hauteurs d'*Anglet*, il aperçut les ouvrages avancés garnis d'artillerie et de gardes nationaux parfaitement équipés; les flatteuses illusions qu'il avait fondées sur la division des esprits s'évanouirent, et Bayonne fut sauvée.

Le dévouement des habitants de Bayonne fut vivement préconisé à cette époque. Dans un rapport au ministre de la guerre, le colonel d'artillerie *Viorpeau*, homme de talent et d'expérience, cite au premier rang des motifs qui peuvent annoncer la défense opiniâtre de cette place : « La noble habitude des habitants de se porter sur leurs remparts aux premiers dangers, pour conserver dans toute sa pureté l'antique devise de leur ville : *nunquam polluta* (1). »

Il est assez probable, en effet, que ce mouvement des troupes espagnoles ne se fit pas sans motifs : la libéralité avec laquelle Louis XVIII morcelait la France de Napoléon pour en jeter les débris aux puissances du nord, pouvait bien faire naître à l'Espagne l'envie d'en avoir sa part dans le midi. Si les Bayonnais avaient laissé tranquillement occuper leur ville, peut-être n'appartiendrait-elle plus à la France aujourd'hui; et nous ne parlons pas des funestes conséquences qu'aurait pu entraîner cet événement sur tout le littoral des Pyrénées. L'attitude énergique des Bayonnais fut, comme nous l'avons dit, célébré hautement en 1815 : depuis, il a été complètement oublié, comme tant d'autres services; et, chose singulière, l'on semble prendre à tâche au contraire de l'en punir en ruinant son port et son commerce.

Rien d'important n'eut lieu en cette ville depuis cette époque jusqu'à nos jours, si ce n'est pourtant le passage de l'armée française en Espagne, en 1823, et quelques mouvements populaires, suite de la révolution de 1830.

Après avoir tracé, le plus succinctement possible, cette courte notice historique sur Bayonne, nous terminerons par un aperçu rapide de sa situation actuelle. Sous le rapport moral et topographique, Bayonne est admirablement situé pour devenir l'entrepôt du commerce de l'Océan et de la Méditerranée, et si le magnifique projet du canal des Pyrénées vient à se réaliser (2), ce port est appelé sans doute aux plus hautes destinées commerciales. L'architecture générale de la ville se ressent un peu trop du genre espagnol; les rues sont étroites et sales, les maisons très-hautes et la plupart construites, non pas en maçonnerie seule, mais en maçonnerie entremêlée d'une charpente croisée, peinte en rouge, qui fait le plus désagréable effet. Du reste, il faut en excepter la place d'Armes et celle de la Liberté, dont les maisons sont la plupart d'un style simple et noble. La cathédrale est un beau monument : elle fut élevée sous la domination anglaise et ne paraît pas avoir été complètement terminée. Lorsque le pâté de maisons qui masque la nouvelle place d'Armes sera abattu, et que le triple

(1) On a contesté aux Bayonnais un droit fondé à cette devise. La chronique dit en effet qu'en 1294, Édouard, roi d'Angleterre, après avoir mis la France en possession provisoire de Bayonne, s'en repentit et revint l'assiéger avec de nombreuses troupes; il *s'en rendit maître* par la collusion de quelques habitants. De plus, Bayonne a été prise en 1451 par les Français sous le commandement de Gaston de Foix ; il est vrai que les Bayonnais objectent : que cette capitulation fut honorable; qu'ils exigèrent qu'elle fût ratifiée par leur seigneur le roi d'Angleterre, et qu'ils ne voulurent point accepter les conditions de celle de Bordeaux. » —Tout cela est vrai, mais n'implique pas moins la prise

de Bayonne par les Français, et ce fait fausse un peu la devise qu'elle met sur ses armes. Il serait plus rationnel d'admettre cette devise seulement depuis la réunion de Bayonne à la France, car depuis ce temps en effet nul ennemi étranger n'y est entré de vive force.

(2) Bordeaux redoute beaucoup l'exécution de ce canal, qui lui enlèverait le commerce de transit des deux mers; aussi les capitalistes bordelais n'ont-ils pas hésité à prodiguer les millions pour l'exécution d'un *canal latéral* à la Garonne, qui rendit nul sur ce point la concurrence du *canal des Pyrénées*. Mais outre cela, les contrées que parcourt ce dernier sont pleines de richesses de tous genres que le manque de débouchés laisse enfouies dans le pays. Aussi M. Galabert, à qui est dû ce projet, ne doit-il pas perdre courage; il a triomphé une fois déjà devant les chambres législatives et les chambres de commerce de Montpellier, Toulouse, etc., et trois cents communes que traversera ce canal ont appuyé M. Galabert de leurs pétitions.

édifice de l'hôtel de ville, de l'hôtel des douanes et du théâtre sera construit sur son emplacement, ce quartier de la ville offrira le plus bel aspect. Par suite de l'agrandissement du périmètre des fortifications, une nouvelle porte a remplacé l'ancienne porte des *Allées-Marines*, et forme, du côté de la rivière, l'extrémité d'une série de lourdes casemates, destinées à servir de façade dans l'ouest de la nouvelle place. Cette façade écrasée est de l'apparence la plus misérable, et la nouvelle porte elle-même n'offre pas autre chose à l'œil ; cette porte, datant à peine d'une année, commence déjà à crouler de toutes parts ; malgré des supports en charpente placés à la hâte sous les voûtes, les pierres qui la lient se disjoignent avec une effrayante rapidité, et plusieurs d'entre elles ont déjà dépassé leur niveau de plusieurs pouces : voilà les déplorables résultats des essais de messieurs du génie qui ont voulu, dit-on, bâtir sur le sable sans pilotis. La marine n'a pas eu moins à souffrir de la part de cette administration, qui ne daigne même jamais donner une bonne raison pour le ridicule despotisme qu'elle affecte d'exercer. Sous un futile prétexte qu'on aurait pu d'ailleurs compléter d'autre manière, une grille en fer de dix pieds de hauteur surmonte le parapet qui longe la rivière dans toute la longueur de la place d'Armes ; pas une seule porte de communication n'est ouverte, pas une cale n'y est faite ; de sorte qu'au cas d'une *sous-berme* ou d'un coup de vent qui compromettrait le salut des navires presque tous mouillés en cet endroit, on ne pourra leur porter secours qu'en franchissant toute la place d'Armes, afin d'arriver aux cales du Pont-Magou déjà fort éloignées du mouillage. L'administration maritime, le corps municipal, etc., ont eu beau protester ; le génie s'est renfermé dans une *inexorabilité* absolue, et n'a bien voulu dévier de son absurde plan, qu'en remplaçant par une grille un mur épais qui devait s'élever d'après le premier projet.

Les environs de Bayonne sont délicieux ; si vous prenez la charmante promenade des Allées-Marines, en suivant les bords de l'Adour jusqu'aux *pignadas* (bois d'épine), vous arrivez, après une course d'une heure, à l'embouchure de cette rivière, embouchure redoutable et fertile en naufrages. Les pignadas vous offriront ensuite leurs voûtes sombres et tranquilles pour vous conduire jusqu'aux bains de mer de *Biarritz*, bains célèbres déjà, et qu'un nombre toujours croissant d'étrangers visite chaque année. En continuant à décrire ainsi, sur la gauche, la circonférence du cercle que vous aurez tracé autour de Bayonne, vous traverserez le pays Basque et ses rudes montagnes, vous rencontrerez la *Nive* et ses bords riants, la Nive, fille des gorges sauvages des Pyrénées, qui, tranquille maintenant, vient de traverser, écumeuse, les sites boisés des eaux thermales de *Cambo*. Puis viendra l'Adour avec ses villas

et ses riches prairies, puis les hauteurs verdoyantes de Saint-Étienne, et enfin la mer sur les bords de laquelle vous retomberez à la rive droite de l'embouchure.

L'état atmosphérique de Bayonne est très-variable, mais c'est là, dit-on, ce qui en fait la bonté : sa position au confluent de deux rivières, entre la mer et les montagnes, a doué en effet ce climat d'une salubrité renommée.

On ne se souvient pas d'avoir vu à Bayonne d'épidémie, et le choléra est arrivé jusqu'à ses portes sans oser y entrer.

Par suite de l'état d'indépendance où s'est presque toujours trouvée cette antique cité, il y existe un grand nombre de familles bourgeoises, dont la souche est peut-être aussi vieille qu'aucune des plus anciennes familles nobiliaires de France. Le Bayonnais est franc et brave, enthousiaste, spirituel et peu instruit ; il fuit l'étranger et ne le reçoit qu'avec contrainte ; aussi cette ville est-elle peu aimée de ces derniers qui n'y reçoivent qu'un accueil glacial et forcé. La caste aristocratique et moyenne des *femmes* diffère peu de celle des autres villes de France dont elle a pris les qualités, comme les vices et les ridicules : mais un type bien dessiné est celui de la grisette bayonnaise, type que Bordeaux s'est approprié depuis une vingtaine d'années.

Libres et fringantes, jolies et peu cruelles, il existe dans leur mise, dans leur allure, dans la coquetterie du célèbre mouchoir qui couvre leurs longs cheveux d'ébène, un charme et une grâce qui ne manquent à presque aucune d'entre elles : on pourrait leur désirer seulement quelquefois un peu moins de liberté virile dans leurs gestes et leurs paroles.

A part cette analogie, il existe autant de différence entre la grisette bayonnaise et celle de Paris et de tout le reste de la France, Bordeaux excepté cependant, qu'entre la petite maîtresse parisienne et son homonyme de province.

D'injustes préventions se sont élevées contre le port militaire de Bayonne et ont déjà provoqué son abandon ; cet abandon est d'autant plus fâcheux qu'une économie bien positive résultait pour le trésor des constructions faites sur cette place. Les bois y arrivaient des Pyrénées et se plaçaient en chantier exempts de frais énormes de transport. De plus, la sortie de plusieurs corvettes de guerre, même par des vents contraires, attestait que les *sondes* de la *barre* n'étaient pas un obstacle continuel, et que celui présenté par les vents pourrait être vaincu à l'aide de bateaux à vapeur. Bien que la solution de ce problème ait été favorable au port, elle n'a pas amené le moindre changement dans les décisions déjà prises ; l'arsenal a été délaissé ; les fonds destinés à la continuation des jetées, et par conséquent à l'amélioration de la barre, ont été détournés pour d'autres travaux, et de nombreux sinistres sont venus couronner l'œuvre de cette déplorable indifférence.

Bayonne est pourtant, en cas de guerre avec l'Espagne surtout, le seul point de refuge que nous possédions depuis Rochefort jusqu'à l'embouchure de la Bidassoa ; car on ne peut mettre en ligne ni Saint-Jean-de-Luz, ni la rade foraine du *Socoa* avec son petit havre à pêcheurs.

Toutefois l'Adour ne peut devenir un point de refuge qu'autant que les améliorations réclamées de tous côtés pour sa barre seront enfin accordées. Une singulière remarque à faire, dans l'exposé des travaux exécutés sur cette rivière depuis Louis de Foix, dont nous avons rapporté la périlleuse et hardie tentative, c'est que jamais aucuns de ceux commencés n'ont été achevés de manière à résoudre la question en litige, à savoir : si la *barre pouvait être positivement améliorée.* On a toujours commencé, jamais fini, soit par un motif, soit par un autre. Les derniers pieux plantés en 1811, d'après les instances de M. Bourgeois, lieutenant de vaisseau et pilote-major, sont encore là couverts de sable et d'algues marines, sans qu'on s'occupe de les défendre contre le rongement continuel des lames ; ces simples pieux avaient cependant produit l'effet annoncé par M. Bourgeois, celui de faire se creuser le long de leur ligne un chenal qui existe toujours ; le mauvais vouloir des ponts et chaussées repoussa même la direction des pilotis indiquée par l'expérience de cet officier, direction qu'on ne pouvait nier cependant être la plus rationnelle, puisqu'elle conduisait la jetée debout aux lames. Ils la portèrent trop à l'ouest en dépit de toutes les observations, et c'est aujourd'hui un vice grave sur lequel il sera fort difficile de revenir.

Le manque de feux se fait sentir sur toute cette côte ; il n'en existe qu'un sur la pointe Saint-Martin, dans le sud de la barre, appelé le *Phare de Biarritz* ; quant à ceux de Saint-Jean-de-Luz et du Socoa, il n'en faut point parler. Le phare de Biarritz est un des plus beaux et peut-être le plus beau phare de toutes les côtes de France ; en cela du moins, il compense son unicité dans ces mauvais parages (1).

Bayonne fait un commerce fort actif de cabotage avec l'Espagne comme avec la France ; les bandes jaunes et rouges de l'Espagne se marient sur sa rade presqu'en nombre égal aux couleurs françaises ; du reste, la guerre civile des provinces basques espagnoles a paralysé pour le moment son riche commerce de transit. Les constructions maritimes de ce port ne manquent pas de célébrité, et bien des constructeurs ont attaché leur nom à des bâtiments dont la supériorité de marche est devenue européenne ; nous citerons, entre autres, le corsaire espagnol *la Velox Mariana*, sorti des chantiers de M. *Descandes* père, et qui fut amariné par surprise dans la guerre de 1823 par le vaisseau français *le Jean-Bart ;* nous pourrions y joindre les noms de bien d'autres navires aux façons fines et élancées qui, sortis clandestinement de l'Adour, n'ont plus été revus, et se sont vendus sans doute un bon prix sur les côtes révolutionnées de l'Amérique du Sud.

La pêche de la morue emploie une assez grande quantité de navires bayonnais, que l'on voit, après la pêche faite et la vente aux colonies effectuée, venir désarmer et s'amarrer paisiblement le long des Allées-Marines jusqu'au printemps suivant ; cette branche du commerce bayonnais a cependant bien décliné. En 1819, elle y employait onze navires jaugeant en masse 1199 tonneaux et montés par trois cent vingt-sept hommes, tandis qu'en 1825 le nombre de navires n'était déjà plus que de sept. En cette même année (1825), le nombre de bâtiments construits à Bayonne ne fut que d'environ vingt-trois ; mais il s'est bien augmenté depuis par la réputation toujours croissante des constructeurs bayonnais. De 1814 à 1828, on y a fait construire aussi pour l'Etat cinquante bâtiments, soit corvettes, gabarres, brigs, goëlettes, etc..., dont plusieurs de plus de 800 tonneaux, et des corvettes portant jusqu'à dix-huit caronades de 18.

On voit combien il est à déplorer qu'un port qui offrirait tant de ressources de tous genres soit négligé par suite de préventions aussi mal fondées que celles qui ont été accumulées contre lui. Espérons du reste que ces préventions pourront être un jour déracinées, et que Bayonne maritime attirera enfin la sérieuse attention du gouvernement ; espérons surtout en la réalisation prochaine de ce magnifique *canal des Pyrénées*, dont la destinée est liée si intimement à celle de Bayonne. C'est alors qu'on verra combien cette belle lisière des Pyrénées avait de richesses enfouies dans ses sauvages montagnes, richesses qu'un manque complet de débouchés enlevait même à l'actif génie de l'industrie.

(1) Ce monument, d'un aspect simple et grandiose, est dû à M. Vionnois, ingénieur des ponts et chaussées à Bayonne, qui, de l'avis général, y a donné la preuve d'un beau talent.

Le lecteur ne sera peut-être pas fâché d'avoir quelques détails statistiques sur ce phare, commencé seulement en 1830 et terminé en 1834. L'apparence totale est un soubassement circulaire formant habitation, surmonté d'une tour que couronne la *lanterne d'éclairage*, haute de 7 mètres. Tous les revêtements extérieurs sont faits d'une magnifique pierre de taille.

Le feu est élevé de 74 mètres au-dessus du niveau de la pleine mer, et de 45 mètres seulement au-dessus du sol. Sa portée normale est de 8 lieues en mer, mais les pêcheurs du Socoa l'aperçoivent fort souvent de 10 lieues. Ce feu est tournant et à éclipses ; pourtant les éclipses ne sont complètes qu'à la distance de 3 ou 4 lieues ; les éclats de lumière se succèdent de 30 en 30 secondes.

Enfin la tour a coûté à établir environ 243,000 francs ;
La lanterne et l'appareil du système de Fresnel, 47,000 fr.
Les dépenses d'éclairage s'élèvent annuellement de 5,500 à 6,000 francs,

AUGUSTE BOUET,
Capitaine au long cours.

La Marine

A L'ARC DE TRIOMPHE DE L'ÉTOILE.

C'était au souvenir de la bataille des Trois Empereurs que Napoléon, vainqueur à Austerlitz, voulait d'abord consacrer l'arc de triomphe de l'Étoile. Sa pensée s'élargit bientôt, et ce fut « en l'honneur des armées françaises » qu'il ordonna que le monument serait érigé. Le 15 août 1806, la première pierre fut posée (non pas officiellement, dit-on, mais par les ouvriers), bien que, dès le mois de mai, des fouilles eussent été faites et les fondations commencées. En mars 1809 seulement, les projets de l'architecte Chalgrin furent approuvés par l'empereur, qui avait chargé cet homme distingué, et un autre homme de mérite aussi, M. Raymond, de lui présenter des plans, devis et élévations.

Chalgrin mourut au commencement de l'année 1811; l'arc de triomphe, dont il avait dirigé jusque-là les constructions, était sorti de terre. et montrait son piédestal et la corniche qui le surmonte, corniche brute encore et qui attendait le fini de ses ornements.

M. Goust, succédant à Chalgrin, poussa les constructions jusqu'à l'imposte du grand arc.

1814 arriva, et, avec la restauration, vinrent des idées, des engagements qui condamnaient le monument national à être, pour longtemps du moins, une ruine toute neuve, un amas de pierres sans nom, un projet de temple sans dieu et sans culte. Ces quatre massifs immenses, qui ne devaient peut-être jamais recevoir la charge d'un arc colossal et de son couronnement, qu'allaient-ils devenir? Ils gênaient la pensée royaliste encore plus que la circulation; mais comment oser les démolir? On avait brisé la garde impériale, on avait éloigné du trône, autant qu'on l'avait pu, les vieux soldats, pour se donner des serviteurs suisses et des compagnies de gentilshommes; on n'avait pas tenté d'abattre la colonne de la place Vendôme, que l'empereur de Russie avait prise sous sa protection, et l'on craignait de toucher aux pieds-droits de l'arc de l'Étoile, parce que un mépris si évident pour des souvenirs chers à la nation aurait pu offenser trop vivement la population parisienne, dont on se défiait beaucoup.

D'ailleurs, la paix finit toujours par la guerre, et il était bon de garder un monument en train d'exécution, pour consacrer les succès du drapeau blanc.

Le temple de la Gloire était bien redevenu une église sous l'invocation de Marie-Madeleine; le Panthéon français était bien retourné au culte catholique! Il est si peu de monuments au monde qui n'aient pas subi l'effet des révolutions politiques, qu'on devait trouver tout simple un nouveau baptême pour l'arc de triomphe quand

il en serait besoin. On attendit donc, en laissant toujours croire que l'arc des armées françaises s'achèverait quand des temps plus heureux laisseraient aux fonds du budget des directions favorables aux arts.

La guerre d'Espagne fut entreprise et bientôt finie. C'était une occasion; on la saisit tout de suite. M. de Corbière fit signer à Louis XVIII, le 9 octobre 1823, une ordonnance dont voici le considérant et le dispositif :

« Voulant perpétuer le souvenir du courage » et de *la discipline* dont notre armée vient de » donner tant de preuves en Espagne,

» Nous avons ordonné et ordonnons :

» Art. Ier. L'arc de triomphe sera *immédiate-* » *ment* terminé.

» Art. II. Etc. »

Immédiatement était un de ces mots d'enthousiasme qui n'ont de valeur qu'un jour. Le lendemain on sut qu'*immédiatement* voulait dire : tout doucement.... et personne ne pensa plus aux travaux de l'arc de l'Etoile que pour se moquer de leur lenteur. Cependant M. Goust plaça la première assise de l'entablement; et, après une pause, en 1828, il fit achever le grand entablement, la voûte principale, et fit exécuter l'ornement en caissons et à rosaces de cette voûte.

De 1806 à 1814, l'Empire avait dépensé pour l'arc de triomphe 3,200,713 francs; de 1823 à 1830, la Restauration dépensa 3,000,778 francs. La guerre et les malheurs publics avaient donné l'argent du trésor impérial à des dépenses urgentes; l'occupation étrangère, la dette arriérée, et le besoin de satisfaire des Français revenus en conquérants sur le sol de la patrie dont l'émigration les avait éloignés, réduisirent la part de l'arc de triomphe à une somme moyenne annuelle, égale à peu près à celle que l'Empire lui avait attribuée. A ne juger les faits que par les chiffres, qui sont une assez mauvaise manière de les représenter, la Restauration fit donc autant pour l'arc, élevé au courage et à *la discipline* de la jeune armée, que l'Empire avait fait pour le monument triomphal des vieilles armées impériales et républicaines.

1830 rendit à l'arc de l'Étoile sa première destination. Le roi Louis-Philippe, dont une des gloires sera d'avoir achevé les monuments dès longtemps commencés, et d'en avoir restauré d'anciens que le temps menaçait de détruire, n'écrivit pas dans une ordonnance que l'arc serait *immédiatement terminé;* mais du jour où l'on put y appliquer des sommes considérables, les travaux marchèrent sans relâche, et l'on peut dire que son immense décoration de sculpture fut improvisée. Du 1er août 1832 à juillet 1836, c'est-à-dire en quatre ans, on dépensa autant d'argent qu'en avaient dépensé l'Empire en huit ans et la Restauration en sept. Pour le travail matériel, on en fit tant qu'on en avait pu faire sous l'un ou

l'autre des deux gouvernements précédents. L'attique, — cet attique, malheureusement lourd et
mal orné; — la grande salle voûtée, que M. Thiers
avait l'heureuse idée de transformer en un reli-
quaire impérial; le dallage de la plate-forme;
la balustrade supérieure, dont le feston en pal-
mettes et en masques est si peu digne de la grandeur du monument; l'acrotère qui portera un
couronnement, — on ne sait lequel : quadrige,
aigle aux ailes étendues, ou groupe historique
représentant Napoléon rentrant à Paris au milieu
de son état-major : tout cela a des inconvénients
et le choix est difficile à faire; — le passage sous
l'arc principal, où se dessine une large figure de
la croix d'honneur, au centre de laquelle est un
aigle en fer; le pavage des petits arcs; l'établissement du système d'éclairage et d'illumination
au gaz; l'exécution de toutes les sculptures historiques ou allégoriques : — et cette partie de la
décoration se compose de quatre groupes dont
les figures ont 18 pieds de hauteur; de six
bas-reliefs; d'une frise qui fait le tour du monument au-dessous de l'entablement; de douze
grandes figures de tympans, et de quatre bas-
reliefs représentant symboliquement les armées
du Nord, de l'Est, du Sud et de l'Ouest; — les
sculptures d'ornement, qui sont prodigieusement
nombreuses; la gravure en creux des aigles, des
noms de batailles et des noms d'hommes : tout
cela a été fait sous la direction de M. Blouet,
en quatre ans, comme je l'ai dit plus haut,
et a coûté 5,449,623 francs. Autant que le
désir de voir s'achever ce monument, qui promettait d'être si beau, le besoin d'occuper des
ouvriers que recrutait l'émeute a hâté la fin des
travaux de l'arc de l'Étoile; c'est tout ce que la
fréquence de l'émeute aura produit de bon :
encore faut-il lui en savoir quelque gré.

Il n'entre pas dans mon plan d'examiner l'arc
de l'Étoile sous le rapport de l'art; le cadre de
la publication dans laquelle ces lignes seront imprimées n'admet guère de pareilles excursions
sur des domaines étrangers à la marine. C'est
une observation, qui m'a été suggérée par la vue
des décorations sculpturales du monument, que je
veux consigner ici; et si j'ai parlé de la fondation
et de l'exécution de l'arc national de l'Étoile, c'est
que dans sa consécration la marine a aussi sa
part.

Cette part est justement ce que je crois devoir
discuter avec l'ordonnateur des ornements historiques qui figurent sur les vastes surfaces de l'arc.

La marine n'a pas eu l'honneur d'un bas-relief.

Tous les combats représentés sont des combats
de l'armée de terre. C'est Aboukir, Alexandrie,
Arcole, Hoschsteinball où Marceau eut de si glorieuses funérailles, Jemmapes et Austerlitz, qu'on
a rappelés par des compositions plus ou moins
belles, mais toutes très-significatives pour le
spectateur. Dans la frise qui montre le départ et

le retour des armées, pas un souvenir donné à la
marine. Quand les Romains élevèrent à Trajan
la colonne encore debout aujourd'hui, en l'honneur de ses victoires sur les Germains et les
Daces, ils n'oublièrent pas la flotte.

Ainsi, pas une figure d'amiral ou de matelot
parmi ces quelques milliers de Français sous
tous les uniformes. A Jemmapes, M. Marochetti
n'a eu garde d'omettre ces aides-de-camp fémi-
nins qui honorèrent de leur présence l'état-major
du général Dumouriez; dans la frise, il y a des
vivandières, héroïques femmes qui méritaient
bien qu'on les plaçât non loin des demoiselles
Fernick; nulle part il n'y a un homme appartenant à la marine.

Était-il absolument impossible de rendre dans
un bas-relief le mouvement d'un combat naval?
Je ne le crois pas. Il y a à Venise une église du
XVIIe siècle, dont la façade est toute couverte de
représentations navales: cette décoration, d'ailleurs fort curieuse, est très-piquante, et les Vénitiens s'arrêtent volontiers devant elle.

La mort de Marceau n'est qu'un fait particulier, grandement honorable à la mémoire de ce
général si jeune et si estimé des ennemis eux-
mêmes; on a bien fait de la graver sur la pierre
triomphale, parce que cette mort fut un triomphe; mais enfin elle n'influa en rien sur les destinées de la France, et j'en fais la remarque pour
venir au-devant d'une objection que voici : sur un
arc de triomphe, il ne faut représenter que de
grands événements historiques, de ces événements qui ont sur le sort des États de sérieuses
influences.

Il est une autre objection encore; celle-là est
tirée de l'art lui-même, qui a des conditions à
part, auxquelles il faut faire d'indispensables
concessions. La grandeur des figures a dû être
donnée pour tous les bas-reliefs, afin qu'il y eût
unité dans la décoration des parties analogues,
et il était difficile de faire entrer dans leurs proportions relatives l'homme et le vaisseau en maintenant cette grandeur donnée. A la bonne heure!
Il est vrai qu'on aurait pu mettre en pendant
l'une à l'autre deux actions navales sur une des
faces du monument; il serait encore resté quatre
bas-reliefs pour l'armée de terre, et peut-être
ainsi aurait-on établi l'équilibre entre les impor-
tances des armées et des escadres, en faisant justice à tout le monde.

Mais, dira l'ordonnateur, — car les objections ne
manqueront pas. — les grandes batailles navales,
la France les a perdues, et l'on ne peut représenter
sur un arc triomphal des actions qui n'ont pas
été suivies du succès. D'abord, vous n'avez pas
représenté que des grandes batailles, car c'est
l'épisode du pont plutôt que la bataille que vous
avez montré à *Arcole*; et puis *la mort de Marceau*
dont je parlais tout à l'heure! Ensuite, s'il n'y a
pas de grandes batailles navales, manquons-nous

de beaux combats? La politique s'accommode mieux sans doute du résultat d'une affaire importante que de l'issue d'un combat de quelques bâtiments; mais le courage déployé à bord de *la Preneuse* n'est-il pas le même que celui dont on fit preuve à Algésiras? La gloire des capitaines et des équipages n'est-elle pas égale?

Je veux bien pourtant que vous n'ayez pas pu représenter une action de mer pour une raison bonne ou mauvaise; mais mon observation ne s'arrête pas là.

Sans compter les trente noms de victoires que vous avez gravés sur les boucliers de l'attique, vous avez écrit sur les massifs intérieurs les désignations de quatre-vingt-seize batailles, siéges mémorables ou *combats*, pris parmi les plus illustres; et ici pas une mention d'un combat naval! Pas *une!* Nos marines de la République et de l'Empire en sont-elles donc là? N'ont-elles pas un beau fait à citer? L'ennemi a-t-il donc pris tous nos vaisseaux sans que le pavillon ait été défendu? Ceci est étrange, en vérité.

Et voyez la bizarre contradiction! Dans la liste des combats et batailles soutenus par les Français sous l'enseigne aux trois couleurs, pas une affaire navale; pourquoi donc dix amiraux sur les listes victorieuses où l'on a inscrit les noms de trois cent soixante-quatorze braves généraux ou colonels qui représentent l'infanterie, l'artillerie, le génie, l'état-major et la cavalerie? Si l'on ne peut citer un des combats de nos marins, d'où vient que l'on cite leurs noms? Il faut être conséquent.

Et, maintenant, dix noms gravés sur ces tables honorables, est-ce assez pour la marine?

Je vois : Truguet, Villaret-Joyeuse, Latouche-Tréville, Bruix, Rosily, Brueys, Gantheaume, Decrès, Linois, Duperré; c'est à merveille, voilà de belles renommées, et il n'en est pas une que l'histoire n'eût voulu voir consacrer avec un soin si jaloux; mais est-ce là tout?

Vous n'avez pu mettre non plus tous les noms qui méritent d'être conservés parmi ceux des généraux de l'armée de terre, et chaque jour vous recevez des réclamations. Pourquoi avez-vous si peu pressé les rangs! l'espace était si large! Ne pouviez-vous faire des lettres de deux pouces moins hautes, et multiplier les noms? Si l'admission sur les tables de l'arc de triomphe est une gloire, n'est-ce pas une bien fâcheuse peine que l'exclusion? Je sais bien que vous n'avez pas voulu exclure; mais si vous êtes arrivés à ce résultat par le fait, qu'importe?

Avez-vous consulté assez tous les souvenirs? Avez-vous demandé à l'histoire de la marine une liste de héros?

Sans doute Linois, c'est *l'Atalante* en 94, ce sont les belles croisières dans l'Inde en 1804, 5 et 6; c'est surtout Algésiras, dont vous avez omis le nom victorieux; mais L'Hermitte, celui

qu'on nommait le *brave*, c'est *la Preneuse* en 1799; c'est une belle campagne de 1805 à 1806, et vous avez oublié l'Hermitte !

Vous avez admis Brueys, qu'une phrase du général Bonaparte protégerait contre l'oubli, quand son courage ne lui aurait pas conquis une place dans un panthéon où vous n'avez pas placé que des hommes heureux, et je ne lis point les noms de Sercey, de Willaumez, de Dubourdieu, d'Emériau ! etc.

Vous avez séparé des noms que les échos des ports ne séparent guère; à côté du nom de l'amiral Duperré, pourquoi n'y a-t-il ni celui de Bouvet ni celui d'Hamelin?

Et Troude, ce capitaine du *Formidable* à Algésiras, que Napoléon pressa sur son cœur aux Tuileries, et qu'il présenta à ses courtisans, qui se connaissaient en courage, en leur disant : « Voici l'Horace français, » Troude, qu'en avez-vous fait?

Qu'avez-vous fait de Segond et de ses combats de *la Loire* ?

Decrès rappelle *le Guillaume-Tell* en 1799; Lucas aurait rappelé *le Redoutable*, Infernet *l'Intrépide*.

Dupetit-Thouars, savez-vous beaucoup de guerriers morts comme celui-là? Ne méritait-il pas une place à côté de Letort, Valhubert, Montbrun, Lasalle et les autres qui tombèrent sur le champ de bataille?

Les marins de la garde et leur commandant Faizieux ne méritaient-ils pas une mention particulière? l'armée ne les oublie pas, si vous les avez oubliés !

Lutzen, Bautzen, et vingt combats sur mer rappellent les beaux services de l'artillerie de marine; et sur votre monument, hors une longue figure, assez insignifiante, qui représente un canonnier de marine, quel souvenir avez-vous donné à cette arme, presqu'anéantie aujourd'hui, et qui a un passé glorieux?

Vous vous êtes souvenus de ceux qui tirèrent les premiers coups de canon sur mer, et celui qui tira le dernier, en 1814, sur un vaisseau qui est toujours nommé avec respect, vous n'y avez pas songé. Le combat du *Romulus* fit pourtant du capitaine Rolland un amiral !...

Je sais qu'il est difficile de se tirer des noms propres quand on s'y engage, et moi-même, qui voudrais réparer les omissions de l'arc de triomphe, je ne cite ni Bergeret, ni Bourayne, ni tant d'autres. Mais je n'écris pas l'histoire ici, je ne grave pas des noms choisis sur la pierre d'un monument; je nomme quelques hommes pour montrer qu'on a été injuste envers plusieurs.

Il n'est pas impossible de rectifier, en l'allongeant, cette liste trop incomplète de noms propres, cette table analytique des souvenirs militaires et maritimes de la révolution et de l'Empire. La place est large encore sous les petits arcs; et je ne vois pas pourquoi, après avoir ajouté des noms de la valeur de ceux que je viens de citer, on n'écrirait pas sur une colonne, ou au bas de chacune des colonnes commencées : *le Vengeur, la Minerve, la Forte, le Redoutable, le Rivoli, la Vénus, la Loire, Algésiras, le Grand-Port,* etc., etc. Cela compléterait le monument.

On dit que M. le ministre de l'intérieur examinera les prétentions des officiers de l'armée qui ont réclamé contre l'oubli de leurs noms; je voudrais qu'il se prononçât aussi sur les noms maritimes oubliés dans les tables de l'arc de triomphe, et qu'aux dix déjà inscrits il en ajoutât plusieurs autres. Qu'il consulte l'illustre M. Duperré, et la loyauté de ce brave officier pourra le guider dans un choix, bien difficile à faire, je l'avoue, mais que personne ne peut faire mieux que l'amiral à qui aucune gloire ne saurait porter ombrage.

Si les additions que je souhaite vivement de voir faire n'étaient pas ordonnées, malgré la présence sur l'arc de triomphe des noms de dix hommes dont on n'a pas nommé un des combats, ce serait un non-sens que les figures allégoriques au-dessus desquelles on a écrit *marine,* en pendant à la représentation de l'artillerie. Car, si l'on ne citait aucune affaire navale, on plaçait une proue armée du rostre à trois pointes dans le *triomphe de Napoléon,* et dans les bras d'un jeune garçon, bien efféminé, aux cheveux mouillés et frisés comme ceux du galant fleuve Scamandre, un de ces gouvernails classiques qui n'ont jamais trouvé place ni à l'arrière d'une galère, ni au côté d'un navire du moyen âge. Une bouée, des mâts, des flammes figurent à côté de ce matelot de fantaisie, et la bouée toute moderne ne va point avec le gouvernail, et les flammes sont ce qu'on veut, et les mâts ne sont rien. Tout cela, fait avec soin, remplit un tympan de l'un des petits arcs : cela s'arrange assez bien comme sculpture; mais, comme marine, c'est risible.

A. JAL.

Exécution de Pirates.

Une affaire de piraterie a été portée, dans le mois de mai dernier, aux assises de Boston. Il s'agissait du pillage exécuté en pleine mer, d'un navire mexicain, sur lequel on a enlevé une somme de 20,000 dolars (130,000 fr.). Ce brig, rencontré en mer par le bâtiment pirate *le Panda,* avait été pris à l'abordage par une troupe de forbans, ayant à leur tête de Soto, second du capitaine. Garcia, contre-maître, monta sur la prise, et demanda si l'on avait dépêché les hommes de l'équipage; de Soto répondit : « Je me serais bien gardé d'enlever un cheveu de la tête à des hommes qui se sont rendus. » A quoi Garcia répliqua : « Imbécile que tu es! tr devrais savoir que les *chats morts sont les seuls qui ne miaulent pas.* »

Le capitaine don Pedro Gibert, plus cruel encore que le contre-maître Garcia, donna l'ordre de faire disparaître les traces du crime. Après avoir enlevé tout ce qu'il y avait de précieux à bord, il ordonna de mettre le feu au bâtiment pendant que l'équipage y était encore.

Malgré l'opposition de Soto et d'un autre pirate, nommé Thomas Ruys, ce commandement affreux reçut un commencement d'exécution. Les prisonniers mexicains furent enfermés à fond de cale, le feu fut mis à des mèches soufrées dans différentes parties du navire, et le bâtiment fut abandonné à son malheureux sort. Les captifs, qui se doutaient de ce qu'on leur réservait, parvinrent à forcer les écoutilles et à éteindre l'incendie. Ils abordèrent sur les côtes des États-Unis, à peu de distance de Charles-Town et de Boston, au moment même où les pirates débarquaient dans ce dernier port, afin d'y jouir du fruit de leurs rapines. Ces derniers furent arrêtés sur la dénonciation des Mexicains qui les reconnurent parfaitement. Les pirates, malgré leurs énergiques dénégations, furent condamnés à mort au nombre de sept, savoir don Pedro Gibert, capitaine; de Soto, lieutenant; Juan Montenegro, Manuel Castigo, Angel Garcia, Manuel Boyga et Thomas Ruys.

Celui-ci, ainsi que Soto, ayant obtenu un sursis, l'exécution des cinq autres a été fixée au 11 juin dernier.

La veille, les condamnés ayant été instruits qu'ils n'avaient plus d'espoir, résolurent d'échapper par un suicide aux horreurs de l'échafaud. Garcia s'ouvrit les veines des deux bras avec un tesson de bouteille; mais on s'aperçut de sa tentative avant qu'il eût eu le temps de la consommer; ses camarades furent visités; on éloigna d'eux tout ce qui pouvait servir à leurs desseins; Manuel Boyga seul parvint à soustraire à cette recherche un stylet d'étain qu'il avait placé dans la doublure de ses vêtemens. Il employa cette arme, toute faible qu'elle était, pour se faire une blessure profonde au cou; la pointe n'eut pas assez de force pour diviser soit l'artère carotide, soit la veine jugulaire; aussi n'expira-t-il pas sur-le-champ. Grâce aux secours des médecins de la prison, secours que l'on pourrait appeler barbares, son existence fut prolongée pour quelque temps. La plaie fut cousue, couverte d'un emplâtre agglutinatif, et l'on arrêta ainsi l'hémorrhagie.

Dès la matinée du 11 juin, deux prêtres espagnols et M. Curtin, prêtre catholique de Boston, confessèrent les condamnés. A dix heures un quart M. Sibeley, maréchal ou gouverneur de la prison, assisté de gardes et de geôliers, se mit à la tête du lugubre cortège. L'échafaud était dressé dans un champ derrière la prison; lorsque les condamnés furent arrivés au pied de l'escalier, l'abbé Varella leur dit avec solennité : *Espagnols, montez au ciel!* Le capitaine don Pedro Gibert monta le premier d'un pas ferme et rapide; Montenegro,

Castillo et Garcia le suivirent avec plus de lenteur, mais sans la moindre hésitation.

Boyga, épuisé par la perte de son sang, et réduit d'avance à l'état de cadavre, fut apporté sur une chaise. On le plaça au-dessous du gibet, consistant en une poutre transversale garnie de crochets pour attacher des cordes. Les quatre autres furent placés chacun à l'endroit qu'ils devaient occuper et sur la plate-forme qui allait bientôt s'abattre sous leurs pas. A la physionomie froide et impassible de Gibert, à l'insouciance avec laquelle il paraissait examiner le mécanisme de l'instrument de mort, ou promenait ses regards sur la foule, on l'eût pris non pour un des patients, mais pour un des aides de l'exécuteur. Il ne proféra aucune parole, si ce n'est pour répéter les *répons aux versets* des prières récitées par les ecclésiastiques.

Ces tristes apprêts ayant été un moment suspendus à cause d'un mouvement qui avait lieu dans la foule, et dont nous allons parler, Gibert quitta sa place, s'avança vers la chaise de Boyga, lui serra l'épaule avec ses mains garrottées, l'embrassa affectueusement, revint à sa place, fit ses adieux à M. Peyton, interprète anglo-espagnol, et aux trois confesseurs; puis, s'adressant à ses compagnons d'infortune, il prononça ces paroles que les personnes les plus rapprochées de l'échafaud purent entendre : «Mes enfants, nous allons mourir; mais soyons aussi courageux que nous sommes innocents. »

L'interprète Peyron lui ôta son col de batiste monté en forme de cravate avec un nœud gordien. Pendant que le même office était rendu aux autres patients par les valets de l'exécuteur, «Mon ami, dit Gibert à M. Peyton, veuillez garder cette cravate comme souvenir; c'est la seule chose dont il me soit possible de disposer; je meurs innocent, mais je saurai périr comme un noble Espagnol.. Adieu, Messieurs, nous mourons avec l'espoir de vous retrouver un jour dans le ciel où nous allons vous devancer de quelques années. »

Montenegro et Garcia prirent aussi la parole : « O Américains, dirent-ils, nous ne sommes pas des brigands; l'erreur déplorable des témoins ou leur calomnie ont pu seules perdre des hommes innocents, nous pardonnons à nos ennemis ainsi qu'à nos juges le mal qu'ils nous ont fait. »

Castillo, reconnaissant au bas de l'échafaud un des employés de la prison, lui dit : « Adieu, mon brave, nous nous reverrons dans le paradis, je vais y retenir ta place; si j'éprouve quelque tourment, ce n'est point par crainte de la mort, mais à cause de l'opinion erronée qu'on s'est injustement formée contre nous. »

Le gouverneur de Sibeley lut l'ordre d'exécution contre les cinq condamnés, et annonça que de Soto et Ruys avaient obtenu un sursis, le premier de soixante jours, le second de trente.

Les patients témoignèrent beaucoup de joie de ce sursis prononcé en faveur de leurs camarades, et qui est le présage presque certain d'une commutation de peine.

C'est alors qu'on ajusta aux prisonniers le terrible nœud coulant. On vit pour la première fois leur teint s'animer d'une subite rougeur; mais pas un œil ne sourcilla, pas le moindre tremblement n'agita leurs membres; on baissa les bonnets sur leurs yeux. L'abbé Curtin, sur la demande des condamnés, s'approcha de la balustrade de l'échafaud, et dit au peuple : « Messieurs, ces infortunés ont soutenu pendant tout le procès qu'ils étaient innocents; ils meurent en faisant les mêmes protestations devant les hommes et devant Dieu qui va les juger. »

Il était alors onze heures moins un quart. M. Bass, sous-gouverneur de la prison, coupa la petite corde qui soutenait la plate-forme : elle tomba, et les cinq condamnés restèrent suspendus. Dans la violence du choc, la chaise de Boyga heurta contre le capitaine et contre Garcia; ils expirèrent après quelques convulsions; Garcia fut le seul qui dut souffrir : son agonie dura plus de trois minutes.

Les cinq suppliciés restèrent attachés au gibet pendant cinq minutes. Les médecins présents à l'exécution ayant déclaré qu'ils étaient bien morts, on les plaça dans des cercueils peints en noir, et on les transporta à l'amphithéâtre de dissection, conformément à la sentence.

Lorsque les cadavres y arrivèrent, le consul d'Espagne forma opposition à ce qu'on les livrât au scalpel des anatomistes. Il prouva que le crime de piraterie n'ayant point été accompagné de meurtre, on ne pouvait refuser aux patients la sépulture chrétienne. Les magistrats ont trouvé la demande fondée, et les corps ont été inhumés dans le cimetière catholique de Charles-Town.

Pendant ce temps, Thomas Ruys, enfermé dans un cachot, se livrait à des actes de folie; il effrayait ses gardiens par des clameurs, ou les étonnait par des chants du cynisme le plus éhonté. On ne pouvait lui arracher une couverture imprégnée du sang versé la veille par Boyga lors de son suicide. « Voilà, disait-il, le drapeau rouge sous lequel je saurai périr. »

Nous avons dit qu'un incident avait interrompu l'exécution; il avait failli devenir plus tragique encore que le supplice lui-même. A Boston, comme partout, ce hideux spectacle de la lutte des malheureux condamnés contre les atteintes du supplice, attire un grand nombre de curieux : on en comptait près de trente mille. Les toits en planches de plusieurs hangards contigus à la prison étaient encombrés de spectateurs; ils s'enfoncèrent sous leur poids; une multitude d'hommes, de femmes, d'enfants, tombèrent pêle-mêle comme une avalanche sur la tête de ceux qui se trouvaient en bas. Il n'y a point eu de morts ni de fractures de membres, mais des contusions fort graves. Un des propriétaires a fait assigner le gouverneur de la geôle en dommages et intérêts, pour n'avoir point provoqué les mesures de police nécessaires.

Une autre circonstance aurait pu devenir plus fatale. La chaussée du chemin de fer de Lowell près de la mer était garnie de deux ou trois cents curieux; ils ne pensaient pas du tout à l'heure de la marée montante qui s'approchait. Lorsque la mer grossit, ils voulurent se retirer, mais ils en furent empêchés par la foule qui obstruait la place, et eurent de l'eau jusqu'à la ceinture. Une douzaine d'entre eux tombèrent tout de leur long dans la vase bourbeuse en voulant s'enfuir; ils en furent quittes pour cet accident.

———

Toulon

LIVRÉ AUX ANGLAIS.

La lutte, dont ces courses et ces exploits n'étaient que les glorieux préludes, se préparait avec activité dans tous les ports européens.

L'Espagne se signalait, après l'Angleterre, par le nombre de ses armements.

Six vaisseaux de ligne étaient en commission au Ferrol : *Reina-Luisa*, dont les trois batteries portaient 11 pièces de gros calibre ; *Sant-Eugenio* et *Santo-Raphael*, armés l'un et l'autre de 80 canons ; enfin trois de 74 : *Magnanimo*, *Santo-Jabel* et *Galicia*.

Six vaisseaux de la force de ces derniers : *Sant-Augustino*, *el Allante*, *Angelo-de-la-Guardia*, *Soberano*, *Iris* et *Glorioso*, devaient quitter le port de Carthagène, ainsi que les frégates *la Diana* et *la Eolidad*, armées chacune de 34 pièces ; *Juveque-el-Camo*, de 30 ; *el Gala*, de 16 canons.

Le port de Cadix, lui seul, comptait dans les rangs de l'escadre qu'il équipait sur sa rade et dans son bassin, deux trois-ponts, percés de 112 sabords : *el Rey-Carlos* et *le Comte-de-Regla* ; *le San-Carlos*, de 94; trois vaisseaux de 74 : *Bahania*, *Sant-Isidore* et *Gallardo*; *el Astudo*, portant 56 pièces dans sa batterie et 8 obusiers de six pouces sur ses gaillards; sept frégates : *Preciosa*, *Dorothea*, *Ascension*, *Rosalia*, *Cecilia*, *Florentina* et *Cometie-Elena*, toutes armées de 34 canons, à l'exception de la dernière, qui n'en portait que 28 ; enfin deux brigantins de 16 : *el Enfente* et *Cazadar*.

Naples et Venise réunissaient les divisions dont la force numérique dépassait tout ce que la république avait dû craindre de ces deux principautés navales. Ainsi, la première de ces deux puissances avait, suivant les journaux et les correspondances de l'époque, réuni, dès le mois de septembre 93, sous le pavillon de l'amiral Fonteguerri, quatre vaisseaux de 74, quatre frégates de 40, deux corvettes de 20, deux brigantins,

soixante-quatorze canonnières et dix bombardes; escadre dont l'effectif, de soixante-dix-huit bâtiments, offrait une ligne forte de 618 canons et de 8,614 combattants.

Le Portugal, dont les vaisseaux devaient se ranger constamment sous le yach britannique, avait lui-même mis en armement tout ce qui se trouvait de bâtiments capables de tenir la mer dans ses ports et dans ses arsenaux.

Ce fut au milieu de ces circonstances que le conseil exécutif de la République française, craignant de compromettre l'escadre aux ordres de l'amiral Truguet avec des forces d'une supériorité matérielle aussi formidable, lui transmit l'ordre de regagner immédiatement les côtes de France.

Cette armée, dont l'expédition contre la Sardaigne venait de s'ouvrir par le bombardement de Cagliari, se vit ainsi contrainte d'abandonner l'empire de la Méditerranée à la flotte espagnole, qui se ralliait déjà sous les remparts de Carthagène. Celle-ci put, dès lors, promener ses pavillons de la mer de Sicile jusqu'à Gibraltar, sans rencontrer d'autres ennemis que nos corsaires, dont l'intrépidité narguait ses plus légers croiseurs.

Ce fut sur ces entrefaites qu'elle fut jointe par les forces que le cabinet Saint-James envoya dans la Méditerranée, sous le commandement de sir Hood, armée navale dont l'escadre espagnole devint aussitôt une des divisions.

Après quelques jours passés en marches sans objet et en grandes évolutions, l'amiral anglais, ayant fait mettre à sa flotte le cap au nord, se dirigea vers Toulon, dont il vint bloquer la rade.

Cependant, la France avait marché d'un pas rapide dans la carrière révolutionnaire qu'elle s'était ouverte. La Convention, après avoir brisé les deux grands priviléges de la société ancienne, la noblesse et la royauté, avait continué son œuvre de régénération, en arrachant de son sein même les germes d'aristocratie qu'y avait déposés une éducation monarchique.

Les Girondins, ces brillants sophistes, ces rhéteurs aussi calmes et aussi corrects dans leur éloquence que timides dans leurs doctrines, avaient succombé sous l'ardent patriotisme des Montagnards; mais leur défaite n'a point terminé la lutte.

Les discussions parlementaires avaient étendu, dans le pays, la scission qui régnait dans la législature. L'éloquence et la logique spécieuse des victimes du 31 mai avaient soulevé de vives sympathies. Vaincus à la tribune, plusieurs se crurent assez populaires pour transporter la lutte sur un autre terrain, sur un champ de bataille.

Pendant que le département du Calvados se soulevait à leur voix, plusieurs villes de l'Est et du Midi prenaient également les armes, et parmi ces dernières, Toulon traînait le triste épisode dont nous allons reproduire les événements.

Vers le mois d'août 93, l'irritation des partis

avait pris, dans cette ville, une telle violence, qu'il ne fallait plus qu'une occasion pour changer les dissentiments en rixes sanglantes, le mécontentement en révolte. Les royalistes et les constitutionnels s'étaient, depuis la chute de la Gironde, réunis sous les mêmes principes, sous le même drapeau; tous n'attendaient plus qu'une circonstance favorable pour renverser, par un pouvoir insurrectionnel, l'autorité organisée par les lois.

La solennité dont les magistrats municipaux voulurent entourer la proclamation de la constitution nouvelle, détermina les anarchistes à choisir le jour de cette fête pour la réalisation de leurs complots.

Tandis que le peuple se livrait avec bonheur aux espérances que lui faisait concevoir ce parti de justice et d'égalité, les sections, composées en grande majorité de la faction aristocratique, se rassemblaient malgré l'ordre exprès des magistrats. Des déclamations furieuses contre la Convention et la municipalité toulonnaise y furent bientôt suivies des propositions les plus sinistres.

La bourgeoisie répondit avec enthousiasme à l'appel qui fut fait à son égoïsme et à ses basses passions; le tocsin retentit dans toute la ville, et chacun aussitôt courut aux armes.

La contre-révolution obtint le succès dont s'étaient flattés ses auteurs. Une nouvelle autorité fut constituée; les anciens chefs municipaux, les membres des clubs, les citoyens recommandables par leur patriotisme et leurs vertus furent entassés dans les prisons par ses ordres. Le sang des patriotes, versé par la vengeance, coula à flots sur la place même où, quelques jours auparavant, la justice ne répandait qu'à regret, au nom de la patrie, celui des conspirateurs et des traîtres.

Ce triomphe ne devait avoir qu'une courte durée; le bruit des succès obtenus par les troupes républicaines, sous les ordres du général Cartaux, vint bientôt refroidir l'exaltation des rebelles. Déjà ses troupes marchaient sur Marseille, dont elles avaient dispersé les bandes révoltées.

Devant la répression qui menaçait les forfaits dont leur insurrection s'était souillée, les royalistes ne balancèrent point à proposer aux constitutionnels de livrer Toulon à la flotte anglaise, alors en station à l'ouvert de la grande rade. Cette proposition fut accueillie avec étonnement et froideur. Les sentiments nationaux qui sommeillaient dans le cœur de ceux de ces derniers qui n'étaient qu'égarés, se réveillèrent à cette proposition infâme : rejetée d'abord, elle ne fut adoptée que lorsque ses auteurs eurent exposé l'urgence du danger.

Aux intelligences secrètes que les royalistes entretenaient avec sir Hood, succédèrent des communications publiques et avouées; la trahison allait être immédiatement consommée, lorsque le civisme et l'énergie du contre-amiral Saint-Julien vinrent en arrêter la réalisation au moins de quelques jours.

L'amiral Trogoff était descendu à terre pour arrêter avec l'autorité civile les mesures relatives à l'occupation de la rade et de la place par l'armée hybéro-anglaise. Saint-Julien convoqua les officiers de l'escadre française à bord de son vaisseau. La plupart s'y rendirent. Ayant appelé leur discussion sur le projet de l'autorité toulonnaise, que connaissait déjà la flotte, il leur demanda s'ils pourraient jamais consentir à l'exécution de cette mesure infâme; s'ils trahiraient à la fois leurs devoirs d'hommes honnêtes, de citoyens et de marins; s'ils fouleraient aux pieds et leur honneur et leur foi jurée; enfin, si, Français, ils livreraient aux éternels ennemis de la France une des plus belles escadres et un des ports les plus importants de leur patrie.

Leur réponse fut celle qu'il avait espérée : tous jurèrent de mourir plutôt que de remettre aux Espagnols et aux Anglais les vaisseaux confiés à leur fidélité, le port placé sous la protection de leur courage. Ce serment, fait par les chefs, fut bientôt après répété par tous les équipages.

Le contre-amiral profita habilement de cet enthousiasme. Le signal d'aller barrer l'entrée de la rade flotta à l'instant à la tête de sa mâture; tous les navires, frégates et vaisseaux, levant aussitôt leurs ancres, livrèrent leurs voiles aux risées de la brise, qui, par moment, s'élevait de la plage; et toute l'escadre, s'ébranlant à la fois, glissa sur la surface unie de la baie, et vint, aux cris mille fois répétés de *Vive la Nation! Vive la République!* former sa ligne d'embossage de manière à présenter le combat à tout ennemi qui eût tenté de franchir le chenal.

Cette manœuvre et ces cris révélèrent à l'amiral et aux autorités toulonnaises ce qui venait de s'accomplir sur les vaisseaux. L'agitation et la crainte se répandirent dans toute la ville; les sections s'assemblèrent en tumulte; la municipalité s'établit en permanence. A la pensée des justes vengeances auxquelles ils allaient être livrés, le pouvoir insurrectionnel adopta, presque sans délibération, les mesures extrêmes que lui dicta la terreur.

Injonction fut adressée à la flotte de se replacer sous le commandement de son amiral, menace lui étant faite, en cas de refus, de la déclarer rebelle à la volonté de ses concitoyens, et de la traiter comme telle. Saint-Julien répondit, qu'officier français, il regardait déchus du titre de ses concitoyens les hommes qui tramaient d'ouvrir aux ennemis les portes de la France; que les agents de l'autorité toulonnaise n'étaient plus que des traîtres à ses yeux.

Un nouvel incident vint rendre la position plus critique, et une détermination plus instante.

Marseille était tombée aux mains du général Cartaux, Toulon se trouvait menacé par l'armée républicaine. L'arrivée des troupes rebelles, dont la marche refoulait les débris sur cette ville, ne pouvait laisser douter qu'elle n'y parût bientôt elle-même.

La municipalité, au milieu de la consternation produite par l'imminence du danger, donna l'ordre aux batteries de la rade de faire chauffer leurs fourneaux et de se préparer à tirer à boulets rouges sur notre ligne navale au moment même où elle faisait engager l'amiral anglais à forcer la passe de la grand'rade.

Tel était le spectacle qu'allait offrir cette place insurgée : une flotte française brûlée par le canon d'une ville française, et cette flotte écrasant de ses boulets et incendiant de ses bombes une ville sur laquelle flottaient encore les couleurs hissées à ses mâts !

Une défection imprévue vint changer tout d'un coup, et l'aspect de la rade et le cours des événements. La frégate *la Perle*, commandée par un officier attaché d'opinion à la caste aristocratique, s'étant, à l'improviste, détaché de la flotte, vint mouiller sous les batteries du fort Royal. L'amiral Trogoff s'empressa de se rendre à son bord, et y fit aussitôt arborer son pavillon de commandant.

L'aspect de cet insigne révéré des matelots produisit un moment d'irrésolution parmi les équipages où s'étaient déjà formées de sourdes intrigues. Les officiers, parmi lesquels se trouvaient encore un grand nombre de nobles que leurs intérêts et leur naissance attachaient au parti de l'émigration, profitèrent de l'indécision que jeta parmi leurs marins ce signe de pouvoir entouré sur les vaisseaux d'un respect presque religieux ; quelques-uns même, s'adressant au dénûment qu'avait causé généralement l'irrégularité de la paie, firent un appel aux plus bas sentiments, et parvinrent ainsi à exciter une défection nombreuse dans la flotte.

Le contre-amiral Saint-Julien, resté avec six vaisseaux fidèles, ne voulut point être témoin de la trahison qui allait livrer aux Anglais et aux Espagnols le boulevard méridional de la marine française ; sa division ayant appareillé à son signal, il sortit glorieusement de cette rade où le pavillon, proscrit par la France, allait bientôt et dignement flotter au milieu des pavillons ennemis.

La flotte combinée entra donc, sans éprouver de résistance, dans ce port que lui ouvrait une trahison royaliste, mais duquel ne devaient point tarder à les chasser les soldats de la république.

Les premières opérations du siége furent conduites avec une mollesse et une lenteur qui provint à la fois de l'inhabileté du chef et de l'insuffisance de ses moyens d'action. Ce ne fut que lorsque la Convention eut mis la force de l'armée assiégeante en rapport avec les obstacles dont elle avait à triompher ; ce ne fut que lorsque les travaux et les attaques furent dirigés par un général de tête et de main, que la nation eut la certitude de voir la ville insurgée tomber prochainement sous ses armes.

Les difficultés que présentait ce siége étaient graves et nombreuses. L'ennemi, à peine débarqué, s'était hâté de protéger Toulon par un système de fortifications qui embrassait tous les points militaires des alentours dans ses formidables lignes de défense. 4,000 hommes anglais, espagnols et italiens occupaient les bastions et les redoutes dont l'escarpement et les feux semblaient devoir rendre les positions inabordables.

L'expérience du général en chef, l'habileté du jeune Bonaparte, commandant les batteries de siége, et le courage de l'armée, ne tardèrent point pourtant à triompher de la force que cette ville devait à la nature, à l'art et à sa garnison nombreuse. Les représentants du peuple Robespierre jeune, Fréron, Salicetti et Ricord se couvrirent de gloire dans les attaques ; sans cesse au milieu des soldats qu'ils électrisaient par leur exemple, ils s'élançaient, à leur tête, à travers la mitraille, jusque dans les retranchements anglais.

L'ennemi, culbuté de toutes les positions, se jeta en tumulte sur ses vaisseaux. Tout avait été prévu et préparé par l'amiral Hood pour livrer aux flammes le matériel naval que renfermaient encore les magasins et le port ; ce qui n'avait point été prévu, c'est la vigueur avec laquelle les fortifications les plus inaccessibles furent attaquées et emportées par les troupes françaises : cette vigueur sauva notre flotte et nos arsenaux.

La rapidité et la confusion de l'embarquement des fuyards entrava l'exécution des projets incendiaires. Sidney-Smith, à qui fut confiée cette expédition, déploya vainement une activité et un courage qui pensèrent plusieurs fois lui coûter la vie ; la plus grande partie des bâtiments et des édifices échappèrent à cette exécution machiavélique.

Les galériens, devenus libres dans ces moments de confusion et de désordre, sauvèrent l'arsenal en arrachant les mèches de soufre placées en cent endroits. Ce fut à leur concours que la République dut également la conservation de plusieurs frégates que le feu avait déjà commencé à dévorer.

Six vaisseaux, et dans leur nombre *le Thémistocle*, qui servait de prison aux patriotes, six frégates et les magasins de la mâture, devinrent la proie des flammes. Le grand hangard, la corderie, les magasins des câbles et des poudres furent sauvés ainsi que les sept frégates et quinze vaisseaux. Les Anglais en emmenèrent huit comme trophées de cette expédition honteuse.

FULGENCE-GIRARD.

HISTOIRE MODERNE.

Expédition de Quiberon.

1795.

Le printemps de 1795 s'était écoulé sans que l'Océan fût sillonné par une escadre française; délabrée par les tempêtes et affaiblie par la fatalité des armes, notre armée navale dans l'Atlantique resta tout ce temps mouillée sur la rade de Brest ou en carénage dans ses bassins. Le zèle que, malgré l'épuisement de nos arsenaux et de nos chantiers, déployèrent l'administration et les équipages, permit à la division seule du contre-amiral Renaudin de mettre à la voile pour la Méditerranée, et de montrer ainsi sur nos eaux occidentales le pavillon tricolore à la corne de six vaisseaux. Des mouvements plus graves semblaient pourtant, à cette époque, ne pas devoir tarder à s'opérer dans ces parages.

Les armées républicaines poursuivaient le cours de leurs triomphes. Si la campagne de 93 avait effacé dans le sang ennemi les traces dont le pied de la coalition monarchique avait souillé le territoire de la France, la campagne de 94 l'avait agrandi par la conquête de tous les pays que la nature a placés dans ce vaste bassin formé par le Rhin, les Alpes et les Pyrénées. Ce n'étaient donc plus les baïonnettes des rois qui menaçaient la République, c'étaient nos faisceaux qui allaient briser les sceptres des rois; aussi ces monarques étrangers, dont l'orgueil se fût révolté deux ans auparavant, à la pensée seule de traiter avec la démocratie française, se voyaient-ils chaque jour plus vivement contraints de lui crier grâce et merci. Leur coalition, formée d'intérêts et de passions diverses, était à peu près dissoute, malgré les efforts que faisait le cabinet de Saint-James pour en tenir tous les éléments unis dans un cercle d'or. La Hollande, la Prusse, l'Italie et l'Espagne n'attendaient plus qu'un revers pour s'en séparer, lorsque le souffle glacé de l'hiver porta nos drapeaux jusqu'aux bords du Texel et sur les sierras de la Catalogne.

L'Angleterre, rejetée du territoire batave, et menacée dans presque toutes ses alliances, songea à se créer de nouveaux champs de bataille, et profita des propositions de l'émigré Puisaye pour tâcher de s'en faire un au sein même de la France. — Une expédition en Bretagne fut arrêtée.

La pacification jurée par les chefs du parti royaliste n'était qu'un voile secret sous lequel ils cachaient des intrigues nouvelles; leurs trames et leurs armements mystérieux, qui n'avaient pu échapper au regard vigilant du général Hoche, étaient rigoureusement connus du ministère britannique. Il résolut de provoquer l'explosion du fanatisme religieux et politique, qui fermentait dans nos provinces de l'Ouest, en jetant sur la plage bretonne quelques régiments d'émigrés et d'Anglais.

Une division navale, composée de trois vaisseaux de ligne de soixante-quatorze canons, de deux frégates armées chacune de quarante-quatre bouches à feu, quatre corvettes portant une batterie de trente-deux pièces et plusieurs bombardes, quitta la côte anglaise dans les derniers jours de prairial an 3. Cette flotte, commandée par le contre-amiral Warren, avait à son bord trois régiments recrutés dans les pontons et sur les quais d'Angleterre, quatre cents artilleurs toulonnais, commandés par Rothalier, les débris de l'ancien régiment *Royal-Emigrant*, l'évêque de Dol, un clergé nombreux, et enfin cinquante gentilshommes portant tous des noms historiques.

Bien que les désastres du dernier hiver eussent rendu notre marine peu redoutable pour la marche de cette expédition, l'amirauté britannique crut devoir prendre toutes les mesures qui pouvaient assurer l'inviolabilité de son passage. L'amiral Bridport reçut l'injonction de protéger, avec l'armée navale qui stationnait sous ses ordres, à la hauteur de l'île d'Ouessant, la marche de ce convoi, tandis que lord Cornwallis et Sydney-Smith essaieraient de tromper les armées et les vaisseaux républicains, en rappelant par de fausses attaques leur attention sur des points qui n'étaient nullement menacés.

L'escadre alors mouillée sur la rade de Brest était composée de douze vaisseaux. L'impuissance où son affaiblissement graduel avait fait tomber cette flotte semblait enfin avoir contraint ceux qui dirigeaient nos armements maritimes à renoncer à un système qui avait si gravement compromis l'avenir maritime de la France, et ainsi les destinées de sa puissance.

L'activité qui régnait dans les cales et sur les chantiers annonçait que le pouvoir, convaincu de l'inutilité et des dangers de la méthode épique des grands armements, avait enfin porté un regard de sollicitude sur nos colonies, et songeait, par l'équipement de quelques divisions légères, à leur donner une efficace protection.

Les leçons de l'expérience avaient persuadé surtout à nos marins que l'enthousiasme et le courage ne suffisaient point pour fixer la fortune dans les combats sur mer. La voix imposante des faits avait pénétré jusque dans les ministères. Chacun ne songeait plus qu'aux espérances que faisait naître ce revirement de conduite, lorsqu'une circonstance imprévue vint rejeter les débris de nos flottes au milieu de dangers qui devaient encore dévorer trois de leurs vaisseaux.

Le mouvement que les projets nouveaux du ministère britannique avaient nécessité dans quelques ports et parmi l'émigration française, avait révélé au gouvernement républicain l'expédition destinée contre la Bretagne. L'amiral Villaret, sur l'avis qu'il en avait reçu, avait ordonné au contre-amiral Vense d'aller avec trois vaisseaux de ligne éclairer l'entrée de la Manche et les atterages de la presqu'île.

Ce détachement ne tenait que depuis quelques jours la mer, lorsqu'une corvette vint apporter à Brest la nouvelle que, rencontré par cinq vaisseaux anglais, il avait été forcé de se réfugier sous Belle-Ile, où l'ennemi le tenait rigoureusement bloqué.

L'alarme se répandit avec rapidité sur la flotte et dans la ville; les quais et les rues voisines du port se couvrirent d'une foule inquiète. Les officiers supérieurs de la marine se réunirent aussitôt en conseil.

Dans cette assemblée, présidée par Villaret-Joyeuse, et aux délibérations de laquelle assistèrent les représentants du peuple Topsen et Champeaux, il fut arrêté que les neuf vaisseaux mouillés sur la rade mettraient immédiatement à la voile pour aller débloquer la division française et favoriser son retour.

Cette résolution ne passa point sans être vivement combattue. Kergolen insista surtout pour son rejet, en représentant que cette sortie pouvait compromettre, ou du moins entraver les importantes expéditions auxquelles étaient destinés les détachements qui formaient les forces navales de l'Atlantique; que l'isolement dans lequel on avait laissé languir nos colonies avait assez profondément compromis ces sources fécondes de richesse et de force; qu'un plus long abandon entraînerait infailliblement leur ruine. L'inutilité de cette opération dangereuse fut le motif dont cet officier supérieur fit sortir son argumentation la plus puissante. Les connaissances pratiques qu'il avait puisées dans une longue navigation sur ces parages, donnaient à cette objection une gravité incontestable, même pour les membres du conseil étrangers à la marine : sur le mouillage où s'étaient réfugiés les trois vaisseaux français, le contre-amiral Vense pouvait toujours, en profitant d'une marée de nuit pour appareiller, cacher son mouvement, et trouver dans le port de Lorient un refuge que ne pouvait lui fermer la division anglaise.

L'espoir de surprendre les vaisseaux ennemis, en délivrant les nôtres, triompha de cette sage opposition. Les officiers, qui avaient assisté à ces débats, ne quittèrent le conseil que pour se rendre à bord de la flotte, qui leva immédiatement l'ancre. Un sentiment de crainte et d'espoir suivit son sillage vers Belle-Ile.

La division du contre-amiral Vense fut rencontrée par le travers de Groix. La flotte anglaise, qui l'avait chassée jusque dans les rochers de Belle-Ile, s'était contentée de l'inquiéter par une canonnade, et avait regagné aussitôt les eaux de la Manche pour aller montrer le yack britannique sur un autre point de notre littoral. Cette attaque était une application des mesures d'intimidation prescrites par l'amirauté de Londres pour étendre les menaces d'une descente sur tout autre point que sur celui où elle devait être tentée. Lord Cornwallis, au pavillon duquel ces bâtiments obéissaient, était en outre chargé d'éclairer la mer que devait traverser l'escadre expéditionnaire.

Dès que l'amiral Villaret eut été rallié par ses vaisseaux, il donna le signal de revirer sur Brest.

Le vent était frais; la mer forte, sans être creuse, secondait la marche de l'escadre composée alors de douze voiles. On cinglait depuis plusieurs heures, amures tribord, lorsqu'on eut connaissance de la division anglaise formée de huit bâtiments, cinq vaisseaux et trois frégates.

L'amiral Villaret donna aussitôt ordre à sa flotte d'interrompre sa marche pour appuyer légèrement la chasse à l'ennemi. Les manœuvres de lord Cornwallis ne permirent pas à nos officiers de douter de la présence en ces parages d'une armée navale anglaise, sous le canon de laquelle ce commodore voulait attirer notre escadre; aussi le sillage que Villaret fit tracer à ses vaisseaux les portait-il autant vers les côtes de France qu'à la poursuite de l'ennemi. Il fallut que le détachement anglais compromît sa retraite par une grave imprudence de son chef, pour que Villaret se déterminât à laisser arriver sur lui.

Le lord-amiral ayant supposé, à la mollesse avec laquelle notre escadre attaquait ses eaux, que l'intention de Villaret était uniquement de gagner la rade de Brest, s'était laissé aller à une évolution qui donna pendant quelques heures au commandant français l'espoir de l'envelopper.

Sur le signal de son amiral, notre escadre entière, portant brusquement au vent la barre du gouvernail et brassant carrément ses vergues, tomba avec rapidité sur l'ennemi. Sa retraite fut quelque temps menacée. L'espoir d'enlever cette forte division jeta l'enthousiasme du courage sur tous nos vaisseaux; la rapidité que, par la justesse de sa manœuvre, la division ennemie imprima à sa fuite, ne tarda pas à le faire évanouir. Elle ne put cependant échapper à notre évolution sans essuyer notre canonnade, et sans éprouver des avaries considérables dans la carène et la mâture de ses vaisseaux.

L'escadre française reprit la direction qu'elle suivait d'abord. La crainte de se compromettre loin d'un port de refuge sur une mer où tout faisait présumer une armée, fit adopter cette prudente détermination, dictée d'ailleurs par le changement qui s'opérait dans le temps; la brise avait pris une force dont la froideur de l'atmosphère et la vapeur grisâtre qui voilait le ciel faisaient redouter à tous les anciens marins la croissance. La mer gonflait d'instant en instant les longues barres de sa houle, au point qu'à la chute du jour la marche de la flotte, naviguant sous ses huniers, s'en trouvait considérablement ralentie. La nuit ne fit que donner au temps une violence nouvelle.

L'escadre, parvenue sous la pointe des rochers de Pen-Mark, se vit forcée de fuir devant cette anordie, et se trouva dispersée le lendemain à la hauteur de Belle-Ile. Cet ouragan tomba sur le lever du jour. Une faible brise du N.-O. lui succéda sur la mer encore dure, mais dont les lames ne tardèrent point à s'affaisser dans la houle.

Il ne fallut que quelques heures à nos vaisseaux pour se rallier et pour se former en ordre de marche. Cette circonstance fut heureuse, car ils ne tardèrent point à prendre connaissance de l'ennemi.

L'armée anglaise, qui parut trois lieues à peu près au vent de notre escadre, formait les forces dont le cabinet de Saint-James avait fait couvrir la marche de l'expédition dirigée contre les côtes vendéennes ou bretonnes. Elle était composée de quatorze vaisseaux, dont plusieurs à trois ponts portaient jusqu'à cent vingt et cent trente canons, et naviguaient sous les ordres de l'amiral Bridport.

Devant ces forces supérieures, l'escadre française n'avait qu'un parti à prendre, celui de gagner au plus vite l'asile d'un port ou au moins la protection des côtes de France ; ce fut aussi celui qu'adopta son commandant. La faiblesse du vent donna quelque avantage à l'armée britannique qui, en venant sur notre escadre, apportait la brise. Le 4 messidor au soir, les deux flottes se trouvèrent pourtant encore séparées par une étendue de mer d'une lieue. Villaret, voulant profiter de la nuit pour augmenter cette distance, fit couvrir de toile ses bâtiments, auxquels il commanda de se former en une ligne de front. Malgré la lenteur avec laquelle une escadre peut passer de cet ordre de marche à une ligne de combat, Villaret, persuadé qu'il gagnerait la côte avant d'être joint par l'ennemi, adopta cette disposition comme imprimant plus de rapidité au mouvement de retraite.

L'aurore du 5 messidor (23 juin) éclaira donc l'armée française rangée sur une ligne de front, courant grand largue et toutes voiles dehors vers la terre. L'amiral anglais n'eut pas plutôt reconnu cet ordre de retraite, qu'il forma sa flotte sur deux colonnes et s'élança à la poursuite des vaisseaux français avec une rapidité qui ne laissa point longtemps à Villaret l'espoir de se dérober à un combat.

Un des accidents fréquents de ces retraites navales vint encore en hâter le moment. Le vaisseau l'*Alexandre*, lourd de marche, autant par les vices de sa construction que par ceux donnés aux bâtiments par la vieillesse, finit par se trouver tellement en arrière de l'escadre, que l'amiral français se vit forcé d'ordonner à ses vaisseaux de se former en ordre de bataille sur lui, pour ne point le laisser tomber sans défense en la puissance de l'ennemi.

Il était cinq heures du matin.

Chaque navire français se disposa à obéir aux signaux de l'amiral, mais l'évolution ne se fit qu'avec incertitude et avec lenteur ; le *Tigre* et l'*Formidable*, qui s'étaient vivement portés en ligne auprès de l'*Alexandre*, se trouvèrent en un instant entourés de vaisseaux anglais ; ils n'en commencèrent pas le combat avec moins d'énergie ; la grêle de boulets qu'ils firent pleuvoir sur les assaillants forcèrent même à un mouvement rétrograde les vaisseaux qui étaient venus les attaquer vergues à vergues.

L'amiral Villaret multiplia vainement les signaux par lesquels il commandait à ses autres bâtiments de voler au secours des navires engagés ; vainement s'y porta-t-il lui-même avec une audace qui le fit deux fois envelopper par l'ennemi : l'irrégularité qui régna dans les manœuvres ne permit d'obtenir aucun résultat. Le désordre se mit dans la flotte ; la confusion devint bientôt telle que chaque vaisseau ne songea plus qu'à faire chèrement acheter sa défaite à l'ennemi. Ce fut dans ce moment terrible que Villaret, n'ayant plus d'espoir que celui de laisser le moins possible de bâtiments entre les mains des Anglais, arbora le signal de la retraite.

Le combat ne cessa pas aussitôt. Le *Tigre*, le *Formidable* et l'*Alexandre* (1), quoiqu'abandonnés par leur corps d'armée, n'en combattirent pas avec moins d'intrépidité et de dévouement. Jaloux de laver la tâche que cette retraite eût pu faire jaillir sur nos armes maritimes, ils prolongèrent cette affaire sous les volées écrasantes de tant de vaisseaux réunis, avec un héroïsme qui fait de ce dernier épisode du combat de Groix un des faits les plus glorieux que citent encore nos marins. Les équipages, décimés par le fer, n'étaient plus formés que de blessés, lorsque le pavillon tricolore fut amené sur ces vaisseaux, dont les coques rasées ne présentaient que trois grands débris.

La partie de l'armée anglaise qui s'était attachée à la poursuite de l'escadre française, leva sa chasse par le travers de Groix, dont elle redouta autant les boulets que les récifs. Villaret, ayant rallié sa flotte, abandonna le projet qu'il avait d'abord conçu de mouiller ses vaisseaux sous la terre, en attendant qu'un vent favorable pût lui permettre de gagner le port de Brest. Les remarques de Kergorlen lui firent préférer la retraite du port de Lorient à un ancrage dont les cailloux, en usant

(1) Ce vaisseau était celui (*Alexander*) que le contre-amiral Nielly avait capturé l'année précédente sur les Anglais.

les câbles, eussent par le moindre vent compromis la sûreté de l'escadre. Ce fut dans ce port que, faute de subsistances et d'argent, il se vit contraint de désarmer une partie de la flotte et d'en licencier les matelots.

Le rouge pavillon de Saint-Georges resta donc complétement maître de l'Océan. Pendant qu'une escadre anglaise recevait du général Boucret, qu'elle sommait, au nom du roi de France, de lui remettre Belle-Ile, une de ces fières et énergiques réponses que le patriotisme inspirait à nos soldats, la division portant à son bord les nouveaux régiments d'émigrés venait jeter l'ancre dans une petite baie du rivage breton. La langue de terre qui séparait ce golfe de l'Océan était la presqu'île de Quiberon devenue si célèbre.

L'aspect de cette péninsule, dont le fort Penthièvre défend l'isthme sablonneux, est d'un aspect triste et sauvage. Son terrain ondulé, dont le tapis de gazon et les bruyères stériles sont crevassés, d'endroits en endroits, par des pointes de rochers rongés de mousse, offrait un théâtre dont la nature s'harmoniait complétement avec la scène qui allait s'y accomplir.

Ce fut au fond de cette baie, sur la grève caillouteuse de Carnac, que l'armée expéditionnaire toucha le sol de la France. Parmi les corps qui la composaient, on en remarquait un uniquement formé de la plupart des officiers de marine que le triomphe des principes démocratiques avait fait abandonner leurs vaisseaux, et chercher un refuge au foyer de l'ennemi le plus acharné de leur patrie.

Les états-majors de notre marine, dont les officiers appartenaient presque exclusivement à la noblesse, s'étaient d'abord trouvés jetés par leur profession en dehors du mouvement réactionnaire qui, en 90, avait emporté l'aristocratie féodale dans un exil volontaire; ce n'avait été qu'après l'abolition du régime monarchique que la plupart avaient quitté leurs vaisseaux pour suivre à l'étranger la fortune de leur drapeau. L'Angleterre avait été le royaume auquel ils avaient demandé le premier asile. Beaucoup n'avaient donc pu rallier l'étendard que le dernier des Condé avait déployé pour les réunir; ces circonstances expliquent leur présence dans les rangs de l'armée aventurée par l'Angleterre sur la plage de nos départements de l'Ouest.

Pleins des plus coupables espérances, ces Français, aveuglés par le fanatisme, débarquèrent avec joie sur cette terre où ils apportaient la guerre civile et où les attendait la mort.

Les événements qui suivirent n'appartiennent pas à l'histoire maritime.

FRAGMENTS HISTORIQUES.

—

Fécamp

ET

LE SIEUR DE BOISROSÉ.

Quand, assis sur quelques ruines, au sommet d'un rocher, entre le détroit de la Manche et la ville de Fécamp, le promeneur regarde et pense, il a fête pour les yeux du corps et pour les yeux de l'esprit, placé entre un grand spectacle et une grande pensée. A l'est, au nord et au sud, sa vue plane sur la Normandie, ses riches plaines et ses grasses prairies entrecoupées de rivières et de coteaux ombragés. Puis à ses pieds, dans le fond d'une étroite et sinueuse vallée, s'allonge une grande... grande rue, dont les cheminées et les pignons percent çà et là, entre deux collines incultes et grises: c'est la ville de Fécamp, antique cité, dont la généalogie celtique s'embrouille orgueilleusement au delà des invasions romaines.

Pour peindre, vue de haut, sa position singulière, on supposerait un long serpent aux écailles émaillées de gris et de noir, couché dans un ravin de trois quarts de lieue, à l'abri de tous vents, et la tête penchée aux bords de la mer. On descend dans la ville comme dans un précipice, invisible à 100 toises de son ouverture. Et viennent les chemins de fer avec leurs rails à lignes droites, et leurs arches suspendues d'une montagne à l'autre, on enjambera la ville comme un ruisseau, et le voyageur de nuit cherchera la cité de Fécamp dans la région des gnomes.

Au milieu de mille maisons uniformes et tristes, se dresse un monument célèbre entre tous les monuments de la famille religieuse: l'abbaye de Fécamp. L'aspect de ces vieux colosses au sein de nos villes modernes aux chétives constructions, est étrange et mélancolique. On se demande si ce ne sont pas là des hôtes des anciens temps, géants centenaires, attardés parmi nos races dégénérées, et regardant au loin, par-dessus nos têtes, leurs frères géants exilés à distance sur un sol rajeuni. N'ont-ils pas vu mourir à leurs pieds les générations contemporaines, et avec elles leur sympathie, gloire et religion? Et que font-ils encore, condamnés aux ruines de la vie, sinon ce que font les centenaires aux tombeaux de famille: pleurer et attendre!

Un couvent d'hommes, ordre de Saint-Benoît, fut érigé par les Normands sur les ruines d'un couvent de femmes, détruit par leur invasion, et fondé deux siècles auparavant par un nommé Waningue, bers ou baron du pays de Caux. La nouvelle abbaye, commencée en 988 par Richard Ier, duc de Normandie, et dotée de riches présents par ses successeurs, traversa huit siècles de sainteté et de splendeur croissantes, du jour de sa naissance au jour de sa mort, du xe au xviiie siècle. Au xviie, elle reçut un hôte qui échangea la couronne royale contre la couronne monastique, le trouble de l'orgueil contre la paix de l'humilité, Casimir de Pologne. A la fin du xviiie siècle, le monument subit une grande mutilation; l'abbaye fut détruite et l'église seule conservée.

A Fécamp, les ducs de Normandie, rois d'Angleterre, possédaient un château ducal dont il reste à peine les débris d'une tour carrée, dite *Tour de Babylone*. Ils possèdent encore quelques fragments de tombeaux dans l'église de Fécamp.

A l'ouest, la vue tombe d'une hauteur de 600 pieds sur l'immensité de la mer. Les vagues, hors quelques heures de basses marées, baignent incessamment le rocher de la falaise, rempart de la terre contre l'Océan. Et c'est un grand tableau qui se déroule sous les yeux, toujours imposant et sublime, que tout éloge rapetisse, que toute comparaison profane; tableau au-dessus duquel on ne doit suspendre que ce verset de la Genèse :

Et Spiritus Dei ferebatur super aquas.
(Et l'Esprit de Dieu était porté sur les eaux.)

Si le promeneur, sous ce vaste horizon, rêve aux quelques débris dispersés à ses pieds, alors il peut extraire de sa mémoire de vastes souvenirs.

Jadis, sur la crête de cette montagne, un chef des envahisseurs du Nord assit une puissante forteresse, boulevard du royaume de Neustrie contre de nouveaux envahisseurs : ce fut le duc Guillaume *Longue-Épée*. La position de ce château dut en faire, à toute époque, une place imprenable pour l'homme, un repaire accessible aux seuls oiseaux du ciel et de la mer. Il avait à redouter pour seule guerre l'attaque des éléments, pour seuls assiégeants les vents et les flots, dont, aux jours de tempête, les uns sifflent et tourbillonnent à sa cime, et les autres sapent en mugissant son piédestal de rocher.

C'est à peine si l'homme, penché sur cet escarpement à pic de 600 pieds, regarde la plage sans vertige à la tête, sans tressaillement au cœur. C'est à coup sûr qu'à une proposition d'escalade, il répondrait : *impossible*.

Pourtant il y a des hommes qui naissent avec une audace sans doute égale à leur secrète mission; êtres incompréhensibles pour la plupart, énigmes vivantes au milieu des hommes, et dont Dieu seul sait le mot.

A l'appui de cette hypothèse, les preuves ne manquent pas; témoin celle-ci :

Vers l'année 1593, deux partis se disputaient la France, lui souriant à qui mieux mieux comme à une maîtresse, la déchirant tour à tour comme une proie. C'étaient la Ligue, convention républicaine et se disant religieuse sous le comité des Seize et le protectorat du duc de Mayenne; puis la légitimité, royauté usée par les Valois, héritage à reconquérir par les Bourbons avec l'épée de Henri de Navarre. De ces discordes sanglantes, de ces querelles de famille, que retirait la France? De la gloire et du deuil. Des deux côtés les combattants étaient ses fils; partant, même acharnement, même bravoure. Le cri de guerre était *France* sous la bannière de la Ligue à la croix rouge de Lorraine, comme sous le drapeau blanc aux fleurs de lis du Béarnais.

La ville de Fécamp tenait pour la Ligue, attendant, pour passer de Mayenne à Henri, l'exemple de la capitale de la province. Mais Rouen résista, quoique assiégée par le roi en personne; et Fécamp dut rendre ses clés au maréchal Armand Gontaud, baron de Biron. Après une belle défense, la garnison sortit avec les honneurs de la guerre; mais le gentilhomme qui la commandait jura Dieu qu'il y rentrerait avec les honneurs du triomphe.

Cet homme était Goustiménil, sieur de Boisrosé. A peine hors de la place, un coup d'œil lui inspire un incroyable projet, résolu par l'audace, mûri par l'expérience. Les moyens d'exécution ne manquèrent pas : sa tête n'eut qu'à les enfanter; quant aux instruments, sa bonne renommée les lui fournit. Cinquante hommes, soldats ou matelots, se mirent à sa discrétion corps et âme. Deux des plus déterminés, soi-disant transfuges, se firent incorporer dans la garnison du château. Ce n'était ni par une issue secrète, ni par une brèche de la ville que Boisrosé songeait à surprendre l'ennemi. Ces sortes de coups de main, faciles à tenter, ne le sont pas moins à déjouer. L'audace se plaît aux grandes entreprises comme le génie aux grandes œuvres. Le mot impossible est un rempart plus funeste à ceux qui dorment à l'abri qu'à ceux qui l'attaquent de front. C'était par la forteresse, vrai nid d'aigle juché au sommet de la falaise, que Boisrosé comprit l'attaque de Fécamp, comme, en 1793, le lieutenant d'artillerie Bonaparte résolut par la chute du fort Lamalgue le problème de la prise de Toulon.

Ce qu'il fallait au sieur de Boisrosé, c'était une nuit bien noire, une marée basse, une échelle de 600 pieds, des amis vigilants autour de lui et dans la place, surtout des bras actifs et robustes et des cœurs intrépides. Tout réussit selon ses prévisions. Depuis six mois, chaque nuit, l'un des transfuges veillait sur la plate-forme du château, l'œil au guet et l'oreille tendue vers la plage, épiant parmi les bruits du soir le bruit du signal. L'heure de la marée basse arriva, laissant à sec 10 toises de grève au pied du rocher; la nuit se fit sombre, et les compagnons de Boisrosé, téméraires de sa témérité, mais forts de confiance et de dévouement, se demandaient s'il n'avait pas d'intelligence dans le ciel et la mer comme dans la place.

A l'heure fixée, il s'embarque avec ses hommes dans deux chaloupes qu'il fait échouer sur le rivage entre les roches écroulées de la montagne. Au signal donné, un long cordeau, retenu par l'extrémité supérieure, vient tomber à ses pieds. Le chef y fait lier un gros câble de la longueur du chemin à parcourir, et garni à égales distances de nœuds et d'échelons de bois solidement attachés. Puis le câble remonte, se dresse au flanc de la falaise, et s'arrête fixé par un fort levier en travers d'une embrasure de canon. L'assaut est ordonné. Les cinquante hommes défilent en silence, sabre et mousquet en bandoulière, devant le chef qui s'est réservé l'arrière-garde. Tous montent en bon ordre, les deux sergents en tête de la colonne. Derrière eux se ferme le chemin du retour, car Boisrosé, posant le pied sur le premier échelon du câble, a juré que nul ne sortirait de ce défilé que par les créneaux du fort, à moins de rejeter un cadavre à la mer.

Qu'on se figure maintenant, spectateur consciencieux et de sang-froid, cette étrange ascension sur une échelle de corde perpendiculairement suspendue à la cime du fort, le long d'une falaise à pic de 600 pieds. Qu'on se figure ces cinquante soldats invisibles les uns aux autres, se heurtant des pieds et de la tête, meurtris aux parois anguleuses du rocher, et plus soigneux de se maintenir en équilibre à mesure qu'ils s'éloignent du sol, gravissant à grand'peine le plus périlleux des chemins entre deux périls qui grondent; joueurs aventurés dans une partie désespérée, où sur vingt chances ils en ont une de salut contre dix-neuf de mort.

La colonne montait toujours ferme et résolue. Alors la nuit s'assombrit encore, et le vent du large souffla avec violence. On entendit le bruit des flots qui s'amoncelaient déchaînés et furieux, et se brisant lame contre lame, roulaient vers la plage avec des tourbillons d'écume. La mer enfla soudain houleuse et mugissante, fouetta la terre de ses vagues écrasées contre le rocher en jaillissant au long du câble qui flottait dans la tourmente. Plus de retraite possible pour nos aventuriers : les chaloupes rompant leurs amarres furent emportées dès le premier flot, et 10 pieds d'eau inondaient la grève.

La colonne n'était qu'à moitié chemin, déjà fatiguée et haletante, s'accrochant des pieds et des mains au câble glissant; et le vent qui rugissait à l'entour la balançait en l'air et la relançait sur la falaise, comme une grappe d'hommes suspendus par un fil entre ciel et terre, entre deux ennemis, deux abîmes : le fort et la mer, le feu et l'eau.

Par une nuit si pleine de ténèbres et d'horreur, à entendre les vagues et les vents briser dans la profondeur des grèves, et tourbillonner autour d'une proie chancelante avec une gueule béante prête à l'engloutir; à songer qu'un cri d'alerte va réveiller l'ennemi à 300 pieds de sa tête, et qu'il suffit d'une main et d'un poignard pour trancher le câble et plonger dans la mer cette échelle vivante, certes le corps d'un brave peut trembler et son cœur défaillir.

La colonne montait encore en bon ordre, le visage fouetté par la tempête et le corps déchiré aux aspérités du roc. C'était la lutte de l'homme contre les éléments, et le plus faible allait triompher du plus fort. On était aux deux tiers de la course. Boisrosé triomphait, mesurant la différence des échelons franchis aux échelons à franchir, au dernier desquels il allait planter son drapeau et crier victoire... Soudain le mouvement cesse, la colonne s'arrête, et tout le long du câble il se fait un grand silence. Alors chaque homme se recueillit et trembla aux sifflements aigus du vent sur sa tête, aux sourds mugissements du gouffre sous ses pieds; et le plus intrépide frissonna face à face avec la mort. Inquiet, éperdu, le chef attendait dans une horrible anxiété, lorsque cet avis lui fut transmis de bouche en bouche du haut au bas de l'échelle : « Les forces et le courage manquent au premier sergent... » Ce retard coûtera la vie à cinquante braves; le jour va poindre. Une minute d'hésitation, c'est la ruine de l'entreprise, la mort de tous. Boisrosé a pris son parti en homme d'exécution. Seul, calme et de sang-froid parmi ces hommes si mornes et consternés, il répond du salut de tous. Il ordonne à ses soldats de se tenir fermes et chacun à son poste, puis grimpe, d'échelons en échelons, par-dessus les cinquante hommes, jusqu'au malencontreux sergent.

« Lâche, lui crie-t-il, en avant ! »

Et celui-ci, demi-mort d'effroi, se cramponne au câble et refuse d'avancer.

« Malheureux ! tu nous perds. »

Le sergent, grelottant de tous ses membres et le front ruisselant de sueur glacée, ne répondit pas. Déjà la corde lui glissait entre les mains. Il s'accroche à son chef, l'étreignant convulsivement et prêt à l'entraîner dans l'abîme.

Boisrosé le soutient d'une main robuste, et de l'autre lui appuyant son poignard sur la gorge:

« En avant, de par Dieu ! au fort..... ou à la mer ! »

Et le son menaçant de cette parole qui lui vibre au cœur, et la pointe aiguë du poignard qui lui perce la gorge, rappellent cet homme à la vie. Il se résigne, se remet en marche, soutenu par les efforts du chef qui le pousse et l'entraîne; et la colonne suit, pressée et silencieuse.

Victoire !... le dernier pas est fait, l'échelle franchie et le rempart envahi. Les assiégeants, une fois de pied ferme, reprennent cœur au métier, et se répandent hardiment dans la place. Les sentinelles sont surprises, la garde massacrée.

Boisrosé et ville gagnée !... A sac ! à sac !...

Et l'explosion de cinquante coups de feu dans le fort réveillent en sursaut la garnison endormie. Que pouvait faire l'ennemi enveloppé par une légion de diables, qu'il croit tombés du ciel ou vomis par l'enfer? La place est emportée d'assaut; et la garnison, remplie de frayeur et d'admiration, jette ses armes aux pieds de Goustiménil de Boisrosé.

La ville de Fécamp, ainsi retombée au pouvoir de la Ligue, fut, à peu de temps de là, rendue au roi huguenot, nouvellement converti, par Boisrosé lui-même.

Et le roi Henri, frère en bravoure et en loyauté de tous les braves et loyaux fils de France, prit d'une main les clés offertes par le gouverneur, et les lui rendant de l'autre main : « Ventre saint gris! mon maître, vous êtes le plus rude dénicheur de châteaux que je sache; et je ne puis confier à meilleure garde la bonne ville de Fécamp qu'à celle de l'intrépide sieur de Boisrosé. »

L. OURY.

VARIÉTÉS.

Combat

DE

LA CORVETTE *LA BAYONNAISE*

CONTRE LA FRÉGATE ANGLAISE *L'EMBUSCADE*.

Le plus beau fait dont puisse s'enorgueillir notre histoire navale, si riche d'événements, un des exploits les plus glorieux que puissent offrir les fastes maritimes d'un peuple, est le combat de la corvette *la Bayonnaise* contre la frégate *l'Embuscade*; combat dont le dénoûment fut la prise de cette dernière.

La Bayonnaise était une fine embarcation, d'une élégance presque coquette. Une batterie barbette de vingt pièces de 8 formait toute son artillerie. Sortie de Cayenne dans les premiers jours d'octobre, des vents constamment favorables l'avaient poussée vers la France; le 14 décembre, elle n'était plus qu'à trente lieues dans le sud-ouest des côtes de Bretagne, lorsqu'elle fut aperçue par la frégate anglaise *l'Embuscade*, qui se mit à sa chasse; *l'Embuscade* était un fort et beau navire, armé de quarante-deux canons dont le plus grand nombre était de 24 et de 18. La corvette républicaine ne pouvait attendre un pareil ennemi sans imprudence; son capitaine, le lieutenant de vaisseau Edmond Richer, fit aussitôt remettre le cap au large; mais la supériorité de marche que la frégate anglaise avait sur elle ne tarda point à rendre le combat inévitable;

il s'engagea bientôt à petite portée, et se prolongea ainsi avec vivacité, sans que la disproportion des forces fit pencher la victoire pour l'un des deux bâtiments.

L'Embuscade, voulant terminer ce combat en foudroyant son ennemi sous les volées de son écrasante artillerie, força de voile et vint prendre position à une portée de pistolet de la corvette française que, dès cet instant, le fer de chacune des bordées de l'anglais ébranla jusque dans la quille.

La Bayonnaise, quel que fût le courage de ses défenseurs, ne pouvait supporter longtemps une pareille attaque : il fallait se rendre. Ce malheur semblait la seule péripétie possible d'un tel engagement. La valeur et l'enthousiasme de nos matelots républicains en trouvèrent une autre, *A l'abordage! à l'abordage!* s'écria-t-on de tous côtés. Richer, qu'étonne d'abord cette pensée d'audace, semble fort indécis : *A l'abordage! à l'abordage!* reprennent les matelots; et les soldats, d'un cri unanime, répètent : *A l'abordage!*

« Mes amis, dit enfin cet officier, je compte assez sur votre dévouement pour me rendre à vos vœux : soyez dignes de la République et de la France ! »

Mille cris d'enthousiasme accueillent ses paroles; on court aux armes que l'on se dispute; les demi-piques, les pistolets, les haches d'arme, les sabres, passent dans toutes les mains. Richer, portant vivement la corvette sur la frégate anglaise, la heurte avec tant d'énergie que le mât de misaine de *la Bayonnaise* tombe sur le gaillard d'arrière de *l'Embuscade*.

« C'est un pont que nous donne le hasard ! » s'écrie l'enseigne de vaisseau Ledanseur en s'élançant à la tête des combattants. En vain les Anglais redoublent-ils leur feu de mousqueterie, ce pont étroit est franchi sous une grêle de balles. On s'attaque, on se prend au corps, on lutte; toutes les armes se choquent et se croisent sur l'arrière de l'ennemi, où il ne reste bientôt plus que des cadavres. Culbutés de cette position, les Anglais se reploient sur les passe-avants, dont ils barricadent les marges étroites; les Français les y attaquent avec l'impétuosité d'un premier succès; ils sont arrêtés un instant devant une haie de piques et sous une lave de plomb; mais ces retranchements et ces armes sont emportés par un nouveau choc. Après une nouvelle mêlée, où les Anglais opposent l'acharnement du désespoir à l'intrépidité d'un dévouement enthousiaste, les Français restent maîtres de tous les points de la frégate; les Anglais mettent bas les armes, le drapeau rouge tombe, et le pavillon va se frapper à la tête du grand mât, salué par les cris de *Vive la République!*

L'Embuscade était à peine au pouvoir de nos marins, que le reste de la mâture de *La Bayonnaise*, criblée par les boulets ennemis, écroula avec fracas. La corvette victorieuse dut être ainsi remorquée par la prise, et entra sur la rade de Rochefort, comme l'histoire nous représente Sésostris entrant dans les murs de Memphis.

GÉOGRAPHIE.

L'île de Noirmoutier.

I

Au nombre des îles perdues sous les brouillards de la Bretagne, il en est une, sentinelle avancée au milieu des flots, phare de salut pour le navire en détresse, qui semble complètement ignorée, quoiqu'elle puisse fournir un aliment précieux à la curiosité de tous.

Quand on a passé à Saint-Nazaire, en sortant de la rivière de Nantes, un peu plus loin, sur la côte, on aperçoit au milieu des brisants un rocher de granit noir à crête sauvage : c'est l'île de Noirmoutier.

Couchée au niveau des flots qui la baignent, couverte d'eau à la marée montante, hérissée de rochers, environnée d'écueils, l'île de Noirmoutier est même pour les pêcheurs qui l'habitent un sujet de profonde terreur.

Ce pays désert, pour ainsi dire, est cependant à plus d'un titre digne de fixer l'attention des voyageurs.

Jamais le dévouement et l'abnégation ne furent plus sublimes que sur ce roc tourmenté par les tempêtes. La population tout entière se compose de pilotes et de douaniers. Les premiers, nés dans le pays, apprennent dès leur bas âge à manier l'épissoir et l'aviron ; plus grands, ils se font pêcheurs et contrebandiers, jouant leur vie, insoucieux de l'orage et de la carabine du gabelou. Enfin, plus tard, ils se font matelots et pilotes. C'est quelque chose de grand et de beau que l'existence de cet homme toujours prêt à risquer sa vie pour sauver le navire en perdition, sans espérance de gloire ou de fortune. S'il meurt, nul ne le sait, un autre le remplace ; s'il triomphe, un mince salaire est sa récompense ; cela non pas une fois, mais dix, mais vingt, toute sa vie, en un mot. Autrefois ce rocher inculte était un objet d'épouvante ; les habitants, encore barbares, regardaient un navire comme une proie sûre et facile. Pendant les nuits d'orage, ils l'attiraient par des piéges sur les brisants ; puis, armés de câbles et de crocs en fer, ils s'emparaient du sauvetage, des débris et de la dépouille des naufragés.

On ne peut se faire une idée de l'aspect désolé de ce pays, et de la physionomie misérable et souffrante de ses habitants.

Au mois de mars 1828, plusieurs jeunes gens, au nombre desquels je me trouvais, montèrent dans une chaloupe au bas de la Loire, et, se fiant aux connaissances nautiques du plus marin d'entre eux, s'aventurèrent dans une traversée qui semblait promettre à leur impatience de nombreux incidents et de pittoresques catastrophes.

Trois jours après, nous avions atteint, non sans peine, notre destination. Les coups de vent, les lames, le mal de mer et les ablutions d'eau salée avaient considérablement ralenti notre zèle aventureux. Quand nous débarquâmes au milieu de la peuplade de sauvages, notre désappointement fut complet ; nous avions compté sur une sorte d'ovation, nous espérions être l'objet de l'enthousiasme et de la curiosité de tous ; au lieu de cela, chacun se sauva à notre aspect : nous étions, à vrai dire, presque aussi repoussants que les indigènes eux-mêmes. Notre accoutrement bizarre, nos visages velus, nos longs cheveux trempés d'eau de mer, nos redingotes remplies de goudron et déchiquetées par lambeaux, tout cela était, à la vérité, peu propre à nous faire bien venir des naturels du pays.

Aussi les habitants de cette île s'enfuyaient-ils à notre approche, ne nous laissant d'autre aspect que celui d'un rocher désert. Fatigués par la traversée, et munis d'organisations d'artistes bien conditionnés, nous plantâmes entre deux rochers nos cannes surmontées de nos mouchoirs, et sous ce bienfaisant abri, nous nous abandonnâmes sans réserve à nos sensations de paysagistes.

Comme nous admirions les sauvages beautés du site, l'un d'entre nous, levant la tête au ciel avec un geste d'inspiration, passa la main dans ses cheveux, et se posant audacieusement :

« Gageons, messieurs, dit-il, qu'aucun de vous ne connaît la chronique de ce vieux nid de goélands ? »

Personne ne répondit.

« Parbleu ! dis-je, voilà une belle occasion de faire ressortir ta science de bibliophile. »

Notre compagnon me regarda avec un air de supériorité où se peignait un sentiment de protection assez comique, et commença ainsi d'un ton solennel :

« Vers le treizième siècle, des pirates normands s'étant embarqués sur la Loire, descendirent avec leur barque jusqu'à Saint-Nazaire, brûlant et ravageant tout le littoral.

» Un coup de vent les jeta sur Noirmoutier. Un miracle seul pouvait les sauver. Au fort de l'orage ils passèrent entre les brisants qui bordent la côte, et après avoir franchi le défilé d'écueils, ils vinrent échouer sur le galet, au-dessous de ce rocher qui surplombe la rive, et sur lequel s'élevait à cette époque un monastère de religieuses, passant leur vie à prier nuit et jour les navires en détresse, et à secourir les naufragés.

» Il n'y avait alors aucun vestige d'habitation

dans cette île, si ce n'est ce monastère, sorte de château fort, entouré d'une épaisse muraille formée par la nature, et dans une position presque inaccessible.

» Les pirates normands furent généreusement secourus par ces jeunes filles du Seigneur; mais ils ne purent pénétrer dans le saint'lieu : la règle du couvent s'y opposait.

» Les forbans qui, une fois le danger passé, avaient compté sur le pillage, et chez lesquels la vue de ces femmes avait fait naître de coupables désirs, résolurent de s'emparer du monastère par la ruse, puisqu'aussi bien ils ne pouvaient s'en rendre maîtres par la force. Le bâtiment s'élevait à pic sur le bord de la falaise; une seule ouverture, de deux pieds carrés environ, était pratiquée au sommet de la façade qui regarde la mer, à 60 ou 80 pieds du sol. Il s'agissait de parvenir jusqu'à cette ouverture, et de s'y hasarder un à un. Pour mettre ce projet à exécution, les pirates choisirent une de ces nuits d'orage comme il en fait si souvent sous ce ciel brumeux.

» Puis, lorsque le tintement de la cloche leur fit supposer que les religieuses étaient en prières dans la chapelle, penchés sur leurs avirons, ils abordèrent la côte avec des peines infinies, et au milieu du fracas de la tempête la plus horrible. Alors si le moindre rayon de la lune eût percé l'épaisseur des nues, on les eût vus grimpant dans les anfractuosités du roc, se cramponnant des pieds, des mains, des genoux, aux pierres chancelantes, enfonçant leurs ongles dans la mousse, et se tordant les uns au-dessus des autres comme une échelle vivante. Ils parvinrent ainsi, après avoir vingt fois risqué leur vie, à gagner enfin le plateau. Cependant ils n'étaient pas au bout. La muraille qu'ils avaient devant eux restait à franchir, et c'est à peine s'ils apercevaient l'ouverture vers laquelle ils devaient se diriger. Composé de larges rochers placés les uns sur les autres, et liés entre eux par cette simple superposition, ce mur offrait une surface plane qui ne laissait aucune prise, ce qui augmentait encore la difficulté de l'escalade.

» Néanmoins ils ne se rebutèrent pas. A l'aide de leviers de fer posés entre les joints, les assiégeants construisirent une sorte d'échelle, peu sûre à la vérité, mais qui leur ouvrait une route praticable; alors ils se suspendirent l'un après l'autre au-dessus de la mer qui bouillonnait, retenant leur souffle, et tremblant à chaque mouvement qu'une des pierres qui servait d'assises à leurs barreaux ne vînt à se détacher, et ne les précipitât sur les pointes de roc à fleur d'eau, où ils se seraient inévitablement écrasés.

» Je ne vous dirai pas les angoisses de ces hommes, placés ainsi entre la vie et la mort, suspendus sur l'abîme, et cela dans la seule espérance de satisfaire une passion brutale. Peu à peu ils s'élevèrent, puis ils s'arrêtèrent et recommencè-

rent ensuite à gravir ces échelons chancelants. Enfin le premier est arrivé, et ses mains ont saisi les appuis de la fenêtre, ses pieds quittent le dernier barreau de l'échelle, sa tête disparaît dans la sombre ouverture; puis on entend un faible cri semblable à celui d'une mouette qui s'envole. Chacun des pirates tressaillit; alors, un mouvement instinctif les presse à regarder au-dessous d'eux; puis ils se rattachent plus fortement à la seule branche de salut qui leur reste : reculer est impossible. Insensiblement le mouvement se communique; le bruit sinistre qui s'est fait entendre n'est probablement qu'un signal et qu'un encouragement de leur chef. Alors chaque forban frémit d'impatience, et un instant après les trente pirates sont passés, un à un, à travers l'étroite ouverture, derrière laquelle rayonnent à leur imagination les délices du pillage et de leur brutale passion.

» Mais le monastère ne fut pas brûlé, les nonnes restèrent pures, et seulement le lendemain un service funèbre fut célébré dans la chapelle, et les cadavres décapités de trente pirates normands furent ensevelis en terre sainte. La supérieure, jeune fille de vingt ans, s'était dévouée pour le salut de ses sœurs. Cachée derrière la muraille, et la main armée d'une hache à deux tranchants, elle avait, en abattant chaque tête qui se présentait à l'ouverture, évité à ses sœurs un horrible danger, et aux forbans hérétiques la consommation d'un sacrilége.

» Aujourd'hui, quelques vieux pêcheurs vous disent encore que dans les nuits d'orage on entend le tintement de la cloche du monastère, et la plainte étouffée des pirates décapités. »

A cet endroit l'orateur termina son récit, nous laissant à deviner l'origine de Noir-moutier.

II

Le récit du narrateur achevé, nous pliâmes notre tente, et nous nous mîmes résolument, chacun pour son compte, à courir les aventures et les rochers.

Il n'y a qu'une seule auberge à Noirmoutier, si l'on peut appeler ainsi une misérable bicoque construite de cailloux cimentés avec du sable et des warechs, et recouverte de goëmon. Lorsque, après avoir successivement heurté à plusieurs portes, nous fûmes simultanément frappés de l'excessive ressemblance qui existait entre ce caravansérail des pêcheurs de la côte et bon nombre d'étables à vaches que nous avions remarquées dans quelques villages de la Basse-Bretagne, le fumet de bipèdes des deux sexes qui vint subitement nous saisir l'olfactif, nous confirma de plus en plus dans nos prévisions; cependant nous n'en étions pas à cela près des délicatesses de l'odorat, et nous entrâmes bravement dans le bouge enfumé au fronton duquel se dessinait, d'une façon tout à fait joviale, un énorme chat de gouttière, la patte posée sur un large placard de peinture noire qui avait la prétention de ressembler à une bouteille.

Je ne chercherai point à vous peindre l'intérieur de cette buvette bretonne, comme il n'en existe nulle part ; seulement, si vous avez jamais vu dans votre imagination une réunion de buveurs empourprés, aux larges paletots, à la braie goudronnée et à la physionomie rude et fauve, quelque peinture fantastique dans le genre d'Hoffmann ou de Callot ; si jamais vous avez pensé qu'il y eût au monde une race d'hommes vivant dans une atmosphère de tabac, de jurons et d'eau-de-vie, qui ne connaissent d'autre soleil que celui d'une chandelle de résine morveuse et crépitante, soyez sûr que vous êtes resté au-dessous de ce que je vis alors. Pour la première fois de ma vie, je regrettai de ne pas être peintre ; moi qui n'avais jamais pu parvenir à dessiner le nez de la Vénus de Callipige, j'eusse volontiers repris les crayons pour saisir la silhouette de ce groupe bizarre et véritablement unique en son genre.

Notre arrivée ne souleva pas la rumeur à laquelle nous étions préparés. D'abord nous ne vîmes pas très-distinctement ce qui se passait autour de nous, nos regards s'habituèrent péniblement à ce brouillard de fumée. Peu à peu nous pûmes voir autour de l'âtre où pétillait un feu de landes et de goëmon, une réunion de femmes, d'hommes et d'enfants misérablement vêtus, s'abreuvant d'eau-de-vie à un large broc d'étain, sans l'intermédiaire d'un verre, tous fumant de courtes pipes de terre noires et brûlées.

Lorsque nous fûmes un peu familiarisés avec la scène étrange dont nous étions spectateurs fortuits, chacun tira de son sac et étala complaisamment les provisions qu'il avait glanées sur la route. Nous étions sept, nous nous trouvâmes possesseurs d'un demi-fromage avarié, de quatre oignons, de deux livres de pain, d'un biscuit, de trois paquets de tabac et d'un litre d'eau-de-vie environ, qui furent bientôt enlevés avec une merveilleuse rapidité.

Cependant la nuit approchait ; nous songeâmes sérieusement à regagner Paimbœuf, petite ville marchande située à l'entrée de la rivière de Nantes, en face de Saint-Nazaire, et où nous comptions prendre le bateau à vapeur pour rejoindre nos foyers.

Nous délibérions encore, lorsque nous vîmes entrer dans l'auberge un jeune gars de vingt-cinq ans, à la physionomie franche et ouverte, vêtu d'une large chemise de laine rouge et d'un pantalon de toile serré sur les hanches par un mouchoir de cotonnade. C'était le guide des sables ; il avait appris que des voyageurs étaient débarqués dans l'île, et il venait nous offrir de nous conduire, à la marée basse, à la foire de Pornic, qui devait avoir lieu le lendemain. Pornic est un petit port de pêcherie pour la sardine, situé en face de Noirmoutier, et séparé seulement de cette île par un banc de sable que la mer découvre en se retirant, et qu'elle envahit à la marée haute.

Ce fut Ber-Ouët (c'était le nom du guide) qui nous donna ces détails pour nous engager à faire avec lui le trajet. Enfin nous y consentîmes. Le marché conclu, nous attendîmes avec impatience que la marée se retirât pour livrer passage ; puis chacun se dispersa.

À trois heures du soir environ, nous étions réunis sur les galets, armés chacun d'un long bâton ferré qui devait nous aider à franchir les douves et les lises qui s'opposeraient à notre passage.

Prêts à partir, un de nous manque à l'appel ; nous l'appelâmes, il ne répondit pas ; nous attendîmes vainement. Le guide impatient regardait le ciel et l'horizon, nous invitant à nous hâter, en homme qu'une longue habitude a familiarisé avec le danger, mais qui se soucie peu de le braver. Enfin, ne voyant pas venir notre compagnon, nous partîmes. Pendant la première heure ce fut bien ; l'alcool, agissant sur nos tempéraments, nous avait donné une sorte de gaieté expansive et folle ; nous courions, franchissant les courants d'eau, le pantalon retroussé jusqu'à mi-cuisse et les souliers dans le sac, marchant sur le sable fin comme sur le moëlleux tapis, et n'épargnant pas les quolibets à cet ami absent qui, nouvel Ulysse, s'était sans doute laissé séduire par quelque Circé de Noirmoutier.

Au moment où je vis que la joie allait s'éteindre et que la fatigue arrivait, je proposai d'allumer les pipes. Cela fait, nous nous remîmes en route.

Il y avait deux heures que nous marchions environ, à travers les courants d'eau et les sables mouvants, lorsque je m'aperçus que la pipe du guide était éteinte, et que malgré cela il la tenait pressée entre ses dents, signe certain d'une préoccupation grave. J'en fis la remarque.

« Je crois s.... Dieu bien, me répondit-il ; je sens le vent qui nous tombe dessus, le courant va solidement nous drosser tout à l'heure. »

Ce peu de mots, que nous comprenions à peine, nous glaça d'effroi. Nous nous rapprochâmes du guide avec épouvante.

« Silence ! » dit-il, avec autorité, comprimant une facétie prête à se faire jour à travers les lèvres du plus goguenard de la troupe.

Il se jeta à plat ventre, colla son oreille sur le sable, puis il se releva froidement :

« La marée, garçons, la marée monte ! En avant ! entendez-vous ? en avant ! »

En effet, la marée montait ; le sable remuait déjà, la tangue se balançait déjà sous nos pas alourdis. Une profonde terreur s'était emparée de nous. Nous entendions la mer qui mugissait dans les lises : elle était peut-être à une lieue de distance, et nous à une demi-heure de la mort.

Jamais angoisse ne fut plus terrible; la crainte entravait nos pas; je voyais l'Océan ouvrir sa gueule immense pour nous dévorer; il semblait que l'eau me montait aux genoux; et pour comble de malheur, la nuit venait, la nuit avec ses embûches! J'avais le vertige...

« Ave Maria, mater Dei, ora pro nobis, » dit le matelot en s'agenouillant sur le sable, après avoir découvert son front. Nous restâmes tous inclinés autour de lui. Sa prière achevée, il dit : « Nous ne pouvons gagner Pornic, dans cinq minutes nous aurons de l'eau à la cheville, dans un quart d'heure aux genoux, dans une heure nous mourrons! Ainsi, mes gars, le mieux c'est de s'accrocher à la plus prochaine balise, et que Dieu nous sauve ! » Ce disant, il s'orienta un instant, et nous le suivîmes en silence.

Je ne vous dirai pas, souffrance par souffrance, toutes les hallucinations de ce cauchemar; seulement, trois quarts d'heure après nous avions de l'eau jusqu'à la ceinture, et nous étions égarés dans les grèves : la mort était sur nos pas. Le plus âgé de nous n'avait que vingt ans.

Un cri de joie nous fit tressaillir. Dans l'obscurité, l'un de nous s'était heurté contre une large bouée de pierre, sur laquelle s'élevait un mât transversalement coupé par des échelons : c'était la balise. Nous nous cramponnâmes tous à cette branche de salut, et nous attendîmes le jour, perchés sur ce mât, entendant les mugissements de la mer qui grondait sous nos pieds.

Le lendemain un bateau de sardines nous recueillit à son bord.

Je me souviendrai toute ma vie du dernier mot de notre guide. Dans le fort de notre détresse, il avait toujours conservé sa pipe entre ses dents, mais il la laissa tomber en descendant de la balise, et elle se brisa.

« Oh! Jésus, mon Dieu ! s'écria-t-il; combien êtes-vous, messieurs ?

— Nous sommes six au grand complet.

— Quelqu'un est mort cette nuit, me dit-il en secouant la tête d'un air d'incrédulité, qui voulait dire que nous nous trompions; quelqu'un est mort, car j'ai brisé ma pipe ! »

C'était vrai. Notre compagnon étant arrivé sur la plage au moment où nous venions de la quitter, voulut nous suivre dans l'espérance de nous rejoindre ; mais il s'égara et périt dans les lises. Nous apprîmes quelques jours après que des pêcheurs, en retirant leurs filets, avaient retrouvé son cadavre.

Ch. ROUGET DE KERGUEN.

VARIÉTÉS.

LA
Femme-pilote.

Un des faits les plus simples de toute ma carrière maritime a laissé dans ma mémoire un souvenir que je me rappelle encore aujourd'hui comme s'il était d'hier. Je vais vous dire ce fait avec le moins de phrases que je pourrai. C'est un rien que j'ai à vous raconter en quelques mots, et c'est à fort peu de chose qu'il faut vous attendre en lisant le titre assez étrange qu'il m'a plu de placer au-dessus de cette bagatelle d'article.

Je me trouvais embarqué, il y a vingt à vingt-deux ans, en qualité de tout petit aspirant de marine, sur un lougre de guerre qui faisait, quand les Anglais le lui permettaient, le service de convoyeur entre Brest et Saint-Malo. C'était à peu près là toute la navigation au long cours que l'on connût alors en France, grâce à l'impéritie administrative qui avait perdu notre marine, et à la vigueur avec laquelle avait progressé la marine de nos voisins, devenue forte par notre faiblesse, et jeune par notre décrépitude.

Un jour notre petit lougre, en cherchant à se sauver d'une corvette ennemie, et à faire l'anguille pour trouver un espace dans le dédale des rochers innombrables qui enveloppent la pointe de Portusval; un jour, ai-je dit, notre petit lougre se trouva fort embarrassé, malgré la présence de deux pilotes côtiers à bord, de deviner le chemin qu'il lui fallait choisir pour s'engager sans péril dans ce labyrinthe de brisants redoutables. La mer était grosse et creuse, quoique le vent ne fût pas encore très-impétueux. Les courants portaient violemment à terre, et, malgré la science de nos deux pilotes, l'entrée du trou problématique dans lequel nous voulions nous fourrer au plus vite ne se révélait aux yeux de personne, tant tout le monde chez nous était troublé par la peur du danger ou le vertige de l'impatience. Cette anxiété durait déjà depuis une heure, et la corvette qui nous chassait, beaucoup mieux pilotée que nous sur nos propres côtes, nous tombait à vue d'œil sur le corps, et d'une manière presque aussi effrayante que les rochers sur lesquels nous gouvernions avec tant d'incertitude et de timidité. Un bateau, un des plus mauvais petits bateaux que l'on puisse rencontrer à la mer, surtout quand la mer est grosse, se montra tout à coup à nos yeux inquiets, entre deux lourdes lames, comme une providence secourable, j'allais presque dire comme le doigt d'un Dieu rédempteur. Autrefois c'était du ciel que l'aide du Très-Haut arrivait aux marins dans la fougue de la tempête ou la sainte horreur du naufrage. Cette fois ce fut presque ces gouffres de l'onde et des entrailles du fond que sembla nous surgir le secours que nous n'osions plus implorer ni d'en haut ni d'en bas. Le misérable bateau n'était monté que de deux petits paysans pêcheurs et d'une femme qu'il nous fallut voir de bien près pour reconnaître son sexe à son bizarre costume, beaucoup plus encore qu'à sa figure terne, hommasse et bronzée. A la vue de la barque de pêche, nous nous étions réjouis en pensant que ce frêle bateau pouvait contenir pour nous un pilote lamaneur, un Palinure d'occasion; à la vue de l'équipage qui le manœuvrait, notre espoir et notre première joie s'évanouirent, et notre première crainte seule nous resta !

« Qu'importe, s'écria alors notre capitaine, il faut demander en bas-breton à ces petits *saltins* et à cette espèce de matelot femelle s'ils connaissent la profondeur du chenal par lequel nous allons être forcés de passer. »

Un des deux pilotes ignorants dont nous étions pourvus se mit à héler, en mâchant quelques mots celtes, la *patronne* qui gouvernait, avec le flegme ordinaire des Finistériens, la barque qui filait le long de nous :

« Dites donc, ma bonne femme, lui cria l'interprète du capitaine, combien y a-t-il d'eau de profondeur à terre de la Lavandière? (C'était le nom d'une des roches près desquelles il nous fallait passer, que le pilote interrogant croyait avoir reconnue.)

—Sept pieds, répondit aussitôt l'amazone marine. Combien votre lougre tire-t-il d'eau?

—Huit pieds et demi.

—Alors vous vous perdrez si vous prenez la passe de la Lavandière; il faut gouverner plus au vent et ranger le *Sifohel*,» autre roche que le pilote connaissait à peine.

Le capitaine, en entendant les réponses qu'on lui traduisait à chacun des mots que hurlait l'amazone, n'hésita plus. « Dites à cette femme, s'écria-t-il en s'adressant au traducteur, de venir à bord et de nous piloter à votre place, puisqu'elle est moins bête à elle toute seule, que vous deux ensemble.

—A bord! à bord! » cria alors le pilote à la femme du bateau.

Au moyen d'un coup de barre donné adroitement par la pêcheuse, qui continuait à gouverner sa barque, l'embarcation ne tarda pas à se placer dans les eaux de notre navire. On lui jeta tout de suite un bout de corde pour se tenir à la traîne, et, au moyen d'un autre bout d'amarre, on hala bientôt à l'extrémité de cette amarre la femme qui s'y était accrochée pour sauter aussi lestement sur notre pont. Mais quelle femme, bon Dieu! Un monstre à moitié femelle, en jaquette de bure et en gros sabots, mais un trésor pour nous, le bijou le plus précieux du monde, malgré ses gros sabots et ses lourds vêtements. Nous

allions être sauvés par elle; le danger auquel elle pouvait seule nous arracher venait d'en faire un ange à nos yeux.

Après avoir été hissée sur le pont, elle ne se mit guère en peine, je vous assure, de saluer les officiers et de demander lequel parmi eux était le capitaine. Les premiers mots barbares qu'elle articula de sa grosse voix sauvage s'adressèrent au pilote qui lui avait déjà parlé et fait entendre quelques mots bas-bretons. « Faites mettre la barre un peu sous le vent, dit-elle à son compatriote devenu son collègue en pilotage. Votre navire a trop de voiles dehors avec le courant qui nous drosse déjà assez dans la passe; faites amener votre taille-vent. »

Puis, quand la manœuvre qu'elle commandait ainsi par l'intermédiaire du pilote côtier se trouva exécutée à sa satisfaction, elle demanda, en se promenant, les mains derrière le dos, sur le gaillard d'arrière :

« Combien de pieds d'eau cale le lougre?

—Huit pieds et demi d'arrière, lui répondit-on à cette question qu'elle nous avait déjà faite lorsqu'elle était encore à bord de son bateau.

—Huit pieds et demi, c'est bon. Il y en a onze dans la passe que je vais vous faire prendre, c'est deux pieds et demi qui nous restera sous la quille. Laissez porter un peu maintenant de manière à prendre le rocher que vous apercevez là-bas, par la petite maison d'où vous voyez sortir de la fumée. »

Dans toute autre circonstance, la présence de cette femme si inculte au milieu de notre équipage n'aurait pas manqué d'exciter la folle hilarité de tous les plaisants du bord; mais en un pareil moment de péril, je vous l'avoue, notre femme-pilote, quelque risible que fût son accoutrement et quelque grotesque que nous parût toute sa personne, ne provoqua ni le rire ni les lazzis des farceurs ordinaires du gaillard d'avant. Les ordres qu'elle donnait et les avis qui sortaient de sa vilaine bouche étaient exécutés avec autant de ponctualité et de promptitude que si un amiral nous avait donné ses ordres au porte-voix avec toute l'autorité de son grade et le prestige du commandement militaire. Le capitaine seul souriait; mais il souriait de bonheur et de plaisir autant au moins que de la bizarrerie de notre position et de l'étrangeté de cette aventure.

Il ne nous restait plus qu'un quart de lieue à faire à peu près, pour atteindre le mouillage où nous allions trouver un refuge parmi les brisants, contre les attaques de la corvette anglaise. Un de nos deux pilotes côtiers, pour qui la pêcheuse de Portusval était devenue un oracle, se mit, une fois que la sécurité lui fut revenue, à fumer tranquillement sa pipe au pied du grand mât. Les émanations du tabac qu'il venait d'allumer semblèrent faire briller d'envie et de plaisir les yeux de notre femme-pilote, dont le regard jusque-là nous avait paru si ópaque et si stupide. Le fumeur devina bientôt l'aspect que l'odeur et la vue de sa pipe avaient produit sur les sens de notre amazone côtière, et par l'effet d'une galanterie dont la connaissance des mœurs finistériennes pouvait seule faire excuser l'audace et la singularité, il proposa à sa payse la pipe tout allumée qu'il venait de tirer de ses gluantes lèvres. L'offre courtoise fut accueillie par la beauté à qui elle s'adressait, avec une satisfaction plus d'avidité naïve que de coquetterie et de politesse. Jamais, avoua notre *lamaneuse,* elle n'avait fumé un tabac aussi fin et d'un goût aussi exquis ; c'était du tabac à deux sous du bureau de la régie impériale de Roscoff!...

Notre capitaine, ne voulant pas demeurer en reste de procédés chevaleresques avec le pilote auprès de la seule beauté que nous eussions à bord, ordonna à son domestique de mettre à la disposition de la fumeuse un verre et une petite carafe d'eau-de-vie. La fumeuse prit la carafe, laissa le verre, et ne but tout au plus qu'un quart du flacon de spiritueux. Tout son sang-froid lui était encore nécessaire. Nous enfilions alors la passe difficile dans les sinuosités de laquelle elle faisait naviguer notre lougre. Le mouillage était au bout, et nous touchions au moment désiré de jeter notre ancre sur ce point dangereux et hospitalier.

Le temps pressait : la corvette anglaise, qui, jusque-là, s'était contentée de nous observer et de nous poursuivre d'assez loin, se rapprocha tant qu'elle put de nous en nous voyant relâcher à Portusval ; et, rangeant la langue de sable à la pointe de laquelle nous allions chercher un abri, elle nous envoya à l'instant convenable une volée, dont les boulets riflèrent la plage que nous touchions déjà. Les projectiles sifflèrent entre nos mâts sans faire plier les mâles têtes de notre équipage, ni la tête plus mâle encore de notre femme-pilote. Elle venait de commander, cette beauté guerrière, de laisser tomber l'ancre, notre ancre de salut. Le navire venait d'échapper aux Anglais et d'être conservé à l'Etat, et par qui ? Vous le savez.

Quand il fallut faire, comme d'usage, le bon de pilotage en faveur du pilote qui avait réellement gagné l'immunité accordée par l'Etat à tout pratique en lamaneur employé par les navires du gouvernement, la rédaction de ce bon présenta quelques difficultés ; jamais encore on n'avait accordé à une femme la subvention dévolue aux pilotes par les règlements. La nature du sexe, non prévue par les ordonnances, offrait un grand embarras aux exécuteurs de la loi. — On trancha ce nœud gordien en faisant, au profit de *la pilote,* un bon de pilotage au nom de son mari : *Cosic Le Bars.* Mais si l'amazone, aussi chaste que les autres amazones passaient pour l'être, n'avait pas eu d'époux, comment s'y serait-on

pris pour rédiger le bon de pilotage qui lui était si justement acquis? C'est une question que je me permettrai de proposer aux rédacteurs du futur Code maritime. Elle est digne des graves méditations de nos législateurs nautiques ; mais la femme-pilote qui m'a sauvé la vie dans les passes de Portusval est encore plus digne de la reconnaissance que j'ose lui consacrer dans un article qu'elle ne lira pas sans doute pour plus d'une raison. Elle n'était déjà plus jeune, hélas ! quand elle nous pilota si droit et si à propos !

EDOUARD CORBIÈRE.

LES
Bains de Biarritz.

C'est encore un nom peu connu que celui-là, ou, s'il l'est, peut-être n'a-t-il conquis les suffrages que de quelques-uns de ces coureurs émérites, gens en possession exclusive, comme on sait, de jeter dans leur album les observations largement délayées de leurs courses vagabondes. Toujours est-il que j'ai vu peu d'établissements de ce genre, qui puissent offrir autant d'attraits que Biaritz ; peut-être en pourrai-je excepter Boulogne... Mais qu'est-ce que Boulogne, je vous le demande? Une ville luxueuse et parisienne, autant qu'il est possible de l'être en province. Je le veux bien, avec cette différence toutefois qu'à Boulogne rien n'est plus français ; que depuis ses bals de l'établissement de bains, jusqu'à ses larges rues, ses équipages et ses brillants magasins, on y respire l'*english-fashion* aussi purement que possible. Grâce aux guinées que nos voisins ont fait circuler dans le pays, les braves Boulonnais se sont vus contraints d'oublier qu'ils furent longtemps les plus acharnés et les plus terribles ennemis de l'Angleterre ; ils ont presque oublié qu'au-dessus de leur jolie ville, plane cette immortelle colonne de la grande armée, colonne presque ignorée parmi nous, et qui de la côte de France menace la rive britannique. C'est elle que l'on peut voir aujourd'hui encastrée d'habitations, de jardins et de parcs anglais de toutes les façons!..... A Biaritz, au contraire, si quelque type étranger se fait jour, c'est celui d'Espagnols inoffensifs, dont les mœurs sur cette frontière se rapprochent d'ailleurs beaucoup des nôtres : à Biaritz, c'est la France que l'on voit affluer surtout, la France avec son insouciante et vivace jeunesse, avec ses chants, ses danses et ses folies ; pendant l'été, Biaritz devient un petit Bagnières : les petites maîtresses de Paris, de Bordeaux, de Lyon, etc., y apportent depuis quelques années leur part d'or et de plaisir. C'est une vogue complète, et que ne dénie pas Bayonne, qui voit sans envie s'élever à côté d'elle cette nouvelle cité sur les flots.....

Biaritz, jusqu'à ce jour, n'enlevait à Bayonne que quelques-unes de ses paisibles bourgeois, qui, les jours fériés, couraient sur les grèves aspirer une fraîche brise de mer, et secouer la poussière du bureau. Le *cacolet* d'antique mémoire était en possession unique du transport, lorsque nos bourgeois ne se sentaient pas le courage d'essayer l'élasticité de leur jarret au milieu des sables mouvants qui couvraient la route : aujourd'hui tout est changé; la route s'est élargie, ferrée, nivelée; des voitures de toutes les espèces la sillonnent en tous sens, et Biaritz agrandit chaque année l'horizon de ses maisons. Supposez-vous, comme je le suis moi-même, arrivé à un *dimanche*, à un beau dimanche du mois de juillet; considérez cette multitude de voitures qui encombrent la porte d'Espagne à Bayonne : toutes se remplissent avec une merveilleuse célérité de voyageurs impatients, d'une foule compacte de beaux-fils, d'artisans, de grisettes, oh ! de grisettes surtout, qui vont courant à Biaritz, chercher un dîner hors de l'atmosphère étouffante d'une ville de guerre, et en face de l'Océan.

Là, pas une maison, quelque misérable qu'elle soit, ne reste sans locataire durant cette saison; aussi quand elle approche, toutes les maisonnettes se blanchissent, les chambrettes se décorent, les provisions se commencent : puis arrive le locataire, qui s'établit chez l'habitant, y installe son ménage, et devient *Biaritzien* pendant un mois ou deux. Qu'a donc Biaritz, demandera-t-on, pour attirer ainsi la foule, car Biaritz n'a pas d'ombrage, Biaritz ne possède qu'une petite baie où les baigneurs se trouvent refoulés les uns sur les autres, et pendant l'intervalle des bains un soleil de feu s'oppose impitoyablement aux promenades sur la grève et sur les roches couvertes d'algues glissantes?... Tout cela peut être vrai, et Biaritz voit pourtant une foule plus dense de jour en jour affluer vers ses rives....... Ces rochers surmontés de blanches maisonnettes aspirent un air, brûlant il est vrai; la brise de mer y flétrit toute végétation, c'est possible : mais aussi voyez comme cette petite ville (je crois vraiment que j'anticipe de bien peu pour la dénomination); voyez, dis-je, comme elle est sauvagement découpée dans toutes les directions : ces ravins, ces côtes rapides, ces maisons s'échelonnant d'une manière si originale; et sur les points élevés, cette vue lointaine de l'Espagne et de ses Pyrénées, celle de la mer et de ses caprices; cette fraîche brise du large apportée de si loin, et qui dilate si largement les poumons; tout jusqu'à ces nombreux bateaux pêcheurs, se jouant sur vos pieds au milieu des bancs de poissons; jusqu'à ces trincadoures inquiètes poussant une reconnaissance aux passes de la *Bidassoa*.... Croyez-

vous que tout cela ne compense pas bien quelques heures oubliées de réclusion pendant les chaleurs?.... Puis, lorsque la foule des curieux se rassemble sur les hauteurs de l'*Atalage*, pour voir le disque rougi du soleil s'abîmer dans les ondes, Biaritz change d'aspect et de nature; elle a secoué son manteau brûlant pour revêtir ses habits de fête. Le *Port-Vieux* vous offre ici son anse sablonneuse, où se jouent pêle-mêle ses jeunes baigneurs et jeunes baigneuses : la simple robe de laine défend ces dernières des chutes et des accidents causés par une lame souvent brisée avec rudesse sur la plage; le caleçon de toile rayée est tout ce qu'acceptent les baigneurs. Vis-à-vis l'anse une douzaine de maisonnettes en bois se sont élevées, où les deux sexes procèdent séparément à leur toilette; au milieu d'elles se dessine la case peinte en vert de la *Société humaine*, d'où veillent sans cesse les matelots préposés par elle au salut des baigneurs; enfin, sur la gauche vient de se bâtir un aristocratique restaurant, dont les terrasses et les tentes planent sur la baie du *Port-Vieux*. C'est là qu'il faut voir arriver cette foule bariolée de grisettes folâtres, de ces grisettes de Bayonne au galbe gracieux, aux yeux et cheveux noirs, au teint andalou, au mouchoir coquet; les grisettes bayonnaises ont choisi Biaritz pour leur paradis sur cette terre de misères et de tribulations, et vraiment les raffinements aristocratiques qui commencent à s'y déployer en augmentent chaque jour le *confortable* et les joies. Sur la droite de Biaritz, en descendant de l'*Atalage*, on trouve de basse mer un véritable chaos de rochers, qui sont le bonheur des Parisiens et des habitants de l'intérieur arrivés pour la saison. C'est là qu'ils se donnent à cœur joie de ce bon et piquant air marin doué, comme on sait, de la propriété d'aiguiser puissamment l'appétit; c'est là qu'ils courent si heureux après quelques pauvres poissons oubliés par la marée dans les trous des roches, ou qu'ils s'emplissent les poches de *moules* et de coquillages de toute espèce, témoignage irrécusable pour l'avenir qu'ils *auront vu la mer*.

Sur la gauche de Biaritz, du côté de l'Espagne, est une vaste plage qu'on appelle la *côte des Basques*, et il est un jour dans l'année où cette côte est plus curieuse que tout le reste. C'est, je crois, le dernier dimanche de *septembre*. Ce jour-là, toute la population basque, depuis la vallée de *Baigorry* jusqu'au *Hendaye*, s'est donné rendez-vous sur les rochers de Biaritz; leur arrivée seule à Biaritz, en masses compactes, précédées de la flûte et du tambourin national, est un véritable spectacle.

Bientôt cette tourbe se rue impatiente sur la rive, et la couvre pendant la journée de baigneurs et de baigneuses. Ici, point d'étiquette et de vêtements incommodes; les femmes se couvrent à peine d'une légère robe de coton rayé, et quant aux hommes, la nature seule a fait les frais de leur toilette. Ce sont des cris, des chants, du plaisir sans gêne et sans frein ; puis à la nuit tombante, après un solide repas bien arrosé de vin basque et d'alcool, le Basque se remet en route pour regagner ses foyers, et se trouver le lendemain au travail des champs; souvent ainsi il fait gaiement ses dix lieues chaque nuit de la veille et du lendemain, et dix lieues de montagnes encore !

Lorsque arrive, dans la journée du dimanche, l'heure nocturne où les Bayonnais qui n'ont pas installé leur ménage à Biaritz doivent regagner la ville, les voitures se garnissent tour à tour sur la grande place, et partent chargées de joyeux voyageurs : c'est *une file* continue de Biaritz à Bayonne, digne, sur ma foi, d'une fête patronale de Saint-Cloud; mais le plaisir n'abandonne pas Biaritz en ce moment, malgré le vide fait dans les rangs de ses habitants de passage ; des bals s'organisent de tous les côtés, et par une conséquence déduite du système des compensations, on saute la nuit pour se dédommager de la séquestration forcée du jour. Tel est Biaritz, tel est ce petit refuge de pêcheurs inconnu encore il y a quelques années, et que la vogue remplit d'or et de plaisirs aujourd'hui, durant la belle saison s'entend, car pendant l'hiver toutes ses joies s'envolent, et Biaritz redevient un désert maritime, battu des vents et des tempêtes. Aussi Biaritz a jeté le masque, et avoue audacieusement ses velléités aristocratiques : chaque année les voit s'accroître ; quelques vieux Bayonnais le déplorent, amis qu'ils sont des vieux us et de leur antique liberté : pourquoi cela vraiment? Les mœurs de Biaritz sont encore assez dégagées de gêne et d'ennui; la mode vous y met toujours à l'aise, et elle fait bien; mais, sur ma foi, quel mal de circuler au milieu d'une foule de jolies femmes de toutes les classes, et après avoir fait amplement sa *moisson de coquillages*, où s'être bien battu avec les lames *furieuses*, quel mal de venir savourer un confortable dîner sur la terrasse d'un élégant restaurant dont les flots baignent le pied?...

Aug. BOUET,
Capitaine au long cours.

━━━━━━━━━━

STATISTIQUE
—
DES
Ports de la Russie.

Dans notre premier article sur les forces maritimes de la Russie, nous avons signalé le règne de l'impératrice Catherine II comme l'époque qui vit cet élément dans sa plus grande puissance. Aujourd'hui ses forces se composent de 50 vaisseaux de ligne, 18 frégates, 4 corvettes et 10 brigs, portant ensemble 5,430 pièces d'artillerie, sans compter les bâtiments légers, tels que les cutters, les canonnières, etc. L'ensemble de cette flotte est montée par 55,000 hommes, les artilleurs et soldats de marine compris. Nous jetterons maintenant un coup d'œil sur les ports qui découpent le littoral de la Russie, et sur leur importance militaire.

La Baltique, la mer Noire, l'Océan Glacial et Pacifique, baignent les possessions de cette puissance. Plus de la moitié de la mer européenne est bordée par les provinces russes, et un traité de paix conclu entre la Perse et cette nation exclut de cette mer tout autre pavillon de guerre que celui de la seconde de ces deux marines. La vaste étendue des côtes de la Russie paraît donc, au premier coup d'œil, la rendre propre à devenir une grande puissance maritime ; des obstacles naturels s'opposent à la vérité au grand développement que sa marine pourrait prendre, mais la persévérance et le zèle ont déjà triomphé de plusieurs.

La mer Baltique n'est pas sujette aux marées; elle n'éprouve que des crues irrégulières qui font élever les eaux jusqu'à trois pieds, et qui ont lieu dans toutes les saisons, mais particulièrement en automne, quand le ciel est chargé de nuages et que le temps est à la pluie. Les courants de la Baltique ne sont pas moins dangereux que ceux des autres mers enclavées par des terres. Les vents y sont très-irréguliers et très-inconstants; cependant on a observé que ceux qui viennent de l'ouest dominent en automne, et ceux de l'est au printemps. Dans les mois de juin et juillet il y a souvent de longs calmes.

Des changements subits de vent, des orages fréquents et violents, le peu de profondeur de l'eau, le grand nombre de récifs qui bordent les côtes de la Suède et celles du golfe de Finlande, ainsi que les bancs de sable qui s'étendent le long des côtes des États Prussiens, rendent la navigation de la Baltique très-dangereuse. Celle du golfe de Finlande l'est encore davantage.

Ce bras de mer, parsemé d'îles, d'îlots et de récifs, est terminé à l'est par le port de Cronstadt. En octobre environ, ses eaux se changent peu à peu en grands glaçons, qui, détachés par des tempêtes, avancent confusément vers la partie méridionale de la Baltique; et lorsque vient décembre, réunis par un froid rigoureux, cet ensemble présente une masse immense de glace qui interdit toute navigation. La partie méridionale commence à dégeler en avril; mais les golfes de Bothnie et de Finlande sont rarement libres avant la fin de mai. On voit donc que la navigation praticable est limitée dans cette mer à quatre ou cinq mois, et on juge facilement combien cette circonstance porte préjudice au perfectionnement de la marine, aux développements de l'armée navale et à l'instruction et l'exercice des matelots.

Cronstadt, Revel et Baltischport sont les seuls points maritimes que possède la Russie dans la Baltique, pour y pouvoir faire stationner ses forces militaires. Le plus important de ces trois ports est Cronstadt, que commença Pierre le Grand, et auquel Élisabeth ajouta des travaux considérables. Ce port se divise en trois parties : celle de l'ouest, qu'on nomme le port marchand, est la plus spacieuse, et peut contenir six cents navires ; ce port marchand est exposé au vent de l'ouest : c'est dans son bassin que mouillent les bâtiments qui se destinent pour Saint-Pétersbourg. La partie nommée Port-du-Milieu est exposée au même vent : elle est destinée à l'armement et au désarmement des bâtiments de guerre. La troisième partie enfin, qui fait face à l'est, est le port militaire ; vingt-quatre vaisseaux de ligne y pourraient tenir à l'aise. Une rade commode et spacieuse s'ouvre sur Cronstadt ; le nombre de voiles qu'elle contiendrait serait immense ; malheureusement les vents d'ouest y donnent en plein. Le chenal est bordé de bas-fonds qu'on a soigneusement bordés de bouées et de balises qui guident les navigateurs.

Cronstadt offre quelques désagréments ; son entrée est trop étroite pour qu'avec les vents du large, les bâtiments puissent en sortir facilement. La qualité de l'eau nuit aussi singulièrement à la conservation des vaisseaux ; on la prétend trop douce ; enfin les glaces du golfe de Finlande ne permettent pas à la flotte d'appareiller avant le mois de mai, ou quelquefois de juin. Ce port sert d'entrée au grand canal dans lequel on a pratiqué des bassins pour radouber les vaisseaux ; des chantiers de construction en sont voisins. Une belle pompe à feu permet d'assécher ou de remplir d'eau les bassins suivant les exigences locales. Cronstadt est bien défendu par le môle, par plusieurs autres ouvrages importants, et le château de Cronschlot, élevé sur un banc de sable, à une portée de canon du rivage.

Par la Néva, qui débouche dans le golfe de Finlande, Cronstadt se trouve avoir des communications directes, non-seulement avec Saint-Pétersbourg et les chantiers de cette capitale, mais aussi par la canalisation de l'intérieur avec le Volga et la mer Caspienne. Ces communications, qui facilitent beaucoup le transport des matériaux nécessaires à la construction des vaisseaux, font du port de Cronstadt le chef-lieu de la marine russe.

Le port de Revel, auquel on a refait d'immenses constructions en 1820, est plus profond que celui de Cronstadt, mais il est plus difficile d'y entrer ; la qualité de ses eaux est meilleure. De nombreuses îles protégent la rade, tous les vents sont bons pour en sortir. Il n'en est pas de même du port, dans lequel les navires, par certains vents, restent bloqués. La durée des bancs de glaces, en encadrant dans la saison la rade et le port, multiplie les difficultés du libre accès de Revel.

Baltischport, aussi nommé Rogerwich, est en Estonie. Fortifié par Pierre le Grand, ce port vit ses importants travaux abandonnés en 1769. L'ensemble de Baltischport est beau et vaste ; mais le port a peu de profondeur et l'ouverture en est trop large. Il eût été plus propre que Cronstadt et Revel à servir de port militaire, puisque les glaces embarrassent moins son entrée, et que la qualité de ses eaux salées est très-propre à la conservation des vaisseaux ; mais des obstacles insurmontables, que nous n'apprécions pas, ont, dit-on, forcé Catherine II à renoncer à ce projet qu'elle avait conçu.

Les côtes de l'Océan Glacial, par la rigueur de leur climat, ne sont donc pas favorables à la navigation. La Russie n'a donc sur ses bords que le seul port d'Archangel, situé sur la mer Blanche, grand golfe formé par l'Océan Glacial. Le gouvernement y a élevé des chantiers. Formé par les dispositions favorables d'une baie voisine de l'embouchure de la Dwina, le port d'Archangel est sûr et profond ; mais les froids prématurés forcent souvent les bâtiments à y hiverner sans avoir pu rejoindre Cronstadt. Le commerce de ce port fait des armements pour la pêche de la baleine et celle du hareng. Les communications avec la Nouvelle-Zemble et le Spitzberg y sont également fort actives.

Sur la mer Noire, la navigation, très-difficile en tous temps, devient impraticable, même pour le simple cabotage, quand arrive l'hiver. C'est pourtant sur les côtes de cette mer que la Russie méridionale possède ses seuls débouchés.

Son principal port dans ces eaux est celui de Sébastopol en Crimée ; c'est une petite baie située vers la pointe sud de la presqu'île. Quoique défendu à son entrée par quelques écueils, le port est bon et profond ; les navires du plus grand tonnage y ont accès et y sont parfaitement à l'abri des violentes tempêtes qui désolent ces parages. Sébastopol et la rade d'Akhtear, qui s'y lie, forment aujourd'hui le centre des forces navales de la Russie sur cette mer. Cependant les grandes forêts d'où l'on retire le bois de construction en sont trop éloignées, et le taret y est un ennemi si commun et si dangereux, que les dégâts produits par ce ver forcent à radouber les vaisseaux tous les deux ans.

La rade d'Ametched est située sur la côte nord-ouest de la Crimée ; elle est considérée comme sûre et peut contenir une dizaine de vaisseaux ; quelques améliorations en feraient un point fort précieux pour le stationnement d'une flotte militaire.

Le port de Kherson est situé à l'embouchure

du Dniéper; il a été construit et fortifié en 1778. Les bâtiments qui y touchent ne peuvent pénétrer jusqu'à la ville; aussi la navigation commerciale lui donne-t-elle seule quelque vie. Le port de Nicolaïew, situé dans l'intérieur du pays, à l'embouchure de l'Ingoul, dans le Bog, qui se jette lui-même dans le golfe de Dniéper, serait préférable, sous tous les rapports, à celui de Kherson, si l'entrée du Bog, dont le lit est partout assez profond, était moins dangereuse pour les vaisseaux de ligne : la flotte des galères se tient là, et l'on y envoie des vaisseaux qui ne peuvent plus tenir la mer. C'est à Nicolaïew que se trouve l'amirauté pour la mer Noire.

Le port d'Odessa est infecté de taret; sa rade pourtant protége bien les vaisseaux de guerre, excepté lorsque règnent les vents de sud-ouest, qui les battent complétement. Le port de Kinbourn en est peu éloigné, mais un banc de sable qui le barre en rend l'approche dangereuse. Taganrog, port fortifié par la mer d'Azof, est de la plus grande utilité pour la marine russe, indépendamment même des avantages du commerce, car là seulement on peut se procurer les mâts, les cordages, les fers de la Sibérie, et enfin tous les matériaux de construction nécessaire à l'équipement des flottes, et qu'apportent le Don et le Volga. C'est de ce point que les tirent Kherson, Nicolaïew, Odessa et Sébastopol. Ainsi Taranrog est en quelque sorte l'arsenal maritime de la Russie méridionale. Il n'y a sur les côtes orientales aucun port en position de recevoir les bâtiments de guerre.

La mer Caspienne est fort dangereuse, et manquant de bons ports, la marine russe y a une représentation peu considérable. Astrakhan, à l'embouchure du Volga, recèle le petit nombre de bâtiments qui naviguent sur cette mer.

Dans l'Océan Pacifique, quelques petits bâtiments de guerre servent de protection aux communications maritimes entre les ports d'Okhotsk, de Petropartorske et les côtes nord-ouest de l'Amérique russe. Quelquefois des intérêts commerciaux appellent ces bâtiments aux îles Sandwich et aux autres points de la mer du Sud.

L'ouverture des ports de la Baltique fut le principe qui donna naissance à la marine militaire de la Russie; les conquêtes de Pierre le Grand développèrent cet élément de puissance nationale.

Dans notre premier article nous avons démontré comment les forces maritimes de la Russie reposaient sur de vieux vaisseaux et sur de jeunes et inhabiles matelots, sur un matériel ancien, et sur les vieilles données stratégiques qui n'ont point ressenti l'impulsion du progrès où nous avançons chaque jour; aujourd'hui nous avons démontré combien sont limitées les ressources que cette marine, fût-elle active et formidable, pourrait trouver dans la position géographique de ses ports et de ses arsenaux.

Tome III.

Nous avons dit que c'était à tort que la question des Dardanelles avait répandu des craintes qu'inspiraient les forces maritimes d'une nation à laquelle il manque surtout de l'argent, mobile principal de toute puissance militaire; aujourd'hui nous pouvons prouver que la localité ne promet aucun développement important pour sa marine. Son mode de recrûtement et le caractère de sa population conviennent peu à former l'homme de mer; les embarras de ses rades et de ses ports, pas plus que sa position financière, ne permettent, quant à présent, à sa flotte de se multiplier.

VARIÉTÉS.

Causeries de matelots.

Un matelot et un novice qui faisaient partie de l'équipage d'une pirogue baleinière se trouvaient un soir dans la baie de *Saldane*, voisine du cap de Bonne-Espérance, pour y prendre un chargement d'eau douce, que le lendemain ils devaient au point du jour transborder sur leur navire.

Il y avait onze mois que nos marins étaient en campagne; et ce jour, pour la première fois depuis le départ de France, ils avaient foulé la terre ferme du grand continent africain. — Un certain bonheur que goûte à terre le marin, le premier jour qu'il y reste, faisait bruire dans l'imagination de l'un d'eux mille souvenirs et mille caprices; aussi voulut-il décharger son cerveau de la multiplicité de ses pensées.

« *Mal-en-Train* (Malandain) ! dit le rêveur à son voisin de droite qui, platement étendu sur l'herbe humide, avait fermé ses yeux pour les tenir chauds.

» Eh ! dis donc, *Mal-en-Train*, répéta-t-il, en lui frappant de sa large main sur l'épaule.

— Où ça ? répondit le jeune homme assoupi.

Le matelot : Allons, branle-bas; on ne dort point les uns sans les autres, ici.

Le novice : J'suis-t'y d'quart ?

Le matelot : Ouach ! de quart, il est bien question de ça : v'là q'j'allons arriver en France. Dis donc, matelot, es-tu bien réveillé ?

Le novice : De quoi ?

Le matelot : Dis-donc, toi qui t'y connais, là, dis-moi, bien vrai, là ousque t'aimerais mieux être embossé à l'heure qu'il est ?

Le novice : Ousque.......

Le matelot : Oui ! pour que tu serais content, là !

Le novice : Ah ! moi ? .... j'dormais tout d'même quand c'est que vous m'avez tapé su moi,

Si j'aurais su ça qu'vous auriez v'nu m'réveiller, j'm'en aurais allé aute part........

Le matelot : Est-il mal léché au moins, ce paille-en-queue-là !

Le novice : Tiens, c'est vrai ça, à cause qu'il a passé la journée assise, celui-là !..... Si vous auriez été avec nous autres à marcher à au-pieds sans souliers, dans des chemins qu'c'était tout des cailloux...

Le matelot : Eh bien ! matelot, tu vois bien, c'est chacun son tour ça ! Demain, c'est nous autres que j'allons gobber l'haricot, et voilà, quoi ! Toi, tu t'embarqueras dans la soute aux vivres, qui s'entend la chaloupe, et à coups de plumes, qui s'entend d'aviron, tu te remorqueras toi-même avec la chiquaille, qui s'entend les vivres !

Le novice : Oui, et qu'elle est fameuse la chiquaille ! Mais c'est tout d'même ; quand c'est qu'on a grand goût on tortille aussi bien une galette de biscuit que comme si on aurait des prunes à l'oseille, qu'est plus recherché.

Le matelot : Eh bien ! si j'avais à choisir, moi, à l'heure qu'il est, n'est pas ? eh bien, ça serait sur une bonne salade, tu vois bien, avec une demi-douzaine d'étrilles, un pain, une bouteille d'cidre, et puis une d'vin d'bouttele, et puis l'café noir avec les rincettes........ V'là ça su quoi que j'tomberais, moi, si j'étais au Havre !

Le novice : Eh bien ! moi, j'irai chercher *Bout-de-Tabac*, que j'lui dirais qu'elle s'habillerait sur son trente et un, et puis j'louerais un char-à-banc, onsqu'avec la volaille, j'mettrais encore des noix, des pommes, des marrons, si ça serait qui y en aurait, et deux bouteilles d'vin, et puis une de gratte-gosier..... Et un parapluie q'j'ajetterais. J'aime bien ça, moi, un parapluie ! quand c'est qu'on est avec les dames, qu'on tient ça, ça vous renvoie une couleur rouge — quand c'est que l'parapluie est rouge — sur la physionomie, qu'on dirait qu'*Bout-de-Tabac* et moi j'serions deux roses en voiture avec un parapluie........ J'voudrais qui pleuvrait rien que pour ça !......

Le matelot : Mais, là ousque t'irais avec ton char-à-banc ?

Le novice : J'irions au *Nouveau-Monde* (1), que j'nous y arrêterions pour prendre des rafraîchements, et puis à Harfleur aussi j'nous arrêterions pour prendre quelque chose ; et puis de d'là j'irions à Orcher tout droit, et au galop...... up !

Le matelot, avec un gros soupir : Ah oui !

Le novice : Et puis en s'en revenant, si j'avions faim, j'entrerions au *Hameau de Tourneville*, que j'laisserions l'char à la porte. Si c'est que j'aurais le p'tit pavillon tricolore d'la pirogue, j'le mettrais entre les cornes du cheval.... mâtin ! Et puis s'en revenir sur l'milieu du pavé tout droit jusqu'à la porte du spectacle, en criant : Gare ! eh ! là-bas les monsieurs ! gare ! eh !..... Et puis

(1) Environs du Havre-de-Grâce.

j'donnerions l'char à garder à un gamin ; et puis *Bout-de-Tabac* et moi, après q'la comédie serait finite, j'monterions dans l'char et j'ferions trois ou quatre fois l'tour du grand bassin pour voir les autres avant que j'arriverions chez elle...... Oh ! la la la ! quel plaisir !

Le matelot : Eh bien ! tiens, vois-tu, *Mal-en-Train*, je.......

Le novice : Allons ! vous v'là encore à dévisager les noms, c'est des bêtises ça, pour que les autres y m'appelaient comme ça aussi, n'est-ce pas ?

Le matelot : Non, mon vieux canard, non, mon fils *Malandin*, j'l'ai pas fait en exprès.... Tu m'as coupé la chique, que je n'sais plus c'que j'voulais dire...... Ah ! tu vois bien, mon fils, si j'n'aurions pas eu l'malheur q'notre ancien navire aurait péri, eh bien ! si j'aurions eu quelque chose d'gagné, j'aurions été ensemble, parce que je vois q'tu as des goûts q'c'est distingué...... C'est tout d'même un grand malheur... et q'ça m'met joliment à la côte, moi !......

Le novice : Combien q'vous avez déjà fait d'voyages à la pêche, vous *Lambouy* ?

Le matelot : V'là le troisième ; qui s'entend q'en n'fait q'deux, mais q'j'en aurai commencé trois, et q'j'aurais réussi, q'ça aurait fait trois, mais q'ça ne fait q'deux.......

Le novice : Aviez-vous jamais v'nu sur les côtes ici dans les baies ?

Le matelot : Non, l'dernier voyage donc que c'était sur l'*Maréchal-Suchet* (*Massachusset*) que j'l'ai fait ; que j'avions dix-huit cents barils d'huile en treize mois ; j'avons été à la côte du Brésil. Q'c'était plus beau qu'ici, va ! si c'est qui n'y aurait pas tant d'pingoins.

Le novice : Et vo't'premier voyage ?

Le matelot : Ah ! celui-là, y a longtemps. C'voyage là j'avons pris l'roi des cachalots.

Le novice : Ouach !

Le matelot : Oui. — Qu'il avait plus de 70 pieds de quille et 20 pieds d'beau...... Y avait plus d'dix navires qu'avaient piqué dessus, mais y n'avaient pas pu rester amarrés..... Un vrai démon..... Il a mis en marmelade cinq ou six pirogues ; que si les canotiers y n'auraient pas su faire un bateau d'leur derrière, y s'avraient noyés. — Eh bien ! l'second il a dit : « J'vas l'entraper moi ! » et que c'est vrai qu'il l'a eu, l'second. — V'là comme c'est qu'il a fait : il a mis une barrique sur l'avant d'la pirogue, et quand c'est que l'cachalot a été près, il a jeté ça du côté d'sa tête, pour lors qu'l'cachalot a nagé d'sus et qu'il s'a joué avec ses dents sur la barrique, et pendant ça l'second a piqué, et que du premier coup d'lance, il a soufflé l'sang épais comme du goudron.....

Le novice : C'était fameux, ça !

Le matelot : Oui. — Eh bien ! j'avons pris tout près d'deux mille barils d'huile dans ce voyage là, que j'étais novice. — Eh bien ! c'était à Nantes ça; quand c'est qu'on a passé la revue des décomptes, on m'a donné mon mémoire que j'avais pris 150 francs d'avances pour donner à mon hôtesse, et puis l'intérêt, et 10 francs pour la sainte batterie de cuisine du major, qui n'voulait pas m'donner d'réglisse seulement que j'avais un atroce mal de reins en embarquant; et puis après ça deux chemises rouges qu'j'ai achetées à bord, que le requin y m'a mangé mes deux toutes neuves qui m'avaient jamais enverguë, qu'c'était pour qui n'déteindraient pas sur moi, qu'j'avais mis à la traîne. Enfin, avec du tabac, bref, il me revenait que je devais encore 15 francs 8 sous à l'armateur !.....

Le novice : Plus souvent que j'lui aurais donné.

Le matelot : Prenez garde à cette écoute de foc !.... ah ben oui ! puis d'ailleurs qui m'avait dit que si ça serait que j'lui donnerais pas ses 15 francs 8 sous qui m'en ferait cadeau, si ça serait que j'voudrais retourner sur son navire.......

Le novice : A la bonne heure !.... Ah ! oui.... mais à présent il est tout d'même temps que j'dormions, car.... demain matin y fera jour !

Le matelot : Bon ! v'là la lune qui se lève ! Ah ! matelot ! regarde donc ! on dirait qu'elle serait tout du feu, tant c'est qu'elle est rouge !....

Le novice : Allons, laissez-moi dormir. — J'ai mes écubiers qui s'ferment malgré moi.....

Le matelot : As-tu jamais vu la lune dans un horoscope, toi ?

Le novice : Allons, je vous dis qu'je n'veux pas répondre.... Laissez-moi dormir.....

Le matelot : T'as pourtant été à Bordeaux, c'est là..... T'as été, n'est-ce pas, à Bordeaux ?

Le novice : Allons, ut ! »

Cette conclusion claire et nette réduisit *Lambouy* au silence ; il s'arrangea de son mieux sur l'herbe à côté du novice, et, s'étant tourné le visage du côté où flambaient encore quelques débris de leur feu mal entretenu, il s'endormit bientôt aussi profondément que son camarade.

Il y a bien certainement dans le langage, ou pour mieux dire dans le *patois* des gens de mer, des locutions, des images, des tropes qui ne sont point accessibles à l'intelligence des gens du monde; mais ces locutions, ces métaphores, si l'on veut, sont intraduisibles par des analogues, et nous doutons fort que l'explication analytique qui en serait donnée satisfît la curiosité du lecteur au même degré que l'expression originale conservée dans sa forme. Il y aurait pour le patois du matelot une perte tout aussi réelle à être traduit, qu'on en reconnaît à certaines langues, dont les figures vigoureuses et nettement coloriées ne peuvent être reportées dans une autre langue que par un calque.

GÉOGRAPHIE.

La Rochelle.

La Rochelle, qui mérite à tant de titres d'occuper le premier rang dans les annales de la France, est une de ces cités qui commandent le respect et l'attention du voyageur, qui veulent être considérées à part : c'est la ville aux grands et glorieux souvenirs.

Pourtant La Rochelle, dont longtemps les maires traitèrent d'égal à égal avec les têtes couronnées, échangeant leurs simples signatures contre celles des monarques les plus puissants; qui soutint le siége le plus mémorable qu'offrent encore les fastes de notre histoire nationale; qui seule lutta contre tous, avec cette énergie dont la source est seulement dans les cœurs généreux que domine l'amour de la liberté; qui sans amis, sans secours, dépourvue de tout, resta menaçante encore, et sut mourir plutôt que d'abandonner ses vieilles franchises et ses antiques priviléges; La Rochelle, qui put faire douter un instant du génie d'un Richelieu, secondé par une armée dont le chef était un roi; qui, soit guerrière, soit marchande, donna toujours l'exemple du courage et de l'habileté, osant attaquer souvent avec succès des puissances, sans autre appui que les bras de ses enfants, ne peut point se vanter de l'antiquité ni de la noblesse de son origine.

Quelle fut la cause, l'époque de sa fondation, c'est ce que rien n'indique, ni l'histoire ni les monuments.

Jusqu'en 1154, où Eble de Mauléon, qui s'en trouvait le maître, allait être obligé de céder cette possession à Henri Plantagenet, comte d'Anjou, depuis roi d'Angleterre, on ne peut citer rien de remarquable : à peine si à cette époque étaient éparses çà et là les quelques cabanes de pêcheurs qui plus tard furent cette cité.

Plantagenet sentit de quelle importance il serait pour lui d'avoir sur le continent une place qui lui donnerait toujours accès dans le royaume; montrant ses armes pour titres, il fit valoir de prétendus droits, et les Mauléons durent abandonner ce qu'il eût été téméraire de refuser, savoir le village de Cougnes, situé sur le revers d'une roche de pierre tendre, qui depuis s'appela La Rochelle. Maître du pays, il songea à gagner les cœurs et l'affection de ce peuple de marchands; il leur accorda donc certains priviléges, certaines franchises, qui déjà, quand tout le reste des peuples était en état de servitude, en faisaient un peuple libre. Toutefois, redoutant l'inconstance de ses nouveaux sujets, il fit élever en face de leur port un château flanqué de tours qui porta le nom de Vauclair.

Sous ce prince la ville prit quelque extension; en 1188 son port armait déjà douze à quinze vaisseaux.

En l'année 1200, cette cité possédait un de ces vertueux citoyens dont le nom mérite de vivre à jamais. C'était Auffrédy. Ses soins et son génie l'avaient rendu l'un des plus riches négociants du pays; et telle était sa puissance, qu'il put armer dix navires qu'il envoya aux climats lointains. La fortune, qui jusque-là lui avait été si favorable, sembla l'abandonner. Plusieurs années s'écoulèrent sans que l'on eût de nouvelles de son expédition. Les grandes dépenses qu'avait occasionnées l'équipement n'étant plus remplacées par des fonds inutilement attendus, Auffrédy tomba bientôt dans la misère, ses parents et ses amis l'ayant aussitôt abandonné. Un auteur va jusqu'à dire qu'il devint porte-faix. Un jour qu'il se promenait sur la grève, on signale des navires, ce sont les siens; ils reviennent chargés d'immenses richesses. Méprisant des biens dont il avait désappris l'usage, dégoûté du monde, il s'occupa du soulagement de la classe pauvre, dont il venait d'être l'un des membres, et sa nouvelle fortune servit à faire élever un hôpital, où il se consacra lui-même au service des malades. Cet hôpital porte encore de nos jours le nom d'Auffrédy.

Jusqu'au moment où Louis VIII succéda à son père Philippe-Auguste, les Rochelais restèrent sous l'obéissance des Anglais. Pourtant ils ne supportaient qu'impatiemment le joug étranger; dans leur cœur germait déjà l'amour de la France; aussi Louis étant venu mettre le siége devant cette place le 15 juillet 1224, ce roi s'en rendit maître malgré la valeur d'un Mauléon, qui commandait pour le prince anglais. Peut-être fut-il aussi secondé en secret par des habitants, qui ne demandaient qu'à lui appartenir. Les Rochelais ne tardèrent point à donner des preuves qu'ils étaient dignes de porter ce titre de Français; en 1282 le roi d'Aragon éprouva ce que pouvait leur valeur. Sa flotte fut battue par ces simples marchands : la commune avait armé trente vaisseaux contre lui

Le fatal traité de Brétigny, du 8 mai 1360, devait de nouveau remettre cette ville sous le joug étranger. L'infortuné Jean Ier venait de perdre la trop fameuse bataille de Poitiers. Prisonnier du prince Noir, il dut se mettre à la merci de son vainqueur. Edouard exigea La Rochelle dont il connaissait l'importance, par les pertes qu'elle faisait éprouver chaque jour aux navires de sa nation. Jean hésita longtemps. Enfin il manda les députés de la ville à Calais. Là seulement il leur fit connaître cette affreuse nouvelle; ceux-ci le supplient « de ne les pas donner à un autre maître; de ne point aliéner

» une ville si fidèlement attachée à sa personne, » si nécessaire à la France; *qu'il ne les vouloit* » *mie quitter de leur foi*, et mettre ès-mains des » étrangers, et qu'ils avaient plus cher à être » taillés tous les ans de la moitié de leurs che- » vances, que ce ils fussent ès-mains des Anglais. »

Jean avait promis, il devait mourir esclave de sa parole, aussi resta-t-il inflexible. « Eh bien ! s'écrient les députés, nous serons et nous obéirons aux Anglais des lèvres, mais nos cœurs ne s'en mouveront. » Heureux les rois de tels sujets.

La Rochelle passa donc encore aux mains anglaises. Le prince de Galles, investi du duché d'Aquitaine, vint se délasser de sa victoire dans les délices de cette Capoue; de là ses folles dépenses, puis ses exactions qui occasionnèrent bien des murmures; elles devaient peser surtout sur cette ville, coupable du crime de fidélité. Les Rochelais en appelèrent bientôt à Charles le Sage, leur souverain légitime, et à son vaillant capitaine Duguesclin. La guerre s'alluma aussitôt, et l'alliée de la France, la flotte de Castille battit celle des Anglais sur les côtes mêmes de l'Aunis. Cet espoir ranima le courage des Rochelais; mais le château était encore aux mains de leurs oppresseurs, et le château dominait la ville.

Un homme songeait surtout à secouer ce joug accablant, Jean Chaudrier, celui-là même qui avait été l'un des députés mandés par le roi Jean à Calais. A la force contre laquelle il ne pouvait rien, il proposa d'opposer la ruse, elle devait avoir tout succès. Elevé quatre fois à la première magistrature, estimé et chéri de tous, il découvrit et fit approuver son projet au maire et à douze cents citoyens; les armes furent prêtes pour le lendemain.

Chaudrier avait su que le gouverneur était sorti du château avec une partie de la garnison, en laissant la garde à son lieutenant, homme brave, *mais peu malicieux*. Il avait songé à tirer parti de la simplicité de l'Anglais. Sur son conseil, le maire feint d'avoir reçu du roi d'Angleterre des dépêches importantes; il se hâte de faire prévenir le lieutenant que c'est chez lui, le verre à la main, qu'il les ouvrira. Joyeux compagnon, celui-ci se hâte d'aller au rendez-vous. On dîne, l'Anglais s'échauffe, grâce à d'assez fréquentes libations. On l'engage à lire, mais il l'ignore, ainsi que ceux qui l'ont accompagné. Le maire en donne lecture. Cette missive ordonne une grande revue. Pressé de se rendre aux ordres de son souverain dès le lendemain, le lieutenant fait sortir sa garnison. Mais les douze cents bourgeois se tenant embusqués, ils s'élancent, et bientôt sont maîtres du fort et des quelques soldats qu'on y avait laissés. La ville était libre, elle était à jamais française.

L'année 1373 commencèrent les travaux d'une haute importance. Le château de Vauclair avait été rasé, c'était le souvenir d'une domination qui avait cessé, il devait disparaître avec elle. Ses immenses débris servirent à bâtir à l'entrée du port, qui remplaçait l'ancien, devenu trop petit, deux énormes tours destinées à abriter les navires des vents, et à les protéger contre les tentatives de l'ennemi. On leur donna le nom de Tours de la Chaîne et de Saint-Nicolas. Bien qu'on poursuivit ces travaux avec la plus grande activité, ils ne s'achevèrent qu'en 1418. Il fut alors possible de faire arriver au port des navires de 600 tonneaux. Le commerce prit un grand développement, Jean de Béthencourt et son ami Gadifer de La Salle découvraient les Canaries. La Rochelle se ressentit de cette importante découverte

On était sous le règne si funeste de Charles VI. N'omettons point ce fait, qu'alors que l'infâme Isabeau de Bavière, oubliant le nom de mère, appelait l'étranger sur le sol de la patrie; quand tout en France embrassait son parti, La Rochelle resta inébranlable, inaccessible à toutes ses séductions, demeurant fidèle au roi et à *son hoir mâle*. Peu de villes se montrèrent plus zélées pour la cause du malheur.

C'est dans cette ville que le dauphin, depuis Charles VII, fut proclamé roi ; et quand la Vierge de Vaucouleurs ralliait les chevaliers français sous sa bannière, une Rochelaise aussi, se croyant inspirée, exhortait le peuple à fournir de l'argent au gentil sire. Aussi, à peine le siège d'Orléans fut-il levé, qu'il se hâta de le faire savoir à ses bien *aimés et fidèles bourgeois*. Plus tard ces mêmes bourgeois aidèrent ce prince à réduire Bordeaux, qui tenait pour les Anglais, en y accourant avec seize vaisseaux. Ils ne cessèrent même de leur faire la guerre avec avantage jusqu'en 1462.

La Tour de la Lanterne avait été commencée en 1445 ; cette tour, destinée à servir de phare aux navires, avait été abandonnée faute d'argent. Mérichon de La Gort étant maire, fit de grandes avances, et l'édifice put être continué : pourtant l'année 1476 le vit à peine terminer.

La Rochelle excella dans la fonte des canons, surtout sous le règne de Charles VIII. On en fondit trois entre autres, bien remarquables pour ces temps. Dessus étaient des armes, et ils avaient dix-huit pieds de longueur. C'est également vers cette époque que Jean Chaperon et Antoine d'Auton formèrent par passe-temps le dessein de guerroyer ; ils armèrent deux vaisseaux, et bientôt ils se rendirent maîtres de deux navires anglais ; un prétendu défaut de politesse avait servi de prétexte à la querelle. La Flandre surtout leur procura un butin considérable, ils furent les deux premiers corsaires rochelais.

Les temps étaient venus où des discordes religieuses allaient allumer le feu des guerres civiles. Luther et Calvin avaient exposé leur doctrine. Elle devait être accueillie avec faveur à La

Rochelle, où deux de leurs envoyés, Ramasseur et Richer, firent en peu de temps de nombreux prosélytes. D'un autre côté, l'autorité royale rêvait déjà l'anéantissement de ces franchises et privilèges dont la cité avait toujours joui, mais qui lui donnaient ces idées d'indépendance qui lui portaient ombrage. Des seigneurs de la cour avaient embrassé la nouvelle religion. Poursuivis pour ce fait, ils arrivent à La Rochelle, et bientôt la ville a pris parti pour le prince de Condé, proclamé le chef des Protestants. N'ayant plus rien à faire contre les Anglais, qui avaient songé à devenir ses alliés, les Rochelais lèvent vingt mille hommes, et, se mettant en révolte ouverte l'année 1568, ils osèrent attaquer les flottes royales sur lesquelles ils remportèrent de grandes victoires. Latour, gentilhomme poitevin, fut le chef de ces expéditions qui rapportèrent d'immenses profits et mirent la ville à même de soutenir la nouvelle cause qu'elle avait embrassée. Les Portugais, les Espagnols, les Français même qui ne partageaient pas leurs croyances, furent ceux qui souffrirent le plus de ces combats. L'amiral Fore, le capitaine Lanoue, le brave matelot Dallevert, méritent d'être cités.

La paix, devenue nécessaire, fut conclue cette même année, elle ne devait point être de longue durée. Le massacre de la Saint-Barthélemy, cet acte politique d'une froide barbarie, que pouvait seule inventer une tête italienne, ralluma les haines. Les Rochelais reprirent les premiers les armes, et le capitaine Desessards se signala surtout sur mer.

De 1573 à 1628, La Rochelle eut à soutenir deux siéges ; le premier contre Monsieur, duc d'Anjou, depuis Henri III, qui fut obligé d'en passer par les conditions que lui imposèrent les assiégés, après neuf assauts soutenus contre lui. C'est dans ce siége que périt Scipion Vergano ; cet ingénieur italien avait puissamment contribué à fortifier cette place ; plus tard il vint en mercenaire prendre du service dans l'armée du duc d'Anjou, et fut chargé de conduire les travaux des assiégeants : ainsi, il venait détruire son propre ouvrage. Un coup d'arquebuse en fit justice.

Henri de Navarre, monté sur le trône de France, leur bien bon ami, comme ils se plaisaient à l'appeler, les laissait à peine se remettre de leurs fatigues, lorsqu'il tomba frappé du couteau d'un assassin.

Louis XIII, poussé par son ministre Richelieu, entreprit le second siége. Il avait résolu l'anéantissement d'une ville que sa fierté rendait rebelle. Il fut bientôt sous ses murs, suivi d'une armée qu'on a fait monter jusqu'à soixante mille hommes. Si le premier siége avait été désastreux pour La Rochelle, il n'en devait rien être, comparé à ce dernier. Des détails ne pourraient point trouver place ici. Disons seulement que, durant treize mois entiers, les Rochelais soutinrent la lutte contre les forces de tout un royaume. Peut-être même eussent-ils pu compter sur la victoire, sans l'insigne perfidie des Buckingam, Lindsey, Montagu, amiraux anglais qui les abandonnèrent quand ils pouvaient disputer l'avantage. Là se montra à découvert cette politique anglaise, avec son système d'accommodement; souple, déliée, sachant se plier à tout. Protestants, ils venaient secourir des frères, et Montagu dînait avec le cardinal, le soir même du jour où ils faisaient le simulacre d'un combat avec cent soixante voiles contre seize vaisseaux français qui finirent par obtenir le triomphe. Puis ils regagnent leur pays, laissant dans les angoisses du désespoir ceux qu'ils avaient juré de défendre. Malgré ce dernier malheur, les assiégés ne se laissèrent point encore abattre. Telle fut leur héroïque résistance qu'ils préférèrent bientôt mourir par centaines chaque jour que de parler de se rendre. On vit des femmes se nourrir de chair humaine, une fille mourir en se dévorant les bras. On allait même jusque dans les cimetières déterrer les cadavres. Tout fut mis en œuvre, tout fut épuisé. Enfin, il fallut capituler, et le 1er novembre 1628, Louis XIII y fit son entrée. Des squelettes vivants se traînèrent à sa rencontre, et la ville offrait alors un spectacle si hideux, que le vainqueur lui-même en frissonna d'effroi... peut-être, en secret, d'admiration.

Deux hommes, que leur génie rendait remarquables, se signalèrent durant ce drame terrible : Guiton et Richelieu. Guiton, ce digne successeur des Chaudrier et des Mérichon, était seul capable d'une telle résistance. Sa fermeté, ses soins, son courage, contribuèrent puissamment à cette défense fameuse, restée sans exemple encore. Ce n'était pas la première fois qu'il donnait la preuve de son intrépidité. D'abord amiral rochelais, les seize enseignes qu'il montrait avec orgueil déployés dans sa demeure témoignaient qu'il avait été habile capitaine. On raconte qu'alors qu'on vint lui offrir le pénible office de maire, dangereux honneur durant ce temps de calamité, il ne consentit à se rendre aux vœux de ses concitoyens qu'après leur avoir fait jurer de combattre jusqu'à la dernière extrémité. « J'accepte, dit-il, la charge que vous m'offrez, mais à la condition de frapper de ce poignard le premier lâche qui parlerait de se rendre. » On montre encore à l'hôtel-de-ville la table qu'il frappa de sa dague en prononçant ces mots. Ce grand homme, dont le courage aurait dû trouver grâce devant un vainqueur généreux, fut exilé; on dit qu'il reprit plus tard son métier de marin : quelques papiers plus ou moins authentiques, trouvés dans ces derniers temps, pourraient le faire croire. De son côté, Richelieu, qui avait juré l'anéantissement d'une place qu'il regardait comme le boulevard du protestantisme, mit tout en œuvre

pour s'en rendre maître. Ce fut par ses ordres que d'abord douze forts furent construits autour de la ville pour la battre incessamment en brèche; puis cette fameuse digue longue de 744 toises, ouvrage de Jean Tiriot, maître maçon de Paris, et dont les plans avaient été dressés par Clément Métézeau. Cette digue, que le temps n'a pu détruire, barrait l'entrée du port et devait empêcher tout secours par mer. Ce projet gigantesque réussit malgré les tempêtes et les efforts des assiégés. De là, cette épouvantable famine qui amena la reddition de La Rochelle, dont le siège coûta à la France plus de quarante millions; avec elle périrent ses libertés; une autre époque devait les lui rendre. Peut-être ces chartes rochelaises, jointes à celles des autres communes de France, furent-elles le germe des libertés que vit éclore la grande époque de 89?

Bientôt on rasa ce qui restait encore de ses fortifications. Ce fut dans le commerce que La Rochelle dut songer à réparer ses désastres. Réduite désormais à sa condition marchande, tous ses efforts se tournèrent de ce côté. Ils furent couronnés du succès, elle ressortit de ses ruines plus florissante encore. En 1736, il entrait dans son port trois cent cinquante navires dont quelques-uns de 900 tonneaux. Les vaisseaux du roi y venaient faire vivres.

La ville, telle qu'elle est aujourd'hui, date de Louis XIV. Ce prince ordonna d'y élever de nouvelles fortifications, d'après le système de M. de Vauban. Ces fortifications, bien qu'elles ne soient pas complètes, lui permettraient encore de résister à de nouvelles agressions. Dans le même temps furent élevés les deux corps de caserne près la porte Dauphine, qui sont par leur sévérité en harmonie avec leur destination. La guerre de l'indépendance fut une occasion nouvelle de donner l'essor à cet esprit belliqueux qui forme le caractère de ses habitants. Mais ce ne fut vraiment que lors des événements de la révolution que La Rochelle put montrer ce qu'elle pouvait encore. Le combat de la Bayonnaise que commandait le brave Richer, et l'héroïque défense du vaisseau le Vengeur, apprirent aux Anglais ce qu'étaient les marins de ces côtes. Les années 1796 et 1797 virent les Fizel, Levasseur, Kuell, Lau, Despéroux et Giscard sortir du port et faire éprouver de terribles échecs à l'ennemi.

La Rochelle est située au 46e degré 9 minutes 52 secondes de latitude nord, et au 3e degré 29 minutes 2 secondes de longitude ouest du méridien de Paris.

La perte du Canada et de l'île de Saint-Domingue a été pour elle surtout un événement d'une haute gravité. Depuis lors, son commerce s'est trouvé réduit; il consiste principalement aujourd'hui en sels, vins et eaux-de-vie.

Malgré ses pertes et sa décadence, cette ville est encore une des cités les plus importantes de

France. Sa population est de 15,000 habitants, elle en a contenu le double. C'est une des clefs du royaume du côté de l'Océan.

La Rochelle est grande, bien bâtie; l'intérieur des maisons est remarquable par sa propreté. Plusieurs contiennent des salles souterraines dont l'architecture gothique permet de supposer qu'elles ont eu pendant les guerres une destination religieuse. Ses rues sont droites, larges, quelques-unes garnies de portiques qui permettent de s'y promener, quel que soit le temps, mais qui contribuent aussi à lui donner aux yeux des étrangers un aspect sévère. Elle possède des édifices remarquables parmi lesquels nous citerons :

L'Hôtel-de-Ville, monument de la renaissance, et dont l'architecture fixe l'attention des connaisseurs;

La façade du Palais-de-Justice;

La Bourse, monument moderne, d'une belle entente et d'une élégante simplicité;

L'Arsenal, construit en 1784, et qui possède une des plus belles salles d'armes du royaume. Plus de 40,000 fusils s'y trouvent réunis; on y peut admirer les magnifiques trophées exécutés par M. Nicaise.

La Place d'Armes ne doit point être oubliée. C'est un carré long de 2,700 mètres, planté d'arbres, qu'entourent des maisons à façades irrégulières.

Cette ville possède un hôtel des monnaies, une bibliothèque de 30,000 volumes, un fort beau cabinet d'histoire naturelle, un marché couvert, un abattoir et des établissements de minoterie et huilerie.

Son port a cela de particulier qu'il est divisé en trois parties : l'avant-port, le havre, le bassin.

L'avant-port est un petit golfe, fermé d'un côté par une jetée qui, s'étendant assez loin dans la mer, sert de promenade; de l'autre part est une esplanade qui est aussi le chantier de construction. C'est de ce dernier lieu qu'il faut examiner cette tour de la Lanterne dont nous avons déjà parlé. Elle se termine par une pyramide octogonale d'un bon effet.

Le havre est renfermé dans la ville; l'entrée en est défendue par ces deux tours de la Chaîne et de Saint-Nicolas, élevées avec les débris du château Vauclair. Pourtant elles ne sont plus les mêmes; bâties avec peu de soin, il fallut songer à les reconstruire de nouveau, l'une en 1382, l'autre en 1476. Ces tours, distantes entre elles de 40 mètres, abritent les vaisseaux des vents impétueux de l'ouest; elles n'offrent rien que de fort ordinaire sous le rapport architectural. Citons un fait qui s'est passé dans l'une d'elles. Louis XI, redevenu maître de La Rochelle qu'il avait d'abord cédée à son frère, le duc de Guienne, voulut la visiter. En prince habile, il examina tout par lui-même. Étant monté un jour à la tour de la Chaîne, il se mit à la fenêtre, et de là se prit à observer la position de La Rochelle. Le spectacle qu'il avait alors sous les yeux lui fit sentir toute l'importance de cette ville. Transporté, il traça sur un panneau de vitre poudreux ces mots à demi formés : *O la grande folie!* Quelques seigneurs de sa suite lui ayant demandé le sens de ces paroles : « C'est, répliqua Louis, d'avoir cédé » une ville d'une si grande conséquence; je la » tiens et je ne lâcherai pas prise : si je pouvais » conseiller ceux qui viendront après moi, je les » exhorterais à ne la laisser jamais échapper de » leurs mains. »

Le havre, d'une forme allongée, ne permet aux navires d'arriver qu'avec le flot. Malheureusement il s'envase avec facilité. Dans les malines, il a 6 mètres d'eau; dans les jusans, la mer le laisse à sec. Les navires sont alors sur les vases. On vient d'élever autour, des quais magnifiques, à peine terminés.

En 1770, on construisit le bassin à flot; ce bassin se trouve également dans la ville, près du havre, auquel il communique par des portes de flot. C'est un parallélogramme de 140 mètres de long sur 110 de large. Des bâtiments de 400 tonneaux peuvent y entrer. Ce ne fut qu'en 1808 qu'on le livra au commerce. A la façade sud de ce bassin, les navires peuvent s'abattre en carène. Un peu en avant, et sur le canal qui le fait communiquer au havre, se trouve le joli pont suspendu qui, lorsque les mouvements du port l'exigent, se brise par le milieu, à l'aide d'un appareil fort simple, et laisse le passage libre; la forme en est très-gracieuse.

Le port possède aussi un agréable lieu de rendez-vous. Le Cours des Dames est une des promenades les plus fréquentées. Mais c'est surtout vers le Mail que, dans les soirées d'été, chacun dirige ses pas. Élevée sur le bord de la mer, c'est de cette promenade qu'il est permis de jouir d'un coup d'œil magique que rien ne pourrait égaler. Sur l'un de ses côtés, celui le plus rapproché de la mer, on a construit en 1826 ce superbe établissement de bains dont la réputation s'étend au loin à si juste titre. Chaque année il est visité par de nombreux étrangers qui viennent y chercher la santé en même temps que le plaisir. Il faut avoir été le témoin de ces fêtes charmantes pour se faire une juste idée de leur effet.

La Rochelle est la patrie d'hommes distingués. Réaumur, Dupaty, Réné, Josué, Valin, commentateur de la coutume de La Rochelle et de l'ordonnance de la marine; Venette, Lafaille, Richard, Desherbiers, sont des noms qu'elle peut citer avec orgueil; et parmi ses notabilités contemporaines, Fleuriau de Bellevue, ancien député, géologue de mérite et correspondant de l'Institut; Aimé Bonpland, l'ami et le compagnon de M. de Humboldt, célèbre naturaliste que l'intérêt de la science fait encore errer aujourd'hui dans les déserts du Nouveau-Monde, et l'amiral Duperré !

Hippolyte VIAULT.

Un bateau abandonné

ET SECOURU

PAR *LE NEPTUNE.*

Au milieu de l'indifférence que notre ingrat pays professe pour sa marine, on ne saurait négliger de rapporter ce qu'on sait des événements qui peuvent contribuer à appeler sur elle, et sur les hommes qui la représentent, l'intérêt ou du moins la curiosité publique.

Il y a peu de mois, un bateau de pêche bas-breton s'étant imprudemment écarté de terre, fut assailli par une bourrasque si violente et si inattendue, que ses mâts rompirent et se cassèrent au milieu de la mer agitée, le laissant ainsi sans moyens de diriger sa course.

Abondamment chargé des produits de sa pêche, le bateau était aussi fort encombré de monde; quelques femmes, qui s'étaient mêlées à l'équipage, venaient par leur présence, leur frayeur et leur faiblesse, compliquer la situation commune. On était trop loin de terre pour qu'il fût possible d'espérer qu'un signal y fût aperçu.

La nuit vint, — mais la mer s'était grossie peu à peu, et le jour en s'écoulant avait rendu la position des pêcheurs d'instant en instant plus critique. Ce fut une nuit bien pénible; mais l'espoir soutint les marins, car avec le jour s'offriraient probablement quelques chances de salut. Les vivres ne manquaient pas encore.

Mais le jour vint sans apporter les secours espérés. La mer battait vers les côtes d'Angleterre, et emportait la barque au large. Si peu de surface que, privée de mâts, elle offrît au vent, elle ne laissait pas que de faire un chemin assez rapide. Depuis longtemps déjà la terre de France s'était effacée dans l'éloignement.

Les vivres s'épuisèrent avec la nuit. Alors la position des malheureux pêcheurs devint plus horrible. Le troisième jour de cet abandon vit pourtant rayonner une espérance, mais elle fut de peu de durée. Le vent avait une grande force dans le milieu de ce large canal, que forment, en le bordant, la France et l'Angleterre; aussi les rares navires qui passaient étaient-ils vigoureusement emportés par delà l'horizon. Jusque-là pas un n'avait vu la barque, et chaque voile nouvelle qui paraissait promettait un espoir déçu. Un seul d'entre ces bâtiments vit enfin le bateau des pêcheurs; il en approcha à une distance si étroite, qu'il faillit l'engloutir sous le choc de son énorme carène. Mais il passa outre, emporté par le vent et les lames ! Il lui fut impossible de s'arrêter, et son équipage se vit réduit à formuler ses regrets par des gestes impuissants.

La famine décima bientôt ces malheureux pêcheurs. Les courants entraînaient toujours leur barque; — huit jours s'écoulèrent; ils aperçurent enfin les côtes d'Angleterre. Mais la côte dans ce parage n'avait point cet aspect qui console: elle se montrait, à travers la distance, nue et dépouillée. Point de port, de village; point de criques d'où les pêcheurs anglais pussent sortir pour porter secours à ces malheureux. Peut-être cette longue famine, ces souffrances de toutes sortes allaient-elles encore se dénouer par un naufrage, un naufrage parmi les roches où la mer furieuse irait briser leur barque et leurs corps.

Une dernière étincelle d'espoir ranima cependant les marins à cette vue. Plusieurs eurent le courage de s'élever sur les débris de leur mât, pour visiter encore l'horizon et y chercher du secours. Alors un grand navire, dont l'abattement général des pêcheurs leur avait dissimulé l'approche, se montra à leurs regards. Il accourait de toute la vitesse que lui laissaient deux ou trois voiles déployées. Le vent était si violent, qu'il n'osait prudemment en offrir d'autres à l'action de cette brise, qui avait amené sur ce parage le malheureux bateau détaché des côtes de France. Ils furent aperçus.

Malgré toutes les difficultés de la tentative, le trois-mâts, qui avait pour nom *le Neptune,* parvint à modérer sa marche, et il mit à la mer la plus forte de ses embarcations. Les courageux matelots qui montaient cette barque la dirigèrent de leur mieux vers les naufragés. Pourtant la grosseur de la mer mettait un rude obstacle aux efforts de leur courage, et ils n'avançaient que péniblement. Mais la vue de ce secours inespéré rendit à quelques-uns des pêcheurs bretons une partie de leur ancienne énergie, et bien que leur rôle fût tout passif, ils ne contribuèrent pas moins par leur attitude et par leurs cris, à augmenter l'ardeur des braves marins qui s'exposaient pour les sauver. Enfin les deux embarcations se joignirent. Il était temps pour ces malheureux épuisés par la faim et la fatigue !

Plus en état de guider les deux barques que les mourants qui se trouvaient dans la première, les matelots du *Neptune* installèrent un mât et une voile sur le bateau pêcheur, qui put ainsi se rapprocher de terre, jusqu'à ce que la mer moins grosse et le vent plus faible permissent au trois-mâts de les recevoir à son bord.

Un jeune peintre d'un talent très-distingué, M. Ferdinand Perrot, a emprunté à ce sujet la composition d'une des plus remarquables marines qui aient été exposées au salon de 1836. Nous en offrons ici la copie.

L.

FRANCE MARITIME.

Perrot del.̕

Aloï. sculpsit

Retour de l'Isle: Les Crétin venant voir le Vaisseau

3.e vol. P. 348.

UN
Pirate grand d'Espagne.

ÉPISODE DE LA GUERRE D'ESPAGNE
DE 1823.

« Dites-moi, canotier, quel est ce navire auprès duquel passe le bateau à vapeur en ce moment ?

— Ce grand brig ? c'est un américain qui fait les voyages de Terre-Neuve ; voilà pourquoi il est si sale.

— Et ce trois-mâts, le plus voisin de nous ?

— Oh ! pour celui-ci, c'est le plus beau de toute la rade, le *Jean-Jacques*, de Bordeaux, appartenant à M. J.-J. Bosc, brave homme ! J'ai navigué pour lui avant de m'engager avec ces Bretons, mangeur de beurre salé. »

Le pauvre matelot n'avait pas l'air satisfait de sa nouvelle condition ; et c'était peu rassurant pour moi qui devais faire un voyage de long cours sur le bâtiment où il se désolait d'être engagé. J'attendais à Pauillac, sur la Gironde, à quelques lieues au-dessous de Bordeaux, des vents favorables pour m'embarquer. J'avais entendu dire qu'en choisissant ce lieu de partance, l'on était mieux traité ; mais je ne savais pas que de misérables barques des petits ports de la Bretagne affluaient là pour exploiter cette réputation et obtenir des passagers en trompant leur inexpérience. J'avais pris passage sur un trois-mâts de Saint-Brieuc, qui était venu opérer son chargement dans la Gironde : il n'y avait plus à s'en dédire. Dans l'attente du plus grand malheur qui puisse arriver à bord, celui d'être en mauvaise compagnie et à une mauvaise table, tous les jours, après avoir déjeuné chez le sieur Castillon, meunier, aubergiste et barbier du village, je descendais à midi jusqu'à l'embarcadre, pour voir passer le bateau à vapeur de Bordeaux, qui déposait à Pauillac quelques voyageurs et continuait sa route vers les bains de Royan.

Ce jour-là j'étais en train de causer, de m'instruire, comme diraient les Parisiens, qui visent gauchement à tirer parti du moindre épisode d'un voyage.

« Et celui-là ? » demandais-je encore au même canotier. Je lui indiquais du doigt un bâtiment mouillé au large et paraissant s'isoler exprès, comme un homme qui nourrit un remords ou un mauvais dessein.

Il n'eut pas le temps de me répondre. La parole lui fut coupée par un vieux pêcheur qui lavait auprès de nous des filets chargés de vase :

« Celui-là, Monsieur, c'est le diable ! »

Je le regardai avec étonnement, avec moquerie sans doute, car il reprit vivement : « Vous ne voulez pas me croire ? Allez, vous ne savez pas ce que c'est que la mer ; mais un vieux loup comme moi sait ce qu'il dit quand il parle. Il y a là-bas, derrière des montagnes qu'on prendrait pour des nuages et que l'on ne peut voir d'ici, il y a des sorciers qui vivent également sur la terre et sur l'eau. Je les ai vus bien souvent passer bord à bord de nous, quand nous venions attérir sur Cordouan, par un gros temps, la nuit, avec cette pauvre *Marie*, que l'on a démolie l'année dernière. Ils montent ordinairement des bateaux-pilotes qui ne sont pas même pontés, et qui s'élèvent sur la lame comme des bouchons de liége. Quand nous croisions sur les côtes d'Espagne avec les deux flottes combinées, sous l'amiral Villeneuve (Dieu veuille lui pardonner !), j'ai vu un de ces diablotins faire un tour de force si étonnant, que j'ai prédit que nous serions battus : deux jours après vint la boucherie de Trafalgar, c'était une horreur.... » Le vieux marin poussa un profond soupir.

« Quel tour de force fit ce diablotin, comme vous l'appelez ?

— Comme je l'appelle, et comme il s'appelle ! Imaginez qu'il passa au milieu de nous, allant contre le vent et filant ses dix nœuds, les vergues brassées carrées comme s'il fût abandonné vent-arrière. »

A ce mot, le canotier, que j'avais d'abord interrogé, partit d'un immense éclat de rire.

Le vieux marin continua plus sérieux et plus fâché, en haussant les épaules : « C'était un trois-mâts pareil à celui-ci et portant pavillon anglais. Mais, bah ! les sorciers se moquent de tous les pavillons. Celui-ci pourrait bien, une fois en pleine mer, prendre les couleurs espagnoles et aller faire peur à Duperré sous Cadix...

— Faire peur à Duperré ! Pour le coup, c'est trop fort ; vous radotez, bonhomme.

— Vous verrez si je radote. Le *Constitutionnel* dit que nous faisons là une guerre injuste, qu'il en arrivera malheur : c'est bien possible, d'autant plus que cette maudite barque n'annonce rien de bon ; je n'aime pas sa mine sournoise.

— A la bonne heure, bonhomme, si vous disiez que c'est un corsaire espagnol ; car c'est dans la nature un corsaire, je comprends cela. Mais non : je vous réponds, moi, que c'est tout simplement un négrier. »

Je laissai aux prises les deux champions et me retirai, songeant aux progrès de notre jeune marine, où l'on trouve peut-être des athées, mais pas un homme qui croie à la Vierge, au diable, ni aux saints.

J'avais à peine fait six pas, que le vieux pêcheur me frappa sur l'épaule et me dit mystérieusement : « Tenez, voilà le capitaine. »

— Quel capitaine ?

— Eh ! par saint Surin, celui du bâtiment à sortiléges. Le voilà qui cause avec votre capitaine : n'êtes-vous pas un des passagers du *Marsouin ?* Tâchez de rompre cet entretien, je vous le conseille, sans quoi je ne réponds pas de votre navigation ; vous serez tous noyés comme des caniches. »

Je m'approchai de M. Gonidec, l'honorable capitaine et subrécargue du *Marsouin ;* je le saluai, et me mis à observer le personnage qui lui tenait compagnie. C'était un petit homme grêle, mais nerveux, au teint jaune, aux cheveux noirs, au regard singulièrement vif, à la démarche grave et mesurée ; cravate noire, redingote bleue entièrement boutonnée, chapeau *terrible* (comme dirait notre cher Odry), terrible par la largeur des bords : on eût deviné, à cet indice presque infaillible, l'homme habitué à vivre sous un soleil du midi. Dispensé de parler, grâce aux interminables récits de pêche et de tempête dans lesquels se perdait le père Gonidec, le petit homme l'écoutait d'une oreille et semblait prêter l'autre au bruit incertain du vent qui avait l'air de vouloir changer. Ils descendirent ainsi, et moi avec eux, jusqu'à l'embarcadère que je venais de quitter. Un canot y abordait dans ce moment ; c'était celui de *l'Indus,* dont le capitaine sauta légèrement à terre :

« Fort bien ! père Gonidec, s'écria-t-il, vous vous faites un ami de M. Martin (c'était le nom que prenait le petit homme), voilà de la prudence. On ne sait pas ce qui peut arriver ; ces flibustiers sont de bonnes gens si on sait les prendre, et il n'est pas inutile d'être lié avec eux de longue main quand on les rencontre dans les débouchements des Antilles ou ailleurs. Pas vrai, monsieur Martin, que vous êtes un flibustier ? »

J'étais désireux d'entendre le son de voix d'un homme qu'on venait de me présenter successivement comme un diable, un négrier, un pirate. Il était bien obligé de répondre à une interpellation si pressante et si vive ; il le fit d'un ton doux et modeste où je crus voir une puissance de raillerie diabolique ; il avait un accent méridional tel que celui d'un Basque ou d'un Espagnol bien élevé qui saurait parfaitement le français : « A moi n'appartient pas tant d'honneur, monseigneur *l'Indus.* J'ai une pauvre barque sous les pieds ; mais, quoique le commandement n'en soit pas brillant, je m'en contente, et je fais avec cela, sans nuire à personne, un petit commerce de pelleteries dans le nord.

— De pelleteries ? elle est jolie, la métaphore ! J'espère toutefois que ma peau et celle de mon tant bon ami Gonidec n'iront jamais enrichir votre cargaison. Allons, père Gonidec, pour achever votre œuvre de prudence, faisons avec lui un bon déjeuner ; buvons un coup de longueur dont il se souvienne. Le rendez-vous est à votre bord ;

c'est vous qui paierez, c'est-à-dire l'armateur avec l'argent de messieurs les passagers. Touchez là, Martin, vaillant homme ; c'est une chose faite, nous déjeunerons ensemble demain. Voilà un Parisien qui sera des nôtres. » C'était de moi qu'il parlait, et je me trouvai, par ma présence, compris dans l'invitation.)

Le vieux capitaine du *Marsouin,* avec une assez laide grimace, avait accepté la charge qui venait de lui être si brusquement imposée. Il rentra dans le village avec son inconséquent ami pour faire tous les préparatifs convenables. Martin, resté seul, saisit ce moment pour ajuster les compartiments d'un cor qu'il portait toujours sur lui, et ce fut de cette façon inusitée qu'il héla son navire, placé hors de portée de toute voix humaine. En ce moment, avec mon ignorance et mon vague effroi de tous les piéges de la vie voyageuse, moi, Parisien curieux, fourvoyé dans ce coin du Médoc, je me mis à imaginer poétiquement que je ressemblais un peu à ces aventuriers d'autrefois, qu'un enchanteur traînait à sa suite, dominés et effrayés. J'étais demeuré immobile auprès de Martin ; je le vis monter dans un canot, qui s'était détaché de son navire et avait atteint l'embarcadère avec une vitesse incroyable. Je n'avais pas encore vu de semblables rameurs, j'étais en admiration. Le vieux pêcheur s'approcha de moi, triomphant et moqueur comme un homme qui est sûr d'avoir deviné juste :

« Que dites-vous de ces gaillards et de leur manière de *nager* ? Commencez-vous à me croire ? Et je ne vous ai pas tout compté. Il y a trois jours, dans le ras de marée qui a fait chasser tous les bâtiments de la rade sur leurs ancres, celui-ci a levé la sienne en un tour de main et s'en est allé prendre un autre mouillage plus vite que ne l'aurait fait la frégate la mieux montée en hommes. Et remarquez qu'il n'y a presque personne à bord : on ne voit jamais venir à terre que six *nageurs,* qui vous paraissent assez drôles, et qui sont les six acolytes du diable. »

La persistance du vieux pêcheur dans son opinion m'avait troublé ; je le laissai, pour aller rêver dans ma chambre à tout ce que j'avais vu et entendu.

Le lendemain, je me rendis à bord du *Marsouin,* pour faire, hélas ! connaissance avec sa cuisine bretonne. Le capitaine de *l'Indus,* celui qui nous avait valu notre invitation, le fameux Rudner, était déjà arrivé ; car c'était lui, Rudner, la terreur et l'amour des estaminets et autres lieux infâmes des ports de la Bretagne. Il racontait alors ses prouesses au bonhomme Gonidec et aux officiers du *Marsouin.* Je me rangeai avec empressement dans le cercle de ses auditeurs. Que cet être-là savait dire les choses d'une manière intéressante et nouvelle ! Que de mots qui m'étaient inconnus ! Je ne voudrais pas en dire seulement la moitié ; non que j'en aie rien oublié, à Dieu ne plaise! A Paimpol, il avait battu la garde nationale en patrouille; à Saint-Brieuc, il attendait l'heure où les petites lingères quittaient leur ouvrage pour faire un tour de promenade sur les quais, et, tous les soirs, il en emportait une sous chaque bras, ayant encore assez de scrupule pour les cacher dans son manteau. Les Hélènes de ce Pâris goudronné n'osaient ou peut-être ne voulaient pas crier dès qu'il leur avait dit trois mots magiques : « C'est moi, Rudner. » Et à Tréguier donc, à Brénic, dans la petite île de Bréhat, il avait consolé toutes les veuves que fait, à chaque année, le départ des pêcheurs pour le banc de Terre-Neuve. Oh! quels bruyants éclats de rire à tous ces étranges récits, parmi les matelots qui l'écoutaient de loin, en avant du grand mât, avec une sorte de vénération!

A table, la conversation continua sur le même ton, mais moins risible sans doute pour les matelots, s'ils avaient pu l'entendre. Les huîtres à peine ouvertes, au moment où l'on se jetait sur ses comestibles, le père Gonidec, avec cet esprit d'à-propos et ce goût de politesse qui caractérisent la marine marchande, demanda à Rudner s'il était disposé à rendre bientôt le déjeuner pour lequel il s'était adjugé lui-même une invitation.

« Impossible! mon cuisinier est malade; il souffre des reins, de la tête, de tous les membres; il n'a pas deux idées de suite, et j'ai de la peine à obtenir de lui le nécessaire. C'est bien un peu ma faute, mais c'est aussi la sienne. Vous savez comme il est ivrogne? Il y a quelque temps, je lui permets d'aller à terre à la condition qu'il reviendra avec toute sa raison. Il revient plus ivre que jamais ne le fut un citoyen des Etats-Unis; l'imbécile descend dans la chambre et entame de longs raisonnements pour me prouver qu'il n'a pas bu. Je monte avec lui sur le pont; et là, le prenant au collet, je lui crie à l'oreille, de cette voix que vous me connaissez : « Gredin! dis donc que tu n'es pas un ivrogne! » Il reprend la même thèse. Pour cette fois je n'y tiens plus, et je lui donne dans la poitrine un coup de tête qui l'envoie par les écoutilles et à travers l'entre-pont, qu'on avait oublié de fermer, jusqu'à fond de cale sur les moëllons et les cailloux dont mon lest se compose. Je le croyais tué, mais il n'en vaut guère mieux. Aussi, quand je veux maintenant bien dîner, il faut que je dîne en ville. »

A cet aimable propos, je vis Martin s'écarter de Rudner, près duquel il se trouvait placé, et jeter sur lui un regard oblique, avec une contorsion de la bouche où je pus lire à la fois du dédain et de la colère.

La conversation devint générale et bruyante. Ma mémoire en a gardé quelques échantillons :

« Ici, mousse, du vin; cette bouteille est vide.

— Donne-moi une assiette plus propre, si c'est possible.

— Emporte ton eau, moussaillon, méchant mousse!

— Combien y a-t-il de jours que tu n'as lavé tes mains?

— Et la nappe donc! d'où vient cette tache de suif?

— Capitaine, c'est la chandelle qui a coulé.

— Savez-vous, cria Rudner, d'un ton à dominer et à faire taire toutes les voix, savez-vous comment je suis parvenu à dresser mon mousse de chambre?

— Parbleu! dit le lieutenant du *Marsouin*, c'est sans doute en lui jetant à la tête votre gobelet d'argent massif, comme l'autre jour.

— Vous n'y êtes pas. Je lui ai conté tout bonnement une aventure qui nous est arrivée en Espagne, quand je servais dans les marins de la garde. Oh! c'est une singulière histoire. Nous avions pillé toute la Catalogne. Restait un château fortifié qu'on appelait... je ne me souviens jamais de ce nom. Il fut brûlé par nous, et tous ses habitants exterminés : nous n'en gardâmes qu'un pour lui faire dire où étaient ses trésors : c'était le chef de la famille, un vieillard à cheveux blancs que je vois encore. Il s'obstina à se taire. Nous l'entourâmes de cartouches, de pétards, nous le bourrâmes de poudre comme un canon, et nous le fîmes sauter. Un de ses fils, dit-on, s'était échappé : je souhaite qu'il renouvelle sa race, car c'était vraiment une noble et courageuse famille.

— Pour le coup, l'histoire est trop forte, dit le lieutenant, jeune homme naïf, qui ne croyait pas à la moitié des horreurs qu'on raconte de la guerre.

— Rien n'est plus vrai pourtant; je voudrais me rappeler le nom du château...

— Guipuscoa, dit froidement Martin, que j'avais vu d'abord ému (car je suivais tous ses mouvements), mais qui venait de reprendre son impassible visage.

— Guipuscoa, c'est bien cela, Guipuscoa. Mais comment le savez-vous, monsieur de la *Flibuste*?

— Vous n'êtes pas le premier marin de la garde que je rencontre, apparemment.

— Or donc, voilà ce que j'ai compté une bonne fois au mousse de l'*Indus*; et je lui ai promis qu'à la première faute grave il aurait droit à la même correction. Depuis ce jour, il a soin d'avoir le cap en route, je vous assure; d'ailleurs, quand je le vois aller en dérive, je regarde mon second et je lui dis : « Bertrand, parez la gargousse! canonniers, à votre pièce! » Rien alors de plaisant comme Pierrot, avec sa frayeur et sa grimace de suppliant : vous croiriez qu'il a déjà le feu après lui. Ah! diable, c'est qu'il a appris depuis assez longtemps que le capitaine Rudner ne badine pas toujours. »

En finissant de discourir, il se leva à demi sur son siége, et asséna entre les deux épaules de

Martin un coup de la pomme de sa main : c'était, selon lui, une gentillesse, une marque de cordiale amitié ; mais un rude coup, ma foi, capable de détacher les poumons d'un homme moins fortement constitué. Martin se releva, après avoir trempé son nez dans une demi-tasse de café : il était rouge de colère, mais il sut se contenir. Rudner ajouta à sa lourde caresse quelques mots d'explication en forme de compliment :

« Je lui fais ma cour à ce cher Martin, parce que je pense toujours aux débouquements des Antilles ou des archipels indiens. Père Gonidec, faites comme moi, ne le négligez pas, et il se souviendra de vous en temps et lieu.

— Sans doute, dit Martin, je n'oublierai pas le déjeuner à bord du *Marsouin*. Touchez là, maître Rudner ; que je vous revoie ou non, je vous garde un souvenir durable de vos bontés, et j'espère que nous nous reverrons, n'importe dans quel débouquement. »

Ce disant, le petit homme souriait d'une manière indéfinissable. Je ne savais à quoi m'en tenir sur son compte.

Deux jours après, vers le soir, le vent s'éleva favorable pour le départ. Les capitaines de tous les navires en rade résolurent de lui laisser le temps de se faire, comme on dit ; mais le lendemain matin il était redevenu contraire. Cependant on n'apercevait plus le trois-mâts du capitaine Martin ; il avait disparu dans la nuit. Le vieux pêcheur ne perdit pas cette occasion de me faire sa mercuriale habituelle.

« Eh bien ! où est-elle passée la barque de Mathusalem ? Croyez-vous que quelques heures de beau temps, pendant la nuit la plus noire, ont suffi pour la mettre en dehors de Cordouan ? Non, allez, c'est un autre chemin qu'elle a pris. L'on dit que vous avez des piastres, monsieur. Vous pouvez perdre douze cents francs : perdez-les et prenez passage sur un autre navire où le diable n'ait jamais déjeuné. »

Je ne l'écoutai point ; le vent se rétablit tel que nous le désirions, et nous mîmes à la voile.

La traversée fut magnifique jusqu'aux îles du Cap-Vert, où nous fûmes pris par un calme subit. Nous cheminions toujours un peu, à la vue de l'île Saint-Antoine, ayant à bâbord, depuis quelques heures, un trois-mâts qui paraissait tenir même route que nous, mais beaucoup meilleur voilier. Il donna hardiment dans le canal entre cette île et celle de Saint-Vincent à l'est. Nous cessâmes de l'apercevoir, parce que nous avions jugé prudent de ne point nous engager entre toutes ces terres, dangereuses par elles-mêmes et par les courants de la mer qui les baigne. Le lendemain au matin, comme nous achevions de doubler le cap de Saint-Antoine, nous revîmes, loin derrière nous, dans le canal, le bâtiment de la veille. Il avait l'air de nous observer. Le vent fraîchit, nous mîmes toutes voiles dehors, et poussâmes en avant. Il nous suivit. Alors je fis de tristes réflexions, je me rappelai les menaces du vieux pêcheur, les prévisions plus positives de Rudner. En effet, nous étions dans un débouquement. Le navire nous gagnait de vitesse à vue d'œil ; c'était décidément une chasse qu'il nous donnait. Enfin, nous l'avions tous reconnu.

Le bruit du cor vint retentir à notre oreille, et bientôt un porte-voix nous jeta ces paroles : « Holà ! vous autres du *Marsouin* ; holà ! capitaine Gonidec, lieutenant Mauriceau, monsieur Charlier ! mettez en panne, ou je vous démolis à coups de canon. »

S'entendre appeler par son nom en pleine mer, il y a de quoi être épouvanté, je vous jure !

Nous voilà en panne, et un canot vient à nous avec ordre au capitaine, à son lieutenant et à moi, simple passager, de nous rendre à bord du *Général Riégo* : c'était le véritable nom du petit navire que nous avions tous connu, en rivière, sous celui de *la Bonne-Louise*. En approchant de lui, nous distinguâmes clairement à sa grande vergue, du côté que la voile nous avait jusque-là masqué, le cadavre d'un homme pendu à une chaîne de cuivre. On eût dit un nègre, tant il était foncé en couleur ; mais ce n'était pas un nègre. A mon arrivée sur le pont, mon premier regard fut pour ce pendu, dont j'avais le sort en perspective. Martin me frappant sur l'épaule :

« Vous examinez, dit-il, cette singulière nature de pavillon ; que voulez-vous ? je suis un peu bizarre ; j'ai trouvé que Rudner l'intrépide ferait assez bon effet, hissé de cette manière avec une cravate de laiton.

— Il y a longtemps qu'il est pendu ? demandai-je, uniquement pour dire quelque chose et n'avoir pas l'air trop effaré.

— Longtemps ? Non : ah ! ah ! ah ! c'est qu'il vous semble un peu noir. Le fait est que j'ai voulu essayer sur lui le procédé qu'il nous indiquait pour former au service les mousses de chambre : le procédé est bon, comme vous voyez. Si je l'ai pendu ensuite, c'est que j'aime parfois le luxe en de certaines choses. »

Se tournant vers Gonidec, il lui dit :

« Capitaine, vous êtes mon prisonnier, comme l'était il y a trois jours votre *matelot* Rudner. (*Matelot* est, comme on sait, un terme d'amitié entre les marins de tout grade.)

— Et vous me réservez sans doute le même sort ?

— Non : je n'en veux point à votre personne, mais à votre nation. Ecoutez. Je suis Espagnol et j'aime la liberté. Une première fois vous êtes venus ravager notre pays ; aujourd'hui c'est à notre constitution que vous en voulez : il faut que votre commerce paie une partie du mal que vous nous avez fait et que vous nous ferez. Je confisque votre bâtiment, coque et marchandises. »

Gonidec se voyait ruiné, lui qui avait pensé en

être quitte pour être pendu. Il entonna une litanie de juremens tous plus étranges et plus nouveaux les uns que les autres : il portait en ce
genre le talent créateur à un tel point d'originalité, que je me pris à rire de grand cœur, malgré
ma pitié et ma misère. Il est vrai que je n'avais
plus rien à craindre, la mort étant retranchée
pour nous tous du code pénal du pirate : ainsi est
fait l'homme.

« Prenez-vous-en à vos Bourbons de France,
criait Martin, et aux nôtres, si cela vous convient. »

Ce mot Bourbons réveillant dans un vieux marin de la république française des rancunes mal
éteintes, Gonidec entonna une nouvelle litanie.
Mon Dieu ! comme cet homme-là, dès 1823, parlait avec irrévérence de l'auguste famille de nos
rois, que M. de Salvandy appelait alors les *Ne-
veux de Robert le Fort !* Quel portrait il faisait de
S. M. Louis XVIII, de S. A. R. Monseigneur le
comte d'Artois ! Que de révélations lui tombaient
sous la main à propos de mesdames d'Angoulême
et de Berry ! Jamais il n'y eut, je crois, d'impro-
visateur si passionné à la fois et si burlesque. A tel
point que Martin lui-même, s'abandonnant à un
rire aigu comme celui de Méphistophélès, prit la
main de l'intarissable chroniqueur, et lui dit :

« Vous êtes bien libéral, cher *matelot*, vous êtes
même radical, j'ose le prétendre, et Riégo n'est
qu'un carliste auprès de vous. Je vous rends votre
bâtiment, coque et marchandises. Seulement je
vous demanderai quelques vivres pour mon équipage, qui est un peu plus nombreux, vous voyez,
qu'on ne l'eût dit à Pauillac.

— Tout ce que j'ai est à vous, cria Gonidec,
pleurant à chaudes larmes.

— Encore une exigence de ma part. Vous m'ou-
vrirez votre rôle d'équipage ; j'y veux écrire mon
nom avec une apostille. »

Nous l'avions apporté avec nous. Il écrivit ce
peu de mots :

« Aujourd'hui, le... du mois de... 1823, le trois-
» mâts *le Marsouin*, commandé par le digne ca-
» pitaine Gonidec, a été visité, à la hauteur de
» Saint-Antoine, l'une des îles du Cap-Vert, par
» moi, don José Martinez y Guipuscoa, grand
» d'Espagne, commandeur de l'ordre de Malte,
» corsaire au service des cortès nationales. Per-
» sonne n'a été pendu à bord, ni pillé : *où l'abeille
» a passé, le moucheron demeure.* »

Il fut aisé, d'après ce nom de Guipuscoa,
de deviner pourquoi le noble pirate, si généreux
envers nous, s'était montré si cruel envers notre
camarade Rudner.

Le père Gonidec, à son retour à Saint-Brieuc,
fut très-mal reçu de son armateur, auquel il avait,
de l'île Bourbon, écrit sa singulière aventure,
croyant au moins le divertir. Cet armateur était
un habile négociant, qui avait fait assurer *le Marsouin* beaucoup au-dessus de sa valeur, dans l'es-

poir qu'il serait capturé. On juge combien il dut
être affligé de perdre le fruit d'une si juste spéculation. Voici, en serrant la main du capitaine
avec un mouvement convulsif, ce qu'il lui dit, ou
à peu près :

« Que le diable vous emporte avec votre Espagnol grand seigneur ! vous me faites perdre plus
de cent mille francs. Beau voyage, vraiment ! Ne
me parlez pas d'un noble pour faire le métier de
corsaire, ça n'y entend rien... Soyez le bienvenu,
pourtant. Vous dînerez avec nous. Voulez-vous
voir ma femme ?... elle est dans le salon avec ses
enfants. »

Et il lui tourna le dos pour se rendre à sa caisse.
Le bon armateur ! le digne homme !

VICTOR CHARLIER.

Un Naufrage

DEVANT BOULOGNE.

—

SOUVENIR.

Pour celui qui a vécu sur la mer, la revoir est
un besoin qui le tourmente sans cesse. Rien de
la terre n'est regrettable pour l'homme qui la
quitte, comme la présence des impressions de
l'Océan pour le marin. On ne peut raisonner
cela, mais cela existe, et moi, jeune marin qui me
suis acclimaté aux lames, à la physionomie de la
mer, aux voix des vents, bien plus par les sensations de mon cœur que par les longueurs de
l'habitude, je ne puis me soustraire à ce besoin
qui, à la fin de chaque année, m'entraîne au bord
des rivages. En regardant ces flots, en étendant jusqu'au plus lointain horizon mes regards
avides, j'essaie de me tromper sur la terre où je
reste, et mon imagination complaisante prête
ses illusions aux fantaisies de mon cœur, pour
qu'il me soit possible de croire que partout c'est
l'eau qui m'entoure. Je suis bien persuadé d'une
chose, c'est que parfois mon âme, s'abîmant dans
cette contemplation, s'élance dans ces espaces
chéris, et quitte mon corps. Elle va parcourir cet
horizon qui se noie dans les nébuleuses vapeurs
de la distance ; elle s'élève sur les petits nuages
qui voguent dans l'air comme sur une barque er-
rante, et mon corps insensible reste sur la grève,
dépossédé de sa vie, inattaquable au vent qui
souffle, aux grains qui tombent, aux lames qui lè-
chent ses pieds comme la langue d'un lévrier. Puis,
quand elle a longtemps vagabondé sur l'eau bleue,
dans l'air bleu, un caprice la ramène au corps,
comme le souffle qui vient pour agiter l'instrument
jusque-là endormi. Alors, mon être devient sensible aux douleurs, aux impressions de sa chétive

organisation; quand ce parfum, cette mélodie, cette insaisissable et sublime essence qu'on appelle mon âme avait quitté cette fiole fragile, cet instrument matériel qu'on nomme mon corps, vainement l'eussiez-vous abordé pour en faire exhaler un son; vainement eussiez-vous touché l'enveloppe insensible : vainement eussiez-vous parlé à mon oreille inerte ; l'approche, l'attouchement, la parole, eussent été sans action — comme le sont le vent ou la pluie sur une vitre polie. Mes sens confondus en une sensation inanalysable, s'étaient envolés sur les grandes ailes qu'avait déployées mon âme, pour s'élancer dans ces régions où elle planait heureuse et sans but...

Il faut donc qu'à chaque fin d'année je quitte Paris et ma vie d'artiste, Paris et mes chaudes amitiés, pour revoir la mer qui baigne nos côtes, l'Océan où j'ai passé les belles années de ma première jeunesse, années perdues peut-être pour mon avenir, mais fécondes en souvenirs pour mon cœur. C'est que la mer est semblable à ces maîtresses infidèles, qui ont semé d'orages notre amour, qui ont marqué chaque jour de sa durée par des bonheurs ineffables, ou des douleurs mortelles, mais qu'on aime toujours. Elles ont trompé votre confiance, et on les aime toujours; elles nous ont fait un passé douloureux, elles ne promettent rien pour l'avenir, et on les aime toujours. Vous jetez un ardent amour dans la vie d'une femme, sans laisser plus de trace dans cette vie que la mer n'en a conservé de votre passage; la femme et la mer oublient, mais vous, conservez toujours ces reliques de bonheur, ou ces impressions passées, dans le saint tabernacle de votre cœur.

Dans les premiers temps de mon séjour à terre, après maints voyages actifs et pénibles dans les Indes et dans les latitudes les plus élevées de l'extrême sud, après mes premiers débuts dans la dévorante et fiévreuse carrière où je marche aujourd'hui, les yeux fixés dans un espace sans horizon, je voulus faire mes adieux de marin à tout ce qui venait de combler les six plus jeunes années de ma jeunesse. J'avais alors vingt et un ans, c'était en 1833.

J'arrivai à Boulogne-sur-Mer, Boulogne où je suis né, et que j'aime comme la mère que je n'ai plus.

Mon bonheur était de courir sur les longues plages de sable qui bordent ce haut promontoire, dont la pensée fait la première arche d'un pont immense qui réunirait les deux plus grandes nations du monde. Je m'y oubliais quelquefois jusqu'à l'heure obscure où la colonne de la grande armée allume son étoile, brillante comme un regard qui veille sur de grands souvenirs. Mon cheval poursuivait les lames qui, se retirant après s'être brisées sur la côte, accouraient bientôt battre ses pieds; les parfums salins que l'humidité du soir dérobait à cette nature sauvage, me

mettaient en possession de mille absorbants souvenirs. Un soir, que le ciel était noir, et qu'il teignait la mer comme une mare d'encre, je ne pus résister au désir de m'aventurer au large, et je cherchai une barque avec inquiétude. Je confiai mon cheval aux gens de la douane, et je me jetai dans le premier canot qui se présenta : c'était celui d'un jeune pêcheur.

« Laisse-toi emporter avec la marée qui se retire, lui dis-je en me plaçant dans son fragile bateau, jusque par delà cette batterie qu'on voit au large. »

Et je lui désignais le squelette d'un fort en bois dont les côtes plus noires que la nuit se découpaient sur l'horizon livide.

Nous fûmes emportés.

L'homme qui gouvernait la barque me parut avoir une vingtaine d'années. Son attitude était pleine de tristesse. Après quelques instants d'un absolu silence, j'essayai de causer avec lui.

Il me parla d'un naufrage dont le rivage que nous quittions avait récemment été témoin; je ne sais quelle curiosité me tourmenta dès ses premières paroles, mais je fus possédé du vif désir d'entendre le récit de cette catastrophe sur le lieu même qui en avait été le théâtre. Le jeune homme se rendit à mes sollicitations, son émotion était visible; il commença ainsi :

« Si vous êtes souvent venu dans ce pays-ci, monsieur, vous devez savoir qu'il y a beaucoup de gens qui vivent de leur pêche : mon père était un pêcheur, moi je suis pêcheur aussi. J'ai l'habitude de la mer, j'étais bien petit quand pour la première fois j'ai été au large; aussi je dors au bruit de la mer et du vent. C'est un état fatigant que celui de pêcheur, mais on est si heureux, monsieur, quand on revient de la mer, qu'on rentre dans sa maison, et qu'on se chauffe devant un bon feu qui réjouit et fait oublier les peines! Chaque état a ses fatigues et ses douleurs, il faut bien se soumettre à la douleur et aux fatigues pour vivre honnêtement!

» Mais ce n'est rien pour nous que le travail, monsieur; si Dieu n'envoyait pas dans notre vie de grands malheurs irréparables, nous ne nous plaindrions jamais. J'ai perdu mon vieux père il y a quelques semaines, je l'ai vu mourir auprès de moi, là, dans la mer où nous sommes, et c'est là un malheur dont on ne peut pas se consoler....

» Si vous pensez quelquefois aux pauvres marins quand vous entendez la tempête, monsieur, si vous avez quelqu'un parmi les vôtres qui voyage sur l'Océan, vous vous souvenez du coup de vent qui a soufflé il y a quelques semaines! Eh bien, c'est celui-là qui nous a fait périr notre père à moi et à mes sœurs; notre père dont la mort fait aujourd'hui mourir notre vieille mère.

» Quel temps il faisait, monsieur! quel vent! quelle mer courroucée! Mon Dieu, c'était ici, là où nous sommes; peut-être que le cadavre de mon pauvre père a roulé où nous passons!

» Oh! écoutez-moi, monsieur, que je vous raconte! Je vous ai dit qu'il faisait un horrible temps. La nuit était noire comme celle-ci, sans étoiles; le vent criait, la mer criait, c'était une épouvantable marée.

» Voilà que tout d'un coup on nous dit au port qu'on voyait un navire au large. Nous sommes habitués à ça, nous autres, et jamais il n'a fallu dire à nos marins d'aller porter secours aux autres marins en danger. A la première nouvelle, la moitié de la population était sur le port. Nous avons ici une *Société humaine;* c'est une sentinelle avancée qui veille dans les tempêtes. La *Société humaine* rassemblait son monde; c'était un empressement, un zèle surhumain. Le bâtiment n'était pourtant pas encore en danger, mais on voyait bien ce qu'il allait devenir. Il était encore loin de terre, mais le vent et la mer venaient du large, et la marée était trop basse pour le recevoir dans le port. Aussi tout était-il prêt d'avance pour répondre au premier cri d'alarme. Tout à coup les longues-vues n'aperçurent plus rien. On crut d'abord que c'était l'obscurité qui devenait plus épaisse; mais le ciel vint à s'embraser d'éclairs, et nous reconnûmes la catastrophe. Le navire avait touché, ici juste où nous sommes, monsieur; quelques minutes avaient suffi pour le renverser sur le côté, et lui abattre sa mâture. Au premier cri de cette nouvelle, les barques furent mises à l'eau, mais avec quelles peines, avec quels efforts! Quand nous fûmes embarqués, les lames nous rejetaient sur les pierres du port, et nous menaçaient de nous briser en pièces. Mais on avait tant de courage! Mon vieux père était encore si énergique et si dévoué aux marins, que son attitude nous donnait des forces nouvelles, et nous pûmes quitter le port. Nous n'avancions guère au large, monsieur, les lames passaient sur les barques et les comblaient d'eau. Que de mal! quel état! Quand la grosseur de la mer nous élevait sur ses grosses montagnes, on voyait la coque du bâtiment renversée et ballottée par les flots. Le navire était déjà perdu, monsieur, il n'y avait plus que les hommes à sauver. Son beaupré seul dominait encore les lames agitées, et c'était sur ce dernier refuge qu'on apercevait les naufragés qui s'y étaient cramponnés.»

Depuis quelques instants, pendant les dernières parties de ce récit du jeune matelot, la brise, faible à notre départ, avait pris de la violence, la nuit était toujours aussi noire, le ciel sans étoiles, et la mer clapotait plus vivement.

« Nous faisions des efforts incroyables, monsieur, continua le pêcheur, pour approcher de ces malheureux, ou pour nous faire apercevoir; car c'était leur donner une espérance de salut, et dans l'espérance il y a tant de courage pour

un pauvre marin! Mon vieux père se tenait debout dans notre barque, et, chaque fois qu'il le pouvait, montrait, en l'élevant dans l'air, un petit drapeau que le vent fouettait avec tant de force, qu'il menaçait de renverser le bras débile qui lui servait d'appui. Mais le navire se brisait toujours, et à chaque moment il en passait près de nous des débris. Oh! quelle nuit, monsieur! Si vous saviez ce que c'est que de se sentir tant de courage pour secourir des gens qui meurent, et d'avoir à lutter de toutes ses forces avec l'impossibilité! Il y avait pourtant aussi à trembler pour nous; mais nous n'y pensions pas! D'abord il nous avait semblé que le beaupré du navire était couvert d'hommes, mais peu à peu ils nous parurent moins nombreux, et nous ne doutions pas que chaque naufragé de moins sur le mât fragile, c'était un mort de plus dans les lames..... »

Tandis que parlait le jeune marin violemment ému sous l'impression de ses pénibles souvenirs, je m'aperçus que la brise, de plus en plus fraîchissante, agitait la mer qui commençait à tourmenter notre barque; quelques pâles étoiles se montrèrent à l'horizon comme les phares éloignés d'une côte.

« Enfin, monsieur, continua le pêcheur, nous commencions à approcher du navire; déjà nous pouvions crier courage aux pauvres marins épuisés; déjà le bonheur de réussir nous faisait oublier nos pénibles fatigues, quand tout à coup notre barque heurta violemment un mât détaché du navire, et qui, porté par les lames vers la terre, avait échappé à nos yeux, tant la nuit était noire. Ce choc fut terrible, car la barque et le tronçon furent portés l'un contre l'autre par deux lames furieuses; la barque s'abîma sous nos pieds.—C'était juste à l'endroit où nous sommes, monsieur! — Ce fut une bien cruelle chose, je vous assure; aller porter secours aux autres, et périr soi-même! Je ne pensai qu'à mon père; debout dans le canot, il faisait un signal aux naufragés, et, le premier, avait été renversé par le choc; nous fûmes tous recouverts d'abord par cette eau agitée que la nuit rendait si noire, plusieurs d'entre nous se heurtèrent péniblement à des débris..... Moi je cherchai mon père !..... »

En écoutant ce récit, que me faisait d'une voix onctueuse et pénétrée le jeune marin, j'étais partagé entre tout l'intérêt que m'inspiraient ses paroles, et des appréhensions motivées par la sinistre physionomie du temps. Je ne voulais pas l'interrompre, et comme le dénoûment du récit approchait, j'attendis encore.

« Je ne sais ce qui se passa pendant les premiers instants, monsieur, reprit le pêcheur, je fus étourdi et privé de toute sensibilité du corps et de la pensée. Puis je me sentis bientôt comme le feu dans la tête, et l'engourdissement de mes membres fut secoué sous les efforts de ma

volonté. Je reconnus que j'étais sous l'eau, je
nageai pour gagner la surface et j'y parvins avec
efforts. Mais je ne vis rien près de moi, que les
lames qui s'élevaient autour de ma tête comme les
planches d'un cercueil. Je me débattis longtemps dans le suaire d'écume qu'en se brisant
les vagues déployaient sur moi; puis je m'aperçus que de nouveau les forces de la raison et du
corps m'abandonnaient à la fois. Je dus alors
entrer dans l'eau, car je sentis à mes oreilles un
étrange bruit, que mes sens engourdis me firent prendre pour celui qui accompagne l'immersion d'un corps.......

» Ce qui se passait du naufrage, dès cet instant
je ne le sus plus. J'ai bien certainement demeuré dans l'eau quelques heures sans vivre.
Oui, monsieur, je ne doute pas que l'existence
ne m'ait abandonné pendant assez longtemps. Je
n'ai rien souffert, rien senti, rien compris; toute
la nuit je dus subir cette insensibilité, car le lendemain je fus retrouvé sur la plage de sable que
nous avons quittée ensemble, et mon corps, mêlé
aux cadavres des noyés et aux débris, semblait
lui-même un débris ou un cadavre. J'étais mutilé
et insensible. Mais mon frère me reconnut et
m'emporta. Le chirurgien de la *Société humaine*
affirma que je vivais encore; on le crut faiblement et on me soigna. La chaleur que je subis
me mit peu à peu en possession d'une sorte de
sensibilité qui, sans être apparente, me donna
une fugitive conscience de ce qui se passait.
J'entendis les bonnes gens qui m'entouraient formuler leurs plaintes ou leurs espoirs; quant à
moi, je m'associai à tous leurs sentiments. Je dois
vous dire que je me figurais toujours être dans
l'eau; la raison ne me revenait pas assez abondamment pour fixer mon opinion d'une façon plus
consolante. Je me croyais donc dans la mer, encore au milieu du naufrage, mais avec quelque
espérance d'être sauvé. Comment? je ne savais.
Puis des soins opiniâtres me rappelèrent plus
complétement à la vie, et je reconnus avec étonnement tout ce qui m'entourait..... Mais mon
père, monsieur, mon pauvre vieux père n'était
ni parmi les vivants qui me soignaient, ni parmi
les mourants qui recevaient des soins. Alors je
me souvins complétement de l'instant où j'avais
vu disparaître mon père, et ce fut une crise qui
compromit une existence encore si débile en
moi. Que vous dirai-je de plus, monsieur? vous
voyez le reste. Quant aux naufragés du navire,
d'autres barques plus heureuses les recueillirent,
et les derniers débris du bâtiment n'ont jamais
rien dit du cadavre de mon vieux père !... »

Il était temps que finît le récit du marin, car
le vent et la mer commençaient à réaliser leurs
menaces. Revenu lui-même au sentiment des
choses qui nous entouraient, le patron de la
barque déploya une petite voile, qui, gonflée par

le vent du large, nous poussa rapidement vers la
plage, malgré le retrait de la marée.

Il faudrait de longues pages pour dire tout ce
que mon âme avait recueilli d'impressions au
récit naïf de ce naufrage, fait par une de ses victimes, au sein d'une nuit sombre et des menaces
de la tempête, sur le théâtre même où, peu de
temps auparavant, il s'était accompli !

RENSEIGNEMENT HISTORIQUE.

—

Deux mots

SUR LE CAPITAINE COOK.

Tout ce qui se rapporte aux hommes célèbres
a le privilége d'intéresser. On recherche avec
avidité jusqu'aux détails les plus minutieux de
leur enfance; on aime surtout à connaître le secret de leur vocation et les circonstances souvent
bizarres qui les ont poussés dans la carrière où
ils se sont illustrés.

S'il faut en croire ce que rapportent généralement les Anglais, les découvertes de leur grand
circonnavigateur sont dues à un *schilling*, pièce
d'argent de la valeur de 1 fr. 25 c. Cook, natif
du Yorkshire, avait été placé comme apprenti
ou garçon de boutique chez un marchand d'une
des villes maritimes de ce comté. Le maître de
la maison crut s'apercevoir qu'on dérobait de
l'argent du comptoir, et, pour découvrir le
voleur, s'avisa de mêler parmi les autres pièces,
qu'il eut soin de compter, un schilling marqué
d'une manière particulière. Peu de temps après
cette précaution le shilling avait disparu. Cook
avoua sur-le-champ que la singularité de son empreinte lui avait fait désirer de se l'approprier,
mais il affirma y en avoir substitué un autre tiré
de sa bourse. Vérification faite, on reconnut qu'il
avait dit vrai, et l'on mit tout en œuvre pour lui
faire oublier ce désagrément. Mais Cook, qui avait
l'âme fière, ne put supporter l'affront qu'on lui
avait fait en suspectant sa probité; il s'enfuit de
la maison, erra longtemps misérable, travaillant
au jour le jour, sans ressources pour l'avenir; et,
n'ayant pas d'autres moyens de pourvoir à son
existence, s'embarqua comme mousse de la chambre sur un bâtiment charbonnier.

On sait le reste !

F. Lorieux del.

Imp. Charton, r. Git Coeur, 4.

Bisson gr. sc.

Les Contrebandiers.

T. 3 p. 417.

VARIÉTÉS.

Une Aventure

DE CONTREBANDIER.

(1836.)

ÉPISODE DE L'INSURRECTION BASQUE.

I

Le ciel était sombre et chargé de nuées ; une nuit triste et noire couvrait la *barre de l'Adour* d'un crêpe funèbre au travers duquel on voyait se dessiner fantastiquement les mâtures de quelques caboteurs mouillés le long des jetées, et qu'une houle grondeuse faisait tanguer sur leurs amarres. Un vaste et solennel silence n'était troublé que par le mugissement des lames se brisant sur les sables, ou par les sifflements de la brise dans les clairières des *pignadas.* Parmi les caboteurs on distinguait une trincadoure longue et effilée, sur les gaillards de laquelle un homme se promenait avec agitation. Il était facile de reconnaître dans cet homme, au long bonnet rouge et à la veste brune, aux traits durs et safranés, un de ces marins espagnols qui passent leur vie dans un cabotage continuel entre les côtes de Biscaye et les côtes basques de France. Ses gestes brusques et saccadés, les imprécations momentanées qui sortaient de ses lèvres, indiquaient assez qu'une grave préoccupation l'absorbait tout entier. Tantôt ses regards se portaient sur le ciel, tantôt sur la barre, dont il tâchait de distinguer les lames au travers de l'obscurité. Soudain une résolution subite parut le faire sortir de cette agitation ; il s'élança vivement sur l'avant, et à un coup de sifflet prolongé qu'il fit résonner avec précaution, quatre matelots parurent à l'écoutille et sautèrent lestement sur le pont. Quelques instants après, l'ancre de la trincadoure montrait son jas couvert de vase à la surface de l'eau, et ses longues voiles effilées, présentant leur blanche surface à la brise encore favorable, poussaient rapidement le léger bâtiment vers les lames agitées de la barre. C'était bien de l'audace à ce frêle bateau de vouloir ainsi franchir au milieu d'une nuit sombre cette redoutable barre !.... Mais le signor Alvaredo connaissait un peu ses *passes,* et, d'ailleurs, un lucre bien positif l'attendait s'il réussissait dans son entreprise ; des toiles et des munitions bondaient sa cale jusqu'aux barrots, et il comptait bien les faire payer au signor don Carlos, prétendant à la couronne d'Espagne.

Mais comme il fallait d'abord les faire parvenir à leur destination, le signor Alvaredo avait déclaré à la douane de Bayonne des toiles et des munitions pour les *Christinos,* comptant s'échapper pendant la nuit et débarquer sa cargaison sur la côte de Biarritz ; une fois ce débarquement fait, le succès de l'opération était assuré. Notre contrebandier manqua payer cher cependant sa hardiesse en franchissant les périlleux bourrelets ; la mer était loin d'être belle, des nuages lividés garnissaient l'horizon dans l'ouest, et la brise de nord-est qui l'avait favorisé mollissait à chaque instant. Une vague énorme prit un moment la trincadoure par le travers et la jeta violemment vers la côte, où deux coups de talon firent trembler l'aventureux capitaine. Heureusement il avait eu le soin d'amarrer solidement son timonier sur l'arrière, et le gouvernail ayant toujours été vigoureusement tenu sous le vent, la trincadoure revint debout aux lames et franchit enfin avec bonheur la dernière passe. « Ah ! notre révérée Dame de Bégogne ! s'écriait Alvaredo en se promenant sur le gaillard d'arrière et se frottant les mains, je fais vœu de vous offrir la plus belle mante brodée qui ait jamais couvert votre sainte statue !.... Je viens, avec votre aide, d'échapper à un grand danger ; puissiez-vous me protéger encore pour le débarquement de cette cargaison destinée tout entière à la sainte cause de la religion, car les douaniers français ont l'esprit vigilant et trop souvent le coup d'œil juste !... Grâces en soient pourtant rendues à vous, ô très-sainte Vierge, vous avez fait la nuit obscure, et j'espère bien m'acquitter avec succès de la mission qu'on a bien voulu me confier !.... »

En effet, une troupe de contrebandiers français attendaient leur confrère espagnol dans les grottes qui bordent le rivage au-dessous de la pointe Saint-Martin ; la cargaison de la trincadoure fut mise à terre sans encombre, enlevée presque aussitôt par des Basques agiles, et quelques heures après elle était arrivée à Irun. Mais le signor Alvaredo n'avait pas fait une assez sérieuse attention au menaçant horizon qui couvrait l'ouest d'une bande noire, en voyant parfois de terribles rafales, présage certain d'un prochain coup de vent. En vain notre contrebandier essaya-t-il de lutter contre la bourrasque qui commençait à se déchaîner ; il fut bientôt trop heureux de trouver un refuge dans le petit havre du Socoa, où il mouilla sans avaries au jour naissant.

II

« Abominable temps ! coquine de pluie !... disait, en s'enveloppant dans son large manteau, un individu qui galopait sur la route de Saint-Jean-de-Luz dans le courant de la nuit suivante ; je crois, le diable m'emporte, que c'est au milieu d'un second déluge que je me suis mis en route !.. Et cette rosse qui galope un pas en avant et deux en arrière !.. Marcheras-tu ? » ajoutait le cavalier, en se vengeant sur sa monture des infortunes qui l'accablaient. « Pourvu encore, se disait-il toujours à part lui, que j'arrive à Saint-Jean-de-Luz avant ce diable d'agent de police !... S'il y est rendu, tout est dit ; Alvaredo se sera fait prendre comme un niais, sa cale sera trouvée vide, et comme je suis l'expéditeur et le propriétaire de la cargaison, il ne restera plus le moindre doute sur mon compte !... Aussi quelle idée d'aller relâcher au Socoa !... comme s'il faisait un temps à ne pas tenir la mer !... Ouf ! quelle rafale ! elle m'a coupé la respiration, et j'ai cru que ma rosse et moi nous allions rouler dans ce fossé ! Au fait ! il ne fait pas très-beau pour aller s'amuser à danser sur l'eau. C'est égal ! nous allons voir ce qui en est, et si cet infernal agent de police n'est pas arrivé. Ma foi !... il faudra bien que le signor Alvaredo en prenne son parti.... »

En achevant ce monologue, notre cavalier passait comme le vent devant cette promenade renommée, où Saint-Jean-de-Luz voit affluer, les dimanches et jours fériés, l'élite de ses beautés féminines. Quelques instants après, il descendait dans la cour d'un célèbre hôtel de l'endroit, où je ne vous invite pas trop à vous rendre, quelque aristocratique que vous soyez, vu qu'on y paie fort cher de fort mauvais dîners.

Après quelques informations prises, la bonne humeur reparut sur le visage du voyageur : ce terrible agent qu'il redoutait n'avait pas encore paru ; aussi, malgré le mauvais temps, ne balança-t-il point à se mettre sur-le-champ en route pour le Socoa. Il envoya donc chercher un guide, la mer baissant jusqu'au-dessus de l'étroit sentier qui serpente sur la côte, depuis Saint-Jean-de-Luz jusqu'au Socoa. Après une attente d'une demi-heure, un jeune et vigoureux Basque se présenta devant lui : « Peux-tu me guider jusqu'au Socoa ? lui demanda l'étranger. — Oui, monsieur, répondit le Basque avec un accent natal bien prononcé. — Allons donc, en route ! reprit l'autre en se levant ; mais rappelle-toi, l'ami, que si je me trouve dans l'embarras, je compte sur toi pour m'en tirer. — Soyez tranquille, monsieur, dit le Basque en avalant d'un seul trait une copieuse ration d'eau-de-vie, dont il jugea à propos d'étayer son assurance, vous n'avez rien à craindre ! »

La première phase de ce second voyage nocturne se passa d'abord sans accidents ; nos deux voyageurs tâchaient de se retrouver tant bien que mal au milieu des ornières d'un chemin à peine frayé, et un bon tiers en était déjà parcouru, lorsque tout à coup le négociant disparut dans une immense flaque d'eau, sur le bord de laquelle il venait de glisser : « Holà, guide !... se mit-il à crier d'une voix désespérée, à moi donc !... Avez-vous envie de me laisser noyer dans cette mare !...» Le Basque retourna précipitamment sur ses pas, et d'un bras vigoureux il enleva le jeune homme de la fondrière, où il se consumait en impuissants efforts.

« Le diable soit de vos chemins !.... s'écria-t-il avec colère lorsque, ayant repris son équilibre sur la terre ferme, il s'occupa de secouer ses vêtements alourdis par une humidité boueuse ; si l'on m'y reprend !.. Avons-nous encore beaucoup de chemin jusqu'au Socoa ? — Presque rien, monsieur, reprit le Basque ; nous allons descendre au pont. — En marche alors !... car je n'ai d'espoir qu'en cette pluie battante pour réparer les suites de ce maudit accident, s'il ne m'en arrive pas d'autres, bien entendu.... »

En effet, la mer grossissait à chaque instant ; les embruns des lames, se brisant avec fureur sur la plage au-dessous d'eux, s'élançaient jusque sur l'étroit sentier et couvraient la figure de nos deux voyageurs. Pourtant ils commencèrent à s'apercevoir que les feux des quelques misérables maisons qui garnissent le port du Socoa s'approchaient d'eux avec rapidité. Ils y arrivèrent enfin, et après avoir obtenu avec beaucoup de peine que la porte d'une auberge lui fût ouverte, l'étranger congédia son guide. Quelques instants après, s'étant fait conduire chez le capitaine de port, il se convainquit avec joie une seconde fois que personne ne l'avait précédé au Socoa : « Vivat ! je suis sauvé !...» s'écria-t-il en se dirigeant lestement sur le petit port, où étaient amarrés pêle-mêle des caboteurs français et espagnols auprès de quelques trincadoures de guerre. Là, il se mit d'une voix puissante à héler de la trincadoure Notre-Dame de Bégogne : mais tous ses efforts restèrent longtemps inutiles, et il maudissait de grand cœur l'insouciant sommeil du capitaine espagnol, lorsqu'une réponse se fit entendre dans le lointain. Notre jeune homme, qui s'était posté par prudence sur le quai conduisant au fort, s'approcha le plus possible du lieu d'où elle partait : « Qui appelle ainsi de Notre-Dame de Bégogne ? dit une voix rude et accentuée que le voyageur reconnut, à ce qu'il paraît, pour celle du capitaine Alvaredo. — Moi !... répondit-il de toute la force de ses poumons : moi, M. Charles ; envoyez-moi chercher sur-le-champ, capitaine Alvaredo, nous n'avons pas une minute à perdre !... »

Aucune nouvelle réponse ne suivit la première ; mais l'œil exercé du négociant reconnut une légère pirogue qui se détachait de la masse noire de la trincadoure, et quelques minutes s'étaient à peine écoulées, qu'on aurait pu le voir assis près du signor Alvaredo dans la chambre basse de l'arrière, chambre humblement garnie de deux simples et étroites cabanes :

« Je vous dis et je vous répète, disait le Français, qu'il faut appareiller et faire route sur-le-champ, sans quoi nous paierons un vilain compte. — Appareiller n'est pas possible ! répondait l'Espagnol en français assez correct : c'est tenter le bon Dieu et la sainte Vierge, signor Charles ! Nous allons nous noyer comme des païens. — Je vous ai fait connaître ce qui nous attendait, reprit Charles ; vous savez d'ailleurs mes conventions : avez-vous envie de perdre le fruit de tout ce que vous avez fait ? —Allons voir le temps, » dit le capitaine après quelques minutes de réflexion.

Le temps était toujours affreux, et Charles lui-même hésita : « Eh bien ! s'écria-t-il enfin, laissons venir le jour ; nous serions bien malheureux, en conscience, si ce maudit agent de police était muni d'assez de zèle pour courir au Socoa au milieu d'une nuit pareille, ainsi que je l'ai fait ; mais dès qu'il y aura un peu de jour, capitaine, il ne faut pas attendre une minute de plus, et comme j'ai précisément besoin de me rendre au *Passage*, je ne quitte pas le bord et je pars avec vous. »

Le signor Charles était tenace dans sa résolution, et ce qui fut dit fut fait. Dès que les premières clartés de l'aube commencèrent à éclairer les crêtes lointaines des Pyrénées, la trincadoure se glissa silencieusement hors du port, et, profitant d'une brise un peu plus favorable et moins violente, s'éloigna rapidement du côté de l'Espagne. Une demi-heure après, l'agent de police si redouté arrivait au Socoa, escorté d'un officier des douanes. Ils montèrent sur la plate-forme du fort, et virent la trincadoure forçant de toiles pour gagner le large ; malheureusement le capitaine Alvaredo avait oublié, ainsi que le chargeur de son navire, que deux trincadoures de guerre espagnoles croisaient sans relâche dans ces parages. Malgré tous ses efforts, il lui fut impossible de leur échapper, et n'ayant pu justifier de son chargement et de sa destination, l'un des croiseurs se détacha pour escorter le malheureux contrebandier jusqu'en rivière de Bilbao, où ils arrivèrent le lendemain.

III

« Le diable soit de vous et de votre navire !... disait le même jour le malheureux chargeur, se promenant avec le capitaine Alvaredo sur l'arrière étroit de la trincadoure : si j'avais su que votre barque ne marchât pas mieux, je me serais parbleu bien gardé d'y mettre les pieds !...Très-belle chance, ma foi !... condamnés demain à être fusillés, c'est joli.... — Mais vous ne voyez donc pas, monsieur Charles, dit l'Espagnol à voix basse en s'approchant du jeune homme, vous ne voyez donc pas qu'ils ne nous ont laissé à bord que trois gardiens de la douane, dont deux dorment en bas et dont l'autre se promène sur les passavants. — Eh bien ! dit le Français en regardant fixement Alvaredo avec une singulière expression d'espoir et d'anxiété. — Eh bien ! » reprit celui-ci en faisant briller à moitié la lame d'un large couteau qui remplaçait le classique poignard dont nécessairement il devait être armé en sa qualité d'Espagnol.

Et deux gestes énergiques achevèrent la phrase.

« Ma foi oui ! dit Charles, votre idée est bonne ; après tout, ce sont des ennemis pour nous que ces Christinos, puisqu'ils veulent, dès demain, nous faire avaler la charge d'une douzaine de fusils contre notre volonté.... Mais où irons-nous ensuite ? reprit-il après un moment de réflexion. — Eh ! signor, repartit l'Espagnol, les Carlistes sont là, là !... sur cette rive !! — Bien ! bien !... je comprends.... à l'œuvre donc !... »

Alvaredo n'eut pas plutôt entendu ces paroles, qu'il s'approcha doucement des passavants.... Au moment où le malheureux douanier se retournait pour continuer sa promenade sur l'avant, Alvaredo se baissa vivement, passa sa tête entre ses jambes, et d'un coup vigoureux de ses robustes épaules le souleva comme un enfant et le lança par-dessus bord... Ce fut l'affaire d'une seconde.

Charles et Alvaredo s'étaient jetés après lui. Charles voulut s'approcher du douanier qui, revenu sur l'eau, s'efforçait d'appeler à son secours. Alvaredo ne lui en laissa pas le temps, il s'élança près du préposé qu'il saisit aux cheveux, et lui plongeant son couteau dans la gorge, il le tint quelques secondes sous les eaux ; puis, ne le voyant plus reparaître, il se mit à nager vers l'une des rives, en invitant son compagnon à faire comme lui. « Pourquoi tuer cet homme, Alvaredo ? lui disait Charles en le suivant de son mieux ; il suffisait de l'étourdir pour nous donner le temps de nous éloigner,... d'autant plus que vous aviez parfaitement réussi dans votre première opération en l'envoyant par-dessus bord.... — L'étourdir, signor ! reprit l'Espagnol : oh ! nous aurions peut-être à notre poursuite maintenant une demi-douzaine de canots,... tandis que, vous le voyez, tout est calme et rien n'a été entendu.... Ecoutez donc, signor, continua-t-il, nous jouions notre vie, et il fallait bien nous assurer du gain de la partie.... D'ailleurs, cette exécution va nous servir tout à l'heure auprès du signor Gomez, pourvu que la sainte Vierge nous accorde le bonheur d'arriver jusqu'à lui. — Comment, comment !... dit Charles en mettant le pied avec bonheur sur une petite plage sablonneuse où ils venaient de prendre terre ; et qui nous en empêcherait ? — Eh ! n'avons-nous pas la première ligne des *chapelchouris* à traverser ? et peut-on jamais assurer comment on sera reçu par des *chapelchouris* ?... »

Le jeune négociant, peu satisfait de ce fâcheux pronostic, se décida pourtant à se mettre en route, et ils commencèrent à gravir une côte escarpée qu'ombrageaient des touffes vigoureuses d'ormeaux et de chênes verts. La température était d'une fraîcheur glaciale, et les vêtements humides de nos deux fugitifs, collés sur leurs membres fatigués, arrachaient de temps en temps au Français des exclamations de colère et de douleur ; ils suivaient un sentier à peine frayé dans un épais taillis, lorsque Alvaredo saisit le bras de son compagnon :

« N'avez-vous rien entendu, signor Charles ?... dit-il d'une voix basse. — Non, rien.... — Oh ! j'ai bien entendu, moi !... je suis Basque, voyez-vous, et j'ai l'oreille exercée aux bruits de nos montagnes.... Nous avons des hommes près de nous, dans ce fourré.... »

Il n'avait pas fini, qu'un béret blanc sortit doucement des broussailles derrière eux. Le canon d'un fusil brilla dans l'obscurité, et une balle vint siffler à l'oreille de Charles.... « *Amigo ! amigo !* » se mit à crier Alvaredo avec précipitation.

Des éclats de rire partis de tous les coins du bois suivirent ce cri, et nos deux fugitifs se virent bientôt entourés d'une douzaine d'hommes au visage bruni, coiffés d'un large béret blanc, et dont la blouse bleue avait pour unique ceinture une cartouchière bien garnie.

« Ah ! ah ! ah ! *amigo !* reprit l'un d'eux en espagnol ; *amigo* espion, sans doute.... Nous allons te payer cette amitié-là, signor !... — Oui ! oui ! à mort, à mort l'espion ! — Permettez, permettez, signores, reprit le contrebandier, nous venons, je vous jure, d'échapper aux Christinos qui devaient nous fusiller demain...— C'est bon ! c'est bon !... dit le premier interlocuteur ; tu n'attendras pas jusque-là, beau signor !.... — Mais dites-leur donc pourquoi nous avons été arrêtés, s'écria tout à coup Charles avec impatience. — Oh ! oh !... voilà un *Francèse !*... se mit à hurler toute la troupe avec des cris féroces de joie... A mort, à mort tout de suite le *Francèse !*... »

Et malgré les cris et les trépignements de nos deux malheureux, ils furent traînés à une vingtaine de pas dans une clairière jugée favorable pour l'exécution.... « Canailles !... brigands !... criait Charles avec fureur... Oh ! vous serez tous fusillés aussi, allez !... »

Mais les chapelchouris ne faisaient nulle attention à ses clameurs, et il se vit amarré solidement au tronc d'un arbre, ainsi que son compagnon ; alors les Carlistes commencèrent à délibérer si l'on se bornerait pour le Français à le fusiller simplement : « Il faut lui arracher d'abord les oreilles, à ce chien de Français, dit l'un. — Ou lui crever les yeux, dit l'autre.— Ou lui couper la langue. — Ou plutôt faire les trois choses l'une après l'autre, » s'écria un quatrième.

Ce dernier avis prévalut à l'unanimité, et celui qui l'avait donné s'approcha du jeune homme, qui vomissait mille imprécations. « Ils vont vous couper les oreilles, dit Alvaredo. — Ah ! oui, reprit Charles en secouant ses liens avec rage ; eh bien ! qu'ils viennent !... »

Et le chapelchouri ayant fait mine de saisir l'une des oreilles, le Français se mit à hurler et à rouler des yeux tellement furieux, que l'Espagnol recula de quelques pas.... Les rires et les railleries de ses compagnons l'ayant fait revenir sur le prisonnier, il lui asséna un coup si violent

sur la tête, que le pauvre Français en fut étourdi et ne fit plus aucun mouvement.

L'exécution annoncée allait donc suivre tranquillement son cours, lorsque soudain le feuillage s'ouvrit auprès d'eux, et un officier, suivi de quelques hommes armés, parut aux yeux du chapelchouri exécuteur : « Arrière ! s'écria-t-il en le repoussant rudement. Quels sont ces deux hommes, Orsandy ? — Mon capitaine, reprit un des chapelchouris en s'avançant, ce sont des espions que nous venons d'arrêter ! — Cela n'est pas, signor !... reprit Alvaredo qui, ne disant rien depuis l'arrestation, semblait s'être philosophiquement résigné à son sort : par Notre-Dame de Bégogne, cela n'est pas !... Nous sommes de pauvres marins partisans de N. S. don Carlos V, et qui avons été pris par ces brigands de Christinos pour avoir expédié pour vos troupes des draps et des munitions ; nous leur avons échappé en nous jetant à l'eau, comme vous pouvez voir, et, venant pour nous rendre au signor Gomez, nous avons été arrêtés par ces chapelchouris, qui n'ont pas voulu nous écouter.... — Qu'on les détache ! dit l'officier. — A la bonne heure ! voilà un brave homme !... répliqua Charles revenu depuis quelques secondes de son étourdissement. — Vous êtes donc Français, monsieur ?... dit l'officier en s'avançant vivement vers lui, et s'exprimant dans cette langue.... — Oui, capitaine ; et vous aussi, ce me semble.— Comme vous le dites, ancien officier de la garde royale de Charles X, maintenant au service de Charles V... Soyez tranquille, justice va vous être rendue, si ce que vous m'avez dit est vrai.... —Voilà ce que c'est, disaient d'un autre côté les chapelchouris ; ces chiens de Français se sont flairés, et si nous avions voulu faire l'affaire un peu plus rondement, il y en aurait toujours eu un de moins !... »

Quelques heures après, Alvaredo et le jeune négociant bayonnais comparaissaient devant le général Gomez, qui avait eu connaissance le jour même de l'arrivée de ces toiles et draps qu'attendait avec impatience son armée. Aussi leur innocence fut-elle pleinement reconnue, et nos deux aventuriers se virent compensés de leurs tribulations par de larges et beaux bénéfices.

Le signor Alvaredo a quitté depuis ce moment le métier épineux de marin, et, tenté par l'existence aventureuse des capelchouris, il s'est voué corps et âme à la cause de don Carlos. Nous l'avons vu dernièrement à Irun, où il a changé le bonnet de laine rouge contre le béret blanc, et la vareuse goudronnée contre la blouse à raies écarlates. C'est aujourd'hui le favori de l'intrépide *Guibelalde*, dont il est un des chapelchouris les plus lestes et les plus déterminés.

Aug. BOZZY.

Horrible Naufrage

DU

NAVIRE ANGLAIS *LE GRANICUS.*

Dans les narrations d'événements analogues à celui-ci, on sait quelle est la part de celui qui prend la plume. On ne peut inventer les faits: on les raconte, on les commente. On peut les mettre en action, faire valoir leurs détails, et donner à chacun d'eux la couleur qui doit rendre l'ensemble du tableau plus dramatique ; mais ce qui est, ce qui forme les masses et les grandes ombres, reste l'œuvre des événements. On raconte un naufrage comme un peintre dessine et colorie un paysage ; seulement la valeur du récit est, comme celle du tableau, subordonnée au talent de l'écrivain ou de l'artiste. Les historiens que l'opinion place au premier rang parmi les savants qui écrivent prennent les éléments de leurs écrits dans ce qui a été, dans ce qui est accompli, dans ce que les ans qui s'écoulent ont laissé dans la cendre du passé ; et personne n'a jamais eu l'idée de diminuer le mérite de l'écrivain laborieux qui commente l'histoire d'une époque ou d'une période, en raison de ce qu'il a placé dans son œuvre les grands drames accomplis par les peuples. Non, il n'a pas inventé ; non, ce n'est pas un travail d'imagination que celui auquel il s'est livré : il a écrit sous la dictée des armées, du canon, des révolutions et des guerres civiles. Le vent qui vient de la mer lui a raconté les grandes choses qui s'accomplissaient au large, et il a écrit. La politique a mis en œuvre ses ressorts multiples, ses rouages secrets ; il a tout reporté à un moteur principal, et les événements une fois accomplis lui ont révélé toutes les trames occultes qui précipitent les dénoûments. Sans doute il a fallu à l'écrivain qui recueillait ces choses toutes les lumières du sens, de la logique et du raisonnement, pour retrouver dans tout les causes de tout ; pour formuler des opinions et une critique sur les faits et sur les hommes, pour rattacher les incidents les plus insignifiants, comme les plus grandes catastrophes, à une idée mère de philosophie, de morale ou de politique, qui doit planer sur l'ensemble de son ouvrage ; mais il faut, de plus encore, qu'il marque du doigt, dans le passé, ce qui doit servir d'enseignements à l'avenir, qu'il lise dans l'œuf des événements ce que le présent couve, et qui doit germer dans l'avenir. Tout cela n'est-il pas assez ? Faut-il encore, pour qu'on le trouve complet, que l'écrivain s'aille jeter dans des digressions dont son imagination défraiera les écarts ? Nous ne le pensons pas. Tout cela peut paraître bien grave pour ce que nous rapporterons ensuite ; mais nous avons voulu expliquer une bonne fois comment on peut trouver suffisant pour soi de signer le simple récit des faits, sans s'assujettir continuellement à la nécessité de faire ce qu'on appelle vulgairement de la *composition*. Maintenant, ce qui va suivre méritait-il que le lecteur en passât par cet exorde ? Non, peut-être ; mais alors nous considérerons ceci comme la préface de ce que parfois il nous est arrivé, ou qu'il nous arrivera de raconter sur les faits accomplis. Ces faits se gravent dans l'histoire avec du sang, des débris, des cadavres, des lambeaux d'hommes et de choses ; et cela sur des grèves arides, sur des plages rocheuses, sur des océans sans limites et sans fond, avec du vent qui siffle et déchire, avec des lames qui brisent et engloutissent. Nous écrivons sous la dictée de tout cela ; et voilà tout.

Vers le milieu du mois de mai 1829, quelques Français, réunis dans l'île de la *Magdeleine*, où ils faisaient un petit commerce de pêche, se décidèrent à faire de compagnie un petit voyage de découverte autour de leur île, afin de s'assurer qu'elle ne recélait pas, dans quelque partie ignorée, des éléments d'amélioration domestique pour leur existence. Une fois en mer, un orage, qui depuis quelques heures se formait dans le golfe Saint-Laurent, les surprit à la pointe nommée *Anticosti*. Les pêcheurs, pour échapper au choc des glaces que les lames poussèrent bientôt vers la côte, se virent contraints de relâcher à un point de l'île sur lequel un de leurs compatriotes, nommé *Godin*, avait formé un petit établissement qui passait pour bien approvisionné.

La proposition de débarquer étant généralement adoptée, les navigateurs dirigèrent leur embarcation dans une petite crique qui découpait la côte à une petite distance du lieu habité par leur compatriote, et, dans l'espoir d'une bonne hospitalité, ils se consolèrent promptement des entraves que le changement du temps avait apportées à leur petit voyage.

Quand les pêcheurs furent arrivés au fond de la crique, ils virent un petit canot échoué sur le rivage. La présence inusitée d'une embarcation dans ce parage impliquait la présomption de la présence inattendue de quelque visiteur étranger à l'île. Ce fut avec cette opinion que les Français descendirent à terre.

Ils avancèrent vers le poste.

Le plus grand silence régnait partout : on eût dit une rive abandonnée. La mer en battant sur la plage, le vent en glissant sur les chemins avaient effacé jusqu'aux plus profondes traces de pas. Quelques oiseaux sauvages se montraient seuls, comme des points blancs ou noirs sur la teinte rousse du sable ; encore s'envolèrent-ils subitement à la venue des voyageurs. Pourtant chacun savait la côte habitée et la continuelle présence du Français Godin particulièrement sur ce point. L'aspect général du poste et de la grève jeta quelques doutes sans objets chez la plupart des pêcheurs ; pourtant ils ne s'en avancèrent pas moins vers la maison principale.

Mais de quelle horreur ne furent point saisis ceux qui les premiers franchirent le seuil !

Plusieurs cadavres sont étendus sur les carreaux dans des attitudes convulsives ; — çà et là sont éparpillés des ossements humains à demi rongés, quelques-uns liés encore entre eux par des lambeaux de chair, d'autres baignés dans des flaques de sang noir et figé !...

Une affreuse odeur de chair en putréfaction régnait dans la salle, et repoussa plus violemment encore que ce hideux spectacle les marins qui furent les premiers à en être témoins.

Les plus courageux essayèrent de se livrer à un examen attentif de ce qui se présentait à leurs yeux, et ils reconnurent que ces dépouilles étaient celles, la plupart incomplètes, d'une quinzaine de personnes : huit ou neuf hommes, trois femmes et trois enfants.

Celui de ces malheureux qui semblait avoir le dernier cessé de vivre était un jeune homme dont le cadavre se trouvait encore entier et couché dans un hamac. Il paraissait avoir ainsi péri de froid et de faim ; des lambeaux de vêtements recouvraient à peine son corps amaigri, et son bras morcelé, introduit entre ses deux mâchoires, témoignait, d'une manière horrible, des dernières convulsions qui l'avaient assailli en cessant de vivre.

Ce qu'on vit de nippes sur le cadavre trahissait la distinction d'une certaine classe sociale ; plus tard, comme on verra, on en sut davantage sur ce malheureux.

Après les premiers troubles que la terreur imposée par un tel spectacle avait répandus parmi les voyageurs, on songea à donner à toutes ces dépouilles horribles un asile dans la terre. Les marins creusèrent de larges fosses, dans lesquelles furent plongés les cadavres de tant de victimes. Une grande boîte remplie d'ossements blancs, et qu'on avait trouvée dans un coin de la salle, avait donné la certitude que la chair humaine avait servi à d'affreux repas ; et cette opinion avait été confirmée par la présence, sur un foyer voisin, d'un vase de terre au fond duquel on distinguait encore des débris humains bouillis et putréfiés.

Cette découverte affreuse donna aux marins le courage de visiter les autres parties du poste : un hangar voisin leur offrit bientôt un second et aussi dégoûtant spectacle.

Cinq cadavres, suspendus par des cordes aux poutres de la toiture, recevaient, en s'entrechoquant, les balancements que leur imprimait la brise. Les entrailles de ceux-ci et les parties les plus charnues en avaient été arrachées ; ils exhalaient, aux agitations du vent, une puanteur insoutenable ; leurs faces étaient vertes, et leur chair noire et entièrement corrompue ; d'affreux vers la parcouraient ; les os, en partie dépouillés, cliquetaient en se heurtant. Toute la fermeté des pêcheurs s'évanouit à la vue de cette horrible exposition ; pas un n'eut le courage d'approcher de ces restes affreux pour leur donner, comme aux premiers, une religieuse sépulture ; tous s'enfuirent épouvantés, abandonnant le poste. Ils gagnèrent aussitôt leur embarcation, et, malgré les menaces du temps, malgré la pluie et la violence de la brise, ils poussèrent au large, emportant avec eux ce qu'ils avaient pu recueillir de hardes dans la salle de la maison Godin.

De retour à leur établissement, les pêcheurs examinèrent les dépouilles dont ils s'étaient emparés ; elles offraient peu d'intérêt, et les vêtements trouvés dans le hamac du jeune homme dont nous avons parlé furent les seuls qui pussent donner quelques indices sur les noms et la qualité de quelques-uns de ces naufragés. Un anneau, enlevé à la main du cadavre, portait ceci : *J. S. marié à A. S. le 16 avril 1822*. La poche d'une jaquette contenait aussi une note écrite au crayon, sur laquelle on lisait ces lignes : *Vous trouverez encore quarante-huit souverains d'or dans une ceinture qui est dans mon hamac ; envoyez-les à Mary Harrington, Barrack-street, à Cowe, car ils appartiennent à son fils.* Signé *B. Harrington.*

Les autres objets trouvés par les pêcheurs étaient : cent cinquante-deux souverains, quelques montres, des bagues d'or, des instruments nautiques, des livres de mathématiques et des vêtements de marins. Quant aux cadavres, c'étaient ceux d'un équipage entier et d'une société de passagers. Il y avait eu là des frères, des sœurs, des mères et des enfants. La famine les avait saisis. L'établissement du poste avait été précédemment abandonné par son propriétaire. Ainsi, tous ces gens étaient morts les uns après les autres, en détail, en proie à mille morts anticipées, à mille tourments physiques et moraux. Le dernier mourant avait vu mourir tous les autres ; chacun d'eux avait cherché à prolonger sa vie en mangeant la chair de celui qui tombait près de lui. Il y avait eu des mères qui avaient donné le jour à de petits êtres, et ceux-ci avaient fini par offrir en pâture, au sein qui les avait conçus, des membres jeunes et délicats. Il y avait peut-être là des époux, des amants, dont les bouches, souvent réunies dans des caresses, s'étaient jetées avec rage sur ces chairs aimées pour s'en nourrir. Tout avait trompé ces malheureux, jusqu'à l'espérance ! l'espérance qui soutient et console, l'espérance dont le malheur fait une divinité !

Les journaux de Québec ont écrit ultérieurement que tout semblait faire croire que les malheureux dont nous venons de tracer la déplorable fin formaient les passagers et l'équipage du bâtiment *le Granicus*, qui fit voile du Canada, sous le commandement du capitaine Martin, pour le port de Cork en Irlande, et dont l'on est resté depuis sans nouvelles. Les glaces qui encombrent ces parages dangereux ont causé un grand nombre de naufrages à la *Magdelaine*, et tout porte à croire que parmi ceux-là il faut ranger celui du *Granicus*. L'absence du Français Godin semble avoir causé cette horrible catastrophe; mais son éloignement de l'île ne pouvait être blâmable, car l'établissement qu'il avait élevé sur ce point était volontaire et indépendant de toute autorité.

Nous croyons avoir lu depuis, dans les feuilles anglaises, que le gouvernement avait accordé une allocation pour l'entretien d'un établissement de secours sur cette côte redoutable.

GÉOGRAPHIE.

Cayeux.

Grâce aux magiques descriptions de Byron, aux pinceaux de Gudin, aux chaleureux romans de l'école maritime, la mer est aujourd'hui chez nous l'élément à la mode; et celui-là n'a point vécu d'une manière complète, qui n'a point accompli son pèlerinage dans les murs de Dieppe ou du Havre. Qu'un élégant Parisien, plié à toutes les exigences du luxe, à toutes les mollesses de la civilisation, choisisse l'une ou l'autre de ces villes pour faire connaissance avec l'Océan, je le conçois : il y retrouve, en partie du moins, les plaisirs, les habitudes de la grande cité, et ces plaisirs, ces habitudes sont nécessaires à sa vie. Mais que l'artiste, que le poëte, épuisés de travaux, sentent à la fois la sève et l'inspiration leur manquer; que, froissés par le contact des hommes, ils aient besoin de calme et d'oubli; qu'ils aient besoin de se retremper à l'air vivifiant des mers, à ceux-là je dirai : Ce n'est point au Havre ou à Dieppe qu'il faut chercher l'inspiration qui vous fuit; sans doute là, comme partout sur nos côtes, l'horizon est infini, l'air vif et mordant, la mer belle tour à tour de calme et de colère, mais là aussi la main des hommes a profané ses rivages, emprisonné ses flots dans d'étroits bassins. Là elle berce d'élégants navires aux blanches voiles de lin, aux splendides cabines d'acajou, aux pavillons de pourpre et d'azur; et cette civilisation que vous voulez fuir vous poursuit jusque sur les ondes. Si la voix solennelle des tempêtes, le bruissement des vagues sur les galets vaseux des grèves vous jettent dans d'inexprimables rêveries, les bruits du port, les rumeurs de la ville vous assourdissent, la présence

des hommes fait ombre au tableau, et vous maudissez la foule qui ne saurait vous laisser seul face à face avec l'immensité.

Artistes et poëtes, dont la pensée est lasse, qui sentez l'air manquer à vos ailes, fuyez ce Paris qui vous brûle, où les hommes s'étiolent faute d'espace et de soleil; cherchez dans cette Bretagne, si poétique et si peu connue, quelque sauvage bourgade perchée comme un nid d'aigle sur le sommet de l'abrupte falaise; ou bien encore suivez-moi sur les plages solitaires et mornes de la Picardie, plages arides, sans verdure, nues, écorchées par les vents, comme ces grands déserts dont parle Buffon; plages funestes, où les flots ont englouti bien des trésors, roulé bien des cadavres, où d'humbles croix noires, sans date et sans nom, recouvrent à chaque pas des tombes où personne n'a jamais pleuré. Au milieu de ces plages semées de dunes mouvantes que l'ouragan promène à son gré, s'élèvent des huttes chétives à demi ensevelies sous les sables.—Ces huttes éparpillées, en désordre, avec leurs fenêtres étroites, leurs portes basses, leurs toits de chaume, leurs parois de paille et d'argile; ce clocher carré, sombre, où se balance une cloche fêlée, à la voix aigre et sauvage; cette bourgade sans rues au niveau des vagues, c'est Cayeux; devant vous, la mer immense et bleue; bien loin, à droite, les sables de Marquenterre, qui luisent comme une poussière d'argent; à gauche, le bourg d'Ault, assis sur les hautes falaises que vous découvrez, s'abaissant comme un rideau blanchâtre jusqu'au delà du phare de Dieppe. D'immenses plaines de galets où rien n'arrête la vue, et au milieu de ces plaines, le Hable, vaste lagune délaissée par la mer, étang profond aux mille sinuosités, aux rives couronnées de nénuphar et de roseaux, où viennent s'abattre comme les nuages les goëlands, les chevaliers, les combattants à la splendide aigrette, et ces innombrables variétés d'oiseaux qui planent sur les vagues de l'Océan, ou qui labourent le limon de ses rivages.

Qui n'a vu ni Paris ni Cayeux, dit un proverbe picard, n'a rien vu; et le proverbe a raison. A Cayeux, les hommes, les mœurs, le paysage, tout porte un air d'étrangeté qui surprend. Paris et Cayeux, c'est le salon doré et la solitude du désert, c'est la civilisation et l'état sauvage dans leurs points extrêmes. Comme l'enfant d'Otaïti, la fille de Cayeux vous vendra ses caresses pour un lambeau de pourpre ou pour un bijou d'or, et n'attachera à ce trafic de ses charmes aucune idée de honte ou de déshonneur; car *elle est fille, et par cela même maîtresse de son corps*. Mais cette même femme qui s'est livrée sans remords, et dont les paroles feraient rougir un front éhonté (car la pudeur du langage fut toujours chose inconnue à Cayeux), cette même femme, quand elle aura donné sa foi, quand les paroles sacramentelles du mariage l'auront sanctifiée, sera bonne mère, épouse fidèle, irréprochable; car alors elle saura qu'elle ne s'appartient plus, et l'opinion indulgente pour la faiblesse de la jeune fille flétrirait d'un mépris ineffaçable les égarements de la mère de famille.

Sur cette côte, célèbre par ses naufrages, où la mer vient mourir plutôt qu'elle ne se brise, vous chercheriez vainement un abri. Là, il n'y a ni port ni vaisseau. Seulement quelques barques de pêche aux cordages goudronnés se reposent çà et là, couchées sur les flancs au milieu des sables que le reflux a découverts; car la pêche est l'unique richesse, l'unique occupation, l'unique pensée des habitants; population intrépide et robuste, qui naît pour la mer, vit et meurt à la mer. Quelle existence, grand Dieu! que celle de ces hommes qui luttent chaque jour contre la mort, et qui, pour prix de tant de fatigues, de périls et de courage, ne recueillent que la misère! Quelle énergie dans l'âme de ces marins à la parole âpre et brève, aux formes athlétiques, qui, pareils à des loups de mer, ne prennent terre à de longs intervalles que pour apporter la pâture à leur jeune famille. Il est beau, il est terrible de les voir, quand le canon d'alarme tonne à l'horizon, s'élancer, malgré les pleurs, les prières de leurs femmes, dans leur *bateau-pilote*, frêle écale de noix, qu'un marsouin ferait chavirer d'un coup de queue; il est beau de les voir se courber sur la rame pour arriver, malgré le vent, le courant et les lames, jusqu'au navire en détresse; et ne croyez pas que ce soit l'intérêt, l'espoir des récompenses qui les anime : non, c'est l'instinct seul du bien, c'est un mouvement sublime de pitié! Leurs pères, quand ils étaient enfants, leur répétaient chaque jour : Portez secours à ceux qui sont menacés du naufrage, et Dieu vous récompensera. Ce précepte, ils le répètent à leur tour, et comme leurs pères, peut-être, ils mourront en l'accomplissant.

Dans cette triste bourgade, le courage, l'humanité sont des vertus héréditaires. L'enfant sait, dès son plus jeune âge, qu'il faut risquer sa vie pour son semblable; et vous entendez souvent, en vous promenant sur la plage, les pêcheurs raconter dans leur naïf langage, et comme des faits tout simples, tout ordinaires, des actes de dévouement sublimes. J'en sais un, entre autres, qui m'a fait pleurer. Je vais vous le dire :

C'était en 1832, vers la fin d'octobre. *Le Saint-André*, capitaine Fantôme, bateau de pêche monté par quatre hommes et un mousse, venait d'appareiller de Cayeux pour la haute mer. Il ventait bonne brise. *Le Saint-André* filait vent-arrière. Les vagues clapotaient doucement autour de la proue, et déjà la voile disparaissait, grande au plus comme les ailes d'une mouette, dans cette ligne de vapeurs bleuâtres, ligne indécise entre le ciel et l'Océan, et qui flotte à l'horizon des mers

vers la fin d'un beau jour. Trois femmes, vêtues de larges jupes rouges, tête et pieds nus, descendirent sur la grève, regardèrent le ciel et les flots, et l'une d'elles s'écria en appelant un jeune enfant qui jouait à quelques pas : « Viens, Jacques, le soleil se couche bien, ton père et ton frère auront beau temps. » Pauvre femme! elle savait cependant que le temps change bien vite à la mer.

La nuit fut belle et calme. Au point du jour, *le Saint-André* était à dix lieues au large. Les hommes de son équipage préparaient leurs filets, lorsqu'on vit poindre à l'horizon ces nuages anguleux et cuivrés, que les marins picards appellent *fleurs de tonnerre*. La surface aplanie des flots se rida; quelques vagues courtes et rapides vinrent se briser en murmurant contre les bordages du *Saint-André*. « Larguez les écoutes, cria Fantôme, le vent va changer. » Puis se tournant vers son fils, jeune mousse de douze ans qui travaillait près de lui : « Ah! çà, Pierre, nous allons avoir gros temps, mon garçon; n'aie pas peur au moins, et attention à la manœuvre. » L'enfant sourit et se plaça à son poste. On amena la voile, et les marins du *Saint-André* attendirent, calmes et silencieux, le grain qui se déployait lentement comme un voile noir dans l'immensité du ciel. Bientôt la rafale éclata dans toute sa violence; elle fut terrible. Une lame, en croulant sur la barque, emporta trois hommes d'un seul coup, et les roula dans les flots. Par une étrange fatalité, aucun d'eux ne savait nager; ils luttèrent un instant à la surface de l'abîme, poussèrent un dernier cri, et s'engloutirent sous les vagues, qui se refermèrent en tournoyant. « Sainte Mère de Dieu! s'écria Fantôme, qui se tenait cramponné avec son fils à la barre du gouvernail, ayez pitié de nous. » —Vaine prière.—Une seconde lame arriva en moutonnant sur le travers de l'embarcation, et la saisit avec colère. — *Le Saint-André*, couvert par cette montagne d'écumes, trop faible d'ailleurs pour résister au choc terrible, chavira du coup, et reparut quelques brasses plus loin, la quille en l'air, flottant comme un poisson mort. Près de lui reparut aussi Fantôme, nageant d'une main, et de l'autre soutenant son jeune fils. Plusieurs fois déjà, en tournant autour de la barque, il avait essayé, mais en vain, de remonter sur sa coque, lorsqu'une lame le souleva avec force jusqu'au niveau de la quille. Il étendit la main, s'y cramponna fortement, et, toujours chargé de son précieux fardeau, parvint à s'y établir comme il l'aurait fait sur le dos d'un cheval de course.

Il tombait une pluie battante. Fantôme tremblait de froid, ses doigts glacés se crispaient convulsivement. Son fils, dont les dents claquaient avec force, pesait sur son bras comme une masse de plomb, et il essayait vainement de réchauffer par ses baisers le faible souffle de cette vie si jeune et si frêle. Ah! si du moins le soleil avait lui sur sa tête! si ses rayons, l'enveloppant d'un

Les Matelots à terre

tiède et lumineux réseau, avaient ranimé ses membres engourdis, relevé son pouls qui ne battait qu'à peine! s'il avait pu saluer encore, et pour la dernière fois peut-être, cet astre à la vivifiante chaleur!... car, aux yeux de l'homme qui va mourir, un rayon de soleil est presque aussi doux, aussi consolant que le regard d'un ami... Mais non... le ciel était terne et plombé, des nuages épais reflétaient leur ombre sur la mer, qui se déroulait comme un linceul noir; et, dans cet horizon rétréci par la brume, l'œil fixe de Fantôme cherchait en vain une voile... Pauvre Fantôme!... la mer était solitaire et vide... et des courants rapides l'emportaient toujours au large.

Une partie du jour s'écoula dans cette situation, dont on comprend toute l'horreur, mais qu'on ne saurait décrire. Fantôme était brisé de fatigue, et ses forces s'épuisaient à maintenir son fils contre les coups de mer qui menaçaient à chaque instant de l'emporter. Le jeune mousse vit ses efforts, et fixant sur lui un regard où se peignait une indicible expression de tendresse et de souffrance : « Mon père, dit-il, n'essayez pas de me soutenir plus longtemps; je vous en prie, lâchez-moi... laissez-moi mourir et conservez-vous pour vos cinq enfants.—Moi, te lâcher, te voir mourir sous mes yeux, reprit Fantôme en essuyant l'écume qui couvrait le front du jeune mousse, jamais! Si le bon Dieu nous abandonne dans ce monde, eh bien, mon pauvre Pierre, nous mourrons ensemble, et il nous récompensera dans l'autre.—Lâchez-moi, reprit de nouveau l'enfant d'une voix affaiblie, lâchez-moi, mon père, ou la lame va vous culbuter. » Et s'arrachant brusquement des bras qui l'étreignaient, il se précipita dans les vagues. Fantôme poussa un cri terrible, s'élança dans les flots, et le saisit au moment même où il allait disparaître. « Pierre, dit-il en s'accrochant à un cordage qui flottait à l'arrière du *Saint-André*, apprends qu'il ne faut jamais désespérer de la miséricorde de Dieu. —J'ai froid, répondit l'enfant, dont le visage décomposé avait pris une teinte livide... j'ai froid, j'ai bien du mal... » Et il posa doucement sa tête sur l'épaule de son père, en laissant échapper quelques plaintes sourdes, quelques faibles soupirs à peine articulés.

La mer cependant devenait plus calme. Le soleil, prêt à se coucher, avait dissipé les nuages; son disque, en touchant l'horizon des flots, s'y reflétait comme une colonne de feu. « Une heure encore, dit Fantôme avec l'accent profond du désespoir, et il fera nuit close. » Une grosse larme mouilla ses yeux, car il pensait à sa femme et à ses cinq enfants. Cette confiance puissante dans la bonté divine qui l'avait soutenu jusqu'alors se retira de son cœur. Et en effet, la nuit venue, quelle espérance de salut pouvait lui rester encore? Une heure au plus le séparait de

cette nuit terrible; et il fallait un miracle pour le sauver, pour conduire vers ce point imperceptible de l'immensité une voile libératrice à cet atome flottant au milieu de ces vagues qui n'avaient point d'échos pour les cris de son désespoir.

Pierre était immobile et froid. Ses bras pendaient affaissés; ils s'élevaient, s'abaissaient tour à tour avec les vagues : mais ce faible mouvement, hélas! n'était plus celui de la vie. Fantôme, cependant, le tenait toujours étroitement serré contre son cœur, ne soupçonnant pas, le malheureux père, qu'il n'embrassait qu'un cadavre. Mais lui aussi sentait son sang se figer, ses membres se roidir; il tenta un dernier et inutile effort pour remonter sur la quille de son embarcation. Cet effort acheva de l'épuiser; sa main se cramponna convulsivement à l'un des gonds du gouvernail, que la lame avait brisé. Un nuage épais s'étendit sur ses yeux; à travers ce nuage, cependant, il lui sembla qu'une chaloupe à la voile s'avançait vers lui; il lui sembla même distinguer des voix. Etait-ce un songe ou une miraculeuse réalité ?

Fantôme a toujours ignoré combien de temps dura cette espèce de vertige. Lorsqu'il reprit ses sens, il se trouvait à bord d'un bateau pêcheur du Tréport, entouré d'hommes empressés à le secourir. Sa première pensée fut pour son fils; il l'appela, on ne répondit point; et il se prit à pleurer en découvrant, à l'avant de l'embarcation, un objet tel que le corps d'un enfant roulé dans un lambeau de voile humide.

Si le hasard ou la curiosité vous conduisent à Cayeux, n'oubliez pas d'aller saluer d'une larme la tombe du jeune mousse; elle est à droite au pied de la tour de l'église, et vous la reconnaîtrez à la petite croix de bois et aux épaisses touffes de buis qui la couvrent.

LES

Matelots à terre.

II

Dans un premier article nous avons essayé de peindre une des nombreuses attitudes que prend le matelot lorsqu'il se voit maître de son temps et libre de dépenser à terre une partie de sa journée, après les rudes et continuelles fatigues de sa vie de bord; maintenant il nous reste à envisager de quelle façon se dénouent parfois ces rares vacances que la prudence des officiers fait restreindre aux plus parcimonieuses libertés.

La journée s'écoule, comme on l'a vu, en promenades, en conversations, en plaisirs improvisés, que de fréquentes haltes dans les cabarets du chemin signalent par des libations nouvelles, et qui, attaquant peu à peu le cerveau troublé du matelot, finissent avec le jour par le plonger dans une certaine exaltation qui ne s'éteint pas toujours dans un paisible sommeil. Le soir arrive; c'est l'heure des batailles et des débauches que l'amour-propre ou la pudeur ont retardées. Souvent alors le matelot, que tourmentent les fumées du vin, oublie son caractère soumis et ses habitudes régulières, pour s'abandonner aux entraînements de son exaltation. Il méconnaît son camarade qui lui parle; il méconnaît son chef qui lui donne un ordre. S'il a dans le cœur quelque haine étouffée jusque-là sous les rigueurs de la discipline, quelque animosité dont l'expression a été retardée par les conseils de la raison, il oublie raison et discipline, et laisse tout déborder suivant sa passion. Gare alors à son ennemi! gare à l'offense qui semblait oubliée pour être endormie dans son cœur! Il a puisé dans le vin le désir de s'abandonner à toutes sortes de libertés, d'extravagances; il est un autre homme, fier, hautain, irascible, de soumis et discipliné qu'il était; il va rejeter en paroles amères tout le fiel qu'il a sur le cœur; il va se venger, par une heure de franchise et de liberté, de six mois de patience et de douleur secrète. Le voyez-vous au milieu de ses camarades? comme il est fier et violent! Ses haines réchauffées débordent en expressions énergiques; il va y joindre l'énergie du geste. Qui donc a éveillé la violence de cette humeur? Est-ce un propos léger d'un camarade, une rivalité de métier ou d'amour? L'Ariane qui recevait tout à l'heure ses confidences et ses caresses est abandonnée; il faut une scène, une rixe, une bataille, pour clore glorieusement cette journée passée à terre, et Dieu sait que la bataille aura lieu si les gendarmes du port n'y viennent mettre bon ordre. Maintenant il reste à savoir si la force armée elle-même ne sera pas rangée par lui au nombre des ennemis, et s'il se décidera à respecter sa neutralité dans l'affaire. Un des plus brillants trophées qu'un matelot élève à ses plaisirs de la terre, dans le culte de ses souvenirs, c'est d'avoir rossé la garde, d'avoir éreinté le soldat qu'il déteste, et qui, à tout prendre, le lui rend bien. Plus les événements où le matelot jouera son rôle seront violents, plus le souvenir sera creusé dans son imagination, et plus ils vivront dans sa mémoire pour faire les délices de ses longues nuits de quart ou de ses fatigants travaux. Que voulez-vous? tout est violent en marine, tout a une physionomie vigoureusement accusée!...

Maintenant, vous devez connaître le matelot.

R.

DÉCOUVERTE HYGIÉNIQUE,

Distillation

ET PURIFICATION DE L'EAU DE MER,

PROCÉDÉ DE MM. WELLS ET DAVIES.

Il y a plus d'un siècle que l'on sait que l'eau de mer distillée dépose entièrement les parties salines dont elle était chargée, et devient jusqu'à un certain degré potable. Gautier, médecin à Nantes, le premier annonça, en 1717, avoir pleinement réussi dans les expériences qu'il avait tentées à ce sujet, et qui furent répétées vers le milieu du siècle dernier par le célèbre Macquer; mais bien des années s'écoulèrent avant que l'on songeât à faire profiter la marine de cette découverte, et il n'est pas étonnant que les Anglais, qui de tout temps ont donné à leur marine plus de soins que les autres peuples, fussent les premiers à l'utiliser. Lorsque le capitaine Cook partit, en 1772, pour son second voyage de découverte, son bâtiment, la Résolution, fut muni d'un appareil propre à la distillation de l'eau de mer. Il n'en fit pourtant usage que rarement et à la dernière extrémité, surtout à cause de la mauvaise qualité de l'eau qu'elle produisait; car bien que l'eau de mer distillée ne soit plus salée, elle demeure encore chargée de substances volatiles, végétales et animales, dont la distillation ne peut la priver, et qui lui donnent un goût amer, âcre et nauséabond. Ce goût était tellement insupportable, que l'équipage de la Résolution préférait à l'eau distillée l'eau de pluie ramassée à bord, au moyen de voiles étendues horizontalement, et que le contact avec le gréement du navire avait fortement imprégnée de goudron. Le capitaine Phipps, dans son voyage au pôle boréal, fit usage du même appareil dont s'était servi le capitaine Cook, et dont un nommé Irving était l'inventeur, et l'eau qu'il se procura par ce moyen ne fut trouvée guère plus agréable comme boisson que celle dont le goût avait rebuté l'équipage de Cook. Il fallut encore bien des années pour trouver le moyen de remédier à l'inconvénient dont nous venons de parler.

Enfin, en 1807, les lords de l'Amirauté approuvèrent et ordonnèrent d'installer à bord du vaisseau le Trusty, de 50 canons et monté de 350 hommes, une cuisine pour laquelle un brevet d'invention venait d'être obtenu par M. Lamb, et qui distillait l'eau de mer pendant que s'opérait la cuisson des vivres de l'équipage. Le rapport du capitaine Hodgson, commandant de ce vaisseau, fut on ne peut plus favorable à l'inventeur. La chaudière du bord, disait-il, entrait en ébullition dans les deux tiers du temps nécessaire pour les fourneaux ordinaires, bien qu'il y eût une économie de 25 pour 100 dans la consommation du combustible, et l'eau distillée, produite à raison de cent litres par heure, ne laissait rien à désirer pour le goût et les autres qualités. Il terminait en exprimant la conviction que l'adoption de cet appareil serait très-avantageux pour la marine royale:

Malgré tous les éloges donnés à l'invention de M. Lamb par le capitaine Hodgson, il paraît que l'Amirauté ne suivit point l'avis de cet officier. Comme les hauts personnages qui étaient à la tête de cette administration ne s'étaient jamais trouvés, sous un soleil tropical, à la ration d'un litre d'eau pour les vingt-quatre heures, ils n'étaient pas hommes à apprécier le bienfait qu'ils auraient conféré aux marins en leur assurant le luxe de pouvoir boire.... de l'eau à discrétion. Pour les directeurs de la Compagnie des Indes, ce fut autre chose; non pas que ces derniers fussent beaucoup plus soucieux du bien-être des marins employés par eux; mais ce qu'ils surent apprécier, c'est que dans leurs bâtiments, outre une centaine d'hommes d'équipage, ils embarquaient de nombreux passagers, et que pour un voyage de l'Inde il fallait nécessairement fournir un tonneau d'eau de provision par individu. Or, outre la dépense des futailles, un tonneau d'eau tient la place d'un tonneau de marchandises, et au taux exorbitant où était le fret alors, le bénéfice de cent tonneaux, que l'on pourrait souvent économiser en adoptant l'appareil distillatoire, était un coup de fortune; aussi bientôt il n'y eut presque plus de vaisseau de la Compagnie qui ne fût muni d'une cuisine à alambic, soit d'après le procédé de M. Lamb, soit d'après celui de quelque autre inventeur. Parmi les nombreuses améliorations, réelles ou supposées, qui furent introduites dans l'appareil de distillation, on peut citer celle de MM. Frazer et Chater de Clerkenwell, dont l'invention fut mentionnée avec éloges en 1819, par le *Journal de l'Institution royale,* publié à Londres.

En France, bien que Beaumé eût, dès 1764, conseillé, dans sa *Chimie expérimentale,* d'après les indications de Poissonnier, de faire servir le feu de la cuisine du navire à la distillation de l'eau de mer pour la boisson de l'équipage, les essais tentés depuis semblent avoir été regardés comme infructueux, ou du moins comme ne donnant que des résultats peu satisfaisants. Cependant, deux de nos plus illustres navigateurs, Bougainville et Hamelin, ont eu dans leurs voyages recours à la distillation de l'eau de mer, et s'en sont bien trouvés; et de nos jours, le capitaine Freycinet embarqua, à bord de la corvette *l'Uranie,* un appareil construit exprès par ses ordres, sous les yeux de M. Clément, et qui, bien qu'isolé de la cuisine, donnait par heure 58 litres d'eau douce, en consommant environ 11 livres de charbon. Cet officier trouva aussi que le mauvais goût de l'eau distillée était beaucoup moindre lorsque l'opéra-

tion se faisait à feu doux, et que l'agitation et l'exposition à un courant d'air pendant quelque temps suffisait pour le dissiper entièrement, sans avoir besoin de recourir à la filtration. Plusieurs personnages de mérite s'étaient aussi occupés des améliorations dans le procédé de la distillation, entre autres M. Rochon, membre de l'Institut, en 1813. Nous ne parlerons pas des expériences faites en 1814 par M. Gazil, pour purifier et dessaler l'eau de mer par la filtration au lieu de la distillation, et qui eurent pour résultat de produire, au bout de quelques heures, autant d'onces d'un liquide qui n'était nullement potable. En 1816, M. Keraudren, inspecteur-général des hôpitaux de la marine, publiait un mémoire sur la distillation de l'eau de mer, et deux ans plus tard, des expériences faites simultanément aux ports de Brest, Rochefort et Toulon, démontraient jusqu'à l'évidence la salubrité parfaite de l'eau de mer distillée.

Des recherches semblables ont été faites aux États-Unis, et le tome VII du *Bulletin des Sciences* contient un rapport du docteur Baud, donnant la description d'un appareil à distiller l'eau de mer, qu'il avait vu à bord du paquebot américain *le Mentor,* à Lorient. Cet appareil était adapté à la cuisine du bâtiment.

A Altona, M. le capitaine Konnig, de la marine danoise, bien connu comme l'inventeur de divers instruments adoptés dans la marine de l'État, et d'un code de signaux universels à l'usage des navires de commerce de tous les pays, annonça, en mai 1825, avoir imaginé un système de cuisine qui, sans augmentation de combustible, donnait par la distillation la quantité d'eau nécessaire à la consommation de l'équipage. Le rapport où nous avons puisé nos renseignements ne dit pas si cette eau était ou non exempte de mauvais goût.

Malgré toutes ces tentatives et toutes ces inventions, nous le répétons, nous ne croyons pas qu'un appareil fonctionnant sans reproche ait jamais été construit en France, ni pour la marine de l'État, ni pour la marine marchande. C'est ce qui a engagé MM. B. Wells et Davies à prendre un brevet d'importation pour l'appareil récemment imaginé par eux en Angleterre, pour lequel ils ont obtenu un brevet d'invention, et qui est supérieur, dit-on, aux procédés usités jusqu'ici en ce pays, par la simplicité de sa construction, le peu de place qu'il tient à bord, l'économie du combustible, la quantité d'eau distillée eu égard à la grandeur de l'appareil et à la pureté de cette eau.

Nous avons sous les yeux le rapport de l'essai qu'ils ont fait de leur appareil à Boulogne, à bord du sloop anglais *l'Alliance,* en présence de M. le sous-préfet, M. le maire, M. le commissaire de marine, de plusieurs officiers de marine, et d'autres personnes parmi lesquelles plusieurs avaient des connaissances étendues en chimie. L'appareil de MM. Davies et Wells a environ 3 pieds en tous sens, et peut suffire à la cuisson des vivres nécessaires à un équipage de cinquante ou soixante hommes. Il consomme, assure-t-on, environ six livres de charbon par heure, et produit aussi par heure de 30 à 35 litres d'eau distillée. Cette eau est incolore, inodore et entièrement dépouillée de sel; elle dissout parfaitement le savon et peut déjà servir à tous les usages, sauf à la boisson, car elle a encore un goût amer et âcre qu'elle ne perd qu'après avoir été filtrée. Le filtre dont se servent MM. Davies et Wells ressemble à ceux dont l'usage est répandu partout, et la filtration s'y opère à travers des couches alternatives de sable et de charbon. L'eau qui en sort est parfaitement bonne, et si elle conserve encore un goût d'amertume presqu'insensible, il faut être gourmet pour s'en apercevoir; au moins il est certain qu'en mer il est impossible de prétendre en avoir de meilleure, et que rarement on en a d'aussi bonne. Il serait d'ailleurs facile de rendre cette eau plus légère, et d'ajouter encore à sa salubrité en l'aérant par un procédé bien simple, journellement mis en usage dans les voyages de long cours, et que nous croyons pouvoir nous dispenser de décrire ici.

Ce qui a le plus frappé dans cet appareil, c'est l'idée qu'ont eue ses inventeurs de faire servir la mer elle-même de condensateur, en conduisant le serpenteau de l'alambic à l'extérieur du navire, le long de l'étrave, et le faisant ensuite rentrer dans la cale, considérablement au-dessous de la flottaison. Il faut dire cependant que cette idée n'est point nouvelle; elle a été citée par M. de Keraudren, en 1816, comme *une disposition séduisante de spéculation, mais qui, dans la pratique, ne présentait que des inconvénients.* M. Wells nous a déclaré n'avoir éprouvé aucun des inconvénients dont parle M. de Kéraudren sans les signaler.

L'intention des inventeurs est d'offrir leur procédé à M. le ministre de la marine, pour être installé à bord des navires de l'Etat. Nul doute que M. le ministre ne nomme incessamment une commission chargée de faire un rapport sur le mérite de l'invention. MM. Davies et Wells se proposent également d'en faire confectionner dans des proportions plus petites pour les navires du commerce. Ils espèrent que ces appareils seront adoptés avec empressement dans nos grands ports d'armement pour le long cours, comme Bordeaux, le Havre, Marseille, Nantes, les seuls où ils puissent trouver un débouché convenable.

Le sloop *l'Alliance* de Boulogne, s'étant rendu en rade plus tard pour y procéder, en présence des autorités et d'autres personnes compétentes, à une expérience rigoureuse, dans le but de constater exactement ce que l'appareil de MM. Wells et Davies produit d'eau distillée et consomme de

charbon dans un temps donné, voici le résultat de cette expérience.

L'appareil a fonctionné pendant plus de deux heures, et a fourni, terme moyen, près de 20 litres (19,88) à l'heure; et pendant un court espace de temps, sans doute avec un concours de circonstances favorables, la production a même été en raison de 28 litres et demi à l'heure.

On a en outre recueilli après l'opération, qui avait duré en tout deux heures quarante-deux minutes, environ 5 litres d'une eau un peu moins pure, et provenant de la condensation de la vapeur autour des parois des ustensiles de cuisine; car le feu du fourneau de distillation était en même temps utilisé pour faire cuire différents mets en quantité amplement suffisante pour trente personnes.

La consommation du charbon a été reconnue de 5,56 kil. par heure : il est juste, cependant, de faire observer que le charbon dont on s'est servi pour cette expérience a paru, à tous ceux qui y ont assisté, être de mauvaise qualité.

Quant à la qualité de l'eau produite par l'appareil distillateur, le résultat de l'expérience ne saurait être plus favorable aux inventeurs. On l'a trouvée non-seulement potable, mais aussi bonne et aussi agréable à boire que l'eau de source. On l'a essayée à l'aide de réactifs chimiques, et si l'emploi de ces agents y a révélé de très-faibles traces de sels à base calcaire, et un peu plus de sel marin, il a été reconnu que l'eau de nos fontaines, prise pour servir de terme de comparaison, contenait une plus grande quantité de ces sels, surtout des premiers (1).

VARIÉTÉS.

Danses a Alger.

Un jeune peintre du Havre, dont les premiers essais ont déjà donné de belles espérances, s'est amusé à retracer dans la lettre suivante les impressions que lui a fait éprouver le spectacle des danses de la population bigarrée d'Alger. On reconnaîtra sans doute dans ce récit rapide l'empreinte de l'imagination d'un artiste qui peint plutôt qu'il ne décrit, et qui se laisse aller au plaisir de dessiner avec une plume, croyant encore avoir sans doute son crayon à la main.

« J'ai été invité dernièrement à un bal qu'a donné

(1) Ces détails sont empruntés à l'*Anotateur* de Boulogne-sur-Mer, l'un des organes les plus justement estimés de la presse départementale.

le général commandant en chef, à l'occasion de l'anniversaire des Trois-Journées : j'en ai été fort content, car c'était un spectacle curieux et intéressant pour un Européen et surtout pour un artiste. Ce bal se donnait dans l'ancienne maison du dey, en ville, dont les appartements, ornés de boiseries sculptées et peintes de couleurs tranchantes, sont vraiment très-bien. Il y avait beaucoup de grand monde et grande variété de costumes : Françaises élégantes, militaires de tout grade, Juives surchargées de colliers d'or et de perles, avec de grandes robes noires ou vertes, dont la gorge et les épaules sont couvertes d'or : ce soir-là elles avaient chaussé le bas blanc à jour et le soulier français, nouveauté que je voyais pour la première fois, car elles sont toujours nu-pieds avec de petites sandales qui leur recouvrent à peine le bout des doigts. Du reste, ces dames ne dansaient pas ; elles ne connaissent pas encore nos danses. Il y avait aussi des Maures dans leur costume léger et pittoresque, et même des Arabes enveloppés, de la tête aux pieds, de leurs grandes draperies de laine blanche. Ceux-ci regardaient le bal avec assez d'attention, mais sans faire paraître ni plaisir ni étonnement : je demandai à l'un d'eux, que j'avais rencontré plusieurs fois avant cette époque, comment il trouvait cela ; il me répondit froidement qu'il n'avait encore rien vu de semblable, me faisant entendre par là que, ce spectacle étant pour lui tout nouveau, il ne pouvait former un jugement. — Le bal a duré depuis huit heures du soir jusqu'à quatre heures du matin, très-animé et très-nombreux ; je ne me suis retiré qu'à la fin, quoique ayant fort peu dansé.

» Dans la journée nous avions eu d'autres danses sous les yeux. Celles-là étaient pour moi entièrement neuves, et par conséquent plus piquantes : c'étaient celles des naturels du pays.

» Vous savez que la population indigène est très-nombreuse à Alger, mais aussi très-variée. Juifs, Maures, Nègres y forment comme autant de peuples ; et chacun, dans cette circonstance, concourait pour sa part aux réjouissances publiques : coïncidence qui les rendait plus brillantes, c'est que le commencement du baïram tombait cette année le 29 juillet... Sur une esplanade qui est hors de la ville, ils s'étaient établis en groupes, par nation : les Juifs, assis sur des nattes, chantaient en chœur et jouaient des instruments : il en était de même des Maures, installés sur un autre point ; plus loin étaient les Maures, puis les Arabes, et plus loin encore les Nègres divisés en deux groupes, car ils exécutaient deux danses différentes. Peut-être connaissez-vous les danses des Nègres ; je vais essayer de vous donner une idée de celles des Arabes.

» Le premier groupe d'Arabes était, m'a-t-on dit, composé des Mosabites, tribu autrefois très-puissante, qui habitait les confins du désert,

mais qui, presque détruite maintenant par les guerres avec ses voisins, est venue s'établir auprès d'Alger, sous la protection française. Leur danse est une pantomime représentant une scène d'amour, et qui serait assez voluptueuse si elle était véritablement exécutée par des femmes. Ce sont des jeunes gens qui jouent le rôle des femmes, et qui pour cela se masquent le bas de la figure avec un bandeau ; ils se suivent, s'attirent, s'évitent, se rapprochent, accompagnent leurs mouvements de gestes analogues ; les yeux qui se ferment langoureusement, la tête qui se penche sur l'épaule ou se renverse en arrière, les bras croisés sur la poitrine, les jambes pliant sous le corps, enfin toutes les marques d'une passion extrême... La musique qui les accompagne est moins mélancolique ; c'est une douzaine de tambours ou tambourins qu'ils frappent du plat de la main, et un instrument fait comme notre hautbois, mais qui a les sons de la musette d'Auvergne, et qui répète toujours le même refrain. La danse dure un quart d'heure environ, et s'il se trouve là quelque amateur qui trouve la représentation de son goût et veuille rémunérer les acteurs, il fait approcher le hautbois, lui applique sur le front et sur les joues des pièces de monnaie ; celui-ci fait le tour de l'assemblée la figure ainsi ornée, et entre en danse avec les autres : la musique devient alors plus bruyante, les acteurs s'animent davantage, et tout le monde applaudit. Cette danse est assez intéressante, mais uniforme et monotone ; je la place beaucoup au-dessous du Fandango et de la Saltarella, danses du même genre et qui expriment la même scène. Ici l'on est encore dans l'enfance de l'art, on peut dire que c'est encore une danse de sauvages.

» Une autre scène s'exécutait plus loin, bien différente de la première, différente de tout ce que j'avais vu jusqu'alors ; c'était la danse des Nègres.

» Une cinquantaine de Nègres, les uns richement costumés, les autres pauvrement vêtus, armés chacun d'un petit bâton blanc, forment un grand cercle, qu'ils parcourent d'abord au pas et en silence, entrechoquant leurs bâtons en mesure, frappant tantôt sur celui qui est devant, tantôt sur celui qui est derrière : peu à peu ils s'animent et commencent à s'agiter de droite et de gauche ; puis ils s'élancent en sautant et gambadant, et bientôt forment une vaste chaîne agitée des mouvements les plus bizarres et les plus outrés. C'était vraiment chose curieuse et on ne peut plus intéressante que cette mêlée de Noirs, sautant, gesticulant, se tordant, élevant sous leurs pieds, et sous les figures qu'ils tracent par terre avec leurs bâtons, des tourbillons de poussière ; chantant en chœur et par courts refrains quelques paroles arabes, et toujours, quelle que soit la pose du moment, rencontrant en mesure le bâton de leur adversaire:... Les malheureux suent à flots; sont rendus : n'importe, tant que la musique donne, il faut aller ; et la musique, c'était une douzaine de gros tambours, au son sourd, mais vigoureux, qui pressaient toujours de plus en plus... jusqu'à ce qu'enfin tout le monde tombât de fatigue et fût obligé de renoncer. Le repos était court; et la chaîne se reformait pour ne cesser qu'un quart d'heure après. Cet exercice a duré plusieurs heures. La danse voisine, composée également de Nègres, était encore plus animée, s'il est possible : elle était aussi plus bruyante. Il y avait comme à l'autre la collection complète des tambours, mais de plus chaque danseur était armé d'une paire de castagnettes doubles en fer, dont le bruit rauque, croissant et redoublant incessamment sous les chocs de plus en plus vifs, suivait les mouvements et les rapides pirouettes du danseur : chacun à son tour se précipitait au milieu du cercle; quelquefois plusieurs ensemble, et c'était à qui tournerait sur lui-même le plus longtemps et le plus vite, sans sortir d'un rond tracé par terre ; et toujours, pendant ce temps, le tambour et les castagnettes de toute l'assemblée, de continuer leur musique infernale.

» Il est une chose qui m'étonnait dans ces jeux : c'était cette passion bien marquée des Nègres pour les exercices violents, pour les danses, jusqu'à ce que mort s'ensuive, on pourrait presque le dire, car bien certainement ils ne cessent que quand il leur est impossible d'aller davantage; c'était cette gaieté, cette soif de bruit et de fatigues outrées dans ces êtres qui, partout ailleurs, paraissent si nonchalants, indolentes créatures que l'on voit des journées entières accroupies à l'ombre, et qui préfèrent l'existence misérable au travail continu qui leur donnerait l'aisance..... Peuple du reste bien original, intéressant, pittoresque au possible ; peuple qui me séduit et que j'aime, car il est plein de contrastes et de poésie.

» La danse du Maure est tranquille, molle, voluptueuse : c'est un poëme d'amour ; ce sont les peines, les tourments, les prières d'un amant qui déclare sa flamme. La danse du Nègre est vive, bruyante, délirante d'action, de verve et d'enthousiasme. Il me semblait, en la considérant, assister à un combat de guerriers choisis, ou bien à la ronde des démons au jour des réjouissances, ou bien encore aux jeux d'amour et de guerre des reptiles du Nouveau-Monde, quand, dans les nénuphars des lacs, ils se réveillent et s'enflamment à l'ardeur d'un soleil dévorant. Belles scènes ! grandes scènes, brillantes de couleurs et d'originalité !.... Les danses de l'esplanade Aab-el-Oued, au 29 juillet 1833, ne sortiront jamais de ma mémoire, et seront, je vous assure, bien souvent le sujet de mes entretiens. »

Souvenirs
DE VOYAGES AU MEXIQUE.

J'ai habité pendant deux ans le Mexique ; j'ai été admis dans les *tertulias* les plus fashionables de Véra-Cruz, de Mexico, de Puebla et de Guanaxuato ; par goût j'ai visité tous les lieux publics où j'espérais saisir quelques nuances du caractère de cette population bizarre qui compose la confédération mexicaine. Eh bien ! le croiriez-vous ? après deux ans d'observations, de recherches les plus minutieuses, il m'a été impossible de formuler un jugement, d'esquisser ce qu'on appelle le caractère national d'un peuple, tant j'ai remarqué d'anomalies, d'incohérences ! Imaginez une teinte républicaine jetée sur des formes aristocratiques; la liberté, l'égalité pêle-mêle avec le droit d'aînesse et l'esclavage; une représentation nationale des plus larges sans parlement, et au milieu de tous ces éléments disparates, l'incrédulité religieuse en présence du fanatisme le plus abject. Grâce à ces mille discordances, la société mexicaine échappe à toute espèce d'analyse et d'examen. Ce n'est ni l'arrogance chevaleresque du Castillan, ni la molle nonchalance de l'Italien, ni la spirituelle gaieté du Français, ni la taciturnité de l'Allemand qui la distingue ; un mélange confus des défauts et des qualités de ces divers peuples la domine : tour à tour elle se présente sous ces divers aspects, et l'immense variété des nuances qu'elle reflète confond vos idées, bouleverse vos impressions.

Les femmes y sont belles, mais elles sont dépourvues de cette grâce mélancolique, de cette agacerie piquante qui fait le mérite des Andalouses. Plongées dans une continuelle apathie, elles semblent indifférentes pour tout ; les hommes, d'une nullité complète, ne sont occupés que d'une chose : le jeu. Fort heureusement que les cigares tiennent un grand rôle dans les réunions mexicaines : grâce à cet utile auxiliaire, on est dispensé d'avoir de l'esprit; les conversations ne sont qu'un échange de monosyllabes, de signes de tête et de bouffées de tabac. Rien d'intellectuel, rien d'élevé ne plane sur cette société blasée ; le matérialisme le plus absolu la régit. Les mœurs chevaleresques des anciens conquérants ont disparu ; les femmes, dont l'ignorance est profonde, sont sans influence, et les hommes n'ont d'autre mobile que la cupidité. Cependant, au milieu de cette démoralisation générale, on voit jaillir parfois quelques traits de générosité sombre, quelques étincelles de vertu farouche, comme pendant l'orage l'éclair sillonne à de longs intervalles l'atmosphère épaisse et brumeuse. Durant mes nombreux voyages dans cette contrée, j'ai été témoin de plusieurs scènes où respiraient une certaine élévation de sentiments, de la noblesse, de la spontanéité, qualités qui contrastaient avec cette vulgarité de mœurs qui constitue la manière d'être habituelle de la société mexicaine.

Ce ne sont pas des tableaux de mœurs aux nuances légères, aux contours gracieux, aux aperçus délicats qu'il faut demander à ces brûlantes contrées, où la civilisation n'est encore qu'ébauchée : c'est la passion portée à son plus haut degré d'exaltation; c'est le drame véhément, furieux, atroce, tel qu'il se présente rarement dans nos pays. Parmi les scènes de ce genre dont j'ai été témoin, une entre autres me frappa vivement; aussi en ai-je conservé fidèlement tous les détails, la physionomie des personnages et leurs caractères respectifs.

Je me trouvais à Véra-Cruz, sur le point de retourner en Europe, et attendant le moment favorable pour m'embarquer, lorsque, par une belle matinée, me promenant sur le port, j'aperçus la chaloupe jaune et rouge de la frégate mexicaine *Libertad* voguer vers l'île des Sacrifices, triste et misérable coin de terre dont le nom indique assez la destination. Je demandai à un négociant de la ville, qui m'accompagnait, quel était le but de cette expédition.

« Venez, me dit-il, suivez-moi, vous qui désirez connaître; vous serez témoin d'un spectacle qui laissera dans votre esprit de profonds souvenirs. » Et disant ces mots, il m'entraîne dans une nacelle qui suivit silencieusement la chaloupe de la frégate.

Le soleil versait une chaleur sous laquelle tous les êtres vivants semblaient devoir succomber. L'onde était ardente et le sable brûlait. Dans quel état se trouve aujourd'hui la petite île des Sacrifices, je n'en sais rien; mais à l'époque dont je veux parler, c'était un misérable spectacle que cette petite montagne de sables mouvants, habitée par les lézards, les buses, les canards, les animaux immondes, et une garnison composée de six Mexicains en lambeaux, de trois ou quatre Nègres couchés par terre, et d'un ou deux marchands, qui, blottis sous des huttes basses, y débitaient de mauvais cigares de Campêche et de l'eau-de-vie plus mauvaise encore. Oh! le bel endroit pour la fièvre jaune! Oh! le glorieux théâtre pour les orgies du choléra! Dans toutes ses directions, des ossements humains blanchissaient le sol.

N'imaginez pas que la chaloupe mexicaine fût taillée sur le patron des chaloupes anglaises, ni que l'équipage hispano-américain subît le joug de la discipline à laquelle nous nous astreignons. Un aspirant de marine, le front couvert d'un chapeau de paille, dont les bords retombaient sur son visage, était étendu tout de son long du côté de la proue, un cigare à la bouche, lançant vers le ciel de longues bouffées de fumée, et paraissant s'inquiéter aussi peu de la peste que de son devoir. Sa jaquette bleue était attachée par des boutons de métal qui portaient l'aigle et le serpent du

Mexique; un luxe de galons d'or embellissait sa culotte de casimir blanc, sur laquelle tombaient, en la souillant, les cendres du cigare que le vent secouait. Un matelot anglais et trois espèces de sauvages à demi nus composaient le reste de l'équipage; quatre soldats et un sergent, l'arme au bras, gardaient deux prisonniers qui se trouvaient étendus au fond de la chaloupe. L'un de ces prisonniers jouait avec les tresses noires et crépues de ses cheveux en désordre; l'autre était profondément endormi. Ils s'étaient rendus coupables, disait-on, d'insubordination et de révolte contre un officier : on les conduisait donc à terre pour les fusiller ensemble.

Tel était du moins le motif apparent de leur condamnation; mais la sévérité avec laquelle on les traitait avait une cause secrète et cachée. L'officier qui les envoyait à la mort avait profité de la moralité fort relâchée qui règne en ce pays, et de l'avidité crédule des paysans, pour s'approprier une jolie petite Mexicaine que ses parents, persuadés et séduits par quelques présents et beaucoup de promesses, avaient confiée à sa tutelle. Il y avait à peu près six mois que la jeune Mexicaine se trouvait sous la loi de ce protecteur, lorsque Pablo, son amant, instruit de ce qui venait de se passer, s'enrôla. Il espérait ainsi ne pas tarder à découvrir la retraite de sa bien-aimée. Pour mieux atteindre son but, il prit du service dans un régiment de marine où il supposait que se trouvait le ravisseur; et immédiatement il fut dirigé sur Véra-Cruz, où ce régiment était en garnison. Véra-Cruz est une petite ville mal peuplée, que les canonnades du fort de Saint-Jean-d'Ulloa et la fièvre jaune ont concouru à rendre déserte. Aussi Pablo n'eut-il pas de peine à retrouver son ancienne conquête; et, inconnu de l'officier qui ne savait ni son nom ni sa résolution récente, il put avoir de fréquents rendez-vous avec la jeune fille sans éveiller le moindre soupçon.

Don José, capitaine des soldats de marine, devenait amoureux presque tous les huit jours de quelque beauté nouvelle. Sans avoir l'intention de rendre à sa famille la fiancée de Pablo, il lui prit fantaisie d'enlever à un de ses soldats une jeune femme de vingt ans que celui-ci adorait. Pérez, c'était le nom du soldat, avait été longtemps au service, et son vieux sang castillan l'emportait en noblesse sur celui de don José lui-même. Mensonges, cadeaux, importunités, promesses, tout fut inutile, et don José, après avoir subi pendant une quinzaine de jours tous les dédains de la jeune femme, termina ce siège malheureux par un rapt dont le mari était loin de se douter, car son capitaine l'avait envoyé à bord d'un vaisseau stationné loin de la ville.

Cependant Pérez ne tarda pas à être instruit de ce qui s'était passé. Son désir de vengeance ne transpira pas. Il resta calme, silencieux comme un homme qui a un dessein prémédité et profondément gravé dans son âme. Le hasard lui fit rencontrer à bord du *Tampico* le jeune Pablo, malheureux comme lui, et dont les griefs contre le capitaine étaient les mêmes que les siens. Ces deux hommes outragés se comprirent et jurèrent de se venger. Le poignard de Pérez passa bien près de la poitrine du capitaine, qui n'échappa que par miracle, et, le lendemain de cet événement, don José, en allant rendre visite à la fiancée de Pablo, trouva le jeune homme à la porte de la maison dans laquelle il l'avait cachée. Pablo avait l'épée à la main et menaça le capitaine de le tuer. Don José appela au secours, fit conduire en prison Pablo, et le traduisit ainsi que Pérez devant une commission militaire qui, sans faire attention à la défense ébauchée et maladroitement prononcée par les deux prévenus, les condamna à mort. Voilà pourquoi ces deux malheureux se rendaient à l'île des Sacrifices, où ils allaient être exécutés. On les débarqua avec leurs gardes sur ce rivage désolé, puis la chaloupe s'éloigna.

L'équipage de *la Libertad* avait pour officiers des Anglais, et pour matelots un mélange singulier de toutes les nations. Des Français, des Mexicains et des Portugais en composaient la plus grande partie. Le matin même, quelques mousses et quelques matelots anglais avaient échappé à la surveillance de leurs chefs, et s'étaient rendus à l'île des Sacrifices, dont ils occupaient maintenant les huttes basses et enfumées, versant de l'eau-de-vie aux Mexicains et aux Nègres, et jetant la confusion dans cette petite population misérable. Le nom de Georges IV retentissait au milieu des chansons folles, prononcées dans tous les langages du monde. La garnison ivre ne tarda pas à jeter ses mousquets et ses épées, et nous la vîmes courir tout autour de l'île en criant en chœur : *Vive sa majesté britannique !* Alors débarquèrent les coupables et leurs gardes. Ces derniers, qui n'étaient pas ivres, se prévalurent de l'espèce de supériorité que leur donnait leur sobriété actuelle; mais ils furent battus par leurs camarades. Il y eut émeute dans l'île des Sacrifices; et Pablo et Pérez, profitant du tumulte, s'échappèrent tous les deux.

Il leur était difficile de rester dans cette île sans être découverts, et bien plus difficile encore de parvenir à la quitter. Pablo et Pérez ne trouvèrent rien de mieux à faire que de se tapir dans un trou à sable. Là ils causaient ensemble à voix basse et parlaient du sort qui leur était réservé, avec cette solennité et cette concision que l'approche de la mort imprime aux discours. Voici quelle détermination ils prirent :

Le conseil de guerre les avait condamnés à périr tous deux, mais on avait laissé à don José le droit de leur accorder leur grâce. Ils calculaient que, si l'un d'eux parvenait à tuer don José au

moment où il viendrait voir si ses ordres étaient exécutés, et que l'autre se rendît prisonnier volontaire avant l'accomplissement du meurtre, on pardonnerait à ce dernier pour ne frapper que l'assassin. Ce n'était pas un plan dénué de vraisemblance; les condamnés y trouvaient l'avantage, inappréciable pour eux, de se venger enfin de leur ennemi, et une chance de salut pour l'un ou pour l'autre.

Mais quel sera l'assassin? lequel des deux mourra après avoir accompli la vengeance? Ce point important fut réglé d'une manière tout à fait caractéristique. Les Mexicains sont grands joueurs, et la mort est la chose du monde dont ils s'embarrassent le moins. Pérez tira de sa poche un petit jeu de cartes grasses et sales, et nos deux héros se mirent à jouer tout ce qu'ils possédaient : argent, boutons de métal, armes, cigare, linges, vêtements. Il était convenu que celui des deux antagonistes qui aurait tout perdu se chargerait du rôle de vengeur, et attendrait don José pour le tuer, soit à son débarquement, soit le lendemain matin de son arrivée.

Ainsi, dans un silence profond et funèbre, ces deux hommes, que les ténèbres de la nuit commençaient à couvrir, et qui n'entendaient que le bruit des vagues qui bruissaient à côté d'eux, genoux contre genoux, enfoncés dans leur trou de sable, échangeant des signes qui indiquaient le progrès et les variations du jeu, suivaient les chances qui leur restaient pour la vie et pour la mort; de temps en temps ils s'arrêtaient pour écouter si l'on n'était pas à leur poursuite, puis ils reprenaient leur jeu, l'œil fixé sur ces cartes fatales, obscur oracle de leur existence, dont la nuit qui s'avançait rendait le symbole plus sombre et plus énigmatique de moment en moment.

La lune montait dans le ciel, et il y avait une heure que les joueurs étaient à leur poste, lorsque Pérez gagna la partie. Il se leva, reçut de son camarade plusieurs pièces de petite monnaie, quelques boutons, du tabac, des cartes, deux rosaires ornés de franges vertes et de galons d'or: puis ces deux hommes s'embrassèrent à plusieurs reprises sans parler, mais avec une expression profondément sensible, que jamais leur rude physionomie et leur visage bronzé n'avaient empruntée à la civilisation qu'ils ignoraient. Ils se quittèrent.

Pérez prit le chemin le plus court pour se rendre au corps-de-garde, et se livra prisonnier entre les mains du caporal ivre-mort qui se trouvait là, et de quelques soldats qui avaient bu autant que lui, et qui walsaient au milieu de la salle. Tous ceux des soldats qui avaient pu se tenir debout étaient à la poursuite des fugitifs et faisaient patrouille dans l'île, commandés par don José.

Cependant, Pablo s'étant recueilli un moment pour se consulter sur les moyens de mettre à exécution la tâche qui lui était confiée, sortit de sa cachette et fit la reconnaissance des environs. A peine deux minutes s'étaient-elles écoulées, qu'un bruit régulier de pas lui annonça l'approche des soldats envoyés à sa poursuite et à celle de son compagnon. La voix aigre et perçante de don José frappa son oreille. Jeune et agile, Pablo descendit d'un pas rapide jusqu'à la mer, et, se jetant à la nage, il resta longtemps entre deux eaux, de manière à échapper à ses persécuteurs. Son projet était de les suivre de loin; mais don José fit halte, s'assit sur une pierre, donna ordre aux soldats de se répandre dans plusieurs directions, et resta seul, non loin de son ennemi mortel. A peine furent-ils assez éloignés pour qu'on les perdît de vue, que Pablo sortit de la mer et s'avança rapidement vers don José.

Ce dernier crut d'abord que c'était un messager qui venait lui donner des nouvelles des fugitifs; mais quand il vit briller une épée nue dans la main d'un homme qui s'approchait à grands pas, il se leva et se mit en garde. Le jeune Mexicain, tout inexpérimenté qu'il fût dans le maniement des armes, était adroit comme la plupart de ses compatriotes. L'arme que don José avait prise pour une épée était une baïonnette, dont Pablo lui porta plusieurs coups, avant même que le capitaine l'eût reconnu. Don José avait tiré son épée et se défendait vigoureusement; mais son adversaire ne lui laissait point de répit, et, pressé par la pointe toujours menaçante de cette baïonnette ennemie, il ne songea pas même à crier au secours. Le combat ne dura pas longtemps. Don José fit à Pablo plusieurs blessures, mais il reculait en se défendant, et son pied venant à heurter contre une pierre, il tomba; son antagoniste, d'un coup de revers, lui fit sauter l'épée des mains, mit le genou sur la gorge de don José, et fit briller sur son front la pointe de la baïonnette.

Aussitôt don José se releva pour parer le coup qui le menaçait, et, à genoux, demanda la vie à son adversaire. Indécis un moment, Pablo se souvint de la promesse solennelle qu'il avait faite à Pérez, et s'écria :

« Non, vous méritez de mourir, et vous mourrez; mais je ne vous tuerai pas à genoux. Reprenez votre épée, relevez-vous; car vos soldats vont revenir. »

En disant ces mots le jeune Mexicain recula de deux pas. Sa physionomie avait changé : il y avait de la distraction dans son regard, comme il arrive presque toujours quand une réflexion généreuse nous arrache au sentiment du danger personnel. Cependant le perfide don José, profitant de ce moment d'oubli, s'élança d'un seul bond sur son magnanime adversaire, lui arracha la baïonnette qu'il tenait avec moins de force, plongea l'arme aiguë dans le sein de Pablo, et le vit rouler sur le sable avec un mouvement convulsif.

Tome III.

Don José ne tarda pas à regagner le corps-de-garde. Il y trouva le second prisonnier, donna les ordres les plus sévères pour qu'on ne le laissât pas échapper, et jouissant d'avance de la double vengeance qui l'attendait, il se retira chez lui et dormit paisible.

Lorsque Pérez apprit le sort de son camarade, il ne douta plus du sien; il leva les épaules, fuma un cigare et se résigna. Vers le milieu de la nuit, il tira de sa poche l'un des jeux de cartes qu'il avait gagnés à Pablo, et s'adressant aux soldats chargés de le garder :

« Voulez-vous, leur dit-il, faire une partie avec moi; si vous gagnez, vous hériterez de tout ce que je possède? » La proposition était singulière. Cet homme allait mourir : il devait être facile de le gagner, l'argent ne devait plus avoir de prix pour lui. Les soldats résolurent de profiter de cette fantaisie, et de devenir possesseurs légitimes de ce qui lui appartenait encore. Les voilà de nouveau étalant leurs vieilles cartes grasses sur la table noircie par mille taches de fumée et de vin. Les soldats s'étaient trompés ; jamais Pérez n'avait joué avec plus d'adresse et de talent que ce jour-là; et la fortune, dans son caprice, ne laissa pas perdre une seule partie à l'homme qui n'avait plus que trois ou quatre heures à vivre. Pérez les fit pic, repic et capot. L'argent des soldats s'entassait devant lui : leurs bagues, leurs boucles d'oreilles tombaient en sacrifice. Il martingalait et gagnait; il pariait des sommes considérables sur une carte et gagnait encore : vous l'auriez cru ensorcelé. Dès qu'il avait besoin d'une couleur, cette couleur sortait. Quand les soldats n'eurent plus rien à perdre et que le soleil commença à briller sur la mer, le jeu cessa. Pérez fit un paquet de ses gains, et les remit à l'un des soldats, qui lui promit de les faire parvenir à sa femme qui demeurait à Véra-Cruz. Le même soldat se chargea aussi de redire à la femme de Pérez deux ou trois paroles que celui-ci prononça tout bas, et qui ne furent révélées à personne.

Un coup de canon parti de la frégate *Libertad* donne le signal. La garnison des Sacrifices prend les armes et conduit Pérez au lieu du supplice. Notre homme continuait à fumer son cigare. Je ne ferai pas de lui un héros romanesque : sans doute il eût mieux aimé vivre, revoir sa femme et surtout se venger; mais l'indolent Mexicain avait cette espèce de résignation turque qui ne se révolte jamais contre l'inévitable et le nécessaire; nulle espérance ne venait troubler sa présence d'esprit, et, comme son sort était fixé, une seule pensée amère se mêlait à sa résignation : le sentiment de l'injustice sous laquelle il succombait.

Quoique Mexicain de naissance, son grand-père avait servi dans les troupes espagnoles, et il était fier de ce souvenir. Son dernier sentiment fut celui du mépris profond pour le pays où il se trouvait, et où la justice était si mal rendue; il lui vint

45

à l'esprit que toute cette population mexicaine
qui l'environnait, qui contemplait les apprêts de
sa mort, et qui prétendait à la liberté sans savoir
établir chez elle l'équité, la véritable mère de
l'indépendance, était digne de mépris et de colère : toutes ces idées, vulgaires en apparence et
philosophiques en réalité, traversèrent sa pensée
en moins d'une seconde. L'orgueil, l'indignation,
le sentiment de l'injustice, le besoin de se venger
au moins par le dédain, lui dictèrent un dernier
cri. J'étais là, et je l'observais attentivement, Les
soldats de marine se rangèrent sur une droite
ligne, à une quinzaine de pas de lui. Quand il les
vit préparer leurs armes, il plaça la main droite
sur son cœur, et cria de toute sa force :

« Je suis Espagnol de Castille ! et je ne suis pas
un chien de Mexique. »

Cet homme reniait son pays, et cherchait ailleurs une patrie meilleure et plus généreuse.

Don José, d'une voix furieuse, commanda le
feu. Les Mexicains, les plus gauches de tous les
soldats, furent longtemps à se préparer. Cependant Pérez, d'un air calme, retira le cigare de
sa bouche, et, le tenant allumé entre deux doigts
de la gauche, parla en ces mots à don José :

« Don José, vous êtes un lâche ! Vous n'avez
pu tuer Pablo qu'en traître ; il était beaucoup
plus adroit et plus fort que vous ne l'êtes ; vous
l'avez assassiné ! »

Il replaça son cigare entre ses lèvres. Don
José, fou de colère, et proférant un jurement effroyable, saisit un fusil que l'un des soldats venait de charger, et l'ajusta sur Pérez ; l'arme fit
long-feu ; Pérez se prit à rire, lâcha quelques
bouffées de fumée, et continua son discours.

« Don José, vous êtes un gueux (picaro) ! Vous
qui m'avez enlevé ma femme de force, vous étiez
un sot, quand vous avez cru qu'une jeune femme
me quitterait, moi Espagnol et Castillan, pour
vous, homme à la face de lézard et au corps d'a-
raignée ! Quant à ces maladroits dont les fusils
me menacent... »

Au même instant une grêle de balles l'étendit
sur la terre. Le nuage grisâtre de la mort parut
sur son visage mâle. Plusieurs ruisseaux de sang
tachèrent sa jaquette blanche et se perdirent
dans le sable ; il resta un moment les yeux fixés
sur don José, puis il jeta son cigare par terre
avec un geste de dédain, croisa les bras, et tomba
sans qu'un soupir lui fût échappé.

Don José revint à Véra-Cruz plus insolent que
jamais. Trois semaines après le dénoûment de
cette tragédie, on trouva son cadavre percé de
plusieurs coups de stylet, et étendu près de la
barrière de Santa-Fé. Dans ce pays, on s'occupe
très-peu des vivants, et encore moins des cadavres. Les autorités sont paresseuses, et les morts
ne possèdent plus les moyens d'activer les recherches de la justice ; ce furent la voix du peuple et
le récit des commères qui attribuèrent le meurtre de don José à la femme de Pérez. On s'empara
d'elle, on la mit en prison ; elle y passa quinze
jours et paya cinq piastres d'amende : c'est ce
que vaut, terme moyen, la vie d'un homme au
Mexique.

VARIÉTÉS.

Mœurs de Bretagne.

Un fait bien remarquable et une contradiction
bien frappante chez nos bons Parisiens, c'est l'air
dédaigneux, c'est l'idée défavorable qu'ils affectent pour la Bretagne et pour ce qu'ils appellent
ses sauvages habitants ; et s'est en même temps
l'intérêt vif et puissant qu'ils prennent à tout ce
qui la concerne, à son histoire, à ses mœurs, à
ses costumes, à ses sites, à ses mers, et jusqu'à
ses steppes de bruyères. On sent qu'il y a là
quelque chose d'antique, d'invariable, d'inconnu,
de riche, de divin en quelque sorte, et de mystérieux qui ne se retrouve point ailleurs.

En effet, accusez la Bretagne de manquer de
vertus guerrières, et elle vous jettera Duguesclin
sur le champ de bataille, et Duguay-Trouin sur
les mers ; taxez-la d'ignorance, et elle vous lancera Châteaubriand, La Mennais et Turquety.

Mais alors elle s'assiéra sous sa chaumière
antique, et se croisera les bras au milieu des
mœurs et du régime patriarcal des premiers
temps qu'elle conserve avec le même respect que
ses menhirs et ses dolmens. En la voyant rester
dans cette pose séculaire et silencieuse, on en a
ri longtemps ; aujourd'hui on s'en étonne et on
l'admire ; on la regarde comme la dernière représentante de l'antique nationalité gauloise ; on
croit, et non sans cause, trouver là l'explication
de bien des difficultés, la solution de bien des
problèmes, et la clef de bien des origines historiques.

Il est certain, en effet, et je l'ai vu de mes
yeux, il est certain que la plupart des monuments
lapidaires qui s'élèvent sur la surface austère de
cette contrée portent des hiéroglyphes nombreux
et de longues inscriptions. Il est certain encore
que ces caractères ou ces signes ressemblent
beaucoup à ceux que l'on retrouve dans les alpha-
bets de l'Orient. Ce n'est pas toutefois sur les
pierres nombreuses des champs fameux de Carnac qu'il faut aller chercher ces inscriptions druidiques, mais c'est sur les galeries de dolmen, mais
c'est sur les immenses menhirs de Lockmariaker ;
c'est là que sont les grands restes de la grande
antiquité gauloise ; c'est là que sont les montagnes

Histoire des côtes de Bretagne.

de cendres humaines avec lesquelles le laboureur engraisse aujourd'hui ses champs; c'est là que sont les merveilles et les ruines de nos antiques croyances et de notre culte antique; c'est là, comme à Balbek, que l'on se sent petit, sinon devant l'art, du moins devant les masses et l'effrayant grandiose des monuments. Donnez-les à manier à nos architectes d'aujourd'hui, et vous verrez ce qu'ils en feront. Les voilà depuis deux ans bientôt à essayer de remuer l'aiguille de Cléopâtre, qui ne pèse pas le quart de ces colosses. Il ne faut donc plus que de la science pour trouver là bien des secrets historiques qui ne furent jamais connus.

Tout ceci explique suffisamment cet électrique intérêt qui s'attache aux monuments, à l'histoire, au paysage, aux traditions, aux mœurs et à toutes les antiquités de la Bretagne. Aussi a-t-elle eu à Paris même son académie spéciale, et dans son sein fécond des savants, des écrivains, des artistes, qui nous l'ont représentée et représentée sous mille formes sans jamais nous fatiguer un instant. Au contraire, plus les documents s'accumulent, et plus les traits du pinceau se multiplient sur cette magique péninsule, plus le public y prend goût, et plus il s'y attache et s'y intéresse.

Aussi le sujet est-il loin d'être usé; et après les excellents travaux de MM. Cambry, Mahé, Desréminville, Le Brigant, Richer, de Penhoët, Souvestre, Olivier Perrin et Bouet, il reste encore bien des choses à dire et à peindre sur la Bretagne.

Mais ce que l'on doit déplorer, car ce malheur vient d'une ignorance très-effective, c'est le peu de cas que certains savants de Paris font des doctes travaux de nos archéologues armoricains. Je me plaindrai aussi de l'amertume passionnée avec laquelle il arrive parfois à ces mêmes archéologues de se reprendre et de se critiquer entre eux, tandis qu'ils devraient se défendre et s'aider mutuellement. On peut citer M. de Penhouet, comme ayant beaucoup souffert de cette jalousie concitoyenne et de cette superbe des académiciens de Paris : singuliers académiciens qui savent la Grèce et Rome, qui dissertent longuement sur les constructions cyclopéennes, et qui ne connaissent pas leur pays, et qui ne savent pas comment est construit un autel druidique, comment est planté un menhir, et qui se railleront d'une médaille ou de tout autre objet d'antiquité celtique, parce que, vous diront-ils, il n'y a point d'art, et par conséquent point d'importance historique. Cela étonne et fait tomber les bras. C'est cependant ce que j'ai entendu plus d'une fois et de plus d'une bouche; comme si l'art n'était pas une des choses les dernières venues en ce monde; comme si l'histoire écrite ne l'avait pas devancé, et comme s'il pouvait en apprendre plus sur les âges anciens qu'il ignore, que les

productions brutes, simples et contemporaines de ces âges eux-mêmes.

Ce qu'ils reprochent surtout à M. de Penhouet, c'est de prétendre que les Armoricains descendent des Phéniciens. Ne croyez pas qu'ils apportent là moindre preuve à l'appui de leur dénégation : ils ne le sauraient, ni eux ni personne; mais il leur plaît de penser ainsi, et toute leur vie ainsi ils penseront. Ce n'est pas que j'admette pour mon compte que les Armoricains, ou du moins tous les Armoricains descendent en ligne directe des Phéniciens; mais ce que j'admets de bon cœur, et ce qu'il serait difficile de ne pas admettre, c'est que, l'Asie étant reconnue pour le berceau des nations, la population du globe, pour arriver dans nos contrées, a dû nécessairement suivre un cours d'Orient en Occident. Maintenant que ce soit de la Phénicie ou d'ailleurs, que ce soit par mer ou par terre que les Celtes ou les Armoricains sont venus, il est certain du moins que c'est de l'Orient, et qu'ils ont par conséquent une graine orientale comme tous les autres peuples. C'est même ce que prouvent les mots principaux de leur langue, qui, sondée à fond, est presque partout orientale. En effet, creusez l'allemand, mais surtout le français, l'italien, l'espagnol, le portugais, qu'y trouvez-vous? le latin, le latin partout. Creusez le latin à son tour, qu'y trouvez-vous? le grec. Descendez aux étymologies du grec, qu'y trouvez-vous? l'hébreu. Or, l'hébreu et le phénicien, à quelques nuances près, étaient des idiomes identiques.

Cette filiation des langues rend donc visible la filiation des peuples. Mais que dira-t-on s'il est prouvé que dans la langue celtique il se retrouve une foule de mots et de tournures semblables à ceux des langues orientales, et par conséquent de l'hébreu, qui est la mère de toutes les langues? C'est cependant ce qui est visible.

Soyons donc moins tranchants dans nos dénégations, et concevons une fois enfin que le genre humain, sortant d'une même souche, a bien pu parler aussi une seule et même langue, langue qui ne s'est altérée et différenciée que plus tard.

Il y a une autre raison de la probabilité de l'origine phénicienne des Armoricains : c'est la position de l'Armorique sur une mer naviguée par ces avides et aventureux Orientaux. L'histoire atteste, en effet, que ces navigateurs allaient chercher l'étain en Angleterre. Or, pour aller de la Méditerranée en Angleterre, il fallait bien, ce me semble, passer le détroit de Gibraltar, et doubler ensuite le cap Finistère, qui forme la pointe extrême de l'Armorique occidentale, et qui porta aussi le nom de pointe du Raz, mot qui, dans les langues de l'Orient, signifie cap.

Puisque l'immense commerce de la Phénicie venait prendre l'étain d'Albion, il pouvait bien aussi mettre à profit les mines de plomb, d'argent et de fer de l'Armorique, ou du moins avoir des ports, des stations, des établissements, des comptoirs, et peut-être même des colonies sur ses côtes. Assurément, si tout cela n'était pas, tout cela pouvait être.

Mais nos savants ne le veulent pas; et tout en nous niant, à nous, une origine phénicienne, ils soutiendront que les Espagnes ont été peuplées par des colonies de cette nation.

Il faut convenir que ces messieurs sont bien arbitraires; car enfin si, pour se peupler, l'Espagne, en ces temps, avait besoin de colonies étrangères, pourquoi l'Armorique, plus occidentale et plus éloignée qu'elle des grands centres de population, n'en aurait-elle pas eu aussi besoin? et en ayant besoin, pourquoi n'en aurait-elle pas obtenu, puisque les flottes commerciales de Tyr et de Sidon parcouraient ses mers et venaient relâcher dans ses ports tout aussi bien que dans ceux de la Péninsule ibérique?

Encore une fois, je ne prétends point pour cela que tous les Bretons soient d'origine phénicienne; mais je prétends que, pour eux, la chose est tout aussi possible que pour les Espagnols et les Ecossais, qui n'en font aucun doute, et que surtout il est impossible de prouver le contraire. Et puis, si les Bretons étaient si étrangers aux Phéniciens, comment expliquera-t-on cette supériorité de richesses, de puissance terrestre, et surtout de marine, que César accorde aux Vénètes sur tous les autres peuples de la Gaule? Où auraient-ils appris la grande navigation, tandis qu'elle était encore dans l'enfance chez leurs voisins et que les Phéniciens seuls la portaient à ce haut degré?

Quoi qu'il en soit, toujours faut-il reconnaître que, sous les brouillards de leurs humides climats, les Bretons conservent cette entière et absolue résignation aux destinées de la vie, que l'on regarde encore comme le caractère distinctif des peuples de l'Orient. Et ce n'est point là leur seul trait de ressemblance; on assure que par leurs vêtements les Bas-Bretons en particulier se rapprochent beaucoup des Egyptiens actuels. Je sais que tout cela ne donne aucun résultat certain; mais tout cela doit nous rendre plus réservés dans nos assertions.

Nous ne pousserons pas plus loin ce parallèle entre les nations de l'Occident et de l'Orient, et nous laisserons là la question historique pour ne nous occuper que des Bretons et de la Bretagne d'aujourd'hui.

On a souvent et bien décrit les mœurs et les fêtes champêtres de ce pays, mais on n'a rien dit encore de ses fêtes et de ses mœurs maritimes. Cependant la population des côtes ne ressemble point à la population des terres : la vie, les travaux, la nourriture, le costume ne sont plus les mêmes. La vie des côtes est fort triste, et l'aspect de ces lieux serait désolant si l'Océan n'était pas là pour relever le tableau, et, à défaut de grâce,

lui donner de la majesté. En effet, une plage au loin, découverte et aride aux yeux, quoique fertile en soi; nul arbre, nulle verdure; quelques chaumières isolées et sans abri au milieu des champs qui jaunissent sous les couches de sable que le vent salé des mers y superpose incessamment; quelques maigres troupeaux y cherchant au soleil une herbe qui n'y pousse pas; au milieu de ces tapis de sable, des fondrières bourbeuses, des marais puants : tel est en général le tableau des côtes méridionales de Bretagne, et surtout des côtes du Morbihan.

J'entends ici par côte cette zone de terrain d'une demi-lieue ou d'une lieue qui borde les rivages et qui s'élève en terrasse au-dessus des falaises, sur lesquelles viennent expirer les flots. Des rochers, que ces flots rongent, mais qui brisent les flots, servent à cette terrasse d'appui et aux falaises de cadre et de bordure.

Souvent cette bordure s'élève à plus de trente pieds au-dessus des sables du rivage, ce qui ne les empêche pas de s'élancer par-dessus et d'être portés par les vents très au loin dans les terres. Il serait possible, je pense, d'arrêter ce fléau par des plantations qui abriteraient les campagnes de leurs rideaux de verdure; mais le Breton est négligent. Ce qui est, il trouve que c'est bien, et il le laisse tel. Il serait fort difficile aussi d'y faire pousser des arbres, à moins que ce ne fût le pin maritime; car le sol fût-il bon et propice, le vent de mer est encore trop rongeur pour ne pas les dévorer dans les airs.

C'est ce que j'ai vu à Saint-Gildas-de-Ruis. Le jardin de l'ancienne abbaye, enclos d'un beau mur, est planté de tilleuls; ces tilleuls ne se sont presque point élevés, et tous ils ont la tête rasée obliquement du côté de la mer, comme si le ciseau du jardinier y passait tous les jours.

Cette maigreur de végétation est loin de faire de ce lieu un désagréable séjour; s'il manque de ce charme, il en a mille autres. Sans parler de sa grande célébrité, tout y plaît et réjouit. Assis sur une haute colline au-dessus des flots, le monastère les domine comme un cap de paix et de bonheur. Quand la mer monte, les cavernes profondes et si riches en brillantes stalactites, qui soutiennent sa montagne, mugissent comme des volcans en éruption, et la font trembler jusqu'en ses fondements; mais au-dessus l'air est pur, et l'on découvre au loin le panorama des côtes et le mouvement de la navigation d'alentour. Ici ce sont les barques de pêcheurs qui flânent sur les eaux; là ce sont les grands chasse-marées et les brigs qui, sortant des ports de Penerf, de Vannes ou d'Auray, prennent leur course vers Bordeaux ou Marseille, tandis que des vaisseaux de ligne, toutes leurs voiles dehors, apparaissent au large sous l'horizon, comme des montagnes mobiles qui cinglent vers les mers du Levant ou vers les continents américains.

Bouquet pinx.   Le van Bonher del et sculp.

Scenes, Habitants des Côtes de Bretagne (Concarneau)

Imp.^e par Chardon M.^{on} B. Tie rbeau 30 Paris   T. 3. P. 356.

La bise vient-elle à fraîchir et le flot à s'enfler et gronder, vous voyez les chaloupes des pêcheurs rentrer au port à grande hâte ; mais les navires de haut bord le fuient rapidement et s'empressent de gagner la haute mer. Bientôt on les perd de vue, et alors la surface nue de l'abîme, abandonnée à l'orage, n'est plus sillonné que par la vague et la houle.

Quand le calme est revenu, et qu'alors le flux s'est enfui, on voit paraître une autre classe de pêcheurs qui causaient ou jouaient tranquillement sur le port ou sur la grève, en attendant l'heure du reflux qui leur apporte leur pain de chaque jour. Alors, à mesure que la marée se retire, on les voit, des paniers aux bras et de petits crocs de fer à la main, parcourir le rivage et fouiller les intervalles des rochers pour les dépouiller de leurs huîtres, de leurs moules, et pour surprendre les poissons que le jusant délaisse dans les nombreux bassins qu'ils forment entre eux.

Ce n'est guère que par des enfants et des femmes que se fait cette petite pêche, et que cette manne marine se recueille tous les jours. Les hommes forts montent les chaloupes dont nous avons déjà parlé, et vont jeter leurs filets en pleine mer. Quand tous ces pêcheurs divers sont rentrés au port et à la chaumière, ils se disposent à aller vendre leurs pêches. Les hommes vont avec une vieille charrette et un vieux cheval conduire le poisson de choix aux villes voisines, et les femmes vont, leur panier sur la tête, colporter le reste par les villages et les bourgs ; de sorte que jamais rien ne reste à la maison, et que l'on a bien raison de dire que ce n'est pas au bord de la mer qu'il faut aller pour trouver du poisson.

Dans les villes, la vente de ce poisson se fait en espèces ; mais, dans les villages, elle se fait le plus souvent en nature ; et la femme, qui était partie pour sa tournée de deux ou trois lieues avec un panier plein de coquillages ou de fretins, s'en revient avec le même panier rempli de farine ou de fruits. Quelle fête que ces fruits pour une famille qui n'en voit presque jamais, qui n'a jamais connu les fleurs ni les ombrages d'un arbre, et qui, faute de bois, est obligée de cuire ses aliments avec du goëmon puant ou les ordures du gros bétail qu'on se dispute sur les chemins !

Voilà quelle est la vie des côtes, vie plus misérable encore que celle des terres ; car elle est privée de toutes les ressources, de tous les agréments qu'offrent les campagnes, et elle n'a rien des commodités que présentent les villes. Mais laissez venir une fête, et alors cette misère ne vous frappera plus, et vous verrez des toilettes beaucoup plus belles et beaucoup plus élégantes que dans les campagnes ; la gaieté même y est plus bruyante et plus vive. Cependant un père, un frère ou un mari, tous peut-être à la fois voguent sur des mers et sous un ciel étranger, au milieu de périls et d'écueils inconnus. Oui, sans doute ; mais Dieu ne veille-t-il pas sur eux, et la vierge Marie n'est-elle pas toujours l'étoile de la mer ? Néanmoins, quand le temps change, et que la mer se trouble, la terreur est grande sur tout le rivage ; les enfants et les femmes se pressent dans les petites chapelles, et répandent à plein cœur des prières et des vœux, comme si les unes étaient déjà veuves et les autres déjà orphelins. Tandis que ces prières et ces vœux s'élèvent de la terre vers le ciel, les marins eux-mêmes, fervents cette fois, en élèvent du sein des mers vers celui qui les créa et qui les gouverne. Parmi ces vœux, celui qui se présente le plus souvent, c'est celui de faire à pied et en chemise un pieux pèlerinage à sainte Anne d'Auray. Aussi, après chaque tempête, et Dieu sait combien il y en a sur les côtes du Morbihan, vous voyez des équipages entiers sans vêtements, sans souliers et sans bas, venir à travers les frimas et la boue glaciale s'agenouiller et faire dire une messe à l'autel privilégié de la sainte. Pendant le saint sacrifice, quelquefois pendant tout le jour, quelquefois même pendant toute la semaine, l'autel révéré étincelle de mille bougies brûlantes. J'en ai vu porter la reconnaissance jusqu'à entourer les parois extérieures du vaisseau de l'église d'une double ceinture de ces bougies.

Ce n'est pas seulement après les tempêtes, et ce ne sont pas seulement les équipages échappés au naufrage qui viennent en pèlerinage à sainte Anne, toutes les paroisses situées dans un rayon de trois à cinq lieues à l'entour, ayant à leur tête le maire, le curé et tous les riches de l'endroit, y viennent chaque année processionnellement et en masse. Cette foule pieuse chante des cantiques analogues au motif de leur pèlerinage, et composés sans doute par les poëtes de la paroisse. En voici une strophe que j'ai pu retenir ; je regrette d'avoir oublié les autres :

> Sainte mère de Marie,
> Par un miracle du sort,
> Vous nous conservez la vie
> Dans le danger de la mort.

Il fallait voir tous ces braves gens endimanchés, depuis le vieux capitaine de brig jusqu'au jeune mousse de chasse-marée, chanter ce simple chant, pour se faire une idée de la puissance et du charme qu'il peut avoir (1).

J.-F. DANIÉLO.

(1) Aux premières lignes de son article, notre collaborateur a cité quelques-uns des noms qui contribuent le plus puissamment à l'illustration littéraire de la Bretagne ; il en est d'autres auxquels, pour notre part, nous accordons une assez grande valeur pour désirer de les voir également figurer ici ; ce sont ceux de quelques spirituels feuilletonistes de Paris, de quelques poëtes pleins d'âme et de talent : MM. Émile Souvestre, — Hippolyte Lucas, — Evariste Boulay-Paty, — Edmond Robinet, — Charles Letellier, etc. (N. du R.)

COUP D'OEIL CHRONOLOGIQUE

sur les

Événements maritimes

DES XVII° ET XVIII° SIÈCLES.

—

Il serait difficile de découvrir dans les fouilles de l'histoire l'époque précise où le concours maritime put être réellement considéré comme une force efficace. A la navigation pure et simple se bornèrent longtemps les essais des anciens. Le xiii° siècle vit pour la première fois une réunion d'embarcations s'armer et se coaliser dans un but militaire. Le projet de descente en Angleterre qu'eut Philippe-Auguste en offre le premier exemple dans l'histoire maritime. 1700 vaisseaux, et quels vaisseaux ! furent rassemblés dans la Seine par ses ordres. Cette époque est cependant bien postérieure à celle où Charlemagne avait acquis sur mer une certaine puissance.

Louis XI créa la première dignité d'amiral. Ce fut seulement alors que l'Etat eut son chef suprême de la marine. Les petites expéditions de côtes avaient jusque-là été dirigées par les amiraux attachés aux seigneurs riverains. Mais la création de l'amiralat en France est, il faut le dire, antérieure à l'établissement d'une marine. Jean de Vienne, qui vivait sous Charles V, passe pour le chef le plus habile de ces temps-là.

Du règne de Charles VI seulement date l'usage de l'artillerie sur mer. Les pièces de canon étaient alors arbitrairement placées sur le pont. Sous Louis XII on imagina de percer des sabords.

Le philosophe a droit de s'étonner de voir si rapprochée de nous l'invention de tous les éléments qui nous font aujourd'hui une marine formidable. Mais il faut, pour comprendre la lenteur de ces perfectionnements, se reporter à ces temps de guerres intérieures qui, captivant toutes les sollicitudes populaires, eurent pour objet de détourner leurs préoccupations de tout ce qui était marine. D'ailleurs, la marine était inutile alors. Aussi son histoire n'offre-t-elle rien de bien intéressant ou d'instructif avant le milieu du xvii° siècle. Ce qui précède se rattache plutôt à l'histoire de l'art, borné d'ailleurs par la lenteur des développements matériels, qu'à la narration des faits dont ces temps ont été fort stériles. Mais cette incurie pour la marine n'était point générale en Europe, et les nations voisines de la nôtre ouvraient carrière aux progrès de leur navigation en découvrant un nouvel hémisphère. En 1492, Christophe Colomb, parti de Gênes d'abord, puis ensuite d'un petit port d'Espagne, découvrait l'Amérique. Un Portugais, Vasco de Gama, doublait, en 1497, le cap de Bonne-Espérance. A

nous peut-être appartenait seulement l'honneur des perfectionnements sur une foule de questions dont il nous était impossible de ne pas laisser l'invention ou la découverte à nos rivaux.

Mais Richelieu ouvrit une ère de prospérité à la marine française ; et c'est de cette époque seulement qu'il faut dater la position que cette puissance prit dans l'Etat. Nous avons vu plus haut ce que fit le ministre de Louis XIII pour relever nos flottes de l'état d'abandon où le règne de Henri IV les avait laissées. Après le cardinal-ministre vint Mazarin, qui continua son œuvre ; le duc de Brézé trouva, sous son ministère, des forces assez considérables dans nos ports pour aller battre les Espagnols dans la Méditerranée. Naples est aussi plus tard témoin de nos succès sur mer, et la minorité de Louis XIV sert de date à de valables triomphes pour nos armes maritimes. Sous le règne du roi appelé *Grand*, l'Angleterre et la Hollande s'avancent dans la partie que nous soutenons pour le gain du sceptre naval ; les enjeux sont des flottes considérables ; les partners s'appellent Black, Ruyter, Tromp, Tourville, Duguay-Trouin, Jean Bart, Forbin !

Puis, règne Colbert ! Une trêve maritime nous laisse le loisir de reconstituer notre flotte et de puiser chez nos voisins les éléments de sa vigueur nouvelle. On creuse des bassins, on bastionne des ports, on fond des canons.

Il y avait dans l'esprit administratif de Colbert une admirable logique et un bien précieux avantage de conception ; sa politique habile lui fait épouser un système d'où sort en partie la régénération morale de notre marine. Il appelle les étrangers à l'instruction de ses compatriotes ; il sait faire subir aux pays voisins une adroite contribution en faveur de celui qu'il administre ; sa diplomatie est l'agent le plus actif des combinaisons de sa politique si nationale. Ainsi, il parvient à obtenir du Nord des bois de construction ; des Provinces-Unies, des architectes en navires ; de la Suède, des maitres gréeurs et des forgerons habiles ; de Hambourg, de Dantzig et de Riga, des cordiers, des tisserands et des hommes de main en tous genres. Les élèves se forment et surpassent les maitres qu'on renvoie ; les magasins s'approvisionnent ; la composition du personnel se forme à mesure que les vaisseaux s'arment ou se bâtissent, et des levées sagement motivées enlèvent à la population ce qu'elle avait de gens propres à la mer et inutiles dans ses rangs. Voilà en peu de mots ce que firent Richelieu et Colbert : une marine. Maintenant voici ce que fit cette marine :

Nous venons de dire, en anticipant un peu sur les événements, qu'en 1645 Louis XIV dirigea le duc de Brézé contre les Espagnols. L'état auquel fut réduite la flotte ennemie l'empêcha, pendant plus de deux années, de prendre part à aucune action sur mer.

En 1645, le même amiral bloqua Tarragone, dont le siége avait été entrepris par Duplessis-Praslin; cette expédition terminée, il ramena son escadre dans nos ports.

L'année suivante, le duc de Brézé est tué devant Orbitello. La victoire promise à nos armes tourna pour les ennemis, tant fut grand parmi nos marins le découragement qui naquit de la mort de l'amiral.

En 1647, Mazarin résolut le siége de Piombino et de Porto-Longone; Duplessis-Praslin prit le commandement des troupes, et le maréchal de La Meilleraye celui de l'escadre. A la tête de trente-six voiles, les deux généraux se rendirent maîtres de Piombino en deux jours; mais Porto-Longone, défendu par une nombreuse garnison et des fortifications redoutables, soutint vingt jours de tranchée ouverte; une capitulation honorable suivit cette longue défense. A la fin de la même année, le duc de Guise s'étant placé à la tête des Napolitains révoltés contre l'Espagne, le duc de Richelieu fut envoyé à la rencontre de la flotte espagnole. Le combat, engagé près de Castelamare, fut long, opiniâtre et fatal aux ennemis. La nuit seule et la violence du vent qui contribua au dispersement des flottes purent nous arracher une complète victoire. Notre escadre rentra. Abandonné à ses propres forces, le duc de Guise, fait prisonnier, n'obtint que trois ans après son échange.

En 1655, vers la fin de l'année, le duc de Vendôme fut envoyé à la hauteur de Barcelonne pour attaquer la flotte espagnole. Celle-ci fut complétement battue. Cette affaire avait été précédée d'un fait brillant, combat d'un vaisseau monté par le chevalier de Valbelle contre quatre vaisseaux anglais. La conduite de l'officier français fut si héroïque dans cette affaire que l'amiral ennemi, l'ayant réduit à grand'peine, ne voulut point le garder prisonnier, — Il fut renvoyé en France.

Vers le commencement de l'année 1659, la marine cessa de prendre part à la guerre que nous faisions aux Espagnols, et la paix fut bientôt conclue. Le mariage du roi avec l'infante d'Espagne vint mettre le sceau au traité des Pyrénées.

Tourville commença à se produire en 1661. Ses premières armes se firent sous le commandement du chevalier d'Hocquincourt, et sur une frégate que ce dernier venait de faire construire à Marseille pour donner la chasse aux pirates qui capturaient les bâtiments de notre commerce.

Dans une rencontre qui eut lieu à la hauteur d'Oran, Tourville sauta le premier à l'abordage et reçut une blessure. Le vaisseau ennemi capturé, le jeune marin en fut nommé lieutenant. Une nouvelle rencontre ayant causé la mort du chef de la prise, Tourville, promu capitaine, se conduisit si glorieusement, que de cette première

expédition peut dater sa grandeur future. Il s'acharna longtemps contre les pirates, et, en 1662, il en détruisit une grande quantité.

L'année 1663 vit sortir des ports du midi de la France une expédition nombreuse, que le roi envoyait, sous les ordres du commandant Paul, afin de combattre et de détruire d'un seul coup les pirates, jusque-là dispersés à peine par les combats particuliers. Plusieurs vaisseaux furent brûlés dans la rade de Tunis. Le résultat de cette expédition fut au moins de suspendre pour quelques mois le cours de ces brigandages. Peu satisfait encore de ce résultat, le roi de France confia au duc de Beaufort une nouvelle escadre, qui, réunie à la première, appareilla de nouveau pour détruire complétement les pirates. Ceux-ci réunirent tous les débris de leurs forces, qui, en opposition avec notre flotte, furent totalement ruinés.

L'année suivante, on essaya de former un établissement sur la côte d'Afrique. La descente des troupes s'opéra aux environs d'Alger; mais la place conquise ne fut pas si bien fortifiée que les Maures ne pussent bientôt la reprendre. Vers la fin de cette même année, le chevalier d'Hocquincourt et Tourville résistèrent à trente-six galères algériennes, et parvinrent, à la suite d'un horrible combat, à les faire fuir dans l'île de Chio. 1665 vit le succès des Maures, sur le point de débarquement des troupes, se changer en avantage pour nos armes. Le duc de Beaufort, Tourville et d'Hocquincourt attaquèrent l'escadre réunie des Algériens vis-à-vis Tunis, détruisirent la majeure partie des vaisseaux ennemis, et firent prisonniers les principaux chefs. Plusieurs autres affaires analogues signalèrent cette campagne, à la suite de laquelle Tourville, âgé de vingt-quatre ans, fut fait capitaine de vaisseau.

1666 est signalé par la prise de Saint-Christophe, qui fut la conséquence de notre manifestation contre l'Angleterre, en faveur des états-généraux de Hollande.

L'année suivante, les Anglais essayèrent à plusieurs reprises, mais inutilement, de reprendre ce point. Peu de mois après, la paix fut signée avec l'Angleterre et rompue avec l'Espagne. Mais rien ne signala la marine dans cette guerre nouvelle; seulement les flibustiers, qui se réunissaient à l'île de la Tortue, soutinrent de nombreuses et sanglantes luttes contre les Espagnols de Saint-Domingue.

En 1669, le duc de Beaufort fut mis à la tête d'une bonne flotte pour aller secourir Candie, que les Turcs tenaient bloquée depuis de nombreuses années. Mais cette expédition, qui s'était annoncée sous de bons auspices, eut une funeste conclusion; un événement imprévu, l'explosion de quelques arsenaux, vint jeter la confusion dans les rangs des troupes de débarquement et nous arracher la victoire. Le duc de Beaufort fut tué dans la retraite, et les Turcs finirent par se rendre maîtres de Candie.

Les pirates recommencèrent leurs excursions en 1670; ils s'étaient attachés à remettre leur flotte sur un pied formidable, et un grand nombre de navires français furent capturés par eux. Le désir d'affranchir la liberté du commerce porta le roi à ordonner une nouvelle expédition contre eux. Le marquis de Martel en reçut le commandement, et se conduisait de façon à leur faire demander la paix, après restitution de tous les bâtiments qu'ils nous avaient enlevés.

En 1672, Ruyter (1) reçoit le commandement des forces de la Hollande, le duc d'York celui de l'escadre anglaise, et le comte d'Estrées est placé par le roi à la tête des forces navales de la France. Les hostilités reprirent, par l'accord de la France et de l'Angleterre, contre la Hollande, et amenèrent une rencontre entre les trois amiraux. Les résultats de cette formidable rencontre furent négatifs. Tourville se distingua encore sur son vaisseau.

Une seconde rencontre eut lieu l'année suivante entre les flottes combinées des puissances belligérantes. Un des moyens dans lesquels se réfugia Ruyter, pour éviter un redoutable engagement, fut de s'opposer de tout son pouvoir à la jonction des escadres de France et d'Angleterre; mais il ne réussit qu'à la retarder. L'affaire eut lieu en vue d'Ostende. Les Hollandais perdirent beaucoup de monde et quelques navires; pourtant le succès ne se prononça point complétement en faveur de leurs adversaires réunis. Tous ces engagements étant demeurés jusque-là sans succès, les Anglais cessèrent de faire cause commune avec notre flotte.

Vers le milieu de 1674, les Hollandais divisèrent leurs forces navales sur des points différents. Ruyter et Tromp en commandèrent chacun une partie : le premier part pour les Indes occidentales; le second reste sur les côtes de France. Arrivé à la Martinique, Ruyter rencontra quelques vaisseaux français, qu'il crut d'abord facilement réduire, mais qui parvinrent au contraire à battre ses vaisseaux. Dans le même temps, Tromp échouait dans une tentative contre Belle-Ile. Vers la fin de cette année, les habitants de Messine s'étant révoltés contre l'autorité espagnole, Louis XIV leur envoya des secours.

Cette manifestation d'hostilité contre l'Espagne fit réunir les forces navales de celle-ci contre le duc de Vivonne, qui néanmoins parvint à entrer à Messine. Le général français fut reçu comme vice-roi par le sénat. Il conçut alors une entreprise contre les côtes de Sicile, et se rendit peu après maître d'Agosta. Duquesne fut chargé par le roi de rejoindre le duc de Vivonne avec une escadre de renfort.

(1) On prononce *Raitre*.

En 1676, Ruyter voulut essayer de s'opposer à la réunion de cette nouvelle flotte, tandis que les Espagnols attaquaient Messine par terre; mais les efforts des troupes furent repoussés, en même temps que Duquesne, aux prises avec Ruyter, entamait son escadre et le blessait mortellement. Le duc de Vivonne poursuit les Espagnols jusque sur leurs vaisseaux, et les défait devant Palerme dans une affaire générale, où les Hollandais prenaient aussi une part active. Pendant que ces succès honorent notre marine dans la Méditerranée, le comte d'Estrées occupe Cayenne. L'année suivante, l'amiral français se rend devant Tabago pour rencontrer l'escadre hollandaise, qu'il défait en se rendant maître de cette ville.

Le comte d'Estrées était resté dans les mers Caraïbes depuis la prise de Tabago; mais, vers le printemps de 1678, il conçut le projet d'aller chasser les Hollandais de Curaçao. Une tempête fit échouer une partie de l'escadre sur des roches sous-marines, et l'expédition fut compromise. Pendant le même temps, le comte de Château-Regnault se battit contre les Hollandais, qu'il défit sur les côtes d'Espagne. Duquesne brûlait aussi de son côté quelques vaisseaux. Mais la paix vint mettre fin à ces victoires isolées.

Quelques bâtiments du commerce français ayant été capturés par les corsaires de Tripoli, Duquesne les poursuivit jusque dans le port de Chio, où il les brûla en grande partie; mais les Algériens, loin d'être effrayés de ses rigueurs, se coalisèrent et commirent sur notre commerce maritime de nouveaux excès, qui déterminèrent, en 1682, le départ d'une forte expédition, dont le roi confia la conduite à Duquesne.

L'amiral français se résolut à un bombardement. Le dégât fut horrible chez les assiégés; outrés des dommages que l'on causait par cette foudroyante agression, les Infidèles eurent la cruauté de placer les représentants de la France, retenus chez eux, à la volée de leurs canons, dirigeant ainsi sur la flotte leurs membres palpitants. Les approches de la mauvaise saison forcèrent malheureusement notre escadre à abandonner le blocus, qui fut repris l'année suivante.

Le dégât que le bombardement causa dans la ville fut si considérable, que les Barbaresques implorèrent une capitulation; mais Duquesne ne voulut rien entendre de l'ambassadeur parlementaire avant que tous les captifs de nations quelconques fussent élargis.

Mais, bien que ces conditions parussent devoir être acceptées sur-le-champ, il y eut parmi les Algériens des dissentiments qui en retardèrent l'exécution. Duquesne reprit alors son attitude d'hostilité; il épuisa ainsi toutes ses munitions, et ne fit bientôt de la ville en deuil qu'un immense monceau de ruines. L'amiral rentra en France se ravitailler, laissant bonne garde. Cette dernière disposition ayant convaincu les Barbaresques du projet ultérieur de l'ennemi, ils se décidèrent à demander pardon au roi de France, qui obtint d'eux toutes les satisfactions désirables.

La guerre, plusieurs fois reprise et interrompue avec l'Espagne, s'alluma de nouveau en 1684. Le sujet, pour cette fois, fut les discussions élevées à l'occasion des places dont la remise réciproque devait être faite aux deux puissances en vertu du traité de Nimègue. Gênes se rangea pour le parti espagnol, et notre escadre en entreprit le bombardement. Ce fut encore Duquesne qui prit la conduite de ces nouvelles expéditions. Il effectua une descente qui eut de bons résultats, entre autres la prise d'un fort. Puis, étant appelé sur les côtes de la Catalogne, l'amiral français abandonna la direction du blocus à Tourville. Mais les Génois, ayant mieux apprécié le cours des événements, demandèrent la paix en 1685, et elle leur fut accordée avec condition du renvoi des troupes espagnoles.

Dans toutes nos affaires maritimes, les excès commis par les corsaires barbaresques sont les signes presque continuels de toute agression. Vers la fin de la même année, le maréchal d'Estrées, dont les flottes venaient de rallier les flottes de France, se vit contraint de s'armer de nouveau contre les exactions commises par les Tripolitains. Réduits dans leur ville par le feu le plus meurtrier, les Barbares considérèrent comme fort heureux d'obtenir la paix au prix du renvoi des captifs. La même expédition se rendit aussi devant Tunis, pour y provoquer le même résultat.

En 1688, la Hollande ayant favorisé le prince d'Orange dans son invasion d'Angleterre, le roi fit rompre la suspension d'hostilité. Tourville reçut le commandement d'une partie de l'escadre; d'Estrées et Château-Regnault lui furent adjoints. Deux vaisseaux hollandais capturés servent de prélude à la rencontre de Tourville avec l'amiral Papachin. Puis sa division se réunit devant Alger, qu'un nouveau bombardement punit de nouvelles exactions sur les bâtiments de notre commerce. Mais le blocus ne fut pas long; quelques vaisseaux coulés ou incendiés, et la flotte rentra à Toulon.

En 1689, Jacques II, détrôné par les Anglais, vint demander au roi de France les moyens de passer en Irlande, où l'on avait refusé de reconnaître le prince d'Orange. Une flotte sortit de nos ports et se dirigea vers la baie de Bantry, où elle rencontra bientôt les Anglais; mais la disproportion des forces nous rendit la victoire facile. L'alliance de l'Angleterre avec la Hollande ne put rien contre notre supériorité. De cette époque date le premier combat remarquable de Jean-Bart, qui, escortant un convoi avec le chevalier de Forbin, défit des forces hollandaises très-supérieures aux siennes. Une seconde rencontre

fut plus fatale aux marins français; assaillis par des vaisseaux en grand nombre, ils furent défaits et emmenés prisonniers. Mais, à peine arrivés à Plymouth, ils s'échappèrent et revinrent en France, où le roi les fit l'un et l'autre capitaines de vaisseau.

De nouveaux secours étant devenus nécessaires à Jacques II, une flotte appareilla de nouveau dans le courant de 1690, et se dirigea vers l'Irlande. Les alliés attendaient nos vaisseaux dans la Manche; l'avantage fut encore pour nos armes, et Tourville continua de se distinguer. Mais l'expédition fut mise à fin par la nouvelle qui annonça que Jacques II, perdant la bataille de Boyne en Irlande, regagnait la France.

Au commencement de 1691, d'Estrées quitta Toulon pour aller seconder Catinat, qui assiégeait le château de Nice après la réduction de la ville. Oneille, Barcelonne et Alicante essuyèrent tour à tour le feu des canons français, tandis que, sur différents points de la Méditerranée et de l'Océan, Jean-Bart, de Chavigny, Mirecourt et Forbin, après des combats particuliers, ramenaient dans nos ports beaucoup de bâtiments ennemis.

Louis XIV songeait à replacer Jacques II sur son trône, et fit faire, en 1692, de nombreux armements. Trois cents bâtiments de transport s'élancèrent de nos chantiers; Tourville et d'Estrées reçurent la conduite de l'expédition nouvelle. Tourville vint dans la rade de La Hougue attendre les ordres du roi, relativement à la rencontre avec les alliés, qu'il avait été impossible d'empêcher de se réunir. L'affaire suivit en préliminaires, et cette bataille est la plus prodigieuse que puisse enregistrer l'histoire de la marine. Tourville s'y conduisit en héros. Longtemps la bataille semblait devoir entraîner une péripétie glorieuse pour nos armes, et le succès nous était promis; ce fut aux efforts surhumains que fit l'ennemi dans sa résistance qu'il faut attribuer la conclusion négative de cette affaire. Tout ce qu'il y a de ruse, de courage, d'habileté nautique et d'intrépidité, fut dépensé de part et d'autre. Les alliés en sortirent avec des pertes qu'on pouvait du reste, jusqu'à un certain point, comparer aux nôtres. A son entrée à Paris, Tourville reçut du roi le bâton de maréchal.

L'année 1693 ne compte guère pour la marine que par le siége de Roses par d'Estrées. Tourville s'y distingua encore par une victoire sur les Espagnols. Les Anglais firent sans succès quelques tentatives sur nos possessions d'Amérique. L'année suivante, leurs essais furent renouvelés devant Brest : lord Barkley effectua une descente dans la baie de Camaret; mais les habitants se défendirent vaillamment et avec succès. Alors les forces ennemies se dirigèrent sur Dieppe et sur le Havre, qui furent bombardés. Les ruses de la population, en détournant la direction du pointage par deux feux trompeurs, préservèrent cette dernière ville de sa destruction.

Dunkerque et Calais reçurent ensuite la répétition des efforts impuissants de l'Angleterre. Le dommage qu'éprouvèrent ces deux villes fut peu considérable.

Ce fut un grand règne pour la marine que celui de Louis XIV. L'année 1694 est seule pleine d'événements dont nos limites ne nous permettent d'indiquer que les sommaires. Ainsi, en outre des bombardements de Calais et de Dunkerque, qui en signalent le commencement, les Français y remportent de grands avantages contre les Anglais dans les colonies : le vaisseau *le Faucon* est pris à l'ennemi; nos troupes descendent de la flotte sur les rivages de la Jamaïque; Tourville est placé à la tête de nouvelles forces navales, dont il opère l'équipement; Château-Regnault défait l'ennemi dans une foule d'engagements partiels; Duguay-Trouin obtient des succès analogues; M. de Vezanzay combat et défait six vaisseaux hollandais, et Jean-Bart reprend à ces derniers un convoi dont ils s'étaient emparés.

Le cours de l'année 1695 n'est pas moins fécond en événements; nous continuerons d'en esquisser les sommaires. Duguay-Trouin, MM. de Nesmond et de la Villetrueux enlèvent aux Anglais un vaisseau de 70 et plusieurs autres navires. L'ennemi échoue dans une tentative sur Marseille et Toulon; il se replie dans la Manche et bombarde Dunkerque, puis Saint-Malo. De Nesmond continue à capturer des navires anglais; quelques grands vaisseaux ont le même sort. Le fort de Gambis tombe en notre pouvoir sous les efforts de M. de Gennes. Forbin enlève un de leurs bons vaisseaux aux Hollandais.

Des projets de descente en Angleterre sont conçus en 1696. Le but du roi de France est de replacer sur son trône Jacques II, abandonné de son parti.

L'ennemi poursuit son nouveau système d'attaque, en bombardant encore Calais, puis Saint-Martin-de-Ré et les Sables-d'Olonne. Jean-Bart capture cinq frégates et un convoi de cinquante voiles marchandes. Le vice-amiral Vassenaër et Duguay-Trouin sont en présence. MM. Deberville et de Brouillars prennent des forts et des navires à l'ennemi.

Carthagène tombe au pouvoir de M. de Pointis en 1697. D'Estrées assiége Barcelonne, en compagnie du duc de Vendôme. Les puissances belligérantes signent la paix.

Mais 1702 voit la guerre se déclarer de nouveau, et nous perdons l'île Saint-Christophe. Malgré les efforts des Anglais, nous parvenons à déposer des troupes à Carthagène. L'année suivante, le marquis de Coëttogon se rend maître de cinq vaisseaux hollandais, tandis que Duquesne-Monier s'empare d'Aquilée. Le roi envoie dans les mers du Nord le chevalier de Saint-Pol; mais nous per-

dons trois frégates et quelques voiles marchandes dans cette difficile expédition. Peu de temps après, les Anglais parviennent à descendre à la Guadeloupe.

En 1704, le comte de Toulouse livre bataille aux armées alliées dans les parages de Malaga. Le résultat est négatif. En 1705, M. de Pointis remporte quelques avantages devant Gibraltar. Cette année date par la mort glorieuse du chevalier de Saint-Pol, qui périt au milieu de la victoire conquise par ses armes.

Forbin prit, en 1706, plusieurs navires aux Anglais, nos éternels adversaires maritimes. MM. de Chavagnac et d'Iberville effectuent des descentes à Saint-Christophe et à l'île de Nièvres. Les Anglais sont dispersés. Toute l'année 1707 est remplie par les exploits de Forbin et de Duguay-Trouin. Les vaisseaux qui apparaissent le plus souvent comme enjeux de ces grandes parties sont, pour les Anglais, *le Royal-Oak*, *le Chester*, *le Cumberland*, *le Ruby* et *le Devonshire*; tous sont défaits ou pris par nos marins. Forbin est nommé chef d'escadre.

Le roi de France essaie de nouveau de favoriser la cause de Jacques II, qu'il veut faire passer en Ecosse. Toute l'année 1708 s'écoule en négociations. En 1709, Cassard sauve un convoi considérable, dont l'escorte lui était confiée. Le chevalier de Parent s'empare de l'île de Saint-Thomas.

Rio-Janeiro tombe, en 1710, au pouvoir de Duguay-Trouin.

Saint-Iago, Surinam, Montserrat et Saint-Christophe se rendent aux canons de Cassard. Le traité de paix signé à Utrecht et à Rastadt termine l'année 1712.

La conséquence des négociations diplomatiques de cette époque fut malheureuse pour l'Europe maritime. Bientôt éclate la guerre de l'Angleterre avec l'Espagne, dont le motif fut, comme on sait, les entreprises des Anglais contre les colonies espagnoles. Louis XV s'unit à l'Espagne contre ses ennemis, et, à propos d'hostilités commises par nos voisins d'outre-mer, marche contre leurs divisions.

L'année 1740 et presque toute la durée de celle de 1741 furent consommées en combats particuliers, sans physionomie importante. 1743 et 44 virent de plus grandes affaires; les flottes de France et d'Espagne combattirent dans la Méditerranée l'amiral Mathew. Des tentatives infructueuses furent entreprises pour faire passer en Angleterre le fils du prétendant. La Grande-Bretagne devient plus positivement notre ennemie. Le vaisseau *le Northumberland* tombe en notre pouvoir, et nous perdons la frégate *la Médée*.

L'année 1745 ne se signale que par le beau combat de *l'Elisabeth* et de *l'Invincible*, combat d'où nous sortons vainqueurs.

Paris Imp. par Chardon...

E. ISABEY.

En 1746, le prince Edouard réclame et reçoit nos secours. L'escadre du duc d'Amville se perd. M. de Conflans se bat glorieusement devant Saint-Domingue. Le vaisseau anglais *le Severn* tombe en notre pouvoir avec six transports. Le combat de l'escadre de M. de La Jonquière est désastreux pour nos armes.

Nous perdons la frégate *le Lustar* en 1747, et les Anglais essaient sans succès de se rendre maîtres de Pondichéry et de l'île Maurice. Duguay-Trouin se couvre de gloire.

Le traité d'Aix-la-Chapelle rend quelques repos à nos flottes; mais des difficultés survenues touchant les limites de l'Acadie et du Canada sont une nouvelle cause de rupture de paix, et le signal d'armements nouveaux pour notre marine.

La guerre est positivement déclarée en 1756. L'amiral de La Galissonnière combat l'amiral Byng. Le port Mahon et le fort Saint-Philippe tombent en notre pouvoir. Le vaisseau anglais *le Warwick* éprouve le même sort. Les forces de la France à cette époque sont de 63 vaisseaux de ligne, dont 45 en état parfait d'équipement.

Une foule de combats partiels signalent le cours de l'année 1757 : la frégate *la Thétis* et *la Pomone* capturent des corsaires. Louisbourg et Guébu sont mis à l'abri de l'invasion des Anglais. Un vaisseau de ces derniers, *le Tilburg*, fait naufrage. Le fort Saint-Georges, sur le lac du Saint-Sacrement, est pris et détruit par nos marins. Les Anglais font d'inutiles tentatives d'invasion sur nos côtes. M. de Kersaint préside une grande affaire navale, dont il se retire avec un grand honneur.

1758 voit le combat et la perte du vaisseau *le Raisonnable*. Les Anglais poursuivent leurs tentatives sur nos côtes. Ils parviennent à s'emparer de Louisbourg. Dix mille hommes envahissent Cherbourg et le soumettent à contribution. En même temps les vaisseaux anglais sont défaits au Canada. Glorieux combat des frégates *la Thétis* et *la Calypso*. Une escadre appareille sous les ordres de d'Aché, pour aller protéger les comptoirs de l'Inde. Nous remportons divers avantages sur l'escadre anglaise.

Au commencement de 1759, un des plus formidables vaisseaux ennemis, *le Tigre*, tombe en notre pouvoir. Les Anglais essaient sans succès de s'emparer de la Martinique ; mais ils parviennent à débarquer à la Guadeloupe. M. de Conflans perd son escadre.

Les années 1760 et 61 sont signalées par la prise de Belle-Ile par les Anglais, et par les succès du comte d'Estaing dans la mer de l'Inde. Le fort de Bull est pris aux Anglais l'année suivante; mais ils le reprennent peu après. L'état de notre marine étant alors peu satisfaisant, le roi accepte les offres des citoyens qui s'imposent de lourds sacrifices pour le rétablir. 1763 vit le traité de paix entre les puissances belligérantes. L'Angle-

terre, persuadée que nos ressources maritimes étaient inépuisables, consentit à cesser les hostilités qui, depuis longtemps, la divisaient de son ancienne alliance avec la France et l'Espagne.

Mais les enseignements légués par les époques précédentes suffirent toujours pour inspirer peu de confiance à une suspension d'armes entre deux nations que les destinées politiques de l'Europe appellent à être éternellement rivales. En 1778 les hostilités recommencent.

La première époque de cette nouvelle guerre se signale par la glorieuse affaire de la frégate *la Belle-Poule* dans les mers de l'Inde. Peu après se livre le fameux combat d'Ouessant, dont le récit exact se lit ailleurs dans ce recueil. Dans ce combat, le comte d'Orvilliers se conduisit avec une grande habileté et une grande valeur.

L'engagement du vaisseau français *le Marseillais* avec *le Preston*, la prise de la frégate ennemie *l'Hercule*, notre défaite à Pondichéry, la belle affaire du *Tristan* et l'abandon de Sainte-Lucie, sont les événements qui contribuèrent à signaler l'année 1678 parmi les plus fécondes de notre histoire navale.

Un immense vaisseau anglais fut pris par une de nos frégates aux premiers jours de 1679. Peu de jours après la corvette *la Vestale* tomba également en notre pouvoir. Les autres combats remarquables de cette période sont celui de *la Concorde*, la prise de Montréal, l'affaire de *l'Aigrette* et de *la Dorade*, celle de la frégate *la Blanche* contre le vaisseau *le Ruyter*. L'île du Saint-Vincent tomba en notre pouvoir, et nous fîmes une conquête plus importante encore, celle de la Grenade. Le comte d'Estaing présidait à toutes ces opérations.

Une foule d'autres engagements, qui eurent pour conclusion un grand combat d'une division de nos navires contre une escadre anglaise, remplirent les derniers mois de cette année, aussi féconde en événements que les plus heureuses parmi celles qui font briller nos annales.

Toute cette période maritime qui s'écoule durant le règne de Louis XVI présente bien moins d'engagements considérables que d'exploits isolés; aussi, pour suivre chronologiquement chaque phase de cette époque, il faudrait enregistrer un combat, une escarmouche, une victoire ou une défaite par jour. L'affaire de la division de La Motte-Piquet contre l'escadre de l'amiral Parker, le combat du comte de Guichen, et l'affaire de la Dominique ne méritent d'être signalés que par rapport à l'importance des forces qui s'y mirent en présence, car les résultats n'en furent pas décisifs pour la cause de notre marine.

Pour l'année 1780 nous enregistrerons les principales affaires : ce sont d'abord le combat de la frégate *la Minerve*, la prise du *Romulus*, l'engagement de l'escadre aux ordres de M. Destouches contre l'amiral ennemi et le capitaine de la frégate

anglaise *l'Unicorn;* le combat de la Martinique,
sous les ordres du comte de Grasse; la prise d'un
grand convoi par La Motte-Piquet; le combat de
l'Actif, celui de la frégate *la Fée* contre le vaisseau
l'Ulysse; puis encore la prise de Tabago, le combat de *la Surveillante* contre un vaisseau anglais;
la prise de la frégate ennemie *Crescent;* l'affaire
de notre frégate *la Magicienne;* puis enfin, pour
clore cette année si féconde, le combat de M. de
Grasse contre l'amiral Graves.

Au commencement de 1782, le comte de Grasse
se trouve près de Saint-Christophe et y combat
l'amiral Hood. Peu de jours après, Démérari, Es-
sequebo et Berbice sont enlevés aux Anglais par
le comte de Kersaint. Plus tard Suffren défait en
partie l'amiral Hughes dans l'Inde; le comte de
Grasse essuie la bataille que l'amiral Rodney lui
livre près de la Dominique, et beaucoup d'autres
engagements particuliers signalent la présence
des flottes ennemies dans les mers des Indes et
des Antilles.

Peu après Suffren se trouve encore engagé
avec l'amiral Hughes près de Provedien, et devant Négatpanam: ces derniers combats sont glorieux pour nos armes.

La Pérouse part pour son expédition dans la
baie d'Hudson. Suffren s'empare de Trinque-
malay. Un grand combat se livre devant le détroit
de Gibraltar entre les flottes françaises et espagnoles contre l'amiral Lowe; cette affaire se termine à notre avantage. Les combats particuliers
les plus remarquables de cette année sont ceux
de *la Cérès,* de *la Sibylle* et celui de Suffren contre l'amiral Hughes devant Gondelour. Les coups
de vent nous brisèrent quelques navires sur les
côtes. Toute la période qui prend le nom de
guerre de 78 offre pour résultats les chiffres suivants dans les pertes de la France et de l'Angleterre:
Français, vaisseaux et frégates 50. — Anglais,
vaisseaux et frégates 72.

Le règne de Louis XVI, à la fin duquel s'opérèrent de si grands bouleversements politiques,
terminera le coup d'œil rapide que nous jetons ici
sur la marine moderne. Il serait difficile, croyons-
nous, de passer aussi superficiellement que nous
venons de le faire pour le xviie et une partie du
xviiie siècle, sur les événements qui commencent
à la période révolutionnaire; d'ailleurs les feuillets
les plus remarquables de cette dernière histoire
ont paru isolément dans ce recueil. Ce que nous
comptons exécuter en dehors de ces colonnes, c'est
de reprendre rétrospectivement toutes les phases
maritimes qui précèdent 1789, en faisant pour
elles, et avec tous les bénéfices d'une expérience
plus large, ce que nous venons de faire pour les
années maritimes qui comprennent la République, l'Empire, le Consulat et la Restauration,
sous le titre général de *Chroniques de la Marine
française.*

L'orage sur la grève.

J'aimais alors à jouir sur la grève de l'aspect
paisible qu'offre la chute d'un beau jour; j'aimais
à voir la mer calme et bleue se rembrunir et
perdre peu à peu ses teintes lumineuses; j'aimais
à parcourir, à cette heure, le rivage bordé par
les flots que le vent du soir fait soupirer en les
brisant sur le sable; j'aimais, du haut de la falaise, assis sur quelques-uns de ces blocs où le
temps fatigua sa main puissante, à fouiller les
vapeurs du soir pour y découvrir quelque voile
glissant loin de la plage, et s'effaçant comme un
point dans l'espace; j'aimais le cri monotone des
goëlands parmi les algues des rochers où la mer
s'engouffre pour se briser en jetant en l'air ses
perles étincelantes.

Parfois, parmi ces rochers que recouvre le limon verdâtre de la marée baissante, un pauvre
pêcheur s'en retourne à sa chaumière sous la
charge de ses filets; quelquefois il s'arrête
pour laver ses pieds sur le creux d'un rocher, et
délassant ainsi ses jambes du poids fatigant de
son corps dans les sables mouvants, il pousse de
sa large poitrine un de ces chants aux notes traî-
nantes qui émeuvent celui qui les entend, comme
un pronostic de malheur.

Le jour, la nuit, j'aime toujours l'aspect de la
mer; longtemps elle fut ma patrie, longtemps
elle berça mes songes déçus; je lui dois de brillants rêves d'avenir qui faisaient mon bonheur,
et que la terre a renversés ou travestis en douleurs.

Aussi m'importe-t-il peu si l'ombre s'étend
sur ma tête, ou si le soleil étincelle sur la montagne; tout en elle n'est-il pas poésie pour le
cœur? poésie muette et contemplative qui ab-
sorbe tout ce qui palpite de vie dans notre cœur,
mais qu'on ne saurait révéler.

Pourtant que de belles pages de drame enveloppent quelquefois les ombres de la nuit sur
cette mer où les yeux ont toujours des larmes,
ou sur cette plage que défendent des brisants si
horribles, que leur vue donne des idées de naufrages et de malheur!

Il fut un de ces événements que ma mémoire
me présente encore frais et déchirant; il m'apparut durant ces heures où les ombres commencent à s'étendre sur la mer: c'était un soir paisible et pur à donner des pensées d'une douce
tristesse. Assis sur la falaise, à quelques pieds
au-dessus de la plage qui borde à l'ouest le petit
port de Granville, tout voisin de la Bretagne, je
laissais couler mes instants dans un doux calme
du cœur où se confondaient les idées d'un bon-

heur inconnu pour moi jusqu'alors, et que je devais à des espérances d'amour. Il me semblait que cette ivresse du cœur, après laquelle je courais, dût, en se levant sur ma vie, y refléter joie et parfums, comme le soleil qui point, puis inonde de rayons et de vie tout ce qui naguère appartenait à l'ombre....

Assis sur un petit bloc de pierre qui sortait de la falaise, les pieds posés sur des touffes de plantes sauvages qui tombaient échevelées des fentes du granit, je contemplais, à travers les larmes involontaires qui tremblaient dans mes yeux, la grandeur paisible de tout ce qui m'entourait. Dans le nord, où l'horizon s'effaçait dans le ciel, j'apercevais bien quelques petits nuages ; mais ils paraissaient si légers, si inoffensifs, que mes craintes ne s'éveillèrent point pour une petite barque que je distinguai, d'abord informe, puis peu à peu mieux déterminée, et que deux petites rames faisaient avancer régulièrement vers la plage. La lune, qui épanchait sa lumière mélancolique sur la mer argentée, m'y fit bientôt apercevoir un homme ramant avec précaution, pour aborder les roches qui bordaient le rivage à quelques toises du pied de la falaise.

La marée montait, et la barque s'étant confondue dans les ombres des brisants, mes yeux se portèrent sur le rivage comme avec la conscience d'un événement.

Parmi les détours de la grève, j'aperçus une ombre blanche alternativement cachée ou visible, suivant les angles des rochers, à travers desquels elle s'égarait ; puis bientôt je distinguai mieux, et je reconnus une femme enveloppée dans un de ces mantelets à la mode dans le pays, et coiffée d'un bonnet à la manière des jeunes filles.

Elle s'avançait timidement sur le sable, et son œil inquiet parcourait la mer. Un instant elle parut considérer les nuages noirâtres qui s'amassaient à l'horizon du nord ; puis, la tête tournée dans une autre direction, elle sembla attentive à la recherche d'une espérance. En suivant la direction de son regard, je distinguai au loin, parmi les petites îles peu distantes du port, un côtre à la mâture élancée, que la lune commençait à détacher des terres où il se confondait d'abord. — Alors une pensée d'amour me passa rapide et douloureuse comme un frisson ; puis, rassuré par ma position, que les saillies de la falaise défendaient contre la molle clarté de la nuit, je voulus voir ce rendez-vous que je devinais sans le vouloir troubler.

A peu de distance de l'endroit où j'étais caché, je savais une sorte de caverne, enfoncement ménagé par une voûte de granit que les éboulements n'avaient point comblée. Souvent j'avais pris plaisir, quand la marée était basse, à visiter avec quelques amis cet antre, dont les échos avaient quelque chose de magique par la répétition des

sons qu'ils produisaient. La jeune fille se dirigea vers cet enfoncement et, comme effrayée du grand calme qui l'entourait, elle monta bientôt sur une petite éminence de roches pour voir si longtemps encore elle serait seule.

Dans ce moment, le marin, qui sans doute avait amarré sa barque parmi les brisants, sortit de l'ombre où il était caché.—Un cri de surprise et de joie flotta en l'air, et vint apporter à mon oreille un accent connu.... Je distinguai deux corps glissant vers la caverne du rivage.... et mes regards restèrent longtemps fixés à la place où je les avais vus disparaître.

L'état où je me trouvais était le plus difficile qu'il soit possible d'expliquer : c'était une sorte de somnolence, que par moment troublaient des désirs sans objet, ou bien une espèce de jalousie, d'inquiétude, du mal enfin ; ce n'était plus une paix du cœur comme au commencement de la nuit. Une heure peut-être s'écoula ainsi ; et mes regards, dirigés vers le nord, me montrèrent, pour me réveiller de cette stupeur fatigante où se trempaient mes sens, un large ourlet noir que bordait l'horizon. Le ciel, si pur naguère, se fondait vers cette partie dans un ton gris taché de nuages blanchâtres, et tout annonçait un de ces orages si communs dans les belles nuits d'été, dont ils semblent troubler la limpidité comme ces événements qui font apprécier une vie douce et uniforme.

La marée avait aussi considérablement monté ; elle jetait ses lames jusqu'au pied de la falaise, et se retirant pour revenir encore, chacune d'elles, en filtrant parmi les pierres et les petites roches, moirait la plage de leur blanche écume que tigraient toutes les saillies du sol.

La lune commençait à se voiler derrière les nuages que les vents fraîchissants du nord étendaient sur le ciel. La mer, légèrement enflée d'abord, grossissait d'instant en instant, et les mugissements plaintifs des lames de la falaise où elle se brisait commençaient à jeter sur moi quelques gouttes de son écume.—La physionomie de la nuit avait changé.

Mon inquiétude augmentait sans cesse pour ces deux amants si confiants au sein de leur amour, qu'ils méprisaient la tempête, la tempête dont le souffle pouvait atteindre et glacer leur bonheur. Je changeai de place ; aidé des plantes marines qui s'échappaient des blocs lézardés, j'essayai de m'approcher de la caverne où la mer s'engouffrait déjà avec des gémissements menaçants... Tout à coup une lueur rougeâtre et éclatante inonda l'atmosphère, puis un coup de canon résonna dans l'espace et vint mourir dans les roches du rivage, dont les échos renvoyèrent longtemps, en le répétant, le bruit inattendu.

Etonné d'abord, je me rappelai bientôt le côtre que j'avais aperçu deux heures auparavant, mouillé parmi les petites îles, et je pensai que quelque danger menaçait la sûreté de son équipage et qu'il réclamait du secours. Un autre coup de canon suivit bientôt et se mêla au bruissement de la mer, sur le rempart que la falaise élevée opposait à ses lames. Mes yeux ne quittaient point la place où j'avais vu disparaître les deux personnes, et j'avais inutilement cherché à distinguer la barque que je savais cachée dans les brisants.

Je crois que sous la puissance des émotions que je ressentis dans cet état d'alternatives, de craintes et d'incertitudes, je désirai fuir.... Ce qui m'arriva alors, je me le rappelle faiblement; sans doute la tempête me fit abandonner la falaise.

Le lendemain, des pêcheurs, en sortant du port, causaient de l'orage de la nuit. — En doublant la pointe de rochers qui, dans cette partie du rivage, s'avance vers l'ouest, ils rencontrèrent les débris d'une barque, que plusieurs d'entre eux reconnurent pour être celle du côtre mouillé la veille dans les îles voisines. — Puis bientôt ils trouvèrent deux corps meurtris, que la marée baissante avait ballottés parmi les rochers et laissés sur le sable.

Dans la journée, j'appris que le côtre de l'Etat avait échoué pendant l'orage de la nuit, et que l'équipage avait été noyé faute d'une barque pour gagner la terre.

Puis, tout un jour, je cherchai parmi les marayeuses du port la jeune fille qui m'avait fait naître des pensées d'amour.

Peintres de marine.

CONCLUSION.

La vie de certains artistes offre surtout de l'intérêt par les luttes qu'ils ont eu à souffrir au milieu des développements de leur talent; le point d'où ils sont partis ne doit donc pas être indifférent au critique qui juge la période où est arrivé l'artiste. La carrière de M. E. Corbière offrait un intérêt analogue à celle de M. L. Garneray; aussi avons-nous cru devoir les décrire toutes deux. M. Eugène Sue, dont le portrait a été attaché à un de ses longs et intéressants articles, offrait une vie trop lisse et trop uniforme pour la biographie; M. Eugène Isabey nous paraît dans la même position. Quant à M. Th. Gudin, l'auteur d'Atar-Gull a écrit dans nos colonnes un épisode qui peut être considéré comme le point de départ de la carrière d'artiste d'un homme dont la réputation est aujourd'hui européenne. — Que peut-il donc nous rester à faire? A défaut d'une biographie accidentée, ce qui

nous semble le plus à la place en regard des portraits de MM. Th. Gudin et Eugène Isabey que nous offrons à nos lecteurs, c'est un rapide compte-rendu des ouvrages les plus supérieurs, à notre sens, de ces deux grands artistes, et nous en emprunterons les souvenirs à l'exposition de peinture de 1836.

La Détresse. Cette poétique conception de M. Gudin est le drame le plus complet et le plus émouvant que nous ayons jamais vu. Les moyens sont simples, la nuit se lève, le jour descend! la nuit a encore gardé quelques souvenirs du jour, comme l'a dit une belle et spirituelle admiratrice de ce tableau. Les dernières teintes que le soleil a laissées dans le ciel s'éteignent peu à peu à l'horizon enflammé, et jettent leurs reflets orangés sur la crête des lames que ce dernier éclat transperce et couronne. La lune s'est levée; l'air qui la baigne se teint dans la molle pâleur qu'elle répand; les flots jouent dans le sillon de paillettes d'argent que traîne sur la mer l'astre paisible qui s'élève; le milieu de l'eau et du ciel éprouve la lutte vaporeuse de ces deux lumières, celle qui s'éteint, celle qui s'allume. C'est déjà une grande et belle chose; c'est une poétique et puissante exposition; voici le drame :

La tempête a passé par cette toile; le vent s'est endormi, mais il a laissé sur la mer cette lassitude convulsive qui la gonfle irrégulièrement comme un sein oppressé. Au milieu, ces lames, dans la transparence desquelles luttent les deux lumières, portent une barque sans mât, sans voile, nue, inerte comme un oiseau blessé, du bois le plus sombre, de la forme la plus propre à servir de cercueil aux malheureux qu'elle contient. Ils sont là-dedans cinq ou six, de pauvres marins en détresse, nus, affamés, hideux d'infortune, révoltants de courage. D'où viennent-ils? que deviendront-ils? on ne sait. Ce sont presque tous de vaillants et forts matelots; l'épuisement et le désespoir ont eu peine à creuser leur passage sur leur charpente osseuse; ils ont tout fait pour résister. Puis un d'eux s'est laissé mourir; les autres se sont jetés sur son cadavre, et leurs dents blanches saignent de la chair dont ils dépouillent la cuisse de leur compagnon.... Il y a là un Nègre qui le premier semble avoir pris l'horrible initiative de cet affreux prolongement de l'existence; ce Nègre est de la plus odieuse expression : il tient cette jambe comme une proie, et on entend les rugissements qu'il articulerait si on tentait de l'en déposséder. Un pauvre enfant, trop tôt mûr pour son âge, s'est trouvé mêlé à cette scène affreuse; ses yeux se détournent avec horreur du spectacle que lui offre l'intérieur de la barque; l'espoir a ranimé ses forces ruinées, car sur l'avant de la chaloupe se présente un autre épisode. Un marin croit découvrir une voile, dont le choc de quelques lames éloignées lui présente peut-être la trompeuse apparence;

Il se penche dans la direction où ses yeux affaiblis ont cru apercevoir le navire; ses bras s'étendent vers lui et vont se réunir dans une prière. Tout ce qui restait de vie dans ce matelot s'est réfugié dans son regard; tout ce qu'il avait encore de force a retenti dans un faible cri d'espoir,.... Cet homme voit-il quelque chose? on n'en sait rien. Les autres ont machinalement tourné leur tête vers lui; l'enfant a balancé dans l'air un vêtement lugubre, et il fouille, d'un regard voilé de larmes, l'ombre du crépuscule en pensant à sa mère, — qui peut-être ne voulait pas que cet enfant fût marin! Mais, encore une fois, cet homme voit-il quelque chose? qui sait? peut-être l'épuisement, le désespoir ont-ils frappé son cerveau! peut-être a-t-il cette monomanie de toujours voir un navire! peut-être est-ce la centième fois qu'il jette ce cri d'espoir! et toujours trompés par une espérance nouvelle, toujours déçus, toujours inquiets, peut-être ces malheureux sont-ils eux-mêmes trop faibles pour comprendre la folie de leur camarade! Leurs yeux éteints brillent sous une dernière étincelle de vie! ce regard-là ne doit pas porter bien loin! Mais l'instinct machinal subsiste plus longtemps que le travail du cerveau. Voient-ils enfin quelque chose? Gudin le sait-il? Quelle lugubre et attachante poésie! quelle mystérieuse et désespérante incertitude!

La Barque perdue, la Détresse, comme on voudra l'appeler, est, nous le répétons, la production la plus remarquable comme pensée, comme sentiment, qu'à notre sens ait conçue M. T. Gudin. Il a d'autres grandes pages qui ont fait rayonner son nom, et chacun le sait; mais nos affections de marin sont pour cette toile si poétique et si large malgré ses proportions étroites. — Mentionnons donc, seulement pour mémoire, les principaux tableaux de M. Gudin qui sont éparpillés dans les musées et dans les plus belles collections de l'Europe :

Un Sauvetage, le premier grand tableau de son auteur, et déposé sur-le-champ au musée du Luxembourg. — *L'América visité par un corsaire français.* — *Un Bateau à vapeur.* — *Le Retour de la Pêche.* — *Une Vue de Grenoble.* — *Les Moulins.* — *Vues d'Afrique.* — *Attaque d'Alger par mer.* — *Le Camp de Stouëli.* — *Dévouement du capitaine Desse envers un navire hollandais.* — La plupart de ces tableaux font partie de la galerie d'Orléans. — *L'Incendie du Kent*, déposé au ministère du commerce. — *La Vue des Echelles.* — *Les Marais Pontins.* — *Une Vue de l'église de Saint-Pierre à Caen.* — *Le Coup de vent de Sidi el Ferruck.* — *Le Columbus* (pour la ville de Bordeaux). — *La prise des hauteurs d'Alger.* — *Une Vue du Havre*, etc., etc.

La plupart de ces toiles, dont un grand nombre sont de la plus large dimension, ont été lithographiées par M. Gudin lui-même; c'est peut-être là un des véhicules les plus actifs de l'immense popularité de leur auteur.

M. Eugène Isabey n'est pas seulement un peintre de marine, et il doit une bonne partie de sa réputation à ses délicieux intérieurs, à ses plages, à ses ciels si fins et si lumineux.—Puisque nous avons cité *la Détresse* comme la toile de M. Gudin qui nous offrait le plus de séduction, nous agirons de même avec son émule M. E. Isabey, et nous donnerons le choix à son tableau des *Funérailles d'un officier de marine sous Louis XVI*, qu'on a vu à la même exposition que *la Barque perdue*. C'est qu'en effet nous pensons que cette toile est aussi l'une des pages les plus poétiques et les plus lugubres que la peinture ait jamais empruntées à la marine.

La toile est haute et étroite; elle représente un vaisseau de l'Etat naviguant sous bonne voilure au tomber du jour. C'est tout son côté ou passavant de bâbord que présente le navire. Le haut de la mâture, ainsi que l'arrière, se perdent dans le cadre. L'état-major et une partie de l'équipage sont rassemblés sur le bord; les uns sont cramponnés aux haubans, les autres faufilés par les sabords, pour voir l'immersion. Le cadavre est enveloppé dans un grand linceul blanc; un boulet est attaché à ses pieds. Ce cadavre, ce corps enveloppé, est d'un dessin admirable : on voit tous les contours amaigris par la maladie, et qui concourent à l'effet de ce sinistre aspect; la tête est penchée avec un effrayant abandon.... On va le lancer du sommet d'un sabord de la batterie haute; le prêtre lui jette les dernières gouttes d'eau bénite et ses dernières prières; tout l'équipage s'unit au psaume; beaucoup de mains sont jointes; mille expressions diverses : terreur ici, là curiosité, plus loin insouciance, ici recueillement, complètent la partie morale de cette belle et large conception. On regarde les sombres lames dans lesquelles va s'abîmer ce cadavre; on voit celles qu'il va percer.... L'harmonie de toute cette composition est complète : le ciel, la mer, l'abandon des voiles flottantes, tout participe de cette lugubre poétique; tout, dans cette magnifique élégie, est mystère et terreur.

On le voit, la marine a ses peintres et ses poëtes, qui la vulgarisent en lui prêtant toutes les séductions de leur magnifique pinceau. Puis, à côté de ces maîtres hors ligne, dont nous avons parlé ici et précédemment, viennent encore d'autres jeunes et laborieux artistes qui marchent à grands pas dans leur route en réalisant chaque jour de belles promesses. Si les grands artistes dont nous avons parlé sont à la tête de notre Ecole de peinture maritime, n'éloignons pas du rang où ils sont placés dans l'opinion du public et de la critique les noms de M. Eugène Lepoitevin, l'auteur du beau *Combat du Vengeur* et de tant d'autres fraîches compositions; M. Morel-

Fatio, qui vient de voir son premier grand tableau, *le Combat d'Algésiras*, acheté par le gouvernement ; M. Ferdinand Perrot, dont nous avons parlé au sujet du bateau de pêche bas-breton secouru par *le Neptune* ; MM. Casati, Gilbert, Ulrick, Mozin, Tanneur, Jugelet, etc., et tant d'autres encore qui grandissent et promettent chaque jour, par leurs études, ce que ceux-ci tiennent aujourd'hui.

Si M. Biard n'était pas plutôt un grand peintre de genre qu'un peintre de marine, nous lui eussions donné une belle place dans l'examen critique auquel ses tableaux de la *Traite des Noirs,* du *Baptême de la ligne,* du *Branle-bas de combat* lui donnent de remarquables titres.

DE LA

Traite des Noirs,

(Quatrième article.)

J'ai dit, dans mon précédent article, que la traite continuait depuis son abolition, qu'elle était aussi active et aussi cruelle qu'avant ; j'en ai donné les motifs, je vais les appuyer par des faits.

Le 14 juin 1820, M. J. Morenas adressa à la Chambre des députés une pétition sur la traite des noirs qui se fait au Sénégal. Je passerai sous silence le violent réquisitoire qui remplaça le rapport que devait faire un membre de la Chambre d'alors sur cette pétition ; je me bornerai à dire que M. Morenas et l'abbé Gindicelli répondirent à ce réquisitoire et maintinrent les faits avancés en s'appuyant sur des pièces authentiques. Voici les principaux cités dans la pétition de M. Morenas :

« Le jour même de la Saint-Louis, une goélette a chargé au quai de M. Potin cent cinquante noirs, qui ont été vendus aux Antilles françaises.

» Le 5 octobre, un négrier de Saint-Louis fit attaquer le village de *Diaman,* dans le pays de *Oualo,* par un prince maure de la tribu de *Trarzas,* auquel il avait fourni un bateau, des armes, des munitions et ses propres *soplots* (matelots noirs). Ce village fut incendié, et dans la nuit quarante-sept noirs devinrent captifs, et soixante-cinq périrent en défendant leurs chaumières et leur liberté.

» Le roi de *Damel,* pour satisfaire aux demandes des négriers français, a vendu environ trois mille de ses sujets, qu'il a faits esclaves en attaquant lui-même ses propres villages, dont plusieurs ont été détruits.

» Le 1er décembre 1817, une mère se rendit à Saint-Louis pour délivrer son fils âgé de dix ans. Le propriétaire exigea soixante-dix gros d'or (*sept cents francs*). Cette infortunée n'en avait que cinquante : elle les donna et promit d'aller chercher le surplus. Mais, avant de partir, elle fut arrêtée et faite esclave dans les rues de Saint-Louis même. Dans son désespoir, elle se donna la mort en se brisant la tête contre un mur. Le 17 du même mois, le père, espérant trouver quelque justice sous la protection du pavillon français, se rend au Sénégal et réclame son fils, sa femme et son or. Pour toute réponse, il est chargé de fers. Quand on lui offrit à manger, il se plongea un clou dans le cœur, en s'écriant : *Dieu me vengera dans l'autre monde, puisque dans celui-ci je ne puis me venger moi-même qu'en vous privant de mon corps.*

» Le 28 février 1819, un brig de Bordeaux se montra en rade, et, après avoir fait des signaux à son correspondant, disparut sans se faire connaître et se rendit près du cap Vert, où il chargea cent trente noirs que M. Bart-Valentin venait d'y faire passer.

» Vers la fin de février 1819, M. Bastide a expédié du Sénégal le navire *le Narcisse* du Havre, qui est allé charger cent trente noirs à Cachao, comptoir portugais de cette partie de la côte d'Afrique.

» Enfin, le navire *la Scholastique* de Marseille, la goëlette *l'Eliza* de Saint-Louis, un brig envoyé à Galam en août 1818, *l'Africain, le Rôdeur,* etc., ont tour à tour fait la traite, malgré la prohibition des lois.

» Bien plus, il est des capitaines de navires négriers qui, saisis en flagrant délit, ont été protester à la face de l'Europe, qui flétrit ce honteux trafic. Le 20 janvier 1820, la goëlette *la Marie,* capitaine Guyot, s'est trouvée dans ce cas. Voici la protestation qui a été faite à ce sujet :

« Moi, Auguste Lepelletier, second capitaine
» de la goëlette française *la Marie,* commandée
» par M. V. Guyot, et armée à Saint-Pierre-la-
» Martinique, le 1er juillet 1819, *pour un voyage*
» *à la côte d'Afrique ;*

» Considérant qu'ayant été arrêté avec cent
» six esclaves sur la rade de Galine, le 21 jan-
» vier 1820, par la corvette *la Margiana,* capi-
» taine Sandiland, et conduit ensuite à Sierra-
» Leone par la goëlette *le Mirmydon,* l'on
» débarqua nos cent six esclaves sans ordre,
» comme sans jugement ; et qu'ensuite le capi-
» taine Guyot, ayant fait toutes les démarches
» qu'il croyait nécessaires, et n'ayant pu obtenir
» du gouvernement, ou de toutes autres per-
» sonnes le représentant, de savoir ce qu'on vou-
» lait faire de son bâtiment, ni même lui donner
» les pièces nécessaires pour le mettre en règle
» avec les armateurs, il tomba malade et mourut
» de chagrin en peu de jours ; et que, moi second
» capitaine, ayant voulu continuer les démarches
» du capitaine, et n'ayant jamais pu obtenir que
» des réponses vagues sur le sort de la goëlette,

» qui dépérissait de jour en jour, se trouvant
» même incapable d'entreprendre la mer, n'ayant
» ni vivres, ni bois, etc., j'ai cru devoir par un
» acte formel protester contre l'arrestation du
» navire, le droit de visite ayant été refusé à
» l'Angleterre dans le congrès d'Aix-la-Chapelle
» du mois de novembre 1818; contre le débar-
» quement des esclaves; enfin, contre le retard
» et la perte de l'expédition entière en faisant
» un abandon général, et déclarant que je pour-
» suivrai ou ferai poursuivre le capitaine Sandi-
» land pour l'arrestation de mon bâtiment, et le
» gouverneur de Sierra-Leone pour avoir fait dé-
» barquer les esclaves détenus et fait tomber en
» pure perte l'expédition du bâtiment qui reste
» sur mes charges.

» Fait en double à Sierra-Leone, les jour,
» mois et an que dessus. Signé *Auguste Lepelle-*
» *tier, Pierre Laterone, Juan Ossée, Mouron*
» *Ambry, Edouard Battel.* »

Je n'examine pas ici le plus ou moins de droit
de l'Angleterre; je n'examine pas si, par cela seul
qu'elle est une des puissances qui s'étaient en-
gagées à la face du monde à proscrire la traite des
noirs, elle ne s'était pas par cela seul imposé
l'obligation de la poursuivre partout où elle serait faite: je ne veux faire ressortir de la protestation du capitaine Lepelletier qu'un seul fait,
celui de la traite, de la traite flétrie, prohibée,
condamnée, et faite insolemment sur les mers
qui baignent les rivages des puissances qui l'ont
proscrite. Et qu'on n'admire pas tant le courage
du capitaine qui, dira-t-on, n'hésite pas à protester alors même qu'il encourt les poursuites
de son gouvernement, pour conserver l'inviolabilité du pavillon français; qu'on n'oublie pas
que, si cette protestation est utile aux marins
français, elle est plus utile encore aux négriers
à cause des maisons d'assurance.

En 1825, M. le baron Auguste de Staël,
membre de la Société de la morale chrétienne,
fit un voyage à Nantes. Voici, entre autres renseignements, ceux qu'il donna sur la traite des
noirs, et qui sont consignés dans une lettre qu'il
écrivit, le 3 décembre 1825, au président de la
société dont il fait partie. Dans l'intérêt des lecteurs, je copie un fragment de la lettre:

« Il est malheureusement incontestable que la
» traite des noirs, loin d'avoir diminué, se fait
» aujourd'hui à Nantes avec plus d'étendue, plus
» de facilité et moins de mystère qu'à aucune
» autre époque. Le taux de l'assurance fournit à
» cet égard une donnée positive; ce taux est de
» 25 pour cent, après avoir été de 55 et de 56;
» et ce genre de risques est fort recherché par
» une certaine classe d'assureurs qui ne rougissent
» pas de les nommer des *assurances d'honneur.*
» A la bourse, dans les cercles, on entend publi-
» quement parler de la traite; et ceux qui trem-
» pent leurs mains dans ce commerce de sang ne

» prennent pas même la peine de désigner leurs
» victimes sous les noms consacrés dans leur ar-
» got, de mulets, de ballots ou de bûches de bois
» d'ébène. Mais un tel, vous dit-on, a fait un heu-
» reux voyage; il a pris un chargement de noirs
» sur la côte de Guinée; il a été obligé d'en jeter
» une trentaine à la mer pendant la traversée;
» mais il en a débarqué tant sur tel point, et il a
» encore gagné sur la cargaison de retour. Heu-
» reux voyage, en effet, que celui qui commence
» par le vol et par l'incendie, qu'une cruauté ho-
» micide accompagne, et qui se termine par la
» vente des victimes humaines, exposées sur le
» marché comme des têtes de somme! Les noms
» des armateurs qui font la traite ne sont ignorés
» de personne; les uns figurent déjà sur les rap-
» ports de la Société africaine, d'autres ne sont
» pas moins connus. Je pourrais vous citer, sans
» crainte d'être contredit par aucun Nantais de
» bonne foi, tel trafiquant d'esclaves qui ose pré-
» tendre au titre d'ami de la liberté, qui ne pense
» pas apparemment y déroger lorsqu'il fonde
» sur l'esclavage de ses semblables l'espoir de sa
» honteuse fortune; tel autre qui affecte la dévo-
» tion, et qui ne craint pas de dire, avec une
» exécrable hypocrisie, que s'il fait la traite, c'est
» pour convertir les nègres au christianisme.

» Les estimations les plus modérées portent à
» plus de quatre-vingts le nombre des bâtiments
» qui sont aujourd'hui employés à la traite dans
» le port de Nantes. La plupart de ces vaisseaux,
» admirablement bien construits pour la marche,
» sont des brigs, des goélettes ou des lougres
» de petite dimension. Il en est très-peu qui ex-
» cèdent deux cents tonneaux; plusieurs sont à
» peine de cinquante à soixante. C'est là que l'on
» entasse les malheureux nègres, comme des
» veaux que l'on conduit à la boucherie, et que
» l'imagination des négriers s'exerce à trouver le
» moyen d'empiler trois cents créatures humaines
» dans un espace où vingt pourraient à peine te-
» nir librement. »

Copie de cette lettre fut envoyée au ministre
de la marine par la Société de la morale chrétienne. Le ministre promit de prendre toutes les
mesures pour arrêter la traite des noirs; mais,
soit que la loi ne lui en donnât pas le moyen, soit
que ses intentions ne fussent pas remplies, soit
enfin que les négriers de toutes nations, ce qui est
possible, ne craignissent pas de se mettre sous la
protection du pavillon français, le fait est qu'on
ne rencontra que des traitants qui se disaient appartenir à cette nation. Le pavillon français est
celui qui a été le plus souillé par cet infâme trafic. Cette circonstance nous a valu des reproches
amers de la part de nos voisins d'Angleterre,
reproches que je suis forcé de reproduire pour
la vérité des faits que j'avance, et pour attester
que la France désavoue ceux de sa nation qui se
sont faits négriers. Elle les désavoue dans les

journaux, elle les désavoue à sa tribune populaire, elle les désavoue à sa tribune des pairs. Cela me servira à prouver encore l'insuffisance des lois, car je ne doute pas de leur sévère exécution.

Des lettres de Sierra-Leone, en date du 26 février 1822, portent ce qui suit : « Le 13 février 1822, le *Thistle* (*le Chardon*), commandé par le lieutenant Hagar, est arrivé d'une croisière sous le vent. Nous gémissons d'apprendre que la croisière de ce vaisseau n'a fourni que de nouvelles preuves de l'accroissement progressif du nombre des navires négriers qui dépeuplent la malheureuse Afrique. A Gallinos, le *Chardon* a rencontré la barque *le Phénix* du Havre-de-Grâce, commandé par M..., et le brig *l'Espoir* de Nantes, commandé par un ancien capitaine de frégate dans la marine de Sa Majesté très-chrétienne. Ces navires étaient en attente de leurs chargements de nègres, leurs provisions de tonneaux d'eau étant remplies et leurs plates-formes étant disposées pour recevoir leurs victimes. Croira-t-on que le capitaine de *l'Espoir* est venu à bord du *Chardon*, dans l'uniforme complet de son grade au service de France, et qu'il a raconté, entre autres choses, à M. Hagar, qu'il avait eu, peu de jours auparavant, le plaisir de rencontrer un ancien ami et frère d'armes dans la personne du capitaine du brig de guerre le ....., commandant la station française ? »

Le journal de *Sierra-Leone* dit dans son numéro du 7 décembre 1822 : « Un navire marchand qui arrive de Gallinos nous apprend qu'un bâtiment négrier, sous pavillon français, était à l'ancre devant la Bourse au moment de son départ. Les Gallinos sont connus pour être un grand marché d'esclaves ; c'est là que vient aboutir une des principales routes qui pénètrent dans l'intérieur de l'Afrique, et c'est à ce port que sont conduits la plupart des esclaves faits entre le pays de Foulah et le cap Palmor. Nous recevons avis sur avis qu'il se trouve constamment aux Gallinos des vaisseaux français occupés de la traite. Le dernier commandant de la station française s'en est convaincu par lui-même, lorsqu'il a visité ce point de la côte ; mais ses ordres, disait-il, ne lui permettaient pas de les saisir, à moins qu'il n'y eût des esclaves à bord au moment même de la visite. Un nouveau commandant lui a succédé, et nous avions lieu d'attendre un meilleur ordre de choses. Nous espérions que le gouvernement français voudrait enfin effacer la tache qui souille son pavillon ; mais nous avons éprouvé un triste mécompte, et les amis de l'humanité gémiront de savoir que, bien que les Gallinos ne soient pas à plus de sept jours de Gorée, nous n'avons pas encore appris que la nouvelle escadre française ait une seule fois visité ce port. »

Le journal *The royal Gazette and Sierra-Leone advertiser* porte, dans son numéro du 28 août 1824 : « Nous mettons sous les yeux de nos lecteurs la liste des bâtiments négriers abordés par les embarcations du vaisseau de S. M. le *Maidstone*. Il est triste de penser que dans une seule croisière, qui n'a duré que deux mois, elles ont eu l'occasion de visiter dix-neuf navires, tous engagés dans ce honteux trafic, et cela sans que nos braves marins aient eu la permission de les gêner dans cette cruelle et indigne occupation. Dix de ces bâtiments étaient sous couleur française ; ils appartenaient à des ports de France ; et nous espérons que ce sera une nouvelle preuve (si de telles preuves étaient encore nécessaires) propre à convaincre le gouvernement de Sa Majesté très-chrétienne que le coupable commerce que nous avons eu si souvent l'occasion de dénoncer se pratique toujours sous la protection de son autorité, et même bien au delà des moyens de toute autre puissance ; le tout malgré l'opposition des lois prohibitives de la France. Voici donc la preuve la plus incontestable de l'inefficacité de ces lois, soit qu'elles ne répondent pas à leur objet, soit que ceux qui sont chargés de les faire exécuter les pervertissent indignement. Tous ces navires étaient munis de papiers français, et l'objet de leur voyage avoué de la manière la plus ouverte, et pour ainsi dire avec orgueil, par quelques-uns des patrons, qui, lorsque nos officiers vinrent à bord, leur expliquèrent comment leurs victimes seraient rangées, quelle partie du vaisseau était destinée à chacune, quel nombre ils se proposaient d'en emporter, enfin tous les horribles détails de leur entreprise. Les faits ici parlent d'eux-mêmes, et si le gouvernement français ne s'entremet pas une fois enfin d'une manière plus décidée qu'il ne l'a fait encore, le monde devra penser, ce qui, nous le craignons, hélas ! n'est que trop vrai, que cette grande nation éprouve quelque répugnance à abolir ce trafic odieux. »

Suit la liste des dix-neuf vaisseaux négriers qui ont été rencontrés. Ce sont la *Théorine*, l'*Aimable-Henriette*, l'*Orphée*, la *Diligente*, de Nantes ; la *Pauline*, la *Sabine*, de Bordeaux ; l'*Hippolyte*, la *Caroline*, l'*Atalante*, le *Louis*, de la Martinique ; la *Feliciana*, el *Conquistador*, la *Ninfa-Hobanera*, *Serastina*, de la Havane ; l'*Aviso*, les *Deux-Amis* brésiliens, *Caridade*, *Princeara-Estrella*, de Bahia, et la *Felicidade*, de Saint-Salvador.

Et maintenant faut-il que je cite encore tous les vaisseaux qui ont fait la traite, ceux qui ont été saisis, ceux qui se sont échappés, ceux dont les capitaines ont été traduits devant les cours de justice, ceux qui n'ont pas même été inquiétés ? J'ai cette nomenclature sous les yeux, je n'ai qu'à la copier ; mais je pense que j'ai fait assez de citations dans ce genre pour pouvoir m'arrêter ici. Si dans une croisière de deux mois, ainsi que le dit la gazette de Sierra-Leone, on découvre dix-neuf vaisseaux négriers, quelle devra être la proportion dans une année? Je laisse cela à l'appréciation du lecteur.

J'ai dit que les négriers étaient plus cruels depuis que la traite était prohibée; j'en ai donné les motifs, je vais aussi en donner les preuves.

En avril 1822, le lieutenant Wildenay fut expédié sur la côte d'Afrique avec les embarcations de l'escadre commandée par sir Robert Wends; il ne tarda pas à découvrir, à la hauteur de la ville de Bonny, deux goëlettes et quatre brigs. C'étaient, outre *la Vigilante*, *l'Yeanam*, goëlette espagnole de la Havane, de 306 tonneaux, 380 esclaves à bord; *le Vicua*, autre goëlette espagnole de la Havane, 180 tonneaux, 325 esclaves à bord; *la Petite-Betzy*, brig français de Nantes, 184 tonneaux, 518 esclaves à bord; *l'Ursule*, brigantin français de Saint-Pierre-Martinique, 100 tonneaux, 347 esclaves à bord; *le Théodore*, brig français, qui n'avait pas encore eu le temps de faire sa cargaison. Après un combat opiniâtre, les vaisseaux négriers tombèrent au pouvoir des embarcations; mais, pendant le combat, un grand nombre d'esclaves sautèrent à la mer et furent dévorés par les requins; quelques-uns périrent par des coups de feu. La goëlette *la Vinca*, lorsqu'elle fut prise, avait à bord une mèche allumée pendante sur le magasin à poudre, qui était ouvert; elle avait été allumée et placée en cet endroit par les marins de l'équipage, avant qu'ils se jetassent à la mer pour gagner la terre à la nage. Un des matelots anglais l'aperçut, et se hâta de mettre son chapeau sous la mèche enflammée et de l'emporter. Le magasin contenait une énorme quantité de poudre, et une seule étincelle qui serait tombée de la mèche enflammée aurait fait sauter trois cent vingt-cinq malheureuses victimes enchaînées dans la cale. Ces monstres d'iniquité eurent les plus vifs regrets, après l'action, de voir manquer leur infernal projet.

On ne peut imaginer dans quel déplorable état furent trouvés les esclaves au moment de la capture de ce bâtiment; les uns étaient couchés sur le dos, les autres assis à fond de cale; ils étaient enchaînés les uns aux autres par les bras et les jambes; des colliers de fer étaient autour de leur cou. Pour ajouter encore à ces moyens atroces, une longue chaîne les attachait les uns aux autres, et allait s'adapter à plusieurs colliers, afin que leurs maîtres fussent encore plus sûrs qu'ils ne s'échapperaient pas de cette horrible prison. Plus de cent cinquante noirs moururent dans la traversée de Bonny à Sierra-Leone.

Extrait d'une lettre de la Guadeloupe : « La goëlette *la Louisa*, capitaine Arnaud, est arrivée à l'anse à la Barque, quartier de Sainte-Anne,

Guadeloupe, avec une cargaison de deux cents nègres, restant d'une traite de deux cent soixante-quinze qu'elle avait à bord. Le bâtiment ne pouvant comporter un si grand nombre d'hommes, *le surplus a été jeté vivant à la mer par le capitaine.* »

Extrait du journal de Sierra-Leone : « *Le Louis*, commandé par un nommé Oiseau, en complétant sa cargaison d'esclaves dans le vieux Colelar, a entassé la totalité de ces malheureux dans l'entre-pont, c'est-à-dire dans un espace de 3 pieds seulement (914 millimètres, 2 pieds 7 pouces 9 lignes), et puis fermé les écoutilles pour la nuit. Lorsque le jour est venu, on a trouvé que cinquante de ces pauvres victimes avaient expiré dans cette atmosphère étroite et empestée. Alors le commandant a ordonné froidement de jeter leurs corps dans la rivière, et s'est occupé immédiatement à terre de compléter son exécrable cargaison par des achats nouveaux de créatures humaines. »

Enfin, il me reste encore à citer l'épouvantable histoire du *Rôdeur*. Ce bâtiment, du port de 200 tonneaux, partit du Havre et mouilla devant Bonny; il en repartit avec cent soixante nègres. Quinze jours après, une ophthalmie contagieuse se développa parmi les captifs. Conduits sur le pont, quelques-uns, saisis du mal du pays, se jetèrent à la mer en se tenant embrassés; on les renferma de nouveau. Une terrible dyssenterie se déclara; bientôt la cécité devint générale, tant parmi les noirs que parmi les gens de l'équipage. Un seul matelot conserva la vue, et guida le bâtiment, qui arriva à la Guadeloupe. L'équipage était dans un état déplorable; parmi les nègres, trente-neuf sont devenus aveugles *et ont été jetés à la mer.* Ce fait a été rappelé à la Chambre des pairs par M. le duc de Broglie.

Pour compléter cet article, il me reste encore une citation à faire. C'est la lettre d'un M. Dulacq et compagnie de Saint-Iago de Cuba à MM. Banotte et Larivière à la Pointe-à-Pitre. On verra, par cette lettre, de quelle manière le commerce des hommes est organisé, et avec quelle tranquillité le négrier calcule les pertes et les bénéfices.

« Sous les auspices de M. Couronnéan de Bordeaux, notre ami, nous avons l'honneur de vous
» offrir nos services pour cette place. Vous savez,
» messieurs, que l'avantage que présente notre
» marché pour le débit de *l'ébène* (1) lui assure
» la préférence sur toute autre de nos colonies, et
» cette circonstance, nous l'espérons, vous enga-
» gera à y envoyer quelques chargements de cette
» espèce. Nous avons reçu cette année un grand
» nombre de cargaisons de *cet article*, au compte
» des négociants de Nantes, et vers la fin de janvier
» nous attendons ici d'autres vaisseaux partis de

(1) C'est le nom que, dans l'argot de leur métier, les négociants négriers donnent aux nègres. *Souche* veut également dire nègre.

» ce dernier port. Toutes nos ventes ont été cou-
» ronnées du plus heureux succès; les crédits les
» plus longs sont de quatorze mois. Il est toujours
» assez difficile d'avoir de l'argent; mais, en fai-
» sant des sacrifices, on peut encore réussir à re-
» couvrer le montant de l'armement. Nous devons
» cependant vous dire que notre ville est une de
» celles où les paiements sont le plus ponctuels,
» et notre dernier compte de vente a laissé un
» capital de plus de la moitié en caisse, et le reste
» en effets à douze mois de date. La dernière car-
» gaison vendue ici est celle de la Henriette de
» Nantes. Trois cent vingt-trois souches se sont
» trouvées au débarquement, déduction faite de
» celles qui étaient endommagées, à 225 dollars
» chacune, payables, partie en argent comptant,
» partie en effets de huit mois, partie en effets
» de vingt. Cette marchandise était d'une qualité
» fort ordinaire et avait beaucoup souffert, etc. »

La lettre continue sur ce ton, et on arrive enfin à donner des instructions aux vaisseaux négriers pour la route qu'ils ont à tenir.

« Ils doivent se garder de reconnaître Guan-
» tonamo, et, en avançant le long de la côte, ils
» doivent passer au sud de Saint-Domingue et
» garder le large. Si, en touchant Uragua, ils dé-
» couvrent un vaisseau suspect, ils doivent immé-
» diatement tendre vers Morro, et jeter l'ancre
» sous le fort en faisant leurs signaux. Là ils re-
» cevront des instructions relatives au lieu où ils
» doivent aborder, et ils peuvent sans inconvé-
» nient envoyer une embarcation à terre; le com-
» mandant, qui vous est devoué, lui remettra une
» lettre d'instruction pour le capitaine. Dans le
» cas où on donnerait la chasse au navire, il serait
» bon qu'il continuât sa course sous le vent, jus-
» qu'à une petite baie appelée Assaradero, qui est
» située à environ six lieues du fort Morro, où il
» trouvera assistance, en observant que, dans le
» cas d'un danger imminent, on peut courir à terre
» dans la première petite crique qui se présente.
» Il y a là toujours des individus par lesquels on
» peut envoyer une lettre à la ville. Lorsque une fois
» la cargaison est à terre, tout risque est passé. »

Je m'arrête ici; je crois avoir prouvé que la
traite existe toujours malgré les lois qui la défendent et la punissent. Il faut cependant ren-
hommage au gouvernement actuel; elle se fait
maintenant avec moins d'audace que par le passé;
le gouvernement y veille avec plus de sévérité,
mais la traite se fait toujours. Voila le mal; cherchons le remède.

Comme question d'humanité, de morale, de religion et de politique, l'abolition de la traite est
indispensable. L'abolition de la traite est un acte
de justice, l'abolition de la traite est un bienfait.
Les gouvernements de l'Europe ont reconnu
cette vérité, ils ont aboli légalement la traite;
mais la loi ne triomphe pas toujours, et je viens
de le démontrer, la traite se fait toujours par

contrebande; le mal n'est qu'affaibli, il n'est pas
éteint, et puis les esclaves subsistent toujours.
Ces mêmes gouvernements qui viennent de défendre d'en faire, tolèrent ceux qui sont faits;
ils défendent le trafic de l'espèce humaine
en Afrique, et l'autorisent dans les colonies. Je
crois l'avoir déjà dit, lorsqu'il y a des cargaisons
de Nègres saisis, le gouvernement, au lieu de
faire reconduire les noirs dans leur pays, les
garde, les fait esclaves, et en trafique. Lorsqu'un
colon vient déclarer qu'il a tant de têtes de Nègres, le gouvernement ouvre ses coffres et reçoit
la dîme qu'on paie par capitation, sans s'informer si l'augmentation des esclaves vient d'une
source pure. Tant que ce système existera, on
fera la traite malgré la sévérité des lois. On se
lavera d'un crime avec de l'or. Si on augmente
les peines, on augmentera le prix des Nègres,
mais on ne cessera pas de faire la traite, on
trouvera toujours des marins assez hasardeux
pour affronter même la mort en faisant des esclaves. Que faut-il aux marins? Des dangers et de
l'or. Qu'on consulte à cet égard le Négrier de
notre collaborateur Édouard-Corbière. Dans ce
livre, il a tracé, sous la forme d'un roman, l'histoire d'un marin qui veut des dangers à tout prix
et qui se jette dans le commerce de la traite,
comme il courrait à une expédition sur les côtes
anglaises. Ainsi, pas de moyens, pas de lois qui
parviennent à abolir la traite, il n'y en a qu'un
seul, c'est l'abolition de l'esclavage.

L'esclavage!..... Ce mot peut-il encore être
prononcé chez un peuple qui s'est soulevé à la
seule idée qu'on pouvait lui ravir une de ses
libertés. Deux révolutions ont passé sur la France:
la première fut sanglante et longue; la seconde
fut rapide et sans échafaud. La première abolit
la traite, la seconde doit abolir l'esclavage!

Plus d'esclaves, plus de traite!

Mais dira-t-on, abolir l'esclavage, donner la
liberté aux noirs, c'est tuer les colonies. Que de
questions impossibles à résoudre ne soulève pas
cette grande question? Que fera-t-on des noirs
délivrés? Comment indemnisera-t-on les maîtres?
Qui cultivera les champs..... D'ailleurs, me disait
dernièrement un colon, aujourd'hui, avec notre
système d'esclavage, devenu plus doux et plus
humain, les nègres ne travaillent pas plus que
les paysans de certaines parties de l'Europe; ils
sont tranquilles sur leur avenir, ne meurent jamais de faim, et vivent paisibles et heureux. A
cela je répondrai en empruntant quelques lignes
à M. Dufau, qui a traité cette question dans son
Mémoire de l'abolition graduelle de l'esclavage
dans les colonies européennes, et notamment dans
les colonies françaises, ouvrage couronné en 1829
par la Société de la Morale chrétienne.

Il s'exprime en ces termes, page 29:

« La condition du paysan est quelquefois mi-
» sérable, sans doute, mais que de circonstances

» peuvent y apporter quelque adoucissement! Il
» travaille beaucoup, mais il est maître de limiter
» son travail. Son salaire est faible, mais ce sa-
» laire est une dette qu'il peut exiger, non une
» concession qu'on peut lui faire et lui retirer.
» La fortune l'a mal partagé, mais la justice lui
» tend la main et elle le traite à l'égal des riches
» et des puissants. Comme père, comme époux,
» comme possesseur de sa chose, il ne connaît
» que Dieu et la loi commune à tous, et si les
» charges qu'il paie à l'Etat sont pesantes, du
» moins peut-il se dire sujet ou citoyen de cet
» Etat. C'est peu : son sort lui paraît-il intolé-
» rable, mille voies lui sont ouvertes pour en
» changer, le monde est devant lui; si les monta-
» gnes lui déplaisent, il descend dans les plaines,
» il franchit les barrières des cités; là, l'indus-
» trie l'appelle dans ses ateliers; l'Eglise le re-
» çoit dans ses milices, l'armée dans ses rangs; il
» arrive à tout dans ces carrières diverses, il est
» apte à posséder toutes les richesses, tous les
» titres, toutes les grandeurs.

» A quel immense intervalle se trouve l'es-
» clave d'une pareille situation! En payant son
» prix comme denrée, le maître n'a pas seulement
» acheté sa personne, il a acheté ses volontés, ses
» désirs, ses pensées, son être moral tout entier,
» en un mot il ne s'appartient plus, il n'est plus
» à lui; il travaille autant que son maître le veut,
» et ne se repose que quand il lui plaît. Il cultive
» comme le bœuf laboure. Le hasard l'a attaché
» à un champ de cannes, à une rizière, à une plan-
» tation d'indigo, il doit y mourir, et jamais le
» mode de son travail ne pourra changer, à moins
» que le maître ne le juge convenable à ses inté-
» rêts. Quand son ardeur s'éteint, le fouet le ra-
» nime; pour salaire il a la subsistance et l'abri
» réglés à la volonté de son maître. Il ne peut
» boire, manger, dormir, être vêtu que comme
» l'entend ce maître : il est hors du droit commun,
» et toutes les obligations sociales l'enchaînent.
» On le reconnaît homme, et on lui refuse le droit
» de se défendre contre un autre homme; il pos-
» sède et est possédé; son pécule lui appartient,
» et ses enfants ne lui appartiennent pas. On nie
» sa moralité, sa conscience, et il y a pour lui
» des devoirs et des délits. On le dégrade de la di-
» gnité d'être raisonnable, on l'assimile aux êtres
» privés de discernement, et on le punit avec
» plus de rigueur que ceux en qui l'on suppose
» la connaissance du juste et de l'injuste. Placé
» sous de telles conditions, on peut dire qu'il
» n'est ni dans la société, ni dans l'Etat, ni dans
» les cités, qu'il n'est pas même dans la famille
» dont il peut toujours être séparé et banni à la
» volonté du maître. C'est là celui qu'on prétend
» comparer aux paysans de l'Europe. »

Qu'on n'étudie donc plus la question d'humanité
en prétendant que les Européens exagèrent la
manière dont on traite les noirs dans nos colonies. J'ai rapporté dans mes précédents articles
assez d'exemples de cruautés commises par les
maîtres. Dans ce que je viens de citer de M. Dufau, il n'est question que du système actuel de
l'esclavage même avec un bon maître; qui donc
pourra dire, d'après cela, que la position du noir
le plus heureux est préférable à celle du plus
malheureux paysan? Qu'on ne veuille donc pas
maintenir l'esclavage parce que les chaînes sont
légères et ne blessent pas les esclaves; ils ne savent pas, les maîtres, combien elles peuvent être
lourdes à porter. N'y a-t-il pas honte, en 1856,
que le mot esclavage appartienne encore à notre
langue, et ne devrait-on pas, pour l'honneur des
gouvernements et des gouvernés, par pudeur
pour le nom d'homme, ne laisser subsister le
mot que comme un souvenir d'horreur, et briser
à jamais la chose ?

Mais que fera-t-on des Nègres délivrés? sans
doute ils seront peut-être à craindre ces hommes
qui furent flétris et accablés si longtemps; sans
doute on redoutera leur vengeance : la haine
amassée au fond de leur cœur devra être plus
terrible, parce qu'elle aura été plus concentrée.
Mais les Nègres ont aussi leur franchise et leur
religion; les Nègres connaissent aussi tout ce
qu'il y a de sacré dans un serment. On pourrait
traiter avec eux, tout comme on traite avec d'autres peuples. Et puis, pourquoi ces gens, qui
tiennent la foi de l'esclavage, ne tiendraient-ils
pas celle de la liberté? Oui, du jour où l'on affran-
chirait les Nègres, du jour où on leur dirait : De
brutes nous vous faisons hommes, d'esclaves nous
vous faisons libres, il y aurait tant de joie et de
bonheur dans ces mots, qu'ils étoufferaient au
fond de leur âme tout sentiment de haine et de
vengeance. Les Nègres oublieraient leurs souffrances passées et ne se souviendraient que du
bienfait de la liberté; les Nègres, au lieu de se
venger, tomberaient à genoux pour rendre grâce;
les Nègres feraient le serment de fidélité, et ne
le transgresseraient jamais. Ainsi, si l'on voulait,
on pourrait garder cette population entière d'esclaves affranchis dans les colonies. Ainsi, les
mêmes bras pourraient cultiver la terre : mais ces
bras seraient libres et retireraient un salaire de
leur travail. Et qu'on n'argue pas de la paresse
des Nègres, sans cesse invoquée comme motif
principal d'esclavage. Le Nègre est paresseux dans
son propre pays, sous le ciel brûlant d'Afrique,
et se contente de ce qui peut suffire à sa famille
et à lui. Le Nègre est paresseux dans nos colonies, parce que, assimilé à la bête de somme, traité
comme la bête de somme, parfois comme elle il
rue et se roidit. D'ailleurs, que lui en revient-il ?
Il évite quelques coups de fouet en travaillant
davantage, mais il n'en est ni plus pauvre ni plus
riche; il ne possède pas, lui, il n'a pas d'avenir,
pas même d'existence. Mais donnez au Nègre
les droits d'un homme, les droits de citoyen; per-

mettez-lui des affections d'époux, des espérances de père; permettez-lui une famille dont il soit le chef. et le Nègre pensera à cette famille, et le Nègre voudra amasser pour ses enfants, pour sa femme, pour son père, et le Nègre travaillera pour acquérir des richesses; car il aura un avenir, il aura une existence, en un mot il sera membre de cette grande famille, qui l'a si injustement fait esclave.

Quoiqu'on n'ait pas encore essayé de la liberté sur les masses, plusieurs exemples partiels prouvent ce que j'avance. Généralement les Nègres qui viennent en France, et qui se trouvent libres dès qu'ils ont touché le sol de notre patrie, deviennent d'excellents ouvriers et plus généralement de bons domestiques. Je n'en citerai qu'un seul exemple qui est à ma connaissance personnelle.

Dans la maison que j'habite était un riche Brésilien, qui était venu passer quelque temps à Paris avec sa famille. Il avait amené avec lui un seul esclave nommé *Joseph*, âgé de vingt ans. Cet enfant entendait peu le français; mais, constamment entouré de domestiques, il avait fini par comprendre qu'il n'était plus esclave, du jour où il avait foulé la terre de France. Cet enfant m'avait pris en affection, et vint un jour me demander, comme à celui dans lequel il avait le plus de confiance, quelle foi il devait ajouter aux paroles de ses camarades. Je tâchai alors de lui expliquer le plus clairement possible quelle était sa position. Joseph me comprit à merveille, et dès ce jour commença à résister à son maître. Celui-ci, inquiet de ce qui se passait et devinant tout peut-être, changea de demeure, et fut loger dans un quartier fort éloigné de celui que nous habitions ensemble. Joseph vint me faire ses adieux les larmes aux yeux, et me dit combien il redoutait la sévérité de son maître. Sans l'engager à le quitter, je lui promis de le recevoir chez moi et de le placer, si les mauvais traitements qu'il endurait de jour en jour lui devenaient insupportables. Un mois après, en rentrant chez moi je trouvai Joseph qui m'attendait à ma porte. Il me raconta naïvement qu'ayant voulu dire un jour à son maître qu'il n'était pas esclave, celui-ci l'avait battu à plusieurs reprises; qu'alors il avait résolu de s'enfuir de chez lui. Un soir, pendant que son maître était à la promenade, Joseph avait serré bien soigneusement l'argenterie, les bijoux et l'argent qui étaient restés dans l'appartement, était monté dans un fiacre pour venir chez moi, et n'avait absolument emporté que les 52 sous nécessaires pour payer sa course. Je m'empressai de voir son maître pour me concerter avec lui. Il me dit que depuis un mois le caractère de Joseph était entièrement changé, qu'il était devenu morose, inquiet, désobéissant, et qu'enfin plusieurs fois il l'avait menacé de le quitter. Le maître tenait beaucoup à Joseph; il

fit tout ce qu'il put pour le forcer à rester auprès de lui: menaces, prières, promesse, il employa tout, il lui promit de l'affranchir. A tout cela Joseph n'avait que ces mots à répondre avec son accent brésilien: *Avec vous esclaf, avec Français libre; esclaf. je me meure.* En effet, ce pauvre enfant essaya de se détruire; ce que voyant, je dis à son maître que je le gardais avec moi. Peu de jours après, je le plaçai auprès d'un de mes amis (1). Il n'est pas de serviteur plus attentif, plus doux, plus prévenant, plus dévoué. Il adore son nouveau maître. Ainsi, on le voit par cet exemple, le Nègre esclave obéit avec peine, le Nègre esclave est paresseux, voleur même; le Nègre libre est honnête, obéissant, fidèle, le Nègre libre, en un mot, est un bon serviteur.

Et sans aller chercher plus loin nos exemples, ne voyons-nous pas la république d'Haïti? n'est-elle pas aussi brillante que quelque État que ce soit au monde, et n'est-elle pas formée d'esclaves affranchis? Ainsi, quand les Européens le voudront, ils pourront affranchir sans crainte leurs esclaves et les colonies ne périront pas pour cela; le, colons échangeront de l'or contre le travail des hommes libres.

Reste maintenant une dernière question non moins importante, c'est celle de savoir si l'on doit indemniser les colons de la perte de leurs esclaves.

Quelques voix s'élèvent et disent : « Indemnisera-t-on les Noirs de leur travail, de leurs souffrances, de la perte de leur liberté? De quel droit les Noirs sont-ils esclaves? Du quel droit travaillent-ils sans salaire? De quel droit en fait-on une marchandise? La force brutale, l'injustice et le sang ont été la source de la traite des Noirs, le temps a-t-il pu légitimer une propriété qui repose sur de pareilles bases? — Mais, disent à leur tour les colons, nous sommes propriétaires de bonne foi, nous sommes acquéreurs de bonne foi; ce que nous avons fait, alors la loi l'autorisait, la loi le sanctionnait; aujourd'hui elle le défend, nous ne le ferons plus; mais elle ne peut avoir d'effet rétroactif; nous avons donné de l'or pour avoir des Noirs, on nous enlève nos Noirs, qu'on nous rende notre or. »

Ces raisonnements sont graves; mais, sans nous y arrêter, supposons que ce soient ceux des colons qui triomphent. Il en résulte que pour de l'or on peut rendre des hommes libres. Quel est le gouvernement qui doit hésiter devant une mesure si facile à exécuter? Je ne prétends pas ici faire la critique du budget, mais que de choses plus inutiles que l'abolition de l'esclavage se sont opérées avec ses fonds!... Quel est celui qui plaidera d'une augmentation d'impôts pour rendre libre son semblable? Et d'ailleurs le gouver-

(1) M. Dupaté, député de la Haute-Garonne. Joseph est encore à son service.

nement a-t-il besoin d'avoir recours à ce moyen?
n'est-il pas mille ressources qu'il sait se créer
dans des cas urgents, mille circonstances dont il
ne s'agit que de profiter? L'indemnité des colons,
par exemple, n'a-t-elle pas été mieux appliquée
pour l'abolition de l'esclavage que pour réparer
des fortunes anéanties par droit de représailles?
Mais sous le gouvernement de cette époque on
ne pouvait l'espérer; maintenant une révolution
a passé là-dessus; sans niveler les hommes elle
a nivelé les principes, et il est temps que la
grande voix du peuple se fasse entendre et crie:
Liberté aux esclaves, quelles que soient leur couleur et leur patrie!

Parmi les écrits de tout genre qui ont été
publiés pour l'abolition de l'esclavage, il en est
deux qui méritent surtout de fixer l'attention.
C'est d'abord celui de M. Dufau que j'ai déjà cité.
Comme je n'ai ni le temps ni l'espace nécessaire
pour développer une question aussi large, j'engage ceux de mes lecteurs vraiment négrophiles
à consulter ce mémoire, écrit avec la conscience
d'un honnête homme et la verve d'un écrivain.
M. Dufau y traite *la condition actuelle des esclaves
d'après la loi et les usages des colonies; la nécessité de l'abolition de l'esclavage, d'après la constitution actuelle des colonies, cette abolition qui
peut se concilier avec l'existence des colonies;
quels sont les moyens à prendre pour opérer l'abolition graduelle de l'esclavage.*

Le second écrit est un mémoire présenté aux
deux Chambres sur l'abolition de la traite et de
l'esclavage dans les colonies françaises, par
M. A. Billiard, auteur du *Voyage aux Colonies
orientales.* M. Dufau n'est jamais allé dans les
colonies, et M. Billiard, comme on le voit, y a
résidé longtemps. Il a étudié l'esclavage sur les
lieux, et ces deux écrivains n'ont eu qu'une même
pensée. M. Billiard esquisse rapidement les
motifs qui ont conduit à l'abolition de la
traite, passe de là aux concessions que doivent
faire les colonies pour y parvenir plus facilement,
prouve qu'il est de l'intérêt des colonies d'y concourir, jette quelques vues sur l'affranchissement
des esclaves, et dit ce qu'il faut faire des Noirs
délivrés. Dans ces deux écrits on trouvera différents moyens proposés pour arriver au même
but.

Je me résume. L'esclavage doit être aboli à
tout prix. J'en ai indiqué les moyens, j'ai indiqué
les sources où on peut en trouver de nouveaux.
Et que si l'on me disait que tous sont impratica-
bles, que l'existence des colonies est attachée à
l'esclavage, je répondrais ces paroles sublimes
qui ont eu du retentissement dans toute l'Europe:
Périssent les colonies plutôt qu'un principe!

E. ALBOIZE.

Le Fort Saint-Louis,

PRÈS TOULON.

Le fort Saint-Louis s'élève à fleur d'eau entre
le fort Lamalgue et la grosse tour à l'est de Toulon. Placé au milieu du chenal par où tous les
bâtiments qui entrent ou qui sortent de la rade
sont obligés de se présenter, il défend admirablement bien ce passage. Les quelques pièces
de canon qu'il a en batterie suffiraient pour endommager tout navire assez osé pour braver le
feu de son artillerie, qui se croise avec celui d'une
autre batterie construite en face au pied de la
montagne du cap Sepet. Au sommet de cette
montagne se trouve le tombeau de l'amiral Latouche-Tréville, mort sur la rade de Toulon où
il commandait une forte escadre, dont une partie
alla périr dans la désastreuse bataille de Trafalgar, perdue par son successeur l'amiral Villeneuve.

Le fort Saint-Louis est de forme ronde. Il a
été élevé sous le règne de Louis XIV, et a précédé
celui de Lamalgue, construit sur les plans du maréchal Vauban.

Son histoire se lie à celle de Toulon. Dans tous
les sièges que cette ville a essuyés, le fort Saint-
Louis a eu sa bonne part de dangers. C'est du
côté de la mer qu'on l'a toujours attaqué, parce
que, dominé par le fort Lamalgue, il est défendu
par lui du côté de l'est.

Dans le fameux siège de Toulon de 1707, où
une formidable escadre anglo-hollandaise, sous
les ordres de l'amiral anglais Schowel, vint appuyer les opérations du prince Eugène, le fort
Saint-Louis se fit remarquer par la défense la
plus opiniâtre. Le canon de cette redoute ne cessait de faire un feu nourri sur les bâtiments de la
flotte anglo-hollandaise, qui s'était avancée pour
bombarder Toulon. Pendant quelque temps, les
braves défenseurs qui s'y étaient renfermés retinrent l'ennemi au large. Mais la redoute de
Sainte-Marguerite, contre laquelle l'amiral Schowel dirigea une colonne de deux mille cinq cents
hommes qui la battirent en ruines, ayant capitulé, le fort Saint-Louis attira alors toutes les forces ennemies. Tous ses canons ayant été démontés par l'ennemi, les braves Daillon, capitaine au
régiment du Vexin, et Cauvières de Saint-Philippe, lieutenant de frégate, qui commandaient la
petite garnison de ce fort, ne pouvant plus faire
jouer leur artillerie, abandonnèrent ce point et
se retirèrent avec leur monde à la grosse tour,
d'où ils continuèrent leur courageuse défense.

Le prince Eugène et Victor-Amédée ayant
perdu leurs meilleures troupes devant Toulon,
qu'ils ne purent réduire avec une escadre et une
armée formidables, se retirèrent de devant cette
place, et on répara les brèches que le boulet ennemi avait faites au fort Saint-Louis.

Depuis ce fameux siége de 1707, où le fort Saint-Louis a puissamment contribué à la défense de Toulon par sa position toute particulière à l'entrée du goulet, nous n'avons rien de bien remarquable à faire connaître que cet autre siége que Toulon eut encore à soutenir contre des Français lorsque cette ville était entre les mains d'ennemis contre lesquels nous devions nous unir tous, sans acception d'opinion. Cette époque sanglante de notre histoire est encore présente à la mémoire des hommes qui ont survécu à ces horribles désastres. On voit encore le le fort Saint-Louis se distinguer par une résistance digne d'une meilleure cause. Le drapeau tricolore y fut planté par l'armée républicaine, et y flotta jusqu'en 1814.

Le fort Saint-Louis n'est occupé aujourd'hui que par un petit détachement d'une quinzaine d'hommes commandé par un officier d'état-major de la place.

C'est au pied de ces murailles, que baignent les flots de la mer, que dans la saison de l'été les habitants de Toulon et les étrangers viennent faire d'agréables parties de plaisir. Ce point de la côte est couvert, dans la belle saison, d'embarcations chargées de personnes de tout âge et de toutes conditions, qui y viennent établir leurs tentes au son du tambourin, et le soir les airs retentissent des rondes que forment les jeunes gens en se retirant.

Les pêcheurs viennent aussi étendre leurs filets sur ces lieux animés ; les peintres accourent pour y puiser leurs inspirations, et les scènes de ce rivage ont souvent fourni les sujets des tableaux les plus frais et les plus riants.

Les Francs

D'ASPIRANTS DE MARINE.

Un aspirant de marine était autrefois un jeune homme d'une bonne famille et de quelque instruction mathématique, qui, avec le goût de tous les plaisirs, était condamné à apprendre un métier qui commençait par lui imposer la nécessité de toutes les privations et de toutes les fatigues du noviciat le plus dur que l'on connaisse au monde.

Cinquante francs d'appointements étaient dévolus par mois à l'aspirant de seconde classe : l'aspirant de première classe recevait, pour son mois, soixante-sept francs soixante-sept centimes et une fraction irréductible de centime. Un traitement mensuel de trente francs était accordé aux uns et aux autres sans distinction de classe ; et, quelque minime que fut ce traitement de table, l'État avait toujours soin de laisser arriérer la solde alimentaire qu'il devait aux états-majors de ses vaisseaux. Cet arrérage des émoluments, passé en habitude dans les règles du service ma-

ritime, était apparemment une espèce de loi somptuaire destinée à prévenir le luxe qui aurait pu s'introduire dans les mœurs des officiers de marine.

La table des aspirants, ainsi rognée des deux bouts par l'exiguité de la solde qui devait l'alimenter, et par l'arrérage de la solde qui lui était acquise, était le plus souvent d'une austérité toute lacédémonienne. La ration du bord venait, il est vrai, remplacer les aliments que l'on ne pouvait pas se procurer à terre, faute d'argent ou faute de crédit. Mais il fallait voir, pendant ces temps de stérilité gastronomique, l'ingéniosité avec laquelle on cherchait à suppléer, par la profusion des choses permises, l'absence des choses défendues ! Les poulets et les gigots manquants étaient remplacés par l'abondance du lard et du bœuf de la cambuse. Les légumes frais faisaient défaut ? on leur substituait à foison les haricots secs et les gourganes parcheminées de l'État. A la place d'une douce rosée de mets délicats et recherchés, on faisait tomber, des barils et des sacs du commis aux vivres, une pluie battante de salaison ou de fayots, et les malheureux aspirants, errant dans ce désert d'abstinence, se consolaient de leurs misères présentes, en espérant la manne céleste que leur promettait la nouvelle trop souvent annoncée et trop longtemps désirée du paiement de deux ou trois mois de traitement arriéré.

L'époque du paiement arrivait enfin, comme toutes les choses que l'on a eu ses raisons pour attendre longtemps. Cet événement fortuné portait la joie dans tous les cœurs, la sensualité dans tous les estomacs et le délire dans tous les esprits. Les fronts les plus soucieux se déridaient, les visages les plus austères s'épanouissaient. On achetait vite quelques casseroles ; on fourbissait la chaudière et la poêle au lard ; on volait d'enthousiasme une veste neuve et une paire de souliers au novice ou au mousse cuisinier du poste. Des lettres d'invitation étaient adressées par les amis opulents aux amis rafalés des autres bâtiments de la division. Tout le monde était invité à venir dépecer et manger le monstre de l'arrérage que les aspirants du vaisseau fortuné allaient immoler à leur ressentiment trimestriel. Volontiers ces autres vainqueurs du Minotaure auraient pavoisé, si on les eut laissés faire, leur heureux bâtiment, de la flottaison à la girouette, pour annoncer leur victoire à la terre jalouse et aux autres bâtiments envieux de leur félicité. On allait enfin dîner pendant une semaine avec trois mois de traitement !

Et les matelots des équipages, après avoir vu leurs jeunes chefs partager avec eux la ration du bord et doubler péniblement le Cap Fayot, se disaient, réveillés dans leurs hamacs par les cris de joie des imprudents convives qui prolongeaient jusque dans la nuit, qu'ils consummaient en orgies, les profusions qui dévoraient leur argent : Laissez-les manger à leur appétit; il n'y a plus que pour deux fois vingt-quatre heures de chansons à la *gamelle*. »

La gamelle! c'était en effet le tonneau de Tantale, se remplissant toujours et jamais rempli, et laissant couler par le fond ce qu'on lui versait par le haut. En une semaine, le fond, le couvercle, les douvelles du tonneau et le tonneau lui-même, avaient disparu, emportés par le flot qu'on aurait voulu renfermer dans ses flancs. Et les matelots prophètes disaient alors : Le vent qui les poussait de l'arrière a changé bout pour bout. Attrape actuellement à louvoyer et à *redoubler* le cap Fayot ! »

Un signe certain auquel l'officier de garde pouvait reconnaître l'état thermométrique des fonds du traitement des aspirants, était celui-ci : lorsque, durant la semaine d'abondance, il faisait demander l'aspirant de corvée pour se rendre à l'ordre à bord de l'amiral, ou pour aller chercher le monde à terre, l'aspirant de service se faisait appeler au moins un bon quart d'heure avant de sauter dans l'embarcation qui l'attendait le long du bord; monsieur déjeunait ou dînait, et il n'en était encore qu'au dessert.

Mais lorsqu'un épuisement trop fatal s'était opéré dans le fond de la gamelle du *poste*, au lieu d'un aspirant de corvée que demandait l'officier de garde, il s'en présentait deux ou trois à la minute. C'étaient des Carthaginois que les délices de Capoue avaient amollis, mais qui retrouvaient trop tardivement toute leur énergie sur les débris de leurs plaisirs anéantis. Triste réveil, tardive désillusion qui ne leur servaient le plus souvent qu'à revenir à Carthage, en laissant l'opulente Rome se perdre derrière eux dans la douce atmosphère de leur prospérité évanouie.

Le luxe, a-t-on répété, est un mauvais serviteur, et l'économie une bonne conseillère. L'économie la plus ingénieuse inspirait souvent d'une manière toute maternelle les pauvres aspirants dans leurs jours de misère et de calamité.

Les inflexibles ordonnances de la marine prescrivent, comme on le sait, aux officiers et aux aspirants l'obligation d'être revêtus de leur uniforme quand ils sont de garde, de quart ou de corvée.

L'uniforme des anciens aspirants se composait d'un frac bleu à larges boutons, d'une paire de trèfles en or, et d'un poignard, d'un sabre ou d'une épée.

Pour s'épargner la dépense d'un uniforme complet pour chacun, et pour ne pas se mettre trop directement en opposition avec les ordonnances, les dix ou douze aspirants d'un vaisseau achetaient, à frais communs, une paire de trèfles. un poignard, et quelquefois même un frac, destinés à équiper chacun des membres de la communauté qui prenait à son tour le service journalier du bord.

Cet uniforme collectif, coupé à toutes tailles et qui se ressentait presque toujours de la permanence du service que l'on exigeait de lui, était ordinairement suspendu à l'une des épontilles du *poste*, d'où il passait alternativement sur le corps de chacun des membres de l'association. Les habits élégants, qui étaient la propriété individuelle de chaque aspirant, ne voyaient le jour que dans ces occasions solennelles, où se montre sur l'horizon le soleil des grandes cérémonies. L'uniforme de fatigue suffisait lui seul, aussi utile que modeste, à tous les besoins du service vulgaire; seulement il était expressément défendu que les jours de combats singuliers un aspirant de service exposât le frac universel à être percé d'un coup d'épée ou fendu d'un coup de sabre. La fréquence de ces sortes d'événements avait rendu la précaution fort sage, et la législation en matière d'uniforme collectif, très-circonspecte.

Avec le temps les usages se perfectionnent, et avec l'expérience les moyens se simplifient. Le temps, à lui tout seul, a mille fois plus d'esprit que tous les génies les plus inventifs à la fois.

Le frac complet, acheté à frais communs pour les besoins universels du *poste*, parut bientôt une dépense trop forte pour les ressources assez restreintes des associés. Un aspirant languedocien, dont le nom est resté cher à ses anciens collègues, ayant remarqué que la plupart de ses camarades portaient presque toujours une redingote ou une capote bleue par-dessus leur frac, ou pour mieux dire par-dessus le frac des autres, s'avisa de substituer au frac subvestimental un gilet bleu, sans manches, garni de neuf gros boutons d'uniforme, et agrafé comme un habit militaire autour du cou. Ce gilet était, en un mot, un frac entier, moins les manches, le dos, les poches et les basques. L'invention fit fortune, et le nom qu'on lui donna fit fureur : on appela le gilet-frac *un gascon*. C'était un enfant de la Haute-Garonne qui venait d'en faire présent au corps des aspirants de marine. On donna même, je crois, le nom de l'inventeur à l'objet découvert; mais la modestie du découvreur ne lui permit pas d'accepter la récompense que la reconnaissance publique voulait décerner à son mérite dans le premier moment d'enthousiasme; il se contenta, à cette époque de peu de charlatanisme, du nom appliqué à son invention, sans même songer au brevet qu'elle aurait pu lui faire obtenir du gouvernement protecteur d'alors.

Les cols en papier à lettres, substitués aux faux cols en linge, ne vinrent qu'après les *gascons*. Un aspirant de la division de l'Escaut eut aussi la gloire de cette découverte utile. Mais les cols en papier, employés avec succès dans les soirées et aux spectacles, sont depuis bien longtemps passés de mode, et les *gascons* durent encore.

Aux trèfles en or que la République donna pour marque distinctive aux aspirants de marine, l'Empire fit succéder les épaulettes en or et en laine bleue que la Restauration a remplacées par des aiguillettes aussi brillantes qu'incommodes : le nom même si regrettable d'*aspirants* a été changé en celui d'*élèves de marine*, titre fade, titre sans couleur qui sent la source dont il coule encore. Mais ni l'Empire, ni la Restauration, ni le gouvernement de Juillet, qui se sont détrônés l'un l'autre, n'ont pu détrôner les *gascons*. Honneur donc à eux et aux anciens aspirants qui ont fait, en éludant une vieille loi, quelque chose de plus durable que la loi, le gouvernement et toutes les volontés immuables d'ici-bas !

EDOUARD CORBIÈRE.

Origine de la Boussole.

La boussole ou compas de mer, cet instrument indispensable à la navigation de long cours, est une invention que nous devons au moyen âge. L'aiguille aimantée, par sa propriété de se tourner toujours vers les pôles du monde, guide les navires d'un hémisphère à l'autre, et indique aux marins une route certaine à travers toutes les mers. C'est à elle qu'on est redevable des immenses progrès de l'art nautique dans les temps modernes : aussi faut-il ranger l'usage de l'aimant dans la navigation parmi les plus importantes découvertes que le génie de l'homme ait jamais faites.

Ceux qui ont avancé que les anciens auraient bien pu se servir de la boussole dans leurs voyages à Thulé, autour de l'Afrique et dans l'Inde, ont fait une supposition qu'aucun témoignage historique n'autorise. Il est vrai que les Tyriens connaissaient l'aimant, auquel ils donnaient le nom de *pierre herculéenne;* il est vrai que les Grecs, au temps du philosophe Thalès, six siècles avant notre ère, connaissaient aussi cette pierre et sa vertu d'attraction sur le fer ; mais il y a loin entre connaître la propriété attractive de l'aimant et la faire servir au progrès de la navigation ; il y a là le pas du génie : c'est la distance de la matière à l'art.

La boussole, quelque grossière qu'on puisse la supposer, fut certainement inconnue des peuples anciens. On n'en trouve nulle mention, nul indice, ni dans le géographe Ptolémée, ni dans Strabon, qui parle souvent de navigation, ni dans Pline, dont les minutieuses recherches ont embrassé toutes les branches de l'arbre encyclopédique de son temps. On ne voit rien non plus qui se rapporte à la boussole dans le récit qu'Hérodote fait du voyage autour de l'Afrique par la flottille de Nécos. Le *Périple* d'Hannon, le Voyage d'Eudoxe, la Bible, Plutarque, Polybe, Diodore de Sicile, enfin pas un monument de l'antiquité ne donne à entendre que la boussole fût connue

des pilotes phéniciens, grecs, romains ou carthaginois. Nous voyons au contraire qu'en l'absence de ce guide inappréciable, les navires étaient obligés de suivre les rivages, et que cette navigation, toujours en vue des côtes, rendait les voyages longs et pénibles. Si le nautonnier s'aventurait en pleine mer, ce n'était jamais que par un beau temps, et ces sortes d'entreprises ne pouvaient guère être heureuses qu'autant que le soleil et la visibilité d'une étoile polaire aidaient tour à tour à se conduire au milieu des flots.

Selon l'hypothèse très-plausible de Formey, on aurait trouvé, longtemps avant qu'on en fît usage dans la marine, qu'une aiguille aimantée suspendue, pivotant ou nageant sur l'eau au moyen d'un liége, tourne la pointe vers le nord, et le premier emploi de cette découverte aurait été d'en imposer aux crédules par des apparences de magie. C'est sans doute au hasard qu'on a dû de connaître la propriété attractive de l'aimant ; et les sciences se développant lentement, il est probable que beaucoup d'expériences furent faites, et qu'il s'écoula de longues années, des siècles peut-être, entre cette découverte et l'invention du compas de mer.

Quoi qu'il en soit, aucun écrivain antérieur au XIIe siècle n'a fait mention de la boussole. Le premier auteur qui en parle est le moine Guiot de Provins, mort vers l'an 1200. Dans sa *Bible*, il donne à la boussole le nom de *marinette*, comme on l'appelait alors communément sur les côtes de la Manche et de l'Océan ; les mariniers de la Méditerranée la nommaient *calamite*, parce que sa forme, dit l'amiral Thévenard, figurait assez une grenouille verte. Mais à cette époque grossière la boussole était loin du degré de perfection qu'elle a reçu du génie et de l'expérience dans les siècles suivants : c'était un instrument informe, une aiguille d'aimant adaptée à un morceau de liége ou à tout autre corps léger qui la faisait flotter sur un vase d'eau. Les marins ne s'en servirent d'abord que pour se conduire pendant les nuits obscures et pendant les temps nébuleux. On ne marquait encore que huit rumbs, et la boussole ne les indiquait pas avec précision comme aujourd'hui ; elle n'était point accompagnée d'une rose de compas.

Plusieurs nations, les Napolitains, les Français, les Portugais, les Anglais, revendiquent l'honneur de l'invention de la boussole : chaque peuple est libre d'élever la même prétention, sans qu'aucun puisse légitimer ses droits par des monuments authentiques, l'auteur de cette découverte étant absolument inconnu. Des écrivains enthousiastes du pays de Confucius ont essayé d'en donner le mérite aux Chinois, parce que la boussole leur était connue dès le XIIIe siècle, selon que le rapporte le célèbre voyageur vénitien Marco Polo, dans la relation du voyage qu'il fit, en 1271, à Cumbalu, le Pékin d'aujourd'hui. Mais il est probable que cette découverte leur avait été transmise d'Europe, car la boussole était chez eux dans le même degré d'imperfection que chez les Occidentaux ; et c'est encore dans cet état grossier que l'ont trouvée, deux siècles et demi plus tard, les premiers navigateurs européens qui ont abordé en Chine. A part toute vanité nationale, il paraît que les Français ont été des premiers à s'aider de l'aimant dans la navigation. Quelques auteurs pensent que nos mariniers l'employaient dès le ixe siècle, et qu'ils s'en servirent pour la flotte de la première croisade, en 1096. Je ne connais rien du moyen âge qui m'autorise à appuyer cette donnée ; mais ce qui est bien certain, c'est que les marins bretons connaissaient la boussole avant le xiiie siècle, et que son usage était commun en France sous saint Louis, ainsi que le donne à croire l'attestation de M. Bertius, écrivain contemporain.

La boussole, comme toutes les grandes inventions, comme les horloges, comme la poudre à canon, resta longtemps dans l'enfance. Ce ne fut qu'au commencement du xive siècle que le Napolitain Flavio Gioja, citoyen d'Amalfi, eut le génie d'apporter à cet instrument des améliorations qui en centuplèrent l'utilité, et qui l'ont fait regarder par la postérité comme le créateur du compas de mer. Gioja disposa horizontalement, sur un pivot, une aiguille de fer aimantée, lui laissant la mobilité la plus entière, de manière que, se mouvant en liberté, elle pût obéir sans obstacle à la tendance qui ramène l'aimant vers le pôle. Il adapta au pivot de l'aiguille une rose de compas, à laquelle il donna seize rumbs ou aires de vent, et où le septentrion fut indiqué par une fleur de lis, ornement qui entrait dans les armoiries de la maison d'Anjou, alors régnant à Naples.

Il serait difficile de préciser l'époque de cette véritable création de la boussole par Gioja ; on la place communément en l'année 1302. N'est-il pas singulier que l'inventeur d'un instrument immortel ait été en quelque sorte privé, par l'indifférence de ses contemporains, de la gloire qu'il s'est acquise par son heureux génie ! On ignore les circonstances qui le conduisirent à l'importante découverte qu'il fit ; on n'a aucun détail sur sa personne ; on ne sait quelle était sa profession : il partagea le sort de tant d'autres hommes supérieurs qui ont été les bienfaiteurs du genre humain en perfectionnant les sciences ou en créant les arts, et dont l'histoire est ensevelie dans la poussière des siècles.

Cependant il s'écoula bien des années sans que les mariniers tirassent un profit sensible du précieux travail de Gioja, tant l'esprit humain tient aux errements de son enfance, aux usages de ses pères ; tant il est de sa nature de flotter longtemps incertain avant de s'élancer résolument dans le champ illimité des progrès ! Il est vrai

que des navigateurs de Majorque abordèrent aux Canaries en 1344 ; mais les anciens avaient bien découvert les îles Fortunées sans le secours de l'aimant. Pourtant les Dieppois durent faire usage de l'œuvre de Gioja, s'il est réel, comme leurs annales le portent, qu'ils s'établirent à la côte de Malaguette en Guinée dès 1334, ou dix années plus tard, selon le père Labat. J'en dirai autant des frères Zeni, Vénitiens au service du Nord, qui retrouvèrent le Groënland en 1380, quatre cents ans après sa découverte par les Scandinaves, et du Normand Jean de Bethencourt, qui reconnut les Canaries et s'y établit en 1402.

Vers le milieu du xve siècle, les Portugais, par d'ingénieuses améliorations, perfectionnèrent la boussole de Gioja, en lui donnant d'autres utilités que celle de la route simple. Ils trouvèrent pour la suspendre la méthode qu'on suit encore aujourd'hui, et divisèrent la rose de compas en trente-deux parties ou rumbs de vent, ayant chacune 11 degrés un quart, et formant ensemble les 360 degrés du cercle de l'horizon.

La boussole, ainsi portée à sa perfection, détruisit le monde des anciens et ouvrit l'univers à la navigation. Alors les pilotes s'aventurèrent sur l'immensité des flots, et les navires parcoururent l'Océan, guidés par l'aiguille aimantée. Les Portugais sillonnèrent les eaux des Canaries, doublèrent le cap Blanc en 1440, et touchèrent au cap Vert en 1445 ; Gonzalo Vello découvrit les Açores en 1448 ; le Congo fut visité en 1484 ; et Barthélemi Diaz, emporté par la tempête, atteignit, en 1486, la pointe méridionale de l'Afrique, qu'il appela le promontoire des Tourmentos, et que Jean II, roi de Portugal, baptisa du nom de cap de Bonne-Espérance.

Ce n'était là que le prélude des grandes découvertes que la navigation allait faire à l'aide de la boussole. Christophe Colomb, après avoir été longtemps promené de refus en refus, exécutant à travers l'Océan Atlantique un voyage d'immortelle mémoire, découvre l'Amérique en 1492, et donne un nouveau monde au sceptre de l'Espagne.

Ce coup de génie, qui légua tout un hémisphère à l'Europe en lui révélant la moitié de l'univers, eut encore pour résultat d'observer la déclinaison de l'aiguille aimantée, dont la vertu directive s'affaiblit considérablement entre les tropiques, et devient presque nulle sous la ligne. Cette déclinaison de l'aimant, selon le lieu du globe où il est placé, était alors inconnue, et il est certain, en dépit des prétentions de Sébastien Cabot et de plusieurs historiens anglais, que Christophe Colomb découvrit le premier ce phénomène magnétique si important pour la navigation. L'illustre Génois traversa les mers du tropique ; et s'il est impossible d'aller d'Europe aux Antilles sans que le marin le plus ordinaire ne s'aperçoive de la déclinaison de la boussole, on aurait mauvaise grâce à dire que Colomb, ce vaste génie qui observait tout, ne s'en aperçut point.

Un autre marin célèbre paraît sur la scène et agrandit l'univers matériel en reculant ses bornes à l'orient comme Colomb l'avait fait à l'occident. Vasco de Gama part des eaux du Tage en 1497, et découvre la route des Indes par le cap de Bonne-Espérance.

Gama, selon Jérôme Osorius, trouva la boussole en usage dans les mers de l'Inde : tous les pilotes du pays s'en servaient à leur bord ; mais c'était une machine aussi informe que la marinette du temps des croisades, excepté qu'elle était divisée en douze parties comme le compas japonais. D'où leur venait la boussole, que les peuples de l'Inde n'avaient point dans l'antiquité? Ils la tenaient vraisemblablement des Génois ou des Vénitiens, qui commerçaient avec eux par l'Égypte et la mer Rouge.

L'exemple de l'heureuse audace de Christophe Colomb et de Vasco de Gama électrisa la marine. Les Hollandais, les Français, les Anglais, rivalisèrent avec les Portugais et les Espagnols pour explorer les mers. En 1520, Magalhaens, que nous nommons Magellan, entreprit le premier de faire le tour du monde, et prouva ainsi la sphéricité du globe. Les voyages de circumnavigation se sont ensuite succédé, et, par le secours de la boussole, l'art nautique en est venu au point de n'avoir plus pour limites que les glaces des deux pôles.

VÉRUSMOR.

VARIÉTÉS.

LE

Pilote Rouge.

Le navire dieppois *l'Europe*, qui depuis fut appelé *la Bannière de France*, était en charge à Saint-Domingue, dans les derniers mois de l'année 1677 ; son retour, qui devait s'effectuer à Dieppe, eut lieu en effet dans ce port, mais non sans dangers.

Ce navire marchait supérieurement, et, de plus, il était monté d'un excellent équipage. Le second pilote, nommé Dufay, était un homme d'une assez mince apparence, mais de propos joyeux, ayant une nombreuse pacotille de quolibets qu'il distribuait à droite et à gauche, au grand étonnement des passagers, dont *l'Europe* ne manquait jamais, à cause de ses brillantes qualités, qui étaient connues de tous ceux que leurs affaires appelaient au delà des mers. Dufay, par les souvenirs que les passagers conservaient de ses facéties, débitées au milieu des ennuis du voyage,

était aussi connu que son navire dans les deux mondes ; et, comme il portait toujours une casaque rouge, la renommée joignait les couleurs de prédilection du pilote à son titre : on l'appelait partout le *pilote rouge*.

On allait appareiller, et Dufay, qui avait été envoyé à terre comme chef du canot qui devait amener les passagers, hâtait l'embarquement, accompagnant le tout d'une série de bons mots, selon sa coutume. Une vieille femme, qui disait la bonne aventure dans ce quartier de l'île, se présenta sur l'embarcadère et demanda à faire l'horoscope du pilote rouge, mais en toute conscience et sans aucun motif d'intérêt. Elle était assez riche sans cela, d'après elle, et elle voulait seulement connaître la destinée d'un homme dont tout le monde parlait.

Dufay ne se fit point prier longtemps, et le voilà au milieu du cercle de curieux qui se forme autour de lui, tendant sa main goudronnée à la devineresse.

« Par sainte Barbe, lui dit-il, qui doit être ta patronne, car tu as quelque chose d'elle sous le nez, tu seras bien habile si tu m'apprends que je ne dois pas mourir un jour sur terre ou sur mer !

— Pilote rouge, s'écria la vieille, après avoir examiné un instant la main du marin, tes dents s'allongeront.

— Pourvu que ce ne soit pas autant que les tiennes, il y aura encore de la consolation. C'est, du reste, une maladie de matelot que tu me prédis ; ainsi, passe...

— Ton habit rouge méritera d'être placé au haut du mât, et d'être salué par tous les canons de ton vaisseau.

— Pas de mauvaise plaisanterie, sorcière ! je suis Normand, et mon habit et moi nous n'aimons pas ce qui nous élèverait trop haut.

— Je ne plaisante pas.

— Va-t'en au diable !

— A ton retour au port, je vois un drapeau qui traîne par les rues, mais ce ne sera pas ton habit.

— A ton retour dans ta hutte, la mère, tu traîneras tes savates, car tu ne seras pas fortune avec moi.

— Il est écrit aussi, au bout de cette ligne qui contourne le pouce, que tu te montreras généreux envers la devineresse du Cap.

— Tiens! pour que tu aies dit la vérité une fois dans ta vie. J'aime mieux cela d'ailleurs que de t'embrasser, selon l'usage de partance. »

Et il lui donna un escalin, monnaie qui était alors en usage parmi nos marins.

« Une pièce des Pays-Bas ! dit la vieille : c'est ta rançon que tu paies d'avance ; ils ne pourront rien mordre sur toi. Adieu ! »

La prophétie sur l'habit rouge du pilote fut incontinent connue à bord, et donna lieu à un feu roulant de plaisanteries que Dufay soutint avec toute sa supériorité. Quelques parties de l'horoscope venaient cependant parfois jeter un peu d'inquiétude dans l'esprit superstitieux des gens de l'équipage; mais le vent était bon, le navire semblait voguer avec une confiance entière, et les matelots, qui considèrent volontiers leur vaisseau comme un être intelligent et qui sait sa destinée, avaient bonne confiance.

Depuis cinq semaines le voyage avait été on ne peut plus heureux, et déjà l'on espérait apercevoir sous peu de jours les côtes de l'Europe; déjà chacun parlait du retour comme d'un fait accompli; on ne savait quel bien dire de l'Europe, qui avait marché comme une hirondelle. Au jugement de l'équipage, le navire acquérait des qualités à chaque voyage, et le pilote rouge avait dit là-dessus des choses qui avaient fait disparaître tout ce que la prédiction de la sorcière avait pu laisser de douteux dans l'esprit des plus pusillanimes.

Mais tout à coup on fut pris de calme. En vain le vaisseau, dans son bon vouloir, prêtait au vent toutes ses voiles étendues; pas un souffle ne venait les gonfler : elles demeuraient flasques et inutiles à faire peur. La mer, resplendissante sous les feux du soleil, présentait une surface immense sur laquelle le navire ne pouvait glisser. La nuit n'apportait aucun changement à cette triste immobilité; les eaux étaient au loin dormantes; l'air semblait être une masse de plomb. On fit les prières d'usage; mais le ciel parut sourd à l'invocation, et, ce qui ne contribuait pas peu à rendre cette position fatigante, c'est que la voix du pilote rouge ne se faisait presque plus entendre. Il y avait plus d'un mois que ce calme affreux régnait; on manquait d'eau et de vivres; la moitié de l'équipage, qui était de quarante hommes, était malade, et l'on n'apercevait aucun terme prochain à cette désespérante situation; car aucun signe ne se montrait au ciel qui pût faire espérer que cette immobilité allait être rompue; chaque jour le soleil se levait et se couchait sous les mêmes apparences.

« Misérable vieille ! chienne de sorcière ! disait l'homme rouge, tu m'as prédit que mes dents allongeraient. Ta famille a donc eu de la corde de pendu dans sa poche depuis le père Adam ! » A cette idée de corde de pendu, il frissonna involontairement, car il se rappela la prophétie touchant sa casaque placée au haut du mât; il porta involontairement ses yeux sur la voile du grand perroquet; il la vit légèrement frémir comme sous la première haleine d'un souffle naissant. « Serait-il possible ! » s'écria-t-il, en se frottant les yeux; et, lorsqu'il regardait en l'air, toute la voilure s'animait. Un instant après, le navire, vent largue, s'inclinait sur l'onde et s'élançait pour réparer le temps perdu.

Cet excellent navire, heureux d'avoir retrouvé sa marche, faisait blanchir l'Océan sous sa proue

mordante; il franchit, avec une rapidité étonnante, l'espace de mer qui le séparait encore de l'Europe; en peu de temps les côtes de l'Espagne se montrèrent, et le capitaine, voulant profiter du vent propice sous lequel il voguait, résolut de ne point s'arrêter, bien qu'on mourût à bord de faim et de soif. « Nous mangerons et nous boirons à Dieppe, disait-il, et ceux qui sont malades y guériront ou s'y feront enterrer. »

Le pilote rouge prétendit que son capitaine pendant le calme, avait fait vœu de ne nourrir que de vent lui et l'équipage, dès que le temps le permettrait.

Enfin, on était aux atterages de Dieppe, puisqu'on se trouvait au large de Saint-Valéry-en-Caux, lorsqu'on eut reconnaissance d'une voile qui semblait croiser à la hauteur de ce port, et dont la manœuvre parut suspecte.

« Gare, dit l'homme rouge, que la seconde prophétie ne s'accomplisse, car si nous sommes happés et qu'on nous juge sur la mine, on ne nous prendra pas pour grand'chose qui vaille, et l'on pourra bien nous hisser au haut du mât, moi tout le premier, comme gens qui ne vivent pas honorablement. »

Cependant le capitaine, confiant dans la marche supérieure de l'Europe, et homme résolu d'ailleurs, d'autant plus qu'au besoin il avait à son service dix-sept bouches qui pouvaient aussi au besoin cracher mitrailles et boulets au nez des importuns, prit le parti de continuer sa route.

La voile que l'on avait en vue grossissait à chaque instant, et il était facile de reconnaître que ce navire ne le cédait en rien au dieppois sous le rapport de l'agilité; bientôt on fut à même de juger que, sous le rapport de la force, l'Europe n'avait pas beau jeu, car elle allait se trouver avoir affaire à une frégate que l'on reconnut être de Flessingue, armée de vingt-deux pièces, et dont le pont était couvert d'un nombreux équipage.

Loin que l'équipage dieppois, affaibli par les maladies et les fatigues de la longue traversée, se trouvât découragé par l'imminence d'un combat devenu inévitable, le cœur revint aux plus malades, et tout fut prêt en un instant pour recevoir dignement la frégate ennemie.

« Capitaine, dit le pilote rouge, j'ai une prière à vous faire.

— Nous n'avons pas le temps de rire, Dufay; voilà un drôle qui va nous serrer les côtes; il nous faudra tenir bon, si nous ne voulons pas passer au delà de Dieppe.

— Aussi n'est-ce pas rire, capitaine, que je veux; d'autant plus que l'odeur de la poudre me fait regretter que vous nous ayez mis au régime de l'air cru.

— Que veux-tu?

— Capitaine, j'ai eu autrefois un œil d'amoureux.

— Après.

— Après, capitaine. J'ai en un œil de canonnier dont j'ai fait usage, il y a deux ans, dans le
vaisseau que commandait M. Duquesne. Si vous
voulez me confier une des pièces que voici, je crois
que je me rappellerais comment on escamote des
buvents de bière.

— Eh bien! escamote.

— Suffit. Attention, camarades! »

Et, un genou en terre, une main sur la pièce
qu'il avait choisie, comme un danseur choisit sa
dame dans un bal, l'autre main à la culasse, l'œil
plongeant sur le canon, il attendit le signal du
capitaine. A un mouvement de tête approbatif
que fit celui-ci, le pilote rouge jeta un dernier
coup d'œil sur sa pièce, se mit debout, leva la
main, et cette pièce tonnant au milieu d'une colonne de fumée, chacun fut attentif au coup qu'elle
portait : trois hommes, que l'on voyait sur le gaillard d'avant de la frégate, tombèrent, et le grand
étai fut coupé à trois pieds environ du mât de misaine.

« Une jolie petite danseuse, dit le pointeur, ça
promet. Chargez! » A ce moment la frégate envoya sa volée, et trois boulets portèrent dans les
voiles de *l'Europe.*

« C'est dommage, dit le pilote, de voir trouer
de si bonne toile. Feu! »

Cette fois le boulet, atteignant la frégate un
peu au-dessus des chaintes (1), déchira trois sabords et dut faire du ravage dans la batterie, car
trois pièces disparurent; d'où l'on conclut qu'elles étaient démontées.

Les deux navires se canonnèrent durant deux
heures. L'artillerie de la frégate zélandaise était
assez mal servie, car elle atteignait rarement
l'Europe. Mais il n'en était pas ainsi de celle du
navire dieppois, tous les pointeurs étant généralement adroits, et surtout le pilote rouge, qui
semblait diriger ses coups à volonté.

La frégate, voyant qu'elle n'avait pas beau jeu à
ce genre de combat, se décida à donner l'abordage, et elle s'approcha en faisant jouer la canonnade et la mousqueterie.

Le pilote rouge fut blessé à la cuisse. Mais,
ayant fait bander promptement la plaie, il revint
au combat avec une nouvelle ardeur; et, cette
fois, saisissant un mousquet, car sa blessure l'empêchait de retourner à sa pièce, il s'en servit avec
non moins de succès qu'il avait fait de sa danseuse. Aussi sa casaque rouge devint-elle le point
de mire des gens de la frégate. Tout était haché
par les balles autour du lieu où se tenait le terrible pilote.

Cependant la frégate, cherchant toujours l'a-
bordage, mais gênée dans sa manœuvre par les
pertes qu'elle avait faites dans son gréement, vint

(1) Ancienne expression par laquelle on désignait ce qu'on
appelle aujourd'hui *préceintes.*

embarrasser son beaupré dans les haubans du
mât de misaine de *l'Europe.* Soudain l'équipage
zélandais se précipita en foule pour dégager son
navire.

« Bien! bien! s'écria le pilote rouge, le canard
s'est pris au filet. A bas sur le pont de *l'Europe!*»
et, tournant avec une dextérité extrême une petite pièce chargée à mitraille, qui était sur le
gaillard d'arrière, il la déchargea sur les Zélandais qui se pressaient au pied du beaupré. L'effet
fut aussi soudain que terrible.

Les ennemis en grande partie restèrent sur la
place, tués ou blessés; le reste se sauva sur les
passavants où ils se trouvèrent exposés en plein
à la fusillade des Dieppois. La confusion devint
telle chez l'équipage de la frégate, et la peur le
saisit tellement, que tous coururent se cacher
dans l'entrepont.

A cette vue, le pilote rouge, armé d'un pistolet d'une main, d'un sabre de l'autre, s'élance à
bord du zélandais. Les premiers qui l'accompagnent sont un passager appelé Casse, directeur
de la Société de négoce à Saint-Domingue, et un
jeune mousse de treize ans, nommé Édancelon.
Leur courage s'était changé en fureur, car ils re-
naient de passer à côté du cadavre de leur capitaine, qui avait été tué par un des derniers coups
tirés de la frégate.

Ces trois braves étaient maîtres de l'ennemi
avant qu'ils fussent suivis de leurs camarades;
de toutes parts les Zélandais, ne songeant nullement à se défendre, demandaient quartier.
La frégate tomba ainsi au pouvoir des Dieppois.

L'équipage zélandais était de quatre-vingts
hommes : onze furent tués; on en trouva vingt-
trois à fond de cale grièvement blessés, plusieurs
autres l'étaient plus légèrement.

Du côté des Dieppois il n'y eut qu'un mort, le
capitaine, qui se nommait Duport.

L'Europe et sa prise vinrent ensemble devant
Dieppe, dans la nuit du 19 au 20 janvier 1678.
Le combat avait eu lieu le 19.

Au point du jour, le pilote rouge, qui dormait
encore d'un sommeil profond, fut réveillé par le
bruit de l'artillerie; tout le monde était sur le
pont; il se leva soudain, chercha partout sa casaque rouge et ne la trouva point. Croyant qu'on
avait affaire à de nouveaux ennemis, il monta en
chemise, et le premier objet qui frappa ses yeux
fut sa casaque hissée au haut du grand-mât; le
canon qu'il avait entendu était le salut donné à la
ville.

« Tu vois, lui dit un de ses camarades, qu'il
faut que les prophéties s'accomplissent; voici ta
casaque en haut en guise de bannière, et tu entends le canon qui fait le salut. Certes, tu l'as
bien mérité hier.

— Eh bien, soit ! répond-il, mais assez d'honneurs comme ça; qu'on me rende ma casaque,

car il est écrit dans l'Évangile : « Rendez à César ce qui est à César. »

On régala César du dernier verre de cognac qui restait à bord (1), et bientôt l'on donna dans le port, à la vue d'une foule immense qui était accourue pour voir entrer l'Europe et sa prise.

L'équipage zélandais fut enfermé dans les tours de la porte de la place d'Ouest; mais bientôt il fut rendu à la liberté par les ordres du roi.

Le lendemain, on procéda à l'inhumation du capitaine Duport, qui était calviniste. Le cercueil fut porté par quatre hommes vêtus de deuil; quatre autres tenaient les coins du drap; sur ce drap, qui était noir, était jeté un pavillon blanc : l'épée du capitaine brillait sur ce pavillon. En tête du convoi marchait le fossoyeur habillé en noir, et immédiatement après venait le pilote rouge vêtu cette fois d'un long manteau de deuil. Le pavillon de la frégate était en partie plié sous le bras du brave pilote; le reste traînait sur le pavé.

Le cortége parcourut toute la Grand'Rue, sur les huit ou neuf heures du matin. Mais cette pompe, décernée à un protestant, déplut aux gens du roi. Le sieur Pellé, avocat du roi, présenta requête à M. le lieutenant criminel, lequel condamna les calvinistes du cortége à 400 livres d'amende.

« Il y a trois choses surtout à redouter en ce monde, disait le pilote rouge; en pleine mer, le calme; à l'atterrissage, l'ennemi; à terre, les gens du roi. »

Tout l'équipage demanda à l'armateur que l'Europe s'appelât désormais la Bannière Rouge. L'armateur chicana beaucoup sur ce point; on prit un terme moyen, et le navire reçut le nom de la Bannière de France.

N. B. Tout ceci est historique au dernier point.

Naufrage

DU

NAVIRE AMÉRICAIN LE FRANCIS-DEPAU,

À L'ENTRÉE DU HAVRE.

Le sujet de la gravure que nous offrons aujourd'hui à nos lecteurs a été puisé dans l'article suivant qu'écrivait M. Édouard Corbière en présence du naufrage du paquebot le Francis-Depau.

Havre, 28 mars 1836.

« Le coup de vent de sud-ouest, qui hurlait sur nos côtes depuis hier, a paru, vers le soir, redoubler encore de furie. Dans un des grains violents qui se succédaient presque sans interruption, sous le ciel humide et obscur qui nous environnait, la bourrasque, qui jusque-là n'avait pas dépassé la direction de l'ouest, a sauté subitement au nord-ouest en faisant entendre sur nos têtes un bruit semblable au fracas de la foudre. Dès lors le coup de vent s'est décidé, et c'est du nord-ouest que la tempête a soufflé.

» L'état de la mer tourmentée par des rafales qui déjà avaient parcouru la moitié du compas dans leurs soudaines variations, était affreux entre nos deux jetées où les lames du large venaient s'engouffrer avec rage; et l'impétuosité toujours croissante de l'ouragan devait nous inspirer des inquiétudes d'autant plus vives que les deux navires américains le Francis-Depau et le Harriet-et-Jessie, que l'on avait aperçus de la veille luttant en rade contre la fureur de la tempête, s'étaient décidés à laisser arriver pour entrer dans le port avec la marée. Le pressentiment des dangers qu'allaient courir ces deux bâtiments avait attiré sur la jetée du nord la plus grande partie de la population émue de notre ville. On allait voir le spectacle terrible de l'entrée de deux navires menacés de se briser l'un contre l'autre en entrant ensemble, ou de disparaître alternativement, en heurtant les écueils du chenal, sous les flots qui semblaient les pousser à une perte certaine.

» L'heure de la pleine mer, l'heure fatale du danger, était six heures et demie. Le mât des signaux, sur lequel tout le monde avait attaché les yeux avec anxiété, marquait à six heures 14 pieds et demi d'eau dans notre étroit chenal sur le fond duquel la lame déferlait de manière à ne laisser par intervalle que 10 à 11 pieds de profondeur dans le creux effrayant des vagues. Vers six heures, la foule des curieux, groupée à l'abri du vent et de la pluie battante, contre les pals et le corps de garde de la jetée, aperçoit, à travers l'obscurité, au-dessus de la batterie du nord, le haut de la mâture inclinée d'un navire qui court avec la vitesse d'un nuage. C'est le Francis-Depau! c'est le Francis-Depau! s'écrie-t-on avec effroi et saisissement; et la masse compacte des spectateurs se porte, secouée par le vent et battue par la pluie, sur le bout de la jetée pour jouir de plus près de la vue de l'événement fugitif qui va s'accomplir dans une minute, dans une seconde peut-être, car dans une seconde ce grand et beau paquebot qui court encore avec une si épouvantable vitesse, sera perdu, anéanti ou rentré tranquille dans le port.

Le Francis-Depau, en effet, avait ouvert la marche des périls au Harriet-et-Jessie, quoiqu'il dût tirer au moins autant d'eau pour s'engager dans la passe qu'il pouvait y avoir de pieds de profondeur dans cette passe terrible. Mais, une fois poussé par la violence extrême des vents du

---

(1) Dans l'inventaire dressé à bord de la prise, on ne voit figurer que de la bière et de l'eau-de-vie de genièvre.

nord-ouest qui battaient en côte, il n'y avait plus moyen d'hésiter pour lui à prendre un parti ; il fallait essayer de donner dans le port, au risque même de périr à l'entrée, dans l'impossibilité absolue où il se trouvait de manœuvrer de manière à rester au large et à prêter le flanc à la tempête.

» Le grand paquebot américain court donc sous ses huniers au bas-ris, de façon à ranger à l'honneur le bout de la jetée du nord, pour ne pas être lancé par la lame qui va le prendre en travers, sur le redoutable poulier du sud. Mais, au moment où il gouverna pour donner ainsi dans le creux du chenal, une lame monstrueuse poussée, soulevée par un grain furieux, enlève sur la crête écumante qu'elle agite dans l'air, le pauvre navire qu'elle couche en grand sur tribord ; et le malheureux *Francis-Depau* est jeté, en moins d'une seconde, à une demi-encâblure de la jetée du sud-est, sur le terrible poulier qu'il voulait éviter comme l'écueil le plus fatal qu'il eût à redouter. Plus de manœuvre à tenter pour lui désormais ; plus de secours même à espérer pour son équipage, de ce rivage dont il n'est séparé que par deux longueurs de navire. Il reste couché sur son côté de tribord en livrant, comme abattu en carène, son large flanc de bâbord à toutes les lames qui viennent déferler sur lui en faisant voler leur poudrin et leur écume jusque par-dessus sa mâture qui menace à chaque instant de tomber et d'être emportée avec la mer qui la couvre et le vent furieux qui l'ébranle jusque dans son emplanture.

Une longue demi-heure se passe ainsi : le navire est neuf et très-solide. Il résistera, selon toute probabilité, à cette terrible épreuve : l'équipage sera sauvé, grâce à l'extrême solidité du bâtiment ; et la mer, qui a cessé de monter, laissera le *Francis-Depau* à sec et presque intact, après l'avoir battu de ses vagues furieuses pendant deux mortelles heures de tourmente !

» Mais avant ce moment si impatiemment désiré et si lent à venir, un autre événement se passera sous les yeux de la foule agitée. Le *Harriet-et-Jessie* court à son tour sur la jetée du nord qu'il va ranger comme a voulu le faire avant lui le malheureux *Francis-Depau*. Des cris tumultueux, partis du milieu des groupes confus de spectateurs, annoncent le danger que va braver le navire qui s'avance, qui vole sur les vagues menaçantes, et qui déjà s'était élancé dans la passe sous ses huniers au bas-ris, avec la mer furieuse qui le prend, qui le pousse par le travers ; la lame le frappe, le soulève, le presse en mugissant vers le poulier du sud sur lequel est déjà couché le *Francis-Depau*; le *Harriet-et-Jessie*, ainsi emporté, revient, au moyen de son gouvernail placé tout sous le vent, sur la lame qui l'a jeté d'abord si loin de la route qu'il voulait suivre : une autre lame courant du large le reprend subitement à la hauteur de ses

hunes, pour déferler par son travers, et le navire remonte encore sur cette seconde lame en donnant violemment deux ou trois coups de talon sur le chenal qu'il est enfin parvenu à gagner. La lame est ainsi vaincue par l'obstination du navire, une fois qu'il a réussi à se ranger, malgré elle, à l'abri de la jetée du nord. Mais le coup de barre qu'il a été obligé de donner pour revenir au vent, l'a porté en grand sur cette jetée qu'il doit redouter d'aborder avec trop de force. Un autre coup de barre, donné à propos pour le faire arriver, parvient heureusement à le préserver à temps du danger de se briser et de s'engloutir le long du quai hospitalier qu'il cherchait comme un refuge, et qui, un moment, est devenu pour lui un nouvel écueil. Le *Harriet-et-Jessie* entre enfin en désordre dans l'avant-port, tout étourdi, tout meurtri de la tempête à laquelle il vient d'échapper, mais triomphant, pour ainsi dire, du naufrage qui le menaçait, et que toutes les circonstances tendaient à faire regarder comme inévitable pour lui.

Mais pendant que la foule des spectateurs témoins de cet heureux événement laissait échapper des cris d'admiration en l'honneur du pilote Édouard Flambard, qui avait conduit le navire, un homme s'était avancé au milieu d'un groupe de curieux : c'était le capitaine du *Harriet-et-Jessie*, qui, les yeux attachés sur son navire, qu'il croyait englouti, avait perdu connaissance de saisissement et de joie en voyant son bâtiment et sa fortune rentrer dans le port où il n'osait plus espérer de les voir rentrer.

Un brig américain, le *Corinthian*, que, pendant ces événements si rapides et pour ainsi dire si dramatiques, on avait oublié luttant au large avec la tempête, se montre bientôt auprès de nos jetées couvertes encore de monde. Le *Corinthian* semble sortir du brouillard et de la nuit qui couvrent les flots, pour venir donner dans la passe une heure environ après le *Harriet-et-Jessie*. Le brig nouveau, dont personne ne sait encore le nom, paraît tirer moins d'eau que le *Francis-Depau* qu'il va laisser par son côté de tribord, et que le *Harriet-et-Jessie* dont il va chercher à imiter l'heureuse manœuvre. Le *Corinthian*, poussé par l'ouragan qui le bat en flanc et par la lame qui le jette vers le poulier du sud, parvient, comme son prédécesseur, à regagner le chenal et à s'élancer dans le port, sans avoir même talonné sur le fond de la passe. Ce brig américain était piloté par le pilote Nicolas Roney. Ce sont là des noms bien modestes qu'il est bon de citer.

Revenons maintenant au *Francis-Depau*, le plus malheureux des trois navires de cette journée de périls et de naufrage, resté couché sur le poulier du sud, le côté de bâbord à terre et la mâture toute haute. La mer, qui n'a cessé de le battre pendant deux heures, le laisse enfin à sec à la marée basse. C'est alors seulement que l'on peut communiquer avec lui et ramener sur le rivage ses passagers et ses matelots. Le temps qui doit s'écouler entre la marée descendante et la marée montante est employé avec activité. On élonge des amarres, du navire sur le bout de la jetée du nord ; on mouille des ancres au large du bâtiment ; on songe à l'alléger, s'il est possible, d'une partie de sa cargaison, et lorsque toutes ces dispositions sont faites ou prises, on attend le plein de l'eau pour essayer a renflouer le paquebot, pour peu que le temps, en s'apaisant, permette de tenter quelque mouvement dans l'intérêt du sauvetage. La marée monte ; l'ouragan a perdu une partie de sa violence ; la lame, moins forte, déferle avec moins de fureur ; on roidit, on hale les amarres du bout de la jetée ; on vire à bord du paquebot sur les ancres que l'on a élongées sur l'avant à lui ; mais le navire, secoué par les lames qui l'assaillent, ne peut flotter dans la souille qu'il s'est faite sur le sable par son propre poids, et l'heure de la haute mer s'écoule sans qu'on puisse le tirer de la place où l'a jeté la tempête de la veille.

Six jours entiers *le Francis-Depau* est demeuré dans cette position déplorable, en attendant la grande mer, sur laquelle on comptait pour le voir flotter sans le secours trop impuissant des moyens que l'on pouvait employer pour hâter ce moment si désirable. Six jours entiers ce beau navire s'est trouvé exposé aux causes de destruction qui venaient l'assaillir a chaque marée. Mais en dépit de toutes les probabilités, *le Francis-Depau*, grâce à l'extrême solidité de sa construction, a résisté à toutes les circonstances fatales qui auraient dû assurer sa perte entière. Ramené enfin dans nos bassins, le 4 avril, avec la haute mer, qui l'avait fait flotter sur le poulier du sud, le paquebot a pu montrer à tous les curieux les avaries qu'il avait éprouvées dans ce que nous pouvons appeler son long naufrage. Quelques genoux rompus, la quille un peu disjointe, une forte arcure dans ses préceintes, plusieurs feuilles de cuivre enlevées, et quatre ou cinq pieds d'eau dans la cale, tels sont les dommages qu'il a essuyés pendant la semaine de tempête à laquelle il a été exposé. Vendu en bourse quelques jours après sa rentrée, au prix de 45 000 francs, *le Francis-Depau*, réparé, caréné et radoubé dans notre port, est reparti du Havre dans le mois de mai pour New-York, plus beau et aussi solide qu'il ne l'avait jamais été. C'est la le naufrage le plus heureux que nous ayons vu de notre vie.

EDOUARD CORBIÈRE.

ASPECT
De l'Europe maritime
AU COMMENCEMENT DE L'EMPIRE (1).

Une nouvelle révolution s'était accomplie ; épuisée par ses crises civiles, la France s'était elle-même abdiquée entre les mains de l'homme par l'épée duquel elle avait trouvé la suprématie militaire à défaut de la souveraineté nationale, la gloire à défaut de la liberté.

Si ce fut une pensée amère, pour ceux qui, n'ayant jamais désespéré du salut de la république, étaient encore prêts à se sacrifier pour elle, que l'idée de tant d'orages traversés, tant de sang répandu, tant de périls surmontés, sans autre résultat qu'un changement de maître, ce ne fut cependant pas un spectacle sans orgueil pour leur cœur, que celui d'une nation, leur patrie, changeant a son arbitre ses destinées, sans que les vieilles royautés de l'Europe, foudroyées et éblouies par ses triomphes, tentassent seulement d'entraver cet acte de sa souveraineté populaire.

La haine que la France inspirait à ces gouvernements existait cependant toujours, aussi vive que les craintes dont l'origine et le caractère de sa puissance menaçaient leur avenir. Les mouvements militaires et les prétentions de l'Autriche; le voyage et les menées du roi de Suède; l'attitude incertaine du cabinet de Saint-Pétersbourg annonçaient assez que leur inaction n'était que de l'impuissance. Si la Prusse se flattait d'échapper à tous les dangers par une neutralité en armes, l'Angleterre était partout prodiguant l'or et les promesses, rallumant les passions, ranimant les espérances pour réunir les tronçons épars des anciennes coalitions.

Les fruits que produisirent ses intrigues ne la dédommagèrent pas de la honte que leur machiavélisme fit rejaillir sur elle. Les avantages qu'elle trouva dans l'alliance de Gustave IV ne purent balancer ceux que l'empire recueillit dans celle de l'Espagne.

L'arrogance du roi de Suède dans la diète de Ratisbonne, son langage insultant pour la France dans ses contestations diplomatiques avec la cour de Vienne, sa conduite a Carlsruhe et à Munich

(1) La *France Maritime*, considérée comme une espèce de galerie, offrait son cadre comme bordure commune à tous les tableaux que nous y avons réunis avec le plus de variété possible. On n'y a point cherché l'ordre chronologique comme dans un méthodique livre d'histoire. Chaque fois que nos souvenirs ou nos études nous ont portés sur un point, nous l'avons écrit. En lisant l'appréciation suivante de la politique maritime de la France particulièrement, en 1804, le lecteur ne manquera donc pas de se souvenir que déjà on a décrit quelques phases de l'histoire de la flottille devant Boulogne ; il pourra s'y reporter.

étaient des outrages trop flagrants contre l'empire pour que Napoléon, s'arrêtant devant l'inviolabilité d'une royauté ancienne, ne châtiât point rudement l'insolence monarchique dans l'héritier des Gustave. Un article officiel du Moniteur attaqua avec une ironie si vive les menées extravagantes du jeune souverain, qu'une note du ministère suédois déclara immédiatement au chargé d'affaires de la France la cessation des rapports entre les deux gouvernements. Gustave s'attacha aussitôt à l'Angleterre. Par un traité secret, signé à Londres le 3 décembre, il consentit qu'un dépôt pour un corps de troupes hanovriennes fut établi par S. M. Britannique, soit dans la Poméranie suédoise, soit à Stralsund. Il s'engagea à ouvrir dans cette place, tant que durerait la guerre avec la France, un entrepôt pour le commerce européen et colonial de la Grande-Bretagne. Une somme de quatre-vingt mille livres sterling était le prix auquel l'Angleterre achetait ces avantages. Le roi de Suède devait plus tard payer les subsides de sa couronne.

Les événements qui grossirent les forces navales de la France, des escadres de l'Espagne, rétablirent l'équilibre rompu par cette alliance. Pitt ne voyait point sans défiance les rapports intimes que la cour de Madrid continuait d'entretenir avec l'empire français, après avoir racheté par un tribut le concours actif qu'elle lui avait promis par ses traités antérieurs; aussi s'efforçait-il sans cesse de les affaiblir pour en amener plus tard la rupture. Le peu de succès de ses intrigues, la honte que l'ambassadeur britannique retira des menées par lesquelles il tenta de soustraire la correspondance de l'ambassadeur français, avaient insensiblement aigri les rapports entre M. Frère et le prince de la Paix. La présence d'un agent anglais dans l'insurrection de la Biscaye, et les exigences de ses derniers protocoles, avaient fait pressentir à la cour de Madrid l'hostilité de ces dispositions, lorsque la violation la plus flagrante vint les lui traduire par un acte de piraterie digne des barbares de la côte d'Afrique.

Quatre frégates espagnoles, sorties de Monte-Vidéo avec un chargement de lingots d'or et d'argent, touchaient au moment de déposer dans un port d'Espagne leurs cargaisons précieuses; poussées par un bon frais de sud-ouest, déjà elles sillonnaient les atterages du cap Sainte-Marie, lorsqu'elles furent rencontrées par quatre voiles britanniques; cette division se composait de trois frégates naviguant sous les ordres du commandant Moore, monté sur le vaisseau *l'Infatigable*. A la vue de ces couleurs amies, les quatre galions sans défiance continuent leur sillage sous la protection de la paix.

Leur sécurité fut bientôt dissipée par l'injonction de se rendre que leur intima le commodore anglais. Indignés de cette violence infâme, les navires espagnols tentent de se défendre. Un combat meurtrier s'engage; une des frégates espagnoles brûle et saute en l'air, les autres sont capturées, et les Anglais fuient avec leur proie ensanglantée par une perfidie sans exemple ailleurs que dans leur histoire.

L'Espagne reçut avec indignation la nouvelle de ce combat; une scission imprévue éclata néanmoins dans le ministère espagnol. La cour de l'Escurial flottait indécise entre l'emportement du prince de la Paix et l'impassibilité de Cavallos. L'intervention de M. de Vœndeul fixa seule les irrésolutions. Forcé de rompre avec l'empire ou la Grande-Bretagne, le roi d'Espagne obéit au vieux sentiment de l'honneur castillan, et la guerre fut déclarée à l'Angleterre. Des ordres d'armement furent expédiés pour tous les points du littoral; les bâtiments et les marchandises anglaises furent pris et séquestrés dans tous les ports. A la nouvelle que le régiment de Castille envoyé à Mayorque venait d'être enlevé par une escadre britannique, un ordre d'arrêt fut lancé contre tous les sujets anglais qui se trouvaient dans les Etats de S. M. Catholique.

Ces criminelles agressions furent accueillies avec un sentiment pénible dans presque toutes les classes de la nation anglaise. Quelque dépravée que fût la masse de la population par les longs antécédents du machiavélisme de Pitt, on regarda généralement ces attentats comme des tâches imprimées au nom anglais. Ce fut surtout dans le sein du parlement que de généreuses indignations élevèrent la voix : « Qui retirera du sein » de la mer, s'écria lord Granville, les cadavres » de trois cents victimes assassinées en pleine » paix? Qui saura leur rendre la vie?... Les » Français nous appellent une nation de mar- » chands; ils prétendent que la soif de l'or est » notre unique passion : n'ont-ils pas le droit » d'attribuer cette violence à notre avidité pour » les piastres espagnoles? Ah! plutôt avoir payé » dix fois la valeur de ces piastres, et n'avoir » point entaché l'honneur britannique d'une telle » souillure! »

Le ministère ne se défendit que par des récriminations. Il reprocha à ses accusateurs de lui avoir donné l'exemple, en participant, comme membres de la précédente administration, à des mesures semblables contre la France. Les parlements anglais offrirent alors au monde le spectacle de deux partis ne répondant à des accusations que par des accusations, ne se défendant bien l'un l'autre qu'en se jetant de la boue, de la honte au visage.

Mais ces discussions s'effacèrent bientôt devant les dangers qui menaçaient le territoire britannique. A l'aspect de l'orage qui se formait sur la côte de France, les parlements comme la nation ne songèrent qu'à leur sûreté. Tandis que toutes les forces que le cabinet pouvait emprunter à ses populations et à ses arsenaux étaient organisées pour la protection du littoral et du sol anglais, les émissaires activèrent leurs sollicitudes dans toutes les cours continentales. La Russie flotte encore, l'Autriche demande une année pour préparer sa mise en campagne. Pitt insiste, prévoyant que le sang dont ces deux puissances abreuveront le continent assurera à son pays l'empire exclusif de la mer.

Cependant Napoléon n'avait négligé aucune des mesures qui pouvaient affermir sa puissance; bien qu'il eût d'abord prudemment dédaigné ce titre, il ne se dissimulait point que le nom même d'empereur, dont il avait fait choix, devait contrister bien des convictions par son hérédité monarchique; il savait également que les souverains d'Europe ne lui pardonneraient point son origine. — Il était trop dangereux pour la sécurité de leur puissance de prouver aux peuples qu'un homme du peuple, en montant sur un trône, pouvait dépasser de la tête toutes leurs majestés. Il s'efforça donc de dissiper et de prévenir les dangers extérieurs et intérieurs dont était assiégée sa position nouvelle. La prospérité et la gloire de la France furent l'objet de ses pensées; il voulut que les Français lui pardonnassent d'avoir pris parmi eux le rang suprême, en les élevant eux mêmes au premier rang des nations. Des décrets organiques, des mesures de conciliation et des travaux publics vinrent tour à tour exprimer ses projets. Mais cette sollicitude civile ne tenait point ses regards constamment détournés des accidents qui modifiaient la physionomie alors si mobile des diverses cours de l'Europe. Il connaissait quelles dispositions intimes recélait chaque souverain sous le voile de ses hypocrisies diplomatiques, et les préparatifs militaires qui animaient toute la surface de l'empire annonçaient avec quelle perspicacité il avait pénétré leurs desseins. C'était surtout contre l'Angleterre que se portait ses projets. C'était contre la haine britannique que s'étaient toujours heurtées ses armes, que se heurtait encore partout sa puissance. En Égypte et en Allemagne, en Europe et en Asie, il la rencontrait partout, en France même; là avec sa diplomatie, là avec ses vaisseaux, ici avec des brulots et des torches, quelquefois avec des poignards, toujours avec son machiavélisme et son argent; semant en tout lieu et tour à tour un or qui ne lui rapportait que de la honte, ou de la honte pour recueillir ensuite de l'or. Il voulut en finir avec cette monarchie sans cœur, avec cette aristocratie sans loi, sans foi, sans morale. Il résolut d'aller tuer le monstre jusque dans sa bauge. Jeter cent cinquante mille hommes sur le rivage de ses comtés, détruire ses arsenaux maritimes, ensevelir cette puissance punique sous les décombres embrasés de sa capitale, puis regagner la côte de France : telle avait été la pensée qui lui avait fait réunir sur la plage de Boulogne l'élite des forces militaires de la France,

et une marine artificielle dont toutes nos eaux s'étaient subitement couvertes à sa voix. Malheur à qui voudra détourner la foudre qui menace les trois royaumes, car ceux-là, quels qu'ils soient, tomberont sous elle !

Nos yeux, après s'être portés sur les divers événements que l'Europe vit s'accomplir durant les derniers mois de 1804, s'arrêtent naturellement sur les formidables armements dont la plage de Boulogne était à cette époque le théâtre ; c'était là le centre des pensées du nouvel empereur, là se pressaient les vastes préparatifs sous lesquels il devait écraser l'Angleterre ; là se perfectionnaient l'organisation et la discipline de cette belle armée, prête, au premier signal, à se confier aux flots pour voguer vers la nouvelle Carthage, ou à marcher contre les rois d'Europe qui la rappelaient sur le champ de ses anciens triomphes. Aussi à peine eut-il inauguré sous les drapeaux appendus aux voûtes des Invalides l'institution de la Légion-d'Honneur, qu'il se hâta d'aller renouveler au milieu de ses soldats cette fête nationale, qui devait se célébrer d'abord au milieu des vivants débris de nos victoires.

FULGENCE GIRARD.

VARIÉTÉS.

Un Bal à bord.

Nous venons d'être dignement représentés à New-York; la France est fière de ses marins, et ses marins le lui rendent. Un bal à bord est un événement; il est rare que le flageolet résonne sur le pont et que le galop agite ses planches. Le départ des marins de l'Artémise, s'il a causé des regrets aux États-Unis, a aussi été un jour de fête pour les jeunes danseuses de New-York.

Ce sont d'aimables convives que les officiers de l'Artémise. Chargés de soutenir sur les mers la gloire de la France, ils en soutiennent dignement aussi la réputation de gloire et de galanterie. Aussi ce fut une vive sensation dans la ville quand on sut qu'ils allaient donner un bal, une fête à bord de leur frégate.

La soirée que le commandant avait donnée quelques jours auparavant, presqu'à l'impromptu et en petit comité, n'avait été qu'un avant-goût ; on savait que les jeunes officiers feraient mieux les choses. Il est donc aisé de comprendre l'empressement avec lequel on se rendit à leurs invitations, hélas ! trop peu nombreuses pour la foule des soupirants. Mais l'espace était limité, et deux cents personnes seulement formèrent la somme des élus.

C'était pour le samedi 25 juillet qu'était faite la convocation. La soirée était magnifique. Une foule curieuse assemblée à la batterie encombrait le rivage, les yeux avidement fixés dans la direction de la frégate, qui, semblable à un astre de la nuit, réfléchissait dans les eaux l'éclat de sa vive lumière. Des regards d'envie suivaient les heureux privilégiés que les matelots français entraînaient rapidement au large sur les embarcations de service, et qui voguaient triomphants aux lointains accords qu'une brise légère leur apportait de la frégate.

Abordant au pied de l'escalier, dont les degrés étaient recouverts de tapis, les dames montaient lestement, soutenues par la main des officiers désignés pour les recevoir, et se trouvaient dans une vaste galerie qui, par un bout, conduisait à une rotonde sur l'avant, où les matelots prenaient leur part de la fête, en sautant gaiement au son du fifre et du tambour; de l'autre, donnait entrée dans la salle du bal, et avait en outre issue sur une pièce réservée pour la toilette des dames.

Le tout était renfermé par une riche tente formée des pavillons réunis de toutes les nations, symbole de la paix universelle dont jouit en ce moment le monde.

La salle de danse, occupant une partie de l'arrière, formait un vaste carré dont la décoration, aussi riche qu'élégante, offrait les traits caractéristiques du lieu et de la circonstance. Partout l'appareil formidable de la guerre s'était transformé en ornements de fête, le champ de bataille était devenu le théâtre du plaisir, mille parfums remplaçaient l'odeur de la poudre, et le son joyeux des instruments, le ronflement brutal du canon. La lumière étincelait de toutes parts sur des colonnades de pierriers, des gerbes de fusils, des festons de baïonnettes, des pyramides de pistolets, des rosaces de poignards et des guirlandes de sabres d'abordage, le tout entremêlé de draperies, de feuillage et de fleurs.

C'était plaisir de voir cet immense bâtiment transformé en un lieu de fête, offrant le mouvement, l'animation, la gaieté d'un palais en gala; de voir circuler dans tous les sens ces fraîches toilettes, ces blanches épaules et ces têtes gracieuses, ces habits militaires mêlés aux fracs bourgeois, tous ces mille détails, attributs de l'élégance et du bon ton. On eût dit un hôtel de la Chaussée-d'Antin mouillé dans la baie de New-York.

Quelles réflexions ne faisait pas naître ce spectacle de deux nations dansant ensemble après avoir été sur le point de se mitrailler; ce mélange d'uniformes qui pouvaient être ennemis, enlacés bras dessus bras dessous, ou rivalisant seulement par la légèreté des pirouettes ou des entrechats! Vive la guerre qui se fait au son du violon et qui finit au bruit des verres!

A minuit, moment où les jambes et les estomacs demandent du repos et du confort, le fond de la salle s'ouvrit comme par enchantement, et une seconde pièce, resplendissante de lumières, offrit aux yeux charmés des danseurs un triple rang de tables somptueusement servies, dressées avec recherche et couvertes de tous les mets les plus propres à flatter l'appétit, de tous les fruits de la saison, de la nombreuse variété de vins exquis que l'Artémise a recueillis dans ses voyages sur les différents points du globe.

Un rayon de gaieté nouvelle fit s'épanouir toutes les physionomies, et ce fut un beau coup d'œil quand toutes les places vides furent occupées par un double cordon de dames autour desquelles circulaient leurs galants cavaliers empressés de les servir. C'était à donner de l'appétit à un mort, de la sensualité à un anachorète! Honneur aux officiers de l'Artémise!

Aux dames succédèrent les cavaliers, et les libations plus généreuses échauffant toutes les têtes, la plus expansive cordialité présida aux toasts les plus enthousiasmés. On but à la belle France, aux citoyens de l'Union, à la paix, à la concorde, à la fraternité des deux nations. Il n'y eut plus que des Français à bord de l'Artémise. On eût dit qu'à ce moment chacun se souvenait que le sang français avait coulé jadis pour l'indépendance américaine.

Après le souper, l'on dansa le cotillon pour clore la séance, et vers deux heures du matin, les embarcations ramenèrent à terre les conviés enchantés de leur soirée et des officiers de l'Artémise, dont les mains furent serrées avec toute l'affection d'un sincère adieu!

Adieu donc, nos braves frères, ont dit les Américains; vous laissez ici bien des souvenirs; que nos vœux vous accompagnent, que le ciel et la mer vous soient propices! soutenez partout, comme vous l'avez fait ici, l'honneur du nom français, et que partout on puisse dire, aux regrets que vous laisserez après vous: l'Artémise a passé par là!

HISTOIRE

—

Napoléon

ET *LE BELLÉROPHON.*

Eren spectaculum Deo dignum...... vir
fortis cum malà fortunà compos tua.
SÉNÈQUE.

Tombé une seconde fois du trône impérial et prisonnier de Fouché avant de l'être des Anglais, Napoléon venait de traverser la France

Napoléon et le Bellérophon.

qu'il s'était décidé à abandonner plutôt que d'y exciter la guerre civile. Un corps de cavalerie, sous le commandement d'un de ses anciens généraux, l'avait accompagné : mais cette force militaire, qu'on eût pu prendre pour la garde d'honneur d'un souverain, n'était en réalité que l'escorte d'un illustre captif.

Le ministre de la guerre avait écrit au général Beker, commandant les troupes à cheval qui formaient le cortége de Napoléon : « L'intention de la commission du gouvernement est que la surveillance nécessaire soit exercée pour empêcher l'évasion de Sa Majesté. »

Combien de réflexions douloureuses fait naître le rapprochement de ces deux mots *évasion* et *Majesté!* Et quelle dérision cruelle, si ce n'eût été une inadvertance du prince d'Eckmühl, ou plutôt si, comme l'affirme M. de Las Cases, le loyal Davoust ne se fût refusé à signer cette lettre!

Arrivé le 3 juillet à Rochefort, où il devait s'embarquer pour les États-Unis d'Amérique, Napoléon y séjourna jusqu'au 8, au milieu des témoignages d'intérêt et d'affection de la population civile, militaire et maritime de ce port. Mais là aussi, pour lui rendre plus amer le calice de l'infortune, il se trouva comme ailleurs des ingrats qu'il avait comblés de bienfaits. On fut surtout confondu de cette mission occulte et heureusement trop tardive qu'avait acceptée un ancien officier du bataillon des marins de sa garde (1). Jetons sur les lâchetés d'une époque où elles furent si communes, un voile que déchirera l'inexorable histoire.

Un autre sujet d'étonnement dut être le choix fait de Rochefort pour l'embarquement, sans considérer que c'est celui de tous nos ports militaires dont le blocus est le plus facile, et que Napoléon ne pouvait y parvenir qu'à travers la Vendée, redevenue en proie à la guerre civile et où un fanatisme aveugle pouvait faire craindre pour lui le renouvellement de la scène d'Orgon (2).

En dirigeant l'Empereur sur Brest, les dangers de la route disparaissaient; ce port, qui ne peut jamais être complètement bloqué et d'où l'on sort quand on veut, ne manquait pas de frégates prêtes à prendre la mer; et un grand nombre de jeunes officiers de marine, endossant la veste de matelot, auraient revendiqué l'honneur d'escorter et de défendre leur chef malheureux.

Oh! Decrès, Decrès, encore une des énigmes de ton long et désastreux ministère!

Le 8 au soir, des canots réunis à Fouras, par les soins du préfet maritime, transportèrent Napoléon et sa suite en rade de l'île d'Aix. Sur cette rade était mouillée, prête à prendre la mer, sous le commandement du capitaine Philibert, une division composée des deux frégates *la Saale* et *la Méduse*, du brig *l'Eperrier* et d'une petite goëlette destinée à servir de mouche (3). L'empereur s'embarqua de sa personne sur *la Saale*; mais, toujours captif, il n'avait fait que changer de prison. Voici son écrou rédigé par Fouché, et transmis, en suivant la cascade hiérarchique, de Decrès au préfet maritime de Rochefort, et de celui-ci au capitaine Philibert (4):

Le duc d'Otrante au ministre de la marine.

Paris, le 27 juin 1815, à midi.

« Il faut faire exécuter l'arrêté tel que la com-
» mission l'avait prescrit hier, et d'après lequel
» *Napoléon Bonaparte restera en rade de l'île*
» *d'Aix jusqu'à l'arrivée des passe-ports.* Il importe
» au bien de l'État, qui ne saurait lui être indif-
» férent, qu'il y reste *jusqu'à ce que son sort et*
» *celui de sa famille aient été réglés d'une manière*
» *définitive.* Tous les moyens seront employés
» pour que la négociation tourne à sa satisfac-
» tion ; mais en attendant *on doit prendre toutes*
» *les précautions possibles* pour la sûreté person-
» nelle de Napoléon, *et pour qu'il ne quitte point*
» *le séjour qui lui est momentanément assigné* (5). »

L'arrêté sur lequel s'appuyait Fouché portait :
« Art. 3. Les frégates ne quitteront pas la rade
» de Rochefort avant que les sauf-conduits de-
» mandés soient arrivés. »

On s'est cru fondé, dans le temps, à faire un reproche à Napoléon de ne s'être pas hâté de prendre la mer dès son arrivée à Rochefort, alors que les Anglais ignoraient encore sa détermination, son départ de Paris et la route qu'il

---

(1) Quelle pouvait être cette mission qu'il était trop tard pour remplir après que Napoléon eut quitté la rade de l'île d'Aix? S'agissait-il de le livrer à la fureur du parti légitimiste affamé de vengeances? voulait-on en faire un holocauste et lui réservait-on le sort qu'éprouvèrent bientôt après Labédoyère et Ney? On conçoit le secret gardé à ce sujet sous la restauration; mais on pourrait penser qu'après la révolution de juillet le gouvernement eût dû renoncer à en faire un mystère, par égard pour l'honneur de quelques hommes encore vivants et pour la mémoire d'autres qui sont morts. Hélas! tel est le malheur des temps de révolution, où les citoyens se rangent sous deux bannières différentes, qu'il est impossible de blanchir les uns sans salir les autres : laissons donc ce pénible devoir à la postérité.

(2) Petite ville de Provence où, en se rendant de Fontainebleau à l'île d'Elbe, Napoléon faillit être assassiné.

(3) Le capitaine Philibert, qui, au surplus, était un officier de mérite, fut en grande faveur sous la restauration et aurait fait un chemin brillant, si une mort prématurée ne l'eût arrêté dans sa carrière.

(4) Cette pièce et quelques autres dont nous nous sommes aidé, se trouvent rapportées dans le *Mémorial de Sainte-Hélène,* tome 1er, pages 31 et suiv.

(5) La correspondance encore secrète du préfet maritime, et le compte qu'il dut rendre au successeur de M. Decrès, feraient sans doute connaître en détail ce qui avait été ordonné à cet effet et comment ces ordres furent exécutés.

avait prise en quittant la capitale, et que, par
conséquent, on pouvait espérer de mettre plus
facilement leur surveillance en défaut. Le retard
de cinq jours qu'il mit à s'embarquer ne se con-
cevait pas à cette époque, et ne s'expliquerait
aujourd'hui même qu'en supposant qu'il avait
une connaissance exacte des ordres du gouvernement provisoire, et cette supposition, que généralement on ne fit pas, doit paraître maintenant toute naturelle. Qu'importait, dans ce cas,
qu'il vînt à se présenter des chances heureuses
pour son départ, et il s'en présenta (1), puisqu'il
lui était interdit d'en profiter? En vain un vent
favorable et l'éloignement ou la dispersion des
croiseurs anglais eussent concouru à assurer son
passage, le capitaine Philibert aurait pu opposer
et eût opposé en effet l'arrêté de la commission
et la teneur précise des ordres qu'il avait reçus
en conséquence.

Il y a néanmoins lieu de croire qu'après le refus des sauf-conduits demandés au gouvernement anglais, ces ordres, désormais sans motif
apparent, et qui, s'ils se rattachaient à quelque
machination secrète, devaient avoir produit leur
effet, furent révoqués, et qu'il fut décidé de
laisser Napoléon partir de telle manière qui paraîtrait possible... Mais il était trop tard.

Conçoit-on autant d'imbécillité ou de perfidie?
Demander des sauf-conduits dont le refus était
chose certaine, n'était-ce pas avertir les Anglais
et leur dire : « Il est là, prenez-le ! ou plutôt,
pour nous épargner l'odieux de vous l'avoir livré,
bornez-vous à lui fermer les issues, et nous le
mettrons dans la nécessité de se livrer lui-
même? »

Qui pourrait assurer que ce n'était pas là
l'une des conditions d'un marché à la Judas, et
le prix auquel certains hommes avaient acheté
le pardon de la plus récente de leurs nombreuses
trahisons ?

Quoi qu'il en soit, au nombre des éventualités
sur lesquelles la prévision s'était portée, au départ
de Napoléon, se trouvait celle où il se rendrait (en apparence de son plein gré) à bord des
bâtiments de la croisière anglaise ; et, en la men-
tionnant, lors de l'arrivée à Niort, le général
Beker s'était exprimé ainsi : « Cette fâcheuse et
» triste nécessité est préférable à un mal pire et
» qui serait bien douloureux et plus funeste à la
» cause et à l'honneur français (2). »

(1) *Relation du capitaine* MAITLAND, en divers endroits,
et notamment pages 106, 109 et 110.

(2) M. de Las Cases, en rendant compte de ce qui se passa
à la Malmaison, lors de l'arrivée du général Beker, dont
Fouché avait fait choix parce qu'il savait que cet officier
général avait personnellement à se plaindre de l'empereur,
dit : « Il (Beker) nous a dit, avec une espèce d'indignation,
» avoir reçu la commission de garder Napoléon et de le
» surveiller. » Et dans un autre passage : « Ce général ne
» cessa de montrer un respect et un dévouement qui ho-
» norent son caractère. »

Les dispositions prises à Rochefort avaient dû
être basées sur ces éventualités. Pour cela, on
avait tenu prêts : 1° les deux frégates, dans le
cas, disait-on, peu probable où les circonstances
permettraient qu'elles pussent partir ; 2° l'aviso
mouche n° 24, dans le cas où il serait possible
qu'un très-petit bâtiment trompât les croisières
anglaises ; 3° enfin le brig l'Épervier, si l'empereur se décidait à se rendre, sous les couleurs
parlementaires, soit dans un port d'Angleterre,
soit à bord des bâtiments de la croisière ennemie.

Mais on avait tellement agi, que toutes les
chances favorables aux deux premiers cas étaient
devenues presque impossibles à rencontrer : ainsi
on laissait à Napoléon le choix de trois partis
à prendre, alors qu'il n'y avait plus moyen de
choisir !

En attendant l'époque, peu éloignée sans
doute, où des documents encore tenus secrets
seront livrés à la publicité, et où la vérité se
montrera dans tout son jour, il est impossible de
ne pas apercevoir, dans le rapprochement des
seules circonstances connues de ce dernier événement du règne des Cent-Jours, les traces d'une
odieuse trahison. Tout semble se réunir pour
appuyer l'opinion de ceux qui pensent que Napoléon fut victime d'un guet-apens plus infâme
qu'aucun de ceux dont l'histoire a perpétué le
souvenir.

Placé par l'astuce de ses ennemis dans la position la plus cruelle, il ne peut en sortir que d'une
seule manière ; mais il veut le faire avec noblesse
et en conservant toute la dignité de son caractère. Il feint donc d'être dupe des apparences,
parce que les apparences au moins sont honorables ; et, renfermant dans le fond de son cœur
sa trop juste indignation, il accepte les hypocrites
respects dont on avait ordonné de couvrir les
précautions outrageantes dont il est l'objet.

Le général Bertrand, muni de l'autorisation
indispensable du général Beker !!!... mais en sa
qualité de grand-maréchal du palais, et au nom
de l'Empereur, entame avec le commandant de la
station anglaise, composée du vaisseau de ligne
le Bellérophon, et tantôt d'une, tantôt de deux corvettes de 20 à 24 canons, une négociation conduite principalement par M. de Las Cases, qui
se présente comme chambellan de l'empereur.

Après divers pourparlers, le commodore anglais, à qui, dès la première conférence, était
échappée cette insinuation remarquable : « Pourquoi ne pas demander un asile en Angleterre ? »
consent à recevoir Napoléon sur son vaisseau et
à le conduire en Angleterre, déclarant n'avoir
pas de raison de croire qu'il y sera mal reçu (3).
Il expédie sur une corvette le général Gourgaud,
porteur de la lettre écrite par l'Empereur au
prince régent pour réclamer un asile au sein de

(3) *Relation du capitaine* MAITLAND, page 195.

la Grande-Bretagne, et prépare tout à bord de son vaisseau pour la réception de l'hôte illustre qui va bientôt s'y embarquer.

Ici surgit naturellement une grave question : quel rôle joua réellement le commandant du *Bellérophon* dans ce grand drame, dont le dénoûment vint ajouter une nouvelle flétrissure à la politique anglaise, déjà souillée de tant d'actes d'un affreux machiavélisme ?

C'est un point qui, jusqu'à présent, n'a pas été suffisamment éclairci, et, malgré l'espèce de justification que le capitaine Maitland a publiée onze ans après l'événement, l'obscurité dont fut enveloppée sa conduite subsiste encore. En réponse aux terribles inculpations qu'avait lancées contre lui M. de Las Cases dans son *Mémorial de Sainte-Hélène*, ouvrage tant de fois réimprimé et si universellement répandu, le commandant du *Bellérophon* affirme d'une manière positive qu'*aucune embûche n'a été tendue, ni de la part du gouvernement de Sa Majesté Britannique, ni de la sienne.*

A cette affirmation, il y aurait sans doute moyen d'opposer avec succès quantité de choses tirées de sa relation même. Mais, en séparant sa cause de celle du cabinet anglais, et sans approfondir la question de complicité, il reste toujours un fait patent, incontestable : c'est que, sciemment ou non, il a eu le malheur de servir d'instrument à un grand acte d'iniquité.

Le 15 juillet, au point du jour, la rade des Basques ne présentait dans son aspect rien qui annonçât l'événement important dont elle allait être le théâtre. Le vaisseau *le Bellérophon* et la corvette *le Myrmidon* étaient paisiblement à l'ancre, dans la position que le capitaine Maitland avait jugée la plus avantageuse pour surveiller la division française mouillée sous l'île d'Aix. Bientôt on aperçoit un brig qui vient de quitter ce mouillage, et se dirige vers les bâtiments anglais. Presque en même temps, on découvre au large la masse blanchâtre des voiles d'un grand navire, dont la coque ne s'élève pas encore au-dessus de l'horizon ; mais, au pavillon qui surmonte la voilure du plus petit de ses mâts, on ne tarde pas à reconnaître *le Superb*, vaisseau du contre-amiral Hotham, commandant l'escadre à laquelle appartient *le Bellérophon*.

Le brig déploie à sa poupe une large enseigne tricolore, et, en tête de son mât de misaine, un petit pavillon aux couleurs anglaises : c'est *l'Épervier* qui signale son caractère inviolable de parlementaire.

En réponse au signal du brig, le capitaine du *Bellérophon* fait arborer, en tête de son petit mât de perroquet, un pavillon blanc. Quelques personnes, confondant ce pavillon avec l'étendard des Bourbons, crurent voir là une insulte faite de dessein prémédité à Napoléon : c'était tout simplement la marque distinctive des bâtiments

parlementaires dans la marine anglaise (1), et ce signal, sans être plus rationnel que le nôtre, a du moins l'avantage d'être conforme à l'usage des armées de terre, usage que tout le monde connaît.

Pour les précédentes communications avec la croisière anglaise, on avait employé les canots de *la Saale* ou la petite goëlette-mouche, et le choix d'un plus grand bâtiment eût fait pressentir au capitaine Maitland, s'il ne s'y fût pas attendu, la visite d'un personnage plus éminent que ceux qu'il avait déjà reçus. Il ne se fût pas trompé : semblable à l'esquif de César, *l'Épervier* portait Napoléon et sa fortune...... fortune devenue si adverse !

Favorisé par la marée descendante, mais repoussé par un vent directement contraire, le brig, louvoyant bord sur bord, s'avançait en serpentant dans la passe. A chaque virement de bord, on eût dit que, remplissant à regret sa douloureuse mission, le capitaine voulait retourner au port.

A cinq heures et demie, *l'Épervier* ne se trouvait plus qu'à sept ou huit cents toises du *Bellérophon* ; mais la marée ayant cessé de descendre, il allait lui devenir impossible d'approcher davantage. Le vaisseau de l'amiral Hotham, au contraire, approchait rapidement, poussé par le vent et par la marée montante, qui déjà se faisait sentir au large. Le capitaine Maitland, craignant que son supérieur ne vienne lui enlever l'honneur « de terminer une affaire qu'il avait amenée si près de sa fin (2), » expédie son canot avec le premier lieutenant du vaisseau pour aller prendre Napoléon sur le brig, et l'amener le plus promptement possible.

Nous n'essaierons pas de décrire la scène qui se passa à bord de *l'Épervier* quand Napoléon se disposa à le quitter. Les adieux qu'il fit au commandant et à ceux de ses compagnons qui ne devaient pas l'accompagner et partager son sort, furent extrêmement touchants. Au moment où il traversait le pont pour s'embarquer dans le canot anglais, les officiers et les matelots fondant en larmes l'entourèrent ; ils semblaient ne pas vouloir le laisser partir, et le respect qu'ils lui portaient put seul en empêcher quelques-uns de lui barrer le passage. Il fut alors à même d'apprécier les sentiments de cette marine qu'il avait mal connue, et envers laquelle il s'était souvent montré injuste.

Après que le canot eut poussé au large, Napoléon, qui s'était tenu debout, la face tournée vers le brig, ôta son chapeau, salua à plusieurs reprises, puis s'assit et entra en conversation

(1) Elle fut conservée tant que Napoléon demeura sur le *Bellérophon*.

(2) Propres expressions du capitaine Maitland dans sa *Relation*, pages 69 et 70.

avec le général Bertrand, d'un air aussi tranquille que s'il fût allé d'un bâtiment à l'autre pour passer une revue. Pendant ce temps, l'équipage de *l'Épervier*, groupé sur les bastingages, dans les haubans et sur les vergues, faisait retentir l'air des cris de *Vive l'Empereur!* et ces acclamations ne cessèrent pas tant que le canot fut à portée de voix.

Les efforts cadencés d'habiles et vigoureux rameurs ont bientôt fait franchir à la véloce embarcation l'espace qui séparait le brig du vaisseau; elle accoste *le Bellérophon* par tribord, le côté d'honneur, au pied de l'échelle de commandement. Le général Bertrand monte le premier et dit au capitaine, que lui désigne M. de Las Cases: « L'empereur est dans le canot. » Napoléon monte ensuite, ôte son chapeau, et s'adressant à M. Maitland, prononce d'une voix ferme ces paroles: « Capitaine, je viens me mettre sous » la protection de votre prince et de vos lois... »

C'en est donc fait, le sacrifice est consommé! Exemple à jamais mémorable des vicissitudes humaines, celui dont la puissance avait, pendant quinze ans, fait trembler le monde, venant d'être réduit à se livrer aux mains de celui de ses ennemis en qui il espérait trouver le plus de magnanimité!....

Cependant *le Superb* avait rallié dans la matinée. Le lendemain, après une visite réciproque de l'amiral à Napoléon et de l'Empereur à l'amiral, ce dernier donne ses ordres au capitaine Maitland, les ancres sont levées, et *le Bellérophon*, couvert de voiles, tourne sa proue vers l'Angleterre qu'il ne tardera pas à aborder. Quel accueil attend Napoléon sur les rivages britanniques?... Lui sera-t-il seulement permis d'y poser le pied?

Hélas! le nouveau Thémistocle a tort de compter sur la générosité de ses ennemis, et le fils de Georges III montrera moins de grandeur d'âme que celui de Xercès.

Au lieu de l'hospitalité que Napoléon avait réclamée, c'est l'exil qu'on lui prépare, l'exil perpétuel, dans une île lointaine, sous un ciel mortifère! Mais, déjà éprouvé par l'infortune, il ne montrera ni fureur ni faiblesse; on le verra toujours grand, toujours digne. Quoi de plus noble, en effet, et de plus touchant que sa protestation, alors qu'on vint lui signifier sa déportation à Sainte-Hélène? Monument historique d'un incomparable intérêt, elle ne saurait obtenir une trop grande publicité, et quoique déjà maintes fois imprimée, toutes les productions de ce siècle où les générations futures iront rechercher les fragments épars des annales merveilleuses de la révolution et de l'empire, doivent s'empresser de la recueillir. *La France maritime* remplit aujourd'hui ce devoir.... Mais laissons parler l'Empereur:

« Je proteste solennellement ici, à la face du » ciel et des hommes, contre la violence qui m'est » faite, contre la violation de mes droits les plus » sacrés, en disposant par la force de ma personne et de ma liberté.

» Je suis venu librement à bord du *Bellérophon*; » je ne suis point prisonnier; je suis l'hôte de » l'Angleterre. J'y suis venu à l'instigation même » du capitaine qui a dit avoir des ordres du gou- » vernement de me recevoir, et de me conduire » en Angleterre avec ma suite, si cela m'était » agréable. Je me suis présenté de bonne foi » pour venir me mettre sous la protection des » lois de l'Angleterre. Aussitôt assis sur *le Bel- » lérophon*, je fus sur le foyer du peuple britan- » nique.

» Si le gouvernement, en donnant des ordres » au capitaine du *Bellérophon* de me recevoir, » ainsi que ma suite, n'a voulu que me tendre » une embûche, il a forfait à l'honneur et flétri » son pavillon.

» Si cet acte se consommait, ce serait en vain » que les Anglais voudraient parler à l'Europe de » leur loyauté, de leurs lois et de leur liberté. La » foi britannique *se trouvera perdue dans l'hospi- » talité du Bellérophon*.

» J'en appelle à l'histoire; elle dira qu'un en- » nemi qui fit vingt ans la guerre au peuple an- » glais, vint librement, dans son infortune, cher- » cher un asile sous ses lois. Quelle plus éclatante » preuve pouvait-il lui donner de son estime et » de sa confiance? Mais comment répondit-on en » Angleterre à une telle magnanimité? — On » feignit de tendre une main hospitalière à cet » ennemi, et, quand il se fut livré de bonne foi, » on l'immola. »

L'incertitude que, par une réserve qui fut appréciée, nous crûmes devoir affecter à une époque antérieure [1], ne saurait plus exister aujourd'hui dans l'esprit de personne. Nul doute que la postérité ne ratifie la sentence mémorable prononcée par Napoléon

Oui, *la foi britannique se trouvera perdue dans l'hospitalité du Bellérophon*.

Encore un nom voué à une malheureuse célébrité!

Ne semblerait-il pas que les vaisseaux, de même que les hommes, ont leur destinée?... *Et habent sua fata* NAVES! Deux fois les pages de l'histoire présenteront en regard les mots BELLÉROPHON et DÉLOYAUTÉ, et Rochefort y viendra tristement rappeler Aboukir [2].

J.-T. PARISOT.

(1) *Avant-propos* de notre traduction de la *Relation* du capitaine Maitland.

(2) *Victoires et conquêtes*, etc., tome IX, pages 91, 95, 101 et 102. *Chroniques de la marine française*, tome II, page 32.

FRANCE MARITIME.

VARIÉTÉS.

—

Catamaran, Catimaron,

OU PAR CORRUPTION

CARTIER-MARRON.

La gravure que nous publions aujourd'hui représente l'espèce de raz insubmersible, que les marins et les Indiens nomment un *catamaran* ou un *catimaron*. Cet assemblage improvisé de bouts de mâts et de cordages sert le plus souvent, en cas de naufrage, à sauver l'équipage d'un navire brisé à quelque distance de la côte, que l'on ne pourrait atteindre à la nage, ou que ne pourraient même aborder sans danger des embarcations exposées à chavirer ou à se démolir en accostant la terre.

Mais quoique l'usage des *catamarans* ne soit pour ainsi dire que fortuit ou accidentel pour les marins européens, il est des peuples chez lesquels ce genre de véhicules maritimes est devenu usuel et d'un emploi permanent. Sur les côtes du Bengale, par exemple, les Indiens construisent de ces sortes de raz avec une telle solidité, qu'on les voit quelquefois traverser tout le golfe sur leurs *catimarons* en moins de temps que n'en mettraient les navires les plus légers et les mieux conditionnés.

La construction, ou plutôt l'établissement d'un *catamaran* indien, est aussi simple que prompte. Trois gros bambous, liés ensemble par de forts amarrages, forment, en offrant la figure d'un triangle isocèle, la base du radeau. Les deux côtés, destinés à faire l'avant de ce singulier navire, sont plus longs que le côté sur lequel ils s'appuient, et qui doit tenir lieu de l'arrière du plan. La pointe la plus aiguë divisera la lame : la base du triangle recevra l'homme, qui gouvernera au moyen d'un aviron ou d'une pagaie. Sur le centre de cet assemblage de bambous, on place ou plutôt on cloue une planche au milieu de laquelle on pratique un trou dans lequel on plante le bambou qui sert de mât, et qui recevra, étayé par quelques haubans et un étai, l'unique voile qui enlèvera, au souffle de la brise, tout le *catamaran* et les cinq ou six hommes qui le monteront. Une petite boussole, élevée au-dessus des lames sur trois ou quatre minces roseaux plantés sur la planche de l'arrière, indiquera au patron l'aire de vent qu'il devra suivre, dans le cas où il viendrait à perdre la terre de vue ; car c'est pour faire des traversées hauturières que les *catamarans*

quittent les côtes du Bengale et celles du Malabar.

Les naturels des îles Nicobar, situées dans l'Océan indien, sont surtout réputés pour la hardiesse de leurs expéditions en *catamaran*. Les distances les plus grandes à parcourir, les mers les plus grosses à affronter, n'effraient ni leur courage ni leur audace. Ils partent au large, les pieds dans l'eau et assis sur leurs trois bambous, un peu de riz en poche et un peu d'eau douce dans un petit baril, comme s'ils montaient un vaisseau de ligne ou un bâtiment neuf de six cents tonneaux.

C'est un spectacle à confondre l'intelligence prévoyante des marins de l'Europe, que celui d'un *catamaran* vu au large et gagnant de vitesse, avec forte brise, les meilleurs et les plus solides navires à voiles.

Quelques têtes d'hommes sortant de l'eau sur deux ou trois mauvaises planches, que submerge à chaque instant la lame et qu'elle emporte avec la vitesse d'une flèche ; un lambeau de toile abandonné au vent sur ces misérables débris qu'on dirait arrachés au naufrage d'un bâtiment : tel est l'aspect que présente un *catamaran*.

Et pourtant on se tromperait beaucoup en supposant que ces radeaux, si fragiles en apparence, n'offrent que peu de sécurité aux hommes qui les montent pour tenter quelquefois des traversées fort longues et fort périlleuses. La fragilité même des *catamarans* concourt à les préserver des accidents qu'au premier coup-d'œil on serait porté à redouter pour eux. C'est en quelque sorte parce qu'ils se trouvent sans cesse submergés, qu'ils sont insubmersibles ; c'est aussi parce qu'ils deviennent le jouet passif des lames qui les assaillent, qu'ils échappent le plus souvent au choc des lames, presque toujours si terrible pour les grands navires qui résistent trop aux coups de mer. Flottant sans cesse entre deux eaux, comment pourraient-ils couler ? Aussi flexibles que les flots qui tendent à disjoindre les amarrages qui les lient, comment pourraient-ils être brisés par les lames ? Le danger de chavirer est le seul qu'ils aient à craindre. Mais pour peu que, dans ces sortes d'accidents fort rares, les hommes qui les manœuvrent ne soient pas dévorés par les requins, ils réussissent bientôt à remettre dans le bon sens sur l'eau le *catamaran* que le vent ou la lame a chaviré sens dessus dessous. Pour faire flotter une pirogue *cabanée*, il faut que les nègres canotiers la vident de toute l'eau qui l'encombre, après l'avoir remise sur sa quille. Pour redresser un *catamaran* chaviré, les hommes qui ont *cabané* avec lui n'ont qu'à le retourner sur leurs épaules à force de bras et en nageant le long de lui. Il n'y a que les requins qui les entourent, qui les suivent et qui les guettent comme une proie, qui puissent interrompre cette opération. Mais hors ce péril, le chavirement de leur plate-forme mobile et toujours flottante est presque toujours sans danger.

Les matelots de notre nation, qui francisent à leur manière la plupart des termes étrangers qu'ils ne comprennent pas, ont donné le nom de *cartier-marron* au *catamaran* ou *catimaron* des Indiens. En vain chercherait-on quelque analogie entre le nom de *cartier-marron*, qui semblerait indiquer un objet quadrangulaire, et le véhicule à trois côtés que les Indiens désignent sous le nom de *catimaron*. La ressemblance des mots a seule produit le barbarisme du mot dérivé. Notre langue maritime n'est pas plus scrupuleuse que cela. On ferait un gros dictionnaire de tous les termes que nous avons altérés ou corrompus, en les empruntant, dans notre marine, aux langues anciennes ou étrangères.

La gravure que nous joignons à la suite de cet article représente un *cartier-marron* construit à la hâte à la suite du naufrage d'un trois-mâts français sur une roche située au large des côtes du Brésil.

Le navire venait de s'ouvrir sur l'écueil qu'il avait rencontré pendant une tempête. Les embarcations, mises à la mer pour recevoir l'équipage, s'étaient brisées le long du bord, et avaient bientôt mêlé leurs débris à ceux que la lame avait déjà arrachés aux flancs entr'ouverts du malheureux bâtiment. Quelques matelots, dans cette affreuse extrémité, songèrent à faire un radeau des mâts de rechange et des espars qui restaient encore sur le pont. On travailla avec promptitude à la construction de ce *cartier-marron*, autour duquel on amarra précipitamment quelques baril s vides; mais au moment où le radeau allait recevoir sur ses mâtereaux flottants la plus grande partie de l'équipage, la lame furieuse ne laissa cramponnés à ces débris rassemblés que quatre des infortunés qui étaient venus chercher un refuge sur ces épaves hospitalières. Une voile, une chaloupe et une gaffe avaient été jetées sur le *cartier-marron*. La voile enverguée sur un aviron fut livrée à la fureur de la tempête; le manche de gaffe lui servit de mât, et quelques mauvais bouts de cordage firent l'office de haubans, d'écoute et d'amure. Mais, dans la confusion du naufrage et dans la précipitation avec laquelle on avait construit le radeau, on avait oublié de faire une emplanture au mât. Un des quatre naufragés s'empara du bout du manche de gaffe, et, le mât à la main, fit, jusqu'à l'épuisement de ses forces, l'office de l'emplanture qu'on n'avait pas songé à percer. Un autre naufragé succéda au premier dans l'exercice de ce pénible service, et ce ne fut que longtemps après avoir ainsi vogué au gré de la bourrasque sur les vagues furieuses que le *cartier-marron* parvint à s'échouer sur la côte vers laquelle l'emportait la fougue du coup de vent.

Deux des naufragés moururent d'épuisement, de froid et de faim en arrivant à terre. Leurs deux malheureux compagnons, recueillis dans une case par les naturels du pays, ne revinrent à la vie que longtemps après leur second naufrage.

EDOUARD CORBIÈRE.

HISTOIRE.

Combat

DE LA RADE DES BASQUES.

(1811.)

Si dans les guerres navales de l'empire, la fortune n'a pas toujours été fidèle à notre pavillon, le courage de nos marins, on peut le dire, ne s'est jamais démenti. Dans les grands et désastreux combats, comme dans les simples engagements d'embarcations, — ces tirailleurs de l'armée navale, — l'audace et le talent de nos braves ont souvent triomphé d'un ennemi supérieur en nombre. L'épisode que nous allons esquisser est une des mille preuves qui justifient cette assertion.

Trois vaisseaux, trois frégates et trois canonnières étaient mouillés sur la rade de l'île d'Aix. Un brave et habile officier, devenu depuis, par son épée, l'une des premières illustrations de notre marine militaire, — l'amiral Jacob, — commandait cette escadre. Il montait le *Régulus*, vaisseau d'une construction médiocre, mais l'un des mieux tenus de l'époque, et qui le serait encore aujourd'hui, malgré les perfectionnements amenés par le progrès. Le second commandant était M. Fargenel, installateur distingué de la marine impériale, et qui fut ensuite capitaine de pavillon du même officier général sur le vaisseau l'*Océan*.

Le second vaisseau était le *Patriote*, qui avait vu à son bord deux victimes de l'inconstance populaire : le roi Louis XVI à Cherbourg, l'empereur Napoléon à l'île d'Aix même ; l'un mort sur l'échafaud, l'autre dans l'exil; celui-là puni par la France exaspérée, ivre de liberté; celui-ci, par la France indifférente, rassasiée de gloire. Le troisième vaisseau était le *Triomphant*.

Les frégates étaient la *Pallas*, l'*Elbe* et la *Sarle*, à qui la restauration imposa le nom de l'*Amphitrite*, tant elle redoutait jusqu'aux mots qui pouvaient tinter un souvenir importun de nos glorieuses conquêtes. Enfin, les canonnières portaient les n°s 186, 191 et 184.

Une escadre anglaise était stationnée dans la rade des Basques.

Combat de la rade des Basques (1809)

Imp. par Chardon ainé, r. Hautefeuille 3 bis

Forestier sculp.

Taraval del.

T 3 P. 492

C'était le 27 décembre 1811, à neuf heures du matin. Par un vent du nord-ouest, bon frais, un petit convoi parti de la Rochelle fuyait devant cinq péniches de l'escadre ennemie, et se voyait forcé de chercher un refuge, tout près de la côte, dans le fond de la baie comprise entre la Rochelle et l'île d'Aix, et qui se nomme Chatelaillon. Le commandant Jacob laissa les péniches s'enfoncer fort avant dans la baie, avant d'ordonner aucun mouvement à la flottille qu'il voulait envoyer pour les envelopper et leur couper la retraite. Lorsque le moment lui parut favorable, il fit appareiller les trois canonnières, sous le commandement du lieutenant de vaisseau Duré, et quatre canots des vaisseaux, sous les ordres de l'enseigne du *Régulus*, Constantin (J.-D.). Le chef de notre division dirigeait la marche de cette petite flottille de manière à rendre impossible la fuite de l'ennemi.

Aussitôt que l'escadre anglaise aperçut ce mouvement, un vaisseau, deux frégates et un brig appareillèrent pour venir dégager leurs embarcations compromises. Celles-ci, ayant vu également notre flottille, forcèrent de voiles et de rames pour rallier leurs protecteurs.

L'enseigne Constantin montait une péniche armée de vingt-deux hommes; il en attaqua une montée par trente hommes, qui était au moment de rejoindre la division envoyée à son secours. Cet officier engagea le combat avec ses espingoles et sa mousqueterie; mais craignant que l'ennemi ne lui échappât, il fit porter dessus et l'aborda. Forts de la supériorité de leur nombre, les Anglais s'élancèrent aussi à l'abordage; mais l'impétueux Constantin se précipita sur eux et les culbuta sur le bord opposé de leur péniche, que ce mouvement fit remplir. Les Français remontèrent à leur bord et sauvèrent vingt-six hommes, dont un aspirant et un chirurgien.

L'officier commandant la péniche anglaise fut tué et trois hommes dangereusement blessés. Le brave et intrépide Constantin reçut un coup de feu qui lui fracassa le bras gauche et traversa une partie du corps. Cette belle action lui valut le grade de lieutenant de vaisseau et la croix de la Légion-d'Honneur. Voilà des distinctions qu'on doit être fier de montrer, quand on les a si bien méritées.

Pendant ce combat, nos canonnières attaquaient les quatre autres péniches anglaises, toutes armées de caronades, d'espingoles et de mousqueterie. Le lieutenant de vaisseau Duré, tout en contenant le brig ennemi qui voulait protéger ses embarcations, en amarina une de dix-huit hommes, dont deux aspirants. Les trois autres étaient harcelées par le canot du commandant de l'escadre, sous les ordres de l'aspirant de première classe Gorgy. Percées de boulets et coulant bas, elles arrivèrent sur la côte où il les poursuivit et fit prisonniers les équipages, montant à soixante-dix hommes, y compris un officier et cinq aspirants.

Le résultat de cette affaire, qui fait honneur aux talents du commandant qui l'a si bien dirigée, et au courage des marins qui l'ont accomplie, fut la prise de cinq péniches et de cent dix-huit hommes, dont deux officiers, huit aspirants et un chirurgien. Dans ce nombre, un officier et quatre matelots ont été tués, deux sont morts immédiatement après l'action, et cinq ont été blessés.

Ce n'était pas la première fois que la baie de Chatelaillon servait de théâtre à un combat d'embarcations. Le 13 février 1810, dans une circonstance à peu près semblable, treize péniches anglaises furent combattues par sept embarcations des frégates *la Pallas* et l'*Elbe*, seuls navires alors mouillés sur la rade de l'île d'Aix. Les péniches françaises forcèrent leurs ennemis à abandonner deux chasse-marées dont elles s'étaient déjà emparées. Malheureusement l'une de nos embarcations fut prise: c'était celle commandée par l'aspirant Potestas, de la frégate *la Pallas*. Emporté par trop d'ardeur, le jeune marin s'était imprudemment jeté au milieu des embarcations anglaises, et s'en trouva entouré quand le signal de ralliement obligea les autres canots à cesser le combat. Virant de bord lui-même pour obéir au signal qui flottait aux mâts de *la Pallas*, il se fit abandonner par plusieurs péniches. Combattant toujours, il espérait leur échapper, lorsque, abordé par trois de ces embarcations, il fut atteint par une balle qui lui traversa la poitrine et lui fractura le bras gauche. Couvert de sang et entouré par plusieurs hommes de son équipage blessés comme lui, il n'eut pas au moins la douleur de voir amener le pavillon: un matelot anglais renversa d'un coup de hache le mât auquel il était suspendu. Transporté mourant à bord du vaisseau *le Christian VII*, Potestas y reçut les plus grands soins. Le commandant de ce bâtiment, touché de la jeunesse et du courage de son prisonnier (il avait à peine dix-sept ans), le renvoya à bord de *la Pallas*, après lui avoir demandé le nom des hommes de l'équipage de sa péniche qui paraissaient le mieux mériter cette faveur, et l'accompagna lui-même dans son canot jusqu'à la portée des canons des forts de l'île d'Aix. L'empereur Napoléon, toujours prêt à récompenser les belles actions, accorda pour celle-ci l'étoile de la Légion-d'Honneur au jeune et brave Potestas.

Les deux officiers qui se sont principalement distingués dans ces affaires, et qui seraient heureux d'avoir l'occasion de se signaler encore, sont attachés au port de Rochefort. M. *Constantin*, capitaine de frégate, est sous-directeur des mouvements, et M. *Potestas*, capitaine de corvette, préside les commissions de recettes pour les approvisionnements de l'arsenal.

AMÉDÉE GRÉHAN,
Directeur-Fondateur.

SCIENCES.

—

L'obélisque de Louqsor.

NAPOLÉON, qui fit de grandes choses et en médita de plus grandes encore, avait, dans la campagne d'Egypte, rêvé aux moyens d'enrichir nos arts et d'orner notre capitale de quelques monuments des antiques Pharaons, afin d'eterniser le souvenir du courage de son armée et la gloire du nom français; mais la force des événements fit abandonner ce projet, qui eut à peine le temps de germer dans la tête puissante du grand capitaine.

Un autre conquérant, mais dont la palme triomphale ne se teignit jamais du sang des nations, l'homme de génie qu'une mort prématurée enleva à la science et au pays, Champollion le jeune, fit aussi le même rêve, exprima le même vœu, qu'il n'eut pas non plus le bonheur de voir se réaliser.

La découverte mémorable de l'illustre voyageur, et les richesses archéologiques recueillies dans ses migrations lointaines, avaient excité l'intérêt de l'Europe savante pour les Obélisques égyptiens, et fait naître le désir d'avoir à Paris un ou plusieurs de ces géants de granit.

Le vice-roi d'Egypte, plein de reconnaissance pour les témoignages bienveillants qu'il avait reçus de deux nations généreuses qui applaudissaient à ses efforts civilisateurs, offrit en 1828 à la France l'un des deux Obélisques d'Alexandrie, dits de Cléopâtre, et l'autre à l'Angleterre; mais le gouvernement britannique ne jugea pas à propos d'accepter un monolithe qui était dans un mauvais état de conservation et dont les préparatifs de transport auraient seuls occasionné une dépense de 500,000 francs.

Champollion le jeune, alors en Egypte, jugea que les Obélisques de Louqsor, monuments du règne de Sésostris, étaient seuls dignes d'être transportés en France. En 1850, sur la sollicitation de notre consul général, le pacha en permit l'exportation. Le monolithe occidental ou de droite, quoique moins élevé et brisé au pyramidion, fut choisi de préférence à celui de gauche, dont « le bas, écrivait Champollion, est très-endommagé jusqu'à une grande hauteur au-dessus de la base. »

Le port de Toulon construisit pendant la guerre d'Alger un navire propre à cette opération, et qui fut nommé le Louqsor. C'était un bâtiment à fond plat à cinq quilles, d'environ 150 pieds de longueur sur 26 pieds de largeur. Le diamètre des arches des plus petits ponts de la Seine fixa la limite de cette dernière dimension. La longueur de l'Obélisque et l'emplacement nécessaire au logement des vivres, des apparaux, et de cent trente-six hommes d'équipage, en détermina la longueur.

La construction intérieure du Louqsor fut consolidée par de fortes pièces de chêne qui devaient le rendre capable de lutter contre les efforts d'une grosse mer, lorsqu'il serait chargé d'un poids de 500 milliers. Le bâtiment était prêt à la fin de 1850, et l'on décida qu'il prendrait la mer au printemps prochain. A cette époque, mars 1851, il reçut son équipage, ses voiles, ses vivres, ses agrès et tout le matériel destiné à abattre l'Obélisque, à le traîner et à l'introduire dans le bâtiment. M. Verninac-Saint-Maur, lieutenant de vaisseau, qui avait ramené d'Egypte, sur l'Astrolabe, Champollion le jeune et ses compagnons de voyage, eut le commandement de ce navire. Les opérations de l'abattage et du déplacement du monolithe furent confiées à M. Lebas, ingénieur de la marine, embarqué comme passager.

Le Louqsor sortit de Toulon le 15 avril avec des vents favorables qui continuèrent presque sans relâche pendant toute la traversée. C'était une circonstance fort heureuse pour ce navire privé de qualités nautiques : car, sans remorqueur et sans escorte, il pouvait, comme on l'a expliqué (*tome 2, page* 169), manquer le but de sa destination. Le 5 mai il était en vue des côtes d'Egypte; et lorsque la vigie cria *terre!* on reconnut bientôt la pointe d'Aboukir. La vue de cette terre réveilla de tristes souvenirs, car la bataille qu'y gagna Bonaparte ne fait pas oublier le désastre maritime de l'amiral Brueis. A dix heures du matin le Louqsor était mouillé dans le port d'Alexandrie.

La retraite des eaux ne permettait pas au navire de remonter jusqu'à Thèbes, et le matériel dont il était chargé lui donnait un tirant d'eau beaucoup trop considérable. Ce tirant d'eau devait être réduit de 8 pieds à 6 pieds. On transborda tout le matériel sur des *djermes*, bateaux du pays, qui appareillèrent immédiatement, sous la conduite de M. Lebas, pour la haute Egypte. Cette petite flottille arriva devant Thèbes le 11 août 1851.

L'ingénieur s'occupa aussitôt de lever le plan du terrain, et spécialement de déterminer la position la plus favorable à l'échouage du Louqsor pour y disposer une cale.

Lorsque les Arabes virent les hommes de l'expédition, ils refusèrent de croire à l'objet de leur voyage. Ils l'attribuèrent à des causes po-

FRANCE MARITIME.

Vue perspective de l'Obélisque
sur la place de la Concorde.

I

litiques, à des tentatives d'envahissement de leur pays par les armées françaises. En vain l'interprète chercha-t-il à les convaincre de la vérité. D'ailleurs, disaient les Arabes, comment les Français pourraient-ils déplacer sans les détruire, des pyramides construites de couches de mastic superposées et durcies au soleil? L'interprète leur assurait cependant qu'on n'avait d'autre but que d'abattre et d'emporter le monolithe, et leur dit, en montrant l'ingénieur qu'ils appelaient *mkhemdès* : «Voilà celui qui veut enlever cette pierre.» Ils partirent tous d'un éclat de rire, voyant la taille peu élevée de M. Lebas. «Celui-là! s'écria l'un d'eux; il n'est pas plus haut que mon bâton, et pourrait à peine soulever la plus petite pierre du temple.»

L'ignorance de ces Arabes est telle, qu'ils ne se doutent pas qu'il ait jamais existé, avant eux, un grand peuple dans l'antique Egypte. Ils croient que les palais au milieu desquels ils vivent ont été bâtis par les Français et les Anglais, et trouvent tout naturel que nos expéditions viennent enlever quelques-unes de leurs belles ruines architecturales.

Pendant que ces travaux se poursuivaient avec la plus grande activité, le *Louqsor*, remorqué par le brig le *d'Assas*, parvint à l'embouchure du Nil, et franchit ce passage difficile le 17 juin. Il arriva à sa destination le 15 août 1831, et vint se placer sur la crête de l'échouage dont nous avons parlé.

Dès que la barre fut franchie, c'était plaisir pour nos marins de naviguer librement dans le fleuve le plus beau et le plus tranquille. Ce magnifique soleil, cette troupe de dauphins jouant autour du navire dont les voiles étaient enflées par la brise; ces vols immenses de pélicans, de mouettes, de sternes passant au-dessus; puis ces rives basses couronnées de dattiers : il y avait là un admirable panorama.

Le *Louqsor* était pour les habitants du rivage une grande nouveauté. Ils quittaient, pour le voir passer, leurs rizières et leurs champs de coton; les enfants abandonnaient leur troupeau pour venir contempler ce qu'ils appelaient dans leur langue le *galion* et le *bâtiment montagne*.

Les environs de Rosette excitèrent l'admiration de nos marins. De beaux jardins plantés d'orangers, de bananiers, de dattiers, de sycomores, offrent sous de frais ombrages des promenades délicieuses dont le coup d'œil est ravissant.

Mais, quand la brise devenait contraire, il fallait voir l'énergie que déployait l'équipage du *Louqsor*! Sous un soleil de 50 à 60 degrés, ces braves marins, à force de bras, opéraient cette marche accablante, encouragés et secondés par leurs officiers, stimulés comme eux par le patriotisme et la gloire d'accomplir cette grande entreprise.

Au Caire, une multitude de curieux visita le *Louqsor*, et offrit des scènes amusantes à nos marins, en faisant diversion aux fatigues de leur voyage. La galanterie française, et cette douce flatterie qui plaît aux femmes de tous les pays, faisaient tomber ces voiles importuns, ces ennuyeuses capes noires qui dérobaient aux regards des figures distinguées et de riches habits. C'était une victoire remportée par nos aimables compatriotes sur les préjugés du pays, et qui ne déplaisait pas à ces dames, car elles acceptaient volontiers le bras des officiers pour visiter le bâtiment.

Au-dessus du Caire, l'Egypte présente un aspect bien différent de toute sa partie inférieure. De hautes rives et une vallée encaissée entre les chaînes libyques et arabiques se font remarquer, ainsi qu'une nature plus chaude, des habitants plus bruns, plus indépendants, et moins pauvres à mesure qu'ils s'éloignent davantage du centre de la corruption et de la tyrannie. Cette eau rouge coulant en tourbillonnant près du rivage, ces bords taillés à pic à 20 ou 50 pieds au-dessus du lit du fleuve et s'écroulant en grandes masses, de distance en distance, sous l'action érosive des eaux; ces trombes d'air et de poussière parcourant la campagne, ces plaines immenses que terminent les montagnes à l'horizon; puis ces groupes de dattiers couronnant les villages répandus sur les rives du Nil; ces vols de pigeons et de jolis oiseaux, ces populations qui accompagnaient la marche pénible du *Louqsor*, produisaient des tableaux magiques qui ont laissé dans le cœur de nos marins de touchants souvenirs. La prise d'un crocodile, qui fut étranglé et traîné par les matelots de l'une des embarcations, une cigogne blessée par le capitaine et quelques autres incidents jetèrent encore une diversion salutaire au milieu des fatigues de cette navigation.

Les ruines de l'ancienne Tintyris furent visitées par nos Argonautes. Il serait difficile de donner une idée des vives impressions qu'ils ressentirent en présence de ces admirables colonnes aux dimensions colossales, couvertes d'hiéroglyphes délicatement ciselés. Ces chapiteaux couronnés par quatre têtes d'Isis, ces longues lignes d'architraves, ce grand zodiaque peint en deux bandes au plafond du portique..... que sont devant ces ruines imposantes les créations mesquines de notre âge!...

Le *Louqsor* ne garda pas longtemps sa mâture et son gréement, car la chaleur menaçait d'ouvrir les mâts et de brûler les cordages. Des tentes furent établies au-dessus du pont, qui lui-même fut couvert de nattes qu'on mouillait chaque matin, ainsi que la terre qui garantissait la partie de la carène ordinairement sous l'eau.

Le *Louqsor*, placé sur son lit, amarré et ensablé de manière à ne plus pouvoir bouger, présentait son avant à l'Obélisque. Lorsque les eaux du Nil se furent retirées, il resta à sec dans une position favorable à l'embarquement du monolithe.

Le village de Louqsor est d'une aridité sans égale ; pas un arbre ne s'y élève pour apporter un peu d'ombrage à ses maisons carrées surmontées de pigeonniers, à ses cahutes bâties en terre noire, limon du Nil, devenues grises par l'action de la chaleur, et groupées sans ordre autour des ruines du palais qui dominent encore ces chétives habitations.

Deux obélisques s'élèvent de chaque côté de la porte du palais comprise entre les deux propylées. A droite sont quatorze colonnes de 9 pieds de diamètre environ, disposées sur deux rangs, et portant pour chapiteaux la fleur du lotus ouverte ; leur surface est couverte entièrement de figures hiéroglyphiques dont les couleurs sont presque effacées par le temps. Du même côté on aperçoit une autre colonnade plus petite qui a le bouton cannelé pour chapiteau. Il y en a quatre rangées disposées les unes derrière les autres, et se raccordant avec l'axe du palais. Enfin viennent les appartements des souverains à l'époque où Thèbes était florissante : c'est là que nos marins, ne pouvant plus rester à bord, firent leur habitation, leur caserne, et ouvrirent une poudrière, une salle d'armes, un four, une boulangerie. Pour loger les officiers, on construisit au-dessus de petites chambres les unes près des autres, garnies des meubles du bord, et qui avaient l'agrément d'offrir tout le confortable que l'on pouvait trouver dans ces lieux : salle à manger, salon de compagnie, terrasse, etc. ; mais les scorpions, les serpents, les geckos sortaient des crevasses et des planchers ou couraient sur les murailles. C'est dans ces cabinets qu'ils vécurent pendant un an, accablés par une température de 30 à 35° Réaumur à l'ombre. On construisit aussi un hôpital, une pharmacie, un moulin où deux matelots se ressouvinrent du premier métier qu'ils avaient quitté pour la marine; un jardin potager, etc.

Le choléra et la dyssenterie vinrent suspendre les travaux préparatoires et compliquer les difficultés sans nombre, en mettant à une nouvelle épreuve le dévouement et la patience des hommes chargés de cette grande operation.

A l'arrivée du *Louqsor*, l'Obélisque était debout, reposant sur son piédestal, mais enterré d'une quinzaine de pieds : on le déblaya tout autour, on y forma une excavation, on revêtit en bois les faces polies et recouvertes d'hiéroglyphes, pour éviter la dégradation des frottements. Un plan incliné de 372 mètres avait été exécuté pour conduire le monolithe au navire ; deux monticules d'antiques décombres furent tranchés ; les maisons qui se trouvaient sur le passage furent démolies. Il fallut trois mois à huit cents hommes pour pratiquer ce chemin.

Le monolithe s'inclina, par un mouvement de rotation dont le centre portait sur un cylindre en chêne encastré sous la base pour préserver son arête inférieure. Deux systèmes d'appareaux concouraient à l'abattage de l'Obélisque. L'un en attirait la tête de haut en bas ; le second contenait et prévenait toute acceleration fâcheuse dans le mouvement. La première opération eut lieu par un simple câble fixé en haut de l'armature du monolithe, et arrêté à une ancre très-forte placée à 150 mètres du monument. Une poutre transversale fortement assujettie en sens opposé ce câble sur lequel on fit agir des cabestans. Ces machines firent baisser la tête du monolithe et produisirent le premier mouvement de rotation.

Un chevalet formé de huit fortes *bigues*, ou pièces de bois rond, un peu plus elevé que l'Obélisque, fut fixé sur une pièce de bois cylindrique placée horizontalement et appuyée au pied du mur de hallage. Ces bigues etaient disposées quatre par quatre de chaque côté de l'Obélisque, et une traverse horizontale, fixée au sommet du chevalet, garnie de huit palans, supportait l'effort de cette masse abandonnée à son propre poids. Huit hommes portés sur les appareaux de retenue reglaient à volonté la descente de l'Obélisque, qui s'est abaissé peu à peu sur la cale de hallage. Là se trouvait un cylindre fixe qui devait être le centre d'un mouvement de bascule destiné à relever la base du monolithe et abaisser sa pointe sur le plan incliné. Une muraille concave, revêtue de madriers horizontaux, figurait le développement de la surface du cylindre fixe sur lequel s'opéra le second mouvement.

Au moment d'embarquer l'Obélisque, l'avant du navire fut scié et suspendu à des poutres en croix de Saint-André. Le monolithe passa par-dessous. Ensuite, on replaça la section enlevée au bâtiment, on le remâta, on le dégagea du lit de sable qui l'environnait, et le Nil, croissant, vint le mettre à flot à l'endroit même où il l'avait déposé quelques mois auparavant.

Le Louqsor, chargé de son précieux fardeau, descendit le fleuve et s'aventura de nouveau dans la longue et perilleuse traversée de la Méditerranée à l'Ocean. Cette traversée s'est heureusement accomplie.

Le monolithe est arrivé à Paris le 23 décembre 1833.

M. Lebas fut encore chargé de diriger les travaux de débarquement et d'érection de l'Obélisque sur la place de la Concorde. Le 25 octobre 1836, Paris a vu s'élever sur son piédestal ce superbe monolithe. L'opération a beaucoup d'analogie avec celle que nous avons décrite pour l'abattage du monument. Un plan incliné, construit en maçonnerie à la hauteur du socle qui devait le recevoir, a servi au mouvement de translation. On l'a dressé au moyen des bigues qui déjà avaient fait le même service en Égypte. Une machine à vapeur de la force de quarante chevaux devait remplacer les cabestans, pour imprimer le mouvement à la force motrice ; mais l'opération d'essai ayant fait craindre quelque accident, on en est revenu, pour l'opération définitive, au moyen déjà éprouvé des hommes et des cabestans.

Les journaux et les artistes ont critiqué le choix de l'emplacement du monolithe. Nous n'entrerons à ce sujet dans aucun détail. Le public sera juge de cette question controversée.

L'Obélisque repose sur un socle de granit dont le poids est évalué à 250,000 kilogrammes. C'est encore le navire le Louqsor qui reçut la mission d'aller chercher à Laber-Ildut les cinq blocs dont se compose ce piédestal, haut de 28 pieds. Un bassin circulaire, avec quatre sphinx en granit, lui servira de base ; un trottoir bordé de douze candelabres bornes-fontaines, régnera tout autour. Huit chaussées, communiquant à une large chaussée circulaire, formeront huit compartiments sablés et bordés de trottoirs, avec leurs candelabres. Les huit pavillons supporteront autant de statues assises représentant les principales villes de France : Bordeaux, Lille, Lyon, Marseille, Nantes, Rouen, Strasbourg et Toulouse. Des piédestaux surmontés de colonnes rostrales, ornées de proues de vaisseaux sculptées dans le milieu de la hauteur, et couronnées de boules dorées à pointe, serviront à l'éclairage de la place par le gaz. Quatre groupes colossaux seront placés, deux du côté de la rue Royale, et deux du côté du pont. Des plantations régulières de fleurs et d'arbustes tapisseront le fond des fosses, et leur verdure fera ressortir la nouvelle décoration de la place.

L'Obélisque, livré maintenant à l'admiration du public, se compose d'un fût de 24 mètres 89 centimètres, ou 40 coudées royales égyptiennes, et d'un pyramidion restauré, de 1 mètre 94 centimètres.

La base du fût est un carré de 2 mètres 12 centimètres de côté ; celle du pyramidion est aussi un carré, mais qui n'a que 1 mètre 54 centimètres de côté.

Les hiéroglyphes qui décorent les faces du monolithe sont sculptés avec une rare perfection ; ils sont disposés sur trois colonnes verticales. Dans celle du milieu ils ont un beau poli, et sont creusés à une profondeur de 15 centimètres ; dans les lignes latérales, ils sont piqués à la pointe. Ces différences paraissent avoir été combinées de manière à produire des effets variés de tons et de lumière. Les faces du monolithe sont légèrement convexes, pour neutraliser l'effet de la perspective qui, à une certaine distance, fait creuser les surfaces planes.

Nous reproduisons ici l'interprétation des légendes publiées par M. Champollion Figeac, en y ajoutant quelques observations particulières.

INSCRIPTIONS DE RHAMSÈS II ARMAÏS.

Face ouest.

(Côté de l'arc de triomphe de l'Étoile.)

Bas-relief des offrandes. — Le dieu de Thèbes, Amon-Ra, est assis sur son trône ; deux longues plumes ornent sa coiffure ; il tient dans la main droite son sceptre ordinaire, et dans la gauche la *croix ansée*, symbole de la vie divine. Devant lui, Rhamsès II est à genoux ; sa tête est ornée de la coiffure du dieu Phtah-Sokari, surmontée du globe ailé ; il fait au dieu Amon-Ra l'offrande de deux flacons de vin. Les cartouches, nom et prénom de Rhamsès sont au-devant de son image, et les légendes d'Amon entre ces cartouches et la coiffure du dieu. La courte inscription perpendiculaire à son sceptre est l'intitulé même du tableau : *Don de vin à Amon-Ra.*

Colonne médiane. Bannière : « L'Aroéris puissant aimé de Tme ou ami de la justice. »

Inscription verticale : « Le seigneur de la région supérieure, le seigneur de la région inférieure, régulateur de l'Égypte, qui a châtié les contrées, Hôrus (dieu) resplendissant, soutien du siècle, le plus grand des vainqueurs, le roi (SOLEIL GARDIEN DE LA JUSTICE), modérateur des modérateurs, engendré par Thmou dans..... avec lui, pour exercer ses pouvoirs royaux sur le monde un grand nombre de jours pour..... la ville d'Amon (Thèbes)..... le fils du soleil (le chéri d'Amon Rhamsès), vivant à toujours. »

Face est.

(Côté des Tuileries.)

Bas-relief des offrandes. — Sujet analogue à celui de la face ouest ; même offrande de vin. — La bannière exprime également les titres honorifiques du roi ; l'inscription contient aussi les louanges de Rhamsès II, les mêmes noms et prénoms, les titres de *dieu resplendissant, soutien des vigilants,* l'invocation à Amon, *seigneur des dieux,* et elle rappelle que le roi a décoré un sanctuaire consacré à une divinité, et qu'il a en même temps honoré les autres dieux du même temple.

Ces circonstances permettent de présumer que Rhamsès II avait destiné les Obélisques de Louqsor à un autre temple qu'à celui de ce lieu.

Face nord.

(Côté de la Madeleine.)

Bas-relief des offrandes. — Le même roi fait la même offrande au dieu de Thèbes. Le vautour, emblême de la victoire, plane au-dessus de la tête du roi.

La colonne médiane de cette face est aussi de Rhamsès II. La bannière porte encore ses titres royaux ou religieux. Il en est de même de *l'in-scription* qui lui donne les titres de *gardien, grand par ses victoires sur la terre entière, soleil vi-sible,* etc.; l'inscription est terminée par le nom du roi et le vœu *à toujours.*

INSCRIPTIONS DE RHAMSÈS III (SÉSOSTRIS).

Face ouest.

(Côté de Neuilly.)

Le bas-relief des offrandes appartient à Rham-sès II. *Colonne de gauche. Bannière.* — «L'Aroéris puissant, soutien des vigilants (ou surveillants). » — L'inscription rappelle la force et les victoires de Sésostris, et sa gloire dans la terre entière. Dans la *colonne de droite,* la bannière le qualifie de chéri de Tmé (la vérité, ou justice). L'inscrip-tion dit que le monde entier a tremblé par ses exploits; elle l'assimile au dieu Mandou dont elle le dit fils; et il est à remarquer que les mots égyptiens SI-MOUTN rappellent le nom d'Osyman-dyus, que les anciens donnent à l'un des plus grands rois de l'Egypte.

Face sud.

(Côté du pont de la Concorde.)

Cette face de l'Obélisque, que Rhamsès II avait laissée vide, appartient tout entière à Rhamsès III.
Bas-relief des offrandes. — Sésostris, coiffé du pschent complet, symbole de son autorité sur la haute et sur la basse Egypte, et surmonté du globe ailé du soleil, fait au grand dieu Eponyme de Thèbes, Amon-Ra, l'offrande de deux vases. La colonne médiane ajoute aux louanges de Sé-sostris, qu'il est le fils préféré du roi des dieux, celui qui, sur son trône, domine le monde entier. On mentionne le palais qu'il a fait élever dans l'Oph du midi (la partie méridionale de Thèbes, Louqsor). Le titre de *bienfaisant* lui est donné dans l'inscription de droite qui ajoute : *Ton nom est aussi stable que le ciel ; la durée de ta vie est égale à la durée du disque solaire.* Sésostris porte, dans la *bannière* de l'inscription de *gauche,* le titre de chéri de la déesse Tmé, et avec d'autres louanges très-ordinaires dans le protocole royal égyptien. Cette inscription proclame Rhamsès III l'engendré du roi des dieux pour prendre pos-session du monde entier. Les trois colonnes de cette face sont uniformément terminées par le cartouche nom propre du roi, LE FILS DU SOLEIL (chéri d'Amon-Rhamsès).

Ce côté de l'Obélisque, qui était tourné vers le fleuve, comme il l'est encore à Paris, semble faire allusion à cette direction de la face du mo-nument. Le bas-relief représente, en effet, le roi faisant au dieu Amon l'offrande, non plus du vin, mais de l'eau ; et Amon, seigneur des eaux cé-lestes, en échange de ces offrandes, paraît pro-mettre à Rhamsès d'abondantes inondations.

Face est.

(Côté des Tuileries.)

La bannière et l'inscription de la colonne de *droite* proclament Sésostris d'Aroéris puissant, ami de la vérité ou justice (Tmé), roi modérateur, très-aimable comme Thmou, étant un chef né d'Amon, et son nom étant le plus illustre de tous. Sur la colonne de *gauche,* on lit dans la *bannière :* l'Aroéris, puissant fils d'Amon. *L'inscription* donne à Sésostris le titre de roi-directeur, men-tionne ses ouvrages, et ajoute qu'il est grand par des victoires, le fils préféré du soleil sur son trône, le roi (ses prénom et nom propre), celui qui réjouit Thèbes, comme le firmament du ciel, par des ouvrages considérables pour tou-jours.

La colonne médiane de ce côté de l'Obélisque semble se rapporter à l'origine même et à l'ex-traction de l'Obélisque des carrières de Syène. Le Pharaon mentionnerait les offrandes qu'il au-rait faites aux divinités de l'île de Philœ, celles mêmes du nôme dans lequel se trouvait la car-rière de Syène. Le souvenir de ces offrandes trou-verait ici d'autant mieux sa place, que cette face du monument était tournée vers le sud, dans la direction même des carrières.

Face nord.

(Côté de la Madeleine.)

La *bannière de la colonne de gauche* est re-marquable par le grand nombre de signes qui composent sa légende ; elle signifie : « l'Aroéris puissant, grand des vainqueurs, combattant sur sa force. » *L'inscription* nomme Sésostris grand con-culateur, le seigneur des victoires, qui a dirigé la contrée entière et qui est très-aimable. Enfin, la bannière qui surmonte l'inscription de *droite* annonce que Sésostris est l'Aroéris fort, puissant dans les grandes panégyries (assemblées civiles ou religieuses), l'ami du monde; l'inscription ajoute qu'il est aussi le grand chef des rois comme Thmou, et que les chefs des habitants de la terre entière sont sous ses sandales.

L'intention des légendes de cette face de l'Obélisque a rapport, comme on le voit, à la ma-jesté et à la puissance du Pharaon, texte plus ou moins délayé dans un protocole où l'on cherche vainement l'expression d'un fait historique déterminé. Tel est, en général, le caractère des inscriptions égyptiennes, dont le langage, presque exclusivement laudatif ou religieux, ne laisse que par intervalle quelque place à un fait dont l'histoire puisse tirer profit.

Quoique le dé de l'Obélisque n'ait pas été apporté à Paris, vu son mauvais état de conservation, il présentait la trace de bas-reliefs qui ont également été expliqués et peuvent intéresser le lecteur.

Côté ouest.

(Correspondant à la face sud de Paris.)

Cette face du socle présente deux tableaux encore bien conservés. On a représenté dans chacun d'eux, sous la forme d'un personnage fort gras et qui semble participer des deux sexes, le dieu Nil, que les Egyptiens appelèrent en leur langue Hôpi-môou, c'est-à-dire celui qui a la faculté de *cacher* ou *retirer* ses eaux après en avoir couvert le sol de l'Egypte. La tête du dieu est surmontée d'un bouquet d'iris ou glaïeul, symbole du fleuve à l'époque de l'inondation.

La première figure de cette divinité porte sur une table quatre vases contenant l'eau sacrée, et séparés en deux paires par un sceptre qui est l'emblème de la bienfaisance des eaux du fleuve, présentées en offrande au dieu de l'Egypte.

L'inscription verticale tracée devant le dieu du Nil contient la phrase suivante, que ce même personnage est censé adresser au dieu Amon : « Voici ce que dit le dieu Hôpi-môou : Je te fais l'offrande de ces vases par les mains de ton fils (le SOLEIL GARDIEN DE JUSTICE APPROUVÉ PAR PHRÉ), et ces derniers mots, qui forment le prénom royal ou mystique de Rhamsès-Sésostris, sont placés dans le cartouche horizontal situé au-dessus de l'offrande.

La deuxième inscription verticale contient ces mots : « Voici ce que dit le dieu Hôpi-môou : Je te fais l'offrande de toutes sortes de biens par les mains de ton fils (L'AMI D'AMON RHAMSÈS). »

Le personnage qu'accompagne cette inscription porte en effet toutes les espèces d'offrandes, telles que des pains, des fruits, des bouquets de fleurs et divers genres de comestibles, contenus dans les quatre vases de forme semblable et surmontés du sceptre de la pureté.

La troisième légende verticale est toute pareille à la première et se rapportait à une autre figure du Nil offrant les quatre vases d'eau sacrée, comme dans la première. On avait ainsi alterné, dans ce bas-relief, les images du dieu du fleuve présentant successivement l'offrande des boissons et celle des aliments solides.

Côté sud.

Quatre singes cynocéphales de haut relief composent le sujet de ce côté du socle de l'Obélisque ; ils portent sur leur poitrine un pectoral sur lequel est inscrit le prénom royal de Sésostris : SOLEIL GARDIEN DE LA JUSTICE ; les trois autres cartouches placés entre les cynocéphales sont aussi le prénom royal ou le nom propre de ce prince.

Enfin une autre inscription ornait les quatre faces du soubassement au-dessous des bas-reliefs du dé ; elle est la dédicace même des Obélisques au grand dieu de Thèbes par Sésostris. Les cartouches qui renferment les noms du roi ont une forme singulière, et qui n'a pas été observée jusqu'ici. Chaque cartouche paraît double et se termine également à droite et à gauche. Le signe de partage est la *croix ansée*, signe neutre par sa forme ; il occupe le milieu de la face nord. C'est sur cette face que commencent les deux inscriptions ; elles finissent au point diamétralement opposé de la face *sud*, où l'on remarque quatre nouveaux signes *neutres* aussi par leur forme géométrique, le niveau, la croix ansée, et les deux qui le précèdent ; ils appartiennent également aux deux inscriptions et les terminent toutes deux. Voici la traduction des inscriptions de cette partie du monument qui n'a pas été transportée en France :

« La vie ! l'Aroéris, roi vivant, puissant, chéri de Saté, le seigneur de la région supérieure, le seigneur de la région inférieure, régulateur de l'Egypte, qui a châtié les contrées, l'Hôrus (Dieu) resplendissant, gardien des années, grand par ses victoires, le roi du peuple obéissant, *soleil gardien de la vérité, approuvé par Phré*, a fait exécuter ces travaux pour son père Amon-Ra, et a édifié ces grands Obélisques *le chéri d'Amon Rhamsès*, chéri de Thmou, pour toujours. »

On lit sur l'Obélisque oriental resté en place à Louqsor, que Rhamsès *a élevé deux grands Obélisques en pierre de cœur*, c'est-à-dire en granit rose. Les Egyptiens désignent ainsi cette belle matière, soit à cause de sa couleur, soit plutôt à cause de sa dureté.

Tels sont les principaux détails empruntés à l'interprète des signes hiéroglyphiques qui couvrent le monument de la place de la Concorde. Tel est, en substance, le résultat des indications qu'a bien voulu nous donner l'habile ingénieur dont le savoir et les travaux ajouteront un nouveau lustre au corps des officiers de la marine militaire.

Il est à regretter que cette solennité mémorable ait été précédée par un accident qu'on ne peut attribuer au manque de prévoyance du directeur des travaux. Après l'opération d'es-

sai, qui, en moins de cinq minutes, a élevé l'O-
bélisque de plus de deux pieds, les artilleurs,
ayant cessé le travail et quitté les cabestans, se
livrèrent comme à l'ordinaire à des exercices
gymnastiques autour des apparaux; quelques-
uns d'entre eux jouèrent avec les leviers de l'une
des chèvres d'attente placée du côté des Tuileries. L'enlèvement de ces leviers ayant permis au câble d'amarrage enroulé sur le treuil de
se développer, la chèvre acquit alors une vitesse
telle qu'il n'y avait plus moyen de l'arrêter, et
elle vint se précipiter avec fracas sur les barrières d'enceinte et sur les spectateurs qui se
trouvaient en grand nombre au dehors. Un
homme a été tué, et trois autres grièvement
blessés. L'un des artilleurs a reçu une forte con-
tusion à la jambe.

Le Roi, la Reine et la famille royale, placés
dans la galerie du Ministère de la marine, hono-
raient de leur présence un spectacle qui fera
époque dans l'histoire monumentale de Paris.

VAN TENAC.

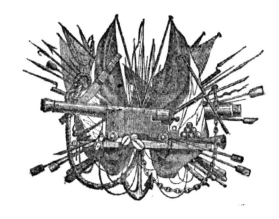

TABLE DES MATIÈRES

DU TROISIÈME VOLUME.

TABLE DES PLANCHES DU TROISIÈME VOLUME.

FIN DES TABLES DU 3e VOLUME.

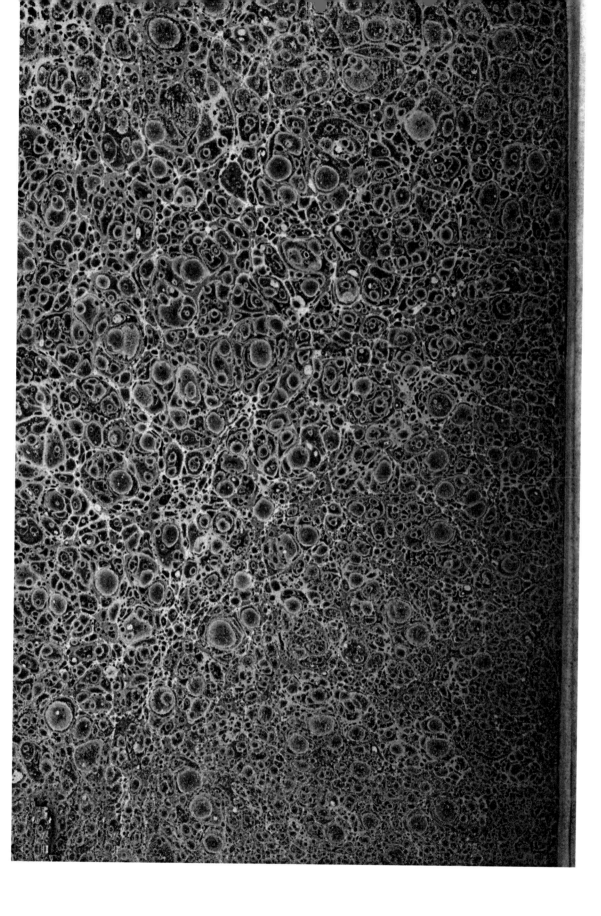

CPSIA information can be obtained at www.ICGtesting.com
Printed in the USA
BVOW01s0007050215

386389BV00011B/60/P